中华人民共和国地方志·福建省

政和县志

1989—2005

方志出版社
Publishing House of Local Records

图书在版编目（CIP）数据

政和县志 / 政和县地方志编纂委员会编. -- 北京 : 方志出版社，2016.6
ISBN 978-7-5144-2023-4

Ⅰ. ①政… Ⅱ. ①政… Ⅲ. ①政和县—地方志—1989-2005 Ⅳ. ①K295.74

中国版本图书馆 CIP 数据核字（2016）第 148050 号

政和县志

编　　者：政和县地方志编纂委员会
责任编辑：王　俊
出 版 人：冀祥德
出 版 者：方志出版社
地址　北京市朝阳区潘家园东里 9 号（国家方志馆 4 层）
邮编　100021
网址　http://www.fzph.org
发　　行：方志出版社发行中心
电话（010）67110500
经　　销：各地新华书店
印　　刷：福州力人彩印有限公司
开　　本：889×1194　1/16
印　　张：54.875
字　　数：1556 千字
版　　次：2016 年 6 月第 1 版　2016 年 6 月第 1 次印刷
印　　数：0001～3000 册
ISBN 978-7-5144-2023-4　定价：360.00 元

政和县地方志编纂委员会组成人员

卓陈庆（县住建局局长）
魏常金（县经贸局局长）
陈翔钦（驻沪党委书记）
周上青（县人行行长）
范永光（县党史研究室主任）
汤永珍（县统计局局长）
吴笑满（县档案局局长）
杨　平（县政府办经研中心副主任）

曾任县地方志编纂委员会主任委员：黄健平　陈宗荣

曾任县地方志编纂委员会副主任委员：葛灼瑞　鲁伟群　蔡剑心
涂目弟　张治宜

《政和县志》总编室

主　　编：周元火
副 主 编：熊源泉　张正河　魏长良
编　　辑：苏式权　翁秀萍　宋庆华　魏扬霖
工作人员：吴海燕　陈其香
摄　　影：徐庭盛　余明传　李隆智　李左青　宋德华
陈　亮　魏旭方　王　巍　李福礼　赖家松

政和县人民政府
《政和县志（1989—2005）》审稿组

组　　长：魏年锋

副 组 长：刘　斌

成　　员：叶金星　宋启明　黄晓强　许马鑑　范永亮　宋朝惠　范永光
吴笑满　王光天

南平市地方志编纂委员会
《政和县志（1989—2005）》审查验收组

陈星扬　詹文华　丁少康　秦　跃　胡凤俤

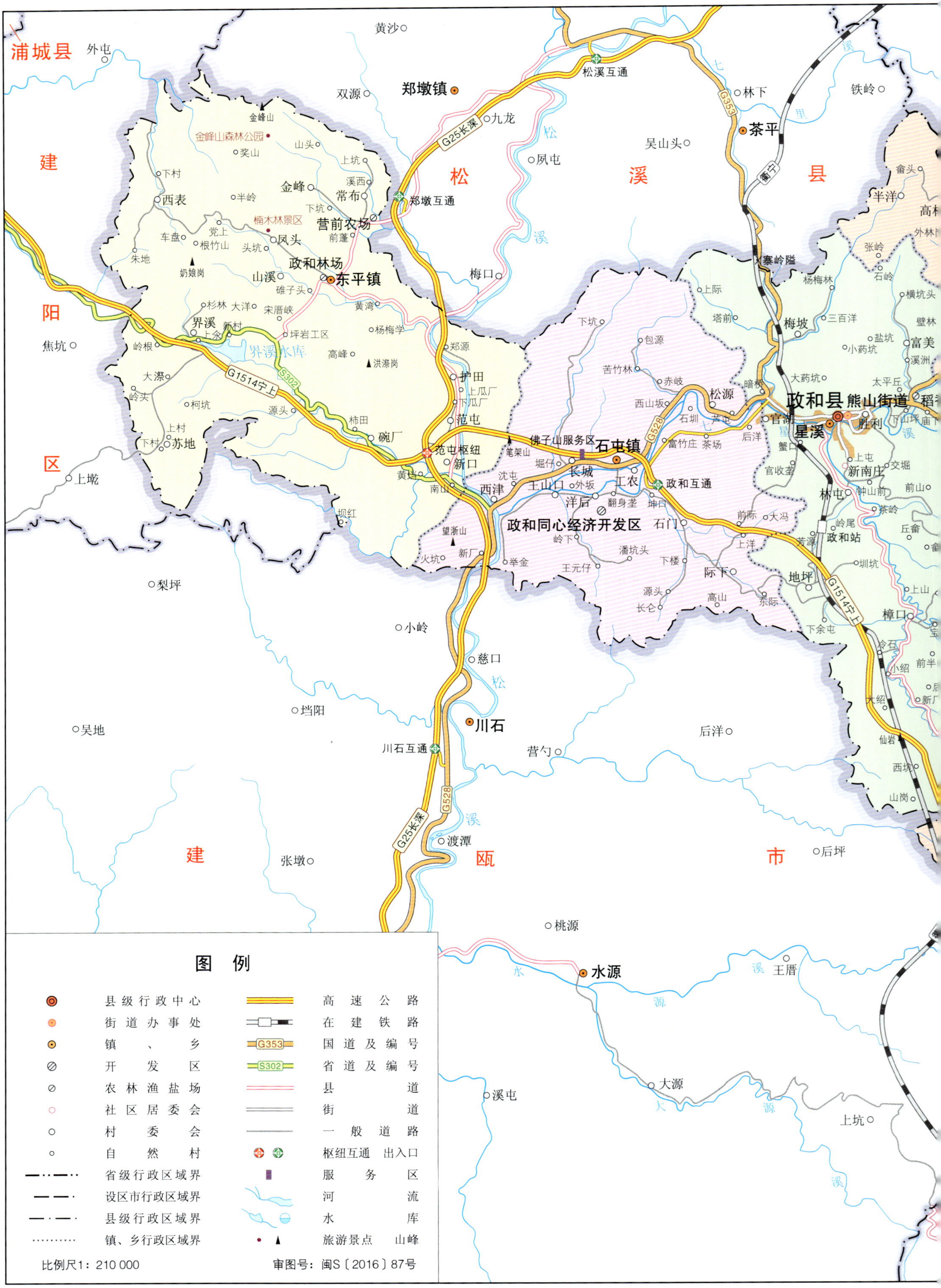

浦城县
外屯
黄沙
郑墩镇
双源
松溪互通
林下
铁岭
G25长深
九龙
G353
茶平
吴山头
金峰山
金峰山森林公园
山头
奖山
上坑
下村
凤屯
郑墩互通
溪西
金峰
常布
松
溪
县
西表
半岭
下坑
营前农场
楠木林景区
党上
车盘
根竹山
凤头
头坑
前蓬
朱地
政和林场
梅口
奶娘岗
山溪
东平镇
寨岭隘
上际
杨梅林
雉子头
杉林
大洋
宋厝岐
黄湾
塔前
梅坡
三百洋
界溪
上余
新村
坪岩工区
杨梅学
下坑
包源
焦坑
岭根
界溪水库
高峰
郑源
洪潦岗
苦竹林
大潦
G1514宁上
S302
护田
赤岐
岭头
柯坑
上瓜厂
下瓜厂
西山坂
松源
政和县
熊山街道
源头
柿田
范屯
石圳
芦山
官湖
胜利
上村
下村
苏地
碗厂
佛子山服务区
石屯镇
G528
富竹庄
茶场
后洋
星溪
范屯枢纽
笔架山
新口
堀仔
长城
工农
政和互通
上屯
交堀
新南庄
黄田
沈屯
西津
王山口
外坂
洋后
翻身垄
坤口
林屯
钟山前
前山
南山
坝红
政和同心经济开发区
石门
前际
大冯
茶岭
望浙山
岭下
岭尾
政和站
芳源
火坑
新厂
举金
潘坑头
王元仔
下楼
际下
圳坑
上洋
地坪
源头
长仑
高山
东际
梨坪
下余屯
樟口
小岭
慈口
松
挡阳
吴地
川石
后洋
营勺
川石互通
G528
溪
渡潭
建
瓯
市
张墩
后坪
桃源
水源
王厝
水
溪
源
溪屯
大源
上坑
建
阳
区
上垅
图　例
县级行政中心
街道办事处
镇、乡
开发区
农林渔盐场
社区居委会
村委会
自然村
省级行政区域界
设区市行政区域界
县级行政区域界
镇、乡行政区域界
高速公路
在建铁路
国道及编号
省道及编号
县道
街道
一般道路
枢纽互通　出入口
服务区
河流
水库
旅游景点　山峰
G353
S302
比例尺1：210 000
审图号：闽S〔2016〕87号

政和县地图

福建省制图院编制　2016年8月

政和城区图

森林公园
中天寺
归峰禅寺
关帝庙
白云
熊山
县水利局
县机关小车修理厂
县信访服务
县政府
建宇玻璃门窗
天悦电子商务有限公司
县农产品网商协会
政通宾馆
瑞格商务酒店
县交通综合行政执法大队
汽车站
牡丹大酒店
日用杂品公司
县物资总公司
县地税局
县国税局
县交通局
加油站
凯撒大酒店
腾达印刷厂
往松溪、建瓯
西大街
解放大桥
七星溪
沪归亭
星溪南路
县邮政局
邮政大酒店
县畜牧兽医水产局
皇冠商务酒店
公路局
政和分局
县供销社
天城宾馆
西门邮政支局
福地国际大酒店
中都百货
县总工会
工行
医药大厦
星溪派出所
解放邮政支局
南门农贸市场
金都大酒店
解放村
大厦
县宾馆
县电信局
农行
县公安局森林分局
金泰大厦
星溪乡
县城关工商所
县国土局
商业大厦
绿岛花园
白鹤商贸中心
七彩幼儿园
星溪国土所
农信社西门分理处
闽北地质大队五分队
城西大桥
一家人酒家
县城关林业站
县慈善总会
春苗幼儿园
西门社区
县三中
熊山街道解放村卫生所
长途线务局政和分局
渡头洋
上河边路
新建路
县检察院
西门市场
熊城人家
星溪小学
城关派出所
县人力资源与社会保障局
县公安局
市第一医院政和分院
县医院
银泉商务酒店
县物价局
邮储银行
县新型农村合作医疗管理中心
县残联
珠山湾大桥
县供电公司
县农业局
县种子管理
县农信
七星国际大酒店
南门市场
县良种场
南方大酒店
833
县自来水公司
珠山
大庙桥
闽延电力勘察设计政和分公司
同心大桥
环保大楼
南门小学
第二实验幼儿
鳌头殿
龙潭溪
曜龙水轮机厂
往屏南
县解放林场
蟹口
星溪峡
图例
县级市政府驻地
镇、街道办事处
农林场
村委会
社区居委会
企事业单位
学校
医院
酒店
汽车站
一级街道
二级街道
一般路
绿地、公园
体育场
山峰
景点
审图号：闽S〔2016〕87号

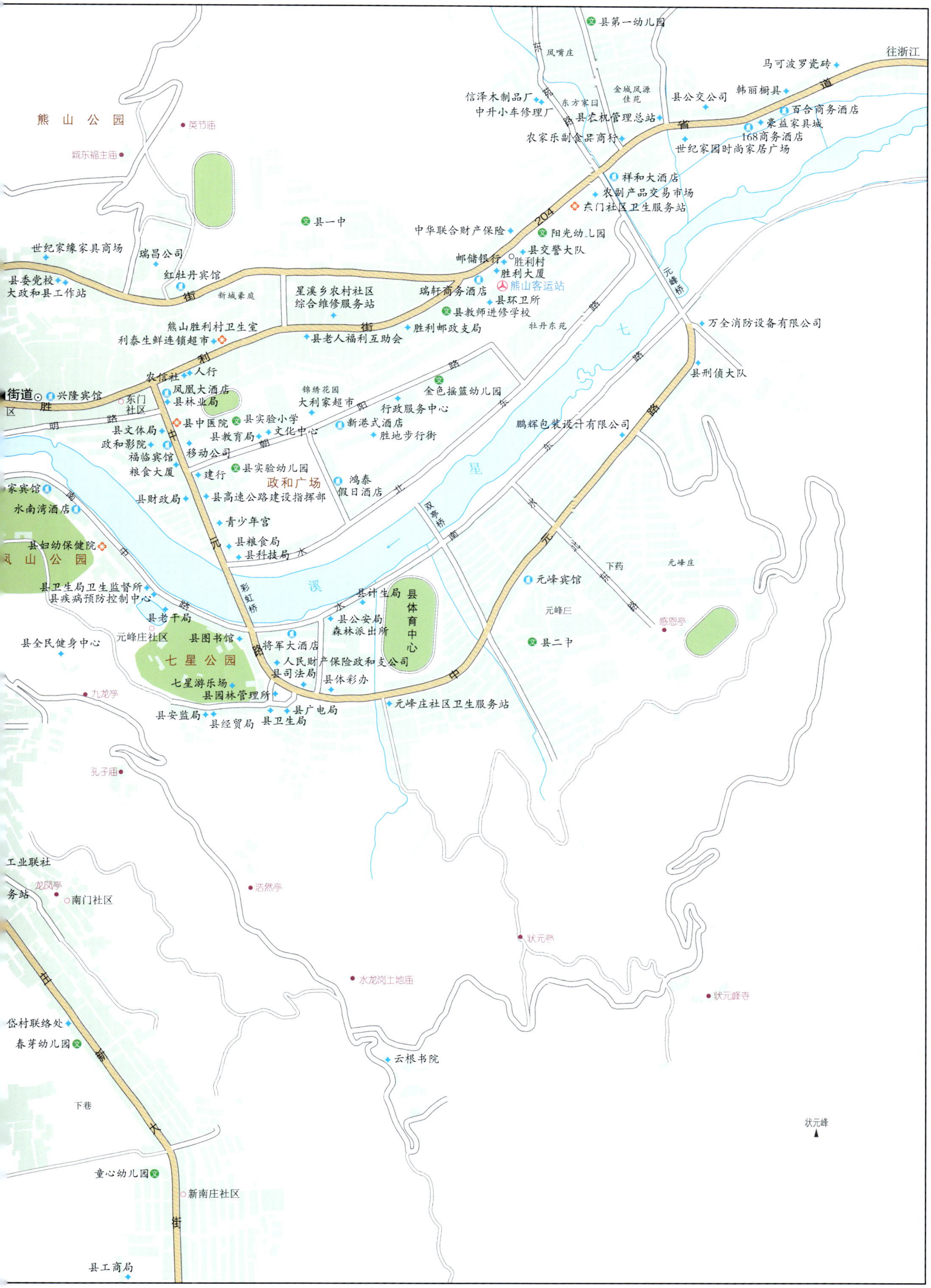

福建省制图院编制　2016年8月

政和县城全景图

2012 年 4 月 18 日，时任福建省委书记孙春兰（左二）在星溪乡梅坡村考察时与路边的村民互致问候

2005 年 5 月 23 日 22 时，时任福建省委书记卢展工在县防汛抗旱指挥部指挥抗 台风工作

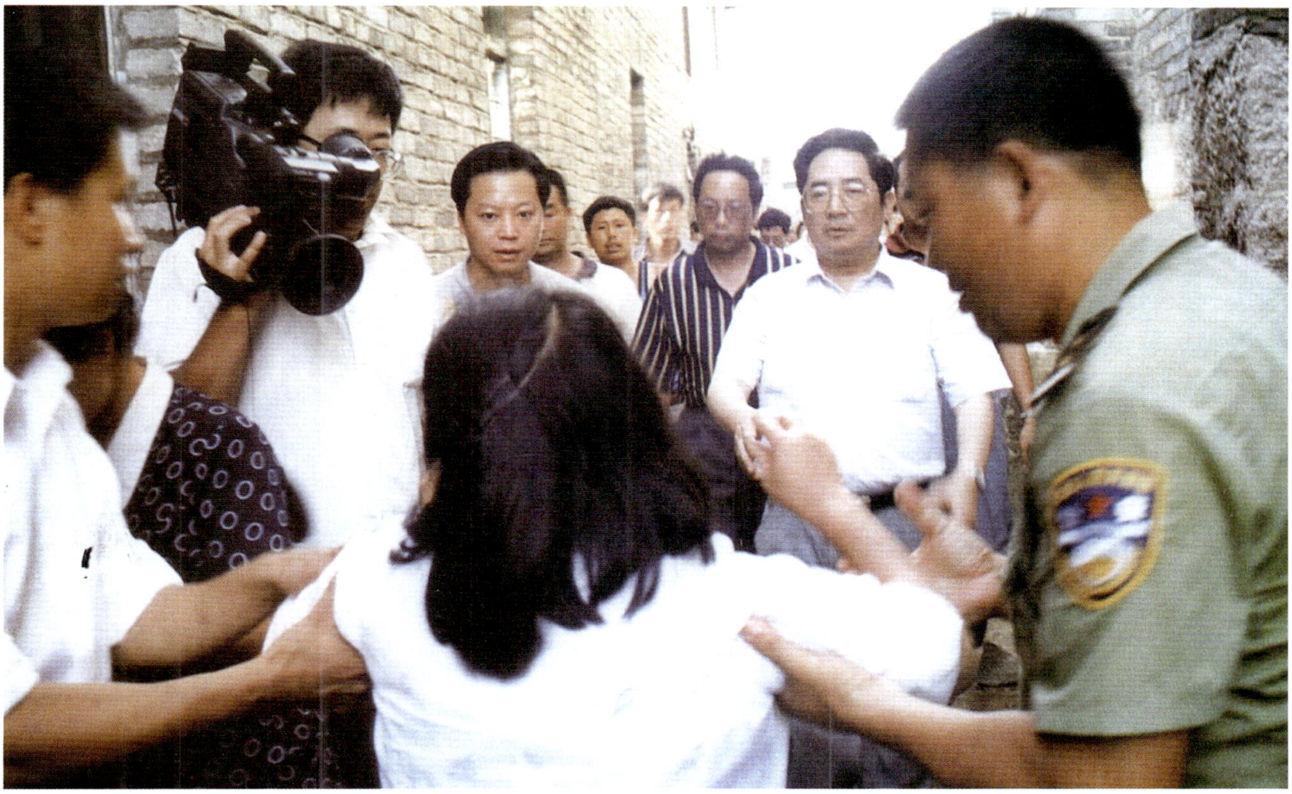

1998 年 6 月，时任福建省委书记陈明义深入政和灾区慰问灾民

2007 年 1 月 8 日，时任福建省省长黄小晶到政和看望慰问困难群众，图为黄小晶（右三）在岭腰乡高山村洋屯自然村了解农村建设情况。左三为县委书记黄健平、右一为县长陈宗荣

2014 年 1 月 25 日，福建省委书记尤权（右一）到政和县杨源乡看望慰问困难群众

2014 年 11 月 20 日，福建省委副书记于伟国带领省直有关部门负责人到政和县调研社会经济发展和基层组织建设。图为于伟国（右四）在松源村石圳自然村与村民交谈

2008 年 2 月 15 日，常务副省长张昌平（左一）到政和县调研农业农村工作

2010 年 5 月 19 日，福建省委常委、政法委书记徐谦到政和县调研

2006 年 6 月 8 日，福建省副省长李川到政和指导抗灾工作

2008 年 6 月 3 日，南平市委书记雷春美在政和县调研工业发展

2000 年 11 月 8 日，原福建省委副书记赵学敏（右一）在政和探望贫困乡老人

2000 年 5 月，原南平市委书记林克敏在县领导陪同下深入个体企业调研

2011 年 11 月 3 日，市委、市政府工作检查组在市长裴金佳（前）带领下到政和县开展检查

2013 年 3 月 23 日，南平市市长林宝金（中）到政和指导政和县城镇化和美丽乡村建设

县政府大楼

城关东门彩虹桥夜景

县城局部图

县城东向片区

水南中路

县城中心一带

福地心苑

城关解放街政府门口大街

1996年城关解放街政府门口大街旧景

1988 年开发中的元峰庄小区

2012 年开发中的元峰庄胜利洋小区

新建的县文化中心外景

俯瞰云根书院

朱熹雕像

塔山公园

福地步行街街景

杨源村

镇前鲤鱼公园

西表村

铁山村

澄源梧桐公园

石圳村

2012年10月11日，省政协副主席、省委统战部部长雷春美（左一），省委统战部常务副部长翁卡（左三），县委书记廖俊波（左二）为政和经济开发区奠基培土

2012年11月8日，政和县政府与圣农集团、欧喜公司在上海举行欧圣实业（福建）有限公司政和项目签约仪式。图为县长黄爱华（中）与圣农集团、欧喜公司代表在签约

政和工夫荣膺中国驰名商标新闻发布会

政和经济开发区

鹤岭工业园区

铁山工业园区

蝴蝶街工业园区

政和一中

政和二中

政和三中

石屯中学

南门小学

星溪小学

实验小学

东平中心小学

实验幼儿园

政和县第一届运动会

石屯镇农民体育活动

飞凤山全民健身活动

青少年体育中心

县田径场

杨源四平戏

禾洋北坑木偶戏演出

杨源新娘茶

东平茶灯戏

凤林村抢溪洲

县医院

中医院

县妇幼保健医院

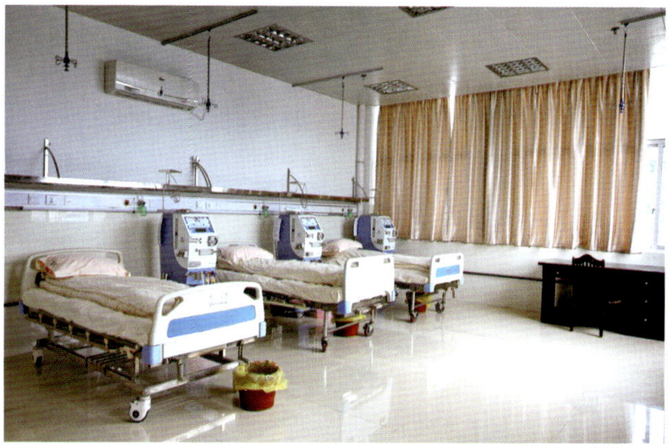

病房

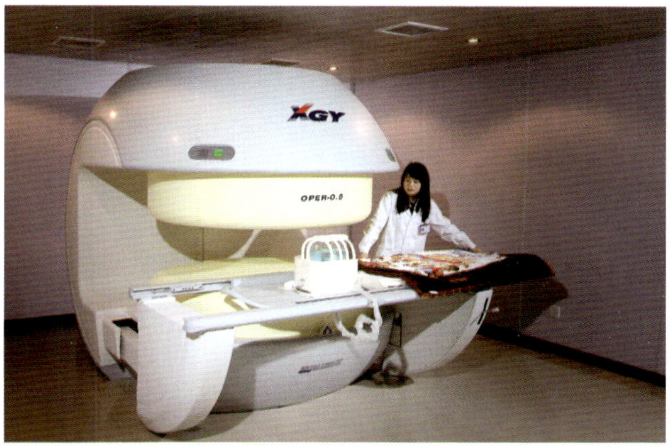

放射室

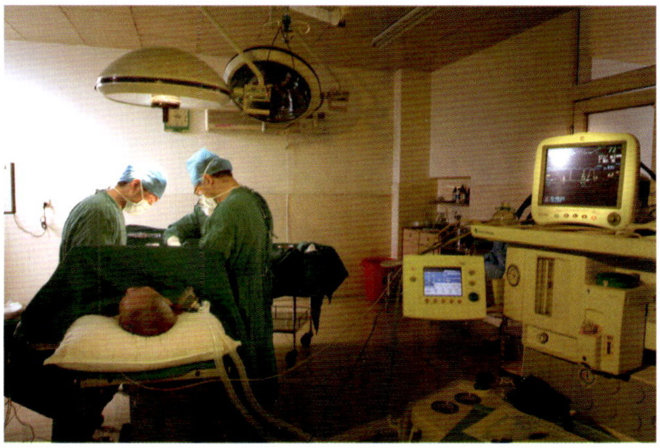

手术室

幼儿接种疫苗

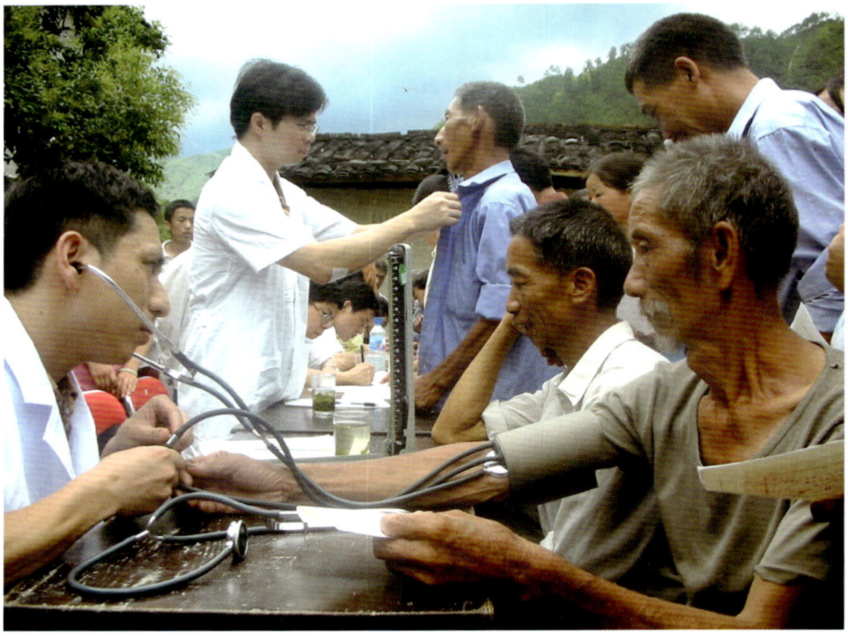
卫生医疗下乡

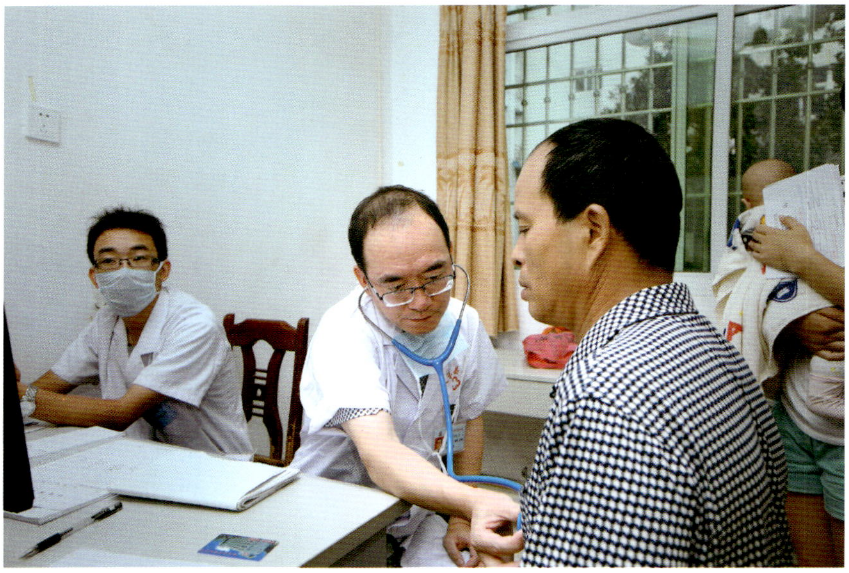
专家下门诊

宁武、松建高速公路范屯互通

宁武高速公路翠溪2号桥

宁武高速公路杨源段

政和县高速公路石屯收费站

宁武高速公路至城关连接线

图中左边为改造后的省道 202 线杨源乡路段，右边为村道翠溪公路

农村公路（稠岭）防撞栏

政和县中国移动营业大厅

移动发射塔

电信传输设备机房

东平墟市

荟华家电商场

大利家购物中心

鸿泰假日酒店大堂

南门桥头菜市场

国家级风景名胜区、国家级地质公园佛子山

省级风景名胜区洞宫山

杨源铁坑殿

龙滩廊桥

赤溪廊桥

洋后廊桥

后山廊桥

东平镇凤头村楠木林

大岭银杏

虎头际瀑布

念山梯田

锦屏“千手观音”古柳杉

黄岭柳杉王

政和杏

岭腰香炉尖原始林

稠岭村现代毛竹示范基地

星溪乡东峰大棚
蔬菜基地

东涧花卉基地

洋屯村莲子基地

石屯西津茉莉花基地

外屯下池农田

机械化耕地

机械化收割

高山蔬菜

东峰钢架温室大棚

大棚苦瓜

凤头村白茶基地

下园村红花大金元烟叶基地

铁山向前村猕猴桃种植基地

葡萄种植基地

锥栗

外屯乡立基洋锥栗

天井洋大雪梨

苏地杨梅

山羊养殖

池塘养鱼

山地养鸡

养蜂业

松源奶牛场

宝岭水库大坝

洞宫水库

电网

国家工商行政管理总局认定
政和县茶叶技术推广总站
驰名商标
二〇一〇年十月

政和县茶叶技术推广总站
福建省著名商标
（有效期三年）
福建省工商行政管理局
二〇〇九年十二月

福建省政和县
中国竹具工艺城
中国林产工业协会
2010年6月

福建省政和县
中国白茶之乡
中国经济林协会
2008年3月

福建省政和县
中国锥栗之乡
国家林业局
2001年8月

福建省政和县
中国楠木之乡
中国经济林协会
2010年4月

茗匠公司

祥福公司

东平高梁酒厂

东平老窖酒厂

隆合茶业

茂旺茶业

泰云春茶业

闽辉茶业

水轮机

清水笋

华夏水泥

金矿粉

东平老窖

东平高粱

政农食品

东平酱油酿造

祥福公司产品

茗匠公司产品

竹炭产品

瑞昌公司产品

宝菱灯饰

一家竹筷

继升公司

本色菜板

新亚公司竹产品

中国驰名商标

政和工夫®

政和白茶

中华人民共和国地理标志保护产品

PGI

PEOPLE'S REPUBLIC OF CHINA

国家地理标志保护产品

政和工夫茶

政和白茶

茉莉花茶

绿茶

仙醉红

Second rank
东方正红

明前红

福建瑞环农业发展有限公司

艺皇
漫春
China旗红

茗红
仙香

银逸品
政和工夫
金逸品
政和工夫

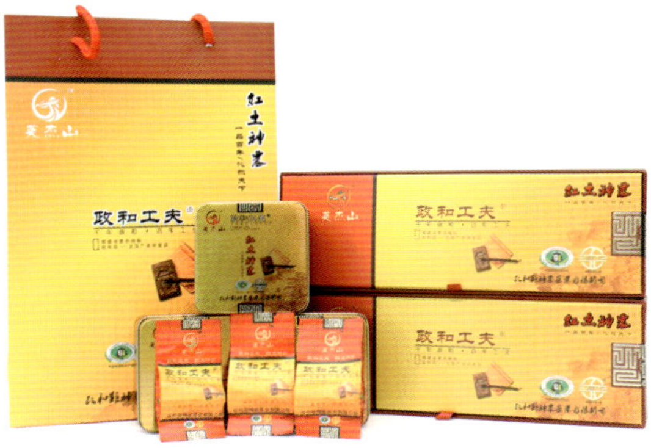
政和工夫
红土神农

遂應小種
政和工夫
遂應小種
政和工夫

老茶客

香叶
香叶
香叶

白云香
相見歡
和正
政和工夫

政和建县九百年纪念茶
国色天香
1115年贡品
天然健康
中国白茶发源地
福建省闽辉名茶有限公司
正禾白茶
政和白茶
净含量：350克
政和白茶

政名
Zheng Ming
老白茶
福建政和瑞茗茶业有限公司

JIHAO
白牡丹

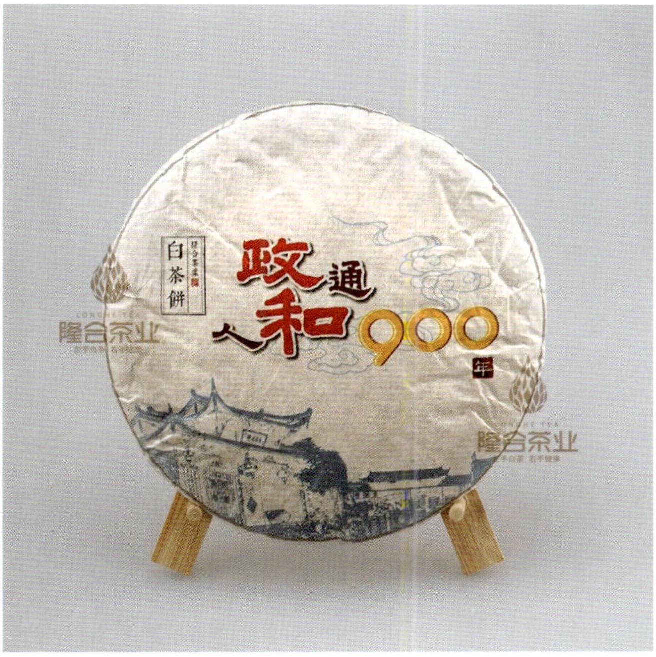
白茶餅
政和
通人
900
年
隆合茶业

国色添香
中国白茶

政和白茶

白牡丹城
WHITE TEA
茶中珍品
政和白茶
白牡丹
福建省政和县白牡丹茶叶有限公司

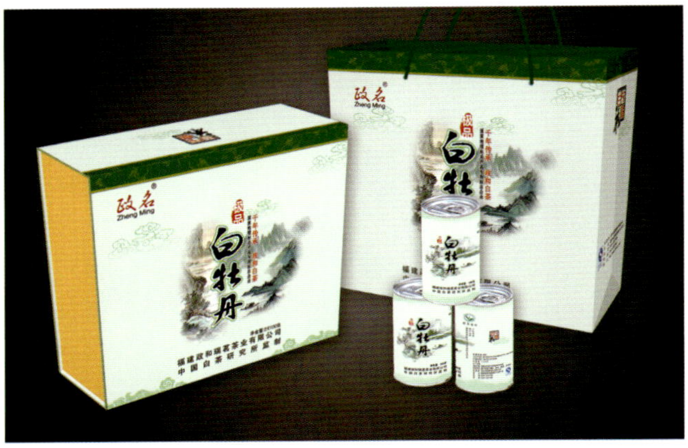
政名
Zheng Ming
白牡丹

泰云春
老白茶
政和白茶

yishiqingming ®
【一世清茗】
Esteem
YISHIQINGMING
一世清茗
政和白茶
CHINESE white tea
福建省政和县东平宏达茶厂
水丽芳

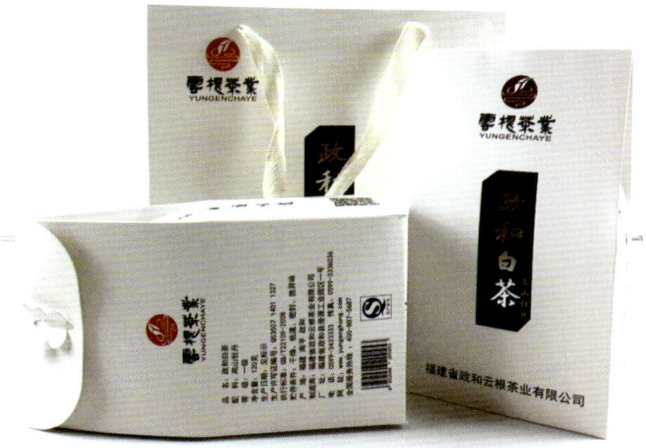
云根茶业
YUNGENCHAYE
政和白茶
福建省政和云根茶业有限公司

YAN WU LIN SHAN
岩午林山
政和白茶
ORGANIC

MIN FENG
玉芾霁
政和白牡丹茶

政和白茶
白毫银针

红菇

金针菇

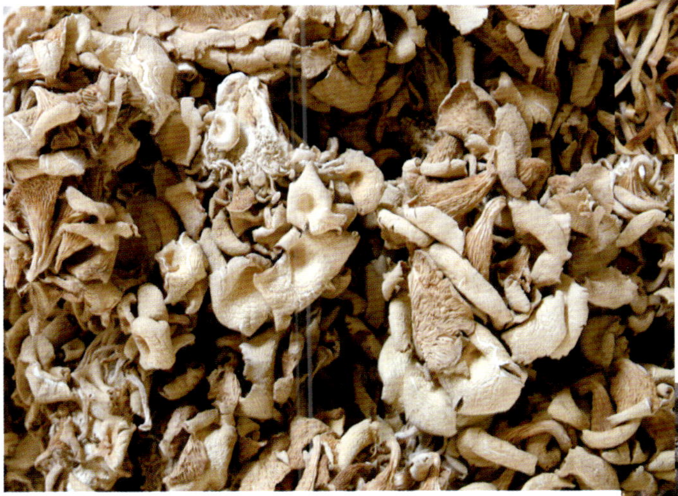

灰树花

岩菇

香 菇

茶树菇

莲子

苦椎干

龙须菜

蕨菜干

苦菜干

地瓜干

魔芋

小路

地瓜粉丝

灵芝

熏黑笋

第二届《政和县志》（1989—2005）评稿会领导专家来宾合影

《政和县志》总编室全体人员

前排：魏长良　张治宜　周元火　熊源泉　　后排：吴海燕　宋庆华　苏式权　张正河　翁秀萍

序

从福建地图的东北部采下一片风中翻转的玫瑰叶，这就是1745平方公里的政和。饱含着“生机、活力、向上与光荣”的“政和”源自宋皇徽宗对于政和白茶的喜爱，宋咸平三年（1000年）置县关隶，宋政和五年（1115年）因进贡白毫银针受赐年号，改名政和，为全国因茶得名第一县。

这里，源远流长、历史厚重，是朱子入闽的第一地，朱子文化的孕育地。木鱼山遗址、峡垅山遗址、蚌山遗址、林山遗址，以及澄源罗金坂唐五代窑址，片陶只瓦，都记录着先人创造的灿烂文明。杨源古民居、锦屏古银矿、茶盐古驿道，共同见证了政和曾经的繁荣与辉煌。铁山的宝福寺、护国寺，澄源的定峰寺、清平寺，杨源的宝丰寺、铁坑殿，云根书院、星溪书院、杨源四平戏，赋予了政和深厚的文化底蕴。诞生于革命战争年代的中共政和支部旧址、建松政苏维埃政府旧址、闽东北红军会师联席会议旧址、中共闽浙边地委旧址，昭示着政和人民为中国革命做出的贡献，至今仍闪烁着耀眼的光芒。

这里，山水清丽、物产丰饶。地势东高西低，一江春水向西流，令人称奇。平原高山相间、林茂水深，境内的佛子山奇峰怪石、洞宫四十八景、锦屏二百八十洞、宝岩十秀、奖山八奇，以及大岭银杏、镇前、杨源鲤鱼溪、念山、稠岭梯田、华东地区最大的百亩千棵楠木林等众多的名胜古迹，更是让人心旷神怡，流连忘返。茶山十万亩、地理标志产品“政和白茶”“政和工夫”；竹山四十万亩、产品六大系列、三千多个品种；黄金三十吨、白银一千吨，还有数不清的矿产，政和人民是在金山上构筑自己梦想；东平高梁、东平老窖享誉八闽。“中国白茶之乡”“中国锥栗之乡”“中国楠木之乡”“中国竹具工艺城”“国家级风景名胜区”“国家级地质公园”为政和“茶竹旅”产业插上了腾飞的翅膀。

这里，成就梦想、风景独好。宁武松建两条高速穿境而过，政和是闽北离海最近的县，有规划二十五平方公里的省级工业园区“政和同心经济开发区”，创造了当年征地开工当年投产生产的政和速度；有功能齐全的文化活动中心、占地2公顷亩配有音乐喷泉的政和人民广场；规划并启动了衢宁铁路项目建设……近年来，政和在省主要领导及省直部门用心挂点帮扶下，在石狮市的无私帮助下、在省委统战系统的倾心助推下，全县干群顽强拼搏，奋力争先，经济快速发展，2012年经济发展指数位次提升了35位，增幅全省第一，甩掉了全省末位的帽子。如今，政和的道路宽了，路灯亮了，公园多了，城市美了，农村富了，人民乐了。生活在这片土地上的人们有了信心，有了自豪，更有了建设美好新政和的光荣与梦想。

县志，为我们记录了十七年来政和发出的真实声音，拓下了政和迈向未来奔跑的脚印，展现了生动鲜活、真实厚重的历史画卷，供后人借鉴及品味。历史又将从这里重新启航。

县志凝结了全体编撰人员的心血，饱含了他们的深情与责任，特此致谢！

政和县人民政府县长　黄爱华

2015年6月

凡　　例

一、本志以马克思列宁主义、毛泽东思想、邓小平理论和“三个代表”重要思想为指导，以中共十一届三中全会以来路线、方针、政策为准绳，坚持四项基本原则和改革开放方针，运用辩证唯物主义和历史唯物主义观点，贯彻存真求实的方针，全面真实地记述政和县境内自然和社会的历史与现状，力求达到思想性、科学性和资料性的统一。

二、本志上下限为1989—2005年。为记述资料的系统和完整，必要时作适当上溯和延伸。

三、本志由述、记、志、传、图、表、录七部分组成，以志为主，述、记、传并用，图、表穿插其中，录为辅助。

四、本志坚持继承与创新相结合，按照科学分类和社会分工实际，突出时代特点和地方特色，尽可能做到门类齐全，归属得当，层次分明，排列有序。除概述、大事记、附录外，按自然、经济、政治、人文的顺序排列，共设33卷，卷下列章、节、目，目为记述实体。

五、本志编纂体例和行文规范严格按照《中国地方志指导小组关于第二轮地方志书编纂的若干意见》和《福建省第二轮市、县（市、区）志书编纂行文规范》（试行）及《福建省第二轮市、县（市、区）志书出版规范》（试行）之规定，采用记述文体，使用规范化的简化汉字。

六、人物由传、简介、表三部分组成，人物传遵循“生不立传”的原则。入传人物以政和籍人士为主，也载长期在政和工作的客籍人士；以对社会或政和历史发展有重大贡献者为主。传主排列以卒年为序，不分类别。凡2005年年底尚健在的对社会或政和有过重大贡献的党政干部、劳动模范、专家学者等，以及县骨干企业、政和籍在外企业家企业（公司）简介中，以事系人记入相关分志内。

七、本志数字标点遵循国家标准出版规定，GB/T 15834—2011《标点符号用法》和 GB/T 15835—2011《出版物上数字用法》。计量单位按照国务院 1984 年 2 月公布的《中华人民共和国法定计量单位》执行。

八、本志资料主要来源本县各部门提供的材料及各级档案部门的档案资料，经考证后入志。统计数字均以县统计局公布的统计资料（产值按 1990 年不变价计算）为准，统计局没有公布的统计资料由各有关部门、单位提供。

目　录

概　述 …………………………………………（1）
大事记 …………………………………………（6）

卷一　政　区

第一章　建置 ……………………………………（17）
第一节　沿革 ……………………………………（17）
第二节　境域 ……………………………………（18）
第二章　行政区划 ………………………………（18）
第一节　乡（镇）区划变更 ……………………（18）
第二节　村、居委会变更 ………………………（18）
一、村民委员会 …………………………………（18）
二、居民委员会 …………………………………（19）
第三章　乡（镇）概况 …………………………（26）
第一节　熊山镇 …………………………………（26）
第二节　石屯镇 …………………………………（28）
第三节　东平镇 …………………………………（30）
第四节　铁山镇 …………………………………（32）
第五节　镇前镇 …………………………………（34）
第六节　星溪乡 …………………………………（36）
第七节　岭腰乡 …………………………………（38）
第八节　外屯乡 …………………………………（40）
第九节　杨源乡 …………………………………（42）
第十节　澄源乡 …………………………………（44）

卷二　自然环境

第一章　自然地理 ………………………………（46）
第一节　地质　地貌 ……………………………（46）
一、地质 …………………………………………（46）
二、地貌 …………………………………………（48）
第二节　气候 ……………………………………（51）
一、四季特征 ……………………………………（51）
二、气候要素 ……………………………………（52）
第三节　水系与水文 ……………………………（58）
一、水系 …………………………………………（58）
二、水文 …………………………………………（59）
第四节　土壤　植被 ……………………………（60）
一、土壤 …………………………………………（60）
二、植被 …………………………………………（64）
第二章　自然资源 ………………………………（65）
第一节　土地资源 ………………………………（65）
第二节　水资源 …………………………………（66）
一、地表水资源 …………………………………（66）
二、地下水资源 …………………………………（67）
第三节　矿产资源 ………………………………（68）
第四节　野生动植物资源 ………………………（68）
第三章　自然灾害 ………………………………（69）
第一节　气象灾害 ………………………………（69）
一、水灾 …………………………………………（69）
二、旱灾 …………………………………………（72）
三、雹灾 …………………………………………（72）
四、风灾 …………………………………………（73）
五、冻害 …………………………………………（73）
第二节　地质灾害 ………………………………（73）

卷三　人　口

第一章　人口状况 ………………………………（78）
第一节　人口变动 ………………………………（78）
一、自然变动 ……………………………………（78）
二、机械变动 ……………………………………（78）
第二节　人口密度与分布 ………………………（79）
一、人口密度 ……………………………………（79）
二、城乡人口分布 ………………………………（80）
第三节　婚姻与家庭 ……………………………（80）
一、婚姻状况 ……………………………………（80）
二、家庭结构 ……………………………………（81）
第二章　人口构成 ………………………………（82）
第一节　性别构成 ………………………………（82）
第二节　年龄构成 ………………………………（83）
附：2005 年年底政和县百岁老人 ……（86）
第三节　文化构成 ………………………………（86）
第四节　职业构成 ………………………………（86）
第五节　民族构成 ………………………………（87）
第六节　姓氏构成 ………………………………（87）
附：2003 年政和县 289 个姓氏 ………（88）

第三章　人口控制 ……………………………（92）
第一节　计划生育 ……………………………（92）
第二节　计生宣传 ……………………………（93）
第三节　技术服务 ……………………………（94）
一、优生优育 ……………………………（94）
二、生育服务 ……………………………（94）
第四节　幸福工程 ……………………………（95）
第五节　管理 ……………………………（95）
一、机构 ……………………………（95）
二、人口与计生目标管理 ……………………………（96）
三、育龄人群计划生育管理 ……………………………（96）
四、流动人口计划生育管理 ……………………………（96）

卷四　土地管理　环境保护

第一章　土地管理 ……………………………（97）
第一节　土地利用制度改革 ……………………………（97）
第二节　地籍管理 ……………………………（98）
一、土地详查 ……………………………（98）
二、土地登记 ……………………………（98）
三、分等定级 ……………………………（99）
四、地籍档案 ……………………………（100）
第三节　土地利用现状与规划 ……………………………（101）
一、现状 ……………………………（101）
二、规划目标 ……………………………（102）
第四节　土地开发与保护 ……………………………（105）
一、基本农田保护 ……………………………（105）
二、土地开发整理 ……………………………（106）
第五节　建设用地管理 ……………………………（108）
第六节　执法监察 ……………………………（109）
一、违法违规查处 ……………………………（109）
二、纠纷调处与信访 ……………………………（110）
三、市场秩序治理整顿 ……………………………（110）
四、“四无”乡（镇）建设 ……………………………（110）
第七节　矿产资源管理 ……………………………（110）
一、勘测与开发 ……………………………（110）
二、办证与年检 ……………………………（111）
三、矿业秩序整顿 ……………………………（111）
第八节　机　构 ……………………………（112）
第二章　环境保护 ……………………………（112）
第一节　环境状况 ……………………………（112）
一、环境质量 ……………………………（112）
二、污染状况 ……………………………（113）
第二节　环境规划与监测 ……………………………（113）
一、环境规划 ……………………………（113）
二、环境监测 ……………………………（113）
第三节　环境污染治理 ……………………………（118）
一、废水污染治理 ……………………………（118）
二、废气与粉尘污染治理 ……………………………（118）
三、废渣污染治理 ……………………………（119）
四、其他 ……………………………（119）
第四节　环境管理 ……………………………（120）
一、机构 ……………………………（120）
二、宣传教育 ……………………………（120）
三、环境执法 ……………………………（120）
四、环境科研 ……………………………（121）

卷五　城乡建设

第一章　城乡规划与管理 ……………………………（122）
第一节　城乡规划 ……………………………（122）
一、城区规划 ……………………………（122）
二、镇村规划 ……………………………（122）
三、专项规划 ……………………………（122）
第二节　规划管理 ……………………………（123）
第二章　市政建设 ……………………………（123）
第一节　公用设施 ……………………………（123）
一、道路建设 ……………………………（123）
二、桥梁建设 ……………………………（124）
三、排污建设 ……………………………（124）
四、照明建设 ……………………………（124）
第二节　公用事业 ……………………………（124）
一、公共交通 ……………………………（124）
二、城市供水 ……………………………（125）
三、燃气经营 ……………………………（126）
第三节　园林绿化 ……………………………（126）
一、园林 ……………………………（126）
二、绿化 ……………………………（126）
第四节　环境卫生 ……………………………（127）
一、环境卫生管理 ……………………………（127）
二、垃圾处理 ……………………………（127）
三、公共厕所 ……………………………（127）
四、环卫设施 ……………………………（127）
第三章　镇村建设 ……………………………（128）
第一节　集镇建设 ……………………………（128）
一、公共设施 ……………………………（128）

二、商住建设 …………………………… (128)
第二节　新村建设 …………………………… (129)
第四章　建筑业 …………………………… (129)
第一节　勘察设计 …………………………… (129)
第二节　施工管理 …………………………… (129)
第三节　建筑管理 …………………………… (130)
第四节　重要建筑 …………………………… (130)
第五章　房地产 …………………………… (131)
第一节　旧城改造 …………………………… (131)
第二节　新区建设 …………………………… (132)
第三节　房地产开发 …………………………… (132)
一、拆迁补偿 …………………………… (132)
二、"旧改"新建工程 …………………………… (132)
三、招商引资开发房地产 …………………………… (132)
第四节　房地产交易 …………………………… (133)
第五节　房地产管理 …………………………… (133)
第六章　机　构 …………………………… (134)
第一节　县建设局 …………………………… (134)
第二节　事业单位 …………………………… (134)
第三节　企业单位 …………………………… (135)

卷六　中国共产党地方组织

第一章　组织机构 …………………………… (136)
第一节　领导机构 …………………………… (136)
第二节　工作机构 …………………………… (139)
第三节　其他机构 …………………………… (140)
第二章　党员代表大会 …………………………… (140)
第一节　党员代表的产生 …………………………… (140)
第二节　党员代表大会 …………………………… (141)
一、中共政和县第七次代表大会 …… (141)
二、中共政和县第八次代表大会 …… (141)
三、中共政和县第九次代表大会 …… (141)
四、中共政和县第十次代表大会 …… (141)
第三章　重大决策 …………………………… (141)
第一节　政治建设 …………………………… (141)
第二节　经济建设 …………………………… (142)
第三节　文化建设 …………………………… (144)
第四章　纪检监察 …………………………… (144)
第一节　机构 …………………………… (144)
一、县纪律检查委员会 …………………………… (144)
二、县监察局 …………………………… (145)
三、县机关效能建设领导小组办公室 …………………………… (145)
四、基层纪律监察 …………………………… (145)
第二节　党风党纪教育 …………………………… (145)
第三节　领导干部廉洁自律 …………………………… (146)
第四节　纠正部门和行业不正之风 …… (146)
第五节　执法监察 …………………………… (146)
第六节　违法违纪案件查处 …………………………… (146)
第七节　机关效能建设 …………………………… (147)
一、效能制度 …………………………… (147)
二、效能督查 …………………………… (147)
三、效能服务 …………………………… (147)
第五章　组织建设 …………………………… (148)
第一节　党　员 …………………………… (148)
一、党员发展 …………………………… (148)
二、党员教育 …………………………… (149)
第二节　基层组织建设 …………………………… (149)
一、乡(镇)和机关党组织建设 ……… (149)
二、农村党组织建设 …………………………… (149)
三、非公有制经济党组织建设 ……… (150)
第三节　干部管理 …………………………… (150)
一、班子建设 …………………………… (150)
二、后备干部队伍建设 …………………………… (151)
三、干部选拔任免 …………………………… (152)
四、干部交流 …………………………… (153)
五、干部考核 …………………………… (154)
六、干部监督 …………………………… (154)
七、干部培训 …………………………… (155)
第四节　知识分子工作 …………………………… (155)
第五节　老干部工作 …………………………… (155)
第六章　宣传工作 …………………………… (156)
第一节　理论学习教育 …………………………… (156)
第二节　社会宣传 …………………………… (157)
第三节　对外宣传 …………………………… (158)
第四节　中心任务宣传 …………………………… (158)
第七章　统战工作 …………………………… (159)
第一节　党外人士工作 …………………………… (159)
第二节　非公经济人士工作 …………………………… (159)
第三节　宗教民族工作 …………………………… (160)
一、宗教工作 …………………………… (160)
二、少数民族工作 …………………………… (160)
第四节　对台工作 …………………………… (160)

第五节　海外华侨及港澳同胞联谊……（161）
第八章　信访工作……（161）
第一节　机　构……（161）
第二节　来信来访……（161）
第九章　精神文明建设……（162）
第一节　机构……（162）
第二节　文明创建活动……（162）
一、创建文明县城……（162）
二、创建文明窗口……（163）
三、创建文明片区……（163）
四、创建文明村镇……（163）
第三节　未成年人思想道德建设……（164）
第四节　军民文明共建……（164）
第十章　其他党务工作……（165）
第一节　政策研究……（165）
第二节　党校工作……（165）
一、培训教育……（165）
二、函授教育……（166）

卷七　地方人民代表大会

第一章　人民代表……（167）
第一节　代表产生……（167）
一、县人大代表……（167）
二、省、市人大代表……（167）
附:福建省人大代表名录……（168）
南平市人大代表名录……（168）
第二节　代表构成……（168）
第二章　县人民代表大会……（169）
第一节　第十届人民代表大会……（169）
第二节　第十一届人民代表大会……（169）
第三节　第十二届人民代表大会……（169）
第四节　第十三届人民代表大会……（170）
第五节　第十四届人民代表大会……（170）
第三章　县人大常委会……（171）
第一节　常委会组成……（171）
第二节　工作机构……（172）
第三节　常委会会议……（172）
第四章　常委会主要工作……（173）
第一节　重大事项决定……（173）
第二节　法律监督与工作监督……（174）
第三节　人事任免……（175）
第四节　议案建议办理……（176）
第五节　代表联系……（176）
第六节　调查与视察……（177）
第七节　信访办理……（178）
第五章　乡(镇)人民代表大会……（179）
第一节　乡(镇)人大代表产生……（179）
第二节　乡(镇)人大主席团……（179）
第三节　人大主席团主要工作……（179）

卷八　地方人民政府

第一章　组织机构……（180）
第一节　领导机构……（180）
第二节　工作机构……（183）
附:省(市)属驻政和机构……（185）
第二章　重要会议……（185）
第一节　政务会议……（185）
一、常务会议……（185）
二、专题会议……（186）
第二节　其他重要会议……（188）
第三章　施政纪要……（188）
第一节　第十届县人民政府……（188）
第二节　第十一届县人民政府……（189）
第三节　第十二届县人民政府……（189）
第四节　第十三届县人民政府……（190）
第五节　第十四届县人民政府……（192）

卷九　政协地方组织

第一章　政协委员会……（194）
第一节　政协委员的产生……（194）
一、政协委员推举……（194）
二、政协委员构成……（194）
第二节　政协委员会会议……（197）
一、第三届委员会(1989年)会议……（197）
二、第四届委员会会议……（197）
三、第五届委员会会议……（197）
四、第六届委员会会议……（198）
五、第七届委员会会议……（198）
第二章　政协常务委员会……（199）
第一节　常务委员会组成……（199）
第二节　专门委员会……（200）
第三节　常务委员会会议……（200）
第三章　主要活动……（201）

第一节　协商议政 …… (201)
第二节　民主监督 …… (201)
一、反映社情民意 …… (201)
二、选聘各类监督员 …… (202)
第三节　调研视察 …… (202)
一、调研 …… (202)
二、视察 …… (203)
第四节　提案工作 …… (204)
第五节　委员学习 …… (204)
第六节　联谊工作 …… (205)
一、社会各界人士联谊 …… (205)
二、“三胞”联谊 …… (205)
三、横向联谊 …… (205)

卷十　社会团体

第一章　工人团体 …… (206)
第一节　组　织 …… (206)
一、县总工会 …… (206)
二、基层工会 …… (206)
第二节　代表大会 …… (206)
第三节　主要活动 …… (207)
一、维护职工合法权益 …… (207)
二、素质教育与劳动竞赛 …… (207)
三、送温暖与再就业工程 …… (207)
第二章　青少年团体 …… (208)
第一节　共产主义青年团 …… (208)
一、组织机构 …… (208)
二、代表大会 …… (208)
三、主要活动 …… (208)
第二节　少年先锋队 …… (209)
一、组织建设 …… (209)
二、主要活动 …… (209)
第三章　妇女团体 …… (210)
第一节　组织机构 …… (210)
一、县妇女联合会 …… (210)
二、基层妇联 …… (210)
第二节　代表大会 …… (210)
第三节　主要活动 …… (210)
一、维护妇女儿童合法权益 …… (210)
二、“双学双比”与“巾帼建功”竞赛 …… (211)
三、“五好文明家庭”活动 …… (211)
四、培养推荐女干部 …… (211)
第四章　商会团体 …… (212)
第一节　组织机构 …… (212)
一、县工商联(总商会) …… (212)
二、基层组织 …… (212)
第二节　代表大会 …… (212)
第三节　主要活动 …… (212)
第四节　域外工商业 …… (213)
一、在沪工商业 …… (213)
附:政和县在沪工商业部分企业简介 …… (216)
二、在粤工商业 …… (219)
附:在粤工商业部分企业简介 …… (219)
三、其他 …… (220)
附:部分工商业企业简介 …… (221)
第五章　科学技术协会 …… (221)
第一节　组织机构 …… (221)
一、县科学技术协会 …… (221)
二、乡镇科协 …… (221)
三、县级学会 …… (221)
第二节　代表大会 …… (222)
第三节　主要活动 …… (222)
一、科普教育 …… (222)
二、学术交流与技术培训 …… (222)
三、函授教育 …… (222)
第六章　文学艺术界联合会 …… (222)
第一节　组织机构 …… (222)
一、县文学艺术联合会 …… (222)
二、专业文艺协会 …… (223)
第二节　主要活动 …… (223)
一、文艺创作活动 …… (223)
二、协会活动 …… (223)
第七章　残疾人联合会 …… (224)
第一节　组织机构 …… (224)
一、县残疾人联合会 …… (224)
二、基层残联 …… (224)
第二节　代表大会 …… (224)
第三节　主要活动 …… (224)
一、康复服务 …… (224)
二、就业安置 …… (224)
三、扶贫助残 …… (225)
四、依法维权 …… (225)

第八章　归国华侨联合会……………………（225）
第一节　组织机构……………………（225）
第二节　代表大会……………………（225）
第三节　主要活动……………………（226）
第九章　其他社团组织……………………（226）
第一节　县计划生育协会……………………（226）
一、组织机构……………………（226）
二、主要活动……………………（226）
第二节　县关心下一代工作委员会……（227）
一、组织机构……………………（227）
二、主要活动……………………（227）

卷十一　政　法

第一章　政法委及综治……………………（228）
第一节　机构……………………（228）
第二节　严厉打击刑事犯罪……………………（228）
第三节　社会治安重点整治……………………（229）
第四节　预防青少年违法犯罪…………（230）
第二章　公　安……………………（231）
第一节　机　构……………………（231）
第二节　刑事侦查……………………（231）
第三节　安全保卫……………………（232）
第四节　经济侦查……………………（232）
第五节　治安管理……………………（232）
第六节　户政管理……………………（233）
第七节　交通管理……………………（234）
第八节　监所管理……………………（234）
第九节　出入境管理……………………（234）
第十节　公共信息网络监管……………（234）
第十一节　“110”应急处置……………（235）
第十二节　消防……………………（235）
第十三节　森林公安……………………（235）
第三章　检　察……………………（237）
第一节　机　构……………………（237）
第二节　刑事检察……………………（238）
一、审查批捕……………………（238）
二、审查公诉……………………（238）
三、侦查、立案监督……………………（239）
四、审判监督……………………（239）
第三节　反贪污贿赂与预防犯罪………（240）
一、反贪污贿赂……………………（240）
二、预防犯罪……………………（241）
第四节　民事行政检察……………………（241）
第五节　林业检察……………………（241）
第六节　法纪检察……………………（242）
第七节　监所检察……………………（242）
第八节　控告申诉检察……………………（243）
第九节　司法警察……………………（244）
第十节　纪检监察……………………（244）
第四章　审　判……………………（244）
第一节　机　构……………………（244）
第二节　刑事审判……………………（244）
第三节　民事审判……………………（245）
第四节　经济审判……………………（245）
第五节　林业审判……………………（246）
第六节　行政审判……………………（247）
第七节　审查立案与审判监督…………（247）
第八节　申诉复查……………………（248）
第九节　案件执行……………………（248）
第十节　法警工作……………………（248）
第五章　司法行政……………………（249）
第一节　机　构……………………（249）
第二节　普　法……………………（249）
第三节　人民调解……………………（250）
第四节　法律服务……………………（251）
第五节　公证事务……………………（251）
第六节　律师事务……………………（251）
第七节　安置帮教……………………（252）

卷十二　地方武装

第一章　武装机构与驻军……………………（254）
第一节　机　构……………………（254）
一、国防动员委员会……………………（254）
二、县人民武装部……………………（254）
三、基层武装部……………………（255）
第二节　驻　军……………………（255）
一、中国人民武装警察部队政和县大队……………………（255）
二、中国人民武装警察部队政和县中队……………………（255）
三、中国人民武装警察部队政和县八中队……………………（255）
四、中国人民武装警察部队政和县消防大队一中队……………………（255）

五、中国人民解放军 78983 部队 597 分队 …… (256)
第二章　兵　役 …… (256)
第一节　动员与登记 …… (256)
一、宣传动员 …… (256)
二、兵员登记 …… (256)
第二节　兵员征集 …… (256)
一、体格检查 …… (256)
二、政治审查 …… (256)
第三章　民　兵 …… (257)
第一节　民兵登记与组织整顿 …… (257)
第二节　民兵政治教育 …… (257)
第三节　民兵军事训练 …… (258)
一、普通民兵训练 …… (258)
二、专业技术民兵训练 …… (258)
三、专职武警干部训练 …… (258)
第四章　国防动员与人民防空 …… (259)
第一节　国防教育 …… (259)
第二节　人民防空 …… (260)
第五章　拥政爱民 …… (261)
第一节　维护社会治安 …… (261)
第二节　抢险救灾 …… (261)
第三节　支持地方经济建设 …… (262)

卷十三　体制改革

第一章　政治体制改革 …… (263)
第一节　民主政治与民主法制建设 …… (263)
一、完善人民代表大会制度与政治协商制度 …… (263)
二、地方政权组织与选举制度改革 …… (264)
三、健全行政诉讼制度 …… (264)
四、建立法官制度 …… (264)
五、建立检察官改革 …… (264)
第二节　党政机构改革 …… (265)
第三节　干部人事制度改革 …… (265)
一、实行国家公务员制度 …… (265)
二、干部管理改革 …… (266)
三、人才队伍建设管理改革 …… (266)
第二章　经济体制改革 …… (267)
第一节　农村经济体制改革 …… (267)
一、土地承包责任制 …… (267)
二、土地流转与农业产业化 …… (267)
三、农村社会化服务体系与建设 …… (268)
四、农村税费和金融体制改革 …… (269)
第二节　工业体制改革 …… (270)
一、企业经营机制改革 …… (270)
二、建立现代企业制度及股份制改革 …… (270)
第三节　宏观调控体制改革 …… (270)
一、财政体制改革 …… (270)
二、税务体制改革 …… (271)
三、金融体制改革 …… (272)
第四节　流通体制改革 …… (272)
一、国有流通企业改革 …… (272)
二、主要商品购销体制改革 …… (273)
第三章　社会保障体制改革 …… (273)
第一节　基本养老制度改革 …… (273)
一、职工基本养老保险 …… (273)
二、机关事业单位社会保险 …… (273)
三、农村社会养老保险 …… (274)
第二节　建立和完善职工失业保险制度 …… (274)
第三节　社会救济制度改革 …… (274)
第四节　住房制度改革 …… (275)
一、公有住房租金改革 …… (275)
二、出售公有住房和集资建房 …… (275)
三、建立住房公积金制度 …… (275)
第五节　职工医疗保险制度改革 …… (275)
第六节　公费医疗体制改革 …… (276)

卷十四　人事劳动

第一章　人　事 …… (277)
第一节　机　构 …… (277)
第二节　干部管理 …… (277)
第三节　专业技术人员管理 …… (280)
一、专业技术职务评聘 …… (280)
二、专业技术人员确认 …… (280)
三、专业技术人员教育 …… (280)
第四节　人才调配与服务 …… (281)
一、人才调配 …… (281)
二、人才服务 …… (282)
第五节　工资和福利 …… (283)
一、工资 …… (283)
二、福利 …… (284)

第六节　退休干部管理……………………（284）
第七节　人事档案管理……………………（285）
第二章　编　制……………………（285）
第一节　机构设置……………………（285）
一、机　构……………………（285）
二、机构设置管理……………………（285）
第二节　机构变动……………………（286）
第三节　人员编制管理……………………（287）
一、行政编制管理……………………（287）
二、事业编制管理……………………（287）
第三章　劳动和社会保障……………………（288）
第一节　机　构……………………（288）
第二节　劳动就业与再就业……………………（289）
一、就业安置与管理……………………（289）
二、再就业工作……………………（289）
三、农村劳动力转移就业……………………（289）
第三节　职业技能培训与鉴定……………………（290）
第四节　劳动监察与仲裁……………………（291）
一、劳动监察……………………（291）
二、劳动争议仲裁……………………（291）
三、工伤事故认定……………………（291）
第五节　劳动管理……………………（291）
一、企业用工管理……………………（291）
二、劳动关系管理……………………（292）
第六节　社会保障……………………（292）
一、城镇企业职工基本养老保险……………………（292）
二、机关事业单位社会保险……………………（293）
三、农村社会养老保险……………………（293）
四、企业职工失业保险……………………（293）
五、城镇职工基本医疗保险……………………（294）
六、企业职工工伤保险……………………（294）
七、企业职工生育保险……………………（294）

卷十五　民政　老区与扶贫

第一章　民　政……………………（298）
第一节　拥军优抚……………………（298）
一、拥军……………………（298）
二、优待……………………（298）
三、抚恤……………………（299）
四、补助……………………（300）
第二节　安　置……………………（301）
一、复员退伍军人安置……………………（301）
二、军地两用人才开发使用……………………（301）
三、农工安置……………………（301）
四、移民安置……………………（301）
第三节　救灾救济……………………（302）
一、救灾……………………（302）
二、救济……………………（302）
三、城乡居民最低生活保障……………………（304）
第四节　社会福利……………………（304）
一、福利事业……………………（304）
二、福利企业……………………（305）
附:主要民政福利企业……………………（305）
三、福利彩票……………………（305）
第五节　基层自治组织建设……………………（306）
一、村民委员会建设……………………（306）
二、居民委员会建设……………………（306）
第六节　其他民政事务……………………（306）
一、婚姻登记……………………（306）
二、收养登记……………………（307）
三、勘界……………………（307）
四、社团与民办非企业登记……………………（309）
第二章　扶贫扶建……………………（309）
第一节　老区工作……………………（309）
一、老区分布与状况……………………（309）
二、老区扶建……………………（309）
三、“五老”服务……………………（310）
第二节　扶贫工作……………………（310）
一、贫困地区分布与状况……………………（310）
二、扶贫措施……………………（310）
三、扶贫成果……………………（311）
第三章　管　理……………………（312）
第一节　地名管理……………………（312）
第二节　殡葬管理……………………（313）
第三节　机　构……………………（313）
一、县民政局……………………（313）
二、县老区扶贫办……………………（313）
三、县移民局……………………（314）

卷十六　农　业

第一章　基本条件……………………（315）
第一节　生产条件……………………（315）
一、耕地……………………（315）
二、劳力……………………（315）

三、畜力 ………………………………（317）
第二节　农田基建 ……………………………（317）
第三节　农业区划 ……………………………（317）
第二章　结构调整 ……………………………（318）
第一节　农村产业结构 ………………………（318）
第二节　农业结构 ……………………………（319）
第三节　种植业结构 …………………………（319）
第三章　种植业 ………………………………（320）
第一节　粮食作物 ……………………………（320）
一、水稻 ………………………………（320）
二、甘薯 ………………………………（321）
三、马铃薯 ……………………………（321）
四、玉米 ………………………………（322）
五、豆类 ………………………………（322）
第二节　油料作物 ……………………………（322）
一、花生 ………………………………（322）
二、芝麻 ………………………………（323）
三、向日葵 ……………………………（323）
第三节　水果 …………………………………（323）
一、常绿水果 …………………………（323）
二、落叶水果 …………………………（323）
三、其他水果 …………………………（325）
第四节　烟　草 ………………………………（325）
一、种植规模 …………………………（325）
二、技术管理 …………………………（325）
三、政策扶持 …………………………（326）
第五节　蔬菜与其他园艺作物 ………………（326）
一、蔬菜 ………………………………（326）
二、食用菌 ……………………………（327）
三、魔芋 ………………………………（327）
四、其他 ………………………………（327）
第四章　农业技术 ……………………………（328）
第一节　耕作制度 ……………………………（328）
第二节　品种改良与推广 ……………………（329）
第三节　栽培技术 ……………………………（329）
一、水稻 ………………………………（329）
二、甘薯、马铃薯 ……………………（329）
三、果树 ………………………………（329）
第四节　改土施肥 ……………………………（330）
一、土壤改良 …………………………（330）
二、肥料种类 …………………………（330）
三、施肥技术 …………………………（330）
四、施肥量 ……………………………（330）
五、土壤养份 …………………………（330）
第五节　植物保护 ……………………………（330）
一、植物检疫 …………………………（330）
二、病虫测报 …………………………（330）
三、病虫害种类 ………………………（330）
四、防治技术 …………………………（331）
第五章　农业机械 ……………………………（332）
第一节　农机推广 ……………………………（332）
一、农田作业 …………………………（332）
二、农副产品加工 ……………………（332）
三、农村运输 …………………………（333）
四、其他 ………………………………（333）
第二节　培训与维修 …………………………（333）
第三节　安全监理 ……………………………（334）
第六章　畜牧业 ………………………………（334）
第一节　家畜 …………………………………（334）
一、猪 …………………………………（334）
二、牛 …………………………………（334）
三、羊 …………………………………（335）
四、兔 …………………………………（335）
第二节　家禽 …………………………………（336）
一、品种 ………………………………（336）
二、繁育 ………………………………（336）
三、饲养 ………………………………（336）
第三节　其他 …………………………………（337）
一、宠物 ………………………………（337）
二、珍贵野生动物 ……………………（337）
附：养蜂 ………………………………（338）
第四节　牧草与饲料 …………………………（338）
一、牧草 ………………………………（338）
二、饲料 ………………………………（338）
三、加工 ………………………………（338）
第五节　疫病防治 ……………………………（338）
一、疫病 ………………………………（338）
二、防治 ………………………………（339）
第七章　水产业 ………………………………（339）
第一节　淡水鱼 ………………………………（339）
一、品种与鱼苗 ………………………（339）
二、养殖与产量 ………………………（339）
三、鱼病防治 …………………………（339）
第二节　河蟹 …………………………………（340）

一、品种与蟹苗 ……………………… (340)
二、养殖与产量 ……………………… (341)
第三节　淡水鳗 ……………………… (341)
第四节　捕捞 ………………………… (342)
第五节　渔政管理 …………………… (342)
第八章　农业管理 ………………… (343)
第一节　农业执法 …………………… (343)
第二节　经营管理 …………………… (343)
一、财务会计 ………………………… (343)
二、队伍建设 ………………………… (343)
三、村财管理 ………………………… (343)
四、村财清查 ………………………… (343)
五、村财审计 ………………………… (343)
六、土地延包 ………………………… (344)
第三节　机　构 ……………………… (344)
一、农业局 …………………………… (344)
二、畜牧水产局 ……………………… (344)
三、农业机械管理总站 ……………… (344)
四、农业利用外资办公室 …………… (344)
五、食用菌研究开发中心 …………… (344)
附:国营生产单位 …………………… (344)

卷十七　林　业

第一章　森林资源 ………………… (346)
第一节　面积与蓄积 ………………… (346)
一、面积 ……………………………… (346)
二、蓄积量 …………………………… (347)
第二节　林木种类 …………………… (348)
一、主要种类 ………………………… (348)
二、珍稀树种 ………………………… (348)
三、古树名木 ………………………… (348)
第三节　竹资源 ……………………… (354)
一、面积与分布 ……………………… (354)
二、主要品种 ………………………… (355)
第四节　林副产品 …………………… (355)
一、锥栗 ……………………………… (355)
二、笋干 ……………………………… (355)
三、茉莉花 …………………………… (355)
四、油桐 ……………………………… (355)
五、油茶 ……………………………… (355)
六、山苍子 …………………………… (356)
七、松脂 ……………………………… (356)
八、土纸 ……………………………… (356)
第二章　林业体制改革 …………… (357)
第一节　集体林经营改制 …………… (357)
第二节　木材经营改制 ……………… (357)
第三节　国有林业企业改制 ………… (357)
第三章　造林育林 ………………… (358)
第一节　采种育苗 …………………… (358)
一、苗木培育 ………………………… (358)
二、良种基地 ………………………… (358)
三、引种试验 ………………………… (358)
第二节　植树造林 …………………… (359)
一、人工造林 ………………………… (359)
二、义务植树 ………………………… (359)
三、基地建设 ………………………… (359)
四、林纸工程 ………………………… (361)
第三节　林木抚育 …………………… (361)
一、幼林抚育 ………………………… (361)
二、成林抚育 ………………………… (361)
三、封山育林 ………………………… (362)
第四节　生态公益林建设 …………… (362)
第五节　竹业基地建设 ……………… (363)
第四章　森林保护 ………………… (364)
第一节　森林防火 …………………… (364)
一、组织机构 ………………………… (364)
二、防火设施 ………………………… (364)
三、森林火灾 ………………………… (364)
附:省国营界溪林场重大森林火灾 … (365)
第二节　病虫害防治 ………………… (365)
第三节　依法治林 …………………… (366)
第四节　森林保护区 ………………… (367)
第五章　木材产销 ………………… (368)
第一节　采伐与集运 ………………… (368)
一、采伐 ……………………………… (368)
二、集运 ……………………………… (369)
第二节　经　销 ……………………… (369)
第三节　加　工 ……………………… (370)
第六章　管　理 …………………… (370)
第一节　林政管理 …………………… (370)
一、木材采伐管理 …………………… (370)
二、木材运输管理 …………………… (370)
三、木材加工管理 …………………… (371)
四、森林资源保护 …………………… (371)

五、野生动物保护 ……………………… (372)
第二节　权属变更与纠纷调解 ………… (372)
第三节　机　构 …………………………… (373)
一、县林业局 …………………………… (373)
二、挂靠单位 …………………………… (374)
三、县公安局森林分局 ………………… (374)

卷十八　茶　业

第一章　茶树栽培 ……………………… (375)
第一节　茶园 ……………………………… (375)
一、茶园分布 …………………………… (375)
二、茶园建设 …………………………… (376)
第二节　品种与栽培 ……………………… (377)
一、品种 ………………………………… (377)
二、茶苗繁育 …………………………… (378)
三、茶树种植 …………………………… (378)
第三节　茶园管理 ………………………… (378)
一、耕作 ………………………………… (378)
二、修剪 ………………………………… (378)
三、施肥 ………………………………… (378)
四、病虫防治 …………………………… (378)
第二章　采摘加工 ……………………… (379)
第一节　采摘 ……………………………… (379)
第二节　加工 ……………………………… (379)
附:重点加工企业 ……………………… (381)
第三章　茶叶销售 ……………………… (384)
第一节　内销 ……………………………… (384)
第二节　外销 ……………………………… (384)
第四章　管理与茶文化 ………………… (385)
第一节　管理机构 ………………………… (385)
第二节　经营体制 ………………………… (386)
第三节　茶政管理 ………………………… (386)
第四节　茶文化 …………………………… (386)
一、茶之传说 …………………………… (387)
二、茶之风俗 …………………………… (388)
三、茶之吟咏 …………………………… (388)
四、茶之歌谣 …………………………… (389)

卷十九　工业　乡镇企业

第一章　工　业 ………………………… (392)
第一节　所有制结构 ……………………… (392)
一、国有企业 …………………………… (392)
二、集体企业 …………………………… (392)
三、股份合作企业 ……………………… (394)
四、联营企业 …………………………… (394)
五、有限责任公司 ……………………… (394)
六、股份有限公司 ……………………… (394)
七、私营企业 …………………………… (394)
八、港澳台商投资企业 ………………… (394)
九、外商投资企业 ……………………… (395)
第二节　门　类 …………………………… (396)
一、建材业 ……………………………… (396)
附:政和县华厦水泥有限责任公司 … (397)
二、机械制造业 ………………………… (397)
附:政和七星水轮机有限公司 ……… (397)
三、金属矿采选业 ……………………… (398)
附:部分企业 …………………………… (398)
四、非金属矿采选业 …………………… (399)
五、农副食品加工业 …………………… (399)
附:部分企业 …………………………… (399)
六、化学工业 …………………………… (400)
七、竹木加工业 ………………………… (401)
附:部分企业 …………………………… (401)
八、其他制造业 ………………………… (402)
第三节　名优特产品 ……………………… (403)
第二章　乡镇企业 ……………………… (404)
第一节　企业结构 ………………………… (404)
一、乡(镇)办企业 ……………………… (404)
二、村办企业 …………………………… (404)
三、私营企业 …………………………… (404)
四、股份合作企业 ……………………… (405)
五、“三资”企业 ………………………… (405)
第二节　企业门类 ………………………… (406)
一、工业企业 …………………………… (406)
二、农业企业 …………………………… (406)
三、建筑企业 …………………………… (407)
四、商业服务业 ………………………… (407)
五、交通运输业 ………………………… (407)
第三章　管理 …………………………… (408)
第一节　工业企业管理 …………………… (408)
一、机构 ………………………………… (408)
二、管理 ………………………………… (409)
第二节　乡(镇)企业管理 ……………… (409)
一、机构 ………………………………… (409)

二、管理 …………………………… (410)

卷二十 水利电力

第一章 水利工程 …………………………… (411)
第一节 蓄水工程 …………………………… (411)
一、中型水库 …………………………… (411)
二、小(一)型水库 …………………………… (412)
三、小(二)型水库 …………………………… (412)
第二节 引水、提水与节水工程 ……… (412)
一、引水工程 …………………………… (412)
二、提水工程 …………………………… (412)
三、节水工程 …………………………… (413)
第三节 人饮水工程 …………………………… (413)
一、城区供水工程 …………………………… (413)
二、乡镇供水工程 …………………………… (413)
三、村级供水工程 …………………………… (414)
第四节 防洪工程 …………………………… (417)
一、城区防洪堤 …………………………… (417)
二、各流域防洪堤 …………………………… (419)
第二章 防讯抗旱 …………………………… (420)
第一节 防 汛 …………………………… (420)
一、防汛建设 …………………………… (420)
二、洪水与防汛救灾 …………………………… (420)
第二节 抗 旱 …………………………… (421)
附:人工增雨作业 …………………………… (421)
第三章 电 力 …………………………… (422)
第一节 水电站建设 …………………………… (422)
第二节 输变电 …………………………… (423)
第三节 配 电 …………………………… (424)
一、城区配电 …………………………… (424)
二、农村配电 …………………………… (425)
第四节 用 电 …………………………… (426)
一、用电结构 …………………………… (426)
二、电 价 …………………………… (426)
第五节 农村初级电气化建设 ………… (427)
第四章 水土保持 …………………………… (428)
第一节 水土流失状况 …………………………… (428)
第二节 水土流失治理 …………………………… (428)
第五章 管 理 …………………………… (429)
第一节 机 构 …………………………… (429)
第二节 水政管理 …………………………… (429)
第三节 工程管理 …………………………… (430)

卷二十一 商 贸

第一章 商 业 …………………………… (431)
第一节 商品经营 …………………………… (431)
一、批发业 …………………………… (431)
二、零售业 …………………………… (434)
附:荟华家电有限公司 …………………………… (434)
第二节 集市贸易 …………………………… (435)
一、城区集市 …………………………… (435)
二、乡镇集市 …………………………… (435)
第三节 国有商业管理 …………………………… (436)
第二章 饮食服务业 …………………………… (436)
第一节 饮食业 …………………………… (436)
一、餐饮业 …………………………… (436)
第二节 服务业 …………………………… (437)
一、旅馆业 …………………………… (437)
二、理发及美容业 …………………………… (438)
三、沐浴业 …………………………… (438)
四、摄影扩印业 …………………………… (438)
五、其他服务业 …………………………… (438)
第三章 供销合作 …………………………… (439)
第一节 农业生产资料经营 …………… (439)
第二节 生活资料经营 …………………………… (440)
一、工业品 …………………………… (440)
二、烟花爆竹 …………………………… (440)
三、食盐 …………………………… (440)
第三节 农副产品购销 …………………………… (441)
第四节 机构与“三农”服务平台建设
…………………………… (441)
一、机构 …………………………… (441)
二、“三农”服务平台建设 …………… (442)
第四章 粮油经营 …………………………… (444)
第一节 粮油购销 …………………………… (444)
一、粮食收购 …………………………… (444)
二、粮食销售 …………………………… (447)
三、经营网点 …………………………… (447)
四、食油购销 …………………………… (448)
第二节 粮食价格 …………………………… (448)
一、粮食收购价格 …………………………… (448)
二、粮食销售价格 …………………………… (450)
第三节 粮油储运 …………………………… (454)
一、粮仓、油罐 …………………………… (454)

二、粮食储藏 …………………………（455）
三、粮油调运 …………………………（456）
第四节　管　理…………………………（456）
一、管理机构 …………………………（456）
二、票证管理 …………………………（456）
三、财务管理 …………………………（457）
第五章　物资供应…………………………（457）
第一节　物资经营…………………………（457）
一、金属材料 …………………………（457）
二、机电设备 …………………………（458）
三、化工建材 …………………………（458）
四、其他物质 …………………………（459）
第二节　机　构…………………………（459）
第六章　烟　草…………………………（459）
第一节　烤烟收购…………………………（459）
第二节　卷烟销售…………………………（460）
一、营销体制 …………………………（460）
二、销　售 …………………………（460）
第三节　专卖管理…………………………（461）
一、机　构 …………………………（461）
二、行政管理 …………………………（461）
三、执法监督管理 …………………………（462）
第七章　燃料经营…………………………（462）
第一节　石　油…………………………（462）
第二节　液化气…………………………（463）

卷二十二　财政　税务

第一章　财　政…………………………（464）
第一节　财政收入…………………………（464）
一、预算内收入 …………………………（464）
二、预算外收入 …………………………（465）
第二节　财政支出…………………………（466）
一、预算内支出 …………………………（466）
二、预算外支出 …………………………（467）
第三节　财政体制…………………………（468）
一、县财政体制 …………………………（468）
二、乡（镇）财政体制 …………………………（469）
第二章　税　务…………………………（470）
第一节　税种　税率…………………………（470）
一、国税税种、税率…………………………（470）
二、地税税种、税率…………………………（471）
三、农业四税 …………………………（472）
四、税务征收的各费 …………………………（472）
第二节　税收收入…………………………（472）
一、国税 …………………………（472）
二、地税 …………………………（473）
三、其他各费收入 …………………………（476）
第三章　管　理…………………………（477）
第一节　财政管理…………………………（477）
一、管理机构 …………………………（477）
二、财政预算管理 …………………………（477）
三、企业财政管理 …………………………（478）
四、乡（镇）财政支出管理 …………………………（478）
五、基金资金管理 …………………………（479）
六、国有资产管理 …………………………（479）
七、财政监督检查 …………………………（480）
第二节　税务管理…………………………（481）
一、管理机构 …………………………（481）
二、税收政策管理 …………………………（481）
三、税务登记管理 …………………………（482）
四、征收管理 …………………………（482）
五、减免税管理 …………………………（483）
六、出口退税管理 …………………………（483）
七、税务稽查 …………………………（483）
八、税收信息化建设 …………………………（484）

卷二十三　金融保险

第一章　金　融…………………………（485）
第一节　货币发行与流通…………………………（485）
一、人民币发行 …………………………（485）
二、纪念币发行 …………………………（485）
三、现金投放与回笼 …………………………（485）
第二节　存　款…………………………（487）
一、个人储蓄 …………………………（487）
二、单位存款 …………………………（488）
第三节　贷　款…………………………（489）
一、农业贷款 …………………………（489）
二、工商业贷款 …………………………（491）
三、基本建设贷款 …………………………（492）
四、专项贷款 …………………………（492）
五、粮食收购贷款 …………………………（493）
六、支农贷款 …………………………（493）
第四节　外　汇…………………………（494）
第五节　中间业务…………………………（495）

一、结算 ……………………………… (495)
二、国债 ……………………………… (495)
第二章 保 险 ……………………… (496)
第一节 承保 险种 ………………… (496)
第二节 保费与理赔 ……………… (497)
第三章 管 理 ……………………… (499)
第一节 金融管理 ………………… (499)
一、机构 ……………………………… (499)
二、账户管理 ………………………… (501)
三、信贷资金管理 …………………… (501)
四、现金管理 ………………………… (502)
五、反假币 …………………………… (502)
六、金银管理 ………………………… (503)
附:金、银首饰加工业 ……………… (503)
七、征信管理 ………………………… (503)
八、金融监管 ………………………… (503)
第二节 保险管理 ………………… (504)
一、机构 ……………………………… (504)
二、行业监督 ………………………… (505)

卷二十四 对外经济与贸易

第一章 招商引资 ………………… (506)
第一节 投资环境 ………………… (506)
第二节 利用外来资金 …………… (506)
第二章 进出口贸易 ……………… (508)
第一节 出口贸易 ………………… (508)
第二节 进口贸易 ………………… (509)
第三章 经济技术协作 …………… (510)
第一节 区域经济协作 …………… (510)
第二节 山海协作示范园区 ……… (510)
第三节 劳务输出 ………………… (512)
第四节 县级开发区 ……………… (512)

卷二十五 交通 邮电

第一章 交 通 ……………………… (513)
第一节 线 路 …………………… (513)
一、省 道 …………………………… (513)
二、县 道 …………………………… (514)
三、农村公路 ………………………… (514)
四、桥梁 渡口 ……………………… (519)
第二节 运 输 …………………… (522)
一、旅客运输 ………………………… (522)
二、货物运输 ………………………… (523)
第三节 管 理 …………………… (524)
一、机 构 …………………………… (524)
二、公路养护 ………………………… (525)
三、路政管理 ………………………… (526)
四、运输管理 ………………………… (526)
五、规费征管 ………………………… (527)
六、安全管理 ………………………… (529)
附:1989—2005 年特大交通事故 …… (530)
第二章 邮 政 ……………………… (530)
第一节 机 构 …………………… (530)
一、邮政局 …………………………… (530)
二、邮电支局 ………………………… (530)
第二节 邮政网络 ………………… (531)
一、营业网点 ………………………… (531)
二、城区邮路 ………………………… (531)
三、乡村邮路 ………………………… (532)
四、农村投递线路 …………………… (532)
第三节 邮政业务 ………………… (532)
一、函 件 …………………………… (532)
二、包 件 …………………………… (533)
三、邮政快件 ………………………… (533)
四、报刊发行 ………………………… (534)
五、汇 兑 …………………………… (534)
六、邮政储蓄 ………………………… (535)
七、特快专递 ………………………… (535)
八、机要通信 ………………………… (535)
九、集邮 ……………………………… (535)
十、邮政物流 ………………………… (536)
十一、信息业务 ……………………… (536)
第三章 通 信 ……………………… (536)
第一节 电 信 …………………… (536)
一、机 构 …………………………… (536)
二、业 务 …………………………… (537)
第二节 移 动 …………………… (540)
一、机 构 …………………………… (540)
二、设施建设 ………………………… (540)
三、业 务 …………………………… (540)
第三节 联 通 …………………… (541)
一、机 构 …………………………… (541)
二、设施建设 ………………………… (541)
三、业 务 …………………………… (541)

卷二十六　经济管理

第一章　计划管理 ……………………………（542）
第一节　机　构 ……………………………（542）
第二节　计划编制与执行 …………………（542）
一、"七五"计划（1986—1990 年）编制与执行情况 …………………（542）
二、"八五"计划（1991—1995 年）编制与执行情况 …………………（543）
三、"九五"计划（1996—2000 年）编制与执行情况 …………………（543）
四、"十五"计划（2001—2005 年）编制与执行情况 …………………（543）
第三节　固定资产投资 ……………………（544）
第四节　项目实施与管理 …………………（544）
第二章　统计管理 …………………………（545）
第一节　组织机构 …………………………（545）
第二节　常规统计 …………………………（546）
一、统计报表 ………………………………（546）
二、统计信息和分析 ………………………（546）
第三节　专项调查 …………………………（546）
一、普查 ……………………………………（546）
二、抽样调查 ………………………………（547）
第四节　统计监督与执法 …………………（548）
一、统计监督 ………………………………（548）
二、统计执法 ………………………………（548）
第三章　工商行政管理 ……………………（549）
第一节　机构与体制 ………………………（549）
一、机构 ……………………………………（549）
二、管理体制 ………………………………（549）
第二节　市场建设 …………………………（550）
第三节　市场管理 …………………………（550）
一、集贸市场管理 …………………………（550）
二、粮食市场管理 …………………………（550）
三、经纪人市场管理 ………………………（551）
四、车辆市场管理 …………………………（551）
五、展销会管理 ……………………………（551）
六、房地产市场管理 ………………………（551）
七、市场整顿 ………………………………（551）
第四节　企业与个私经济登记 ……………（552）
一、个私企业、工商户登记管理 …………（552）
二、国有、集体及联营企业登记管理 ……………………………………（554）
三、动产抵押登记管理 ……………………（555）
第五节　商标广告管理 ……………………（555）
一、商标管理 ………………………………（555）
二、广告管理 ………………………………（555）
第六节　经济合同管理 ……………………（556）
一、鉴证仲裁 ………………………………（556）
二、检查监督 ………………………………（556）
三、拍卖监督 ………………………………（556）
四、诚信建设 ………………………………（556）
第七节　经济检查 …………………………（556）
第八节　消费者权益保护 …………………（557）
第四章　质量技术监督管理 ………………（558）
第一节　机构 ………………………………（558）
第二节　质量监督 …………………………（558）
一、企业产品质量监督 ……………………（558）
二、组织开展"打假"活动 ………………（558）
三、市场名牌产品质量监督 ………………（559）
第三节　计量监督与认证 …………………（559）
第四节　标准化管理 ………………………（560）
一、农业标准化管理 ………………………（560）
二、工业标准化管理 ………………………（560）
三、代码、标识证管理 ……………………（560）
第五章　物价管理 …………………………（561）
第一节　管理机构 …………………………（561）
第二节　物价总水平 ………………………（561）
第三节　物价体制改革 ……………………（561）
第四节　价格管理 …………………………（562）
一、工业品价格 ……………………………（562）
二、农产品价格 ……………………………（564）
三、交通邮电价格 …………………………（565）
第五节　非商品收费管理 …………………（566）
一、收费管理 ………………………………（566）
二、收费项目清理 …………………………（566）
第六节　价格检查与监督 …………………（566）
第七节　价格听证会 ………………………（567）
第六章　审计管理 …………………………（568）
第一节　机构 ………………………………（568）
第二节　财政金融审计 ……………………（568）
一、财政预算执行审计 ……………………（568）
二、财政决算审计 …………………………（568）

三、金融审计 …………………………（568）
第三节　农业审计 ……………………（569）
第四节　企业审计 ……………………（569）
第五节　行政事业审计 ………………（569）
第六节　固定资产投资审计 …………（570）
第七节　经济责任审计 ………………（570）
第八节　其他审计事务 ………………（570）

卷二十七　科　技

第一章　机构与队伍 …………………（572）
第一节　行政机构 ……………………（572）
第二节　科研机构 ……………………（572）
一、国有科研机构 ……………………（572）
二、民营科研机构 ……………………（573）
三、民营科技企业 ……………………（573）
第三节　科技队伍 ……………………（574）
第二章　科研活动 ……………………（575）
第一节　科技宣传 ……………………（575）
一、青少年科技普及 …………………（575）
二、科普宣传 …………………………（575）
第二节　科技培训 ……………………（576）
第三节　科技推广 ……………………（576）
第四节　科技下乡 ……………………（577）
第五节　科技示范 ……………………（577）
一、科技示范乡（镇）、村、户建设 ……（577）
二、科技示范企业 ……………………（577）
三、示范园区建设 ……………………（578）
第六节　科技达标 ……………………（578）
第七节　农村能源开发 ………………（578）
第三章　科技服务 ……………………（579）
第一节　农技服务 ……………………（579）
一、农民技术员 ………………………（579）
二、科技特派员 ………………………（579）
第二节　气象服务 ……………………（580）
第三节　地质矿产勘察及服务 ………（580）
第四节　科技咨询服务 ………………（581）
第四章　管　理 ………………………（581）
第一节　项目管理 ……………………（581）
第二节　成果管理与专利 ……………（582）
一、成果管理 …………………………（582）
二、专利 ………………………………（587）
第三节　经费管理 ……………………（589）
第四节　农业科技管理 ………………（590）
第五章　防震减灾 ……………………（590）
第一节　地震监测 ……………………（590）
一、远程地震遥测台 …………………（590）
二、地震观测点 ………………………（590）
第二节　震害防御 ……………………（590）
一、地震科普宣传 ……………………（590）
二、地震应急 …………………………（591）

卷二十八　教　育

第一章　幼儿教育 ……………………（592）
第一节　园所设置 ……………………（592）
第二节　保教 …………………………（593）
一、保育 ………………………………（593）
二、学制　班制 ………………………（593）
三、教学　教材 ………………………（593）
四、课题与教研 ………………………（594）
五、设施 ………………………………（594）
附：园所选介 …………………………（595）
第二章　小学教育 ……………………（595）
第一节　学校设置 ……………………（595）
第二节　教学教研 ……………………（596）
一、学制 ………………………………（596）
二、课程 ………………………………（596）
三、教材 ………………………………（596）
四、教研 ………………………………（596）
第三节　德　育 ………………………（597）
第四节　特殊教育 ……………………（597）
附：主要小学简介 ……………………（599）
第三章　中学教育 ……………………（600）
第一节　学校设置 ……………………（600）
第二节　教学教研 ……………………（601）
一、学制　课程　教材 ………………（601）
二、教研 ………………………………（602）
第三节　德育 …………………………（603）
附：学校选介 …………………………（603）
第四章　职业教育与成人教育 ………（604）
第一节　职业教育 ……………………（604）
第二节　成人教育 ……………………（605）
一、农村扫盲 …………………………（605）
二、自学考试 …………………………（606）
三、学历教育 …………………………（606）

附:学校简介 …………………………（607）
第五章　教　师…………………………（607）
第一节　队　伍 …………………………（607）
第二节　职称评聘 ………………………（610）
第三节　待遇 ……………………………（611）
第四节　培训 ……………………………（611）
附:培训基地简介 ………………………（611）
第六章　管理与督导……………………（612）
第一节　机　构 …………………………（612）
第二节　教育管理 ………………………（612）
一、行政管理 ……………………………（612）
二、人事管理 ……………………………（613）
三、学校管理 ……………………………（613）
四、教学管理 ……………………………（613）
第三节　教育经费………………………（615）
一、经费来源 ……………………………（615）
二、经费管理 ……………………………（617）
第四节　学校建设………………………（618）
第五节　教育督导………………………（618）
第七章　教育改革………………………（619）
第一节　教育管理体制改革……………（619）
第二节　办学体制改革…………………（619）
第三节　人事制度改革…………………（619）
第四节　招生制度改革…………………（620）
第五节　布点结构调整…………………（620）
第六节　教育教学改革…………………（620）
第七节　教育结构改革…………………（621）

卷二十九　文化　体育

第一章　文　化…………………………（622）
第一节　文化创建活动…………………（622）
一、实施“芳草计划” …………………（622）
二、文化中心户及文化之家 …………（622）
三、乡、村百姓知情室(栏) …………（623）
第二节　文艺创作………………………（623）
第三节　文化活动………………………（627）
一、文艺演出及展览 …………………（627）
二、民间文艺及节庆活动 ……………（628）
三、文化活动场所 ……………………（630）
第四节　群众文化机构、团体及人才培养
…………………………………………（632）
一、机构、团体…………………………（632）
二、文艺人才培养 ……………………（632）
第五节　文　物…………………………（632）
一、机构 ………………………………（632）
二、馆藏文物 …………………………（632）
三、古迹、遗址…………………………（633）
四、文物保护 …………………………（635）
第二章　图书　档案……………………（636）
第一节　图书……………………………（636）
一、图书馆藏与服务 …………………（636）
二、图书发行 …………………………（637）
第二节　档案……………………………（638）
一、档案收藏 …………………………（638）
二、档案利用 …………………………（640）
三、档案设施 …………………………（640）
第三章　广播电视　影像………………（641）
第一节　广播电视………………………（641）
一、广播 ………………………………（641）
二、电视 ………………………………（642）
附:村村通工程 ………………………（644）
第二节　影像……………………………（644）
一、电影 ………………………………（644）
二、录像 ………………………………（645）
第四章　新闻　报刊……………………（645）
第一节　新闻报道………………………（645）
第二节　报刊编发………………………（647）
一、编辑 ………………………………（647）
二、印刷与发行 ………………………（647）
第三节　新闻队伍………………………（647）
一、专业队伍 …………………………（647）
二、业余通讯员队伍 …………………（648）
第五章　地方志　党史　文史…………（649）
第一节　地方志…………………………（649）
一、志书编纂 …………………………（649）
二、地情编纂 …………………………（650）
三、部门志编纂 ………………………（651）
第二节　党　史…………………………（652）
一、党史宣传 …………………………（652）
二、党史编著 …………………………（652）
第三节　文　史…………………………（653）
第六章　体　育…………………………（653）
第一节　群众体育………………………（653）
一、体育社团组织 ……………………（653）

二、群众体育活动 …………………… (653)
三、老年人体育 ………………………… (653)
第二节　竞技体育 …………………… (655)
一、人才培养 ………………………… (655)
二、参加各级竞赛 …………………… (655)
三、承办市级竞赛 …………………… (658)
第三节　学校体育 …………………… (658)
第四节　设　施 ……………………… (658)
附:体育彩票 ………………………… (658)
第七章　管　理 ……………………… (659)
第一节　机　构 ……………………… (659)
一、县文物管理委员会 ……………… (659)
二、县文化体育局 …………………… (659)
三、县新闻出版(版权)局 …………… (659)
四、县档案局(档案馆) ……………… (659)
五、县地方志编纂委员会 …………… (659)
六、县新华书店 ……………………… (659)
七、县广播电视事业局 ……………… (659)
八、县委报道组 ……………………… (660)
九、县党史研究室 …………………… (660)
第二节　行政执法 …………………… (660)
一、文化经营许可审批 ……………… (660)
二、文化市场稽查和“扫黄打非” …… (660)
三、档案执法检查 …………………… (660)

卷三十　旅　游

第一章　旅游资源 …………………… (661)
第一节　自然景观 …………………… (661)
一、洞宫山省级风景名胜区 ………… (661)
二、佛子山风景名胜区 ……………… (661)
三、锦屏风景区 ……………………… (662)
四、奖山风景区 ……………………… (662)
五、望浙山风景区 …………………… (662)
六、其他景区 ………………………… (662)
第二节　人文景观 …………………… (663)
一、古廊桥 …………………………… (663)
二、鲤鱼溪 …………………………… (664)
三、锦屏古矿冶遗址 ………………… (664)
四、英节庙及四平戏庙会 …………… (664)
五、云根书院 ………………………… (664)
六、七星塔和乾清坤宁塔 …………… (664)
七、杨源西门和澄源前村、坑里古民居 …………… (664)
八、凤林护国寺及朱森墓 …………… (665)
九、红色旅游基地 …………………… (665)
第二章　景区规划与开发 ………… (665)
第一节　景区规划 …………………… (665)
一、《政和县1996—2010年旅游事业发展规划》 ……… (665)
二、《政和县旅游发展总体规划》(纲要) …………… (665)
三、《政和县佛子山风景旅游区修建性详细规划》 …… (666)
四、《政和县生态旅游建设规划》 …… (666)
五、其他规划 ………………………… (666)
第二节　景区建设与开发 …………… (666)
一、洞宫山景区建设开发 …………… (666)
二、佛子山景区建设开发 …………… (667)
三、锦屏景区建设开发 ……………… (667)
四、望浙山景区建设开发 …………… (667)
五、奖山景区建设开发 ……………… (667)
第三章　旅游宣传 …………………… (667)
第一节　影视作品及文字资料 ……… (667)
一、影视作品制作 …………………… (667)
二、文字及图片推介资料 …………… (668)
三、邮品制作 ………………………… (668)
第二节　旅游文化节 ………………… (668)
一、洞宫山旅游文化节 ……………… (668)
二、武夷山旅游文化节(政和展厅) …………… (668)
三、畲族文化节 ……………………… (668)
第四章　旅游业务 …………………… (669)
第一节　入境旅游 …………………… (669)
一、境外及港澳台游客 ……………… (669)
二、其他游客 ………………………… (669)
第二节　出外旅游 …………………… (669)
第五章　旅游服务与管理 ………… (670)
第一节　旅游服务 …………………… (670)
一、旅行社 …………………………… (670)
二、交通 ……………………………… (670)
三、食宿 ……………………………… (670)
四、旅游商品 ………………………… (670)
第二节　旅游管理 …………………… (671)

一、管理机构……(671)
二、旅游资源保护……(671)
三、旅游行业管理……(671)

卷三十一　医药　卫生

第一章　医　药……(672)
第一节　体　制……(672)
一、医药体制……(672)
二、医药国有体制改革……(672)
第二节　经　营……(672)
附:福建仁和医药有限公司……(673)
第二章　医疗机构……(673)
第一节　县医院……(673)
第二节　县中医院……(674)
第三节　县妇幼保健院……(675)
第四节　县卫生防疫站……(675)
第五节　乡(镇)卫生院……(675)
第六节　村级医疗单位……(676)
第三章　公共卫生……(676)
第一节　饮用水卫生……(676)
第二节　食品卫生……(676)
第三节　公共场所卫生……(678)
一、学校卫生监督……(678)
二、环境卫生监督……(679)
三、放射卫生监督……(679)
第四节　职业卫生……(680)
第五节　爱国卫生运动……(680)
第六节　健康教育……(680)
第四章　疾病预防与控制……(681)
第一节　疾病防治……(681)
一、传染病防治……(681)
二、地方病防治……(684)
第二节　计划免疫……(685)
第三节　卫生应急体系建设……(686)
一、网络建设……(686)
二、突发事故(件)抢救……(686)
第五章　卫生保健……(686)
第一节　妇女保健……(686)
一、普查普治……(686)
二、孕产妇系统管理……(687)
三、实施母婴平安120项目……(688)
第二节　儿童保健……(688)
一、儿童系统管理……(688)
二、创建爱婴医院……(689)
第三节　农村初级卫生保健……(689)
第四节　婚　检……(689)
第六章　医疗技术……(690)
第一节　西　医……(690)
一、内科……(690)
二、外科……(690)
三、妇产科……(690)
四、麻醉科……(690)
五、儿科……(690)
六、眼、耳、鼻、喉科……(690)
第二节　中　医……(691)
一、内科……(691)
二、骨伤科……(691)
三、妇科……(691)
四、肛、扬科……(691)
五、针灸科……(691)
第三节　中西医结合……(691)
第四节　护　理……(692)
第五节　技能培训……(692)
第七章　卫生管理……(692)
第一节　管理机构……(692)
一、政和县卫生局……(692)
二、政和县药品监督管理局……(693)
三、政和县卫生防疫站……(693)
第二节　医政管理……(693)
一、医疗机构设置管理……(693)
二、执业准入管理……(693)
三、医疗质量管理……(693)
第三节　药政管理……(694)
一、药政执法网络建设……(694)
二、药品监督管理……(694)
第四节　经费管理……(694)

卷三十二　宗教　民俗

第一章　宗　教……(696)
第一节　佛　教……(696)
附:寺庙……(697)
第二节　道　教……(699)
附:宫观……(699)
第三节　基督教……(700)

附:教堂 ……………………………… (700)
第四节　宗教管理 ……………………… (700)
一、行政管理 …………………………… (700)
二、协会管理 …………………………… (701)
第二章　民　俗 ……………………………… (701)
第一节　经济生产风俗 ………………… (701)
一、农村生产风俗 ……………………… (701)
二、商贸风俗 …………………………… (702)
第二节　生活风俗 ……………………… (703)
第三节　岁时风俗 ……………………… (704)
一、传统节日 …………………………… (704)
二、现代节日 …………………………… (705)
三、特色节庆 …………………………… (706)
四、其他 ………………………………… (706)
第四节　礼仪风俗 ……………………… (707)
一、社交 ………………………………… (707)
二、婚嫁 ………………………………… (707)
三、丧葬 ………………………………… (707)
第五节　民间信仰与禁忌 ……………… (708)
一、民间信仰 …………………………… (708)
二、民间禁忌 …………………………… (709)

卷三十三　人　物

第一章　现当代人物传 ……………………… (710)
第二章　古代人物(补遗) ……………… (721)
第三章　人物表 ……………………………… (724)

附　录

附一:政和县人民政府关于加快竹业产业化进程的实施意见 ……………………………… (747)
附二:政和县人民政府关于加快锥栗产业化进程的意见 ……………………………… (749)
附三:政和县人民政府办公室关于转发政和县林权登记及换发林权证工作方案的通知 ……………………………… (752)
附四:政和县人民政府关于修订并重新印发《政和县县级工业园区管理暂行规定》的通知 ……………………………… (755)
附五:中共政和县委 政和县人民政府关于加快茶叶产业发展的实施意见 ……………… (757)
附六:中共政和县委 政和县人民政府关于进一步加快竹产业发展的意见 ……………… (761)
1994 年版新编《政和县志》勘误表 ……… (764)
本志编纂始末 ……………………………… (767)
2015 年政和县现任四套领导班子名单 … (769)
提供初稿或资料人员名单 ……………… (770)
跋 ……………………………………… (771)
索引 …………………………………… (772)

概　　述

政和县位于福建省北部，与浙江省南部相邻。五代十国时期为闽国边陲兵防重镇——关隶镇，宋咸平三年（1000年）升为关隶县，政和五年（1115年）更名为政和县。明景泰六年（1455年）析出东北部置寿宁县。新中国建立后，1960年2月至1962年8月和1970年7月至1975年3月，两度与松溪县合并为松政县。2005年，全县辖5镇5乡，124个行政村，7个街道居委会；土地总面积1749平方公里，耕地面积13416.87公顷；总人口218545人，共有汉、畲、回、蒙古、苗、满、藏、彝、瑶、高山、壮、朝鲜、布衣、黎等14个民族，汉族人口占99.38%。

一

全县东西最大距离72公里，南北最大距离46公里。地形属东南沿海丘陵区，地势东高西低，山地广布，河谷盆地狭小。全境中低山面积占82.8%，丘陵占9.5%，河谷盆地占7.7%。东部为鹫峰山脉北段，海拔800米以上的中山主要分布于此，千米以上的山峰有400多座，最高峰香炉尖海拔1579米。河谷盆地主要分布在中部和西部，海拔最低的谷盆是石屯镇王山口，仅129米。

全境气候属亚热带季风湿润气候区。因地势高低悬殊，形成多层次立体二元气候，东部和西部、山地和谷盆气候差异都较大。年平均气温18.9℃，年平均无霜期282天，年平均降水量1633.4毫米，年平均日照1907小时。

境内河流密布，河网密度为每平方公里0.25公里，河床比降大。流域面积50平方公里以上的河流有12条，受鹫峰山脉阻隔分别流入建溪、霍童溪、穆阳溪。七星溪是全县主河流，由东向西横贯东部和中部，在石屯镇西津村与松溪汇合，注入建溪，属闽江水系松溪支流；松溪流经县境西部，在西津村境内与七星溪汇合。

境内自然资源丰富。水资源：年均径流量19.84亿立方米，水能理论蕴藏量152184千瓦，可开发68980千瓦，开发系数为45.33%，为全国第二批电气化县。土壤资源：红壤占66%，黄壤占22.71%，紫色土占0.66%，石灰土占0.35%，潮土占0.04%，水稻土占7.98%。动植物资源：地带性植被有针叶林，阔叶林、混交林、经济林、毛竹林、灌丛、草坡等7个植被型，共有9个群纲66个群系126个群种，为福建省重点林区和茶叶基地县。珍稀树种有银杏、三尖杉、建柏、肉桂、紫楠、鹅掌秋、油杉、花榈木、竹柏、江南红豆杉、方竹等。野生动物有50多科200多种。珍稀动物有云豹、猕猴、穿山甲、水獭、鸳鸯等。矿藏资源：2005年，已探明的有铁、铜、铅锌、钼银、黄金、水晶、硫磺、磷、钾、明矾、滑石、高岭土、珍珠岩、大理石等15种矿产，共有矿床、矿点、化矿点62处。

境内自然风景美丽神奇，旅游资源丰富。主要风景区有省级风景名胜区洞宫山、佛子岩；县级风景区锦屏、奖山、宝岩等。古代文人墨客对政和山水流连忘返，吟诗作赋，以述其景，以抒其怀；宋代大儒朱熹及其父曾留下20多首诗篇。镇前和杨源两地的鲤鱼溪，以环绕乡村的清彻溪流、游戏于流水中的鲤鱼和保护鲤鱼的古朴民风，三者相生相存，相映成趣。

二

农业：政和县素以农业为重，种植结构单一，以粮食生产为主。20 世纪 80 年代末，贯彻“决不放松粮食生产，积极发展多种经营”的方针，对农业种植结构进行调整，不断深化农村经济体制改革，完善农村家庭联产承包责任制，加大农村基础设施投入，优化产业结构，农业和农村工作得到全面发展。90 年代开始，实施大规模山地综合开发，提出“菇菜猪起步，茶竹果致富”的战略构想，结合近、中、长期目标，以绿色、特色、环保、高效为重点，积极调整农业结构，走“特色开发，带动加工，促进开放”的富民强县路子。期间，扶持发展食用菌生产，增加农民的收入，但森林资源遭到破坏。2000 年，调整产业政策，引导鼓励农民发展菌草类食用菌，逐步减少木屑类食用菌。县委、县政府结合县情，提出建设可持续发展的生态优高农业县，2004 年，将经济发展战略定位拓展延伸为建设以生态优高农业为基础，以农副产品加工为主导的绿色经济强县，推进农业经济由单一农业向工农业并举、传统农业向现代化农业转变，农业经济基本形成以茶、竹、栗、烟、菜、花为主导产业的绿色、特色经济。全县茶园面积 5333 公顷，其中无公害茶园面积近一半，年茶叶总产量 8000 吨，深加工后总产值达 1 亿余元，茶叶收入占农民家庭收入 60%。全县竹林面积 3 万多公顷，占有林地面积 23.85%，成为省毛竹主产县之一，已建立毛竹丰产林、小径竹生态防护林等示范基地近 5000 公顷，年销售竹材 700 多万株，小竹材近千吨。2005 年，竹产业总产值达 4.8 亿元，其中加工产值 3.2 亿元。锥栗面积 1 万公顷，年市场交易量 5317 吨，成为全国最大的锥栗集散地之一，获“中国锥栗之乡”称号，“大真王”锥栗品牌被国家工商总局认可，为“中国名优果品”“名优林产品”。高山区反季节蔬菜种植面积突破 1000 公顷，成为农户重要经济收入的主导产业。全县农业总产值达 7.136 亿元，是 1988 年的 7 倍，粮食总产量 77804 吨，农民收入逐年提高，农村经济稳步发展。

脱贫致富：1986 年，政和县被定为省重点扶持的老区贫困县。全县 9 个乡（镇）、108 个行政村、2.8 万农户、15.14 万人口中，有 5 个贫困乡、37 个贫困村、9353 个贫困户、4.9 万贫困人口，分别占农户的 33.4% 和农村人口的 32.4%。有相当部分老区农户“吃粮靠返销，用钱靠救济，生产靠贷款”。省委书记贾庆林、省长贺国强、习近平等领导长期挂点政和，指导脱贫工作，省、市扶贫工作队进乡驻村。在上级部门的支持下，政和县贯彻执行党中央、国务院扶贫的方针政策，把脱贫致富作为全县经济工作的中心和农村工作的主题，开发利用当地资源，发展特色规模经济。县委、县政府等五套班子带领人民群众开拓进取，经过 12 年脱贫攻坚，经济和社会发展取得历史性的变化，绝大多数贫困人口基本解决温饱问题。1986—1997 年，累计脱贫 9251 户 48176 人，脱贫率达 98.9%，有 85% 的脱贫户开始走向致富道路。1997 年，全县农民人均纯收入达 2140 元，是 1986 年扶贫前 363 元的 4.9 倍，完成脱贫摘帽的任务，甩掉“贫困县”的帽子，提前三年完成国家“八七”扶贫攻坚计划。2000 年以后，县委、县政府着力解决“三农”问题，推进新农村建设，人民群众衣、食、住、行条件不断改善。至 2005 年年底，全县农村居民人均纯收入 3300 元，是 1986 年的 9 倍；城乡居民人均储蓄款达到 3717 元，是 1986 年 170 元的 21.86 倍。

工业：20 世纪 90 年代开始，政和县进一步推进国有企业经营体制改革，推行各种形式的承包经营责任制，完善企业制度及股份制改革，积极探索工业富县的路子，不断调整工业布局，立足资源转化，促进加工增值，提升产品质量，以质量求效益，创品牌促发展。进入 21 世纪，政和县实施“突出工业、突破工业”的发展战略，形成以鹤林、石屯、铁山三个工业园区和东平至岭腰的工贸走廊为载体，以竹木、茶叶、电力、矿产等 4 大资源型产业为支柱的工业体系，主产红茶、白茶、绿茶、花茶、珠茶等五大系列产品。全县坚持“打响茶品牌，做强茶产业”的发展理念，成为全省茶业六强县之一，政和工夫红茶为闽红三大工夫红茶之首，政和白茶年产量占全省一半以上，市场份额占全国三分之一，被授予“中国白茶之乡”。政和工夫红茶、政和白茶双双获得国家地理标志产品保护。政和县重视资源培育，致力转化增值，全县现有较大茶叶加工企业 30 余家，规模以上 6 家，年加工能力 1.10

万多吨，居南平市之首。竹产品加工发展态势强劲，年产值百万元以上企业28家，规模以上有16家。"一家"竹筷等产品被评为省名牌产品、著名商标，"华雄"牌珠门帘曾获省工艺美术百花奖，"知竹""九曲泛舟"等产品有极高的市场知名度，"店小二"精制竹筷被评为第四届中国竹业博览会金奖产品。此外，"福建老字号"省优产品东平高梁、东平老窖与东平酱油历经百年，享誉依然；"华夏牌"水泥畅销闽东北、浙东南等地；"武夷牌"水轮机等一批商标被评为省著名商标。2005年，全县工业总产值6.4016亿元，是1988年的10倍，规模工业企业50家，完成产值占全县47.76%。

商贸：1989年起，政和国有商业开始进行经营体制改革，对部分营业网点实行经营承包责任制，企业内部实行"四放活"。当年，全县有各类商品零售网点1441个，零售总额9616万元。此后，随着社会经济的发展和人民生活水平的提高，商品市场进一步活跃。2000年，全县有各类商业零售网点1724个，社会消费品零售总额36319万元，其中商品批发、零售额19538万元。2004年后，由于商业经营体制变化及旧城改造拆迁，国营商业网点全部关闭，以个体私营经济为主导的商品流通及商业服务市场则空前繁荣，经营方式更加灵活，经营品种更加多样，经营范围更加扩大，更好地满足人民群众生产和生活需求。2005年，全县有各类商业零售网点1904个，社会消费品零售总额5402.4万元，全县有执照个体批发、零售经营户1976户，从业人员4382人。

随着改革开放的深化，外贸体制的改革和外贸出口经营权的放开，对外经贸迅速发展。1992年，县政府制定进一步扩大对外开放鼓励外商投资的优惠办法。通过各种洽谈会、投洽会等，开展山海协作，加大招商引资力度，利用外资由小到大，"三资"企业逐年增多，投资领域和规模不断扩大。1994年，全县全社会出口供货总值达到8200万元。1999年后，政和县加大传统外贸产品的培育与开发力度，开拓外向型经济，工贸产品日趋丰实，出口渠道不断拓展，自营出口企业稳步增加。对外贸易以自营出口为主。至2005年，全县外贸自营出口2641万元，拥有自营出口企业9家，出口贸易额626万美元，全县拥有"三资"企业15家，其中独资企业13家，合资企业2家，总投资17630万元。

三

交通：1992年，政和县围绕提高干线公路等级和实现全部行政村通公路的建设目标，把握"先行工程""世行贷款""以工代赈"等扶贫公路建设机遇，实施省道瓯政线、"入闽通道"、县道公路改造和行政村通公路及乡村公路路面硬化等重大项目。至2005年，全县境内公路183条，通车里程1022公里，公路密度每百平方公里达到58.45公里，实现行政村100%通公路。县城客车始发86班次，过境31班次，全县年客运量409.1万人次，客运周转量27583万人公里；货运量117.5万吨，货运周转量10347.08万吨公里。

通信：1989年实现市内和长途电话自动化，东平镇为南平市第一个建成农话自动化镇。此后，政和邮电通讯实施高起点，适度超前的发展战略，1992年3月实现全县农村电话自动化；9月，实现全县市内电话交换程控化、传输数字化，成为南平市第一个、福建省第四个实现全县电话自动化的山区县。进入21世纪，邮电固话、移动、联通、网通、铁通等通讯业快速发展，电话进入千家万户百姓家，移动网络覆盖全县城乡各地。

水电：1989年以来，县委、县政府把水电事业作为发展国民经济的"先行官"，优先发展地方水电事业。投入大量人力、财力、物力进行防灾和抗灾，大力兴建蓄水防洪工程、农田水利、修建防洪堤、改河和整治河道。1999年9月，政和县农网"两级一同价"工作全面启动，实施一、二期农网改造与建设项目单项工程共291个，其中有123个行政村，6个农林场，66条10千伏线路等，审批投资金额为5304.44万元；行政村网改面达100%，受益农户38689户，占全县农户的96.27%，受益人口17.24万人，户均投资1126.4元。至2005年年底，全县共建蓄水工程220余处，大小水库26座，总库容量8868.1万立方米，其中中型水库3座，总库容量达7425万立方米；全县共有大小水电站55座，机组100台，总装机容量57090万千瓦，全年发电量达1.78亿千瓦时，全县10个乡镇124个行政村全部通电，通电率达100%。

城乡建设：1985年5月，政和县开始旧城改造，解放街、胜利街、南大街、西大街等主街全部拓宽至20米左右，改沙石路和柏油路为水泥路面；建成东大路、状元路、南庄路三条新街，基本形成城区路网构架。1995年3月，将县城定位为“全县政治、经济、文化的中心，以发展资源加工为主的边贸城市”，城区规划面积从6.9平方公里扩大为16.2平方公里，迎来加快旧城改造、加速新区开发、完善基础设施、强化城市管理、建设新县城的新高潮。改革开放至2005年，累计投资3亿多元，相继拓建东西进城大道，拓宽主干街道，建设西门环岛，改造环城道路，兴建河滨大道，铺设小区巷道等；建成和完善元峰庄、青龙庄、南庄、凤嘴、渡头洋、暗桥6个住宅新区，旧城改造拆迁面积10万多平方米；建成凤源佳苑、白鸽岭商贸中心等住宅群，新建居民房屋4000多幢，开发商品房15万多平方米；建成飞凤山、七星、塔山、熊山、云根书院等娱乐休闲公园，城市绿化30万平方米。

全县10个乡镇制定、实施乡镇建设总体规划，124个行政村制定实施村建规划。对自然条件恶劣、易受洪水、山体滑坡危害的村庄，实施以整村搬迁、新建为主的“安居工程”和“造福工程”。在政府的规划、资助下，脱贫致富的村民纷纷盖起新楼房，主动集资、捐资和出工硬化公路和村街巷道、修建自来水厂、架设电话和有线电视等，全县乡村面貌焕然一新，农民生活条件进一步改善，乡村建设迈上快速发展的新阶段。2005年，全县农村公路水泥硬化130公里，完成村级供水工程19处，造福工程搬迁88户400人，扶持214户受灾户重建家园。

四

教育：1986年，政和县贯彻《中华人民共和国义务教育法》，实施“科教兴县”战略，打响“两基”攻坚战，加大教育投入，改善办学条件。1997年全县公办小学102所，中学10所，在校学生12586人，基本实现普及九年义务教育目标，通过省验收，实现政和教育工作历史性突破。2000年，投入1000多万元改善教学设施，全县学校实验室93间，建筑面达6045平方米；仪器室86间，建筑面积3440平方米。当年，全县有幼儿园123所，在园幼儿4666人；小学104所，在校学生32344人，教职工1415人；普通中学10所，在校学生15479人，教职工707人；职业中学1所，在校学生299人；高考上线本科173人，专科212人。2002年，政和县实施教育资源整合，调整布局。针对中学生源进入高峰期的状况，创办政和三中，同时一中停止初中招生，过渡成立高级中学。多方争取资金5000万元，对教学楼、学生宿舍和食堂进行新、扩、改建，并添置教学设备和设施。2004年，全县中学及中心小学均接入宽带网，8所学校建成网络教室，并开展农村远程教育工程建设。2005年，全县小学调整为69所，在校学生18730人，教职工1336人；普通中学12所，其中高级中学1所，完全中学2所，初级中学8所，职业中学1所，在校学生22086人，教职工974人；高考上线人数1421人，其中本科543人，专科878人，为历年最好成绩。

文化体育广电：1989年，政和县投资50多万元新建县图书馆，工人俱乐部、青少年宫等文化活动场及广电所也相继落成。全县建成电视差转台26座，电视覆盖面积占全县面积的64%。文艺创作活跃，多部戏剧、摄影、音乐、文学作品在全国及省、市获奖。编纂出版民间文学集成3部，先后进行过4次文物普查，公布16处县级文物保护单位，其中1处被列为省级文保单位。1996年和1998年，先后建成2500个座位的县体育馆和面积2万多平方米的田径场。2003年7月新文化大楼落成，文化设施大为改善。农民诗文化、四平戏等农村特色文化及社区文化更加活跃，杨源四平戏被列入国家级非物质文化遗产名录。七星公园、塔山公园、熊山森林公园、云根书院等文化娱乐及健身休闲场所相继建成投入使用。县、乡、村3级文化网络完善，全县有农村文化俱乐部83个，农村文化中心户80户，社区文化之家26户。2005年全县城区及乡镇有线电视用户达23800户，可转播32套电视节目，3套调频广播节目。全县有56个行政村通有线电视，广播电视综合覆盖率95.3%。

卫生：1989年，县医院发展为初具规模的综合性医院，分设门诊部和住院部，各设内科、外科、妇科、儿科等8个科，有心电图机、A超机、B超机等先进器械，可做较大型手术。县中医院综合楼落成，有内科、外科、骨伤科等9个专科。1994年，县医院、县中医院分别通过二级乙等医院和二级乙等中医院评审。2001年，政和县被中国扶贫基金会列入“母婴平安120活动”项目。经过数年实施，2005年该项目已覆盖全县10个乡镇124个行政村18万多人口。2005年，全县有县级医院3所，乡镇卫生院9所，村卫生所124所，床位557张，卫生技术人员538人。

社会保障：县委、县政府正确处理好改革、发展和稳定的关系，以构建和谐政和为目标，全力做好社会保障事务，深化养老、失业、工伤、生育等保险制度改革，以保障劳动者在年老、失业、患病、工伤、生育时的基本生活不受影响。开展社会保险、社会救济、社会福利、社会优抚和社会互助。按上级的相关政策，在全县开展城镇居民生活保障、农村最低生活保障、城市医疗救助、农村医疗救助、精减退职职工救助、五保人员供养等。同时，根据经济和社会的发展状况，逐步增进公共福利水平，提高居民生活质量，使广大群众共享改革发展成果。加快建立健全农村养老保险，医疗保险和最低生活保障制度。至2005年，全县城镇企业在职职工养老保险69863人，离退休养老人数19726人，征收养老金5833万元；机关事业单位社会保险10241人，征收保险基金3257万元；征收农村社会养老基金3402万元；失业保险83389人，共筹集基金655万元，享受失业救济人数11099人；城镇职工基本医疗保险参保人数9466人，企业职工工伤保险3003人，企业职工生育保险28586人；城镇低保对象565户1711人，年发放保障金83.7万元；农村低保对象4637户11592人，年发放保障金413.7万元。

进入21世纪，县委、县政府持续加快绿色食品基地、产业承接重地、边贸物流旺地、旅游休闲胜地建设，努力把政和打造成为全国著名茶乡、海西竹具生产和交易中心、福建旅游休闲胜地，大力推进生态优势明显、特色产业凸显、旅游魅力彰显的绿色经济强县建设。在改革开放、政通人和的今天，政和人民迎着新世纪的曙光，眺望充满希望的未来，必将以百倍的信心，顽强的意志，竭尽全力把家乡建设得更加灿烂辉煌。政和，就像一块正在雕琢的璞玉，将在全县22万勤劳而智慧的人民手中越变越美，明天将更加美好！

大 事 记

1989年

1月14日，全境降雪伴结冰，积雪最厚9厘米，交通中断2天。

是月，九层际水电站竣工，装机4×2000千瓦，总投资2116.4万元，时为全省水头最高（406米）的水电站。

3月，政和籍17岁举重运动员李善富获华东协作区举重比赛48公斤级男子组冠军，当年被国家体委授予运动健将称号，是政和县首位国家运动健将。

4月2日，政和县部分乡（镇）受冰雹、大风袭击，最大雹粒直径47毫米，直接经济损失2000多万元。

5月11日，暴风雨，城关最大风速每秒25米，城关、石屯、外屯等乡（镇）受灾5830户2.9万人口。

7月22日，全县9个乡（镇）遭受百年罕见的特大洪涝灾害，因灾死亡66人，下落不明10人，直接经济损失逾2亿元。省长王兆国等省、市主要领导及时到县指导抗洪救灾工作。县保险公司支付企业、居民赔款1008万元，其中县茶厂茶叶成品赔款245.52万元，为全省恢复保险业务以来最大宗理赔案和最大起企业财产保险理赔案。

8月9—10日，省委副书记、省脱贫领导小组组长贾庆林带领省民政、财政、计委、脱贫办等部门负责人，深入政和县铁山、石屯等受灾乡镇慰问灾民，检查指导抗灾工作。

9月26日至10月5日，闽浙两省政和、松溪、庆元三县集邮展览在政和举行，同时成立闽浙边界松政庆邮学研究会。

11月，首次开通政和至上海客运班车线路，途经江山、杭州、嘉兴、嘉善，全程739公里。

是年，县政府公布实施《政和县科技进步奖励试行办法》；县首家中外合资企业“政和星华工艺品有限公司”揭牌成立；城区有线电视开通。

1990年

3月24日，全县有4个乡（镇）12个行政村遭受冰雹和龙卷风袭击，受灾人口4000人。

同月，县结核病防治所揭牌成立。

5月19日，石屯乡长城小学学生12岁杨韩非为抢救2名溺水同学牺牲，被团中央授予“全国学赖宁活动积极分子”称号。8月，省少代会追授杨韩非为“优秀少先队员”。翌年9月，省人民政府批准杨韩非为革命烈士。

6月初至7月上旬，全县严重干旱，水稻受旱面积4647公顷，其中绝收407公顷，枯萎1173公顷；经济作物受损面积2000多公顷。

7月1日零时，全国第四次人口普查，全县总人口19.59万人，其中男性10.46万人，人口密度为每平方公里112.01人。

7月13日，中共政和县委六届六次全委扩大会议提出倡导“开拓奉献，政通人和”的政和精神。

11月27—29日，县第七次党代表大会召开，大会选举产生新一届中共政和县委员会和纪律检查委员会。

是年，县委提出实行“资源转化，科技兴县”战略，全面开发农业、林业和资源型工业，发展开放型经济。

是年，全县贯彻中央加强宣传、思想工作的部署要求，在干部、群众中开展社会主义思想教育、国情教育和爱国主义教育，开展向雷锋、焦裕禄、赖宁等英雄模范人物学习的活动。

是年，首次实施飞播造林8000公顷，有效面积6540公顷。

是年，东平镇成为南平地区第一个建成农村电话自动化乡镇。

是年，全县完成“七五”计划实施，完成国内生产总值19829万元（当年价），年均递增15%；财政收入1550万元，年均递增18.55%；农业总产值13103万元，年均递增12.53%；工业总产值13427万元，年均递增20.87%；社会消费品零售总额8712万元，年均递增16.4%；固定资产投资1476万元，年均递增8.2%；农民人均纯收入630元，年均递增11.66%。

1991年

1月17—20日，第十一届县人民代表大会第一次会议召开；18—20日，政协政和县第四届委员会第一次会议在城关召开。

是月，石屯镇通过全省首批科技示范乡镇验收，成为全县首个科技示范乡（镇）。

3月，政和县被列入全国第二批农村水电初级电气化县建设。

4月8—9日，省委副书记袁启彤到政和检查指导农村社会主义思想教育工作。

5月15日至7月15日，全境过程雨量仅121毫米，同比减少26.7%，有7个乡（镇）水稻受旱面积4533公顷，其中枯黄1570公顷，绝收315公顷。

8月8—9日，省长贾庆林率省直有关部门负责人深入政和视察旱情，指导抗旱救灾工作。

12月28日，全县普降大雪，积雪厚达8厘米。

是年，县委、县政府提出“兴林富县、兴林富民”战略，狠抓林业、消灭荒山，全县开展山地开发工作。

是年，城关南门大桥左右人行道各扩建加宽至4米。

是年，全县发生严重水稻螟虫灾害，受灾面积6600余公顷。

1992年

1月20日，原农业部部长、全国乡镇企业协会会长何康，中国农业科学院副院长刘更另一行到政和县考察农业综合开发和乡（镇）企业工作。

2月1日，省派遣社教工作队35人到政和县指导开展农村社会主义教育工作。

3月1日，县首个科技宣传月拉开序幕。

是月，县人民政府将杨源英节庙、坂头花桥、洞宫山岩圈、富美程氏夫人墓和佛字山商周遗址列为第二批县级文物保护单位。

6月，省委常委、地委书记赵学敏带领地区民政局、老区办、扶贫办、林委等部门负责人，深入政和高山区老区贫困乡村开展慰问调研活动。

是月，民政部批准政和县为全国农村社会养老保险试点县之一。

7月4—7日，全境普降暴雨，过程雨量223.7毫米，全县9个乡（镇）有76个村3.74万人口受灾，死亡3人，直接经济损失4100多万元。

是月，中国人民武装警察部队政和县大队奉命撤编。

9月，《中国民间故事集成·政和卷》《中国民间歌谣集成·政和卷》和《中国民间谚语集成·政和卷》出版发行。

同月，星溪小学开办附设全县首个“弱智儿童辅读班”，招生18名，专任教师2名，后改称“培智班”。

12月29日，城区南庄柏油路铺设及林屯至渡头洋环城公路竣工。

是月，县政府首次在东平镇进行土地使用权公开竞投协议出让，竞投出让4块248平方米，协议出让18块1240平方米。

是年，县委、县政府提出实施“赶上全区发展水平，走在全省贫困县前列”的“追赶、跳跃”战略，开展解放思想大讨论，重新认识高山区长短项和优劣势，提出“菇菜猪起步、茶竹果腾飞”的经济发展构想。

同年，县政府首次制定进一步扩大对外开放，鼓励外商投资的优惠办法。

是年，城关始设液化气供应点。

同年，城区居民定量供应的粮票、油票（1990年印制）废止。

1993年

2月14日，反映闽北革命斗争史的电视剧《南天风雷》在政和县开拍，老领导左丰美、张翼、许集美莅临指导。

3月，全境实现农村电话自动化。

4月10日，县纪委与县监察局合署办公，实行“一套人马两块牌子”，履行党的纪律检查和政府行政监察两项职能。

5月21日，县法院东平法庭郑世堂积劳成疾去世。省委、省总工会、最高人民法院先后追授为“优秀共产党员”“五一”奖章获得者、“全国法院模范”。

8月，全国开展第三产业普查。1992年年底，全县第三产业单位4903个，从业人员15426人。

9月30日至10月24日，境内过程雨量仅1.8毫米，同期蒸发量114毫米，严重秋旱面积5273公顷。

9月，镇前乡、铁山乡改为镇建制。

是月，实现城区电话交换程控化、传输数字化，成为南平地区第一个、全省第四个实现全县电话自动化的山区县。

11月28日，省委书记陈光毅、省委副书记袁启彤，省委常委、秘书长黄文麟，在省委常委、地委书记赵学敏陪同下，到政和视察调研高山农业开发总公司等企业。

11月29—30日，县第八次党代会召开，选举产生新一届中共政和县委员会和纪律检查委员会。

12月10日，城区开通移动电话业务，时仅用户4户。

是年，全面清理1991年以来涉农负担文件，停止执行项目42个，取消收费、基金、集资、摊派等相关文件共82份，减轻农民负担约235万元。

同年，城区万吨自来水厂、城关东门农贸市场等一批基础设施工程动工兴建。

1994 年

1 月 16—18 日，政协政和县第五届委员会第一次会议召开。18—22 日，政和县第十二届人民代表大会第一次会议召开。

2 月，新中国成立后首部《政和县志》由中华书局出版发行，全志 120 万字。

4 月 20 日，东平、石屯、铁山、外屯 4 个乡（镇）遭受龙卷风袭击，风力 8—10 级，风速每秒 25 米，受灾人口 1.24 万人。

同月，设立中国农业发展银行政和县代理组，接管农业政策性贷款业务。

5 月，石屯乡改为镇建制。

6 月 16—17 日，冰雹伴暴雨，过程雨量 241.6 毫米，受灾人口 9300 余人。

同月，1991 年动工兴建的县实验幼儿园新校舍竣工并投入使用。

同月，县人民政府在上海设立办事处。

同月，政和籍举重运动员张平获国家级运动健将称号，成为政和县第二名国家运动健将。

9 月 18 日，县“公司 + 农户”生产模式被国家经贸委列为全国流通领域示范点。

9 月 22 日，县第十二届人大常委会第五次会议审议通过《政和城区总体规划调整方案》。翌年 3 月，省人民政府予以批准，城区总面积规划由原 6.9 平方公里扩大为 16.2 平方公里。

是年，县委、县政府提出走“特色开发，带动加工，促进开放”的发展经济路子。

是年，开始实施基本农田保护，首批划定保护面积 11933 公顷。

是年，完成县级文物保护单位朱森墓主体修复工程。

1995 年

1 月 5—6 日，省委书记贾庆林，省委常委、秘书长黄文麟带领省直部门领导到政和高山区乡（镇）（澄源、镇前）调研指导扶贫工作。

4 月 16 日，东平、石屯、外屯、镇前 4 个乡（镇）37 个行政村遭受特大冰雹袭击，最大雹粒直径 21 毫米，最长时间持续 25 分钟；次日，星溪、铁山、外屯、澄源 4 乡（镇）52 个行政村受冰雹袭击。两次灾害造成直接经济损失约 1.6 亿元。

4 月 24 日，民政部农救司、省民政厅领导到政和指导抗灾救灾工作；25 日，省委书记贾庆林、省人大常委会副主任黄文麟、副省长潘心城等率省直部门领导到政和视察灾情，指导抗灾工作。

6 月 15—19 日，全境连降暴雨，过程雨量 246 毫米，洪涝灾害造成直接经济损失 6500 余万元。

同月，首次开展生物多样性保护工程规划编制，划定自然保护区 1 个，小区 11 个，共计面积 5315 公顷。

同月，全国开展第三次工业普查，主要调查 1990 年以来工业经济状况。全县有工业企业和生产单位数 1076 个，从业人员 15577 人。

9 月 6 日，政和籍人民解放军战士张应有、魏重成在江西鹰潭市为抢救落水妇女而牺牲，南京军区后勤部政治部授予张应有和魏重成革命烈士称号。

是年，县委、县政府提出“励精图治，97 脱贫，富民强县，再造政和”目标，农村工作以加快脱贫为“先导工程”，突出抓好特色经济，企业坚持推行“抓大放小”“一厂一策”等改革措施和多种生产管理方式。

是年，政和一中通过省二级达标中学评估验收。

是年，全县完成“八五”计划实施，完成国内生产总值 64056 万元（当年价），年均递增 26.4%；财政收入 3523 万元，年均递增 17.85%；农业总产值 44077 万元，年均递增 27.46%；工业总产值

46211万元，年均递增28.04%；固定资产投资5909万元，年均递增32%；社会消费品零售总额19907万元，年均递增17.8%；农民人均纯收入1552元，年均递增19.76%。

1996年

3月，城区南大街地段拆迁改造工程正式启动，南门小学移址重建。

4月19—20日，省委书记贾庆林率省直7个部门，深入澄源、镇前、星溪、石屯等乡（镇）调查研究奔小康工作。

同月，国家计委、水利部正式批准政和县为全国第二批农村初级电气化县。

同月，经省计生后进甩帽考核验收，省委、省政府批准，政和县甩掉计划生育后进帽。

同月，县医院“120”急救中心成立，同时开通“120”抢救专线电话。

10月10日至12月31日，境内久旱少雨，过程雨量仅7.5毫米，蒸发量299.1毫米，受旱面积达2000多公顷。

11月20日，最高人民检察院追授县检察院控申科长邱德松为“模范检察干部”。

是年，县委提出“发展县城轴心，繁荣边贸走廊，加快三区崛起，接轨内外市场”的经济发展总体布局。

是年，县委、县政府确定70个行政村为小康建设村、10个后进贫困村为克难攻坚对象，组织县直单位干部驻村包片，采取政策优惠、项目扶持等措施，加快脱贫奔小康工作进程。

是年，县委、县政府制定实施政和县公民文明守则。

是年，全县开展首次基本单位普查，有法人单位643个，产业活动单位551个。

1997年

1月24日，福建省代省长贺国强、副省长潘心城到政和县开展调研和慰问活动。

3月8日，福建省委副书记习近平到政和县开展农村调研，指导脱贫奔小康工作。

同月，进行改革开放后首轮党政机构改革，党政机构数从原有58个减为39个，精减32.7%。

6月29日，政和“建松政苏维埃政权旧址”被南平市委、市政府命名为第二批“南平市爱国主义教育基地”。是时，动工兴建“建松政革命根据地纪念碑”。

同月，开始实施城镇住房制度改革，公有房出售工作正式启动。

7月1日，启动首次农业普查工作，正式入户普查。全县101个行政村，时有农村住户33948户，人口160703人。

同月，政和县被全国食用菌行业协会评为“全国食用菌行业先进县”，澄源乡被评为“全国食用菌行业先进乡”。

同月，城区公交客运正式运营，始设公交线路4条。

10月8日，省委副书记林兆枢到政和县调研指导基层学习贯彻党的十五大精神工作。

10月，1993年7月动工兴建的重点工程下榅洋水电站全面竣工，装机2×7500千瓦，总投资9246.5万元。

同月，首次开展陆生野生动物资源普查工作，历时三年。境内调查时有出现记录的物种共有140种。

同月中旬，县召开全县脱贫工作表彰大会，宣布历经12年扶贫攻坚，全面完成“脱贫摘帽”历史任务。

同月，经省政府检查验收，政和县实现基本普及九年义务教育和扫除青壮年文盲。

12月1日，省长贺国强率省直有关部门深入澄源、镇前调查研究。

是年，县人民政府制定实施城区饮用水源保护区管理的规定。

是年，县国有工业企业产权制度改革工作正式启动。

是年，东平常布、石屯王山口、铁山大红、星溪东峰、念山等5个村143户农户首次试种烤烟35.3公顷并获得成功。

1998年

1月6日，建行政和县支行第一储蓄所正式开办外汇储蓄业务，为境内首个收储外汇的储蓄所。

1月8日，经省民政厅批准，从铁山镇划出7个村设立的岭腰乡正式挂牌。

6月22日深夜，外屯乡老碓厂自然村发生山体滑坡地质灾害，全村9幢房屋全被淹埋，有33位村民罹难。省委书记陈明义、省人大常委会主任袁启彤、省长贺国强先后到政和县察看灾情，慰问灾民，指导抗灾救灾工作。

同月，县成立七星塔筹建委员会，于12月23日举行七星塔奠基仪式。

同月，政和县首次举办全国甲级女篮精英邀请赛，湖北、广东、济南军区和福建的4支全国女篮甲级劲旅参赛。

7月1—2日，省委书记陈明义，省委常委、组织部长陈营官带领省直10个部门负责人，深入到东平镇范屯村、新口村和外屯乡车潭村等“6·22”洪灾重灾村指导抗灾。

8月10日，县政府颁发实施科技成果奖励暂行规定和重奖科技有功人员的试行办法。

8月21日，举行“98桑梓情——政和知青第二故乡行”活动，近百名返城知青参加。

8月27日至9月3日，省人大常委会主任袁启彤到政和看望灾区群众，了解灾后生产生活情况。

9月1—2日，省长贺国强率省直有关部门负责人到政和调研指导“6·22”灾后恢复工作。

9月29日，中国移动通信集团福建有限公司政和分公司成立运营，当年用户2187户。

11月，全省最大的河蟹养殖示范基地——政和县大面积稻田养蟹技术通过省、市养殖专家现场测评验收。

同月，首部综合年鉴《政和年鉴〈1997〉》出版发行。

同月，经省、市初级卫生保健评审团评审，政和县实现初级卫生保健达标县。

11月18日，“6·22”灾后重建第一村—政和石屯镇西津新村落成。省领导陈明义、贺国强、袁启彤发来贺电，市领导林克敏、李川、宫维祺出席新村落成乔迁仪式。

同月26—27日，县第九次党代会在城关召开。大会选举产生新一届中共政和县委员会和纪律检查委员会。

同月，县邮电局分设为政和县邮政局和政和县电信局，分别挂牌运营。

是年，全县开始实施城乡居民最低生活保障制度，当年确定低保对象189户373人，年发生活保障金4.1万元。

是年，经省民政厅批准，铁山镇元山村为畲族少数民族村。

是年，首家生产性外商独资企业，政和县鑫奎食品有限公司由韩商创办成立。

1999年

1月5—8日，政协政和县第六届委员会第一次会议召开；6—9日，第十三届县人民代表大会第一次会议召开。

5月，全县县直机关、乡（镇）清理清退借用和聘用临时人员共1122人。

同月，全县1993年发放的非农业人口“粮籍证”宣布取消。

5月，政和县农网“两级一同价”工作全面启动，列入福建省48个竣工县（市）之一。

同月，启动农村合作基金会清理整顿工作。翌年12月底，全县17个乡村农村合作基金全部清盘关闭。

同月，启动首期农网建设与改造工作，至2002年底，完成单项工程项目117个，直接受益农户38689户19.24万人口，项目总投资3500万元。

同月，县殡仪馆建设竣工，翌年初正式运营。

是年，县政府先后出台实施“粮食丰收工程”和加快茶叶、竹业、水果、蔬菜、食用菌等产业化进程的实施意见。

是年，县政府将铁山宝福寺、外屯洋后厝桥、石门陈朝老墓、西表魏氏祠堂列为第三批县级文物保护单位。

是年，开始实行科技特派员驻村服务制度，当年选派驻村科技特派员12名，为期一年。

是年，县体育中心400米田径场竣工。

2000年

2月1日，省委常委、纪委书记梁绮萍受省委书记陈明义、省长习近平委托，带领省直11个部门负责人到政和县调研，深入1998年“6·22”重灾区石屯镇西津村看望慰问特困户和困难老党员。

3月，县政府制定实施解决茶叶农残超标问题，把无公害茶叶生产列入工作议程，在上年开始推行无公害茶叶生产基地建设基础上，加快无公害茶园建设。

同月，卫生部授予县妇幼所“爱心医院”称号。

4月，县委部署开展以“讲学习、讲政治、讲正气”为主要内容的党性党风教育活动。

5月23日，省委书记陈明义，省委常委、纪委书记梁绮萍带领省直有关部门负责人和市委、市政府主要领导到政和县调研。

6月，全县完成10个乡（镇）16条304.68公里乡（镇）界线的勘定、交汇点确定和界桩埋设等工作。

7月1日，第五次全国人口普查，全县人口19.32万人，其中男性10.39万人，人口密度为每平方公里110.45人。

7月3日，下浦线208K+300M处发生特大交通事故，死亡14人，伤10人。

7月13日，由厦门大学10位博士生组成的中国首支博士团第59分团，深入政和县开展为期10天的“三下乡”社会实践系列考察调研活动。

同月，星溪里水土保持生态环境建设示范小流域被国家水利部和财政部共同命名为“全国水土保持生态环境建设‘十、百、千’示范小流域”。

8月9日，中国工商银行政和县支行撤销，并入建瓯市工商银行，原有10个储蓄所同时撤销，其原有收储金额划由中国农业银行政和县支行接收。

9月26—27日，省长习近平率省直部门到星溪、铁山、东平等乡（镇）和企业视察。

10月1—2日，政和——莆田两县结成山海协作友好关系，首次联席会在荔城举行。

11月8日，省委副书记赵学敏带领省委办公厅、农办、计委等8个省直部门负责人，深入政和县高山区乡镇调研加快老区“五通”工程建设和农民增收工作。

11月26—28日，政和建县千年庆典活动在县体育中心田径场隆重举行，《千年政和》同时首发。

是年，县委提出建设“可持续发展的生态优高农业县”的目标定位，组织实施“稳定菇业、优化茶叶、提升竹业、发展果蔬业、壮大养殖业、开拓烟药业”和“围绕工业抓农业，抓好农业促工业”的经济发展战略。

是年，全面完成与浙江省庆元及本省松溪、建瓯、建阳、寿宁、周宁、屏南等1条省界7条县界的勘定、测绘及界桩埋设等工作，勘定界线总长326.28公里，并经国务院和省政府批准。

是年，开始实行下派村党支部书记制度。首批选派县直机关事业单位干部33人到村任党支部书记，任期三年。

是年，全县完成“九五”计划实施，完成国内生产总值74566万元（当年价），年均递增3.09%；农业总产值45951万元，年均递增0.84%；工业总产值45017万元，财政收入3501万元，分别与1995年基本持平；固定资产投资18436万元，年均递增25.6%；社会消费品零售总额34566万元，年均递增11.66%；农民人均纯收入2297元，年均递增8.2%。

2001年

1月1日，县城镇职工基本医疗保险制度正式实行。

1月21日，总投资234万元、长3.2公里的镇前镇茶溪村老区公路竣工通车。至此，政和县124个行政村实现村村通公路。

同月，省政府公布批准杨源英节庙为省级文物保护单位，是境内首个省级文保单位。

3月3—4日，首届洞宫旅游文化节在杨源乡举办。

6月9日，下浦线198K+950M处发生特大交通事故，死亡9人。

7月3—5日，省长习近平率省直有关部门负责人，深入政和县就农村“三个代表”重要思想学习教育情况和粮食购销情况进行调研。

8月，国家林业局授予政和县“中国锥栗之乡”称号。全县时有锥栗面积6667公顷，总产量2328吨。

9月，政和县被中国扶贫基金会列为“母婴平安120行动”项目县。

同月，县第二期农村电网建设改造工程动工，投资金额2012.27万元。

11月1日，政和县殡葬管理暂行规定开始实施。

12月28日，“入闽通道”政和段改建扩建工程正式动工，历时4年，境内改扩建里程42.81公里，总投资1.525亿元。

是年，全县组织开展农村“三个代表”重要思想学习教育活动。

是年，完成1980—1999年政府出台的规范性文件清理工作，取消审核审批事项209项，占总数32%。

2002年

1月2日，原《政和报》改版为《闽北日报·政和新闻》（周刊），4开4版，期发5000份。

同月，政和“大真王”锥栗品牌被国家工商总局认可使用，并被中国经济林协会授予“中国名优果品”称号。

4月3日，全县部署第二轮党政机构改革工作。县党政机构设工作部门30个（县委系统9个、政府系统21个），部门管理机构7个、议事协调机构3个；全县10个乡（镇）除岭腰乡按二类乡（镇）设5个综合办公室外，其他乡（镇）均按一类乡（镇）设6个综合办公室。

同月，县首个奶牛场松源奶牛场创办，首批引进黑白花奶牛160余头。

6月7日，省委副书记卢展工带领省委办公厅负责人，在市委书记李川、市长徐谦陪同下，深入石屯、镇前等调研干部下派和农村工作创新情况。

8月19日，洞宫山风景区被评为省级风景名胜区。

9月，撤销学区建制，建立乡（镇）中心小学管理体制。

10月，县鹤林工业园区动工建设，被列为省山海协作工业园区。

12月26—28日，全县普降大雪，积雪最厚30厘米，冻害严重，直接经济损失400多万元。

是年，县政府制定实施县级工业园区建设若干优惠政策。

是年，县茶叶面积、总产量跻身全省六强。时有茶园面积5334公顷，总产量8000吨。

是年，政和县被列为“世界银行贷款/英国赠款和全球基金中国结核病控制”（简称“结防”）项目县，全面开展结核病调查与防治，结核病防治步入良性轨道。

是年，县第三中学成立，首届招生660人。

2003年

1月，县水泥厂“华厦”牌32.5R、42.5R硅酸盐水泥获福建省名优建材网上博览会金奖，同年7月被确认为绿色产品。

3月27日，县十三届人大常委会第三十一次会议审议通过县政府《关于提请审议把茉莉花定为县花的议案》，决定把茉莉花定为县花。

5月26日，省委“四大专题”决策调研检查组在省委副书记、纪委书记梁绮萍，省委常委、省委秘书长朱亚衍，省政府副省长刘德章，省政协副主席王耀华带领下，深入政和县检查指导工作。

5月，1998年10月动工兴建的城区防洪减灾工程东大桥至南门桥南侧拓宽改造全面竣工，历时5年，总投资2725万元；同时建成水南中路和七星公园。

6月，选派第二轮下派村党支部书记，全县共下派村党支部书记45名，其中市委下派2名，并签订任期目标责任制。

6月29日至7月25日高温干旱，过程雨量仅0.4毫米，同期蒸发量318.8毫米，持续35℃以上高温天气18天。7月16日气温高达40.4℃，创政和气象50年最高记录。

9月25日至11月8日全县再次遇旱，过程雨量2毫米，同期蒸发量294.2毫米。10个乡（镇）农作物受灾面积8000多公顷，其中水稻7800公顷。

10月27—29日，县第十次党代会召开，大会选举产生新一届中共政和县委员会和纪律检查委员会。

是年，根据《福建省农村税费改革试点方案》，全县取消统筹费、农村教育集资、屠宰税、劳动积累工、义务工和除烟叶及木材收购环节等特产税外的其他农业特产税。

同月，县住房公积金制度开始实行。

是年，县集体林经营制度改革工作全面启动。

是年，县地方志编纂委员会整理点校的明永乐二年（1404年）、清道光十二年（1832年）和民国8年（1919年）三部《政和县志》，经省方志委审定，由厦门大学出版社出版。

是年，政和县店小二竹木有限公司生产的“店小二”竹筷系列产品被国际竹籐组织和国家林业局评为金奖。

是年，政和县首家民办学校“政和县熊山文武学校”正式创办。

是年，镇前镇下园村青年叶温全被团中央、农业部授予“全国农村创业致富带头人”称号。

2004年

1月3—6日，政协政和县第七届委员会第一次会议在城关召开。4—7日，第十四届县人民代表大会第一次会议在城关召开。

3月4—5日，省委常委、组织部长李宏一行深入星溪乡东峰村、石屯镇工农村考察调研创新南平机制情况。

7月，省委、省政府首批从省直机关选派11名干部到政和县老区扶贫开发重点村任党支部书记；县委出台开展“互动联动”，建立信息资料库，健全“四个一”制等多项帮扶措施。

8月16日，中共政和县驻沪委员会成立，为南平市首个驻外基层党委。

8月，云根书院正式动工重建，占地0.67公顷，建筑面积1460平方米。

9月23日至11月9日，全县遇旱，过程雨量1.7毫米，同期蒸发量281.4毫米，农作物受旱面积2300公顷，其中水稻1200公顷。

10月22日，省政协副主席、福建师范大学教授王耀华率视察组到杨源乡视察四平戏演出活动。

同月，七星溪城区段第一座绿水工程七星公园橡胶坝动工兴建，翌年底竣工投入使用。

11月6—8日，举办改革开放后县首届运动会，设比赛项目10个，参赛代表团10个，运动员1207人，裁判员160人，是本县有史以来规模最大、参赛人数最多的一次群众性体育赛事。

12月，首部《政和县姓氏志》出版发行。

是月，城区电网改造一期工程完工，总投资300万元。

是年，中央综治委、人事部授予政和县人民政府2001—2004年度“全国社会治安综合治理先进集体”荣誉称号。

是年，县政府重新修订《政和县工业园区管理暂行规定》。

是年，全县开始实施农村公路水泥路面硬化工程。

是年，完成二期农网改造工程，受益15个村、4个农村茶场，总投资2012万元。

是年，县第二中学通过省三级达标中学评估验收。

2005年

1月，政和县通过省“普及教育实验县”评估验收。

2月，县农村学校开始实行“两免一补”（免课本费、学杂费、上级补助）政策。

3月12日，全县普降大雪，10个乡（镇）受灾严重，直接经济损失约800万元。

4月，国务院扶贫办认定政和县富士岛食品有限公司为国家扶贫龙头企业。

5月23日，省委书记卢展工带领省委办公厅、水利厅负责人到政和调研，并深入县防汛抗旱指挥中心看望慰问坚守在一线岗位的干部职工。

6月6日，县神达果蔬有限公司首次出口欧盟政和杨梅4吨。

6月18—22日，全县暴雨，过程雨量411.9毫米，东平镇达432.7毫米，10个乡（镇）129个村（居）遭特大洪涝灾害，直接经济损失1.18亿元。

7月6日，省委副书记王三运率省委“四大专题”决策调研检查组到政和开展检查调研工作。

7月，城区自来水第二水源供水工程动工建设。

8月15日，第二轮《政和县志》编修工作正式启动。本志上限1989年，下限至2005年。

9月1日凌晨至2日上午，全县暴雨，过程雨量160—180毫米，风力8—10级，除熊山、东平外的8个乡（镇）3.41万人口受灾。

9月9—11日，日本学者、应庆义塾大学教授野村伸一，博士藤野阳平，在福建省艺术研究院研究员马建华等陪同下到杨源、禾洋两村考察“四平戏”。

10月21日，神达果蔬公司再次出口意大利价值3万多美元的甘蔗及毛芋、香菇等农产品。

同月，《政和资讯》创刊，该刊为报纸型内部刊物，16开本，每月1、15日出版，期发1200份。

11月10日，在多哈举行的世界举重锦标赛上，政和籍中国举重队选手张平在男子62公斤级比赛中，以145公斤的成绩获得抓举冠军。

11月15日，政和四平戏被省政府列入首批省级非物质文化遗产代表作名录，并推荐申报国家级非物资文化遗产。

同月，西津新大桥建成竣工。该桥为“入闽通道”控制工程之一，属县桥梁建设史上首座采用预应力T形梁大桥，桥梁长215.29米，接线长884.21米，总投资1083.31万元。历时4年的“入闽通道”政和段改扩建工程全线完工。

是年，县委、县政府围绕建设可持续发展的优高农业县的目标，提出加快构筑“绿色食品基地、承接产业重地、边贸物流旺地和旅游休闲胜地”，全面融入海峡西岸绿色腹地建设的发展战略。

是年，县进行第三轮党政机构改革。县级党政机构设工作部门30个（县委9个、政府21个）；设部门管理机构8个、议事协调机构3个、挂靠单位5个。

是年，全县取消除烟叶税外的其他特产税和农业税。

是年，县政府公布岭腰后山厝桥、锦屏古银矿及冶炼遗址为第四批县级文物保护单位。全县共有文保单位14个，其中省级1个、县级13个。

是年，县关心下一代工作委员会成员范文才被授予“全国关心下一代先进工作者”称号。

是年，铁山工业园区被列为省山海协作示范园区。

是年，全县完成“十五”计划实施，完成国内生产总值117433万元（当年价），年均递增9.5%；工业、农业总产值分别为64016万元、71360万元，年均递增分别为7.3%、9.2%；财政收入5542万元，年均递增9.6%；固定资产投资26690万元，年均递增7.7%；社会消费零售总额54002万元，年均递增9.3%；农民人均纯收入3300元，年均递增7.5%；城镇居民可支配收入7769元。

卷一　政　区

政和地处福建北部边陲，与浙江省接壤。五代时期建立关隶镇。宋真宗咸平三年（1000 年），升镇为县，至政和五年（1115 年）改名政和县。越宋、元、明各代，其境域及隶属关系多有变化。中华人民共和国成立之后，隶属时有变更，先后于 1960 年和 1970 年二次与松溪县合并，1975 年以后，政和县的境域和隶属关系基本稳定。至 2005 年，政和县隶属南平市，辖 5 镇 5 乡，县域面积 1749 平方公里。

第一章　建　置

第一节　沿　革

唐武德元年（618 年）改建安郡为建州；武德六年（623 年），将温麻废地置长溪县。开元十三年（725 年），改泉州为福州。开成元年（836 年），以长溪、古田属地各一部分立感德场。其时政和西、南里之地隶感德场，属福州，余地属建州。

五代后唐长兴四年（933 年），升感德场为宁德县，政和西、南里之地隶宁德，余隶建州。天福六年（941 年），以宁德县东、西、南、北四里之地立关隶镇（镇址在今镇前镇天王寺北），这是政和最早的政区建置。关隶镇辖 10 个都，范围包括现高山区的 4 个乡镇及寿宁、周宁一部分。关隶镇隶宁德县。

宋端拱元年（988 年），改建州为建宁军。咸平三年，升关隶镇为关隶县，是为政和立县之始，其辖地除原关隶镇所辖之地外，另从建宁军划入东平、高宅等 5 个里。政和五年（1115 年），改关隶县为政和县，是为政和县得名之始。绍兴三十二年（1153 年），改建宁军为建宁府，政和隶于建宁府。

元改府为路，政和隶建宁路。

明洪武元年（1368 年），复改路为府，政和仍隶建宁府。景泰六年（1455 年），从政和所领之地划出 5 个都及福宁府部分属地立寿宁县，同隶建宁府。

清代，沿袭明制。

民国元年（1912 年），改建宁府为建安道，政和隶建安道。民国 16 年（1927 年），废道制。民国 23 年 7 月，福建全省划为 10 个行政督察区，政和隶第十行政督察区。民国 24 年 10 月，全省督察区调整为 7 个，政和隶第三行政督察区。

中华人民共和国成立初，划全省为 8 个专区 2 个市，政和隶属第一专区。1950 年 4 月，第一专区更名为建瓯专区。1950 年 9 月建瓯专区更名为建阳专区，政和隶建阳专区。1956 年 6 月，改建阳专区为南平专区，政和隶南平专区。1959 年 7 月，政和改隶福安专区。1960 年 1 月，政和县与松溪县合并为松政县，县府驻松溪，隶福安专区。1962 年 7 月，松、政分县，恢复政和县建制，隶属福安专区。

1970 年 7 月，松溪县与政和县再度合并为松政县，县革命委员会驻松溪，隶属建阳地区。1975 年 3 月，松政县再次分县，恢复政和县建制，隶建阳专区。1988 年 1 月，建阳地区更名为南平地区，政和县隶属南平地区。1994 年 9 月，撤南平地区建南平市，政和县隶属南平市。至 2005 年，其隶属未变。

第二节 境 域

政和县位于福建省北部闽、浙交界处，地理位置介于东经 118°33’ 至 119°47’，北纬 27°05’ 至 27°23’之间，东西最大距离 72 公里，南北最大宽度 46 公里。东与寿宁、周宁，西与建阳，南与建瓯、屏南，北与松溪及浙江省庆元等 7 个县（市）相毗邻。

北宋咸平三年政和立县时，境域包括关隶镇的东、西、南、北 4 个里及从建安划入的东平、长城、高宅、东衢、感化等 5 个里，总面积约 2796 平方公里。历宋、元两代，政和县境域不变。

明景泰六年（1455 年），划出政和县属的南里 10 都，北里 11 都、12 都，东里 13 都、14 都约 1075 平方公里及福安县属的一部分置寿宁县，政和境域减缩为 1721 平方公里。

清代，政和境域不变。

民国 8 年（1919 年），政和县辖城坊及感化、善政、东衢和太平 4 个乡，共置 8 里 26 都，总面积与清代相同。民国 30 年（1941 年）10 月，经福建省政府批准，将原属松溪县管辖的遂应场（今岭腰乡锦屏村）划归政和县管辖，县域面积增至 1747 平方公里。

1958 年 4 月，经中华人民共和国国务院批准，将原属浙江庆元县管辖的隆宫乡张天村划归政和县铁山乡高林村管辖，县域总面积增至 1749 平方公里。至 2005 年，政和县境域未发生变化。

第二章 行政区划

第一节 乡（镇）区划变更

1989 年，全县划为 2 镇（熊山镇、东平镇）7 乡（星溪乡、石屯乡、铁山乡、外屯乡、镇前乡、杨源乡和澄源乡），共辖 4 个居委会，108 个行政村。

1993 年 9 月，撤销镇前乡和铁山乡建制，分别设立镇前镇和铁山镇。是年，全县划为熊山、东平、铁山、镇前等 4 个镇和星溪、石屯、外屯、杨源及澄源 5 个乡，共辖 115 个村（居）民委员会。

1994 年 5 月，撤销石屯乡建制，设立石屯镇。是年，全县划为熊山、东平、石屯、铁山、镇前等 5 个镇和星溪、外屯、杨源及澄源 4 个乡，共辖 116 个村（居）民委员会。

1997 年 11 月，从铁山镇划出岭腰、长垅、前溪、锦屏、西坑、横坑和高山等 7 个村，共 123 平方公里，设立岭腰乡（1998 年 1 月 8 日正式挂牌），全县所辖乡（镇）数增至 10 个。

2005 年，全县划为熊山、石屯、东平、铁山、镇前等 5 个镇和星溪、外屯、岭腰、杨源、澄源 5 个乡，共辖 7 个居民委员会和 124 个村民委员会。

第二节 村、居委会变更

一、村民委员会

1988 年，全县有村民委员会（行政村）108 个，村民小组 810 个。

1989 年，镇前乡增设蓬岭村民委员会。同时，从湘源村划出一部分，新置齐家洋村委会。湘源村辖湘源、半坑 2 个自然村；齐家洋辖齐家洋、横坑、柯场 3 个自然村。同年，杨源乡坂头村分设为坂头、楼下2个村委会，坂头村辖坂头、花桥、苏坑、长坑、坑塘5个自然村；楼下村辖楼下、天井洋、乾头、龙滩4个自然村。是年，全县设村民委员会111个。

1991年3月，从铁山乡凤林村划出张源、厦山两自然村，设立元山村委会，全县村民委员会数增至112个（2000年6月，元山村定为畲族村）。

1992年11月，澄源乡增设北斗、香溪、大梨溪等3个村委会；撤销东平镇营前村，分设常布、金峰2个村委会。是年，全县有村民委员会116个。

1995年5月，将外屯乡车潭林场改设为车潭村委会，全县村民委员会共117个。

1997年6月，澄源乡增设路下、叶甘地、石壁等3个村委会。10月，镇前镇增设何山村委会。12月，杨源乡茶林村分设为茶林、禾洋和�竹坑等3个村委会，全县村民委员会增为123个。

2001年10月，石屯镇西津村被定为西津少数民族村。

2003年6月，改东平镇山溪良种场为山溪村民委员会。2005年底，全县共设村民委员会124个，村民小组883个。

二、居民委员会

1989年，全县仅熊山镇所辖的东门居委会、北门居委会、南门居委会和西门居委会等4个居民委员会，共40个居民小组。

1996年10月，东平镇成立东平居委会，隶属东平镇管辖，全县居民委员会增至5个。

1997年10月，成立元峰庄居委会，隶属熊山镇管辖，全县居民委员会增至6个。2002年11月3日，该居委会改制为元峰庄社区居委会，下辖8个居民小组。

2001年8月，因下椙洋和芹山电站库区移民迁入，形成新的聚居区，成立南庄居民管理委员会，隶属熊山镇管辖，全县居民委员会增至7个。2004年6月，该管委会改制为新南庄社区居民委员会。

2002年7月，北门居委会、南门居委会分别改制为北门社区居委会和南门社区居委会。

2003年6月，西门居委会改制为西门社区居民委员会。7月，东门居委会改制为东门社区居民委员会。

2005年，全县共设社区居民委员会7个，其中隶属熊山镇6个，隶属东平镇1个。

表1－1　**2005年政和县行政区划表**

乡镇	行政村、居委会	管辖自然村	村（居）民小组数
熊山镇	解放村	渡头洋、星溪里、上暗桥	5
	胜利村	黄余子	6
	官湖村	官湖、官路后、后楼、亭仔坪、外坂	3
	东门社区居委会		12
	南门社区居委会		12
	西门社区居委会		10
	北门社区居委会		12
	元峰庄社区居委会		8
	新南庄居委会		10
石屯镇	石　屯	石屯、上合仔、蝴蝶街	5
	工　农	工农、富竹庄、坤口、西山坂	4
	长　城	长城、堀仔、下坑	4
	西　津	新西津、铺前、沈屯、新厂	4

续表 1－1

乡镇	行政村、居委会	管 辖 自 然 村	村（居）民小组数
石屯镇	洋　后	洋后、翻身垅、顶前、王元仔、潘坑头	5
	王山口	王山口、外坂、马面山、举金	4
	石　门	石门、下楼、源头、新洋	9
	际　下	际下、东际、上洋、大冯、前际、高山	6
	松　源	松源、务路科、后洋、上布、桐岭、石圳、赤岐、包源	9
东平镇	东平居委会		
	东平村	东平、梅屯、黄湾、永兴、后宅、梨坪、坪丘亭、大垅	13
	金峰村	前蓬、后洋、下坑、碗厂、下屯、龙布	7
	常布村	常布、营尾、溪西、上坑、山头	7
	护田村	护田、郑源	5
	范屯村	范屯、上瓜厂、下瓜厂、后布	7
	新口村	新口、南山、黄垱	9
	碗厂村	碗厂、安田、柿田、源头	3
	凤头村	凤头、头坑、半岭、党上	4
	西表村	上村、下村、朱地、车盘	6
	界溪村	交洋、岭头、大际、上余、平湖、岭根、杉林、朝阳、底炉	9
	苏地村	上村、下村、柯坑、上仁厂	4
	山溪村	山溪、大洋	2
铁山镇	铁山村	铁山	4
	东涧村	东涧、中村、新村	2
	南涧村	南涧、九战丘、溪坪	4
	大岭村	大岭头、洋上、凤林坑、村尾、溪边、半岭、灯盏峡	10
	高林村	张天、古林、桃坪、樟树后、宝福	11
	元山村	张元、下山、茶坪仔	6
	半洋村	畲头、半元、张岭	4
	江上村	江上、洪元、坑口岗	12
	张屯村	张屯、范屯、东坑、上坑、岩下、际坑、大林源	10
	凤林村	凤林、花桥头、洋屯尾、长埂	7
	向前村	向前、廖元、西坑岭、后山屯	4
	李屯洋	李屯洋、红桥、锦林、邓厝、李厝	5
	大红村	平丰山、源头、源尾、大湾、风水、屯后、阳光、南阳、红日	8
	罗家地	罗家地、院勺	6
镇前镇	镇前村	镇前、郑源、洋头、洋后、黄山里、溪尾	5
	梨溪村	梨溪、牛脊洋	4

续表 1－1

乡镇	行政村、居委会	管　辖　自　然　村	村（居）民小组数
镇前镇	角坂村	角坂、桃坑仔、金林田、青溪池	9
	际头村	际头、下际头、胡仔坑	4
	下园村	下园、下新厝、里岩头	13
	梨洋村	梨洋	4
	里洋村	里洋、庄下、峡上	5
	横坑头村	横坑头、富宅、里山溪、龙厝溪	3
	宝岩村	坑里、林山、山后、下村、招马、外洋	7
	茶溪村	茶溪、中山、天柱	3
	半源村	半源、外打石坑、里打石坑、梨坑、十八坑、黄华坑	6
	南坑村	南坑、大房、禾林	3
	洋厝村	洋厝、下扬、石门	3
	蓬岭村	蓬岭	1
	湘源村	湘源、半源	3
	齐家洋村	齐家洋、芳坑、科场	3
	下庄村	下庄、新田、上南源、下南源、吕家洋、八马、坑塘、大坑头	9
	何山村	何山、坑里、三种角、坝下	3
	郢地村	郢地、深度坑	4
	�竹洋村	�竹洋	4
	连坑村	下连坑、上连坑、上州、溪后	5
	西溪村	西溪、丁坑	3
星溪乡	林屯村	林屯一组、林屯二组、下马石、茶岭、岭尾、方元、牛山仔	6
	地坪村	地洋、上圳坑、下圳坑、上余屯、下余屯、上洋、新源	5
	长际村	上山岗、下山岗、梧桐坑、下宅、东坑、水林坑、何余、石洪坑、后半山、大绍	11
	樟口村	樟口、外洋、上山、岐山、大墘、宝岭根、半山、小绍、冷石	8
	九蓬村	前九蓬、后九蓬、朝阳、宝岭、上国楼、下国楼	6
	宝岱村	前宝岱、后宝岱、前山、坵余、山峡亍	7
	念山村	东屯、陈屯、北新、后山仔、厝角、佘屯、后门厂、上园仔	8
	东山村	堀丘、池坑、山头、新厝、亭坪、禾垅	4
	东峰村	桥头、庙下、吴屯里、茂林、大布、茶园、范屯洋	10
	富美村	洋尾、林屯、溪洲、横坑垅、洪源、铜锣丘、高山仔	9
	梅坡村	上际、下际、富中、三百洋、杨梅林	5
岭腰乡	岭腰村	岭腰、下源、东山头、亭子、胡屯仔、湖屯后、周弄坑、前房、周弄洋、后山、外楼、前山、王晋林、桐厝、千田	17
	高山村	洋屯、传水、立新、洋慕桥、交浙洋、刘坑、刘坑头	8

续表 1－1

乡镇	行政村、居委会	管辖自然村	村（居）民小组数
岭腰乡	西坑村	交椅垅、西坑（上村、下村）、后源、后源尾、坑门、后源里	11
	横坑村	横坑、红卫、大坪、坑头、际下洋、富宅门	4
	长垅村	长垅、翁村、第一坑、第二坑、第三坑（锅坑）、交岐、韶园、南山、双湾	9
	前溪村	上山、外湾、下洋、旁尾、会岭、马安	6
	锦屏村	锦屏、南屏（上村）、洋尾（下村）、上场、岩根、大林洞、北岩、锡坑、溪尾	13
外屯乡	外屯村	古原、洋后、叶洋、许洋、早岭、立基洋、下池里村、下池外村、库坑坂、墓垅坑、外屯四队、外屯五队、下步洋	12
	洋屯村	峡后、良种场、下堀、洋屯、际角林、葛后新村、苦株林	9
	湖屯村	西山、东山、早岐洋、东坑坂、里桥、外桥、大禹坑	8
	吴场村	吴场、际面、富竹坑、灰场、范园、吴场上村	6
	溪头村	大档、大垢寨、溪头、黄龙溪、大门前、墓林下、梅仔坑	5
	黄坑村	外店、湖里、庙后、外坂林、半路后、花桥、桥仔头、杉田、採坑、北科、半岭、招岭、花会坂、张厝坪、王余、坂仔、红泥厂、九房、竹林下、外庵、上坂、宝坑、岩皮头、大垢后、王龙月、上坑垅、上坑头、葫芦垢、鸡公坂、坑头、牛楼、松林、上洋厂、赤后、源头	17
	下坪村	百林、下坪新村、百步溪、黄岭后、里楼、旺楼、下坪	7
	稠岭村	稠岭、佛子岩里村、佛子岩外村、大岩、黄泥峡里村、黄泥峡外村、谢家山、果场、水溢堀	6
	车潭村	车潭、真武坑	2
杨源乡	杨源村	杨源、深坑洋、富坪、洋尾、后畲	10
	桃洋村	桃洋、南阳、龙垢、新村、当溪、安章	6
	大溪村	大溪、下峡、暗亭、富足口、下畲、东门坑、红门厝下	8
	富坂村	富坂、门前、南地洋、桥洋	3
	茶林村	茶林、富竹源、溪里桥、进坑	3
	禾洋村	禾洋、北坑	4
	�竹坑村	�竹坑	2
	岭头村	岭头、黄坦、下宅	7
	上庄村	上庄、黄淡坑、岭根、后洋、大坂、进山头	11
	翠溪村	翠溪、溪尾	3
	王大厝村	王大厝、前厝、西坑、北山	8
	坂头村	坂头、花桥、苏坑、竹头、长坑仔、坑塘	11
	楼下村	楼下、天井洋、墘头、龙滩	6
	洞宫村	西门、禾坪	6
	西岩村	里西岩、外西岩	5

续表1-1

乡镇	行政村、居委会	管辖自然村	村（居）民小组数
澄源乡	澄源村	澄源、东大楼、福林、大洋	14
	前山村	前山、溪仔边、月山下、楼下、蟹尾	9
	前村村	前村、打石凸、大庵、鸡池桥	13
	林山村	林山、桥头	4
	香溪村	里香溪、外香溪、碰桥头、花竹坑、龙井坑	7
	富垅村	富垅、上寨里、下寨里、静庵洋外厂、静庵洋里厂	11
	路下村	路下、坂垱、新家山	7
	叶甘地	叶甘地	3
	上榅洋村	上榅洋	7
	下榅洋村	下榅洋、深堀、陈厝、前洋	11
	黄坦村	黄坦	2
	石壁村	石壁、车盘坑	7
	上洋村	上洋、下洋、村尾	9
	黄岭村	黄岭、双溪仔	6
	北斗村	北斗、根仔坑	5
	星溪头村	星溪头、凤西寺	11
	坑里村	坑里、大门桥、上暖溪、下暖溪、蟹子口	7
	赤溪村	下赤溪、上赤溪、榅洋仔	6
	新康村	新康、象鼻亭、根竹、麒麟坑、下坑	11
	双新村	新坑头、双木坑、新林洋、下山角	9
	牛途村	牛途、丁坑、大庵	7
	大梨溪村	大梨溪	4

政和县村落变迁情况表

表1－2

乡镇	行政村名	变迁村名	变迁时间	变迁类别	原村落情况			变迁情况
					户数	人口数	房屋（栋）	
熊山	胜利村	水坑自然村	1982	迁并	10	38	7	整体迁入城区胜利村，旧村废
熊山	官湖村	溪洲自然村	1989	迁并	6	30	3	因农田平整，整体迁并到官湖村，旧村废
东平	凤　头	半岭	1990.12	迁并	14	55	11	1990年12月全部迁入凤头村，原村废
东平	凤　头	党上	1990.12	迁并	10	39	8	1990年12月全部迁入凤头村，原村废
东平	苏　地	柯坑	1993.3	迁并	12	46	10	1993年3月起，村民逐步迁入苏地，原村废
东平	护　田	郑源	1998.11	搬迁	9	38	7	1998年6月洪灾中受损严重，整体迁新址重建，村名不变，旧村废
东平	东　平	垱溪	1989.10	搬迁	21	89	18	1989年10月，整体搬迁到东平村，旧村废
东平	东　平	石马岗	1994.2	搬迁	13	54	10	1994年2月，整体搬迁到东平村，旧村废
铁山	李屯洋	北岩	1998	搬迁	42	230	41	1998年实施“幸福工程”，整体迁入新建的锦林新村，旧村废
铁山	李屯洋	余坑	1998	搬迁	35	210	35	1998年实施“幸福工程”，整体迁入新建的红桥新村，旧村废
星溪	富美	辟林	1984	迁移			10	大部迁富美林屯
星溪	富美	盐坑	1983	迁移			14	大部迁洋尾
星溪	富美	上楼仔	1981	迁移	1	15	1	迁富美林屯，旧村废
星溪	富美	杨厝	1963	消亡	1	10	1	迁铜锣丘，旧村废
星溪	富美	兰厝	1962	消亡	1	6	1	迁横坑垅，旧村废
星溪	富美	白亭子	1968	消亡	3	11		迁盐坑，旧村废
星溪	东山	池坑　岭头	1968	迁移	4	16	3	分别迁池坑、堀丘，旧村废
星溪	东山	后门厂	1964	迁移			2	迁池坑，旧村废
星溪	九蓬	水坑仔	1989	灾后迁移			8	因洪灾被毁，迁朝阳建新村，旧村废
星溪	九蓬	河山仔	1992	消亡	1	1	1	村民亡故后，村废
星溪	九蓬	仙岩后	1988	消亡	1	3	1	迁后九蓬，旧村废

续表 1－2

乡镇	行政村名	变迁村名	变迁时间	变迁类别	原村落情况			变　迁　情　况
					户数	人口数	房屋（栋）	
星溪	长际	后半山齐庄	2005	库区淹没		45	8	因处龙潭溪水库淹没区，村民迁移城区南庄
		富竹洲	2005	迁移	23	125		移民城区南庄，旧村废
	东峰	合头垅	1980	消亡	1	8		迁茶园，旧村废
		岩皮头	1980	消亡	1	7		迁茶园，旧村废
	梅坡	下际	1985	迁移		196	29	全部迁塔前建新村，仍名下际，旧村废
	念山	半山	1972	迁移	6	27		迁厝角，旧村废
	宝岱	高崙头	1980	迁移	2	12		迁前宝岱，旧村废
		庙仔崙	1980	迁移	8	62		迁山峡仔，旧村废
岭腰	岭腰村	山头厂	1984	迁移	8	37	3	先后迁往前山自然村，旧村无住户
	横坑村	富宅门	1997	迁移	5	32	4	分迁横坑、大坪等地，旧村废
	长垅村	坪坑尾	2004	迁移	12	56	12	先后分迁外地，旧村废
	前溪村	马安	1985－1989	迁移	2	11	2	迁往会岭自然村，旧村废
外屯	车　潭	老碓厂	1998. 6	洪灾受损	21	105	17	1998 年 6 月 22 日洪灾中村庄被泥石流淹埋，灾后移新址建村，旧村废
杨源	杨源村	溪蟹	1992. 1	迁并	10	70	8	1992 年 10 月全部迁入杨源村，旧村废
	杨源村	向培	1989. 8	迁并	5	34	6	1989 年 8 月全部迁入杨源村，旧村废
	桃洋村	三山	1998. 11	搬迁	16	98	12	1998 年 11 月，因居住条件差，整体搬迁建新村，旧村废
	�竹坑村	河山	1999. 8	搬迁	12	63	8	1999 年 8 月整体搬迁到�竹坑村，旧村废
	翠溪村	桥头墘	1993. 11	迁并	4	27	3	1993 年 11 月全部迁入翠溪村，旧村废
	上庄村	庙前桥	1992. 6	迁并	7	38	5	1992 年 6 月全部迁入上庄村，原村废
	上庄村	茶坑	1989. 12	迁并	6	29	4	1989 年 12 月全部迁入上庄村，原村废
	洞宫村	旧洞宫	1985	库区搬迁				1985 年因建设九层际电站，村民分别迁入西门、洞宫林场，旧村淹没

第三章　乡（镇）概况

第一节　熊山镇

熊山镇古称东和，位于政和县中部，西部毗邻石屯镇，东、南、北三面均与星溪乡接壤，自宋咸平三年（1000年）立关隶县始，即为县治所在地。中华人民共和国成立后，先后称为星溪镇、城关镇、政和镇、熊山公社，1984年9月后称熊山镇，现为县人民政府驻地，是全县政治、经济和文化中心。境域总面积22.19平方公里，其中耕地面积145.2公顷，林地面积1373.8公顷，林木蓄积量82685立方米。气候温暖，雨量充沛，年平均气温18.4℃，年均降水量1680毫米，境内蕴藏金、铁等矿产。2005年，全镇住户12276户，总人口35977人，辖6个社区居委会、3个行政村。

城镇建设　1989年后，结合旧城改造，实施城镇扩容工程，先后建成下药、凤嘴、渡头洋、茶亭垅、青龙庄、珠山、南门外洋、新南庄及胜利洋等密集型居民住宅新区，建成区面积从1989年的2.21平方公里扩大到2005年的3.13平方公里。完成汽车站至暗桥二级路改建及解放街、西大街、渡头洋新区主街、南庄小区主街道路改造和水泥路面硬化等工程。改造珠山自来水厂并新建日供水1万吨的龙潭溪饮水工程。七星塔、塔山公园、七星公园、熊山森林公园、云根书院等游乐休闲场所相继建成投入使用。

个私商业　熊山镇是全县商业贸易中心，商贸体制改革后，个私商贸企业发展迅速。1989年，城区有零售商贸企业网点361个，其中个体经营户290户，从业人员346人。2000年，个体经营户765户，从业人员1279人。2005年，个体经营户增至1100户，从业人员2100人，当年城区居民消费水平人均5204元。

工　业　1999年，引进日本客商投资创办富士岛食品有限公司，生产香菇、姬松茸等十多个品种，全部出口日本，年产值5000多万元。2000年，创办鹤林工业园区，至2005年年底，入驻园区工业企业有嘉华木业、长红竹炭、继升竹木工艺等17家，完成固定资产投资7600万元，完成工业产值7800万元。2005年全镇有工业企业70家，工业总产值18910万元。

文化　教育　辖区内各文化体育设施齐备，有文化馆、博物馆、图书馆、体育馆、田径场、游泳场等公共文化设施，经常举办各种文艺演出和展览，有音乐、舞蹈、文艺创作等不同类型社区文化之家26户。2005年，区内有各类幼儿园22所，小学5所，普通中学3所、职业中学1所。

附：官湖村　位于城西2.5公里，土地面积342公顷，其中林地247.5公顷，耕地40.4公顷，辖官湖、官路后、后楼、亭仔坪和外坂等5个自然村和3个村民小组，常住户294户，1050人。1998年，建成千亩无公害蔬菜基地，是城区居民蔬菜主要供应地，境内有县畜牧良种场、生猪屠宰场、饲料公司、林业苗圃等单位及七星塔、塔山公园、诸佛寺等名胜和休闲娱乐场所。

1989—2005 年熊山镇社会经济发展情况表

表 1－3

年　份	总人口（人）	耕地面积（公顷）	粮食总产量（吨）	人均纯收入（元）	财政收入（万元）	工农业总产值（万元）	在校学生数（人）		计生率（%）
							中学生	小学生	
1989	25610	166.10	1021	735	59.60	591.70	—	—	—
1990	—	166.10	1811	760	30.80	690	—	—	—
1991	—	165.90	1814	808	21.50	768.20	—	—	—
1992	—	165.90	1869	976	44.50	964	—	—	—
1993	26755	163.60	1834	1205	74.50	1409	—	—	—
1994	—	162.70	1902	1531	54	2895	—	—	—
1995	28478	157.20	1904	1840	116	3157	—	2278	—
1996	28473	157.20	1964	3027	362	3345	—	1850	—
1997	31762	157.20	1966	3632	371	4260	—	1867	96.75
1998	30925	155.20	1649	3411	479	4762	—	2162	96.76
1999	31722	155.20	1762	3352	378	4225	—	2287	94.31
2000	32491	155.20	1593	3360	375	3332	—	2242	96.39
2001	33133	155.20	1080	3420	129.70	3310	—	2304	95.67
2002	33491	155.20	828	3460	87.60	4656	—	—	93.29
2003	34664	155.20	816	3500	246.60	6536	—	—	94.65
2004	35322	145.20	830	3750	148.90	8216	—	—	93.33
2005	35977	145.20	840	4013	160.80	11503	—	—	92.71

说明：1. 境内各中学属县辖，本镇无在校学生数据

2. 1995 年以前，熊山与星溪属同一学区；2002 年后学区取消，故均无在校学生数据

第二节　石屯镇

石屯镇位于县城西部10公里，东与熊山镇毗邻，东南与星溪乡接壤，西和东平镇相连，北部、南部分别与松溪县、建瓯市交界。历史上称民望乡，后改称石屯乡。1994年5月改为镇建制。2005年，境域面积141.10平方公里，耕地面积1344.10公顷，林地面积9400公顷。下辖9个行政村，41个自然村，人口21037人。工农业总产值2.38亿元，农民人均纯收入2760元。

粮食生产　石屯地处七星溪下游河谷平原，土地肥沃，年平均气温18.7℃，年均降雨量1650毫米，是政和县主要水稻种植区。1989年，粮食作物种植面积2554.6公顷，粮食总产量10613吨。1995年，粮食种植面积2651.30公顷，粮食总产量13668吨。2000年后，逐步调整粮经比例，适当扩大经济作物及蔬菜种植面积。2005年，粮食种植面积1242公顷，粮食总产量15202吨。

茉莉花基地　石屯素有茉莉花之乡的美称。1989年，种植茉莉花106.90公顷，产量252.60吨。1995年，种植面积146.50公顷，产量1200吨，先后兴建长城花市和石屯茉莉花交易市场。2005年，种植面积扩大到400公顷，产量2352吨，成为福建省最大的茉莉花基地。

工　业　1997年，实施工业兴镇战略，引进京泰茶厂、松源锅炉厂、西津胶合板厂等企业。2002年，引进清水笋厂、闽辉茶厂、木制品厂等企业5家。2003年，创建龙岗工业园区和松源工业小区，先后有荣鑫木业、茗佳茶厂、天龙家具、茂旺茶业等企业入园。2005年，创建蝴蝶街工业小区，省级中型企业大源矿业黄金综合冶炼厂等落户园区。是年底，全镇有工业企业30家，产值超亿元，基本形成以茶叶加工为主导，农产品及竹木加工和矿业开发为主体的工业经济发展格局，其中白茶产量占全国白茶市场份额30%以上。

新农村建设　1989年，石屯新村建设面积约15万平方米，公、私建筑面积10.37万平方米，主街长拓展至1800米。同时，启动工农新村和石门、洋后旧村改造工程。2001年，贯穿全境的省道204线改造扩建工程竣工。2004年，全镇各村公路全面实现水泥路面硬化。

望浙山风景区　又称英杰山，位于西津村境内，与东平镇新口交界，海拔758米，著名道教胜地。相传西周时有大鱼仙姬修道于此山，后驾鹤而去。唐乾符间黄巢义军入闽驻政和时，立营扎寨于山上，遗迹犹存。山上有天福寺、火坑洞、南蛇洞、天台岩、纱帽岩等诸多景观。1998年成立英杰山旅游服务公司，开辟英杰山一日游旅游线路。

附：西津村　位于石屯镇西部，与东平镇接壤，省道204线和（东）平（西）津公路均穿村而过；七星溪、松溪在此交汇，水陆交通便利，是历史上的水陆码头和进出本县的西部门户。全村土地面积773.30公顷，其中山地面积居多，耕地面积仅75公顷。2005年，人口1570人，是蓝姓畲族人口较集中的少数民族村。西津村辖新西津、铺前、沈屯、新厂等4个自然村，4个村民小组。境内有道教名山望浙山。

1989—2005年石屯镇社会经济发展情况表

表1－4

年　份	总　人　口（人）	耕地面积（公顷）	粮食总产量（吨）	人均纯收入（元）	财政收入（万元）	工农业总产值（万元）	在校学生数（人）		计　生　率（%）
							中学生	小学生	
1989	17531	1336.80	10613	517	30	1928	650	1912	91.20
1990	18237	1335.20	11613	558	40	2255	640	1852	89.45
1991	18947	1338.40	12723	608	60	2640	705	1846	88.33
1992	19764	1352.30	13010	669	75	3238	723	1837	86.66
1993	19743	1338.30	13552	1034	116	4032	665	1921	90.61
1994	19834	1338.30	13590	1153	117	4912	660	2152	91.72
1995	19629	1338.30	13668	1618	128	5805	602	2424	88.63
1996	19729	1337.10	13758	1776	141	6778	545	2806	100.00
1997	19798	1336.10	12990	1871	146	7653	560	3164	100.00
1998	20161	1336.10	10148	1965	178	8656	590	3465	98.51
1999	20298	1330.60	12515	—	—	—	—	—	—
2000	190	9590	870	3330	99.05	—	—	—	—
2000	20491	1327.80	13127	2018	190	10054	990	2977	99.53
2001	19837	1327.80	14449	2100	190	10942	995	2819	98.14
2002	19922	1331.50	14690	2400	218	14225	1080	2461	93.92
2003	19976	1332.80	14881	2472	240	16786	1290	1974	95.04
2004	19997	1344.10	15072	2600	283	20147	1450	1563	94.79
2005	21037	1344.10	15202	2760	340	23769	1640	1707	91.49

第三节　东平镇

东平镇位于政和县西北部，距县城35公里，与松溪、建阳、建瓯三县（市）交界，面积216.59平方公里，耕地面积1861.8公顷，林地面积12533公顷，森林覆盖率67.5%。地处武夷山东翼余脉，境内地貌分为北——南部弧形山地和东部河谷盆地两部分。谷地地势低平，土壤肥沃，且有松溪和界溪两河过境，水利条件优越，加之气候温暖湿润，雨量充沛，年平均气温19.5℃，年均降水量1636.50毫米，有利于农业生产，是政和县主要耕作区和产粮区。2005年，工农业总产值2.44亿元，其中农业总产值1.12亿元。

东平镇历史悠久，政和立县前，隶属建安县。宋咸平三年（1000年）划归政和县，历史上先后称为东平里、东常市、东平区、东平公社、东平乡等，1986年7月改为镇。2005年，辖东平居民委员会及东平、金峰、常布、护田、范屯、新口、碗厂、凤头、西表、界溪、苏地、山溪等12个行政村，55个自然村，76个村民小组，人口25461人，其中畲族232人。

茶叶生产　东平是“茶中仙子”白牡丹原产地。1989年，全镇有茶园400公顷。2000年，建立“白牡丹”示范基地，有800公顷优质无公害茶园。2005年，茶园面积扩大到986.60公顷，年产量2832吨。有茶叶精制企业50家，龙头企业有“福华”“闽峰”“凯捷”等，年加工精制茶叶3300吨，产值6100万元，其中白茶近1000吨，是全国最大的白茶产地，产品销往中国香港并出口到新加坡、马来西亚、泰国及欧美等地。全镇茶叶营销人员有2600余人。

锥栗种植　东平锥栗有300多年种植历史，品质优良，久负盛名。原主要产于苏地、界溪一带，1996年，建立“V”型锥栗带，引进“大黄榛”等优良品种。2005年，种植面积600公顷，年产量1350吨。

酿造工业　东平酱油酿造始于清末民初，20世纪20年代在闽北一带已久负盛名。此后几经盛衰，1989年产量仅7.20吨。2000年后，恢复传统工艺，扩大生产。2005年产量153吨，产品热销省内外。东平高粱酿造始于20世纪50年代初，有“南有金门，北有东平”之誉，多次被评为省优、地优“老字号”产品。1999年，有“华盛酒业”和“欣荣酒业”两大企业，分别生产“东平老窖”和“东平高粱”等两大系列26个品种。2005年，年产白酒360吨，产值2000多万元。

墟　市　相传始创于清代康熙初，有近400年历史。每月6墟，农历逢二、七为墟期。每逢墟日，周边建阳、建瓯、松溪等地群众前来赶墟。特别是农历二月初二，为传统“牛市”，是一年中最热闹的墟日。

红色旅游　东平是著名革命老区，有“红旗不倒”的革命根据地之誉。境内凤头村有民国18年（1929年）成立的中共政和第一支部旧址，西表村有民国23年（1934年）成立的建松政苏维埃政府旧址等建松政苏区时期革命遗址，是开发红色旅游的宝贵资源。同时，境内还有奖山、金峰山、界溪水库等自然景观可供旅游开发。

附：凤头村　旧称凤池村，距镇所在地2.50公里，闽北著名老区基点村之一，是中共政和第一支部诞生地，革命先辈杨则仕、陈贵芳、池云宝均为该村人。村中建有陈贵芳故居、陈氏七烈士陵园、则仕小学等纪念性建筑，中共政和第一支部旧址已列为县文物保护单位。全村土地总面积1557.30公顷，有茶园200公顷，是政和白茶发源地和主产区，有各类茶叶加工厂5家，小型加工作坊40多家，年产茶叶在250吨左右，村民收入80%以上来源于茶叶。境内有奖山风景名胜区，山上的慧圣寺是清代闽北著名佛教胜地之一。村中还有著名的楠木林，面积4.13公顷，生长着240多株楠木，平均树龄300年以上，已列为县楠木林自然保护区。

1989—2005 年东平镇社会经济发展情况表

表 1－5

年份	总人口（人）	耕地面积（公顷）	粮食总产量（吨）	人均纯收入（元）	财政收入（万元）	工农业总产值（万元）	在校学生数（人）		计生率（%）
							中学生	小学生	
1989	25214	1744.40	13350	1702	210	16720	828	2571	70.20
1990	25396	1744.40	13302	1787	245	17375	852	2374	73.07
1991	25465	1744.40	13867	1895	280	18080	900	2288	47.14
1992	25587	1744.40	14176	1932	305	19010	957	2379	52.57
1993	25624	1748.80	13838	1925	291	20970	970	2513	59.67
1994	25712	1748.80	14349	2065	340	22400	984	2755	—
1995	25891	1748.50	14720	2150	355	24470	995	3160	71.29
1996	26054	1748.50	15383	2200	386	23620	965	3570	87.50
1997	26148	1748.50	15330	2439	405	23700	1146	4001	92.53
1998	26196	1748.50	15360	2508	422	23325	1366	4276	89.67
1999	26340	1748.50	13074	2276	380	20060	1613	4186	95.47
2000	26513	1753.30	14502	2305	362	22385	1665	3860	94.72
2001	26737	1771.50	11057	2103	375	21981	1739	3668	97.00
2002	26348	1771.50	9927	2272	450	22220	1957	3346	92.10
2003	26798	1779.80	7608	2455	426	23734	2104	2789	92.60
2004	26232	1779.80	8550	2686	485	24230	2312	2303	84.60
2005	26461	1861.80	8802	2750	471	24350	2210	1871	91.00

第四节　铁山镇

铁山镇古称感化乡，位于政和县北部，东与岭腰、外屯两乡接壤，西、南均与星溪乡毗邻，北部与浙江省庆元县交界。境内主要河流梅龙溪自东北向西南流经全境后在稻香汇入七星溪。1997 年年初全镇土地面积 225 平方公里，辖 21 个行政村，人口 30527 人。1997 年 11 月，划出岭腰等 7 个行政村成立岭腰乡，面积缩减为 132.60 平方公里。2005 年，下辖 14 个行政村，总户数 4633 户，人口 20500 人。

铁山镇地势呈带状形态分布，由东北向西南倾斜，全境可分为山地、丘陵和河谷盆地三种区域。年平均气温 17.9℃，年均降水量 1700 毫米。农业为主导产业，1997 年，耕地面积 2559 公顷，粮食总产量 15809 吨。1998 年分立岭腰乡后，耕地面积减为 1498 公顷。铁山是政和大白茶发源地，种茶历史悠久，茶叶品质优良。2005 年，粮食总产量 9600 吨，茶园面积 500 公顷，年产茶叶 564 吨，总产值 1500 万元。

工业园区　2002 年，实施工业强镇策略，开始建设铁山工业园区，规划面积 34 公顷。至 2005 年，完成第一期 16 公顷工程建设，有“家和”“店小二”“新亚”等 4 家规模以上企业入园。

矿产开发　境内有铅锌、硫铁、磷等矿产资源。20 世纪 50 年代即建有夏山铅锌矿、铁山化肥厂等企业。2005 年，生产硫酸 8800 吨，磷肥 5400 吨。

清水笋加工　20 世纪 80 年代初，创立乡办企业清水笋罐头厂，年产值 150 万元。1997 年后改制为个体承包经营，扩大生产，年产值在 300 万元以上。

竹木加工　1992 年，引进资金创建木制工艺厂，后更名为天晨工贸竹木有限公司，生产竹筷、竹木工艺品，年产值 600 万元，产品畅销国内各地及港澳台地区。2003 年，引进浙江台州家和竹木有限公司，投资 1500 万元，生产高档竹筷、竹地板及系列餐具，2005 年产值 2000 万元，产品远销东南亚及国内各省区。

茶叶精制　1993 年创办铁山花茶厂，拥有 A 级绿色食品茶叶基地 80 公顷和优质茉莉花基地 20 公顷。2005 年，加工精制中、高档茉莉花茶 180 吨，全部销往北京老字号张一元茶叶有限公司，是该公司固定的长期签约花茶供应商。

古　迹　铁山村蚌山遗址，系西周时期遗址，曾出土青铜剑、青铜矛等文物。高林村宝福寺，创建于唐贞观初，经历代重修扩建，是全县最大古刹，为县文物保护单位。凤林村护国禅寺，始建于五代后晋初，寺右有宋代理学家朱熹祖父朱森墓，也为县文物保护单位。南涧村九战坵，是唐末黄巢起义军与福建招讨使张谨统领的官军九次鏖战的古战场，今铁山屯尾有张谨墓，夏山有张谨偏将郭荣墓。

附一：大岭村　距镇所在地 13 公里，土地总面积 1733 公顷。2000 年后，完成通讯、广播电视及水泥路面硬化等基础设施建设。2005 年有住户 335 户，人口 1423 人。盛产锥栗、毛竹，有锥栗 233 公顷，毛竹 267 公顷。大岭是“银杏之村”，境内有古银杏群，最老的树龄 630 年，平均树龄 340 年。村中还有奇特的“树抱竹”，树龄近 1000 年。

附二：元山村　距镇所在地 5 公里，1991 年，由张元和下山两村合并成立，面积 7.91 平方公里。全村住户 289 户，人口 1407 人，多钟姓畲族人口，1998 年经福建省民政厅批准为畲族少数民族村。全村有生态林 450 公顷，毛竹和锥栗各 67 公顷，茶园 53 公顷。境内蕴藏丰富的铅锌、水晶、硫铁及石灰石等矿产，从 20 世纪 50 年代开发至今。

1989—2005 年铁山镇社会经济发展情况表

表 1－6

年份	总人口（人）	耕地面积（公顷）	粮食总产量（吨）	人均纯收入（元）	财政收入（万元）	工农业总产值（万元）	在校学生数（人）		计生率（%）
							中学生	小学生	
1989	26938	2560.40	11247	826	289.80	2337.40	763	3318	85.31
1990	27388	2560	12731	920	294.60	2706	825	3335	87.84
1991	28613	2564	13059	1098	396	2224	831	3305	83.73
1992	29101	2559.40	13059	1290	86.90	2799	820	3409	85.87
1993	29189	2559.40	13424	1689	118.20	5252	778	3452	87.76
1994	29676	2559.30	14150	1860	135	8489	625	3722	89.23
1995	30060	2559	14433	1998	170	10169	633	4043	90.16
1996	30362	2559	15355	2214	207	11223	660	4746	92.34
1997	30527	2559	15809	2317	286	12132	807	4956	89.97
1998	20507	1498	11421	2328	176	8852	826	3294	91.21
1999	20763	1498	11977	2183	256	8494	992	3313	92.32
2000	20824	1498	11883	2050	107	7206	2103	3006	90.41
2001	20851	1498	10276	2196	142	8320	2400	2866	93.06
2002	20889	1498	11171	2294	135.90	10433	2515	2527	89.94
2003	20816	1498	9696	2319	93.90	11642	2817	2029	91.11
2004	20618	1498	9656	2662	134.70	18703	2855	1595	90.40
2005	20500	1489.40	9600	2870	191.80	20562	2498	1333	88.32

说明：1989—1997 年各项数据含岭腰乡所属各村在内

第五节　镇前镇

镇前镇位于县境东部，距县城44公里。东与澄源乡接壤，东南与宁德市周宁县交界，南与杨源乡毗邻，西北与星溪乡相连，北与外屯乡相邻，是闽北通往闽东的咽喉。省道302线自西向东贯穿全境，202线则自北向南与302线在境内交汇，有“闽北东大门”和“旱地码头”之称。境域面积234.4平方公里。2005年，人口28472人，辖22个行政村，74个自然村，104个村民小组。

镇前地处鹫峰山脉北段，全境为“T”字形两大山系所覆盖，多海拔1300米以上山峰，沟壑深邃，并形成三大水系，水力资源丰富，境内有里洋水库和河山水库。独特地形使其具有高山区独特气候，年平均气温13.9℃，严冬最低气温可达-11.5℃，是全县气温最低的乡镇。年平均降雨量1726毫米，年日照量1480小时左右。全镇耕地面积1900公顷，林地面积12800公顷。由于气候寒冷，只能种植单季稻，但适合种植反季节蔬菜，盛产毛竹、锥栗和高山云雾茶。2005年，工农业总产值20186万元。

茶叶生产　镇前镇是高山茶叶主产区之一，1994年前主要生产高山绿茶。1995年，引进“福安大白”和早芽种“福云六号”等新品种，并建立镇前、下庄、梨溪、西溪、连坑等5个茶叶重点区和67公顷高山有机茶示范区。2002年，引进北京茶叶总公司，创办罗京坂茶叶基地和加工厂。2005年，全镇茶园面积573公顷（其中标准茶园200公顷），年加工茶叶1800吨，产值1687万元。

反季节蔬菜　1995年，利用高山区独特气候条件，开始种植反季节蔬菜，当年产量2400吨。2000年，种植面积扩大到300公顷，产量4400吨。2004年，引进浙江磐安云海蔬菜公司种植绿色生态蔬菜，形成际头、下园、角坂、梨溪、梨洋、洋舍等生态蔬菜示范区，种植各种特色蔬菜561公顷。2005年，又扩大至733公顷，产量达10421吨。

交通要道　省道202线和302线交汇于镇前，不但成为镇前镇经济发展的大动脉，也使其闽东北交通枢纽地位更加突显。1996年，完成302线境内28公里的柏油路面改造，交通条件进一步改善。1999年，全镇22个行政村全部通车。2003年开始启动农村公路水泥硬化工程，至2005年年底，有9个行政村36.20公里路段完成水泥硬化，行政村客运通车率达90%。

电力建设　1989年12月，建成35千伏安镇前——九层际变电站，线路全长21.78公里。1990年1月镇前——飞凤山（政和）110千伏安变电投入使用，线路全长24.80公里。1998年11月建成政和——福安——镇前——文塘110千伏安变电，境内线路46公里。2000年8月，全面完成22个行政村农网改造。2003年5月，建成齐家洋电站，装机容量为320千瓦。2004年，相继建成腾龙三级、四级水电站，装机容量分别为1000千瓦和500千瓦。2005年，又先后建成红龙潭电站，装机容量1260千瓦；下庄电站，装机容量640千瓦。

附一：镇前村　古关隶镇所在地，现为镇前镇人民政府驻地。唐末建村，时有卜前和宅上两个村落。周边分别与梨溪、角坂、湘源等村相邻，面积18平方公里，其中耕地面积200公顷，除单季水稻外，反季节蔬菜和魔芋为特色产业，主要经济作物有茶叶和药材。2005年全村人口3765人，辖6个自然村，5个村民小组。村内鲤鱼溪独具特色，开辟为鲤鱼溪景区。

附二：宝岩村　位于镇前镇西北部、鹫峰山脉北段南支起点处，境内多千米以上高山，形成众多断层、峡谷和悬崖、飞瀑，深山峡谷间生长着许多诸如古银杏、红豆杉等珍贵树种，是县内一处颇具特色的风景区。该村又是重点革命老区村，曾是中共闽浙边地委所在地，左丰美、陈贵芳、张翼等革命先辈都曾在此从事过革命斗争。境内有长140米的隧道和跨度100米的山后桥。除水稻外还盛产茶叶、锥栗、笋干。2005年辖4个自然村，3个村民小组，人口820人。

1989—2005 年镇前镇社会经济发展情况表

表 1－7

年　份	总　人　口（人）	耕地面积（公顷）	粮食总产量（吨）	人均纯收入（元）	财政收入（万元）	工农业总产值（万元）	在校学生数（人）		计　生　率（%）
							中学生	小学生	
1989	22272	1911. 60	8742. 90	411	103	8893	585	3476	70. 50
1990	23211	1880	6500	416	102	9510	652	3426	71. 37
1991	23406	1906. 70	9500	431	90. 60	10100	695	3547	80. 30
1992	23600	1906. 70	8954	510	103. 30	10800	731	3598	68. 55
1993	23700	1906. 70	9795	669	117. 50	11125	834	3605	84. 60
1994	24100	1906. 70	10125	868	110. 70	11346	930	3719	71. 80
1995	24200	1905. 60	11850	1161	123. 90	11674	952	3723	84. 70
1996	24600	1905. 60	8570	1492	145. 90	12475	969	4019	88. 70
1997	24726	1905. 60	8140	1608	213	13685	1294	4614	92. 90
1998	24916	1905. 60	10175	1715	234	14670	1481	4661	90. 50
1999	25136	1905. 60	10685	1780	104	16000	1784	4688	85. 10
2000	25319	1906	10312	1836	96. 60	16925	1833	4192	91
2001	25204	1906	11788	1890	105. 30	17741	1996	4621	90. 10
2002	25024	1906. 70	12270	1903	117. 50	18436	2175	4205	81. 08
2003	28560	1906. 70	11670	1949	120. 80	19125	2299	3536	82. 50
2004	28447	1906. 70	10870	1992	134	19625	2423	3004	81. 70
2005	28472	1906. 70	13036	2046	146	20186	2462	2316	90. 50

第六节　星溪乡

星溪乡地处城关周边，境域贯通县境南北，除南部与建瓯市、西面与松溪县接壤外，其他周边分别与本县熊山、石屯、铁山、外屯、杨源及镇前等6个乡镇毗邻，面积206.2平方公里。2005年，辖11个行政村，79个村民小组，3个乡办场，人口15567人。

星溪古时分属东衢、感化两乡。1958年后先后隶属红专公社、城关公社。1984年9月，成立星溪乡。具有中山、丘陵及河谷盆地等多种地形、地貌特征及相应形成的二元气候，年平均气温18.9℃，是传统的农业乡镇。1990年后，竹、栗、茶、烟、菜、果成为六大主导产业。2005年，毛竹林面积4800公顷，占全县竹林面积20%，年产毛竹125万根；锥栗面积近2000公顷，年产量1020吨；茶园面积800公顷，年产量900吨，年产值1530万元，并创办"顺发""茗香轩"两家茶叶加工企业；蔬菜面积近40公顷，以富美村为主的西瓜种植面积214公顷，年外销110万公斤；念山、林屯等7个村种植烟叶49公顷，总产量116.30吨，产值118.30万元。2005年全乡工农业总产值12010万元。

万亩锥栗带　星溪乡是政和锥栗发源地和主产区之一，1988年开始规模开发。2001年建设以地坪为主，连接樟口、九蓬等5个村的优高锥栗带，并建立优良品种采穗基地和种植示范园。2005年，种植面积2000公顷，产量1020吨，所产锥栗品种多，品质优良。

茶叶精制　2003年，引进资金创办顺发茶叶有限公司，主产珠茶，外销浙江，后逐年扩大规模，生产珠茶、红茶，企业年产值1500多万元。2005年，原正禾茶厂与北京茶叶总公司合资，创办茗香轩茶厂，建立33公顷有机茶叶基地和140公顷无公害茶叶基地，生产"政和工夫"红茶、白茶、绿茶和花茶，产品销往国内及出口到日本、法国、英国等地，年产值500多万元。

笋　干　是星溪乡传统土特产品之一，以白笋干为大宗，可分为正牌、副牌、统把和退把四大类，所产笋干以宝岱村为最，数量多，品质好，远近闻名。2005年，全乡笋干产量600吨。

水资源开发　2003年以前，以建设小型电站为主，全乡有小电站8座，总装机容量525千瓦。2004年3月动工建设龙潭溪水利水电工程，总投资1.10亿元，建设水库4座，电站3座，装机总容量1.55万千瓦。11月，动工建设七星溪水电工程，总投资9500万元，装机容量1.52万千瓦。2005年7月，兴建城区第二水源改造工程，总投资680万元，当年竣工送水，日供水能力2万吨。

矿产开发　1999年，引进外资成立金峰矿业开发公司，合资1580万元，开发长际上山岗金银矿，2001年投产，年采金、银矿石3万吨，产值1200万元。2005年，引进外资创办政龙矿业有限公司，开发宝岱垢余金矿，年采矿能力5万吨，产值1000万元。

旅游资源　星溪乡素有熊城后花园之称，境内有4处可供旅游开发的景区。念山休闲及生态区：以梯田风光、古树名木及生态农业园为特色。城南峡谷生态区：以深山峡谷、原始阔叶林及古民居为特色。大风山风光区：以秀丽峰峦及道教文化为特色。地坪园林休闲区：以毛竹、锥栗及清凉避暑为特色，每年有满月庵庙会。

附：念山村　位于县城东北部11公里处，土地面积880公顷，其中667公顷为林地，盛产毛竹、锥栗和茶叶，念山晒烟曾经是当地名牌产品。境内有库容66.8万立方米的念山水库。建村历史始于唐代，曾是黄巢起义军屯营地，至今尚有黄巢演兵场、黄巢井等遗迹，每年还举办纪念黄巢的民间庙会活动。村中不但有众多的古银杏、香樟、枫树，树龄均达数百年，而且念山梯田风光特色独具，远近闻名，前往观光游览者日渐增多，是福建省100个旅游名村之一。2005年，全村住户286户，人口1155人，辖东屯、陈屯等8个自然村，8个村民小组。

1989—2005 年星溪乡社会经济发展情况表

表 1－8

年份	总人口（人）	耕地面积（公顷）	粮食总产量（吨）	人均纯收入（元）	财政收入（万元）	工农业总产值（万元）	在校学生数（人）		计生率（%）
							中学生	小学生	
1989	13312	846. 60	7864. 18	522. 14	186	860. 40	458	2385	46. 21
1990	13730	1181. 50	7606	535	197	1889. 80	532	2367	50. 11
1991	14137	1199	7080	655	202	1909. 13	674	2402	70. 93
1992	14454	1200	8541	828	231	2331	669	2412	68. 25
1993	14513	1200	8163	910. 18	243	2043. 13	773	2353	80. 88
1994	14457	1200	8425	1191	286	3979	798	2298	79. 26
1995	14604	1257. 50	8503	1655	297	5600	870	2245	87. 34
1996	14623	1257. 50	8610	2413	362	8744	826	2197	96. 09
1997	14740	1257. 50	8820	2493	351	8930	854	2087	94. 41
1998	15262	1257. 50	8563	2171	453	8580	957	1986	94. 34
1999	15539	1253. 30	8490	1562	457	7310	1119	2124	92. 75
2000	15625	1257. 50	8520	1828	510	7767	883	2140	95. 04
2001	15648	1226. 60	8595	1838	580	7529	925	2104	94. 44
2002	15546	1210. 60	8650	2036	600	7992	1190	2300	84. 92
2003	15500	1200	8693	2219	610	7652	1196	1473	90. 68
2004	15656	1186. 80	8680	2396	486	11131	1215	1120	91. 23
2005	15567	1186. 80	8560	2577	466	12010	1110	1011	92. 56

第七节　岭腰乡

岭腰乡位于县城东北部，北与浙江省庆元县接壤，东南毗邻澄源乡，南接外屯乡，西界铁山镇，境域面积122.50平方公里。地处鹫峰山脉北段，境内多山，其中香炉尖海拔1597米，是全县第一高峰。主要河流乐溪，自东南向西北流经全境。极端最高气温39℃，最低气温－8.6℃，年平均气温17.9℃，年平均降水量1831.50毫米，利于农业生产。除水稻为传统农作物外，还盛产茶、竹、笋等。

清代以前岭腰属感化下里第一都。民国时期属启贤乡。1965年为小公社驻地，1984年属铁山乡。1997年11月，从铁山镇划出7个村成立岭腰乡，辖岭腰、锦屏、高山等7个行政村，56个自然村，68个村民小组。2005年，全乡人口10575人。

茶叶生产　宋代已普遍种植茶叶，所产“仙岩茶”在明代已负盛名。清道光六年（1826年），在锦屏村创制“仙岩工夫”，是为“政和工夫”之始，产品远销港澳和海外。1998年后，大力发展茶叶生产，除改造旧茶园外，新植优质茶园50多公顷。2005年，茶园面积156公顷，并建立30公顷“仙岩茶”示范片，年产茶叶146吨。

毛竹之乡　岭腰素有闽北竹乡之称，全乡竹林面积4020公顷，仅西坑村就有毛竹900公顷，为全县各村之首。2000—2002年，建成优高笋竹林2000公顷，采伐毛竹210万根。2004年后，又建立岭腰、西坑、高山等5个村9个丰产竹林滴、喷灌示范片。2005年，采伐毛竹126万根，生产竹笋630吨。

古矿冶之地　境内有丰富的矿产资源，已探明的矿产有金、银、铜、锡、钨等。遂应场（今锦屏）银矿自宋绍兴三十二年（1162年）开采，至明正德十六年（1521年）停采，历时350余年，最兴旺时有采掘矿坑13处，矿工数万人，民间有“三千买卖客，十万打银人”之谚。宋、明两朝均在此设坑冶司专事治理，至今尚有红珠坑大矿洞及多处冶炼及生活区遗址。

边贸走廊　岭腰与浙江庆元县的隆宫、举水等乡镇毗邻，自古经贸交往频繁。2000年后，创建工贸走廊，相继引进方竹竹制品、顺达竹制品、兴发金属制品、飞亚工艺品、筒袋厂等浙江企业，年创工业产值3870万元。2003年1月起，创设边贸墟市，每月一墟，庆元、松溪等周边地区群众纷纷赴墟交易，凡各种生活日用品、农业生产资料均可在墟市交易，每墟交易额都在5万元至6万元。

锦屏风景区　位于乡所在地东部，距县城36公里，是县内五大风景区之一，面积近20平方公里，主要景观有香炉尖日出、松林岛、古银矿、虎头漈瀑布、燕子岩、南屏山、杉木王、千手观音柳、茶王园及盐茶古道等。20世纪90年代初，由民间投资投劳进行初步开发，开辟“锦屏一日游”项目。

附：锦屏村　古名遂应场，距乡所在地16公里。原属松溪县所辖，民国30年（1941年）划归政和县。北与浙江省接壤，东部和南部则分别与澄源、外屯两乡相邻，总面积25.5平方公里，人口2086人。全境海拔在800—1100米之间，年平均气温13.5℃，冬无严寒，夏无酷暑。盛产茶叶、锥栗、牛肝菌等特产，所产“仙岩茶”久负盛名，是“政和工夫”首创地，民国时期村内便有“万春生”“万瑞春”等著名茶庄13家。境内蕴藏丰富银、金、锡等矿产，至今遗存宋代矿冶遗迹及众多自然景观可供游览。明正统十二年（1447年），在此曾爆发轰动全国的叶宗留矿工起义，今村内有叶宗留祠。

1998—2005年岭腰乡社会经济发展情况表

表1－9

年份	总人口（人）	耕地面积（公顷）	粮食总产量（吨）	人均纯收入（元）	财政收入（万元）	工农业总产值（万元）	在校学生数（人）		计生率（%）
							中学生	小学生	
1998	10619	1028	5236	2295	110	3628	—	1745	88.46
1999	10678	1028	5800	2347	118	4017	—	1616	94.12
2000	10743	1022	6400	1880	127	4460	—	1610	90.03
2001	10808	1022	6600	1948	135	4969	—	1583	90.22
2002	10820	1022	6700	2122	140	5554	—	1392	86.75
2003	10782	930	6745	2232	145	6230	—	1086	89.02
2004	10627	930	6745	2472	155	7014	—	941	86.75
2005	10575	930	6765	2518	170	8257	—	763	87.06

第八节　外屯乡

外屯乡位于政和中部，鹫峰山脉北段之西侧，东与澄源乡毗邻，南隔稠岭与镇前镇相连，西部分别与铁山镇和星溪乡接壤，北部与岭腰乡交界，境域面积150平方公里。2005年，辖9个行政村，93个自然村，72个村民小组，人口13740人。

全乡系以山地为主的丘陵地貌，地势东高西低，海拔在380米至1100米之间，可分为中山区和半中山区两类地形，并形成二元气候特征，雨量充沛，气候温润，年平均气温17.4℃，年平均降雨量1850毫米。七星溪即发源于境内的黄坑青丝岭，流域内水资源丰富。全乡耕地面积810公顷，林地面积1.30万公顷，林木积蓄量23万立方米。农林业是主要经济支柱。2005年，粮食产量6738吨，生产木材1.007万立方米，毛竹60万根，工农业总产值7133万元。省道204线穿境而过。境内风景名胜区佛子山，主要景观有佛子岩、稠岭梯田、蛙岩及古廊桥等。

茶叶生产　1989年，茶园面积254.20公顷，年产茶叶54.80吨。此后，茶园面积逐年扩大，2000年，茶园面积276公顷，年产量增至178吨。2005年，茶园面积进一步扩至287.30公顷，并建立高标准新茶园22公顷，是年茶叶产量增至566吨。

蔬菜生产　20世纪90年代初开始发展蔬菜种植，逐步形成规模。1995年，全乡蔬菜种植面积发展至133公顷，年产量近2000吨。2001—2003年，蔬菜种植面积缩减。2005年，调整农业生产结构，种植面积又大规模扩大，种植蔬菜404公顷，总产量达3883吨。

药材生产　1991年开始试种并获得成功，当年建立1.30公顷金银花种植基地。但因药材市场变化较大，致使药材生产时有起伏。2000年后，药材生产成为外屯特色产业之一，生产规模逐步扩大。2005年，全乡种植各种药材46.60公顷，年产量105吨。

养　羊　1991年开始试养，当年出栏山羊44头，羊肉1吨。此后在外屯、稠岭等村推广。2000年，出栏山羊661头，肉产量10吨，当年存栏山羊600头。2005年，全乡养殖山羊7000头，存栏3520头。

竹木制品　1989年，外屯已办有珠帘厂，主打产品工艺木珠帘有20多个花色品种，产品行销省内外，是县内最早创办的竹木工艺企业之一。此后陆续创办10余家小型竹木加工企业。1995年，8家竹木加工企业实施联合重组，引进先进生产线。2000年后，先后引进狮峰竹木制品厂、竹筷厂等企业。2004年，继升工艺品有限公司增资开发竹木工艺系列产品，并异地扩容入驻政和鹤林工业园区。企业生产7个系列200个规格品种的竹餐具、竹茶具，2005年产值2000万元。

旅游资源开发　有蛙岩、洋后廊桥、佛子山等自然及人文景观。1998年，利用民间资金建设蛙岩休闲山庄，开辟鱼脊岩洞穴游，年均接待游客3000人。佛子岩景区景点众多，2002年引进民间资金开通步行游道5公里。2005年又引进资金100万元，完成景区初规和续建步行游路及部分设施，并着手申报省级风景区。

附：稠岭村　古称筹岭，地处海拔千米的稠岭之巅。清代以前在此设筹岭隘，既是外屯、镇前两个乡的分界点，也是自古通往闽东的咽喉，是明、清茶盐古道必经之地。省道302线沿村而过。土地面积1533公顷，主要以种植毛竹和高山云雾茶为主，稻田多沿山而垦，形成美丽、独特的“稠岭梯田”风光。佛子山核心景区即在其境内。2005年，全村人口1329人，辖稠岭、佛子岩里村、外村、谢家山等9个自然村，6个村民小组。

1989—2005 年外屯乡社会经济发展情况表

表 1－10

年份	总人口（人）	耕地面积（公顷）	粮食总产量（吨）	人均纯收入（元）	财政收入（万元）	工农业总产值（万元）	在校学生数（人）		计生率（%）
							中学生	小学生	
1989	11919	814.60	2571	457	37.50	552	437	1989	86.30
1990	12215	745	3112	442	39.50	714	447	2069	—
1991	12349	814.60	3817	583	40.50	1223	423	2169	—
1992	12897	741.20	4100	629	45.20	1525	429	2295	—
1993	12954	740	4117	719	49.80	1988	453	2436	—
1994	12997	734.20	4100	918	52.60	2351	475	2543	97
1995	12978	671.70	4157	1109	58.60	3156	476	2645	98
1996	12998	669.40	4255	1295	65.10	3649	496	2723	100
1997	13326	665	4271	1501	72.90	4025	479	2689	97.60
1998	13412	645.30	4003	1613	75.60	4366	549	2536	96.45
1999	13523	640	4200	1680	80.60	4758	572	2356	99.07
2000	13348	608.20	3776	1752	88.20	5129	557	2188	98.23
2001	13656	605.80	3969	1884	91.30	5562	603	1969	99.09
2002	13570	591.60	4280	1953	105	5891	654	1869	99.23
2003	13567	586.7	4275	2046	116.90	6342	695	1723	98.45
2004	13692	581.50	5377	2189	124	6786	736	1605	99.27
2005	13740	573.30	6738	2309	129.80	7133	698	1562	96.67

第九节　杨源乡

杨源乡位于县境东南部，距县城59公里，地处闽北与闽东交界处，是政和东南门户。东连周宁县，南接屏南县，西南与建瓯市接壤，西北和北部分别与星溪乡、镇前镇交界，境域面积242平方公里。古属善政乡。中华人民共和国成立后，先后隶属第二区和镇前公社。1984年9月置杨源乡。2005年，辖15个行政村，58个自然村，93个村民小组，人口19843人。

杨源地处洞宫山——风水凹一线南坡，群山连绵，溪流曲折。主要河流翠溪和当溪水力资源丰富，1989年建成的九层际电站，装机容量8000千瓦，是县内第二大电站。由于海拔高，故气候冬冷夏凉，极端最高气温37.8℃，最低气温-12.2℃，年平均气温仅14.7℃，昼夜温差大，二元气候特征明显。受夏季季风影响，为县内降雨中心，年平均降水量2080毫米，且易受台风袭击。省道202犀（溪）—眉（州）线自北向南纵贯全境，县道杨源——茶林、乡道桃洋——西门线则横贯东西。

茶叶种植　杨源乡有上庄、翠溪、东源、坂头、楼下及大庙等6个茶场，种植品种有洞宫山茶、福安和福鼎大白、梅占、毛蟹等。2002年，引进北京茶叶集团总公司，在桃洋村建立13.40公顷通过欧盟ISO认证的有机茶园。2003年，武汉易生科技公司又在东源茶场建立无公害茶园35公顷。2005年，政和瑞茗茶叶公司分别在上庄和翠溪茶场建立无公害茶园26.70公顷。是年全乡茶园面积358公顷，年产量500吨。

反季节蔬菜　1991年开始规模种植，种植面积164公顷，产量2400吨。1992年，在大庙试种短叶13号萝卜、西红柿等特色蔬菜获得成功。翌年，建立以大庙为中心的高山无公害蔬菜种植基地。同时，建立以福州台江农贸市场为中心，幅射闽南地区及福安、瑞安等地稳定的销售渠道。2005年，全乡蔬菜种植面积达433公顷，年产量9000吨，实现产值3000万元。

锥　栗　1992年开始大力发展，并建立翠溪流域万亩锥栗带，至2005年，种植面积2335公顷，当年可采面积1866公顷，产量1500吨。

旅游资源开发　境内洞宫山是道教第二十七福地，自然及人文景观众多而独特，2002年被列为省级风景名胜区。省级文物保护单位杨源英节庙、西门村古民居、坂头花桥等一批古建筑特色独具。至今流传于杨源和禾洋一带的古老剧种四平戏，被誉为“中国戏曲活文物”。高山区“新娘茶”、四平戏英节庙会、鲤鱼溪“人鱼共戏”等独特的民俗活动，多次被中央和地方新闻媒体专题报道，曾制作成《探访洞宫山》电视专题片。先后举办过3届洞宫旅游文化节、2届禾洋民俗文化节及《洞宫风光》摄影展览。

红军会师地　杨源是国内革命战争时期闽北重要革命根据地之一，有老区基点村33个。闽北、闽东党组织及红军领导人黄道、黄立贵、曾镜冰、叶飞、范式人、阮英平等均在此战斗过。禾坪村和仰头村分别是民国25年（1936年）闽北红军和闽东红军会师地和著名“洞宫山会议”召开地，村内现有纪念性建筑，并辟为革命传统教育基地。

附一：杨源村　古名黄源，别称柳州，建村于唐代，现为杨源乡人民政府驻地。土地总面积2765.60公顷，人口2596人，多为张姓。2005年，辖杨源、富坪等5个自然村，10个村民小组。盛产茶叶、锥栗和毛竹，苦锥粿、魔芋是著名特产。主要矿产有大理石、叶腊石。村内有英节庙、铁坑殿等古迹和鲤鱼溪、倒栽杉等奇观。明末清初传入该村的古老剧种四平戏，至今还在庙会时演出。2005年，四平戏被列为省级非物质文化遗产名录，杨源村被列为福建省旅游名村。

附二：洞宫村　位于杨源乡最东端，与周宁县泗桥乡紧邻，地处洞宫山风景区核心区，距乡所在地26公里。洞宫山精华景点麒麟峰、宝台峰、九莲峰等均在其境内。村中有明、清古民居多栋及宝丰禅寺等古迹。驻地西门自然村境内有银矿资源，明代以前设有矿冶司采银。村域土地面积1649公顷，人口1366人，多为黄姓。全村有数百人在上海经商或打工。2005年被列为福建省旅游名村。

表 1－11

1989—2005 年杨源乡社会经济发展情况表

年份	总人口（人）	耕地面积（公顷）	粮食总产量（吨）	人均纯收入（元）	财政收入（万元）	工农业总产值（万元）	在校学生数（人）		计生率（%）
							中学生	小学生	
1989	17963	1549.60	8560	433	85	1187	480	3586	70.12
1990	17906	1549.60	8595	523	112	1709	476	3820	72.53
1991	18125	1557.60	8811	680	115	2443	497	3780	48.19
1992	18074	1557.60	8600	856	120	3211	515	3776	55.60
1993	18185	1558.40	8610	936	125	3806	523	3608	59.62
1994	18203	1558.40	8650	1077	106	4513	386	3650	67.92
1995	18222	1558.40	8690	1246	112	5320	420	3573	70.13
1996	18634	1559.20	8720	1564	105	5049	527	3450	85.46
1997	18544	1559.20	8850	1889	98	5515	536	3437	93.82
1998	19230	1559.20	8710	1880	110	5859	542	3208	96.26
1999	19619	1558.80	8870	1913	102	6076	861	3200	95.37
2000	19530	1514.40	8720	1808	95	6695	1050	3009	92.25
2001	19531	1514.50	8950	1885	96	6429	1056	2814	94.28
2002	19699	1513.30	8900	1889	95	6629	1123	2508	87.57
2003	19733	1513.90	9035	2042	30.50	6636	1098	2412	90.69
2004	19732	1512.20	9030	1978	34.20	6795	1045	2010	87.83
2005	19843	1511.20	9060	1980	67	6979	1062	1906	89.58

第十节　澄源乡

澄源乡位于县境东部，乡所在地距县城62公里，东部分别与寿宁、周宁两县接壤，南邻镇前镇，西与外屯、岭腰两乡毗邻，北与浙江庆元县交界，地处两省三县结合部是其突出地理特征。境域面积271平方公里。2005年，辖22个行政村，67个自然村，170个村民小组，人口31263人，是政和土地面积最大的乡镇。

澄源开发始于唐代，历史上属善政乡。民国时期属第二区。中华人民共和国成立初期，为第五区人民政府驻地。1958年为红星公社驻地。1984年9月，改置澄源乡。

境内多千米以上高山，平均海拔近900米，属典型的亚热带季风性湿润气候，且二元性突出，年平均气温14.7℃，盛夏平均气温仅25℃；年平均降水量1900毫米。由于气候独特，仅能种单季稻，但有利于反季节蔬菜种植。森林资源丰富，全乡林地面积22667公顷，森林覆盖率达84%，仅后山和赤溪两个林场就有林木5000多公顷，其中还有大面积原始森林，有不少红豆杉、油杉等珍贵树种。省道202线横贯境内，是闽北联接闽东的重要通道。澄源也是著名革命老区，新康村是民国26年（1937年）成立的中共寿（宁）政（和）庆（元）中心县委驻地，全乡22个行政村中有16个村是老区基点村，粟裕、刘英、叶飞、范式人等革命先辈在此留下战斗足迹。

食用菌生产　1994年开始发展食用菌生产，至1996年，每年生产食用菌都在1500万袋左右，年产量900吨，产值5000万元上下。食用菌生产推动相关产业发展，全乡有香菇保鲜厂46家，从事香菇流通人员近6000人。1997年，被授予“全国食用菌行业先进乡”称号。1999年后，为保护资源，有利于科学、持续发展，调整食用菌生产，以生产草料菇、珍稀菇为主。2005年，生产食用菌100吨。

反季节蔬菜　2000年开始规模化种植，面积160公顷，年产量3010吨。此后种植规模不断扩大，并引进屏南、建瓯等地客商，组建蔬菜生产专业合作社，建立蔬菜生产基地。2005年，全乡两季蔬菜种植面积600公顷，年产量10000吨，坑里、黄岭、富垅等10个村成为蔬菜生产专业村。

茶　叶　是政和传统高山小茶产区之一。1994年后，在扩大茶园面积的同时，引进“台茶12号”“红心铁观音”等新品种。2000年，加大茶叶开发力度，组建茶产业龙头企业，建立无公害茶园。至2005年，全乡茶园面积1233公顷，成为全县茶园面积最大的乡镇，当年产量1390吨。与此同时，创办茶叶初制厂3家及云寿茶叶精制厂，生产绿茶、白茶、红茶、珠茶系列产品，其产品曾获中日韩国际茶王赛“五星级茶王”称号。

金、银矿开发　境内有金、银、铁及硫铁等矿藏。2004年，初期投资2200万元，成立香炉坪矿业有限公司，对金、银进行开采，初期年产值1800万元。

水电开发　境内有蛟龙溪、暖溪、赤溪及俊溪等河流，水力资源丰富。1997年10月，装机容量1.5万千瓦的下榅洋电站竣工投产，是县内最大电站。还有牛途电站、赤溪电站等小型电站7座。至2005年，共建设电站8座，总装机容量2.70万千瓦，为全县各乡镇之首。

附一：上洋村　古名梧桐、常洋。唐大中间银青光禄大夫许延二因避谗在此开基立村，已有1200多年历史。该村位于澄源乡西部，地势平坦，村内多古树，村民多数为许姓。许延二创办的梧峰书院是县内创立最早的家塾式书院，遗迹犹存。村人有尊师重教传统，新中国成立以来，该村已培养出大、中专学生150余人，有近百人从事教育工作。2005年全村人口1376人，辖3个自然村，9个村民小组。

附二：赤溪村　位于澄源乡最北部，北与浙江庆元县交界，东邻寿宁县，因赤溪流经全境而得名。五代后周时期颜真卿之八世孙颜虬松隐居在此而开基，村民绝大多数为颜氏后裔，村中保存有颜真卿玉带等文物。明、清时期在此设赤溪隘，派兵驻守。境内多高山密林，其中第一尖海拔1456米。国内革命战争时期，赤溪也是重要游击区之一。2005年全村人口869人，辖3个自然村，6个村民小组。

表 1－12

1989—2005 年澄源乡社会经济发展情况表

年　份	总　人　口（人）	耕地面积（公顷）	粮食总产量（吨）	人均纯收入（元）	财政收入（万元）	工农业总产值（万元）	在校学生数（人）		计　生　率（%）
							中学生	小学生	
1989	25810	1934	9523	480	85	5800	508	3639	68.30
1990	26002	1934	9850	530	—	6500	—	—	73.50
1991	26108	1934	10820	570	—	6900	—	—	67.10
1992	26503	1940	11003	690	—	8100	—	—	71.40
1993	26995	1941	10200	870	—	8500	—	3400	80.70
1994	27205	1941	10122	950	—	9400	—	—	83.90
1995	27709	1941	10417	1080	—	10050	864	4372	84.70
1996	28055	1941	11294	1150	385	9900	763	—	89.20
1997	29398	1941	10586	1170	—	9500	1138	4367	91.00
1998	29391	1941	10509	1240	—	8500	1297	4522	95.50
1999	29580	1905	10509	1350	—	8900	1427	4559	90.00
2000	29670	1905	10495	1480	—	9200	1487	4596	93.10
2001	29756	1868.70	10477	1600	182	9200	1667	4786	90.00
2002	29656	1868.70	9905	1710	195	9500	1845	4469	87.30
2003	29496	1868.70	10355	1850	201	10800	2134	3976	87.30
2004	29723	1868.70	10775	1980	212	11500	2211	3596	81.10
2005	31263	1868.70	11832	2118	227	12100	2227	2881	86.90

卷二　自然环境

第一章　自然地理

第一节　地质　地貌

一、地质

（一）构造

境内地质构造有北东向政和——广东大埔断裂带和北西向宁德三都澳——浦城观前断裂带于境内中部交汇；南北向浦城富岭——永泰嵩口断裂带于境西部通过，主要有压（压扭）性的北东向、北西向和南北向构造。形成于加里东运动至燕山运动期间，分别隶属于华夏系北西向构造带，新华夏系南北向构造（体系）。

新华夏系构造在境内较发育，主要表现为褶皱，次为断裂，形成时代以加里东期为主，其褶皱构造展布于县境中部褶皱有松源向斜：位于城西松源村，轴向 35—40 度，延长约 20 千米。高山西向斜：位于城北高山村附近，轴向北东 25 度。南西端伸出县境外，为较紧密的褶皱，两翼斜角约 60 度。东平向斜：位于东平之东，轴向北东，其北乐端伸出县境外。新华夏系构造是境内主体构造，同时，是政和——广东大埔断裂带北段晚期构造的重要组成体，其形迹遍及全县。政和断裂：位于城东：由城关和石屯两条平行的压扭性断组成，走向北东 15—30 度，长 16 千米，南北端均伸出县境外。澄源下角山—屏南双溪断裂；分布于澄源下高山及坂头一带，走向北东 20—30 度，南西向延伸出境进入屏南。澄源—岭头断裂：分布于县境东部外屯、澄源一带，由九房—外屯、澄源—岭头等断裂组成，澄源—岭头断裂两端延伸至境外，断层走向北东 40—50 度，倾向北西倾角 60—80 度。铁山—岭尾断裂：位于铁山至岭尾附近，断层走向 40—50 度，南端伸出县境外。

（二）地层

政和县地层分布广泛，主要有震旦系、震旦系至寒武系中、浅变质岩、中生代沉积岩及火山岩。根据其接触关系、岩性组合、沉积旋回和古生物特征，境内地层划分为 10 个单元。

表 2－1　**政和县区内露地层系统表**

20	系	统	地层名称		代号	厚度（米）	主　要　岩　性	矿产
新生界	第四系				Q	17—36	冲积、洪积亚黏土、黏土、砂砾层	—
中生界	白垩系	下统	石帽山群	上组	K_1sh_2	＞3175	火山角砾岩、凝灰岩、石英粗面岩	珍珠岩 金矿
				下组	K_1sh_1	2027	凝灰质岩含砂岩、砂岩、含砾杂砂岩、溶结凝灰岩、火山角砾岩、流纹岩等	—
	侏罗系	上统		南园组	J_3n	＞4399	下部为安山岩、英安岩、熔结凝灰岩、凝灰岩 中部晶屑凝灰熔岩、流纹岩、火山角砾岩等 上部熔结凝灰岩、晶屑凝灰熔岩、英安岩等	明矾石、叶腊石、金铅锌等
				长林组	J_3c	＞845	晶屑凝灰岩、含砾岩屑凝灰岩、沉凝灰岩组成，局部夹沉纹质晶屑凝灰岩	—
		下统		梨山组	J_1l	＞237	下部中粗粒砂岩夹薄层状砾岩、砂砾岩 上部长石石英砂岩、粉砂岩夹泥质粉砂岩、粉砂质泥岩	—
下古生界——上元古界	寒武系——震旦系上统			稻香组	(zt) d_{xx}	＞1046	下部阳起石化、绿帘石化安山质晶屑凝灰岩、沉凝灰岩、凝灰质细砂岩等。 上部斜长阳起片岩、阳起片岩夹大理岩透镜体	大理岩、铁矿
上元古界	震旦系	上统		龙北溪组	Z_2l	＞3158	云母片岩、云母石英片岩、石英岩、斜长云母石英岩、长石石英岩、变粒岩	硫铁 金、铜
		下统		东岩组	Z_1d	123	角闪石片岩、斜长角闪（阳起）片岩	大理岩 Pb Zn Fe 等
				吴墩组	Z_1w	＞1516	下部石英云母片岩为主，上部以斜长云母石英片岩、片状云母石英岩、云母石英片岩为主	—

（三）侵入岩

境内岩浆活动较强烈，自超基性——基性——中性（偏碱）——酸性岩均可见。其期次主要为加里东期、燕山早期和燕山晚期共 6 次侵入。

表 2－2　**政和县侵入岩期次划分及其与矿产关系表**

侵入期次			代　号	主要岩性	主要岩体	矿　　产
期	阶段	次				
燕山晚期	第二阶段		$\xi\gamma 5^{3(2)}$	钾长花岗岩	铜盆庵、余屯	与 Pb、Zn、Fe 水晶有关：石料
	第一阶段	四	$\xi 0^{\pi}$	石英正长斑岩	岭头（北）	—
			$\gamma\pi_5{}^{3(1)d}$	花岗斑岩	地平（南西）	—
		二	$\gamma 5^{3(1)b}$	花岗岩	长垅（南东）	—
		一	$\eta n_5{}^{3(1)a}$	石英二长斑岩	横坑（北东）	—
			$\delta 5^{3(1)a}$	闪长岩	前溪	石材

续表 2－2

侵入期次			代号	主要岩性	主要岩体	矿产
期	阶段	次				
燕山早期	第三阶段	四	$\gamma5^{2(3)d}$	细粒花岗岩	富美、天马岭、凤头	—
		三	$\gamma5^{2(3)c}$	黑云母花岗岩	东平、半源、凤林、岭腰	与 Cu、Pb、Zn、Bi、Cr、Sn、Mo 有关，高岭土
		二	$\xi o_5{}^{2(3)b}$	石英正长岩	铁山	与 FeS_3、Cu、Pb 磷有关
			$\gamma\delta_5{}^{2(3)b}$	黑云母花岗闪长岩	界溪、翠溪	—
			$\delta o_5{}^{2(3)b}$	石英闪长岩	桃坪、李厝、林屯	—
加里东期			$\Phi_0\delta_3$	细晶角砾闪长岩	熊山	—
			$\acute{0}_3$	超基性岩	王母山、石屯、洋后	与滑石、Au　Cu 有关

二、地貌

（一）类型与分布

政和县地貌属东南沿海中低山丘陵区。在燕山运动时期（距今 100 万年—140 万年），奠定政和县地貌基本轮廓，并控制断裂活动，以流水侵蚀为主的外力长期作用，形成了全县地貌。地势东高西低，地表切割强烈，地貌类型多样，地型层状东西排列有序。山地广布，平原谷地狭小。中、低山面积 114333.33 公顷，占全县总面积 82.8%；高低丘陵 16600 公顷，占 9.5%；海拔 300 米以下谷盆，平原仅 9600 公顷，占 7.7%。

中　山　为武夷山东南麓和鹫峰山脉北段所组成。海拔 800 米以上者，集中在县境内东部，北部西部有零星分布，总面积 96866.67 公顷，占全县总面积 55.5%。海拔千米以上山峰有 440 余座，主要由中生代石帽山群地层和上侏罗世南园组地层及侵入斑岩体组成。坡度多在 25—40 度间，部分在 45—60 度之间。地表切割强烈，岩基裸露，沟谷大部呈 V 型，山脊走向与构造基本一致，多为西东或西北——东南向。

低　山　主要分布在县境中部和西部盆地四周，海拔多在 500—800 米之间，相对高度大于 200 米。总面积 47533.33 公顷，占全县总面积 27.3%。其地形因岩性不同而异，在变质岩分布区，为圆顶或尖顶低山，比高小，呈上凸型坡；在中酸性晶屑凝灰熔岩、凝灰岩分布区，为圆顶低山，凸型坡，坡度多在 25—35 度之间，少数亦达 55 度。

盆　地　海拔 300—1400 米间均有分布，面积 7666.67 公顷，占全县总面积 4.4%。其大小不一，形状各异，多发育在溪流中下游或交汇处，长轴方向与构造有关，多属构造盆地。面积较大的有东平——营前河谷盆地、界溪河谷盆地、外屯——湖屯河谷盆地、樟口河谷盆地。

高　丘　主要分布在西部和山地边沿及河谷地带，海拔 250—500 米间，相对高度 150—250 米左右。总面积 14800 公顷，占全县总面积 8.5%，主要由变质岩、花岗岩类岩石组成，坡度 20—25 度左右；由于经受漫长的地质构造和外力作用，地貌形态各异，有的呈陡坡，若由变质岩组成，则坡度和缓，基岩裸露少。

低　丘　主要分布在高丘前沿及河谷平原周围，海拔 250 米以下，相对高度在 20—150 米间。主要由变质岩和花岗岩组成，地势起伏舒缓，坡度多在 15 度左右，总面积 1646.67 公顷，占全县总面积 1.0%。由于岩性不同和外营力的差异，使其形态多样。变质岩在强烈的流水作用下，地形破碎，多呈残丘，山顶浑圆，沟谷短浅，谷地开阔。

河谷平原　主要分布在七星溪、松溪、梅龙溪、龙潭溪等大溪下游，多呈带状分布，总面积

5766.67公顷，占全县总面积3.3%。为第四系冲积层洪积层砂砾和砂土，结构松散，土层深厚。

阶　地　一级阶地分布在七星溪两岸，由全新统冲积层组成，地面平坦，高出河面3—5米，宽度200—500米间，最宽不超过1000米，标高130—150米，上部为黏土、砂质黏土，下部为砂、砂砾，阶地后沿盖于二级斜坡上。二级阶地零星分布于石屯、东平一带，标高160—200米间；三级阶地在政和一中等地，为基座阶地，由中更新统冲洪积组成，标高210米，高于河面15—18米，上部为黄色黏土，下部为一层厚约1.3米泥质砂砾卵石层。阶地直接盖于风化细粒花岗岩之上。

微地貌　境内微地貌较发育、种类多，但规模面积均不大。滑坡主要分布于小溪流的徒岸及冲沟陡侧、公路及水渠坡度偏陡处，均系重力滑坡。如政和一中及其附近的滑坡，属公路内坡的第四纪残积物在长期降水渗入潜蚀下，受重力作用引起土体滑动的结果。冲沟地貌遍及全县，其类型、规模、密度因岩性不同而有所差异，大多呈V型谷。洪积扇在境内不发育，仅有一部分冲沟的出口处可见几平方米至几十平方米的面积。跌水地貌在东坑盆地石帽山群火山岩地层分布区均有分布，但规模均不大，跌水高差从数米到数十米。陡崖地貌星罗棋布，规模大小不一，陡崖长度几十米至几百米，高度几米至百余米。洼地主要分布在赤岐、林屯、东平及松溪、七星溪沿岸，多呈长条形，面积不大，周围为低山丘陵环境，溪流从中穿切而过，呈山间洼地。孤丘分布在稻香、东平等地，呈馒头状，高差数十米。

（二）山脉　山峰

1. 山脉

境内主要有鹫峰山脉北段和武夷山东翼余脉金峰山脉。

鹫峰山脉北段　北东走向，政和境内称洞宫山脉。由浙江庆元县安南镇百花岩往南入境，经本县的香炉尖、青丝岭、稠岭至风水凹，尔后往南伸入屏南县双溪岭下境内。全长46.5千米，纵贯县境中部和东部，成为东西部河流的分水岭。海拔高度大多在1200—1400米之间，最高的香炉尖海拔1597.5米。其分支错出，形成了本县东部“高山区”。主要支脉有6条：东翼3条，西翼3条。东翼支脉：北支脉始于风岗尖南部的粜岗，向东经第一尖、银坑尖，尔后往南伸入寿宁县，绵亘于政和、庆元、寿宁三县的边界线上，长约17.5千米，平均海拔1300米，最高的第一尖海拔1456米。中支脉由澄源上北斗，向东过大和仙霞山，一直绵延到寿宁、周宁、政和三县交界处出境，全长约14千米，千米高峰10余座，为暖溪和蛟龙溪的分水岭。最高的振山，位于三县交界处，海拔1398米。南支脉起于宝岩的仙岩，向东南经梨洋的东湖山，直插九吨岔到政和与周宁交界的炉盖梁后，又分两支：一支往东南伸入周宁圣银楼，另一支拐向西南，沿边界过西岩的香炉山出境伸入屏南县。本县境内全长约43千米，平均海拔1300米，沿途千米高峰林立，尤以东南边缘最甚。本支脉形似丁字，横卧东南部，为蛟龙溪和当溪的分水岭。西翼支脉：（1）由香炉尖南面的锦屏山，经吴场和大坪至际面北边，分成两支。北支由际面北边急向北拐，经西坑、岭腰后转向西南，沿边界绵延至高林，又向南分出一支直至熊山。主脉继续向北延伸至松溪湛卢山，尔后拐向西南直到西津，全长约62千米，千米以上高峰达30余座，最高的大坪顶海拔1317米．本支脉为鹫峰山脉北段在本县内延伸最长、受断裂构造影响最深、地形高低起伏最大的支脉；南支从际面经铜盆庵直至念山以西。（2）由稠岭发支，向西经立基洋、宝岱直至城关东面，长约24千米，平均海拔900多米，最高峰达1168米，山体多由中生代火山岩组成，山峰尖峭。（3）由杨源乡禾洋开始向西北经下余屯、地坪至城关西面的官湖，长达17.5千米，平均海拔约880米，最高峰仙岩海拔1066米。

武夷山东翼余脉金峰山脉　位于政和西北部松溪、政和交界处，由北向南经奖山、奶娘岗至白云岗，再向南伸入建瓯县龙村乡境内，全长约15千米。山体多由变质岩和花岗岩组成，最高峰标高达1206米。

2. 山峰

政和县境内山峰林立，1000米以上山 峰共有400余座，最高峰为岭腰乡前溪村境内的香炉尖，海拔1597.5米。

表2－3　　**主要山峰分布表**　　单位：米

山　名	海拔高度	所在乡	所在村	山　名	海拔高度	所在乡	所在村
白石岗	923	东平	界溪	风水凹	1380	杨源	岭头
神　岗	634	东平	碗厂	白岩下	1204	杨源	岭头
红山壁	800	东平	碗厂	火星岩	1226	杨源	茶林
梅　岩	898.3	星溪	富美	柯岭头	1002	杨源	桃洋
纱岁岗	1002	星溪	长际	石关下岗头	1125	杨源	桃洋
东岩顶	1076	星溪、杨源	长际	南门山	795	外屯	
白岩岭	934	星溪	长际	大寨城	1083.5	镇前	镇前
状元峰	571	熊山镇	胜利	石牛后	1124	镇前	镇前
黄熊山	624	熊山镇	胜利、解放	大板岗	1130	镇前、澄源	镇前、洋厝
主神岩	1036	铁山	高林、大红	富　山	1095	镇前	连坑
寨　顶	757	铁山	向前	五　岗	1330.9	镇前	湘源
仙桌子岗	1014.6	铁山	向前	花瓶坛岗	1284.5	镇前	湘源
大　峡	1088	铁山	西坑	十二旋岗	1224	镇前	半源
红头峡	1215	铁山	罗家地	观音山	1306.9	镇前、杨源	横坑头
庵仔岗	1129.5	铁山	向前	十八罗汉岩	1174	镇前	横坑头
大山岗	1021	岭腰	岭腰	東龙岩	1250	镇前	下园
仓头岗	1063.2	岭腰	岭腰	招蟹顶	1235	镇前	下园
亭子岗	802.4	岭腰	岭腰	观音岗	1316	镇前	半源
交浙峡	1008.3	岭腰	高山	筠竹顶	1178	镇前	筠竹洋
美女山	1063	岭腰	高山	金鸡垄	1150.7	镇前	郢地
洋屯凹	920	岭腰	西坑	深度山	1033	镇前	郢地
大岗	1062	岭腰	长垄	石岭头	1054	澄源	前山
狮子岗	1245	岭腰	长垄	生地顶	988	澄源	富垅
白岩下	1290.4	岭腰、外屯	锦屏	坑里楼岗	1106	澄源	上洋
虎头际	1242	岭腰	锦屏	厝仔后	1121	澄源	星溪头
南屏山	1085	岭腰	锦屏	七层溪	1315.9	澄源	星溪头
沙仔楼岗	935	杨源	杨源	棋盘岩	1199.9	澄源	新康
百坡林岗	1029.1	杨源	大溪	大林山	1340	杨源岭下（屏南县）	杨源
寨山	1358.9	杨源	岭头	萝卜岗	1036.4	杨源	杨源
茶坪头	1154	杨源	茶林	权山岗	985	杨源	杨源
步子下岗	1224.4	杨源	岭头	山头仔岗	905	杨源	坂头
西胡坑岗	1020.4	杨源	富坂	鹰岩	1261	杨源、岭下（屏南县）	上庄
溪南岗	1015	杨源	富坂	牛皮曼地	1182	杨源	上庄

续表 2-3

山名	海拔高度	所在		山名	海拔高度	所在	
		乡	村			乡	村
神后岗	945	杨源	坂头	裂坑岗头	1052	杨源	上庄
天石岗	1257.8	杨源、镇前	坂头、西溪	四丘岭头	1001	杨源	上庄
南源里岗	1175	杨源	坂头	岭顶	1129	外屯、镇前	稠岭
南源里岗	1138.3	杨源	坂头	窟窿峡	1034.7	杨源	王大厝

第二节　气　候

一、四季特征

政和县地处中亚热带季风湿润气候区。因境内山地多，地形复杂，高低悬殊，所以具有多层次立体气候。其基本特点是雨热同期、四季分明、立体气候明显。

（一）雨热同期

1987—2005 年，年均大于 10℃的持续天数有 259 天，总积温 5834.1℃，占全年总积温的 85%。同期雨量 1283.3 毫米，占全年总雨量 79%。日照时数 1330.3 小时，占全年 79%。

（二）四季分明

以气温作为四季划分标准，10 度以下为冬，22℃以上为夏，介于二者之间为春、秋，本县四季分明。由于海拔高度的差异，各地四季长短不同，东部山区冬长夏短，西部河谷山间盆地夏长冬短。

表 2-4　**政和县各代表点四季起止时间表**

地点		城关（县站）	外屯	镇前
海拔（米）		221.5	380.0	962.0
春季	日/月	1/3—5/5	3/3—18/5	27/3—8/7
	天数	66	77	104
夏季	日/月	6/5—30/9	19/5—27/9	9/7—17/8
	天数	148	132	40
秋季	日/月	1/10—10/12	28/9—30/11	18/8—9/11
	天数	71	64	84
冬季	日/月	11/12—28/2	1/12—2/3	10/11—26/3
	天数	80	92	137

（三）立体气候明显

政和县地形东高西低，成梯状结构，最大相对高差达 1451 米。光、温、水的地域差异大，形成了全县明显的立体气候特点。东部中山区冬寒夏凉，年最低气温达零下 10℃以下，热量条件同南温带气候。西部河谷盆地冬无严寒，夏有酷暑，是标准的中亚热带气候。在农业气候资源区划中，依据热量的垂直差异，将全县分成 3 个不同的农业气候区和 4 个垂直气候层。

表 2－5　　**政和县农业气候区（层）情况表**

<table>
<tr><td rowspan="5">农业气候区区别</td><td colspan="2">10—20 度持续天数（天）</td><td>10—20 度总积温（℃）</td><td>年降水量（毫米）</td><td>年日照时数（小时）</td><td>海拔高度（米）</td><td>流域分布</td><td></td></tr>
<tr><td colspan="2">西部河谷温暖适水区</td><td>≥185</td><td>≥4200</td><td>1600 左右</td><td>1900 左右</td><td>380 以下</td><td>松溪、七星溪两岸</td></tr>
<tr><td colspan="2">丘陵低山温和丰水区</td><td>172—185</td><td>3908—4194</td><td>1700 左右</td><td>略少于 1 900</td><td>380—600</td><td>鹫峰西侧坡底丘陵低山地带</td></tr>
<tr><td rowspan="2">东部中低山地温凉多水区</td><td>鹫峰西侧亚区</td><td>≤172</td><td>≤3854</td><td>1800 左右</td><td></td><td>600—800</td><td>鹫峰西侧 600 米以上中低山地</td></tr>
<tr><td>鹫峰东侧亚区（高山区）</td><td>＜170</td><td>＜3840</td><td>1680—1950</td><td>1200 左右</td><td>800 以上</td><td>鹫峰东侧中低山地</td></tr>
<tr><td rowspan="6">立体气候层</td><td colspan="3">层　别</td><td colspan="2">年平均气温（度）</td><td colspan="3">海拔高度（米）</td></tr>
<tr><td colspan="3">山顶层</td><td colspan="2">＜13</td><td colspan="3">≥1100</td></tr>
<tr><td colspan="3">温凉针阔叶林可种层</td><td colspan="2">13—14. 9</td><td colspan="3">800—1100</td></tr>
<tr><td colspan="3">温和阔叶林、经济林适宜层</td><td colspan="2">15—16. 9</td><td colspan="3">500—800</td></tr>
<tr><td rowspan="2">温暖多种经营层</td><td colspan="2">多种经营适宜层</td><td colspan="2">17—18</td><td colspan="3">300—500</td></tr>
<tr><td colspan="2">柑橘茉莉花适宜层</td><td colspan="2">＞18</td><td colspan="3">300 以下</td></tr>
</table>

二、气候要素

（一）日照

1987—2005 年平均日照时数为 1690. 0 小时，年日照百分率达 37. 9%。各月日照时数以 7 月最大 226. 5 小时。2 月最少仅 82. 8 小时。日照百分率 7 月最高为 52. 6%。日照时数的年际变化较小，1998 年最少仅 1573. 6 小时，2003 年最多达 2146. 0 小时。各月分布不均，其中 1—5 月偏少，平均每天 3. 6 小时；7—10 月光照充足，平均每天 6. 4 小时。

表 2－6　　**城关站累年各月日照时数及百分率情况表**　　单位：小时

月份	日照时数			日照百分率		
	平均值	最多/年	最少/年	平　均	最大/年	最少/年
1	94. 2	157. 1/1987	37. 5/1991	28. 9	48/1987	11/1991
2	82. 8	251/1988	142. 4/1999	26. 2	45/1999	9/1990
3	87. 9	138. 5/1989	12. 6/1992	23. 8	42/2001	3/1992
4	121. 1	164. 7/1998	54. 1/1989	29. 2	43/1998	14/1989
5	129. 4	196. 9/2000	71. 6/2005	31. 3	47/2000	16/1993
6	142. 5	175. 6/1988	73. 4/1998	34. 6	43/2002	18/1998
7	226. 5	296. 0/1988	163. 2/1997	52. 6	78/2003	24/1993
8	200. 8	258. 0/1987	101. 5/1990	49. 5	64/1987	27/1997
9	167. 4	221. 1/2003	121. 5/2000	45. 6	60/2003	28/1990

续表 2-6

月份	日照时数			日照百分率		
	平均值	最多/年	最少/年	平　均	最大/年	最少/年
10	170.1	240.1/2004	121.5/2000	47.8	67/2004	34/2000
11	140.6	173.0/1988	92.0/2000	43.6	56/1992	29/2000
12	136.0	212.2/2003	50.7/1997	42.3	66/2003	8/1994
全年	1690.3	2146.0/2003	1573.6/1998	37.9	49/2003	35/1993

（二）温度

气　温　1987—2005 年年平均气温为 18.9℃，年际变动为 18.0—19.7℃，幅度 1.7℃；各乡镇年际变动在 14.3—19.2℃，石屯镇最高为 19.2℃，澄源乡最低为 14.3℃。常年最热的 7 月，平均气温为 28.3℃，最高月份为 2003 年 7 月 30.6℃，极端最高气温出现在 2003 年 8 月 2 日 42.1℃。年际变动在 35.8—42.1℃之间，一般年份最高气温在 38℃上下。平均年出现高温天气在 7 月中旬至 8 月中旬时段，有 37 天，最多年份 2003 年为 68 天。常年最冷的 1 月平均气温 8.7℃，最低月份为 2005 年 1 月零下 5.1℃；极端最低气温零下 7.0℃，出现在 1991 年 12 月 29 日和 1999 年 12 月 23 日 2 天。澄源乡在一年之中有 40 多天日平均气温低于 0℃。因地形、海拔不同，全县气温由西向东逐次递减。海拔每升高 100 米，气温下降 0.6℃。年平均气温，西部石屯、东平、城关地区在 18.8℃，中部外屯全部、铁山、星溪的部分在 17.5℃以上，东部澄源、镇前、杨源在 14.3—15.3℃。

地　温　地温一般大于气温。每年 1 月、2 月和 12 月，各层地温在 12.5℃以下，高于地面平均温度，也高于月平均气温；3—11 月，各层地温均在 14℃以上，高于平均气温，但低于地面平均温度。冬季地层越深地温越低，春秋两季各层温度相差仅 0.4—1.4℃。地温随着深度的加深，年变幅逐渐趋于平缓。一天中地表最低温度与最低气温比较接近，地表最高温度与最高气温的差距很大，特别是夏季太阳辐射强烈时，二者相差 30℃以上。据县站记录，年极端最高地面温度是 2005 年 8 月 17 日达 72.0℃，而同日最高气温为 37.2℃。

表 2-7　**1987—2005 年各月平均最高最低气温情况表**　单位:℃

温度＼月份		1 月	2 月	3 月	4 月	5 月	6 月	7 月	8 月	9 月	10 月	11 月	12 月	年平均
平均气温		8.7	10.5	13.8	18.9	22.5	25.6	28.3	27.6		20.2	15.2	10	18.9
平均最高		13.9	15.6	19.0	24.5	28.0	31.0	34.5	33.8	30.8	26.6	21.8	16.5	24.7
平均最低		5.3	7.1	10.3	15.1	28.7	21.8	23.7	23.6	20.9	15.8	10.9	5.8	15.3
极端最高	数值	27.0	28.9	32.4	34.6	36.4	37.6	42.0	42.1	39.2	37.0	33.8	26.1	—
	年	1990	1996	1988	2004	1991	2000	2003	2003	1995	2005	1996	2002	—
	日期	29	15	14	21	26	30	31	2	8	1	1	6	—
极端最低	数值	-5.1	-3.1	-1.7	3.4	8.9	13.1	2	19.8	13.2	5.6	-1.7	-7.0	—
	年	2005	1995	2005	1991	1987	1987	1992	1998	1999	1993	1995	1991、1999	—
	日期	1	6	6	2	4	9	7	2	2	31	25	29、23	—

表 2-8

各乡（镇）月平均气温表

单位:℃

温度＼月份	1月	2月	3月	4月	5月	6月	7月	8月	9月	10月	11月	12月	年
石屯	8.9	10.7	14.0	19.2	22.8	25.9	28.6	27.9	25.2	20.5	15.4	10.2	19.2
东平	8.6	10.4	13.8	18.8	22.4	25.5	28.2	27.5	24.8	20.1	15.2	10.0	18.8
外屯	7.9	9.7	13.0	17.9	21.5	24.5	27.2	26.5	23.9	19.0	14.4	9.2	19.7
铁山	8.4	10.2	13.5	18.6	22.2	25.2	27.9	27.2	24.6	19.9	14.9	9.7	18.6
杨源	5.7	7.4	10.8	15.2	18.8	21.3	24.0	23.3	21.2	16.5	12.2	7.0	14.5
镇前	5.0	6.8	10.1	14.5	18.1	20.4	23.1	22.4	20.5	15.8	11.5	6.3	15.3
澄源	4.9	6.7	10.0	14.3	17.9	20.2	22.9	22.2	20.3	15.6	11.4	6.2	14.3

表 2-9

城关不同程度地中温度表

单位:℃

月份＼项目	地面平均			地面极端最高	地面极端最低	地中温度			
	温度	最高	最低			5 cm	10 cm	15 cm	20 cm
1	9.7	11.2	8.2	37.0	-6.6	9.8	10.3	11.0	11.3
2	11.7	13.9	8.8	45.2	-4.3	11.3	11.5	12.0	12.1
3	15.0	17.9	11.9	49.7	-2.6	14.4	14.5	14.8	14.7
4	20.6	24.5	17.8	63.0	2.2	19.6	19.3	19.4	19.1
5	25.0	27.5	23.0	62.8	8.0	23.8	23.4	23.5	23.2
6	28.5	31.1	27.0	65.9	11.1	26.6	26.5	26.1	26.3
7	33.5	38.5	30.1	70.3	18.6	30.7	29.1	30.3	29.8
8	32.1	37.2	28.6	72.0	19.1	30	29.8	30.0	29.8
9	28.8	32.4	26.4	67.7	12.3	27.2	27.2	27.6	27.5
10	23.3	25.9	20.7	63.3	4.1	22.3	22.7	23.2	23.3
11	17.1	20.2	14.4	54.9	-4.8	16.8	17.4	18.1	18.4
12	11.1	13.5	9.2	35.6	-10.0	11.3	12.1	12.9	13.3
年较差	23.8	—	—	—	—	20.9	19.5	19.3	18.5

表 2-10

1987—2005 年各级界限温度初终日和活动积温表

单位:℃

界限温度	类别	初日		终日		初终日间隔时间	活动积温	有效积温
		月	日	月	日			
10	平均	3	15	11	28	259	5834.1	3244.1
	最早	2	11	12	7	299	6451.6	3461.6
	最迟	4	15	11	27	227	5283.1	3013.1
12	平均	3	27	11	29	238	5558.1	3178.1
	最早	3	8	11	24	262	5907.1	3287.1
	最迟	4	15	11	27	227	5283.1	3013.1

续表 2－10

界限温度	类别	初日		终日		初终日间隔时间	活动积温	有效积温
		月	日	月	日			
15	平均	4	8	11	3	210	5084. 8	2984. 8
	最早	3	24	11	9	231	5727. 3	3417. 3
	最迟	5	6	11	2	181	4444. 0	2634. 0
20	平均	5	16	10	6	144	3760. 0	2320. 0
	最早	4	4	10	16	176	5012. 5	3252. 5
	最迟	6	10	9	25	108	2858. 3	1778. 3
22	平均	6	6	9	25	112	3024. 3	1904. 3
	最早	5	14	9	28	138	3770. 7	2390. 7
	最迟	6	23	10	6	106	2791. 0	1731

（三）蒸发

1987—2005 年，年蒸发量 1383. 9—2062. 4 毫米，平均为 1565. 0 毫米，多数年份的蒸发量少于降雨量。从各月情况看，2—6 月一般是降水量多于蒸发量，7—1 月蒸发量多于降水量。

（四）降水

1987—2005 年，年平均降水量为 1633. 4 毫米，最多的 1998 年 2119. 9 毫米，比平均值多 486. 5 毫米，最少的 2003 年为 1082. 8 毫米，比平均值少 550. 6 毫米，年际差达 1037. 1 毫米。全年有两个明显雨季，3—6 月为第一雨季，雨日约 79 天，总雨量 957. 1 毫米，其中 3—4 月为春雨期，雨日多，降水强度小，5—6 月为梅雨期，降水强度增大，暴雨次数增多；7—9 月为第二雨季，主要是台风雷雨，雨日 41 天左右，雨量 338. 0 毫米，多年平均降雨量 136. 1 毫米，占年雨量 8. 3%。旬降水量最多的是 6 月中旬，平均为 140. 7 毫米，最多年份可达 419. 1 毫米。旬雨量最少在 11 月下旬，平均仅 12. 4 毫米，且有 30% 年份的这一旬无降水。

年降水量的地域差异明显，总趋势是东多西少。多雨中心在东部海拔 800 米以上的杨源乡到镇前镇的连坑一带，年均降雨量近 2000 毫米，最多年份可达 2600 毫米；少雨中心在海拔 158 米的西津附近，年均降雨量 1600 毫米，最少年份仅有 1000 毫米左右。

年平均雨日 175. 8 天，最多为 1997 年 190 天，最少为 2003 年 124 天。全县各地雨日最多的是杨源—连坑一带，年均 190 天；最少为西津年平均 135 天。雨日最多的月份是 3—6 月。历年最长连续降雨日是 1991 年 4 月 26 日至 5 月 24 日，共 29 天，总降雨量 183. 3 毫米。连日最大降雨是 1998 年 6 月 8 日至 25 日，总降雨量达 686. 9 毫米。

全县各地一年暴雨（日雨量≥50 毫米）次数在 4 次左右。3—9 月为最多的时段，其中 5—9 月属暴雨集中期，杨源—连坑一带年平均 5 次以上，西津年平均 3 次；出现大暴雨（日雨量≥100. 0 毫米）次数不多，除外屯平均每年 1 次，其余均为 3 年 1 次。1998 年 5 月 14 日，日雨量极值达 141. 1 毫米。

表 2－11　**1987—2005 年各月平均、最大、最小降雨量和一天最大降雨量表**　单位：毫米 日/月

项目 月份	历年平均	历年最多		历年最少		各月一天最大降雨量		
		极值	发生年份	极值	发生年份	降水量	发生日期	年份
1	75. 1	173. 4	1998	19. 3	1987	43. 3	25/1	2001
2	115. 8	223. 6	2005	28. 1	1999	63. 6	17/2	2005
3	196. 5	364. 4	1992	80. 6	1993	57. 4	17/3	1996
4	196. 9	347. 3	2001	86. 9	1998	108. 4	20/4	2001
5	255. 9	424. 8	1989	134. 8	1991	141. 1	14/5	1998
6	307. 8	717. 1	1998	93. 2	1991	129. 2	11/6	2000
7	147. 0	341. 4	1999	12. 0	2003	119. 2	22/7	1989
8	115. 3	203. 1	2000	17. 9	1998	65. 4	31/8	1992
9	75. 7	181. 3	1988	27. 5	2003	78. 5	24/9	1988
10	50. 8	171. 1	1987	0. 4	2004	39. 1	30/10	2002
11	46. 6	167. 1	1997	2. 5	1994	56. 4	16/11	1997
12	50. 0	191. 7	1994	3. 7	1999	41. 0	2/12	1994
全年	1633. 4	2119. 9	1998	1082. 8	2003	141. 1	14/5	1998

表 2－12　**1987—2005 年最长连续降雨量和最长连续无降雨量统计表**　单位：毫米

年　份	最　长　连　续　降　雨　量			最长连续无降雨量	
	日数（天）	总雨量（毫米）	日期（日/月）	日数（天）	日期（日/月）
1987	18	260. 6	22/3—8/4	15	19/12—2/1
1988	17	245. 6	12/6—28/6	21	3/10—23/10 18/11—8/12
1989	11	82. 6	30/3—9/4	25	26/11—20/12
1990	13	80. 7	20/2—4/3	22	21/11—12/12
1991	29	183. 3	26/4—24/5	16	8/11—23/11
1992	18	248. 0	17/3—3/4	25	14/10—7/11
1993	14	209. 4	12/6—25/6	21	25/1—14/2
1994	15	313. 3	8/6—22/6	37	21/10—26/11
1995	10	249. 7	27/6—6/7	20	16/10—4/11
1996	14	229. 9	14/3—27/3	22	10/12—31/12
1997	13	177. 6	2/7—14/7	24	10/12—2/1
1998	18	686. 9	8/6—25/6	32	12/9—13/10
1999	15	303. 153	5/7—19/7	26	6/12—31/12
2000	13	73. 5	4/3—16/3	30	6/12—4/1
2001	8	139. 1	7/6—14/6	23	6/11—28/11
2002	10	86. 5	4/8—13/8	23	22/12—13/1

续表 2-12

年　份	最长连续降雨量			最长连续无降雨量	
	日数（天）	总雨量（毫米）	日期（日/月）	日数（天）	日期（日/月）
2003	6	112.9	9/4—14/4	24	15/10—7/11
2004	7	154.1	2/7—8/7	32	23/9—24/10
2005	17	281.6	8/5—24/5	16	12/12—27/12

表 2-13　**1987—2005 年城关各月暴雨出现情况**

地点县站	历年各月总日数												历年总日数	平均每年日数	最高年份	
	一	二	三	四	五	六	七	八	九	十	十一	十二			日数	年份
	0	2	3	4	9	17	4	2	1	0	1	0	43	3.58	17	1998

（五）霜雪

霜　1987—2005 年，城关年平均有霜日 18.5 天，最多年份 1996—1997 年达 33 天，最少年份为 1994—1995 年 4 天。霜日出现天数以 12 月份最多，1 月和 2 月次之，连续霜日一般在 3 天左右，2001 年 12 月 22 日始霜，至 31 日结束，最长持续 10 天。初霜日，一般在 11 月前后，最早 1992 年 11 月 10 日，最迟 1994 年 1 月 21 日。终霜日一般在 3 月 9 日前后，最早 1994 年 1 月 24 日，最迟 2005 年 3 月 14 日。初霜日出现率以 12 月上旬最高，占 47.4%。终霜期出现率以 3 月上旬最高，占 31.6%。由于地域差异，无霜期长短不一，累计年平均 282 天。

雪　1987—2005 年，城关初雪日一般在 1 月 20 日前后，最早 2002 年 12 月 26 日，最迟 1996 年 2 月 19 日。终雪日一般在 1 月 23 日，最早 2002 年 12 月 26 日，最迟 2005 年 3 月 12 日。城关平均年降雪日为 1.3 天左右，最多的 1993 年、1996 年当年各有 4 天，而有些年份则无一日。降雪日最多的是 1 月和 2 月，平均 0.5 天，由于海拔高度差异，各地下雪次数和积雪深度不一。

湿　度　1987—2005 年，相对湿度在 72%—80% 之间，年平均湿度 77%。最大湿度出现在每年的 1—6 月间，为 78%—80%，7—10 月最小为 75%。

（六）风　气压

风　政和城关全年风向以偏西风为主，静风占很大比例，历年平均风速 1.5 米/秒。县站观测最大风速为 2001 年 3 月 23 日的 34 米/秒。

气　压　政和县年平均气压为 989.5 百帕，极端最高气压 1011.0 百帕，出现在 1999 年 12 月 22 日。极端最低气压 960.8 百帕，出现在 1997 年 8 月 9 日。一年中气压变化为一峰一谷，秋冬高春夏低。一天中气压变化为二峰二谷，最高峰出现在上午 9 时左右，次高峰出现在午夜 23 时左右，凌晨 5 时、午后 16 时为低谷。

表 2-14　**1987—2005 年政和县各月平均气压表**　单位：百帕

月份	1	2	3	4	5	6	7	8	9	10	11	12	年
气压平均	997.4	995.4	992.3	988.4	985.0	981.5	981.0	981.1	986.1	992.0	995.7	998.5	989.5

表 2 - 15　　**1990—2005 年各月极端最高气压表**　　单位：百帕

月份	1	2	3	4	5	6	7	8	9	10	11	12	年
极值	1011.0	1010.3	1008.8	1005.8	999.8	991.9	991.1	990.1	996.7	1003.9	1010.0	1011.0	1011.0
日期	22	20	5	1	4	12	4	30	26	31	30	22	12/22
年份	1999	1996	2005	1991	1981	2004	1998	1993	1987	1997	1989	1999	1999

第三节　水系与水文

一、水　系

由于地质构造的原因，政和境内山峦重叠，地势坡度大，河流源短湍急、暴涨暴落、年内洪枯变化较大。全县流域面积在 45 平方公里以上的河流有 12 条，其中：45—99 平方千米的有 3 条，100—199 平方千米的有 5 条，200—499 平方千米的有 2 条，500—999 平方千米的 1 条，1000 平方千米以上的 1 条。

七星溪　属松溪一大支流、政和县之干流，主要支流有龙潭溪、梅龙溪。七星溪发源于外屯乡黄坑村的青丝岭，由东向西流经外屯乡的黄坑、九房、湖屯、洋屯、外屯，星溪乡的东峰、姜屯，熊山镇的熊山、官湖和石屯镇的松源、工农、石屯、洋后、长城、王山口等 4 个乡镇 15 个村，在西津村汇入松溪。流域面积 728 平方千米，全长 64.8 千米，平均坡降 4‰，年平均径流量 7.35 亿立方米、年均流量 23.3 秒立方米。

松　溪　发源于浙江省庆元县百山祖，流经松溪县后于政和县洪门入境，经护田、范屯、新口至西津村汇合七星溪，于新厂出境，是贯穿县境西部最大的一条河流。流域面积 3136 平方千米，境内 1021 平方千米，全长 119 千米，境内 13.4 千米，平均坡降 1‰，多年平均径流量 30.7 亿立方米、平均流量 97.2 秒立方米。

界　溪　属松溪支流之一，发源于东平镇界溪村杉林自然村，流经界溪村、界溪水库、碗厂村，于新口村汇入松溪。流域面积 102 平方千米，其中境内 87.6 平方千米，全长 14.4 千米，平均坡降 11.3‰，多年平均径流量 0.915 立方米、平均流量 2.9 秒立方米。

乐　溪　属松溪支流之一，发源于浙江省龙井面，流经政和县锦屏、翁村、洋屯、湖屯仔，在后山村出境，经浙江省庆元县流入松溪。流域面积 115 平方千米，境内 110 平方千米，全长 28.3 千米，平均坡降 15.1‰，年平均径流量 1.33 亿立方米、平均流量 4.23 秒立方米。

龙潭溪　属七星溪主要支流之一，发源于镇前镇富宅，流经横坑头、坑里、茶溪、九蓬、樟口、林屯等村，于城关大庙处汇入七星溪。流域面积 182 平方千米，全长 31.8 千米，平均坡降 10.5‰，年平均流量 5.93 秒立方米，径流量 1.87 亿立方米。

梅龙溪　属七星溪主要支流之一，发源于铁山镇范屯，流经张屯、江上、铁山、东涧、南涧等村，在稻香汇入七星溪。流域面积 142 平方千米，全长 14.6 千米，平均坡降 10‰，年平均流量 4.52 秒立方米，平均径流量 1.42 亿立方米。

翠　溪　境内东部最大的河流，发源于杨源乡黄坦村，往东南向流经岭头、大溪、富竹口、翠溪等村，与当溪汇合进入屏南境内白水洋河段，而后又进入政和与屏南两县界，在白岩下出境入后垄溪。流域面积 349 平方千米，境内 286 平方千米，全长 32.9 千米，平均坡降 17.5‰，年平均径流量 4.81 亿立方米，境内 3.95 亿立方米，年平均流量 15.3 秒立方米。

当　溪　属翠溪一大支流，发源于镇前镇乌际，流经南坑、洋舍、西坑，在龙滩处汇入翠溪。流域面积 121 平方千米，全长 19.6 千米，平均坡降 20.7‰，年平均径流量 1.75 亿立方米，平均流量 5.55 秒立方米。

蛟龙溪　是境内东部第二大河流，属穆阳溪上游一大支流，发源于镇前镇半源村，流经下园、牛迹洋、角坂、镇前、叶干地、富垅等村，与俊溪汇合后经黄坦、下榅洋等村，在峰盆下两千米处进入周宁县境。流域面积335平方千米，境内259平方千米，全长31.8千米，平均坡降6.24‰，年平均流量14.3秒立方米，平均径流量4.51亿立方米，境内3.38亿立方米。

俊　溪　属蛟龙溪支流，发源于澄源乡星溪头，流经富垅汇入蛟龙溪。流域面积59平方千米，全长12.7千米，平均坡降10.5‰，年平均流量2.4秒立方米，平均径流量0.756亿立方米。

赤　溪　是寿宁县西溪上游之支流，发源于澄源乡后山，往东北流经上、下赤溪村后，进入浙江省庆元县举水，转入寿宁县西溪。流域面积46.3平方千米，全长15.9千米，平均坡降20.9‰，年平均流量2.06秒立方米，平均径流量0.649亿立方米。

暖　溪　属寿宁西溪又一支流，发源于澄源乡北斗，流经黄岭、新康、牛途等村后进入寿宁县流入西溪。流域面积65.5平方千米，全长19.9千米，平均坡降18.0‰，年平均流量2.74秒立方米，平均径流量0.846亿立方米。

表2－16　　　　　　　　　　**政和县主要河流情况表**

流域	水系	河名	流经地点			主河道长度（千米）		流域面积（平方千米）		境内比降（‰）	汇入地点
			源头	入境	出境	总长	县内	总计	县内		
闽江	建溪	松溪	庆元百山祖	洪门	新厂	119	13.4	3136	1021	1.0	
	松溪	界溪	杉林			14.4	14.4	102	87.6	11.3	新口
		乐溪	庆元龙井面		后山		13.4	115	110	15.1	
		七星溪	青丝岭			64.8	64.8	728	728	4.0	西津
	七星溪	龙潭溪	富宅			31.8	31.8	182	182	10.5	大庙
		梅龙溪	范屯			14.6	14.6	142	142	10.0	稻香
霍童溪	后垄溪	翠溪	黄坦			32.9	32.9	349	286	17.5	
		当溪	乌际			19.6	19.6	121	121	20.7	龙滩
交溪	穆阳溪	蛟龙溪	半源		芹山下	31.8	31.8	335	259	6.24	
	蛟龙溪	俊溪	星溪头			12.7	12.7	59	59	10.5	富垅
	西溪	赤溪	后山		赤溪二级电站	15.9	15.9	46.3	46.3	20.9	
		暖溪	北斗		牛途	19.9	19.9	65.5	65.5	18.0	

二、水　文

径　流　全县年平均径流深为1138毫米，年径流系数0.55—0.70；多年平均径流量19.841亿立方米，丰水年（cp＝10%）径流量27.967亿立方米，平水年（cp＝50%）径流量19.246亿立方米，偏枯水年（cp＝75%）径流量15.476亿立方米，枯水年（cp＝90%）径流量12.38亿立方米。多年平均连续最大4个月（3—6月或4—7月）径流量占年径流量的69.4%，多年平均4—6月径流量占年径流量59.2%，4—9月径流量占年径流量78.9%。因地形所致，各乡（镇）径流量分配也不均匀，总趋势为由东向西逐渐递减。

表2－17 **2005年各乡（镇）年降水量、径流量统计表**

乡镇名称	面积（k ㎡）	平均				不同保证率年径流量（亿立方）				说明
		年降水深（毫米）	年径流深（毫米）	年降水总量（亿立方）	年径流量（亿立方）	10%	50%	75%	90%	
澄源乡	271	1873	1313	5.09	3.56	4.99	3.46	2.78	2.28	Cv＝0.30
镇前镇	244	1904	1303	4.46	3.05	4.25	2.96	2.43	1.96	Cv＝0.29
杨源乡	245	1971	1362	4.77	3.30	4.52	3.20	2.61	2.18	Cv＝0.28
外屯乡	153	1749	1118	2.65	1.70	2.65	1.65	1.31	1.05	Cv＝0.32
岭腰乡	123	1798	1086	2.20	1.33	2.12	1.28	1.01	0.81	Cv＝0.33
铁山镇	133	1644	1073	2.18	1.42	2.27	1.37	1.08	0.87	Cv＝0.33
星溪乡	199	1635	969.80	3.75	2.22	3.75	2.14	1.69	1.33	Cv＝0.34
熊山镇	22									
石屯镇	142	1606	891.50	2.302	1.28	1.88	1.23	0.96	0.75	Cv＝0.35
东平镇	217	1659	911.20	3.59	1.97	2.92	1.90	1.46	1.15	Cv＝0.36
合计	1749	1778	1137.50	31.01	19.84	29.34	19.16	15.32	12.38	

泥 沙 本县水文站没有河流含沙量实测资料，总体看，境内植被较好，河流泥沙量一般不大。据地貌植被相似的邻县松溪县水文站多年实测资料，平均侵蚀模数99.67吨/平方千米，最大为1959年220吨/平方千米，最小1963年40吨/平方千米。据省水文总站1983年2月出版的水资源图集，描绘出政和县多年平均侵蚀模数为100—200吨/平方千米，本县采用多年平均侵蚀模数为100吨/平方千米。

根据1998年省水文总站《福建省多年平均悬移质输沙模服务区图》，政和县多年平均悬移质输沙模数为150吨/平方千米，推移质输沙模数按悬移质的30%计算。

第四节 土壤 植被

一、土 壤

根据福建省第二次土壤普查所定的土壤分类标准，全县土壤共分为6个土类、15个亚类、23个土属。

（一）红壤

面积108680公顷，占全县土壤的66.93%，占土地土壤的73.15%，分布在海拔1050米以下的中低山丘陵地带。土层较厚，一般在一米以上，有的达10多米。土壤剖面发育完整，具有（A）一表土层、（B）一心土层、（C）一田质层或A、B型层次组合，表层黑或暗灰色，心土层红至棕红色，质地较黏重。

红壤土类又分为4个亚类。红壤亚类，面积55345公顷，除澄源乡外，其余乡镇均有分布。一般在海拔750米以下，土层深厚，一般在1米以上，红棕色或浅棕色。平均有机质为4.25%，全氮0.144%，碱解氮203PPM，速效磷5PPM，速效钾228PPM，PH值4.9。粗骨性红壤亚类，面积8954公顷，分布于全县各地，以外屯、星溪和澄源3个乡面积较大。土层浅薄，全剖面只有37.7厘米，表土层26厘米，浅棕色或淡红色。有机质5.02%，全氮0.208%，碱解氮237.5PPM，速效磷10.4PPM，速效钾175PPM，PH值4.4。黄、红壤亚类，面积42165公顷，分布于全县各地；面积在6667公顷以上的有澄源、杨源2个乡；3333公顷以上的有铁山、镇前、外屯3个乡（镇）。所处海拔为750—1050米的低山和中山，是红壤向黄壤过渡的地带性土壤类型，呈黄红、红黄色。腐殖质层厚，土壤较肥沃，质地为轻壤或中壤。有机质4.96%，全氮0.17%，碱解氮218PPM，速效磷5PPM，速效钾134PPM，PH值4.6。红亚土类，面积2216公顷，分布在海拔750米以下的低山、丘陵地带，石屯、铁山、东平3个镇面积较大。红土是红壤经人为垦植后旱耕熟化发育而成的一种旱地耕作土壤，一般有机质为2.72%，全氮0.13%，速效磷4PPM，速效钾184PPM，PH值4.7。由于人工垦植年限长短、利用方式不同，土壤肥力和熟化程度亦有明显差异。

（二）黄壤

属地带性土壤，面积36879公顷。主要分布在镇前、杨源、澄源、外屯和铁山5个乡（镇），东平镇有零星分布，所处海拔多在930—1598米的中山地带。黄壤土类分3个亚类。黄壤亚类，面积28880公顷，分布在海拔930—1598米，土层深厚，剖面呈暗黄棕或淡黄棕，发育层次明显，质地多为轻壤。腐殖质平均24.2厘米。有机质5.95%，全氮0.22%，碱解氮234PPM，速效磷5PPM，速效钾138PPM，PH值5.0。精骨性黄壤亚类，面积6453公顷，分布在海拔1000—1250米的中山陡坡、山脊和山顶。土壤发育不完全，土层浅薄，一般只有30—40厘米，剖面呈淡棕、淡黄色。有机质4.54%，全氮0.22%，碱解氮211PPM，速效磷16PPM，速效钾107PPM，PH值4.7。黄泥土亚类，面积1540公顷，分布在海拔750米以下的低山、中山缓坡地带，以镇前、澄源、杨源和外屯4个乡（镇）为多，是黄壤发育而成的一种旱地耕作土壤，坡积或残坡积质。土体结构为ABC，表土层颜色为暗棕或淡黄棕，心土层为黄棕或淡黄色，质地为重壤或黏土，一般有机质为3.33%，全氮为0.17%，速效磷1PPM，速效钾37PPM，PH值4.6。

（三）紫色土

是一种非地带性的岩性土，面积1156公顷，主要分布在杨源、镇前、星溪、外屯和澄源5个乡（镇）。土层较浅，质地重壤或轻壤，有机质5.05%，全氮0.16%，碱解氮149PPM，速效磷6PPM，速效钾194PPM，PH值4.7。

（四）石灰土

面积564公顷，分布在外屯、石屯2个乡（镇）海拔200—500米的丘陵、低山地段，是一种由石灰岩发育而成的岩性土。土层厚1米左右，剖面呈暗棕或红棕色，有机质5.3%，全氮0.19%，碱解氮138PPM，速效磷6PPM，速效钾181PPM，PH值6.9。

（五）潮土

面积70公顷，主要分布在七星溪、松溪两大河流沿岸的沙洲地和河漫滩。母质为河流冲积物，质地较轻，漏水漏肥，土体结构ABC或AC，一般有机质为1.51%，全氮0.10%，速效磷3PPM，速效钾67PPM，PH值6.0。

（六）水稻土

分为3个亚类、9个土属、29个土种，分布于全县各乡（镇）。渗育水稻土亚类：有4个土属12个土种，面积5665公顷，占水稻土面积43.8%，主要为灰黄泥田、黄泥土2个土种，面积4792公顷，占84.6%。潴育水稻土亚类：有3个土属12个土种，面积5924公顷，占水稻土面积45.7%，主要为灰泥田、黄底灰泥田、沙底灰泥田3个土种，面积4352公顷，占73.5%。潜育水稻土亚类：有2个土属5个土种，面积1363公顷，占水稻土面积10.5%，主要是冷水田土种，面积788公顷，占57.80%。

表 2－18　　**土壤分类、面积分布表**　　单位：公顷

土类	亚类	土　属	土种	地类	面积	主要分布地区
红壤	红壤	酸性岩红壤		山地	35941	东平、石屯、星溪、铁山、外屯、岭腰
		中性岩红壤		山地	14303	东平、星溪、石屯、外屯
		基性岩红壤		山地	113	石屯
		泥质岩红壤		山地	106	星溪
		沙质岩红壤		山地	962	星溪、铁山、岭腰
		侵蚀红壤		山地	3920	石屯、东平、星溪、铁山、外屯、岭腰
	粗骨壤	酸性岩粗骨红壤		山地	5373	澄源、东平、星溪、外屯、石屯、铁山、岭腰、杨源
		中性岩粗骨红壤		山地	3581	镇前、外屯、星溪
	黄壤	酸性岩黄红壤		山地	29319	澄源、杨源、铁山、镇前、外屯、星溪、东平、岭腰
		中性岩黄红壤		山地	11774	澄源、镇前、外屯、星溪、铁山、杨源、岭腰
		侵蚀黄红壤		山地	1072	东平、铁山、杨源、外屯、镇前、岭腰
	红土	红泥土	灰红泥土	旱地	423	星溪、石屯、东平、铁山、外屯、岭腰
			红泥土	旱地	1790	星溪、石屯、东平、铁山、外屯、澄源、岭腰
小计	4	12			108680	
黄壤	黄　壤	酸性岩黄壤		山地	19637	澄源、镇前、杨源、东平
		中性岩黄壤		山地	9243	澄源、杨源、镇前、外屯
	粗骨性黄壤	酸性岩粗骨黄壤		山地	4954	澄源、外屯、镇前、铁山、岭腰、东平
		中性岩粗骨黄壤		山地	1501	镇前、外屯
	黄泥土	黄泥土	灰黄泥土	旱地	54	铁山、外屯、镇前、岭腰
	黄泥土	黄泥土	红泥土	旱地	1474	澄源、杨源、镇前、外屯、铁山、岭腰
	黄泥土	黄泥土	黄沙泥土	旱地	16	镇前
小计	3	15			36879	
紫色土	酸性紫色土	凝灰岩酸性紫色土		山地	600	杨源
		沙砾岩酸性紫色土		山地	543	澄源、镇前、外屯、星溪
	紫色土	猪肝土	猪肝土	旱地	13	杨源
小计	2	3			1156	
石灰土	棕色石灰土	棕灰泥土		山地	564	外屯、石屯
小计	1	1			564	
潮土	潮土	潮沙土	潮沙土	旱地	3	东平
	沙土	黄沙土	黄沙土	旱地	41	外屯、东平
		灰沙土	灰沙土	旱地	26	星溪、东平、石屯
小计	2	3	3		70	

续表 2－18

土类	亚类	土　　属	土种	地类	面积	主要分布地区
水稻土	渗育水稻土	黄泥土	乌黄泥田	水田	51	杨源、澄源、铁山、外屯、岭腰
			灰黄泥田	水田	3911	铁山、星溪、澄源、杨源、镇前、东平、石屯、外屯
			黄泥田	水田	880	铁山、岭腰、镇前、澄源、石屯、星溪、杨源、外屯、东平
			次黄泥田	水田	123	镇前、杨源、铁山、星溪、澄源、东平、岭腰
			黄泥沙田	水田	68	杨源、澄源、外屯、东平
		紫泥田	灰紫泥田	水田	4	澄源
			紫泥田	水田	117	杨源、澄源、星溪、外屯、铁山、岭腰
		白土田	白鳝泥田	水田	134	杨源、澄源、铁山、岭腰、镇前、星溪、石屯、外屯
			白底田	水田	167	澄源、杨源、东平、镇前、石屯、星溪
			茹粉田	水田	17	石屯、铁山、岭腰
		沙质田	沙层田	水田	143	杨源、东平、石屯、外屯、星溪、镇前、铁山、岭腰
			黄沙田	水田	50	东平、石屯、铁山、岭腰、外屯
	潴育水稻土	乌泥田	乌泥田	水田	13	星溪、澄源
			黄底乌泥田	水田	8	澄源、
		灰泥田	灰泥田	水田	2013	澄源、镇前、石屯、铁山、岭腰、东平、星溪、外屯、杨源
			青底灰泥田	水田	403	东平、杨源、铁山、岭腰、星溪、石屯、镇前、澄源、外屯
			青格灰泥田	水田	45	东平、石屯、星溪
			黄底灰泥田	水田	1518	东平、星溪、石屯、铁山、岭腰、镇前、外屯、杨源、澄源
			黄格灰泥田	水田	42	石屯、星溪、东平、铁山、岭腰
			沙底灰泥田	水田	821	镇前、东平、澄源、石屯、星溪、铁山、岭腰、杨源、外屯
			沙格灰泥田	水田	205	石屯、镇前、铁山、岭腰、杨源、外屯、东平、澄源、星溪
			白底灰泥田	水田	382	镇前、杨源、澄源、东平、石屯、铁山、岭腰、星溪、外屯
		潮沙田	乌沙田	水田	12	星溪
			灰沙田	水田	462	东平、澄源、石屯、镇前、铁山、岭腰、星溪、杨源、外屯
	潜育水稻土	青泥田	青泥田	水田	170	澄源、杨源、镇前、石屯、铁山、星溪、岭腰
		冷烂田	冷水田	水田	788	澄源、杨源、镇前、铁山、岭腰、东平、外屯、星溪、石屯
			锈水田	水田	74	铁山、东平、杨源、星溪、岭腰
			浅脚烂泥田	水田	273	杨源、东平、铁山、镇前、澄源、星溪、石屯、岭腰
			深脚烂泥田	水田	58	石屯、东平、镇前、澄源、星溪、杨源、铁山、岭腰
小计	3	9	29		12952	

政和县境内土壤的土质主要为：

有机质　平均含量3.35%，变幅为0.87—7.87%。其中丰富的（7.3%）占62.19%；一般的（2—3%）占32.60%；缺乏的（1—2%）占4.93%；极缺的（<1%）占0.28%。水田土壤有机质含量与土壤水型密切相关，一般是潜育型>潴育型>渗育型。

氮　素　全氮平均含量0.614%，变幅为0.096—0.250%。其中较丰富的（7.15%）占73.20%；一般的（0.10—0.15%）占26.41%；缺乏的（<1%）占0.39%。碱解氮平均含量为185.27PPM。其中较丰富的（>150PPM）占58.61%，一般的（90—150PPM）占38.17%，缺乏的（<90PPM）占3.22%。水田土壤供氮强度比较复杂，一般是渗育型>潴育型>潜育型。

磷　素　全磷平均含量为0.097%，变幅为0.026—0.437%，速效磷平均含量为14PPM，变幅为0—239PPM。其中丰富的（>20PPM）占20.9%；一般的（10—20PPM）占17.77%；缺乏的（5—10PPM）占20.9%；极缺的（<5PPM）占40.48%。磷素的含量与土壤熟化程度密切相关，一般靠近村庄的熟土壤含磷量高。

钾　素　全钾平均含量为2.74%，变幅为1.13—4.46%。速效钾平均含量为72.96PPM，变幅为25—223PPM。其中丰富的（>150PPM）占27.16%；一般的（100—150PPM）占27.74%；缺乏的（50—100PPM）占39.50%；极缺的（<50PPM）占5.60%。土壤中全钾含量与土壤母质有一定关系，一般冲积母质>坡积母质。

微量元素　经省农业厅土壤化验室分析：政和县水田土壤有效硼含量极低，平均含量为0.033PPM，低于土壤硼营养的临界值（0.5PPM）；有效钼平均含量为0.185PPM，略高于钼营养临界值（0.15PPM）；有效锌平均含量为2.94PPM；有效铜平均含量为2.11PPM；有效铁、有效锰平均含量分别为150.13PPM和40.14PPM，远高于铁、锰营养临界值。

酸碱度（PH值）　平均PH值为5.0，变幅为4.0—6.7。其中强酸性（PH<4.5）占1.14%；酸性（PH4.5—5.5）占96.11%；微酸性（PH5.5—6.5）占2.39%，中性（PH6.5—7.5）占0.09%。

耕作层　耕层厚度在10厘米以下的占0.58%；10—15厘米的占32.93%；15厘米以上的占66.49%。

质　地　沙壤占0.39%；轻壤占14.28%；中壤占81.39%；重壤占3.95%。土壤质地与阳离子代换显著相关，其代换量依次为重壤土>中壤土>轻壤土>砂壤土。

二、植　被

根据“中国植物区系”划分，政和县属“泛北极植物区，中国——日本森林植物亚富的华东地区”，植被属中亚热带常绿阔叶林带，以亚热带植物区系成分为主。植被分为7个类型、9个群系纲、66个群系、126个群丛。

针叶林类　有6个群系，面积占林地面积的57.4%。各乡镇均有分布。主要有马尾松、杉木、柳杉，垂直分布海拔200—800米之间，主要群落有：马尾松——乌饭——芒箕；马尾松——映山红——芒箕；马尾松——杉木——米饭花——狗脊；杉木——香槟杜鹃——芒箕；杉木——乌药——芒箕。

针阔混交林类　有8个群系，面积占林地面积的27.9%，一般分布在镇前、杨源、汀源等乡镇，主要树种有马尾松、柳杉、木荷、甜槠、米槠、石栎、枫香、苦槠、青岗栎等；其群落有：马尾松+丝栗栲——乌药——胎生狗脊；木荷+马尾松——继木——胎生狗脊；马尾松+毛竹——继木——狗脊——白芒。

阔叶林类　是政和县的原生植被，居优势地位，近几年来由于食用菌和木制加工企业的大量发展，阔叶林大量被伐，原始天然阔叶林已100%被破坏，仅剩少量次生林，约占林地面积15%。

常绿阔叶林以壳斗科分布最广，樟科、山茶科次之。海拔200—800米之间生长最旺盛，主要群系有：（1）丝栗栲林；（2）甜槠林；（3）木荷林；（4）苦槠林；（5）青冈栎林；（6）米槠林；（7）细柄阿丁枫林。

落叶阔叶林的代表树是枫香，其次是拟赤杨、山合欢、槐树、锥栗、板栗，其群丛有：枫香——

乌药——蕨；赤杨——叶青冈——芒箕；锥栗——映山红——狗脊、芒箕。

竹林类　有4个群系，主要种类有毛竹、刚竹、岩竹、淡竹、黄竹等，毛竹居首；毛竹林垂直分布海拔300—1000米的山地，大部分分布500—800米海拔的低山区，平面分布较广。毛竹植被较多的乡村有：宝岱、长际、地平、璋口、念山、东山、梅坡、解放、西坑、半源、向前、张屯、岭腰、高林、长垅、前溪、罗家地、锦屏、横坑、高山、大岭、外屯、吴场、湖屯、稠岭、东平、西表、碗厂、茶林、富坂、翠溪、镇前、下园、宝岩、茶溪、湘源、澄源、赤溪等，其主要群丛有：毛竹——盐肤木——白芒；毛竹——算盘子——狗脊、芒箕；毛竹——继木——芒。

经济林　植被主要有茶叶、锥栗、果树、油桐、油茶、山苍子等。茶叶分布于各乡镇，以东平、石屯、星溪、铁山、镇前、汀源等乡（镇）居多；锥栗主要分布在东平、星溪、镇前、杨源、汀源等乡（镇）；果树主要分布于东平、石屯、星溪3个乡（镇）；油桐现存面积很少，主要在外屯、星溪两乡的少数村；油茶、山苍子仅在东平、镇前、石屯、外屯等乡（镇）零星分布在房前屋后和菜地边缘。

灌　木　有10个群系，植被主要有算盘子、山苍子、映山红、白栎、短柄枪、小刚竹、檵木等。

草　坡　即以草本为主的植物群落，主要有五节芒、芒箕骨、白芒、蕨等群丛。

第二章　自然资源

第一节　土地资源

1989年6月，政和县成立县、乡两级土地利用现状调查机构，开展土地资源调查前期工作。1991年5月开始，用近两年时间，完成全县土地利用现状调查和相关资料的统计汇总及图表编制，首次摸清了全县的土地底子。据调查统计资料显示，全县土地总面积1749平方千米（折合174900公顷）。同时，查清了以行政村为基本单位的耕地、园地、林地、居民点及工矿用地、交通用地、水域和未利用土地等7个一级地类面积，30个二级地类面积和3个三级地类面积。按照1991年全县人口计算，人均占有土地0.91公顷，其中：耕地0.07公顷、园地0.31公顷、林地0.74公顷、居民点及工矿用地0.01公顷、交通用地0.01公顷、水域0.17公顷、未利用土地0.03公顷。全县耕地13533.13公顷中，坡度0—2度的有3577.76公顷，其中灌溉水田3016.94公顷；坡度2—6度的有3069.97公顷，其中灌溉水田1648.69公顷；坡度6—15度的有3782.27公顷，其中灌溉水田503.83公顷；坡度15—25度的有2645公顷，其中灌溉水田55.93公顷；坡度25度以上的有456.42公顷，其中灌溉水田1.37公顷。

表2－19　**1992年政和县土地利用现状调查权属分类面积统计表**　单位：公顷

地类名称	面积	占地类（%）	占分类（%）	地类名称	面积	占地类（%）	占分类（%）
一、耕地合计	13533	7.24	—	茶　园	3994	—	67.69
灌溉水田	5227	—	38.62	其他园地	219	—	3.72
望天田	7727	—	57.10	三、林地合计	143417	82.00	—
旱　地	559	—	4.13	有林地	109747	—	76.52
菜　地	20	—	0.15	灌木林地	933	—	0.90
二、园地合计	5899	3.37	—	疏林地	1887	—	1.32
果　园	1686	—	28.59	未成林造林	30713	—	21.16

续表 2－19

地类名称	面积	占地类（%）	占分类（%）	地类名称	面积	占地类（%）	占分类（%）
迹　地	127	—	0.09	苇　地	2	—	0.04
苗　圃	10	—	0.01	滩　涂	278	—	7.79
四、民居点及工矿用地合计	1651	0.94	—	沟　渠	1809	—	50.63
城　镇	171	—	10.39	水工建筑物	14	—	0.39
农村居民	1316	—	79.67	七、未利用地			
独立工矿	148	—	8.99	合计	5355	3.60	—
特殊用地	16	—	0.95	荒草地	3044	—	56.84
五、交通用地合计	1472	0.84	—	裸土地	43	—	0.80
公　路	723	—	49.12	裸岩石沙地	106	—	1.98
农村道路	749	—	50.88	田　坎	2162	—	40.36
六、水域合计	3573	2.04	—				
河流水面	1178	—	32.98				
水库水面	199	—	5.58				
坑塘水面	93	—	2.59	总　计	174900		

第二节　水资源

政和县水资源均由降水补给。2005 年，全县水资源总量 21.21 亿立方米，其中：地表水资源为 19.84 亿立方米，地下水资源为 1.37 亿立方米。

一、地表水资源

多年平均径流量为 19.84 亿立方米。由此计算的全县各典型年的径流量是：10% 频率的丰水年为 29.34 亿立方米；50% 频率的平水年为 19.16 亿立方米；75% 频率的偏枯水年为 15.32 亿立方米；90% 频率的枯水年为 12.38 亿立方米；多年平均每平方公里产水量为 113.76 万立方米，高于全省每平方公里产水量 100 万立方米的水平，大大超过全国每平方公里产水量 28.156 万立方米的水平。

政和县地表水资源全县平均每人每年占有水量 9080 立方米，高于全省人均占有量 4900 立方米，高于全国人均 2200 立方米的占有量，接近世界人均占水量 10800 立方米的水平。

全县平均每亩耕地占有水量 9 860 立方米，高于全省每亩均 5850 立方米的水平。

表 2－20　**全县不同典型年水资源总量及分析表**　单位：亿立方米　万立方米

保证率	水资源总量	每百公顷产水量	人均占水量	亩均占水量	备　注
10%	29.34	168.22	1.343	1.458	全县面积 174900 公顷 人口 218545 人 耕地面积 13414 公顷
50%	19.16	109.86	0.877	0.952	
75%	15.32	87.84	0.701	0.761	
90%	12.38	70.99	0.566	0.615	
全县年平均	19.84	113.76	0.908	0.986	

政和县水资源分区是按水资源在时空变化规律的近似线，结合适当照顾行政界的完整，全县划分为三个分区。

Ⅰ区：东部中山区：包括镇前、澄源、杨源3个乡（镇）。

Ⅱ区：中部中低山丘陵区：包括外屯、铁山、岭腰、星溪、熊山5个乡（镇），2个农茶场。

Ⅲ区：西部丘陵河谷区：包括东平、石屯2个镇2个农场。

表2－21　各分区水资源总量及分析表　单位：亿立方米　万立方米

分　区	水资源总量	每百公顷产水量	人均占水量	亩均占水量	备　注
Ⅰ	9.916	132.591	1.255	1.214	面积：74786公顷 耕地面积：5445公顷 人口：79000人
Ⅱ	6.673	104.887	0.736	0.948	面积：63621公顷 耕地面积：4693公顷 人口：90610人
Ⅲ	3.252	90.333	0.665	0.662	面积36000公顷 耕地面积：3277公顷 人口：48935人

从上述产水量和人均占有水量来看，政和县水资源是丰富的，但由于地区分布和年内分配不均匀，即降雨量多集中3—6月，约占全年的50%—65%，所以仍有水旱灾害的发生。

二、地下水资源

据闽北地质大队勘查测定，政和地下水资源为1.37亿立方米，占水资源8.34%。

1、松散岩类孔隙水

分布在城关、东峰、石屯、东平等地，面积2400公顷。所处地貌位置为一、二、三级阶地及漫滩含水层，呈零星分布，面积小，厚度薄，富水性差，单井最大水量20—75吨/日，水量贫乏。

2、碎屑岩类碳酸盐岩类裂隙溶洞水

分布在政和城关一带，面积3180公顷，自上而下分为三层。地下水位埋深2.2米，含水层厚度14.17—19.8米。单井涌水量为52.7吨/日，水量贫乏。地下水径流模数为0.7—1.3升秒百公顷。

3、碎屑岩类孔隙水

分布在城关西部，面积1150公顷，受政和断裂控制，呈北东向条带状展布。含水岩组水量贫乏，地下水径流模数为1.43升/秒百公顷。

4、基岩裂隙水

县内分布广泛，面积160063公顷。块状岩类基岩裂隙水，主要分布在西部及铁山一带，面积30940公顷。地下水主要储存于构造裂缝、分化裂缝及断裂破碎带内，地形较高处，地下水易于排泄；地形低洼缓处，地下水易于聚集。

块状类层状岩类基岩裂隙水，大面积分布在镇前、澄源一带。护田、新口有零星分布，面积129123公顷。降水不易渗入，地下水易于排泄，水量贫乏。地下水径流模数1.1—2.6升/秒百公顷，泉流量常见值0.015—0.04升/秒，最大泉流量为0.2升/秒。

5、断裂脉状水

本县断裂主要属于新华夏系构造体系，规模较大，主干断裂不充水，地下水主要储存于次一级构造的羽状裂隙中，为一侧或两侧充水，常见泉水出露。县境充水断裂主要有北东向和南北向。

北东向充水断裂：位于岩根一带，两侧充水。断裂走向北东40—50度，所在地层为南园组和石帽山群的火山岩及火山碎屑沉积岩。断裂两侧岩石为破碎，特别是东南一侧次一级构造，似帚状断裂发育，泉水出露多，流量相对较大，平均流量0.57升/秒，最大泉流量达200升/秒。

南北向充水断裂：位于桃洋、洋厝一带，为两侧充水，近南北向展布。地层岩性为南园组火山岩，

在断裂带中常见构造透镜体、糜棱岩，岩石受挤压形成破碎带。断裂两侧泉水流量为0.1—0.7升/秒。

此外，在不同构造体系，不同走向断裂的交汇处复合部位，构造裂隙发育处常有较大流量的泉水。如湖屯，在北西向构造与东西向构造断裂交汇处，泉流量达0.56升/秒。

第三节　矿产资源

政和县是福建省矿产资源较为丰富的县（市）之一。境内已发现的矿产有26种，已探明储量的有17处，工业矿床34处，其中：大型矿床3处、中型4处、小型27处。

主要矿种：金属类有铁、铅、锌、铜、金、银、多金属等；非金属类有水晶、滑石、硫铁矿、大理石、磷灰石、珍珠岩、明矾石、高岭土、叶蜡石、花岗石材等。

2005年，境内矿产资源开发主要有：澄源乡香炉坪银（金）矿、星溪乡上山岗银（金）矿、星溪乡马仑头金矿、星溪乡王母山金矿、石屯镇东际金矿、星溪乡东峰交堀大理石矿和铁山镇夏山铅锌矿，以上7个矿产开发企业年产值占全县矿山企业年产值的90%以上。

表2-22

政和县矿产资源分布情况表

乡（镇）	主要矿产			工业矿床	
	金属类	非金属类	液体类	处数	占全县（%）
铁山镇	铅、锌、铁、铜、金	水晶、硫铁、大理岩、磷灰石		15	44
石屯镇	金、铜、银	滑石、硫铁、大理岩		6	18
星溪乡	铁、铅、铜、锌、多金属、金、银	大理岩		5	15
杨源乡	金、银、多金属	珍珠岩、明矾石、叶蜡石		3	8
东平镇	铁、钼金属	高岭土、黏土	矿泉水		
外屯乡	铅、锌、多金属	大理石			
澄源乡	金、银、多金属	稀土		1	3
熊山镇	金、银			2	6
岭腰乡	金、银、铜、多金属	叶蜡石、花岗石材		2	6
镇前镇	银、多金属				

第四节　野生动植物资源

1997年10月至2001年，政和县林业部门开展首次陆生野生动物资源普查。结果显示，境内140种物种调查时有出现记录，其中：兽类6目30种，鸟类12目70种，两栖爬行类40种。

兽　类　灵长目：猴科猕猴。食肉目：灵猫科食蟹獴、大灵猫、小灵猫、花面狸。猫科金豹、云豹、豹。犬科豺貉。鼬科狗獾、猪獾、水獭、鼬獾、黄喉貂 、黄腹鼬。偶蹄目：猪科野猪。鹿科獐、毛冠鹿、黄麂、黑麂。牛科苏门羚。鳞甲目：穿山甲。兔形目：兔科草兔、华南兔。啮齿目：松鼠科花鼠。仓鼠科东方田鼠。竹鼠科中华竹鼠、花白竹鼠。豪猪科豪猪。

鸟　类　鸊鷉目：小鸊鷉。鹳形目：鹭科池鹭、黄嘴白鹭、白鹭、黑鳽、紫背苇鳽。雁形目：鸭科啸身天鹅、鸳鸯、罗纹鸭。隼形目：鹰科鸢、松雀鹰、鹰鹏。鸡形目：雉科灰胸竹鸡、白鹇、雉鸡、白颈长尾雉。鹤形目：秧鸡科蓝胸身鸡。鸽形目：鸠鸽科珠颈斑鸠。鸮形目：鸱鸮科草鸮、领角鸮、鹏鸮、斑头鸺鹠、褐林鸮。咬鹃目：咬鹃科红头咬鹃。佛法僧目：翠鸟科普通翠鸟，佛法僧科三宝鸟。

鴷形目：須鴷科大拟啄木鸟。啄木鸟科栗啄木鸟、黑桃绿啄木鸟、大斑啄木鸟。雀形目：百灵科小云雀。鹡鸰科山鹡鸰、白鹡鸰、田鹨、树鹨、水鹨、山鹨。山椒鸟科粉红山椒鸟、林鵙。鹎科绿鹦嘴鹎、黄臀鹎、白头鹎、绿翅短脚鹎。伯劳科牛头伯劳、棕背伯劳。黄鹂科黑枕黄鹂。椋鸟科八哥。鸦科红嘴蓝鹊、喜鹊、白颈乌鸦。鹟科鹊鸲、红尾水鸲、紫啸鸫。画眉科锈脸钩嘴鹛、画眉、红嘴相思鸟、褐林鹛。莺亚科黄腹树莺、棕褐短翅莺、棕腹柳莺、金眶鹟莺、棕扇尾莺。山雀科大山雀、黄腹山雀。䴓科普通䴓。绣眼鸟科暗绿绣眼鸟。文鸟科麻雀、山麻雀、白腰文鸟。雀科白眉鹀。

两栖爬行类　蛇类　游蛇科：游蛇属赤链蛇、水赤链蛇、锈链游蛇、渔游蛇、草游蛇、锦蛇属王锦蛇、玉带斑锦蛇、红点锦蛇；翠青蛇属翠青蛇；后棱蛇属山溪后棱蛇；鼠蛇属灰鼠蛇、滑鼠蛇；乌风蛇属乌风蛇（乌梢蛇）；林蛇属繁花林蛇；紫沙蛇属紫沙蛇；水蛇属中国水蛇、铅色水蛇。眼镜蛇科：环蛇属银环蛇；眼镜蛇属眼镜蛇；眼镜王蛇属眼镜王蛇。蝰蛇科：蝰蛇属尖吻蝮蛇；竹叶青属白唇竹叶青、龟壳花蛇。龟鳖目：鳖科鳖。平胸龟科平胸龟。龟科三线闭壳龟、乌龟。蜥蜴目：壁虎科壁虎、大壁虎。石龙子科石龙子、蓝尾石龙子。蛙类：树蛙科虎纹蛙、棘胸蛙、大绿蛙、花姬蛙、小孤斑姬蛙。蟾蜍科黑斑蛙、泊蛙、泽蛙、花臭蛙。

其　它　环节动物（门）：蚯蚓、蚂蟥。软体动物（门）：甲壳纲田螺、河螺、河蚌蚬。节肢动物（门）：多足纲蜈蚣。甲壳纲虾、蟹。蜘蛛纲蜘蛛、红蜘蛛，蟏蛸。昆虫纲蜻蜓、蝴蝶、蚕、蛾、天牛、金龟子、米象、螵虫、蝉、蓟马、橡象、蚜虫、蝗虫、蚊、苍蝇、虱、跳蚤、蟋蟀、螳螂、蚂蚁、萤火虫、蟑螂、蝼蛄、灶马、疽龟、蚝。

政和县地处林区，野生植物资源丰富。据调查鉴定，境内维管束植物 664 种，分别属 137 科 374 属，其中：蕨类植物门 28 科 42 属 65 种，裸子植物门 8 科 16 属 21 种，被子植物门 101 科 316 属 576 种（详见卷十七林业第一章第二节）。

第三章　自然灾害

第一节　气象灾害

一、水灾

历年来，洪涝为政和县主要自然灾害。据县防汛办灾情档案资料统计，1989—2005 年，共发生大小水灾 22 次，年发生次数最多的 2005 年有 6 次。期间，特大洪涝灾害有 3 次：1989 年的“7·22”、1998 年的“6·22”和 2005 年的“6·22”，每次直接经济损失均以亿元计，其中 1998 年的“6·22”达 8 亿余元。水灾集中发生在 5—8 月，6 月为最多，共 11 次，占 50%；1989 年 7 月 21 日 20 时至 22 日 6 时，降雨量平原区 340 毫米、高山区 360 毫米，城区洪峰水位 202.08 米，超警戒水位 4.06 米，超危险水位 3.06 米；1998 年 5 月 14 日，降雨量 141.1 毫米，为历年最大暴雨日；是年 6 月 12—22 日，过程雨量达 686.9 毫米，为历年最大降水过程，城区洪峰超警戒水位、危险水位 3 次；2005 年 6 月 18—22 日，过程雨量 411.9 毫米，连续 4 天暴雨，1 天大暴雨，其中 20 日的 8：10—11：10 时，3 小时累计雨量 78.5 毫米，创本县有气象资料以来 3 小时最大雨量记录，城区洪峰水位 199.51 米，接近 199.60 米危险水位。

1989—2005 年政和县洪涝灾害情况表

表 2-23

年份	出现日期（月日）	过程雨量（毫米）	受灾范围	主要受灾情况							直接经济损失（万元）
				人口（万人）	受灾稻田（公顷）	毁坏房屋（间）	冲毁防洪堤（千米/处）	冲毁拦河坝（座）	毁坏电站（座）	其他	
1989	7.21-7.22	360	全县	11.00	8333	11300	117.6/_	1.44（万米）	11420（渠道万米）	损坏公路路基 436.8 千米塌方 54.6 万立方，漂木 1.05 万立方，经济作物 1 840 公顷	20000
1990	6.1	73.40	10 个村	0.82	307	8400	10.6/274	81	3	影响灌溉 1 167 公顷 发电 0.36 万度千瓦时	1450
1992	7.4-7.7	223.70	76 个村	3.74	2240	3925	20.5/396	143	11	影响灌溉 1 533 公顷 发电 47.88 万度千瓦时	4127
1996	5.31-6.2	220	120 个村	15.00	960	930	2.9/419	135	—	影响灌溉 1 533 公顷	2690
	6.4	220	20 个村	3.20	362	650	1.5/30	17	—	—	185
	6.19	—	25 个村	2.92	1810	850	27.5/575	112	2	—	2026.5
	6.27	—	47 个村	3.15	1913	1125	5.0/16	67	5	—	3260
	8.1-8.2		80 个村	3.50	480	4200	2.84/127	5			192.8
1997	6.8	90	38 个村	—	1867		—/203				1100
1998	5.14	141	56 个村	7.00							10300
	6.12-6.22	686.9	全县 123 个村	17.3	5400	41000	43.63/893	168	57	渠道塌 136 公里，涵洞 310 个，影响灌溉 1 万公顷，停产企业 500 家，学校停课 4 天，食用菌、渔业、经济作物受损	85900
1999	5.26	169.9	全县	—							6200
2000	6.6-6.12	406.2	全县	—	1690	482（栋）	4.50/44	119	4		4700
	8.24		局部	0.50	1893	1100					528
2002	6.14-6.19	182.1	局部	0.45	260	970	1.5/19	18	14	影响发电 0.26 万千瓦时	600

续表 2-23

年份	出现日期（月日）	过程雨量（毫米）	受灾范围	主要受灾情况							直接经济损失（万元）
				人口（万人）	受灾稻田（公顷）	毁坏房屋（间）	冲毁防洪堤（千米/处）	冲毁拦河坝（座）	毁坏电站（座）	其他	
2005	5.5		局部	—	1260						430
	6.18-6.22	411.9	全县129个村（居）	6.13	3800	881	83.7/421			毁坏公路85.5千米，桥梁25座，涵洞125座，护坡20千米，电力线路23千米，光缆、电缆、学校损失1 020万元，23家企业停产	
	7.20		局部	1.13	688	3056	2.84/127				3156
	7.26		3个村		104	915					130
	9.2		局部	0.86	3968	6719		21			1080.8
	10.4		局部	0.11	620	147		7			512

二、旱灾

政和县旱灾频繁，局部旱情年年有发生。相关资料统计，1989—2005 年，发生较大旱灾 7 次，主要为秋冬旱，其中大旱灾 2 次，尤以 2003 年最为严重。

1990 年 6 月初至 7 月上旬，全县严重干旱，水田受旱面积 4647 公顷，其中绝收 407 公顷，经济作物受损 2000 多公顷。

1991 年 5 月 15 日—7 月 15 日，全县降雨仅 121 毫米，同比降 26%，7 个乡镇受旱面积 4533 公顷，其中：稻苗枯黄 1570 公顷、绝收 315 公顷，改种地瓜、秋大豆 315 公顷。

1993 年 9 月 30 日—10 月 24 日，过程雨量仅 1.8 毫米，同期蒸发量 114.7 毫米，受旱面积 5273 公顷。

1996 年 10 月 10 日—12 月 31 日，过程雨量 7.5 毫米，同期蒸发量达 299.1 毫米，受旱面积 2000 公顷。

1998 年 9 月 12 日—10 月 13 日，月余无雨，蒸发量 223.6 毫米，受旱面积 1830 公顷，其中水田 1550 公顷。

2003 年夏秋严重旱灾，全县上半年过程雨量 837.7 毫米，同比偏少 20—30%；从 6 月 29 日—7 月 25 日，出现 35℃以上持续高温天气达 18 天，其中 7 月 16 日气温达 40.4℃，创 50 年来最高纪录，而过程雨量仅 0.4 毫米，同期蒸发量 318.8 毫米；从 9 月 25—11 月 8 日，过程雨量 2.0 毫米，同期蒸发 294.2 毫米，全县 10 个乡（镇）遭受严重干旱，受灾面积达 8000 公顷，其中水田 7800 公顷。

2004 年 9 月 23 日—11 月 9 日，过程雨量 1.7 毫米，同期蒸发 281.4 毫米，受旱面积 2300 公顷，其中水田受旱 1200 公顷。

三、雹灾

境内雹灾常发地与山脉走向相关，常呈相应的路线和局部区域性，并常伴大风，如杨源乡的洞宫、翠溪、坂头、王大厝，岭腰乡的岭腰、西坑，外屯乡的湖屯、黄坑等。1989—2005 年，全县发生较大雹灾有 10 次。

1989 年 4 月 2 日 15 时 33 分—42 分、16 时 54 分—56 分，境内多处遭受冰雹袭击，最大冰雹直径 4.7 厘米，并伴有大风，受灾 29 个村 5830 户 2.9 万人口，房屋受损 26968 间，稻田受灾、经济作物受损，直接经济损失 2150 万元。

1990 年 3 月 24 日 16 时至 25 日凌晨 3 时，全县有 4 个乡（镇）12 个行政村 51 个自然村 781 户 3999 人口遭受冰雹和龙卷风袭击，损坏房屋 686 栋 4628 间，毁坏瓦片 516 万片，直接经济损失 31.73 万元。

1991 年 3 月 27 日上午 10 时 30 分，强降雨伴大风和冰雹，2 小时雨量 70—80 毫米，最大风力 9 级，雹粒大 4 厘米，有 4 个乡（镇）21 个行政村 118 户 5915 人受灾，毁坏民房 596 栋 6840 间，农作物受灾 4333 公顷。同年 4 月 25 日晚 11 时，又受冰雹大风袭击，雨量 45 毫米，风力 8 级，最大雹粒直径 5 厘米，石屯、东平两镇 25 个自然村 2244 户人口受灾，其中成灾 250 户 1587 人，损坏房屋 1297 栋 19183 间，瓦片 140 万片，土墙房屋倒塌 4 栋，直接经济损失 1327 万元。

1994 年 6 月 16—17 日，冰雹伴暴雨，过程雨量 241.6 毫米，受灾 33 个村 241 户 9300 余人，稻田 867 公顷，损坏房屋 25 间，防洪堤缺口 137 处，拦河坝冲毁 12 座，直接经济损失 613 万元。

1995 年 4 月 16 日下午 3—7 时，东平、石屯、外屯、镇前 4 个乡（镇）39 个行政村遭受特大冰雹袭击，持续 25 分钟，最大雹粒直径 2.1 厘米。次日 9 时 30 分至 11 时，再下冰雹，致星溪、铁山、外屯、汀源 4 个乡（镇）52 个行政村 20743 户 8.34 万人受灾，房屋严重损坏 24375 栋 29.25 万间，瓦片 4 亿片，粮食受潮发热 670 万斤，受灾农田 2615 公顷（双早稻 2340 公顷、单晚秧苗 275 公顷）、茶叶 1954 公顷、食用菌 2480 袋、柑橘、锥栗及杂果 737 公顷、其他经济作物 242 公顷，损坏渠道 116 处、堤坝 60 处、水电站 4 座，线杆 61 根，公路塌方 108 处，轻伤 595 人，重伤 3 人，直接经济损失达 1.6

亿元。

2002年4月8日凌晨1—3时，冰雹伴龙卷风，9个乡（镇）33个行政村1280户2830人受灾，损坏房屋4950间514.8万瓦片，直接经济损失156.92万元。

2005年5月4日18时许，冰雹伴大风，最大雹粒直径2厘米，最大风速25米/秒，受灾稻田290公顷、房屋125间，直接经济损失350万元。

四、风灾

1989年5月11日暴风雨，城关最大风速25米/秒，城关、外屯、石屯等乡（镇）29个村5830户2.9万人口受灾，房屋受损26958间，防洪堤缺口96处，拦河坝冲毁32座，影响灌溉87公顷。

1991年4月25日，石屯镇遭受龙卷风冰雹袭击，最大风力7—8级，受灾人口0.21万人、稻田937公顷、房屋154间，直接经济损失300余万元。

1994年4月20日14时30分龙卷风，风力8—10级，风速25米/秒，东平、石屯、铁山、外屯4个乡（镇）36个行政村3154户1.24万人口受灾，损坏房屋307栋4295间，全倒5栋78间，受毁果苗7380株，桔、茶受损130公顷，西津电站线路吹断2700米，倒杆22根，东平电站线路吹断3000米，西表、长城、工农、岭腰、高山等17个行政村林木吹断2万余根，直接经济损失841万元。

2001年3月23日17时58—59分，冰雹/飑线/大风，最大风速34米/秒，最大冰雹直径1.3厘米，受灾4.5万人口、稻田1667公顷、房屋1800间，直接经济损失3200万元。

2005年5月4日，大风伴冰雹，最大风速25米/秒，直接经济损失350万元。

同年9月1日凌晨2时至2日上午，全县受13号强台风“泰利”影响，普降暴雨，风力8—9级，降雨量160—180毫米，澄源、镇前、杨源、外屯、铁山、岭腰、星溪等7个乡（镇）3.41万人口受灾，农作物受灾面积4267公顷，其中绝收420公顷，房屋倒塌3栋9间，损坏5 876间，瓦片510万片，土墙倒塌132面，7所小学受灾，其中5所停课、1所转移，直接经济损失1012万元。

五、冻害

1989年1月13—16日受寒潮影响，14日降雪，积雪厚9厘米伴结冰，交通中断2天。

1991年12月28日降大雪，积雪厚8厘米，对农业、交通等行业均造成不同程度影响。

1999年11月20日至12月23日持续低温霜冻，最低气温-3.5度，自来水管冻裂，农作物严重冻害。

2002年12月26日午夜至28日5时，全县普降大雪，27日形成积雪，最厚30厘米，冰冻大地。镇前、澄源、杨源、外屯、岭腰等高山区乡（镇）60个行政村降雪量最大，树枝、毛竹被压断，蔬菜受冻害2667公顷，果树5000公顷，积雪压倒菇棚17座、损失食用菌210万袋，直接经济损失400余万元。

2005年3月12日全县普降大雪，10个乡（镇）受灾严重，13日测站四周50米以上山顶有积雪，造成直接经济损失约800万元。

第二节 地质灾害

政和县地处闽北山区，地势陡峭，发生地质灾害的类型主要表现为滑坡，发生时间集中在雨季6—7月间。1989—2005年共发生27处，其中危害程度重大级15处，较大级12处。1989年发生3处，其中重大级2次；1998年发生21处，是发生处数最多的一年，其中重大级11处，较大级10处；2002年发生较大级1处；2004年、2005年各发生1处，均为重大级程度。

1989年7月22日，铁山镇铁山村后山发生重大级滑坡，规模1.39万立方米，威胁人口安全200人，财产100万元；同日，澄源乡澄源村下村后山发生重大级滑坡，规模1万立方米，威胁人口安全22户150人，财产60万元。

1998 年 6 月 20 日，石屯镇石门村前洋自然村后坡发生较大级滑坡，规模 5 万立方米，威胁人口安全 61 人，财产 30 万元。

是年 6 月 22 日，政和一中北侧发生重大级滑坡，规模 5.2 立方米，威胁人口安全 200 人，财产 80 万元；岭腰乡锦屏村北岩自然村后山发生重大级滑坡，规模 5.4 万立方米，威胁人口安全 106 人，财产 10 万元；东平镇护田村后山和西表村朱地自然村后山均发生重大级滑坡，规模分别为 6 万和 4.8 万立方米，威胁人口安全 170 人和 110 人，威胁财产分别为 50 万元和 40 万元；星溪乡东峰村庙下自然村后山发生重大级滑坡，规模达 45 万立方米，威胁人口安全 350 人，财产 200 万元。

同月 22 日深夜，外屯乡车潭村老碓厂自然村发生大面积山体滑坡，全村 9 幢民房全被淹埋，所有财产被毁，为政和历史上最重大地质灾害。

同月 25 日，星溪乡念山村上园仔自然村后山发生重大级滑坡，规模 28 万立方米，威胁人口安全 400 人，财产 200 万元；澄源乡后山林场对洋自然村后山发生重大级滑坡，规模 12 万立方米，威胁人口安全 138 人，财产 62 万元。

2002 年 10 月 8 日，澄源乡赤溪林场下赤溪 43 号屋后发生较大级滑坡，规模 1.2 万立方米，威胁人口安全 22 人，财产 4.6 万元。

是年 12 月，启动地质灾害调查与区划项目野外勘察。至 2003 年年底，完成全县 10 个乡（镇）125 个行政村、7 个居委会、11 个茶（果）场和 4 个重点矿山企业的野外调查，覆盖面积 1739.33 平方公里；是时，全县主要地质灾害隐患点有 82 处，其中危害程度为重大级的有 20 处、较大级的有 50 处，共威胁人口安全 6066 人、财产 2251.8 万元。

2004 年 6 月，城关汽车站东侧发生重大级滑坡，规模 1.2 万立方米，威胁人口安全 162 人，财产 8 万元。

2005 年 5 月，县经贸局后山发生重大级滑坡，规模 600 立方米，威胁人口安全 199 人，财产 50 万元。

2005 年年底，全县经数年整治，尚有重要地质灾害隐患点 27 处，其中重大级 15 处、较大级 12 处，威胁人口约 3614 人、财产 1248.6 万元。

2002—2003 年政和县主要地质灾害隐患点调查分布情况表

表 2－24

乡镇	隐患点数量（个）	灾害类型		灾害规模（m^3）	威胁人口（人）	威胁财产（万元）	危害程度分级（个）			防治措施
		滑坡	崩塌				重大级	较大级	一般级	
星溪	9	7	2	807263	1023	444	2	6	1	监测、工程、避让、生物
熊山	6	6	—	85000	736	183	3	3	—	监测、工程、排水、避让、生物
石屯	5	3	2	197500	178	67.5		4	1	监测、工程、避让
东平	10	6	4	126460	423	131.2	2	6	2	监测、避让
铁山	9	8	1	157310	1139	465	4	3	2	监测、避让、工程
外屯	5	5	—	266200	684	168	2	3	—	监测、工程、避让、生物
镇前	9	4	5	17920	583	156	2	7	—	监测、避让、工程
杨源	8	3	5	36986	148	80.5	—	4	4	监测、避让、工程、生物
澄源	13	11	2	192600	890	490.6	4	9	—	监测、避让、工程
岭腰	8	8	—	142560	298	66	1	5	2	监测、工程、避让、生物
全县合计	82	61	21	2029765	6066	2251.8	20	50	12	监测、避让、工程

1989—2005 年政和县地质灾害情况表

表 2－25

序号	地　理　位　置	灾害类型	发生时间	发生规模（m^3）	威胁人口（人）	威胁财产（万元）	危害程度（级）	防治措施
1	星溪乡黄念山后山仔西侧沿公路 600 米处	滑坡	19980622	27000	70	10	较大	监测 工程
2	星溪乡黄念山村上园仔后山	滑坡	19980625	280000	400	200	重大	避让 监测
3	星溪乡东峰村庙下自然村后山	滑坡	19980622	450000	350	200	重大	避让 工程
4	星溪乡林屯村芳源余晓荣屋后	滑坡	19980625	16000	25	5	较大	监测 避让
5	星溪乡富美村横坑垅	滑坡	19980622	18000	86	9	较大	避让 监测
6	政和一中北侧	滑坡	19980622	52000	200	80	重大	工程 监测
7	县经贸局后山	滑坡	20050500	600	199	50	重大	排水 工程
8	城关汽车站东侧	滑坡	20040600	12000	162	8	重大	监测 工程
9	石屯镇洋后村潘坑头	滑坡	19980622	10000	67	20	较大	监测
10	石屯镇石门村前洋自然村后坡	滑坡	19980620	50000	61	30	较大	避让 监测
11	东平镇护田村后山	滑坡	19980622	60000	170	50	重大	避让 工程
12	东平镇西表村朱地后山	滑坡	19980622	48000	110	40	重大	避让 工程
13	铁山镇江下村坪培自然村 207#后山	滑坡	19980622	70000	90	10	较大	避让 监测
14	铁山镇铁山村后山	滑坡	19890722	13950	200	100	重大	避让 监测
15	铁山镇大岭村凤林坑后门山	滑坡	19980622	4750	65	25	较大	避让 工程
16	外屯乡洋屯村溪磅后山	滑坡	19980620	28000	183	90	重大	避让 监测
17	外屯乡湖屯村大禹坑后山	滑坡	19980622	12000	77	30	较大	避让 监测
18	外屯乡稠岭村后山	滑坡	19980622	21000	324	30	重大	避让 监测
19	镇前镇下园村叶昌斌等 22 户屋后	滑坡	19980622	10800	116	50	重大	避让 监测
20	杨源乡王大厝村西坑 1#、29#及吴世灿等后山	滑坡	19980622	500－2000	一排住户	6	较大	工程 监测

续表 2－25

序号	地　理　位　置	灾害类型	发生时间	发生规模（m^3）	威胁人口（人）	威胁财产（万元）	危害程度（级）	防治措施
21	澄源乡后山林场村对洋自然村后山	滑坡	19980625	120000	138	62	重大	监测 工程
22	澄源乡坑里村后山自然村后山	滑坡	19980620	10000	130	30	重大	避让
23	澄源乡赤溪林场下赤溪 43#屋后	滑坡	20021008	12000	22	4. 60	较大	生物 工程
24	澄源乡下村许妙顺等 22 户后山	滑坡	19890722	10000	150	60	重大	避让 生物
25	澄源乡香溪村龙井坑南西侧屋后	滑坡	19890722	7000	83	30	较大	监测 工程
26	岭腰乡锦屏村北岩后山	滑坡	19980622	54000	106	10	重大	避让
27	岭腰乡高山村洋屯后山	滑坡	19980622	72000	30	9	较大	避让 监测
合计				1660100	3614	1248. 6		

卷三　人　口

第一章　人口状况

第一节　人口变动

一、自然变动

1989 年，政和县总人口为 180355 人，其中男性 95978 人，女性 84377 人。随着经济社会的发展，人民生活水平不断提高，人口死亡率逐步降低，而人口出生率呈现波浪式起伏，其中 1989 年、1990 年、1991 年、1996 年和 1998 年出现人口高出生率的现象，人口自然增长率大幅上升。随着计划生育深入开展，生育观念的转变，人口出生率逐年降低，人口自然增长率得到有效的控制。2001 年以后，人口出生率均控制在 10‰以内，2004 年为 7.25‰，为历史最低。至 2005 年，全县总人口为 218545 人，比 1989 年净增 38190 人，年均增加人口 2246 人。

二、机械变动

1989 年以来，政和县因升学、就业、工作调动、婚配、参军与复员、转业、外出务工等，每年均有人口迁出、迁入。除 1991 年、1997 年和 1998 年三年迁出和迁入的人数较多外，其余年份迁出与迁入的人数均在 2000—3000 人，基本能够平衡。2004 年，迁入人口为 1878 人，而迁出人口达 4859 人，净减 2981 人，人口呈现出负增长，比上年人口减少 1175 人。1989—2005 年全县迁入人数为 51204 人，迁出人数为 58235 人，净迁出 7031 人。

表 3－1　　**1989—2005 年政和县人口变动情况表**　　单位：人、‰

年份	总户数	总人数			人口自然变动						人口机械变动		非农业人口
		总数	男	女	出生	出生率	死亡	死亡率	自然增长人数	增长率	迁入人数	迁出人数	
1989	37184	180355	95978	84377	5457	28.42	1064	5.54	4393	22.88	1413	1377	18780
1990	40142	195900	104559	91341	4666	23.47	880	4.43	3783	19.04	4898	4879	19063
1991	41027	193415	103289	90126	5279	27.30	1012	5.20	4267	22.06	5070	5176	19439
1992	42223	196418	104905	91513	4231	21.50	997	5.07	3234	16.50	2168	2938	19926
1993	42836	198441	105934	92507	2975	14.99	869	4.40	2106	10.60	2988	3004	20879

续表 3－1

年份	总户数	总人数			人口自然变动						人口机械变动		非农业人口
		总数	男	女	出生	出生率	死亡	死亡率	自然增长人数	增长率	迁入人数	迁出人数	
1994	44897	200507	107078	93429	3019	15.05	928	4.60	2091	10.40	2964	3214	21795
1995	45868	203067	108749	94318	3814	18.78	943	4.64	2871	14.10	2133	2180	23482
1996	45959	207195	111097	96098	5144	24.80	1049	5.06	4095	19.76	2123	1908	23385
1997	47902	210273	112875	97398	3207	15.30	1290	6.13	1917	9.12	5148	3695	23990
1998	51575	214071	115362	98709	7550	32.93	1210	5.65	5840	27.28	4912	6770	25140
1999	53512	216023	116283	99740	2380	11.01	521	2.41	1859	8.60	2034	2488	25734
2000	55541	218148	117001	101147	3526	10.16	1215	5.57	2311	10.59	3294	2464	26546
2001	56539	219027	117442	101585	1912	8.37	462	2.11	1450	6.62	1620	2278	27070
2002	56814	219336	117602	101744	1604	7.33	491	2.24	1113	5.09	3457	4251	—
2003	57622	219656	117767	101889	2997	12.7	1573	7.10	1424	6.40	3373	3680	35929
2004	58512	218481	116338	102143	1604	7.25	629	2.87	985	4.50	1878	4859	36826
2005	59163	218545	116428	102117	2159	9.88	326	1.49	1833	8.39	1731	3074	37780

第二节　人口密度与分布

一、人口密度

1990 年全国第四次人口普查，全县人口密度每平方公里 112.01 人。其中，熊山镇人口密度最高，每平方公里 1820.07 人，石屯镇和铁山镇分别为每平方公里 146.15 人和 115.55 人，高于全县的平均数，其余乡镇均低于全县平均数。

2000 年全国第五次人口普查，全县人口密度每平方公里 110.45 人，比 1990 年每平方公里减少 1.56 人，而熊山镇人口密度每平方公里达到 2321.57 人，每平方公里增加 501.5 人，铁山镇因分出部分村设立岭腰乡后，每平方公里达到 143.05 人。

2005 年，全县人口密度每平方公里 124.95 人，比 2000 年每平方公里增加 14.5 人。其中，熊山镇每平方公里 2573.26 人，比 2000 年每平方公里增加 252.79 人。杨源乡人口密度最低，每平方公里人口仅为 79.14 人，主要原因是大量人口迁往上海等地经商。

表 3－2　**三个年份政和县人口密度表**　单位：人、人/平方公里

类别	1990 年人口普查		2000 年人口普查		2005 年人口统计	
	总人口	人口密度	总人口	人口密度	总人口	人口密度
全　县	195900	112.01	193169	110.45	218545	124.95
熊山镇	25481	1820.07	32502	2321.57	36027	2573.36
东平镇	23497	108.28	23392	107.80	25461	117.33
镇前镇	24143	98.95	23838	97.70	27640	113.28
铁山镇	29580	115.55	19026	143.05	20618	155.02

续表 3-2

类别	1990 年人口普查		2000 年人口普查		2005 年人口统计	
	总人口	人口密度	总人口	人口密度	总人口	人口密度
石屯镇	20754	146.15	18558	130.69	20285	142.85
星溪乡	16822	84.53	15193	76.35	15567	78.23
外屯乡	12524	81.86	11368	74.30	13395	87.55
杨源乡	17800	72.65	15191	62.00	19389	79.14
澄源乡	25302	93.37	24640	90.92	29610	109.26
岭腰乡	—	—	9461	76.92	10580	86.02

二、城乡人口分布

1990 年，全国第四次人口普查，市镇人口为 48978 人，占总人口 195900 人的 25%，乡村人口 146922 人，占总人口 75%。2000 年全国第五次人口普查，市镇人口 51339 人，占总人口 193169 人的 26.58%；乡村人口 141830 人，占总人口的 73.42%。市镇人口比 1990 年增加 1.58 个百分点，而市镇人口实际远大于普查统计人口。

表 3-3 **政和县历次人口普查主要数据对照表**

项目		1953 年第一次人口普查	1964 年第二次人口普查	1982 年第三次人口普查	1990 年第四次人口普查	2000 年第五次人口普查
总人口（人）		77550	95897	163997	195900	193169
总户数（户）		20168	21138	29952	40142	48401
按性别分的人口	男	44804	54193	87902	104559	103879
	女	32746	41704	76095	91341	89290
性别比（女=100）		136.82	129.95	115.52	114.47	116.34
按民族分的人口	汉族	—	95640	163101	194826	191972
	少数民族	—	257	896	1074	1197
按行政区划分的市镇人口		6349	8713	22012	48978	51339
按文化程度分的人口	大学	—	148	388	831	2723
	高中（含中专）	—	933	5903	9911	12594
	初中	—	2150	15301	26710	51109
	小学	—	17814	60980	90926	93331
	不识字或识字少（15 周岁）	—	44812	48097	34201	17250

第三节 婚姻与家庭

一、婚姻状况

1990 年，全国第四次人口普查统计，全县 15—19 岁人口有 24136 人，占总人口的 12.32%，其中未婚人数为 22738 人，占年龄组人数的 94.21%。法定婚龄前的男性（15—21 岁）未婚人数 16363 人，女性（15—19 岁）未婚人数 10384 人，未婚人口中，男性多于女性；在 15 岁及 15 岁以上人口中，男性占 53.61%；女性占 46.39%；男性未婚率 15—19 岁为 98.33%，30—40 岁为 3.84%，而女性未婚率 15—19 岁为 89.33%，30—40 岁为 0.7%，分别比男龄组低 8.6 百分点和 3.67 百分点。不婚率（50 岁未婚人数与 50 岁总人数之比）男性为 1.4%，女性为零。全县未达法定婚龄结婚的有 2316 人，其中男性为 1129 人，女性为 1187 人，分别占同龄人数的 6.45% 和 10.26%；早婚现象仍较为严重，尤以女性为甚。全县女性丧偶比重大于男性；离婚后未再婚人口比例小，男性多于女性。

2000 年，全国第五次人口普查，全县达法定结婚年龄组的男女人数 13294 人，其中男女未婚 2856 人，初婚有配偶 9479 人，再婚有配偶 221 人，离婚 80 人，丧偶 658 人。全县男女晚婚率有所提高，但离婚率呈上升趋势。

表 3－4　**1990 年第四次人口普查全县 15 岁及 15 岁以上人口婚姻状况**

单位：人、%

性别	合计		未婚	比重	有配偶	比重	丧偶	比重	离婚	比重
男	70293	131125	22424	17.1	44019	33.57	3194	2.44	656	0.50
女	60832		13576	10.35	43065	32.84	4139	3.16	52	0.04

二、家庭结构

1990 年，全国第四次人口普查，全县家庭 39584 户，户均 4.95 人，以 3 至 6 人户比重为大，占总户数 73.04%；7 人以上户以镇前、杨源、澄源居多，分别占 7 人以上户总数 25.8%、22.14%、25.93%。全县以二代户及三代户比重最大，占总户数的 83.46%，其中二代占 61.19%，以熊山、东平两镇为甚；农村四代同堂户比城镇略多。

2000 年，全国第五次人口普查，全县家庭 48401 户，比 1990 年增加 8817 户；户均 3.99 人，比 1990 年“四普”减少 0.96 人。以 3 至 5 人户比重为大，二代户及三代户比重最大。熊山镇户均人口为 3.54 人，基本以 3 人二代户为主；户均人数以镇前镇和澄源乡为多，分别为 4.40 人和 4.37 人，四代同堂户相对减少。

表 3－5　**1990 年政和县家庭规模情况表**

单位：户

乡镇名称	合计	一人户	二人户	三人户	四人户	五人户	六人户	七人户	八人及以上户
总　计	39584	1672	2212	5721	8339	9013	5840	3372	3415
熊山镇	5937	446	547	1701	1332	971	477	233	230
东平镇	5114	175	377	784	1223	1346	699	327	183
星溪乡	3500	159	186	443	812	878	536	249	237
石屯乡	4419	195	263	627	1113	1068	604	299	250
铁山乡	5852	206	289	680	1178	1421	978	697	503
外屯乡	2270	43	78	229	431	524	390	256	319
镇前乡	4447	135	169	449	758	975	813	544	604
杨源乡	3432	145	174	385	669	755	544	354	406
澄源乡	4613	168	129	423	823	1075	799	513	683

表 3－6

1990 年政和县家庭类别表

单位：户

乡镇名称	合计	单身户	一对夫妇户	二代户	三代户	四代户	一代与其亲属户	二代与其亲属户	三代与其亲属及其他户
总　计	39584	1307	1024	24189	8847	323	459	1672	1763
熊山镇	5937	275	260	3855	946	36	134	188	243
东平镇	5114	146	193	3345	869	29	35	107	90
星溪乡	3500	136	94	2202	743	37	30	148	110
石屯乡	4419	147	135	2815	1008	36	38	128	112
铁山乡	5852	182	116	3448	1483	61	63	239	260
外屯乡	2270	39	38	1283	580	26	29	117	158
镇前乡	4447	116	72	2549	1119	39	35	283	234
杨源乡	3432	120	73	1912	892	28	46	175	186
澄源乡	4613	146	43	2480	1207	31	49	287	370

表 3－7

2000 年第五次人口普查政和县婚姻与家庭情况表

单位：人、户

乡镇	婚姻状况（法定婚龄组）						家庭户		户均人口数
	总数	未婚	初婚	再婚	离婚	丧偶	总人口	户数	
合　计	13294	2856	9479	221	80	658	193169	48401	3.99
熊山镇	2231	418	1698	40	16	59	32502	9177	3.54
东平镇	1677	372	1188	26	12	79	23392	6243	3.74
石屯镇	1271	214	931	39	12	75	18558	4757	3.90
铁山镇	1333	290	953	18	7	65	19026	4650	4.90
镇前镇	1591	407	1068	24	5	87	23838	5416	4.40
星溪乡	1063	250	733	9	13	58	15193	3828	3.97
外屯乡	798	175	568	8	6	41	11368	2726	4.17
杨源乡	1038	231	736	16	2	53	15191	3695	4.11
澄源乡	1627	361	1131	32	5	98	24640	5643	4.37
岭腰乡	665	138	473	9	2	43	9461	2266	4.17

第二章　人口构成

第一节　性别构成

1990 年，全国第四次人口普查，全县人口 195900 人，其中男 104559 人，占 53.37%，女 91341 人，占 46.63%；男女性别比为 114.47：100，男性比 1982 年低 1.05 百分点，但仍高于南平地区、福建省、全国的性别比。全县不同地区人口性别比的差异较大，澄源、熊山、杨源乡的人口性别比男性高于全县的平均水平，东平、星溪、石屯、铁山、外屯、镇前的人口性别比男性低于全县的平均水平。

2000年，全国第五次人口普查，全县人口193169人，其中男103879人，占53.77%，女89290人，占46.23%；男女性别比为116.34：100，男性比1990年高0.40%，高于南平市、福建省、全国的性别比。熊山镇、镇前镇、外屯乡、东平镇的人口性别比男性高于全县的平均水平，石屯镇、铁山镇、星溪乡、杨源乡、澄源乡、岭腰乡的人口性别比男性低于全县的平均水平。

第二节　年龄构成

1990年，全国第四次人口普查，全县总人口195900人，12岁以下儿童55498人，占总人口28.33%，少年儿童系数比1982年全国第三次人口普查下降5.88百分点；老年人口从1982年的3.65%增加到1990年的4.28%，但还未达到稳定型人口年龄构成，仍属增加型。随着人口出生率下降，劳动力年龄人口负担系数有所减少，总抚养比从1982年的72.27%下降到1990年的59.5%，即1982年每百名劳动力年龄人口要负担72名非劳动年龄人口，1990年降为60名，减少12名。其中少年儿童抚养比从1982年的65.7%下降到1990年的52.77%，老年抚养比从1982年的6.57%增加到1990年的6.82%。

2000年全国第五次人口普查，全县人口193169人，12岁以下儿童43578人，占全县总人口的22.56%，比1990年第四次人口普查时下降5.77百分点。老年人口（65岁以上）12371人，占总人口的6.4%，比1990年第四次人口普查时上升2.12百分点，老年人口系数逐渐增大，基本达到稳定型人口年龄构成。劳动力年龄人口负担系数有所减少，总扶养比为51.8%，比1990年下降8.2个百分点；少年儿童抚养比下降，抚养比为40.7%，比1990年下降11.07个百分点；老年抚养比上升，抚养比为11.1%，比1990年上升4.28个百分点。全县0至14岁人口55940人，占总人口的28.96%；15至64岁人口124858人，占总人口的64.64%，其中15至49岁妇女人数51514人，占总人口的26.66%；65岁以上人口12371人，占6.40%。

表3－8　**2000年政和县人口年龄性别结构表**　单位：人、%

年龄别	人口数			占总人口数的百分比（%）			性别比例
	合计	男	女	合计	男	女	女＝100
0—5岁	11702	6874	4828	6.06	3.56	2.50	142.38
0	1729	982	747	0.90	0.51	0.39	131.46
1	1712	984	728	0.89	0.51	0.38	135.16
2	1930	1107	823	1.00	0.57	0.43	134.51
3	1965	1168	797	1.02	0.60	0.41	146.55
4	2192	1335	857	1.13	0.69	0.44	155.77
5	2174	1298	876	1.13	0.67	0.45	148.17
6—9岁	15006	8773	6233	7.77	4.54	3.23	140.75
6	2375	1432	943	1.23	0.74	0.49	151.81
7	2618	1541	1077	1.36	0.80	0.56	143.08
8	3563	2083	1480	1.84	1.08	0.77	140.74
9	6450	3717	2733	3.34	1.92	1.41	136.00
10—14岁	29232	15779	13453	15.13	8.17	6.96	117.29

续表 3－8

年龄别	人口数			占总人口数的百分比（%）			性别比例
	合计	男	女	合计	男	女	女＝100
10	6867	3741	3126	3. 55	1. 94	1. 62	119. 67
11	6238	3389	2849	3. 23	1. 75	1. 47	118. 95
12	5696	3117	2579	2. 95	1. 61	1. 34	120. 86
13	5801	3067	2734	3. 00	1. 59	1. 42	112. 18
14	4630	2465	2165	2. 40	1. 28	1. 12	113. 86
15—19 岁	15041	8346	6695	7. 79	4. 32	3. 47	124. 66
15	4068	2249	1819	2. 11	1. 16	0. 94	123. 64
16	3666	2023	1643	1. 90	1. 05	0. 85	123. 13
17	2642	1478	1164	1. 37	0. 77	0. 60	126. 98
18	2794	1563	1231	1. 45	0. 81	0. 64	126. 97
19	1871	1033	838	0. 97	0. 53	0. 43	123. 27
20—24 岁	12917	6647	6270	6. 69	3. 44	3. 25	106. 01
20	1473	780	693	0. 76	0. 40	0. 36	112. 55
21	2372	1209	1163	1. 23	0. 63	0. 60	103. 95
22	2781	1430	1351	1. 44	0. 74	0. 70	105. 85
23	2896	1495	1401	1. 50	0. 77	0. 73	106. 71
24	3395	1733	1662	1. 76	0. 90	0. 86	104. 27
25—29 岁	19316	9925	9391	10. 00	5. 14	4. 87	105. 69
25	3557	1869	1688	1. 84	0. 97	0. 87	110. 72
26	3870	1948	1922	2. 00	1. 01	1. 00	101. 35
27	3880	2026	1854	2. 01	1. 05	0. 96	109. 28
28	4003	2059	1944	2. 07	1. 07	1. 01	105. 91
29	4006	2023	1983	2. 07	1. 05	1. 03	102. 02
30—34 岁	19681	9926	9755	10. 19	5. 14	5. 05	101. 75
30	4115	2013	2012	2. 13	1. 09	1. 04	104. 52
31	4050	2034	2016	2. 10	1. 05	1. 04	100. 89
32	4157	2137	2020	2. 15	1. 11	1. 05	105. 79
33	3613	1815	1798	1. 87	0. 94	0. 93	100. 94
34	3746	1837	1090	1. 94	0. 95	0. 99	96. 23
35—39 岁	15702	7920	7782	8. 13	4. 10	4. 03	101. 77
35	3747	1938	1809	1. 94	1. 00	0. 94	107. 13
36	3505	1759	1746	1. 81	0. 91	0. 90	100. 74
37	4041	2048	1993	2. 09	1. 06	1. 03	102. 76
38	3208	1614	1594	1. 66	0. 84	0. 83	101. 25

续表 3-8

年龄别	人口数			占总人口数的百分比（%）			性别比例
	合计	男	女	合计	男	女	女=100
39	1201	561	640	0.62	0.29	0.33	87.66
40—44 岁	11743	5942	5801	6.08	3.08	3.00	102.43
40	1932	1017	915	1.00	0.53	0.47	111.15
41	2010	1053	957	1.04	0.55	0.50	110.03
42	2509	1265	1244	1.49	0.74	0.64	101.69
43	2807	1424	1446	1.25	0.61	0.75	98.48
44	2422	1183	1239	6.06	3.05	0.64	95.48
45—49 岁	11706	5886	5820	1.36	0.68	3.01	101.13
45	2631	1321	1310	1.36	0.68	0.68	100.84
46	2625	1331	1294	1.36	0.69	0.67	102.86
47	2181	1082	1099	1.13	0.56	0.57	98.45
48	2272	1130	1142	1.18	0.58	0.59	98.95
49	1997	1022	975	1.03	0.53	0.50	104.82
50—54 岁	7910	4407	3503	4.09	2.28	1.81	125.81
50	1806	932	874	0.93	0.48	0.45	106.64
51	1759	994	765	0.91	0.51	0.40	129.93
52	1642	893	749	0.85	0.46	0.39	119.22
53	1429	825	604	0.74	0.43	0.31	136.59
54	1274	763	511	0.66	0.39	0.26	149.31
55—59 岁	5347	3222	2125	2.77	1.67	1.10	151.62
55	1043	613	430	0.54	0.32	0.22	142.56
56	1115	684	431	0.58	0.35	0.22	158.70
57	1099	670	429	0.57	0.35	0.22	156.18
58	1068	657	411	0.55	0.34	0.21	159.85
59	1022	598	424	0.53	0.31	0.22	141.04
60—64 岁	5495	3212	2283	2.84	1.66	1.18	140.69
60	1088	635	453	0.56	0.33	0.23	140.18
61	1048	617	431	0.54	0.32	0.22	143.15
62	1132	646	486	0.59	0.33	0.25	132.92
63	1133	676	457	0.59	0.35	0.24	147.92
64	1094	638	456	0.57	0.33	0.24	139.91
65 岁以上	12371	7044	5327	6.40	3.65	2.76	132.23

附：2005 年底政和县百岁老人

周华本，男，1901 年 12 月出生，石屯镇石屯村人。

吴凤珠，女，1902 年 11 月出生，东平镇护田村人。

吴杨玉，女，1904 年 10 月出生，岭腰乡西坑村人。

张玉英，女，1906 年 5 月出生，东平镇常布村人。

周大署，男，1906 年 8 月出生，城关南庄新大街。

第三节 文化构成

1990 年，全国第四次人口普查，全县每万人拥有初中文化程度的人口为 1370.8 人，比 1982 年提高 46.92 百分点；每万人拥有高中（含中专）文化程度人口从 1982 年的 360 人上升到 507.1 人，增加 147.1 人；每万人拥有大学（含大专）文化程度人口则从 23.7 人上升到 42.6 人，增加 18.9 人；每万人拥有小学文化程度人口从 1982 年的 3718.4 人提高到 4630.9 人，小学普及率达 98.6%。文盲、半文盲人口比 1982 年降低 11.9 百分点。

2000 年，全国第五次人口普查，全县有小学文化程度的人口为 93331 人，每万人拥有 4831.6 人；有初中文化程度的人口 51109 人，每万人拥有 2645.8 人，比 1990 年增加 1275 人。有高中（含中专）文化程度的人口 12594 人，每万人拥有 652 人；有大专以上文化程度的人口 2723 人，每万人拥有 141 人，比 1990 年增加 98 人。全县有文盲、半文盲人口 17982 人，每万人中拥有 931 人，比 1990 年减少 1644 人。全县文化程度比 1990 年有明显提高，小学、初中、高中、大学文化程度的人口均比 1990 年增加，文盲、半文盲人口则比 1990 年降低。

表 3－9 **1990 年和 2000 年政和县人口文化构成对比表** 单位：人、%

年份 文化程度	1990 年		2000 年	
	人 数	占总人口	人 数	占总人口
合 计	128345	65.52	159757	82.70
大学（含大专）	835	0.24	2723	1.41
高中（含中专）	9934	3.60	12594	6.52
初 中	26855	9.33	51109	26.46
小 学	90721	37.18	93331	48.31

第四节 职业构成

1990 年全国第四次人口普查，全县 15 岁以上从业人员有 75680 人，占总人口的 38.63%，其中男性 56868 人，占在业人员的 75.14%，女性 18812 人，占在业人员的 24.86%；男性从业人口占男性总人口的 54.40%，女性从业人口占女性总人口的 20.59%。在从业人口中，按行业分类，从事农、林、牧、渔、水利业 54914 人，占 72.56%，比重最大；其次是工业 7162 人，占 9.46%；商业、公共饮食业、物资供销和仓储业 3592 人，占 4.75%；交通运输、邮电通讯业 1678 人，占 2.22%，教育、文化艺术和广播电视事业 2400 人，占 3.17%；建筑业 1243 人，占 1.64%；国家机关、政党机关和社会团体 2593 人，占 3.43%；卫生、体育和社会福利事业 811 人，占 1.07%；金融、保险业 400 人，占 0.53%；房地产管理、公共事业、居民服务和咨询服务业 712 人，占 2.94%；地质普查和勘探业 74 人，占 0.10%；科学研究和综合技术服务业 101 人，占 0.13%。全县不在业人口 55445 人，男性

13425 人，女性 42020 人。其中在校学生 6177 人，男性 4177 人，女性 2000 人；料理家务 32370 人，男性 82 人，女性 32288 人；待升学 613 人，市政待业 380 人（男 212 人，女 168 人），离休、退休、退职 1357 人（男 1109 人，女 248 人）；丧失劳动能力 9934 人（男 5408 人，女 4526 人）；其他不在业 4614 人（男 2044 人，女 2570 人）。

2000 年全国第五次人口普查，全县从业人员有 100025 人，占总人口的 51.78%，其中男性 58061 人，占 58.05%；女性 41964 人，占 41.95%，女性就业大幅提高，比第四次人口普查增加 20.36 百分点。在从业人口中，按行业分类，从事农、林、牧、渔业人员 78029 人，占 78.01%，比 1990 年提高 5.45 个百分点；工业人员 2544 人，占 2.54%，比 1990 年下降 6.92 个百分点，主要是工业企业体制改革及大部分国有企业破产等原因，从业人员急剧下降。批发零售餐饮从业人员 3879 人，占 3.88%；交通、运输、仓储、邮电从业人员 1969 人，占 1.97%；教育、文化艺术和广播电视事业 3245 人，占 3.24%；卫生、体育和社会福利 810 人，占 0.81%；建筑业 1038 人，占 1.04%；国家机关、政党机关和社会团体 2075 人，占 2 07%；金融保险业 303 人，占 0.30%；房地产、公共事业，咨询服务业 342 人，占 0.34%；科学研究和综合技术 42 人，占 0.04%；地质勘查、水利管理业 12 人，占 0.01%。

第五节　民族构成

政和县为汉族聚居区，其他民族人口较少。少数民族中畲族人口居多，其他少数民族多因工作、婚嫁而迁入。少数民族人口主要分布在铁山镇、石屯镇及熊山镇和东平镇。

1990 年第四次人口普查，全县有 14 个民族，在全县 195900 人口中，汉族 194789 人，占总人口 99.43%；少数民族 1111 人，占总人口 0.57%，其中畲族 1032 人，苗族 24 人，回族 29 人，满族 8 人，藏族 5 人，彝族 6 人，蒙古族 4 人，瑶族、壮族、朝鲜族、布衣族、黎族、高山族各 1 人。因国家计生政策允许少数民族多生育一胎，少数民族人口占总人口的比重相应提高，其增长速度比汉族高 4.87 个百分点。

2000 年全国第五次人口普查，全县有 14 个民族，全县普查人口 193169 人中（本次普查以辖区内常驻人口为统计口径，与公安部门人口统计数字有差别，相比减少 24979 人），汉族人口 191972 人，占总人口 99.38%，少数民族人口 1197 人，占总人口 0.62%，在总人口的比例上，比 1990 年上升 0.05%。少数民族中，仍以畲族人口居多。

第六节　姓氏构成

2002 年 8 月，根据公安户籍部门调查统计，政和县共有在册人口 217154 人，分属于 289 个不同姓氏，其中单姓 287 个，复姓 2 个（欧阳、诸葛）。从姓氏人口数量看，人数在 2 万人以上的仅吴姓 1 个；人口在 1 万人以上、2 万人以下的有张、陈、叶、许等 4 个姓；人口在 5000 人以上、1 万人以下的有刘、李、范、黄、魏、周、宋、杨、郑等 9 个姓；人口在 1000 人以上、5000 人以下的有何、林、王、谢、徐、余、吕、马、高、颜、陆、连、曾、胡、薛、汤、罗、赖等 18 个姓；人口在 500 人以上、1000 人以下的有朱、邱、江、苏、卓、倪、赵、游、金、邵等 10 个姓；人口在 500 人以下的姓氏则多达 247 个，占姓氏总数 85% 以上，仅有 1 人的孤姓、僻性多达 80 个。

吴姓是全县第一大姓，人口分布各个乡镇，其中澄源、杨源、铁山等 8 个乡镇吴姓人口都在 2000 人以上。张姓是第二大姓，人口也遍布全县，其中三分之一集中在其发祥地杨源乡。陈姓支系繁杂，主要分布于石屯镇石门、澄源乡澄源与大梨溪、杨源乡坂头、铁山镇高林等村。叶姓主要分布在镇前镇际头、梨溪、梨洋、下园及岭腰乡锦屏等村。许姓主要分布在澄源乡上洋、澄源、星溪头、北斗，镇前镇郢地，外屯乡黄坑等村。

500 人以上姓氏集中分布地：

刘姓：铁山罗家地、元山，岭腰长垅，镇前洋厝、下庄、齐家洋、蓬岭。

李姓：镇前里洋，杨源禾洋，东平之东平村、苏地，石屯长城。

范姓：星溪长际，石屯松源、长城，东平之东平村、常布、护田，铁山东干，外屯黄坑，镇前下庄，澄源新康、牛途、双新。

黄姓：石屯王山口、洋后，东平之东平村，杨源西门、楼下、大溪，澄源坑里。

魏姓：星溪宝岱、章口、九蓬，东平西表、东平村，铁山之铁山村，外屯之外屯村、稠岭，镇前之镇前村、宝岩。

周姓：澄源上榅洋、富垅、叶甘地，镇前之镇前村，外屯吴场，东平常布、护田。

宋姓：东平新口、东平村，镇前郢地、镇前村，澄源前村。

杨姓：石屯工农，东平护田、凤头、西表及东平村，铁山江上，外屯之外屯村。

郑姓：石屯松源、石屯村；外屯下坪、洋屯、吴场。

何姓：岭腰西坑，外屯之外屯村，铁山高林、大红。

林姓：石屯之石屯村、工农、洋后，东平新口。

王姓：东平之东平村、界溪，澄源之澄源村。

谢姓：星溪梅坡、地平，石屯松源、际下，铁山大岭。

徐姓：星溪富美，铁山南干，东平范屯、乐平村。

余姓：星溪地平，铁山凤林、江上、向前，岭腰西坑。

吕姓：澄源下榅洋、牛途、新康，镇前之镇前村、角坂。

高姓：镇前下园，杨源上庄、楼下。

颜姓：澄源赤溪。

陆姓：杨源桃洋、上庄及杨源村；镇前湘源，东平常布。

连姓：镇前连坑。

曾姓：石屯松源，澄源黄岭。

胡姓：石屯之石屯村，铁山东干，外屯湖屯。

薛姓：镇前宝岩。

汤姓：铁山高林，镇前之镇前村。

罗姓：石屯工农，东平镇。

赖姓：澄源新康，镇前丁坑，东平碗厂，熊山胜利村。

朱姓：杨源茶林，东平护田，外屯之外屯村。

邱姓：外屯洋屯。

江姓：铁山凤林，镇前下园、宝岩。

卓姓：澄源下榅洋。

倪姓：铁山凤林，石屯工农。

赵姓：石屯松源及熊山镇。

金姓：岭腰前溪。

邵姓：石屯洋后及石屯村。

人口在500人以下姓氏（除苏姓和游姓外），基本散居在全县各乡镇，没有明显的聚居点。

附：2003年政和县289个姓氏

吴、张、陈、叶、许、刘、李、范、黄、魏、周、宋、杨、郑、何、林、王、谢、徐、余、吕、马、高、颜、陆、连、曾、胡、薛、汤、罗、赖、朱、邱、江、苏、卓、倪、赵、游、金、邵、曹、肖、兰、蔡、邓、孙、郭、占、秦、夏、钟、邝、阮、方、缪、潘、严、熊、尹、董、彭、毛、廖、暨、温、池、翁、沈、官、邹、欧、姜、洪、章、卢、丁、戴、詹、葛、饶、雷、梁、聂、甘、蒋、祝、梅、季、傅、应、施、程、龚、舒、柳、袁、项、唐、齐、任、冯、杜、韦、庄、姚、付、涂、黎、汪、韩、祁、全、俞、童、阙、侯、柯、裴、段、尤、石、凌、陶、孔、包、白、邢、于、鄢、佘、伊、虞、丛、鲍、艾、危、崔、易、卜、练、万、申、沙、文、华、焦、竺、鄢、伍、祖、钱、卞、瞿、萨、樊、孟、鲁、史、庞、晋、卞、泰、左、晏、康、燕、班、谭、铙、田、牛、武、娄、桑、贾、卫、单、宜、檀、揭、冉、柴、骆、潭、席、古、翟、巫、莫、龙、潜、尧、释、凡、管、欧阳、诸葛、商、泮、安、逯、贺、简、喻、向、代。（以下为孤姓）穆、屈、匡、仉、半、内、宦、冷、靳、列、岱、隋、裘、储、郎、车、党、芦、钭、麻、霍、骞、纪、多、楼、袭、岳、尚、放、谷、农、原、曼、仲、银、上、扬、元、顾、宗、南、常、莲、姬、荣、正、麦、畦、覃、粟、井、刁、降、禹、敦、四、攀、广、丽、殷、蒙、灼、符、愉、毕、印、卿、米、梦、伟、海、桂、盘、壬、隆、槐、成、相、褚、郝。

2003 年政和县人口在 500 人以上姓氏情况表

表 3－10

乡镇 / 人口 / 姓氏	总计			城关			星溪			石屯			东平			铁山			岭腰			外屯			镇前			杨源			澄源		
	合计	男	女	合计	男	女	合计	男	女	合计	男	女	合计	男	女	合计	男	女	合计	男	女	合计	男	女	合计	男	女	合计	男	女	合计	男	女
吴	21624	11176	10448	2440	1246	1194	2083	1014	1069	2018	1023	995	2205	1222	983	2962	1530	1432	1770	902	868	1010	519	491	1013	450	563	2403	1251	1152	3720	2019	1701
张	18170	9490	8680	2541	1429	1112	1995	1124	871	1191	565	626	2045	1100	945	1183	624	559	112	60	52	1110	653	457	1342	598	744	6369	3265	3104	282	72	210
陈	17385	9286	8099	2572	1300	1272	923	497	426	2271	1139	1132	1691	876	815	1343	688	655	1049	532	517	432	197	235	2097	1037	1060	2150	1070	1080	2857	1519	1338
叶	15592	8263	7329	1860	1027	833	876	434	442	460	245	215	966	505	461	885	468	417	1851	942	909	932	428	504	5722	3280	2442	1318	650	668	722	284	438
许	14740	8026	6714	1440	823	617	577	321	256	296	132	164	338	173	165	643	328	315	570	291	279	1662	820	842	1327	581	746	54	26	28	7833	4531	3302
刘	9951	5075	4876	1115	605	510	415	221	194	406	213	193	578	298	280	1819	925	894	1100	557	543	447	227	220	3045	1516	1592	593	302	291	433	211	222
李	9598	4958	4640	1686	902	784	1395	767	628	1079	578	501	1193	594	599	913	465	448	409	215	194	175	73	102	1341	727	614	962	491	471	445	146	299
范	9073	4695	4414	1306	724	582	785	307	451	1009	510	499	1737	943	794	578	302	276	289	151	138	867	461	406	627	312	315	74	40	34	1828	909	919
黄	7943	3997	3946	1136	599	537	282	139	143	1575	763	812	608	300	308	574	285	289	51	26	25	59	25	34	390	153	237	2870	1502	1368	398	205	193
魏	7732	3948	3784	1335	678	657	1457	696	761	412	201	211	1156	639	517	770	392	368	26	14	12	743	455	288	1483	721	762	177	91	86	173	66	107
周	7673	3925	3748	1163	657	506	226	116	110	337	176	161	655	370	285	506	208	298	254	132	122	537	290	247	827	284	543	192	95	97	2976	1597	1379
宋	7286	3831	3455	811	446	365	234	122	112	175	80	95	991	558	433	437	221	216	29	15	14	473	246	227	1982	1049	933	215	109	106	1939	985	954
杨	6554	3450	3104	1360	704	656	240	111	129	746	394	352	2935	1580	1355	434	224	210	31	17	14	609	367	242	36	4	32	22	10	12	141	39	102
郑	5224	2771	2453	903	490	413	375	212	163	736	378	358	344	199	145	336	166	170	87	41	46	1503	871	632	243	106	137	267	141	126	430	167	263
何	3688	1913	1775	343	184	159	254	125	129	166	74	92	155	85	70	1298	673	626	518	266	252	572	316	256	234	128	106	22	10	12	126	53	73
林	3541	1781	1760	956	490	466	110	49	61	1605	835	770	342	165	177	187	91	96	213	109	104	13	1	12	19	5	14	30	16	14	66	20	46
王	3347	1640	1707	835	420	415	188	88	100	297	150	147	682	344	338	179	88	91	102	48	54	145	78	67	71	14	57	45	24	21	803	386	417
谢	3214	1625	1589	619	305	314	625	327	298	729	384	345	243	124	119	640	330	310	50	27	23	151	86	65	62	12	50	30	14	16	65	16	49
徐	3176	1682	1494	444	225	219	178	73	105	191	87	104	1228	696	532	544	280	264	201	110	91	260	163	97	23	2	21	6	4	2	101	42	59
余	2973	1536	1437	566	299	267	663	359	304	581	289	292	136	82	54	660	335	325	333	163	170	9	2	7	11	4	7	5	2	3	9	1	8
吕	2281	1260	1021	309	178	131	120	73	47	180	101	79	29	13	16	95	46	49	14	8	6	111	62	49	175	85	90	18	10	8	1230	684	546

续表 3－10

乡镇 / 人口 / 姓氏	总计			城关			星溪			石屯			东平			铁山			岭腰			外屯			镇前			杨源			澄源		
	合计	男	女	合计	男	女	合计	男	女	合计	男	女	合计	男	女	合计	男	女	合计	男	女	合计	男	女	合计	男	女	合计	男	女	合计	男	女
马	2095	1150	945	189	68	121	40	21	19	136	72	64	47	24	23	6	4	2	4	1	3	48	15	33	1485	888	597	45	24	21	95	33	62
高	1892	1060	832	176	94	82	66	29	37	41	18	23	119	74	45	63	35	28				278	181	97	701	397	304	313	160	153	135	72	63
颜	1467	820	647	117	61	56	16	9	7	12	7	5	22	11	11	77	41	36	39	21	18	36	11	25	48	28	20	10	5	5	1090	626	464
陆	1425	697	728	142	75	67	108	62	46	148	57	91	281	139	142	8	5	3	3	2	1	43	23	20	68	22	46	614	312	302	10		10
连	1206	718	488	74	38	36				8	5	3	34	21	13	31	17	14				7		7	994	617	377	34	16	18	24	4	20
曾	1184	634	550	193	95	98	46	21	25	277	161	116	88	49	39	109	57	52	38	20	18	92	51	41	17	2	15	6	2	4	318	176	142
胡	1183	598	585	207	106	101	59	31	28	202	102	100	105	57	48	179	87	92	42	22	20	281	156	125	12	2	10	50	24	26	46	11	35
薛	1175	649	526	192	94	98	81	36	45	42	23	19	17	10	7	4	2	2				32	14	18	701	415	286	100	54	46	6	1	5
汤	1115	560	555	110	42	68	48	26	22	25	14	11	96	43	53	624	321	303	4	1	3	10	4	6	182	102	80	12	7	5	4		4
罗	1101	590	511	219	120	99	35	18	17	89	48	41	521	295	226	60	28	32	101	53	48	5	1	4	8		8	19	9	10	44	18	26
赖	1083	604	479	233	143	90	78	38	40	52	27	25	186	103	83	84	40	44	24	11	23	4	1	3	139	85	54	84	43	41	199	113	86
朱	986	537	449	155	84	71	53	25	28	38	20	18	229	131	98	15	7	8	11	6	5	95	57	38	9	1	8	290	148	142	91	58	33
邱	978	483	495	177	67	110	60	32	28	48	22	26	55	32	23	275	141	134	14	6	8	337	179	158	8	4	4				4		4
江	962	532	430	121	66	55	67	38	29	35	19	16	36	15	21	130	68	62	4	2	2	66	28	38	455	275	180	16	6	10	32	15	17
苏	907	485	422	128	70	58	8	5	3	168	93	75	488	262	226	17	8	9	2		2	3		3	7		7	84	47	37	2		2
卓	791	447	344	148	82	66	23	12	11	25	13	12	9	5	4	14	9	5	3	2	1	32	16	16	20	6	14				517	302	215
倪	774	392	382	155	88	67	111	63	48	362	172	190	6		6	103	54	49	3	1	1				13	4	9	21	9	12			
赵	585	295	290	268	149	119	30	14	16	140	68	72	11	3	8	86	45	41	20	11	9	13	5	8	8		8				9		
游	576	295	281	100	54	46	63	34	29	95	51	44	305	151	154	4	1	3							9	4	5						
金	526	275	251	64	41	23	25	14	11	4	1	3				48	27	21	375	190	185	3	1	2	2		2				5	1	4
邵	518	244	274	64	33	31				405	188	217	47	23	24										1		1				1		1

第三章　人口控制

第一节　计划生育

20世纪70—80年代，人口与计划生育工作主要以行政手段，抓得较紧，人口控制的成效明显，年出生人口从过去的4000—5000人，降至2000—3000人。

1989年7月22日，政和县遭受百年不遇的洪水，全县全力以赴投入抗灾自救，基层存在“只顾抗灾重建家园，很少提及计划生育”的现象，人口出生频临失控，加上人口增长的惯性特点，1989—1991年，全县出生高达18000多人。

1991年11月起，县政府严格推行生育许可证制度。同年《福建省计划生育条例》第一次修正实施，颁布《政和县实施〈福建省计划生育条例〉办法》。其中明确“一孩上环、二孩结扎、计划外怀孕采取补救措施”的界限规定。同时，县委、县政府每年派出计生工作队下基层抓落实。计划生育措施遵循的原则仍定“三个不变”，即党政一把手亲自抓总责不变，现行的计生政策不变，稳定的人口计划目标不变。在生育上，仍沿用“一胎半”政策，即一对夫妇普遍生育一孩，有特殊困难家庭，符合再生育条件的，可以申请批准生二孩；在节育措施上，仍要求生一孩要上环，生二孩要结扎，计划外怀孕要采取补救措施；在计划生育跟踪管理上，农村非绝育的育龄妇女，一年要接受三次环情孕情的检查；在计划生育奖励上，对实行计划生育的夫妇，除给予一定资金奖励，如生二女夫妇给予一次性600元奖励。同时还规定给予计生户倾斜优惠政策。

1992年以后，计划生育得到有效控制。“九五”期间，人口出率在规划目标14‰以内，“十五”期间也在规划目标12‰以内。2002年7月，《福建省计划生育条例》第四次修订为《福建省人口与计划生育条例》，和《中华人民共和国人口与计划生育法》于9月同步施行。重新修订的条例加大对实行计划生育夫妇的奖励幅度，其中第五章《优待与奖励》规定：对农村育龄夫妇领取《独生子女父母光荣证》、生育两个女孩并已绝育的夫妇，由政府发给不低于500元的奖励费；符合再生育条例自愿不生育并领取《独生子女父母光荣证》的，由政府发给不低于1000元的奖励费等规定。

2005年，县政府贯彻执行国务院办公厅转发人口计生委、财政部《关于开展对农村部分计划生育家庭实行奖励扶助制度试点工作意见》，制定《政和县农村部分计划生育家庭奖励扶助实施方案》，当年全县有133个农村户实行计划生育（已达60周岁以上对象），得到一年奖励600元的扶助款，并一直享受到终身。2002—2005年，全县每年人口出生已降至2000人以下，步入低生育水平，有效地遏制人口增长较快的势头。

表3－11　**1989—2005年政和县人口出生情况表**　单位：人、‰

年份	年末总人口	出生人数	其　中			出生率（‰）	政策符合率（‰）
			一孩	二孩	多孩		
1989	180355	4936	3402	1242	292	27. 81	67. 98
1990	195900	6414	1955	1679	2780	33. 03	32. 96
1991	199723	7046	2203	1729	3114	35. 28	32. 46
1992	201742	3360	1660	901	799	16. 66	48. 48
1993	203299	2756	1757	607	392	13. 56	64. 22

续表 3－11

年份	年末总人口	出生人数	其　中			出生率（‰）	政策符合率（‰）
			一孩	二孩	多孩		
1994	206199	2748	1716	676	356	13.33	60.19
1995	209524	2689	1822	626	241	12.83	73.60
1996	211773	2386	1758	461	167	11.27	83.65
1997	214488	2317	1766	446	105	10.77	89.72
1998	218177	2320	1735	495	90	10.61	87.20
1999	218715	2145	1558	503	84	9.81	88.95
2000	220080	2068	1511	508	49	9.40	92.70
2001	221551	2114	1509	535	70	9.54	87.56
2002	222102	1891	1357	470	64	8.51	84.82
2003	223483	1787	1313	415	59	8.00	83.88
2004	221748	1755	1242	469	44	7.91	86.61
2005	222780	1804	1205	558	41	8.10	88.69

表 3－12　**2003—2005 年政和县计生奖励情况**

单位：户、元

奖项 / 奖励夫妇金额 / 年份	领取《独生子女父母光荣证》		生育两个女孩并施行绝育手术		符合再生育不生并领《独生子女父母光荣证》	
	夫妇数	奖励	夫妇数	奖励	夫妇数	奖励
2003	207	103500	82	49200	4	4000
2004	415	207500	86	51500	10	10000
2005	411	205500	50	30000	7	7000

第二节　计生宣传

1989 年以来，计划生育以宣传教育为主、避孕措施为主、经常性工作为主的计划生育工作“三为主”来抓，围绕各个时期计生工作的中心、重点，拓宽计生宣传渠道，运用广播、电视、标语、专栏、传单、简报、宣传车、文艺演出等各种方式进行宣传，引导群众树立科学、文明、进步的婚育观念。

1992 年 10 月，全县开展学习省委书记、省长致全省村两委干部计划生育“公开信”活动，新闻媒介加大宣传力度，县广播电视台开设《人口与计划生育》每周二次的专题节目。

1993 年后，乡、村两级都成立人口婚育学校，分期分批对育龄人群，特别是已婚育龄夫妇开展青春期、新婚期、孕产期、育儿期、更年期的“五期”教育，以及国策的宣传；县、乡党校开设人口与计生政策、法规课程，专门对乡（镇）领导、党团员及青年积极分子进行人口形势、计生政策、法规的教育。

1998 年，国家计生委向全国发出“广泛开展婚育新风进万家活动”的号召，当年全县增加规范、文明的计生大幅固定宣传标语，每个行政村至少 3 幅，自然村至少一幅以上，计生宣传教育标语随处可见。县、乡还制作、发出各种婚育新风宣传小折页、宣传单等，超过 10 万份，计生宣传气氛浓郁。1999 年春节，文化与计生部门举办计划生育、婚育新风谜语一条街活动；县书法协会还组织人员在政府门口免费为群众书写计生宣传楹联五百多副。是年开始，县委宣传部和县计划生育委员会每到年初，均下发年度《计划生育宣传教育工作意见》，指导、规范基层计生宣传教育工作。

2000年3月，中共中央、国务院发出《关于加强人口与计划生育工作稳定低生育水平的决定》，县、乡、村三级分别举办培训班，学习文件精神，学习人口理论、生育政策、优生优育知识等，受训达5600多人。当年8月，国家计生委为政和县配送一辆装备齐全的计划生育宣传服务车。2001年，县计生局和计生协会联合县教育、国土、广电等15个单位，投资6.5万元，在城区塔山公园设立不锈钢计生广告、大型计生图文宣传牌，开辟独生子女林等，使“婚育新风”宣传进公园。2002年，县计生局、文体局、文联、摄影协会等部门联合组织有质量、有影响的婚育新风摄影作品展；8月，县委宣传部、计生局、文体局联合主办，在县政府广场公演“婚育新风进万家”计生文艺节目。县计生局、计生协会共同印制《婚育新风·政和文艺创作选》2000册，收集政和县计生工作和自己创作的歌曲、曲艺、小品、诗歌、楹联、迹语等一批格调高雅、群众喜闻乐见的计生文艺作品，发往基层，受到好评。2003年，县宣传部、教育局、计生局、计生协会联合组织“计生国策万人行”宣传活动；印制计生宣传材料10万份，通过全县在校49590名中小学生向各家长转送一份计生宣传材料和一份知识问卷，并让每位学生和家长共同完成问卷，从中评选出200名“国策小旗手”进行表彰奖励，使全县家庭受教育面达100%。当年，政和县被列为“关爱女孩行动”全省10个试点县之一。2004年，在县、乡（镇）范围内开展“关爱女孩”与人口计生知识竞赛。2005年，政和县“关爱女孩行动”试点县转为示范县。在广泛、深入开展计生宣传教育同时，县、乡（镇）联合，在省、县道显目路口设置大幅计生宣传画广告12个，增加计生“关爱女孩”的宣传景观。在全县开展以“关爱女孩行动”为主题的征文、演讲比赛，共收到征文200余篇。

第三节　技术服务

一、优生优育

1989年，城乡居民实行婚前健康检查制度，凡经县以上医院检查证明患有会造成下一代严重遗传疾病的夫妻禁止生育。

1991年，乡（镇）青年登记结婚，由乡（镇）人口婚育学校进行新婚期、孕产期保健知识教育；（村）居计划生育协会对持有计划生育证的孕妇实行跟踪管理，督促孕妇到医院作1—4次的产前检查。1993年政和县婚育咨询中心成立，卫生和计划生育服务单位开设婚前门诊和优生咨询门诊，加强围产期和婴幼儿期的保健。1997年全县依法推行儿童预防接种证制度，新生儿定期定点接种卡介苗、麻疹、百日咳、白喉、破伤风等十余种疫苗。1998年，县计划生育局与卫生部门结合查环查孕，为实行节育措施的育妇免费进行妇科病检查。2001年，结合孕期检查，在全县推广定点分娩、优生检测、生殖保健等工作，妇科病普查率38%。

2003年，县计生局制订计划生育优质服务工作实施方案，熊山、石屯、铁山等镇启动服务试点工作；当年全县有878对欲婚青年参加婚前体检。全年优生检测1594人，普查妇科病7728人次，有1126人服用“叶酸”“福施福”等优生药物；孕产妇住院分娩率91.94%，孕产妇系统保健覆盖率98.50%，儿童预防接种率94%，儿童保健系统管理覆盖率75%。

2005年，县委、县政府把开展计划生育技术服务作为创建优质服务先进乡镇的一项主要工作内容，全年优生检测1967人，普查妇科病3866人，1853人服用“叶酸”“福施福”等优生药品；孕产妇住院分娩率93.68%，孕产妇系统保健覆盖率98.50%，儿童预防接种率94.2%，儿童保健系统管理覆盖率74.16%，均比20世纪90年代初期高出40—60个百分点。

二、生育服务

1990年9月，原县计划生育技术指导站改建为县计划生育服务站，配备专业技术人员4人。1992

年4月，9个乡（镇）的计划生育服务所成立，核定事业编制共53人，其中东平镇、铁山镇、镇前镇、澄源乡各7名，熊山镇、星溪乡、石屯镇、外屯乡、杨源乡各5名。

2001年10月1日起，实施国家颁布的《计划生育技术服务管理条例》，要求从事计生技术服务的单位及其人员都必须有相应的技术资质和职称，规定“国家向农村实行计划生育的育龄夫妻免费提供避孕、节育技术服务”。此后，全县的所有节育避孕技术服务、包括避孕药具的发放，均由原来的收费服务转为免费服务。国家和地方财政每年负担该项经费约70万元。县计生部门通过招聘、自考、外送培训等方式，使计生服务单位有关人员达到规范要求。全县除引产手术由县医院承担外，县、乡计生服务站、所完成大量的节育避孕技术服务，计划生育技术服务网络不断健全完善。至2005年，全县计划生育服务站、所均取得上级主管部门颁发的执业许可证。县计划生育服务站卫技人员10人，其中执业医师4人，助理执业医师2人，执业护士6人；10个乡（镇）计划生育服务所共有卫技人员39人，其中执业医师1个，助理执业医师10人，执业护士4人。2005年12月，经考核评审，县计划生育服务站被评为“二级计划生育服务站”；镇前镇计生服务所被评为“合格中心计划生育服务所”；东平镇、外屯乡、铁山镇、澄源乡4个计生服务所被评为“合格计划生育服务所”。

第四节　幸福工程

1998年开始，政和县为更好地帮助计生贫困家庭发展生产，增加收入，以计生协会为主，筹措资金，按照“小额资助，直接到人，滚动运作，劳动脱贫”的扶助原则，开展实施“幸福工程”救助计生贫困母亲行动。1998—2002年，共滚动投入资金59.55万元，在10个乡（镇）的72个行政村及凤头、黄坑、双新、牛途等14个老区基点村，帮扶537个计生贫困母亲家庭，其中二女结扎户147个，占27.83%；独生子女户256个，占47.67%；其他计生困难户134个，占24.95%。将扶持资金用于发展“短、平、快”生产项目，使80%受助户年均增收2000元以上，实现脱贫增收。

2003年5月“母亲节”期间，全县开展“为计生贫困母亲捐献一日工资”活动，共募捐资金12.09万元，以及省、市计生协会的借助款项，使全县“幸福工程”救助资金达到24万多元。是年9月，政和县正式列入省“幸福工程”项目县，“救助贫困母亲行动”步入规范化、制度化的轨道。到2005年，全县共实施七批（轮）“幸福工程”项目，累计滚动投入114.55万元，在10个乡（镇）的101个村次，共扶助777户计生贫困家庭，其中独生子女户373个，占48.0%，二女结扎户226个，占29.1%，其他计生户178个，占22.9%，惠及3112人口。

第五节　管　理

一、机构

政和县人口计划生育局：1989年，政和县计划生育委员会内设办公室、计财室、政策法规股，行政编制5人，事业编制7人。1990年9月，增设政和县计划生育服务站、政和县流动人口计划生育管理站，均属事业单位，行政编制增加到8人，事业编制增加到15人。1992年9月，增加县流动人口计划生育管理站事业编制3名。2002年10月，更名为政和县计划生育局。2005年6月，更名为政和县人口和计划生育局。是年底，县人口和计划生育局下设4个职能股：人秘财务股、宣传法制股、规划统计股、计生科技股和计生服务站、流动人口计划生育管理站，有工作人员26人。

政和县计划生育协会：1988年2月，首届政和县计划生育协会成立，下设办公室，挂靠县计划生育委员会。1992年1月，计生协会换届，同年，县编委下达事业编制1个。1994年3月，增加事业编制1人。1999年4月，县计生协会五年届满，按时换届。至2005年，县计生协会事业编制2人，实有2人。全县先后建立乡（镇）计生协会10个、村（居）计生协会130个、协会小组694个，有会员19038人，占总人口的8.33%。

二、人口与计生目标管理

1989 年开始，县委、县政府逐年与各乡（镇）党政领导签订年度计划生育工作责任状。1998 年开始，县委、县政府也直接向县直各部门下达计划生育目标管理责任书，在做好本部门的计划生育工作同时，要履行好在计划生育工作齐抓共管上的职责：公、检、法做好计生工作的保驾护航，从重从快处理违反计生刑事案件；城建、工商、税务、劳动等部门在办理有关证照上要把好计划生育关，对计划生育对象予以倾斜；民政部门要把好婚姻登记关；工、青、妇等部门则要利用自己优势做好计划生育的宣传、引导工作等。2001 年，改为两年下达一次责任书。作为考核各乡（镇）党政领导班子及其主要领导政绩的主要内容之一。每年年终，县委、县政府都抽调组织有关人员进行目标履行情况的考评，兑现奖惩。各乡（镇）也逐年依据县下达的人口与计划生育工作指标对各行政村下达有参评、奖惩办法等内容的人口与计划生育目标管理责任状。

2002 年起，政和县高山区的镇前、杨源、澄源三个乡（镇）计划生育基础薄弱，工作难度大，为了促进和帮助这些地方计生工作与全县平均水平接轨，县里确定 64 个县直单位，联系挂点高山区三个乡（镇）的 59 个村，支持和帮助挂村的计生工作，并一挂定三年。每年都要组织综合服务队，“带队、带车、带伙食”，深入挂村开展工作，其成效作为该单位年度评优的重要条件之一。2003 年 8 月，县委、县政府下发《关于进一步落实计划生育“一票否决”的暂行规定》，对单位和党员、干部及各类公职人员，完不成人口计划责任目标或违反计划生育 政策的，在文明单位、先进单位和个人评先、工资及职务晋升等方面实行“一票否决”。2003—2005 年，全县共有 11 个单位和 8 位个人被“一票否决”。

三、育龄人群计划生育管理

从 1989 年开始，全县更趋完善地设置计划生育管理台账，包括常住人口登记簿、结婚登记簿、出生登记簿、死亡登记簿、落实节育措施登记簿、生育证发放登记簿、独生子女登记簿、社会抚养费征收登记簿等，按照各类登记簿的项目，对育龄人群进行计划生育管理。1999 年，全县乡（镇）一级计划生育办公室配备电脑。2000 年，全县计划生育台账全部实行微机化管理。至 2005 年，全县各乡镇均实行电脑微机化管理育龄人群，并与县计生管理局实行联网管理。

四、流动人口计划生育管理

1993 年开始，对流动人口实行趋向规范化的计划生育管理。流出人口凭乡（镇）计划生育办公室证明，到县流动人口计生管理站办理《流动人口婚育证明》。2000 年开始，原流动人口《婚育证明》更改为全国统一的《婚育节育证明》，办理此证的权限下放到乡（镇），即流出人口凭村级计划生育证明到乡（镇）计生办办理流动人口《婚育节育证明》；流入人口凭流出地的《婚育节育证明》，到流入乡（镇）计划生育办公室办理登记、审检手续。

卷四 土地管理 环境保护

第一章 土地管理

第一节 土地利用制度改革

政和县土地使用制度改革始于1992年。是时，在县土地管理局会同体改委在石屯镇石屯村开展试点的基础上，县政府批转实施《政和县城乡集体土地非农业建设用地有偿使用具体实施细则》，颁发《关于土地使用制度改革的若干规定》和《城乡土地基准地价试行办法》等相关文件，规定各类建设用地的收费标准、用地等级及减缓免费对象和土地各类别、等级的地价标准，作出对非农业建设用地实行统一规划、统一征用、统一开发、统一出让、统一管理“五统一”管理办法，明确收取的集体土地使用费70%归村集体所有，设立专户，用于开发土地、保护耕地及基础设施建设和公益事业建设，25%作为乡（镇）土地所发展事业的专项资金，5%作为县土地管理局集体土地使用制度改革的管理费用。一系列土地使用制度改革相关文件、措施、制度的出台与实施，为改革的推行和深化奠定了基础。12月，在东平镇首次推行土地使用权的公开竞投协议出让，22块地竞投出让4块248平方米、协议出让18块1240平方米，首开（政和县）土地有偿使用之先河。

1992—1995年间，根据省政府颁发的《福建省划拨土地使用权管理办法》《关于加强城镇土地管理的意见》《福建省房地产开发经营和市场管理试行办法》《福建省国有土地使用权出让和转让办法》《关于加强房地产市场宏观管理的通知》等政策法规，政和县结合改革试点经验，推进土地使用制度改革，设立专门办事机构，建立运行机制，加强日常管理，将每年用地指标纳入年度计划。同时，积极培育和发展地产市场，坚持政府对土地二级市场的垄断，完善“五统一”用地管理制度，放活二级三级市场，逐年加大出让比重，加快土地流转，逐步实现土地使用由划拨和出让的“双轨制”过渡到有偿出让的“单轨制”上来。

1996年始，稳步推进用地制度改革，贯彻落实上级关于“加强土地市场管理”“深化土地使用制度改革”“实行建设项目用地预报和审批备案制度”“建设用地计划管理办法”“国有企业改革中划拨土地使用权管理暂行规定”“加强土地转让管理严禁炒卖土地”“规范国有土地租赁”“开展建设项目用地预审”“建立土地有形市场，促进土地使用权规范交易”等文件精神，继续实行“五统一”用地管理制度，严格按用地计划程序和权限报批；切实保护耕地，实行“谁开发、谁使用、谁受益”的原则，做到“用一造一”“用一造二”，稳定耕地面积。同时，严格执行建设项目用地预报和审批制，强化宏观调控，规范地产市场，建立和完善土地市场体系。实行政务公开制度，加大土地监察力度，严禁占地建房和炒卖地皮等违法行为，使全县用地制度改革逐步科学化、法制化、规范化。

2001年6月，成立政和县土地管理委员会，出台《关于进一步规范房地产市场管理的通知》。11

月，县土地收购储备中心成立，开始实行土地收购储备制度。根据上级关于“深化改革，严格土地管理”“土地收购储备暂行规定”、国有土地使用权“招标拍卖”“挂牌交易”“建设用地审查报批”“建设项目预审管理”“清理各类园区用地，加强土地供应调控”“保障工业发展用地”“妥善处理建设用地历史遗留问题”“处置闲置土地若干意见”和“严格征地程序，确保征地合法”“坚决纠正征地中侵害农民利益”“制止‘以租代征’违法违规用地行为”“加强征地补偿管理，切实保护被征地农民合法权益”以及《福建省农村村民住宅建设用地管理办法》等文件要求，加强建设用地的审查报批，从源头控制不合理的建设用地。2002 年，实行对经营性房地产项目用地招标拍卖工作管理。2003 年妥善处理解决建设用地历史遗留问题，保障工业发展用地。2004 年实施土地利用总体规划，优化土地结构和产业结构，规范经营性土地使用权出让的招标拍卖挂牌；执行上级征地补偿标准到位。2005 年实行建设项目用地预审管理，严禁乱征滥占（滥征乱占）农民集体土地和“以租代征”行为，杜绝建设用地闲置现象，严格征地程序，完善征地补偿安置办法，加大对征地补偿费用分配和使用的监督检查，深化土地使用制度改革。

表 4－1　**2001—2005 年政和县土地收购储备情况表**　单位：公顷

年　份	收储土地面积	其中：出让
2001	1.00	1.00
2002	0.07	0.07
2003	2.00	0.82
2004	19.08	0.18
2005	13.15	1.60
合　计	35.30	3.67

第二节　地籍管理

一、土地详查

1991 年 5 月，首次开展土地详查工作。按照国家的“技术规程”和省、市的“补充规定”“实施细则”等有关规定，历时近 2 年，完成全县土地总面积和以行政村为基本单位的耕地、园林、林地、居民点及工矿用地、交通用地、水域和未利用土地等 7 大类型土地面积的详查，形成详查报告以及相关资料汇总和图表编制。1993 年 11 月，详查工作通过省土地管理局组织的专家组评审鉴定。

详查资料统计，是时，全县土地总面积为 1749 平方公里，折合 174900 公顷，其中：耕地面积 13533 公顷，园地面积 5899 公顷，林地面积 143417 公顷，民成点及工矿用地 1651 公顷，交通用地 1472 公顷，水域面积 3573 公顷，未利用土地面积 5355 公顷，按 1991 年全县人口计算，人均占有土地为 0.91 公顷，其中，人均耕地 0.07 公顷。（详见卷二第二章第一节土地资源）。

详查报告分析，全县土地利用现状主要表现为：人均耕地少，“望天田”比重大；土地资源垂直分带线明显，利用程度差异大；中低产田面积大、分布广，改良任务重；林地面积大，分布不均匀，蓄积量低；园地面积小，低产茶园面积大；水域资源开发利用率不高，发展潜力大；工矿用地少，工业发展缓慢；交通用地多、收费少，养路困难；草场丰富，畜牧业生产有待发展。报告提出详查成果应用的方向与必须遵循的原则是：搞好土地规则，加强计划管理；合理利用耕地，提高生产效益；充分利用山地资源，大力发展多种经济；开发水电资源，奠定工业发展基础。

二、土地登记

政和县土地申报登记发证始于 1989 年，至 1993 年基本结束，历时 5 年。全县办理登记发证 21919

宗，其中：机关和事业单位258宗、个人21661宗，申报登记用地面积371.8公顷。

三、分等定级

1991年，按照上级的部署要求和国家土地管理局颁布的《城乡土地分等定级规程》确定的程序、原则、评估方法，开展并完成政和县城区4.32平方公里的土地分等定级工作，确定城乡土地基准地价和商业、住宅、工业等各类用地等级与基准地价。其后，随着经济、社会的发展，先后于1997年、2001年，对城区土地进行分等定级；分别于1995年、1997年、2001年、2005年对城区土地地价进行了4次修订调整。2005年，政和县制定《2005年政和城区及乡（镇）土地基准地价应用说明》，根据所处区位确定土地等级。在城区土地中城区现状图范围外的土地级别按四级标准执行，石屯、铁山、镇前镇政府所在地基准地价按城区三级地标准执行；岭腰、外屯、杨源、澄源乡政府所在地基准地价按城区四级地标准执行；乡镇政府所在地规划区以外的土地按五级地标准执行；行政村所在地按五级地标准执行；自然村按六级地标准执行。

表4－2　**1992年政和县城乡土地基准地价表（试行）**　单位：元/平方米

地价＼用途 等级	商业			住宅			工业		
	平价地价	修正系数	地价幅度	平均地价	修正系数	地价幅度	平均地价	平均地价	地价幅度
一级地	600	±25%	450—750	260	±18%	213—307	158	±16%	133—183
二级地	380	±25%	285—475	195	±18%	160—230	126	±16%	106—146
三级地	214	±25%	161—267	138	±18%	113—163	93	±16%	78—108
四级地	167	±25%	125—209	98	±18%	80—116	59	±16%	49—69
五级地	115	±25%	86—144	57	±18%	47—67	35	±16%	30—40
六级地				29	±18%	24—34	17	±16%	14—20

表4－3　**2005年政和县城区土地基准地价表**　单位：元/平方米

地价＼用途 等级	商业		住宅		工业	
	地价	调整幅度	地价	调整幅度	地价	调整幅度
一级地	1951	±25%	626	±23%		
二级地	1247	±22%	425	±20%	154	±18%
三级地	719	±21%	315	±19%	118	±16%
四级地	460	±20%	223	±19%	80	±15%

表4－4　**2005年政和县东平镇土地基准地价表**　单位：元/平方米

用途	地价	调整幅度
商业	502	±20%
住宅	303	±20%
工业	65	±15%

表 4－5　　**2005 年政和县乡（镇）所在地及村土地基准地价表**　　单位：元/平方米

用途／地价／等级	商业		住宅	
	地价	调整幅度	地价	调整幅度
四级地	223	±19%	80	±15%
五级地	120	±20%	60	±15%
六级地	60	±20%	45	±15%

表 4－6　　**2005 年政和县商业用地路线价一览表**　　单位：元/平方米

编号	区域	路线段	路线价
1	东大街	进修学校—加油站	1231
2	胜利街东段	人行—进修学校	1265
3	胜利街西段	副食品公司—人行	1879
4	解放街东段—胜利街西段	高雄楼—副食品公司	1905
5	解放街东段	县政府—高雄楼	2246
6	解放街中段	县宾馆—县政府	2359
7	解放街西段/西大街东段	商业总公司—县宾馆	1955
8	西大街中段	汽车站—商业总公司	1899
9	西大街西段	西门加油站—汽车站	1650
10	北大路西段	汽车站—县政府北侧	1018
11	城东路桥北	林贸公司—科委	1419
12	城东路桥南	烟草局—财险公司	812
13	中元路中段	财险公司—二中西侧	775
14	南大街	工商局—冠祥大厦	1621
15	公园路	冠祥大厦—烟草局	912
16	西河滨路	县石油公司—县外贸局	1335
17	渡头洋	旧解放村—老区办	571
18	解放街西段	公安局—茶厂宿舍	1321
19	西大街东段/解放街西段	土管局—公安局	1453
20	北大路东段	一中西侧—进修学校	965
21	北大路中段	县政府北侧——中	1301
22	南大街桥北	农业银行—菜市场	2010

四、地籍档案

1987 年 3 月，县土地局成立以来，根据福建省土地管理局《县级土地管理档案分类方案（试行）和土地管理档案案卷构成的一般要求》通知精神，参考其他科技文书档案的格式要求，突出地籍档案的特点，本着便于利用、便于管理的原则，维护地籍调查和土地登记过程中所形成的各种权源资料、图表的有机联系，以宗地为立卷的基本单位，进行地籍档案的建档管理。至 2005 年，全县共建立土地档案 40693 卷，其中，城区 7475 卷，乡镇 33218 卷。县国土资源局专设档案室，配备档案柜 18 组 157

箱，有专职管理员1人。

第三节　土地利用现状与规划

一、现状

1997年7月—1998年12月，政和县全面开展并完成全县土地利用总体规划的编制。规划以1996年为基期年，2010年为目标年，范围为县行政辖区内的全部土地，形成《政和县土地利用总体规划〈送审稿〉》《政和县土地利用总体规划图》《政和县土地利用现状图》及附件等。《政和县土地利用总体规划》基期年（1996年）全县土地利用面积173501公顷，其中：耕地13592公顷，占7.84%；园地6631公顷，占3.82%；林地140374公顷，占80.91%；城镇村及工矿用地1687公顷，占0.97%；交通用地1504公顷，占0.87%；水域3564公顷，占2.05%；未利用土地6149公顷，占3.55%。

表4－7　**1996年政和县土地利用现状分类统计表**　单位：公顷

地类	名称	面积	占总土地（%）	占地类（%）	地类	名称	面积	占总土地（%）	占地类（%）
耕地	小计	13592	7.84	100	交通用地	小计	1504	0.87	100
	灌溉水田	5199	2.99	38.29		公路	731	0.42	48.60
	望天田	7798	4.49	57.33		农村道路	773	0.45	51.40
	旱田	569	0.33	4.19	水域	小计	3564	2.05	100
	菜地	26	0.02	0.19		河流水面	1175	0.68	32.96
园地	小计	6631	3.82	100		水库水面	200	0.11	5.60
	果园	1749	1.01	26.37		坑塘水面	87	0.05	2.45
	茶园	4637	2.67	69.93		苇地	1.53	0.00	0.04
	其他园地	245	0.14	3.7		滩	280	0.16	7.86
林地	小计	140374	80.91	100		沟渠	1807	1.04	50.70
	有林地	106320	61.28	75.74		水工建筑物	14	0.01	0.39
	灌木林	1541	0.89	1.10	未利用土地	小计	6149	3.55	100
	疏林地	1962	1.13	1.40		荒草地	2998	1.73	8.75
	未成林造林地	30053	17.41	21.51		裸土地	45	0.03	0.73
	迹地	336	0.19	0.24		裸岩石砾地	106	0.06	0.72
	苗圃	162	0.06	0.01		田坎	3000	1.73	48.79
城镇村及工矿用地	小计	1687	0.97	100		沙地	0.5	0.00	0.01
	城镇用地	272	0.16	16.13					
	村庄用地	1240	0.71	73.51					
	独立矿用地	159	0.09	9.41					
	特殊用地	16	0.01	0.95	合计		173501	100.00	

二、规划目标

（一）总量目标与结构调整

至2010年目标年全县土地利用规划总量为173501公顷，其中：耕地13612公顷，占土地总面积7.85%；园地7017公顷，占4.04%；林地140706公顷，占81.1%；牧草地284公顷，占0.16%；城镇村及工矿用地2493公顷，占1.44%；交通用地1700公顷，占0.98%；水域3698公顷，占2.13%；未利用土地3991公顷，占2.30%。

规划期内，耕地：通过对宜耕园地、林地、未利用荒草地垦复和河滩围垦及城镇村用地整理等增加耕地面积560公顷，坡度大于25度耕地退耕还林、城镇村及工矿用地、交通用地和水库、池塘等减少耕地及新增灾耕地等减少耕地面积540公顷，规划期内净增耕地20公顷，确保了全县耕地总量。

园地：由宜林园地和荒草地开发为园地新增面积700公顷，转为城镇村及工矿、交通、水域用地等313公顷，净增园地面积387公顷。

林地：林地面积由退耕还林与荒草地转为林地新增1879公顷，原林地转为耕地、园地、工矿用地及交通、水域减少1546公顷，净增林地333公顷。

牧草地：原土地现状未列此项，但因境内荒草面积较大，经评价宜逐步开发利用，规划至2010年为284公顷。

城镇村及工矿用地：规划期内整理为耕地和水域用地52公顷，由耕地、园地、林地及未利用土地等转为城镇村及工矿用地增加858公顷，期末净增806公顷；其中城镇居民点增加439公顷，农村居民点减少149公顷，独立工矿用地增加146公顷，特殊用地增加370公顷。

交通用地：规划期内，由耕地、园地、林地及未利用土地等转为交通建设用地净增194公顷。

水域：规划期内河滩围垦转为耕地69公顷，其他用地转为水域用地203公顷，净增134公顷。

未利用土地：宜耕荒草地开垦转为耕地、园地、林地、牧草地和其他用地等2458公顷，灾毁耕地等增加未利用土地300公顷，期末未利用土地减少2158公顷。

1997—2010 年政和县各类用地规划指标平衡表

表 4 - 8　　　　单位：公顷

地类	1996 年（基期年）		土地调整面积								规划期减少面积	规划期净增减面积	2010 年（目标年）面积	占全县土地面积	比基期增减（%）
	面积	占全县土地面积	耕地	园地	林地	牧草地	城镇村及工矿用地	交通用地	水域	未利用土地					
耕地	13592	7.83			67		106	33	34		540	20	13612	7.85	0.02
园地	6631	3.82	161				128	12	13		313	387	7017	4.04	0.22
林地	140374	80.91	143	504			609	147	144		1546	333	140706	81.10	0.19
牧草地	—											284	284	0.16	0.16
城镇村及工矿用地	1687	0.97	46						5		52	806	2493	1.44	0.47
交通用地	1504	0.87										194	1700	0.98	0.11
水域	3564	2.05	69								69	134	3698	2.13	0.08
未利用土地	6149	3.55	141	196	1812	284	15	2	7		2458	-2158	3991	2.30	-1.25
规划期增加	—		560	700	1879	284	858	194	203	300					

（二）分区规划

在土地适宜性评价的基础上，为优化配量各类土地资源，合理开发、利用、整治和切实保护土地，按其基本用途和利用管制的不同，全县土地利用规划分为：农业、园地、林业、牧业、城镇建设、村镇建设、独立工矿和特殊用地等8类用地区及其他用地区，其中：农业用地面积13612公顷（基本农田保护区11753公顷，一般农田区1895公顷），占全县土地总面积7.85%；园地7018公顷，占4.04%；林业用地140706公顷，占81.10%；牧业用地区284公顷，占0.16%；城镇建设用地711公顷，占0.41%；村镇建设用地1091公顷，占0.63%；独立工矿用地305公顷，占0.30%；特殊用地386公顷，占0.20%；其他用地9387公顷，占5.4%。规划就各类用地区面积分解落实至各乡镇。

（三）乡镇土地利用总体规划

2002年7月组织开展各乡镇编制《土地利用总体规划》，以保护耕地为重点，统筹安排各业用地，落实用地指标，确定结构布局，兼顾社会、经济、生态三大效益，建立土地供给对需求的引导制约机制，在县级规划的约束指导下，重点划分城镇、村镇建设用地、独立工矿用地、基本农田保护区等土地用途分区，确定相应利用原则、限制条件和用途措施，并将主要用途规划落实到土地利用规划图和具体地块，实现土地利用总体规划图、城镇与村镇建设用地规划图和基本农田保护区规划图“三图合一”。

表4－9 **政和县各乡镇土地利用规划调整指标情况表** 单位：公顷

单位	时期	土地总面积	耕地	园地	林地	牧草地	城镇以及工矿用地	交通用地	水域	未利用土地
全县	1996	173501	13592	6631	140374	—	1687	1504	3564	6149
	2010	173501	13612	7017	140706	284	2493	1698	3698	3993
东平	1996	21775	1903	1686	16779	—	259	169	529	450
	2010	21775	1948	1727	16807	50	290	189	527	237
熊山	1996	2582	302	259	1576	—	198	41	136	70
	2010	2582	283	222	1367	—	544	31	103	32
铁山	1996	13547	1395	743	10131	—	213	100	176	789
	2010	13547	1364	773	10279	50	236	103	178	564
岭腰	1996	11682	730	109	10009	—	94	78	178	484
	2010	11682	721	97	10108	—	123	78	182	373
石屯	1996	14145	1567	1227	9999	—	246	148	567	391
	2010	14145	1640	1218	10080	17	283	159	562	186
星溪	1996	20627	1181	762	17074	—	178	178	394	860
	2010	20627	1155	928	17176	26	201	205	452	484
外屯	1996	14980	756	192	13217	—	89	107	219	400
	2010	14980	730	234	13229	23	103	120	267	274
澄源	1996	26710	2117	904	22322	—	143	196	393	635
	2010	26710	2123	986	22298	27	158	232	388	498
镇前	1996	24386	1872	419	20144	—	145	260	487	1059
	2010	24386	1883	455	20392	63	170	287	487	649

续表 4-9

单位	时期	土地总面积	耕地	园地	林地	牧草地	城镇以及工矿用地	交通用地	水域	未利用土地
杨源	1996	23067	1770	329	19122	—	122	233	484	1007
	2010	23067	1776	388	18982	29	385	270	544	693

第四节　土地开发与保护

一、基本农田保护

1994 年，贯彻省政府关于划定基本农田保护区工作的部署要求，成立县基本农田保护区工作领导小组，按照基本农田保护面积不得少于耕地面积的 82% 的要求，划定基本农田保护区面积 11933 公顷。保护范围：现有种植粮、油、蔬菜，集中连片 0.67 公顷以上的耕地；被国家和地方人民政府确定的特、优、新产品的基地；被农业科研部门确定的试验田和良种繁育基地；常年供应城镇居民生活所需的商品菜地和鱼塘及其他具有特殊意义；经县政府及有关部门认定应予保护的农田。

1995—1998 年，全县先后又补划基本农田保护面积 93.55 公顷，并制订《基本农田保护条例》和相应的保护措施及管制规划。

2000 年，政和县与沿海城市开展山海协作，分别为晋江市和延平区异地划定基本农田保护区 333.33 公顷和 14.67 公顷；2001 年又为泉州市鲤城区异地划定基本农田保护区面积 68.77 公顷。至 2005 年，政和县划定基本农田保护面积共 12442 公顷（异地协保 416.74 公顷），共设 16 个保护区 480 个保护片。其中：一级粮田 304 片 8839.33 公顷，二级粮田 98 片 2202 公顷，设立保护牌 34 块、界桩 2500 个。

表 4-10　**2005 年政和县基本农田保护区情况表**

乡镇名称	片数	面积（公顷）	其中异地协保	保护率（%）	设立保护牌数（个）	其中当年更新牌数（个）	投入经费（万元）	备　　注
东平镇	27	1951.2	333.3	100.5	2	2	0.40	晋江 333.3 公顷
熊山镇	6	210.3		71.7	1	1	0.15	
石屯镇	41	1537.6	83.44	96.5	3	3	0.45	延平 14.67 公顷鲤城区 68.77 公顷
星溪乡	71	1012.5		84.9	2	2	0.30	
铁山镇	96	1224.3		87.7	1	1	0.15	
岭腰乡	71	703.4		92.1	1	1	0.15	
外屯乡	36	677.4		89.1	3	3	0.45	
镇前镇	50	1694.7		90.5	1	1	0.15	
杨源乡	40	1582.3		89.4	1	1	0.15	
澄源乡	42	1848.3		87.4	1	1	0.15	
合　计	480	12442	416.74	92.6	16	16	2.50	

二、土地开发整理

（一）专项规划

2002年12月，完成《政和县土地开发整理专项规划（2001—2010年）》的编制，规划以2000年为基期年，规划期为2001—2010年。在保护和改善生态环境的前提下，规划分析了耕地整理、农村居民点整理和土地开发等方面潜力，制订土地开发整理规划结构和具体指标。开发小荒草地和滩涂为主的宜农土地后备资源面积511.88公顷，新增有效耕地面积460.13公顷，开展土地整理（耕地、其他农用地、农村居民点及其他闲散废弃土地）面积3180.63公顷，新增耕地面积513.56公顷，合计新增有效耕地面积973.69公顷。

表4-11　**2001—2010年政和县土地开发整理指标分解情况表**　单位：公顷

乡镇名称	耕地整理	其他农用地整理	农村居民点整理	土地开发	合　计
东平镇	113.72	93.50	6.73	71.00	284.95
石屯镇	149.60	—	16.13	130.07	295.80
熊山镇	27.77	—	—	51.27	79.04
星溪乡	41.05	—	—	68.00	109.05
铁山镇	23.87	—	—	39.40	63.27
岭腰乡	—	—	—	—	—
外屯乡	16.00	—	—	—	16.00
镇前镇	11.88	—	—	28.40	40.28
杨源乡	4.29	—	—	—	4.29
澄源乡	8.99	—	—	72.00	80.99
合　计	397.17	93.50	22.86	460.14	973.69

（二）耕地开发

1989年“7·22”特大洪灾，全县水毁农田644公顷，其中无法恢复200多公顷。县相关部门通过宣传贯彻耕地开发的各项优惠政策，组织人员对各开发点进行调查、分析和筛选，优先安排条件成熟、见效快的开发点实施耕地开发，全县有50个村开发耕地137公顷，当年受益面积105公顷。

1990年后，宣传贯彻国家和省、市、县有关耕地开发管理的各项优惠政策，坚持“开源”与“节流”并举和“用一造一”“用一造二”的方针，实行“谁开发、谁使用、谁受益”的原则，争取上级支持，鼓励村集体和个人开发耕地，组织专业人员深入开发点调查、分析和指导服务，推进耕地开发的有序进行。据资料统计，1989—2005年，全县开发耕地面积638公顷。其中由省土地管理局于2000年4月6日闽土（2000）079号文批准立项的第一批省级重点土地开发项目有东平镇护田村狗牯林耕地开发和石屯镇工农村富竹庄耕地开发2个项目，业主分别为东平镇人民政府和县土地局委托的工农村委会，立项规模为22.4公顷和43.3公顷；两项目于2000年1月同时动工，先后于2001年3月和2002年9月竣工。经省级验收确认，护田村狗牯林耕地开发项目新增水田面积20公顷，工农村富竹庄耕地开发项目新增耕地67公顷，其中水田43公顷、旱地24公顷。

表 4 - 12

1989—2005 年政和县耕地开发情况表

年　份	耕地开发乡镇数（个）	开发点数（个）	耕地开发总面积（公顷）	下拨补助经费（万元）	备　　注
1989	9	50	137	13.28	当年受益 105 公顷
1990	9		65		补助款含地区 3.1 万元
1991	8	23	77	51.70	当年提供商品粮 175 吨
1992	8	28	93	25.20	
1996	9		14		河滩 11 公顷，旧宅基地 2.7 公顷
1997	9		21	8.83	
1998	9		11		旧宅基地、废河塘、零星菜地
1999	9		4		
2000—2002	10		87	384.80	东平护田狗牯林 20 公顷，石屯工农富竹庄 67 公顷，其他 24 公顷
2003	10	25	76		个人零星开发 10 片 7.2 公顷
2004	10	18	23		均属个人零星开发
2005	10	16	30		均属个人零星开发
合　计			638	483.81	

（三）土地整理垦复

政和县早期实施土地整理垦复的多由群众自发进行，量少、分散。2001 年后，逐步实施《土地开发整理专项规划》，土地整理垦复有序开展。2001 年和 2003 年，省国土资源厅批准立项东平镇新口村、营前村两个土地整理项目，立项规模分别为 13.33 公顷、130 公顷，质地类均为旧宅基地及耕地。新口村土地整理于 2002 年 3 月动工，11 月竣工，经整理后新增水田面积 6.73 公顷。营前村项目于 2004 年 11 月动工，经整理后，新增耕地 12 公顷。

2005 年"6·17"洪灾，全县耕地损毁 586 公顷，其中不可复垦 56 公顷，可由农户自行复垦和需工程措施辅助复垦的有 530 公顷，相关部门采取区别类型、分类指导，组织抗灾自救，争取上级补助等多种方式，及时开展损毁耕地垦复，减少灾害造成的损失。

（四）耕地后备资源调查评价

根据国土资源部《关于开展东部地区耕地后备资源调查评价工作的通知》要求，政和县于 2002 年 11 月至 2003 年 2 月完成现有耕地后备资源的调查评价。依据规定程序要求全县可形成国家级土地开发复垦基地的耕地后备资源共计 277 公顷，分为 5 个调查评价区：东平镇护田村荒草地开发区 51 公顷，石屯镇西津村荒草地开发区 3 片 48 公顷，石屯镇松源村荒草地开发区 2 片 44 公顷，熊山镇稻香茶场荒草地开发区 3 片 54 公顷，澄源乡牛途村荒草地开发区 80 公顷。调查就各后备资源区耕地的自然坡度（<15 度）、有效土层厚度（>50 厘米）、土壤表层质地（砾石含量 <5%）、地下水位（>50 厘米）、盐渍化程度（氯化物 <0.4%）、沙丘起伏程度（砂石包高度 <2 米）、气温、水源、排灌等宜耕指标进行逐一评价，认为 5 个耕地后备资源区的开发利用均有较好较高的经济效益、社会效益和生态效益，宜予合理规划，开发整治。

第五节　建设用地管理

1989年以来，实施《中华人民共和国土地管理法》、省实施办法和“十分珍惜和合理利用每寸土地，切实保护耕地”的基本国策，将非农业“三项”建设（国家、集体、个人）用地纳入依法管理的轨道，严格按照计划指标控制用地，把耕地的减少压缩到最低限度。20世纪90年代初，贯彻省土地管理局1989年印发的《关于实行居民建房用地审批公开制度（试行）的通知》、省政府1991年印发《福建省干部个人建房管理规定（试行）的通知》和县政府颁发的《关于国家、集体、个人建设用地的暂行规定》，在用地管理制度上，实行坚持一支笔审批，提倡建房向山坡地发展，提倡建房不占用耕地好地，统一规划、统一安排、统一收费，不准未批先建、不准少批多占、不准占用建房、不准建土房平房，计划生育措施未落实的不批，拖欠公款不还的不批，出卖出租旧房的不批，土地使用权有争议的不批，违反土地管理有关规定的不批，乡（镇）下达的各项任务完不成的不批，有乱砍滥伐的不批等审批原则和办法。1989—1991年，共审批“三项”建设用地27.89公顷（耕地6.18公顷），其中：国家建设用地5.97公顷（耕地1.52公顷）、集体建设用地0.26公顷（耕地0.03公顷）、个人建设用地21.66公顷（耕地4.63公顷）。

1992年，县政府颁发《政和县城乡集体土地非农业建设用地有偿使用具体实施细则》《土地使用制度改革的若干规定》和《城乡土地基准地价实行办法》等地方性法规，拉开土地使用制度改革的序幕，全县土地使用实行“五统一”管理制度。1995—1999年，贯彻全国、省、市用地制度改革会议精神，根据党中央、国务院1991年《关于进一步加强土地管理切实保护耕地的通知》、国家土地管理局1998年8号令《国有企业改革中划拨土地使用管理暂行规定》和市政府深化土地使用制度改革的《若干意见》及1999年国土资源部关于闲置土地处置办法、开展建设项目预审工作等一系列通知要求，县政府出台《关于非农业建设用地实行有偿出让的通知》及《实施细则》，修订印发《关于“五统一”用地的若干补充规定》，深化完善用地管理制度，推进用地制度改革。

2000—2005年，实施修订的《中华共和国土地管理法》和省实施细则，贯彻落实国务院《关于深化改革严格土地管理的决定》，执行国土资源部关于加强征地管理，建立土地有形市场、规范土地使用权交易，规范建设用地审查报批，严禁非农业建设违法占用基本农田和省、市政府及国土部门关于进一步规范国有土地使用权招标拍卖，挂牌交易，土地收购储备，集体非农业用地流转管理办法，保障工业发展用地，促进经济发展，处置闲置土地，盘活存量建设用地，加强供地审批管理，严格征地程序，确保征地合法，切实保护被征地农民合法权益和《福建省农村村民住宅建设用地管理》等一系列有关政策和通知精神，先后出台《关于进一步规范房地产市场管理的通知》《关于整顿和规范房地产市场秩序的通知》，进一步深化用地制度改革，规范土地市场秩序，严格的土地管理制度，珍惜和保护耕地，正确处理经济建设与耕地保护的关系，切实保护被征地农民的合法权益。同时，开展土地收购储备工作，盘活闲置土地，优化资源配置，提升土地使用权招标拍卖挂牌工作的质量和水平。

1989—2005年，全县审批“三项”建设用地共135.45公顷，其中：国家建设用地68.22公顷，占50.36%，集体建设用地10.22公顷，占7.55%，个人建设用地57.01公顷，占42.09%。

表4－13　**1989—2005年政和县三项建设用地情况表**　单位：公顷

年份	三项建设用地合计	其中								
		国家建设用地			集体建设用地			个人建设用地		
		宗数	面积	其中耕地	宗数	面积	其中耕地	宗数	面积	其中耕地
1989	14.40		3.10	0.23	3	0.17	—	929	11.13	1.94
1990	8.03		1.84	0.95	1	0.03	—		6.15	0.95
1991	5.47	18	1.03	0.34	3	0.06	0.03	378	4.38	1.74
1992	7.40	28	1.99	1.17	1	0.03	0.02	424	5.39	1.52
1993	7.89	25	3.91	2.31	—	—	—	351	3.98	1.42
1994	6.12	10	0.42	0.16	2	0.05	—	427	5.65	2.23
1995	10.65	18	8.33	5.09	—	—	—	237	2.32	1.01
1996	4.21	67	3.26	1.35	1	0.02	—	108	0.93	0.50
1997	4.08	19	2.59	0.78	1	0.02	—	161	1.47	0.94
1998	25.56	32	10.47	1.23	48	8.63	8.21	724	4.46	3.89
1999	14.48	3	13.28	7.32	1	0.54	—	70	0.66	—
2000	2.44	13	1.47	—	2	0.06	—	109	0.91	—
2001	5.56	12	3.93	—	1	0.47	—	124	1.16	—
2002	2.60	3	0.73	—	—	—	—	190	1.87	—
2003	7.13	12	5.18	—	—	—	—	220	1.95	—
2004	5.51	7	4.02	—	1	0.14	—	149	1.35	—
2005	3.92	8	2.67	—	—	—	—	155	1.25	—
合计	135.45	280	68.22	20.93	65	10.22	8.26	4 756	57.01	16.14

第六节　执法监察

一、违法违规查处

1991年，县政府批转执行《关于在全县开展1987年1月1日以来各项用地情况的清理意见》，全县共查处违法用地280户，面积3.58万平方米（耕地1.08万平方米），其中个人249户2.68万平方米（耕地0.95万平方米），国家、集体单位31户0.98万平方米（耕地0.13万平方米）；实施经济处罚237户，收取造地费2.49万元，拆除43户0.45万平方米。1992年，印制使用《建设用地检查记录卡》《临时用地检查记录卡》《土地巡回检查记录卡》等薄册，实行动工、建中、建后跟踪检查，促进土地执法监察工作。1997年，县成立清查非农业建设用地工作领导小组及办公室，共清查1991—1997年上半年非农业建设用地2306宗，面积200公顷（耕地78.96公顷，占39.48%），其中未批用地82宗155.36公顷；并对未批用地的林屯特种养殖场（鳗场）荒弃耕地1公顷，责令其复耕；立案查处澄源、熊山和东平镇3起非法转让和未批先建典型案件。2001年，实行《福建省国土资源执法监察制度》，先后调整充实监察人员10人，配备了制服和必需的交通工具。2002年，建立健全县、乡、村三级土地监察网络体系，开展学习培训，建立依法行政监督机构，设立举报箱，开通“96625”专线，全面推行动态巡查制度，提高依法行政水平。2003年，调整执法监察3个中队的辖区和人员，成立综合治理领导小组，制订《依法行政工作实施方案》，组织执法人员学习培训，开展案例分析，加大动态巡查力度，抓好矿产资源管理秩序治理整顿。2004—2005 年，先后清理行政许可（审批）项目 366 项，废止 4 项，取消 3 项。

1989—2005 年，全县共查处违法占地 925 宗（户），面积 25.56 万平方米，其中保护恢复耕地 2.90 万平方米，追缴地价、补交税费和罚没处理金额 35.93 万元；拆除违法违章搭盖 281 处 7050.45 平方米；清理临时用地 112 宗 3.84 平方米，追缴地价款 25.70 万元；催办建设用地和处理闲置土地 77 宗 7813.4 平方米，收取闲置费、地价款 6.01 万元；制止和取缔无证非法砖瓦厂、小金矿开采点 63 家，没收非法所得和罚款 14.93 万元。

二、纠纷调处与信访

1989 年以来，县国土部门重视土地纠纷调处和信访工作，建立健全来信来访各项制度，解决好纠纷调处和群众信访问题。1998 年和 2000 年，国土资源部先后下发《关于进一步加强土地管理信访工作的通知》《关于国土资源信访规定》，进一步规范了土地信访处置工作；2003 年，县国土资源局制订《信访工作规定》，就领导接待、联系电话、办理股室、职责时限及过程追究等事项做出规定，按照“分级负责、归口管理”和及时、公正的原则，将土地纠纷调处和信访工作落到实处。至 2005 年底，共调处土地纠纷 598 件（宗），解决一批四至不清、归属不明的土地问题，接待来访 1717 人（次）、来信 399 件，办理国家信访局和省、市转办、督办的信访件 35 件。

三、市场秩序治理整顿

2003 年初，县政府、国土资源局成立治理整顿土地市场秩序工作领导小组，制订工作方案，历时 1 年，开展土地市场秩序治理整顿。整顿以“规范土地市场，促进经济可持续发展”为主题，在抓好宣传活动和镇前镇试点基础上，坚持“自查为主，突出重点，重在整顿，区别对待”的原则，采取“八查八看”的方法，共清理 2003 年在政和落地企业 17 家，用地面积 11.14 公顷（水田 6.74 公顷、园地 4.09 公顷、林地 0.31 公顷），新增耕地 84.53 公顷，全县耕地占补平衡，新增耕地约为占用耕地的 8 倍。查处和补办历史遗留各类用地 116 宗 1.18 公顷；清理闲置土地 6.10 公顷，其中：收储 2 公顷，盘活面积 4.1 公顷；“招拍挂” 4 宗 1.63 公顷；上报征转用地 2 批次 6.77 公顷；制止违法用地 12 宗 1.25 公顷；拆除违法建筑 1 宗 0.01 公顷；违法案件查处率 95% 以上，规范了土地供地、用地和交易行为。

四、“四无”乡（镇）建设

1989 年始，开展创建“四无”（无未批先占、无少批多占、无越权审批、无乱占滥用）乡镇村和争当“土地卫士”活动，由县人民政府、土地管理局和各乡（镇）政府、土地所签订以开展“四无”乡镇村为主要内容的责任书。是年，有 5 个乡镇 30 个行政村受评。1992 年，“四无”创建活动，以完善目标责任制、岗位责任制和各项工作制度为重点，加强廉政建设制度、举报制度和创建群众自管组织。1993—1995 年，先后有 7 个乡镇 98 个行政村实现“四无”。1996 年至 2005 年，全县土地管理工作基本走上法制化、规范化、制度化。

第七节 矿产资源管理

一、勘测与开发

1989 年，县矿产管理部门对矿点进行踏勘评价，确认东平营前高岭土矿规模较大，质量较好，可为勘探后备基地；探明澄源乡前村稀金属储量 134 吨，前景较好。1990—1993 年，配合相关地勘部门，探明面积 1.45 平方公里的铅锌矿普查矿区 1 个，金银等多金属普查矿区 1 个，提供地质储量 12 万吨的近中型规模的铅锌矿床 1 处；探明大药坑金矿点普查成果尚好，且具一定规模；开展境内花岗岩板材资源调查评价，取样试制成绿、红、黑色 8 种类型样品，经有关专家分析，具有较大开发价值；先后完成《政和县矿产资源开发分布与规划（1992—2000 年）》和 1∶50000《政和县地质矿产分布图》

及编制说明。1994—1996年共查证2个金、银异常区基地，2个非金属普查基地，投入硐探750米、槽探5000立方米，取得各类标本和样本300多个。1997—1999年，先后在铁山、石屯、外屯、镇前等乡镇开展后备矿山踏勘，采得矿样26个，经专家分析，其中4个比较有开发前景。2000年始，先后勘查了铁山瓜子岗金银矿、镇前钾长石矿、西溪银矿、杨源洞宫金银多金属矿和铁山厦山磁铁矿；开展星溪矿段铜金属普查及外围27.3平方公里多金属Ⅱ级查证；拟定矿产资源招标、拍卖、挂牌出让计划，开展河道采砂、石、土的调查摸底、投资评估，为矿业权流转奠定基础。2001年开始推进矿业权流转，拟定矿产资源“招拍挂”出让计划，培育规范采矿权市场。2003年首次公开挂牌出让“水坑”“牛押坑”两处建筑用石料矿采矿权，并对全县采矿许可证到期的矿山，全面停止行政审批，统一实行“招拍挂”出让，对新建矿山，“招拍挂”率达100%。2004年，在铁山村岩壁山找到一处长300米、宽3—5米的硅石（脉石类）矿，初估3341资源量9.8吨，经有关部门批准，11月，公开出让该矿探矿权，由福安市高盛投资有限公司以6万元中标，首开政和县探矿权有偿出让之先河。2004—2005年，进一步培育和规范采矿权市场，两年共完成采矿权（金、砂、石、土）“招拍挂”出让16宗，成交价50.04万元。

至2005年年底，境内已发现的矿产有26种，勘测探明储量的有17处，工业矿床34处（点）；已开发的矿产资源24处（点），有矿山企业24个，其中金属类6个，非金属类18个，矿山企业年工业总产值约5000万元。

二、办证与年检

1992年前矿山企业年检工作仅实行简单年检。1993年开始，将其纳入依法监督管理的重要内容。至2000年，县矿管部门完成乡镇矿山定点划界，加强行政审批办证的企业年检工作，规范程序要求，严格审批权限，促进矿产资源的合理开发和有效保护。2002年至2005年，实行矿山年检与法规培训、补偿征收、矿山安全及违法查处相结合，增强矿山企业法律法规意识和安全生产责任，保证矿山资源管理费的征收；同时，对存在问题的不合格企业，分别采取停产整改、补办登记、延期登记乃至停产关闭等相应措施，不断规范和推进矿山企业年检工作。

表4-14　**1992—2005年政和县矿山企业年检情况表**　单位：个

年份	1992	1993	1994	1995	1996	1997	1998	1999	2000	2001	2002	2003	2004	2005
应检企业	56	36	58	30	70	24	102	35	45	48	32	29	12	24
参检企业	52	35	57	29	64	70	97	37	45	44	32	29	12	24
受检率	92.7	97.1	96.9	96.9	91.0	94.0	93.0	94.6	100.0	98.7	100.0	100.0	100.0	100.0

三、矿业秩序整顿

1989年5月，县政府颁布《政和县矿产开发暂行管理办法》。1990年起，县矿管部门每年对重点矿业进行2次检查，一般矿业1次检查，对存在的问题，责令自查自纠，限期整改。是年，县出台《政和县人民政府关于矿业秩序整顿工作的通知》及方案，成立领导小组，组织相关部门，在企业自查自纠基础上，进行全面检查整顿。1996年共补登记个体砖瓦厂5家、变更企业2家，更换采矿许可证采矿企业8家、6家河运采矿企业办理许可证，追缴矿产资源管理费7404元。1998年7月，组织执法、安监、新闻等相关部门联合行动，取缔重点整治的上山岗金矿，炸毁氰化池25个、厂房5座。2000年，开展新一轮矿业秩序整顿“回头看”和矿山安全生产检查，制定目标责任制，落实“地矿牵头、部门联动、上下齐抓”工作机制，集中力量依法查处严重违法违规的矿业企业。共检查矿山企业47家，下发整改通知书17份，取缔非法开采金矿点4个，签定安全管理监督责任书17份，调解矿业纠纷4起，依法处罚王母山无证开采案件1起，罚款5000元；对上山岗金矿点再次清理，抓获盗金矿犯罪嫌疑人2人，缴获黄金矿石30吨。2001年清理矿山企业“两证”（采矿许可证、勘查许可证）35本，其中24本无工商执照，2本无矿长资格证，责令限期补办；依法取缔无证采矿6家，发出整改通知18份、安全监察通知11份、提出整改意见16条，取缔禁采区采矿点2家，由公安部门停供火工材料的矿山15家，立案查处非法选冶黄金矿4起，炸毁采矿设备2台，新闻曝光1起，依法行政拘留4人。2002年，先后制定矿产资源管理实施意见、规范矿产开发秩序，开展非煤矿山安全生产整治以及“青山挂白”专项治理，成立相应机构，相关部门协同联动，进行全方位治理整改，先后没收黄金矿石20吨，收缴工具13件，拆除工棚13座，捣毁氰化池7个，制止非法采矿9起，关闭、淘汰、联合改造一批小矿企业；检查采石场、硫铁矿、铅锌矿、大理岩矿等12家矿山使用火工材料的安全生产情况，发出整改通知12份，提出整改意见33份（条或项）。2003年，加大矿山企业日常管理，全面建立《违法开采行为调查表》《非法采矿跟踪打击登记台账》《矿产资源管理秩序治理整顿工作制度》《非法采矿月调查表》及巡查、信访等记录卡、登记簿，建立健全日常监督管理文书档案，当年查处无证开采18起，完成《政和县砂、石、土矿资源开发利用和保护规划图》的编制。2004年关闭5家无证砖瓦厂；对在建、待建的12个小水电站进行地质灾害评估、矿产资源压覆评估和用地审批程序检查；完成本级7家办证矿山的矿产资源储量登记和占用储量登记工作。2005年完成“青山挂白”西津采石点的前期治理任务。

第八节　机　构

政和县国地资源局　1989年，称县土地管理局，内设人秘股、地籍管理股、建设用地股、土地监察股4个股室，共有工作人员17名。1991年4月和1992年9月，先后增设直属事业单位县土地测绘管理所和土地测绘队；1995年3月、4月，分别增设县土地监察大队和土地资产评估事务所；2001年7月、12月，分别增设县土地收购储备中心和耕地开发整理中心。2002年4月，由县土地管理局、县矿产资源管理办公室、矿产开发中心（副科级）合并组建县国土资源局。2005年底，内设综合办公室、法规监察股、规划耕保股、地籍测绘股、征转用地股、矿产资源管理股和地质环境勘查股7个股室；辖7个直属事业单位：耕地开发整理中心、土地收购储备中心、土地资产评估事务所、土地监察大队、土地测绘队、土地测绘管理所和矿产开发中心。全局核定编制53人，实有工作人员67名。

乡（镇）国土资源所　1989年，9个乡（镇）均称土地管理所，共有工作人员28名。1998年1月，增设岭腰乡土地管理所。2002年4月，随组建县国土资源局，10个乡镇土地管理所均更称国土资源所。2005年底，共有编制29人，实有工作人员29名。

第二章　环境保护

第一节　环境状况

一、环境质量

根据1989—2005年环境监测结果，政和县水环境质量状况按《地表水环境质量标准》GB3838－2002Ⅲ水质标准评价，地表水水质达到《地表水环境质量标准》GB3838－2002Ⅲ类水质标准，达标率为100%。城区龙潭溪饮用水源水质达标率为100%，符合《地表水环境质量标准》GB3838－2002Ⅱ类水域功能标准。环境空气达到或优于国家二级标准，环境空气质量达到优良。在声环境质量状况方面，城区环境噪声的主要声源为车辆、生产设备、商业音响、建筑施工及人群社会活动，区域环境噪声按网格布点的原则，累计共布点108个，平均等效声级达到国家1类标准，交通主干线噪声符合国家4类标准。

二、污染状况

（一）废水污染源

政和县环境统计和排污申报工作始于1997年，是年全县水污染排放申报登记企业8家，至2005年，全县实际申报登记单位18家，申报登记率为100%；废水主要污染源5家：政和县化工公司铁山分公司、政和县金峰矿业有限公司、政和县医院、福建省富士岛（政和）食品企业有限公司、政龙矿业有限公司等单位。2005年，环境统计显示，年工业用水量24.59万吨，工业废水排放量12.66万吨，重复用水11.43万吨，达标排放11.54万吨，达标率91.15%，主要污染物COD排放量为6.42吨/年；医疗废水排放量4.5万吨，均为达标排放。废水排放去向均在七星溪及其支流梅龙溪。

（二）废气污染源

1997年，全县固体废物污染源气污染申报登记企业7家，至2005年，大气污染排放实际申报单位15家，申报登记率为100%。废气污染源主要企业有3家：政和县华厦水泥有限公司、政和县化工公司铁山分公司、政和县大源矿业有限公司。2005年环境统计结果，全县年工业废气排放总量为73233万标立方米、主要污染物为粉尘243.5吨、烟尘15.27吨、二氧化硫209.05吨。

（三）固体废弃物污染源

1997年，全县固体废物污染源申报登记企业3家，至2005年实际申报单位7家，申报登记率为100%。2005年度环境统计结果，全县工业固体废弃物产生量为6.79万吨，其中尾矿5.57万吨、化工行业废渣1.44万吨。产生固体废物的企业主要是金峰矿业开发有限公司、政和县化工公司铁山分公司、政龙矿业有限公司、大源矿业有限公司、香炉坪矿业有限公司、源鑫矿业有限公司等6家。

2005年，全县排污申报登记的单位共40家，重点污染源有：大源矿业有限公司、政和县华厦水泥有限公司、政和县化工公司铁山分公司、政和县金峰矿业有限公司、政和县医院、福建省富士岛（政和）食品企业有限公司、政龙矿业有限公司、源鑫矿业有限公司、香炉坪矿业有限公司等9家企业，污染负荷总量占全县污染物总量的80%以上。

第二节　环境规划与监测

一、环境规划

1989年始，县环境保护主管部门坚持“预防为主、防治结合、综合治理”的方针和“谁染污，谁治理”的原则，制定环境保护工作规划，分期分批对境内主要污染源实施治理。同时，对可能产生污染的新办企业项目，严格审核管理，防治新污染源的产生。至2005年，规划环境质量的主要目标为：城区饮用水源水质达标率100%；地表水主要水域按功能区划分达到国家Ⅱ—Ⅲ类水质量标准；主要污染源县水泥厂、铅锌矿、化工公司、矿山和医院等的废气、废水、废渣及粉尘等得到有效治理，大气环境质量稳定达到或优于国家环境空气质量二级标准；区域环境噪声和交通环境噪声分别达到国家1类、4类标准。

二、环境监测

政和县环境监测工作起步晚、基础差，由于缺乏水质和大气污染物监测仪器及实验室，县内大气、水质和污染源均委托南平市和建瓯市环境监测站进行监测，县监测项目仅为环境噪声和烟尘黑度。

（一）大气监测

政和城区大气监测每年一次，多在11—12月间，每次连续监测5天。1989年，南平地区环境监测站确定设大气采样点位 3 个：县自来水厂、县城建局、县招待所，监测项目为二氧化硫、氮氧化物、总悬浮颗粒物三项；1995 年，确定设采样点位 3 个：县自来水厂、县政府、县水轮机厂；1999 年，改设点位 2 个：县气象局、县林业宾馆。2000—2005 年，每年均设采样点位 2 个：县科技局、县气象局。2001 年后，监测项目改为二氧化硫、二氧化氮、总悬浮颗粒物。历年各测点按国家规定要求采样，进行同步监测分析，取得相关数据。

表 4－15　**1989—2005 年政和城区大气监测情况表**　单位：毫克/立方米

名　称	年　份	浓　度	标　准
二氧化硫	1989—2005	0.003—0.012	0.06
氮氧化物	1989—2000	0.004—0.012	0.05
二氧化氮	2001—2005	0.004—0.025	0.08
总悬浮颗粒物	1989—1999	0.009—0.348	0.02
	2000—2005	0.004—0.332	

（二）水质监测

1989—1996 年，每年 11 月（枯水期）进行一次水质监测，由南平地区环境监测站负责实施，设政上（化工厂以上）、政下（香料厂以上），政林（大庙桥以上）3 个断面，分别位城区上游、下游和林屯饮用水源取水口。监测项目共 19 个，包括 pH、硬度、悬浮物、溶解氧、化学耗氧量、生化需氧量、氨氮、硝酸盐氮、亚硝盐氮、挥发性酚、氰化物、砷、镉、六价铬、铜、铅、汞、电导率、石油类。1997—1998 年改为每年 11 月一期 2 次水质监测，项目不变。

1999 年，监测时间调整为每年丰水期（5 月）、枯水期（11 月）2 期 4 次常规监测，设政林、建 10（控制断面）2 个断面，分别为饮用水源取水口和政和西津。监测项目增至 21 个：pH、水温、硬度、悬浮物、溶解氧、溶解氧饱和率、五日生化需氧量、非离子氨、氨氮、硝酸盐氮、亚硝盐氮、挥发性酚、氟化物、砷、镉、六价铬、铜、锌、铅、汞、电导率。水样送南平市环境监测站和建瓯市监测站监测。

2000—2001 年，监测时间为每年丰水期（5 月）、平水期（9 月）、枯水期（11 月）3 期 6 次常规监测，监测项目共 23 个：pH、水温、硬度、悬浮物、油类、溶解氧、溶解氧饱和率、五日生化需氧量、非离子氨、氨氮、硝酸盐氮、亚硝盐氮、挥发性酚、氰化物、氟化物、砷、镉、六价铬、铜、锌、铅、汞、电导率。

2002 年，监测时间 为第一期（1—2 月）、丰水期（5 月）、平水期（9 月）、枯水期（11 月）4 期 8 次常规监测，监测项目 24 个：pH、水温、硬度、悬浮物、石油类、溶解氧、溶解氧饱和率、五日生化需氧量、非离子氨、氨氮、硝酸盐氮、亚硝盐氮、挥发性酚、高锰酸盐指数、氰化物、氟化物、砷、镉、六价铬、铜、锌、铅、汞、电导率。

2003—2005 年，水质监测调整为全年 6 次常规监测，即在 1、3、5、7、9、11 月 6 个单月第一周的星期三取样监测。地表水监测项目 23 个：pH、水温、化学需氧量、石油类、溶解氧、五日生化需氧量、阴离子表面活性剂、总磷、硫化物、氨氮、挥发性酚、高锰酸盐指数、粪大肠菌群、氰化物、氟化物、砷、镉、硒、六价铬、铜、锌、铅、汞。饮用水源监测项目 27 个：pH、水温、化学需氧量、石油类、溶解氧、五日生化需氧量、阴离子表面活性剂、总磷、硫化物、硫酸盐、氯化物、氨氮、硝酸盐氮、挥发性酚、高锰酸盐指数、氰化物、氟化物、砷、镉、硒、铁、锰、六价铬、铜、锌、铅、汞。

对镉、铜、锌、铅、汞的监测，1989—2005 年底的监测结果表明，上述物质在县内地面水中含量极少，60% 样品未能检出，最低为能检出，最高为锌 0.24 毫克/升、铜 0.006 毫克/升、铅 <0.05 毫克

/升、镉0.0001毫克/升、汞0.00009毫克/升。

表4－16　**1989—2005年政和水质监测情况表**　单位：毫克/升

名　　称	地表水浓度	饮用水源浓度
化学耗氧量	1.13—7.8	1.01—13.4
五日生化耗氧量	0.488—2.54	1.0—2.32
溶解氧	5.85—11.36	5.95—11.35
氨氮	0.08—0.473	0.01—0.366
石油类	0.005—0.22	0.005—0.22
总磷	0.03—0.08	0.02—0.08
高锰酸盐指数	1.77—3.14	0.98—4.37

表4－17　**2005年政和饮用水源水质监测情况表**　单位：毫克/升

名　　称	1月	3月	5月	7月	9月	11月
五日生化耗氧量	2.32	0.7	1.42	1.76	0.69	1.12
溶解氧	7.9	9.97	9.21	6.30	7.24	6.30
氨氮	0.274	0.023	0.330	0.366	0.295	0.317
石油类	0.005	0.005	0.005	0.02	0.02	0.02
总磷	0.04	0.04	0.04	0.02	0.04	0.03
高锰酸盐指数	1.93	2.01	3.75	3.12	2.89	2.71

表 4－18

2005 年政和县水质监测结果汇总表

站　　号	监测时间	物理性质		有　机　化　合　物							非金属无机物			
		PH 值	水温（度）	化学需氧量（毫克/升）	溶解氧（毫克/升）	五日生化需氧量（毫克/升）	高锰酸盐指数（毫克/升）	挥发酚（毫克/升）	石油类（毫克/升）	阴离子表面活性剂（毫克/升）	氟化物（毫克/升）	硝酸盐氮（毫克/升）	氨氮（毫克/升）	总磷（毫克/升）
建 10（西津）	1 月 5 日	7.21	8	—	7.83	2.54	2.32	0.001	0.005	0.025	0.25	—	0.231	0.05
政林（龙潭溪）	1 月 5 日	6.95	8	—	7.90	2.32	1.93	0.001	0.005	0.025	0.25	0.67	0.274	0.04
建 10（西津）	3 月 2 日	7.14	10.5	—	9.57	1.51	2.07	0.001	0.005	0.025	0.20	—	0.146	0.05
政林（龙潭溪）	3 月 2 日	7.15	10	—	9.97	0.70	2.01	0.001	0.005	0.025	0.20	0.63	0.023	0.04
建 10（西津）	5 月 9 日	7.07	20	—	9.33	1.11	3.14	0.001	0.005	0.025	0.25	—	0.406	0.03
政林（龙潭溪）	5 月 9 日	7.10	20	—	9.21	1.42	3.75	0.001	0.005	0.025	0.15	0.85	0.330	0.04
建 10（西津）	7 月 6 日	6.83	28	—	6.34	1.21	2.86	0.001	0.02	0.025	0.30	—	0.473	0.04
政林（龙潭溪）	7 月 6 日	7.20	28	—	6.30	1.76	3.12	0.001	0.02	0.025	0.20	0.73	0.366	0.02
建 10（西津）	9 月 7 日	7.27	28	—	6.73	0.74	2.93	0.001	0.02	0.025	0.30	—	0.372	0.05
政林（龙潭溪）	9 月 7 日	7.35	28	—	7.24	0.69	2.89	0.001	0.02	0.025	0.20	0.46	0.295	0.04
建 10（西津）	11 月 2 日	6.85	20	—	6.54	1.25	2.66	0.001	0.02	0.025	0.25	—	0.426	0.05
政林（龙潭溪）	11 月 2 日		19	—	6.30	1.12	2.71	0.001	0.02	0.025	0.30	0.49	0.317	0.03

站　　号	监测时间	非金属无机物				金　属　化　合　物								细　菌	
		硫化物（毫克/升）	氯化物（毫克/升）	硫酸盐（毫克/升）	氯化物（毫克/升）	六价铬（毫克/升）	铜（毫克/升）	锌（毫克/升）	镉（毫克/升）	粪人肠群菌个/升	砷（毫克/升）	硒（毫克/升）	铁（毫克/升）	锰（毫克/升）	粪人肠群菌（个/升）
建 10（西津）	1 月 5 日	0.002	0.002	—	—	0.002	<0.01	<0.05	<0.01	490	0.0001	0.0002	—	—	490
政林（龙潭溪）	1 月 5 日	0.002	0.002	9.5	6.15	0.002	<0.01	<0.05	<0.01	—	0.0001	0.0002	0.25	0.07	—
建 10（西津）	3 月 2 日	0.002	0.002	—	—	0.002	0.01	0.17	—	9200	0.0001	0.0002	—	—	9200
政林（龙潭溪）	3 月 2 日	0.002	0.002	14.7	9.04	0.002	0.003	0.15	—	—	0.0001	0.0002	0.16	0.07	—
建 10（西津）	5 月 9 日	0.002	0.002	—	—	0.002	0.002	<0.05	—	5400	0.0001	0.0002	—	—	5400

续表 4－18

站　号	监测时间	非金属无机物				金属化合物								细菌	
		硫化物（毫克/升）	氯化物（毫克/升）	硫酸盐（毫克/升）	氯化物（毫克/升）	六价铬（毫克/升）	铜（毫克/升）	锌（毫克/升）	镉（毫克/升）	粪人肠群菌（个/升）	砷（毫克/升）	硒（毫克/升）	铁（毫克/升）	锰（毫克/升）	粪人肠群菌（个/升）
政林（龙潭溪）	5 月 9 日	0.002	0.002	13.9	8.77	0.002	<0.01	<0.05	—	—	0.0001	0.0002	0.22	0.05	—
建 10（西津）	7 月 6 日	0.01	0.002	—	—	0.002	0.014	<0.05	—	1300	0.0001	0.0002	—	—	1300
政林（龙潭溪）	7 月 6 日	0.01	0.002	14.4	9.13	0.002	0.012	<0.05	—	—	0.0001	0.0002	0.18	0.05	—
建 10（西津）	9 月 7 日	0.01	0.002	—	—	0.002	0.003	0.07	—	490	0.0001	0.0002	—	—	490
政林（龙潭溪）	9 月 7 日	0.01	0.002	14.8	8.57	0.002	0.002	0.07	—	—	0.0001	0.0002	0.12	0.05	—
建 10（西津）	11 月 2 日	0.01	0.002	—	—	0.002	0.002	<0.05	—	5400	0.0001	0.0002	—	—	5400
政林（龙潭溪）	11 月 2 日	0.01	0.002	12.4	7.90	0.002	<0.01	<0.05	—	—	0.0001	0.0002	0.24	0.06	—

说明：建 10 站号为七星溪与松溪汇合口，政林站号为龙潭溪与七星溪汇合

（三）噪声监测

1. 区域环境噪声

区域环境噪声监测范围为县城区，每年10—11月间监测一次，布设测点网格累计108个，网格大小为100米×100米。1998年以前，采用声级计监测，每一个测点需2人，分别读数、记录，对数据进行复杂计算，取得出一个测点的监测值；1998年后，使用噪声统计分析仪，只需一人操作，直接读记监测结果。1989—2005年，区域环境噪声平均值范围为50.4—53.9分贝。声源类型为生活、交通、工业及其他噪声，所占比例依次是：88%、5%、2%、5%。

2. 交通噪声

1989—2005年，对城区主要交通道路北大街、中元路、南大街、西大街、胜利街、解放街进行交通干线布点监测，按要求每年监测一次，布设监测点6个，监测控制路段总长6 100米，年平均值范围为61.0～73.2分贝。

（四）污染源监测

1989—2005年，共监测排污口40个，监测项目达25个。主要监测口有：华厦水泥有限责任公司1#、2#机立窑等11个废气进出口、废水总排放口，化工有限责任公司硫酸车间废水总排放口、硫酸尾气排放口，锌铅矿、水轮机厂、林业化工厂、金峰矿业有限公司、大源矿业有限公司、政龙矿业有限公司、富士岛食品有限公司、鑫奎食品有限公司、广政选矿厂、医院、飞熊养殖公司、化妆品厂、香料厂、神达果菜食品公司、纺织器材厂、金禾酿造厂、青龙贸易有限公司等的总排口和锅炉、窑炉的排放口。监测项目有：pH、化学耗氧量、五日生化耗氧量、悬浮物、硫化物、挥发酚、六价铬、铜、锌、铅、镉、汞、铁、砷、石油类、氨氮、粪大肠菌群、余氯、烟尘黑度、二氧化硫、锅炉和窑炉烟尘等。根据监测结果，自2003年以来，全县重点污染源均实现达标排放。

1989—2005年，全县共获监测数据17253个，其中水质监测数据3468个，大气监测数据1785个，噪声监测数据8500个，污染源监测数据3500个。

第三节 环境污染治理

一、废水污染治理

1989—1991年，对县铅锌矿废水污染进行重点处理，先后3次建成一批污水沉淀池，共投资10.8万元。1994年、1995年，分别对县华厦水泥有限公司和县医院废水污染采取建设沉淀池和废水处理站进行治理，投资计27.1万元。2001年，对金峰矿业公司的污水治理，投资185万元建成矿尾坝、废水处理池和废水循环系统。2004年，完成县化工公司铁山分公司硫酸车间废水治理，投资27万元建成石灰投放房和改造废水处理池；完成县大源矿业选矿厂废水处理，建成矿尾坝、废水处理池和废水循环使用系统，投资达160万元。2005年，投资32万元重建县医院废水处理站；投资156万元完成金峰矿业有限公司原废水处理设施的改造；县大源矿业综合冶炼厂投资270万元，完成废水、废气和废渣治理设施建设。

二、废气与粉尘污染治理

1989—1991年，完成县华厦水泥有限公司立窨废气与粉尘和县化工公司铁山分公司硫酸车间尾气治理，分别采取安装布袋除尘器和回收硫酸尾气制造生产硫酸铵设备设施，共投资42万元。1993年、1995年，先后采用水浴除尘设施完成县纺织器材厂锅炉烟尘、华厦水泥有限公司包装车间粉尘的污染治理，投资计7.2万元。1999年，华厦水泥有限公司投资120万元，建成窨水浴除尘设施完成立窨废气处理。2001年，县富士岛食品有限公司采用安装除尘器完成锅炉烟尘治理，投资1万元。2002年，县华厦水泥有限公司和县化工公司铁山分公司分别采取安装除尘设施和动力波水洗工艺，完成黄土烘干粉尘和硫酸废气的污染治理，投资计50万元。2003—2005年，县华厦水泥有限公司和神达果蔬食品有限公司分别完成成品车间粉尘、立窑废气粉尘和锅炉粉尘的污染治理，共投资70余万元。

三、废渣污染治理

废渣污染处理除金峰矿业、大源矿业先后结合废气、废水污染进行综合治理外，2004年，政龙矿业有限公司完成对采矿废渣建设拦渣坝进行治理，投资20余万元。

四、其他

2003年，城区饮用水源受笋制品加工厂堆积毛竹笋壳污染，县相关部门及时组织人员进行清堆治理，消除人饮水污染源。

1989—2005年，全县先后完成污染源治理项目25个，总投资1180.1万元，其中企业自筹997.1万元，排污费专项治理资金安排183万元。

表4-19　**1989—2005年政和县污染治理项目一览表**

序号	年份	投资（万元）	治理项目名称	建设内容
1	1989	5.4	县铅锌矿废水治理	建污水沉淀池
2	1989	7.0	县华厦水泥有限公司立窑废气治理	安装布袋除尘器
3	1990	1.0	县铅锌矿废水治理	建污水沉淀池
4	1991	28	县化工公司铁山分公司硫酸尾气治理	回收硫酸尾气制亚硫酸铵
5	1991	7.0	县华厦水泥有限公司立窑废气治理	安装废气治理设施
6	1991	4.4	县铅锌矿废水治理	建污水沉淀池
7	1993	1.2	县纺织器材厂锅炉烟尘治理	建水浴除尘设施
8	1994	2.1	县华厦水泥有限公司废水治理	建废水沉淀池
9	1995	25	县医院废水治理	建污水处理站
10	1995	6	县华厦水泥有限公司粉尘治理	包装车间粉尘治理
11	1999	120	县华厦水泥有限公司废气治理	建设立窑水浴除尘设施
12	2001	1.0	县富士岛食品有限公司锅炉烟尘治理	安装除尘器
13	2001	185	县金峰矿业公司废水治理	建设尾矿坝，废水处理池和废水循环系统
14	2002	45	县化工公司铁山分公司废气治理	动力波水洗工艺治理硫酸尾气
15	2002	5.0	县华厦水泥有限公司黄土烘干工段粉尘治理	安装除尘设施
16	2003	10	县华厦水泥有限公司成品车间粉尘治理	安装电除尘器
17	2003	1.0	县饮用水源保护区笋壳污染治理	清理笋壳
18	2004	27	县化工公司铁山分公司废水治理	硫酸车间废水治理，建石灰投料房，改造废水处理池
19	2004	160	县大源矿业选矿厂废水治理	建设尾矿坝、废水处理池和废水循环使用系统
20	2004	1.0	县神达果蔬食品有限公司锅炉烟尘治理	安装除尘器
21	2004	20	县政龙矿业有限公司采矿废渣治理	建设拦渣坝
22	2005	60	县华厦水泥有限公司废气治理	建设立窑布袋除尘设施
23	2005	32	县医院医疗废气治理	重建污水处理站
24	2005	156	县金峰矿业有限公司废水治理	改造废水处理设施
25	2005	270	县大源矿业综合冶炼厂污染治理	建设废水、废气、废渣治理设施

第四节　环境管理

一、机构

（一）政和县环境保护委员会

1984 年 6 月，县政府正式成立政和县环境保护委员会，下设办公室，挂靠县建设局。环保委员会主任原由分管环保副县长兼任，2002 年后由县长当任，成员由县环保局、县经贸局等 20 多个部门主要领导组成。其职能是在县政府领导下，负责协调、组织、指导各部门的环境保护工作；制定环境保护方针、政策、规划，研究重大的环境问题和对策。

（二）政和县环境保护局

1989 年为县城乡建设环境保护局内设环保办。1992 年 10 月，成立政和县环境保护局，原建委所属环境监理所、环境保护监测站划归县环保局下属。2002 年 4 月，升格为正科级行政单位，内设综合法规股和监督管理股，编制 3 名，2005 年年底，有工作人员 3 人。下属县环境监理所、环境保护监测站编制 13 人，实有工作人员 7 人。

二、宣传教育

1989 年以来，环境宣传工作被纳入县长环保目标考核内容。1990 年 4 月，召开第一次全县环境保护工作会议。1991—2005 年间，先后举办“环保 · 建设杯”男、女篮球赛、全县环保征文竞赛；在县广播电台、电视台开播环保专题；历年的“6 · 5”世界环境日、“地球日”出宣传专刊、专栏，由分管副县长发表广播、电视讲话；在县委党校开设环保讲座，县实幼开展环保教学试点，组织全县中小学生开展生态环保征文竞赛，参加的学生达 2000 多人，组织县一中高一年段学生开展环保课题调研；多次在政府广场开展环保咨询宣传服务；与县妇联举行环保知识竞赛；开展“绿色学校”创建活动，至 2005 年，已创建县级绿色学校 10 所，市级绿色学校 4 所。

三、环境执法

（一）环保执法监察

1989—2002 年，组织查处以小金矿为主的关停“十五小”企业的回潮。取缔社会反映强烈的乱挖乱采、浪费资源、破坏生态、污染环境的小金矿点 9 家，依法查封石屯、东平的 10 家小钢铁厂，关闭污染严重的东峰塑料厂。2003—2005 年，贯彻国家和省市“关于开展整治违法排污企业保障群众健康环保专项行动”的通知精神，成立专项行动领导小组，召开专题会议，在全县范围内开展环保执法检查专项行动，采取明查暗访、日常监察、联合执法和夜间突击检查等形式，先后对 150 多家排放单位进行执法检查，出动执法人员 950 多人次、车辆 130 余辆（次），查处违法行为 86 起。其中关停企业 2 家、停产治理 5 家、限期治理 38 家、补办环保手续 36 家。整治餐饮业 69 家、卡拉 OK 厅 11 家，取缔不具备环保要求的餐饮业 36 家，对 13 家违法排污企业进行行政处罚，罚金 15.4 万元。

（二）建设项目管理

1989 年以来，根据《建设项目环境保护管理条例》的要求，组织开展建设项目环保设施“三同时”（与主体工程同时设计、同时施工、同时投入使用）执行情况清理检查，对完成项目审批但未办理环保设施竣工验收手续的 17 家企业及时提出检查意见，建设单位进一步完善环保设施，申请补办环保设施竣工验收手续。至 2005 年年底，全县重点建设项目环保设施“三同时”执行率达到 100%。

（三）污染事故处理

2005 年 2 月 17 日，县金峰矿业开发有限公司上山岗矿区选矿厂尾坝发生渗漏事故，约 2000 立方米尾矿渣随雨水流入龙潭溪。污染了城区饮用水源，造成城区珠山水厂停止供水超过 2 天，城区群众生产生活受到影响。事故发后，环保局迅速行动，成立事故调查组，第一时间赶赴现场，采取 5 项有效应急措施，在事发后数小时内有效封堵了渗漏口，使污染得到有效控制。同时，开展事故调查、取证，并下达通知，责令业主立即整改，在环保设施重新恢复并通过验收后，方可恢复生产。根据《中华人民共和国水污染防治法》的有关规定，依法处罚金峰矿业公司 8 万元。

（四）环保投诉受理

1989—2005 年，累计受理环保投诉件 700 余件，查处率达 95% 以上。

（五）排污费征收

县环保局贯彻落实“污染者付费，利用者补偿，开发者保护，破坏者恢复”的方针，依据“依法、全面、足额”的排污费征收原则，严格执行《排放费征收使用管理条例》的有关规定，采取重点突破、难点攻坚和拓宽收费面的措施，抓好排污费征收，1989—2005 年累计征收排污费 420.19 万元。

表 4 - 20　**1989—2005 年排污费征收情况一览表**　单位：万元

年　份	征收额度	年　份	征收额度
1989	9.57	1998	28.55
1990	9.21	1999	26.61
1991	10.57	2000	20.06
1992	14.30	2001	20.75
1993	14.83	2002	29.31
1994	15.25	2003	31.0
1995	20.13	2004	51.34
1996	20.61	2005	70.00
1997	28.10	合　计	420.19

四、环境科研

1997 年，为调查研究饮用水水质与人体疾病的相关关系，由县环保局提出并制订“政和县饮用水水质与区域疾病相关性调查研究”的技术路线和实施方案，并申请科委立项获得通过。1998—1999 年，由县环保局为主要研究单位，县卫生防疫站、县科技情报所共同参与，开展了历时两年的“政和县饮用水水质与区域疾病相关性调查研究”。项目组通过调查本县饮水习惯、饮用水水质和分布特征，寻找水中异常因子和异常点，调查各类疾病死亡率地域分布特征和年龄分布特征，研究分析饮用水水质与区域疾病死亡率的相关关系。在此基础上，提出改善本县饮用水水质的措施及与水质相关疾病的防治对策。研究成果主要为饮用水类型和饮用各类型水人数调查结果，1995—1997 年，居民死因入户调查统计分析结果，饮用水水质的监测与评价，饮用水水质与死因的相关性研究，项目研究的结论和建议。2000 年年初，该研究项目通过省科委组织的国内专家评审。评审结论认为，研究饮用水水质与区域疾病死亡率相关关系，在福建省尚属首次，国内也不多见，对于研究环境污染与人体健康关系，有重要的参考价值。项目研究难度大，涉及学科多，分析方法科学、得当，具有科学性、实用性和社会价值，达到福建省先进水平，处省内领先地位。

卷五　城乡建设

第一章　城乡规划与管理

第一节　城乡规划

一、城区规划

1984 年 5 月，政和县曾进行县城总体规划编制。1994 年 6 月，进行政和县城总体规划调整，调整后的县城总体规划于 1995 年获得福建省人民政府批准。

县城规划区范围为东至稻香、西至松源村石圳、南至林屯村、北靠熊山。规划区总面积为 16.2 平方公里，占全县面积的 0.9%。规划区现状人口 5.2 万人，其中城区 4.8 万人；远期规划容纳人口 8 万人。

二、镇村规划

1991 年，东平、石屯两个建制镇完成集镇第二轮建设规划编制调整。其中石屯乡建设规划第二轮方案在 1991 年度南平地区村镇建设规划方案竞赛中获三等奖，在同年全省村镇建设规划方案竞赛中获三等奖。1992 年完成第一批 20 个中心村“四图一书”（现状分析图、建设规划图、市政工程规划图、道路竖向规划图、规划说明书）建设规划编制。石屯镇工农村建设规划方案在 1995 年南平市城镇和小康村建设规划方案竞赛中获三等奖，杨源乡西门村建设规划方案在 2003 年南平市全区行政村建设规划方案竞赛中获三等奖。至 2005 年，全县共有 5 个乡 5 个镇，5 个建制镇和 5 个集镇的乡（镇）规划区现状分析图、政区市政工程（给排水、电力电讯等）规划图、政区建设规划图、政区道路交通竖向规划图、规划说明书的“四图一书”建设规划均完成，完成率 100%。全县 124 个行政村，已完成中心村“四图一书”建设规划编制 101 个，完成率 82%，自然村的规划编制完成 10%。

三、专项规划

（一）给排水规划

1. 给水规划

政和县城远期规划用水总量为 1.8 万吨/日，城市供水均取地表水。其中马鼻岭水厂供水 5000 吨/日，枯水期 800 吨/日，珠山水厂供水 15000 吨/日，通过技术改造可达到 20000 吨/日。计划建设暗桥水厂，设计供水能力 10000 吨/日，水源取自梅坡溪水，可作为城区备用水源。

给水管网采用环状管网布局，水压控制点为珠山（高程 214 米，）控制点水压为 2 ~4 千克。规划给水管道最小口径为 110 毫米，原则上依人行道铺设。

2. 排水规划

雨水管道布置尽量利用现有质量较好的排水沟道，结合城市道路及竖向坡度，分散就近排入附近排水沟或河道。雨水管渠设计重现期20年。

城区排水系统将改合流制为雨污分流制。污水管道采用UPVC玻纹管和圆形钢筋混凝土排水管，最大口径为1000毫米，最小口径为300毫米。

政和县污水处理厂拟设在石屯镇松源村九龟垅七星溪北岸，占地2公顷，规模近期1万吨/日、远期3万吨/日，处理程度为一级B处理，处理后污水排入七星溪。

（二）环境保护规划

按照国家及省市环境保护相关规定，政和县规划调整工业布局，即城关控制现状工业，林屯、渡头洋布置无污染工业，渡头洋布置部分有污染工业，拟对旧城区内或城市水源上游和城市上风向污染较大的工厂搬迁至官湖工业区，通过合理的工业布局达到对城市环境的保护。严格控制新污染源的产生，对现有污染源按照“谁污染、谁治理”的原则，分批限期治理，严格控制各功能分区的空气、水质和噪声。工矿企业应采用新技术，清除或减少污染源排放，禁止城市垃圾及工业废渣露天堆放，对0.5吨以上锅炉应进行整治，使其达标排放废气。完善城市道路系统，减少城市交通噪声，集中噪声大的企业，并造防护林带；合理布置商业网点，减少商业噪声。加强市区绿化，完善基础设施，提高环境质量。

政和县城市环境保护规划目标是：近期2000年控制城区重点污染源，使部分区域环境指标进一步净化。中期2010年基本控制城区污染的发展，并力求再降低污染。远期2020年实现城市生态环境良性循环达到环境清洁、优美、舒适、安静的要求。

第二节　规划管理

政和县规划管理工作执行《中华人民共和国城市规划法》及省实施办法，坚持“规划一张图、管理一个法、建设一盘棋、审批一支笔”的方针，严格规划管理，推动有序建设。切实履行规划管理权限：落实立项参与权，保证建设工程选址必须符合城市规划；落实用地核定权，保证用地位置和界限符合规划设计条件；落实建设工程批准权，保证建设工程施工前的手续完备；落实监督检查权，保证建设工程按要求实行全过程跟踪管理到位，对违反规划法的建设工程早发现、早停建、早拆除。严格执行“一书两证”（建设项目选址意见书、建设用地规划许可证、建设工程项目规划许可证）制度，以及批后的跟踪监察管理。1989—2005年共核发建设工程规划许可证2311件，建设用地规划许可证2107件。共监督在建建筑工程6903次（项），制止纠正违法违章建筑工程1600次（处），拆除违章建筑工程2万平方米，清理乱堆乱放建材废料1万余立方米，制止违法挖掘道路46起，规范户外广告、灯箱、条幅5506处，整治店外店、店外摊、占道为市摊点2.4万户次，查处主干道散漏杂物、建筑废料146起，查处损坏公共设施120处（次）。

第二章　市政建设

第一节　公用设施

一、道路建设

胜利街　胜利街为政和县城中心通往城东的主街道，与解放街相连。1995年10月，投资90万元，对胜利街西段县政府门口至县粮食局100余米路段进行拓宽改造。其北侧拆除烟草公司、五金社、服装社、粮店、粮食局等单位的办公楼房，南侧拆除五交化公司、饮食楼、医药第一门市部、理发社、城关税务所、城关派出所等单位的办公楼房。胜利街改造工程于1996年完工，改造后的街道从16米拓宽至25米，人行道3.50米。

解放街　解放街为政和县城中心通往城西的主街道，东端与胜利街相连，连接处为县政府门口，西端与西大街相连。1998年6月，投资120万元，对解放街实施拓宽改造，其北侧拆除县二轻局、解放村、新华书店等单位办公楼房及部分居民旧房，南侧拆除县医药公司、星溪乡、公安局、城关粮站、林业局等单位的办公楼房。解放街改造工程于1998年完工，改造街道1000米，改造后的街道从16米拓宽至25米，人行道3.50米。

南大街　南大街为政和县城中心通往城南的主街道，北端与解放街相连，形成“丁”字型县城中心道路框架。1996年6月，投资90万元，对南大街的星溪大桥头至县电影公司门口500余米路段进行拓宽改造。其东侧拆除南门服务楼、广播电视局、文化馆、南门小学、开发公司、电力公司宿舍等单位办公和居住楼房，西侧拆除县畜牧水产局、防疫站、农业局等单位办公楼房。南大街改造工程于1996年12月完工，改造后的南大街从16米拓宽至25米，人行道3.5 0米。

西门“环岛”　1998年3月，在县城街道拓宽改造中，于解放街与西大街连接处建设交通“环岛”，环岛中心圆形绿地花圃半径为10米，中心竖立50米高杆灯，周围弯道均为25米宽街道，其为城西交通枢纽，东连解放街，西与西大街相连，北连西大街，南与新建的为民路相连。

西大街　西大街为政和县城西主街道。1998年3月，投资80万元，对西大街进行拓宽改造，其东侧拆除县茶厂旧房及部分居民楼房，西侧拆除县供销仓库、检察院、公路局、公路稽征所等单位旧房。西大街改造工程于1998年12月完工，改造后的街道从16米拓宽至25米，人行道3.50米。

为民路　1999年5月动工，对西门片区旧城进行改造，拓宽新建为民路，西门环岛至县公安局全长260米，宽10米，人行道4米。该工程2000年全面完工。

1989—2005年，累计投资5148.8万元，新建和改造中元路、为民路、水南中路、胜利街、解放街、南大街、西大街等12条道路。期间，还兴建3.50米宽城区小街巷，总长3000米。

二、桥梁建设

1989—2005年，累计投资172万元对南门大桥（原星溪大桥）进行3次拓宽改造。1990年5月，投资60万元，改造南门大桥，桥面从12米拓宽至18米。1991年，投资56万元，对南门大桥进行拓宽改造，北侧桥头至农贸市场通道由原直梯式改建为转梯式通道，工程于1992年10月竣工。2001年10月，因七星溪南门大桥路段拓宽改造，南门大桥亦进行改造，大桥南头新增1孔，跨长16米，工程于2002年5月完工，投资56万元。

三、排污建设

1989—2005年，累计投入资金261.80万元，建设和维修中元路、为民路、胜利街、解放街、南大街、西大街等街区和巷道的排水排污管道，累计长度10.6公里。

四、照明建设

1989—2005年，累计投资216万元，在城区解放街、胜利街、南大街、西大街、中元路、为民路等主要街区和巷道安装路灯623盏，其中高压钠灯78盏，节能灯378盏。

第二节　公用事业

一、公共交通

1989年，政和县城区尚未开辟公共交通线路，只有人力脚踏三轮客车26辆。20世纪90年代后，人力脚踏三轮车逐渐被港田牌机型三轮摩托车所替代。

1997年8月，城区开通公共交通，设公交线路4条：二中至松源、林屯至水泥厂（东峰）、西门环岛至铁山镇、汽车站至东门口，有公交车辆17辆323座位，日客运量约5100人次，年客运量183万人次，周转量6935万人公里。随着社会经济发展，公共基础设施建设加强，城区规模扩大，流动人口增加，城市公交不能满足居民需要，20世纪90年代末，出现私人购车用于出租客运。21世纪后，出租车和公共交通均有长足发展。

至2005年，新购置公交客车2辆，更新17辆，公交线路由原4条调整为3条，取消汽车站至东门口公交线路。人力脚踏客运三轮车仅剩5辆，港田牌客运三轮摩托车270辆，分别按单双日号经营客运。是年，拥有公交客车19辆，361座位，日客运量5700人次，年客运量208万人次，周转量7906万人公里，年客运量和周转量比1997年分别增长13.6%和14%。另有挂靠加盟县公交公司的出租车18辆，共108座位，经营城区与乡镇间客运。

二、城市供水

1989年底，政和县自来水公司日供水能力近5000吨，实际日供水量3200余吨，供水普及率为91.8%。取水处位于珠山西侧山脚下的大庙桥头，主要水源为龙潭溪，其上游分布着许多村庄和3家工厂。

1993年，投资300万元兴建日产万吨的珠山水厂。1995年，建成并投入运行，日供水能力万余吨。由于新区开发建设等原因，供水管网不够健全，实际日供水量5000吨，供水普及率为95.7%。1996年始，投资400余万元改造供水管网，对凤嘴、南庄等新区的自来水管道进行改造安装。1998年供水管网改造安装全面结束，日供水能力1.50万吨，实际日供水约6000吨，供水普及率100%。

随着社会的发展，解决用水供需矛盾和提高用水质量迫在眉睫。政和县政府决定建设城区供水第二水源改造工程，该工程于2005年7月动工，计划水源从宝岭水库二级章口电站尾水引入，经三级茶岭电站引至城关水厂，水厂设计供水能力20000吨，总投资683.6万元。

表5－1　**1989—2005年政和县城区供水情况表**　单位：万吨、万元

年　份	年供水量	年售水量	产　值	税　利
1989	120	117	35	4.70
1990	140	127.50	35	6
1991	161	135	40.40	6
1992	167	136.50	43	6
1993	170	152.40	47	6
1994	175.60	146.50	48.80	6
1995	178	155.50	70	6
1996	185.30	160.20	105	6
1997	175	148	101.70	7
1998	183	156.60	146.40	20
1999	187	160	149.60	34
2000	189	163	151.20	36
2001	208	180	270.40	37
2002	209	149	271.70	10
2003	223	148.70	289.90	13
2004	223	146.90	289.90	13
2005	228	148	296.40	12

表 5－2　若干年份政和县自来水收费价格表　单位：元/吨

年　份	民　用	工　业	商　业
1990	0.25	0.30	—
1992	0.30	0.35	—
1995	0.45	0.55	0.80
1997	0.80	1.00	1.20
2000	1.30	1.40	2.00
2005	1.40	1.50	2.10

三、燃气经营

1992 年，政和县开始有燃气经营服务，燃气由邻县液化气贮配站供应。1994 年，由私人投资 110 万元，建设松源液化石油气贮配站，贮气罐容积 125 立方米，占地面积 5500 平方米，为政和县第一座液化石油气贮配站。1997 年，由私人投资 130 万元，建设金鸡山液化气贮配站，贮气罐容积 125 立方米，占地面积 4000 平方米。至 2005 年，政和县城区年供气总量约 1010 吨，用户 10908 户。

第三节　园林绿化

一、园林

1989—2005 年，县城区建设面积由 2.20 平方公里增加到 3.50 平方公里，古园林资源的保护管理相应加强，公园广场建设得到重视，城市人文景观质量、环境面貌得到改善，新建公园 3 处。1993 年，西门河滨路改造拓宽，原西门河滨花圃改建成健身公园，占地面积 1.36 公顷。1998 年建设七星公园，占地 2.67 公顷，内有人工湖、拱桥、健身园、旱冰场、凉亭、儿童游乐园、游泳池等。塔山公园始建于 1998 年，位于七星溪畔佛字山，占地 20 公顷，内有七星塔、管理房、凉亭、休闲楼、花圃、人工湖、十二生肖石雕、石狮、茶花女雕像等，2002 年完工；期间，先后投入 30 余万元，建设七星公园至飞凤山公园的径道，架设电线 1.40 公里，并立飞凤山公园碑廊一座，建凉亭一座，添各种健身器材等。

二、绿化

1989 年后，随着城市建设的推进，城区绿化、美化逐步加强。1992 年，县政府划拨土地 1.87 公顷建设官湖苗圃，培育花卉、果树、苗木。城区行道树绿化，1993 年以落叶乔木法国梧桐为主，1994—1998 年，改种常绿树广玉兰，1999 年后以种植小蜡绿化带（绿化带内间植桂花、杜英常绿乔木）为主。2003 年，县建设局将官湖苗圃经营使用权转让给南平绿源苗木开发有限公司。至 2005 年，城区园林绿地面积增加到 38 万平方米，绿化覆盖率 40.8%，人均公共绿地面积 7.92 平方米。各小区绿化树种皆不同，南庄小区以法国梧桐为主；青龙庄小区以居民房前屋后绿化为主，有小腊、桂花等；元峰庄小区以广玉兰、桂花为主；凤嘴小区以杜英、女贞为主；渡头洋小区只有零星绿化树。专用绿地以政和一中、政和二中和南门小学最为突出，其草坪约占绿化面积的 50%，植物品种有桂花、罗汉松、香樟、满天星、含笑、迎春花、马樱丹等。河边绿化以胜利洋河滨花园效果为佳，其面积 6400 平方米，植物有桂花、红花继木、马樱丹等。

第四节　环境卫生

一、环境卫生管理

政和县城市环境卫生保洁，分一级保洁和二级保洁，以人力清扫为主，洒水车清洗为辅。县城一级清扫保洁范围：东至东门交叉路口、元峰庄6弄路口，南至珠山路口，西至石油公司加油站、星小路口，北为县城主街胜利街、解放街。二级保洁路面：东至鹤都岭坡尾，南至移民点交接处，西至暗桥的城区各小区主要路面，北至胜利街、解放 街与西大街沿线。环卫工人清扫保洁路面，力争达到“五无”，即无垃圾、无废土、无污泥积水、无杂物堆放、无果皮纸屑。按路段划分，实行“定人员、定地段、定质量、定工资”的“四定”管理制度，采取每日“一大扫，三保洁”的管理办法。如果遇特殊情况，则进行全城全日保洁。

环卫所清扫保洁面积呈逐年递增之势，1989年为9万平方米，1993年为10万平方米，1996年为12万平方米，1999年为14万平方米，2002年为15万平方米，2005年达到18万平方米。

二、垃圾处理

县城清扫的垃圾集中于垃圾中转站（点），再用车输送至垃圾处理场处理，垃圾处理以填埋与焚烧为主。1989年，沿用鹤都岭垃圾处理场。1995年，建设松源九龟垅垃圾处理厂，占地面积4.67公顷，总投资30万元。1996年初停止使用鹤都岭垃圾处理场，同时，开始使用松源九龟垅垃圾处理场。

20世纪90年代初，城区设有东门农贸市场门口、县医院门口、南庄与移民区连接处3个垃圾中转点。1997年6月建设西门河滨路垃圾中转站，年底投入使用；2001年8月建设中元路东大桥桥头垃圾中转站，年底投入使用。至2005年保留南庄与移民区2个连接处垃圾中转点、2个垃圾中转站。垃圾中转站（点）负责大清扫、保洁时集中垃圾的装车、转运及填埋处理工作，消除生活垃圾的二次污染。

三、公共厕所

（一）公厕建设

1995年建公厕1座；1999年建公厕1座；2000年建公厕2座；2001年建公厕3座；2002年建公厕3座；2003年建公厕1座；2005年建公厕1座。至2005年共有公厕12座。其分布为1号公厕位于凤嘴小区，2号公厕位于胜利街一中坡尾，3号公厕位于元峰路二中坡尾，4号公厕位于中元路环卫宿舍楼边，5号公厕位于胜利街倪厝林巷尾，6号公厕位于文明路电影院门口，7号公厕位于胜利街南凤楼边，8号公厕位于解放街上坑弄，9号公厕位于解放街白鸽岭，10号公厕位于解放街尾丁字路口车站内，11号公厕位于西门河滨路，12号公厕位于渡头洋新区。

（二）公厕管理

12座公厕中，1~10号公厕为水冲式公厕，11~12号公厕为旱厕。12座公厕均收费，有专人负责公厕日常设备维护、卫生管理和定期喷药消毒工作。

四、环卫设施

20世纪90年代初，配备垃圾车2台，粪车3台，洒水车1台。1998年改装垃圾车1台，改装水车1台，购置垃圾集装箱11个。至2005年，共有垃圾车2台，洒水车1台。

第三章　镇村建设

第一节　集镇建设

一、公共设施

1989年以来，随着社会和国民经济的发展，人民生活水平的逐步提高，各乡镇人民政府把集镇建设工作作为一项重要工作来抓，严格按照集镇规划，统筹安排，逐步实施，加大对集镇公共设施建设的投入，完善基础设施，改善集镇环境，集镇面貌得到较大的改变。1993年，东平镇共投资980万元，先后建设振东路398米，新东街120米，文明路200米，致富路50米，并对镇区东街、南街、西街、北街4条旧街道实施水泥路硬化，共铺设水泥路面3.20万平方米，安装路灯120盏，开辟公园景点2个，新增排水排污管道1.80公里。石屯镇新建石城街，街道长200余米，并对主街中昌街、民望街进行拓宽改造，中昌街由原来的10米拓宽至16米，民望街由原来的10米拓宽至20米，共铺设水泥路面近4万平方米。铁山镇投资800余万元，对镇区主街道中心街进行拓宽改造，新建一条街道，长1000余米，共铺设街道水泥路面2.30万平方米，开辟公园景点1个，新建桥梁2座，公厕2座。镇前、杨源、澄源、外屯四乡（镇）均对乡（镇）区主街道进行拓宽改造，共铺设水泥路面6.60万平方米。岭腰乡自1998年1月设立后，共投资110万元新建一条主街道，长320米，铺设水泥路面1.88万平方米，兴建一座集贸易、文化、体育于一体的综合广场。至2005年，除熊山镇、星溪乡外，全县共有乡镇自来水厂8个，日供水能力1.10万吨，受益人口4.5万余人，比1988年增加自来水厂6个，增加日供水能力6200余吨，增加受益人口2.2万余人，5个建制镇镇区的自来水普及率达96%；公厕23座，比1988年增加13座；乡（镇）区道路硬化面积48.25万平方米，乡（镇）区主街道的道路硬化率达100%，增加30万平方米，上升20个百分点；乡（镇）有规模不等的桥梁24座，路灯600盏，新建公园景点5个，垃圾焚烧炉4座，垃圾中转站1个，新增排水排污管道总长11公里。

二、商住建设

1989年起，各乡（镇）政府按照集镇建设规划，对乡（镇）所在地村的商住房有规划、有步骤地进行建设和改造。1993年，东平镇在新建的东大街开发住宅52幢，均为砖混结构，楼层为4至5层，建筑面积2.0万平方米，兴建边贸小商品市场。石屯镇在新村建设工程基础上，在新建的三条主街道两旁新建商住楼68幢，楼层4至5层，建筑面积达3.5万平方米。镇前镇投资100万元建设农贸市场及周边商住房建设，建筑面积1万平方米。1996年起，铁山镇结合（利用）对镇区主街道中心街拓宽改造时机，在街道两旁兴建商住楼128幢，楼层为4至5层，砖混结构，建筑面积达6万余平方米。1997年，外屯乡新集镇建设步伐加快，完成旧村拆迁改造工程，沿街新建商住楼60余幢，楼层均在3层以上，砖混结构，建筑面约3万平方米。1998年，岭腰乡设立后，对新集镇进行全面规划和建设，在新建主街道兴建商住楼56幢，建筑面积2万余平方米。2000年，杨源乡对集镇主街道拓宽改造，新建商住楼26幢，建筑面积1万余平方米。澄源乡结合集镇主街拓宽改造，新建商住楼35幢，建筑面积1.3万平方米。至2005年年底，全县8个乡（镇）集镇（除熊山镇、星溪乡）的商住楼建设，都结合集镇规划和主街道的新建和拓宽改造及新农村建设，兴建和改造了一大批商住楼，极大地改善了商住条件。1989年至2005年共兴建商住楼1060余幢，建筑面积达30.8万平方米，楼层大多为4至5层，基本为砖混结构。

第二节　新村建设

1990年始，全县新村建设步入正轨，进行较为规范的管理。至2005年，全县完成101个村庄建设规划编制，共有8个村庄被列为县级试点，7个村庄被列为市级试点，全县新村建设初具规模。规划新建和改建住房村民总户数5210户，已拆除旧房2.10万平方米，共新建民房建筑面积达206.70万平方米，新村建设投资1亿余元，农民人均居住面积17.26平方米，村镇公共建筑面积22.30万平方米，生产性建筑面积10.10万平方米。

随着新村建设的实施与推进，村级各项基础设施不断完善。至2005年，全县有132个新村（含自然村）建设了自来水供水设施，受益人口9.89万人；砖木结构住宅26万平方米，混合结构住宅117.40万平方米。不同规模桥梁179座，安装路灯935盏，新建农民公园5个。各村均架设输电线路，通电户率100%；开通程控电话，安装电话户率96%；村村铺设至乡镇所在地的乡村公路水泥路面，铺设道路总长469公里。

第四章　建筑业

第一节　勘察设计

1989年，政和县建筑设计室有员工5人，其中工程师1人，资质等级为建筑设计丙级。2003年8月，成立南平市建筑设计院政和分院。2004年，有员工13人，其中工程（建筑）师2人，助理工程（建筑）师2人，内设建筑设计、结构设计、设备设计、概算和预算等专业，有办公室3间60平方米，配备电脑5台，绘图仪、晒图仪、扫描仪各一台。2005年，政和县建筑设计室由于资质偏低及管理不善等原因而停业。

表5－3　**1989—2004年政和县完成设计业务情况表**　单位：项、万平方米

年　份	设计项目	建筑面积	年　份	设计项目	建筑面积
1989	8	0.90	1997	10	1.20
1990	10	1.20	1998	15	2.00
1991	9	1.40	1999	16	1.80
1992	10	1.00	2000	11	1.60
1993	10	1.10	2001	10	1.30
1994	11	1.30	2002	10	1.20
1995	10	1.40	2003	12	1.40
1996	9	1.10	2004	11	1.20

第二节　施工管理

1989年，政和县完成施工产值570万元，创税利62万元。随着改革开放的深入，引进外资，旧城改造，商品房开发，基建投资增加，1994年完成施工产值2000余万元，创税利233万元。2005年完

成施工产值达2907万元，创税利233万元。

1989年完成竣工面积1700平方米，2005年完成竣工面积8900平方米。工程质量合格率100%，优良率30%，创市优工程5个（法院宿舍楼、邮政大楼、财政综合楼、宾馆贵宾楼、文艺大楼）。

1990年前，所承建的房屋多数为砖混结构，木屋架，最高4层。之后所承建的都是砖混、框架结构，最高达十余层，最大跨度20余米。如建设大厦12层，框架结构，时为全县最高建筑；县体育馆室内球场，最大跨度25.40米。

2000年后，建筑市场全面开放，外县施工企业纷纷到政和参与建筑工程招投标。至2005年，共有9家外县施工企业到政和承接建筑工程，承接政和三中教学楼、县法院审判大楼等9个建设工程。其中6个已竣工，完成建筑面积计27507平方米；2005年在建工程3个。

第三节　建筑管理

1989年，政和县建设工程质量监督站，在职干部2人，为股级事业单位。1999年在职8人，其中工程师3人，助理工程师4人。县建设工程质量监督站是县建设局技术行政执法单位，按照有关法规对全县建筑工程质量实施有效管理。主要是对建筑工程质量进行日常监督和检查，办理建设项目的工程质量监督手续并实施监督，参与全县工程质量年检工作，受理工程质量投诉，对工程质量违法行为进行调查取证，提出处理意见，参与调查处理重大工程质量事故，受委托对有争议的工程质量组织鉴定。1989—2005年，政和县建设工程质量管理站受监工程123个，监督面积22.30万平方米，工程总造价19600万元。

第四节　重要建筑

南凤楼　地处胜利街与直街交叉路口，胜利街南侧。大楼由政和县建筑设计室设计，政和县建筑工程公司和县第二建筑工程公司共同承建。楼高9层，框架结构，建筑面积8500平方米。大楼于1994年12月动工，1996年3月完工，造价480万元，它是全县第一座高层建筑。

高雄楼　位于胜利街北侧，与南凤楼隔街相望。大楼由政和县建筑设计室设计，政和县建筑工程公司承建。楼高9层，框架结构，建筑面积6500平方米。大楼于1996年3月动工，1997年7月竣工，造价420万元。

建设大厦　地处县城主街胜利街、解放街、南大街交叉路口，位于胜利街南侧，与县政府隔街相望。大楼由南京景区建筑设计院福州分院设计，县建筑工程公司承建。楼高12层，内设电梯，楼顶设钟楼，框架结构，北面安装幕墙。大楼占地1160平方米，建筑面积7000平方米。大楼于1997年7月开工，1999年7月竣工，造价800万元。至2005年，它是政和县最高建筑，也是第一座安装电梯设施的高层建筑。

国土大厦　位于解放街与为民路交叉路口，为民路西侧。大楼由松溪县建筑设计院设计，政和县建筑工程公司承建。楼高8层，框架结构，建筑面积6600平方米。大楼于1998年11月开工，2000年10月竣工，造价429万元。

解放大厦　位于解放街北侧（上坑弄西侧）。大楼由政和县建筑设计室设计，熊山建筑公司承建。楼高8层，框架结构，建筑面积3600平方米。大楼于1998年11月动工，2000年6月竣工，造价260万元，它为政和县村级建设的第一座高层建筑。

商业大厦　位于解放街与为民路交叉路口，解放街南侧，与国土大厦隔街相望。大楼由政和县建筑设计室设计，政和县第二建筑工程公司承建。楼高8层，框架结构，建筑面积3800平方米。大楼于1999年4月动工，2000年12月竣工，造价230万元。

冠祥大楼　位于南大街与水南中路交叉路口，南门大桥桥头，与建设大厦隔河相望。大楼由顺昌县建筑设计室设计，福清江镜建筑公司承建。楼高8层，框架结构，建筑面积17000平方米。大楼于2000年8月开工，2002年1月竣工，造价1400万元。

邮政大楼　位于西大街西南侧，大楼由福建省邮电规划设计室设计，政和县建筑公司承建。楼高8层，内设电梯，框架结构，建筑面积4196平方米。大楼附属工程有一个宾馆、一个停车场（篮球场）、一个水池。大楼于2000年11月开工，2001年11月竣工，造价343万元。

第五章　房地产

第一节　旧城改造

1994年6月，政和县人民政府出台《政和县城市房屋拆迁补偿安置办法》。9月，成立政和县旧城改造工程指挥部，并出台《政和县人民政府关于旧城改造的若干规定》。是年，共投资980万元，用于胜利街西段原五交化至原城关派出所路段旧建筑的拆迁工程及南风楼的建设工程，共拆除旧建筑占地面积2128.20平方米，建筑面积4509.30平方米。

1997年3月，县人民政府出台《关于加快旧城改造的若干规定》，旧城改造步伐明显加快，当年投资3059万元用于南大街旧建筑拆迁工程及北大路拓宽改造工程。共拆除旧建筑占地面积9240平方米，建筑面积16650平方米。其中：建设大厦工程，拆迁旧房占地1200平方米，建筑面积2650平方米，新建占地1160平方米，建筑面积7000平方米，总投资450万元；龙宫花园工程拆迁占地2160平方米，建筑面积3000平方米，新建面积2160平方米，建筑面积11600平方米，总投资700万元。是年，还新建了防疫站综合楼、县宾馆、石油公司综合楼、法院宿舍楼、粮食局综合楼等。

1999年3月，县人民政府对旧城改造的相关政策及城市房屋拆迁补偿安置办法做了相应的调整与完善，继上年投资1600万元扩建城东大桥桥头至大庙桥桥头的城区防洪工程后，当年投资900万元建设水南中路城区防洪工程之捆绑工程。2001年4月，县人民政府成立县城区街道拓宽改造工程指挥部，当年投资4000万元，用于县城主街解放街、胜利街西段的二期拓宽工程。翌年又投资4500万元，用于二期拓宽工程。共拆除旧建筑面积6.70万平方米。2004—2005年投入1200万元用于旧城改造工程，共拆除旧房建筑面积1.85万平方米，新建胜利大厦、顺发大夏等大楼。

至2005年，先后开展县城主街胜利街（西段）、解放街一、二期拓宽改造，政府广场拓宽改造，北大路拓宽改造，东大路拓宽改造，南大街拓宽改造，西大街拓宽改造，西门环岛工程建设，城区防洪工程东大桥桥头至大庙桥桥头防洪堤及其捆绑工程（水南中路拓宽改造）的建设。17年间，累计完成投资3.15亿余元，进行20余处（片）危旧房改造，共拆迁单位和个人旧房100余户，拆除房屋占地面积11.50万平方米，建筑面积19.30万平方米，其中住宅6.30万平方米，非住宅13万平方米。改造4条街（解放街、胜利街、南大街、西大街）、3条路（北大路、东大路、水南中路），新建5条路（中元路、为民路、水北东路、渡头洋河滨路、西门河滨路）、3个农贸市场（东门农贸市场、西门农贸市场、南门农场农贸市场），扩建星溪大桥、建设西门环岛。配合拆迁安置工作，开发元峰庄、凤嘴、渡头洋、南庄、暗桥5个新区，新区规划开发面积16.30公顷。

2005年，政和县城区规模区面积由原来的2.20平方公里扩大至3.50平方公里。累计建设商品房宅基13幢，用地1.32万平方米，建设商品房892套，建筑面积5.60万平方米，共解决892户城镇居民的住房问题。

第二节 新区建设

凤嘴小区 占地面积3.90万平方米，建筑用地面积2.60万平方米，总建筑面积9.10万平方米，安排户数260户，总投资3640万元，建设时间1989～2005年。

元峰庄小区 占地面积3.20万平方米，建筑用地面积2万平方米，总建筑面积8万平方米，安排户数200户，总投资4000万元，建设时间1992～2005年。

南庄小区 占地面积5.25万平方米，建筑用地面积3.50万平方米，总建筑面积14万平方米，总投资5600万元，安排户数350户，建设时间1996～2005年。

渡头洋小区 占地面积1.65万平方米，建筑用地面积1.10万平方米，总建筑面积4.40万平方米，总投资1760万元，安排户数110户，建设时间1995～2005年。

暗桥小区 占地面积3.60万平方米，建筑用地面积2.40万平方米，总建筑面积12万平方米，总投资4800万元，安排户数310户，建设时间1989～2005年。

第三节 房地产开发

1994年9月，县政府成立旧城改造指挥部，统一部署和协调旧城改造工作，按照城市建设规划的总体要求，开展旧城拆迁改造工作。旧城改造分三种形式：房地产开发公司拆迁重建、单位筹集资金拆旧建新、吸引外资进行房地产开发。

一、拆迁补偿

1994～2005年旧城改造共拆除单位旧房97幢、居民旧房68幢，拆除建筑面积29149平方米，占地面积17851平方米，补偿金额788.28万元。

二、“旧改”新建工程

1994～1996年，新建南凤楼，建筑面积8500平方米，造价480万元。

1996～1997年，新建高雄楼，建筑面积6500平方米，造价420万元。

1996～1998年，新建西洋楼，建筑面积9450平方米，造价635万元。

1998年，新建南大街建筑群（6幢），建筑面积9993平方米，造价450万元。

2000年，新建星溪—公安综合楼，建筑面积579平方米，造价286万元。

2003～2004年，新建白鸽岭商贸中心建筑群，建筑面积7000平方米，造价313万元；同期新建顺安大厦，建筑面积4126平方米，造价223万元。

三、招商引资开发房地产

政和县招商引资开发房地产业始于1995年，当年引进香港新东华开发有限公司投资开发西洋楼商住楼，其挂靠政和县房地产开发公司成立房地产开发部。1996年1月动工兴建，1997年6月竣工，大楼建筑面积9450平方米，造价635万元。

1999年5月，引进香港冠祥投资有限公司500万美元，参与政和县中心区水南中路房地产开发，冠祥大楼于2000年8月开工，2002年1月竣工，占地面积7000平方米，建筑面积17000平方米，造价1400万元。同时，还开发了水南中路两侧一批商住楼房。

2000年7月，引进邵武市宏阳房地产开发公司，开发宏阳商住楼，占地面积378平方米，建筑面积3253平方米，造价293万元。

第四节　房地产交易

政和县房地产交易活动始于1991年。1993年8月，县房地产交易所更名为房地产交易管理所。同时，县人民政府以公告、布告等形式强化房地产市场管理，保障交易双方的合法权益，租赁、抵押、买卖等管理工作实现零的突破，出现良好态势。1991—2005年，全县共办理房地产买卖鉴证920起，成交额5880万元，面积17.81万平方米；办理店面租赁2313宗，面积71310平方米。

表5-4　**1991—2005年政和县房地产交易情况表**　单位：户、万元、宗、平方米

年份	办理过户	成交金额	建筑面积	办理店面租赁	建筑面积
1991	33	135	7660	160	5658
1992	35	150	7760	170	5668
1993	38	155	7810	185	5673
1994	41	165	7860	193	5678
1995	43	175	7910	205	5683
1996	30	297	8320	135	4600
1997	40	307	9320	140	4700
1998	55	322	10820	155	4800
1999	65	327	11320	170	4900
2000	70	347	11820	200	5000
2001	80	500	16100	90	3500
2002	85	600	17100	110	3600
2003	90	700	17600	120	3750
2004	100	800	18100	135	3900
2005	115	900	18600	145	4200
合计	920	5880	178100	2313	71310

第五节　房地产管理

1991年，县人民政府颁发《政和县公有房屋暂行管理条例》和《政和县房地产交易市场暂行办法》。

1992年，县人民政府出台《关于全面推进城镇（乡）住房制度改革意见的报告》和《关于城镇房屋买卖交易有关事项的通知》。1993年8月，政和县房地产价格评估事务所成立，与政和县房地产交易管理所合署办公。同年，由于房地产价格评估推向社会中介，脱离于政府机关，政和县房地产交易所易名为政和县房地产交易管理所。1995年，县人民政府转发《政和县城市房屋租赁管理办法》和《政和县城市房地产转让管理规定》。这些制度的颁布实行使政和的房地产管理逐渐走上有序的轨道。

第六章　机　构

第一节　县建设局

1989年，政和县城乡建设环境保护局设局长1人，副局长2人，内设办公室、城建股、建工股、环保股、乡建股、财务股，在职人员22人。1990年7月，改称政和县建设委员会。1997年5月，政和县建设委员会精减机构，内设办公室、建工科、城建规划科、审计财务科，编制15人。2002年9月，改称政和县城乡建设管理局，内设办公室、规划股、城建股、建工股、审计财务股，行政编制9人。2005年，政和县城乡建设管理局设局长1人，党委书记1人，副局长3人，纪检书记1人，内设办公室、规划股、城建股、建工股、审计财务股5股室，编制15人。

第二节　事业单位

城市建设监察大队　1989年2月成立城市建设监察中队，为行政执法股级事业单位。是年，在职员工8人。2003年年底改称城市建设监察大队，2005年在职员工22人。

环境卫生管理所　1989年，在职员工40人，至2005年在职共员工75人。

建设工程质量监督站　城市卫生管理股级事业单位。1989年在职员工5人，2005年在职员工8人。

建设工程造价管理站　1989年成立，为建设工程造价管理股级事业单位，在职员工2人。2005年在职员工2人。

房地产交易管理所　1989年成立，为房地产经营与管理股级事业单位，在职员工10人。2005年，在职员工14人。

房产管理所　1989年，在职员工8人。2005年，在职员工12人。房产管理所为房屋产权产籍管理和直辖公房管理股级事业单位。

园林管理所　1989年在职员工5人。2005年，在职员工10人。园林管理所为城市园林景点管理股级事业单位。

建筑设计室　1989年在职员工5人。2005年，在职员工13人。建筑设计室为建筑工程结构设计股级事业单位。

住房制度改革委员会办公室　1998年8月成立。2005年，在职员工4人，负责全县住房制度改革日常工作，为挂靠股级事业单位。

旧城改造房屋拆迁管理办公室　1999年3月成立，2005年，在职员工2人。负责全县城市房屋拆迁、安置、管理工作，为挂靠股级事业单位。

村镇规划建设管理站　1993年成立，在职员工3人。2005年，在职员工7人，为村镇规划测量与管理股级事业单位。

村镇规划设计室　1998年成立，在职员工3人。2005年，在职员工6人，为村镇规划建筑设计股级事业单位。

房地产开发公司　1989年，在职员工12人。2005年，在职员工18人，为房地产开发经营股级事业单位。

第三节　企业单位

政和县公共交通公司　1989年成立，在职员工59人。2005年，在职员工7人，从业人员226人，负责城市公共交通运输和城乡客运经营。

政和县自来水公司　1989年年底政和县自来水厂改制，改称政和县自来水公司。是年，在职员工39人。2005年，在职员工60人，负责城市供水、改造与新建城市供水管网。

政和县建筑工程公司　1989年，在职员工290人，资质等级为建筑施工三级。1997年11月，与政和县第二建筑公司等4家建筑企业合并成立政和县建筑工程有限公司，资质等级晋升为建筑施工二级。2001年10月，政和县建筑工程有限公司解体，原县建筑工程公司恢复。2004年，政和县建筑企业体制改革，政和县建筑工程公司完成改制工作，企业工人买断工龄与公司解除劳动关系，企业挂靠福建同成建筑工程有限公司。

政和县第二建筑公司　资质等级为建筑施工四级，1997年11月，与政和县建筑工程公司等企业合并成立政和县建筑工程有限公司。2001年10月，政和县建筑工程公司解体，原政和县第二建筑工程公司恢复，资质等级晋升为建筑施工三级。2004年，政和县第二建筑工程公司完成企业改制工作，企业工人买断工龄与公司解除劳动关系。

政和县华厦水泥有限公司　前身为政和县水泥厂，成立于1964年。原隶属县经济委员会管理，为县骨干国有企业。1989年，在职员工238人，从业人员87人。1997年10月，经改制而易名，同年底划归县建委管理。2005年，公司在职员工269人，从业人员91人。

卷六　中国共产党地方组织

第一章　组织机构

第一节　领导机构

中共政和县委员会领导机构由历届党员代表大会选举产生的县委委员组成，设立县委书记 1 名，副书记 2—4 名，常委若干名，组成县委常委会。1989—2005 年，中共政和县委先后召开四次党员代表大会，换届选举产生新一届县委会。

1990 年 11 月，县第七次党代会选举产生新一届县委会，委员 21 人，候补委员 4 人。选举吴家洋、杨根生、卓建武、魏万能、张建光、胡利孙、李建、林其水为县委常务委员。吴家洋为县委书记，杨根生、卓建武、魏万能为县委副书记。届中，因人事变动，上级任命增补林其水为县委副书记，林定、苏民、蔡朝耿、宋建华、袁梅英、黄明亮为县委常委。

1993 年 11 月，县第八次党代会选举产生新一届县委会，委员 26 人，候补委员 4 人。选举汪其生、杨根生、魏万能、张建光、张明接、蔡朝耿、宋建华、袁梅英（女）、黄明亮等 9 人为县委常务委员，汪其生为县委书记，杨根生、魏万能、张建光、张明接为县委副书记。届中，因人事变动，上级任命丁仰宁为县委书记，叶家乐、高建富、黄健平、王明辉、张章景、陈鸣华为县委副书记，周伟、张振津、王晓萍、魏积平、宋毓宁、蔡康政为县委常委。

1998 年 11 月，县第九次党代会选举产生新一届县委会，委员 27 人，候补委员 4 人。选举丁仰宁、黄健平、张章景、陈鸣华、王明辉、魏积平、王晓萍、宋毓宁、黄明亮等 10 人为县委常务委员，丁仰宁为县委书记，黄健平、张章景、陈鸣华、王明辉为县委副书记。届中，因人事变动，上级任命郑明洋为县委书记，张泽和、黄光炎、陈宗荣、梁廉荣为县委副书记，李飞、许晓如、陈宗荣、吕德钧、陈登新、鲁文安、黄雄杰、钟宏芳、郑满生、吴传桂、詹树强、谢秀端为县委常委。

2003 年 10 月，县第十次党代会选举产生新一届县委会，委员 27 人，候补委员 4 人。选举郑明洋、黄健平、陈宗荣、梁廉荣、吴传桂、詹树强、郑满生、黄雄杰、钟宏芳、谢秀端等 10 人为县委常务委员，郑明洋为县委书记，黄健平、陈宗荣、梁廉荣为县委副书记。届中，因人事变动，上级任命黄健平为县委书记，刘鲁众为县委副书记，王恒胜、张平、吴发胜为县委常委。

表6-1　**1989—2005年中共政和县委书记、副书记、常委名录**

届别	姓名	性别	籍贯	职务	任职时间
第六届县委会（续上至1990.11）	陈保明	男	福建省福州市	书记	1989.1—1989.5
	祖忠福	男	福建省浦城县	副书记	1989.1—1989.4
	祖忠祖	男	福建省浦城县	书记	1989.5—1990.8
	吴家洋	男	福建省泉州市	副书记	1989.6—1990.8
	吴家洋	男	福建省泉州市	书记	1990.8—1990.11
	杨根生	男	河南省商城县	副书记	1989.5—1990.11
	卓建武	男	福建省福州市	副书记	1990.8—1990.11
	魏万能	男	福建省政和县	副书记	1990.8—1990.11
	杨逸蓉	女	福建省莆田县	常委	1989.1—1989.5
	范杰昌	男	福建省政和县	常委	1989.1—1990.8
	杨定基	男	福建省政和县	常委	1989.1—1990.11
	李　建	男	福建省建瓯市	常委	1989.1—1990.11
	张日起	男	福建省建阳市	常委	1989.1—1990.4
	林其水	男	福建省福州市	常委	1989.5—1990.11
	胡利孙	男	江西省	常委	1990.4—1990.11
	张建光	男	浙江省永康县	常委	1990.8—1990.11
第七届县委会（1990.11—1993.11）	吴家洋	男	福建省泉州市	书记	1990.11—1993.9
	汪其生	男	福建省南平市	书记	1993.9—1993.11
	杨根生	男	河南省商城县	副书记	1990.11—1993.11
	卓建武	男	福建省福州市	副书记	1990.11—1993.3
	魏万能	男	福建省政和县	副书记	1990.11—1993.11
	林其水	男	福建省福州市	副书记	1991.10—1993.9
	张建光	男	浙江省永康县	常委	1990.11—1993.8
	胡利孙	男	江西省	常委	1990.11—1993.9
	李　建	男	福建省建瓯市	常委	1990.11—1993.11
	林其水	男	福建省福州市	常委	1990.11—1991.10
	苏　民	男	福建省建瓯市	常委	1991.12—1993.4
	林　定	男	福建省福州市	常委	1993.3—1993.11
	蔡朝耿	男	福建省松溪县	常委	1993.9—1993.11
	宋建华	男	福建省邵武市	常委	1993.9—1993.11
	袁梅英	女	福建省武夷山市	常委	1993.9—1993.11
	黄明亮	男	福建省建瓯市	常委	1993.9—1993.11
	汪其生	男	福建省南平市	书记	1993.11—1996.10
	丁仰宁	男	福建省古田县	书记	1996.10—1998.11
				副书记	1996.9—1996.9

续表 6 - 1

届　别	姓　名	性别	籍　贯	职　务	任　职　时　间
第八届县委会（1993. 11—1998. 11）	魏万能	男	福建省政和县	副书记	1993. 11—1998. 10
	张建光	男	浙江省永康县	副书记	1993. 11—1996. 9
	张明接	男	福建省建瓯市	副书记	1993. 11—1994. 9
	杨根生	男	河南省商城县	副书记	1993. 11—1995. 3
	叶家乐	男	福建省浦城县	副书记	1994. 12—1998. 9
	宋建华	男	福建省邵武市	副书记	1995. 4—1996. 7
	王明辉	男	福建省莆田市	副书记	1996. 2—1998. 11
	高建富	男	福建省邵武市	副书记	1997. 9—1998. 11
	黄健平	男	福建省古田县	副书记	1998. 9—1998. 11
	张章景	男	福建省南平市	副书记	1998. 10—1998. 11
	陈鸣华	男	福建省政和县	副书记	1998. 10—1998. 11
	蔡朝耿	男	福建省松溪县	常委	1993. 9—1996. 11
	宋建华	男	福建省邵武市	常委	1993. 11—1995. 4
	袁梅英	女	福建省武夷山市	常委	1993. 11—1994. 9
	黄明亮	男	福建省建瓯市	常委	1993. 11—1998. 11
	周　伟	男	福建省政和县	常委	1994. 12—1998. 10
	张振津	男	河北省大城县	常委	1995. 4—1998. 11
	王晓萍	女	福建省建瓯市	常委	1996. 2—1998. 11
	魏积平	男	福建省建瓯市	常委	1997. 5—1998. 11
	宋毓宁	男	福建省政和县	常委	1998. 10—1998. 11
	蔡康政	男	福建省松溪县	党委	1998. 10—1998. 11
第九届县委（1998. 11—2003. 11）	丁仰宁	男	福建省古田县	书记	1998. 11—1999. 10
	郑明洋	男	浙江省文成	书记	1999. 11—2003. 10
				副书记	1999. 11—1999. 10
	张章景	男	福建省南平市	副书记	1998. 11—2001. 5
	陈鸣华	男	福建省政和县	副书记	1998. 11—1999. 1
	王明辉	男	福建省莆田市	副书记	1998. 11—2000. 8
	黄健平	男	福建省古田县	副书记	1998. 11—2003. 10
	张泽和	男	福建省政和县	副书记	1999. 12—2002. 1
	黄光炎	男	福建省邵武市	副书记	2000. 6—2003. 5
	陈宗荣	男	福建省松溪县	副书记	2002. 3—2003. 10
	梁廉荣	男	福建省浦城县	副书记	2003. 5—2003. 10
	魏积平	男	福建省建瓯市	常委	1998. 11—1999. 7
	王晓萍	女	福建省建瓯市	常委	1998. 11—2000. 5
	宋毓宁	男	福建省政和县	常委	1998. 11—1999. 12

续表6－1

届　别	姓　名	性别	籍　　贯	职　务	任　职　时　间
	黄明亮	男	福建省建瓯市	常委	1998. 11—1999. 12
	李　飞	男	福建省邵武市	常委	1999. 1—2000. 6
	许晓如	男	福建省政和县	常委	1999. 10—2001. 7
	陈宗荣	男	福建省松溪县	常委	2000. 5—2002. 2
	吕德钧	男	福建省南平市	常委	2000. 5—2001. 8
	陈登新	男	福建省南平市	常委	2000. 5—2002. 1
	鲁文安	男	江苏省	常委	2001. 7—2003. 3
	黄雄杰	男	福建省建阳市	常委	2002. 2—2003. 10
	郑满生	男	福建省建瓯市	常委	2002. 3—2003. 10
	吴传桂	男	福建省建瓯市	党委	2002. 8—2003. 10
	钟宏芳	男	江西省	常委	2003. 3—2003. 10
	詹树强	男	福建省浦城县	常委	2003. 8—2003. 10
	谢秀端	女	福建省建瓯市	常委	2003. 10—2003. 10
第十届县委会（2003. 11—2005. 12）	郑明洋	男	浙江省文成县	书记	2003. 10—2004. 7
	黄健平	男	福建省古田县	书记	2004. 7—
				副书记	2003. 10—2004. 7
	陈宗荣	男	福建省松溪县	副书记	2003. 10—
	梁廉荣	男	福建省浦城县	副书记	2003. 10—2005. 9
	刘鲁众	男	山东省祈南县	副书记	2004. 9—
	吴传桂	男	福建省建瓯市	常委	2003. 10—2004. 11
	詹树强	男	福建省浦城县	常委	2003. 10—
	郑满生	男	福建省建瓯市	常委	2003. 10—
	黄雄杰	男	福建省建阳市	常委	2003. 10—
	钟宏芳	男	江西省	常委	2003. 10—2004. 3
	谢秀端	女	福建省建瓯市	常委	2003. 11—
	王恒胜	男	安徽省	常委	2004. 3—2005. 3
	张　平	男	福建省武夷山	常委	2005. 3—
	吴发胜	男	福建省政和县	常委	2005. 9—

第二节　工作机构

1989年，中共政和县委工作机构有县委办公室（机要局挂牌其内）、组织部、宣传部、统战部、政法委员会、政策研究室、党史研究室、县直机关党委、政治体制改革办公室、对台工作办公室、精神文明建设办公室、老干部局、党校、报道组。

1992年，县委工作机构由14个调整为县委办公室、组织部、宣传部、统战部、政法委，政策研究室并入县委办，保留其牌子。党史研究室转入事业单位系列。县直机关党委改为县委派出机构，称中共政和县委县直机关工作委员会。政治体制改革办公室并入县委办，其职能由县委办承担。对台工作办公室改与县委统战部合署。精神文明建设办公室改为县委宣传部部门管理机构。老干部局改为县委组织部部门管理机构。党校、报道组转为事业单位系列。

1997 年，根据政和县党政机构改革方案，县委工作机构调整为：县委办公室（加挂政策研究室、机要局、台湾工作办公室牌子）、组织部、宣传部、统战部、政法委（社会治安综合治理委员会办公室与其合署）、县直机关工作委员会。

2005 年年底，县委工作机构 14 个：县委办公室（政策研究室、机要局、保密委员会办公室）、组织部、宣传部、统战部、政法委（综治委、610 办公室与其合署）、精神文明建设办公室、农村工作领导小组办公室，机构编制委员会办公室、县直机关工作委员会、台湾工作办公室、信访局、党校、党史研究室、报道组、机关效能建设领导小组。

第三节　其他机构

1989 年 6 月，县老干部局更名为中共政和县委老干部局，为县委系列正科级工作机构，有工作人员 8 名。1990 年 10 月，成立县老龄工作委员会，与老干部局合署，1991 年 2 月单独办公。1997 年 3 月，县老干部局改为由县委组织部管理的部门机构。2000 年 1 月，县副处级以上退休干部纳入县委老干部局统一管理。2005 年，设编制 9 名，实有人员 8 人。

第二章　党员代表大会

第一节　党员代表的产生

1989 年以后，出席党代会的代表，均由各选举单位的党员大会或党员代表会议选举产生。县委对选举单位的划分、代表结构比例、代表产生的程序、代表应具备的条件、代表名额分配等作出规定，以基层为单位，组织各基层党委、基层党组织广大党员参与县党代会代表的推荐提名工作，并坚持自下而上，上下结合，反复酝酿，逐级遴选的原则。各选举单位推荐的代表候选人预备人选经县委批复同意后召开党员大会或党代表会议，采取无记名投票方式，差额选出出席县党代会的代表。历届党代会代表中，既有县和乡（镇）的党员领导干部的代表，也有企事业单位的代表，有各行各业做出突出贡献的先模人物代表，还有占一定比例的妇女代表和少数民族代表。

1990 年 11 月，选举产生县第七次党代表大会代表，当选的 200 名代表中，各级领导干部代表 116 名，占 58%；各类专业技术人员代表 38 名，占 10.9%；各条战线先进人物代表 44 名，占 22%；解放军、武警、消防部队代表 2 名，占 1%。代表中妇女代表 18 名，占 9%，少数民族代表 4 名，占 2%。年龄在 45 岁以下中、青年代表 126 名，占 63%。在文化结构上，大专以上学历的代表 98 名，占 49%；高中、中专学历代表 56 名，占 28%；初中以下代表 46 名，占 23%。

1993 年 11 月，选举产生县第八次党员代表大会代表，当选的 199 名代表中，各级干部代表 118 名，占 54.27%；各类专业技术人员代表 37 名，占 19.09%；各条战线先进人物代表 42 名，占 26.13%；解放军、武警、消防部队代表 2 名，占 1.01%。代表中妇女代表 17 名，占 8.54%，少数民族代表 4 名、占 2.05%。年龄在 45 岁以下中、青年代表 121 名，占 60.08%。在文化结构上，大专以上学历的 105 名，占 52.75%，高中、中专学历 58 名，29.1%，初中以下代表 36 名，占 19%。

1998 年 11 月末，选举产生县第九次党员代表大会代表，当选的 202 名代表中，各级领导干部代表

123名，占60.9%；各类专业技术人员代表40名，占19.8%；各条战线先进人物代表36名，占17.8%，解放军、武警、消防部队代表3名，占1.48%。代表中妇女代表22名，占10.9%，少数民族代表3名，占1.5%。年龄在45岁以下中、青年代表155名，占75.7%。在文化结构上，大专以上学历代表101名，占50%；高中、中专学历代表60名，占29.7%；初中以下代表41名，占20.3%。

2003年10月底，选举产生县第十次党员代表大会代表，当选的218名代表中，各级领导干部代表中，各级领导干部代表131名，占60.1%；各类专业技术人员代表44名，占20.1%；各条战线先进人物代表39名，占19.8%；解放军、武警、消防部队代表4名，占1.85%。代表中妇女代表28名，占12.8%。少数民族代表2名，占0.9%．年龄在45岁以下的代表中、青年代表145名，占66.5%。在文化结构上，大专以上学历代表141名，占64.7%；高中、中专学历代表12名，占19.3%；初中以下代表35名，占16%。

第二节　党员代表大会

一、中共政和县第七次代表大会

1990年11月27—29日在城关召开。会议代表200人，出席会议代表196人，代表全县5484名党员。大会听取并审议通过了吴家洋代表上届县委作的《坚持党的基本路线、为脱贫致富、振兴政和而奋斗》的工作报告和李建作的《三年来全县党的纪律检查工作报告》；选举产生中共政和县第七届委员会委员21人，候补委员4人。选举产生中共政和县纪律检查委员会委员11人。

二、中共政和县第八次代表大会

1993年11月29—30日在城关召开。会议代表199人，代表全县5996名党员。大会听取并审议通过了汪其生代表中共政和县第七届委员会所作的《团结一心，艰苦创业，加大改革力度，加快经济发展》的工作报告和蔡朝耿作的纪律检查工作报告。选举产生第八届县委委员26人，候补委员4人。选举产生中共政和县纪律检查委员会委员15人。

三、中共政和县第九次代表大会

1998年11月26—27日在城关召开。会议代表202人，出席会议代表196人，代表全县7060名党员。大会听取并审议通过了仰宁代表中共政和县第八届委员会所作的《实现经济崛起，推动社会进步，为开创政和发展和繁荣的新世纪而奋斗》的工作报告和张章景所作的中共政和县纪律检查工作报告。选举产生第九届县委委员27人，候补委员4人。选举产生中共政和县纪律检查委员会委员13人。

四、中共政和县第十次代表大会

2003年10月27—29日在城关召开。会议代表218人，出席会议代表209人，代表全县8064名党员。大会听取并审议通过了郑明洋代表中共政和县第九届委员会所作的《把握时代机遇，突出发展主题，为加快政和全面建设小康步伐而努力奋斗》的工作报告和陈宗荣所作的中共政和县纪律检查工作报告。选举产生第十届县委委员27人，候补委员4人。选举产生中共政和县纪律检查委员会委员15人。

第三章　重大决策

第一节　政治建设

1990年，中共政和县第七次代表大会上，县委提出要坚持和改善党的领导，把全县各级党组织建设得更加坚强，更加团结，更加富有战斗力。始终不渝地用马列主义、毛泽东思想武装党员，从思想上建党；加强基层党组织建设，搞好党员的教育和管理；贯彻执行干部“四化”方针，把各级领导班子建设好，抓好党风廉政建设，保持党和人民群众的血肉联系，坚持和改善党对各项事业的领导，巩固发展安定团结的政治局面。1991—1992年，县委作出《关于学习贯彻党的十四大精神的决议》，提出要认真学习贯彻十四大精神，统一广大党员、干部和群众思想与行动；坚持以经济建设为中心，奋力加快全县经济发展步伐；围绕建立社会主义市场经济体制，全面推进各项改革；努力提高社会主义精神文明建设水平，为加快经济发展步伐创造良好的环境；加强党的建设、改善党的领导、推动社会全面发展。同时，要求结合学习贯彻邓小平同志视察南方重要谈话精神，解放思想、实事求是、抓住机遇、加快发展。

1993—1994年，在中共政和县第八次代表大会上，县委提出要按照党章的要求，结合实际，遵循党的基本路线，坚持党要管党和从严治党，发扬党的优良传统和作风，提高各级党组织的战斗力，团结带领全县人民沿着有中国特色社会主义的道路不断前进。增强贯彻执行党的基本路线的自觉性和坚定性；扎实开展反腐败斗争，密切同人民群众的联系；加强基层党组织建设，充分发挥党员先锋模范作用；搞好领导班子自身建设，加强干部培养教育工作；实行民主集中制，维护党的团结和统一。

1995—1997年，县委提出在开展学习贯彻十四届五中全会和省第六次党代会精神活动中，要着重抓好四个方面的“深化”，即在理论学习上深化，要与邓小平建设有中国特色社会主义理论结合起来，进一步领会两个会议精神实质；在联系实际上深化，要用两个会议精神来统一党员的认识和行动，解决本地区、本部门在发展中遇到的各种实际问题；在加强党的建设上深化，使党的思想建设、作风建设、组织建设得到切实加强；在提高党员自身素质上深化，解决好用什么样的世界观、什么样的奋斗目标来改造主观世界和客观世界。1998—2001年，县委在中共政和县第九次代表大会上提出，要进一步深入学习邓小平理论，加强党的组织建设，建设高素质的干部队伍；抓好党风廉政建设和加强法制建设，健全民主制度，维护社会稳定，为改革和发展创造良好的社会环境。

2002—2004年，在中共政和县第十次代表大会上，县委提出以“三个代表”重要思想为指导，按照“三级联创”的要求，坚持党要管党，从严治党，不断提高党的领导水平和执政水平，确保全县各级党组织和广大党员始终走在时代前列，始终成为政和人民的主心骨和事业发展的中流砥柱。2005年，根据中央和省、市委统一部署，从当年2月始至翌年6月底，全县分三批开展保持共产党员先进性教育活动，每批为期6个月。

第二节 经济建设

1990年，政和县委提出全县工作总的目标和任务是进一步弘扬“开拓奉献，政通人和”的“政和精神”，实行资源转化和科技兴县战略，全面开发农业、林业和资源转化型工业，大力发展开放型经济。完成治理整顿任务，促进国民经济协调稳步发展；加强基础设施、基础工业和农业基础建设，增强经济发展后劲；狠抓计划生育工作，严格控制人口增长；重视科技进步和人才培养工作。1991—1992年，县委围绕“资源转化，以山兴县”的发展战略，提出“兴林富县、兴林富民”，采取超常规措施狠抓林业生产，打好消灭荒山攻坚战，在全县掀起以种果树为重点的山地开发热潮，抓好幼林地、茶果地套种烟叶、花生、药材等“短、平、快”项目。企业开展“质量、品种、效益年”活动，推动产品质量稳步上升。围绕实施政和国民经济和社会发展十年规划及“八五”计划，县委出台《关于依靠科技进步，振兴政和经济的决定》，把科技成果转化为现实生产力，在“推广、开发、改造、引进、培训”五个环节上下功夫，力争取得实效。

1993年，在中共政和县第八次代表大会上，县委提出今后五年全县工作总的要求是全面实施“追赶跳跃”战略，加大改革力度，加快经济发展，加强基础建设，加快社会进步，构就山区资源大开发，山海协作大开放，集中力量抓特色、上规模、增效益，实现国民经济持续、快速、健康发展，力争全县国民生产总值到1998年达8亿元以上，五年平均递增23%左右，人均国民生产总值、人均纯收入、人均消费水平等主要指标达到小康水平，赶上全区步伐，走在全省贫困县前列。1994 年，县委提出充分利用境内高山、平原“二元”地理，确定实施“菇菜猪起步，茶竹果腾飞”的战略构想，探索和完善推广“公司加农户”产加销一条龙、贸工农一体化经营模式。以特色促开放，构建东平—城关—镇前“三点一线”边贸走廊，开展边界贸易、山海协作和外引内联，走“特色开发、带动加工，促进开放”的发展路子；发展以加快科技进步、提高国民整体素质为重点的科技教育，在科技成果推广、普及，培养和重用人才上取得突破；加大以建立社会主义市场经济体制为重点的各项改革力度，在企业转换机制、农村转变观念、机关转变职能、部门转变作风以及土地有偿使用、房地产改革上突破，努力实现“7675”奋斗目标。

1995 年，县委作出围绕“改革、发展、稳定”工作大局，继续实施“七大突破”，抓好“六项工程”，确保农民增收和财政增收，加快生产市场化、发展产业化、建设城镇化步伐，实现县、乡、村、民四富目标。1996 年，县委出台《关于制定政和县国民经济和社会发展“九五”计划及在 2010 年内全县实现“增包翻番”远景奋斗目标》，总体发展布局是“发展县城轴心，繁荣边贸走廊，加快三区崛起，接轨内外市场”。1997 年，县委提出以“加快发展、项目启动、脱贫甩帽、基本小康、财政平衡、城乡文明”统揽全县各项工作。1998 年，在中共政和县第九次代表大会上，县委提出今后五年继续实施“特色强农、合力扶工、品牌兴贸、联动崛起”战略，加大改革开放力度，推进山区崛起。加快城区旧城改造和新区建设，以县城为中心，以瓯政路、小浦路为依托，布点工贸小区，建设繁华产业带；加快边贸市场、农副产品专业市场和农村集贸市场建设，积极参与国内外大市场分工和省际、区际、县际协作；因地制宜，因势利导，扬长避短，全面实施平原区、半高山区、高山区三区“联动崛起”的发展战略。1999 年，县委提出全年工作抓好五个点，即搞好巩固点，稳定和加强农业；明确突破点，加快工业发展步伐；抓住有利点，扩大对外开放；培育新增点，增强经济发展后劲；克服薄弱点，扎实做好财政金融工作。

2000—2001 年，县委提出全县经济工作要围绕建设可持续发展的生态优高农业县的目标定位，全力组织实施“稳定菇业、优化茶业、提升竹业、发展果蔬业、壮大养殖业、开拓烟药业”和“围绕工业抓农业，抓好农业促工业”的经济发展战略。要求各级做好五个方面工作：稳定农业基础地位，着力调整农业和农村经济结构，发展农业特色产业和资源加工型工业，千方百计增加农民收入；加大国有企业改革力度，促进扭亏增盈和建立现代企业制度；加强基础设施建设，扩大对外开放，加强扶贫工作，加快小康建设，提高利用外资水平；完善社会保障体系，重视和加强对外经贸合作，进一步改善人民生活；正确处理改革、发展、稳定的关系，保证国民经济持续、快速、健康发展。2002 年，县委围绕建设可持续发展的生态优高农业县目标，大力实施“科教兴县”和可持续发展战略，深入开展创业竞赛活动，加快经济结构的战略性调整，发展新型工业和非公经济，进一步深化改革，全面提高对外开放水平，促进国民经济可持续快速健康发展。

2003—2004 年，在中共政和县第十次代表大会上，县委提出今后五年全县工作的指导思想是以全面建设小康社会统揽全局，扎实推进生态优高农业县建设，做大做强优势特色产业，加速工业化进程，壮大民营经济，提升城镇化水平，加快公共事业发展，全面加强党的建设，强化全民创新意识，着力打造“诚信政和”，推动全县物质文明、政治文明和精神文明协调发展。坚持以工业化增强实力，以产业化壮大农业，以民营化振兴经济，以城镇化建设农村。发挥毗邻浙江庆元的区位优势做足承接产业转移和辐射文章，发挥人力资源优势做足劳动密集型和回归经济文章。发挥二元地理气候优势，做足反季节农业文章。加大经济结构调整和项目开发力度，培育壮大龙头企业，做大做强特色和绿色经济。以入闽通道为轴心，构筑工业发展平台，建成“石屯—城关—岭腰”工贸走廊。实施项目带动，加快工业化进程；做强两色经济，加快产业化进程；扩张非公经济，加快民营化进程；优化资源配置，加快城镇化建设步伐；强化科教兴县，实现可持续发展。

2005 年，在全县经济工作会议上，县委提出牢固树立科学发展观，全面融入海峡西岸经济区绿色腹地建设，围绕建设可持续发展的生态优高农业县，加快构筑绿色食品基地、承转产业重地、边贸物流旺地和旅游休闲胜地竺“四地”建设，进一步深化改革，扩大开放，强攻项目，做强产业，以人为本，统筹兼顾，努力实现经济增总量、农民增收入、企业增效益、财政增实力、发展增后劲，社会保稳定的“五增一保”目标，促进经济社会全面、协调、可持续发展。要求全县进一步推进“突出工业，突破工业”战略，加速膨胀工业经济；加强“三农”工作，有效增加农民收入；强化招商引资，提高开放层次；加大有效投入，完善配套基础设施；坚持以人为本，加快构建和谐社会；注重统筹兼顾，协调发展各项事业。

第三节　文化建设

1990—1992 年，中共政和县第七次代表大会提出全县精神文明建设的重点在于培养社会主义“四有”新人，造就社会主义道德风尚，突出抓好“点（家庭、单位）、线（街道、行业）、面（城镇、乡村户）”和“两街一路一条河”的文明建设，把创建文明村镇、文明单位和文明家庭活动提高到一个新的水平。加强历史、党史、国情、县情教育和老区人民的革命传统教育，倡导“开拓奉献，政通人和”的政和精神，结合“两德四职”教育和“学雷锋、学焦裕禄、学铁人、学赖宁、学杨韩非”活动，立足本职岗位创一流，做贡献，立新功。1993—1997 年，县委提出坚持把教育摆在优先发展的战略位置，优化教育结构，强化义务教育，大力发展职业教育和成人教育。按照培育“四有”新人的要求，加强爱国主义、集体主义、社会主义教育，坚持弘扬“政和精神”，激励人民为加快政和发展建功立业。坚持正确的人生观和价值观，加强社会公德和职业道德教育，深入开展以创建文明村镇、文明片区、文明单位为主题的群众性活动。1998—2002 年，为贯彻落实教育“一纲五法”，进一步巩固和发展“两基”成果，全面实施素质教育，县委提出大力发展教育文化事业，逐步增加投入，新建和改造一批文化设施，活跃农村文化，实施全民健身计划，提高人口的体能素质。大力弘扬伟大的抗洪精神，塑造开明开放的政和形象，共建团结奋进的社会风尚。2003—2004 年，在中共政和县第十次代表大会上，县委提出深化体制改革，整合教育资源，坚持基础教育、职业教育和成人教育的“三教统筹”，提高办学效益。坚持先进文化导向，加强社会主义精神文明建设，为县域经济发展提供内在动力。大力发展农村文化、社区文化、广场文化、企业文化、校园文化，满足广大群众日益增长的文化生活需求。

2005 年，县委提出坚持深入贯彻公民道德实施纲要，以为人民服务为核心，以集体主义为原则，以诚信为重点，进一步加强社会公德、家庭美德和职业道德教育，加强形势教育和乡土教育，继续弘扬政和人的“三种精神”，激发广大干群“爱我政和、建我家乡”的热情和干劲，不断推进城乡移风易俗，反对大操大办和封建迷信歪风，树立文明节俭新风。

第四章　纪检监察

第一节　机　构

一、县纪律检查委员会

1989 年初，政和县纪律检查委员会内设办公室、纪律检查室、案件审理室、控告申诉室、党员教育室等 5 个室。设书记 1 人，常委 2 人，工作人员 11 人。1990 年 11 月，中共政和县第七次代表大会选举产生新一届纪律检查委员会委员，并召开第一次全体委员会议，选举产生书记 1 人，副书记 1 人，常委 5 人。内设办公室、宣传教育室、控申室、检查室、审理室，各室设主任 1 人，全委定编 16 人。

1993年4月，县纪检会与县监察局合署办公。12月，根据上级精神，自本届起，县纪检委员会任期5年。全委定编25人（含县监察局），其中行政编制21人，事业编制2人，工勤人员2人。内设办公室、纪检监察一室、纪检监察二室、案件审理室，控申室改称信访室（加挂行政监察举报中心牌子）、执法监察室、宣传教育室、党风廉政建设室（加挂县政府“行风办”牌子）。2005年年底，县纪检会内设办公室、纪检监察一室、纪检监察二室、案件审理室、信访室、执法监察室、宣传教育室、党风廉政建设室等，共有工作人员25人。

二、县监察局

1989年初，县监察局内设行政监察举报中心、执法监察室、宣传教育室、党风廉政建设室，设局长1人，副局长1人，有工作人员9人。1993年，根据党中央、国务院关于各级纪检、监察机关实行合署办公的决定，4月10日政和县纪律检查委员会与政和县监察局合署办公，履行党的纪律检查和政府行政监察两种职能，原县纪检委的5个科室和县监察局4个科室合并为纪检监察一室、纪检监察二室、案件审理室、信访室、党风廉政建设室、行政监察举报中心、执法监察室、宣传教育室，其中党风廉政建设室与县政府“行风办”合署办公。2002年，县乡党政机构改革，县纪委机关与县监察局合署办公的职能体制保留不变。县监察局配局长1人（由1名纪委副书记兼任）、副局长2人。至2005年底，机构与体制不变。

三、县机关效能建设领导小组办公室

2002年4月，设立县机关效能建设领导小组和机关效能投诉中心，领导小组下设办公室，为正科级机构，内设综合督查股、投诉股。2004年7月，督查股更名为督查室，人员编制5人，设主任1人、副主任1人，挂靠县委纪委、监察局，实行合署办公。至2005年机构和体制不变。

四、基层纪检监察

1989年，政和县纪委在全县9个乡（镇）和县直机关工委、县经委、县林业局3个县直单位设立纪律检查委员会，配专职纪检员32人。1998年，成立岭腰乡纪律检查委员会，配专职纪检监察员3人。2002年，相继增设县卫生局、农业局、建设局、教育局、交通局、公安局6个县直单位基层纪律检查委员会，并配纪检员15人。2003年，先后在县检察院、县法院、发改局、国土资源局等4个单位设立纪检组和监察室，配备纪检、监察员8人。2005年年底，全县共设立基层纪律检察委员会19个，纪检组4个，监察室4个，共有专职纪检监察人员58人。

第二节　党风党纪教育

1989年，县委、县政府对群众反映少数党政干部利用职权建私房谋取私利问题，由县纪委牵头开展党政干部建私房清理工作，对确属利用职权谋取私利的党政干部分别给予党纪政纪处分或批评教育。1992年，按照省委提出的“六个机制”（思想教育、制度规范、监督制约、查案惩处、干部保护、廉政责任）和“两公开、一监督”（政务公开、财务公开、群众监督）反腐倡廉工作的要求，加大宣传力度和狠抓工作落实。2000年，对领导干部办酒席实行申报制度，制止党员干部在婚庆、丧事中大操大办酒席、借机敛财。2001年，县纪委与组织部、宣传部联合对党员干部开展警示教育活动，举办党性教育培训班，加强党员干部的世界观教育，坚定理想信念，增强廉政意识。2005年，贯彻落实《党内监督条例》和《建立健全教育、监督并重的惩治腐败体系实施纲要》，进一步完善党内监督制度，促进领导干部廉洁从政、施政，使干部监督逐步制度化、规范化。

1989—2005年，全县共举办各种形式培训班8000多场（次），轮训党员干部5000多人（次），播放电教片3000多场（次），举办党规、党纪、党章等为主要内容的知识竞赛12场，受教育人数达6000多人（次）。

第三节　领导干部廉洁自律

1989年后，政和县纪委坚持抓好领导干部廉洁自律多项工作的贯彻落实，每年有1—2次组织领导干部学习《党内监督条例》《廉政准则》和《建立健全学习教育和重大事项报告及党内监督等三大制度并重的预防腐败体系实施纲要》。同时，坚持每年开好一次民主生活会和建立领导干部个人重大事项报告制度。1994年，以中纪委“两个五条规定”和县委提出的廉洁自律“十条规定”为准则，认真对照检查，按要求召开民主生活会。2000年后，严格按照省纪委、监察厅《关于制止党政机关工作人员赠送和接收“红包”的暂行规定》等要求，召开领导干部家属“廉内助”会议和签定领导干部拒腐防变“承诺书”，设置“举报箱”，开通“举报电话”，接受群众监督。

第四节　纠正部门和行业不正之风

1989年以来，县纪委把纠正部门和行业不正之风（简称“纠风”）作为一项重要工作来抓，认真治理中小学校乱收费，对提高收费标准、扩大收费范围和搭车收费等现象坚决予以制止；配合医疗部门完善规范药品招标采购制度，提倡“以人为本、以病人为中心”的服务理念，加强医德医风教育，提高医疗服务质量；坚持每年召集全县党风廉政监督员、特邀监察员、效能建设监督员、离退休干部及参评服务单位代表等人员，对全县各行政事业单位和服务部门工作服务情况进行民主评议、考评；狠抓党员干部用公款旅游、公款私存、大吃大喝和单位私设“小金库”等不正之风；贯彻省、市、县政府关于制止“三乱”有关规定，组织机关单位人员进行明查暗访，加大查处学校和公路“乱收费、乱罚款、乱摊派”之风。2005年，全县中、小学义务教育阶段全面实现“一费制”，基本制止医药和医疗服务中的不正之风，境内公路“三乱”现象得到有效遏制。

第五节　执法监察

1993年，县纪委与监察局合署办公后，即在全县各行政企事业单位开展督察领导干部的贪污、贿赂、以权谋私、失职、渎职等案件。督察重点是建设工程招投标、土地使用权、国有资产交易、政府采购等“四项制度”，同时，对矿业权招标拍卖、挂牌出让、拖欠和克扣农民工资及森林防火、危险化学品、建筑施工安全等十个安全生产项目进行专项监察。1998—2005年，开展行政执法监察计216项，提出监察意见450条，发出监察建议书236份，制止和纠正违法违规行为85起，查出违规金额35万余元，为国家和集体挽回经济损失80多万元。

第六节　违法违纪案件查处

1989—1992年，全县共立案查处各类案件163件，办结161件172人，被开除党籍38人，留党察看36人，党内严重警告51人，警告41人，行政处分6人。其中转司法部门查处10人，挽回经济损失达100多万元。1999年9月，县纪委配合南平市纪委，查处原政和县委书记丁某某等人重大违纪违法案件，全案涉及处、科（局）、股级干部246人（处级干部18人、科级干部102人、股级以下干部126人），共查出违法违纪金额人民币230多万元、美元5292元、港币4293元。2000年，丁某某被开除党籍，依法判处无期徒刑，剥夺政治权利终身。另有3名副处级干部被开除党籍，分别被依法判处有期徒刑，其他涉案人员均分别受到党纪政纪处分。此后，纪检监察部门以“三机关一部门”（党政机关、司法机关、行政机关和经济管理部门）为重点，加大案件查办力度。2005年1月底，全县纪检监察部门共立各类违法违纪案件512件，涉案人员720人，办结512件720人，结案率达100%。受到党纪处分的593人，政纪处分的85人，转司法部门处理的42人。

第七节　机关效能建设

一、效能制度

2002年，政和县开始实施机关效能工作。是年，县效能办按照“讲求实效，重在建设”的方针，针对一些部门单位存在办事拖拉、推诿扯皮、有令不行、有禁不止等问题，要求各单位先后健全完善岗位责任制、服务承诺制、限时办结制、首问责任制、一次性告知制、否定报备制、失职追究制、效能考评制、机关工作人员请销假及上下班签到制等九项基本制度，形成以制度管人、按制度办事的机关工作绩效考核运作体系。2003年起，各单位均设立政务公开栏、科室分布图、办事流程图、岗位职责、服务承诺、收费依据及标准、办事结果、廉政监督台及举报电话。机关工作人员上班时间人人身上有胸卡，办公桌上有身份牌，墙上有人员去向图等。2004年8月，县效能办配合县纪委、监察局对23个县直单位和5个乡（镇）进行投资环境效能监察，发出整改通知28份。同时，县效能力简化投资企业报批、办证、办照、用地、用水、用电等办理程序，降低企业投资门槛，改善投资环境。2002—2005年，县效能办对1980年后的规范性文件进行全面清理，共清理出有悖现行法律、法规和不适应市场经济发展的文件65份，予以公布取消。

二、效能督查

2003年起，县效能办围绕县委、县政府的中心工作以及群众关注的热点、难点问题，加大效能投诉督查力度，坚持以“廉洁、勤政、务实、高效”为目标，树立群众利益无小事观念，全方位受理群众反映的热点问题，热情接待群众投诉，做到分类处理、快速调查、限时办结、整改到位，实现“有访必接、有诉必理、有理必果”的高效率运作，高质量回复，高权威监督，有效地化解社会矛盾。2004年，开始坚持每季度开展2—3次定期或不定期的效能督查行动，针对存在的问题下发效能整改通知书，并设立“效能服务投诉箱”，对外公布监督举报电话。2002—2005年，全县共受理投诉572件，办结530件，办结率为92.7%，给予效能告诫18人次，责成有关部门效能告诫15个次，发出通报批评、建议整改126件次，诫免教育42人次，批评教育21人次，移送纪检监察机关处理20件。

三、效能服务

2003年7月，在全县开展服务经济建设环境整治教育和重商、亲商优化环境大讨论活动，成立“企业投资服务中心”，推行“一个窗口对企业的一站式”服务，并就环境建设工作通过县电视台向社会公开承诺，接受社会监督，以一切围绕投资者、一切为投资者服务为宗旨，进一步完善效能建设八项制度，印发《投资服务指南》和客商证各45本。2004年，深入推进政务公开，全县首批确定建设局、国土局、石屯镇政府、解放村、政和一中、县交通局等26个重点单位作为各类规范化政务公开培育典型联系点，带动全县村务、校务、厂务、院务公开工作全面开展。同时，建立政务公开的责任、审议、评议、反馈、备案五项制度，确保政务公开及成效。2005年，全县设立政务公开栏单位由8个增加到16个，举办政务公开38期，涉及420项内容。

第五章　组织建设

第一节　党　员

一、党员发展

1989—1993 年，政和县各级党组织按照党员标准和发展党员程序发展党员，先后制订考察制度、培训制度、考试制度，坚持把政治思想考察放在首位，严格把好“入口关”。同时，注重从优秀中青年干部和知识分子、各行各业生产第一线的骨干中培养吸收新党员，每年制订发展新党员工作计划和举办两期入党积极分子培训班。1994 年，针对农村党员队伍年龄偏大、文化程度偏低、青年和一线党员偏少的状况，制定《1994—1996 年政和县农村发展党员三年规划》，并付诸实施。1997 年，修订《1997—1999 年政和县农村发展党员三年规划》，要求每个党支部每年重点培养 3—5 名入党积极分子，发展党员 1—2 名。2000—2002 年，全县每年新发展党员保持在 300—500 名之间，每年每个党支部要求培养入党积极分子 5—7 名，将政治坚定、能坚定贯彻执行党的基本路线，献身改革开放和现代化建设，全心全意为人民谋利益，积极带领群众为经济发展和社会进步做出实绩的先进分子吸收到党员队伍中来。2003—2005 年，全县党员发展规划目标，要求每个基层党委每年至少举办一期以上党务干部和入党积极分子培训班，发展党员实行公示制、民主评议制、综合政审制、推优制、票决制、责任追究制、考核制、季度通报制、基层党委组织委员约谈制和新发展党员预审制。同时，严格按照新党章和发展党员工作细则规定，注重发展年轻党员和女党员。至 2005 年年底，全县共有党员 8386 名，其中女党员 1047 名，占 12.49%；35 岁以下 1478 人，占 17.62%，中专以上文化程度 2529 人，占 30.15%。

表 6－2　**1989—2005 年政和县党组织与党员情况表**

年份	党组织			党员				文化程度			当年发展党员		
	党委	总支	支部	合计	女	预备党员	少数民族	大专以上	中专	高中以下	合计	女	少数民族
1989	17	16	334	5484	466	151	38	281	429	2647	97	13	1
1990	17	16	334	5867	483	196	37	392	485	2728	115	18	1
1991	17	16	334	5789	500	225	39	401	505	2442	199	25	—
1992	17	16	334	5996	541	267	43	441	609	2504	260	30	2
1993	17	16	334	6192	559	252	45	503	676	2494	223	36	2
1994	17	16	335	6455	567	307	49	566	745	2472	302	49	4
1995	17	16	335	6626	609	260	45	616	804	2367	214	41	1
1996	18	16	376	6626	654	273	48	757	849	2381	229	49	1
1997	18	16	340	7060	690	290	40	798	886	2366	237	50	2
1998	18	16	342	7248	760	377	43	991	854	2393	334	60	3
1999	18	16	349	7488	813	354	43	1057	942	2377	278	59	—
2000	18	16	353	7721	857	382	41	1129	1033	2319	276	40	1
2001	18	16	358	7892	97	390	48	1101	961	2233	230	40	5

续表6－2

年份	党组织			党员				文化程度			当年发展党员		
	党委	总支	支部	合计	女	预备党员	少数民族	大专以上	中专	高中以下	合计	女	少数民族
2002	19	17	361	8064	928	345	45	1280	1060	2249	220	28	1
2003	19	17	374	8170	963	261	50	1436	1026	1547	185	35	1
2004	19	17	388	8218	984	283	48	1457	1001	1031	235	49	2
2005	21	16	406	8386	1047	308	49	1512	1017	640	262	49	—

二、党员教育

1989年，政和县委宣传部与组织部联合下发《关于建立健全基层党委领导给党员上党课制度》和《进一步加强形势教育工作意见》，举办二期共150名副科级以上党员干部参加的学习十五届四中全会精神培训班。组织10个宣传团，分头深入各基层党委，以支部为单位开展四中全会宣讲活动。1991年，抓好全县干部职工加强马列主义和十五届会议精神的学习教育，采取举办宣讲骨干培训班等形式，分头深入全县各机关、厂矿、企业、街道、学校、医院等党支部，组织党员干部开展三讲教育和十五届七中全会精神宣传教育活动。1994年10—11月，县委宣传部在县电视台开辟学习贯彻十五大会议精神辅导报告专题节目，对城区内的各党支部骨干进行培训。2000年11月，县委宣传部组织编写党的十六大会议精神宣传提纲，分发到各基层党支部，组织党员干部采取报告会、上党课、座谈会等形式进行学习宣传。2001年1月，县委组织部下发《关于成立农村"三个代表"重要思想学习教育活动领导小组》文件，安排村级党组织"三个代表"学习活动。2003年8—9月，县委宣传部组建一支60人宣讲团，深入全县基层党组织开展巡回宣传"三个代表"重要思想及"加快政和更好更快发展"活动。2005年，县委宣传部与组织部联合组织县直机关、乡（镇）副科级党员干部，深入基层党支部开展学习贯彻党的十六届四中全会精神和先进性教育及省、市、县委、政府《关于加快海西绿色腹地建设》等理论学习辅导工作，同时借助农村"一村一月一电影"进行"百部电影"下基层的巡回宣传、教育活动，全年达170多场（次）。

第二节　基层组织建设

一、乡（镇）和机关党组织建设

1989年，全县共有9个乡（镇）党委，8个县直单位党委，16个党总支，334个党支部。1993年9月，铁山和镇前两乡改为镇建制，成立镇前镇、铁山镇党委。1994年5月，石屯撤乡建镇，成立石屯镇党委。1995年6月，政和老残犯管理所党委更名为政和监狱党委。1996年10月，成立政和县建委党委。1998年1月，设立岭腰乡，成立岭腰乡党委。1999年8月，撤销县直机关党委会，成立县直机关工作委员会。2001年9月，县建委党委更名为县建设局党委。2002年6月，成立县教育局党委、卫生局党委、交通局党委、农业局党委、林业局党委。至2005年年底，全县共有10个乡（镇）党委，10个县直单位党委（含县直机关党工委），1个非公企业党委（政和驻沪党委），16个党总支，406个党支部。

二、农村党组织建设

1990年后，把基层组织建设工作重点放在农村，全面推行党建工作目标责任制和党员目标管理责任制，建立完善领导干部党建联系点制度，强化党委书记是"直接责任人"，支部书记是"当事人"的责任意识，狠抓落实党建工作目标责任制，形成一级抓一级，层层抓落实的党建工作机制。1995—

1996年，在全县农村基层党组织和党员中深入扎实地开展“双带双创”和“学美岭、创五好”活动，全县70%以上的农村党支部成为先进党支部。1997年，进一步加强后进贫困村的整顿工作，全面加强农村基层组织建设，建立乡（镇）党委先进性建设长效机制，更好地为建设社会主义新农村提供组织保证和优质服务。2002—2003年，贯彻党的十五届三中全会精神，加强农村组织建设工作和党对农村农业工作的领导，村级组织内部实行干部交叉任职，全县村两委交叉任职37人，有21名妇女进入村两委班子，全县村主干一肩挑的有9个村。依托县委党校，举办村级换届后备干部培训班，培训后备人员256名。开展村务决策听证工作，加强和改进农村党的建设，促进农村改革、发展、稳定和社会全面进步。2004—2005年，实行驻村特派员制度，从县直机关单位选派48名优秀党员干部到各村指导农村工作。在全县实行村务决策听证工作，推行村级招投标委托制度和村账托管制度，并结合“五个好”的村党组织考评标准，进一步细化村党支部的“五个好”目标要求，制定考评办法，严格标准，保证质量。

三、非公有制经济党组织建设

1998年，针对全县外出党员多，且相对集中在上海的情况，在上海成立非公企业党支部（驻沪党支部）。2003年，成立中共政和县驻沪流通招商助理员临时支部委员会，制定驻上海流通招商助理员管理办法。2004年8月，成立中共政和县驻沪委员会，为南平市首家驻沪党委，辖7个党支部，有党员157人。2005年，重点抓好国有企业下岗职工党员和流动党员的管理，在县林委、经委、财委等党委成立联合党支部，指导因企业破产、兼并等造成的下岗、失业职工党员和外出党员的教育管理。

第三节 干部管理

一、班子建设

1989年，根据党的干部队伍“四化”方针，按照“稳定骨干、优化结构、提高素质、积蓄后备”的要求，对科级领导班子在保持基本稳定的基础上进行必要的调整，为两个乡各增配1名党委副书记，为9个乡（镇）配齐党委组织委员、宣传委员，并明确职级待遇。同时，为部分机关党委增配专职党务干部，充实加强科级党政领导班子。1990年，全县乡（镇）、机关换届选举，按照干部“四化”方针调整配备领导班子。1991年，加强领导班子思想作风建设，根据省委、地委有关领导班子建设规划工作的部署，制定《政和县局级领导班子建设五年规划》并予以实施。1993年，围绕县委、政府提出的“765599”奋斗目标，加强经济建设一线和乡（镇）领导班子的建设，选配好“一把手”。同时，顺利完成县乡党委、纪委与乡（镇）政府换届选举工作，对全县乡（镇）副职以上59名领导干部进行调整交流，有37位中青年优秀干部选进乡（镇）班子，乡（镇）领导班子平均年龄由原来的37.96岁下降到35.91岁，其中30岁以下的比例从原来的10.26%上升到12.2%，妇女、非党干部比例从原来的1.28%增加到6.17%，班子文化结构、专业结构有明显改善，大专以上文化程度由原来的30人增加到43人，懂经济管理的干部由原来的34人增加到54人。

1994年，在全县局级领导干部中认真开展“五好”活动，加强民主集中制度建设。顺利完成县人大、政府、政协的换届选举工作，对县直机关39名科级干部进行考核，按法律程序予以重新任命，调整配强县直机关42名局级领导干部，乡（镇）班子调整交流6人，对铅锌矿、茶厂等骨干企业“一把手”和个别单位班子不团结、不协调的单位分别进行人事调整。1996年，乡（镇）班子换届，按照德才兼备和“四化”标准，坚持以“优化结构，提高素质，配强班子，平稳过渡”为前提，以“注重德行，突出政绩，尊重民意，整体优化，调整交流，严格程序”为原则，精心组织，周密部署，顺利完成九个乡（镇）党委的换届工作，全县共选举产生乡（镇）党委委员72人，纪委委员41人，乡（镇）党委成员平均年龄35.7岁，35岁以下占54.1%，大专以上文化占55.4%。1998年初，组织考察组对全县9个乡镇147名党委、政府、人大班子成员进行届中考察，经过考察对乡（镇）领导干部交流轮岗11人，就地免职1人，提拔优秀年轻干部9人。同时，结合机构改革人员过渡的要求，着重解决“老龄化”和超职数问题，对县直机关部、委、办、局科级领导班子结构进行调整，岗位交流调整11人，退出领导岗位23人，选拔进科级领导岗位的年轻干部14人，有8位年轻干部从非领导职务改任领导职务。

1999年初，按照市委组织部的统一部署和要求开展“乡镇党委建设年”活动，先后调整乡（镇）党委书记9名、乡（镇）长5名，选拔38位优秀年轻干部进入乡镇班子。调整后的乡（镇）班子成员中有熟悉党务政务、农林水、外经贸、经济管理、科技教育管理等方面人才，大专文化程度以上的103名，占72%；乡镇党政主要领导年龄在35岁左右的有12人，占60%；还配备11名女干部和5名党外干部。同年9月，会同有关部门对松源采育场、县茶厂和化工有限公司进行重点考核和跟踪管理，对因经营管理不善造成严重亏损的企业和企业“一把手”在全系统内通报，并以职工民主形式选拔优秀企业经营者，促进企业领导班子建设。2005年，对全县65个党政机关、10个乡（镇）领导班子进行综合考评，采取民主推荐、测评、个别谈话推荐等方式，全面掌握党政领导班子的建设、干部的德才表现和党建目标工作责任的完成情况，同时，结合共产党员先进性教育活动，将综合考评的结果通过分管领导反馈给各单位，对存在不足的班子要求限时整改，在干部选拔任用时充分运用考评结果，以实绩取人。

二、后备干部队伍建设

1990年，轮岗交流县管后备干部43人，交流面达74%。1991—1992年，县委把后备干部队伍建设的计划目标纳入局级领导班子建设中统筹规划，扩大后备干部的选拔范围，建立一支政治素质好、专业齐全、结构合理的后备干部队伍。根据南平地区培养选拔非中共党员干部和妇女干部工作会议精神，确定非党和妇女后备干部38名。两年间，全县抽调23名后备干部参加驻村社教或到行政村挂职锻炼，并选送34名后备干部分别参加省、地、县委党校学习。在提拔使用干部时，坚持从后备干部队伍中挑选，先后有34名后备干部提拔到各级领导岗位，占提拔总数的73%。1992年，经过群众推荐、民主评议、党委把关、组织考察的组织程序，建立一支政治素质好、专业对口、结构合理的139人后备干部队伍，其中非中共党员和妇女干部51人。1994年，做好局级后备干部推荐工作，全县各单位共推荐出274名青年干部，县委经过认真考核筛选，将德才兼备、有实绩、有潜力的青年干部择优充实到后备干部队伍。

1995年，进一步改进和完善后备干部的产生方式，经过民主推荐、组织考核，选拔出一支门类较全、素质较好、结构较合理的180人的后备干部队伍，其中党政干部100人、企业管理干部50人、学科带头人和科技干部30人。1997年，按照“数量充足，结构合理，门类齐全，素质优良”的要求，组织开展科级后备干部推荐工作，建立后备干部数据库，实行择优汰劣“滚动式”管理机制。1998年，根据市委组织部的文件精神，要求各基层党委和归口部门从“三支队伍”建设角度出发，集体研究推荐不同专业门类的后备干部。是年底，全县有科级党政管理后备干部362人，现代企业经营管理者后备人选39人，学科技术带头人后备人选65人。在班子建设和科级干部任用、调整工作中，始终把优秀年轻干部、女干部、非党干部的培养和选拔摆上优先的位置，全年共提拔优秀年轻干部23人，女干部8人，非党干部2人，选派10位大专以上学历、年龄在35岁左右、具有较高学科技术水平的同志当任乡镇科技副乡镇长。2000年3月，对各基层党委和归口部门263名县管后备干部进行全面考核，重新确定县管后备干部210人。

2001—2002年，按照“三支队伍”建设目标的要求调整后备干部管理数据库，采取滚动式管理。对原有的县管后备干部进行全面考核，根据考核情况和结构比例，提拔科级干部91人；重新吸收补充一批优秀的年轻干部，清退一些不够条件的后备干部；把下派村支书和科技特派员中的优秀分子列入县管后备干部队伍，实行单列管理，加强培养，对政绩突出的及时提拔使用。2004—2005年，完善后备干部工作制度，采取大会推荐、领导谈话推荐、组织考核等方式，结合领导班子综合考评工作，选出一批优秀的年青干部列入后备干部培养计划，并按照后备干部管理规定要求，坚持备用结合，注意在关键时刻和重点工作中培养锻炼后备干部。2005 年，在县直、乡镇机关单位共组织 48 次民主推荐，有 1425 人参加推荐，共推荐出后备干部 199 名，确定考察对象 47 人，从中提拔科级干部 46 人。

三、干部选拔任免

1989 年 10 月初开始，对全县 349 名副科级以上领导干部和各基层党委领导班子成员，进行全面考察，先后提拔任用副科级以上领导干部 50 名，调整、交流科级领导干部 21 名。1990 年，县、乡（镇）党委、政府换届选举，先后调整、交流副科级以上领导干部 91 名，新提拔副科级以上领导干部 53 名。调整充实 34 个科级领导班子，提拔任用 46 名干部。同时，针对缺额情况和需求，从县直机关业务部门和科研单位选拔 4 名科技干部到乡（镇）担任科技副乡（镇）长，加强农村科技工作的领导力量。1994 年，为推进各级领导班子年青化进程，全县 9 个乡（镇）先后选配 35 岁以下的青年领导干部 62 人，乡（镇）书记、乡（镇）长中有 9 位青年的领导干部，占 50%。1995 年，贯彻中央《关于党政领导干部选拔任用工作暂行条例》，在选拔干部上，坚持走群众路线，严格按照规定的程序推荐干部；在干部考察上，认真执行“领导干部审计考核制度”和“领导干部个人重大问题向同级党委报告制度”，并积极探索和完善不同行业、不同类型、不同层次领导干部的具体考察标准，坚持与执纪执法部门的联系制度。在加强年轻干部培养选拔上，贯彻执行中央关于抓紧培养选拔优秀年轻干部的精神，加强对年轻干部的培训、锻炼和管理，并注重优化班子知识结构，大胆选拔政治素质好、熟悉市场经济、懂得法律、金融、外经外贸的年轻干部。当年选拔任用 57 名干部，其中 40 岁以下 31 人，占 54%；大专以上学历 32 人，占 56%。1996 年，乡（镇）换届联动县直机关干部的调整任用，全年共提任 117 人，其中正科 16 人。

1997 年，开展民主推荐、组织考察、集体研究的选拔干部工作，将年龄大、身体差、文化素质较低、不适应担任领导职务的 5 个单位主要领导进行离任审计后调整到非领导职务岗位，并大胆提拔素质好的优秀年轻干部到领导岗位。当年全县共考察干部 121 人，交流调整干部 56 人，平级转任 20 人，从领导职务转非领导职务 21 人，从非领导职务转任领导职务 15 人，提拔任用干部 72 人，其中，提拔到领导岗位的 30 人，提高职级待遇的 42 人。是年，根据南平市公开选拔副处级领导干部范围，全县共组织 84 人报名参加省市公开选拔工作，经过市委组织部审核，符合条件参加笔试 77 人，笔试成绩合格 9 人，有 2 人面试成绩为第一名，经考核分别被提拔为政和县工业副县长和南平市商业集团公司副总经理。1998 年，加大力度改革干部任用制度，实行企业、经济部门领导试用制，建立科级干部到龄下“岗”制度和在股级职务中采用聘用制、试用制、任期制和民主推荐、考试上岗的任用制，同时对县管骨干企业和经济部门科级领导干部的任用也实行试用制。同时，实行科级领导干部到龄下岗制度，鼓励 55 岁以上的科级干部提前退休，允许辞职或停薪外聘工作，保留原职级待遇；为改善科级领导干部队伍结构，对年满 54 周岁（女 50 岁）的科级领导干部统一调整改任非领导职务或保留职级；对社会民主评价差的单位领导和考察不称职的领导干部，给予免职或降职使用。当年全县有 24 位 54 岁以上领导干部被免去领导职务，其中退休 1 人，改任非领导职务保留职级待遇 20 人，免去领导职务降职使用 1 人，因不称职改任副主任科员 1 人，停薪外聘 1 人。是年，县委先后建立和完善《领导干部到龄退休制度》《组织部门与执法执纪部门联系制度》《科级领导干部政绩考核制度》和《干部推荐制度》等，进一步规范领导干部的选拔任用和管理工作。

1999 年，采取组织推荐、群众推荐、个人自荐和考试，以及注重干部考察、考核相结合等多种方式选拔干部，避免“在少数人中选人”的弊病。是年全县有 6 名干部在考核中被反映问题较多，工作不称职或失职，予以降职或免职处理；有 2 名干部政绩平平，予以免职，调离转任非领导职务；有 7 名干部因年龄偏大，予以保留原职级待遇，全年共提任 24 人。同时，进一步完善公务员考试录用、考核、轮岗、奖励、任职培训、辞职、辞退等制度。2000 年，相继建立和实施《向县委推荐干部责任制》《领导干部考核预告制》《领导干部考核工作责任制》《领导干部任前公示制》《新提拔科级领导干部试用制》等，纠正以往干部推荐不规范的做法，把民主推荐作为确定考察人选的主要方式，强化责任，规范程序。干部考核提前向单位公布考核任务、时间、考核组成员及监督电话等，加大考核工作的透明度和群众参与面。酝酿干部及时征求分管领导及有关部门意见，改变过去征求意见滞后的状况。研究干部充分发扬民主，广泛听取意见，坚决克服“一言堂”现象。干部工作中，加大透明度，始终坚持“公平、公开、公正”的原则和“以绩取人、以德用人”的标准。

2001 年，县党政机关推行竞争上岗，首次安排共青团县委书记和林业公安局长两个职位进行公开选拔。2002 年，加大干部人事制度改革，做好各类干部的分流工作，稳妥办理离岗待退、提前退休干部有关手续。加强对干部选拔任用重点环节的监督，发挥任前公示在干部选拔任用工作监督中的作用。同时，实行乡（镇）党委、政府正职任用票决制，经县委九届七次全委会公开票决任用乡（镇）党政正职 6 名。2003 年，根据新颁布的《党政领导干部选拔任用工作条例》，对试用期满的干部进行民主测评和组织考核，完善新提拔干部正式任职的程序。2004 年，按照市委《关于县（市、区）委全委会任用（推荐）乡（镇）党委、政府正职表决办法的意见》，先后对 9 名乡（镇）党委、政府班子正职拟任人选和推荐人选进行投票表决，全部获得高票通过。同时，对个别领导干部在企业兼职情况进行全面清理。

2005 年，县委再次安排团县委 2 个副书记职位在全县范围内公选，采取由各基层党委推荐，县委组织部进行严格的资格审查。是年，经县委研究共提拔科级领导干部 36 名，干部交流 63 名，办理提前退休 20 人；对 5 名乡（镇）党委、政府班子正职拟任人选和推荐人选进行投票表决，均以高票获得通过。

四、干部交流

1990 年，建立“三门”干部下基层锻炼制度，共下派 44 名“三门”干部到行政村驻村一年进行锻炼。1991 年，抓好条块之间、机关和企事业单位之间、平原区和高山区之间、县直机关和乡镇之间的干部交流，先后交流各级各类干部 26 名。1992 年，交流干部 214 人，其中局级领导 96 人，股级干部 118 人。从县直党政机关、企事业单位中选派 41 名后备干部到乡（镇）、村、厂矿挂职交流锻炼，选派 5 名局级领导干部到沿海地区和省、地机关挂职交流，同时抓好县直机关和基层单位、内部回避调整交流干部工作。1994 年，选派 168 名优秀青年干部到农村、企业挂职锻炼，并结合乡镇换届和县直机关班子调整进行青年干部交流，县乡交流 68 人次，部门交流 35 人次。1995 年，鼓励安排年轻干部到基层、到艰苦地方、到改革和建设第一线工作，全县有 36 名干部到贫困地方或急难险重岗位任职。2000 年，从乡（镇）党委书记、乡（镇）长中选派 3 人参加市委组织部组织的易岗交流活动；从县直机关事业单位干部中选派 33 人下派到农村任党支部书记，激活基层细胞。

2001 年，从县直机关选派 14 名优秀青年干部到乡（镇）任科技副乡（镇）长、流通助理，下派干部队伍日益扩大，逐步成为活跃在农村经济建设主战场的一支生力军，成为农村基层组织建设的一个新“亮点”。2002 年，继续加强和完善下派干部的管理机制，成立领导小组，建立健全帮扶制度，督促挂钩单位为下派村提供支持，在县派出单位、乡（镇）党委和下派村之间开展“三级竞赛”活动。向民营企业选派 8 名助理员，与县人行、县信用社共同下派乡镇长金融助理、村主任金融助理 15 名。2003 年，做好第二轮下派村党支部书记选派工作，选派 45 名优秀干部到村任村支部书记，其中南平市委下派 2 名。同时，由县委组织部、乡镇党委、下派村支书共同签订“下派村支书任期目标责任书”，对下派三年工作目标逐一进行量化、细化。围绕县委、政府招商引资工作大局，选派 15 名机关干部驻上海民营企业任流通招商助理员，并出台《政和县驻上海招商助理员管理办法》。2004 年 7 月，省委、省政府从省直机关选派 11 名领导干部下派到政和县老区扶贫开发重点村任党支部书记。同年，在省直下派村支书开展“互动联动”帮扶工作，加强省直机关下派村支书管理，按下派村情况，建立 11 个村信息资料库，逐步完善省直机关下派村支书管理工作，健全“四个一”帮扶制度。同时，加强对下派村支书的培训指导，召开现场协调会、办公会 81 场次，协调帮扶资金 470 万元，解决实际困难 101 件。

2005 年，围绕下派村支书工作目标，引导第二轮下派村支书工作逐步从打基础向抓重点、求突破转变，从单兵作战转向互动联动、一体运作，并将“驻村特派员”制度与“党建指导员”制度相结合，形成第一轮下派村与第二轮下派村之间、下派村与非下派村之间的互动，并以下派村支书为核心，五支队伍合力推进新农村建设的良好态势。

五、干部考核

1989 年年初，根据南平地委组织部的部署安排，县委组织部协助地委考核组对政和县党政领导班子及 27 名副处级以上领导干部 1988 年度工作情况进行考核，同时，组织对全县党政机关的 123 名科级干部和 9 个乡（镇）党政领导班子及 41 名成员进行年度工作考核，组织近 2000 名群众参加考评。1990 年，在乡（镇）换届选举前，先后对 83 名拟提拔任用的干部进行考核。1991 年，按照“大稳定，小调整”的原则，采取民主推荐、民意测评和个别谈话等形式，对 52 个单位的 84 名干部进行全面考核。1992 年，对全县 9 个乡（镇）的领导班子成员进行全面考核。1999 年，对全县科级干部和党群机关干部 950 人进行年度考核。2002 年，是乡（镇）换届年，县委严格按照《党政领导干部选拔任用工作暂行条例》要求，对乡（镇）和县直机关单位领导班子及科级干部进行全面考核。县委为了加强干部日常管理考核，及时了解干部现实表现，积极探索班子综合考评办法，将干部常规考核与年终党建检查工作捆绑进行，将大会民主推荐、个别谈话推荐、科级干部大会民主测评作为民主综合考评的必要环节，对 10 个乡镇、县直机关党委进行班子综合考评，对全县 359 名科级干部进行逐个点评，并将考评结果向挂点、分管领导和考评单位进行书面反馈。

六、干部监督

1989—1996 年，县委组织部围绕制度建设，健全和完善干部队伍监督管理，规范监督机制，先后建立与纪检执法部门联席会议制度、干审联络员制度、领导干部回复组织函询制度、实施领导干部离任考察审计制度、领导干部信访举报制度、民主生活会制度、领导干部谈心谈话制度、警示教育制度及诫勉制度。综合运用干部监督管理手段，使干部监督工作规范化、制度化。1997 年，完善联系通报制度，加强与执纪执法部门联系，召开 2 次有纪检、检察、审计、人事、信访等单位联络员参加的联系通报会议，克服过去查用脱节、用人失查的现象。全年各联系单位共通报干部违纪违法案件 59 起。开展干部年终考核考察、党委生活会、群众来信来访和干审联络员队伍建设等工作，畅通反映干部情况的信息渠道。1999 年，积极推行诫勉、谈话制度，对出现苗头性或轻微性问题，尚未构成违法的，县委或组织部领导及时找干部谈话、诫勉、敲“警钟”，把问题消除在萌芽状态。是年，由县委组织部牵头抓好县、乡机关、事业单位临时、自聘、借用人员的清理清退工作，全县共清理清退各种对象 1281 人，其中，临时人员 408 人，自聘人员 529 人，借用人员 128 人，缓清 116 人，并出台《政和县机关、事业单位清理清退岗位用人后续管理工作实施办法》。2000 年，制定科级领导干部警示制度，明确提出执行警示的 11 个方面问题，并将干部受警示情况记入干部信息库。

2001 年，实行科级领导干部日常活动情况记录制度，每位科级干部必须自觉记录每日工作及业余活动情况，特别是参加宴请和娱乐活动情况。组织、纪检部门通过定期和不定期的分级抽查，加强对干部八小时以外的监督。2003 年，建立科级干部联系卡制度，向全县 528 名科级干部发放联系卡 3000 余张，不定期、不记名向组织部反映工作思想及有关问题，扩大组织部与科级干部的沟通和及时掌握了解他们思想动态和现实工作情况，并对拟提拔的干部进行任前公示，征求纪检等相关部门的意见。开展领导干部离任审计和领导干部收入登记申报工作。是年，针对县、乡（镇）一些机关事业单位干部没有办理任何手续擅自离岗问题，在全面调查摸底基础上，对 166 名机关事业单位离岗、超假工作人员，根据各类离岗离职情况，及时办理停薪、停职处理等相关手续，严肃干部人事纪律。2004 年，贯彻《中国共产党党内监督条例（试行）》，加大督促检查工作力度，把教育、制度、监督有机结合起来，加大对科级干部宏观管理和监督，规范股级干部的任用程序。制定《政和县〈关于领导干部报告个人重大事项的规定〉实施办法》，加强对领导班子和领导干部的日常考核与管理，把考核情况作为干部调整和晋级的重要依据。

2005 年，制定《关于进一步明确机关事业单位离岗人员有关问题的处理意见》，对县、乡机构改革三年期间与原单位签订“543”手续而离岗离职的机关事业单位工作人员按政策规定进行清理，全县有86位离岗人员按期返岗上班，2人申请辞去公职，13人辞去现职办理人事代理，5人办理“招商助理员”，3人被辞退，39位中小学教职工因擅自离岗被除名。对拟提任干部公示中反映的问题进行调查核实，暂缓提拔使用1人。

七、干部培训

1989—1990年，县委组织部依托县委党校，开办干部理论学习培训班、青干班等，加强干部理论学习。1991年，县委制定《干部教育培训五年规划》，明确干部理论学习任务和目标要求。至1995年，县、乡（镇）两级党校共举办培训班255期，参训15225人次。1996年，制定《政和县1996—2000年干部教育培训规划》，明确五年内全县干部教育培训工作的指导思想、基本原则、具体任务、措施和要求。建立健全各级党委中心组学习制度和干部培训学习累计制度。1998—2000年，把干部教育培训工作重点放在市场经济、现代科技、经济管理、电脑、外语等知识培训上。投资10余万元，成立政和县计算机培训中心，共举办培训班201期，受训6125人次。

2001年，突出对干部的业务技能培训，举办《乡镇工作纲要》培训班、科技干部进修班、青干电脑培训班、中函经管、法律班、公务员初任培训班等专题班91期，受训8145人次。2003—2005年，全县363名科级干部参加各级党校的理论培训，占应参加人数的70%；基层党校、教师进修学校及各单位自办培训班300多期，受训干部9512多人。2005年，组织全县1002名干部参加全省《公务员法》统一命题的学习培训和考试。

第四节　知识分子工作

1989—1994年，县委组织部采取座谈、走访等方式加强与知识分子的沟通和联系，调动广大专业技术干部服务经济的积极性。全县科技人员共提合理化建议131条，被采纳95条。完成技术改造、技术攻关165项，获国家、省、地、县科技成果奖9项。1995年，建立县高、中级知识分子和中青年科技与管理人才信息库。重视青年知识分子的培训选拔，全县共提拔优秀知识分子56人进入各级领导岗位。1998年，成立县知识分子工作领导小组，制定实施“人才工程”规划，建立工作目标责任制，开展科技专家和学术带头人“一帮一”培养活动。1999年，修订“科教兴县”发展战略的实施意见。从企事业单位选派3名专业技术人员到乡镇任科技副乡镇长，从机关选派15名科技特派员帮助农村基层开展科技服务和推广工作。2000年，加强对科技人员和知识分子的宏观管理，注重做好科技知识培训，选送知识分子到科研单位进修学习。

2001年，在全县开展农村乡土人才的选拔活动，通过基层的推荐和县人事局的审批，确定乡土人才321名。2004年，加大培育农村乡土人才的力度，组建各类协会20多个，共有会员900多人，为农村经济发展提供人才支持。至2005年底，全县拥有5类人才6810人，其中党政人才947人，企业经营管理人才35人，专业技术人员3156人，技能人才2148人，农村实用人才524人。全县具有研究生学历3人，大学本科文化程度752人、大专文化程度1454人、中专文化程度1921人。

第五节　老干部工作

1989年，全县共有离休干部124人，其中行政机关编制56人，事业单位17人，企业编制人员51人；抗日战争时期入伍10人，解放战争时期入伍114人。县委老干部局坚持每月两次组织老干部学习中央、省、市重要会议和文件精神，聘请县委讲师团进行宣讲，及时让老干部了解上级的有关精神，结合建设绿色经济强县，引导老干部为构建和谐社会做贡献。每年为老干部订阅了《中国老年报》和《福建老年报》，人手一份。县委组织部每年为离休干部赠阅《支部生活》和《福建日报》等刊物各一份。县委常委会和县老干部领导小组每年听取老干部工作专题汇报，研究解决老干部工作中的热点、难点问题。县直行政、事业、企业单位根据老干部工作责任制的要求，制订相应的工作制度，各负其责地开展工作。

1991 年，县老干部局建立老干部服务活动中心和室内门球场，组织老干部开展丰富生活，陶冶情操，配置健身房、棋牌室等活动场所，确定专人管理，做到健康性、知识性、趣味性相统一。每年元宵节和重阳节开展门球、钓鱼、套圈、猜谜语、象棋、乒乓球、登山等项目的比赛活动。同时组织老干部参观学习考察活动，1992—1997 年，每年组织 2—3 批老干部到省疗养院休养。1998 年后，先后组织 9 批老干部到厦门、庐山、北京等地参观、学习、休养。

至 2005 年，全县共有离休干部 96 人（行政 46 人，事业 23 人，企业 27 人），其中抗日战争时期入伍 11 人（外地转入 4 人），解放战争入伍 85 人；享受适当照顾待遇的“五一二”退休干部 18 人（行政机关 12 人，事业单位 2 人，企业单位 4 人）；县副处级以上退休干部 23 人。属县老干局管理的离退休干部中，享受厅级待遇的 1 人，处级待遇 66 人，科级待遇的 59 人，一般干部 11 人。共组织 27 批 635 人次出外参观休养。同时，组织老干部到邻县庆元、松溪和本县各乡（镇）参观考察企业和农业生产，先后参观考察庆元县工业园区、松溪县工业园区和本县鹤林工业园区、铁山工业园区、石屯工业园区和东平农业生产科技示范区，让老干部们亲身感受到工业、农业生产的发展和变化。

第六章　宣传工作

第一节　理论学习教育

1989 年，组织理论教育业余讲师团成员到各乡（镇）村开展“纵横谈”农村社会主义教育活动。1991 年，组织开展学习党的十三届七中全会精神；6 月为纪念建党七十周年，举办县直机关单位、各乡（镇）青年党员代表参加的党建工作知识竞赛活动。1992 年，组织全县各基层党组织开展学习贯彻邓小平南方谈话和十四大精神活动，举办两期理论骨干培训班，开展解放思想大讨论，组织宣讲队伍深入各乡（镇）、村、厂矿、企业进行宣讲。1993 年，把学习中国特色社会主义理论和党的十四大精神、《邓小平文选》第三卷作为全年理论学习教育的重点。1995—1997 年，先后组织学习邓小平建设有中国特色社会主义理论、学习江泽民同志视察人民日报时重要讲话、宣传贯彻落实党的十四届六中全会精神。1998—1999 年，组织开展“十五大精神百人宣讲”活动。

2000 年，组织全县各中小学教师学习江泽民总书记《关于教育问题的谈话》。同年 10 月，为宣传政和建县千年，县委宣传部开展“回眸百年沧桑、展望美好未来”系列教育活动，在全县各中小学校广泛开展《走向新世纪》《自强之歌》等读书活动。是年，成立“学习十五届五中全会精神宣讲团”，组织 3 支宣讲队伍，分赴全县各基层党委开展宣讲活动 60 场次。2001 年，县委宣传部认真组织学习贯彻江泽民同志在建党八十周年纪念大会上重要讲话精神，为深入贯彻“三个代表”重要思想，在农村广泛开展以“坚定马克思主义信仰、坚定社会主义信念、增强改革开放现代化建设的信心、增强党和政府的信任”为内容的“四信”教育活动。2002—2004 年，县委宣传部为深入学习贯彻宣传党的十六大精神和学习“三个代表”重要思想，组织党的十六大精神宣讲团，深入全县农村、机关、企业、学校、社区进行宣讲，举办“十六大精神知识问卷”和“三个代表”重要思想知识测试及“学习新党章知识竞赛”活动。

2005 年，县委办、县委宣传部联合组织开展“融入海西绿色腹地、建设生态优高农业县”征文活动，共收到调研文章、论文等作品 120 篇。9 月 29 日晚举办“庆国庆、迎五中”绿之韵文艺晚会暨“生态杯”征文赛颁奖仪式。12 月，市委宣传部、市委讲师团与县委宣传部联合举办学习贯彻市委二届十一次全会精神理论骨干培训班，全县各乡（镇）和县直各党委分管副书记、宣传委员、县业余理论教育讲师团全体成员参加培训和学习。是年，县委宣传部组织开展学习“胡锦涛总书记在西柏坡考察时的重要讲话”，在各基层党组织开展学习“两个务必”的大讨论活动。

第二节　社会宣传

1989年，县委宣传部根据中共十三届四中全会精神，从10月开始组织学习宣传江泽民总书记在庆祝国庆40周年大会上的讲话和《中共中央关于加强党同人民群众联系的决定》及十三届四中全会《关于社会发展十年规划“八五”计划的建议》等文件精神。1990年，开展纪念抗日战争胜利45周年爱国主义教育活动，全县建立县、乡（镇）、村三级共48支宣讲骨干队伍，开展“社会主义好”的纵横谈教育活动465场次。国庆节前组织开展“迎亚运、迎国庆”文艺演出等16项大型活动，组织县直机关和乡（镇）党委开展福建省“两会”知识竞赛。1992年先后组织开展《中华人民共和国宪法》《社会主义法制建设若干问题》两本书的学习和《中华人民共和国未成年人保护法》的宣传及毛泽东《在延安文艺座谈会上的讲话》发表五十周年纪念活动。1993年，开展法制宣传教育，确定以建立和发展社会主义市场经济体制的条件及内容为重点的15个宣讲教育课题，加强和改进农村思想政治工作，促进全县民主与法制建设。

1995年先后组织开展“学习雷锋、做文明公民、为闽北争光”和《中华人民共和教育法》宣传月活动。开展一百部爱国主义教育影片发行、播映、收看工作，全县收看观众8万多人次。开展纪念抗日战争暨反法西斯战争胜利50周年纪念活动，举办专题歌咏大汇唱。1997年，开展迎接香港回归宣传活动，组织开展迎“香港回归”系列活动23场。举办庆祝建党60周年暨香港回归大型文艺晚会。1998年，组织开展“第九次党代会宣传月”活动。1999年，先后举办“建国五十周年文艺晚会”“迎澳门回归知识竞赛”“迎新千年大型焰火晚会”及书法、演讲、篮球、围棋、门球等活动30余场次；运用广播、电视、报纸等舆论工具，相继组织开展对李登辉的“两国论”深入批判，召开各类座谈会30多场次，印发宣传材料48000份。

2000年，开展“发扬革命传统，同心振兴政和”宣传教育活动，组织全县各界代表1000多人参加政和解放51周年纪念大会和革命传统报告会，精心策划政和建县千年纪念活动。设立新闻监督专题栏目，开展“美在熊城”活动，对城区脏、乱、差现象予以曝光，督促整改落实。2001年，举办纪念建党80周年歌咏晚会、“自来水杯”党的基本知识竞赛、党建理论研讨会、“老区风貌”征文活动，各基层党组织举办宣誓、表彰、演讲、歌咏、娱乐等建党80周年纪念活动。9月下旬，在县政府广场举办为期9天的“洞宫风情”文化活动，集中展示政和校园文化、社区文化。

2002年，拍摄宣传下派村支书的电视专题片《诺言》和采写下派干部“情系山乡”征文30多篇，与有关部门联合开展“12·4”全国法制宣传日活动，围绕社会稳定热点，加大打击“六合彩”和各类违法犯罪宣传力度，在县电视台开辟《警方聚焦》法制专栏，发放宣传单2000多份。同时，抓好城区环境综合整治跟踪宣传，先后配发3篇评论。结合县情实施“1231”宣传阵地创建活动，加强农村宣传文化阵地建设。2003年，抓好抗“非典”、抗旱和强化锥栗、茶叶等农产品的宣传工作，编印“防非”宣传材料10万余份，采写抗旱宣传稿400多篇（条），组织配合医疗部门医务人员深入乡（镇）、村庄，送医送药18次，义诊10000多人次，免费发放药品价值达17万余元。2004年，组织宣传、文化、卫生、计生、科技等部门深入农村开展“三下乡”活动，举办“关爱女孩行动”“人口与计划生育”知识竞赛及各种座谈会共24场，咨询18场，图片展23次，印发资料5.5万册。开展“普法宣传日”“禁毒宣传日”“3·15”消费者权益保护日和以打击茶叶掺假制假为主题的宣传整治活动。2005年，相继开展“科技宣传周”“人口与计划生育宣传月”“平安政和建设”等专题宣传活动，发放有关法律、科普、卫生宣传资料，赠送各类报刊书籍等。

第三节 对外宣传

1989 年起，对外宣传主要以县委报道组、县广播电台、电视台、政和报社 4 支队伍为主。1991 年设立闽北日报政和记者站，与县委报道组合署办公，实行一套人马，两块牌子管理体制。各乡（镇）、县直各单位组成的业余新闻宣传通讯员队伍，每年保持在 80—90 人，选送部分人员参加《福建日报》《福建法制报》《闽北日报》等单位组织的新闻报道宣传员培训班学习培训，成为全县对外宣传辅助力量，每年在中央、省、市各类报刊、电台上稿达 500 多篇（条）左右。

1995 年后，政和县对外宣传工作着力围绕县委、县政府工作大局和各个时期的中心工作，贴近实际、贴近群众、贴近生活，在做好县内宣传的同时加强对外宣传，为全县的改革开放、经济发展和精神文明建设营造良好氛围。1997 年，围绕对外重大经贸活动、投资环境、优势资源、项目开发、菇县建设等方面策划制作一批对外宣传作品。先后制发"中国菇县"宣传实施方案，编印"建设中国菇县"宣传折页 5000 册、招商引资专刊 5000 份，《政和风光》明信片 10000 张，在沈阳全国食用菌会议和香菇产品交易会上广为散发，并在《中国日报》上编辑《中国菇县——政和》专版，在《海峡摄影报》上刊发《政和风光》整版照片。2001 年 3 月，在杨源乡举办"洞宫文化节"，省、市摄影协会会员和媒体记者 20 多人到场观光采风、采访报道，并刊发洞宫山旅游风光摄影作品。同年开展"中国锥栗之乡——政和"的宣传，邀请中央电视台记者拍摄《锥栗之乡》专题宣传教育片在中央七套和教育频道播发。

2002 年，组织参加在福州举办的《中国国际茶叶博览会》，制作中英文对照《中国茗茶基地——政和》的对外宣传折页 5000 册，拍摄《政和茶缘》电视专题片，制作宣传政和经济建设成就挂历 2000 册。2003 年，组织参加在上海举办的第八届国际茶文化节中国精品名茶博览会和"9·8"厦洽会。2004 年，开展以建设海峡西岸经济区、"突出工业，突破工业""南平机制""平安政和""建设工贸走廊"等为主题的宣传，同时配合"5·16"武夷国际旅游洽谈会、"6·18"科技成果交易会、上海"4·23"农展会等商贸活动开展宣传。宣传洞宫山省级风景名胜区旅游品牌，并借助驻沪党委主办的《政和商汇》推介政和形象，拓宽对外宣传渠道，打造域外宣传阵地。邀请中央电视台《魅力小镇之旅》栏目组到政和拍摄，在中央电视台 2 套节目中播出。

2005 年积极开展服务于"四地"建设活动，充分利用"5·16"武夷国际旅游洽谈会、"5·18"科技成果交易会等平台，刊发政和经济、社会、文化、投资环境等方面信息，大力推介政和反季节蔬菜、锥栗、竹木加工、旅游资源开发等 200 种产品项目。同年，利用网络对外宣传，将《福建政和杨梅首次出口欧盟》的信息和政和"新娘茶"风俗、杨梅节等图片、散文、诗歌相继在《新浪网》《华声网》等国际知名网站和国内多家著名网络论坛上刊载发表。同时与县旅游局联合制作"朱子文化""洞宫山风景"图案，以邮票和信封的形式向外界宣传政和地方文化。

第四节 中心任务宣传

1989—1996 年，结合县委、县政府各个时期的工作中心和任务，进行正确舆论引导，为经济社会建设服务。1997 年，围绕县委、县政府提出的"特色强农、全力扶工、品牌兴贸、联动崛起"的发展战略，有重点针对性地宣传在新一轮创业中涌现出来的典型经验和先进人物。1998 年，在抗洪救灾重建家园中，组织"抗洪抢险、救灾赈灾、重建家园"等系列宣传，主动与省电视台、广播电台、报社密切配合，共播发电视、广播新闻 360 多篇（条），在中央、省、市三级 10 多种报刊用稿 120 多篇，制作灾情专题片 2 部。其中反映政和抗灾宣传的经验文章《奏响主题曲，联动展风采》在《闽北日报》大篇幅刊登。1999 年，组织各种新闻媒体，深入厂矿企业、田间地头进行现场挖掘，全方位宣传项目开发、招商引资、财税增收、菌茶果竹和特色养殖五大产业及私营企业发展等。

2000年，组织对全县跨世纪发展战略目标的宣传活动，制作锥栗丰产栽培技术讲座VCD光盘4片15套。组织召开学习全国广电系统先进工作者、省优秀共产党员范土生事迹报告会、座谈会等。2001年，加强经济宣传工作的策划和协调，运用报纸、电视、广播加大对农业结构调整和重点项目工程、非公有制经济发展、党建与精神文明建设方面的宣传力度。集中对锥栗、茶叶、竹业及石屯的茉莉花、外屯的母猪基地、东平的烟业、岭腰的油菜等一批新的经济增长点和示范点进行跟踪宣传报道。2002年，深入开展"观念创新大讨论"和学习贯彻十六大专题宣传活动，分别设立《为党旗增辉》《十六大精神在政和》《学习贯彻十六大、全面建设奔小康》等专题专栏。2003年，围绕县委、政府"突出工业、突破工业"和大力发展生态优高农业及县域经济发展开展宣传，健全完善10个乡镇68个村"百姓知情室"。当年，省政府《发展与研究》杂志专门刊发政和"百姓知情室"经验，南平市委宣传部充分肯定并推广政和"百姓知情室"的做法。

2005年，开展保持共产党员先进性教育宣传活动，突出宣传全县基层党组织和广大党员在先进性教育活动中的先进典型事迹。《福建日报》《福建通讯》《闽北日报》等党报党刊以《先进性在平凡中闪光》《洒遍山乡都是爱》《生命在大山里延伸》《范渠森用知识服务农民》等为题刊发报道。

第七章　统战工作

第一节　党外人士工作

1989年起，中共政和县委建立和完善各级党委定期向党外人士通报情况和政府与民主党派对口联系制度，每年向各民主党派通报工作不少于2次。同时，加强全县各级党委、政府与各民主党派、无党派人士间的合作与协商，长期坚持党委领导与党外人士联系交友制度，使政治协商民主监督经常化、制度化。1997年，县委、县政府为加强党与非党人士的合作共事，做到重大决策、重大措施出台"三在前、三在先"，坚持情况通报制度、党外人士座谈会制度、协商会制度、联系交友制度和检查视察制度等。是年，召开各种协商会、座谈会、通报会7场，参加人数548人次，党外人士提出意见建议52条，提交提案150件，提交大会发言材料12份，组织"特约四员"参与检察、监察、审计、教育等有关专业活动和行业执法检查活动。做好党外知识分子和后备干部的管理、培养、选拔、使用工作，确立"5305"工程目标，建立处级5人、局级30人、企业家5人的党外后备干部队伍，全县安排党外干部担任实职领导14人，其中正科级3人，副科级11人。

1998年以后，县政府进一步加强党外干部的培养、选拔、使用工作，分别建立中、高级职称党外干部花名册和县人大、县政协党外代表（委员）及部分股级党外干部，副处级、科级党外领导干部情况表和拟任政府部门领导党外干部情况等。当年，换届中安排党外副县长1人、县人大党外常委4人、县政协党外委员10人，其中党外副主席2人。至2005年年底，全县共有党外知识分子829人，有优秀党外后备干部35人。其中县人大常委会常务委员的党外干部3人，县人大常委会党外副主任1人；县政协党外委员78人，县政协党外副主席1人；县直机关科级党外干部8人，乡（镇）科级党外干部5人，其他领导干部3人。

第二节　非公经济人士工作

1989年后，随着非公有制经济的发展，县委统战部、县工商联建立机关干部与非公有经济代表人士联系走访制度，了解和掌握非公有制企业发展状况。1995年8月，成立政和县工商联会员互协会，为会员调剂周转金额达100多万元；协调金融部门加大对个私企业的信贷力度，帮助和扶持非公经济的发展。1996 年，县委、县政府出台《关于个体私营经济发展的若干规定》，按照“多扶持、低税费、先富民、后富县”的发展私营经济总体思路，扶持个体私营经济发展。2002 年贯彻“团结、帮助、引导、教育”的方针，以工商联换届为契机，选聘一批具有经济实力且能拉动经济发展的年纪轻、素质高、懂经济的人士加入工商联队伍。是年，共走访私营企业 35 家次，帮助解决实际问题 5 件，召开联谊会、座谈会、通气会 8 场，协助政府制订扶持私营企业优惠政策措施和方法，落实政府领导与私营企业挂钩联系制度。

2004—2005 年，县委统战部运用各种方式与非公经济人士交友联系，了解企业情况，协调排忧解难，促进非公经济发展。至 2005 年年底，全县共有个体工商业者 3600 多户，从业人员 35670 人，年纳税 2000 多万元。其中驻上海政和商会会员 3000 多人，有茶业同业公会、竹木制品同业公会、餐饮业同业公会和镇前商会、石屯商会、东平商会。

第三节 宗教民族工作

一、宗教工作

1989 年，成立政和县宗教工作协调领导小组和宗教事务管理局，与县委统战部合署办公，配备宗教干部 2 人，负责全县宗教事务和民间信仰活动场所管理工作。1998 年，根据全省宗教工作会议精神，开展马列主义宗教观和党的宗教政策宣传教育，破除封建迷信和打击境外宗教地下势力，加强农村基层宗教管理，建立一支以乡（镇）统战委员和行政村宗教联络员为骨干的宣传队伍，及时发现问题，把矛盾解决在萌芽状态。2002 年，县委成立宗教工作领导小组，切实加强对宗教工作的领导。至 2005 年，举办两期民族宗教人员培训班，受训人员 250 人次，安排 3 名宗教人士担任县人大代表和政协委员。

2005 年年底，全县三大宗教（佛教、基督教、道教）共有信众 3150 余人，其中佛教僧妮 50 人，信教人数 1200 多人；基督教正式传教人员 4 人，信徒 1600 人；道教传道人员 3 人，信徒 300 多人。全县有大小寺庙教堂 233 座，其中佛教寺庙 63 座，基督教堂 2 座，道教宫堂 3 座，民间信仰活动场所 165 处，经批准开放的寺庙教堂 12 座。

二、少数民族工作

2003 年起，县委统战部多次协助石屯镇西津村和铁山镇元山村两个少数民族村搞好项目立项申报工作，帮助制订项目实施计划，多方争取项目资金，支持少数民族村发展地方经济和文化教育事业，以及抗旱救灾、换届选举等工作。按照《福建省少数民族权益保障条例》规定，为西津、元山两个民族村两委配备了少数民族干部。按政策规定先后帮助 25 名少数民族高考生给予享受优惠政策待遇，被浙江、上海、厦门等地院校优先录取，并为 6 名考取高校少数民族的学生申报办理助学金。是年，在县人大、县政协的换届中 4 名少数民族人员分别担任人大代表和政协委员。

2004—2005 年，先后为西津小学基础设施建设项目，争取资金 8.8 万元，为元山村完成 3.3 公里公路硬化工程，为西津和元山两个少数民族村的 31 名少数民族进中学和高校的考生，做好少数民族成份认定和加分及录取工作。同时，为 2 名上高校的少数民族学生做好助学金的申报工作。至 2005 年年底，全县共有 18 个少数民族，两个少数民族村，共有少数民族人口 1200 多人。

第四节 对台工作

1989 年以来，政和县对台工作贯彻“和平统一，一国两制”的方针和对台属实行“一视同仁、不得歧视”的政策，工作逐年规范化、程序化、制度化。每逢节庆均组织召开台胞、台属、台商茶话会和座谈会，宣传中央对台的方针、政策，宣传政和与台湾的人文情缘，向台胞介绍家乡的改革开放成就和经济社会发展情况，鼓励台胞回乡投资创业。1997年，县委、县政府把吸引外资、台资作为加速发展外向型经济，早日实现脱贫致富奔小康的一条重要措施来抓，引进台资60万美元，创办长城和昌淡水养殖有限公司，放养鳗鱼20亩。当年全县台属创办的企业有木材加工厂、按摩刷子厂、食品批发业、饮食业等共12家，固定资产2000多万元。

1998年开始，县委、县政府进一步做好台胞、台属工作，帮助解决实际困难。全年共接待返乡探亲台胞127人次，台属赴台探亲9人，与在台人员联姻2人。至2005年年底，全县台属603户2318人，去台人员259人，其中新中国成立前夕国民党抓壮丁或青年从军129人，联姻婚嫁130人。去台人员主要分布在台北、台中、桃园等13个县市。全县台属先后有29人被选入县、乡（镇）两级领导班子，有33人当选为县、乡（镇）人大代表或县政协委员。

第五节　海外华侨及港澳同胞联谊

1989年以来，县委统战部协助县侨办、县侨联开展侨情调查，了解和掌握全县海外华人华侨、港澳同胞和归侨、侨眷人员的状况。全县共有海外华侨、华人和出国人员1900多人，港澳同胞665人，归侨9人，侨眷、眷属和港澳属3100多人，分布在美国、日本、加拿大和东南亚26个国家和地区。2003年，围绕县委、县政府的中心工作，协助侨联开展法律、法规的宣传，参与招商引资活动。先后开展3次较大规模的港澳侨投资企业联谊活动，了解企业经营情况，帮助妥善解决榅洋水电有限公司土地征用、三豪矿业有限公司企业年检及迪胜企业发展征地等问题。是年8月，协助侨联针对侨资企业就现行涉外政策、法律、法规等问题，邀请工商、税务、金融、外经等部门的专家进行授课和接受咨询。2004年10月底，接待台湾成功大学13名研究生到政和考察古民居建筑和地方文化（四平戏）。2005年，旅居美国的何立珍博士回乡探亲，就血液研究发展的前沿问题，向政和医务界人员进行授课交流。

第八章　信访工作

第一节　机　构

1989年11月，县委信访科改为县委信访办公室，为副科级，行政编制4人。1991年3月，改为县委、县政府信访局，升格为正科级，编制增加到5人。1997年3月并入政府办，保留信访局牌子。2002年4月，作为县委办、县政府办管理的部门机构，以县委办管理为主。2003年，县、乡（镇）、村三级信访工作机构不断完善和加强，形成党政上下齐心协力、齐抓共管、一级抓一级、一级向一级负责，层层抓落实的大信访格局。至2005年年底，全县共有专、兼职信访工作人员153人。

第二节　来信来访

1989年，县委、县政府先后制定信访目标管理责任制、逐级上访制度及领导接待日制度等工作制度。同年5月，县委、县政府把“县长接待日”改为“县委、县政府领导接待日”，随后，建立健全乡（镇）和县直部门领导接待日制度，选派信访官员到县信访局参与接待信访工作，使县、乡两级领导的信访接待日制度长期坚持下来。1990年，县委、县政府进一步落实信访工作责任制和进一步加强信访工作，开展信访工作目标责任制考核。各乡（镇）和县直各单位各负其责，做好信访工作。1994年，全县推行逐级上访制，开展群众重复信访问题和无序上访问题专项治理活动预案，规范信访秩序。2001年，建立因事故或纠纷等问题引发集体上访的处置工作机制。2002年，结合实际制定排查矛盾纠纷和信访管理责任、矛盾纠纷调处、信访工作责任追究、集中接待告知、挂牌督办、重大信访报告等一系列制度，并以听证会等形式解决大量疑难信访问题。2003—2005 年，县委、县政府加强信访工作，开展群众重复信访和无序上访专项治理，进一步健全规范信访秩序等一系列制度。

1989—2005 年，全县共受理群众来信来访 9954 件（次）。其中来信 5178 件，来访 3627 次 22819 人，集体上访 904 次 19492 人；越级到省、市上访 245 次 616 人。经协调处理 9598 件，办结率 95.4%，其中领导批办件 868 件，办结率 98%。信访反映的主要问题有旧城改造、房屋拆迁、移民安置、集资摊派、村财混乱、企业倒闭、职工下岗、工程承包、山林纠纷、干部廉政和违法乱纪等。

第九章　精神文明建设

第一节　机　构

1988 年 2 月，县委、县政府“五讲四美三热爱”活动委员会和下设的办公室（简称“五四三”办公室）改称为中共政和县委精神文明建设领导小组，下设办公室（简称文明办）。1989 年 8 月，文明办升格为正科级机构，定编 3 名，挂靠县委宣传部。1990 年 7 月，增编制 2 名，核编为 5 名。当年，各乡镇相继成立文明办，配备兼专职人员各 1 名。1997 年 5 月，中共政和县委精神文明建设领导小组更名为政和县精神文明建设指导委员会及其办公室。同年 12 月，全县 9 个乡（镇）和 8 个县直单位党委分别成立精神文明建设指导委员会及其办公室。2002 年机构改革，县精神文明办核定行政编制 3 名，其中主任 1 名。2005 年 11 月，政和县未成年人思想道德建设办公室成立，挂靠县委文明办，负责未成年人思想道德建设工作。

第二节　文明创建活动

一、创建文明县城

1990 年 7 月 13 日，县委召开六届六次全委扩大会议，倡导“开拓奉献、政通人和”的政和精神。8 月县委决定组建衙前头、解放街、胜利街、白鸽岭、下药元峰庄、西门、南门、北门等 8 个精神文明共建片，由辖区内单位组成精神文明共建理事会，省、市级文明单位主要领导任会长，县五套班子成员挂点片区实行领导负责制。同年 12 月，为庆祝政和建县 990 周年，县文明办，县文化局牵头组织 8 个共建理事会围绕“做文明人、办文明事”主题，组织开展“精神文明共建”系列活动。1994 年 5 月，县委、县政府制订《政和县城区环境卫生管理办法》、修订“门前三包、门内达标、垃圾装袋”制度，组织开展全国第六个爱国卫生月活动。1995 年 5 月，县精神文明建设领导小组将原 8 个共建片区精简为东门、西门、南门、北门、元峰庄 5 个片区。同时，成立青龙庄文明理事会。采取“三个一点”办法筹资铺设巷弄水泥路面，开展群众性共建创建文明一条弄活动，涌现出珠山、渡头洋、凤嘴、河滨路、外洋等共建文明小区，先后筹资 156 万元，铺设水泥路 8.7 公里。

1996 年 11 月 25 日，中共政和县委八届七次全会通过《政和县“九五”期间精神文明建设规划》。1997 年 6 月，成立县创建文明安全片区领导小组。年底，县文明委在全县城乡开展评选“文明市民标兵”活动，评选“十佳文明市民”10 名。1998 年 2 月，县委、县政府加强城区交通、市场秩序、城市建设、环境卫生管理，加大创建文明县城力度。1999 年 6 月，县委、县政府制订创建文明县城规划，实施“形象、素质、创建”三大工程，开展“满意服务、情暖政和”讲文明、树新风活动。同年 8 月，县委部署“大战三季度，治理脏乱差”，开展城乡环境治理活动。

2000 年 3 月，围绕“环境卫生、交通秩序、市场管理、城市夜景”四大工程制订创建文明县城活动方案。2002年，围绕“倡导文明新风、共建美好家园”主题开展“美在熊城”创建活动，发动群众筹资40多万元，对城区七星河进行全面治理，加强城区自来水源区域的生态环境保护。2003年8月，政和县获南平市委、市政府授予2001—2002年度“创建文明县城工作先进县城”的称号。2005年7月20日，成立政和县城市建设管理委员会，实现商入店、摊进场、货归市，还道于车、还路于民，人车通行有序、市容市貌改观，提升城市品位，改善人居环境。

二、创建文明窗口

1992年3月，在城区宾馆、饭店、旅店业组织开展以“满意服务，情暖政和”为主题的“创建文明窗口联谊竞赛”活动，评出县饮服公司等6个县级文明窗口，县中心农贸市场荣获“全国文明市场”称号。1993年3月5日，县文明委组织开展“爱我政和，美我政和”学雷锋活动月活动。1997年，县文明委制订《政和县文明公约》《文明安全小区标准》等精神文明创建措施，开展“创文明机关、做人民公仆”活动和以“三讲四提高”为主要内容的党风、党纪教育。组织10个行业、16个窗口开展以“满意服务，情暖政和”为主题的“创文明行业、建满意窗口”竞赛活动。1998年，开展评选“十佳文明民营企业”活动，评出政和县百姓自选商场、外屯民间工艺厂、政和县教育宾馆等10家文明民营企业。

1999—2002年，先后开展“百城万店无假货”和“群众放心店”及“诚信商店”创建活动，参与创建的有23个行业、56个窗口，中国建设银行政和支行第一储蓄所被确定为省级创文明行业、建满意窗口示范点，中国农业银行政和支行城关分理处、中国人民保险公司政和营业部等6个单位被南平市委、市政府命名为首届十佳文明窗口。政和县宾馆、教育宾馆、县供电公司客户中心等10个单位被政和县委、县政府命名为文明窗口。全县评出文明行业6个，满意窗口37个。2005年，县文明委把诚信建设纳入窗口行业创建规划，组织以“诚实守信”为主要内容的评选活动，并在外屯乡召开全县“诚信乡镇”和15个“诚信村”命名授牌现场会。是年，政和县电信公司荣获省级“诚信单位”称号。

三、创建文明片区

1989年，在开展“五、四、三”活动时期总结出“抓点串线连片”的经验之后，政和县认真学习、推广三明经验，强化文明片区的三大服务功能，即为创造文明整洁的环境服务，让居民有舒适感；为社会治安服务，让居民有安全感；为社会保障服务，让居民幼有所托、少有所乐、青有所教、老有所养，进一步增强社会主义制度优越感。1990年，将城区范围内的县直单位、街道居委会、星溪乡、城郊村（场）划分为8个文明共建片区，每片区设立精神文明理事会，开展创评“六户”（环境美化户、遵纪守法户、尊老爱幼户、卫生标兵户、五好家庭户、双文明户）活动。抓好为民办实事项目，采取“政府补贴、单位资助、住户集资”的方式，铺设公共巷弄水泥路面，解决辖区居民行路难问题。南门青龙庄文明理事会率先完成全县首条1160米中心巷道路面硬化，被中共南平地委、行署授予文明理事会称号。

1997年4月，在全县开展创建“文明安全片区”活动，提出坚持“条块结合、以块为主”和“谁主管、谁负责”及“属地管理”原则，以居委会、共建片区为依托，新村楼院为基础，动员和组织辖区内各方面大量齐抓共管，重点解决群众关心的社会治安、道德规范、环境卫生等热点问题。开展社会公德、职业道德、家庭美德教育，实施防范、管理、育人三大工程。严格按照“机构建设好、创建规范好、治安管理好、移风易俗好、法制教育好、安全防范好、环境整治好、创建成效好”的八好标准，坚持“申报、考评、验收、奖励”的原则，每年进行评比命名一次。当年有熊山镇东门、西门、南门、北门和石屯村、铁山村等6个片区被命名为首批创建合格文明安全片区；青龙庄、元峰庄、珠山、上渡头洋、凤嘴等5个片区被评为文明安全示范点。此后，文明片区建设逐步规范化、制度化。至2005年，全县有合格文明安全片区21个，文明安全示范点16个。

四、创建文明村镇

1990年8月，全县开展以城带乡、城乡互促的文明村镇创建活动和评选“三户”（遵纪守法户、五好家庭户、双文明户）活动。1992 年，开展以杨源乡与屏南县双溪乡毗邻共建活动，两乡基层干部和村民代表经常互访。铁山镇岭腰村、高林村则分别与浙江省庆元县菊水、隆宫等乡村开展边贸共建活动，建立边界联谊会，互相交流乡规民约、计划生育、森林防护、社会治安等经验，联合举办各种文体活动，达到共建边界安宁，共促农村精神文明建设、边界和谐、经济繁荣的目标。1996 年，以新口、西津、凤林等 10 个村作为试点，逐步在全县农村开展争创“十星级”文明户活动。2002 年开始，在全县推行共建带创文明村活动，由县直机关 40 个单位与 27 个行政村结成共建带创对子，建立以“百姓知情室”为龙头的农村思想文化阵地。同时，开展科技、文化、卫生“三下乡”活动。

2003—2004 年，在全县组织开展“共建文明路、共创卫生村”活动，创建瓯政文明公路线，在公路沿线村镇、学校、单位开展绿化美化、生态示范带建设和生态环境保护。同时，以文明卫生、宣传教育、基础建设、环境整治、绿化美化为着力点，创建文明卫生村镇。2005 年，在全县农村开展“整治村镇卫生、优化人居环境”活动，在公路沿线的乡、镇率先建立垃圾填埋场、焚化炉、水冲式卫生公共厕所和建设户用沼气池，创办文明市民学校、村民技术学校和人口学校等。岭腰乡结合乡情创办“边贸文化节”，石屯镇创办“农民诗文化节”，杨源乡创办“洞宫旅游文化节”等。

第三节　未成年人思想道德建设

2004 年 8 月，县委、县政府制定贯彻〈中共中央、国务院关于进一步加强和改进未成年人思想道德建设的若干意见〉实施意见，同年 12 月，县精神文明建设指导委员会对加强和改进全县未成年人思想道德建设工作进行具体部署，确定各部门职责；构建一个党委统一领导、党政群齐抓共管、文明办组织协调、有关部门各负其责，全社会积极参与的工作格局。成立心理健康咨询室，全县组织 360 多名教师和 64 名家庭教育志愿者，常年为学生提供心理健康咨询指导服务。

2005 年 11 月，设立政和县未成年人思想道德建设办公室，以中小学生为重点，抓好阵地教育、宣传教育、关爱帮扶、网络构筑“四大工程”，设立“悄悄话信箱”、开展中华古诗文吟诵、“争做诚信小主人”等形式活泼、内容丰富的活动。当年，星溪小学的“亲子村”活动，促进家庭和学校互相沟通，齐心合力抓好学生思想道德教育。县实验小学被评为福建省小公民道德建设先进集体，有 4 位学生被评为省小公民道德建设“五小”标兵；县法院退休干部杨上进被评为“感动福建教育十大人物”之一。

第四节　军民文明共建

1989 年，县委成立政和军民共建精神文明活动领导小组，由县委常委、宣传部长任组长，县政府副县长、县人武部政委、县文明办主任等任副组长，相关单位负责人为成员。为发挥驻军优势，深化拓宽共建领域，提升共建层次，开展军地共创先进党支部和“共学、共建、共创、同提高”的共建共创活动，部队运用自身丰富的思想政治工作经验带动地方基层组织建设，地方也广泛开展智力拥军、科技拥军，丰富共建共创内容。至 1992 年年底，全县军地双方结成 6 个共建共创对子，取得较好的成效。1993 年后，军地双方坚持互补优势，互帮互益，共同发展原则，提出以“共学、共建、共发扬”为主题的共建共创目标，在全县各军民共建点签订军民共建协议书，制定共建计划，建立共建档案。县人武部与县水电局、熊山镇解放村联合组建一支抗洪防汛队伍。武警部队与政和一中、二中结对共建，武警部队每学年为入学新生开展军事训练、国防教育；政和县第一、二中学则利用双休日为驻军官兵开放图书室和阅览室，在暑假、寒假期间为他们举办电脑培训班。县消防大队为城区三所小学举办假期“消防少年军校”。2002—2005 年，县一中、县武警中队先后被列为县级军民共建示范点，被县委宣传部、县文明办、县人武部评为军民共建社会主义精神文明先进单位。

第十章　其他党务工作

第一节　政策研究

1989年以来，县委加强对政策研究工作的领导和队伍建设，政策研究工作更有针对性、实用性和可操作性。1990—1993年，围绕扶贫攻坚、深化农村改革、发展乡镇企业、山地综合开发、公司加农户等专题展开调研，提出针对性实施意见，为县委、县政府提供决策依据，先后出台依靠科技进步振兴政和经济和鼓励山地综合开发及鼓励个体私营经济发展等文件。

1994—1997年，着重在脱贫攻坚、农业产业化，农村奔小康、企业改革、人口与计划生育、基层党组织建设、培植地方财源等领域展开调研，提出建议。县委、县政府先后出台进一步鼓励集体、个体、私营经济发展、大力发展竹业经济、实施“97”脱贫攻坚计划、加快政和经济发展的若干规定等文件。确定充分利用政和的高山、平原“二元”地理条件，实施“菇菜猪起步，茶竹果腾飞”的战略构想，积极探索和完善推广“公司加农户”产加销一条龙、贸工农一体化经营模式，构建东平—城关—镇前“三点一线”边贸走廊，开展边界贸易、山海协作和外引内联的发展路子。1998—1999年，围绕农业产业化、加快企业改革和发展、农村税费改革、推进医疗制度改革等课题进行调研。县委、县政府提出“发展县城轴心，繁荣工贸走廊，接轨内外市场，加快三区（高山、半高山、平原）崛起”，实施“特色强农、合力扶工、品牌兴贸、联动崛起”的经济发展战略。

2000—2005年，县委根据各阶段工作重点，组织开展大规模专题调研活动，五套班子领导分别担任调研活动的课题指导。围绕精神文明建设、为人民服务、县域经济发展、四地建设等四个重大专题和县委、县政府建设“可持续发展的生态优高农业县”的目标，加快构筑“绿色食品基地，承转产业重地、边贸物流旺地、旅游休闲胜地”，全面融入海峡西岸经济区绿色腹地建设的发展战略等开展专题调研，为县委、县政府决策提供依据和服务。

第二节　党校工作

一、培训教育

副科级以上干部培（轮）训　1989年起，县委党校每年配合县委组织部举办2—3期副科级以上领导干部培（轮）训班，每期安排15—30天，采取专题集中授课、分组讨论及自学、测验等方式。教学内容主要围绕党和国家在各个时期的路线、方针、政策，进行政治思想、理论基础学习教育、政治经济体制改革及行政管理、机关作风、农村工作、专业知识、党建党风、廉政建设、法制教育等10个方面的教育。1989—2005年，共举办培（轮）训班37期，参加培（轮）训人员2633人次。

青年后备干部培训　1989—2005年，县委党校、县委组织部先后共同举办各乡（镇）党委、县直各部、委、办及县直有关单位推荐作为科级领导后备干部的副股级以上青年干部培训班6期，受训684人。每期培训时间为1~2个月，采取集中授课、分组讨论和深入基层（单位）开展社会调研等教学方式。培训内容主要学习毛泽东、邓小平同志关于青年干部培养、管理的重要论述和江泽民同志的“三个代表”重要思想、“十五大”报告、“三讲”教育及胡锦涛总书记关于“科学发展观”的论述和“十六大”报告、法律常识、领导艺术、市场经济、电脑知识等。

村（居）主干培训班　1989年11月下旬，县委党校与县委组织部联合举办为期6天，共有125名村（居）书记、主任参加的党建知识培训班。1990—2001年，举办村（居）主干培训班17期，每期3—6天，受训人员1024人次，培训内容主要是党的基本知识、农村行政管理、经济知识、党组织建设等。2002 年 6 月，举办为期 20 天的全县下派村支书、乡（镇）流通助理岗前培训班。2003—2005 年，为配合学习宣传贯彻党的十六大报告，抓好计划生育和反腐倡廉工作及学习党在新时期有关“三农”工作的一系列方针、政策，先后举办村居主干培训班 3 期，每期 3 天，参加培训共 270 人。

二、函授教育

1990 年 9 月，经福建省委党校批准成立省委党校函授大专班政和站，开设党政管理专业班，学制 3 年。是年，录取参加全国成人统一高考的学员 32 名。1991—1992 年，招收党政管理专业班学员 53 名。1993 年 6 月底，首届省函政和站（90）级 32 名大专学员毕业。1994 年 9 月，招收党政专业 21 名，经济管理专业 63 名。1995 年 9 月，录取中央党校函授大专班大专经济专业学员 40 名。1996—1999 年，录取中央党校函授大专班大专经济管理专业学员 185 名，共有 53 名“中函”党政专业学员和经济管理专业学员，获得大专毕业证书。2000 年 9 月，录取经济管理大专学员 48 名。2001 年 9 月，录取经管专业学员 30 名。2002 年 9 月，录取大专经管专业学员 46 名。同时增设中央党校函授本科班，学制 2 年半，录取经管专业学员 75 名。2003—2004 年，共招收省委党校函授大专经管专业学员 39 名，中央党校函授班本科法律专业学员 160 名。2005 年 9 月，招收中央党校函授本科法律专业学员 33 名，省委党校函授大专班停招。

卷七 地方人民代表大会

第一章 人民代表

第一节 代表产生

一、县人大代表

1990年，县人大换届与乡（镇）人大同步直接选举，共有选区158个，参加投票选举的选民110780人，参选率96.2%，选出县人大代表236名，其中女代表51名，占21.6%。

1993年，县人大换届与乡（镇）人大同步直接选举，共有选区162个，参加投票选举的选民120534人，参选率95.6%，选出县人大代表241名，其中女代表40名，占16.6%。

1998年，县人大换届单独选举，共有选区124个，参加投票选举的选民129568人，参选率94.5%，选出县人大代表171名，经代表资格审查委员会审查，代表资格有效169名，其中女代表32名，占18.9%；有112个选区一次性选举成功，占选区数90.3%，连选连任的代表34人，占总数20%。

2003年，县人大换届单独选举，共有选区121个，参加投票选举的选民129028人，参选率90.5%，选出县人大代表170名，其中女代表32人，占18.8%；有117个选区一次性选举成功，占选区数96.7%，连选连任的代表46人，占总数27.1%，分别比上届提高6.4和7.1个百分点。

二、省、市人大代表

（一）福建省人大代表

1987年10月，县第十届人民代表大会第一次全体会议选举产生出席福建省第七届人民代表大会代表4人。

1992年11月，县十一届人大三次会议选举产生出席省第八届人民代表大会代表4人。

1997年10月，县十二届人大第24次常委会推荐选举出席省第九届人民代表大会代表2人。

2002年3月，县十三届人大四次会议选举产生出席省第十届人民代表大会代表2人。

（二）南平市人大代表

1995年1月，县十二届人大二次会议选举产生出席南平市第一届人民代表大会代表25人。1996年1月，县十二届人大第14次常务委员会会议增补市一届人大代表1人。1997年2月，县十二届人大五次会议增补市一届人大代表1人。1997年10月、1998年3月，县十二届人大第24次、第27次常务委员会议分别增补市一届人大代表各1人。

2001年3月，县十三届人大三次会议选举产生出席南平市第二届人民代表大会代表22人。2004年1月，被停止执行代表职务1人。

附：福建省人大代表名录

第七届省人大代表：贾庆林、陈君翼、金月萍（女）、许礼章。

第八届省人大代表：李民莲（女）、林敬跃、游兴火、魏万能。

第九届省人大代表：何仕考、魏万能。

第十届省人大代表：何仕考、黄健平。

附：南平市人大代表名录

第一届市人大代表：叶德寿、叶滋焕、庄嫚（女）、齐裕辉、刘合水、刘运模、许达义、苏久勤、陈永源、陈新丁、杨永志、杨定基、杨根生、何远红（女）、张建光、林军（女）、林葆荣、郑金銮（女）、钟昌瑞、黄平、黄信海、舒贞琴（女）、熊源泉、魏万能、魏常荣、谢子兰（女）、叶家乐、徐文华、姚祖武。

第二届市人大代表：叶玉仁、叶葆辉、刘秀萍（女）、李世章、李樟兴、吴海舰、何远红（女）、余香庭、张步瑞、陈永源、陈登新、陈翔其、范斌、金益满、郑明洋、郑满生、钟惠珠（女）、倪祖惠、郭跃进、黄健平、魏万能、魏敦盛。

第二节　代表构成

1989—2005年，政和县人民代表大会历经四届换届选举，历届选举委员会重视代表的广泛性、代表性，科学划分选区，合理分配名额，确定代表比例，工农代表占45%—64%，知识分子代表占5.5%—13%，党政干部代表占21%—43%，妇女代表占代表总数的17%—22%。

表7－1　**1989—2005年政和县历届人民代表大会代表数情况表**　单位：人、%

代表构成		第十一届		第十二届		第十三届		第十四届	
		代表数	占比	代表数	占比	代表数	占比	代表数	占比
代表总数		236	—	241	—	169	—	170	—
其中妇女		51	21.6	40	16.6	32	18.9	32	18.8
构成	工人	27	11.5	27	11.2	7	4.1	9	5.3
	农民	123	52.1	125	51.9	89	52.7	67	39.4
	知识分子	31	13.1	32	13.3	9	5.3	16	9.4
	党政干部	49	20.8	51	21.8	64	37.9	74	43.5
	其他	6	2.5	6	2.5	—	—	—	—

第二章　县人民代表大会

第一节　第十届人民代表大会

1989年3月21—23日，县第十届人民代表大会第三次会议在城关东门影院召开。出席会议正式代表183人，列席代表84人，特邀20人，大会听取并审议通过县政府、人大常委会、法院、检察院工作报告并作相应决议，接受辞去县人大常委会委员职务1人，补选县人大常委会委员3人。

1989年11月21—23日，县十届人大第四次会议在城关东门影院召开。到会正式代表195人，列席代表90人，特邀代表19人。会议听取并审议通过题为《坚持改革开放，搞好治理整顿，夺取抗灾救灾全胜而努力奋斗》的政府工作报告和县人大常委会、法院、检察院工作报告，并作相应决议。大会审议决定，接受辞去县人大常委会副主任职务，补选县政府县长1人，增补县人大常委会委员1人。

第二节　第十一届人民代表大会

1991年1月17—22日，县第十一届人民代表大会第一次会议在城关东门影院召开，到会正式代表231人（其中妇女代表45人），列席代表89人，特邀代表36人。大会听取并审议通过《坚定信心，艰苦奋斗，加快政和经济和社会发展步伐》的政府工作报告《关于制定政和县国民经济和社会发展“八五”规划和“九五”设想（草案）的报告》《关于政和县十届人大期间财政工作以及1990年财政预决算执行情况的报告》《政和县人大常委会工作报告》及法院、检察院工作报告，并作出相应决议。大会选举产生县第十一届常务委员会主任1名、副主任3名、委员12名；选举产生县人民政府县长1名、副县长5名，县法院院长、检察院检察长各1名。

1992年3月29—30日，县第十一届人大二次会议在城关东门影院召开。到会正式代表238人，列席代表80人，特邀代表43人。大会听取并审议通过县政府、人大常委会、法院、检察院工作报告，并作相应决议。大会补选县人大常委会委员1名。

1992年11月24—25日，县十一届人大三次会议在县政府四楼会议厅召开。到会正式代表196名。大会听取审议通过县人民政府、县人大常委会、法院、检察院工作报告，并作相应决议。选举产生出席省第八届人民代表大会代表4名，补选县十一届人大常委会副主任1名。

1993年3月25—27日，县十一届人大第四次会议在城关东门影院召开。到会正式代表234人，列席代表82人，特邀代表25人。大会听取审议通过县政府、人大常委会、法院、检察院工作报告，并作出相应决议。

第三节　第十二届人民代表大会

1994年1月17—20日，县第十二届人民代表大会第一次会议在城关东门影院召开。到会正式代表240人，列席代表68人，特邀代表49人。大会听取并审议通过县政府、人大常委会、法院、检察院工作报告，并作相应决议。选举产生县第十二届人大常委会主任1人、副主任4人、委员12人。选举产生县政府县长1名、副县长6名、县人民法院院长、检察院检察长各1名。

1995年1月7—9日，县十二届人大二次会议在城关东门影院召开，到会正式代表229人，列席代表76人，特邀代表39人。大会听取并审议通过县人民政府、人大常委会、法院、检察院工作报告，并作相应决议。选举产生出席南平市第一届人民代表大会代表25名，补选县人大常委会委员2名。

1995 年 7 月 16—17 日，县十二届人大三次会议在城关东门影院召开。到会正式代表 241 人，列席代表 77 人，特邀代表 51 人。大会听取并审议通过县人民政府上半年工作报告，并作相应决议。补选县政府县长 1 名，补选科技副县长 1 名。

1996 年 3 月 11—14 日，县十二届人大四次会议在城关东门影院召开。到会正式代表 239 人，列席代表 82 人，特邀代表 50 人。大会听取审议县政府、人大常委会、法院、检察院的工作报告，并作相应决议。

1997 年 2 月 25—28 日，县十二届人大第五次会议在城关东门影院召开。到会正式代表 242 人，列席代表 76 人，特邀代表 57 人。大会听取和审议通过县人民政府、人大常委会、法院、检察院工作报告，并作相应决议，补选县政府县长 1 名、补选南平市一届人大代表 1 名，县法院院长 1 名，县人大常委会委员 2 名。

1998 年 2 月 23—26 日，县十二届人大第六次会议在城关东门影院召开。到会正式代表 237 人，特邀代表 55 人，列席代表 82 人。大会听取和审议通过县政府、人大常委会、法院、检察院工作报告，并作相应决议。

第四节　第十三届人民代表大会

1999 年 1 月 6—9 日，县第十三届人民代表大会第一次会议在城关东门影院举行。到会正式代表 169 人，列席代表 102 人，特邀代表 47 人。大会听取和审议题为《高举伟大旗帜，动员全县力量，把政和改革开放和现代化建设事业推向新世纪》的政府工作报告《关于政和县 1998 年国民经济和社会发展计划执行情况与 1999 年国民经济和社会发展计划（草案）的报告》《关于政和县 1998 年财政预算执行情况和 1999 年财政预算（草案）的报告》和县人大常委会、县法院、检察院的工作报告，并作相应决议。会议选举产生县十三届人大常委会主任 1 名、副主任 4 名、委员 12 名，选举政和县人民政府县长 1 名、副县长 8 名，选举县法院院长、检察院检察长各 1 名。

2000 年 2 月 28 日至 3 月 1 日，县十三届人大二次会议在城关东门影院举行。到会正式代表 171 人，列席代表 108 人，特邀代表 19 人。会议听取和审议通过县政府、县人大常委会、法院、检察院工作报告，并作相应决议。

2001 年 3 月 27—29 日，县十三届人大第三次会议在城关东门影院举行，到会正式代表 169 人，列席代表 75 人，特邀代表 19 人。会议听取和审议通过县政府、县人大常委会、法院、检察院工作报告，并作出相应决议。大会补选县人大常委会委员 2 名。

2002 年 3 月 27—29 日，县十三届人大第四次会议在城关东门影院举行，到会正式代表 169 人，列席代表 108 人，特邀代表 19 人。大会听取和审议通过县政府、县人大常委会、法院、检察院工作报告，并作相应决议。大会补选县人大常委会副主任、常委会委员、检察院检察长、法院院长各 1 名。

2003 年 3 月 4—6 日，县十三届人大第五次会议在城关东门影院举行。到会正式代表 172 人，列席代表 110 人，特邀代表 42 人。大会听取和审议通过县政府、县人大常委会、法院、检察院工作报告，并作相应决议。大会补选县人大常委会委员 4 名。

第五节　第十四届人民代表大会

2004 年 1 月 4—7 日，县第十四届人民代表大会第一次会议在城关东门影院举行。到会正式代表 169 人，列席代表 245 人，特邀代表 47 人。大会听取和审议通过《政府工作报告》《关于政和县 2003 年国民经济和社会发展计划执行情况与 2004 年国民经济和社会发展计划（草案）的报告》《关于政和县 2003 年财政预算执行情况和 2004 年财政预算（草案）的报告》和县人大常委会、法院、检察院的工作报告，并作相应决议。大会选举产生县十四届人大常委会主任 1 名、副主任 4 名、委员 12 名，县人民政府县长1名、副县长8名，县法院院长、检察院检察长各1名。

2005年1月5—7日，县十四届人大第二次会议在城关东门影院举行。到会正式代表168人，列席代表244人，特邀代表50人。大会听取和审议通过县政府、人大常委会、法院、检察院工作报告，并作相应决议。大会补选县人民政府县长1名、补选科技副县长、人大常委会委员各1名。

第三章　县人大常委会

第一节　常委会组成

历届县人大常务委员会分别由各届人民代表大会第一次全体会议选举产生常委会主任1人、副主任、委员若干人组成。届中，常委会组成人员的变更按照法定程序办理。

第十届县人大常委会组成人员由1987年10月召开的十届人大一次全体会议选举产生，任期3年。期间，因工作变动辞去副主任职务1人、常委会委员1人，增补常委会委员4人。

第十一届县人大常委会组成人员由1991年1月召开的十一届人大一次全体会议选举产生主任委员1人、副主任委员3人、委员12人，任期3年。期间，因退休辞去副主任职务1人。

第十二届县人大常委会委员组成人员由1994年1月召开的十二届人大一次全体会议选举产生主任委员1人、副主任委员4人、委员12人，任期5年。期间，因工作变动先后辞职4人，增补常委会委员2人。

第十三届县人大常委会组成人员由1999年1月召开的十三届人大一次全体会议选举主任委员1人、副主任委员4人、委员12人，任期5年。期间，被停止执行委员职务1人；因工作变动辞去委员职务6人，增补常委会委员7人。

第十四届县人大常委会组成人员由2004年1月召开的十四届人大一次全体会议选举产生主任委员1人、副主任委员4人、委员12人，任期5年，至2005年年底，因工作变动辞去副主任职务1人，委员1人，补选常委会委员1人。

表7-2　**1989—2005年县人大常委会主任、副主任名单**

届别	姓　名	籍　贯	职　务	任　职　时　间
第十届	陈君翼	政和	主　任	1987.10—1991.1
	王㚣根（女）	福州	副主任	1987.10—1991.1
	许孝友	政和	副主任	1987.10—1991.1
	张锡九	平潭	副主任	1987.10—1989.6
	许正荣	政和	副主任	1987.10—1991.1
	徐松盛	建瓯	副主任	1987.10—1991.1
第十一届	许正荣	政和	主　任	1991.1—1994.1
	徐松盛	建瓯	副主任	1991.1—1994.1
	占紫鑑	建阳	副主任	1991.1—1993.2
	林志孔	政和	副主任	1991.1—1994.1
	柯贤雄	晋江	副主任	1992.11—1994.1

续表 7－2

届别	姓　名	籍　贯	职　务	任　职　时　间
第十二届	魏万能	政和	主　任	1994. 1—1999. 1
	杨定基	政和	副主任	1994. 1—1999. 1
	叶榅枫	政和	副主任	1994. 1—1999. 1
	林志孔	政和	副主任	1994. 1—1999. 1
	宋金兰（女）	政和	副主任	1994. 1—1999. 1
第十三届	魏万能	政和	主　任	1999. 1—2004. 1
	张振津	河北	副主任	1999. 1—2004. 1
	马绍贤	政和	副主任	1999. 1—2001. 4
	宋金兰（女）	政和	副主任	1999. 1—2004. 1
	叶福钦	政和	副主任	1999. 1—2004. 1
	范代兴	政和	副主任	2002. 3—2004. 1
第十四届	魏万能	政和	主　任	2004. 1—
	宋金兰（女）	政和	副主任	2004. 1—
	范代兴	政和	副主任	2004. 1—
	叶福钦	政和	副主任	2004. 1—
	吴发胜	政和	副主任	2004. 1—2005. 11

第二节　工作机构

1989 年，县人大常务委员会内设机构“一室四委”：办公室、法制工作委员会、农村经济工作委员会、财政经济工作委员会、教科文卫工作委员会，共有人员 22 人。1997 年 5 月，机构改革，办公室内设秘书科、综合科、信息科、行政接待科、信访办。1999 年 1 月，增设人事代表工作委员会。2003 年 6 月，机构改革保持“一室五委”，办公室内设改称人秘股、综合股、信访室、行政接待股。2004 年 1 月，法制工作委员会改称内务司法委员会。2005 年 11 月，增设城乡建设环境保护工作委员会，是年底，县人大常务委员会内设机构为“一室六委”：办公室、内务司法委员会、农村经济工作委员会、财政经济工作委员会、教科文卫工作委员会、人事代表工作委员会、城乡建设环境保护工作委员会。常委会行政编制 20 人，事业编制 3 人，实有人员 27 人。

第三节　常委会会议

第十届人大常委会　县第十届人大常委会先后召开常务委员会会议 30 次，先后听取审议“一府两院”和政府组成单位的工作报告 38 项，作出有关决定、决议 19 项；依法任免国家机关工作人员 131 人次；受理群众来信 724 件，来访 1000 余人次。

第十一届人大常委会　县第十一届人大常委会先后共召开常务委员会议 21 次，主任会议 13 次，分别听取和审议“一府两院”及工作部门的工作报告 32 项，作出有关重大事项的决定、决议 26 项；依法任免国家机关工作人员 122 人次；受理群众来信 1526 件、来访 980 人次。

第十二届人大常委会　县第十二届人大常委会先后召开常务委员会 33 次，分别听取和审议“一府两院”和部门的工作报告86项，作出有关重大事项的决定、决议49项；依法任免国家机关工作人员218人次；受理人民来信1729件、接待来访2880人次。

第十三届人大常委会　县第十三届人大常委会先后召开主任会议83次、常务委员会议36次，分别听取和审议“一府两院”和部门的工作报告134项，作出重大事项的决定、决议74项；依法任免国家机关工作人员198人次；受理人民来信810件、接待来访群众1200余人次。

第十四届人大常委会　县第十四届人大常委会在2004—2005年间，召开主任会议36次、常务委员会议13次，分别听取和审议“一府两院”及部门的工作报告70项，作出有关重大事项的决定、决议36项；依法任免国家机关工作人员84人次；受理人民来信349件、接待来访群众309批（次）1588人次，其中集体来访21批1265人次。

第四章　常委会主要工作

第一节　重大事项决定

第十届县人大常委会作出有关重大事项决定、决议19项，先后制定并通过《政和县人大常委会与“一府两院”加强工作联系的意见》《政和县人大常委会与县政协加强联系的意见》《政和县人大常委会议事规则》《政和县十届人民代表持证视察暂行办法》《政和县实施〈福建省计划生育条例〉办法》等。

第十一届县人大常委会先后就全县经济建设、计划生育、社会治安、“二五”普法教育规划、城镇规划等重大事项作出相应决议、决定26项。1992年5月第10次常委会审议通过《关于实施山地综合开发的决定》，为实施县政府提出的山地综合开发的总体规划，实现“以山兴县、资源转化”，促进农村经济发展奠定基础。9月，常委会第12次会议听取审议县政府关于兴建下榅洋电站的报告，及时作出决定，确保下榅洋电站顺利开工建设。

县十二届人大常委会先后作出重大事项的决议、决定49项。1994年9月，常委会第5次会议听取审议并原则批准县政府《政和县城总体规划调整的方案》，并作出相应决定，城区规划调整为东至姜屯、南到林屯、西至石圳、北靠熊山，总面积由原6.9平方公里扩大为16.2平方公里。1996—1997年，先后听取、审议并通过《关于加强人民法院执行工作的决定》《关于旧城区路网结构规划调整的决定》《关于在全县公民中继续开展法制宣传教育决议》（“三五”普法）、《政和县依法治理试点实施方案》，制定并通过《关于述职评议工作的暂行规定》。1998年，先后听取并审议《政和城区防洪规划报告》《关于城区防洪工程情况的报告》《关于七星溪流域综合治理项目前期工作汇报》，批准城区防洪规划，城区防洪标准从5年一遇提高到20年一遇；作出《关于依法加强河道管理的决定》，颁布实施《政和县河道管理实施办法》。常委会第28次会议批准《政和县依法治县方案（1998—2000年）》并作出相应决议。是年，全县遭受“6·22”特大洪涝与地质灾害，常委会第32次会议决定批准县政府提出的当年财政预算作部分变更和调整的报告，财政收入由5270万元调整为4850万元，财政支出由6071.72万元调整为5972.72万元。

县十三届人大常委会根据县委工作重心和经济、政治、社会事业建设发展的需要，先后作出重大事项决议、决定74项。分别审查批准《政和县国民经济和社会发展“十五”计划与2010年远景计划纲要》，以及年度计划、财政预决算，并作出相应决议、决定；作出调整“十五”计划纲要部分指标、调整县级财政预算，批准追加县级财政预算等决定；听取审议并通过县政府《政和县土地利用总体规划》《关于提请审议把茉莉花定为县花的议案》，并作相应决议、决定。2001年7月，常委会第19次会议，审议通过颁布实施《政和县殡葬管理暂行规定》。2003年3月、7月，常委会第31次、第33次会议，分别作出《政和县洞宫山风景名胜区管理暂行规定》《政和县城区一重山生态公益林保护管理暂行规定》等规范性文件，作出《关于开展依法治县的决议》，审议批准《政和县人民政府关于依法治县的实施规划》和县法院、检察院的《关于实施依法治县决议的方案》《关于开展创建人民满意派出所（队）活动的决定》；听取、审议县政府关于"三五"普法情况和"四五"法制宣传教育意见的报告，作出《关于进一步开展法制宣传教育的决议》。修订通过《政和县人大常委会任命国家机关工作人员的办法》，制定通过《关于对提请任命的国家机关工作人员进行法律知识考试的规定》及年度述职报告制度和《监督工作暂行规定》《关于决议、决定执行和审议意见办理的监督规定》《关于加强对法律法规执行情况检查监督的规定》《政和县预算外资金管理暂行规定》《关于加强预算审查监督的暂行规定》。先后制定《关于加强与县人民政府、县人民法院、县人民检察院工作联系的制度》《县人民代表大会议事规则》《政和县人大常委会讨论决定重大事项的规定》《政和县人大常委会议事规则》《政和县人大常委会主任会议议事规则》《关于联系县人民代表的决定》《政和县人大信访工作规定》等。

县第十四届人大常委会作出重大事项决议、决定36项。2004年2月，常委会第3次会议审议通过颁布实施《政和县城区饮用水源保护管理暂行规定》；7月，常委会第4次会议审议批准县政府《政和县生态示范区建设总体规划》；先后就2004年财政预算部分变更、财政预算调整及年度财政决算和2005年财政预算部分调整等作出决定。2005年5月，常委会第9次会议审议批准《政和县人民检察院关于加强行政执法监督实施意见〈试行〉》，并作相应决议；先后修订通过《政和县人民代表大会会议操作规程》《政和县人大常委会议事规则》《政和县人大常委会联系县人大代表的若干规定》《县人大代表建议、批评和意见办理的若干规定》和《关于开展创建人民满意派出所（队）活动的决定》；12月，常委会第12次会议审议决定，授予"县十四届人大优秀代表"荣誉称号22人，授予"代表建议办理先进个人"荣誉称号2人，"2005年度代表建议办理先进单位"荣誉称号单位3个，"人民满意派出所（队）"荣誉称号单位7个。

第二节　法律监督与工作监督

县第十届人大常委会先后组织开展综合执法大检查3次，深入9个乡（镇）21个县直单位，查阅案卷54卷案，查出存在问题243个，督促相关单位当即解决的153个；组织单项法律法规执行情况检查16次，涉及12个职能部门的9部法律；先后开展3次普法工作情况检查，促进全县法制宣传教育工作的顺利开展。

县第十一届人大常委会把国民经济和社会发展计划、财政预算的执行情况作为工作监督的重点，先后审查批准《政和县国民经济和社会发展10年规划和"八五"计划纲要》及年度财政预决算执行情况，作出兴建下榅洋水电站、山地综合开发、调整下药小区规划等多项决定；把工农业生产、对外经济贸易、科技教育、计划生育、土地管理、社会治安综合治理等列为工作监督的重要内容，先后共组织123人次，深入农村、工厂、学校、医院等单位实地视察调研，召开座谈会67场次，形成专题报告材料20余篇，提出意见建议120多条；组织开展以"两院"为重点的执法情况检查，督促查处违法办案的案件，选择典型案例进行调查研究，加强对司法机关的执法监督，提高办案质量。

县十二届人大常委会根据本县实际，结合省、市人大联动开展的执法检查，先后就《中华人民共和国农业法》《中华人民共和国农业技术推广法》《中华人民共和国水法》《中华人民共和国森林法》《中华人民共和国城市规划法》《中华人民共和国环境保护法》《中华人民共和国土地法》《中华人民共和国教师法》《中华人民共和国食品卫生法》《中华人民共和国母婴保健法》等35部法律法规实施情况开展执法检查67次。1995年，在《中华人民共和国环境保护法》《中华人民共和国水污染防治法》执法检查中，督促有关部门把县医院废水处理纳入环保治理重点项目，协助项目报批、资金落实，促成县医院废水处理系统建设项目及时竣工并投入使用。五年间，先后督查群众反映强烈的典型案件

63件，维护公民的合法权益。1997年7月，常委会组织开展以“清除地方主义和部门保护主义”为主题的“专项评议”，对检察院、法院、公安局、土地局、工商局、建委、林业公安分局、交警大队共8个单位进行评议，共听取各受评单位（含下属基层单位）汇报96场，召开座谈会64场，走访干部、职工200余人次，召开评议大会8场，提出整改意见100余条，下达“整改意见书”8份，纠正执法工作存在问题24件。同年，常委会第24次会议，就群众普遍关心的价及供电部门的职工用电问题，电听取和审议电力部门工作汇报，要求妥善调整电价，加强内部职工用电管理。

县第十三届人大常委会坚持把监督工作摆在重要位置，推进生态优高农业县建设。先后对《中华人民共和国环保法》《中华人民共和国水法》《中华人民共和国防洪法》《中华人民共和国森林法》《中华人民共和国森林管理保护条例》《中华人民共和国土地法》《中华人民共和国矿产资源法》等法律法规实施情况开展执法检查，对水环境、矿产资源环境的综合整治情况进行视察检查，督促查处一批违法采矿和重大毁林案件。2003年，结合“非典”防治工作，检查督促限时完成城区人饮水林屯源头污染治理、九龟垅垃圾填埋场整治和南庄移民区垃圾场处理等污染项目；先后对刑法《中华人民共和国治安管理处罚条例》《中华人民共和国刑事诉讼法》《中华人民共和国行政处罚法》等实施情况开展检查，对1999年20余起典型违法案件进行跟踪督办；重视预算执行情况审查监督，支持和督促审计部门依法开展对同级财政审计，加大对重点领域、重点部门、重点资金及领导干部经济责任审计，推动预算审查监督由程序性向实质性转变，维护财经秩序和财政预算的严肃性。

县十四届人大常委会先后组织开展执法检查41次。2004年，开展《中华人民共和国预防未成年人犯罪法》《中华人民共和国未成年人保护法》《中华人民共和国消费者权益保护法》等法律法规的执法检查，督促有关部门加强未成年人保护的“两法”宣传，强化对网吧、电子游戏厅（室）等场所的管理与整治。2005年，组织开展《中华人民共和国水污染防治法》《中华人民共和国残疾人保障法》《中华人民共和国税收征管法》等15部法律法规的执法检查，督促有关部门单位解决城区5万多人口人饮水源头环境治理问题；常委会还就《中华人民共和国行政处罚法》《中华人民共和国行政复议法》《中华人民共和国行政诉讼法》《中华人民共和国国家赔偿法》《中华人民共和国行政许可法》和《福建省行政处罚程序规定》等“五法一规”的贯彻执行情况进行检查，先后查阅水利、农业、民政、审计等7个单位的175件执法案件卷宗，就存在问题提出整改建议意见60多条，促进相关单位依法行政、公正执法。

第三节　人事任免

历届常委会坚持党管干部原则和法定任免程序相结合，使人事任免和监督工作有机统一，先后制定和修订《政和县人大常委会任免国家机关工作人员办法》，制定任前法律知识测试、年度述职报告、任中履职评议等制度。

县第十届人大常委会先后任免国家机关工作人员131人次。1989年6月第17次常委会任命吴家洋为副县长、代理县长，决定接受祖忠福辞去县长职务。1990年8月第27次常委会决定任命杨根生为副县长、代理县长。届中，任命县政府领导7人，因工作变动接受辞去县长职务1人、副县长职务5人。

县第十一届人大常委会共任免国家机关工作人员122人次。届中，先后任命县政府领导6人，接受辞去职务6人。

县第十二届人大常委会共任免国家机关工作人员218人次。1995年3月，常委会第8次会议决定任命张建光为副县长、代理县长，接受杨根生辞去县长职务。7月16日，县十二届人大三次会议，补选张建光为县人民政府县长，傅再明为副县长。1996年10月，常委会第18次会议决定任命丁仰宁为副县长、代理县长，接受张建光辞去政和县政府县长职务。1998年10月，常委会第31次会议决定任命黄健平为副县长、代理县长，接受叶家乐辞去县长职务。届中，先后决定任命县政府领导16人次，因工作变动接受辞去职务14人次。

县第十三届人大常委会任免国家机关工作人员共198人次。届中，先后任命县政府领导8人次，接受辞去职务6人次，被停职检查3人、撤销职务1人。

县第十四届人大常委会先后任免国家机关工作人员84人次。2004年7月，常委会第5次会议决定任命陈宗荣为副县长、代理县长。因工作变动，接受黄健平辞去县长辞务。2005年1月，县十四届人大二次会议补选陈宗荣为县人民政府县长。两年中先后任命县政府领导3人次，接受辞去职务5人次。

至2005年底，县第十届至第十四届人大常委会先后共任免常委会机关工作人员、县政府及其工作部门组成人员、审判机关、检察机关人员共753人次。

第四节　议案建议办理

从第十届至第十四届（未满下同）人民代表大会历次全体会议共收到代表议案和建议、批评、意见2023件，其中第十届259件、十一届544件、十二届438件、十三届469件、十四届313件。常委会每年召开代表议案建议交办会议，采取专文下达、分类登记、及时催办、检查督促、跟踪落实等形式，敦促有关单位认真办理。对办理过程中存在的困难和问题，组织代表视察、检查、听取和审议办理情况报告，向代表发放办理情况征求意见表，对办理及时、质量高、反响好的承办单位和个人进行评比表彰，提升代表议案、建议的办理质量。

1995年10月，在县十二届人大二次会议上，人大代表提出河道采砂无序、部分堤防基础掏空、危及防洪和人民生命财产安全以及城区河段倾倒建筑废料、生活垃圾、病死畜禽造成污染，要求依法加强河道管理的议案，常委会组织相关部门进行视察检查，依法作出《关于依法加强河道管理的决定》。2001—2003年，常委会根据代表提出的要求加快殡葬改革步伐，加强洞宫山风景名胜区资源保护管理和城区一重山生态公益林保护管理等议案、建议，先后作出《政和县殡葬管理暂行规定》《政和县洞宫山风景名胜区管理暂行规定》《政和县城区一重山生态公益林保护管理暂行规定》。

2004年1月，县十四届人大一次会议，代表提出的城区人饮水卫生标准的“热点”问题议案，常委会及时组织由人大财经委、农经委、县环保、林业、国土、水利、建设、卫生防疫、自来水公司、星溪乡等部门单位参加开展城区人饮水情况专题调研，并筹资1.7万元，抽取各取水点样品10份，送交省、市权威部门进行60项指标检测；经检测，城区人饮水质量达到饮用水三类标准。县十四届人大二次会议代表提出《关于要求建设龙潭溪宝岭水库城区居民饮用水源的建议》，常委会组织本县省、市、县三级人大代表，结合《中华人民共和国水污染防治法》实施情况执法检查，督促有关部门加大城区人饮水源保护力度，整治改造污染水源的企业和工程项目，加快引水管道铺设，使城区人饮水工程在2005年底前竣工使用。2005年，县十四届人大二次会议代表提出《关于要求对政和东平至松溪郑墩柯厝桥公路修复的建议》，常委会及时跟踪督办，使工程顺利施工建设，全长3.7公里，投资350万元。

第五节　代表联系

历届常委会把代表联系作为一项基础性工作，先后制定和修订《关于联系县人大代表的办法》《政和县人民代表持证视察暂行办法》，建立常委会组成人员联系代表制度、建立代表活动小组、创办代表议政室、组织参加视察检查、邀请列席常委会会议、组织参观考察、培训学习、指导开展民主评议基层站（所）工作、常委会领导定期接待和走访代表、推荐代表担任监察员和廉政监督员、组织开展“争先创优”评选优秀人大代表、主任会议定期或不定期听取代表工作汇报、坚持为代表订阅赠送《人民政坛》《南平人大》刊物和《政和人大》工作简报等一系列工作制度和活动形式，为代表执行职务创造条件，发挥代表议政履职的作用。1993年开始，组织指导代表民主评议基层站（所）工作，寓支持于评议之中。1997年，开展《中华人民共和国全国人民代表大会和地方各级人民代表大会代表法》颁布实施5周年宣传纪念活动，各行政村先后设立代表议政室，为县、乡人大代表议政履职提供方便。县十二届人大常委会以“利于组织、便于活动”为原则，建立19个代表活动中心组，组织代表开展“争创优秀代表小组”“争当优秀人大代表”，带头“学富、促富、赛富奔小康”等活动，评选表彰1996—1997年度“优秀人大代表”44名。县十三届人大常委会健全完善代表联系工作的各项制度，采取集中视察、异地视察、邀请参加执法检查、听取汇报、审议评议、专题调研、代表向选民述职评议等形式，增强代表履职意识；常委会组成人员17人，每年联系代表不少于5人，先后滚动联系县代表255人次。2005年，县十四届人大常委会修订颁布《县人大常委会联系县人民代表的若干规定》，常委会组成人员分别与63位县人大代表建立联系制度，先后邀请县、乡人大代表参加执法检查、视察调研共180多人次，被邀列席常委会30多人次。当年评选表彰县人大优秀代表22名。

第六节　调查与视察

历届县人大常委会根据不同历史发展阶段，就贯彻落实党的方针、政策，实施宪法和法律、法规，经济建设中的重点工程、重点项目，深化体制改革，扶持个私经济发展，重视“三农”（农业、农村、农民）工作，加强环境保护和城建管理，搞好森林资源开发利用和保护，实施科教兴县战略，做好防灾减灾体系建设、物价控管、医疗卫生、疾病控制、食品安全等民生要务，以及人民群众普遍关心、关注的“热点”“难点”问题，研究确定重点课题，组织开展调研与视察。

县十届、十一届人大常委会先后对全县农村经济、工业生产、科技教育、计划生育、土地管理、商业贸易、社会综治等方面工作组织专题调查研究、视察检查，共参加213人次，累计1540多天，召开各类座谈会近百场，形成调研报告41篇，提出建议228条。

县十二届人大常委会任期5年，共组织调研视察26项（次）。1995年12月，常委会组织本县省、市、县三级人大代表视察县水泥厂、磷肥厂、茶厂、化工厂4家工业企业和县重点工程下楃洋水电站建设情况，就存在问题向县人民政府和有关部门提出意见。1997年6月，常委会再次组织部分委员、省、市、县代表对国有企业水泥厂、磷肥厂、水轮机厂、茶厂及部分私营企业进行视察，并就国有企业发展的指导思想、质量效益、发展路子、科技投入、资产保值增值、资金筹措等提出新的思路；对个私企业要以“三个有利”标准，“先发展后管理，先繁荣后规范”，制订落实优惠政策，提供优质服务。1997年8月，常委会组织部分委员，就全县教育“普九”工作的“普及程度、办学条件、教育投入”深入各乡镇、学校进行重点视察，形成意见提交县人民政府和相关部门，要求县政府采取有效措施，解决存在问题，确保省、市教育“普九”检查验收顺利进行。1998年6月，常委会邀请省、市代表先后视察中亚保健品有限公司、熊城宾馆、金禾酿造厂、官湖母猪场等8家个私企业，建议相关部门进一步改善环境，扶持促进个私经济发展。是年7月，常委会就“6·22”洪灾对县一中、二中造成的破坏情况进行专题视察，就学校预防地质灾害等问题提出建议意见。

县十三届人大常委会任期5年，共组织开展调研视察90余项（次），形成调研报告和调研理论文章40多篇。先后就土地延长承包、集体林经营体制改革、竹业与锥栗产业发展现状、农民增收减负、村级财力状况、农村外出务工人员情况、农村经济新增长点培育、农业名特优新产品生产情况及农村民主法制建设等开展专题调查研究。1999年初，针对全县土地延包工作进度缓慢、农资市场经营较为混乱等实际，组织人大代表及有关部门对春耕情况进行调查，并就土地延长承包、食用菌生产、种子农资销售、冬春水利修复、村级债务化解等提出建议30余条；7月，针对国有企业发展中存在的资金紧缺、运作不够规范、环境不够宽松等问题，组织省、市、县三级代表，视察县水轮机公司、华厦水泥公司、化工有限公司、自来水公司等企业，就深化改革、科学管理、资金筹措等提出建议意见30多条。2001年，听取审议县政府关于农业结构调整实施情况和2001年计划的报告，适时组织开展农村新经济增长点培育、农业名特优新产品生产情况、竹业与锥栗产业发展状况等专题调查，形成相应报告，就进一步优化农业产业结构、培育主导产业，扶持龙头企业、重视科技投入、强化服务功能等提出建议；按照省、市人大的部署要求，开展农村外出务工人员情况调查，为上级部门提供翔实的第一手资料。5 年间，先后还对农资产品质量、自来水、液化气和公墓价格及医疗药品管理等群众关注的“热点”问题进行调研；对城镇职工基本医疗制度改革和城镇社会保障体系落实问题，先后 3 次听取审议有关部门的专题报告，提出相应的改革措施和解决办法；组织开展城区交通管理、殡葬改革实施情况、人口与计划生育状况、城市管理以及飞凤山公园和塔山公园续建、教育“普九”、校园环境、控辍保学、增生扩容等工作的视察调研。

2004—2005 年，县十四届人大常委会共组织开展调研、视察和检查 73 项（次）。2004 年 2 月，配合省、市人大对全县林权制度改革现状进行专题调研；围绕投资环境，开展县级工业园区建设情况调研，形成全县金融资金扶持情况、竹木加工企业状况、粮食企业安全生产等专题调研报告，就加大信贷投资力度、控制原木销售、提高资源综合利用、做强做大竹木企业、加快园区建设、深化工业发展年活动等提出意见、建议。围绕“三农”工作，先后听取、审议农经委和相关部门的农业和农村经济发展情况、集体林权制度改革情况、水利水电工程建设工作等专题汇报，重点对春耕备耕、农资市场、粮食生产、防汛抗旱、“三溪”（龙潭溪、外屯流域、富溪）水电工程、城区“绿水工程”、生态林建设及城区一重山生态林保护等进行视察，提出要把森林资源保护放在突出位置，发展阔叶林木，限制原木种菌生产，控制锥栗种植规模，推广锥栗阔叶林混交，防止新的水土流失等建议。针对群众反映较为强烈的殡仪服务与液化气价格管理、矿山企业污染、村级公路硬化等事项，组织机关工作委和有关部门进行联合调查，形成报告，并经常委会议审议，将审议意见提交有关部门督促整改。听取审议教育、卫生工作报告，对校园安全、食堂卫生、学生周末乘车、学生校外住宿、医药管理、计划生育、乡村医生从业、文物保护等提出意见建议。2005 年，围绕县委中心工作，组织开展“义务教育法贯彻落实情况”“打造产业承接重地的思路对策”“电力发展现状”“林政管理情况”等专题调研，撰写相关理论文章 22 篇。

第七节　信访办理

历届县人大常委会把受理人大代表和人民群众来信来访作为加强对国家机关及其工作人员实施监督的重要渠道，密切同人大代表和人民群众的联系，改进机关作风的一项重要措施。制定修订《政和县人大常委会信访工作规定》，成立领导小组，设立接待室，指定专人负责，健全完善来信来访登记、转办、催办、督办、汇报、反馈、回访等工作制度；依照“分级负责，归口办理”原则，一般信访事项转送有关部门单位办理，重要信访事项由领导亲自审批或接待，主任会议研究，挂牌督办。2001 年 7 月，首次组织本县省、市、县三级人大代表和公、检、法“三长”在石屯镇开展接待日活动，接待来访群众 70 多人，受理反映问题 12 项。2002 年年底，东平镇某村 60 多位群众上访反映山场纠纷问题，常委会领导耐心做群众工作，要求当地政府及时做好调解工作。2005 年，贯彻实施国务院新颁布的《中华人民共和国信访条例》，加强信访交办、督办力度，采取召开会议研究办、开展视察联合办、领导接访挂牌办等多种方式，先后重点督促解决镇前老人会会员费侵占纠纷案、东平镇金峰村桐坑山场特大盗滥伐林木案和全县首例林权纠纷及液化气价虚高等重点信访问题。

至 2005 年底，县第十届至第十四届常委会共受理人大代表和人民群众来信 5138 件，接待来访 7648 人（次），其中第十届 724 件 1000 人（次）、十一届 1526 件 580 人（次）、十二届 1729 件 2880 人（次）、十三届 810 件 1200 人（次）、十四届 349 件 1588 人（次）。

第五章　乡（镇）人民代表大会

第一节　乡（镇）人大代表产生

1989—2005年，政和县乡（镇）人大换届选举共5次。

1990年，乡（镇）人大代表换届选举与县人大代表同步直接选举。全县划分乡代表选区387个，参选选民107676人，参选率为95.14%，选出乡（镇）人大代表641人，其中女代表124人，占19.3%。

1993年，乡（镇）人大换届选举与县人大同步直接选举。全县划分408个选区，参选选民120534人，参选率95.6%，选出乡（镇）人大代表654名，其中女代表114人，占17.4%。

1996年，乡（镇）人大换届单独选举。全县划分351个选区，参选选民125984人，参选率94.5%，选出乡（镇）人大代表654名，其中女代表83人，占16.7%。

1999年，乡（镇）人大换届单独选举。全县划分368个选区，参选选民129269人，参选率95.6%，选出乡（镇）人大代表654名，其中女代表102人，占19.0%。

2002年，乡（镇）人大换届单独选举。全县划分375个选区，参选选民126627人，参选率91.0%，选出乡（镇）人大代表654名，其中女代表102人，占18.9%。

第二节　乡（镇）人大主席团

1989年，全县9个乡（镇）设立乡（镇）人大主席团9个。

1991年初，全县9个乡（镇）相继召开人民代表大会，选举产生常设的人大主席团及其专职常务副主席，乡（镇）人大主席团开始独立开展工作。乡（镇）人大主席团为乡（镇）一级常设机构，由3—5人组成，配备专职秘书或干事1人。1996年，常务副主席改为乡镇人民代表大会主席。1998年1月，铁山镇划出7个行政村设立岭腰乡正式揭牌，增设岭腰乡人大主席团，选举产生岭腰乡人民代表大会主席。至2005年底，全县设立10个乡（镇）人大主席团。

第三节　人大主席团主要工作

1989—2005年，乡（镇）人大主席团历经5届乡（镇）人民代表大会。历届乡（镇）人大主席团贯彻执行县人大常委会的决定、决议，配合参与开展视察调研、执法检查、民主评议、信访督办等活动，监督同级政府的各项工作。依法成立乡（镇）人大代表活动的小组，制订活动计划，密切与选民的联系。组织换届选举县、乡人大代表，召开各届乡（镇）代表大会和每年1次全体代表大会，每半年召开1次代表小组长、县人大代表、主席团联席会议，每2个月召开1次主席团成员会议。乡（镇）人大主席团组织办理代表和群众的议案、建议和批评意见，组织开展基层站所工作评议、争创“优秀代表活动小组”“优秀人大代表”和代表向选民述职等活动。历届主席团注重抓好区域内选民对《中华人民共和国宪法》《中华人民共和国地方组织法》《中华人民共和国代表法》等法律法规的学习，提高选民的法制观念，促进社会安定稳定。

卷八 地方人民政府

第一章 组织机构

第一节 领导机构

1989—2005年，政和县人民政府随县人民代表大会换届，先后历经第十届、第十一届、第十二届、第十三届、第十四届政府。

第十届县人民政府（1987.10—1991.1）

1987年10月12—15日，召开县第十届人民代表大会第一次会议，选举产生县长1名、副县长3名。届中，新任命县政府领导7人次，因工作变动辞去县长职务2人次、副县长职务3人次。

第十一届县人民政府（1991.1—1994.1）

1991年1月19—22日，召开县第十一届人民代表大会第一次会议，选举产生县长1名、副县长5名。届中，新任命县政府领导6人次，因工作变动辞去副县长职务6人次。

第十二届县人民政府（1994.1—1999.1）

1994年1月17—20日，召开县第十二届人民代表大会第一次会议，选举产生县长1名、副县长6名。届中，新任命县政府领导16人次，因工作变动辞去县长职务3人次，副县长职务11人次。

第十三届县人民政府（1999.1—2004.1）

1999年1月5—9日，召开县第十三届人民代表大会第一次会议，选举产生县长1名，副县长8名。届中，新任命政府领导8人次，因工作变动辞去副县长职务6人次，被停职检查3人，撤销职务1人。

第十四届县人民政府（2004.1— ）

2004年1月3—7日，召开县第十四届人民代表大会第一次会议，选举产生县长1名、副县长8名。至2005年底，新任命政府领导3人次，因工作变动辞去县长职务1人次、副县长职务4人次。

表8－1 **1989—2005年政和县历届政府领导名录**

届次	姓名	性别	籍贯	职务	任职时间
第十届（续）	祖忠福	男	福建浦城	县长	1989.1（续）—1989.6
	吴家洋	男	福建泉州	副县长代县长	1989.6—1989.11
				县长	1989.11—1990.8

续表 8－1

届次	姓　名	性别	籍　贯	职　　务	任　职　时　间
第十届（续）	杨根生	男	河南商城	副县长	1989. 1（续）—1990. 8
				代县长	1990. 8—1991. 1
	魏万能	男	福建政和	副县长	1989. 1（续）—1990. 8
	林兆义	男	福建莆田	副县长	1989. 1（续）—1989. 7
	黄传尧	男	福建古田	副县长	1989. 1（续）—1991. 1
	林　定	男	福建福州	副县长	1989. 9—1991. 1
	杨定基	男	福建政和	副县长	1989. 1（续）—1991. 1
	林宝胜	男	福建永泰	副县长	1990. 2—1991. 1
	叶榅枫	男	福建政和	副县长	1990. 8—1991. 1
第十一届	杨根生	男	河南商城	县　长	1991. 1—1994. 1
	杨定基	男	福建政和	副县长	1991. 1—1994. 1
	林　定	男	福建福州	副县长	1991. 1—1993. 9
	林宝胜	男	福建永泰	副县长	1991. 1—1993. 10
	叶榅枫	男	福建政和	副县长	1991. 1—1994. 1
	黄传尧	男	福建古田	副县长	1991. 1—1991. 10
	王家豪	男	福建南平	副县长	1991. 10—1993. 10
	曾树培	男	福建福州	副县长（挂职）	1991. 10—1994. 1
	唐应秋	男	广东潮州	副县长（挂职）	1991. 11—1993. 10
	张泽和	男	福建政和	副县长	1992. 3—1994. 1
	叶家乐	男	福建浦城	副县长	1993. 10—1994. 1
	黄昌明	男	福建政和	副县长	1993. 10—1994. 1
第十二届	杨根生	男	河南商城	县　长	1994. 1—1995. 3
	张建光	男	浙江永康	副县长、代县长	1995. 3—1995. 7
				县　长	1995. 7—1996. 10
	丁仰宁	男	福建古田	副县长、代县长	1996. 9—1997. 1
	叶家乐	男	福建浦城	代县长	1994. 12—1997. 2
				县长	1997. 2—1998. 10
	黄健平	男	福建古田	副县长、代县长	1998. 10—1999. 1
	黄昌明	男	福建政和	副县长	1994. 1—1999. 1
第十二届	陈鸣华	男	福建政和	副县长	1994. 1—1998. 11
	何立民	男	福建政和	副县长	1994. 1—1997. 10
	陈建荣	男	浙江仙居	副县长	1994. 1—
	曾树培	男	福建福州	副县长（挂职）	1994. 1—1994. 9
	马绍贤	男	福建政和	副县长	1994. 12—1999. 1
	高建民	男	福建福州	副县长（科技）	1995. 3—1997. 4

续表 8－1

届次	姓　名	性别	籍　贯	职　　务	任　职　时　间
第十二届	傅再明	男	福建邵武	副县长（科技）	1995. 7—1997. 8
	朱志华	男	福建松溪	副县长	1996. 12—1998. 11
	王茂明	男	福建仙游	副县长（科技）	1997. 4—1999. 1
	李建平	男	山西长子	副县长	1997. 7—1998. 11
	姚延梭	男	浙江瞿州	副县长（挂职）	1997. 8—1999. 1
	詹树强	男	福建浦城	副县长	1997. 11—1999. 1
	叶建光	男	福建政和	副县长	1998. 11—1999. 1
	葛灼瑞	男	福建政和	副县长	1998. 11—1999. 1
第十三届	黄健平	男	福建古田	县长	1999. 1—2004. 1
	叶建光	男	福建政和	副县长	1999. 1—1999. 11
	詹树强	男	福建浦城	副县长	1999. 1—2004. 1
	许达义	男	福建政和	副县长	1999. 1—1999. 11
	葛灼瑞	男	福建政和	副县长	1999. 1—2004. 1
	陈　平	男	福建政和	副县长	1999. 1—1999. 11
	王茂明	男	福建仙游	副县长（科技）	1999. 1—2000. 1
	姚延梭	男	浙江瞿州	副县长（挂职）	1999. 1—1999. 8
	钟昌瑞	男	福建政和	副县长	1999. 1—2000. 2
	方晓明	男	江西湖口	副县长	1999. 5—2001. 7
	吕德钧	男	福建南平	副县长	1999. 12—2001. 7
	叶　虹	女	福建邵武	副县长	1999. 12—2001. 7
	魏礼情	男	福建政和	副县长	2001. 8—2004. 1
	郑满生	男	福建政和	副县长	2001. 8—2002. 3
	余国荣	男	福建建瓯	副县长	2001. 8—2004. 1
	吴传桂	男	福建建瓯	副县长	2002. 9—2004. 1
	朱鸿伟	男	浙江武义	副县长（挂职）	2002. 10—2004. 1
第十四届	黄健平	男	福建古田	县长	2004. 1—2004. 7
	陈宗荣	男	福建松溪	副县长、代县长	2004. 7—2005. 1
				县长	2005. 1—
	詹树强	男	福建浦城	副县长	2004. 1—
	吴传桂	男	福建建瓯	副县长	2004. 1—2004. 10
	葛灼瑞	男	福建政和	副县长	2004. 1—
	魏礼情	男	福建政和	副县长	2004. 1—
	余国荣	男	福建建瓯	副县长	2004. 1—
	鲁伟群	女	福建南平	副县长	2004. 1—2005. 11
	朱鸿伟	男	浙江武义	副县长（挂职）	2004. 1—2004. 11

续表 8－1

届次	姓　名	性别	籍　贯	职　务	任　职　时　间
第十四届	吴海舰	男	福建政和	副县长	2004. 1—
	刘乾刚	男	重庆永川	副县长（科技）	2004. 10—
	蔡华松	男	福建南平	副县长（挂职）	2005. 1—

第二节　工作机构

1989 年年初，政和县人民政府下设机构有：政府办公室、农业局、邮电局、税务局、财政局、粮食局、公安局、司法局、民政局、人事局、劳动局、机构编制委员会、教育局、林业局、茶叶局、供销社、卫生局、商业局、水利水电局、交通局、计划委员会、物价委员会、城乡建设环境保护局、统计局、农业机械管理局、工商行政管理局、计划生育委员会、科学技术委员会、革命老区建设委员会办公室、农业委员会、财贸委员会、经济委员会、乡镇企业管理局、畜牧水产局、二轻局、投资公司、人行、工行、农行、建行、保险公司、对外贸易局、文化局、体育委员会、地方志编纂委员会、体制改革委员会、土地局、档案局、烟草专卖局、信访局、外经委、广播电视局、审计局、科技干部局、监察局、气象局、扶贫办、进修学校、农调队、农科所、县医院、防疫站、经济协作办、石油公司、驻福州办事处、良种场等。

1989 年 7 月，县妇幼保健所升格为副科级机构；9 月，县林业局更名为林业委员会；12 月，成立县普通教育督导室。

1990 年 2 月，设退休干部管理办公室，隶属人事局；4 月，良种场升为正科级机构；7 月，城乡建设环境保护局更名为县建设委员会；县国营界溪林场人事收归地区林业局管辖，更名为福建省国营政和界溪林场；8 月，设侨务办公室为正科级机构，9 月，交通局内设的交通运输管理站定名为交通运输管理所（副科级），并加挂机动车辆维修管理所牌子。

1991 年 6 月，设立县农业利用外资办公室，为正科级行政机构；7 月，县退休干部管理办公室升为副科级机构，挂靠县人事局；8 月，成立县行政复议办公室，为正科级机构，与政府办合署办公；9 月，新华书店升为副科级事业单位；

1992 年 5 月，从建设委员会中分出环境保护职能，成立县环境保护局，为正科级行政单位；10 月，成立县技术监督局，为副科级行政单位。

1993 年 4 月，县监察局与纪委合署办公，实行“一套机构，两个机关名称，履行两种职能体制”。

1994 年 1 月，成立县公安局巡逻警察大队，为副科级事业单位，隶属县公安局；5 月，县公安局刑警大队升为副科级，隶属县公安局；设立机关事业单位社会保险公司，副科级，隶属县人事局；设立县驻石狮办事处，为企业管理的副科级事业单位；9 月，县税务局分设为县国家税务局和县地方税务局，为“一套人马，两块牌子”体制。12 月，成立驻厦办、驻沪工作处，均为企业管理的副科级事业单位；

1995 年 1 月，县电大工作站确定副科级机构；4 月，县普通教育督导室更名为教育督导室；5 月，国家税务局、地方税务局实行垂直管理；福建省国营政和界溪林场更名为福建省政和国营林场；

1996 年 1 月，县中医院确定为副科级事业单位；

1997 年 3 月，根据上级部署和批准方案，进行行政管理体制和机构改革。本次改革把县行政复议办公室、体改委和信访局并入政府办，政府办加挂体改委、外事办、信访局牌子；计划委员会加挂矿产资源管理局牌子，经济协作办并入计划委员会；财政局加挂国有资产管理局牌子；畜牧水产局并入农业局，保留畜牧水产局牌子，侨务办公室与政府办合署；对外经济贸易委员会与计划委员会合署；

机构编制委员会办公室与人事局合署；体育运动委员会与文化局合署；乡镇企业局与农业委员会合署，农业委员会改为议事协调机构；老区办与扶贫办合并为老区扶贫办，为议事协调机构；技术监督局（副科）、环境保护局（副科）由政府办管理；物价委员会由计划委员会管理；物资局、商业局、茶业局、第二轻工业局成建制转为经济实体；广播电视局、农业利用外资办、档案局改为事业单位。改革后，政府设工作机构27个，部委办局管理机构3个，议事协调机构2个；工作机构和议事协调机构为正科级，部门管理机构原则上为副科级。

1997年4月，气象局改为正科级事业单位，实行以气象部门为主与地方政府双重管理体制；6月，公安局林业公安分局（股级）更名为公安局林业分局，升为副科级；县广播电视局改为广播电视事业局，为正科级事业单位；11月，成立县食用菌研究开发中心，为正科级。

1998年7月，县编委办与人事局业务公开；8月，县农业机械管理站更名为农业机械管理总站；11月，县邮电局分设电信局、邮政局。

1999年2月，公安局林业分局更名为县公安局森林分局；4月，组建茶叶技术推广总站，副科级；8月，成立县驻惠安办事处，为企业管理副科级事业单位。是年，县技术监督局更名为质量技术监督局，升格为正科级机构；县工商局改由垂直管理。

2000年5月，成立县芹山电站库区移民工作办公室，为副科级；7月，县妇幼保健所更名为妇幼保健院。是年，县质量技术监督局改由垂直管理。

2001年1月，县编委办与人事局正式分开办公；县机关事业单位社会保险公司从人事局剥离，隶属劳动局。

2002年4月，设安全生产监督管理局，同时作为安全生产委员会的办事机构，为副科级单位，由经贸局管理；撤销驻石狮办事处。

同月，根据上级部署和批准方案，进行行政管理体制和机构改革：监察局与纪委合署办公；政府办加挂体改办、外事侨务办、法制办、旅游局牌子；计委更名为发展计划局并加挂物价局牌子；财委、经委合并组建经济贸易局，粮食局并入，并加挂牌子；畜牧水产局、乡镇企业局并入农业局，对外加挂牌子；撤销食用菌研究开发中心，其职能并入农业局；土地管理局、矿产资源局合并组建国土资源局；文化局、体委合并为文化体育局；老区扶贫办公室合并到位；劳动局改称为劳动和社会保障局，统一承担原劳动局、人事局、民政局、卫生局等部门承担的社会保障职能；计生委更名为计生局；建委更名为建设局；科委更名为科学技术局；林委更名为林业局；水利水电局更名为水利局；财政局不再加挂国有资产管理局牌子，其职能由财政局承担；撤销县驻石狮办；经济动员办设在发展计划局；老龄办、支前办设在民政局；交战办设在交通局。改革后，设政府工作机构21个，部门管理机构4个，议事协调机构2个。

2002年7月，县交通局交通运输管理所更名为政和县运输管理所，并加挂内河港航监督所牌子。

2004年5月，芹山电站库区移民工作办公室更名为县水电站库区移民开发事业局；7月，县文体局加挂新闻出版（版权）局牌子。

2005年，按上级批准方案，进行以政府序列为主的机构改革。主要内容是：县政府不单独设立国有资产监督管理机构，由挂靠在财政局的国有资产管理委员会办公室按授权范围代表政府依法履行出资人职责，承担国有资产监管职责；县发展计划局改为发展和改革局，将挂在县政府办的经济体制改革委员会办公室承担的经济体制改革职能划入发展和改革局，其承担的牵头行政审批制度改革的职能划归编办，不再保留经济体制改革委员会牌子；将农业局承担的乡镇企业管理职能划至经贸局，并加挂牌子；县计划生育局更名为县人口和计划生育局；民族与宗教事务局从县委统战部划出，实行单列，为副科机构。2005年年底，县政府机构设置为：

工作部门21个：政府办公室（旅游局、法制办、外事侨务办）、发展改革局（物价局、经动办）、经济贸易局（粮食局）、教育局、科学技术局、公安局（交警大队、刑侦大队、巡警大队、国保大队、治安大队、经侦大队、禁毒大队）、民政局（支前办、老龄办）、司法局、财政局、人事局、劳动与社会保障局、国土资源局、建设局、交通局（交战办）、水利局、农业局（畜牧水产局）、林业局（森林公安分局）、审计局、卫生局、文化体育局、人口与计划生育局。

部门管理机构5个：外经贸局、环保局、统计局、民族和宗教事务管理局、安全生产监督管理局。

议事协调机构2个：人民防空办、老区扶贫办。

挂靠单位3个：经济动员办、支前办、交战办。

直属事业单位28个：方志委、退休办、移民办、教育督导室、广播电视事业局、二轻工业总会（二轻联社）、机关社保中心、外资办、良种场、农机总站、茶叶总站、农科所、界溪水库、供销社、运管所、电大工作站、进修学校、县第一中学、县第二中学、县第三中学、县医院、中医院、疾病预防控制中心、卫生监督所、妇幼保健院。驻沪办、驻榕办、驻厦办。

附：省（市）属驻政和机构

2005年底，省（市）属驻政和机构有：税务局、工商局、邮政局、电信局、气象局、质量技术监督局、食品药品监督管理局、烟草专卖局（烟草公司）、盐务局、公路分局、公路稽征所、新华书店、农村社会经济调查队、移动公司、联通公司、网通公司政和营销中心、石油公司、供电公司、武夷交通运输股份有限公司（政和车站）、中国人民银行政和县支行、中国银行业监督委员会政和办事处、中国农业银行政和县支行、中国建设银行股份有限公司政和支行、政和县农村信用合作社联合社、中国人民财产保险股份有限公司政和支公司、中国人寿保险股份有限公司政和支公司、中国太平洋保险公司政和公司、中国平安保险公司政和公司。

第二章　重要会议

第一节　政务会议

一、常务会议

1989—1990年，第十届县政府召开常务会议8次。主要研究决定召开全县科技工作会议，讨论《关于放宽放活科技人员的决定》《政和县科学技术进步奖试行办法》《政和县1989—1990年科技发展规划》3个文件；“7.22”灾后重建与专项资金安排；确定以工代赈项目；加强林业工作，深度开发毛竹资源；镇前宝岩、茶溪、横坑头3个老区贫困村扶贫扶建；农村教育事业费附加征收；成立“福建省政和金矿”，实施王母山金矿开采；县产磷肥产销、冬储及价格管理等。

1991—1993年，第十一届县政府召开常务会议12次。主要研究南庄道路扩建；镇前路面二级路改造；九层际电站库区商品粮基地开发；城区农副产品批发市场建设；文化、体育、卫生、广播电视等社会事业发展；土地使用管理制度改革；二轻系统及县茶厂、水泥厂、水轮机厂和酒厂改革；农村社会养老保险；公有住房改革；调整县电网电价。

1994—1998年，第十二届县政府召开常务会议28次。主要研究西津至东平公路改造；城关至暗桥二级路工程建设方案；通过《政和县人民政府工作准则》；全县食用菌生产；传达省扶贫开发、小康建设会议精神；研究国有企业解困，组织财源，开展城区“脏乱差”治理总体战，南大街道路改造，东门市场续建；水利水电建设管理，城区防洪工程建设规划设计；城区自来水网管改造集资；教育增编；研究确定1997年政府工作要点；县宾馆改造；扶持茶叶经济发展，重奖获部、省优产品企业；普及九年义务教育攻坚和落实科教兴县、教育强县措施；加强安全生产和建筑质量、施工安全管理；研究确定1998年工作目标；抗灾救灾、重建家园、恢复生产；清理整顿农村合作基金会；新设岭腰乡机构设置、编制核定；开征县水利建设基金；七星公园建设和竹棕厂地段土地开发等。

1999—2003 年，第十三届县政府召开常务会议 34 次。主要研究确定政府班子成员工作分工和班子建设；传达南平市工作交流会议精神；学习中共中央 12 号文件，传达省、市政府第一次成员会议精神；通过《政和县依法行政实施规划》，研究全县经济工作会议报告；传达南平市全市各县（市、区）发展定位研讨会、林业改革、行政效能监察等会议精神；研究“三讲”教育查摆与集中整改，计生工作，国民经济计划，安全生产，防汛度汛，土地管理，教育扩容，南大桥扩建，交通安全，殡葬改革，财政支出基数调整；发展锥栗产业，冬春修水利，招商引资奖励办法，政府审批制度改革；2001 年创业竞赛考评及 2002 年方案，2002 年为民办实事项目，党风廉政建设责任制，退役藏兵安置，农机公司体制改革；环城南路改造与柏油铺设；教育 体制改革，最低生活保障；液化气市场管理，卫生体制改革，科技大楼建设，机构改革后有关单位工资经费问题；县级工业园区建设优惠政策，胜利洋河滨路口改造，县良种场农工社保，粮食局编制与财务独立；三中建设；华融公司债务清偿；“8·10”灾后重建；西门粮站撤迁职工安置；研究 2003 年县人代会上县政府、财政局、发展计划局 3 个报告；讨论《政和县工业园区管理暂行规定（草案）》，《政和城区一重山林地保护管理暂行规定（草案）》，医药公司、环卫所体制改革；2003—2007 年国民经济发展目标，安全生产专项整治，洞宫山景区开发，城区防洪工程建设，机关社保，粮食安全预警应急方案；武警中队、城关派出所撤迁；信访工作，城关粮站小区建设规划；社区居委会建设；政府班子成员分工调整，劳动与社会保障等工作。

2004—2005 年，第十四届县政府召开常务会议 15 次。主要研究城建、卫生、环保工作，禽流感防治；加强政府班子自身建设；财政工作，城区环保规划，东平至柯厝桥路面改造；农副产品流通，土地管理，医疗保险，农村低保，统计工作；防汛抗旱，工商、消防和鹤林工业园区土地出让；无规定动物疫病区项目建设，县疾病预防控制中心建设，县运动会筹备；城区“绿水工程”建设，外贸公司、一建公司改革；2005 年财政预算方案和为民办实事项目及酒厂职工安置；世行贷款福建省水土保持与乡村发展二期项目；财政周转金与干部拖欠公款的清欠，妇幼保健院大楼基建，农村公路建设；“十一·五”规划编制，修改招商引资奖励办法，成立高速公路建设指挥部，佛子岩旅游景区开发，国有林业采育场改革；星溪乡经委及周边地段开发；基本医疗保险政策调整，城建管理；胜利洋土地收储，东平酒厂土地出让，外资办红壤项目基地收归县财政管理，昌岐洋水库建设用地；“十一五”规划编制审查，确定 2006 年为民办实事项目，新一轮乡级财政管理体制调整，白茶地理标志保护，讨论印发政和县“城市管理”“交通管理”“城区建筑垃圾弃土管理”等 3 个规范性文件等。

二、专题办公会议

1989—1990 年，第十届县政府召开专题办公会议 44 次。主要研究抓好城市建设与管理，南门影院至南庄路口、东大桥至二中 2 条水泥路面铺设；制定印发《政和县城镇建设管理暂行规定》《政和县城区卫生管理暂行规定》；九层际电站洞宫大桥建设和电站投产发电后的管理；飞播造林验收，茶叶生产与购销管理；县针织厂建设；城区交通秩序整顿，决定成立城区、石屯、镇前 3 个交警中队；南大桥拓宽改造；政松电力联网建设；二轻企业推行供销承包责任制等工作。

1991—1993 年，第十一届县政府召开专题办公会议 75 次。主要研究县实验幼儿园、中医院门诊大楼、城区有线电视网建设；决定设立茶叶销售专业市场；落实下榅洋电站建设前期工作，水政水资源管理，城区防洪规划，确定实施电气化县建设五年规划；启动城区绿化、星溪河与松溪河绿竹开发；西大桥至林屯环城公路、澄源乡百岁亭至下榅洋村公路建设；二中教学楼、县宾馆新楼建设；杨源香菇保鲜厂、东平矿泉水、县菇果菜加工厂建设，招生工作；城区交通秩序管理，筹建“城区交警中队”；镇前路段二级路改造；北大街环境整治；牛脊洋检查站管理；苎麻厂转换机制人员安置；沈炳麟先生捐资建设铁山中心校教学楼等工作。

1994—1998 年，第十二届县政府召开专题办公会议 193 次，主要议题：东平、铁山、镇前 3 个邮电所交换改程控；电气化县建设验收；县针织厂租赁经营后人员安置；城区流动人口管理；计生工作与专项经费；粮食购销市场价格与管理措施；澄源乡筠竹洋与上榅洋两村公路修建；扶持各乡镇企业发展；省政法委捐助江上村“希望小学”教学楼、沈炳麟先生捐建东平镇金峰小学教学楼建设；议定增拨档案工作经费、增编人员、抢救库存档案；鼓励发展个私经济，培育市场体系；城区市容市貌整治、绿化与街道管理；二级路开发建设，县苎麻厂破产；各乡镇奔小康示范村建设现场办公；扶持菇业发展；北大路、东大路改造，镇前镇至澄源乡牛途公路铺设，启动城区防洪工程建设；南门小学教师住宅楼、法院审判综合楼、粮食大厦建设；城区旧改和环境整治；扶持生姜生产；抓好农副产品促销，建立流通信息网络、行业协会和中介组织；王母山、大药坑、上山岗3个金矿污染治理，化工厂、酒厂、二轻化妆品厂改制或拍卖，县水轮机厂、县磷肥厂、水泥厂股份制改革；公有住房改革；安嵩线改造与油路铺设，外屯乡老碓厂村灾后重建与灾情鉴定，灾后工业生产和水利修复；菇县建设；加快林业经济、茶业经济发展；工业企业改革与整顿矿业生产秩序；县酒厂破产及债务清理；抓好教育“两基”、环保、土地管理；落实“五老人员”医疗优惠政策和下岗职工再就业优惠政策；七星宝塔、七星公园建设；调整城网电价；加强粮食流通体制改革与市场管理等工作。

1999—2003年，第十三届政府召开专题办公会议189次。主要研究政（和）—建（瓯）线公路改造；集资建设城区主街水沟和南小地段排水沟，启动西门市场建设，医药公司至公安局路段拓宽改造，图书馆、七星公园建设用地；城区防洪工程建设招标；县酒厂、针织厂职工安置；清水笋加工税费征收，富士岛公司万亩蔬菜基地建设，牲畜五号病防治；环保“环评”的审批、收费和执法，分离企业办学有关事项处置，教育二程建设收费标准，岭腰“八一”小学、林业“希望小学”建设；整治城区交通秩序，货运车辆收费标准，“110”社会联动，决定召开全县科技工作会议；安嵩线铁山至岭腰路段改造，镇前镇茶溪村公路建设；城建与城防工程建设拆迁补偿，档案馆库房、二中综合楼、县医院住院大楼建设；食用菌新品种试验基地建设，烟叶生产与收购，冬季农业生产、水利修复；商业、粮食、供销企业、东平酒厂、燃料公司体制改革；安全生产监督管理；教育人事工作，学生周末乘车安全；城镇职工医疗保险，机关效能建设；“两所一队”（拘留所、看守所、武警中队）搬迁建设；“入闽通道”建设拆迁补偿；2001—2002年，农村公路建设规划；政和锅炉厂、石屯奶牛场项目建设，外屯乡老碓厂自然村灾后重建扫尾工作；规范液化石油气市场，讨论修改《政和县液化石油气管理暂行规定》；农村交通安全与客运市场整治，城关粮站地块综合开发；化工厂改革，生猪定点屠宰场建设；启动县医保中心工作和机关事业单位职工保险，筹建县药品食品监督管理局；铁山中学、县实验小学、实验幼儿园扩容工程；2002年，国民经济计划，农村“半脱产”干部待遇；七星公园至飞凤山、状元峰路亭修建；化工厂排污治理；县医院综合大楼消防安全建设与三中教学楼建设；石门、松源两个采育场办学分离；二轻塑料厂国有土地回收出让，塔山公园建设用地；退役藏兵安置待遇，公有住房改革登记发证，划拨闽东水电开发公司税（费）金分配方案；入闽通道工程建设验收，省道302、202线改道走向方案；标准化农田及粮食专项资金项目建设；电力公司股份制改革后资产处置，茶厂租赁与改革，原华融公司债务单位资产处置；武警中队旧办公楼拆迁补偿；农牧大楼地块转让开发，森林公安指挥中心大楼建设；京泰茶厂工业用地，消防与安全生产工作，七星塔和塔山公园移交管理等。

2004—2005年，第十四届县政府召开专题办公会议51次，主要研究农村公路硬化，云根书院建设，新建铁山中学教学综合楼，渡头洋小区水泥路铺设，县良种场改革；粮食生产与市场供应，学校安全与卫生防病，乡镇卫生院职工参加机关社保，法院旧办公楼收储，西津木材转运站国有土地出让，城区消防规划编制评审，2003年度，中小学危房改造专项资金使用安排，城区中心与西门两个农贸市场实行食品安全准入，网吧等互联网上网服务营业场所整治；城区人饮水工程、省际动物防疫监督检查站、职业中学教学楼建设，研究确定元峰大桥建设相关事项；追加人口与计生专项经费，安全生产工作，北大路松林岗地灾点灾民安置，外贸公司体制改革及外贸出口奖励办法，县印刷厂改制，原电力公司、县茶厂、茶叶包装厂、东平酒厂、医药公司、水轮机厂等企业改制后国有资产处置；组织开展劳动标兵评比、优秀企业家评选及工会经费等工作。

第二节 其他重要会议

全县年度工作会议 1989—2005 年，历届县政府每年均召开全县农业与农村工作、经济工作、林业工作、水利工作、财政工作、教育工作、人口与计划生育工作、创业竞赛综合评比表彰、社会治安综合治理等年度工作会议，传达上级相关会议精神，总结表彰上年度工作，部署安排当年工作。

不同历史发展阶段专项工作会议 20 世纪 90 年代初期，主要召开山地开发、扶贫扶建、消灭宜林荒山、扶持乡镇企业发展等专项工作会议；90 年代中后期，主要召开食用菌生产、反季节蔬菜种植、生猪饲养、竹业生产、锥栗种植、茶叶生产等区域经济产业化发展，脱贫致富奔小康，国有工业、商业、粮食、供销企业改革，扶持个私经济发展等专项工作会议；2000 年以来，召开的专项工作会议主要有：工业园区建设、招商引资、个私经济表彰、农村集体林经营体制改革、农村公路硬化、社会主义新农村建设、烟叶生产、建设可持续发展生态优高农业县等。

抗击突发性灾害和部署时段性重要工作会议 主要有抗洪救灾、重建家园，防汛抗旱，禽流感防治，全国人口普查、农业普查、基本单位普查和开展农村社会主义思想教育、“三讲”教育、保持共产党员先进性教育活动等时段性重要工作会议。

第三章 施政纪要

第一节 第十届县人民政府

1989 年 7 月 22 日，政和县遭受百年未遇的特大洪灾。全县 9 个乡（镇）、4 个农（茶）场、78 个行政村受灾，110 个国营、乡镇企业和基础设施遭受严重损失，直接经济损失 1.4 亿元。县委、政府组织带领全县干部群众抗洪救灾，重建家园。全县共发放救灾款 120 万元，救灾粮 1600 吨，以及大批药品、衣被、柴油等救灾物资。省、地和各兄弟县（市）积极捐款捐物，支援抗灾救灾工作。全县共筹集资金 817 万元，投入 258 万个工日，修复水渠、拦河坝、防洪堤 800 多处，恢复农田 400 多公顷，恢复灌溉面积 1.12 万公顷。省、地、县三级保险公司向受灾的 81 家国营、乡镇企业和 594 户城乡居民支付保险款 1008 万元。全县当年工农业总产值同比增 4.6%，县级财政总收入同比增 12.7%，外贸出品供货总值同比增 49%，乡镇企业总产值同比增 25.4%，农民人均纯收入 565 元，增加 45 元，社会商品零售总额同比增 91%。九层际电站一期工程全面竣工，洞宫水库完成总工程量 50%。新开公路 11.9 千米，改造公路 13.2 千米，铺设柏油路 8.5 千米。开通政和至南平 12 路载波，电报电路进入自动转报网，长途电话实行自动拨号。投资 150 万元建成城区供水工程。

1990 年，新建乡村公路 18.2 千米，改建 12 千米，铺设柏油路 8.8 千米，87% 的水毁工程得到恢复。九层际电站二期工程全面竣工。首次大面积飞播造林有效面积 6.57 万公顷，质量居全省之首；市政建设投资 117 万元，兴建 8 条道路 3 条水沟，拓宽城南大路，整治城区巷道。长途电话自动拨号正式投入运行，东平镇成为全区第一个自动电话的乡镇。全县社会零售商品总额突破亿元大关，达到 10200 万元。全县清理干部建私房 648 户，罚款处理 26.77 万元。开展税收、财务、物价大检查，查处罚没各种违法违纪金额 168.18 万元。全县农民人均纯收入比上年增加 64 元，有 12727 户贫困户（含返贫户）脱贫，脱贫率达 96.3%。

第二节　第十一届县人民政府

1991年，全县集中力量打好经济工作主动战、消灭荒山攻坚战、计划生育翻身战、山地开发总体战“四大战役”。首次全面完成地区下达的十项考核指标，其中造林绿化、粮食生产、计划生育、山地开发、财政收入实现突破性进展。经省上验收造林绿化面积核实率、成活合格率均达100%，实现“提前一年消灭宜林荒山”目标。粮食总产83774吨，比增7.1%，比历史最高的1988年增长1.9%。计划生育工作坚持“三为主”，全面开展“五清理”。县财政提供周转金50万元扶持空壳村，中央扶贫贷款100万元用于山地开发。县财政总收入1706.3万元，超年度预算7.63%，比增7.2%。县委、政府选派工作队208名（地区20名）驻9个乡镇48个试点村，开展农村社会主义思想教育活动。

1992年，实施“赶上全区发展水平，走在全省贫困县前列”的“追赶、跳跃”战略。开展解放思想大讨论，重新认识高山区的长短项和优劣势，致力扬长补短，促劣变优，抓开发、促开放，抓特色、上规模，实施“菇菜猪起步，茶竹果腾飞”的构想。深化企业改革，重点抓机制转换、技术改革、产品创优；加强改善基础设施建设；全县扶贫开发取得重大突破。粮食总产创历史新高。山地开发新种茶、果、竹4533公顷。完成西津至镇前柏油路铺设、城区有线电视网建设、县医院和中医院X光机房建设和南庄道路拓宽改造等4件为民办实事项目。先后动工建设镇前边贸市场、二中综合教学楼、实验幼儿园、水西大桥至林园环城公路、体育中心、行政村通电话广播和县乡电力联网等工程。

1993年，贯彻落实中共中央《关于建立社会主义市场经济体制若干问题的决定》《关于切实减轻农民负担的紧急通知》精神，先后制定加快工业发展、扶持乡镇企业、鼓励山地开发、发展食用菌生产、加快市场建设、鼓励个私经济发展、吸引外商投资和推进科技进步、加快教育发展、抓好计划生育等一系列政策规定和优惠措施；全面完成县、乡电力联网，重架16个行政村通电线路，下榅洋电站正式动工建设；开通石屯、杨源、澄源3个乡镇自动电话交换机。预算内企业实现税利1035万元，增长53%；乡镇企业实现税利752万元，增长51%；个私经济上缴税费552.31万元，占县财政收入23.5%。全面清理1991年以来涉农负担文件，停止执行项目42个，取消收费文件、基金文件、集资文件、摊派文件共83份，减轻农民负担约235万元。完成为民办实事十件：县、乡电力联网、镇前边贸市场、渡头洋环城路、一中教师宿舍楼、二中教学综合楼、县实验幼儿园建设、全县电话自动化、程控电话以及80%行政村通广播。铁山、镇前两乡完成撤乡建镇。全县国民生产总值比1990年（下同）增长57.4%；农业总产值比增47.3%；粮食总产比增10.84%；工业总产值比增145.9%；预算内工业企业实现利税比增128.5%，乡镇企业总产值增长2.78倍，全社会商品零售总额比增46.3%；出口供货总值比增177.8%。财政收入2 339.9万元，比增790万元，1991—1993年无偿投入工农业生产资金1 010万元，兴办社会公益事业资金971万元，实施科技开发项目92个，其中碳化着色竹餐具、镶嵌式竹胶地板、536大白漆、杀蚧灵、“999”仿瓷涂料等20项通过国家或省级鉴定，填补了国内或省内空白；科研成果7项，有6项获国家专利。

第三节　第十二届县人民政府

1994年，全县农村工作围绕“粮食增总产、食物增总量、农民增收入”目标，抓农业结构调整、发展优高农业和特色规模经济。高山和半高山区以发展食用菌、毛竹、生猪、锥栗、反季节蔬菜等主导产业。平原区继续主抓水果、特色养殖和基地蔬菜等产业。工业生产实行“一厂一策”改革方案，推行国有民营、公有民营、一厂多制、股份合作等方式，发展以农林副产品和矿产加工为主的骨干企业与主导产品，增强企业发展后劲。国合商业推行国有民营、社有民营、商店承包、柜台租赁等措施。各专业银行逐步向企业性、商业性、政策性银行过渡。财税征管推行“评产定税、源头征收、村级代征”办法。农村初级电气化县通过国家验收。完成县城总体规划调整。珠山万吨自来水工程、九龟垅垃圾处理场投入使用。

1995年，农村工作坚持以加速脱贫为“先导工程”，突出抓好特色经济发展；企业改革坚持“产权明确，权责明晰，政企分开，管理科学”和“抓大放小，大的搞好，小的放活”的思路，推行切块承包、分块搞活、破产重组、拍卖转让、改组联合、股份合作等多种形式。出台《关于加快私营经济发展若干规定》。市政建设推出“公办民助，合力发展”的新举措。坚持计生攻坚，实现后进县脱帽目标；实施旧城改造建筑面积3万平方米，城乡新建住宅面积7.51万平方米，建成渡头洋、凤嘴、元峰庄3个小区巷道。全县个体工商户达3887户，私营企业82家，出现年产值超千万元，税收超百万元的私营企业。加大基础设施建设和教育事业投入，投入教育经费达1200万元；全县城乡程控电话达15872部，净增农、市话1419户，无线寻呼1280部、移动电话129部。

1996年，县政府以“脱贫奔小康”统揽农村工作，确定70个村为小康建设村（其中16个示范村），组织82个单位256名干部下乡驻村，制定26条扶持政策，选择14个重点村现场办公，重点扶持项目161个，投入各类资金1000多万元；选定10个后进贫困村进行克难攻坚，确定县领导20名、县直单位23个41名干部驻村包点，有效地促进脱贫奔小康工作进程。熊山、东平、石屯等3个乡镇的70个村通过小康验收；星溪、外屯两乡实现贫困脱帽；10个后进贫困村得到基本转化。实施“特色开发、带动加工、促进开放”的发展战略；食用菌、茶叶、反季节蔬菜、锥栗、水产养殖等特色产业全面发展。新开发“东平特醇”“东平古酒”“东平米烧”“东平酱油”系列产品。完成镇前镇至屏南县双溪镇、镇前镇至周宁县泗桥乡两线柏油路改造。城区一期旧改建设南凤楼、高雄楼投入使用。首次召开城区环境整治千人动员大会，颁布实施《政和县公民文明守则》。县妇幼保健院列入卫生部1996—2000年中国与联合国儿童基金会的妇幼合作项目。全县广播、电视覆盖率90%和91%，有线电视增至15套。新建体育馆投入使用。

1997年，按照省委、省政府“开好局再奋进，起好步上台阶”的总体要求，围绕“加快发展、项目启动、脱贫甩帽、基本小康、财政平衡、城乡文明”的工作思路，突出“重农、强农、兴贸、培新、增效”重点开展工作。经省验收确定小康村98个，占行政村总数78%，摘掉贫困县帽子。食用菌生产总量跃居全省第二位。东平、石屯两乡镇首次种植烤烟获得成功。水泥厂、水轮机厂、磷肥厂、物资公司等企业顺利完成股份制改革。酒厂、化工厂实施破产。年财政总收入4700万元，实现收支平衡。下榅洋电站两台机组并网发电，并与闽东电网联网。完成县体育场400米跑道修建。完成造福工程千人搬迁，超过南平市下达任务一倍。计生工作进入全国三类县行列。进修学校教学楼、妇幼保健综合大楼竣工交付使用。

1998年，贯彻“抓住机遇，深化改革、扩大开放、促进发展、保持稳定”的基本方针，正确处理好改革、发展、稳定的关系，经济和社会发展取得可喜成绩。全县9个乡（镇）106个行政村基本实现小康；食用菌、林竹、茶果、蔬菜等主导产业初具规模，荣获“中国食用菌生产先进县”；竹产业实现年产值1.5亿元；特色养殖、反季节蔬菜、烟叶、药材、花卉等产业均有新的发展。防灾减灾体系建设累计投资1.86亿元。6月特大洪涝地质灾害后，重建老碓厂、西津、沈屯、范屯、何山等新村25个，有5156户3万多灾民搬迁新居。顺利实施“划分税种、确定基数、定率递增、收支挂钩、超收全留，短收全赔，一定三年”新的财政体制。通过省政府初级卫生保健合格县验收。

第四节　第十三届县人民政府

1999年，县政府以“农业增效、农民增收、农村稳定”为中心，精心培育食用菌、茶叶、毛竹、果蔬、畜牧水产五大主导产业，制定出台实施“粮食丰收工程”和加快竹业、食用菌、茶叶、水果、蔬菜等产业化进程的实施意见。加快灾后重建进度。基本完成农村土地延长承包30年。加大企业改革、改组、改造和管理力度，拓展内外经贸；引进兴办具有外贸出口权的鑫奎公司、富士岛公司。完成芹山库区移民工程、七星公园建设和七星塔主体工程；河滨商业街顺利开工；建设大厦、粮食大厦、寿险大楼、新华书店、法院大楼、国土大厦、退休干部活动中心等相继落成；建成田径场、老年门球场、游泳池。提请县人大常委会审议通过《政和县城区交通管理规定》《政和县预算外资金管理规定》和《政和县土地利用总体规划》。全面落实《关于依法行政的实施规划》。是年，县政府本着实事求是的态度，调减全县国内生产总值、农业总产值、工业总产值和财政收入4项统计指标，分别为3715万元、4393万元、1827万元和300万元。年国内生产总值8.09亿元，比增1.1%；农业总产值比增2.0%；工业总产值比增2.4%；全社会出口供货总值比增15.3%；商品零售总额比增4.2%；农民人均纯收入2228元，比增3.3%。

2000年，坚持发展农村特色经济，全面推进企业改革，实施项目开发，表彰1996—1999年县科技进步和科技推广奖的单位、个人，先后出台《科技特派员下村服务工作实施意见》《进一步推进集体林经营体制改革的意见》《加快锥栗产业化进程的意见》和《发展烟叶生产有关优惠政策》等文件。建立东平、石屯、外屯小径竹示范基地53公顷，岭腰高产毛竹林基地47公顷，星溪地坪、东平苏地等锥栗高产示范片133公顷；下派科技特派员59名，与农户建立利益共同体11个，与科研院校合作项目11项；全县企业改革58家，职工置换身份人数占92.5%。开展创建“文明县城”“文明村镇”“文明行业”活动。成功举办政和建县千年庆典活动。启动政府审批制度改革，废除有悖于现行法规、法律及不适应市场经济发展的文件59件、修改5件。完成第五次人口普查。全社会消费品零售总额比增3.6%；固定资产投资比增76.2%；农民人均纯收入2297元，比增3.1%。

2001年，县政府制定防洪、抗旱、防台风、重大动物疫情控制和重特大安全事故应急处理等工作预案；出台政和县城镇职工医疗保险定点机构、特殊病种和医疗项目、异地就医等医疗保险管理和流动人口计划生育管理规定；制定《对招商引资直接引荐人实行表彰奖励的决定》及奖励的若干规定；编制完成《政和县矿产资源开发利用和保护规划》；提请县人大审议通过《政和县殡葬管理暂行规定》及实施办法。农村经济围绕特色强农抓调整，启动建设全省最大的白茶、花茶基地，茶叶农残抽检合格率达98%；竹笋产业开发再掀热潮；锥栗产业发展势头强劲，成功注册“大真王”商标，成为中国第二个“锥栗之乡”；动工建设松源奶牛场、天森肉牛基地、富士岛、鑫奎、神达、白牡丹等龙头企业，建成卓龙食品加工、珍稀食用菌开发等9个生产性项目。完成7件实施县乡有线电视光纤联网一期工程、西门市场、城区自来水水质优化、生猪定点屠宰场、老区“五通”（公路、电力、通讯、电视、广播）建设及“母婴平安120”和创建文明安全小区等为民办实事项目。“入闽通道”全面动工。北京百年老字号吴裕泰茶叶加工厂落户政和。全县规模以上工业企业产值达12560万元，比增8.9%；商业、粮食、供销等内贸企业完成改革26家，置换身份职工占总数70%；非公有企业税收突破千万元；外贸自营出口比增近4倍，成为县域最具活力的新经济增长点。预算外资金执行“票款分离”“收支两条线”。扩大国库统一支付工资面，启动实施会计委派制度。全县撤并5所完小和32个教学点。全面推进殡葬改革，全县火化率从27%提高到51%。实施“造福工程”，搬迁175户750人。全县108个单位进入医疗保险中心管理，城镇居民最低生活保障线覆盖面2%。加强精神文明和民主法制建设，开展“四五”普法教育，落实矛盾纠纷排查调处工作，社会治安综合治理、“金汤工程”和政治稳定工作全市评比获第一名。开展政府审批制度改革和规范性文件清理，取消审核审批事项209项，占审批总数32%。

2002年，全县围绕“建设可持续发展的生态优高农业县”目标，扎实开展创业竞赛活动。年完成国内生产总值8.62亿元，比增9.6%，三次产业结构由39.4:26.2:34.4调整为37.6:26.3:36.1；粮经比例由81.2:18.8调整为78.5:21.5。杨源乡东源茶场茶叶通过欧盟瑞士（IMO）国际认证；政和茶叶参加中国（福建）茶博会茶王赛获“一金两银”；茶叶生产跻身全省六强县；竹业生产在南平市竹业擂台赛上获二等奖。“大真王”锥栗品牌被中国经济林协会评为优质产品。出台《政和县县级工业园区建设若干优惠政策》，启动鹤林、铁山两个工业园区建设；北京老字号张一元、北京茶叶总公司、石家庄佳木茶厂、苏州爵伯服饰公司等落户政和。推行南平市“高位嫁接、重心下移，一体运作”机制，下派科技特派员、村支书、流通助理、金融助理和龙头企业助理5支队伍共139人。公开转让九层际电站、下榅洋电站的部分国有产权。以2620万元成功收购华融公司在政和县的1.18亿元债权。县、乡机构改革精减编制23.1%和20%。取消和改变审批事项39项。全县列入市级考核的10个重点项目，完成投资1.77亿元，超年度计划29%；县级责任项目65个投资1.09亿元，完成18个重点项目。办结中小学危房改造、河滨路二期工程、胜利洋一期开发和农村人饮水改造等7件为民办实事项目。完成东平、石屯万亩旱片治理。实施“十百千”农业科技示范工程。科技创新竞赛获全市第三名。教育撤销学区建制。卫生争取到中国扶贫基金会“天使计划”和中国初保会上消化道疾病筛查项目。完成《政和县林地保护利用规划》编制。发放企业离退休人员养老金1570人854万元、失业金868人143万元；城乡居民最低生活保障率4.95%，居全市前列。完成“造福工程”搬迁172户860人口。铺设42个行政村14.6万米水泥路面。贯彻落实《公民道德建设纲要》。综合治理城区环境，被评为南平市创建文明县城工作先进单位；洞宫山景区被评为省级风景名胜区，提请县人大审议通过《政和县洞宫山风景名胜区管理暂行规定》；建立健全矛盾纠纷排查调处做法被纳入“南平机制”范畴，社会治安综合治理考评获南平市第一。

2003年，农业经济立足调优、调特、调绿，形成茶叶、竹业、锥栗、反季节蔬菜、茉莉花等主导产业，农业龙头企业达14家，其中省级1家，市级4家。农村集体林经营体制改革和税费改革全面展开。新发展规模工业企业13家。“店小二”竹筷系列产品被国际竹藤组织和国家林业局评为金奖。鹤林、铁山工业园区建设扎实推进。完成40家国有集体企业改革，置换、解除劳动关系职工3100多人，占总数66.2%。养老保险、失业保险、医疗保险三条社会保障线稳步推进；取消政府审批项目265项；是年高考上线率居南平市第一。医疗卫生有效实施“母婴平安120”行动和结核病防治项目。建成县、乡、村广播电视光纤联网，新增有线电视用户1.3万户。计划生育出生人口政策符合率90.94%。初步建立国有土地收储出让制度和地质灾害防治体系。“造福工程”搬迁646户3275人。强化社会治安综合治理，矛盾纠纷排查调处经验在全省推广，当年被省委、省政府评为“严打”整治先进单位。提请县人大审议通过《政和县城区一重山生态公益林保护管理暂行规定》和《关于把茉莉花定为县花的议案》。

第五节　第十四届县人民政府

2004年，全县多层次推进创业竞赛，经济运行质量和效益良好。年完成国民生产总值10.66亿元，比增10.3%；财政总收入4852万元，其中县级收入3327万元，增长5.0%；全社会固定资产投资2.24亿元，比增4.2%；消费品零售总额3.75亿元，比增10.4%；农民人均纯收入3020元，比增8.5%。工业生产引进投资额300万元以上项目24个，总投资2.93亿元；重新修订《政和县工业园区管理暂行规定》，引进嘉泰木业、天时竹木加工、七星水利水电开发公司等规模企业12家，全县规模以上工业产值2.13亿元，比增22.7%，增幅高于全市平均水平。实际利用外资2.13亿美元，山海协作引资1.68亿元；完成外贸自营出口603万美元，比增20%。食品加工、竹木加工、矿产开发、水电开发、轻工针纺等成为新的投资方向。农业生产新建无公害茶园667公顷，新造竹林107公顷，锥栗年产量6000吨，比上年翻一番；烟叶产量首次突破500吨；茶叶年加工能力1.1万多吨，居闽北首位；毛竹加工年耗原竹450万根，茶叶、竹业年产值均突破2亿元。新建茶叶、锥栗、蔬菜、木制品行业合作组织5个450名会员。选聘村级农民技术员124人，落实农村税费改革，减轻农民负担1077万元。取消审批事项30项，废除设置审批权的自制规范性文件9件。启动建设县级重点项目9个、乡镇责任项目47个，总投资2.67亿元，增幅居全市前列。实施省、市科研项目4项，推广应用科技成果24项，开发新产品22个。铺设村级水泥公路102公里，占市下达任务102%；烟草大厦、金泰大厦、白鸽商贸中心竣工，完成岭腰、杨源两乡和铁山半源、大红等20个村人饮水工程，受益1.68万人口。教育新建校舍7600平方米，消除危房1.32万平方米，撤并完小13所、教学点5个。县疾控中心投入使用；乡级卫生院员工纳入机关社保管理。成功举办改革开放以来首届县运动会。发放企业退休人员养老金1042万元、失业金212万元，有城镇居民595户1870人、农村居民3995户12097人纳入低保管理，共发放最低生活保障金416万元。制定城区一重山绿化工作实施意见和破坏性地震与地质灾害应急预案。加强生态公益林管护，禁止用天然林木材生产食用菌。完成《政和县旅游发展总体规划纲要》编制。成立“政和县云根书院筹建委员会”，云根书院、塔山公园休闲中心动工兴建。提请县人大审议通过《政和县生态示范县建设总体规划》。

2005年，县政府坚持科学发展，构建和谐社会，以项目为抓手，突出工业，突破工业，推进各项事业发展。年国民生产总值11.6亿元，比增9.1%；财政总收入5542万元，比增14.8%，其中县级收入3550万元，比增5.2%；固定资产投资2.67亿元，比增17.6%；全社会消费品零售总额5.4亿元，比增15.1%；农民人均纯收入3294元，比增8.3%；城镇居民可支配收入7772元。完成杨源、岭腰、铁山、澄源4个35千伏变电站的新建和扩容。制定重点企业、木竹制品产业发展实施意见。引进生产性项目14个，总投资4750万元。山海协作项目资金1.06亿元，注册“三资”企业2家，实际利用外资205万美元，比增86.4%；拥有外贸自营出口权企业6家，完成出口总值630万美元。有23个固定资产投资300万元以上生产项目建成投产，新纳入规模管理企业8家。全县工业总产值6.4亿元，比增14.3%，其中规模以上工业产值3.06亿元，比增19.9%；实现利税1651万元，增长42%。农业全面取消除烟叶外的农业特产税；实行粮食最低收购价和种粮直补；年产白茶850吨，占全国市场份额74.6%；锥栗总产7500吨，加上周边县、市流入市场交易总量超万吨；铁山镇160公顷A级茶叶基地通过国家绿办认证，“碧湖春”“元绿”获得绿色食品标志使用权；15家农业规模企业实现产值1.8亿元，增长26.6%；富士岛、鑫奎被评为国家扶贫龙头企业、省农牧业产业化龙头企业；建立农产品加工、流通、种植等农村经济合作组织16个3500会员；完成农村集体林经营体制改革，明晰产权面积93160公顷，占99.9%，发证面积84000公顷，占90%。年新增民营企业44家，个体工商户541户，纳税总额比增18.9%。全县10个乡（镇）干部职工工资全部纳入国库统一支付。国有企业离退休职工1669人、城镇失业人员1078人、城乡低收入群体1.4万人的基本生活得到保障。开展财政性债务清收、离岗离职干部欠款清理和第三批行政审批制度改革。完成县城中心区、南庄、渡头洋片区控制性详规编制和中心区修建性详规修订；城区自来水引水工程启动供水；农村公路硬化130公里，占市下达任务145%。成功举办洞宫文化节、石屯农民文化节、东平杨梅红采风活动。发行“政和胜揽”首套邮票。杨源“四平戏”被列为福建省首批非物质文化遗产名录。完成“十一五”经济发展规划草案编制和政务网建设一期工程。启动第二轮《政和县志》编修、人口抽样调查、农业普查。深化政务、村务、厂务、校务“四公开”。平安县建设列入全省首批创建行列并通过省检查验收。

卷九　政协地方组织

第一章　政协委员会

第一节　政协委员的产生

一、政协委员推举

按照《中国人民政治协商会议章程》规定，结合政和县实际，政协委员的推举经过三个程序。提名推荐，由各人民团体、无党派民主人士、各个界别等协商提出委员推荐名单；协商确定建议名单，对各方面提出的推荐名单由中共党委组织有关部门进行综合平衡，反复同各推荐方面协商形成建议名单；政协常务委员会会议通过，将委员建议名单提交常务委员会会议进行协商和表决通过。届中增补政协委员的程序，也需要经过提名、协商、常委会会议通过。

1987年，推举产生政协政和县第三届委员会一次会议委员99名；1988年10月三届二次全委会增补3名委员；1989年3月三届三次全委会上增补14名委员，6月三届四次全委会上增补委员1名，委员总数达117名。1991年1月，推举产生政协政和县第四届委员会一次会议委员122名；1992年3月四届二次全委会增补7名委员，委员总数达129名。1994年1月，推举产生政协政和县第五届委员会一次会议委员129名，1995年3月五届三次全委会增补委员10名，委员总数达139名。1999年1月，推举产生政协政和县第六届委员会一次会议委员128名；2003年3月六届五次全委会增补8名委员，委员总数达136名。2004年1月，推举产生政协政和县第七届委员会一次会议委员128名；2005年1月七届二次全委会增补14名委员，委员总数达142名。

二、政协委员构成

政协政和县第三届委员会（1987年10月至1991年1月），设有中共界、无党派民主人士界、工会界、共青团界、妇联界、文化艺术界、科学技术界、农林界、教育界、体育界、医药卫生界、工商界、粮食供销界、政法界、少数民族界、台胞台属界、归侨侨眷属界、军烈属界、宗教界19个界别，其中无党派民主人士70名，占62.4%，女委员25名，占20%；平均年龄为52.3岁；文化构成，大专24名、中专46名、初中24名、小学5名。

政协政和县第四届委员会设有17个界别，增设社会科学界和特邀界，体育界、军烈属界、政法界、粮食供销界归类到其他相应界别中。委员中无党派民主人士76名，占62.2%；女委员26名，占21.3%；平均年龄50.5岁；文化结构，大专29名、中专59名、初中28名、小学6名，其中高级职称3名、中级职称47名。

政协政和县第五届委员会有16个界别，增设经济界，将台胞台属界和归侨侨眷界合并为“三胞”

界，无党派民主人士界归类到相应界别中。委员中无党派民主人士79名，占61.29%；女委员27名，占20.9%；平均年龄为46.6岁，比上届下降3.9岁；文化结构，大专46名、中专55名、初中15名、小学13名，其中具有高级职称5人，中级职称75人。

政协政和县第六届委员会有界别10个，将共青团界、工会界、妇联界合并为工青妇界，文化艺术界和教育界合并为教育文艺界，科学技术界和社会科学界合并为科技界，“三胞”界、少数民族界、宗教界合并为“三胞”民族宗教界。委员中，无党派民主人士57名，占45%，比上届减少16.2%；女委员28名，占22%；平均年龄46.2岁；文化结构，本科12名、大专76名、中专34名、初中以下6名，其中高级职称5名、中级职称42名，委员的文化程度有较大的提高。

政协政和县第七届委员会有界别10个。委员中，无党派民主人士63名，占49.2%；女委员26名，占20%；委员平均年龄45.8岁；文化结构，本科19名、大专66名、中专以下43名，其中高级职称4名、中级职称45名。

政协政和县委员会第三届至第七届委员构成情况表

表9－1　　　　单位：人

界别 / 界次	合计	中共界	无党派界	工青妇界			教育文艺界			科技界		农林界	医药卫生界	工商界	“三胞”民族宗教界				特邀界	经济界	政法界	军列属界	粮食供销界
				共青团界	工会界	妇联界	文化艺术界	体育界	教育界	社会科学界	科学技术界				少数民族界	台胞台属界	归侨侨属界	宗教界					
第三届委员会	99	6	3	2	8	2	6	1	11		16	13	9	7	2	3	3	1	—	—	1	2	3
第四届委员会	122	9	3	2	9	2	5	—	14	8	13	11	9	14	2	5	3	1	12	—	—	—	—
第五届委员会	129	9	—	2	7	3	4	—	14	8	14	14	7	7	2	7	2	12	17	—	—	—	
第六届委员会	128	11	—			13			15		17	8	6	14				11	12	21	—	—	—
第七届委员会	128	12	—			10			8		17	12	4	21				10	17	17	—	—	—

第二节　政协委员会会议

一、第三届委员会（1989 年）会议

第三次会议　1989 年 3 月 20—24 日在城关召开。出席委员 107 名，特邀列席代表 40 名。县委书记陈保明在会上作重要讲话。会议主要听取和审议县政协第三届常委会工作报告，听取提案工作报告和三届三次会议提案审查报告，委员们学习《全国政协关于政治协商、民主监督的暂行规定》，列席县十届人大三次会议。会议审议通过会议决议，新增补 14 位委员，委员提出提案 47 件。

第四次会议　1989 年 6 月 10 日在城关召开，会期一天。出席委员 107 名。县委书记祖忠福到会作重要讲话。会议审议通过陈纯台因离休请求辞职报告的决议。补选张锡九为第三届委员会主席。

第五次会议　1989 年 11 月 20—22 日在城关召开。出席委员 113 名，列席代表 42 名。县委书记祖忠福到会作重要讲话。会议主要听取和审议县政协第三届常委会工作报告，听取提案工作报告和三届五次会议提案审查报告，列席县十届人大四次会议；审议通过会议决议。会上有 8 位委员作专题发言。会议增补 3 位委员，委员提出提案 46 件。

二、第四届委员会会议

第一次会议　1991 年 1 月 18—20 日在城关召开。出席委员 122 名，特邀、列席代表 54 名。省政协南平地区工委、南平地委统战部、县委书记吴家洋等领导到会作重要讲话。会议主要听取和审议县政协第三届常委会工作报告，听取县政协第三届常委会提案工作报告和四届一次会议提案审查情况报告；选举产生县政协第四届常务委员会组成人员；列席县十一届人大一次会议；审议通过会议决议。会议民主选举产生委员会主席 1 名，副主席 5 名，常务委员 23 名。委员提出提案 86 件。

第二次会议　1992 年 3 月 28—30 日在城关召开。出席委员 128 名，特邀、列席代表 39 名。县委书记吴家洋到会作重要讲话。会议主要听取和审议县政协常委会工作报告，听取提案工作报告和四届二次会议提案审查情况报告；列席县十一届人大二次会议；审议通过会议决议。会上有 12 位委员作大会发言和书面发言。会议增补 7 位委员，委员提出提案 82 件。

第三次会议　1993 年 3 月 24—26 日在城关召开。出席委员 116 名，特邀、列席人员 34 名。县委书记吴家洋作《把握时机，群策群力，共图政和改革和建设宏业》的讲话。会议主要听取和审议县政协常委会报告；听取提案工作报告和四届三次会议提案审查情况报告；列席县十一届人大三次会议；审议通过会议决议。会上有 9 位委员作大会发言。委员提出提案 52 件。

三、第五届委员会会议

第一次会议　1994 年 1 月 16—18 日在城关召开。出席委员 129 名，特邀、列席代表 38 名。县委书记汪其生到会作重要讲话。会议主要听取和审议第四届常务委员会工作报告；听取第四届常务委员会提案工作报告和五届一次会议提案审查情况报告；选举产生县政协第五届常务委员会组成人员，主席 1 人、副主席 5 人、常务委员 25 人；列席县十二届人大一次会议；审议通过会议决议。委员提出提案 62 件。

第二次会议　1995 年 1 月 6—8 日在城关召开。出席委员 129 名，特邀、列席代表 45 名。县委书记汪其生到会作重要讲话。会议主要听取和审议县政协常委会工作报告；听取提案工作报告和五届二次会议提案审查报告；列席县十二届人大二次会议；审议通过会议决议。会上有 14 位委员作大会发言和书面发言。会议表彰 1994 年度 14 名优秀政协委员，5 件优秀提案，3 位机关先进工作者；委员提出提案 42 件。

第三次会议　1996 年 3 月 11—13 日在城关召开。出席委员 135 名，特邀、列席代表 56 名。南平市政协领导和县委书记汪其生到会作重要讲话。会议主要听取和审议县政协常委会工作报告；听取提案工作报告和五届三次会议提案审查情况报告；列席县十二届人大三次会议；审议通过会议决议；补

选县政协一位副主席和秘书长。会议学习《福建省政协关于政治协商、民主监督、参政议政的实施办法》《中共政和县委关于加强政协工作若干意见》《政和县人民政府关于加强政协协商联系的规定》，表彰 1995 年度 2 个先进专委会、3 个先进提案办理单位、5 件优秀提案、12 名优秀委员、4 名先进机关工作者。会议决定设立“政协委员活动金”。

第四次会议　1997 年 1 月 15—19 日在城关召开。出席委员 130 名，特邀、列席代表 56 名。会议主要听取和审议县政协常委会工作报告；听取提案工作报告和五届四次会议提案审查情况报告；列席县十二届人大四次会议；审议通过会议决议；补选县政协副主席 1 名。

第五次会议　1998 年 3 月 16—18 日在城关召开。出席委员 132 名，特邀、列席代表 56 名。会议主要听取和审议县政协常委会工作报告；听取提案工作报告和五届会议提案审查情况报告；列席县十二届人大五次会议；审议通过会议决议。

四、第六届委员会会议

第一次会议　1999 年 1 月 5—7 日在城关召开。出席委员 126 名，特邀、列席人员 112 名。会议主要听取和审议县政协第五届常务委员会工作报告；听取五届县政协提案委员会提案工作报告和六届一次会议提案审查情况报告；选举产生县政协第六届常务委员会组成人员；列席县十三届人大一次会议；审议通过会议决议。

第二次会议　2000 年 2 月 27—29 日在城关召开。出席委员 124 名，特邀、列席人员 108 名。会议主要听取和讨论县政协常委会工作报告；听取提案工作报告和六届二次会议提案审查报告；列席县十三届人大二次会议；选举产生第六届委员会秘书长；审议通过会议决议。

第三次会议　2001 年 3 月 26—28 日在城关召开。出席委员 123 名。特邀、列席人员 104 名。会议主要听取和审议县政协委员会工作报告；听取提案工作报告和六届三次会议提案审查报告；列席县十三届人大三次会议；审议通过会议决议。会议表彰 2000 年度优秀委员 18 名。

第四次会议　2002 年 3 月 26—28 日在城关召开。出席委员 129 名，特邀、列席人员 98 名。会议主要听取和审议县政协常委会工作报告；听取提案工作报告和六届四次会议提案审查报告；列席县十三届人大四次会议；审议通过会议决议。会上有 17 位委员在大会上发言。会议表彰 7 件优秀提案、3 个先进提案办理单位。

第五次会议　2003 年 3 月 3—5 日在城关召开。出席委员 136 名，特邀、列席人员 113 名。会议主要听取和审议县政协常委会工作报告；听取提案工作报告和六届五次会议提案审查报告；列席县十三届人大五次会议；审议通过会议决议。会议表彰 19 名六届县政协优秀委员。

五、第七届委员会会议

第一次会议　2004 年 1 月 3—5 日在城关召开。出席委员 126 名，特邀、列席人员 79 名。会议主要听取和审议县政协第六届常务委员会工作报告；听取六届县政协提案委员会提案工作报告；听取七届一次会议提案审查报告；选举产生县政协第七届常务委员会组成人员；列席县十四届人大一次会议；审议通过会议决议。

第二次会议　2005 年 1 月 4—6 日在城关召开。出席委员 128 名，特邀、列席人员 85 名。会议主要听取和审议县政协常委会工作报告；听取县政协提案委员会提案工作报告；听取七届二次会议提案审查情况报告；列席县十四届人大二次会议；审议通过会议决议。

第二章　政协常务委员会

第一节　常务委员会组成

根据《中国人民政治协商会议章程》规定，常务委员会由地方委员会主席、副主席、秘书长和常务委员组成，其候选人由参加该地方委员会的各党派、团体、各民族和各界人士协商提名，经全体会议选举产生，设主席1人、副主席若干人、秘书长1人、常务委员若干人。届中因离退休、工作调动等原因变动的，经全体会议进行调整增选。

表9－2　**1989—2005年政和县政协历届主席、副主席名单**

姓　名	职　务	专、兼职	任　职　时　间
陈纯台	主席	专职	续任—1989.6
张锡九	主席	专职	1989.6—1991.1
许孝友	主席	专职	1991.1—1994.1
林其水	主席	专职	1994.1—1999.1
叶榅枫	主席	专职	1994.1—1999.1
黄昌明	主席	专职	2004.1—
吕亩南	副主席	兼职	续任—1997.1
陈泽恒	副主席	兼职	续任—1989.12
夏秋雨	副主席	兼职	续任—1989.10
范　强	副主席	专职	1991.1—1996.11
柯贤堆	副主席	兼职	1991.1—1992.3
林葆荣	副主席	兼职	1991.1—1998.10
吴文溥	副主席	兼职	1994.1—1996.3
葛灼瑞	副主席	兼职	1994.1—1999.1
刘延成	副主席	兼职	1996.3—1999.1
黄昌明	副主席	专职	1997.1—2004.1
张银廉	副主席	专职	1999.1—
林　军	副主席	兼职	1999.1—2002.9
许志文	副主席	兼职	1999.1—2003.9
刘　斌	副主席	专职	2004.1—
苏久勤	副主席	兼职	2004.1—

第二节　专门委员会

第三届常务委员会设立学习委员会、文史资料委员会、提案工作委员会等 3 个专门委员会。还设立科学技术、经济、医药、卫生、文教体育、侨台宗教民族、妇女儿童等 6 个专门工作组。县政协机关设置办公室。各专门委员会和工作组均配备兼职主任、副主任和组长、副组长。

第四届常务委员会于 1991 年 1 月四届一次常委会决定成立工业、农林水、财贸、文化艺术、医药卫生、教育体育、社会法制等 7 个工作组，配备各工作组兼职组长 1 名，副组长 1—2 名。1991 年 3 月，经四届二次常委会研究，并报县委同意，调整设立学习、提案、文史、经济科技、文教卫生、“三胞”联谊、社会法制等 7 个专门委员会，配备各专门委员会兼职主任委员 1 名、副主任委员 1—2 名。县政协机关设置办公室、经济科技办、联络办等 3 个科级机构。

第五届常务委员会设立学习、文史资料、文教卫体、提案、农村工作、社会法制、“三胞”联谊、经济科技等 8 个专门委员会。配备各专门委员会兼职主任委员 1 名、副主任委员 2 名。县政协机关设置办公室、经济科技办、提案法制办等 3 个科级机构。

第六届常务委员会设立学习文史、提案、经济科技、文教卫生、社会法制、“三胞”联谊等 6 个专门委员会。配备各专门委员会兼职主任 1 名、副主任 1 名，将委员按界别、特长等情况分别划分到各专门委员会，由各专门委员会组织委员开展调研、视察、考察、联谊、学习等活动。县政协机关设置办公室、经济文教办、提案法制办等 3 个科级机构。

第七届常务委员会设立学习文史、提案、经济科技、文教卫体、社会法制、工商“三胞”民族宗教等 6 个专门委员会。配备各专门委员会兼职主任 1 名、副主任 1 名。县政协机关仍设立 3 个科级机构。

第三节　常务委员会会议

县政协常务委员会会议，由主席、副主席、秘书长、常务委员组成，一般每季度召开一次会议。会议根据议程需要，参加范围有时有所扩大。会议由主席或由主席委托的副主席主持。常务委员会会议的主要议题是：讨论拟定县政协全体委员会议召开时间、议程、日程；实施政协章程规定的任务和执行上级政协委员会、县政协全委会的决议；听取县委、县政府及其所属的有关部门有关情况通报和说明，并进行协商讨论，提出建议和批评；协商讨论本县党政重大决策，以及群众生活中普遍关心的重大问题，提出建议和意见；本会全体会议闭会期间，审议通过提交县人民政府的重要议案；决定县政协工作机构的设置和变动，并任免其领导成员；协商决定下届政协参加单位、委员名额和人选以及换届有关事宜；组织全体委员学习党和政府的方针、政策、法规以及重要决议等。

县政协三届常委会共举行 14 次常委会议，四届常委会共举行 15 次常委会议，五届常委会共举行 18 次常委会议，六届常委会共举行 20 次常委会议，七届常委会（2004 年 1 月至 2005 年 12 月）共举行 8 次常委会议。

第三章 主要活动

第一节 协商议政

政协常务委员会主要采取全委会、调研、视察、专题会议、通报会等形式开展政治协商工作。

历届政协常委会召开的每次全体委员会议，听取县政府、财政、计划、法院、检察院工作报告，并进行讨论，对本年度工作安排提出建议和意见。

三届、四届、五届、六届、七届县政协召开常委（扩大）会议，分别就政和县第八、九、十、十一个五年计划和2010年、2020年长远规划草案进行修改。县政府对于重点水利、交通、城建等工程建设在县政协常委会上征求意见。县政府或县直有关部门就水、电、煤气等关系群众切身利益的收费项目召开咨询会或听证会，征求政协委员意见。

县政府、法院、检察院每年上半年召开半年工作通报会，征求政协委员意见。1995年12月，县委、县政府分别下发《中共政和县委关于加强政协工作的若干意见》和《政和县人民政府关于加强与政协协商联系的规定》。在全县中心工作中，政协领导与县委、人大、政府领导一起分工、一起考核、一起挂点，使之知情知政，建言献策，更好地发挥作用。在招商引资、平台建设、软环境建设等方面，县政协领导直接参与了组织、协调、策划，对全县工业经济快速发展发挥积极作用。县政府充分发挥政协人才荟萃、智力密集以及团结面宽、联系面广的优势，将关系改革发展稳定大局的重要部署、人民群众普遍关心的热点问题以及其他需要协商的重大问题，在决策前主动提请政协协商。2005年，围绕建设小康社会目标，县政府与县政协进行积极协商讨论，政协委员就县域经济发展、工业平台建设、农民增收、扫商引资、“四地”建设等10个方面进行讨论，提出许多建设性意见和建议。在七星溪流域和翠溪流域水利开发专题会议上，政协委员提出“分期开发，合理利用水资源”等11条建议，县政府高度重视，并逐一采纳。对政协委员提出的建设元峰大桥、建设东平至松溪柯厝桥公路、建设城区人饮水工程等提案，县政府将其列入为民办实事项目，多方筹资，大力组织实施。县直有关部门就正在建设的重点工程进展情况，以及社会治安综合治理、城市环境卫生整治、九年义务教育、计划生育、国有企业改制和林权改革等工作及时向政协委员通报，征求意见。

第二节 民主监督

一、反映社情民意

历届县政协要求每个政协组成单位和专门委员会，一年至少提出一条有质量的建议或联名提案；每位政协委员一年至少提出一条有质量的建议或反映一条有价值的信息。三届县政协期间委员反映社情民意65条，四届县政协期间96条，五届政协期间226条，六届政协期间278条，七届县政协（2004年1月至2005年12月）期间108条。

1990年县政协反映《政和县7·22洪灾后，七星溪重点堤坝修复的建议》《7·22洪灾的反思》等建议；1993年反映《搬迁暗桥炸药仓库》《重建政和县塔》《建设熊山森林公园》等建议；1995年反映《制定竹山管理政策，壮大竹产业经济的建议》《关于我县个体工商户发展中存在若干问题和建议》等建议；1998年反映《解决部分困难下岗职工生活存在的困难和问题的建议》等建议；2000年反映《降低茶叶农残》《建立洞宫山自然保护区》等建议；2002年反映《提高农业科技服务质量》《培育建筑业、房地产市场，推动经济持续增长》等建议；2004年反映《创新农村科普工作》《优化青少年成长环境》等建议；2005年反映《城区流动摊点食品卫生令人担忧》《加大城区“脏、乱、差”综合治理力度，提升县城环境档次》《深化卫生体制改革，增加疾病防控能力》等建议。这些建议案，通过委员广泛、及时地反映社会的真实情况和群众的意见、呼声，为各级党委、政府正确决策提供重要信息来源，推动一些问题的解决，更加密切党和群众的关系。

二、选聘各类监督员

第四届县政协委员会选聘24名委员担任教育督导员、检察员。第五届县政协委员会选聘32名委员担任教育督导员、检察员。第六届县政协委员会选聘36名委员担任教育督导员、监察员、廉政监督员、行风政风评议员、检察员等职务。第七届县政协委员会选聘38名委员担任行风评议员、审计员、监察员、廉政监督员、检察员、教育督导员、陪审员等职务。为有效地开展民主监督工作。第六、七届县政协制定了选聘行风政风评议员等“五大员”的办法，县纪委、监察局相应地制定支持政协开展民主监督的意见，从而使政协的民主监督工作触及到全县各个部门、各个行业，有效地保证党和政府的方针、政策的贯彻落实，促进经济、社会发展。

第三节　调研视察

一、调研

历届县政协都组织开展调研活动，其中三届6次，四届8次，五届14次，六届25次，七届（2004年1月—2005年12月）7次。

1989年7月，县政协组织委员对“7·22”特大洪灾后恢复生产，灾后重建等工作进行调查研究。1990年1月，组织委员深入县中外合资、国营等6家外贸出口企业进行专题调查，形成调查报告一篇，提出建议4条。1991年11月，组织部分农林界委员及专家到东平镇进行为期2天的山地开发专题调查活动，形成调查报告一篇。1993年11月，县政协组织调查组，深入个体私营企业、工商户了解个体私营企业、工商户经营收费情况，形成调查报告，为县委、县政府治理乱收费，切实保障个体私营企业、工商户的合法权益，发展壮大个私经济，提供决策依据。1994年11月，组织部分委员，深入杨源、镇前、澄源等乡镇，对高山区优高农业发展情况进行调查研究，对优高农业的发展状况和存在的问题形成书面调查报告，提出建议6条，经县政协五届三次常委会通过，报县委、县政府。

1996年，县政协经济科技委对县食用菌生产规模、经济效益、发展前景进行实地调查，向县委、县政府提出抓好技术培训、技术服务、技术推广和适度发展的建议，为发展食用菌产业出谋献策。2000年7月，县政协组织调研组就政和发展生态优高农业的状况进行调研，向县委、县政府提交《建设生态优高农业县，构筑政和农业新优势》的调研报告，建议重点做好加快结构调整、科学合理布局、依靠科技进步、加强领导力度、积极开拓市场、改善生态环境等六方面工作。同年，根据县委、县政府提出的“优化茶业”的发展思路，县政协开展重点调研课题，并提交《优化政和茶业，重振茶叶雄风》的专题调研报告，建议县委、县政府大力实施品种优化、产销同步、科技兴茶、转化创汇、产业扶持等“五大战略”，重振茶业雄风。

2001年，县政协组织开展农业结构调整的调查，提出跳出松散农业、产量农业、传统农业、原料农业、资源农业的圈子，按照优质、创汇、无公害的要求，建立专业化农业、集约化经营、规模化发展的产业实体，逐步形成有市场竞争力的产业带和产业群体的建议，为农业结构调整提供决策依据。2003年，县政协经济科技委组织对加快工业化进程的调查，提出抓好重点企业发展和项目开发建设，推进国有企业改革，创办工业园区，壮大工业经济总量等建议。2004年，县政协开展建设海峡西岸经济区政和怎么办的专题调研，根据实际提出认真实施“四地”建设，突出重点特色，突破抓好旅游业等建议。2005年4月，县政协完成县委安排的“打造边贸物流旺地”的专题调研任务，并撰写出《政和县打造边贸物流旺地》的思路和对策。8月，先后围绕农村文化建设和农业经济产业发展的课题开展调研。是年，还组织委员开展加快民营经济发展、宗教、网络建设、发展洞宫山旅游业、加强古树名木的保护等专题调研。同时，做好省、市政协调研组到政和开展“发挥特邀监督员在提高拒腐防变能力中的积极作用，为构建社会主义和谐社会做贡献”“全区产业集群培育和做强做大中心城市及产业发展”“新型农村合作医疗建设情况”等专题调研活动。完成省、市政协安排的“非物质文化遗产保护”“名人名居、石崖摩刻”“南平人在海外”等调查任务。

二、视察

1989—2005年，县政协共开展视察活动78次，参加委员达1800人次。其中：三届委员会期间11次，四届委员会期间16次，五届委员会期间18次，六届委员会期间20次，七届委员会期间（2004年至2005）13次。

1989年9月8—20日，县政协组织视察团，深入政和县8个国营企业进行实地视察，加深对政和工业的了解，特别是“7·22”洪灾后恢复生产的情况，向县委、县政府提出7条建议。1990年6月，组织委员视察政和茶厂，了解茉莉花窨制工艺流程和县茶厂近年来发展建设规模，并进行花茶生产及销售的专题探讨。1991年4月，县政协组成视察团，对县邮电局、铅锌矿、水泥厂等7个企业，进行为期5天的视察，形成视察报告一篇。1992年6月，组织委员视察县磷肥厂、水轮机厂和茶厂贯彻中共中央关于深化企业改革，应用推广科技成果的情况，充分肯定3个企业深化改革和组织生产取得的成绩，并为实施地委、行署“八个突破”向县委提出五条建议。同年12月，组织视察团，对个体私营经济进行视察，形成视察报告一篇，并在县长办公会上报告视察情况，提出发展个体、私营经济的八条建议。1993年4月，根据县委的建议，与县人大联合组成视察团，对东平、杨源、铁山、熊山4个乡镇企业发展情况进行视察，形成视察报告一篇，提出建议6条。对进一步促进政和县“乡镇企业年”活动的深入开展和全面翻番目标的实现，起到积极的推动作用。1994年11月，县政协组织委员和公安、检察院、法院，组成政法工作视察团，对东平镇和石屯镇的派出所、检察室、司法办、法庭，县检察院反贪局，县法院城区法庭、公安局城关派出所等单位就有关发挥职能作用、严格执法、文明执法等工作进行视察，充分肯定政法工作所取得的成绩，提出解决工作中存在问题的五条建议。

1995年11月23日至12月25日，县政协组织在政和的市政协委员和县政协委员组成视察团，对县经委、供销、商业系统的困难企业职工生活进行视察，分别听取三个部门领导的情况介绍，并察看水轮机厂、化工厂、针织厂、茶厂等企业，通过与厂长、经理及部分下岗职工座谈，较详细地了解部分困难企业下岗职工生活存在的困难和问题。委员们对视察情况进行认真研究讨论，对如何进一步贯彻落实中央办公厅、国务院办公厅关于要千方百计解决部分群众生活困难的精神，提出三条意见和建议，引起县委、政府高度重视。1996年6月，县政协组成视察团，对交通工作进行视察，听取县交通局的情况汇报，实地察看暗桥二级路的改造施工和东平至西津的三级柏油路修建工程，对交通工作的成就给予充分肯定，并对存在的一些问题坦诚地提出看法和建议，形成视察报告一篇，提出建议6条。2000年，根据殡葬改革滞后的状况，县政协组织政协常委和社会法制委成员视察九龟垅陵园建设情况，建议加大殡葬改革宣传力度，依照有关法规出台实施管理条例，强化殡葬活动管理，优化殡葬服务质量等。2002年11月，组织政协委员对全县烟叶生产情况进行视察，并与县烟草局、烟叶办召开座谈会，针对全县烟叶生产存在的五个方面问题进行协商，提出调整现行技术方案、推广无土育苗新技术、严格控制烤房与烟田配比、强化对烟技员和烟农的培训、加强与乡（镇）村的沟通等措施。2005年5月，县政协组织委员视察县公安局交警大队，就公安交警工作如何进一步内强素质，外树形象，打造政和交警品牌提出意见和建议。是年，县政协委员还围绕信用村建设、农村公路硬化建设、档案管理工作、农村中小学寄宿教育、自来水工程建设和“十一五”规划编制工作情况等事关全局和群众关注的重大问题开展视察活动，分别提出一些好的意见和建议。

第四节　提案工作

1989年，县政协三届三至五次会议共收到委员提案75件，其中有关农林水方面30件，工交能源方面20件，财贸金融方面12件，文教卫体方面8件，政法方面5件。立案70件，办复64件，办复率91%。

四届县政协提案委员会共收到委员提案230件，其中有关农林水方面38件，工交能源方面33件，财贸金融审计方面23件，文教卫体方面53件，精神文明建设方面14件，城建环保土地管理方面22件，政法治安方面7件，党政劳动人事方面29件，政协统战侨务方面4件，其他类型7件。立案220件，办复211件，办复率95%。

五届县政协提案委员会共收到委员提案268件。其中有关经济建设方面124件，科教方面56件，精神文明建设方面54件，政法人事方面13件，其他类型10件。立案259件，办复236件，办复率90%。

六届县政协提案委员会共收到委员提案359件，其中经济建设方面143件，科教文卫方面101件，法制方面73件，人事、宗教方面38件。立案317件，办复311件，办复率98%。

七届县政协提案委员会（2004年1月至2005年12月）共收到委员提案119件。其中经济建设方面49件，科教文卫方面31件，法制、宗教方面28件。立案108件，办复108件，办复率100%。2005年，政协54件提案议案，办复率100%，满意率100%。在收纳建议和意见上，县政府主要领导和分管领导直接指示督办。其中就收集的下岗工人再就业、房屋拆迁、土地补偿、软环境治理等社情民意的提案，经县政府领导指示督办的有16件。政协委员的提案作用得到充分发挥，实现从数量到质量的转变。1989—2005年政协提案办理工作，已解决或采纳的占到58.8%，列入计划解决或采纳的占35.5%；同时，对一些未被采纳的提案委员都得到承办部门单位的满意答复。

第五节　委员学习

历届县政协委员会均建立学习委员会和学习中心组，制定委员学习制度、计划。在自觉自愿的基础上，采取集中与分散相结合，辅导与自学相结合，问题研讨与实地观摩相结合等多种形式，组织委员认真学习马列主义、毛泽东思想、邓小平理论、“三个代表”重要思想和科学发展观；学习党的基本路线和爱国统一战线理论；学习人民政协理论知识；学习社会主义市场经济与社会主义法制知识，学习科学知识和形势任务。通过学习研讨，使政协委员更加解放思想、更新观念、明确任务、增进共识、团结合力，激发委员履行职能的积极性，提高委员参政意识和议政能力，增强为祖国服务的才能。1989年6月，组织委员学习座谈《政协全国委员会关于政治协商、民主监督的暂行规定》，10月，学习讨论《江泽民同志在庆祝中华人民共和国成立四十周年会上的讲话》。1990年2月学习座谈《中共中央关于坚持和完善中国共产党领导的多党合作和政治协商制度的意见》。1991年8月，学习江泽民总书记“七一”讲话。1992年6月，学习座谈《中华人民共和国妇女权益保障法》。1993年学习贯彻全国政协八届一次会议精神。1994年学习《邓小平文选》第三卷。1995年2月学习座谈江泽民同志关于《为促进祖国统一大业的完成而继续奋斗》。1996年10月，学习贯彻中共中央十四届六中全会精神。2000年，县政协贯彻落实江泽民总书记关于“学习、学习、再学习”的主要讲话精神，通过建立学习中心组，举办报告会、培训班、编印学习资料等多种形式，采取自学与集中辅导相结合的办法，在重视组织委员学习邓小平理论和党的路线、方针、政策的基础上，重点抓好政协理论知识、经济科技知识和县域知识三方面的学习，增强学习的针对性和实效性，提高政协委员的政治思想素质和参政议政水平。2005年，以保持共产党员先进性教育为契机，组织学习党章和党性教育，增强政协委员服务意识和服务观念。组织广大政协委员学习省委召开的第三次全省政协工作会议，举办《建设海峡西岸经济区纲要》《科学发展观》《构建和谐社会》等讲座6场，扩大委员的知识面。

第六节 联谊工作

一、社会各界人士联谊

县政协通过联谊活动，广交朋友，联络感情，增进友谊，加强团结，凝聚各方力量，为政和经济建设和社会进步，充分发挥委员和社会各界人士的智慧和才干。在春节、中秋节、国庆节、元旦前夕以茶话会或座谈会方式开展联谊沟通，邀请新老政协委员、离退休老同志、无党派人士、相关部门领导欢聚一堂，县委、县政府主要领导到会通报当前工作情况，到会人员就两个文明建设等建言献策。1991 年 10 月 10 日，县政协邀请 50 多位各界人士召开纪念辛亥革命 80 周年座谈会。1993 年 1 月 12 日，县政协召开纪念毛主席诞辰 100 周年座谈会，并开展系列纪念活动。1994 年 2 月 16 日，县政协邀请政和县在外经商 23 位代表人士参加新春茶话会，县政府主要领导和与会人员共商发展外向型经济课题。2000 年 5 月 26 日，县政协召开纪念政和县解放 51 周年座谈会。2001 年 6 月 29 日，县政协召开政和县各界人士纪念中国共产党成立 80 周年座谈会。2004 年 9 月 27 日，县政协举行庆祝人民政协成立 55 周年暨中秋茶话会活动，历届政协老领导、老同志及城区政协委员、特约信息员等 100 多人参加活动。在教师节、老年节、“三八”妇女节、护士节等，县政协均分别举行女政协委员、教师委员、离退休老同志座谈会，并进行慰问。

二、“三胞”联谊

历届县政协委员会均成立“三胞”联谊委员会（工作组），开展“三胞”联谊工作，加强同台湾同胞、港澳同胞和海外侨胞的联系和团结，争取他们支持政和建设，促进祖国统一。1989 年以来，开展了 5 次“三胞”在政和县亲属、亲友的调查，走访活动。召开 18 次“三胞”眷属座谈会、联欢会、招商会，摸清情况，建立网络。县政协号召政协委员开展给海外写一封信，结交一个朋友，提供一条信息，引介一个项目的“三胞”联谊活动，使联谊工作不断得到加强。1990—1992 年，县政协以联谊促引进，积极牵线搭桥，服务于经济建设。政协委员牵线和洽谈的外资项目有 9 个，总投资 417.5 万美元。1994 年县政协“三胞”委和经济科技办组队南下到莆田、泉州、石狮、南安等地，通过联谊关系招商引介项目，取得成效，一些台胞到政和投资建校，捐赠助学金等。落实政策、排忧解难、实实在在地为“三胞”及其眷属解决一些实际问题。县政协牵头对“三胞”眷属进行广泛全面调查，听取反映和要求，向县政府有关部门写出情况反映，协调解决一些房产、用地、出入境居住、子女上学就业、民事纠纷等实际问题，做了大量的实质性工作，赢得“三胞”的好评和信赖，建立了深厚的情谊，为拓展联谊工作打下坚实的基础。2000 年“三胞”联谊委员会召开“一个中国的原则与台湾问题”白皮书学习座谈会。发挥政协委员联系面广的优势，组织政协委员积极参与招商引资工作。政协委员叶陈玉引资创办“福建政和正兴针织服饰公司”，装机 500 多台，就业人员达 500 多人；政协委员范榜英引资种植丝瓜 600 亩，其产品全部出口创汇。至 2005 年，由政协委员引资或独立创办的企业达 15 家，年创产值超过 5000 万元，上缴税收 600 余万元。

三、横向联谊

历届县政协委员会都注重与周边县（市）政协之间的交流，根据工作实际，选择适当题目，组织学习考察，开展横向联系活动。1989—2005 年，先后多次组织政协委员到松溪、建瓯、厦门、莆田、泉州、石狮、南安、周宁等地，浙江省庆元县、龙泉市以及成都、昆明、西安、桂林等地参观、考察、学习和取经。其中，1989 年 1 月，浙江省丽水地区九县（市）政协参观团一行 27 人应邀到政和县参观考察。1992 年 11 月，县政协邀请台湾苹果种植专家李恭常先生和李水治女士到镇前考察苹果种植农场，交流海峡两岸苹果种植技术。1994 年 8 月，全国政协委员叶庆耀应邀带领日本和台湾客商到政和县考察魔芋生产情况，并与县农委签订魔芋生产开发合作项目协议意向书。1995 年 11 月，县政协组织 9 位委员赴西北、西南地区考察、调研政协工作。2000 年，县政协重点开展非公有制经济发展课题调研，组织部分委员到浙江温州等地考察，学习浙江发展非公有制经济的经验。

卷十　社会团体

第一章　工人团体

第一节　组　织

一、县总工会

1989年，县总工会设主席1名，副主席2名，专职干部7人。内设办公室、组织宣教部、生产保障部。2005年，县总工会设主席1名，副主席2名，专职干部8人。内设办公室、组织宣教部、生产保障部。

二、基层工会

1989年全县系统工会10个，基层工会170个，工会会员9809人，共有专职工会干部20人，其中大专以上文化程度3人，中专4人，初中13人。2005年，全县系统工会12个，乡镇工会10个，基层工会453个，会员16472人。共有专职工会干部22人，其中大专以上文化程度4人，中专4人，初中14人。

第二节　代表大会

1990年6月20日，县总工会召开第八次代表大会，参会代表195人。会议审议通过《坚持党的领导，密切联系群众，发挥全县职工在脱贫致富和两个文明建设中的主力军作用》的工作报告。会议选举产生县总工会八届委员会及八届经费审查委员会。选举八届委员会委员23名（其中常委9名），选举主席1名、副主席1名；选举八届经费审查委员会委员5名，选举主任1名、副主任1名。

1993年10月18日，县总工会召开第九次代表大会，参会代表180人。会议审议通过《振奋精神，开拓进取，团结全县职工为政和改革开放和经济建设做出新贡献》的工作报告。会议选举产生县总工会第九届委员会及九届经费审查委员会，选举九届委员会委员23名（其中常委9名），选举主席1名、副主席2名；选举九届经费审查委员会委员4名，选举主任1名。

1998年10月27日，县总工会召开第十次代表大会，参会代表138人。会议审议通过《高举邓小平理论伟大旗帜，把握大局，抓住机遇，团结动员广大职工为实现政和县跨世纪宏伟目标而奋斗》的工作报告，选举产生县总工会第十届委员会及十届经费审查委员会，选举十届委员会委员23名（其中常委9名），选举主席1名、副主席1名；选举十届经费审查委员会委员5名，选举主任1名。

2004年1月8日，县总工会召开第十一次代表大会，参会代表122人。会议审议通过《实践“三个代表”，维护职工合法权益，动员全县职工为全面实现小康社会目标而努力奋斗》的工作报告。会议选举产生县总工会第十一届委员会及十一届经费审查委员会，选举十一届委员会委员22名（其中常委8名），选举主席1名、副主席1名；选举十一届经费审查委员会委员5名，选举主任1名。

第三节　主要活动

一、维护职工合法权益

1989以来，县总工会组织动员职工参与企业转制、破产企业重组和职工安置改革方案的制定与实施。加强和健全职代会制度等制度建设，完善职工代表参与企业民主管理程序。全县企事业普遍建立职（教）代会制度，宣传贯彻《中华人民共和国工会法》《中华人民共和国劳动法》等法律法规，完善维权机制。建立县、乡（镇）、企业三级联动网络，设立定期接访和主席维权流动岗制度。2003年开始，县总工会参与各类安全生产检查。至2005年，全县国有、集体企业建立职代会制度的达100%，非公有制企业有152家建立职代会制度，占总数的51%。全县企事业单位广泛实行厂（校、院）务公开制度，充分发挥职（教）代会的民主管理与民主监督作用。2003—2005年共受理职工维权案件35件，办结31件，为职工追回欠薪44.47万元。参与各类安全生产检查14次，发出整改意见12件，参与劳动仲裁9件，其中裁决2件，调解4件，裁定3件。全县平等协商签定集体合同的企业362家，其中国营企业48家，乡镇企业21家。县总工会与妇幼保健院联合开展机关企事业单位妇科普查普治工作，对475名女职工进行妇科病普查，发现患者203人，治疗率达100%。

二、素质教育与劳动竞赛

1989年始，县总工会与相关部门在全县范围内组织开展以“产品质量与企业效益”为主题的“创岗位三提高”（创工作岗位、提高素质、提高技能、提高效率）等岗位练兵和以“四有”（有理想、有道德、有文化、有纪律）、“三热爱”（热爱祖国、热爱中国共产党、热爱社会主义）为主题的系列教育活动。1990年，组织职工开展“双增双节”（增产节约、增收节支）活动，115个单位6597人参加此项活动，增收节支339.79万元，人均增收节支403.12元。至1994年，全县共举办青工技术比武和岗位培训150多场（次），5000多名青年接受不同层次的培训。1995年，组织企业开展以“创最佳经济效益，创最优服务质量”为目标的劳动竞赛活动。全县8725名职工参加活动，增创效益493万元。1996年起，组织开展职工素质培训、“岗位成才，岗位奉献”和“创新创效”的劳动竞赛活动。至2005年，全县共开展技术比武和劳动竞赛1038场（次），参加职工23766人次，完成技术攻关和革新项目226项。全县职工共为企业提出合理化建议11738条，被采纳6778条，实施4729条，增创产值2675.50万元。1989—2005年，全县共评出省劳动模范10名，省“五一”奖章获得者6名，市劳动模范19名。

三、送温暖与再就业工程

1989年以来，全县各级工会组织主要以元旦、春节、“五一”等节假日开展“送温暖”活动，对亏损企业和各基层的特困户、伤病员、离退休职工和各级劳动模范，深入到户进行慰问，并发给救济款或慰问金。1993年开始实施下岗职工再就业工程。1996年起，工会“送温暖工程”正式启动实施，县总工会组织全县行政机关和企事业单位筹集“送温暖工程”基金14万元，使送温暖工程逐步走向经常化、制度化、规范化、社会化轨道。2002年组织开展“金秋助学”活动。至2005年底，县委、县政府和各级工会组织利用元旦、春节等节日，共走访慰问困难职工和伤病职工11662人次，发送慰问金139万余元。工会组织开展“金秋助学”活动，通过志愿挂钩、单位扶持、社会各界资助等形式，共筹集助学金7万余元，资助特困职工子女54人上大学。县总工会协同劳动部门实施“再就业工程”，共帮助1097名下岗职工找到工作，实现再就业。

第二章　青少年团体

第一节　共产主义青年团

一、组织机构

（一）团县委

1989年，共青团政和县委（以下简称团县委）设书记1人，副书记1人，专职团干4人。内设组织部、宣传部、学少部、办公室。1992年成立希望工程办公室，1994年成立县青少年维权中心，均挂靠团县委。2002年团县委设书记1人，副书记1人，专职团干2人。2005年，团县委设书记1人，副书记2人，专职团干1人。内设组织部、宣传部、学少部、办公室。

（二）基层团组织

1989年，全县基层团委16个，团总支8个，团支部319个，团员8604人。2005年，全县共有25个基层团委，8个团总支，458个团支部，共青团员9703人。

二、代表大会

1991年6月13—14日，共青团政和县第十四次代表大会召开，参会代表229名。会议审议并通过第十三届委员会的工作报告，选举产生共青团政和县第十四届委员会委员25名（其中常委8名），选举书记1名。

1994年6月8—9日，共青团政和县第十五次代表大会召开，参会代表185名，会议审议并通过第十四届委员会的工作报告，选举产生共青团政和县第十五届委员会委员29名（其中常委9名），选举书记1名、副书记1名。

1997年8月29日，共青团政和县第十六次代表大会召开，参会代表199名，会议审议并通过第十五届委员会的工作报告，选举产生第十六届委员会委员30名（其中常委10名），选举书记1名。

1999年12月28日，共青团政和县第十七次代表大会召开，参会代表175名，会议审议并通过第十六届委员会的工作报告，选举产生共青团政和县第十七届委员会委员31名（其中常委7名），选举书记1名、副书记1名。

2002年12月24—25日，共青团政和县第十八次代表大会召开，参会代表175名，会议审议并通过第十七届委员会的工作报告，选举产生共青团政和县第十八届委员会委员29名（其中常委9名），选举书记1名。

2005年10月25—26日，共青团政和县第十九次代表大会召开，参会代表129名。会议审议并通过第十八届委员会的工作报告，选举产生共青团政和县第十九届委员会委员29名（其中常委9名），选举书记1名、副书记2名。

三、主要活动

1989年，团县委在青少年中广泛开展“爱国、爱党、爱军、爱岗”教育活动。以“爱国、改革、创业、奋进”为主题举办“青少年文化艺术节”。农村团组织组织实施“星火计划”，建设青年绿化工程；厂矿企业团组织围绕“提高青年素质，提高企业效益”广泛开展各种岗位练兵活动。1992年成立希望工程办公室，开始实施希望工程，开展希望工程助学行动和“1+1”助学行动等活动。1993年东平镇碗厂村团支部被评为省“青年绿化突击队”。1994年，在全县机关单位开展“岗位成才、岗位奉献”活动。同年，成立政和县青少年维权中心，积极开展《中华人民共和国未成年人保护法》等法律法规的宣传，贯彻落实《中小学组织工作条例》，配合相关部门对网吧、音像商店、校园周边环境进行经常性检查，开展“告别三厅两室”“法制进课堂”和“打黄打丑”等活动，切实维护广大青少年的合法权益。1995年，团县委以“弘扬雷锋精神，参与志愿者活动”为主题，以“四个一流”（管理一流、服务一流、业绩一流、人才一流）为目标，开展青年志愿者活动，组建各种形式的志愿者服务队，到农村到基层（厂矿）为广大群众提供便利服务，农村团组织还广泛开展“1助1”志愿代耕活动。1996年，成立“政和县青年文明号”活动组委会。1997年，开展“迎回归全县青年男子篮球赛”“迎回归大型知识竞赛”“百部爱国影片歌曲卡拉OK赛”等活动。1999年始，在农村团组织中开展围绕当地主导产业，加强农村实用技术项目的培训工作。同年，在企业团组织中开展企业青年“创新创效”活动。至2002年，全县共有省级青年文明号单位24家，县级青年文明号单位10家。共组建175支6200多人参加的青年志愿者服务队，深入开展青年文明号服务助万家等活动。是年，团县委被共青团中央评为“大学生社会实践及大中专志愿者暑期三下乡活动先进单位”。2003年，镇前镇下园村叶温全被团中央、农业部授予“全国农村青年创业致富带头人”。2004年，东平镇界溪村罗建青被授予“福建省青年创业致富带头人”。同年，团县委被评为南平市“农村青年乡土人才培养工作先进单位”。

至2005年，全县各级共青团组织共举办茶、竹、锥栗、食用菌、茉莉花、反季节蔬菜等特色农业实用技术培训班835场，受训人员达47210人次，农村青年科技（实用）技术水平普遍得到提升；共开展“五小”竞赛等活动350余场，全县青工培训10500人次，取得“五小”成果653项，被评为省级岗位能手11人，市级26人；共培养市级农村青年星火带头人15名，县级96名。培养青年科技星火带头人1052人，其中被团中央评为青年星火带头人3人，省级12人；共建立青年农民致富带头人示范基地83个，青年科技图书站4个。全县希望工程共筹集到资金356万元，救助失学或濒临失学的贫困学子3107名，承建希望小学10所，创办希望书库10个。

第二节　少年先锋队

一、组织建设

1989年，全县中小学共有少先队大队33个，中队417个，小队1239个。至2005年，全县中小学有少先队大队53个，中队593个，小队1787个，队员19806人，辅导员230人。

二、主要活动

1989年，全县少先队组织全面贯彻落实《少先队工作暂行条例》。1990年，涌现出少年英雄“全国学赖宁积极分子”杨韩非，为全县青少年树立学习榜样。开展学习少年英雄杨韩非活动。1991年，全县有2个少先队组织被全国少工委授予“红旗大队”，49个队组织受省、地、县表彰。县实验小学少先队员黄晨被评为首届“闽北十佳少先队员”。1992年，开展以“做跨世纪的社会主义接班人”为主题的系列活动，有2名少先队员受全国少工委表彰，31名辅导员和9名少先队员受省少工委表彰，东门小学被评为省“红读”活动先进集体。1994年，在中小学少先队员中贯彻落实《爱国主义教育实施纲要》，开展“五自”（自学、自理、自护、自强、自律）雏鹰实践活动，实现人手一本雏鹰达标手册。开展“小学生百科智力竞赛”与“小学生军事夏令营”等活动。1995年始，开展“手拉手”互助活动。1997年，团县委与教育局联合举办“庆六一·迎回归”大型少先队鼓号队踩街活动。实验小学在“雏鹰行动”中受到团省委的表彰，同时被授予全国红旗大队。是年暑假期间，团县委创办政和县首期少年军校。2000—2002年，各少先队组织开展“新世纪、我能行”体验教育活动，营造少年儿童成长成才的有利环境。2004年组织13名辅导员参加年度南平市少先队辅导员素质建设研修班，开展“普及科学知识、养成良好习惯”主题教育活动以及“政和县十佳少先队员”与“政和县十佳少先队辅导员”的评选活动。至2005年止，全县共有75所学校结成“手拉手”联谊学校，手拉手结对25312对。

第三章　妇女团体

第一节　组织机构

一、县妇女联合会

1989年，县妇女联合会（以下简称县妇联）设主席1名，副主席1名，专职干部5人，内设办公室、宣传部、维权部、儿童部、城乡部。1995年，县成立妇女儿童工作委员会，下设办公室挂靠县妇联。1997年5月，县妇联设主席1名，副主席1名，专职干部3人，内设办公室、宣传部、城乡部。2002年7月，设主席1名，副主席1名，专职干部2人，内设办公室、宣传与儿童权益部。2004年2月新增事业编制1名。2005年，设主席1名，副主席1名，专职干部3人，内设办公室、宣传与儿童权益部、妇女儿童工作委员会办公室（挂靠）。

二、基层妇联

1989年，全县共有乡（镇）妇联9个，村（居）妇代会111个。全县基层专职妇女干部16人，其中高中文化14人，初中文化2人。

1998年1月，铁山镇划出7个村设立岭腰乡，增设乡妇联1个。全县乡（镇）、村（居）妇女组织均实行岗位目标管理，把完成任务情况作为年度考核的一项重要内容和奖惩的重要依据，加强妇代会建设，建立健全汇报、评比、表彰制度。

2005年底，全县乡（镇）妇联10个，村（居）妇代会131个，共有基层专职妇女干部10人，其中大专以上文化9人，初中文化1人。

第二节　代表大会

1993年11月8日，召开县第九次妇女代表大会，参会代表200人，大会审议通过《开拓进取，奋发向上，为加快政和经济发展努力奋斗》的工作报告，会议选举产生常委9名，选举主席1名、副主席1名。

1999年1月28日，召开县第十次妇女代表大会，参会代表140人，大会审议通过《解放思想、开拓进取，团结带领全县妇女为实现跨世纪宏伟目标努力奋斗》的工作报告，会议选举产生常委9名，选举主席1名、副主席1名。

2003年9月23日，召开县第十一次妇女代表大会，参会代表120人，会议审议通过《与时俱进，开拓创新，团结带领全县妇女为全面建设小康社会而努力奋斗》的工作报告，会议选举产生常委9名，选举主席1名、副主席1名。

第三节　主要活动

一、维护妇女儿童合法权益

1991年11月，县儿童少年工作委员会制定《1991—1995年儿童少年事业发展规划》。1995年5月，成立县妇女儿童工作委员会，同时撤销县儿童少年工作委员会。1997年5月，县委、县政府颁布实施《政和县妇女发展纲要（1997—2000年）》和《政和县儿童发展纲要（1997—2000年）》。2002年5月，县委、县政府颁发《政和县妇女发展纲要（2001—2010年）》和《政和县儿童发展纲要

(2001—2010年)》。采取多形式、多渠道，加强对男女平等政策的宣传，积极开展《中华人民共和国妇女权益保障法》《中华人民共和国婚姻法》《中华人民共和国未成年人保护法》《中华人民共和国母婴保健法》等法律法规的宣传，建立维护妇女儿童权益联席会议制度、信访接待制度及妇女儿童法律援助中心、148法律服务中心、家庭暴力报警点等法律援助机构，依法维护妇女儿童合法权益。同时，实施“春蕾计划”，资助困难女童就学550人。加强信访工作，至2005年共受理妇女群众来信来访来电1590件次，调处率达96%，为妇女儿童提供各种法律服务和法律援助案件1188件。全县接受社会各界捐资46.60万元。

二、“双学双比”与“巾帼建功”竞赛

1989年5月，成立县农村妇女“双学双比”（学文化、学技术、比成绩、比贡献）竞赛活动协调领导小组，全面开展“双学双比”活动。11月，下发《关于在全县农村妇女中深入开展“双学双比”竞赛活动的联合通知》。1991年，在全县城镇妇女中开展做“四有”（有理想、有道德、有文化、有纪律）、“四自”（自尊、自信、自立、自强）女性，以及“八五”计划（1991—1995年）建功（简称“巾帼建功”）竞赛活动。翌年3月，成立城镇妇女“巾帼建功”活动协调小组，由分管县委副书记兼任组长。1993年3月，县妇联发出《为加快政和发展建功立业》倡议书。1996年3月，发出《为农村脱贫致富奔小康，城区建设双文明而奋斗“巾帼系列行动”》倡议书。至2005年，全县农村有4.20万女劳力参加“双学双比”活动，共举办各类实用技术培训班486期，培训农村妇女2.90万人次，2.50万妇女掌握1—2门实用技术，110人被评为农民技术员，310名农村妇女被评为女能手，746名妇女获得绿色证书。建立“三八绿色工程”和“巾帼科技示范基地”6个，妇代会+协会的专业合作社3个。全县城镇单位在岗女职工5310人，占职工总数的35.9%。专业技术人员中女性1306人，占42.8%。在城镇开展“巾帼文明岗”创建活动中，创建县级“巾帼文明岗”2个，市级“巾帼文明岗”7个，省级“巾帼文明岗”1个。

三、“五好文明家庭”活动

1997年以来，在全县开展“五好”文明家庭（爱国守法、热心公益好；学习进取、爱岗敬业好；男女平等、尊老爱幼好；移风易俗、少生优育好；勤俭持家、保护环境好）活动，发挥妇女在家庭管理、家庭教育、社区建设中的特殊作用，大力倡导五好文明家风，以家庭的文明进步促进社会的文明进步。破除旧的生活习俗，引导健康文明的生活方式，提高家庭的生活质量，以“美在家庭”活动为载体促进城乡家庭面貌发生较大变化。至2005年，全县共评选表彰“五好文明家庭”450户，其中市级51户，省级12户。

四、培养推荐女干部

1989年，全县有副科级以上妇女干部13人，其中副处级1人。此后，根据新时期改革开放和经济建设的需要，适时组织女干部集中进行培训，提高女干部的政治素质、业务能力和参政议政水平。加强对妇女干部多层次、多方位的锻炼，不断拓宽培养选拔妇女干部的渠道。至2005年全县副科级以上女领导干部增加到39人，其中副处级3人。基本实现每个乡镇党政班子中都有1名女领导干部，县直各科局也根据需要配备一定比例的女领导干部，县委、县人大、县政府三套领导班子中均配备1名女领导干部，80%以上村（居）有一名女干部。

第四章　商会团体

第一节　组织机构

一、县工商联（总商会）

1989 年，县工商业联合会（以下简称工商联）设副会长 2 人，秘书长 1 人。1991 年，县工商联定编 5 人，设副会长 2 人，秘书长 1 人。是年 8 月，政和县总商会成立，与县工商联合署办公，实行两块牌子，一套人马。1994 年县工商联设副会长 2 人，秘书长 1 人。2005 年，县工商联设会长 1 人（兼），书记 1 人，副会长 1 人，秘书长 1 人。

二、基层组织

为促进非公有制经济发展，发挥商会在乡镇和行业中起党和政府与非公有制经济的桥梁纽带作用，1996 年 9 月，镇前镇工商业联合会成立，会员企业 43 家。1997 年 8 月，政和县上海商会成立，会员企业 1000 家。2003 年 3 月，县茶业同业公会成立，会员单位 60 家。至 2005 年，全县共有镇前、东平、石屯等 3 家基层商会，会员企业 150 家；有餐饮、茶业及竹木制品等 3 个同业公会，会员企业 180 家。

第二节　代表大会

1991 年 8 月 5 日，县工商业联合会第四次会员代表大会召开，参会会员代表 190 人，选举副会长 1 名。

1995 年 5 月 5 日，县工商业联合会第五次（总商会第二次）会员代表大会召开，参会会员代表 180 人，选举会长 1 名。

2002 年 9 月 5 日，县工商业联合会第六次（总商会第三次）会员代表大会召开，参会会员代表 188 人，选举会长 1 名、副会长 8 名。

第三节　主要活动

1989 年 7 月 22 日，县发生百年不遇的特大洪灾，县工商联 8 家会员企业受灾，损失达 300 多万元。县工商联一方面组织会员企业抗灾自救，一方面向外争取援助，共争取资金 16.80 万元。1994 年 3 月 8 日，组织举办“侃税沙龙”活动，宣传新税法，会员企业等共 300 人参加。1999 年 9 月 28 日，县工商联举办首届保龄球大赛，有关部门和私营企业家共 100 多人参加。2001 年 10 月 15—17 日，闽浙赣 3 省 19 县（市）工商联（商会）会长和私营企业家联谊会在熊城召开，参加会议代表共 50 人。2002 年 8 月，县工商联举办“侃电沙龙”活动，宣传《中华人民共和国电力法》，有关部门及企业家代表 78 人参加。2003 年 4 月 12 日，县工商联组织茶业同业公会部分会员企业参加上海国际茶博会，获得一金二银三铜的好成绩，闽辉茶叶公司“佛子岩”牌白茶获得金奖。2004 年 9 月 8 日，县工商联组织茶业同业公会会员企业 20 多家，参加福建海峡西岸优质农产品展销会，稻香茶厂“正禾”牌白茶等 2 个产品获银奖。同年 6 月，参加厦门国际茶博会，澄源云寿茶厂的“锦屏仙岩”茶获“五星茶王”称号。2005 年 2 月 25 日，县工商联采取召开座谈会、问卷调查等多种形式，广泛宣传国务院《关于鼓励支持和引导个体、私营等非公经济发展的若干意见》。5 月，县工商联深入鹤林、铁山、石屯 3 个工业园区神达、安盛、家和竹木、大源矿业等十几家企业，了解用工信息，有 70% 以上的企业存在用工难问题，企业提供用工岗位19类137个，通过县劳动局将信息发布到南平市人才交流网，经县劳动力就业转移培训，帮助企业缓解用工难的问题，解决就业1000多人次。是年上半年，县工商联组织神达、继升、熊峰锅炉厂等企业，参加省人事厅与省工商联首次联合在非公经济组织中开展专业技术人员职称评定，4人申报助理经济师（工程师）、高级经济师（工程师）等职称。

第四节　域外工商业

一、在沪工商业

1989年以来，随着改革开放和社会主义市场经济的发展，政和县广大农村，尤其是高山区乡村青年逐步走出山门，闯荡商海，创办了企业，成为驻地经济发展的有生力量，并积极捐助家乡公益事业建设。

1991年，杨源乡西岩村的陈翔闭赴沪经商，被称为政和“闯荡上海滩第一人”，从用手板车走街串巷贩卖家乡的地板木，逐渐发展为誉称上海建材经销界的“地板大王”，至1994年先后创办以“熊杉木业”为主导的10余家建材公司。期间，全县赴沪经商务工已近万余人，开始多以开办建材经营部或组建建材公司为主，先后创立。熊峰、民峰、正中、商杰、熊城、政和、宜峰等木业经营部或经营公司和熊宜建材商行、熊山工贸实业、甲申经贸、龙翔建材、雅佳居建材、夷峰实业、浦东武夷建材等一大批有限公司。1994年8月，县政府成立驻上海工作处，加强在沪经商务工人员的协调工作，沟通信息，并做好服务乡亲等工作。1995年，外屯乡刘运模辞职从商，为正科级公务员赴沪经商创业领头人。1997年8月，在沪企业界人士以“协调服务、务实高效、异地创业、回报家乡”为宗旨，组织召开政和县上海商会成立暨第一次会员代表大会，选举产生第一届商会理事会和会长，为驻沪企业发展注入生机。

1998年后，在沪企业界有识之士，开始转入投资创办创建各类大市场，招商入驻，批发经营，做大做强产业。1999年，以陈翔闭为总经理的企业人士成功收购上海九星建材市场，占地15万平方米。同年，九星综合商品市场、卢南装潢材料批发市场、振鑫建筑材料批发市场、振鑫、保顺、张桥、桂林等胶合板市场，张桥石材陶瓷批发市场、东旺石材专业贸易市场等专业贸易市场先后建成并招商运营。2000—2001年间，在沪企业组建上海政和集团；首家福建省在沪民营企业与当地政府合作的股份制企业上海众汇旺建材市场经营管理有限公司和首个与南京军区后勤部某厂合资创办的上海方中圆建材市场经营管理有限公司及城凯建材市场经营管理有限公司、酷而乐文化用品市场等规模企业顺利挂牌营业，政和人在沪企业发展步入新的发展阶段。

2002年后，政和籍人士在沪企业不断拓展，创办实体企业，延伸经营领域，扩大业务范围，推进企业转型升级。有的从贸易型向实业型转变，先后创建山东临沂胶合板厂、九亭真和中密度贴面板厂、砖桥雅浪胶合板、东方龙胶合板厂、福库钢铁、聚钢实业、甲亿钢铁、安其民建筑装饰材料等20多家企业或有限公司，主要生产地板、胶合板、压模板、吸音板、轻钢龙骨、色丽、石英、玉石系列人造石等，有的产品已成为上海知名品牌，销往美国、日本、韩国等国家。有的从上海走向山东、湖南、安徽、江苏和回归福建。政和籍人士创办于长沙市郊雷锋镇的湖南雷锋农产品批发大市场属国家发改委批准的湖南省“十五”重点建设项目，规划用地60余公顷，经营面积超百万平方米，首期营业拥有农产品批发专铺216个，综合商业铺面155个，配套商住房352套；政和籍人士创办于山东的临沂胶合板厂属其境内规模企业。有的回归家乡投资武夷山，创办天龙旅游实业、九鼎房地产开发及武夷大峡谷生态漂流等有限公司。在经营领域和经营业务上向多元化拓展，有来顺、福银、杨柳、旅顺、北青、中宇、海悦等宾馆酒店，有加盟黑珍珠餐馆、蒙古人家等餐饮名企；有从事农副产品批发的张桥南北干货批发市场、沪陵农副产品综合贸易市场及江湾万安轻纺批发市场和上海三大具有活禽批发资格市场之一的沪淮农副产品批发市场；有从事码头航运的新发国际码头仓储物流有限公司，从事工艺美术业务的聚宋轩艺术品经营管理有限公司以及龙华大手笔文具礼品城，还有从事贷款担保、信托投资和资产租赁等多项金融业务，其中福建省汇通担保投资有限公司注册资本达10888万元。2004年2月，中共政和县委在上海九星村召开中共政和县驻沪委员会成立暨第一次代表大会，选举产生第一届驻沪党委会，属闽北首个驻外基层党委，为加强流动党员管理，促进政和籍人士的团结兴业创造了经验。

据统计，至2005年年底，政和县在沪经商务工人员和家属近2.5万人，先后创办各类交易市场74个，总面积达213.6万平方米。其中誉称“中国建材第一村”的九星胶合板市场、碧城（江苏东台）农资城面积均达15万平方米；上海国际建材城、砖桥石材陶瓷市场、万春园石材园艺交易市场面积为10—13万平方米；上海城大建材市场获上海市“文明市场”称号；甲申经贸有限公司首创的砖桥贸易城为上海市政府确认的12个大型综合贸易市场之一；沪淮农副产品批发市场是经上海市食品卫生监督部门批准的具有活禽批发交易资格的三大市场之一；政和集团的“科拉胜”商业广场为宜山路建材一条街最具影响力的建材市场之一；众汇旺建材市场属上海中环路以内最大的胶合板集贸中心；新发国际码头石材交易中心集码头、航运、仓储、交易于一体，为黄浦江畔最大的石材交易基地。同时，政和赴沪人员先后开办各类业务公司1000多家，其中规模以上企业近100家，年经营销售总额达100亿元，缴纳给当地税费上亿元。随着在沪企业的发展，政和籍在沪企业人士的社会责任意识不断增强，在沪经商务工人员先后支持、捐助家乡社会公益与慈善事业建设的资金达数千万元。

表10－1　**2005年底政和县在沪人员主要创办的市场一览表**　单位：万平方米

序号	名　　称	面　积	地　　址	主营范围	董事长/总经理
1	九星胶合板市场	15.00	古龙路/星中路口	胶合板	陈翔闭
2	城大建材市场	3.00	共和新路3301号	建　材	宋声升
3	城大灯具市场	2.00	共和新路3301号	灯　具	宋声升
4	闸北胶合板市场	1.00	共和新路3301号	胶合板	宋声春
5	翔其贸易城	3.80	沪松公路5188号	建　材	陈翔其
6	科拉胜国际名品建材广场	1.50	宜山路416号	进口建材	陈翔其
7	水头国际建材（石材）城	10.00	浦东闸航路3918号	石　材	杜云平
8	新发国际码头	8.00	立跃路4565号	石　材	杜云平
9	大创钢材市场	3.00	沪松公路5188号	钢　材	陈诗强
10	砖桥五金灯具市场	5.80	沪松公路5188号	五金建材	姜　毅
11	砖桥石材陶瓷市场	10.00	沪松公路5188号	建　材	姜　毅
12	众汇旺建材市场	3.00	汶水路888号	胶合板	张雁鸿
13	江湾轻纺市场	1.00	万安路333号	轻　纺	张德柏
14	方中圆建材市场	4.20	邯郸路10号	建　材	陈翔闭/刘运模
15	远光建材市场	2.00	邯郸路39号	建　材	陈翔闭
16	沪陵综合贸易市场	2.00	邯郸路39号	综合贸易	张德柏
17	城凯建材市场	0.80	共和新路1号	建　材	陈智荣
18	九星精品地板城	2.40	虹莘路2315号	建　材	杨茂钢
19	九星防盗门市场	2.20	吴家滨路19幢11号	建　材	杨茂钢

续表 10－1

序号	名　　称	面　积	地　　址	主营范围	董事长/总经理
20	浦众农贸市场	3.00	浦东苏台路 1601 号	食　品	张雁鸿
21	东方龙市场	0.80	龙吴路 2365 号	建　材	杨茂钢
22	华翟钢材市场	4.70	北翟路 2901 号	钢　材	肖建华
23	众汇旺浦江市场	3.00	浦东苏台路 68 号	建　材	张雁鸿
24	汇旺农贸市场	0.30	嘉朱公路 1938 号	农副产品	宋庆明
25	金城利轻纺市场	0.80	广粤路 51 号	轻　纺	吴声崇
26	德加旺轻纺市场	0.90	奉贤区南奉公路 138 号	轻　纺	黄成张
27	万春园石材园艺交易市场	13.00	松江莘砖公路 5886 号	石材园艺	连小龙
28	科龙建材商场	0.20	沪太路 170 号	建　材	黄忠荣
29	聚荣轩工艺城	1.00	茂名南路 56 号	工艺品	陈智荣
30	东明钢材市场	1.10	杨高南路 4199 号	钢　材	马绍灿
31	国柜服饰城	1.10	莘滨路 69 号	轻纺	朱金全/池达芳
32	金山北门建材市场	2.10	金山区学府路 106 号	建　材	姜　毅
33	上海闽都服饰市场	0.70	场中路 3800 号	轻　纺	黄达德 周仁亮
34	自然风建材市场	0.60	中山南二路 107 号	建　材	叶家华
35	砖桥南北干货批发市场	2.00	沪松公路 5188 号	食　品	陈岱嵩
36	闽和商场	0.30	宝安公路 1247 号	建　材	张其康
37	嘉和阳光商场	0.80	九新公路 90 弄 1 号	轻　纺	郑世增
38	腾和建材市场	0.40	黄兴路 300 号	建　材	马绍钟
40	凯莲建材家居精品商厦	2.00	宝安公路 3705 号	建　材	陈　军
41	家景建材商场	0.80	沪太路 3633 号	建　材	马绍华
42	家定利建材商场	0.80	嘉禾公路 1938 号	建　材	张德权
43	交源百货商场	0.30	江桥嘉怡路 108 号	百　货	陈振明
44	相和建材商场	0.30	沪太路 4838 号	建　材	张乃强
45	闽和建材商场	0.50	宝安公路 1701 号	建　材	张其康
46	福夷建材商场	0.50	宝安公路 1284 号	建　材	张光顺
47	兴自来建材商场	2.00	龙吴路 888 号	建　材	叶家华
48	金日服饰城	1.10	春生路 2329 号	轻　纺	朱金全/池达芳
49	建新建材市场	1.10	浦东东川公路 6851 号	建　材	叶圣发
50	深鑫建材市场	1.80	九亭九杜路 477 号	建　材	许华荣/叶建光
51	东靖建材市场	3.20	浦东东陆路 89 号	建　材	叶仁灿
52	汇中意轻纺市场	1.10	张江建中路 242 弄 [illegible] 号	轻　纺	林雪燕/叶圣发

续表 10－1

序号	名称	面积	地址	主营范围	董事长/总经理
53	远航轻纺市场	1.50	宝山新川沙路 512 号	轻纺	王运雄/黄达德
54	南大铝材批发市场	3.00	宝山南大路 707 号	铝材	黄信芳
55	海悦商厦	2.00	长阳路 1681 号	餐饮	吴子龙
56	中宇宾馆	1.20	邯郸路 100 号	食宿	徐汝忠
57	莘松建材市场木材区	0.10	莘松路 850 号	建材	张德柱
58	归王农贸市场	0.40	宝山宝安公路 2142 号	农副产品	张圣文
59	平南农贸市场	0.30	万源路 1088 号	食品	郑有万
60	搏击雄胶合板市场	0.75	沪松公路 5188 号	建材	许达清
61	新彩轻纺市场	1.00	沪杭公路 47 号	轻纺	黄妙明
62	佳佳美建材市场	2.00	川沙置业路 243 号	建材	柯金华
63	楚吴建材市场	0.40	平凉路 248 号	建材	马绍森
64	宝台建材市场	0.60	宝安公路 1097 号	建材	张其江
65	佳景佳建材市场	0.80	沪松公路 3888 号	建材	刘美山
66	沪淮农副产品批发市场	3.00	沪松公路 5188 号	农副产品	陈军/许达清
67	浦枫装卸码头	8.00	闵行江川东路 492 号	物流	叶家华/黄敦勋
68	瀛南轻纺市场	1.50	崇明西门路 388 号	轻纺	黄敷勋/叶家华
69	昆山春晖轻纺商城	2.10	昆山市春晖路 708 号	轻纺	宋小萍/叶家华
70	关港码头	14.50	龙吴路 3000 号	物流钢贸	叶家华等
71	莘虹玫商业广场	1.20	红梅南路 1008 号	百货	吴挺华/张辉
72	碧城（东台）农资城	15.00	江苏东台市	综合贸易	陈翔其

附：政和县在沪工商业部分企业简介

上海九星建材市场 1997 年建成，占地 15 万平方米，经营商家 800 余家，年经营额 20 多亿元，经营品种主要以板材、木工板、胶合板、门业、油漆、五金、灯具、电工产品等为主，以及餐饮服务业，成为华东面积最大、影响面最广、全国闻名的建材市场。总经理陈翔闭，政和县杨源乡西岩村人，政和县在沪创业第一人。1993 年，始办建材经营部，相继成立上海熊杉木业公司等十余家公司。同时，收购上海原九星市场，并陆续参与创办十余家建材、农贸、纺织等市场和公司，并拓展经营范围，开始经营地产、服务业和进入金融领域等。历任首届政和县上海商会副会长、名誉会长。多年来，资助社会和家乡的公益事业、济困赈灾、助学助教等资金达千万元。

上海政和集团 2000 年创建，集房地产开发、旅游业开发、建材生产、销售、建材市场开发管理于一身，拥有数十家公司和分公司的多元化发展的企业集团。集团旗下拥有员工近 4000 人，年销售总额近 5 亿元，纳税 2000 余万元。董事长陈翔其，政和县杨源乡西岩村人，1993 年赴沪经营建材，1995 年创办上海政和木业公司，旋即在九星、众汇旺、方中园、东明、东华环球等大型市场设立 5 个木业子公司，年销售额达亿元。1999 年后，注资上海九星建材市场，组建上海政和集团，上海九亭真和中密度贴面板厂、砖桥和雅浪板厂，开发松江翔其商贸城、浦东奉贤、松江九亭等地产项目。先后任南平市第三、第四届政协常务委员，上海南平商会会长，中华全国工商联九届代表，上海福建商会副会长、政和县政协委员等职。多年来，为希望工程、资助贫困生、抗洪救灾、教育事业等累计捐资达千万元。

上海聚荣轩艺术品市场经营管理有限公司　2005年5月创办，是一家以经营工艺美术品为特色的专业化公司，下辖聚荣轩工艺城和聚荣轩景得堂，占地4800平方米，拥有400余家商铺，主要经营名人字画、玉器、陶瓷、琉璃、刺绣、雕刻、雕塑、水晶、珍珠、丝毯及其他民间手工艺品等，是上海中心城区淮海中路高档商业圈的重要组成部分，华东地区最大的工艺美术品专业市场。董事长陈智荣，政和石屯镇西津村人。1993年赴沪创业，始办政和人在浦东的首家企业上海浦东武夷建材有限公司，当年销售额2000余万元；1997—2003年期间，担任昆明国际园艺博览会场馆配套工程金马碧鸡广场项目负责人，中标华熔证券、民安证券两大装修工程，创建城凯建材市场经营管理有限公司、野麦岭服饰（市场）有限公司；2005年成立聚荣轩艺术品市场经营管理有限公司。历任县政协第五届、第六届委员，上海市福建商会副会长、上海工艺美术大师联谊会副会长。

上海名雄实业有限公司　2001年创办，拥有油漆市场、涂料和防盗门批发等3个市场，占地3.6万平方米，入驻业主300多户1500多人，年经营销售额8亿多元，市场租金3000万元，缴纳税收1200多万元。董事长杨茂钢，政和石屯镇人，1994年冬赴沪创业，始于合资开办熊峰木业店，1996年改称民峰木业有限公司。1999—2002年，先后创办九星综合商品市场、名雄实业有限公司、东方龙胶合板市场等；2003年后，经营触角延伸至宾馆旅店及餐饮业，先后率团队开设来顺、银海、杨柳、顺旅、北青等5个宾馆旅店，筹资加盟华联超市、上海黑珍珠餐饮和蒙古人家，参与组建上海福建汇通担保投资有限公司。曾任中共政和县驻沪委员会委员、上海南平商会常务副会长、南平市政协委员。

上海众汇旺建材市场经营管理合作公司　2000年11月8日由张雁鸿与上海市闸北区北站街道办事处合作创办，是福建省首家在沪民营企业与当地政府合作的股份制企业。占地面积2.6万平方米，设铺位（店面）200多个，主要经营建材、家具五金、装饰等材料批发，是沪北最大的胶合板批发市场，年交易额20亿元。多年连续荣获上海市“守合同，重信用”AAA级企业称号和闸北区消防先进集体；上海市“政禾”“利翔”“仁慈”等著名企业落户“众汇旺”设点经营。董事长张雁鸿，政和杨源乡王大厝村人，1995年春赴沪创业，始于新沪路开办建材店；旋即开办两家连锁批发经营分店，组建上海夷峰实业有限公司。1997—2000年，先后创办上海大华二路“建材一条街”，合资建成杨浦区最大的建材市场上海振鑫建筑装修装潢材料交易市场；成立上海众汇旺建材市场经营管理合作公司。2004—2005年，合资成立众汇旺浦江分公司，建成上海浦众综合市场经营管理有限公司，投资武夷山天龙旅游实业和大峡谷生态漂流有限公司。曾任政和县政协委员、上海政和商会副会长。

上海方中圆建材市场经营管理有限公司　2001年12月由刘运模和南京军区后勤部某工厂合资创办，地处上海汶水路，总投资近千万元，拥有经营用地4.2万平方米，设店面460间，入驻业主300家1500人，主营建材，年交易额达5亿元，是上海五角场经济园区创税纳税大户之一，连年被当地政府授予“诚信企业”。董事长兼总经理刘运模，政和镇前镇洋舍村人。1995年弃政从商，始办宜新木业经营部，后改称宜新木业公司。1997年投资入股九星胶合板市场。至2005年，先后投资参与上海众汇旺建材市场、众惠旺仓储、聚安物业、武夷山大峡谷生态漂流等企业的投资与管理。曾任上海政和商会副会长。

上海闸北建材商城　2000年创办，位于闸北区共和新路，占地2.3万多平方米，投资1300余万元。设店面500多个，从业人员近2000人，主要经营木制、陶瓷等建材及寝饰家居产品，是闸北区一大型建材市场，年经营销售总额6亿元，纳税逾千万元，租金收入1300万元。董事长张应产，政和县杨源乡桃洋村人。1995年3月辞去公职赴沪创业，始于徐汇区宜山路建材街创办熊谊木业有限公司。1999—2002年，先后和同乡合作创办振鑫建材市场、上海闸北建材商城、上海贵悦轻纺商厦等企业（市场）。2005年底回乡创业，与闽北地质大队合资组建福建省政和振鑫矿业有限公司。历任政和县驻沪党委委员、上海政和商会副会长。

上海新发国际码头仓储物流有限公司　2004年初创办，是福建籍人在上海经营的首个码头，地处闵行区浦东镇立跃路，占地面积近8万平方米，拥有货场6万平方米，仓储2万平方米，总投资8000多万元，年货物吞吐量300万吨，开通海南、厦门、福州、宁德、宁波、连云港等10多条海上航线，为上海及长三角地区最大的石材仓储、物流、批发基地；拥有可供停泊6000吨的浦渡码头和万吨级的新发国际码头。公司董事长杜云平，政和城关人，1998年从县广电局辞职赴沪创业。2001—2004年，先后组建上海武洋实业有限公司、注册中洋石业有限公司、创建东明石材专业贸易市场，中标黄浦新发码头的改建，创办上海新发国际码头仓储物流有限公司。历任福建商会常务理事、政和县政协委员、县驻沪党委浦东支部书记、上海政和商会副会长等职。

上海雅佳居投资有限公司　1994年10月创办，地处闵行区莘庄镇，是一家集生产经营木制品、项目投资、房地产开发和IT研发的综合性企业，主要生产经营拥有自主产权的“雅家居”“龙翔”品牌中高档细木工板、集成材、胶合板、饰面板等装饰装潢材料，兼营“意沃德”品牌塑木地板、花架、花箱、凉亭等户外型环保技术材料产品，代理知名品牌“沁园”净水器系列产品、“热丽一碳晶”地暖高科技产品，从事房地产项目开发、教育软件研发等。所注册“龙翔”牌商标产品成为上海的英国“百家居”、法国“圣戈邦”知名品牌建材超市长期合作供应商。董事长黄信亮，政和杨源乡天井洋村人，1994年10月赴沪，始办龙翔建材有限公司。翌年，成为台湾著名品牌“亚细亚”在沪十大经销商之一和马来西亚国浩瓷砖最大代理商之一；先后成立上海雅佳居木制品有限公司、上海得益木业有限公司、上海云未信息技术有限公司、武夷山九鼎房地产开发有限公司等多家企业。任上海福建商会副会长。

上海沪淮农副产品经营管理有限公司　2005年底创办，地处上海市沪淞公路砖桥贸易城，占地4.5万平方米，入驻摊商1000多户，属上海松江区最大的农贸市场，也是经上海市食品卫生监督管理部门批准的具有活禽批发资格的三大市场之一。总经理许达清，镇前镇梨溪村人，1997年10月赴沪创业；2000年8月入驻九星市场，与族亲初办“金达木业”店，旋即先后成立上海宝闽木业有限公司、上海甲亿钢铁有限公司、上海搏击雄建材市场。是时，企业年销售额达5000余万元。2005年底融资5000万元收购上海沪淮农副产品批发部市场。历任政和县政协委员、上海政和商会常务副会长等职。

上海福源木业有限公司　位于上海九星市场内。1999年6月创办，公司前身为单一经营胶合板的小门市，逐步发展成为经营木制品、五金、陶瓷卫浴、轻钢龙骨等建筑装饰材料的规模公司，总投资1000余万元，年营业额达千万元。公司董事长陈建华，政和县外屯乡人。2004年后，先后创办上海群山贸易有限公司、上海隆彰实业股份有限公司，收购重组了上海良才木业有限公司、上海海蒙装饰材料有限公司，合资创办上海群大家具市场经营管理有限公司等。现任上海政和商会副会长，上海外屯教育基金会会长，中共政和驻沪委员会松江支部书记。

上海聚钢实业有限公司　2004年创办，建厂于上海奉贤区奉城镇，拥有标准厂房4000平方米，是一家集研发、生产、销售轻钢龙骨为主的实体企业。生产的“聚钢”牌轻钢龙骨产品，属新兴轻型钢铁建筑材料；自行研发并具专利权的“加槽强固型龙骨”“带定位系统轻钢龙骨”及“卡销式配件”等为新一代轻钢龙骨产品。公司在沪有100多家代理商，产品延销长三角地区及福建、江西、安徽、湖南、湖北等省。董事长许达章，政和澄源乡上洋村人，2001年赴上海经营建材，2002年入驻九星市场，拥有2项新型实用专利，年产值达5000万元。任政和县上海商会副会长。

上海安其民建筑装饰材料有限公司　2005年由镇前镇连坑村人何福安独资创办，地处嘉定区江桥工业园区，占地8万平方米，拥有标准厂房6000平方米。主要从事新型建材“人造大理石”的制造和销售，兼营非洲进口的高档木材。人造石有色丽石、石英、玉石等多个系列，产品经SGS等多个国际机构检测，外销美、英、法、德、韩、俄、澳、日等10多个国家和地区，年出口额800多万美元；内销与青岛基鸿、帝森、荣事达、上海特铭、百隆等品牌橱柜制造商合作。所兼营的高档原木、方木直接从刚果、喀麦隆、贝宁、多哥、几内亚和马来西亚、印度尼西亚等国进口。与阿里巴巴、环球资源等知名B2B平台进行外贸销售合作，组建专业外贸营销队伍，拓展外销市场。

二、在粤工商业

20世纪90年代初，政和籍人士开始赴粤打工谋职，学习掌握技术、积累管理经验，不少人从务工仔成长为企业家。2000年，政和籍在粤工商业者成立同乡会，是广东政和商会前身，其大部成员参加广东福建商会活动。

政和籍赴粤人士创办企业以自筹资金为主，多为生产经营型实体，涉足行业较广，主要有黄金珠宝饰品、钢塑复合管材、塑胶与硅胶模具及产品、注塑机械、中高档皮衣等的研发设计、加工制造及服装批发零售、五金、宾馆、餐饮、食杂、建材、小百货等各种行业。自有品牌较多，“诚通”“永高”塑管为中国建材知名品牌、环保建材首选产品，有“曼诺”商标服饰的“波特丽”“叶嘉琳”“加卡”等多个自主品牌；有注册“炫舞金”商标的多种金银珠宝饰品及授权经销总代理的美国“维多利·保罗”名牌等。理念光电公司的光学镜头与构件，属精密电子产品，科技含量较高。品创科技和丰泰鑫等公司的硅胶、塑胶模具及产品、成通新型管业公司的内衬塑给水系列产品等均属企业自行研发、设计、出样、制造。大多企业产品除直销珠三角地区外，销往全国各大中城市、港澳地区和东南亚、中东、欧美等地区。“曼诺”服饰、“品创科技”等公司分别在香港、新加坡注册成立分公司，专司接收订单、外汇结算等业务。诚通管业投资入股天津的中涵投资担保公司，理念光电公司与台商合资在苏州创办中鸿泰精工机械有限公司，新鑫硅胶模具厂亦入驻上海投资入股轻纺、宾馆和担保公司，合资创办钢材贸易市场，“曼诺”服饰与台商合资，在广州创办生物科技公司。

据统计，至2005年年底，赴粤政和籍人士先后创办大小企业300多家，其中规模企业50家，政和籍务工人员及家属约5000多人。

附：在粤工商业部分企业简介

深圳炫舞金生产经营公司　2004年创办，属中国深圳翠绿珠宝有限公司下辖分公司，地处深圳罗湖区水贝二路二街3号。高标准厂房2000平方米和工艺先进的生产、检测设备，生产千足金、K金、铂金3大系列千余品种，主产“炫舞金”注册商标精品系列金饰达数千品种，产品销售全国各大、中城市和港、澳地区，外销欧美国家；年销售总量480余万克，总额近13亿元。总经理李安政，政和城关人。1997年赴深圳创业，曾与他人合作到西安创办陕西金坤集团珠宝有限公司。2000年返回深圳市供职于艺华珠宝公司第三分公司。2004年底，进世界黄金协会、国际铂协会指定生产商中国深圳翠绿珠宝首饰有限公司，同年创办炫舞金生产经营公司，独家从事精品“炫舞金”金饰生产经营。历任县政协第八届委员、首届广东政和商会会长。

广东成通新型管业有限公司　2003年创建，地处深圳市宝安区裕丰工业园区，在东莞市东坑镇塔新工业区置地4.20万平方米建厂，首期建筑面积1.50万平方米，是一家专业从事各类钢塑复合管材技术开发和生产的高科技企业，中国第二届钢塑管行业协会会员单位，注册“诚通”商标，产品通过ISO9001：2000国际质量管理体系认证，拥有自主研发的钢塑复合管先进生产线及精密检测设备，主要产品有DN15 mm—DN600mm口径的内衬塑复合钢管和各种口径的内、外涂塑、法兰式、沟槽式工业及民用防腐管道和配件计450多种；产品主要销往珠江三角洲地区和全国大中城市；在惠州、龙港、宝安等地设5个直销店，年销售额近2亿元（含直销店）。总经理严徐金，政和杨源乡西门村人。1992年夏赴广东惠州市务工，先后创办宝宁建材经营部、永高建材店，2003年独办广东成通新型管业有限公司，先后引导帮扶家乡400余人到深圳就业。历任县政协第八届委员，首届广东政和商会常务副会长。

深圳市凯菲隆贸易发展有限公司东莞分公司　2005年初创办，是美国名牌维多利·保罗服装系列中国总代理深圳市凯菲隆贸易发展有限公司授权的东莞市总代理，地处东莞市东城区罗沙装饰城新兴北路4巷。公司专营“维多利·保罗”冬春、夏秋季服装全系列及配饰500余品种，年营销额近2000

万元，居凯菲隆贸易发展有限公司旗下8家分公司之首。总经理邱东琳，政和城关人。1992年6月赴深圳创业，曾供职深圳市金林珠宝公司，与同乡合资创办陕西金坤集团公司珠宝首饰有限公司，2005年独办深圳市凯菲隆贸易发展有限公司东莞分公司，任首届广东政和商会理事。

深圳市龙岗区新鑫硅胶模具厂 原为1997年6月创办的鑫兴硅胶模具有限公司，2005年改称深圳市龙岗区新鑫硅胶模具厂。厂址深圳市布吉坂田上雪科技工业城，是一家专业从事硅胶模具、橡胶杂件模具的制造商。主要生产手机套、MP3套、餐具系列的面包盒、手柄等模具。产品销往东南亚、港澳及全国各地，年产值2000余万元。董事长兼总经理陈君昌，政和杨源乡坂头村人，1995年赴深圳从事机械模具制造，旋即与同乡合办鑫兴硅胶模具有限公司，后为独资经营，先后投资深圳房产，入股上海首翘钢材贸易公司、新彩轻纺市场、上海闽江宾馆、鑫通担保公司。任首届广东政和商会常务副会长。

深圳市品创科技有限公司 2005年初创办，地处深圳市观澜镇世泰工业园区，下属品创（香港）实业发展有限公司和新加坡NKS贸易公司，专司境外接单和外汇结算；拥有高标准厂房4000平方米和技术先进的8条生产流水线及质检设备，年产各类P+Q按键、各种塑料及硅胶模具1200余套，销售额4000多万元；产品80%销往珠三角地区，境外主要为新加坡、马来西亚等东南亚国家；常年稳定客户有BENQ、华唐电子、埃立特通讯、高新奇科技和中国振华集团深圳市振华通讯设备有限公司等商家。总经理陈君芳，政和杨源乡黄淡坑村人，1997年与族亲合办硅胶模具厂。2001年独办下属深圳市华之旭精星模具有限公司，年产值1200多万元。任首届广东政和商会副会长。

深圳市丰泰鑫硅胶制品责任有限公司 2005年初创办，地处深圳市观澜镇和瑞科技园内，厂房占地面积2800余平方米，是一家集设计研发和生产销售为一体的高品质硅胶配件制造专业公司，年产各种硅胶产品500多吨6000多万件，年产值2000余万元。产品广泛用于电器、电子玩具、医疗器械、橱具及手机按键P+R等下游产品，主要销往欧、美、中东、港、澳及国内部分省区。总经理曾建华，政和熊山镇官湖村人，1998年初到广东东莞台资企业供职，2005年独办丰泰鑫硅胶制品有限责任公司和塑胶分厂。任首届广东政和商会副会长。

深圳市理念光电有限公司 2005年初创办，位于深圳龙岗区东平兴创新科技园，厂房总面积2500平方米，其中无尘车间1000平方米，是专业光学镜头、镜头结构件及精密电子产品开发设计和制造的生产企业，主要生产模具、PSC塑胶件、手机与数码相机镜头、红外截止滤光片、光学低通滤波器、DVD光学读取头元器件、手机面板保护玻璃和触摸屏（板）等产品达近百系列上千品种，年产各种产品4亿余件（套），主要应用于手机、数码相机镜头及精密电子产品的结构件上，产品销往全国各地、东南亚及欧美，年销售额6000余万元。董事长兼总经理何德强，政和星溪乡富美村人。1992年2月，赴广州海天国际（集团）股份有限公司供职，被选送广州白云技术学院学习注塑机制造3年；并被该院聘为客座教授（聘期两年）。2002年9月独办深圳创展精密机械有限公司，曾与台商合资在苏州创办中鸿泰精工机械有限公司。2005年，与同乡合办深圳市理念光电有限公司。任首届广东政和商会副会长。

广东曼若服饰有限公司 2004年底创办，地处东莞市虎门镇龙泉商业广场内，是一家集设计、生产、销售于一体的专业服饰公司；注册“曼若”商标，拥有“诗特丽”“叶嘉琳”“加卡”等多个自主品牌和3家定点服装加工厂，年产4个系列160多款高、中档皮衣800余件及4个系列40多款时尚女式手提包，年产值2000余万元，产品销往国内各省区及港澳和海外。在香港注册成立香港曼若服饰有限公司，专司承接海外订单和外汇结算。总经理魏裕华，政和铁山镇铁山村人。2001年6月与台商合资创办盈丽服装厂。2004年底独办曼若服饰公司。任首届广东政和商会常务副会长。

三、其他

政和籍经商创业人员，除相对集中的上海、深圳及本省厦门、武夷山等地外，在北京、天津、南昌、长沙、南京、杭州、武汉、广州、成都、济南、西安、太原乃至西宁、拉萨、呼和浩特和乌鲁木齐等各大中城市均有分布。其中，有以经营政和工夫红茶、政和白茶、高山绿茶、茉莉花茶等为主的茶商及其直销店、连锁店和加盟店；有创办建材、工艺美术、农副产品、家居装潢和轻纺、陶瓷等专营贸易市场的业主，有投资房地产、旅游资源及煤炭能源的开发商，有从事服饰加工、布料批发、汽车维修培训、宾馆酒家、餐饮旅店和五金销售、食杂百货等的经营者。据统计，至2005年年底，除驻上海、深圳两地外，分布于全国各地的经商创业与务工的政和籍人员及家属2万余人，创办各类公司、市场、商行、宾馆酒家及经销店（铺）等1000多家，年经营额逾10亿元。

附：部分工商业企业简介

江西省天晟（集团）投资有限公司　由政和县人许晓梅、许天树姐弟创办。下辖江西省天晟房地产开发有限公司、南昌市昌东实业公司、江西省闽商投资有限公司、福建政和天晟教育投资有限公司和政和实验中学。主要经营对外投资、国内贸易、房地产开发、物业管理和民办教育，现有中高级管理人员和一线员工1000余人，总资产达6亿多元。公司总裁、董事长许晓梅，2001年5月与胞弟天树赴江西创业，先后创办南昌市昌东实业公司、江西省天晟（集团）投资有限公司、江西省天晟房地产开发有限公司、江西昌东汽车交易市场，开发进贤县天晟滨湖花园住宅小区及配套市政工程和成都温江区房地产项目，并与在南昌的福建企业家合资4亿元兴建“福建大厦”。2005年，集团投资200万元创办政和县实验中学。历任江西省闽商投资有限公司副董事长，政协南平市常委、福建省第十次妇代会代表、福建省女企业家联谊会副会长、江西省福建总商会常务副会长等。曾获南平市优秀政协委员、“春蕾计划”先进个人，福建省妇联和女企业家联谊会授予“杰出创业女性”等荣誉称号。

湖南雷锋农产品批发大市场　2004年创办，属国家发改委批准的湖南省“十五”期间农产品流通领域重点建设项目，规划用地66公顷；首期建设占地4公顷，2005年10月竣工营业，拥有农产品批发专用铺面216个，综合商业铺面155个，配套商住房352套，招商入驻经营户400多家1800余人。董事长魏重生，政和城关人。1993年初夏赴沪创业，先后创办“商杰木业”“正中木业”“福库钢铁”等10余家有限公司。2004年，赴湖南长沙创办雷锋农产品批发大市场。历任上海政和商会第一届、第二届会长，政和县政协委员，上海南平商会常务副会长、上海福建商会副会长等职。

第五章　科学技术协会

第一节　组织机构

一、县科学技术协会

1989年，县科协设主席1人，专职干部3人，内设办公室、科技咨询服务中心，附设农函大办公室；1997年5月，设主席1人，副主席1人，专职干部1人，内设办公室、学会咨询工作部，附设农函大办公室；2002年7月，设主席1人，副主席1人，专职干部2人，内设人秘学会部、普及工作部，附设农函大办公室。2005年，设主席1人，副主席1人，专职干部3人（其中科级1人），内设人秘学会部、普及工作部，附设农函大办公室。

二、乡镇科协

1989年，全县有9个乡（镇）科协；2001年7月成立岭腰乡科协，2005年全县有10个乡（镇）科协，会员320人。此外，还先后成立农村专业技术协会、研究会25个，会员820人。

三、县级学会

1989年，全县有县级学会、协会、研究会13个，会员463人。至2005年，全县共有学会、协会、研究会16个，会员667人。

第二节　代表大会

1991 年 12 月 23—24 日，县科学技术协会第三次代表大会召开，参会代表 104 人。会议选举产生县科协第三届委员会委员 41 名，常委 13 名，选举主席 1 名、副主席 4 名（其中兼职 3 名）。

1997 年 6 月 5 日，县科学技术协会第四次代表大会召开，参会代表 80 人，会议选举产生县科协第四届委员会委员 45 名，常委 15 名，选举主席 1 名、副主席 4 名（其中兼职 3 名）、秘书长 1 名。

2003 年 5 月 28 日，县科学技术协会第五次代表大会召开，参会代表 90 人，会议选举产生县科协第五届委员会委员 36 名，常委 13 名，选举主席 1 名、副主席 5 名（其中兼职 4 名）、秘书长 1 名。

第三节　主要活动

一、科普教育

1989 年以来，县科协与县青科教协会一道，广泛开展各种科学知识竞赛与活动，积极培养青少年的思维能力和创造能力，帮助青少年树立正确的科学观、人生观和世界观。组织开展“三小”作品、少年科幻画、计算机及学科竞赛，开展校园拒绝邪教活动与了解家乡振兴家乡的科技夏令营活动等。至 2005 年，全县有 12 项参赛作品和项目分别获国家、省、市科协奖励和表彰，其中 1 项获国家级奖，9 项获省级奖，2 项获市级奖。

二、学术交流与技术培训

自 1989 年始，县科协围绕经济建设中心，组织有关学会、协会、研究会，针对社会上的热点、难点问题，开展科技咨询、科技培训，形式多样地开展各种专题科普宣传和学术交流活动，组织撰写科技论文。参加每年召开的闽浙两省四县（政和、松溪、龙泉、庆元）科协研讨会，组织实施“金桥”工程（在科技成果与现实生产力之间搭桥）43 项。1989—2005 年，全县科协工作者有 950 篇论文在国家、省、市级刊物上发表。

三、函授教育

1989 年 7 月，成立“中国农村致富技术函授大学福建省南平分校政和辅导站”，挂靠县科协。1991 年 11 月，成立“福建省农村致富技术函授大学政和县分校”，同时，原中国农村致富技术函授大学福建省南平分校政和辅导站撤销。1993 年 3 月，县农函大分校被省科协、省农函大评为“1990—1992 年度全省农函大先进集体”；2001 年 11 月被省科协、省委农办授予“福建省农函大办学十周年先进单位”；2005 年 1 月被省科协授予 2002—2004 年度全省农函大工作先进分校，并被评为全省六所“示范分校”之一。至 2005 年，全县共招收农函大学员 9380 人，结业 9005 人。

第六章　文学艺术界联合会

第一节　组织机构

一、县文学艺术界联合会

1989 年，县文联设主席 1 名，副主席 1 名，秘书长 1 名。1999 年 5 月召开县第二次文学艺术界代表大会，选举产生第二届县文联委员 20 人。2005 年，县文联设主席 1 名，副主席 1 名。

二、专业文艺协会

1989年，县文联下属有文学、戏剧曲艺、音乐舞蹈、民间文艺、美术书法和摄影6个专业工作者协会，共有会员141名。至2005年，县文联下属共设立文学、音乐、美术、书法、舞蹈、摄影、戏曲、民间文艺8个文艺家协会，共有会员285名。

第二节　主要活动

一、文艺创作活动

1989年，会同相关部门举办首届“熊城艺术节”，共展出美术、书法、摄影、花卉、根艺、手工制作等作品，并表演歌舞节目。

1990年起，组织开展闽浙毗邻县市艺术创作与交流活动，当年2月组织作品参加毗邻六县书法展。5月推选20幅摄影作品参加在寿宁县举办的闽浙两省毗邻九县（市）“摄影大奖赛”，获得一银一铜和三个优秀奖。1991年1月，主办闽浙毗邻六县青年歌手赛，景宁、龙泉、庆元、寿宁、松溪等县均派选手到政和参赛。此后，又组织作者和作品先后参加“剑瓷杯”诗歌大赛和“湛庐杯”舞蹈比赛及在浙江景宁举办的影视歌曲比赛，均获得多个奖项。

1995年，邀请省文联主席许怀中、省作协主席陈章武及南平市30余位作家、美术家赴政和杨源举办“洞宫笔会”。

2000年，在政和建县一千年之际，会同县扶贫办等单位承办“政和县扶贫成果大型摄影展”，共展出500余幅纪实摄影作品。

2002年，县文联创办《洞宫山》文艺小报，小报四开四版（不定期出版），以图文形式展示政和作者的创作成果，并广泛交流。

2003年，省文联副主席蒋夷牧率基层文联工作调研组到县调研检查指导工作。

至2005年，先后邀请福建日报等报社记者20余人、省摄影家协会副主席潘朝阳等20余人、省文联副主席舒婷等20余人、南平市作家和摄影家50余人到县开展“文化采风”和创作活动。

二、协会活动

1989—2005年，县文联支持各协会分别与有关部门联合举办家乡美征文赛、情系山乡征文赛、教育杯书法赛、国土杯书法赛、绿色东平摄影赛、庄严的承诺摄影赛、闽浙两省毗邻六县（市）青年歌手大奖赛、洞宫风光风情摄影展、扶贫成果摄影展及庆祝国庆50周年美术、书法、摄影展等系列活动。

至2005年年底，县文联主办或协办的征稿、演出、展览等文艺活动47场（次），共接待各种文艺团体采访、交流、展演21次；组织（或参加）举办文艺骨干（新苗）文学、美术、书法、音乐、舞蹈等培训活动30余次，受训600余人，文联会员创作各门类的文艺作品600余篇（首、幅）；其中，在全国、省、市报刊、电台展览发表（入选、展出）文学、美术、摄影、音乐等作品360篇（首、幅），获奖作品132篇（首、幅）。

第七章　残疾人联合会

第一节　组织机构

一、县残疾人联合会

1989年10月4日，成立县残疾人联合会（简称县残联），为副科级事业单位，由县民政局代管。是年，县残联设理事长1名，专职干部2人。

1997年9月15日，县残疾人联合会为正科级事业单位，执行理事会为其常设执行机构。是年12月，县残联配备专职理事长，与县民政局脱钩，独立办公。

2005年，县残联设理事长1名，专职干部3人，内设康复股、教育就业股。

二、基层残联

1998年，全县10个乡（镇）残联先后成立，同时，县肢残人协会、盲人协会、聋人协会也相继成立。随着残疾人事业的不断发展，县残联先后成立县残疾人康复指导站、残疾人服务社、盲人按摩院、残疾人三轮车协会。至2005年，全县129个村（居）残疾人协会先后成立，全县残疾人工作网络形成。全县建立助残志愿者服务队伍100余支，志愿者服务人员1300余人。

第二节　代表大会

1989年10月4日，县残疾人第一次代表大会召开，参会代表50人，会议选举产生残联主席1人、副主席2人及执行理事会理事长1人。

1995年9月1日，县残疾人第二次代表大会召开，参会代表50人，会议选举产生残联主席1人、副主席3人及执行理事会理事长1人。

2002年12月30日，县残疾人第三次代表大会召开，参会代表50人，会议选举产生残联主席1人、副主席3人及执行理事会理事长1人。

第三节　主要活动

一、康复服务

1989年，全县各级党政重视残疾人工作，将残疾人事业纳入国民经济和社会发展的议事日程。1991年，县残联在全县首次开展“三项康复”（复明工程、肢残人康复训练、儿童言语训练）活动，完成白内障复明手术51例，聋儿言语训练3人，并完成儿麻矫治手术10例。1998年8月，县残联申请建设县残疾人康复就业培训中心（综合楼）项目，该项目1999年6月动工兴建，2001年7月竣工，总投资80万元，建筑面积890平方米，建成后更名为县残疾人综合服务中心（综合楼），于2002年4月投入使用。

至2005年，共为1273名残疾人实施恢复或补偿功能措施。其中白内障复明术722人，聋儿语训35人，肢体矫治术101人，装配假肢21人，装配矫形器15人。赠送轮椅81辆、盲杖40人（副），肢残康复训练56人，供应残疾人用品用具238件。

二、就业安置

1989年，县残联开始依法推行分散按比例安排残疾人就业。1995年，县残联开始依法征收残疾人就业保障金。至2005年，全县共征收残疾人就业保障金138.10万元。共安排637名残疾人就业，举办各类培训班24期，受训1074人，选送36人到省、市参加职业培训。推荐131人到福利企业就业，帮助907名残疾人自谋职业或举办个体企业。

三、扶贫助残

1989—1997年，县残联主要开展由县民政局主持的助残工作。

1998年初，县残联开展对全县贫困残疾人进行调查摸底，分类建档立卡。县政府成立“政和县残疾人扶贫攻坚领导小组”，制定并实施《政和县残疾人扶贫攻坚计划（1998—2000）》和《政和县农村残疾人扶贫开发计划（2001—2010年）》。残疾人扶贫工作由县残疾人服务社具体实施，至2005年，先后分三批向上级争取到残疾人扶贫资金176万元，其中：中央康复扶贫贷款90万元，地方财政配套资金86万元。中央康复扶贫贷款由县农行直接承贷给3家福利企业和安置较多残疾人的经济实体。地方财政配套资金则由县残疾人服务社以小额信贷的方式扶持1563户农村贫困残疾人发展种养业和农副产品加工业。其中1251户残疾人摆脱贫困，部分残疾人走上致富路。2002年，县残联被评为“全省残疾人扶贫先进单位”和“全国残疾人扶贫先进单位”。

四、依法维权

1989年以来，县残联配合县人大多次开展关于残疾人法律法规执法情况的检查，认真落实残疾人优惠政策，维护残疾人的合法权益。2003年5月，成立县法律援助中心残疾人法律援助站。至2005年，共免费为残疾人提供法律咨询和法律服务135人（次），处理来信来访770人次。1989—2005年，县残联根据残疾人本人申请，对符合各类残疾人标准规定的残疾人，均给予办理《中华人民共和国残疾人证》，共计办证8482本。

第八章　归国华侨联合会

第一节　组织机构

1989—1996年，县侨联仅有工作人员1名。1997年，县侨联定事业编制2名，设主席1人。2002年，县侨联定编1名，设主席1人，至2005年不变。

第二节　代表大会

1992年7月29日，县第二次归侨、侨眷代表大会召开，参会代表30人。会议听取、审议并通过县侨联第一届委员会的工作报告，选举产生县侨联第二届委员会委员6人，选举副主席1名。

1996年4月26日，县第三次归侨、侨眷代表大会召开，参会代表30人。会议听取审议并通过县侨联第二届委员会的工作报告，选举产生县侨联第三届委员会委员7人，选举主席1名。1996年5月，县侨联三届二次全委会选举秘书长1名。

2001年9月25日，县第四次归侨、侨眷代表大会召开，参会代表30人。会议听取审议并通过县侨联第三届委员会的工作报告，选举产生县侨联第四届委员会委员7人，选举主席1名、副主席兼秘书长1名。

第三节　主要活动

1989—1990 年，县侨联主要围绕经济建设开展对华侨及归侨、侨属联络工作。1992 年始，县侨联积极开展招商引资活动。至 1996 年，共引进食品加工、矿山开发、水产养殖等外资企业 12 家。1994 年 3 月 2—4 日，南平地区侨联三届三次全委会在政和召开。4 月，县侨联会同县政协“三胞”（港、澳、台）委组织部分侨联委员赴莆田涵江、城厢和泉州石狮考察。1997 年 6 月，县侨联与有关单位联合举办归侨侨眷“迎回归”联欢晚会。2001 年 1 月，县侨联聘请县下榅洋水电有限公司、鑫奎食品有限公司、富士岛食品企业有限公司、三豪矿业有限公司等四家企业总经理为第四届侨联名誉主席。2002 年 1 月 30 日，省、市侨联组织人员到政和慰问归侨侨眷。2 月 3 日，县侨联与有关单位组织召开侨、台、工商界人士迎新春座谈会，向受聘的县侨联名誉主席颁发聘书。7 月，政和籍留美博士、美国 Medarex 公司首席科学家何立珍女士回乡探亲，县侨联与县医院邀请何立珍举办讲座，讲解世界血液研究最新情况。《闽北日报》记者对何立珍进行人物专访，并刊发《何立珍：从闽北飞越太平洋的女科学家——一个知识改变命运的故事》一文。8 月，县侨联牵头组织在政和投资的 12 家外资、侨资企业成立“政和县港澳侨投资企业联谊会”。

2003 年 1 月，县侨联牵线搭桥，由南平市侨心基金会资助政和一中 2 名优秀特困生。2 月 27 日，县侨联牵头组织召开“政和县港澳侨投资企业联谊座谈会”。8 月 13 日，县侨联牵头，邀请县工商、税务等部门专业人员给侨资企业经理们讲授“外商投资与涉外法律知识”。2004 年 9 月，在侨法宣传活动中，县侨联协同有关单位举办“移动杯侨法知识竞赛”。

2005 年 1 月，县侨联协同教育局组织全县小学生参加第六届世界华人小学生作文大赛国内征文活动，共有 3 篇作文获得二等奖，2 篇作文获得三等奖。6 月，县侨联组织部分委员到泉州、晋江等地考察。同年开展侨情普查。全县在海外有华侨 708 人，华人 1038 人，出国人员 193 人，归侨 9 人，侨眷 1921 人，出国人员眷属 731 人。华侨华人主要分布在美国、加拿大、英国、法国、日本、以色列、西班牙等 26 个国家和地区。

第九章　其他社团组织

第一节　县计划生育协会

一、组织机构

1989 年，县计生协会设会长 1 名（兼），未设专职干部。1992 年 1 月，设会长 1 名（兼），专职干部 1 名。1994 年 3 月，设会长 1 名（兼），秘书长 1 名，专职干部 1 名。2005 年，设会长 1 名，秘书长 1 名，专职干部 2 名。至 2005 年，全县共有乡（镇）计生协会 10 个，村（居）计生协会 130 个（协会小组 694 个），会员 19038 人。

二、主要活动

1989—2005 年，县计生协会积极发挥“带头、宣传、服务、监督、交流”的作用。充分发挥会员的“一包六带头”作用，即包自家和联系户的计划生育，带头学习计生法规、带头晚婚晚育、带头落实节育措施、带头参加协会活动、带头勤劳致富、带头遵守村（居）规民约做文明守法公民。至 2005 年，全县达到一流和合格的村计生协会共 109 个，占全县的 80.77%，其中一流计生协会的村 54 个，合格计生协会的村 55 个。17 年来，县计生协会组织乡村计生协会采取刷标语、写对联、发传单、设广告、办晚会等形式，广泛宣传计生政策和法律法规，引导群众树立科学、文明、进步的婚育观念。

第二节　县关心下一代工作委员会

一、组织机构

1991年8月，县成立关心下一代协会，会员78人。1994年6月，县关心下一代协会改称县关心下一代工作委员会（简称关工委）。2005年3月，县关工委下设办公室，为常设机构。是年8月，配备专职干部1人。至2005年年底，全县有关工委组织189个，10个乡（镇）、128个村（居）、26所学校、35个机关企事业单位建立关工委组织，从事关工委工作的人员645人，其中离退休干部415人。

二、主要活动

（一）青少年思想道德教育

全县各级关工委有报告团、科技服务团、关爱工作团33个，老同志报告员330人。按照县委和县政府的工作部署，以节日和重大纪念日为契机，结合政和丰富的革命老区资源，组织老同志报告员深入农村、学校、机关、企事业单位开展宣讲报告活动。2004年，县关工委成员杨上进被授予全省关心下一代先进工作者、2004年度全省首届"感动教育"十大杰出人物。2005年，县关工委成员范文才被授予全国关心下一代先进工作者。1994—2005年，先后做各种教育报告473场（次），受教育的青少年21.30万人次。

（二）法制教育与帮教活动

1994年开始，县关工委开展法制宣传教育等活动。1999年3月"法制教育宣传月"活动，县关工委组织系统"五老"人员深入到中小学和机关单位开展以法制和爱国主义为主要内容的宣传活动。2001年，会同县政法委、教育局在全县中小学开展以《中华人民共和国未成年人保护法》和《中华人民共和国预防未成年人犯罪法》为主要内容的法制宣传教育活动。至2005年，县关工委通过法制报告会、图片展、宣传栏、"以案释法"、印发法律法规资料等形式，共开展法制宣传370场次，受教育13.80万人次。全县建立765个帮教小组，有217位老同志帮教员走家串户，对814名失足青少年开展思想道德和法纪教育，并帮助他们解决生活、就业等方面的困难。

县关工委还配合妇联开办家长学校100所，142名老同志担任家教员。全县先后有13名老同志担任文化市场督导员，配合县文化、工商、公安部门开展32次督导活动，净化育人环境。

（三）为青少年办实事

1994年，县关工委成立伊始，即在全县城乡各学校开展调研活动，制订为青少年办实事方案。1997年，在全县开展"六个一"活动，即扶持老区基点村10名失学儿童复学；举办10个科技培训班；配合文化部门督促检查10个文化娱乐场所；举行10次老少同乐联欢会；帮助100名青壮年扫除文盲；给贫困学生送1000册图书。1989—2005年，关工委共帮助贫困学生募集助学金20多万元，资助贫困生3500多人，帮助235名失业青年实现再就业。

（四）服务"三农"

2001年，县关工委组建科技服务团深入基层服务"三农"，科技服务团成员每人挂钩服务1—2个村，建立联系村22个，示范村14个，示范户180户；编印《锥栗高产栽培技术》《果树生产基础知识》《反季节蔬菜生产技术》《科学养兔》《无公害茶叶标准化生产》《科学养蜂》等科技资料10000多份，分发给种植户和养殖户；先后举办果树、蔬菜、茶叶、畜牧、水产、养兔、养蜂等实用农技培训300多期，受训近2万人次；科技咨询6500多人次；下乡科技指导1000多场。

卷十一　政　法

第一章　政法委及综治

第一节　机　构

1982年，县委政法委内设办公室，有工作人员3人。1991年4月，成立政和县社会治安综合治理委员会，主任由时任县委书记兼任，县政法委书记兼常务副主任，分管政法、综治工作副县长及公安局、检察院、法院、司法局四长兼副主任，下设综治办公室（副科级）与政法委办公室合署办公，为“一套人马，两块牌子”，共有工作人员5人。1995年，全县9个乡（镇）相应成立社会治安综合治理办公室。1997年7月，根据政和县党政机构改革“三定”工作意见，确定政法、综治委行政编制6人，机关事业编制1人。1998年，岭腰乡成立建制，相应成立社会治安综合治理办公室。是时，全县10个乡镇配备综治副乡（镇）长10人，综治专干19人。2005年，县综治办升格为正科级机构。至2005年，县政法委办公室（研究室）、社会治安综合治理办公室、案件督查室，配备行政编制人员7名，机关事业编制人员1名。

第二节　严厉打击刑事犯罪

1989年9月，县政法委、县综治委根据省、市政法委关于做好国庆四十周年安全保卫工作部署，在全县开展打击以流窜犯罪为重点的“反扒”“整顿文化市场”“扫六害”“扫黄打丑”等专项斗争，共破案231起，抓获各类刑事犯罪嫌疑人294人，其中通辑在逃犯14人，流窜作案犯49人，其他罪犯231人。1990年6月，贯彻省委政法委关于开展第二阶段严打“南海行动”工作方案，开展打击各类严重危害社会治安犯罪团伙和南逃北窜的流窜犯以及严重刑事犯罪活动，先后摧毁犯罪团伙6个、抓获犯罪嫌疑人26人。1992年，坚持“打防并举、标本兼治、重在治本”方针，采取综合运用法律、经济、行政、教育等多种手段，遏制各种犯罪，当年刑事案件比上年下降52.6%，重大案件下降44.8%，治安案件下降34.1%。1995年7月，县政法、综治委组织开展为期3个月的夏季“双百破案”会战，利用百日时间，抽调百名干警，共破获各类刑事案件39起，抓获犯罪嫌疑人48人。1997年，县政法、综治委按照省、市统一部署，组织开展“严打整治”和“禁黄赌毒”统一行动，破获省公安厅挂牌的东平绑架杀人案和年内发生的4起重大刑事案件。1998年，组织开展“反盗窃机动车辆”集中统一行动，以“反盗窃、破大案、追逃犯、挖团伙、抓整顿”为主线与坚持“严打、严防、严管、严治”相结合，加大打击力度，破各类刑事案件130起，抓获犯罪嫌疑人172人。

1999年12月至2000年2月，组织开展“春节治安环境整治行动”“春运反超载”“打击非法经营”“加强爆炸物品管理、打击涉爆违法犯罪”统一行动，破获澄源乡邮电支局“1998·1·1”抢劫案和政和看守所“1998·1·18”劫狱案及东平“1998·2·28”爆炸案。并捣毁犯罪团伙15个51人，抓获各类犯罪分子153人，追缴赃款赃物折款人民币80余万元。2001年，县委、县政府召开“打击流窜犯罪和非法传销”严打斗争动员大会，由县政法、综治委牵头，组织350名干部12个清查小组和7个案件督查组及3个情报联络信息组，深入137家旅馆（店）、246家私人出租房、38家公共娱乐场所进行清查，依法查处涉枪涉爆案件4起6人，摧毁犯罪团伙9个，破获杀人案3起，抓获逃犯27人，其他犯罪嫌疑人172人，其中有11名犯罪分子在政法机关的督促下主动投案自首。2002年，组织政法部门先后开展“打击严重暴力犯罪”“打黑除恶天网行动”“打击多发性盗窃犯罪”等系列打击专项行动，打掉3个犯罪团伙，破获各类刑事案件283起412人，其中抓获逃犯102人。当年，县政法综治工作被南平市委、市政府作为“政和经验”在全市推广。

2003—2004年，坚持“打击与整治并重”原则，先后开展“春夏百日侦破会战”“岁末扫雷行动”和“严厉打击六合彩赌博”专项整治活动，侦破各类案件314起，抓获犯罪嫌疑人325人，其中因参与“六合彩”赌博人员110人，依法刑拘6人，治安拘留18人。是年，政和县被省委、省政府评为全省“严打”整治斗争先进集体。2005年，全县政法、综治工作，围绕县委、政府提出“平安政和”建设要求，保持“严打”高压态势，开展“命案侦破”专项活动，成功告破2000年以来在县内发生的16起命案，破获系列盗窃摩托车案件49起，入室盗窃案件37起，盗窃小车案件1起，共抓获犯罪嫌疑人136人。

第三节　社会治安重点整治

1989年，社会治安综合治理工作结合政和县实际，开展保春节、保国庆、保元旦和夏季治安整顿，严厉打击流窜犯罪和查禁淫秽物品、取缔卖淫嫖娼及变相赌博等扫黄打丑专项斗争，先后对全县62家旅店业落实治安管理责任制，设立治保组织21个52人；对全县55处公共复杂场所全面落实治安管理承包制度，坚持“谁主管、谁负责”原则。1990年12月，组织政法部门有关人员15人，设立3个检查组，开展为期一个月的治理“三乱”（乱收费、乱摊派、乱罚款）和执法执纪大检查，有效纠正制止政法队伍中存在的“三乱”和行业不正之风问题。

1991年10月，根据南平地委、行署和地区政法委、综治委加强政法队伍整顿和建设的精神，全县9个乡（镇）和县直16个委办，充实健全治保组织129个，成立治安联防队11个，建立农村调解组织142个，签订社会治安综合治理责任书410份。1992年，先后组织开展5次“抓逃犯、反盗窃、打现行、破新案，取缔卖淫嫖娼和赌博”等专项斗争，摧毁各类犯罪团伙37个，破获盗窃案件76起，查处各类治安案件39起，抓获各种违法犯罪嫌疑人314人，缴获赃款赃物总价值达30多万元，并解救被拐卖妇女儿童22名。是年，全县9个乡（镇）和县直机关17个委口相应成立矛盾纠纷排查调处工作领导小组，制订工作实施方案。全年共排查各类矛盾纠纷319件，调处309件，调处率达96.87%。1994年8月，成立城区社会治安重点整治小组，抽调干警30人组成重点整治社会治安工作队，分成9个小组，深入各乡（镇）开展“严打治乱”歼灭战，共抓获各类犯罪嫌疑人59名。

1995年，采取公、检、法、司各部门挂点包村开展重点整治工作办法，抽调40名干警，配合南平市委、市政府下派10名工作人员，深入被省列入10个重点整治行政村，强化领导并进行业务指导。1998年，加强人民调解工作，建立健全县、乡（镇）、村三级人民调解防线，切实搞好纠纷查处工作，全年共调处民间纠纷案件1449起，成功率达97%。2000年年初，县委书记、县长与全县10个乡（镇）长和县直单位7个委口党政一把手签订社会治安综合治理责任书，各乡（镇）和县直委口相应与下属负责人签订综治责任状。年内县政法委、县综治委先后召开全县九项治安稳定工作会议，将解放村、胜利村、东峰村、凤头村、铁山村、岭腰村、外屯村、半园村、杨源村、澄源村等10个行政村列为社会治安重点整治区。加强学校治安综合治理工作，要求各乡（镇）综治委、派出所、各片区、中小学，切实抓好校园治安整治、营业性电子游戏机场所和校园治安管护区管理，加强学校法制教育和选聘综治副校长等项工作的落实。

2001年，针对城乡卖淫嫖娼及变相赌博回潮现象，开展整顿和规范歌舞娱乐服务场所秩序专项行动，共清查各类场所135家，依法取缔2家，责令整改10家，限期整顿21家。查处卖淫嫖娼案件22起45人，查处赌博案件23起154人。2002年，抽调公安局、检察院、法院、司法局及县直机关干部50多人，组成10个督查组深入各乡（镇）及相关单位，开展查禁“六合彩”赌博活动，查处“六合彩”案件412起758人，依法给予治安拘留263人，刑拘64人，逮捕15人。排查各种纠纷412起，制止群体性上访15起305人。2003年，重新组建城区夜间治安巡逻队，由原来18人增至30人，分成6个小分队。当年，全县10个乡（镇）共设警卫区33个，村（居）“两会”组织131个，村义务联防队350个。2004年，加强省际边界联防联动治安管理工作，岭腰、铁山、澄源3个乡（镇）分别与浙江省的隆宫、安溪、举水3个乡（镇）成立省际边界联防联动工作组，每季定期召开例会，互通信息，调处纠纷，较好地促进省界治安稳定。

2005年，制定深化矛盾纠纷排查调处工作机制，为全县38000户固定电话开通“平安政和建设”电话彩铃。投资2万元，印制3万张以宣传平安建设为主题的年画，分发到全县农村各家各户。

第四节 预防青少年违法犯罪

1989年，县政法委组织一支30人的村（居）普法工作队，深入全县9个乡（镇）的91个行政村进行普法宣传和教育。组织帮教力量456人，组成125个帮教小组，分别对263名失足青少年进行帮教，有248人转好或基本转好，转好率达94.3%。1990年，加强对失足青少年的帮教和刑释人员的回访考察，在受过各种处罚的21名失足青年和61名劣迹学生进行法制教育、家访、跟踪帮教外，在东平劳改农场（监狱）开展科学施教活动。1991年，把社区综治工作摆在重要议事日程，做好失足青少年和在校后进生及“两劳”释解人员的帮教救助，全县共建立帮教小组174个，成员890人，其中对776名帮教对象采取面对面谈心、讲形势、提问题、交朋友、找就业等方式进行帮教，通过帮教共有748人转好，转好率达96.3%。当年，全县有刑满释放，解除劳教的“两劳”人员63人，由工商、劳动、乡（镇）给予安置就业60人。1992年6月中旬，由县人大、县政法委、县综治委、县关心下一代协会牵头组成探访组，先后深入到武夷山黄土监狱、建阳童游省二监、政和东平劳改农场等监所，对在狱中劳改的犯罪青年进行帮教挽救。1993年，县政法委先后到各学校指导，建立差生跟踪帮教档案和差生教育卡片，分别召开差生帮教会、家长会，举办差生学习班16场（次），差生转好率达95%以上。

2000年，开展安全小区创建工作，在城区与14个企业共建安全文明小区。设立治安特别管护小区，选派24名公安干警分别兼任各中学、学区和城关三所小学综治副校长。抽调政法干警30人，组成治安整治工作队，配合各乡（镇）村制定重点整治方案，全年共办法制教育班10期，举办预防青年违法犯罪大型宣传图片展览8场（次）。2001年，组织公安、工商、文化、城管、教育等部门，适时开展校园周边地段的安全隐患进行针对性的治理工作。组织关工委工作人员下乡开展法制宣传，全年共举办面对面的学生家长法制宣传报告会109场，受教育达1.6万人（次）。

2002年，依托政法各单位、社会各层面、各中小学校等三方面力量，开展“法律进课堂”的普法教育活动及以“后进生转好生”为重点的帮教和以创办家长学校和亲子营为内容的家校联系活动，以“悄悄话”“知心话”“聊天室”为渠道的心理教育，形成校内以校长、年段长、班主任、科任教师的层层负责制；校外以政法部门、地方党委、政府、教育局、关工委、工青妇等组织和社会力量，密切配合预防青少年违法犯罪的工作体系。2005年11月15日，南平市“平安校园”建设现场会在政和召开。是年，政和县校园治安督查大队被评为全省“未成年保护”先进单位。

第二章　公　安

第一节　机　构

1989年，县公安局内设办公室、政工科、侦察科、保卫科、治安科、预审科、法制科、刑警大队，下辖城关、星溪、石屯、东平、铁山、外屯、镇前、杨源、澄源9个乡（镇）派出所和县看守所、县交通警察大队等，共有公安干警120名。1992年12月，成立交通警察大队城区中队，定编25名。1993年9月，成立巡逻警察大队，定编30名。1994年1月，巡逻警察大队更名为治安巡逻警察大队，副科级建制。8月，成立刑事警察大队，内设大要案侦察、突发性案件侦察、情报信息等三个中队。10月，治安巡逻警察大队下设三个中队、一个办公室，局内增设监察室。1995年5月，局内增设户政科。1997年10月，局内增设行政科。1998年2月，成立岭腰乡派出所，为股级建制，核定所长、指导员职数各1人，民警3人。2003年11月，成立城区治安夜间巡逻大队，共招聘30名退伍军人，负责城区的治安巡查工作。2004年4月，成立禁毒大队。7月，成立县蓝盾保安服务有限公司，招聘退伍军人35名为保安人员，为县医院、宾馆、车站、各银行、中学、烟草、邮电等20个县直机关、企事业单位提供门卫岗哨及值班服务。至2005年年底，县公安局内设办公室、政工科、警务督察队、装备财务股、出入境管理股、信息通信股、公共信息网络监察股、法制股、户政股、监察室，其中政工科、办公室为副科级建制。下设国内安全保卫大队、经济犯罪侦察大队、治安大队、刑事侦查大队、巡逻警察大队，禁毒大队和林业公安分局、交通警察大队，均为副科级建制。下辖14个股级建制所：城关、星溪、石屯、东平、铁山、岭腰、外屯、镇前、杨源、汀源等10个乡（镇）派出所和治安拘留所、看守所、城关林业派出所、镇前林业派出所。全局共有民警162名。

第二节　刑事侦查

1989年开展“打现行、打流窜”统一行动，全县公、检、法、司干警等共2000余人参战，破获刑事案件21件，抓获各类违法犯罪分子93名。1994年5月17日，澄源乡大梨溪村发生一起杀死2人、重伤3人的特大凶杀案件，地区公安处和县公安局通力侦查历时半个月，全案告破。是年共摧毁犯罪团伙35个，立刑事案件215起（其中重大案件132起），侦破172起，抓获犯罪嫌疑人251名，年度发生的3起凶杀命案全部告破。1996年，省公安厅将县境内发生的几十起夜间拦路抢劫过路货车案件列为省挂牌督办案件，县公安局以“打现行、破积案、摧团伙、追逃犯、缴黑枪”为重点，开展春季和秋季严打专项行动，先后破获发生在境内的抢劫案件90余起，并带出破获建瓯、建阳、松溪、浦城、周宁、寿宁、浙江龙泉等地系列抢劫案50余起，同时还破获1994年发生在岭腰路段“11.16”重大抢劫杀人案和公安部挂牌督办的1995年外屯乡农具厂“1.25”杀人案。是年，全县共立刑事案件406件，侦破263件。1997—1998年，破获省公安厅挂牌督办的“1.16”苏地村绑架儿童案件和镇前下园——稠岭路段的“98.10.5”及“98.9.12”梅坡村杀死1人、重伤1人等重大凶杀案。1999年1月18日，县看守所发生一起劫狱案，县公安干警全力追捕，当晚将作案在逃的2名犯罪嫌疑人抓获归案。2月28日，东平村街口发生一起爆炸案，2人被当场炸死，案发次日即告破。1997—1999年，共立刑事案件782起，破获418起，抓获犯罪分子498名。2000年，开展“打黑除恶”专项斗争，破获刑事案件251起，抓获犯罪分子240名。

2001—2002年，开展为期二年的“严打整治”斗争，针对城关南庄移民区治安问题开展区域性专项整治，抓获犯罪嫌疑人25人，逮捕9人。2002年7月，成功破获省公安厅挂牌督办的“99.7.6”

县交警大队枪支被盗案，将3名犯罪嫌疑人抓获归案，如数追回被盗枪支和子弹。两年共立刑事案件707起，侦破458起，抓获违法犯罪嫌疑人506人，其中抓获网上追逃犯115人，破获命案12起。2003年，开展以“破案追逃”为主攻方向的春季侦破会战、夏季百日会战、年终岁末“扫雷”专项行动，共破获刑事案件347起，抓获犯罪嫌疑人245名，抓获网上追逃犯68名，摧毁犯罪团伙12个44人。其中，破获省厅挂牌督办案件2起，市局挂牌督办案件2起和省政府领导批示的“1.20”铁山氰化钠被盗的特大案件。2004年始，开展为期三年的“命案侦破会战”，破获省厅挂牌督办的“2001.6.20”镇前溺婴案和“1998.2.23”杨源大溪村一村民被伤害致死案，抓获省厅督办的逃犯1名、市局督办的逃犯2名，全年侦破刑事案件377件，抓获犯罪嫌疑人293人。2005年，破获现行命案3起，全年共破获各类刑事案件223起，抓获犯罪嫌疑人290人。实现从2000年以来境内发生的命案全部告破。

1989—2005年，全县刑事案件6017件，其中重特大案件1729件，共破获各类刑事案件4219起，抓获违法犯罪嫌疑人4455人。

第三节　安全保卫

1989年，县公安机关开展维护国家安全和社会政治稳定的基础性、源头性工作。全县有38个机关单位设立保卫科，配专兼职保卫干部108人。1992年，破获隆装有限公司一合同工给敌特投寄挂号信件、一社会流窜人员以“梅花党”名义进行经济诈骗等案件3起。1996年，协同统战、宗教、民政等部门，全面开展查禁取缔邪教组织的专项斗争，依法处理一批“呼喊派”参与者。2004年5月，查处城关基督教一教徒以发放食物、学习用品为诱饵，诱骗镇前镇梨溪小学的19名学生参与基督教活动的非法传教事件。同年12月10日，公安机关在石屯镇石门村收缴“实际神”邪教组织的非法书籍5本、光盘4张。2005年初，全县10个乡（镇）和县直机关相应成立防范和处理邪教问题领导小组，确定专人负责。

1989—2005年，公安机关共出动警力800余人次，依法妥善解决群体性事件53起，完成各时期、各阶段主要活动的安全保卫、警卫工作40余场（次）。

第四节　经济侦查

1989—2000年，打击各类经济犯罪主要由县刑警大队负责。2001年3月，县公安局设立经济犯罪侦查大队，与金融、税务、工商、农业、盐业、烟草、卫生等部门建立协作机制，先后配合各行政执法部门开展规范与整顿市场经济秩序行动23次。其中：联合地方税务稽查局协同开展“两税汇算”活动5次，追缴税款50多万元；与工商、烟草、卫生等部门开展“打假治劣”市场清理整顿行动15次，收缴一批假冒伪劣产品；协同中国人民银行政和县支行开展金融市场秩序整顿3次。2002—2005年，先后开展打击假币犯罪、追捕在逃经济犯罪嫌疑人、“山鹰行动”、打击商业贿赂犯罪、打击职务侵占挪用资金、危害税收征管、虚开增值税发票、合同诈骗等多个领域经济犯罪的专项行动。查实反馈信访件26件，破获各类经济犯罪案件20起，抓获在逃经济犯罪嫌疑人28名，依法逮捕犯罪嫌疑人11人，挽回经济损失200余万元。

第五节　治安管理

1989—1997年，县公安机关多次开展“扫黄打非”集中统一行动，对全县的特种行业、公共场所、路边店等进行全面清查整顿，共查获“六害”案件128起，查处违法人员536人。其中卖淫嫖娼案件49起、赌博47起、违反严禁淫秽物品规定22起、解救被拐卖妇女儿童10起10人。1998—1999

年，共受理治安案件539起，查处526起，劳动教养11人，收容教育2人，查处违法人员1243名。2000年，先后4次对全县的娱乐服务场所进行清查整治，取缔无证照经营场所34家，吊销证照16家，停业整顿25家，限期整改84家，查处容留、引诱、介绍卖淫5起、嫖娼61起、赌博案件36起，依法刑事拘留2人，治安拘留111人，收容教育8人，罚款218人，警告41人。是年8月，县局成立“扫恶除霸”专业队，共查处车霸、市霸等12人，其中团伙1个4人。2001年5月，开展治暴缉枪和民用爆炸物品专项整治，共缴非法枪支93支、炸药180余公斤、雷管480枚、导火线570米。检查涉爆单位31个，发现隐患4起，督促整改13起，吊销营业许可证5起，责令停业整顿4起。7月，城区成立夜间巡逻队，加强夜间巡逻，入室盗窃、寻衅滋事等多发性案件明显减少。

2002年，县公安局开展南庄移民区治安专项整治行动，摧毁恶势力团伙4个，抓获犯罪嫌疑人25人，劳教9人，治安拘留12人，治安处罚6人；打击“六合彩”赌博，立案412件、涉案758人，依法刑拘64人、劳教6人、治安拘留263人；开展民用爆炸物品专项整治，查处涉爆涉枪案件8起，依法刑拘6人、治安拘留10人，共收缴非法枪支31支、子弹409发、炸药42公斤、氯化钠700公斤，依法处罚违法人员7人；开展“扫黄打丑”专项行动，查处卖淫嫖娼案件17起37人，查处赌博案件38起138人。2003年，受理治安案件923起，查处840起1585人，其中劳教14人、收容教育1人、治安拘留394人、警告处理115人。2004年5月，开展入户访查工作，入户访查10026户38150人，收集有价值线索93条，破获刑事案件7起，查处治安案件86起，抓获各类违法犯罪嫌疑人160人、逃犯4人。是年，全面推行警务区“关口前移”，抓好警民联系活动点工作，全县125个村建警民联系业务活动点157个，收集情报信息600余条，从中查破案件200余起，抓获违法犯罪嫌疑人420人。全年受理治安案件780起，查处719起，查处各类违法人员1394人。2005年，实施新型警务改革，实行城区警务资源大整合，推行农村公安派出所协管道路交通安全，深化城关派出所巡警“两警合一”警务改革，强化行业治安管理。全年共受理治安案件1168起，查处1101起，查处各类违法人员2193人，治安拘留148人，警告139人，其他处理187人。

1989—2005年，全县公安机关共受理治安案件11314件，查处10399件，查处率达92%。

第六节　户政管理

县公安局户政科负责户籍管理，各乡（镇）派出所设户籍室。1987年8月，开始第一代居民身份证颁发工作，至1990年年底，全县完成颁发任务。1991年，开始进行农村户口城市化管理试点工作，至1996年年底，全县村户口簿发放率达99.5%；每个村均建立常住人口登记制度，配备专、兼职户口协管员。1997年，开展小城镇户籍制度改革，共办理约3万人的小城镇户口。1998年5月，在全县范围内进行户口清理整顿，规范户口管理。同年10月，全县10个公安派出所建立人口信息微机管理系统，开始使用省公安厅统一制发的户口登记簿（册），同时废止手工签发的居民户口簿。1999年，实行公民身份证号码制度，居民身份证号由15位升为18位。2001年12月，根据《福建省人民政府批转省公安厅关于户籍管理制度改革意见的通知》精神，实行城乡户口登记管理一体化，统一登记为居民户口，彻底改变原有的农业户口、非农业户口二元制管理模式。取消户口迁移计划指标管理，以准入条件取代计划指标，放宽科技人才、购房建房人员、投资兴业人员的户口迁移条件。

2003年10月，实现全县人口信息系统联网。2004年9月，县公安局根据省公安厅《关于在全省公安派出所全面开展入户查访工作的意见》，把办理暂住户口登记和暂住证办理工作作为社区和责任民警入户访查工作的一项重要内容，纳入年终考评，提高民警对暂住人口的管控能力。当年纠正户籍登记差错782项，纠正公民身份证重、错号码86个，采集更新人口信息958项。2005年11月，开始正式启动换发第二代居民身份证工作。当年年底，全县有常住人口59163户218545人，其中男性116428人、女性102117人。

第七节　交通管理

1989—1995 年，县交警大队坚持每年开展“红五月”安全生产竞赛，部署春运道路交通安全专项管理等。在城区中心路段布设交通岗点，实行不定时的监管。1999 年 9 月起，贯彻实施县第十三届人大常委会第六次会议颁布的《中华人民共和国城区道路交通秩序管理（暂行）规定》。2000 年 10 月，首建暗桥二级路双排式交通隔离护栏 3 公里。2002 年 12 月，建成政和汽车站至南风楼 1 公里单排式交通护栏，完成交通标志线 220 多处和增设东门、西门、环岛、县政府门口、南门樟树下等 6 个岗点。2003 年 2 月设立镇前稠岭牛脊洋交警执勤分队。2004 年 5 月 1 日，贯彻实施《中华人民共和国道路交通安全法》，全县 80 个村聘用 83 个交通安全员，协助宣传督促村民交通行为。至 2005 年年底，共取缔客运柴三机 1097 辆，淘汰运客厢式农用车 95 台。

1989—2005 年，全县报牌机动车 18491 辆，发生道路交通事故 2762 起，受伤 2117 人，死亡 335 人，直接经济损失 284. 90 万元。

第八节　监所管理

1989 年以来，县看守所坚持依法管理、严格管理、科学管理、文明管理原则，严密看守犯人，加强对在押犯的政策、法律与形势宣传，密切配合公、检、法三部门开展预审、起诉、审判工作。同时抓好改善监所环境秩序和监管设施建设。

1999 年 1 月 18 日，政和县澄源乡一农民避开武警哨兵视线，以挖洞方法放走一名关押在县看守所的犯罪嫌疑人，于次日凌晨在松溪县旧县乡被抓获；2000 年 6 月，因连降大雨导致县看守所周围山体滑坡，将在押 90 多名犯人分别转移至松溪、浦城监所 3 个月，至 9 月迁回；2003 年，县看守所被公安部授予“三级看守所”称号。2003 年，动工新建占地面积 12000 平方米的看守所，2004 年 10 月竣工投入使用。2005 年 3 月 17 日，发生一在押犯罪嫌疑人在监室里溺水自杀身亡事件，县看守所及时总结教训，建立健全监所管理长效机制，落实整改措施，遏制事故的发生。

第九节　出入境管理

1989—1996 年，县出入境管理由县公安局政保科负责。1997 年底，设立出入境管理科，负责出入境管理工作。2000 年，正式开展公民组团赴日本、韩国、澳大利亚、新西兰等国的旅游观光护照办理工作。2003—2005 年，推出五项便民措施，实行按需申领护照，设立出入境接待场所和办证窗口。

1989—2005 年，共检查审批办理出境人员 2615 人次、入境人员 3019 人次。

第十节　公共信息网络监管

1989—2004 年，全县信息通信、公共信息网络安全监察业务由县公安局办公室兼管。2004 年 4 月，县公安局成立信息通信股、公共信息网络安全监察股，实行两块牌子、一套人马；同年 7 月，选送 2 名干警参加省公安厅网络安全监察培训，取得网络安全监察资格证书。2005 年，完成公安网络信息管理系统建设，实现网络电子化管理。

第十一节　“110”应急处置

1989—1995年，公安“110”应急处置的社会联动接处警工作，由县公安局办公室兼管。1996年起，成立“110”报警服务台，正式开通“110”应急处置社会联动接处警工作，全年共接受群众报警378次，盗窃事故报警86次，其他原因报警85次，其中交通事故报警193次，火灾事故报警14次。1997年，接受群众报警236次，其中交通事故报警113次，火灾事故报警12次，盗窃事故报警67次，其他报警44次。1998年，接受群众报警456次，其中交通事故报警128次，火灾事故报警16次，入室盗窃报警137次，其他事故报警179次。同年8月，“110”报警服务台与社会救助服务中心配合县委宣传部、团县委、妇联会、建委、财委、卫生、环保、工商、税务、邮电、民政、司法局等14个单位参加联动，共查处各类案件347起，调处各类纠纷149起，解救妇女儿童5人，为民办好事312件。1999—2001年，公安“110”报警服务台接受群众报警672次，其中交通事故报警202次，火灾事故报警18次，入室盗窃报警154次，打架斗殴报警35次，其他事故报警263次。2002年，“110”报警服务台改称政和县公安局“110”指挥中心，由公安局刑警大队兼管，与城乡37个网点联网联动。是年，全县接受群众报警396次，其中交通事故报警125次，火灾事故报警31次，盗窃打架斗殴等报警240次。2003—2004年，县公安局“110”指挥中心共接受群众报警732次，其中交通事故报警151次，火灾事故报警15次，打架斗殴报警102次，盗窃报警87次，其他事故报警477次。2005年，县公安局“110”指挥中收接受群众报警235次，其中交通事故报警119次，火灾事故报警34次，盗窃报警32次，其他事故报警40次。同年6月22日，石屯镇石屯村村民刘某某在家中被害，“110”指挥中心接到报警后，及时向局领导汇报，并出警配合刑警大队和石屯派出所干警，前往现场勘察、走访群众、摸排线索，经过两天的侦查，将犯罪嫌疑人谢某抓获归案。

第十二节　消　防

1989年，县消防大队共有官兵18人，消防战车2辆，各种现代化消防灭火器材20余件，全县10个乡（镇）均组建治安防火联防队，共有队员120人。城区各机关、学校、厂矿、企事业单位均配备常规灭火救援设备及部分特殊器材。2000年后，县消防大队根据公安部《城市消防站装备配备标准》《消防员防护装备配备标准》及“161”工程建设要求，加强城镇消防规划及公共消防基础设施建设，开展消防宣传进社区、进企业、进学校、进农村等消防宣传活动，举办企业单位法定代表人、消防安全管理员及消防设施操作维护人员参加的消防安全培训班。2005年，以“大排查、大整改、保安全”为目标，深入开展人员密集场所、易燃易爆单位、商场、市场、医院、学校、政府挂牌火灾隐患等消防安全专项治理，举办实地实战演练2次，开展春季、冬季防火战役，减少致灾因素。

1989—2005年，全县共发生火灾105起，因火灾重伤50人、死亡4人，直接经济损失335万元。消防大队共出警1100多人次，其中参与灭火战斗460人次、抢险救援650人次，为国家、集体和个人挽回经济损失500余万元。

第十三节　森林公安

1989年，县森林公安贯彻执行《中华人民共和国森林法》（以下简称《森林法》）和国务院《关于全国推进依法行政实施纲要的通知》和省林业厅、公安厅《福建省森林案件管辖范围及森林业刑事案件立案标准暂行规定》等有关法律、法规，坚持依法治林，开展严厉打击境内盗砍滥伐、无证运输木材等毁林犯罪的专项斗争。是年，受理森林刑事、治安、林政处罚三类案件167起179人（其中刑事案件10起15人、治安案件8起9人、林业行政案件149起155人），收缴木材203立方米，查补金费、林木变价款18万元，为国家、集体挽回经济损失125万元。

1991年，林业公安重视对《森林法》等林业法规的宣传工作，针对本县林区分布广、乡村偏僻、交通不便等情况，多次组织人员深入重点乡、镇，村开展《森林法》宣传、散发《森林法》宣传册800册、制作护林公约牌105个，放映《森林法》和森林防火电教片3部25场，召开逮捕大会2次，受教育群众达1.65万人（次）。同时，积极协助有关乡（镇）、村、场整顿护林联防组织，提高护林联防防范能力，做好林区治安工作，全县重建和整顿护林组织130个，充实护林人员2013人。同时，在森林案件多发地、林区治安情况复杂地和长年以木材为重要原料的生产加工企业，建立治安耳目36人，全年提供案件线索65条，查处各类案件142起，其中森林刑事案件8起、治安案件6起、林政案件128起。同时，开展打击木材流通领域的违法犯罪专项斗争和林区社会治安综合治理工作，当年共查处非法贩运木材车辆80部（次），查扣无证运输车辆20部（次），清理木材加工企业25家，捣毁无证加工场所15处，没收木材456立方米。1992年，共受理各类案件218起，其中刑事案件8起、治安案件3起、林政案件207起，没收木材469立方米，补收金费、林木变价款37万元，为国家、集体挽回经济损失达130万元。1993年，开展重拳打击各类毁林违法犯罪斗争。3月和10月，林业公安两次组织林委有关部门人员36人（次），深入镇前、东平、杨源、外屯、星溪等乡（镇）的30个村开展法制宣传。针对外屯乡溪头村乱砍滥伐严重现象，分局领导带领6名干警驻村半个月，现场查处45个乱砍滥伐户，处理违法人员51人，没收木材118立方米，补交林业金费及罚款18.50万元。

1994—1996年，县林业公安分局开展以“打现行、破积案、捣团伙、追逃犯”为重点和清理整顿乱收购，乱经营、乱加工、乱运输木材的“四乱”歪风，采取抓源头、查重点、分层次抓好林区治安综合治理工作。共受理各类案件762起，其中刑事案件62起、治安案件20起、林政案件680起，处理违法犯罪人员819人，查扣违法运输木材车辆1382辆次，清查整顿木材加工、收购场所212处，炸毁炭窑135个，没收木材1214立方米，补收林业金费和木材变价款295万元，没收保护动物穿山甲112只、蛇类87公斤、猴面鹰15只。同期查处森林失火案件8起，侦破7起，其中县良种场职工吴某某因乱丢烟头引起森林火灾，过火面积752亩，直接经济损失21.8万余元，为特大森林火灾案。1998—2001年，先后开展“重点整治林区治安”“百日治安整治”“冬季严打”等专项行动，先后查处铁山镇向前村狮子岩山场、汀源乡赤溪管村坑山场及石屯镇工农村老虎坑山场等盗伐和滥砍乱伐案件，对犯罪人员依法逮捕，追究刑事责任。2002年后，县林业公安分局根据国家林业局关于开展“南方二号”“南方三号”专项斗争的部署，共查处破坏野生动物案件5起，没收一般保护动物606只、“山麂”和“苏门羚”各1头、蛇类27斤，没收捕猎工具“铁匣子”451个。同时，查处森林刑事案件56起（其中森林火灾案件13起）、治安案件17起，共逮捕65人、拘留27人，查处林政案件434起，没收木材485立方米，收缴林业金费92.6万元，为国家、集体挽回经济损失498万元。

2003—2005年，在全县辖区内先后组织开展“百日会战”“绿剑行动”“春雷行动”“侦破森林火灾案件会战”“冬季攻势”“长剑一号”，“严厉打击破坏野生动物植物资源，保护绿色行动”等专项斗争8场（次）。3年共查处森林各类案件510起559人（其中刑事案件79起85人，治安案件47起51人，林政案件384起423人），逮捕79人，治安处罚67人。清理整顿木材加工点56处，收缴木材538立方米，查补林业金费107.10万元，为国家、集体挽回经济损失474万元。在“春雷行动”中共破获历年积案7起，并抓获市人大挂牌督办的一起团伙特大盗伐林木案犯。同时，捣毁一非法贩卖野生动物窝点，缴获省级规定保护的动物“黄麂”“果子狸”“蛇类”等9种53只（条）41.50斤。在开展“侦破森林火灾案件会战”中，顺利侦破并抓获东平镇西表村特大森林火灾（造成4人死亡）案的罪犯。

表 11－1

1989—2005 年森林公安办理案件情况表

年份	案件总数		其中						收缴木材	查补金费	挽回损失	收缴野生动物	
			刑事		治安		林政						
	起	人	起	人	起	人	起	人	立方米	万元	万元	只	公斤
1989	167	179	10	15	8	9	149	155	203	18	125	—	—
1990	171	198	3	3	4	6	164	189	239	19.50	126	11	8
1991	142	156	8	10	6	12	128	134	456	22.10	128	—	—
1992	218	240	8	11	3	4	207	225	469	37	130	7	5.50
1993	245	262	18	20	4	6	223	236	557	30.60	155	65	43.50
1994	291	299	26	28	7	9	258	262	579	130	203	—	—
1995	244	268	21	21	8	10	215	237	350	90	180	50	39
1996	227	239	15	17	5	6	207	216	285	75	150	62	48
1997	226	252	12	16	5	8	203	228	228	22.50	140	15	10.50
1998	288	304	17	20	11	12	250	272	363	33	190	5	4.50
1999	180	191	9	12	4	6	167	173	325	35	175	—	—
2000	156	173	24	26	2	2	130	145	197	42	166	60	75
2001	184	203	14	18	5	7	165	178	165	24.60	172	—	—
2002	167	175	18	21	10	12	139	142	123	26	160	—	—
2003	149	165	21	23	6	8	122	134	108	36.50	170	31	27
2004	213	228	31	32	20	20	162	176	175	31.50	150	12	8
2005	143	166	27	30	21	23	100	113	255	38.60	154	10	6.50

第三章　检　察

第一节　机　构

1989 年，县人民检察院内设刑事检察科、经济检察科、法纪检察科、林业检察科、监所检察科、控告申诉检察科、检察院办公室，在编工作人员 43 人。1990 年 2 月增设政治协理员办公室。1991 年 8 月，政治协理员办公室改为政工科。1992 年 7 月，经济检察科更名为反贪污贿赂局。1993 年，相继成立县检察院派驻税务局、供销社、财政局、农行 4 个县直单位和东平、石屯、铁山、星溪、外屯、镇前、澄源、杨源、熊山 9 个乡（镇）检察室。1994 年，增设民事行政检察科，撤销农行、财政局、供销社 3 个检察室。1996 年 12 月，增设批捕科。1997 年 5 月，刑事检察科更名为审查起诉科，增设法律政策研究室，撤销县税务局检察室。1998 年 4 月，增设县纪检会驻检察院纪检组；7 月，相继撤销全县 9 个乡（镇）检察室；11 月，首次开始评定检察官等级工作。2003 年 4 月，确定县检察院行政编制 48 名，机关工勤人员 5 名。同年，增设职务犯罪预防科、监察科、司法警察大队；原起诉科更名为公诉科，批捕科更名为侦查监督科，政工科更名为政治处，法纪检察科更名为渎职侵权检察科，撤销法律政策研究室。2004 年 10 月，恢复法律政策研究室，与办公室合署办公，实行“两块牌子，一套人马”。2005年年底，县检察院内设办公室、政治处、侦查监督科、公诉科、反贪污贿赂局、渎职侵权检察科、监所检察科、民事行政检察科、控告申诉检察科、职务犯罪预防科、林业检察科、经检组、监察科、司法检察大队，法律政策研究室等15个职能部门，在编人员53名，其中本科学历31人。

第二节 刑事检察

一、审查批捕

1989年，县检察院受理公安机关及本院自侦部门移送审查批捕案件共64件114人。经审查决定逮捕52件91人，不捕5件12人，公安撤案1件1人，退回公安补充侦查6件10人。其中盗窃35件73人，抢劫6件13人，伤害11件12人，强奸、重大责任事故、敲诈勒索、偷税漏税、容留引诱妇女卖淫各1件1人，破坏交通设备1件2人。当年，税务、供销、农行检察室受理案件22件，查处偷抗税31.05万元，追回税款6.50万元。

1990—1992年，开展重点打击团伙犯罪，特别是抢劫、盗窃等犯罪，共受理公安机关和本院自侦部门批捕226件315人，决定逮捕183件256人，不捕26件35人，退回公安机关补充侦查17件24人。1993—1997年，参与“严打整治”围歼“车匪路霸”“打黄扫非”“打拐”及“严打拉网统一行动”等专项斗争。共受理审查批捕各类刑事及自侦案件384件671人，决定逮捕326件578人，不捕38件63人，退回公安补充侦查20件30人。1998年，检察机关对故意杀人和伤害致人死亡及抢劫、强奸等重大恶性案件实行审查逮捕中提前介入，当年审查批捕55件74人，决定逮捕51件67人，不捕4件7人。当年，向证人、被害人发放《权利义务告知书》接受监督。

1999—2000年，共受理移送审查批捕案件169件240人，经审查决定逮捕148件203人，不捕21件36人。2001—2002年，参与“打黑除恶”和打击、取缔“六合彩”等专项整治活动，两年受理审查批捕案件139件191人，依法逮捕127件174人，不捕13件17人。2004—2005年受理审查批捕案件161件207人，决定批捕141件185人，不捕7件9人。参与处理突发事件16件次，提前介入案件初查20件次。

1989—2005年，县检察院共受理公安提请批捕案件1198件2012人，经审查批准逮捕1028件1554人，不捕80件129人，增捕58人，公安撤回3件3人，退回公安机关补充侦查37件54人；受理本院自侦部门提请逮捕案件142件186人，经审查决定逮捕136件172人，决定不捕6件14人。

二、审查公诉

1989年，县检察院受理公安机关及本院自侦部门移送起诉案件共59件94人，经审查提起公诉40件56人。1990年，受理公安机关移送起诉51件125人，经审查提起公诉39件75人，决定增捕5人、追诉3人、免予起诉2人。1992年，《中华人民共和国未成年人保护法》开始实施，县检察院专门成立办理未成年人犯罪案件的专案小组。至1994年共受理公安机关移送和本院自侦部门移送审查起诉案件213件242人，经审查依法提起公诉127件184人。1995年，受理公安机关移送审查起诉的杀人、抢劫、流氓、拐卖儿童等各类刑事案件72件130人，经审查依法提起公诉46件65人。受理本院自侦部门移送起诉20件24人，提起公诉8件8人，免予起诉12件16人。1996年，受理公安机关移送和本院自侦部门移送公诉案件131件175人，经审查提起公诉105件158人。上报市检察院起诉2件5人。

1997—1998年，受理公安机关和自侦部门移送审查起诉案件102件135人，经审查提起公诉83件108人，报市检察院起诉5件8人。同时，向公安机关发检察建议通知6人次。1999—2000年，参与“打黑除恶”专项斗争，受理公安机关和自侦部门移送审查起诉案件169件224人，经审查依法提起公诉137件183人。2001年，受理各类刑事案件68件91人，经审查提起公诉54件78人，报市检察院审查起诉4件5人，依法增诉2件3人，改变定性2件2人。同年，为督促公安机关做好退查案件补充侦查工作，县检察院专门制发《退查案件跟踪监督表》。2002—2003 年，保持“严打”高压态势，加强与公安、法院配合，重点打击故意杀人、抢劫、盗窃等严重暴力犯罪和多发性犯罪。两年受理各类刑事犯罪审查移送起诉案件 149 件 199 人，经审查提起公诉 116 件 159 人，报市检察院审查起诉 6 件 10 人，增诉 2 件 2 人，追诉漏罪 1 件 2 人。2005 年，县检察院针对故意伤害案件多发特点，对犯罪嫌疑人主动认罪且与被害人取得调解后，以简易程序提起公诉。全年共受理公安机关和自侦部门移送审查起诉案件 98 件 121 人，经审查提起公诉 82 件 104 人，不起诉 4 件 4 人，退回公安补充侦查 4 件 5 人，追诉漏犯 1 人，追罪 3 件 3 人，向公安机关发送检察建议书 2 份。

1989—2005 年，县检察院共受理公安机关移送审查起诉各类刑事案件 1151 件 2487 人；受理自侦部门移送审查起诉案件 197 件 219 人，经审查提起公诉 847 件 1193 人，免予起诉、不起诉 131 件 236 人。

三、侦查、立案监督

1989—1990 年，县检察院共受理公安机关和自侦部门移送提请批捕案件 182 件 206 人，经侦查不捕 12 件 18 人、追捕 5 件 6 人，退回公安机关补充侦查 7 件 15 人。1992—1993 年，在审查公安机关报捕案件中，变更定罪 1 件 2 人，不捕 3 件 3 人，追捕 1 人，配合公安机关补充侦查 31 件 52 人，向公安机关等单位提出检察建议 6 次。对 1991—1992 年免诉的 16 件案件进行复查，均符合免诉条件。1994 年，提前介入审查案件 35 件 70 人，全年批捕各类犯罪嫌疑人共 102 人，经审查不捕 9 人、直接增捕 18 人。1995—1997 年，对严重刑事案件进行深入调查，监督立案 6 件 7 人，直接立案 1 件 1 人，不捕 25 人，退回公安补充侦查 13 件 19 人，依法增捕 15 人，增诉 11 人，追加罪名 5 人，发出说明不立案理由通知 3 份。

2000—2001 年，县检察院以防止错捕错诉、漏捕漏诉和纠正超期羁押为重点，强化侦查监督，共增捕 16 人、不捕 38 人、增诉 7 人。公安机关接受立案 35 件，逮捕 27 人，发出检察建议 30 份、纠正违法通知书 25 份。2003 年，在审查公安机关报捕案件中，决定不捕 5 件 7 人，督促公安侦查刑事犯罪案件 20 件，向公安机关发出纠正违法通知书和检察建议共 24 份。2004 年办理立案监督案件 18 件，提出侦查建议 20 条和纠正违法通知书 3 份及检察建议 6 份，向公安机关发出说明不立案理由通知书 16 份。2005 年，把立案监督和侦查监督做为工作重点，参与公安机关重大案件讨论，依法引导侦查取证，提前介入侦查案件 12 件，提出侦查建议 24 条。在审查公安机关移送案件中不捕 4 件 4 人，追诉漏犯 1 人，向公安机关发出说明不立案理由通知书 14 份、检察建议 6 份，纠正违法通知书 3 份，口头纠正轻微违法行为 8 件次。

1989—2005 年，经审查不批捕案件 80 件 172 人，追捕 78 人，立案监督案件 59 件，增诉 13 人，向公安机关发出说明不立案理由通知书 87 份，纠正违法行为通知书 49 份，检察建议 51 份。

四、审判监督

1989—1991 年，县检察院开展审判监督，对确有错误的一审判决 3 件 4 人，依法提出抗诉，二审法院均依法予以改判。1992 年，县人民法院在开庭审理一被告人故意伤害案中，公诉人发现辩护律师用地方方言提问被告人，且又无翻译人员，公诉人及时向法庭提出纠正意见，法庭当即予以纠正。1993 年，依法提出抗诉案件 1 件 1 人，一被告人犯有抢劫、盗窃罪，一审法院仅判盗窃罪，经抗诉二审法院判决追加该被告人抢劫罪。1995 年，依法提出抗诉 2 件 2 人，其中一被告人于 1994 年犯盗窃罪，免诉释放后仅 2 个月又犯故意伤害致人重伤罪，一审法院仅判该被告人有期徒刑三年缓刑四年，县检察院以对该被告人不能运用缓刑而提出抗诉后，法院依法改判实刑。1996 年，县检察院对一被告人故意伤害一案的一审判缓刑，认为量刑不当，依法提起抗诉，法院及时采纳纠正。1998 年，县检察院对 3 被告人抢劫案降格判缓刑，并处罚金提起抗诉，二审法院依法判处 3 罪犯有期徒刑撤销罚金。1999 年，县检察院依法对一审刑事判决提出抗诉 2 件 3 人，其中一被告人犯职务侵占罪，一审作出无罪判决，二审法院依法对该被告人作出有罪判决。2000—2005 年，提出抗诉案件共 6 件 11 人，二审法院均依法予以改判。

1989—2005年，县检察院依法进行审判监督，对确有错误的一审判决提出抗诉案件共16件26人。

第三节 反贪污贿赂与预防犯罪

一、反贪污贿赂

1989年，县检察院受理各类经济案件共30件43人，其中立案侦查21件31人、行受贿13件20人、挪用公款2件3人、非法所得和敲诈勒索各1件1人。在被查处的经济犯罪案件中，涉及党员干部10人、科级领导干部2人，共追回赃款24.30万元，挽回经济损失32.10万元。同年7月15日，根据最高人民法院、最高人民检察院《关于贪污受贿投机倒把等犯罪分子必须在限期内自首、坦白的通告》精神，召开全县惩腐斗争动员大会。会后共有12人主动坦白交待余罪、漏罪，有4名罪犯投案自首。是年9月16日，在全县千名干部参加的宽严政策兑现会上，依法对3起大要案的案犯，因有立功表现，给予从宽惩处。1990年，受理各类经济案件32件40人，立案侦查27件34人，查处犯罪金额46.80万元，追缴赃款29万元。在立案侦查的经济案件中贪污贿赂案件22件26人，其中，10万元以上特大案件2件2人。期间，先后查获原水泥厂、石屯镇王山口信用社、县医药公司三个单位的3个公职人员贪污受贿、监守自盗案件，从中牵出14件25人的贪污、贿赂案件，犯罪金额达32万元。1991年，坚持以"两反"工作为重点，先后破获农行系统3起贪污、挪用公款案和查处东平林业站、县石油公司、县百货公司等单位的贪污、挪用资金的群案、窜案9件14人，犯罪总额12万元。当年，共立案侦查30件41人，犯罪金额54万元，追回赃款30万元，挽回经济损失80万元。1992年，受理各类经济案共25件30人，立案侦查25件31人，共查处犯罪总额23万元，追缴赃款15万余元，挽回经济损失30多万元。1994—1996年，共立案侦查各类经济犯罪案件45件52人，犯罪总额达85万元，其中贪污12件14人、贿赂13件14人、挪用公款11件13人、偷税9件11人，追回赃款65万元，为国家和集体挽回经济损失达461万元。

1997—2000年，按照上级部署，加大查办贪污贿赂案件力度，先后查处县永盛水产食品有限公司抽逃资金200余万元等案。四年间立案查办各类经济犯罪案件37件41人，其中贪污8件10人、受行贿12件13人、挪用公款13件13人、抗税4件5人，查处犯罪金额180万元，追缴赃款114万元，挽回经济损失390万元。2001年，注重抓好职务犯罪预防工作。全年共收到举报线索20件，立案侦查5件5人，其中受贿案2件2人、贪污案3件3人（科级干部2件2人），移送审查起诉3件3人，查处犯罪金额15万元，追缴赃款6.68万元，挽回经济损失60万元。2002年，受理贪污、贿赂职务犯罪线索30件，追缴赃款及违纪款44.10万余元，挽回经济损失100余万元。2003年，把工作重点放在人民群众反映强烈的三类重点案件，查办以权谋私、损害群众利益的贪污受贿案，查办在国有企业贪污、挪用、私分国有资产案，查处拉拢腐蚀国家工作人员的行贿案。共立案侦查6件10人，查处医药卫生系统贪污、行贿、受贿5件9人，先后从福州、浙江杭州抓获犯罪嫌疑人2人，追缴赃款45万元，挽回经济损失200余万元。2004年，受理举报线索20件22人，立案5件6人。当年立案侦查的华厦水泥股份有限责任公司财务科人员涉嫌挪用公款案，立案案值为57.04万元，结案认定为84.54万元，属查办挪用公款犯罪案件以来案值最大的个案。2005年，县检察院受南平市院指定，重点查办南平市医院涉嫌间接受贿案，涉案金额达690万元；邵武市检察院原一干警受贿案及国有企事业单位内的贪污受贿、挪用公款和私分国有资产案件，立案侦查6件6人，其中贿赂案件5件5人、贪污案1件1人，查处犯罪金额730余万元，追缴赃款128.60万余元，挽回经济损失200余万元。

1989—2005年，县检察院受理各类经济案件共230件300人。其中，贪污61件84人、行贿受贿91件104人、挪用公款45件54人、涉税及其他案件33件48人。批捕172件212人，移送起诉68件78人，其中追诉25件25人。免予起诉、不起诉43件53人，为国家、集体挽回经济损失503.10万元。

二、预防犯罪

1989—2002年，职务犯罪案件均由反贪局办理。2003年4月，县检察院成立职务犯罪预防科。当年，查办县粮食局干部受贿案、县医药公司工作人员贪污案等各类职务犯罪案件7件11人，向有关单位发出检察建议书24份，先后与税务、农行、教育、水轮机厂等23个重点部门单位建立预防职务犯罪工作联系机制，组织开展预防职务犯罪宣传，深入重点部门单位和东平监狱上法制课，进行警示教育。全年宣讲法律课19场次，受教育人数2500人次。2004年初，成立预防职务犯罪领导小组，在上年与23个重点行业建立预防联系机制的基础上，把预防工作延伸到全县10个乡（镇），形成全县性的预防联系网络，指派干警分别至联系单位上法制课8场，举办警示教育图片展4场，受教育干部2700人次。2005年，开展个案预防2件，专项预防、系统预防各1件，针对有关单位存在的漏洞和问题，发出检察建议7份，开展警示教育展览14次。春节期间，通过移动通讯的短信方式对全县800多名领导干部进行廉政提示。

第四节　民事行政检察

1989—1993年5月前，民事行政案件，均在检察院起诉科办理。1994年6月，县检察院成立民事行政检察科。1995年，民事行政检察工作突出抓办案，向对已发生法律效力又确有错误的一审和再审民事行政判决及裁定提出抗诉和建议。全年受理民事抗诉案件6件，立案侦查4件。1996年，受理案件7件，立案审结4件，其中上报市院审查2件。1997—1998年，审查案件实行受案制度、告知制度和立案、审查、结论三公开。两年受理民事、行政抗诉案件7件，申诉案件11件，立案侦查7件，经法院再审改判3件。县日用化妆品厂与姜某的商标包装承揽合同纠纷一案，经调查取证，证实二审法院判决存在事实错误，上报省检察院，通过省检察院向省高级人民法院提出抗诉，于1997年4月再审，予以改判，为当事人挽回经济损失。1999年，审查民事申诉案件8件，立案5件，省、市检察院抗诉3件，法院再审改判4件。2000—2002年，受理各类民事行政申诉案件23件，立案审查13件，提请抗诉5件，建议提请抗诉5件，抗诉再审5件，维护3件。是年，在审查张某申诉案时，发现相关部门在办理土地使用权纠纷申请的过程中存在违反行政执行程序，县检察院及时发出检察建议，国土部门及时进行整改。2003—2004年，把监督服务窗口前移，对全县8个行政执法单位两年间所办理的1097件案件进行检查，提出纠正意见110条，建议22项，当场指导纠正106条。两年受理民事行政申诉案件18件、审查立案17件，其中提请抗诉2件、发出检察建议15件。2005年，受理各类民事行政申诉案件11件，审查立案8件，其中提请抗诉2件、发出检察建议6件，协助反贪、监所、公安等部门查办案件3件。是年在组织开展对税务、环保、药监3个行政执法单位检察监督中，发现税务部门未及时向公安机关移送涉税案件2件，经发出检察建议后，税务部门采纳并将案件移送公安机关。

1994—2005年，县检察院共受理各类民事行政申诉案件91件，审查立案58件，提请或建议抗诉25件，经南平市中级法院再审改判16件，服判息诉11件，发出检察建议21份，采纳率为100%。

第五节　林业检察

1989—1991年，县检察院林业检察科配合县林业公安、县法院林业法庭、县林委、县司法局等有关部门深入基层开展《森林法》等法制宣传，在全县范围内开展“打击木材流通领域犯罪”专项斗争，依法取缔非法木材加工点12个，限期整顿14个。3年间受理林业公安移送审查批捕毁林案件28件32人，经审查批捕19件24人，移送起诉18件21人，免予起诉、不起诉3人。在开展林区综合治理期间，石屯检察室查处各类毁林事件56件。1992年，林业检察科配合有关部门驻扎镇前木材检查站，开展为期5个月的打击木材流通领域违法犯罪专项斗争。1993年，与林业部门建立挂钩服务，跟踪采伐，管好源头，预防各种毁林犯罪发生。全年共批捕、起诉盗伐、滥伐林木和失火犯罪案件10件

14人，提前介入侦查预审25人次，提出检察建议5件次。1994年，加强执法监督，针对公安侦查后未立案而群众反映强烈的毁林案件，组织各有关部门，深入侦查取证，并发出书面建议，促使林业公安立案侦查将犯罪嫌疑人逮捕归案。1995年，配合法纪科、反贪局对外屯乡林业站站长玩忽职守立案侦查，追回赃款4.86万元。1997—1999年，共受理公安移送提请批捕案件12件17人，经审查起诉10件12人，协助公安侦查20人次。2000—2004年，县检察院在“严打”和“保卫绿色行动”专项斗争中，重点对破坏生态公益林的违法犯罪行为加大打击力度，共受理审查批捕案件11件16人，经审查起诉10件13人。2005年，建立主诉检察官办案责任制。

1989—2005年，县检察院共受理林业公安提请批捕和移送审查起诉的林业刑事案件201件289人，经审查批捕164件183人，追诉4人，决定免诉、不起诉36件75人。

第六节　法纪检察

1989年，县检察院重点抓好侵犯公民人身权利、玩忽职守及重大责任事故三类案件的查处工作，全年共查办22件25人，追回赃款9200元。1990—1991年，重点查处侵权、渎职案件，两年受理立案37件42人，直接处理28件31人，移送起诉4件，转有关单位处理5件。1992—1996年，突出查办刑讯逼供、非法拘禁和徇私舞弊、玩忽职守及重大责任事故等五类案件，五年间，共受理各类法纪案件22件35人。1997—1999年，共受理各类案件82件85人，立案侦查15件20人、逮捕3件3人，追回税款90.18万元，配合反贪局查处挪用公款案件9件10人，追回赃款33万元。2000年，围绕“立检为公、执法为民”的执法宗旨，查办国家机关工作人员利用职权侵犯人权犯罪、司法腐败犯罪、渎职犯罪等案件。首次立案查办县法院一审判员枉法裁判案1件1人；县公安一干警失职致使人员脱逃案1件1人；某公职人员滥用职权案1件1人。2001—2005年，共受理初查案件26件28人，立案侦查12件18人，其中渎职侵权案5件9人、受贿案1件1人。妥善处理告急信访8件，协助市检察院办案2件，追回赃款22万元，挽回经济损失45万元。

1989—2005年，县检察院共受理各类法纪案件190件216人，立案34件54人。其中移送起诉21件36人，免予起诉、不起诉8件12人。在查办案件中，对尚未构成犯罪的违法行为，会同有关部门查清事实，移送主管部门处理或采取教育、调解、赔礼道歉、赔偿损失等方法妥善处理的案件141件150人。

第七节　监所检察

1989年，监所检察科共受理劳改犯人重新犯罪案件15件16人，移送法院作有罪判决9件10人，协助监管单位安全检查18次，配合县司法局开展法制宣传教育及专题讲座14场（次），受教育4630人次。1990年，驻所检察开展狱中“严打”斗争月的法制宣传，动员在押犯人积极靠拢政府，坦白交待本人余罪，检举揭发他人犯罪线索，争取立功赎罪的活动。在押犯人检举他人犯罪线索7件7人，揭发出一起外省的特大抢劫案件线索，使悬案3年的案件得以侦破。1991年，受理在押犯控告申诉案件11件16人，查办8件13人，转公安查办3件3人。纠正违法关押2件2人，纠正超羁押期限27件66人，纠正法院判决裁定不当2件2人，纠正劳改场所在押犯不符合减刑条件20人。当年起诉劳改犯人重新犯罪案件9件11人，受理管教干部对犯人虐待和刑讯逼供案件2件2人。1992年，纠正超期羁押31件42人，纠正违法收审3件3人，纠正未及时交付服刑9件7人，纠正保外就医逾期收监3人。及时发现并查清在押故意杀人犯畏罪自杀的死亡事故。开展严厉打击“牢头狱霸”活动，查办案件14件15人，免诉1件1人。当年8月，检察长亲自督查及时办结东平劳改农场犯人陈某故意伤害犯人付某致死案。1993年，查处监管干警为人犯传递信件，向其亲属索取钱物等违法案件2件4人。1994年，受理监狱移送审查起诉8件11人，受理狱内犯人又犯罪案11件11人，纠正超期羁押、无证关押、违法释放和减刑及未及时投劳等43件61人。对监管改造场所进行安全稽查，找犯人谈话52人次，并查处魏某等4名犯人企图逃跑的案件。1995年，受理狱内犯人又犯罪7件10人，开展各种检查110次，查出违禁品7件，消除安全隐患4起，防止脱逃、自杀、自残事故4起，查处监管干警和武警违法案件3件3人。全年开展法制教育24场，受教育1300人，找犯人谈话56人次。1997年立案办理监管干警接受贿赂大案2件2人，政和监狱原五中队一公职人员因拒不交代犯罪事实，被依法逮捕并移送起诉。1998—2000年，纠正监管场所各种违法案件130件次，找犯人谈话210人次，转化抗改人员190人，受理狱内又犯罪案4件5人，上法制课35场、受教育人数达1540人次。进行场、所安全防范检查720次。2001—2002年，驻所检察室依法监督超期限羁押被告人10件11人，纠正各种违法案件36件次，找抗改人员谈话106次111人，上法制课19场、受教育1200人次，受理狱内又犯罪3件3人。2004—2005年，依照最高人民检察院、公安部、司法部《关于开展减刑、假释、保外就医专项检查活动的通知》及省院的实施方案精神，组织专人对县看守所2002年后的减刑、假释、保外就医人员进行跟踪检察监督7次，提出检察建议15条、口头建议36次，纠正各种违法违纪行为17次。受理狱内又犯罪6件6人。

1989—2005年，县检察院驻所检察室，共受理劳改又犯罪案件91件106人；纠正超期羁押、无证关押、违法释放、减刑不当和未及时投劳等各种违法案件455件719人，监管人员违法违纪和刑罚执行违法案件26件33人。

第八节　控告申诉检察

1989年，县检察院加强举报、申诉案件的复查和文明接待工作，全年共受理举报、控申信件246件。其中有关贪污61件，受贿54件，挪用公款25件，偷税漏税15件，其他经济问题91件。通过查证，立案侦查21件31人，依法逮捕23人，移送起诉8件11人，免诉7件12人，追回各项赃款24万元，挽回经济损失32万元。

1990—1992年，受理举报、信访819件，查出贪污贿赂案件5件5人。1993年，受理各类控告申诉、举报409件。控申、举报中反映贪污贿赂等经济线索56件，“侵权”犯罪23件，申诉6件。受理群众举报，揭发某乡（镇）计生办公职人员等11人贪污超生子女罚款案件，追回贪污及挪用款24251元。1994—1996年，受理各类控告、申诉和举报674件，立案侦结贪污、挪用公款2件2人。1997—1998年，加强举报、申诉案件的复查和重点查处经济案件，受理各类来信416件，接待群众来访253人次，提供经济犯罪线索88件，查出经济案件12件12人；开展检察长接待日68次，检察长批办信件41件。

1999—2002年，受理各类来信来访438件（次），受理群众举报107件。开展检察长接待日86场次，检察长批阅群众举报信件30件；妥善解决告急信访件15件，受理申请刑事赔偿案件4件7人，刑事申诉1件1人；开展举报宣传，预防职务犯罪宣传48次。2003—2004年，控申科实行控告申诉首办责任制，改进检察长接待日工作，变群众上访为领导下访；两年共受理信访件216件，接待群众来访102人次，有124件一次性解决；开展法制宣传8次，妥善解决告急信访12次。2005年，强化诉讼监督职能，认真处理涉法上访；全年受理群众举报线索16件，接受来信32件，接待来访166人次；深入乡（镇）、村开展法制宣传和检察长接待21场次，为群众现场解答林权落实和不服行政处罚及农业污染等问题33项。

1989—2005年，县检察院控申科受理群众来信来访共3894件次。其中，重点处理群众告急信访228件，办理刑事、经济、违纪案件1235件，办理不服免诉的申诉案件16件，协助高院控申科查处复查不服免诉的申诉案件1件，承办重大贪污案件1件1人。

第九节 司法警察

1989年至2002年3月，司法警察工作，由检察院办公室管理。2003年4月，设立县检察院司法警察大队，至2005年，司法警察共执行传唤42次，执行拘传18人次，执行参与搜查18人次，协助执行扣押、查封、冻结款物20次，协助执行强制措施20人次，押送犯罪嫌疑人36人次，执行看管18人次，参与追逃2人次，捕获逃犯2人，送达法律文书56次，执行警卫1次。

第十节 纪检监察

1989年4月，设立县纪委驻县检察院纪检组。1999年，查处群众举报检察人员违法违纪问题1件，受理上级检察院交办的检察人员违法违纪案件2件2人，立案侦查2件2人。2003年4月，县检察院设立监察科，受理社会各界群众对检察人员利用职权违法办案、越权办案、刑讯逼供、吃请受贿等违法违纪行为的举报和控告，并配合纪检部门进行查处。全年受理干警违法违纪案件3件3人，立案调查2件2人，行政降级处分1件1人。2004—2005年，规范干警的纪律和管理，开展警示教育学习活动，预防违法违纪事件发生。

1989—2005年，共受理干警违法违纪案件5件5人，立案侦查4件4人，受到党纪、政纪双重处理的干警1件1人，受到政纪处理的干警3件3人。

第四章 审 判

第一节 机 构

1989年，县法院内设办公室、研究室、民事审判庭、刑事审判第一庭、刑事审判第二庭、经济审判庭、林业审判庭、行政审判庭、告诉申诉庭、执行庭、房地产庭、政工科、纪检室等13个庭室，下辖石屯、熊山、铁山、东平、镇前、澄源、杨源7个人民法庭，全院共有工作人员52人。1997年，铁山人民法庭撤销，原铁山法庭辖区内的各类纠纷案件，划归熊山法庭审理。1998年，东平、石屯、澄源、杨源人民法庭相继撤销，保留镇前和熊山（城区）人民法庭。2000年，城区人民法庭撤销，全县仅保留镇前人民法庭，负责外屯、镇前、澄源、杨源4个乡（镇）的各类民商事纠纷案件的审理。同年设立少年审判庭，与刑事审判庭合署办公，实行“一套人马，两块牌子”；是年7月，成立县委派驻县法院纪检组。2001年5月，告诉申诉庭改为审判监督庭。2002年1月，执行庭更称执行局，12月经济审判庭改为民事审判第二庭。2003年4月，成立司法警察大队。至2005年底，法院内设办公室（司法行政装备管理科）、政治处、纪检组、监察室、研究室、立案庭、刑事审判庭（少年审判庭）、民事审判第一庭、民事审判第二庭、行政审判庭、审判监督庭、林业审判庭、执行局（执行庭）、司法警察大队、镇前人民法庭等15个机构，共有法官59人、职工8人。

第二节 刑事审判

1989年，县法院共审结各类刑事案件67件82人，除自诉案件实行调解结案外，实判刑48件61人，其中盗窃26件33人。1990年夏，集中力量开展“严打”专项斗争，是年9月依法从重从快判处张某等人为首的14名盗窃团伙和在浦赛、建松、政庆三条公路上爬车盗窃的26名罪犯。1990—1993

年，审结抢劫案件157件243人，其中3人以上的团伙抢劫案14件53人。1994年，判处抢劫团伙、入室盗窃、欺行霸市、故意伤害等大要案45件77人。配合有关部门整治农村社会治安，开展打击车匪路霸和地痞流氓活动。从重从快审结西表村陈某欺行霸市案。1995年起，依法从重打击城区流氓团伙李某等严重危害社会治安案，分别依法判处有期徒刑。至1998年底，全院共审结各类刑事案件203件303人。1999年，受理各类刑事案件75件103人，审结75件103人，审结率为100%。

2000年，坚持“严打”方针，审结各类刑事犯罪案件81件108人，挽回经济损失20余万元。2001年采取“定时间、定人员、定任务、定质量、定责任”的办法，促进“严打”整治专项斗争扎实开展。全年受理各类案件75件106人，审结72件102人。2002—2004年，全面推行刑事案件实行普通程序简化审的审判方式改革，3年共审结抢劫、故意伤害、盗窃、交通肇事、盗滥伐林木、贪污受贿、赌博、强奸妇女等各类刑事犯罪案件238件334人，单处和并处罚金12万元，追缴非法所得61万元，挽回经济损失316万元。2005年，注重抓好当庭裁判率和案件审限率，严把案件质量关，全年审结各类刑事犯罪案件共82件134人。

1989—2005年，县法院共审结各类刑事犯罪案件1020件1486人。其中判处10年以上有期徒刑61人，判处3年以上10年以下有期徒刑237人，判处6个月以上3年以下有期徒刑759人（含缓刑），其他处罚429人。

第三节 民事审判

1989年，县法院对民事案件办理采取先开庭进行庭审调查和辩论，在查清事实，辨明是非后，进行裁判或调解，改变以往先调后审或久调不成后才开庭审理的方式。当年审结各类民事案件538件，其中达成调解协议或原告自动撤诉483件，占结案总数86%；经判决的55件，有30件双方当事人均服判不上诉，15件一方当事人上诉，中院二审维持原判。1990年，为方便群众诉讼，民事审判人员携带案卷深入基层巡回就地办案，就地开庭审理和就地组织调解结案，减少群众负担。全年审结各类民事案件346件，其中就地调解283件、诉讼标的291万元。

1991—1992年，本着“大胆受理、慎重审判”的原则，依法审结县首例名誉侵权、冒领公款等2件新型民商事纠纷案件。两年共审结各类民事案件523件，其中判决73件、调解结案450件。1993年，根据省、市法院要求，全面推行“直接开庭”的审判方式改革，增强当事人的举证责任意识，改变过去庭审前审判人员要作大量调查取证的做法，提高审判工作效率。当年审结各类民事案件245件，占全年结案数40%。1994年，审结东平一起劣质水稻种子纠纷和季节性强、群众反映大的一批民事纠纷案。至1997年底，共审结各类民事案件1278件。1998年审理劳动争议和社会保险等各类民事案件297件。2000—2001年，审理继承、债务、房地产纠纷、婚姻家庭纠纷、涉农事件、劳动报酬、社会保险、劳动合同等民事案件804件。2004—2005年，审结各类民事案件809件，其中实行调解（撤诉）结案635件，调解率达78.5%。

1989—2005年，县法院共审理继承财产、房地产债务、婚姻家庭、林地林木、承包经营、劳动报酬、劳动保险、劳动合同、名誉侵权等各类民事纠纷案件4890件，其中判决结案1572件，调解或原告自动撤诉结案3318件，调解或撤诉率为67.53%。

第四节 经济审判

1989—1990年，县法院针对一些案件审理后执行难的特点，坚持审执结合，采取诉讼保全和先行给付的办法，依法及时果断地作出查封、扣押、冻结等诉讼保全裁定，取得“案了事了”的主动权和效果。两年审结经济纠纷案件174件，除原告自愿撤诉40件外，其余全部得到执行，为企业单位和个人追回欠款126万元。1991年，简化督促程序，审判人员走出院门，深入企业单位，摸清债权债务情况，主动受理有管辖权的各类经济纠纷案件，并提供法律服务。至1992年，两年共审结各种经济纠纷案件824件，为集体和个人追回欠款1040万元。1993年，审结各类经济纠纷案件215件，当年，经济审判人员组成4个办案组，分赴浙江、山东、江苏、河南等地为本县有关企业单位追回欠款33.96万元。是年，依法办结首例集体企业县针织厂破产案。1994—1995年，县法院狠抓“老大难”经济纠纷案件的审理。先后依法审结原告许某诉福建创业股份有限公司柳杉购销合同纠纷案（货款标的额84万元）和石屯镇西津村铺前自然村38户村民诉村民小组和第三人阙某梨园承包合同纠纷案件。两年审结各类经济纠纷案件586件，诉讼标的额达7150万元，为企业单位和个人追回欠款1370万元。1996—1998年，以农业银行和工商银行清理贷款为重点，组织力量，深入澄源、杨源、镇前、石屯、东平、铁山等乡（镇），走村串户做欠贷户思想工作，对个别钉子户采取强制措施。三年共审结各类经济合同纠纷案件765件，其中借贷合同案件576件，追回欠款984万元。1999—2001年，审结涉及国企改革、金融纠纷、农村承包、农村合作基金会等各类经济纠纷案件计617件，追回欠款783万元，诉讼标的总额2840万元。其中农村合作基金会案件82件，盘活资金570万元。2002年审结各类经济纠纷案件230件，诉讼标的总额2080万元，其中为金融部门清收债权标的额900万元，为企业及其他债仅人追回欠款1180万元。2003年始，采取繁简分流办法审理经济案件，实行普通程序案件简化审的方式，缩短庭审时间，提高工作效率。全年审结各类经济案件346件。其中适用简化程序审理案件277件，占75.1%，平均审限35天，比普通审限减少25天，为企业及个人追回欠款510万元。2004—2005年，加强“三农”（涉农、坑农、害农）案件的审理，坚持有利社会稳定、有利发展生产、有利依法平等保护当事人合法权益原则，配合金融部门认真办理借款合同纠纷案件和金融贷款案件。两年审结涉及“三农”案件174件，为农民挽回经济损失546万元；审结借款合同纠纷案件和金融贷款案件140件，依法收回借（贷）款700万元。

1989—2005年，县法院共审结各类经济纠纷案件3931件，为企业单位和债权人追回欠款65469万元，其中为金融部门追回贷款2432万元。

第五节　林业审判

1989—1992年，县法院林业庭共审结各类林业案件201件，其中林业刑事案件21件26人、林业民事纠纷案件172件，协助林政部门调处山林权属纠纷案件8件。先后派员到浙江、江西等省市，为林业部门追回拖欠木材款48万元。1993年，招聘林业系统干部、职工27名为兼职林业司法联络员，组织参加市、县院法律法规学习和业务培训及林业案件庭审观摩，参与林业“严打”专项斗争和林区的“综合治理”工作。当年，县法院审结各类林业纠纷案件76件，其中林业刑事案件6件9人，民事、经济纠纷案件70件，协助林业部门追回欠款6万元，挽回经济损失12万元。1994年，开展打击毁林犯罪夏季战役，年审结各类林业纠纷案件52件，林业刑事案件15件23人，其中盗伐林木案件5件8人、滥伐林木案件10件15人，没收木材720立方米，追缴非法所得2.31万元，为国家挽回经济损失18万元。1995年，审结各类林业案件108件，其中刑事案件9件14人、民事纠纷79件、经济纠纷20件，为林业企业单位追回木材款14.52万元，挽回经济损失17万元。为林业庭建庭后审结案件最多的一年。1996年，审结外屯乡鸡心坑山场被盗伐林木336.80立方米，滥伐林木625.80立方米的大案，分别依法判处三名罪犯有期徒刑11年、8年和5年6个月的重刑，并没收非法所得款4.80万元，当年审结各类林业案件73件。其中刑事案件18件25人，民事、经济案件58件，协助林业企业单位收回资金18万元，挽回经济损失21万元。1997—2000年，贯彻“严打”方针，加大案件审判力度，四年审结各类林业案件252件。其中刑事案件23件29人，民事、经济案件224件，协助林业部门追回欠款23万元，挽回经济损失37万元。2001—2003年，深入企业和村区就地办案，协助开展林业清欠工作。同时以案释法，宣传林业法律法规和林业管理政策。三年审结各类林业案件148件，其中林业刑事案件25件31人、民事案件98件、经济纠纷案件25件，协助林业企业单位收回资金51万元，挽回经济损失63万元。2004—2005年，各种林业经济利益冲突加剧，两年审结各类林业案件92件，其中依法判决刑事犯罪案件24件33人，审结纠纷案件68件，协助林业部门追回欠款8.5万元，挽回经济损失13万元。

1989—2005年，县法院审结各类林业案件1247件，其中林业民事、经济纠纷案件1106件，林业刑事犯罪案件141件170人。依法判处10年以上有期徒刑1人，判处3年以上10年以下有期徒刑28人，判处6个月以上3年以下有期徒刑118人，判处有期徒刑缓刑23人，协助林业企业追回木材拖欠款238.3万元，为国家、集体挽回经济损失181万元。

第六节　行政审判

1989年3月，行政审判庭受理首例行政诉讼案件，开庭审理原告陈某某不服被告石屯乡政府土地行政处罚案，并依法作出判决。1993年，受理城关肖某不服被告湖南省湘潭市公安局作出强制收容审查的处罚决定案。立案后，因被告未能提供有关规范性文件等证据材料，法院根据《中华人民共和国行政诉讼法》的有关规定，依法判决撤销被告对原告作出收容审查决定。1994年5月，县法院首次召开有审计、公安、环保、卫生、工商、土地等43家行政执法单位负责人参加的行政执法专题座谈会，对行政执法工作进行研讨。1996年，审结各类案件96件，其中行政诉讼案4件、非诉行政申请执行案88件、民事纠纷案4件，为建庭后审结行政案件最多一年，审结率和执行率均达100%。1998年，协助卫生、矿管、税务、土地等部门依法行政，受理、审结非诉行政执行案件63件。2001—2004年，审结涉及不服公安、城建、林业、工商、土地、水利水电等行政部门处罚案件123件，依法执行非诉行政案件144件，为行政执法提供法律咨询67次，提出司法建议19条，举办《中华人民共和国行政诉讼法》《中华人民共和国行政处罚法》《中华人民共和国行政复议法》和相关司法解释等法律知识讲座17场次，受训人员15000人次。2005年，审结行政诉讼案件11件，审结因计划生育而提起非诉行政执行案件78件。

1989—2005年，县法院共审结行政诉讼案件138件，审结非诉行政申请执行案件253件，移送有关单位处理31件。

第七节　审查立案与审判监督

1989—1995年，县法院立案庭仅负责接待办理人民来信来访工作，各类诉讼案件没有统一立案，均由各业务庭立案办理。1993年2月，成立经济纠纷调解中心，与立案庭合署办公，共审结各类经济纠纷案件58件，诉讼标的额为88.60万元，当年执行欠款71.80万元。1995年，按照南平市中级法院《关于经济民事案件由立案庭统一审查立案》的暂行规定，立案庭开始行政立案职能，并同时将经济调解中心合并到经济审判庭。至1998年底，全院共立各类案件3413件、登记人民来信508件、接待来访278人次。1999年，实行来信来访、审查立案工作人员联合办公，建立立审分离、审执分离、审监分离、审限督办、审判监督、案件跟踪和每月一次院长接待日等各项制度，全年审查立案997件、接收群众来信61件、接待来访53人次。2000年，强化立案告申工作，严把审查立案关，坚持院长每月深入乡镇巡回接待日制度，先后接待答复法律咨询近千人次，变群众上访为法官下访。2001—2003年，加强和改进立案工作，建立和完善全院收结案每月通报制度，做到该立案的马上立，当天将案件送交有关业务庭办理，对不符合立案条件的及时答复当事人或依法作出不予受理的裁定。三年办理审查立案3091件，(包括执行案件)，发送支付令72件，接待群众来访359人次，登记来信918件，转送有关部门处理157件。2004—2005年，运用计算机网络和信息管理系统，实行一案一卡的审判流程跟踪管理和监督，使立案、排期、开庭、裁判、归档等各个环节做到有章可循、有规可依，全面实现立案、审判、执行、监督全程分离，两年审查立案2259件（含执行案件）、登记来信753件、接待来访群众 236 人次。

1996 至 2005 年，县法院共审查立案 10678 件、收到群众来信 2240 件、接待来访 1026 人次、发送支付令 229 件。

第八节　申诉复查

1989 年 7 月，县法院增设告诉申诉庭，负责复查各类申诉案件，当年共复查各类刑事申诉案件 74 件 146 人，经复查维持原判 57 件 120 人，依法改判 15 件 23 人，宣告无罪 2 件 3 人。1990—2000 年，申诉复查工作逐步规范化，共复查各类刑事案件 40 件 45 人，经复查维持原判 28 件 31 人，改判 12 件 14 人；复查民事申诉案件 46 件，经复查维持原判 32 件，改判 14 件。期间，加强对在看守所服刑的轻刑犯人管教工作，对确有悔改表现的，及时给予减刑 22 件 22 人。2001—2005 年，继续完善审判工作制度，做好上诉案件和被二审发回重审案件的接收登记，把好再审案件的入口关。同时，对受理的申诉案件，做到及时答复，并积极主动地做好化解矛盾，息诉工作。对发回重审案件做到及时审判。五年共复查各类案件 84 件，经复查维持原判 58 件，发回重审 22 件，再审 4 件。期间还对已审结的 1793 件各类案件进行全面评查，对发现的问题逐件列举，实名通报，并督促承办人及时整改、奖优罚劣，确保司法公正。

第九节　案件执行

1989 年 6 月，县法院增设案件执行庭，当年执行各类案件 57 件。1990 年，执行案件 80 件，追回案件款 15 万元，执行拆除非法建房 4 座。1991 年，开展执行大会战，历时 45 天，执行各类案件 116 件，其中被执行人主动履行 83 件、依法强制执行 33 件，共追回案件款 35 万元。1992 年，执行各类案件 102 件，追回案件款 50.2 万元，其中往年遗留的“老大难”案件 74 件。协助浙江省义乌市等外地法院委托执行案件 3 件，总标的 67 万元。1993—1995 年，坚持“边办案边执行、谁主办谁负责”的执行原则，执行案件 614 件，执行率达 96.3%，其中为县茶厂等企业追回各类欠款 356 万元。1996 年 7 月，县委召开法院执行工作会议，部署开展“执行大会战”工作，是年执行各类案件 138 件，为企业和个人追回欠款 73 万元。1997 年，县法院成立执行会战领导小组，制定大会战实施方案，抽调 40 名精干力量，先后在集中开展两次执行大会战。全年执行案件 177 件，标的 513.40 万元，为单位和个人追回欠款 208 万元。其中，执行外地法院委托执行案件 5 件，标的 8 万元。1998 年，利用各节假日、休息日或早晚时间，突击执行难案 138 件，对拒不执行的 26 个被执行人依法逮捕 2 人，其余分别给予依法拘留 15 天。同时，召开执行款物兑现现场会 3 次，兑现追回的欠款 130 余万元。1999—2001 年，继续组织开展“百日执行大会战”等行动，提高执行效果，共执结各类案件 1194 件，执行标的达 2212 万元。2002—2005 年，依法采取查封、扣押、冻结和评估拍卖、变卖等多种形式的强制执行措施，狠抓积案清理执行工作，共执结各类案件 1357 件，标的达 6142 万元，为企业和债权人追回欠款 3186.50 万元。

1989—2005 年，县人民法院共执行各类案件 3973 件，执行标的总额达 2.35 亿元，为国有企业和集体企业及当事人追回各种欠款 7578.50 万元。

第十节　法警工作

2003 年 4 月，县法院根据《中华人民共和国警察条例》及最高人民法院有关规定，成立司法警察大队，负责传唤、拘传、押解、站庭、看管犯罪嫌疑人或被告人和协助执行各类民商事案件等。至 2005 年，司法警察大队共出警 1252 人次，其中执行拘传 33 人次，站庭 225 人次，协助执行扣押、查封、冻结170人次，扣留55人次、押送被告人335人次，看管犯罪嫌疑人351人次，维护秩序安全保卫83人次。

第五章　司法行政

第一节　机　构

1989年，县司法局内设办公室、宣教科、基层科、公证处、第一律师事务所、第二律师事务所，共有工作人员32名。2002年，增设“148”法律服务中心，核定局机关编制13人；全县10个乡（镇）均设司法所，各配专职司法助理员1人，作为县司法局派出机构，实行县司法局与乡（镇）双重领导，以县局为主的管理体制。2005年，县司法局内设办公室、宣传教育股、基层工作股、“148”法律援助股、公证律师管理股、公证处，共有干部职工16人，下辖10个乡（镇）司法所。

第二节　普　法

1989年3月，县委批转司法局《关于围绕治理整顿，深化普化教育工作意见》，5月组织32人的普法队，深入各乡（镇）、村进行普法教育，先后出普法宣传栏118期，召开普法座谈会163场，印发“十法一例”（宪法、民族区域自治法、刑法、刑事诉讼法、民法、民事诉讼法、婚姻法、继承法、经济合同法、兵役法、治安管理条例）和《土地管理法》1.20万份。1992年，纪念新《中华人民共和国宪法》颁布10周年，开辟专题广播栏目，播讲宪法知识28讲90多篇文稿。1993年，开展以《中华人民共和国宪法》修正案、社会主义市场经济法律法规为主要内容的学习宣传教育活动，在县广播电台开辟《法制园地》《税务之窗》《绿色希望》等专题栏目。由县人大常委会、县政协牵头，司法局配合，组织开展法制宣传月、宣传周和普法、执法检查活动，协助县经委、职教办、税务局、卫生局等12个单位举办《中华人民共和国企业法》《中华人民共和国食品卫生法》《中华人民共和国税法》《中华人民共和国经济合同法》等20多种法律法规的培训班25期，培训骨干2100人，受教育12800人次，全县有63个单位开展依法治理本行业工作的法制教育活动。1994年，深入各乡（镇）和县直各委口及学校，开展专业法的学习普及和执法大检查活动。相关部门在县广播电台开设“劳动法”“义务教育法”“森林法”“农业技术推广法”等专业法的专题讲座。1995年，是“二五”（1991—1995年）普法最后一年，县普法领导小组注重抓好“二五”普法的查缺补漏和检查验收工作，县普法办先后与县消防队联合开展消防法宣传教育活动，印发消防法规1100多套；与邮电局共同宣传邮电法律法规，印发邮电法律法规500余册；与县林委组织共同开展《中华人民共和国野生动物保护法》和《中华人民共和国森林法实施细则》的学习宣传活动。是年9月，全县“二五”普法工作经省、市“二五”普法检查组验收评定为合格达标县。

1996年，启动“三五”（1996—2000年）普法工作。县委、县人大常委会、县政府先后召开全县“三五”普法和依法治县大会，制定和完善“三五”普法规划和依法治县实施方案，征订发行《社会主义法制建设基础知识》及有关“三五”普法教材1500套（册）。1998年5月，县人大常委会审议通过《关于加强“三五”普法和依法治县工作决定》。1999年，县司法局按照县人大常委会和县政府要求，组织全县532名行政执法人员进行行政执法资格考试和对15名正科级干部进行任前法律知识考试，当年举办普法骨干培训班10期，副科级以上干部法制学习班8期；组织律师、司法助理员、公证员、法律工作者、政法干警开展法律咨询活动120场。2000年，举办2期副科级以上干部普法学习班，并对403名副科级以上干部进行法律知识统一考试。全年举办普法骨干培训班6期，举办轻微违法人员法制教育培训班12期，开展法律咨询130场次，印制和发行普法教材2万多份。全县“三五”期间普法对象16.4万人，普及率达100%。2001年9月，县委、县政府召开全县“三五”普法总结表彰暨“四五”普法动员部署大会。全县450名副科级以上干部和行政执法人员及司法人员先后参加县委党校举办的《中华人民共和国行政诉讼法》《中华人民共和国行政复议法》《中华人民共和国国家赔偿法》《中华人民共和国公务员法》（条例）等法律法规学习培训班。2002年，县司法局先后与工商、税务、林业、国土、计生、烟草局等14个部门单位合作开展专业法宣传活动，全年举办法制培训班46期，上法制课58场，印发普法宣传材料15000份。2003年，针对“非典”疫情，与县卫生局联合开展《中华人民共和国传染病防治法》《突发性公共卫生事件应急处理条例》《中华人民共和国食品卫生法》等有关法律法规宣传活动。2004年，为确保《中华人民共和国行政许可法》的顺利实施和纪念《中华人民共和国消费者权益保护法》颁发实施10周年，依法治县办牵头组织各相关单位普法骨干组成3个小分队，深入各乡（镇）、村、厂矿、学校，开展“送法下乡”活动。2005年，为落实“四五”（2001—2005年）普法任务，突出抓好领导干部的学法、用法、普法教育，县委办、组织部、宣传部、司法局联合下发《关于领导干部学习法律知识若干意见》和《关于在全县公务员中开展学法用法活动，进行依法行政培训的意见》，先后举办2次领导干部法制讲座和组织160名公务员参加全国公务员学法用法的培训考试。为抓好基层民主法制建设，县普法办组织相关部门人员深入乡（镇）、村（居）开展《中华人民共和国婚姻法》《中华人民共和国妇女权益保护法》《中华人民共和国价格法》《中华人民共和国森林法》《中华人民共和国传染病防治法》《中华人民共和国村民委员会组织法》《中华人民共和国农村土地承包法》等系列专题讲座，并以村（居）为重点，落实“四民主二公开制度”（民主选举、民主决策、民主管理、民主监督、决议公开、实施结果公开）、推进“民主法治示范村”创建和法制进社区活动。当年全县有48个村（居）被省、市命名为“民主法制示范村”。

第三节　人民调解

1989年，县司法局注重抓基层建设，先后在全县各村（居）建立人民调解委员会135个，共配调解员1087名。当年各调委会采用书面或口头方式调处各类民间纠纷999件。1990—1996年，全县各调委会调处各类民间纠纷计8778件。1997年，县政府批转司法局《关于加强人民调解工作的意见》，对调委会规范化的组织、业务建设，调处员的政治、经济待遇，调委会建设标准及时间要求等做出明确规定。各乡（镇）结合村委会换届选举，相应调整充实村调委会。当年，经检查验收，全县二类调委会达80%。1999年，县司法局在镇前创建矛盾纠纷排查调处试点，建立“金字塔”型的五级矛盾纠纷排查调处网络，对矛盾纠纷排查调处实行规范化运作，随后在全县各乡（镇）全面推广。2000年，这一做法被南平市委、市政府视为“政和经验”，并在政和县召开全市矛盾纠纷排查调处工作现场会议。2001—2002年，县委、县政府将人民调解委员会规范化建设列入为民办实事工作方案，县司法局进一步对矛盾纠纷排查进行全面整合，除在各乡（镇）、村（居）和符合条件的单位建立调委会外，增设各警务区调委会，在全县构筑每十户配一个调解员、村（居）调委会、警务区调委会、乡（镇）调委会、县调解中心的五级调解防线。2003年6月，省司法厅在政和召开全省村居调委会规范化建设试点单位工作座谈会。2004年，先后在岭腰乡和铁山镇与浙江省庆元县交界乡镇，采取联防联调形式组建区域性的调委会，在林业、工商等部门成立行业调委会，形成一个横向到边、纵向到底的调解网络。是年9月，南平市司法局在政和召开全市区域性调委会规范化现场观摩会。同年底县司法局被司法部授予“人民调解宣传工作先进单位”和“全国司法行政基层建设工作先进单位”的荣誉称号。县司法局总结的《立足山区抓创建，规范调解促稳定》的典型经验材料，在最高法院和司法部联合召开的全国人民调解工作会议上进行交流。至2005年年底，全县共建调委会147个，有调解员2597名，陪调员143名，其中达到规范化标准的调委会136个，占总数92%。全县平均每年调解纠纷总数均在1110件左右，其中民间纠纷调解率达98%，调解成功率达96%以上。

第四节　法律服务

1989年2月，县司法局在城关设立“政和县城区法律服务所”，各乡（镇）设立法律服务站，具体工作由乡（镇）司法办指导和管理。1991年，铁山法律服务所被司法部授予全国优秀法律服务所称号。1992年3月，各乡（镇）法律服务站更名为法律服务所。1997年，全县法律服务所共为122家企事业单位担任法律顾问，办理各类案件181件，代书189件，协办公证45件。1999年1月，成立政和县法律服务中心和县司法局直属的“148”法律服务所。是年12月，经南平市司法局批准，成立政和县闽江源头法律事务所，由县司法局直接管理。2000年，全县有4名基层法律服务工作者参加市司法局组织的考核，有31名参加全省基层法律服务工作者资格考试，并按考核、考试结果进行重新登记发证。同时，对基层法律服务所进行整顿，加强内部管理和监督。2001年，先后成立政和县法律援助中心妇女工作站和全县10个乡（镇）法律援助工作站。2003年，相继成立县残疾人法律援助工作站和政和东平监狱法律援助工作站，并将全县10个乡（镇）法律服务所整合为熊山法律服务所和“148”法律服务所，是年全县职业基层法律服务工作者37名。2004年6月，推行“12348”法律服务，开通“12348”电话服务热线。9月，政和众成法律服务所被省司法厅评为“省级诚信基层法律服务所”。2005年，全县基层法律服务工作人员缩减至23人，全年办理法律援助案件223件，其中代理各类刑事案件48件、民事案件157件、行政案件7件，协办各类公证、见证、代写法律文书11件，解答群众法律咨询185次，“12348”电话接待群众来电法律咨询2744次，提供法律服务1100件。

第五节　公证事务

1989—1995年，县公证处办理各类公证事务4897件。1996年办理各类公证事务270件。1997—2001年，主动深入企业、单位、农村办证，共办理各类公证2642件。2002年，根据司法部有关公证改革的要求，积极开拓公证业务，先后为县政府组织的各次征地拆迁、土地拍卖、国有资产处置提供公证法律服务，共办理各类公证445件。2003年，开展诚信文明服务活动，负责全县辖区内的公证业务接收登记，具体公证业务分别挂靠建瓯县公证处和松溪县公证处办理，全年办理各类公证529件。2004年，共办理各类公证358件。2005年，全年办理各类公证149件。

第六节　律师事务

1989—1994年，县第一、第二律师事务所每年有律师和法律服务工作人员20名不等，担任21家企业单位法律顾问，共接办各类案件1745件。1995年，县第一律师事务所改名为“南平熊城律师事务所”，第二律师事务所改名为“南平政通律师事务所”。是年底有执业律师2名，法律服务人员15名。1997年，贯彻实施《律师法》，加强律师职业道德和职业纪律建设，并建立内部管理制度，发挥群体积极性，改变服务态度，当年担任37家企事业单位法律顾问，承办各类案件430件，代写诉状257份，为企业和当事人挽回经济损失139万元。1998年，南平熊城律师事务所因2名执业律师先后离岗，于1999年7月停业。2000年6月，南平政通律师事务所改名为福建状峰律师事务所。同年10月，根据司法部《律师事务所、社会法律咨询服务机构脱钩改制实施方案》，政和状峰律师事务所由自收自支所改为合伙所，并于2001年4月获省司法厅正式批准，接受政和县司法局直接领导监督。2005年7月，经省司法厅批准，福建宽达律师事务所政和分所挂牌成立。

1989—2005年，律师事务所共代理承办各类案件5766件，其中刑事案件875件，各类民商事纠纷案件2962件，行政案件86件，其他纠纷案件1843件。代写各类法律文书4006份，为政府、企业领导决策提供法律服务1953件（次）。

第七节　安置帮教

1989年，县司法局未设安置帮教工作组织机构，该项工作由基层科兼管，每年定期1—2次，由分管领导带领基层科人员深入有“两劳”（劳动改造、劳动教养）人员的乡（镇）、村（居）、企事业单位，对帮教对象进行访谈和教育感化，并帮助“两劳”（劳动改造、劳动教养）人员解决具体困难及问题。

1997年，县司法局根据司法部和省、市司法厅（局）《关于进一步加强对刑释解教人员安置帮教工作的意见》精神，成立以主管政法工作副县长为组长，由司法、公安、民政、综治、工商等相关职能部门为成员的政和县刑释解救人员安置帮教工作领导小组。各乡（镇）、村（居）委会和有关企事业单位共建立安置帮教工作接待站130个。是年底，县司法局设立“两劳”管理科，专门负责刑释解教人员安置工作。2002年，“两劳”管理科撤销，其工作划归司法局基层股兼管。

2003—2005年，县司法局落实各项帮教措施，定期对帮教对象进行访谈，帮助解决实际困难，并加强刑释解教人员的法制教育和适用农业技术培训工作，通过各种形式的教育感化，使刑释解教人员充分感受到党和政府的关心和帮助，摒弃恶习，重新做人。

1997—2005年，全县共安置刑释解教人员336名，安置率达95%，帮教率达98%，脱管漏管率低于2%，重新犯罪率低于3%。2005年，县司法局被南平市综治委评为“全市安置帮教工作先进集体”。

表 11－2

1989—2005 年政和县司法工作情况表

年份	普法宣传			人民调解				公证事务		律师事务					148 法律援助		安置帮教数（人）
	法律宣传（次）	受教育人（万）	印发普法资料份（册）	调委会（个）	调解员（人）	受案数（件）	调成数（件）	公证人员（人）	办理案件数（件）	律师所（个）	律师（人）	法律工作者（人）	代理数（件）	代写文书（份）	接待来访（人次）	办案（件）	
1989	269	2.83	350	135	1087	1021	999	3	486	2	6	14	198	204	—	—	—
1990	256	2.8	3906	132	1055	1614	1498	3	657	2	6	14	239	218	—	—	—
1991	339	8.19	2527	141	1233	1475	1339	3	600	2	7	15	320	198	—	—	—
1992	200	8	30000	141	1233	1276	1231	3	1076	2	7	15	307	219	—	—	—
1993	72	4.25	400	113	1787	2382	2342	3	1038	2	7	15	278	169	—	—	—
1994	330	11.2	560	113	1787	1216	1159	3	492	2	7	16	349	242	—	—	—
1995	130	5.2	2500	120	1675	409	372	3	548	2	7	15	402	259	—	—	—
1996	74	4.56	620	130	1302	895	837	3	270	2	7	15	411	218	—	—	—
1997	114	4.06	450	130	1302	1449	1407	2	969	2	5	14	430	257	—	—	—
1998	136	9	600	150	2123	1972	1833	2	509	2	5	14	586	275	—	—	36
1999	200	15	4000	150	2366	1381	1331	2	330	2	5	15	461	383	—	—	32
2000	118	9.6	20000	150	2366	1094	1076	2	326	2	5	15	426	383	358	65	15
2001	105	7	200	150	2366	689	677	2	508	2	5	15	349	235	797	51	77
2002	45	4.3	12300	150	2366	770	756	2	445	2	5	16	346	334	632	39	48
2003	230	10.5	23000	147	3569	954	928	2	529	1	5	17	325	112	902	51	45
2004	190	5	460	147	3569	585	570	2	358	1	5	17	211	190	983	58	31
2005	150	2.2	650	147	2597	553	540	-	149	1	5	17	128	110	939	61	52

卷十二　地方武装

第一章　武装机构与驻军

第一节　机　构

一、国防动员委员会

1996年2月，县国防动员委员会成立，办公地点设在县人武部，下设秘书组和5个办公室。4月，县人民防空委员会、县交通战备领导小组、县支前委员会撤销；各乡（镇）相继成立国防动员委员会办事机构。

2002年7月，县国防动员委员会设9个办公室：综合办公室设县人武部军事科，实行军地合署办公；人民武装动员办公室设县人武部军事科；政治办公室设县人武部政工科和县委宣传部，由县人武部政工科和县委宣传部国防教育科负责协调政治动员办公室的正常性公务，实行一套人马、两块牌子；县国民经济动员办公室设县发展计划局，正科级单位，行政、事业编制各1名；县人民防空办公室，正科级单位，行政编制1名；县支前办公室挂靠县民政局，正科级单位，行政编制1名；县交战办公室挂靠县交通局，正科级单位，行政、事业编制各1名；县科技动员办公室设县科技局；县信息动员办公室。至2005年年底，县国防动员委员会各机构设置未变。

二、县人民武装部

1989年，县人民武装部为地方建制、副处（县）级单位，内设军事科、政工科和办公室，共有工作人员22名，接受南平军分区和政和县委双重领导。由时任县委书记兼任县人武部第一政委，设县人武部长和政委各1人。1996年4月1日起，县人民武装部收归中国人民解放军建制，更名为中国人民解放军福建省政和县人民武装部，为正团级单位。至2005年，县人民武装部内设军事科、政工科、后勤科，定编16人。

表12-1　**1989—2005年政和县人武部历任部长、政委名表**

职　务	姓　名	籍　贯	任　职　时　间
部长	胡利孙	福建省浦城县	1989.1—1994.2
	黄明亮	福建省建瓯县	1994.2—1999.5
	鲁文安	山东省盐城县	1999.5—2003.3

续表 12－1

职　务	姓　名	籍　　贯	任　职　时　间
部长	黄宏敏	福建省仙游县	2003. 3—2004. 3
	王恒胜	安徽省凤阳县	2004. 3—2005. 3
	赵新友	山东省张圻县	2005. 3—
政委	张日起	福建省光泽县	1989. 1—1990. 2
	黄明亮	福建省建瓯县	1990. 3—1994. 2
	郑业炎	福建省政和县	1994. 2—1996. 4
	陈明武	福建省建瓯县	1996. 4—1998. 3
	许晓如	福建省政和县	1998. 3—2001. 6
	钟宏芳	江西省南康县	2001. 6—2004. 3
	张　平	福建省武夷山市	2004. 3—

三、基层武装部

1989 年年底，全县设有东平、石屯、熊山、星溪、铁山、外屯、镇前、杨源、澄源 9 个乡（镇）和林业局等 10 个基层武装部，共有专职武装干部 20 人，各基层武装部分别配专职武装部长 1 人，专职干事 1 人。1990 年底，全县 10 个基层武装部的专职武装干部进行调整充实，共有专职武装干部 21 人。1992 年 4 月，增设县直机关武装部，配备专职武装部长 1 人。1998 年 1 月，岭腰乡成立，同时设立岭腰乡武装部并配备专职武装干部 1 人。至 2005 年年底，全县共有 12 个基层人民武装部，共有专职武装干部 21 人。

第二节　驻　军

一、中国人民武装警察部队政和县大队

1989 年，中国人民武警部队政和县大队（以下简称武警政和县大队）隶属武警部队南平地区支队，下辖 2 个中队。1992 年 7 月，武警政和县大队奉命撤编，其下辖 2 个中队直属南平市（地区）武警支队。

二、中国人民武装警察部队政和县中队

1989 年，中国人民武装警察部队政和县一中队驻扎政和县看守所，隶属武警政和县大队管辖，其业务归县公安局管理。1992 年 7 月，武警政和县大队奉命撤编，武警政和一中队改称武警政和县中队，直属南平市（地区）武警支队。2002 年 10 月，因山体滑坡营房倒塌，新建一座占地面积 1600 余平方米的武警政和县中队营房。2005 年，武警政和县中队建制和隶属关系不变，主要担负县看守所看守犯人任务及协助公安执行逮捕、押解、处决、处置突发事件等勤务。

三、中国人民武装警察部队政和县八中队

1989 年，中国人民武装警察部队政和县二中队，隶属武警政和县大队管辖，其业务归东平监狱管理。1992 年 7 月，武警政和县大队奉命撤编，武警政和县二中队改称武警政和县八中队，直属南平市（地区）武警支队。其主要担负东平监狱看守犯人任务及协助监狱处置突发事件等勤务。2004 年 5 月，政和东平监狱撤销，政和县武警八中队也随同撤离调走。

四、中国人民武装警察部队政和县消防大队一中队

1989 年，武警政和县消防中队和县公安局消防科由武警南平地区消防支队和政和县公安局双重管

辖。县消防中队共有官兵18人，消防车2辆，消防指挥车1辆，各种现代消防灭火设备120多件套。1995年4月，县公安局消防科改为政和县公安消防大队和中国人民武装警察部队政和县消防队，实行“一套班子，两块牌子”。武警政和县消防中队改为政和县消防大队一中队，隶属于武警南平市消防支队和政和县公安局双重领导。至2005年底，其机构设置和隶属关系不变。

五、中国人民解放军78983部队597分队

2003年7月，中国人民解放军78683部队南京军区597分队，投资400余万元，新建一座军区直工部通信站营房，担负维护国防通信保障任务。

第二章　兵　役

第一节　动员与登记

一、宣传动员

1989年以来，在每年征兵工作期间，全县采取广播、电视、宣传车、悬挂横幅、张贴标语、板报、宣传栏等多种宣传形式，由县分管领导发表电视广播讲话，宣传《中华人民共和国兵役法》《中华人民共和国征兵工作条例》《福建省征兵工作奖惩规定》等，引导适龄青年树立依法服兵役的国防观念，增强服兵役自觉性和责任感。2005年，由县委宣传部、县人武部、县广播电视台联合组织人员赴全国各有关部队联合录制《政和之子在军营》大型宣传系列纪录片，在政和广播电视台播放后，引起全社会强烈反响，形成广大适龄青年踊跃报名参军的良好氛围。是年，全县有1021名适龄青年报名应征，高质量地完成年度征兵工作任务。

二、兵员登记

1989—2005年，县征兵办于每年9月30日前均组织基层人武部，对当年12月31日以前年满18岁的男性青年公民进行兵役登记，达到服兵役年龄的男性青年公民，在接到通知后进行兵役登记，本人因特殊原因不能亲自前往登记的，可书面委托其亲属或所在单位代为登记，经兵役登记和初步审查合格，为应征青年公民。

第二节　兵员征集

一、体格检查

1989年春季征兵和1990年后的冬季征兵，政和县每年都从县医院和县中医院抽调10名以上医生组成征兵体检队，深入全县各乡（镇）对适龄青年进行初检、筛选后集中县人武部进行复检。对所征集的高中毕业生的视力标准，由原来的右眼裸视4.9放宽为4.8、左眼裸视4.8放宽为4.6。2002—2005年，从县医院和县中医院抽调各科医生16名，由县卫生局负责，以医院主治医生为主的体检医生，对适龄青年统一在各乡（镇）卫生院进行初检后，再集中县医院总检复检。体检医生挂牌上岗，应征青年凭毕业证、身份证、本人照片、预征对象推荐表、初检表进站，实行“封闭式”体检。

二、政治审查

1989年末开始，新兵政审由20世纪80年代前偏重于阶级成份和社会关系改变为应征青年的现实表现。根据应征青年的具体特点和活动表现情况，采取“三访三查”（访学校、访所在单位、访邻居；查户籍〈身份证〉、查档案、查毕业证）的政审方式，同时，严格政审责任，指定应征青年所在学校

校长和班主任、村（居）委会主任和党支书、基层派出所所长和警区民警为政审第一责任人，严格依法实事求是地对辖区内应征青年的文化程度、户籍年龄、现实表现等情况作出具体结论，坚持“谁签名，谁负责”原则。1996 年 11 月，澄源乡派出所在核对应征青年户籍时，发现已批捕在逃犯许某某改名换姓于 1995 年被应征入伍的情况，县委、县政府、县人武部采取措施，于当年 11 月 25 日将许犯从部队押回移送政法机关。同时，县纪检会对征兵政审中查出涉案的 15 人分别作出严肃处理，对构成犯罪的依照法律程序移交司法机关。此后，各机关单位和乡镇每年都把应征青年的体检和政审合格人员名单张榜公布，接受社会和群众监督。

1989 年后，县、乡（镇）两级每年都将征兵工作列入重要议事日程，成立征兵工作领导小组，加强领导，统筹安排，落实征兵工作责任制，保质保量做好征兵工作。

第三章　民　兵

第一节　民兵登记与组织整顿

1989 年，县政府根据上级精神，结合本县实际情况，进一步抓好民兵整组、民兵登记工作，多次下基层抓落实，并抽出专门时间，集中人员制定《基干民兵组织训练协调发展规划》。1992 年，根据省委办公厅、省政府办公厅、省军区司令部联合下发《福建省民兵应急分队建设若干规定》，重点开展国营企业单位的民兵组织整顿。

1994 年，根据省委、省政府、省军区下发《关于企业民兵、预备役工作实施办法》的通知精神，全县符合条件的 26 个企业建立民兵营。县直机关武装部对各单位的民兵组织进行整编后，有 13 个单位建立民兵组织。1997 年，按照中央军委关于民兵工作“减少数量、提高质量、抓住重点、打好基础”的十六字方针，开展民兵组织整顿。

2000—2002 年，依照县政府、县人武部《关于基层民兵预备役规范化建设工作实施意见》精神，县人武部专门制定《基层武装部、民兵营（连）规范化建设标准》。期间，县人武部在熊山镇解放村和胜利村抓规范化建设试点，进行以点带面推动全县规范化建设全面展开。切实加强资料管理，做到摆放整齐，分类合理，县、乡、村三级普遍建立资料室和一套规范化管理制度，使全县民兵组织建设逐步走上正规化轨道，为战时实施快速动员创造良好条件。2003 年，围绕军事斗争准备，形成岭文线赛浦路段和县城为主要目标的基干民兵总体布局。

2005 年，县民兵组织工作以应急作战需要为牵引，按照实战化编组要求，整合国防后备力量资源。依托地方装备组建的对口专业分队，建立汽车运输分队、装卸载分队、有线和无线分队，通信光缆和水气器抢修分队、医疗救护、卫生防疫勤务及油料物资保障等对口专业分队。每个乡（镇）有应急分队 40 人。

第二节　民兵政治教育

1989—1999 年，县人武部党委加强国防后备建设和民兵预备役新闻宣传，围绕党委各项中心工作，抓好民兵整组和每年兵员征集、重大节日、军事训练等宣传报道，运用大众传媒，实行图文结合、声情并茂、视听兼备的国防宣传。期间县人武部撰写的《脱下军装的兵》《搞好军校学生政审工作》《他送两个儿去当兵》《提高执勤民兵及反应能力》《血与火的赞歌》等 15 篇有关兵员征集、民兵训练、情况反映的宣传文章，先后在《中国国防报》《解放军报》《中国民兵》《人民前线》《福建支部生活》等报刊发表。

2000 年，在全县民兵队伍中，深入开展民兵“三讲”教育和揭批“法轮功”斗争。2001 年，开展学习实践“三个代表”重要思想，保持共产党员先进性教育活动。2002 年，贯彻落实南京军区《政治动员纲要》和“全民国防教育日”活动。2004 年，县人武部制订民兵参战、应付突发事件森林扑火、追捕逃犯、制止动暴乱、抗台防汛等系列政治工作预案。2005 年，开展保方向、保本色、保打赢、强化战斗、培养人才等政治教育活动。

第三节　民兵军事训练

一、普通民兵训练

1989 年，县人武部贯彻中央军委关于民兵工作的十六字方针，减少民兵训练任务和时间，提高专业技术兵训练比例，每年安排训练的专业技术兵占训练总人数的 50%，训练时间 20 天。1996 年 6 月，征用熊山镇胜利村一块山地修建民兵预备役军事训练场，修建射击台和靶台面积 940 平方米、战术场 4000 平方米，使民兵训练有固定的射击场所。

2000 年，推进民兵工作调整改革，抓好民兵应急分队、民兵高炮分队、民兵专业分队和对口专业分队建设，当年 8 月，组织民兵应急分队 120 名开展班队列、投弹、爆破、重机枪、60 追击炮、82 无后座力炮等升级训练。2002 年 9 月，围绕“建设闽北安全通道”主线，以“保畅通”演练为重点，组织 93 名民兵驻来舟火车站进行为期一个月的架设贝雷钢架桥训练，并参加由南平市国防前支委举行的“保畅通”实兵演习，接受南京军区和省委、省政府、省军区首长的检阅。2004 年，按照《政和县国防动员准备目标规划》的要求，全县共组织专武干部、民兵 580 人，分别举办民兵应急分队维护稳定防暴训练，专武干部参加军分区业务集训，民兵增雨火箭弹射击训练，民兵技术分队训练，民兵应急连检验性野战拉动演练等五期训练。是年 8 月 15 日，组织 90 名民兵在县政府广场举行宣誓，并在城关凤嘴工业园区训练场冒雨搭起 8 顶帐蓬，将冲锋舟、橡皮艇、救生衣等各种救灾物资装备运到现场，接受军分区首长和县委、县政府领导检阅。

2005 年，坚持抓好民兵军事训练，以民兵应急力量建设为重点，突出重点分队训练和使命课题演练。

二、专业技术民兵训练

1989—1999 年，县武装部每年进行一次民兵专业技术训练。2000 年，围绕新的军事斗争需要，全面推民兵工作调整改革，突出抓好民兵应急分队、民兵高炮，民兵专业分队和对口专业分民建设。2002 年 9 月，组织 93 名民兵架设贝雷钢架桥训练。2005 年 4 月 15—22 日，组织 11 人进行为期 7 天的抗洪救灾冲锋舟训练。

三、专职武装干部训练

1989 年 12 月下旬，县专职武装干部 10 人参加南平军分区在建阳举办的全区专职武装干部集训 10 天，进行 12.7 高机、40 火箭筒教学法和民兵业务培训。1990 年 5 月 10 日—6 月 30 日，县举行民兵军事大训练，有 16 名专职人武干部参加训练，分别担任军事集训大队主要职务。当年，为纪念毛主席关于民兵工作“三落实”发表 28 周年，县举行“民兵武装”游行，有 37 名专职武干部参加。

1991 年 4—6 月，有 8 名专武干部和 32 名民兵营（连）长参加全县民兵军事培训班学习培训。1992 年，县人武部组织培训新任专职武装干部、民兵营（连）长 16 人。1993 年 5 月中旬，有 18 名新任的专武干部在县国防教育训练中心举办为期 7 天的专武干部培训班，各种课目经省、地军区考核，合格率达 100%。1994 年，县人武部 2 次组织全体人武干部和部分民兵干部进行政治、理论和军事技术的系统训练，通过省军区考试，全部合格，县人武部被评为全省民兵预备役干部考核团体优胜单位。1997 年 5 月，选派 10 名专武干部参加南平军分区司令部在邵武民兵训练基地培训 10 天。同年 11 月，南平军分区对全区人武部干部进行函授培训，县人武部和专武干部按时完成函授作业，经军区抽检 5

位学员的作业，平均得分91分的好成绩、名列全区前茅。

1998—2001年，分别4次组织专武干部和民兵营（连）长65人次，参加南平军分区函授班轮训和县人武部组织的学习新条令和整改及军事演练活动。2002年12月中旬，县人武部选派专武干部和民兵营（连）12人，参加南平军分区统一组织的军事业务竞赛，综合考核评比成绩优良，县人武部获手枪射击总分第一名，受到军分区通报表彰。2003年8月14—24日，全县有21名在编专武干部参加南平军分区的业务学习和专业训练。同年9月，南平军分区随机抽调部分县人武部干部参加军分区“四字三提高”活动竞赛，本县人武部综合成绩总分获全区第三名，其中，五公里越野课目获总分第一名和2个项目个人第一名的好成绩。2004年2月16—25日，由县人武部军事科带领各乡（镇）专武干部7人到市国防动员培训中心参加军分区组织的业务集训。同年3月，又组织部分专武干部参加军分区组织的军事培训，经考核总评获得全区第三名的好成绩。2005年4月和5月，县人武部分别二次组织专武干部和民兵干部参加军分区举办的以“强素质、精业务、保打赢”及反“台独”应急作战和计算机操作等业务培训。同年6月，又抽调部分专武干部参加省军区组织的专武干部业务集训，均取得较好成绩。

第四章 国防动员与人民防空

第一节 国防教育

1989—1990年，县委、县政府、县人武部把国防教育列入工作中心，坚持每三年制定一次《政和县国防教育规划》，根据新时期的特点，结合本县实际，分别在教育对象、时间安排、方式方法、教育制度、教育力量、组织领导和职责分工等方面作明确规划。对机关干部、现役军人采用正常政治理论学习，县委党校举办的培训班，规定每学期安排国防教育内容不少于二课、短期培训不少于一课；民兵预备役人员每年不少于四课；中学生结合政治课和进行军训、小学生结合思想品德教育和有关活动进行；企事业单位干部、职工结合职工思想教育进行；农民和城镇居民结合各项中心任务进行宣传教育。县广播电视台开设国防教育专题节目；每年“八一”建军节、国庆节举行实弹射击比赛等军事活动。每年年终在全县开展评比关心国防建设好单位、好公民、好家庭活动，对取得优秀成绩的单位和个人，县委、县政府、县人武部共同予以表彰。每年利用国防教育日、“五四”青年节、“八一”建军节等，进行《中华人民共和国国防教育法》《中华人民共和国民兵法》、新时期军队建设方针、对台军事斗争准备等为主要内容的专题辅导教育，组织师生开展军训和作国防形势专题报告及参观烈士陵园等活动。

1991年，成立县全民国防教育工作领导小组，设立办公室，各乡（镇）、机关、厂矿、学校也相应成立国防教育领导小组，制定开展国防教育计划的专项活动。1993—1995年，贯彻《福建省国防教育条例》，以县党校和县民兵训练中心为阵地，共培训教育510人，达到每个民兵营（连）有6名教官。县人武部分别在政和一中、解放村开展民兵国防教育试点。县、乡、村利用征兵、军事训练、民兵整组及重大节日纪念活动，对民兵和群众进行国防教育，全县受教育达4万多人次，受教育面达89%以上。同时，县人武部利用《中国民兵》《东海民兵》和编发《国防教育课本》《民兵干部学习手册》等对民兵进行国防教育。1996—1999年，县人武部每年组织县、乡（镇）党政领导、机关干部、民兵干部、回乡度假的大中专学生欢度军事日900人次，在县、乡（镇）、村办国防教育专栏、墙报等810期。2000—2003年，每年“八一”建军节举办“军事日”活动，邀请县五套班子全体成员，县直机关各部、委、办、局和各乡（镇）书记，乡（镇）长、武装部长等参加。2003年，县委宣传部下发《关于进一步加强国防教育工作意见》，在县直机关、各乡（镇）、企事业单位、中小学校开展国防教育活动，举办知识讲座，印发教育教材。

2004—2005 年，县人武部把开展国防教育纳入全民教育体系，开展形式多样的宣传教育。各中小学以“军校共建”为载体，聘请驻军官兵担任课外辅导员，常年开展帮学帮教活动，每年为入学新生开展军训，组织到县国防教育基地接受教育。县委组织部、县委党校每年对青年干部轮训班都安排 10% 以上课时讲授国防教育内容，实行领导干部国防教育报告会制度，不定期聘请军事专家或驻军首长作国防教育报告。

第二节　人民防空

1989 年，成立县人民防空办公室，正科级行政单位，核定行政、事业编制各 1 人，为县政府人民防空工作主管机构、国防动员委员会的常设办事机构，实行县政府和县人武部双重领导体制，具体业务接受上级人民防空主管部门的指导。1992 年 6 月，县人防办根据国务院、中央军委颁发的《人民防空条例》和国家人防委《关于城市人民防空专业队伍建设的规定》及省、市人防办《关于搞好人防专业队伍组织整顿的通知》精神，全县组建了抢险抢修、医疗救护、防化防空、通信运输、治安交管、消防等 7 个专业队伍，共 698 人。

1997 年 1 月 1 日，《中华人民共和国人民防空法》颁布实施，进一步明确防空专业队伍的性质和任务，县人防办结合实际，专门制定组建原则、方法、编组程序。2002 年 10 月，根据上级有关人防工作精神，成立县防备空袭紧急疏散指挥部，县长任指挥长，县委书记任政委，县人武部长、政委任副指挥长，分管副县长及县直机关职能部门主要领导任成员，下设医疗、消防、抢险、通讯、防化等专业队伍，共 652 人，并制定县防空袭预案，在城区东（交警）、城区西（三中）、城区中（建设局）设置 3 台报警器。同时，确定每年 9 月 18 日为防空警报试鸣日。2005 年，县人防办根据上级精神，对国防交通队伍进行重新整组，配制后勤保障分队道路、桥梁、抢修分队、后勤保障分队，配货运车 40 辆，客运车 20 辆，驾驶员 60 人，车辆维修技术人员 20 人；道桥抢修分队 90 人，机械设备 25 台（套）。

全县原有人防工程设施（坑道）6 处（条），其中可使用 4 条：熊山镇的南门坑道、外屯乡的吴场坑道、铁山镇的锦屏银矿坑道、杨源乡的西门坑道。总长 259 米，可容 5370 人。熊山镇的茶厂坑道和熊山口坑道已损坏不能使用。

南门坑道：建于 1962 年，地处熊山镇南门烈士陵园山脚下。整条坑道坐落于山体内，全长 82 米，宽 2.6 米、高 2.5 米，可容纳 2000 人。坑道内干燥，无通风设备，构筑材料主要由岩石组成，地面整修较平坦，部分地面由水泥铺成，顶部及左右两侧未装修。坑道内有一水池，泉水可供饮用。

吴场坑道：建于 1956 年，地处外屯乡吴场村，全长 32 米、宽 1.5 米、高 2 米，可容纳 270 人，坑道内干燥，无通风设备，只有一个入口，构筑材料主要由岩石组成，地面不够平坦，构造简陋、粗糙，为一条简易坑道。

银坑坑道：建于 1956 年，地处铁山锦屏村，全长 75 米、宽 2 米、高 1.5 米，可容纳 1600 人，顶部构造坚固，构筑材料主要由岩石组成，地面不够平坦，没有整修，坑道内通风良好，有进出口，为简易坑道。

杨源坑道：建于 1972 年，地处杨源乡西门村，长度 70 米、宽 8.2 米、高 5 米，可容纳 1500 人，坑道内干燥，有进出口，坑道内通风良好，整个坑道构筑材料由水泥、钢材组成，平时可供车辆、人员通行，战时可做人防坑道。

茶厂坑道：建于 1962 年，地处熊山镇解放路，全长约 50 米，1992 年因茶厂修造一条人行道而被损坏，入口处被封堵无法进入洞内，已无法修复使用。

熊山口坑道：建于 1962 年，地处熊山镇熊山口，全长约 60 米，改造浦赛公路时被损坏。

第五章　拥政爱民

第一节　维护社会治安

1989—1990 年，全县社会治安较为稳定，未发生重大的社会隐患和治安案件。1991 年 8 月 2 日，镇前乡村民因争旱田引水起械斗，继而非法绑架、拘禁、殴打前往现场做调解工作的乡派出所人员，武警政和县大队接到县公安局命令后即选派 8 名官兵赶往现场，配合公安干警，当场抓获 2 名违法闹事村民，并将受伤干警救出。1992 年 8 月 17 日，东平劳改农场一犯人越狱逃跑，县人武部即派出 20 名基干民兵和武警八中队 9 名官兵，协助县公安及东平劳改农场干警追捕，经过两个昼夜的追捕将逃犯抓获。1993 年 5 月 3 日，澄源乡有上千名群众冲击乡政府，县人武部即派出民兵和武警南平支队 35 名官兵配合公安干警前往现场，很快平息事态。1994 年 8 月，县人武部组织镇前民兵，协助乡派出所干警抓获妨碍执行公务、无证设卡、殴打林政执法人员的犯罪嫌疑人 9 名，并摧毁长期横行乡里、欺行霸市、敲诈、抢劫的 4 个犯罪团伙。1995 年，县人武部组织 380 名民兵配合林业公安干警，参与全县打击盗砍林木，无证贩运木材的严打斗争。1999 年 8 月 30 日，县人武部组织民兵 15 人，协助公安局干警，在石屯路段抓获一名正准备跳上三轮车逃跑的盗贼。2002 年 6 月，组织基干民兵 350 人配合公安部门投入“严打”活动，共破获各类刑事案件 52 起，抓获犯罪嫌疑人 33 人，并缴获一批自制枪支，雷管和管制刀具。同年，县人武部为配合县委、县政府庆祝建县千年活动，从各乡（镇）和县人武部机关抽调 50 名退伍军人，身着迷彩服，手持 56 式冲锋枪，组成阅兵方阵，接受省、市、县领导的检阅。2003—2005 年，县人武部先后 5 次组织民兵 1670 人次，配合公安部门打击各类刑事案件 86 起，破获犯罪团伙 6 个，抓获犯罪嫌疑人 230 多人。

第二节　抢险救灾

1989 年 7 月 22 日凌晨，政和县发生百年不遇的特大洪灾。县委、县政府组织全县干部、职工、民兵 2520 多人，军人 150 人奔赴重灾区抗洪救灾。7 月 25 日，南京军区、省军区、南平军分区相继派员赶赴政和投入抗灾救灾，并带来救灾资金和大米 2000 万公斤、军服 7000 套、棉衣棉被等物资发放给灾民。1995 年 4 月，县遭受特大暴风雨冰雹袭击，县人武部迅速组织民兵 3000 人投入抗洪救灾，帮助群众抢修民房 1043 栋，校舍 50 座，转运各种物资 1680 吨。是年 11 月 5 日，杨源乡河畔的 20 个店铺发生火灾，县人武部领导带领正在参加征兵体检的 50 名适龄青年投入扑火，共抢出价值达 200 万元的物品。1998 年 5 月 6 日，全县 10 个乡（镇）123 个村遭受特大暴雨袭击，县人武部全体干部火速分头深入各灾区，组织全县 2 万多民兵，昼夜奋战在抗灾第一线，安全疏散转移被洪水围困的灾民 2 万余人。1998 年 6 月 21 日，外屯乡车潭村发生特大山体滑坡，县人武部组织带领民兵应急分队第一时间赶赴现场，参与抢救灾民，保护生命财产安全，因成绩显著，先后被南京军区荣记集体三等功和省委省政府评为“抗洪抢险先进单位”。2003—2004 年，县连续遭受历史罕见的旱灾，县人武部派出应急分队与县水利局、气象局人员一起进行人工降雨，并组织全县民兵预备役人员，做好抗旱工作，受到南平市委、市政府和县委、县政府的表彰。2005 年 6 月，县境内连降暴雨，发生重大洪涝灾害，县人武部组织干部、职工带领民兵应急分队人员及各乡镇基干民兵共 1450 人，动用车辆 36 台次，冲锋舟 3 艘投入抗洪第一线，转移被洪水围困人员 1260 余人，抢救各种物质 10 余吨，协助抢修大小公路塌方 30 余次。

第三节　支持地方经济建设

1989 年，县人武部在抓好民兵预备役建设的同时，积极为促进地方经济发展，维护社会稳定做贡献。1990 年开始，先后与县水电局、熊山镇解放村及全县 10 个乡（镇）的 150 多个村场订立军民共建协作双拥单位，为全县 80% 以上的村场建立“青年民兵之家”。实现有活动场所、有共建牌子、有装备器材、有书报刊物、有规章制度、有内容项目。同年 3—4 月，县人武部组织 360 名民兵，分成 29 个导航组 27 个信号队投入飞行 27 架次 60 个航时，完成飞播造林 2 万多亩。1994 年 3 月 5 日，县人武部组织熊山镇、星溪乡、县直机关民兵 600 人，到城关 5 里外的马鼻岭山坡种树造林 5300 多株。1995 年，组织全县民兵种植香菇 6500 万袋，蘑菇 20 平方米、木耳 800 万代，灵芝 200 平方米、竹荪 500 平方米。2003 年，县人武部共投入资金 1. 50 亿元，建设岭腰后山桥至石屯西津的国防战备公路。同年 7 月，帮助军地双方单位搞好国防光缆铺设 157 公里。2000 年，为农民办实事，送科技下乡，组织指导民兵科学养猪 2700 余头，种植锥栗、橘子、毛竹共 3. 3 万多亩，种植中药材等 3000 余亩，种植反季节蔬菜 4000 余亩。2002 年，协调地方加强军事战场和战备设施建设，在完成瓯政线二级公路改造任务后，配合交通部门修建农村的部分路面路肩硬化和政和城关至岭腰线国防战备公路建设。2004 年，县武装部累计捐资 3 万余元用于希望小学建设、救灾帮困。2005 年“八一”期间，县人武部干部、职工捐款 10200 元用于救灾帮困，并为“见义勇为”基金会捐款 1000 元。

卷十三　体制改革

第一章　政治体制改革

第一节　民主政治与民主法制建设

一、完善人民代表大会制度与政治协商制度

1989—1991 年，县委、县政府每年均召开专题会议，研究部署人大和政协民主监督工作。1992 年 5 月 11 日，根据中共中央关于对新时期加强政治民主建设的要求，县委批转县政协党组《关于充分发挥人民政协“政治协商、民主监督”的职能作用的意见》，确立“政治协商、民主监督”工作分三个层次进行：第一层次在县政协与县委、县人大、县政府之间进行，县政协正、副主席、常委和办公室主任按级别规定列席各种会议，讨论并发表意见和建议；第二层次在县直各部、委、办、局与政协各专门委员会之间进行，开展对口协商；第三层次在乡（镇）、基层单位与政协联络组、政协委员之间进行，开展协商、监督工作。

1995 年 12 月，县委召开全县人大、政协工作会议，对加强民主政治建设和人大、政协工作做出具体部署，会后分别下发《中共政和县委关于进一步加强人大工作的决定》和《中共政和县委关于进一步加强政协工作的决定》，要求各级党委应积极支持人大、政协履行职能，县委、县政府要把政治协商、民主监督纳入决策程序，重大事项要协商在党委决策之前、人大通过之前、政府实施之前。同时，建立县委、人大、政府、政协办公室主任联席会议制度。

1999 年 10 月，县委召开第二次政协工作会议，贯彻《中共福建省委关于进一步加强人民政协工作若干问题的决定》，建立政协领导参加有关会议制度：不是党委常委的政协主席（或党组书记）应列席同级党委常委会议和其他重要会议；政府全体成员会议、有关常务会议和其他重要会议，应请县政协领导或政协办公室、有关专委会负责人参加。同时，坚持重要工作通报制度，县委、县政府每半年向政协通报一次工作情况，并就全局性工作和经济、政治及社会发展中的重大事件，及时向政协作专题通报，民主政治建设更加规范化、常态化。

2005 年 10 月，县委第三次召开全县人大、政协工作会议，会后分别下发《中共政和县委关于进一步做好人大工作的决定》和《中共政和县委关于进一步做好政协工作的决定》，分别对人大和政协工作做出具体规定，县人大常委会增设城乡建设环境保护工作委员会；县级人大代表经费由年人均 300 元提高至 500 元。同时，进一步规范政治协商工作，明确政治协商主要形式有：政协全委会议、常委会议、主席会议、常委专题会议、专门委员会会议以及以政协名义召开的其他会议。相继在人大代表和政协委员中聘请特邀监察员、检察员、审计员、教育督导员和党风廉政建设监督员等，民主政

治建设制度更加完善。

二、地方政权组织与选举制度改革

根据第五届全国人民代表大会通过的《中华人民共和国地方各级人民代表大会和地方人民政府组织法》（以下简称《地方组织法》）和《福建省关于乡镇人大主席团工作的暂行规定》，1987 年换届选举时起，在乡（镇）设立人民代表大会主席团，作为乡（镇）人民代表大会常设机构。乡（镇）人大主席团由乡（镇）人民代表大会选举产生专职的常务主席或副主席（配专职秘书或干事），主持本级人大工作。乡（镇）人大主席团履行贯彻执行县人大常委会的决议、决定，联系选民和开展代表活动，监督同级政府各项工作，召开本乡（镇）人民代表大会，选举产生县、乡（镇）人民代表和正、副乡（镇）长等职责。1996 年，改乡（镇）人大主席团常务主席为乡（镇）人大主席。1989—1997 年间，全县共设 9 个乡（镇）人大主席团。1998 年，随着岭腰乡的成立，全县乡（镇）人大主席团增至 10 个。

县、乡（镇）两级人大代表和国家机关工作人员的选举，均依法采用票决方式进行。1993 年以前，县、乡（镇）两级人大代表每届任期均为 3 年。1994 年起，根据修订后的《中华人民共和国宪法》和《地方组织法》等法律法规，县级以上每届任期由 3 年改为 5 年，乡（镇）任期不变。2004 年，《中华人民共和国宪法》和《地方组织法》再次修订，规定地方各级国家机关每届任期均为 5 年，县、乡（镇）两级换届选举 2005 年起同步进行。

三、健全行政诉讼制度

1989 年 3 月，县人民法院受理第一件行政案件。1990 年 10 月，《中华人民共和国行政诉讼法》（以下简称《行政诉讼法》）正式实施。1991 年 8 月，县政府设立行政复议办公室（1997 年 3 月撤销后职能交由政府办公室承担），行政诉讼体制进一步完善。1994 年 5 月，县人民法院召开行政执法工作座谈会，审计、公安、环保、卫生、工商等 43 家具有行政执法职能的单位参加会议，行政诉讼进一步规范化。1996 年，县人民法院共审执结行政案件 96 件。至 2005 年，县人民法院共审结行政诉讼案件 197 件，审结非诉行政申请执行案件 368 件，为行政机关提供法律咨询 93 次，提出有关司法建议 29 条。

四、建立法官制度

1992 年 9 月起，实行司法警察警衔制度，根据《中华人民共和国警察条例》规定，对现任司法警察依据其工作年限、现任职级及其德才表现分别授予警衔，至 2005 年年底，在县法院 8 名司法警察中，由省高级人民法院授予一级警督 1 名，一级警司 1 名，二级警司 2 名，三级警司 4 名。

1995 年 5 月，贯彻实施《中华人民共和国法官法》。当年，县人民法院根据《中华人民共和国法官法》的规定，全面开展初任法官评选工作。通过严格考核，依照德才兼备的标准，在参加过国家统一司法考试、接受法律培训并获得专业证书且具备法官任职条件的人员中，择优提出人选，经再考核合格后，由本级法院党组按不同等级上报省高级人民法院法官考评委员会核准，四级高级以上（含四级高级）法官由最高人民法院颁发法官证书，四级高级以下法官则由省高级人民法院发给法官证书。至 2005 年底，县人民法院共有四级高级法官 11 名，一级法官 15 名，二级法官 10 名，三级法官 2 名，五级法官 1 名。同时健全法官培训机制，多批次组织法官报考最高人民法院创办的全国法院干部业余法律大学“全科班”或“法律专业证书班”学习，至 2005 年，有 22 人取得全科毕业证书，8 人取得法律专业证书，另有 5 名干警取得国家司法考试合格证书。

五、建立检察官制度

1995 年 7 月，《中华人民共和国检察官法》正式实施，检察官制度开始在全国施行。1998 年 11 月，经上级检察部门评定，县检察院首次获核准四级高级检察官 2 名，一级检察官 6 名，二级检察官 11 名，三级检察官 10 名，四级检察官 5 名；一级警司 2 名。

2002 年 11 月，县检察院张晓丽参加全省检察机关主诉检察官全程考试获得通过，2003 年 5 月被任命为县检察院首位主诉检察官。在实行检察官制度的同时，结合检察机关内部机构调整，改革干部人事制度，对10个中层正、副职实行竞争上岗，一般干警实行双向选择，从而形成新的用人机制。

第二节　党政机构改革

20世纪90年代末以来，政和县党政机构先后经历3次重大改革。

1997年3月，根据中央和省、市的有关文件精神，按照政企职责分开和精简、统一、效能的原则及强化政府宏观管理职能，减少微观管理和直接管理，科学设置机构的要求，对党政机构进行改革，通过改革，县级党政机构从原来的58个减为39个，精减32.7%，其中工作机构32个（县委系统5个，政府系统27个），部委办局管理机构5个，议事协调机构2个。全县9个乡（镇）均按二类乡（镇）编制进行改革，党政机关统一设置5—6个综合办公室。

2002年4月，根据中央和省、市的有关文件精神，部署第二轮党政机构改革。重点是突出政企、政事、政社分开，简化行政审批事项，把政府职能切实转变到加强经济调节、社会管理和公共服务等方面上。具体做法是：机构设置以职能的科学配置为基础，参照上级对口部门的职责管理划分事权，党政机构设置分为工作部门、部门管理机构、派出机构和议事协调机构。乡（镇）党委、政府设立综合办事机构。改革按县级《党政机构改革方案》和部门、乡（镇）“三定”规定办理程序进行。经过改革，党政机构共设30个工作部门（其中县委系统9个，政府系统21个），比原来减少2个；部门管理机构7个（其中县委系统3个，政府系统4个）；议事协调办事机构3个（县委1个，政府2个）。县级党政机构的内设机构由原来的194个减为165个，精简15%。乡（镇）党政机构除二类乡岭腰乡设5个办公室外，其余9个一类乡（镇）均设党政综合办、经济发展办、社会事务办、财政办、社会治安综合治理办和计划生育办等6个办公室。同时，分两批累计改革行政审批制度397项，其中第一批在41个部门单位取消审批项目211项，改变审批类型49项，市场化运作11项。第二批取消25个部门单位审批项目126项。这次改革，实现从原来注重压缩数量规模的“外延式”改革，到突出转变政府职能的“内涵式”改革的转变。

2005年，根据中央和省、市有关文件要求，进行第三次机构改革。县级党政机构仍设30个工作部门（县委系统9个，政府系统21个）；部门管理机构8个（县委系统3个，政府系统5个）；议事协调机构3个（县委系统1个，政府系统2个）；挂靠单位5个（县委系统2个，政府系统3个）。

第三节　干部人事制度改革

一、实行国家公务员制度

1989年开始探索干部人事制度改革新路子，为实施国家公务员制度创造条件。1994年，建立国家公务员制度工作进入实质性实施阶段，制订国家机关工作人员岗位培训计划，开展《行政管理学概论》《法学基础与行政法》《公务员应用文写作》《社会调查研究方法》《公务员行为规范》等5门公务员必修课程的培训，当年举办公务员培训班4期6个班，县直机关工作人员受训321人，乡（镇）机关工作人员受训136人。

1995年，为确保公务员过渡工作顺利进行，加大过渡培训力度，是年举办培训班17个班次，受训844人，其中县直党政机关工作人员483人，乡镇机关工作人员361人。另有42人参加南平市行政干校调训。

1996—1997年，贯彻《福建省国家行政机关工作人员培训实施意见》，继续实施公务员培训计划，两年中举办培训班15个班次，受训人员830人，其中县直机关468人，乡（镇）机关362人。另有62人参加南平市行政干校调训。

1998年，全县10个乡（镇）全面完成公务员过渡。县委组织部、县人事局在对违规进机关人员进行全面清理的同时，开始制订并执行公务员录用、考核、奖惩、职务升降、培训、辞退和申诉控告等制度。

1999—2000 年，正式入轨运行国家公务员制度，规范人事行政行为。至 2003 年 12 月 31 日，全县共确定各级别公务员 572 人，其中县直机关 464 人，乡（镇）机关 108 人。此后，至 2005 年没有大的变化。

二、干部管理改革

1989 年始，采取交流与培养相结合的办法促进干部成长，除先后选送 10 人到浙江、厦门、石狮等沿海经济发达地区挂职锻炼外，更多地在本县范围内实行干部异地、异岗交流，交流面达 33%左右。

1991 年，对党政群机关干部编制管理进行改革，当年 7 月起对全县参加工资改革的单位，一律实行编制卡片管理。是年开始，从县直机关选派科技人才分别到各乡（镇）挂职担任科技副乡（镇）长。1993 年开始，又向各乡（镇）选派挂职社会综合治理副乡（镇）长和计划生育副乡（镇）长。至 2005 年，共选派科技、综治及计生副乡（镇）长 90 名。

1997 年，推行公开选拔、竞争上岗的干部管理机制，当年组织 84 人报名竞争南平市安排的 10 个副处级领导干部职位，9 人进入面试，1 人获政和县副县长职位，1 人获南平市商业集团公司副总经理职位。

2000 年 10 月开始，全面实行领导干部考察预告制，先后对 190 名考察对象实行考察预告。

2001 年，县委出台《政和县党政机关推行竞争上岗实施意见》，当年有 2 人通过综合笔试、面试和全面考核分别走上团县委和林业公安分局领导岗位。此后，先后有交通局、林业局、国土资源局、财政局、建设局、检察院及石屯镇、东平镇等 26 个单位实行竞争上岗，至 2005 年，共有 342 名县直机关和乡镇干部参加 58 个职位的竞争上岗。

2002 年 4 月，县委先后出台《关于政和县县级党政机关人员分流安排实施意见》《关于规范管理离岗经商进入经济建设主战场的行政事业单位工作人员的通知》，制定鼓励机关干部进入经济建设主战场、离岗待退及提前退休等规范管理办法和优惠政策，并对超职数配备干部的单位，通过干部交流或从领导职务转任非领导职务等办法分流消化部分干部职数。7 月，贯彻中共中央下发的《党政领导干部选拔任用工作条例》，坚持选拔任用干部六项程序，县委相继制定和完善推荐干部责任制、干部考察工作责任制、干部任用试用期制、乡镇党政正职任用票决制、干部任用公示制等一系列制度，从而规范干部选拔任用工作。2002—2005 年，共有 6 批次 35 名干部通过县委全委会票决走上乡镇正职领导岗位。此后，全委会票决制成为选拔任用领导干部常规制度。

三、人才队伍建设管理改革

1989 年 3 月，成立人才交流服务中心（隶属县人事局），开始对全县不同类型人才进行分类登记，同时建立人才信息库，及时发布人才供需信息，向社会各界推荐各类大、中专毕业生。

1993 年后，国家改革大中专毕业生分配制度，由统包统配逐步过渡到自主择业，实行双向选择，为此县人事部门进一步加强人才数据库建设，拓展人才市场，组织参加各类人才招聘会，促进人才流动。

2002 年，开始办理人事代理服务，当年办理人事代理 18 人。

2004 年对全县非公有制单位人才结构和人才需求展开调研，当年为这些单位引进各类急需人才 15 名。同时，对这些人才提供人事关系档案寄存、建立档案工资、转正定级、工龄计算等多种代理服务。

2005 年，设立人才交流服务中心专门账户，为人事代理对象办理养老保险、医疗保险、失业保险等各项社会保险金缴纳工作。至 2005 年年底，全县共有人事代理对象 175 名，县人才交流服务中心为他们代理工资核定、工资晋级、职称评定、流动分配及档案管理等人事委托业务。

第二章　经济体制改革

第一节　农村经济体制改革

一、土地承包责任制

1989年，继续贯彻中央关于农村改革的各项指示精神，进一步完善家庭联产承包责任制，当年初全县810个村民小组全部实行家庭联产责任制，参加联产承包的农户30298户，占农户总数的99.6%。

1992年上半年，为解决部分农村劳动力转移后，一些缺劳动力家庭粗放经营，甚至耕地抛荒等问题，县委、县政府开始在东平和石屯两个镇实施“双田制”（即口粮田和责任田）的双层管理体制试点，取得经验后在全县推广，是年底全县9个乡（镇）112个村全面实行以家庭承包为主的双层经营体制。

1994年，为加强农业承包合同管理，县委、县政府转发县农委《关于加强耕地承包管理意见》，遵循大稳定、小调整和尊重群众意愿的原则，对部分承包地进行调整。县成立农业承包合同管理委员会，各村也相应成立合同管理领导小组，到1998年，全县共签订承包合同4.40万份，签订合同的农户37324户。是年10月，根据中共中央办公厅、国务院办公厅《关于进一步稳定和完善农村土地承包经营的通知》和省委办公厅、省政府办公厅的贯彻意见，县委、县政府又批转《政和县稳定和完善农村土地承包工作方案》，成立延长土地承包办公室，贯彻落实中央关于延长土地承包期30年不变的政策，再次对承包地进行适当调整。至1999年10月，全县832个村民小组中，有814个顺延承包期，占总数的97.81%；43495户领取《农村集体土地经营权证书》，占农户总数的98.2%。另有3个村民小组对耕地作全面调整承包，15个村民小组对承包地进行小调整。

二、土地流转与农业产业化

（一）土地流转

1990年以后，随着农村“双田制”的推行和城市各项改革的不断深入，大量农村劳动力转移到城镇从事二、三产业或到上海等城市务工，其承包的土地往往以转包、转租等形式流转给种田大户或亲朋好友，也有部分由外乡劳力承接耕种。2005年年底，全县有4个乡（镇）49个村6960公顷稻田流转给种田能手或大户耕种。

（二）农业产业化

1990年，成立由县长任组长，分管领导任副组长的农业产业领导小组，具体负责指导和协调农业产业化工作，制定发展规划。按照“调高产品档次，调大基地规模，调新开发方向，调活运作机制，调优区域经济，调强新兴产业”的要求，充分发挥区域和资源优势，重点发展特色产业，以培育龙头农业产业为突破口，通过龙头企业建基地，基地联农户方式，加快农业产业化进程。

1995年，县委、政府提出“菇菜猪起步，茶竹果腾飞”的发展方略；2000年，县委、政府根据“稳定菇业，优化茶业，巩固竹业，发展果业，开拓烟药业，壮大畜牧业”的思路，着力发展山区特色产业，并成立锥栗领导小组，制定《政和县实施锥栗产业化意见》；2001年和2005年，又先后提出“建设可持续发展的生态优高农业县”的战略目标和“绿色食品基地、产业承接重地、边贸物流旺地和生态旅游胜地”等“四地”建设方针，加速农业产业化和规模经营进程。经过数年努力，形成茶、竹、锥栗、烤烟、蔬菜、食用菌、茉莉花等规模化经营的特色支柱产业。至2005年，全县茶叶种植面积4896.30公顷，年产量7461吨；毛竹面积23533.30公顷，立竹量5118万根。全县有竹木加工企业

20余家，竹木加工户70多户，加工笋干3937吨；锥栗种植面积10000公顷，产量5317吨，被国家林业局授予“中国锥栗之乡”称号，其拳头产品“大榛王”商标被国家工商局认可注册所用，先后被中国经济林协会评为闽北知名商标、被国际（厦门）经济林产品交易会评为中国名优果品；烟叶种植面积251.6公顷，产量640.3吨，亩产值达1847.8元，且种植规模逐年扩大，成为发展前景良好的产业。

1995年开始大力发展蔬菜产业，种植面积发展到2279.40公顷，产量41124吨。当年在县良种场开始试种大棚蔬菜获得成功。1997年，在镇前、杨源及澄源等高山区乡镇试种反季节蔬菜也获得成功，从而形成常态种植、大棚种植及反季节种植相结合的规模经营方式。2005年，全县蔬菜种植面积4738.1公顷，产量84639吨，其中反季节蔬菜面积近670公顷，产量近20000吨。

20世纪90年代初，县委、县政府根据当地资源优势，提出大力发展食用菌生产，成立食用菌开发研究中心，1997年高峰时期生产规模近1亿袋，产值3.40亿元，占农业总产值的46%，曾获“全国食用菌先进县”称号，但也因无序生产引发森林过度采伐，出现破坏生态平衡问题。县委、政府及时采取措施，根据“稳定食用菌生产，限制木腐菌生产，发展草腐菌和珍稀菌生产”原则，对食用菌产业进行调整，从1998年起产量逐步减少，但仍保持一定规模，2005年产量1762吨。

茉莉花栽培始于20世纪70年代，但规模不大。此后随着茶业生产的发展和茶叶加工企业的迅速增加，茉莉花生产规模化、产业化进程加快，石屯镇建成茉莉花生产基地。2004年，全县种植茉莉花442公顷，年产量2506吨。是年石屯镇被省林业花卉协会授予省级花卉示范基地称号。2005年，全县茉莉花种植面积和产量基本保持在上年水平，是仅次于广西横县的全国第二大茉莉花生产县。

三、农村社会化服务体系与建设

（一）农技服务体系建设

农业科技服务网络　1989年后农技服务网络建设逐年加强，县有农业技术推广站，乡（镇）设立科技服务管理站（农技站），为农民提供各种新技术的培训、指导普及、推广及农作物病虫害的防治等服务。1996年开始，农业服务部门先后创办各类产业科技示范基地，如县农办花菇生产科教示范基地，农业、畜牧部门办母猪繁育基地和反季节蔬菜示范基地、速生丰产锥栗示范基地等。

1999年，根据南平市委、市政府提出的“高位嫁接、重心下移、一体运作”的要求，实施科技特派员驻村服务机制，是年选派科技特派员12名，2002年选派97名，重点对偏远贫困村的食用菌、茶叶、锥栗、蔬菜、烟叶等特色产业进行产前、产中和产后的技术指导和营销服务，科技特派员初为每年一派，2004年起改为每三年一派。

2004年起实施农民技术员聘用制，是年7月，通过村级推荐，乡（镇）考核，县农业部门考试筛选，聘任第一批农民技术员。2005年，农民技术员发展到144人。当年选派科技特派员67名。

农业技能培训服务网络　1989年以后，县科技、农业部门及电大、职业中学等单位，都根据农业产业发展需要，定期或不定期举办各类农业实用技术培训班；乡（镇）则依托文化中心（站）开展农技培训；村则建立文化中心户和科技示范户。

1989年7月，成立中国农村致富技术函授大学福建省南平分校政和辅导站，当年招收学员23名。1991年11月，正式成立福建省农村致富技术函授大学政和县分校，当年招收学员232名。办学规模及培训面逐年扩大，2000年招收学员增至670名，2005年再增至804名。

1989—2005年，县农函大共招收培训学员9380名，培训专业包括食用菌、锥栗、蔬菜、烟叶、茶叶、竹业等25个。

（二）农资、农机服务体系建设

1992年，县供销社改革经营方式，成立县农资联合总公司，不断完善县、乡（镇）、村三级连锁服务网，充分发挥“庄稼医院”“农技咨询站”等服务功能，2005年，服务网点已覆盖全县80%的村。同时，建立以县种子公司为龙头，依托乡（镇）农技站，开展县、乡（镇）联营的良种供应服务体系。农机服务则以县农机总站为主体，由农机推广、农机监理、农机学校及乡（镇）农机站共同构建的服务网络，为农民提供服务。

（三）农民专业合作组织建设

1989—1992年，推广“公司+农户”模式，发展订单农业。1992年底组建县高山农业开发总公司，引导农民发展特色农业。1994年，全县农村集体、合作龙头企业发展到15家，加盟农户1.12万户，遍布9个乡（镇）87个村，发展项目包括食用菌、茶、果、芦笋、魔芋、甜椒、萝卜、西红柿等21个，当年产值12942万元。

2002年3月，石屯镇组建茶叶专业合作社，加盟农户150户，为全县第一个农民专业合作组织。

2003年，先后成立星溪乡东峰蔬菜协会、铁山锥栗专业合作社、江上蔬菜专业合作社、东平锥栗专业合作社、杨源大溪蔬菜专业合作社5个农民经济合作组织。

2004年6月，杨源乡成立反季节蔬菜专业合作社。

2005年5月，澄源乡组建下榅洋茶叶专业合作社。是年底，全县共有各类农民专业合作组织14个，吸纳种养、加工、流通大户2800余人。

四、农村税费和金融体制改革

（一）农村税费改革

2000年6月，政和县开始农村税费改革前期准备工作。2003年10月，根据《福建省农村税费改革试点方案》，县财政部门按照“五个取消、一个稳定、一项改革”的要求逐一落实。从是年起，取消统筹费；取消农村教育集资等专门向农民征收的行政事业性收费和政府性基金、集资；取消除烟叶及原木收购环节特产税外的其他农业特产税；取消屠宰税；取消统一规定的劳动积累工和义务工。同时，稳定农业税政策，改革村提留征收和使用办法。对当年已征收部分，按改革方案规定全部退还。当年，中央和省上安排税改转移支付补助1414万元，县财政配套122万元，全部兑现到乡（镇）、村和学校，做到专款专用。

2004年，执行省政府决定，县取消种粮耕地的农业税。

2005年，执行省政府决定，取消除烟叶特产税外的其他特产税和农业税，至此，向农民直接征收2000多年的农业税收画上句号。通过农村税费改革，全县每年可减轻农民负担877万元，减负率达70%。

（二）农村金融体制改革

1989年以来，农村信用社作为农业银行的基层机构，由农业银行对其实行政策上的领导和业务上的指导，县信用联社则在县农行领导下开展工作，其人事、资金、信贷业务均由农业银行承担。20世纪90年代初，开始在全县农村信用社推行经营目标责任制，实行指标考核和超利分成办法，并开展会计达标工作。

1996年6月，贯彻国务院《关于农村金融体制改革的决定》，对农村信用社管理体制进行重大改革，建立和完善以合作金融为基础，商业性金融与政策性金融分工协作的农村金融体系。是年9月30日，县农村信用社正式与县农行脱离行政隶属关系，成为独立法人单位，其业务管理和金融监管分别由县信用联社和政和人民银行承担。

2004年8月，依照“明晰产权关系，强化约束机制，增强服务功能，国家适当支持，地方政府负责”的要求，对信用社体制再次进行改革，信用社的管理改由省级人民政府负责。政和县撤销原信用社法人资格，成立县级统一法人资格的信用社联合社。

2005年12月，县农村信用社获准认购央行专项票据1545.90万元，并与县人民银行正式签订专项票据认购协议。

第二节　工业体制改革

一、企业经营机制改革

1989年初，县政府出台《关于工业企业引入竞争机制实行招标承包的试行方案》，按照目标管理责任制，厂长、经理负责制，党、团、工会配套的“两制一配套”要求，进一步深化和完善各项改革，并在县化工厂、酒厂进行招标承包改革试点。是年，全县国有和集体企业有11家推行企业内部分段承包责任制，12家实行工效挂钩，28家实行计件工资或半浮动工资，7家试行优化组合。同时，经委系统把风险机制引入企业，在3个企业试行风险抵押；在县水轮机厂、木材加工厂等5个企业试行“共保合同”，使企业和职工之间的责、权、利关系具体化和契约化，从而变厂长（经理）一人承包为全体职工共同承包，至2005年不变。

1990年，进一步对承包形式进行改革，对骨干企业主要实行包上缴利润，包技术改造任务，工资总额同经济效益挂钩的“两包一挂”办法，上缴利润则采取基数包干或递增包干，超收按实现利润分成。对小型和微利、亏损企业，则实行上缴利润定额包干，超利分成或超利全留的承包形式。是年，有17家企业实施共同合同体制，并在茶厂等8家工业企业开展企业民主制度建设试点，至1991年，全县有29家国有企业推行共保合同，50家全民、集体企业建立企业民主管理制度。

二、建立现代企业制度及股份制改革

1993年，对县水泥厂、水轮机厂、化工厂等6家国有企业和竹木厂等12家二轻集体企业“松绑”放权，并实施人事制度、劳动用工制度及工资分配制度三项改革，实行二层领导及干部聘用制，全县10家企业100多名管理人员受聘；企业招工和人员流动根据生产情况由企业自主决定；实行以岗位技能工资、计件工资、工效挂钩工资等多种形式相结合的复合型工资分配制度。是年，全县有10家国有企业1808人依法与企业法人代表签订劳动合同，203人采取厂内退休、厂内转业发展第三产业或停薪留职等形式进行安置。

1996年9月，县电力公司与九层际电站实行发电、供电分离，电站从电力公司剥离，成为独立核算企业。

1997年开始，对部分国有工业企业进行产权制度改革，县化肥厂、铅锌矿、酒厂、水轮机厂、印刷厂、化工厂等10家企业改制为民营企业，原企业职工采取由新企业聘用，置换身份，或厂内退休等形式进行分流。是年10月，县水泥厂、水轮机厂分别改制为华厦水泥有限责任公司和水轮机制造有限责任公司。

1999年7月，政和电力公司正式划归省电力公司代管。2002年12月，实行厂网分离。2003年6月，县政府与省电力公司签订供电企业股份制改革协议，按省电力公司70%，政和国投公司30%的股权比例（原县电力公司资产上交县国投公司）重新组建县供电公司，公司法人代表由省电力公司选派，从而形成新的法人实体。当年12月26日，县供电公司正式挂牌。

2004年6月，政和水轮机有限责任公司改制为股份合作制的政和七星水轮机制造有限公司。

至2005年年底，全县经贸口工业企业解除劳动合同职工3364人，其中1103人由原企业返聘上岗，2261人自谋职业。

第三节　宏观调控体制改革

一、财政体制改革

政和属财政困难县，财政支出大于收入，需依靠中央及省、市补助。1989年，根据保农业、保教育、保改革因素出台和压缩行政管理费、压缩公用经费、压缩社会集团购买力的“三保三压”原则进行财政预算管理。

1990—1993 年，按照“保吃饭，促改革，扶重点”原则，进一步完善预算包干办法，实行“划分收支、核定基数、定额缴补、增收多留、分类包干、自求平衡”的预算管理体制，并严格执行经费与编制挂钩和经费首长负责制。

1994 年，进行分税制改革，实行“税后还贷，税后分利”体制。行政事业单位实行“核定预算，包干使用，超支不补，节余有奖”的预算管理办法。

1998 年加大财政制度改革力度，是年 1 月起，执行《财政总预算制度》《行政单位会计制度》《事业单位会计制度》和《事业单位会计准则（试行）》等一系列新的财政法规，同时，实行借贷记账法。

1999 年，成立政府采购办公室，实行政府采购制度。

2000 年，按照“调整结构，确保重点，压缩一般，加强管理”原则，实行“编制给钱”制度，剥离一切不应由财政负担的支出。同时，在原有企业养老基金、机关养老保险基金和下岗职工再就业基金等实行“收支两条线”管理基础上，把工伤保险基金和生育保险基金也纳入专户管理，集中支付。是年，县直全额预算行政事业单位离退休人员经费纳入国库统一支付。

2001 年，进行支出预算编制改革，组织试编单位的部门预算，对县直行政事业单位实行综合包干定额预算和按金额预算两种办法。是年，出台《关于加强基层计生单位财务管理的有关规定》。

2002 年，改革农村教师工资管理办法，全县农村中、小学教师工资收归县管。当年，县直机关工作人员工资国库统一支付面达 99.6%。

2003 年，继续推进部门预算改革，实行零基预算及定员定额编制办法。同时，县财政部门进行财政票据信息化改革，在全市率先推行“电子开票，自动核销，全程跟踪，源头控制”的管理模式。

2005 年，改革乡（镇）干部职工工资管理办法，全县乡（镇）干部职工工资纳入国库统一支付，实现全县干部职工工资国库统一发放目标。

二、税务体制改革

1989 年 10 月，全县国有企业全面实行利改税单轨制。1991 年，将原《中外合资经营企业所得税法》和《外国企业所得税法》合并为《外商投资企业和外国企业所得税法》，税种有所变化。1993 年，工商税制共有流转税类、所得税类、财产和行为税类、资源税类、特定目的税类、涉外税类和农业税类等 7 大类 37 个税种。通过改革，确立以商品课税为主体的税制结构，建立涉外税制，恢复或开征一些新税种，形成多税种、多环节、多层次的复合税制，初步完善税收体系。

1994 年，按照“统一税法，公平税负，简化税制，合理分权，理顺分配关系”的基本原则，实施分税制改革，确立由流转税、所得税和财产税等三大税组成的复合税制，通过改革，基本建立起与社会主义市场经济相适应的税制体系，税种设置由原来的 37 个减为 23 个。具体是：1. 全面改革流转税。以实现规范化的增值税为核心，相应设置消费税、营业税，建立新的流转税课税体系，对外资企业停止征收原工商统一税，实行新的流转税制。2. 对内资企业实行统一的企业所得税，取消原来分别设置的国有企业所得税、国有企业调节税、集体企业所得税和私营企业所得税。同时，废止国有企业承包上缴所得税的包干制。3. 统一个人所得税，取消原个人收入调节税和城乡个体工商户所得税，对个人收入和个体工商户生产经营所得统一执行修订后的个人所得税法。4. 调整、撤并和开征其他部分税种，如调整资源税、城市维护建设税；取消集市交易税、牲畜交易税、燃油特别税、奖金和工资调节税。盐税并入资源税；特别消费税并入消费税。开征土地增值税、证券交易印花税。

自 2001 年 1 月 1 日起，取消车辆购置附加费，开征车辆购置税及车船使用税。2004 年 1 月，对出口退税制度进行改革，降低出口退税率。2005 年又分期分批调低或取消部分高耗能、高污染、资源性产品和纺织品的出口退税率，同时适当提高重大技术装备、生物医药等产品的退税率。2005 年，对农业税进行重大改革，是年下半年全面取消农业税，使延续 2000 多年之久的“皇粮国税”从此退出历史舞台。

三、金融体制改革

（一）信贷体制改革

20 世纪 80 年代中期以后，改“差额控制”为“差额包干”，包干范围从原来的部分存贷款项目扩大为全部存贷款项目。县人民银行与各专业银行之间则实行“统一规划，划分资金，实贷实存，相互融通”的信贷管理体制。1990 年后，各专业银行逐步成为商业银行，县人民银行对信贷总量的宏观调控，也由原来的以规模限额管理的直接控制为主，逐步转变为运用资产负债比例管理的间接控制管理为主，并以“条块结合”的方法分配贷款限额。变专业行上下级之间的调拨关系为借贷关系；变县人民银行对专业行的单纯资金供应为资金调控。2000 年起，各专业银行对信贷资金管理又进行多项改革，如对企业资金需求从不分主次、优劣改为通过评定信用等级，区别对待，扶优限劣；银行内部贷款审批，由原来核定各级审批额度改为成立审贷委，实行审贷分离制度；信贷投入由原来的信用手续，改为担保抵押办法等。

（二）经营管理体制改革

1. 信贷资金实行计划单列。1989—1995 年信贷资金均由上级银行安排，从 1996 年开始，建行、农行均推行信贷规模和资产负债比例管理相结合的办法。农行对营业所则实行“统一计划，核定资金，县辖控制，实借实存”的信贷资金管理制度。

2. 实行贷款按期限管理制度。1991 年后，实行审贷分离及到期贷款摧收制度，建立健全信贷员包放、包收、包效益的“三包”机制。

3. 实行储蓄所承包管理办法，承包方式随经济发展形势变化而变化，且各银行有所不同。

4、实行各行行长负责制和任期目标责任制；对中层股室则实行岗位责任制。

（三）机构撤并和外部环境改革

1994 年 7 月，县成立农发行代理小组，原由政和农行经营的国家粮油储备和农副产品合同收购、农业开发等政策性贷款和代理财政支农资金的拨付、监督使用业务从农行分离出去，由农发行代理小组营运。1996 年 8 月，农村信用社与农业银行脱离行政隶属关系，其业务管理和金融监管分别由农村信用社县联社和县人民银行承担。1998 年 6 月，为保证粮食体制改革顺利进行，由农业发展银行办理的扶贫、开发贷款等重新划归农行，按商业性原则办理。1999 年，国家为深化金融改革，整顿金融秩序，组建资产管理公司，专门收购并经营四家国有商业银行的不良资产，以减轻四家国有银行的历史包袱，提高经营效益。是年，县工行剥离到省华融公司不良贷款 7434 万元；县农行剥离到长城资产管理公司不良贷款 4350 万元；县建行剥离到信达资产管理公司不良贷款 1263 万元。2000 年 7 月，县工商银行撤并到建瓯市工商银行，原县工行所属 10 个储蓄所也随之撤销，原有储蓄存款金额划归政和农业银行接收，分流职工 58 人。2004 年 12 月，农业发展银行代理组撤离政和，政和农业银行不再代理农业发展银行业务。

第四节　流通体制改革

一、国有流通企业改革

1989 年，继续完善企业经营承包责任制，实行全员风险抵押，参加职工 390 人，占职工总数的 90%，收风险金 18.50 万元。企业全部放开经营，除国家明令禁止不得经营的商品外，所有商品和相关行业均可经营。经营方式上可实行批零兼营、代购代销、联购联销、合资合作、参股经营等。

1992 年起，国有商业系统内陆续实行职工分柜组、门点招标经营承包，人员自由组合，包上交任务，资金自筹、费用自理、盈亏自负、超收全留、歉收自补。实行承包后的企业性质不变，隶属关系不变，职工身份不变。这一时期，随着流通领域改革政策的相继出台，民营企业迅速发展。1995 年后，在旧城改造过程中，县饮服公司、五交化公司、百货公司、钟表眼镜公司、商业贸易公司、饮服公司南门服务楼、糖酒副食品公司等相继拆迁，国营商业企业经营网点全部撤销，退出流通市场，个私商贸企业成为市场主体。至2005年，全县个私商贸经营网点发展到2268个，从业人员5337人。

二、主要商品购销体制改革

1989年后，日用工业产品逐步打破封闭式的调拨体制，建立多渠道、少环节、开放式、网络型的批发体系。同时，打破固定供应区域、固定供应对象、固定倒扣作价率的“三固定”供货限制。国有百货、糖酒、五交化、商业贸易等批发公司均改为自由经营的经济实体，各批发企业之间，批发企业与零售企业之间，都可以建立直接的供货关系，可以为生产企业经销、代销、代理产品销售，或与生产企业联营联销。生产企业也可与销地商业批发、零售企业直接挂钩或联营，从而形成新的商品购销体制。

1990年后，随着市场经济的发展和农业结构的调整，茶、笋、菇、锥栗及反季节蔬菜等特色农产品生产逐步规模化，产量不断增加，外地客商大量进入境内收购，本县流通队伍也不断扩大，农副产品购销完全市场化。

1997年12月，县政府成立农副产品信息中心，构建起农副产品购销服务平台。该信息中心相继与全国供销总社农副产品信息中心的“中佳信息网”及南平市政府农副产品流通信息中心联网，从而形成一条现代化的农副产品购销渠道。通过这条渠道，2002年促成商品购销成交额660万元。2003—2005年，共促成商品购销成交额达2770万元。

第三章　社会保障体制改革

第一节　基本养老制度改革

一、职工基本养老保险

1989年，根据省政府有关文件精神，建立以县为统筹单位的法定基本保险与补充保险相结合的职工养老保险制度，采取固定工退休费用实行社会统筹保险办法，劳动合同制职工实行退休养老保险金制度，临时工实行储存积累的养老保险等三种养老保险形式，当年全县112户各类企业单位3548名在职职工参加基本养老保险。

1991年，将外商投资企业中的中方职工纳入养老保险退休统筹范围。1992年，推行私营企业和个体劳动者基本保险，实行个人按工资总额比例缴费的养老保险办法。1995年后，对养老保险缴费办法和养老金发放多次进行调整和完善。至1997年，全县共有991户城镇各类企业单位36914名在职职工参加基本养老保险，离退休养老人数达7234人。

1998年1月起，进一步对养老金制度进行改革，基本养老金的构成包括基础养老金和个人账户养老金；企业离退休养老金全面实行社会化发放。2004年1月起，城镇灵活就业人员被纳入企业保险范围。1998—2005年，全县新增597户城镇各类企业单位32949名在职职工参加基本养老保险，离退休养老人数12492人。

二、机关事业单位社会保险

1994年5月，成立县机关事业单位养老保险公司（隶属县人事局）。1995年1月10日，县政府出台《政和县机关事业工作人员退休养老保险实施意见》，全县机关事业单位工作人员退休养老制度正式开始执行。是年，统筹单位23个，统筹人数278人。1996年1月，根据省人事厅《关于机关事业工作人员退休养老保险有关问题的意见》，进一步完善机关事业工作人员退休养老制度。1996—2000年，统筹单位增至307个，统筹人数达3982人，征收保险金额1025万元，享受待遇730人，支付养老金788万元。

2001年3月，县机关事业单位社会保险公司划归县劳动局归口管理。此后，对机关事业单位人员养老保险参保范围及对象、缴费基数和比例等，根据实际情况多次进行调整和完善。2001—2005年，全县共统筹单位459个，统筹人数5999人，支付养老金1805万元。

三、农村社会养老保险

1992年6月，政和县被国家民政部确定为全国农村社会养老保险试点县之一，开展农村社会保险工作，是年成立县农村社会保险公司（隶属县民政局），各乡（镇）相继成立农村社会保险站，具体负责实施。1993年，又相继推出村干部、乡镇企业职工、计划生育对象等8个系列险种，不断扩大覆盖面。2000年5月，农村社会保险公司划归县劳动局管理。1992—2005年，全县参加普通农民养老保险6330人，村干部养老保险665人，义务兵养老保险816人，乡镇企业职工养老保险157人，计划生育对象养老保险776人，升学婚嫁保险2027人，老人平安保险612人，私立幼儿教师养老保险80人。14年中共办9个险种，参保人数达12100人，覆盖全县10个乡（镇），领取养老金人数292人，支付养老金66万元。

第二节　建立和完善职工失业保险制度

至1989年，全县列入职工待业保险基金筹集的单位123个，参保人数4220人。1992年，待业保险基金实行全市统筹、省级调剂办法。1993年，随着劳动用工制度改革的不断深化，待业保险参保对象也由国有企业扩大到县以上集体所有制企业、股份制企业、劳动就业服务企业、外商投资企业和台资投资企业职工。1994年，改“待业保险”为“失业保险”，并在此后多次调整失业保险基金的缴纳标准和比例。1999年，贯彻实施国务院《社会保险费征缴暂行规定》和《失业保险条例》，失业保险的实施范围进一步扩大到事业单位、社会团体和其他所有城镇企业职工。2002年，实施国有企业下岗职工基本生活保障与失业保险政策并轨，企业富余人员在办理解除劳动关系手续进入失业后，按规定享受失业保险待遇。2005年底，全县共有1255个单位83389名职工参加失业保险，11063名人员享受失业保险待遇。发放失业保险金61万元。

第三节　社会救济制度改革

1997年9月，县政府制定《政和县城区居民最低生活保障暂行办法》，从当年10月1日起，开始实施城区居民最低生活保障制度，确定保障线为单人户月人均60元，多人户月人均40元。

1998年，县政府制定《政和县农村居民最低生活保障暂行办法》，从当年6月1日起开始实施农村居民最低生活保障制度，其保障线与城区居民相同。城乡居民最低生活保障制度实施后，把原享受定补的城乡“三无”（无生活来源、无劳动能力、无法定赡养人或抚养人）对象全部纳入低保范围。是年全县城乡享受低保对象189户，373人，年发保障金4.1万元，其中城镇居民124户，258人，年发保障金3.1万元；农村居民65户，115人，年发保障金1万元。

2000年7月，根据国务院规定，扩大城镇居民低保面，并提高低保标准30%。是年底，全县纳入城镇低保对象223户，398人，年发放保障金19.7万元；农村低保对象99户，135人，年发放保障金9.7万元。此后，城乡低保对象逐年扩大，低保标准逐步提高。2005年，城镇低保对象增至565户，1706人，年发放保障金70万元；农村低保对象增至4018户，11880人，年发放保障金400万元。

第四节　住房制度改革

一、公有住房租金改革

1989年开始，根据国务院及省、市政府有关城镇住房制度改革的决定，进行住房制度改革各项准备工作。1993年，县政府出台《政和县关于深化城镇住房制度改革的决定》，首先对全县公有住房进行租金管理体制的改革，采用折旧费、维修费及管理费三项因素相结合计租的办法，将原先偏低的福利型房租，调整到双职工家庭平均收入的8%水平。调整后全县公有住房每平方米使用面积月租为：土木结构不低于0.50元；砖混结构不低于0.80元；框架结构不低于1.10元。同时，对享受住房面积按不同级别分别予以限定，超面积部分均按每平方米月租1.50元计收。

二、出售公有住房和集资建房

1997年6月，根据省政府《关于进一步深化城镇住房制度改革，加快住房建设的通知》精神，县政府成立住房改革办公室和工作小组，制定出售公有住房具体方案。随后，出售公有住房工作在全县机关及企事业单位全面展开，至2001年年底，全县共有65个单位出售公有住房78栋1153套，总面积8.07万平方米，收缴购房款1021万元。

在推行公房制度改革的同时，又根据省、市有关规定精神，允许单位集资建房。1989—2000年，全县共审批集资建房单位21个，建房430套，总面积36500平方米，集资建房单位共回收资金289.60万元。

三、建立住房公积金制度

1997年5月，根据国务院颁布的《住房公积金条例》精神，县出台《政和县住房公积金实施办法》，但由于地方财力等诸多客观因素，致使该项措施未能及时付诸实施。2003年12月，根据本县实际情况，在适当调整缴费比例后，全面实施住房公积金制度，按凡由县财政拨款的行政事业单位缴交率为财政1%，单位2%，个人6%，其他单位则参照此办法办理。到2005年年底，全县共有8600人缴纳住房公积金。

第五节　职工医疗保险制度改革

20世纪90年代，政和县职工医疗实行公费、劳保医疗制度和医疗费包干办法，年人均医疗费380元左右（不同年份有所调整）。2000年，根据国务院《关于建立城镇职工基本医疗保险制度的决定》精神，成立城镇职工基本医疗保险制度改革领导小组，开始组织实施职工基本医疗制度改革工作。是年12月，县政府下发《关于印发〈政和县城镇职工基本医疗保险制度改革实施方案〉的通知》，同时制定相关配套政策。2001年1月，县正式开始实行城镇职工基本医疗保险制度，原公费、劳保医疗制度同时废止。是年成立县医疗保险管理中心（隶属县劳动局），负责城镇职工医疗保险的各项管理工作。城镇职工基本医疗保险实行县级统筹办法，采用社会统筹和个人账户相结合模式，由统筹基金和个人账户构成。当年，首批参保行政事业单位107个，参保人员6653人，基金收入160万元，支出88万元。

2002年8月，启动国有企业及其解除劳动关系职工基本医疗保险。2005年8月，又将县级以上集体企业及其解除劳动关系职工、个私企业和灵活就业人员纳入城镇职工基本医疗保险范围。2001—2005年，全县参加城镇职工基本医疗保险单位224个，参保人数9644人，基金收入2956万元。

第六节　公费医疗体制改革

1989 年至 2005 年期间，公费医疗体制经历 3 次改革。

1990 年 12 月，县人民政府制订《关于公费医疗保险制的暂行规定》，成立公费医疗管理委员会，下设办公室（设在卫生局），配备专职人员，负责日常工作。规定于 1991 年 1 月 1 日实行医院承包制度。确定县医院和中医院为公费医疗承保医院，享受公费医疗人员可根据自己的情况，选择承保医院，进行投保。实行公费医疗经费由财政、单位、个人共同承担的办法，财政负责缴纳公费医疗保险金，保险金根据在职和离退休人员的经费标准（在职人员每人每年 70 元，离退休人员每人每年 300 元）和享受人数计算，由县财政局拨给承保医院包干使用。经公费医疗办公室审核后发给投保人员“就诊手册”，投保人执就诊手册可随时到承保医院就医。

1992 年，省财政厅、卫生厅通知公费医疗经费由医疗单位统一管理。随后，县人民政府对公费医疗保险制暂行规定做出相应调整。

2000 年，县医保中心成立，县级所属单位的公费医疗，由县医保中心负责管理，保险医疗费用由单位按人员工资额的 9%（含个人 2%）上缴医保中心。享受公费医疗者统一实行公费医疗卡的管理办法，并规定其到医保定点单位就医取药。门诊就医实行包干；因病住院的按公费医疗管理办法解决住院医疗费。

卷十四 人事劳动

第一章 人 事

第一节 机 构

1989年，县人事局内设干部调配股、工资福利股、专业技术干部管理股和职称改革办公室，核定行政编制8名，事业编制2名。同年3月，成立县人才交流服务中心，为股级事业单位。1990年2月，成立县退休干部管理办公室，挂靠人事局，核定编制2名。1991年，增设综合股。同年7月，县退休干部管理办公室升为副科级单位，增加专项编制4名。1994年5月，增设机关事业单位社会保险股，编制1名。1997年机构改革，人事局内设办公室、考试教育调配股、考核任免股、工资福利股、专业技术干部股5个职能股（室），行政编制11名，机关工勤编制1名。2001年3月，机关事业社会保险股职能划入县劳动和社会保障局。2002年7月，成立县退休干部活动中心，为事业单位，核定3名临时用工指标。同年7月，根据“三定方案”，设办公室、专业技术人员管理股、公务员管理股、流动调配股、工资福利股5个职能股（室），核定行政编制8名，机关事业编制1名。2004年12月，成立县人事档案管理室，为人事局下属股级事业单位，编制2名。至2005年12月底，县人事局内设办公室、专业技术人员管理股、公务员管理股、流动调配股、工资福利股5个职能股（室），行政编制8名，机关事业编制1名、工勤编制1名。县退休干部管理办公室（挂靠副科级机构），专项编制4名。下属股级事业单位有县人事档案管理室，事业编制2名；县人才流动服务中心，事业编制1名；县退休干部活动中心，临时用工指标3名，全局实有工作人员18名。

第二节 干部管理

1994年，开始建立公务员制度，开展学习、宣传《国家公务员暂行条例》和公务员五门必修课程的培训，全年举办公务员培训4期，县直机关受训321人，乡（镇）机关受训136人。1995年，进行公务员过渡培训，先后举办培训17个班次，参加培训人数844人，其中县直党政机关483人，乡（镇）361人，参加地区行政干校培训42人。1996年贯彻落实《国家公务员暂行条例》和《福建省国家行政机关工作人员培训实施意见》，举办培训15个班次，参加培训人数830人，其中县直468人，乡（镇）362人。此外，有62人参加地区干校培训。1997年，县委组织部、县人事局开展公务员和党政机关工作者考试录用工作，当年，全县共录用干部11人，其中公务员8人。同时，对违规进机关人员进行清理。1998年，贯彻落实中组部、人事部《关于做好乡镇机关实施国家公务员制度和参照管理工作的意见》，全县10个乡（镇）均完成公务员过渡工作。

1999—2000年，县委组织部、宣传部、政法委、机要局、团县委、县法院、县检察院和乡（镇）人民武装部等单位招考录用机关工作人员11人。2001年，对5名长期离岗、触犯刑律、违反计划生育人员给予开除公职或辞退处理，对38名受过党内严重警告以上或行政记大过以上人员，按有关规定分别给予办理停发职务津贴和岗位津贴。全县机关、事业单位参加年度考核5246人，其中被确定为优秀的603人，称职的4285人，不称职和不定等次的358人。对不称职和不定等次的人员，不予晋升两年一次的职务工资。

2002年，依照有关人事政策规定，对受过法纪、党纪、政纪处分的83名机关、事业单位人员予以相应处理，其中开除12人，自动离职8人，工资降级29人。2003年，全县新考入公务员20名。当年，以县乡机构改革为契机，规范上岗制度，有4个乡（镇）二层干部实行竞聘上岗。财政、建设、土地、司法、公安、农业6个局实施二层干部竞聘上岗。2004年，加强公务员行政能力建设，把政务公开贯穿于公务员报名、笔试、面试、体检、考核等全过程，并对新录用的公务员进行岗位培训，结业合格后予以转正定职。先后组织四批公务员1520人，参加全省依法行政通用法律知识和行政许可法培训考试，获得合格证书1490人，占98%。2005年，举办各单位人事、政工干部及分管领导参加的《中华人民共和国公务员法》骨干培训班。同年11月，有1129人参加全省《中华人民共和国公务员法》知识考试，全部考试合格。并对全县机关、事业单位进行考核，参加考核2485人（不含党群、教育），其中被确定为优秀266人，称职2197人，不称职3人，不定等次19人。依照人事管理职责对受处理的89名机关、事业工作人员，予以相应的工资核减处理。

2005年政和县机关党政干部情况表

表14－1　　单位：人

级别＼项目	总计	其中				学历					年龄					
		男	女	少数民族	中共党员	研究生	大学本科	大学专科	中专	高中及以下	35岁及以下	36至40岁	41至45岁	46至50岁	51至54岁	55至59岁
总　计	967	847	120	5	815	2	287	459	117	95	217	226	244	147	74	70
正县处级领导职务	4	4	—	—	4	1	2	2	—	—	—	11	2	—	—	2
副县处级领导职务	18	16	2	—	16	—	10	5	1	2	—	1	8	5	2	2
助理调研员	3	3	—	—	3	—	—	1	2	—	—	—	—	—	—	3
正乡科级领导职务	88	82	6	—	87	1	51	33	3	—	7	21	32	22	6	—
主任科员	92	89	3	2	90	—	25	46	10	11	2	4	21	27	13	25
副乡科级领导职务	144	132	12	1	137	—	55	76	10	3	21	43	56	13	11	—
副主任科员	89	78	11	—	87	—	28	40	8	13	9	14	27	23	7	9
相当乡科级职务	59	54	5	—	59	—	8	33	6	12	13	10	10	8	10	8
科　员	455	377	78	2	327	—	104	219	77	54	150	122	88	49	25	21
办事员及其他人员	15	12	3	—	5	—	4	4	—	—	15	—	—	—	—	—

第三节 专业技术人员管理

一、专业技术职务评聘

1989年，依照《南平地区乡镇企业专业技术人员职务评聘工作实施意见》，对全县乡（镇）企业参加首批职改的工程、经济、农业、会计、统计等五个系列的专业技术人员职务资格进行评审。确认职务资格146人，其中助理级74人，员级72人。是年，全县参加职改102个单位、10个专业系列1271人，通过评审确认任职资格794人，其中高级2人，中级60人，初级732人。首次聘任577人，其中高级8人，中级214人，初级355人。参加职改事业单位213个，二次聘任1604人，其中高级13人，中级230人，初级1361人。同年，参加乡土技术人员职称评定216人，评审出各系列专业技术人员180人，其中助理级98人，员级82人。

1990年，县职改办下发《关于集体、乡镇企业到全民企事业单位工作的专业技术人员职务聘任有关规定的通知》，规定集体、乡镇企业单位人员所获任职资格，全民企、事业单位一般不宜通用。同年5月，县职改办和乡镇企业局联合下发《关于乡镇企业专业人员职务聘任工作有关问题的通知》，规定聘任条件和工资待遇。

1991年，根据南平地区职改领导小组、人事局《关于全区专业技术职务聘任制工作转入经常化的贯彻意见》，暂停多职务评审工作。对首批职改单位进行复查，在315个单位的2600名专业人员中，除32人补办毕业证手续外，对54人因年限不足和38名行政人员不予确认。建立专业任职人员年度考核制和成绩档案，进行档案跟踪管理。做好职改单位岗位设置方案，在实编定员基础上核定岗位职数。成立或调整中学、小学、工程、农业、林业、建筑、卫生、会计、统计、企业政工等10个系列职改领导小组，组建相应的初级评审委员会11个、中级评审委员会2个。

1992年，全县共有20个企事业单位的专业人员参加评审，确认专业职务资格739人，其中高级17人，中级124人，初级598人。至1993年年底，全县共有3512人获得专业技术职务资格。其中高级28人，中级342人，初级3142人。

1994年开始，严格晋升条件，确保评审质量，凡超编、超岗事业单位原则上不安排评审。专业人员晋升高、中级职务，除符合原文件规定条件外，还必须同时具备担任低一级职务期内年度考核有两年以上优秀和在开展“一师、一项目、一成果”活动中，获得县以上主管部门表彰，或其成果及专业技术方面受县处级以上单位表彰一次或科技局表彰两次。同时，坚持择优聘任，评聘分开，建立竞争机制，完善考核机制，强化聘后管理。凡应聘专业人员，任职期间均应参加年度考核。至2005年，全县共有企、事业单位专业人员3420人，在聘人数3279人，其中高级职务111人，中级职务1160人、初级职务2008人。

二、专业技术人员确认

1989—2005年，在专业技术职务的确认中，规定全日制普通高等院校毕业生和中专毕业生一周年见习期满，由人事部门直接确认其任职资格，称为“转正定职”。本科毕业生见习期满确认为助理职务；专科毕业生见习期满确认为员级职务，两年以后确认为助理级职务；中专毕业生见习期满确认为员级职务。这种“转正定职”，属于初级技术职务，不同于中级以上技术职务受指标控制，一般都能被聘任，并兑现其相应的工资级别待遇。

三、专业技术人员教育

1996年5月开始，贯彻实施《福建省专业技术人员继续教育条例》，成立由分管人事工作的副县长担任组长的专业技术人员继续教育工作领导小组，领导小组下设办公室，挂靠县人事局，负责开展宣传贯彻《福建省专业技术人员继续教育条例》工作。是年全县发放《福建省专业技术人员继续教育条例学习材料》12000册，发放《福建省专业技术人员继续教育条例》知识试卷1500份。1997年起，定期或不定期开展条例宣传工作，当年，确定县职业中学为县专业技术人员继续教育基地。同时，建立完善专业技术人员继续教育证书登记验证制度，凡登记入证书中的继续教育相关信息，由县人事局专业技术干部股进行核实查验，加盖“政和县专业技术人员继续教育验证章”之后方予确认。此后，至2005年，凡教育系统中小学教师依学年进行定期验证；其他部门专业技术人员则适时或在专业技术职务晋升审核申报材料时，或在任期满续聘时进行不定期验证。

表14－2 **2005年政和县事业专业技术人员聘任情况表** 单位：人

级别＼系列	总计	工程	农业	卫生	教学	经济	会计	统计	图书文博档案	新闻出版	律师公证	播音	体育	艺术
总　计	3279	159	124	455	2392	45	64	6	14	5	2	9	2	2
高级职务	111	5	1	20	83	1	1	—	—	—	—	—	—	—
中级职务	1160	38	50	165	873	11	12	—	5	3	1	1	1	—
初级职务	2008	116	73	270	1436	33	51	6	9	2	1	8	1	2
其中、事业	3237	130	124	455	2392	32	64	6	14	5	2	9	2	2
高级职务	106	—	1	20	83	1	1	—	—	—	—	—	—	—
中级职务	1156	35	50	165	873	11	12	—	5	2	1	1	1	—
初级职务	1975	95	73	270	1436	20	51	6	9	3	1	8	1	2

第四节 人才调配与服务

一、人才调配

1989年，全县共有各类人才3251人，其中国家机关859人，事业单位1948人，企业单位444人。他们中高等院校毕业578人，中专毕业1445人，高中毕业474人，初中以下754人。至2005年，全县共办理人才调配1424人，其中县内调整994人，县外调进98人，调出县外332人。

大中专毕业生就业及军转干部安置：1989—1991年，大中专毕业生全部安排到基层事业、企业单位。1992年，分配到企业的大中专毕业生直接执行定级工资标准，并根据情况予以浮动工资等级。1994年，毕业生就业除实行“双向选择”外，另有65名为推荐派遣就业，占接收总数的72.9%。1996年，大中专毕业生较多，人事局以“双向选择”为主，同时协调指令安排毕业生93名，其中进私企13名。当年派专人到福州、福清、莆田、泉州、厦门推荐本县富余毕业生30名就业。至当年底，全县共接收统配生678名，占登记数760名的89.2%。1997年起，机关不分配大中专毕业生。1998年，经县人事局登记非师范类毕业生123名，多为长线专业生。通过“双向选择”和组织推荐，有60人找到就业岗位。1999年，积极引导毕业生通过市场“双选”就业，县宾馆、邮政局、电信局等单位接收8名毕业生，当年共推荐非师范类毕业生43名。2000年，安排就业非师范类毕业生60人。其中推荐给教育部门择优安排到农村中学任教10人。2002年，办理登记大中专生120名，其中推荐就业32名，办理人事代理18人。是年后，事业单位不再分配大中专毕业生。

1989—2005年，全县非师范类大中专毕业生登记数1706名，其中国家统配、推荐数914名，自谋职业792名。在统配、推荐就业人员中，大专以上210名，中专生704名。全县共办理接收安置军队转业干部24名，其中副团职1名、营职3名、连排职20名。

人员调配：1989年，县人事局在办理人才（干部）调配工作中，根据公平、平等、竞争、择优和统筹安排、合理使用原则，对全县范围内企业之间的一般人员调动，由主管部门办理。教育系统内部的一般人员调动，由县教育局办理，人事局只办理工资介绍信。县外一般干部调入县内或县内一般干部调出县外，由调动对象填报《干部调动呈报表》，经调入或调出单位及其主管部门签意见，由人事部门发出《干部商调函》办理。当年全县选调机关补充工作人员22名。1993年，注重严格控制县直机关、事业单位进人，把人才调配派遣工作面向生产第一线，鼓励、引导专业技术人员流向基层企事业单位。当年选配13名人员进城区交警中队，选配16名人员进治安巡逻大队。1994—1998年，规定凡行政机关补充工作人员，必须在编制限额内通过公开招考或从其他行业行政机关中调整；事业单位严格按照编制和单位人员结构进人，超、满编单位一律不得进人。1999—2005年，按照南平市委组织部《关于重申严格机关工作人员‘进口’管理的通知》，实行机关、事业单位增人计划卡的管理制度，严格控制机关、事业单位人员和工资总量。

二、人才服务

1989年3月，成立县人才服务中心，对全县不同类型的人才进行分类登记，并建立人才信息库，及时发布人才供求信息，向社会各界推荐各类大、中专毕业生。1993年，国家改革大中专毕业生分配制度，由过去统包统配逐步过渡到自主择业。1994年，全县事业单位人员饱和，企业不景气，当年登记的70名毕业生，“双向选择”33名，推荐派遣就业37名。1995年，进入人才市场库各类人员96人，全年促成各类人才流动42例，成功引进人才2例，并对已进库的人员建立档案。1996年，进一步加强人才管理和服务工作，健全人才数据库，配备计算机专业人员和设备，购置相关软件和拓展毕业生就业门路，向外推荐富余毕业生。2003年7月18日，人才交流服务中心人员参加南平市2003年秋季大型人才招聘会，与各类应聘者进行面洽交流，为县医院、党校、广电局、水轮机责任有限公司引进专业人才11名。2004年，县人事局采取向全县非公单位发出《单位现有人才结构调整表》和《单位急需人才摸底表》，以及通过南平人才网等方式，为相关单位推荐人才15名。并认真办理这些人才的人事关系档案寄存，建立档案工资、转正定级、工龄计算等全方位人事代理。同时，为有专业特长，符合报考职称条件的人员提供政策咨询和办理有关评审报考手续。2005年，设立人才交流服务中心专门账户，办理人事代理对象的养老保险、医疗保险、失业保险等各项社会保险金交缴工作。是年，为石屯工业园区华美生态农业有限公司引进2名建瓯藉毕业生。

1996—2005年底，全县共有人事代理对象175名，县人事局为其代理工资核定、工资晋级、职称评定、流动调配、档案管理等人事委托业务。

表14－3　**1989—2005年政和县人才结构情况表**　单位：人

年份	人才总数		行业分布				学　历				职　务				
	合计	其中：女	行政	事　业		企业	大专以上	中专	高中	初中	行　政		专业技术职务		
				人数	其中：教师						科级	相当科级	高级	中级	初级
1989	3251	679	859	1948	1323	444	587	1445	474	738	101	28	12	283	1570
1990	3272	691	888	2011	1365	373	640	1463	458	573	115	26	13	266	1523
1991	3515	785	868	2152	1431	495	751	1585	490	673	114	45	13	209	1820
1992	3638	884	870	2241	1534	527	848	1423	526	646	113	47	20	260	2025
1994	3644	880	1236	2070	1672	338	972	1673	481	481	111	62	16	172	1562
1995	3762	886	1233	2141	1743	388	1001	1682	444	452	113	56	16	164	1647
1998	3842	980	1066	2436	1809	340	1117	1846	437	442	164	85	24	212	1920
1999	4436	990	1253	3183	1900	—	1240	1846	537	442	169	83	24	212	1920
2000	4166	1062	1068	2732	1545	366	1255	1831	574	506	169	83	20	213	1740

续表 14－3

年份	人才总数		行业分布				学　历				职　务				
				事　业							行　政		专业技术职务		
	合计	其中：女	行政	人数	其中：教师	企业	大专以上	中专	高中	初中	科级	相当科级	高级	中级	初级
2001	4322	1064	982	2994	1645	346	1371	1890	550	511	160	95	20	166	1654
2002	4422	1260	965	3169	2087	288	1576	1884	527	405	—	—	30	397	2121
2003	4434	1280	955	3198	2230	281	1975	1938	521	—	—	—	55	460	2261
2004	4495	1330	1017	3351	2330	127	2275	1638	332	250	—	—	110	1038	2260
2005	4514	1534	967	3436	2456	111	2723	1273	310	203	89	92	111	1138	1911

表 14－4　　**1989—2005 年政和县干部来源情况表**　　单位：人

年份	合计	大中专毕业生		社　会　聘　录						军转干安置
		登记数	分配数	小计	工人	农民	公务员	大中专生（包括自费生）	其他	
1989	127	95	95	32	1	27	—	2	2	—
1990	160	112	112	47	—	32	—	15	—	1
1991	168	100	100	67	21	32	—	12	2	1
1992	127	80	80	47	1	44	—	2	—	—
1993	111	68	68	43	21	9	—	10	3	—
1994	97	70	65	32	10	10	—	5	7	—
1995	123	125	93	29	18	4	—	7	—	1
1996	88	110	65	23	21	—	—	2	—	—
1997	120	106	69	51	14	—	—	37	—	—
1998	91	123	25	66	27	—	13	26	—	—
1999	78	132	43	33	20	—	—	13	—	2
2000	41	98	10	30	3	—	4	23	—	1
2001	73	120	32	40	2	—	8	30	—	1
2002	81	120	32	36	—	3	17	16	—	13
2003	43	91	11	30	1	—	19	10	—	2
2004	108	72	14	94	—	—	7	87	—	—
2005	106	84	—	106	3	—	6	92	5	—

第五节　工资和福利

一、工资

1989—1993 年 9 月，按照 1985 年中共中央、国务院办公厅《关于实施国家机关和事业单位工作人员工资改革方案》执行。从 1993 年 10 月 1 日起，根据中央和省、市的部署，对机关、事业单位工作人员的工资制度进行改革。机关工作人员工资由职务工资、级别工资、基础工资、工龄工资（每年1元）四部分构成。事业单位工作人员根据其工作性质和特点，实行不同类型的工资制度，其基本工资由职务工资和津贴工资两部分组成。全县列入工改单位224个，在册干部、职工6346人，其中按机关及参照机关工改89个单位1784人；按事业及参照事业工改135个单位4562人；列入自收自支事业以40%比例工改的有15个单位541人，以45%比例工改的有13个单位131人。工改后全县6346人，月增工资65.05万元，其中机关19.09万元，事业单位45.96万元。

1997年7月起，根据国家人事部和财政部规定，适当调整机关、事业单位工作人员工资标准和相应增发离（退）休人员离（退）休费，机关工作人员基础工资由每月90元提升到110元；事业单位工作人员基本工资人均月增20元；离（退）休人员月增离（退）休费20元。1999年7月起，第二次调整机关、事业工作人员工资标准和相应增发离（退）休人员离（退）休费，机关、事业单位在职人员人均月增资130元，离（退）休人员月增离（退）休费106元。2001年1月起，第三次调整机关、事业工作人员工资标准和相应增发离（退）休人员离（退）休费，机关、事业单位在职人员人均月增资120元，离（退）休人员人均月增离（退）休费85元。2001年10月起，第四次调整机关、事业工作人员工资标准和相应增发离（退）休人员离（退）休费，机关、事业单位在职人员均月增资85元，离（退）休人员人均月增离（退）休费68元。2003年7月起，第五次调整机关、事业工作人员工资标准和相应增发离（退）休人员离（退）休费，机关、事业单位在职人员人均月增资52元，离（退）休人员人均月增离（退）休费45元。

二、福利

1989年，县抚恤遗补标准根据1986年民政部、财政部规定精神，退休人员死亡的按照退休时的工资额10个月计发一次性抚恤金。全县享受高龄补贴9人。1991—1995年，根据省人事厅、财政厅、民政厅联合修订国家机关、事业单位工作人员死亡遗属补助标准，一次性发给丧葬费1000元和困难补助金600元，抚恤金则为因公死亡的，按死亡时间的20个月工资一次性计发，属病故的，按其病故时间的10个月工资一次性计发。遗属定期定额补助标准为非农业人口每月65元，农业人口每月55元；全县享受该项补贴61人。1996—2004年，根据人事厅、财政厅有关规定精神，机关、事业单位年满70周岁以上的离退休干部增发高龄补贴每人每月50元，其中鳏寡孤独者每人每月100元，对于生活完全不能自理的退休干部每人每月120元。2005年7月，相应调整机关、事业单位工作人员死亡抚恤和遗属定期补助标准，以全县职工最低工资标准320元为相应计发基数，具体标准为丧葬费7个月和一次性困难补助6个月最低工资标准补助。因公死亡的，非农业人口每人每月按职工最低工资标准60%，农业人口每人每月按55%；非因公死亡的，非农业人口每人每月按50%，农业人口按45%。一次性抚恤金，在职因公死亡的为本人40个月基本工资，因病死亡的为本人10个月基本工资。

1989—2005年，全县累计享受高龄补贴433人。共办理退休人员死亡抚恤288人，遗属生活困难补助256户。

第六节　退休干部管理

1989年，县人事局成立退休干部管理办公室，配备专职人员2名；县直各口、各主管局建立领导小组28个，确定在册兼职管理人员27人。当年，为41名到龄干部办理退休手续。先后有9个乡（镇）和8个县直单位建立退休干部活动室，开展登山、门球、象棋、钓鱼、参观等活动，并组织慰问小组对遭受“7·22”洪灾的退休干部进行慰问，帮助解决实际困难。

1991年，购置部分设备和器具，创建退休干部活动中心，为退休干部提供简易娱乐场所，并配合退离休教师工作者协会和老年学校等部门开展活动。1996年，购置500平方米的房产作为退休干部活动中心，订购报刊20种。是年，走访退休干部100多户、30个单位，协助办理退休费、医疗费、子女就业等问题，为66位70岁以上退休干部办理高龄补贴手续。1998年春节前夕，筹集资金1.8万元，慰问25位困难户和46位“6·22”水灾受灾户。2000年1月，省人事厅拨专款10万元，完善退休干部活动中心设施，使之成为集健身、学习、娱乐于一体的多功能活动中心，并组织与退休干部座谈，开展“老有所教”活动。2002年，县委办组织退休干部60人，参观考察铁山、熊山、石屯经济开发区建设。2005年，全县共办理退休99人。

1989—2005年，全县累计退休干部1347人。每年重阳节，组织退休干部登山、游园、讲座、象棋比赛，春节期间开展送温暖及访问特困退休干部，并举办70周岁、80周岁老人祝寿等活动。

第七节　人事档案管理

1989—2003年，人事档案库房设在县政府四楼顶层，因不符合档案室规范要求，档案管理工作难以达标。2004年，人事局筹资1.50万元，在退休干部活动中心内划出40平方米，装修改造成人事档案室、阅档室、库房各一间，配备空调、温湿度计、灭火器及10组铁皮档案箱等。同年12月29日，成立县人事档案管理室，配备2名专职档案管理人员。2005年年初，下发《关于加强人事档案材料收集归档工作有关事项的通知》，制订干部人事档案查阅转递、收集、鉴别归档、检查核对、保密、管理人员职责及库房管理等规章制度，规范人事档案管理办法与程序，并根据新时期人事档案管理要求，对全县3400册人事档案，按照未就业毕业生、企业干部、退休干部、行政事业单位在职干部等四类，以及年度考核表、调资表、奖惩等材料分别整理，装订归档，并将有关信息输入电脑，实行规范化管理。至2005年年底，档案室共有档案3080册，其中未就业人员529册，企业干部266册，退休干部1255册，政府系统行政事业单位副科级以下工作人员1030册。

第二章　编　制

第一节　机构设置

一、机构

1989年，县编制委员会下设办公室为正科级机构，配主任和专职干事各1人。1991年8月，更名为县机构编制委员会办公室。1993年2月，改为议事协调机构，与人事局合署办公，主任由人事局长兼任，配专职副主任和秘书各1人。1997年7月，编办下设事业单位法人登记中心。1998年7月，县编委更名为中共政和县委机构编制委员会，下设县委编办，业务与人事局相对分开。2001年1月，编办与人事局分开。2002年4月—2005年年底，为县委9个工作部门之一，并于2004年9月起，加挂县政府机构编制办公室和县机关事业单位登记管理局牌子。

二、机构设置管理

1989年前，主要根据省市下达的机构数，结合县情确定各单位的机构设置及对机构进行设、撤、并、改的调整工作。1991年，县政府根据地区人事、财政、劳动、编办联合下发《关于加强机构编制管理若干规定》，严格机构编制审批程序，加强人员编制管理，控制领导职数增长。根据南平地区编委《关于实行“编制管理卡”有关问题的通知》及县政府《关于加强行政事业单位机构与编制管理的通知》精神，明确党政群工作部门设置、撤销、合并、升格及改变名称，由主管部门写出专题报告，经县编委审核后报上级党委或政府审批。科级事业机构的设置、撤销、合并、升格或改变名称报地区编委审批，科级单位内设机构和独立的股级机构设置，由县编委审批。事业单位的设立、变更、撤销，由主管部门写出专题报告，并附有关依据，报送县委编办审核并提出审批意见，由县委编委审批，设立科级事业单位的报市编委确认规格。此后至2005年年底，机构设置逐步规范化，（分设机构）管理实行“三个一”制度，（分设机构）由主管部门一家提出报告，编制部门一家受理承办，主管编制的领导一支笔审批。所有机构编制事宜必须经县委编办审核后，除权限内直接批复外，大部分均须提交编委或县委、县政府审批。

第二节　机构变动

1989—1996年，县级党政机构有58个工作部门。1997年，根据上级有关机构改革精神，进行机构精简，当年，县级党政机构共设39个工作部门，比原有减少19个，精简32.7%，其中县委5个、县政府27个、部委办局管理机构5个、议事协调机构2个。将党建办、政研室、机要局并入县委办，保留政研室、机要局牌子；将行政复议办、经济体改委、信访局并入政府办，保留经济体改委、信访局牌子；将畜牧水产局并入农业局，保留畜牧水产局牌子；将经济协作办并入计委。农业委员会改为议事协调机构，老区办与扶贫办合并为议事协调机构—老区扶贫办，物资局、商业局、茶叶局、第二轻工业局建制转为经济实体，广播电视局、农业利用外资办、档案局改为事业单位。县委、县政府工作机构和议事协调机构规格为正科级，部门管理机构原则上规格升为副科级。全县9个乡（镇）均按二类乡（镇）进行改革，乡（镇）党政机关统一设置5—6个综合办公室。

2002年，县级党政机构共设30个工作部门，其中：县委9个、政府21个，比原有32个减少2个。另设部门管理机构7个，其中县委3个、县政府4个，议事协调办事机构3个，其中：县委1个、县政府2个，内设机构共有165个，比原来194个减少29个，精简15%。全县10个乡（镇）党政机构除二类乡（镇）岭腰乡设5个综合办外，其余9个一类乡（镇）一律设置6个综合办公室即党政办、经济发展办、社会事务办、财政办、综治办、计生办。此次改革把外事办、侨务办并入政府办，对外加挂外事侨办牌子。财贸委员会、经济委员会合并组建为经济贸易局，粮食局也同时并入，对外加挂粮食局牌子。乡（镇）企业局、畜牧水产局并入农业局，对外加挂牌子。土地管理局、矿产资源管理局合并组建为国土资源局。文化局、体育运动委员会合并为文化体育局。老区办与扶贫办合并为老区扶贫办公室。不再保留劳动局，组建劳动和社会保障局，原属劳动局、人事局、民政局、卫生局等部门所承担的社会保障职能统一由劳动和社会保障局承接办理。

2005年，根据中央和省、市《关于行政体制改革》精神及相关文件要求，坚持政企、政资、政事分开和精简、统一、效能及依法行政的原则进行行政体制改革。此次改革与2002年后的行政事业机构基本相同，县级党政机构仍设30个工作部门，其中县委9个、政府21个；内设部门管理机构8个，其中县委3个、政府5个；议事协调机构3个，其中县委1个、政府2个；内设机构共计165个。10个乡（镇）党政机构除岭腰乡为二类乡设5个办公室外，其余9个一类乡（镇）均设6个办公室。经本次改革，县政府不再单独设立国有资产监督管理机构，由挂靠在县财政局的县政府国有资产管理委员会办公室，按授权范围代表政府依法履行出资人职责并承担国有资产监管职责。原县发展计划局改为发展和改革局，把县政府办的经济体制改革委员会办公室原承担的经济体制改革等职能划入发展和改革局管理。保留县经贸局，将农业局原承担的乡（镇）企业管理职能划入经贸局，并加挂乡（镇）企业局牌子。原挂在县政府办的经济体制改革办的牌子不再保留，除部分职能划归发展和改革局等部门外，由其牵头的行政审批制度改革的职能划归编办。将县计划生育局更名为县人口和计划生育局。民族与宗教事务局牌子不再加挂在县委统战部，正式实行单设，作为县政府办的管理机构，规格为副科级。县委议事协调机构的农村工作领导小组办公室加挂政和县农村工作办公室牌子。

第三节　人员编制管理

一、行政编制管理

1989 年，根据省编委《关于制止机构膨胀、加强人员编制管理的通知》精神，县委、县政府相继制定落实“统一领导，分期管理”和“一支笔”审批制度，逐步建立和完善机构、人员编制自我约束机制。1990 年开始，人事审批程序明确，制度逐步完善，全县党政群机关工作人员编制的核定调整由县编委审批。除县委管理的领导干部外，对超编单位原则上不新进人员，在编制调整前只出不进，满编单位需要调整人员应先出后进。凡缺编、未定编单位需调入人员，从严控制、严格审批手续。党政群机关、事业单位在严格核定的领导职数内配备领导干部，不得超职数配备。从 1991 年 7 月起，全县参加行政事业工资改革的单位一律实行编制卡片管理。凡是补充人员调整一律凭“编卡”核定的编制进人，需要补充工作人员的单位（除县委管理的科级以上领导干部外），必须向县编委提出岗位补充人员要求，领取“岗位补充工作人员通知单”后，方可凭“通知单”向县组织、人事、劳动、教育等部门呈报办理工作人员调动或补充工作人员手续。单位人员的工作调整或工资调整，应持单位编制登记卡和人员编制卡到县编办办理人员变动登记，县人事、财政部门凭《编制审核通知单》追加或核减工资基金。1997 年，第一次机构改革，县级机关行政人员编制总数核定为 550 名（含地方税务局编制、不含政法系统编制），比原有 680 名减少 130 名、精简 19.1%；乡（镇）机关行政编制总数核定为 280 名，比原有 410 名减少 130 名，精简 31.8%，是年，全县共有工作人员为 1323 名。从 1998 年 7 月 1 日起，根据省编委文件规定，全县党政机关、人大机前、政协机关、法院、检察院、人民团体以及事业单位和列入机构编制部门管理的单位，统一实行核编制度，凡是机关、事业单位工作人员增减的核编，统一使用《机关、事业单位申请使用编制审批表》及《机构编制核编证》。2000 年起，凡县、乡所属行政事业机构人员增减必须到编制部门审核（批）后，才能提交研究和办理。未经核编的，组织、人事、财政、劳动、教育、卫生、银行等部门不得办理人员调配、经费核拨、社会保险、医疗保险、工资拨付等。编办还作为县人事小组、教育人事小组、退伍转业军人安置领导小组成员参与研究人事安排。2002 年，第二次机构改革，县级行政机关人员编制核定为 423 名（含划出给省垂管部门人员），比原有 550 名减少 127 名，精简 23.1%；县直机关工勤编制由原来 49 名减为 34 名，精简 31%；政法专项编制由原来 180 名减为 162 名，精简 10%；乡（镇）机关行政人员编制核定为 224 名，比原有 280 名减少 56 名，精简 20%；乡（镇）机关工勤人员编制由原有 30 名减为 20 名，精简 33%；经过改革，全县分流人员 221 名，其中鼓励进入经济建设主战场 102 名，离岗待退 93 人，提前退休 26 名，清理清退聘用临时人员 50 余名。当年底，全县实有工作人员总数为 1055 名，比 1997 年减少 268 名，精简 20.2%。2005 年，第三次机构改革，县级行政机关人员编制仍维持 423 名不变（含划出给省垂直管理部门人员），乡（镇）行政编制 224 名。是年底，全县实有工作人员 930 名，比 2002 年减少 125 名，精简 10.2%。

二、事业编制管理

1989 年开始，人事管理制度趋于完善，全县事业单位人员编制的核定、调整由县编办和财政部门审批。超编单位原则上不新进人员，满编单位需要调整人员应先出后进，缺编、未定编单位需调入人员，则从严控制、严格审批手续。领导干部在严格核定的职数内配备，不得超职数配备。从 1991 年 7 月起，全县参加事业工资改革的单位一律实行编制卡片管理（具体管理行为与行政编制管理等同）。1997 年，乡（镇）事业人员编制总数核定为 497 名（含乡（镇）自聘人员 112 名），比原有 774 名，减少 227 名，精简 45.7%。2000 年起，凡县、乡所属事业机构人员增减必须到编制部门审核（批）后，才能提交研究和办理。未经核编，组织、人事、财政、劳动、教育、卫生、银行等部门不得办理人员调配、经费核拨、社会保险、医疗保险、工资拨付等手续。2002 年，乡（镇）事业人员编制核定为290名（其中财拨、财补222名）控制在省定每个乡（镇）25—35名的标准内。

2005年，建立人事核编软件数据库，对全县核编证实行年度核对制度。同时，把人员编制管理与机构改革密切相结合，适时缩减人员编制。当年进行机构改革，乡（镇）事业编制维持290名不变。

表14－5　**若干年份政和县机构人员编制精简与实有人数一览表**　单位：个、人

类别＼人员编制＼年度	1989年		1996年		1997年		2002年		2004年		2005年	
	编制	年底人数	编制	年底人数	编制	年底人数	编制	年底人数	编制	年底人数	编制	年底人数
一、县级	451	597	459	637	550	614	376	425	376	407	376	383
党委	118	102	83	82	97	81	105	100	105	100	105	99
政府	270	437	305	481	397	469	226	257	226	250	226	232
人大机关	23	22	20	27	25	23	20	21	20	21	20	18
政协机关	14	11	14	15	12	11	10	13	10	11	10	9
群团	23	22	33	29	15	27	12	30	12	22	12	22
工商联	3	3	4	3	4	3	3	4	3	3	3	3
二、政法	218	200	274	283	259	297	304	325	304	311	359	303
三、乡镇	410	361	410	409	280	412	224	305	224	255	224	244
全县合计	1079	1158	1143	1329	1089	1323	904	1055	904	973	904	930

说明：上表人数不含划给省垂直管理部门人员数

第三章　劳动和社会保障

第一节　机　构

1989年，县劳动局内设办公室、计划调配、就业培训、工资福利、安全监察、县安全生产委员会办公室和县劳动仲裁办公室等7个股室，实有干部职工9人。下属社会劳动服务公司为事业单位。1993年8月，成立县劳动监察室。1996年8月，成立县劳动监察中队。1998年6月，更名为县劳动监察大队。2001年1月，成立县医疗保险管理中心。3月，县机关事业单位社会保险公司从县人事局划归劳动局管理，5月，县农村社会保险公司从县民政局划归县劳动局管理。2002年7月，县劳动局改称县劳动和社会保障局，内设办公室，培训就业股、社会保障股、法制仲裁股、退休管理办公室；同年10月，成立县劳动职业技能鉴定站。2003年1月，县劳动服务公司改称县劳动就业中心；2月，成立县职业技能鉴定指导中心；3月，成立熊山劳动保障事务所。2004年3月，县社会劳动保险公司改称县社会劳动保险管理中心。2005年7月，县机关事业单位社会保险公司改称县机关事业单位社会保险管理中心，农村社会保险公司改称政和县农村社会保险管理中心。至2005年底，县劳动和社会保障局内设办公室、就业培训股、社会保障股、法制仲裁股、退休管理办公室等5个股室核编9人，实有人员8人。下设县劳动就业中心、县社会劳动保险管理中心、县机关事业单位社会保险管理中心、县农村社会保险管理中心、县医疗保险管理中心、县劳动监察大队、县劳动争议仲裁委员会（挂靠常设机构）、县劳动职业技能鉴定站、县职业技能鉴定指导中心，均属事业单位，共有干部职工52人。10个乡（镇）、街道均设劳动保障事务所，配备专兼职人员13人。

第二节 劳动就业与再就业

一、就业安置与管理

1989年，县劳动就业人口大量增加，城镇待业人员快速增长。1990年，全县待业人数670人，比1989年增加310人。1991年，县劳动部门加强社会劳动力管理，全县9个乡（镇）相继成立劳动服务站，把劳动就业列入乡（镇）的目标管理责任制，推动全县劳动就业工作。1993年，把劳动计划体制改革与制度改革相结合，按市场取向改革用工制度，实行“劳动者自主择业，市场调节就业，政府促进就业”的就业方针，建立以职业介绍所为裁体的劳务市场，实行企业依法自主用工、劳动者自主择业的就业模式。至1994年，求职登记8000人，安置待业1700人。1995年，贯彻执行《劳动法》，实现固定工和劳动合同制两种基本用工制度并轨，实行全员劳动合同制用工制度。是年，全县实行劳动合同制企业78家，职工3100人。1996年，贯彻执行《福建省劳动力市场管理条例》，健全县级以上劳动力市场，规范劳动力市场管理。随着国有企业体制改革的深入，部分企业关、停、并、转，出现许多下岗失业职工，县劳动部门积极稳妥地处理下岗职工的劳动关系。1996—1998年，全县共安置下岗失业人员2300人。1999—2003年，劳动部门运用市场为导向的就业机制，促进劳动力资源合理配置，减缓就业压力，办理求职登记14000人，用工登记13000人，安置企业职工1047人，每年城镇登记失业率分别为4.6%、5.1%、5.8%、6.4%、6.1%。2005年，加强就业管理，多形式、多渠道拓宽就业门路，组织劳务输出，把山海协作作为解决就业难点的一条重要措施来抓，并完善劳动力“新三化”（专业化、制度化、社会化）市场，构筑就业服务平台。县各有关部门通过兴办服务公司，因地制宜，广开门路，创办印刷厂、维修厂等发展第三产业。城镇登记失业率为5.9%。按照省劳动局《关于建立务工许可证制度的通知》，全县建立农村和外来劳动力《务工许可证》制度。对外来务工就业的人员及农村劳动力流动就业实行“就业证”和“就业卡”的“卡证合一”管理，对县内农村劳动力外出务工实行办卡制度和异地进入县内务工人员实行“外来人员就业证”制度。1989—2005年，全县共安置职工待业子女1100人，就业安置人数12760人，组织劳务输出18910人次，农村劳动力转移11165人。

二、再就业工作

1994年前，尚未开展再就业工作。1995年后，随着企业改革和现代企业制度的建立，一些困难企业改制，下岗失业人员增加。全县时有困难企业21家，下岗失业人员1761人。1998年，贯彻省委有关文件精神，成立再就业服务中心，与劳动就业管理中心合署办公，对下岗失业人员及时发布用工消息，宣传新的就业观念，引导鼓励下岗失业人员多渠道就业。为保障下岗职工基本生活，建立再就业基金，完善再就业扶持政策，在开发公益性就业岗位、创业培训、落实小额贷款、社保补助、税费减免、《再就业优惠证》核发等方面工作提供多方位服务，举办31次招聘会，免费发放《再就业优惠证》5330本。县劳动就业管理中心根据用人单位的需求，从用工粗放型向技术型发展，加强技能培训，开设车工、电工、电焊、计算机应用等技术工程培训班，至2005年，共举办各类技术培训班67期，结业人员4500人。全县再就业援助6404人，补贴金额75.60万元。筹集再就业基金计128万元，培训下岗失业人员9566人，通过培训再就业达7302人。

三、农村劳动力转移就业

2001年前，尚未开展农村劳动力转移就业工作。2002年，政和县被列为全省农村劳动力转移培训试点县。2004年3月，成立县农村劳动力转移办公室，县政府印发《农村劳动力转移培训工作目标责任制》，把农村劳动力转移工作列入各乡（镇）、街道创业竞赛考核目标，全县10个乡（镇）、街道成立“劳动保障事务所”，配备专兼职人员，设立农村劳动力转移培训机构13个，其中劳动部门3个。开设《就业在政和》广播电视栏目，采取长短结合，校企联合，订单培训等模式，加强转移培训。

2002—2005 年，全县提供企业就业岗位 2500 个，转移农村剩余劳动力 1.1 万人。举办各种培训班 28 期，培训农民工 2890 人。免费为农村剩余劳动力转移就业培训 7600 人，就业 6000 人。共补助农村劳动力转移资金 67 万元，实行劳务派遣用工 352 人，劳务输出 18910 人。

表 14－6　**1989—2005 年政和县劳动就业安置情况表**　单位：人、%

年份	安置数	安置去向					领取职业证书	由就业转失业人数	城镇登记失业率	农村劳动力转移	劳务输出人次
		国有企业	集体企业	私营企业	劳服企业	其他形式就业					
1989	112	12	27	—	13	60		—	1.6	—	280
1990	196	—	28	24	34	110	—	—	1.6	—	450
1991	530	—	70	120	30	310	—	—	1.7	—	600
1992	530	—	10	80	160	280	—	—	1.6	—	1040
1993	330	—	36	34	80	180	—	—	2.1	—	1250
1994	450	—	38	110	67	235	—	270	2.5	—	1670
1995	520	—	46	220	46	208	—	1181	2.9	—	1800
1996	670	—	15	36	61	558	—	310	2.9	—	1860
1997	710	—	—	326	—	384	—	397	3.4	—	1350
1998	1020	—	—	530	—	490	—	256	4.2	—	1460
1999	890	—	—	550	—	340	—	355	4.6	—	1600
2000	768	—	—	363	—	405	—	280	5.1	—	1210
2001	1050	—	—	732	—	318	260	259	5.8	—	1240
2002	960	—	—	420	—	540	356	763	6.4	310	970
2003	823	—	—	99	—	724	312	1300	6.1	3515	880
2004	1794	—	—	604	—	1190	183	718	6.1	5200	820
2005	1407	—	—	612	—	795	504	678	5.9	2140	430
合计	12760	12	270	4860	491	7127	1615	6767	3.79	11165	18910

第三节　职业技能培训与鉴定

1994 年，县创办职业学校和技工学校，坚持培训为就业服务原则，采取合办、自办、代训等形式开展职业培训，为失业青年解决就业出路问题。当年参加就业培训的失业工人 609 人，基本得到就业安置。1995—2002 年，为提高企业新员工和外出劳务人员的素质，职业介绍服务机构开展岗前培训，开设劳动政策法规、职业指导、职业道德、企业劳动管理，安全生产等教育培训科目，结业人数 2180 人。举办多种类型培训班 13 个，参加培训待业人员 2340 人次。

2003—2005 年，县劳动部门坚持以市场为导向，加强职业技能培训和鉴定工作，先后建立 5 个培训基地，成立职业技能鉴定站和职业技能鉴定指导中心，形成就业和再就业培训网络。举办电子技术、电工、计算机应用、机电、茶叶初制加工、制衣制鞋工等技能培训班，共为 3057 个下岗失业人员进行免费培训，免费金 39 万元。共举办初级技工培训班 71 期，参加人数 8700 人，其中领取职业证书 1615 人，领取等级证书 1860 人，领取岗位证 5175 人。

第四节　劳动监察与仲裁

一、劳动监察

1993年8月，根据《福建省劳动监察暂行规定》，县劳动局即成立劳动监察室，开展劳动监察业务。1995年5月，成立县劳动监察中队。根据省劳动厅《关于对新开办用人单位实行劳动规章制度备案制度的通知》精神，对各类企业和个体工商户，开展用工监察检查。1998年，监察中队升格为监察大队后，有兼职劳动监察员2人，负责依法对辖区内的用人单位执行劳动法规的情况实施监督检查。开展劳动用工年审、承办用人单位和劳动者的投诉、举报，为劳动者追缴企业拖欠工资、养老金、失业金等。2000年起，对全县国有企业、集体企业、乡镇企业、三资企业、私营企业和个体工商户实行劳动用工年检制度。至2005年，共对全县852个用工单位实施劳动保障监察，发出劳动安全通知书338份，提出整改意见256条，处理违法案件56件，补签劳动合同3400份，追发劳动者被拖欠工资75.10万元，清退童工26人，取缔社会上的“黑中介”6户，有效地维护用人单位和劳动者的合法权益。

二、劳动争议仲裁

1989年后，企业在推行劳动合同制和优化组合过程中，劳动关系出现新的变化，劳动争议案件呈逐年上升趋势。是年，全县受理劳动争议案4件，涉及5人，其中立案调解1件，裁决1件，其他方式处理2件。

1993年7月6日，根据《中华人民共和国企业劳动争议处理条例》规定，县劳动部门先后制定劳动争议仲裁委员会组织规则和办案规则；企业劳动争议调解委员会组织及工作规则和劳动仲裁员聘任管理办法，先后派出劳动行政管理干部参加仲裁员资格培训考试，并取得省劳动厅发给的《劳动仲裁员资格证书》。国有企业改革后，用工主体主要是非公有企业，发生劳动争议逐年增加。为做好劳动争议仲裁工作，建立矛盾排查例会制度和重大劳动争议案件挂牌督办机制，每半年召开一次矛盾排查分析会。至1993年底，全县共受理劳动争议仲裁案28件，其中立案调解11件，立案裁决4件。1994—2005年，县劳动争议仲裁委员会共受理案件129件388人，立案调解44件，立案裁决25件，其他方式处理60件。2005年，县劳动争议仲裁庭被省劳动保障厅、省劳动争议仲裁委评为2002—2005年度“先进劳动争议仲裁庭”。

三、工伤事故认定

1989—1993年，工伤事故由地区级认定。1994年1月1日起，按照《福建省企业职工工伤保险试行规定》，实行双轨制，工伤事故改由县劳动监察部门负责调查认定。1994—1999年，全县共认定工伤194起。2004年1月1日起，县全面实施劳动和社会保障部颁布的《工伤认定办法》《因工死亡职工供养亲属范围规定》和南平市贯彻《福建省实施（工伤保险条例）办法》实施意见，南平市将县辖区内发生的工伤事故委托县劳动保障行政部门进行工伤认定。工伤认定的行政复议机关为省劳动和社会保障厅和市政府，诉讼机关为延平区人民法院。2000—2005年，全县工伤认定264起，发放赔偿款172万元。

第五节　劳动管理

一、企业用工管理

1989年，随着经济体制改革的发展，企业用工制度发生很大变化，国营企业招工由国家计划体制逐步向劳动合同制和聘任制转变，停止办理集体所有制工人调入国营企业和事业单位，开始办理集体所有制转为劳动合同制调动手续。1992年，贯彻《全民所有制工业企业经营机制条例》，落实企业用工自主权，实现用工主体企业化。当年县国有企业录用新工人112人，县以上集体企业录用新工人27人。1994年，实行全员劳动合同制用工制度，当年，全县实行劳动合同制企业13家，职工450人。1995年1月1日，开始实施《中华人民共和国劳动法》，县劳动部门不再对企业下达指令性招工计划指标，招工的计划、条件、方式、时间和数量由企业自主决定，简化招工手续。是年，全县11家企业520人建立劳动合同关系。1996年，学校毕业生取消计划分配制度，实行毕业生与用人单位双向选择。1998年后，全县对国有企业、集体企业用人实行市场化就业。

二、劳动关系管理

1989年，进一步完善工资总额同经济效益挂钩的制度，全县有52%的国营企业实行此制度，其职工占总数69%。1992年4月，全县进行劳动用工制度和工资制度改革，企业工资管理实行国家宏观调控、分类分级管理、自主分配的体制，大部分企业实行企业工资总额同经济效益挂钩，不具备条件的企业不得执行工资总额包干办法。是年，全县有15家企业760人进行内部工资制度改革，实行以岗位技能工资制度为主的多种分配形式。1994年，根据省政府发布的《福建省最低工资规定》，建立最低工资制度。1995年，根据《中华人民共和国劳动法》规定，实行最低工资保障制度，规定用人单位支付劳动者的工资不得低于当地最低工资标准，县内最低工资标准每年测算后，报省政府批准，每年7月1日起公布实施。1998年，全县有12家国有企业实行“工效挂钩”办法，对集体企业和“三资”企业实行人均成本工资。1999年，开始试行工资集体商谈制度。2000年，建立工资指导线制度。2001年，废止企业职工增发山区工龄补贴，在国家宏观调控下，由企业依据全县平均工资和企业经济效益自主决定，工资指导价位分为高位数、中位数、低位数，企业根据效益分别确定。2004年，加强劳动关系三方协调工作，实行工资集体协商制度的企业38家。2005年，根据上年度执行情况，对全县辖区内企业有关职位进行广泛调查，选择不同经济类型、不同经济效益，且生产经营管理和工资分配制度较为健全的15家企业820名职工进行汇总、分析、修正，最后确定90个县劳动力市场较为通用的职位和8个技术等级职位的工资价位。

第六节　社会保障

一、城镇企业职工基本养老保险

1989年，根据省政府颁发的《福建省集体所有制企业职工养老保险暂行规定》和《福建省私营企业职工养老保险暂行规定》，建立以县为统筹单位的法定的基本保险与补充保险相结合的集体企业职工养老保险制度。县集体企业和私营企业职工的养老保险业务由县人民保险公司办理。从是年起，对固定工退休费用实行社会统筹保险办法，对劳动合同制职工实行退休养老保险金制度，对临时工实行储存积累的养老保险等3种养老保险形式。当年，全县共有112个城镇各类企业单位3548名在职职工参加基本养老保险，离退休养老人数654人，共征收金额111万元，拨付企业退休养老金85万元。1991年，将外商投资企业中的中方职工纳入养老保险退休统筹范围。

1992年，将全县城镇各类企业及职工和城镇个体工商户纳入基本养老保险，参保企业实行统一的养老保险制度。私营企业和个体劳动者基本保险实行个人缴费制度，凡是养老保险纳入社会统筹的企业单位职工，按本人工资总额的7%缴纳养老保险金。1994年，根据省政府和省劳动厅有关文件规定，个人缴费年限累计满15年及其以上的，按月发给养老金，由退休时上年本省平均工资的20%为基础养老金及个人账户储存额的1/120之和计发；个人缴费年限不满15年的参保人，到退休年龄不享受基础养老金，其个人账户储存额部分一次性支付给本人。1995年，提高基本养老保险费征缴比例，商业经营性企业由原来的27%提高到28%，工业由原来的19%提高到20%。1996年1月起，根据省政府有关文件规定，企业职工养老保险业务移交县社保公司办理。1997年，全县累计征收基本养老保险费2293万元，拨付企业退休养老金1782万元。

1998年，依照省劳动厅《关于全面实行养老金社会化发放的通知》精神，政和县企业离退休人员养老金全面实行社会化发放。2004年1月起，将城镇灵活就业人员纳入企业保险范围。2005年，全县城镇各类企业单位5545名职工参加基本养老保险，离退休养老人数1884人，共征收金额760万元，支付金额1126万元。1998—2005年，全县共征收金额3540万元，支付金额6076万元。

二、机关事业单位社会保险

1994年5月，成立的县机关事业单位养老保险公司（时称股），原隶属县人事局，核定事业编制4名。1995年1月10日，印发《政和县机关事业工作人员退休养老保险实施意见》，机关事业工作人员退休养老保险业务于1994年7月1日正式执行。1995年，统筹单位23个278人，征收金额44万元。1996年1月，根据省人事厅《关于机关事业工作人员退休养老保险有关问题的意见》精神，对新调入属社会保险统筹的人员机关事业单位、养老保险基金支大于收的单位、集体人员转补缴养老保险的标准、下拨退休人员养老金的基本退休年龄、退休人员出生日期的确定等有关问题提出处理意见。1996—2000年，统筹单位累计307个3982人，征收金额1025万元，享受待遇730人，支付金额788万元。

2001年3月16日，县机关事业单位社会保险公司划归县劳动局归口管理。2003年11月10日，县政府出台《政和县机关事业单位人员养老保险有关问题的实施意见》，就机关事业单位人员养老保险的参保范围及对象、缴费基数和缴费比例、养老保险费的补缴、退休审批和支付条件的认定等作出明确规定。至2005年，全县共征收金额2188万元，享受待遇1593人，支付金额1805万元。其中：2005年征收金额622万元。

三、农村社会养老保险

1992年6月，民政部批准政和县为全国农村社会养老保险试点县之一，县政府成立试点工作领导小组，开展农村社会养老保险工作。全县当年共收取保险费13.2万元。1993年，推出村干部、乡镇企业职工、计生对象等8个系列险种，要求农村籍义务兵、复员兵、退伍军人等优抚对象的养老保险，应统一参加农村社会养老保险。是年，征收金额48.1万元。1994年4月，根据省委组织部、省民政厅《关于在全省实行村干部社会养老保险的通知》精神，县劳动部门积极开展村干部参保工作，以解决村干部的后顾之忧。是年，开始领取养老金7人，支付金额1万元。1995年5月，终止办理老人平安保。1996年，规定凡是在职的村主干，不分任职工龄长短都应参加养老保险，过去已投保的在职村主干，若达不到标准，可根据任职工龄按标准追加保费金额，村干部可以参照执行。1997年，收取保险费87.30万元，创最高水平。1998年4月，终止办理“双心”（爱心、关心）保险业务，并陆续退保。2000年5月，农村社会保险公司从县民政局划归县劳动局管理。至2005年，全县累计参加普通农民养老保险、村干部养老保险、义务兵养老保险、乡（镇）企业职工养老保险、计生对象养老保险、婚嫁保险、“双心”（爱心、关心）保险、老人平安保险、私立幼儿教师养老保险，共办9种保险22019人，征收金额791.46万元。其中参加普通农民养老保险6330人。覆盖全县10个乡镇、村、街道。

四、企业职工失业保险

1989年，全县列入职工待业保险基金筹集的单位123个4220人，筹集金额3.7万元。1992年，待业保险基金实行全市统筹，省级调剂。1993年，扩大待业保险的实施范围，保障待业职工在待业期间的基本生活，参保对象由原国有企业扩大到县以上集体所有制企业、股份制企业、劳动就业服务企业、外商投资企业和台商投资企业的全部职工，企业按全部职工工资总额的1%，职工个人按工资总额的0.5%缴纳待业保险基金，由职工所在单位代扣代缴。1994年，“待业保险”改为“失业保险”，“待业职工”改为“失业职工”。失业保险基金按企业职工工资总额的1.5%征收。

1998年7月1日起，再由1.5%调整为3%，其中单位按工资总额2%、职工个人按工资总额1%缴纳。1999年，根据国务院颁布实施《社会保险费征缴暂行规定》和《失业保险条例》，失业保险实施范围在原有基础上，扩大到事业单位、社会团体和其他所有城镇企业及其职工。国有企业下岗职工已参保的人员，社会保险缴费标准以当地最低工资标准为缴费基数。2001 年，在实施国有企业改革中，领取失业保险金失业人员有所增加，是年，领取失业保险金失业人数 6653 人。2002 年，实行国有企业下岗职工基本生活保障与失业保险政策并轨，不再提“下岗职工”概念，企业富余人员直接办理解除劳动关系手续进入失业，按规定享受失业保险待遇，并实行失业保险个人缴费凭证制度，每年由用人单位负责办理失业保险个人缴费凭证年度审核。至 2005 年年底，全县享受失业保险待遇 11099 人，支出失业保险金 861 万元。

五、城镇职工基本医疗保险

2000 年，根据国务院有关文件精神，成立政和县城镇职工基本医疗保险制度改革领导小组，下设办公室，负责全县城镇职工基本医疗保险制度改革的政策制定和宣传，对全县参保单位、职工、定点医疗机构及零售药店的情况进行摸底调查和建档等基础工作。同年 12 月，县政府制定实施城镇职工基本医疗保险制度改革实施方案及相关配套政策，确定全县医疗保险制度实施时间为 2001 年 1 月 1 日，原有的公费、劳保医疗管理办法同时废止，公费、劳保医疗管理制度平稳过渡到城镇职工基本医疗保险制度。相应成立县医疗保险管理中心，隶属劳动和社会保障局，承担执行城镇职工基本医疗保险的各项政策和法规，征收、支付和管理医疗保险基金，以及对定点医疗机构、定点零售药店的监督和管理。城镇职工基本医疗保险制度实行县级统筹，采用社会统筹和个人账户相结合的模式，用人单位按工资总额 6%—8% 缴纳基本医疗保险费，职工个人按工资总额 2% 缴纳基本医疗保险费，城镇职工基本医疗保险基金由统筹基金和个人账户构成。当年，全县完成首保行政、事业单位 107 个 6653 人，基金收入 160 万元，支出 88 万元。

2002 年 8 月 30 日，启动国有企业及其解除劳动关系职工参加城镇职工基本医疗保险。2003 年，全县参保单位 190 个 8214 人，基金收入 726 万元，支付 534 万元。2004 年，参保单位 212 个 9350 人，基金收入 829 万元，支付 653 万元，均比上年度有所增加。2005 年 8 月 30 日，启动县级以上集体企业及其解除劳动关系职工、个私企业和灵活就业人员参加城镇职工基本医疗保险。确定省级定点医疗机构 4 家，市级定点医疗机构 3 家，县级定点医疗机构 3 家，乡镇卫生院 9 家；定点零售药店 7 家。2005 年，全县参保单位 224 个 9644 人，基金收入 908 万元，支出 755 万元。2001—2005 年，基金收入共计 3116 万元，支付 2284 万元。

六、企业职工工伤保险

1994 年，根据《福建省企业职工工伤保险试行规定》精神，政和县启动工伤保险工作。1995 年 1 月起，全县辖区内所有国有企业、股份合作制企业、城镇集体企业、联营企业的全部职工及外商投资企业的中方职工参加工伤保险。工伤保险基金按照“以支定收、留有储备”的原则，实行“市级统筹，统一调剂，统一核算，余额上缴，差额拔补，收支两条线，专款专用”管理办法。工伤保险基金的征收按行业风险类别和工伤频率实行差别费率。具体标准分别为参保企业职工工资总额的 1.5%、1% 和 0.5% 三个等级。企业职工发生工伤事故，经认定符合条件的可依法享受工伤保险待遇。是年，参加企业职工工伤保险的企业 52 户 3409 人，共收缴工伤保险基金 9 万元。1996 年，工伤保险拓展到城镇集体企业。2004 年 1 月 1 日起，实施《工伤保险条例》。根据市政府批转市劳动保障局等部门《关于确定南平市统筹企业工伤保险基准费率问题意见的通知》精神，对费率重新作出规定，即第一类行业保险费率为 0.5%，第二类行业保险费率为 1%，第三类行业保险费率为 2%。2005 年，全县参加工伤保险的企业 39 户 3003 人，收缴工伤保险基金 21 万元，享受待遇 22 人，支付金额 13 万元。

1996—2005 年，全县共收缴工伤保险基金 140 万元，享受待遇 70 人，支付金额 43 万元。

七、企业职工生育保险

1996 年 10 月 1 日，开始实施《福建省企业女职工生育保险规定》。当年，全县投保企业 62 家 3443 人，征收基金 2 万元。县内的国有企业、股份制企业、城镇集体企业、私营企业的全部职工及外商投资企业的中方职工参加保险。职工生育保险基金实行“市级统筹，分类核算，调剂缴拨”的管理体制，以工资总额的0.7%按月向当地社保机构缴纳。生育保险基金纳入财政专户管理，专款专用。对符合计划生育规定的，可享受社会保险机构拨付的法定产假期间的生育津贴和生育医疗费用。根据《女职工劳动保护规定》，女职工产假为90天，其中产前假15天。难产的，增加产假15天；多胞胎生育的，每多生育1个婴儿，增加产假15天。根据《企业女职工生育待遇若干问题通知》的规定，女职工怀孕不满4个月流产的，应当根据医务部门的意见，给予15至30天的产假；怀孕4个月以上流产的，给予42天产假。产假期间工资照发。2002年，根据市政府《关于企业职工生育保险若干问题处理意见的通知》规定，调整为生育保险费按企业职工工资总额的0.9%缴纳。企业女职工津贴属晚育并领取独生子女证的按135天的标准由社保中心补助给用工单位，用工单位及其职工参加本市生育保险缴纳生育保险费满12个月以上方可享受生育保险待遇。至2005年，全县共收缴职工生育保险基金84万元，享受待遇277人，支付金额69万元。

表 14－7

1989—2005 年政和县社会劳动保险基本情况表

年份	城镇企业职工基本养老基金					机关事业单位社会保险					农村社会养老保险			
	统筹户数（户）	在职人数（人）	征收金额（万元）	离退休人数（人）	支付金额（万元）	统筹单位（个）	统筹人数（人）	征收金额（万元）	享受待遇数（人）	支付金额（万元）	参保人数	保费收入（万元）	退保人数	退保金支出（万元）
1989	112	3548	111	654	85	—	—	—	—	—	—	—	—	—
1990	127	4201	136	714	114	—	—	—	—	—	—	—	—	—
1991	143	4525	167	775	126	—	—	—	—	—	—	—	—	—
1992	154	4728	189	812	160	—	—	—	—	—	2932	13.2	—	—
1993	166	4791	216	869	186	—	—	—	—	—	2250	48.1	2	0.32
1994	110	4865	239	891	200	—	—	—	—	—	4334	102.21	2	0.12
1995	81	4358	342	907	301	23	278	44	19	10	3716	164.35	17	0.66
1996	104	4745	390	1095	316	42	560	56	63	12	3800	148.96	35	2.92
1997	106	4701	375	1171	379	52	702	84	118	54	2024	87.30	17	2.18
1998	118	4516	451	1214	429	64	780	215	135	170	1310	47.92	23	2.04
1999	91	4022	444	4322	503	73	964	387	193	322	544	28.64	18	2.95
2000	122	4367	546	1432	597	76	976	283	221	230	375	39.32	72	21.11
2001	70	4024	435	1499	643	81	1237	323	265	267	136	18.21	40	6.17
2002	49	3245	440	1570	854	85	1234	385	293	295	149	12.98	40	4.92
2003	49	3451	495	1745	920	94	1184	352	306	340	152	15.03	297	120.74
2004	49	3779	423	1826	1004	98	1186	622	357	443	177	47.90	55	3.71
2005	49	5545	760	1884	1126	101	1158	506	372	460	120	17.34	76	9.16

续表 14－7

年份	企业职工工伤保险				企业职工生育保险				城镇职工基本医疗保险				企业职工失业保险				
	户数（户）	统筹人数（人）	征收金额（万元）	支付金额（万元）	户数（户）	统筹人数（人）	征收金额（万元）	支付金额（万元）	参保单位（个）	参保人员（个）	基金收入（万元）	基金支付（万元）	参保企业数（家）	参保工人数（人）	筹集基金数（万元）	享受失业救济人数（人）	失业保险支出（万元）
1989	—	—	—	—	—	—	—	—	—		—	—	123	4220	3.7	—	0.4
1990	—	—	—	—	—	—	—	—	—	—	—	—	113	4421	3.7	—	0.8
1991	—	—	—	—	—	—	—	—	—	—	—	—	136	4512	3.6	—	0.3
1992	—	—	—	—	—	—	—	—	—	—	—	—	58	4648	8	—	0.3
1993	—	—	—	—	—	—	—	—	—	—	—	—	66	4837	13	—	0.1
1994	—	—	—	—	—	—	—	—	—	—	—	—	65	4500	16	270	7.1
1995	52	3409	9	—	—	—	—	—	—	—	—	—	73	5217	21	1451	24
1996	63	3804	12	4	62	3443	2	—	—	—	—	—	77	5337	21	780	40
1997	70	4113	12	1	76	3766	7	5	—	—	—	—	77	4715	26	1177	43
1998	80	3266	13	1	67	3274	8	8	—	—	—	—	74	3711	33	734	21
1999	60	3232	13	2	50	2490	7	7	—	—	—	—	74	4312	40	1089	33
2000	81	3517	15	4	78	3361	10	11	—	—	—	—	74	4287	58	261	7
2001	33	2344	14	5	33	2344	9	13	107	6653	160	88	75	7070	54	520	42
2002	32	2232	11	5	32	2232	7	8	—		—	—	65	5520	58	1283	140
2003	34	2488	13	5	34	2488	11	5	190	8214	726	534	86	5010	80	1295	125
2004	36	2780	16	7	34	2488	11	6	212	9350	829	653	82	5010	121	1181	155
2005	39	3003	21	13	27	2700	12	6	224	9644	908	755	73	6062	95	1058	222
合计	580	34188	149	47	493	28586	84	69	—	—	—	—	1391	83389	655	11099	861

卷十五　民政　老区与扶贫

第一章　民　政

第一节　拥军优抚

一、拥军

1989年起，拥军优属工作逐步从一般性的节日走访慰问转变为积极帮助部队和优抚对象解决各种实际问题。1990年，成立县双拥工作领导小组及办公室。1992年，重点扶持10名农村退伍军人发展食用菌、毛竹生产和支持23名农村退伍军人参加函授学习。1993年7月，县政府下发《关于“八一”建军节期间认真开展拥军优属活动的通知》，动员全社会做好拥军优属工作。1995年9月21日，县委、县政府召开学习张应有、魏重成烈士座谈会，南平市委书记林克敏参加会议。1999年3月，县政府下发《关于“爱心献功臣行动”实施方案的通知》；召开全县“爱心献功臣行动”动员大会，并举行“爱心献功臣”行动捐款仪式，4000余人参加捐款仪式，捐款8万余元，此款主要用于解决重点优抚对象的生活、住房、医疗等困难。2005年，县双拥工作领导小组办公室制订《政和县双拥工作意见》等文件，部署双拥工作及开展争创“全国双拥模范城”活动。

二、优待

（一）农村义务兵家属优待

1989年，根据省民政厅通知要求，凡1989年以前入伍的义务兵，春季退伍的，应加发延期退伍的半年优待金。是年，优待义务兵家属132户，兑现优待金6.73万元，户均510元。1998年，县政府规定农村义务兵优待金标准按上年度农村居民人均收入的70%计算。是年，农村义务兵家属每户兑现优待金1500元。2005年，优待义务兵家属211户，兑现优待金42万元，平均每户2130元。

表15-1　**1989—2005年政和县农村义务兵家属优待金兑现情况表**　单位：户、万元、元

年　份	义务兵家属户数	年兑现总额	户　均
1989	132	6.73	509.80
1990	164	8.70	530.90
1991	162	8.66	534.60
1992	170	9.02	530.60

续表 15－1

年　份	义务兵家属户数	年兑现总额	户均
1993	187	11.28	596.60
1994	199	12.13	609.50
1995	203	13.54	667.70
1996	214	22.93	1071.70
1997	212	32.85	1549.70
1998	266	37	1500
1999	254	34.10	1500
2000	234	33.21	1500
2001	223	27.90	1500
2002	198	33.30	1680
2003	235	39.90	1820
2004	226	43.20	1910
2005	211	42	2130

（二）城镇义务兵家属优待

1989 年，县政府办制订《关于印发政和县城镇义务兵家属优待金的办法》，实施全县城镇义务兵家属优待金补助政策。1991 年 4 月，根据县政府办下发的《关于城镇义务兵家属不享受优待金的通知》，停止发放城镇义务兵家属优待金。1994 年 11 月，县政府决定对城镇义务兵家属继续实行优待金补助政策，每人年均优待金仍为 500 元。1998 年，根据《军人抚恤优待条例》规定，城镇义务兵家属优待金标准按上年当地城镇居民人均可支配收入的 20% 计算发放。2000—2004 年，城镇义务兵家属每人年优待 1000 元。2005 年，城镇义务兵家属每人年优待 1250 元。

（三）进藏义务兵家属优待

1997 年，县政府规定进藏义务兵优待金按当地优待金标准的 3 倍由所在乡（镇）发给；农村籍入伍的义务兵在入伍时免费办理城镇户籍，办理“退伍安置登记证书”，退伍后安置就业，入伍时办理养老及人身意外伤害保险。翌年，全县进藏义务兵 10 名。

2005 年 10 月，县政府出台《政和县征兵工作奖惩规定》和《关于落实西藏兵员优待和奖惩政策的通知》，明确规定进藏义务兵的优待金发放数额、退伍安置办法、养老保险和人身伤害保险及奖惩规定等。同时原出台的《关于落实进西藏兵员优待政策的通知》和《关于进西藏兵员履行兵役义务奖惩规定的通知》不再执行。是年，全县进藏义务兵 2 名。

三、抚恤

（一）伤残抚恤

按《军人抚恤优待条例》规定，伤残抚恤标准参照全国一般职工工资收入的原则执行。1989 年，全县享受伤残抚恤的有 62 人，其中革命伤残军人 60 人，伤残国家机关工作人员 2 人。按等级分类：特等 2 人，一等 3 人，二等甲级 7 人，二等乙级 21 人，三等甲级 16 人，三等乙级 13 人，年发放抚恤费 18403 元。1996 年，全县享受伤残抚恤 69 人，其中伤残军人 67 人，伤残国家机关工作人员 2 人。按等级分类：特等 1 人，一等 3 人，二等甲级 10 人，二等乙级 30 人，三等甲级 12 人，三等乙级 11 人，年发放抚恤费 52660 元。2005 年，全县享受伤残抚恤的有 64 人，其中伤残军人 61 人，伤残国家机关工作人员2人，伤残人民警察1人。按伤残等级分类：三级因公5人，五级因战1人、因公15人，六级因公16人、因病1人，七级因战5人、因公8人，八级因战3人、因公10人。是年，发放抚恤费30.6万元。

（二）死亡抚恤

死亡抚恤是国家对“三属”（烈士遗属、因公牺牲军人遗属、病故军人遗属）采取的一种精神抚慰和物质照顾形式，分为一次性抚恤和定期抚恤两种形式。

1989年，享受“三属”定期抚恤56人，年发放定期抚恤金25824元。烈士遗属、因公牺牲军人遗属定期抚恤发放标准为：城镇的每人每月49元，农村的每人每月39元；病故军人遗属定期抚恤发放标准为：城镇的每人每月44元，农村的每人每月34元。

1996年，享受“三属”定期抚恤50人，年发放定期抚恤51144元。烈士遗属、因公牺牲军人遗属定期抚恤标准为：城镇的每人每月110元，农村的每人每月85元；病故军人遗属定期抚恤标准为：城镇的每人每月105元，农村的每人每月80元。

2000年，享受“三属”定期抚恤53人，年发放定期抚恤金113688元。烈士遗属、因公牺牲军人遗属定期抚恤标准为：城镇的每人每月208元，农村的每人每月183元；病故军人遗属定期抚恤标准为：城镇的每人每月203元，农村的每人每月178元。

2005年，享受定期抚恤65人，年发放定期抚恤金172912元。烈士遗属定期抚恤发放标准为：城镇的每人每月491元，农村的每人每月338元；因公牺牲军人遗属定期抚恤标准为：城镇的每人每月471元，农村的每人每月333元；病故军人遗属定期抚恤标准为：城镇的每人每月445元，农村的每人每月317元。

1989—2005年，政和县有6人被批准为烈士，5名军人被确认为因公牺牲，2名军人被确认为病故，共发放一次性抚恤金717160元。

四、补助

（一）临时补助

按照《军人抚恤优待条例》规定，对生活困难和医疗困难的优抚对象，民政部门给予临时补助。1989年，临时补助烈军属及其他优抚对象398户，发放补助款2.9万元。此后每年拨出一批优抚经费，对因遇到临时灾害、疾病或意外事故而发生困难的优抚对象，经本人申请，由民政部门给予补助，凡相关支出凭证在3000—5000元的给予5%以内补助，5000—10000元的给予8%以内补助，10000元以上的给予10%以内补助。2000年，临时救济烈军属120户，发放补助款3.1万元；其他优抚对象70户，发放补助款0.9万元。2005年，临时救济烈军属210户，发放补助款4万元；其他优抚对象141户，发放补助款1.2万元。

（二）定期补助

按照《军人抚恤优待条例》的规定，对符合条件的优抚对象，及时给予办理并足额发放定期补助款。

1989年，定期补助473人，其中退伍红军老战士1人，每月补助135元；红军失散人员2人，人均每月补助32.5元；其他在乡复员军人412人，人均每月补助25元；在乡复员军人中的孤老人员每月另增加5元。带病回乡退伍军人58人，人均每月补助16元。

1996年，定期补助476人。其中，红军失散人员1人，每月定期补助120元，其他在乡复员军人373人，发放标准为建国前入伍或建国后入伍，有参加抗美援朝、东山保卫战和剿匪战斗的在乡复员军人，城镇每人每月65元，农村每人每月55元；建国后入伍的在乡复员军人，城镇每人每月55元，农村每人每月45元，在乡复员军人中的孤老人员每人每月另增发10元；带病回乡退伍军人102人，人均每月补助23元。

2004年始，建立优抚对象最低生活保障制度，把38户达不到最低生活标准的优抚对象家庭纳入城乡最低生活保障范围，累计每年发放保障金57120元。同时，建立优抚对象抚恤补助标准自然增长机制，由县财政拨出资金保证优抚对象生活水平随着国民经济的发展而提高。

2005年，定期补助479人。其中，红军失散人员1人，每月补助标准为414元。其他在乡复员军人338人，发放标准为：解放战争时期入伍，每人每月256元；建国后入伍，每人每月217元，在乡复员军人中的孤老人员每人每月另增发50元。带病回乡退伍军人140人，每人每月34元。

第二节 安 置

一、复员退伍军人安置

县复员退伍军人的安置，总体上按照“从哪里来，回哪里去”的原则和“妥善安置，各得其所”的方针，但各个时期安置办法根据形势发展有所不同。1989—1993年，按照“按系统分配任务，供需见面，双向选择，包干安置”的办法。1994—1996年，实行“鼓励先进，鞭策后进，区别对待”的政策，对伤残士兵、立功受奖或有突出贡献者，实行优先重点安置，尤其是农村有突出贡献的退伍军人，可按照城镇退伍军人同等安置。1997—1999年，采取“多渠道多形式”安置的办法。2000年，城镇复退军人安置政策为“所有机关团体、企事业单位，不分所有制形式和组织性质，都有接收退役士兵的责任和义务，都要按一定比例安置退役士兵。”2001年，试行“安置任务有偿转移”的办法。2002年，开始实行就业安置和货币安置（有偿转移）相结合的办法。2004年，对自谋职业的复退军人在培训、教育、缴税、贷款、户籍等诸方面给予优惠政策。

1989—2005年，全县共接收安置复员、退伍军人1326人，其中复员103人，转业19人，退伍军人1204人。被安置于机关、企事业单位工作的退伍军人292人，其中城镇入伍的272人（内含复工复职7人），伤残军人3人，转业士官17人；货币安置39人（伤残军人5人）；其余995名农村入伍军人均被安置在农村和基层单位生产或工作。

二、军地两用人才开发使用

退出现役的士兵大多有一技之长，具备军地两用技能。为充分发挥两用人才的技能和作用，民政部门每年都积极推荐复员退伍军人到相关企事业单位就业，发挥其特长。1989—2005年，全县共接收农村退伍军人两用人才118人，均予安置录用。其中国营企事业单位15人，乡镇企事业单位12人，劳务输出91人；有17名退伍军人被选拔担任村干部，其中任村党支部书记或村主任8人，其他村干部9人。

三、农工安置

1989年，由县民政局接收代为管理的在册的县良种场退休农民工131人，退休工资由县财政拨款，民政局按月发放。1995年8月，为切实解决退休农工老有所养问题，县政府召开办公会议，提出在册的退休农民工，用加入农村养老保险的办法进行解决。是年，县财政局、民政局、良种场、农村社会保险公司签订《关于政和县良种场退休农工养老问题的协议》，入保保险费145万元由县财政和县良种场解决，县良种场236名在职农民工退休养老保险由县良种场负责投保。

四、移民安置

1989—2005年，县移民种类单一，均为库区移民。17年间共兴建大中型水库工程4项，即九层际电站水库、下榅洋电站水库、芹山电站水库、章口防洪水库。县政府出台水库库区居民诸多优惠政策，对库区居民予以妥善安置。优惠政策有：对库区移民拆迁的房屋、厕所、猪栏、牛栏等给予补偿；对被淹的农田、菜地等给予补偿；对被淹没损失的果树、毛竹、茶叶、棕树等经济作物给予补偿；对被淹没损失的林木及幼苗给予补偿；对被淹的坟墓给予补偿；对移民在建房期间给予每人一次性返销粮250公斤，并给予返销粮平议差价补助；对部分移民给予落实“农转非”户口。对库区移民迁移时建房的用地统一规划、统一安排，土地、城建等部门以及有关乡镇免收各种税、费、金，电力、自来水等部门免收“开户费”“增容费”等，林业部门免收各种办理出口手续的税、费、金，属于农转非人口，公安、粮食、乡镇等在办理手续过程中免收各种费用，并在用电、用水等方面给予适当优惠。17年间，共搬迁安置移民1927人，其中九层际水电站库区移民688人，下榅洋水电站库区移民851人，芹山电站（政和）库区移民341人，章口防洪水库之长际库区移民47人。

九层际水电站库区移民工作始于1986年年底，至1990年年底结束，共搬迁安置移民688人，其中农业人口648人，农转非40人。农业人口主要搬迁在稻香茶场新亭、县良种场珠山、熊山镇官湖、石屯镇西山坂、顺昌县岚下兴源5个安置点。

下榅洋水电站库区移民工作始于1993年年初，至1998年年底结束，共搬迁安置移民851人，其中农业人口360人，农转非491人。农业人口主要安置在熊山镇新南庄、星溪乡东峰2个安置点，而其农田则主要分布在熊山镇胜利村和解放村。

芹山水电站（政和）库区移民工作始于1996年年初，至1999年年底结束，共搬迁安置移民341人，其中农业人口286人，农转非55人。农业人口主要安置在熊山镇新南庄及官湖2个安置点，而其水田则主要分布在官湖村和林屯村。

章口防洪水库之长际库区移民工作始于2004年年初，至2005年年底基本结束，共搬迁安置移民47人，均安置于县新南庄，政府对这批移民的生活进行统一安置，生产则由其与水库自主协商解决。

第三节　救灾救济

一、救灾

政和是自然灾害频发地区。每逢灾情发生，国家拨款、社会各界捐款捐物，以帮助灾民解决生产生活困难，重建家园。1989年7月22日，政和发生百年一遇的洪涝灾害，损失严重。省长王兆国带领省民政、水电、交通等部门领导到政和察看灾情，南京军区、省军区、南平军分区派员赈灾。政府拨出救灾款120万元，大米2万公斤，回销粮145.80万公斤，衣被1.13万件支援灾民。1990年和1991两年均遭雹灾和旱灾等灾害，1992年遭洪灾，1994年遭“4·20”风灾，1995年遭“4·16”特大雹灾。1989—1997年，政府共发放救灾款776.7万元。1998年遭“5·14”特大暴雨和“6·22”特大洪涝、地质灾害，损失巨大。在“6·22”地质灾害中，外屯乡车潭村老碓厂自然村发生山体滑坡，村庄被毁，死亡31人。灾害发生后，政府拨出救灾款147万元，大米1.20万公斤及各类救灾物资。省人大常委会主任袁启彤带领有关部门人员到政和指导救灾工作。是年，全县共发放救灾款1207.90万元，用于扶持灾民发展生产，重建家园。2002年遭雹灾、风灾等，2003年遭旱灾，2005年遭“9·1”强台风袭击，澄源、镇前、杨源等乡镇损失严重。政府每年都拨出救灾款，用于灾区恢复生产，救济灾民生活。其中2005年发放救灾款337万元。1989—2005年全县共发放救灾款2956.58万元。

二、救济

（一）临时救济

1989年，政府拨出社会救济款15.50万元，棉被、衣服等18850床（件），解决1137户贫困户缺衣少食等生活困难。1990—1997年，县政府计发放救济款179.58万元，物资3.84万件，救济1.20万人次。1998年因遭“5·14”特大暴雨和“6·22”特大洪涝地质灾害，全县1.30万户群众生产生活发生困难，政府拨出救济款41万元，衣、被等物资0.50万件，解决灾民缺衣少食困难。2000年发放救济粮15万公斤。2005年发放临时性救济款65万元。

表 15－2　**1989—2005 年政和县临时性救济情况统计表**　单位：万元、床、件（套）、公斤

年　份	春夏荒救济	冬　令　救　济				社会救济
		款	棉被	衣服	其他	
1989	4.50	11	450	18400	172	—
1990	21	8.10	140	78	—	—
1991	3.70	7.50	200	100	—	—
1992	5	7.90	300	1400	—	—
1993	7	13.70	200	300	—	—
1994	18.78	6.90	180	588	—	—
1995	22.70	18	214	—	—	—
1996	7.50	8.70	449	33639	—	—
1997	13.10	10	592	—	—	—
1998	41	34	500	12300	3710	119
1999	30.7	47	218	—	512	—
2000	27	46	300	478	—	—
2001	23.3	7.4	300	579	—	—
2002	36	27	590	—	—	—
2003	46	26	300	11000	—	—
2004		36	300	—	—	—
2005	2	63	346	720	—	—

（二）定期救济

五保户救济　1989 年 5 月，县民政局按上级要求下发《关于统一换发五保户供应证》的通知，要求确保五保户生活不低于一般村民的生活水平。是年，全县共有“五保”户 450 户，民政部门拨出救济款 3.10 万元，户均 68.90 元。

1991 年，采取集中供养和分散供养相结合的办法，解决“五保”户的生活困难问题。是年，全县已办福利院、敬老院 9 所。其中，县城办福利院 1 所，乡镇建敬老院 6 所，村办敬老院 2 所。对本人同意到福利院、敬老院生活的“五保”户就集中供养；对本人不同意到福利院、敬老院生活的“五保”户，则分散供养，由户籍所在地乡（镇）政府统筹安排。是年全县集中供养“五保”户 103 人。1997 年，全县共有“五保”对象 412 人，其中集中供养 130 人。1998 年，全县“五保”户供养全面实行乡（镇）统筹制度。1999 年，岭腰乡创办敬老院。2000 年，全县共有“五保”对象 459 人。是年，共征收“五保”户供养金 11 万元，平均人均 200 元。2004 年，全县共有“五保”对象 579 人，全部纳入低保范围，发放证书，年计发放保障金 58.5 万元，每人平均 1000 元。是年 9 月，县政府成立农村五保户供养领导小组，分管副县长任组长。2005 年，全县“五保”户 940 户 1020 人，全部纳入低保范围，全年支出保障金 102 万元。

特殊救济　县政府对 1957 年以前参加工作，1961 年 1 月至 1965 年 6 月 9 日精简退职的职工，继续给予定期定量生活困难补助和报销部分医疗费。1989 年，根据民政部规定，全县符合享受救济待遇的精减退职老职工为 67 人。1989—1993 年 9 月，人均每月定期定量救济 25 元。1993 年 10 月 1 日起实行统一的救济标准，全县 65 人享受救济待遇。1993 年 10 月 1 日至 2003 年 12 月 1 日，救济对象中非

农业人口5人，每人每月65元；农业人口60人，每人每月55元。2003年12月起提高精减退职人员救济标准，非农业人口5人，每人每月110元；农业人口60人，每人每月100元。至2005年，特殊救济人员和救济标准不变。

三、城乡居民最低生活保障

1998年，政和县开始建立和实施城乡居民最低生活保障制度，城镇居民最低保障标准为每人每月100元，农村居民“双人户”每人每月65元，单人户每人每月95元。按照“低标准，小范围”的方式把已经享受定补的城乡“三无”（无生活来源、无劳动能力、无法定赡养人或抚养人）对象纳入低保范围。是年，根据年初调查摸底的情况确定城乡居民最低生活保障对象189户373人，年发保障金4.1万元。其中城镇居民124户258人，年发保障金3.10万元，农村居民65户115人，年发保障金1万元。

2000年7月，国务院规定城镇居民保障标准提高30%，扩大城镇低保面。是年底，全县纳入城镇低保对象223户398人，年发保障金19.70万元，农村低保对象99户135人，年发保障金9.70万元。2003年全县城镇最低生活保障对象512户1367人，年发保障金70万元，农村低保对象108户117人，年发放保障金7.10万元。2005年城镇低保对象565户1711人，年发保障金83.70万元，农村低保对象4637户11592人，年发放保障金413.70万元。

表15－3 **1998—2005年政和县城乡居民最低生活保障金发放情况表** 单位：户、人、万元

年度	低保户数	低保人口	发放金额（万元）	其中					
				城镇户数	人口	金额	农村户数	人口	金额
1998	189	373	4.10	124	258	3.10	65	115	1
1999	207	411	27.60	132	276	19.20	75	135	8.40
2000	322	533	29.40	223	398	19.70	99	135	9.70
2001	571	1025	30.37	463	884	23.40	108	141	6.97
2002	636	1631	42.40	528	1490	35.60	108	141	6.80
2003	620	1484	77.10	512	1367	70	108	117	7.10
2004	4593	13967	398	599	1870	90	3994	12097	308
2005	5202	13303	497.40	565	1711	83.70	4637	11592	413.7

第四节 社会福利

一、福利事业

（一）老年人社会福利事业

社会福利和优抚事业 县福利院和光荣院座落于元峰庄山脚下，占地4000平方米。有福利院院民楼1幢，建筑面积360平方米，床位11张，入住院民8人；光荣院院民楼1幢，建筑面积700平方米，床位15张，入住院民10人。2005年，新建2号楼建成投入使用。是年，县社会福利院有床位35张，在院院民11人；光荣院有床位25张，在院院民7人。

城镇老年人福利设施 1999年4月，老年人公寓立项并开始建设。2002年4月，高4层、占地面积360平方米、建筑面积893平方米的老年公寓建成并交付使用，同时更名为“颐福山庄”，有床位24张。2004年，按照“社会福利社会化”的发展要求，“颐福山庄”以公办民营方式出租试运营。

2005年，纳入招标管理。是年，入住老人8人。

农村老年人福利院 1989年年底，全县有乡级敬老院7所，院民70人；村级敬老院2所，院民10人。1993年6月，杨源乡敬老院成立。1996年9月，镇前镇敬老院成立。1998年2月，岭腰乡敬老院成立。至2005年年底，全县有乡级敬老院10所，床位135张，在院老人39人。

老龄事业 2005年，全县有60岁以上老年人22350人，其中，独居老年人1240人，只与配偶居住的老年人3270人，其他老年人17840人；百岁老年人5人。全县有老年文教体组织2个，老年人协会123个，老年学校10所，在校人数700人。

（二）儿童社会福利事业

1989年，在册城区社会散居孤残儿童70名，发供养金1.7万元；在册乡镇社会散居孤残儿童87名，发供养金1.9万元。1997年，办理中国公民收养登记2件，办理外国人收养登记3件，均为社会福利院抚养的弃婴。1998年4月，福利院增设儿童部，2004年儿童部大楼建成。是年5月，启动“残疾孤儿手术康复明天计划”，对所有孤残儿童实施全覆盖的手术矫治行动。当年，为可以实施手术的32名残疾儿童免费实施矫治手术。2005年，办理外国人收养登记2件，办理中国公民收养登记4件。是年，在院孤儿6人；为41名在册孤儿发孤残儿童“助孤工程”助养金2.02万元。

二、福利企业

1989年全县共办福利企业8家，其中县民政局下属企业6家，挂靠企业2家，安排就业260人，其中残疾人80人，救济对象45人，优抚对象35人。1989年福利企业实现年总产值550万元，利润170万元。

上世纪90年代后期至21世纪初，随着市场经济的发展，小规模企业很难参与市场竞争，大部分民政福利企业停产关闭。

附：主要民政福利企业

民政福利厂 创建于1980年10月，属民政独办企业。原有职工7人（其中残疾人3人），主要生产救济被服，年产值4.80万元。1996年下岗6人，保留打棉被技术工1人，2002年停产。

民政福利胶合板厂 创建于1987年8月，属民政独办集体企业。原有职工32人（其中残疾人11人），主要生产胶合板，年产值80万元。1991—1997年由个人承包经营，1998年6月胶合板生产设备出卖由私人租赁经营，开始生产出口花台，2004年停产。

民政福利厂门市部 创办于1984年4月，原有职工2人。主要经营副食品，年销售额8万元。1989年开始由个人租赁搞饮食业，年营业额9.10万元。2002年至2005年复经营副食品。

富美福利果场 创建于1992年，面积100亩，主要种植萘果。因市场变化，于1998年10月改种毛竹，属民政独办企业，至2005年，长期由个人承包。

水泥预制品厂 创建于1989年7月，属个体挂靠企业。原有职工11人，年产值10.80万元，厂址在稻香茶场，主要生产水泥预制品，1992年停产。

民政福利工艺厂 创建于1987年4月，厂址在东平镇凤头村，属个体挂靠企业。原有职工30人（其中残疾人10人），主要生产骨灰盒，年产值8万元，1994年停产。

三、福利彩票

1989—2002年，社会福利彩票均由民政部门独家发行，采用即开型彩票开奖和兑奖。政和县每年发行彩票在100多万元左右。2003年发行彩票300万元，为历年最高。福利彩票返还率50%，所筹社会福利资金主要用于社会福利公共事业及残疾人特困户的生活困难补助等。2004年后，民政部门不再发行社会福利彩票，社会福利彩票改由社会运作方式发行。

第五节　基层自治组织建设

一、村民委员会建设

1989 年，全县 9 个乡（镇）下辖 111 个村民委员会，全部开展村民自治示范活动，由村民直接选举产生村委会主任、副主任和委员，村中的重大事务由村民会议直接决策（由 18 周岁以上的村民过半数通过或由户代表的过半数通过）。村民委员会办理本村的公共事务、公益事业等，收支账目按时公布，接受村民和本村经济组织的监督，并结合本村实际制定村民自治章程，保证民主管理。1998 年，《村民委员会组织法》正式颁布后，村民委员会建设进一步加强，村民自治水平不断提高，新当选的村委会干部中党员比例高、生产能手比例高、文化程度高、平均年龄低。为提高村委会干部素质，每届选举后均由县乡（镇）组织村委会主任培训。1989—2003 年共进行 6 次村委会换届选举。2003 年村委会换届选举，共选出村委会成员 419 人（其中村主任 122 人），其中党员 56 人，占 13.4%；初中以上文化程度 156 人，占 37.2%；平均年龄 46 岁。2005 年全县 10 乡镇下辖 124 个村委会。

二、居民委员会建设

1989 年，全县共有 4 个居民委员会，即东门、北门、南门及西门居委会。1990 年，《居民委员会组织法》颁布后，居民自治工作不断加强。居委会在自治建设中坚持“民主选举、民主管理、民主决策、民主监督”的原则，凡涉及全体居民利益的事，均由居民会议或居民代表会议讨论决定，居民委员会财务制度实行公开，接受居民监督。1996 年 10 月，成立东平居委会。1997 年 10 月，成立元峰庄居委会，全县共有居民委员会 6 个。是年，城区 5 个居委会均开展升级达标活动，其中 1 个达到一级标准，2 个达到二级标准，2 个达到三级标准。2001 年，在各居委会中开展“十规范”活动。2001 年 8 月成立南庄居民管委会。2003 年 6 月，东门、西门、南门、北门和元峰庄居委会，分别更名为东门社区、西门社区、南门社区、北门社区和元峰庄社区居委会。是年，6 个居委会全部进行换届选举，共选出居委会委员 18 人，其中党员 11 人，占 61.1%；初中以上文化程度 18 人，占 100%；平均年龄 36 岁；6 个居委会主任均为女性。随着城市的不断发展，2004 年 6 月，南庄居民管委会更名为新南庄社区居委会。城区各居委会坚持“立足实情、体现特色、加强领导、规范带动、营造氛围、整体推进”的工作方针，认真开展“四进”（即科教、文体、法律、卫生）社区系列活动，社区文化进一步发展，城市文明进一步提升。至 2005 年年底，全县有 7 个社区居民委员会。

第六节　其他民政事务

一、婚姻登记

（一）结婚

1989 年，按《婚姻登记条例》规定，申请结婚登记的男女双方，须持本人户口证明、居民身份证共同到户口一方所在地乡、镇政府婚姻登记机关申请结婚登记。登记时双方须填写“本人无配偶以及与双方当事人没有直系血亲和三代以内旁系血亲关系的签字声明”。凡已离过婚再申请结婚登记的，还需持离婚证件。当年共办理结婚登记手续 431 对，不予登记 26 对。是年，民政部门还对 1989 年以前未办理登记手续而成事实婚姻的进行补办登记，共补办登记 272 对。1991 年，准予登记 1127 对，不予登记 59 对，补办登记 7409 对，为补办登记最多的一年。1999 年，准予登记 1965 对，不予登记 73 对，为申请数、准予登记数、不予登记数最多的一年。1989—2005 年，全县申请结婚的共 21293 对，民政部门批准结婚登记 20638 对，补办登记 10426 对，均颁发由国家民政部统一监制的结婚证书；不予登记的有 655 对，按规定出具不予登记的书面意见。

（二）离婚

男女双方自愿离婚，并对子女和财产问题已有适当处理的，双方必须持户口证明、居民身份证、离婚协议书和结婚证到一方户口所在地的婚姻登记机关申请离婚登记。1989年，向民政部门申请离婚的有57对，其中41对协议离婚，法院判决离婚7对，调解后未离9对。1995年，申请离婚的132对，为历年最高，其中协议离婚102对，法院判决离婚18对，调解后未离12对。2005年，申请离婚113对，其中协议离婚90对，法院判决离婚8对，调解后未离的15对。1989～2005年，全县申请离婚的共1137对，其中协议离婚886对，法院判决离婚139对，调解后未离112对，离婚人数占申请人数的77.9%。

二、收养登记

1989年，收养登记21件，1993年收养登记17件。1994年，《中华人民共和国收养法》颁布实施，规定收养查找不到生父母的弃婴和儿童以及社会福利机构收养的孤儿，符合规定的必须到所在地县级以上民政部门办理登记。一般情况下，申请收养登记的当事人须持收养申请书、所在单位或村（居）委员会出具的本人婚姻状况、有无子女和抚养教育被收养人的能力等情况证明及居住地计生部门出具的生育情况证明，并提交居民户口簿和身份证，县级医疗机构出具的未患有在医学上认为不应当收养子女的疾病和身体健康检查证明等。经审查符合收养规定，给予办理收养证，收养关系自登记之日起确立。1997年收养登记15件，2001年收养登记13件，2005年收养登记6件。1989—2005年，全县收养登记共189件。

三、勘界

（一）省、县界勘定

1996年，国务院下发《关于开展勘定省、县两级行政区域界线工作有关问题的通知》，提出用5年时间完成省、县两级行政区域界线的勘定（简称勘界），从根本上解决边界争议，维护边界稳定。

政和与一省七县交界，周边线长、纠纷多。1997年8月，县成立勘界办公室，挂靠民政局，为股级事业单位，具体负责全县勘界工作。勘界工作遵循“实事求是、互谅互让、增进团结、充分协商”的原则。1997年，勘定与松溪县界53.4公里。1998年，勘定与浙江庆元省界63.3公里，勘定与建瓯县界16.4公里。1999年，勘定与浙江庆元省界7.5公里，勘定与建瓯县界38.686公里，勘定与寿宁县界16.11公里，勘定与建阳县界54公里，勘定与屏南县界11公里，勘定与周宁县界74.98公里。2000年勘定与屏南县界27.3公里。至2000年年底，完成总长362.68公里县级以上界线的勘定，6个三县交汇点的确定，6根界桩的埋设和界线的测绘工作。1条省界、7条县界分别经国务院和省政府批准，政和历史上首次有法定的行政区域界线。

（二）乡（镇）界勘定

根据省、市的部署，2000年始开展乡镇界线的勘定工作，至2002年6月，全县完成16条总长为304.68公里乡镇界线的勘定。其中：星溪—熊山21.6公里，熊山—石屯10公里，星溪—石屯16公里，杨源—星溪9.3公里，杨源—镇前49公里，东平—石屯13.6公里，铁山—外屯13.73公里，铁山—岭腰12公里，铁山—星溪24.3公里，镇前—外屯16.4公里，镇前—澄源28.75公里，澄源—外屯22公里，星溪—外屯8.4公里，镇前—星溪4.6公里，澄源—岭腰41公里，外屯—岭腰14公里。

表 15－4

政和县界桩（双面桩）分布情况表

单位：米

序号	界　线	界桩号	坐标	高程	图幅号（图名）	比例尺
1	庆元—政和	011	X3039920 Y40393310	940.00	G－50－22－（39）张地	1：1 万
2	庆元—政和	012	X3043430 Y40400960	413.00	G－50－22－（42） G－50－22－（48）隆宫	1：1 万
3	屏南—政和	2829001	X2999801.35 Y40403573.18	930	7－50－35－丙	1：5 万
4	周宁—政和	2930001	X3014899.39 Y40423143.09	945	7－50－35－甲	1：5 万
5	周宁—政和	2930002	X3009164.13 Y40417881.66	905	7－50－35－甲	1：5 万
6	建瓯—政和	2983001	X3023402.25 Y40370817.26	195.53	G－50－34－（4）伏演	1：1 万
7	建瓯—政和	2983002	X3020627.72 Y40379186.40	358.91	G－50－34－（5）石门	1：1 万
8	政和—建阳	2984001	X3044708.00 Y40360076.00	896.50	G－50－22－（41）龙安	1：5 万
9	松溪—政和	2425001	X3037881.63 Y40367614.73	195.83	G－50－22－（43） 东平镇	1：1 万
10	松溪—政和	2425002A	X3034067.21 Y40370093.84	178.37	G－50－22（51）郑源	1：1 万
11	松溪—政和	2425002B	X3033819.97 Y40370260.19	171.63	G－50－22－（52）护田	1：1 万

表 15－5

政和县界桩（三面桩）分布情况表

单位：米

序号	界　线	界桩号	坐标	高程	图幅号（图名）	比例尺
1	庆元—政和、寿宁三交点	013	X3034680 Y40426340	1070.40	G－50－22－（45）碑坑	1：1 万
2	周宁、寿宁、政和三交点	2929301	X302813.78 Y40424800.28	1390	7－50－35－甲	1：5 万
3	建瓯、政和、建阳三交点	2983841	X3025624.31 Y20662382.57	408.96	7－50－34－甲川石	1：5 万
4	松溪、政和、建阳三交点	2829841	X3044908.80 Y20656513.71	898.87	G－50－22－（26）凤凰	1：1 万
5	屏南、政和、周宁三交点（同号三立）	282930IA	X2994396.00 Y40411962.00	668	7－50－35－丙	1：5 万
		282930IB	X299434.99 Y40412227.68	525	7－50－35－丙	1：5 万
		282930IC	X2994313.44 Y40413203.54	838	7－50－35－丙	1：5 万
6	建瓯、政和、屏南三交点（同号三立）	042829IA	X3007903.68 Y40394168.78	820	7－50－34－乙	1：5 万
		042829IB	X3007883.18 Y40394173.78	830	7－50－34－乙	1：5 万
		042829IC	X3007906.53 Y40394191.47	820	7－50－34－乙	1：5 万

四、社团与民办非企业登记

（一）社团登记

1989年10月，国务院颁布《社会团体登记管理条例》。1991年4月，县成立社会团体清理整顿复查登记工作领导小组，下设办公室；民政局增设社团管理办公室，为股级事业单位，并确定社团统一归口由民政部门实行登记和管理。是年，正式开展对社会团体进行清理整顿和复查登记，经复查登记，全县共有社团40个，其中行业性社团9个，学术性社团15个，文化艺术性社团7个，体育卫生性社团7个，社会福利公益性社团1个，宗教社团1个。1992年，全县登记社团45个（其中乡镇社团2个）。县社团办公室对社团组织加强登记和日常监督管理，凡社团改变宗旨或自行解散的，应向原登记管理机关申请注销登记。1997年，按照上级的部署进行第二次社团清理整顿，全县62个社团全部参加整顿。1998年，修订后的条例出台，县社团办组织全县社团秘书长和财务人员分三批进行业务培训。翌年，对全县62个社团开展严格的清理整顿，并对参加整顿的社团进行复查登记，经复查登记的社团10个。2000年年初，对不参加年检、不按本社团章程开展活动的社团予以注销，共注销社团53个，重新登记社团10个。是年8月，注销虚灵功协会和县人体生命再生工程研究会。2002年，对全县社团组织开展票据清理整顿回收。2005年，全县登记在册社团20个，均为法人社团。

（二）民办非企业单位登记

1998年，国务院颁发《民办非企业单位登记管理条例》。2001年7月，南平市政府下发《关于开展民办非企业单位复查登记工作的通知》，县政府召开动员部署大会，抽调专人开展工作。2001—2003年，对全县民办非企业单位进行调查摸底，253个民办非企业单位主要分布于教育、文化体育、卫生、劳动、社会中介、法律服务等行业中，根据自愿的原则，至2005年年底共登记13个，均为教育类法人制单位。

第二章　扶贫扶建

第一节　老区工作

一、老区分布与状况

2005年，政和县有东平、星溪、外屯、镇前、杨源、澄源、铁山、岭腰8个老区乡（镇），占全县乡镇总数的80%；89个老区行政村，占全县行政村总数的72%；565个老区自然村，其中老区基点村261个（无人居住77个），副点村121个（无人居住6个），游击区村183个。老区户数、人口分别占全县农业户数、人口的75.6%和76.5%。

二、老区扶建

自政和被确定为省重点扶持的贫困县后，老区建设即围绕扶贫工作来开展。2002年初，老区办与扶贫办合并后，老区工作与扶贫工作捆绑一并开展。

“七五”计划末（1989—1990年），上级支持政和老区扶建资金109.4万元，其中有偿资金46.9万元，无偿资金62.5万元。扶建项目有：建人饮水设施11处，修建公路3条30.2公里，新开机耕道5条16.75公里，修建校舍7座2420平方米，修水渠4条12公里，修复防洪堤1处，修建75千瓦水电站1座，兴建桥梁9座，架设输电线路9条112公里，建电视转播台2座以及林业、种植业等项目。

“八五”计划期间，上级支持政和老区扶建资金225.8万元，其中有偿资金102.3万元，无偿资金123.5万元。扶建的项目有：修公路9条60.5公里，建桥梁7座，建电站55千瓦1座，架设输电线20

条134.5公里，修复水渠2条5公里，建饮水设施11处，建电视转播台5座，建校舍13座5006平方米，开机耕道5条27.8公里，扶持10家乡村企业发展生产，以及林业、种植业等项目。

"九五"计划期间，上级拨给政和县老区扶建资金259.7万元，其中有偿资金60.6万元，无偿资金199.1万元。扶建项目有：修建公路31条203.7公里，新建桥梁4座，新建校舍35所6800平方米，架设输电线路8条95.6公里，扶持老区村群众电改126户，建电视转播台2座，铺设老区村巷水泥路6条8300米，修建防洪堤及水利设施5处，建老区群众人饮水设施46处，架设电话线3条141公里，新建老区科技培训中心1座，新建纪念碑1座及修复革命旧址1处，扶持老区乡村发展食用菌900万袋，以及林业、种植业等项目。直接受益的老区乡镇8个，老区行政村66个，老区基点村84个。1996年扶持杨源乡种植反季节蔬菜1176亩，产量达到116.2万公斤，产值185.85万元，获利130.1万元。

"十五"计划期间，上级支持政和县老区扶建资金共计347.5万元。安排扶建项目有：公路建设（含机耕道、水泥硬化）61条395.4公里，人饮水工程建设69处，架设程控电话线2条23公里，解决广播电视9个村，修建校舍11座260平方米，修建水利、防洪堤15条（处）13.06公里，修建桥梁11座，老区村巷水泥硬化23条28825米，建沼气池30个，以及林业、种植业、养殖业等项目。

三、"五老"服务

长期以来，县政府对革命"五老"人员（老地下党员、老游击队员、老苏区干部、老交通员、老接头户）实行救济优抚政策。1989年，全县共有健在"五老"人员264人，每人每月定补15元，当年共发补助金4.75万元。此后，"五老"人员定补标准逐年提高。1998年始，对"五老"人员实行医疗优惠制度，全县"五老"人员凭医疗优惠卡和"五老"证，可在全县境内所有医疗单位及南平市立医院、南平第二医院享受挂号费、检查费、药费、住院费等6项减免优惠待遇。是年始，县政府为"五老"遗孀提供生活定期补助，每人每月定补30元。2005年提高至50元，当年补助63人，共补助3.78万元。至2005年，"五老"人员定补标准每人每月150元（有依无靠）和235元（无依无靠）两档。是年，全县健在"五老"人员198人，共补助38.66万元。1989—2005年，17年间全县共补助"五老"人员优待金225.23万元，另给予"五老"人员发放临时困难补助款12.33万元，发放春节慰问款30.8万元。

第二节　扶贫工作

一、贫困地区分布与状况

1985年年底，全县9个乡（镇），108个行政村，2.8万户农户，15.14万人口中，有澄源、杨源、镇前、外屯、星溪5个贫困乡，37个贫困行政村，9353户贫困户，贫困人口4.9万人，分别占全县农户的33.4%和农村人口的32.4%，全县年财政收入4177万元，农民人均纯收入363元，人均占有粮303公斤。全县仍有37个行政村不通公路，43个行政村不通电，87个行政村不通电话，39个行政村不通广播电视，81个行政村人饮水困难。在农村普遍存在"吃粮靠返销、用钱靠救济、生产靠贷款"的现象。1986年初，政和县被省政府确定为重点扶持的老区贫困县之一。

二、扶贫措施

1986年3月，成立政和县扶贫工作领导小组，由县委、县政府主要领导担任正、副组长。召开全县扶贫工作动员大会，集中全县人力、财力、物力开展扶贫工作。省、市派出扶贫工作队到县、乡（镇）、村驻点挂职，省政府、市（地）政府领导挂点、挂村开展扶贫，贾庆林、贺国强、习近平等省领导一届接一届挂点政和县，省、市（地）连续下派帮扶工作队，有50多个部门单位，挂钩帮扶5个老区贫困乡和60多个贫困村，先后投入扶持资金3000多万元，扶贫开发项目180多项，实行人才、科技、项目、资金扶贫。县委、县政府领导分别挂点贫困乡（镇）、村，县直各部门单位实行对口帮扶，组织扶贫工作队，长期驻村挂点，县、乡直机关派出500多名干部下乡驻村，有100多名干部到贫困村任职，有68个县直单位挂村包片，有3800名党员联系5800个贫困户。用好、用活、用足省委、省政府给予贫困县的67条优惠政策，多方筹措扶贫资金，落实帮扶政策、资金、项目、科技、人才到位，开发利用当地资源，发展特色规模经济。县委、县政府把脱贫致富工作作为全县经济工作的中心和农村工作的主题。按照县委五届三次全委会作出《加快我县脱贫致富步伐的决定》，制定“二年脱贫、四年摘帽、六年做贡献”的总体规划。扶持贫困户、特困户为发展家庭种养业提供资金、技术和信息；发展集体林、果、茶等“绿色”企业；创办扶贫企业安排剩余劳动力；发展以专业户为主的各种形式的经济联合体，加快脱贫致富步伐。并对贫困乡（镇）、村实行减免农业税、扶贫开发、科技扶贫、实施造福工程、扶贫贴息贷款、小额信贷、科技培训、医疗扶贫等项目。经过12年的脱贫攻坚，1997年政和县摘掉贫困县的帽子。

三、扶贫成果

1997年脱贫“摘帽”。是年，全县国民生产总值59630万元，比扶贫前的1985年净增45494万元，年均递增12.74%；工农业总产值95328万元，净增84165万元，年均递增19.98%。其中工业总产值38865万元，净增35207万元，年均递增21.76%；乡镇企业总产值96548万元，净增94053万元，年均递增35.61%；财政收入达4700万元，实现收支平衡，净增523万元，年均递增18.18%；全社会消费品零售总额31096万元，净增26019万元，年均递增34.39%。全县农民人均纯收入达2104元，比1985年363元增加1777元；粮食总产量92877吨，人均占有粮440公斤。1986—1997年累计脱贫9251户48176人，使贫困户降至102户，贫困人口降至883人，脱贫率98.9%，85%的脱贫户开始走向致富道路。12年间，建设人饮水工程84处，解决12.4万人口的饮水问题；实施“造福工程”搬迁330户1879人，建新村12个，建新房4.95万平方米。各类家电普遍进入百姓家，群众衣、食、住、行条件不断改善，文明健康的生活方式逐步形成。全县建成林竹、食用菌、茶叶、反季节蔬菜、果品、畜牧水产等八个产业。共修建公路160公里，修建桥梁74座3404米，实现县、乡（镇）干道油路化目标，行政村通公路率达96.5%；新建水电站9座，总装机26250千瓦，年发电量8740万度。架设各种输变电线路1038.6米，实现县、乡（镇）电力联网。

此后，由于政和经济增长幅度不大，经济总量偏小，省、市和各部门对政和县仍然实行扶持政策。2000年，政和县被省政府确定为经济欠发达县之一，有11个老区行政村被定为省级扶贫开发重点村，实行由省直单位重点挂钩帮扶。至2002年，对11个省级扶贫开发重点村投入帮扶资金800万元，扶持开发项目83个。2004年7月，省委、省政府从省直机关选派11名领导干部下派到政和县11个省级扶贫开发重点村担任村党支部书记，制定和实行派出单位与下派村帮扶规划和措施，带资金、带项目、带技术、带信息，改变重点帮扶村的落后面貌，推进新农村建设。至2005年全县国民生产总值117433万元，比1997年净增34046万元，年均递增18.3%；工农业总产值135376万元，净增22300万元，年均递增9.3%；社会消费品零售总额54002万元，净增46930万元，年均递增14.8%；财政收入5544万元，净增843万元，年均递增5.13%；农民年人均纯收入3300元，年均递增11.65%。

表15-6　**1989—2005年政和县扶贫扶建资金统计表**　单位：万元

年份	造福工程补助资金	省级重点村捆绑资金	扶贫开发资金	小额信贷贴息资金	老区扶建资金	发展多种经营项目资金	科技扶贫项目资金	小计
1989			12		60	14	15	101
1990			14		49.4	14	16	93.4
1991			15		46	14	15	90
1992			17		44.8	14	15	90.8
1993			18		44	14	16	92

续表 15－6

年份	造福工程补助资金	省级重点村捆绑资金	扶贫开发资金	小额信贷贴息资金	老区扶建资金	发展多种经营项目资金	科技扶贫项目资金	小　计
1994	7.00	—	16	—	45.00	14	17	99.00
1995	12.50	—	15	—	46.00	14	15	102.50
1996	21.95	—	14	20.00	48.00	14	15	132.95
1997	32.25	—	15	25.00	49.00	14	15	153.25
1998	24.15	—	14	26.50	52.70	14	15	146.35
1999	52.00	—	19	30.00	54.00	14	15	184.00
2000	50.00	—	17	32.00	56.00	14	15	184.00
2001	42.50	—	18	34.50	65.50	—	—	160.50
2002	45.00	203	39	36.38	68.00	—	—	391.38
2003	40.00	197	30	23.20	70.00	—	—	360.20
2004	45.00	196	10	6.76	71.00	—	—	328.76
2005	45.00	204	10	10.40	73.00	—	—	342.40

第三章　管　理

第一节　地名管理

1989 年，对全县 9 个乡（镇）村及自然村以上地名（包括人工建筑、名胜古迹、纪念地等）进行全面审查、修改、补充和资料更新工作。1990—1991 年 6 月，完成地名普查、更新资料 1723 条，其中政区居民点 1067 条（政区地名 371 条，自然村地名 696 条）、纪念地 27 条、名胜古迹 28 条，企事业和人工建筑名称 213 条，自然地理实体名称 205 条，各专业部门使用的名称 183 条。

1995 年 7 月，县政府颁布《政和县地名管理暂行规定》，从县政府办、民政、公安、邮电、土地、方志委等部门单位抽调人员组成地名整顿、清理办公室，地点设在方志委，后改在民政局。各乡镇也相应抽调人员成立办公室。县地名办下发《关于政和县街、路、弄、巷牌和门牌整顿、清理工作方案》；县乡（镇）两级同时开展工作，对全县及各乡镇逐街、逐路、逐巷、逐村、逐户登记造册。1996 年初，县政府对熊山、石屯、铁山、星溪、县良种场等 6 个乡（镇）、场的地名命名及更名方案给予批复和确定。6 个乡（镇、场）218 个地名中，仍沿用原名的 33 个，更名 124 个，61 个因无人居住的地名被取消。是年，开始设置县城和建制镇的街、路、巷、广场、车站、名胜古迹、纪念地的地名标志及机关、团体、企事业单位和居民住宅的门牌标志。2004 年，县地名委员会根据国家民政部等四部局《关于在全国城市设置标准地名的通知》要求，再次抽调人员深入各社区开展街、路、巷等地名标志的调查，收集详实资料。翌年初，根据调查结果，新命名水南西路、为民路、水北东路、朝阳街、凤山弄、茶亭和新南庄。将原河滨东路更名为水南东路，河滨西路更名为水南中路。2005 年，县地名办公室按照新规定和要求，重新整理、归档地名档案，并购置铁柜存放，由专人管理。

第二节　殡葬管理

1989 年，县殡葬管理工作由殡仪管理所和殡仪服务站负责，把全县范围内及周边地区的部分尸体送往浦城殡仪馆火化。1997 年 6 月，县决定彻底改革旧的丧葬习俗，开始筹建殡仪馆。1998 年 7 月，南平市政府颁布《关于加强殡葬管理的通告》，指定政和县熊山、铁山、星溪、石屯、东平 5 个乡镇所在地为全市第一批全面实施火化区。1999 年 12 月，县殡仪馆竣工。政和殡仪馆建于石屯镇松源村九龟垅，总投资 153 万元。设有火化车间、火化炉（2 台）、悼念厅、告别厅、休息厅、停尸间、仓库、职工办公及生活区、停车场及各项配套设施。2000 年政和殡仪馆开始营业。是年，火化遗体 604 具。

2001 年，县成立殡葬改革工作领导小组。7 月，出台《政和县殡葬管理暂行规定》，对殡改的内容、火化区域、遗体处理、奖惩制度等作出明确规定。9 月，下发《政和县殡葬管理暂行规定的实施办法》，殡葬管理工作走上法规化轨道。是年，成立县殡葬管理执法大队，当年火化遗体 775 具。2002 年，下发《关于进一步加强殡葬改革工作的通知》，当年火化遗体 1123 具。2003 年 1 月 1 日起实行全境遗体火化，当年火化遗体 1695 具。2004 年年初，确认县殡葬管理执法大队与殡仪管理所实行两块牌子一套人马。是年，县委办、县政府办转发《实行移风易俗，进一步做好殡葬改革工作实施意见》。当年火化遗体 1038 具。2005 年火化 1025 具。

为了进一步深化殡改，1998 年年初，县筹建九龟垅公墓。2000 年 4 月完成征山 6.83 公顷，征地 1.21 公顷，建成公墓 248 座，骨灰墙 375 龛。2004 年 4 月，石屯、东平、铁山、镇前筹建乡镇公益性公墓。2005 年年底，石屯、东平、铁山三个镇公益性公墓建成交付使用。

第三节　机　构

一、县民政局

1989 年，县民政局设局长 1 名，支部书记 1 名，副局长 1 名，内设人秘财务股、优抚安置股、救灾救济股、民政地名股，行政编制 11 名。同年 10 月，成立县残疾人联合会，为残疾人事业单位，享受副科级待遇，核定编制 3 名，由民政局代管。是年，县民政局下辖县社会福利院、县光荣院（与县社会福利院实行两块牌子一套人马管理体制）、县殡仪服务站和县殡仪管理所等 4 个单位。1991 年 9 月，增设社会团体管理办公室。1993 年 2 月，成立县农村社会养老保险公司，为企业化管理事业单位。1994 年 1 月，撤销人秘计财股，分设办公室、计财股。同年 6 月，增设县残疾人劳动就业管理站，为股级事业单位，隶属县残联。1994 年 5 月，各乡镇成立农村社会养老保险管理所，隶属县农村社会保险公司。1997 年 8 月，成立县勘界工作领导小组办公室，挂靠县民政局。9 月，县残疾人联合会升格为正科级单位。12 月，与县民政局脱钩。是年底，县民政局设局长 1 名，副局长 2 名，内设办公室、优抚安置股、救灾救济股、基层政权建设股，社会事务股、社会团体管理办公室，编制 13 名，其中事业编制 1 名。2001 年 5 月，县农村社会养老保险公司整体划归劳动部门管理，与县民政局脱钩。2002 年，实行机构改革，确定民政局为正科级单位，核定机关编制 14 名，其中事业编制 4 名。设局长 1 名、副局长 2 名，内设办公室、救济救灾和城乡居民最低生活保障股、优抚安置办公室、基层政权和社区建设股、社会福利和社会事务股。是年，挂靠县民政局的单位 3 个，即县双拥工作领导小组办公室（股级）、县支援前线办公室（正科级），县老龄工作委员会办公室（正科级）。至 2005 年，县民政局设局长 1 名，副局长 2 名，内设办公室、救济救灾和城乡居民最低生活保障股、优抚安置办公室、基层政权和社区建设股、社会福利和社会事务股 5 个股室，编制 14 名，其中事业编制 4 名。

二、县老区扶贫办

1989 年，县革命老区根据地建设委员会办公室有工作人员 5 名，县老区扶贫工作领导小组办公室有工作人员4名。

2002年3月，县党政机构实施改革，撤销县老区建设办公室、扶贫办公室，成立县老区扶贫工作领导小组，由一名县委副书记兼任组长，下设办公室，为正科级行政单位，核定编制6名。至2005年底，县老区扶贫办设主任1名，副主任2名，内设综合股、老区建设股、扶贫开发股，编制6名。

三、县移民局

2002年5月，成立县芹山电站库区工作办公室，为副科级事业单位，核定地方事业编制5名，其中领导职数1名。2004年5月，县芹山电站库区工作办公室更名为县水电站库区移民开发事业局。同年12月，县水电站库区移民开发事业局编制由5名调整为4名。2005年，政和县水电站库区移民开发事业局，编制4名，设局长1名。

卷十六　农　业

第一章　基本条件

第一节　生产条件

一、耕地

全县山地多耕地少，1989 年耕地 13623.07 公顷，其中水田 12781.73 公顷，农业人均耕地 0.08 公顷，水田 0.07 公顷；2005 年耕地 13416.87 公顷，其中水田 12654.13 公顷，农业人均耕地 0.07 公顷，水田 0.06 公顷。

表 16－1　　若干年份政和县耕地面积变化情况表　　单位：人、公顷

年　份	农业人口	耕地面积	其中		农业人均	
			水田	旱地	耕地	其中水田
1989	161575	13623.07	12781.73	841.34	0.08	0.07
1991	173976	13675.73	12838.27	837.46	0.08	0.07
1995	180603	13576.40	12752.46	824.00	0.07	0.07
2000	191602	13516.47	12614.80	901.67	0.07	0.06
2005	180765	13416.87	12654.13	762.74	0.07	0.06

二、劳力

全县农村劳动力历来以种田、耕山为业。政府大力发展农村经济和乡镇企业，农林牧副渔全面发展。农村劳动力也从过去单纯从事粮食生产向林牧副渔各业转移。1989 年年初，全县总劳动力 45102 人（女劳力 12961 人），其中农林牧副渔业劳力 41241 人，占 91.44%；工业劳力 633 人，占 1.40%；建筑业劳力 178 人，占 0.39%；交通运输邮电业劳力 698 人，占 1.55%；其他劳力 3252 人，占 5.22%。

20 世纪 90 年代后，随着改革开放的不断深化，农村产业结构调整的实施，农业新技术的推广应用，农村剩余劳动力大量转移，从业结构发生根本性变化。

1991 年人口普查，农村外出人口 6691 人，占农业人口 3.8%。至 2000 年，农村外出人口 2.13 万人，相当于 1991 年的 3.2 倍，占农业人口的 11.1%，其中：外出从业劳力 1.41 万人，占实有从业劳

力的16.6%。2005年，全县实有劳动力92891人，从事农林牧渔产业的占78.9%，从事第二、三产业占21.1%；全县外出从业劳力2.20万人，占农村实有从业劳力的23.7%；农村外出人口达2.52万人，相当于1991年的4倍，占农业人口的13.9%。

表16－2　　**若干年份政和县乡村人口、劳动力及实有从业人员统计表**　　单位：人

年份		1989年	1991年	1995年	2000年	2005年
农业人口		161575	173976	180603	191602	180765
实有从业人员		45102	57286	61668	84849	92891
其中	男从业人员	32141	37382	38158	50489	52508
	女从业人员	12961	19904	23510	34360	40383
按行业分组	农林牧渔	41241	51419	53630	70253	73310
	工　业	633	1047	1126	1566	4250
	建筑业	178	253	445	1902	1086
	交通运输	698	806	1345	1462	1419
	信息传输	—	—	—	—	181
	批发零售	985	1015	1564	2419	3529
	住宿餐饮					645
	房地产	62	90	69	185	62
	卫生体育社会福利	242	283	323	331	460
	教育广电	400	468	576	552	567
	科研综合技术服务	18	20	12	6	30
	金融保险	45	41	51	69	60
	乡村经济组织管理	122	119	130	109	233
	其他	678	1725	2397	6805	7059
	其中：外出打工	205	344	1011	3183	4661

表16－3　　**若干年份政和县调查户劳动力情况统计表**　　单位：人

年份		1989年	1991年	2000年	2004年	2005年
调查劳动力数		2191	1192	177	191	193
劳动力文化程度情况	文盲、半文盲	549	275	9	20	21
	小学	1024	599	83	82	80
	初中	468	258	64	70	74
	高中	146	59	16	12	14
	中专	4	1	5	7	4
	大专以上	—	—	0	0	0

续表 16-3

年份			1989 年	1991 年	2000 年	2004 年	2005 年
劳动力就业情况	第一产业		1762	1027	155	168	156
	其中	农业	1281	655	151	167	128
		林业	57	23	1	1	26
		牧业	410	348	3	0	2
		渔业	14	1	0	0	0
	第二产业		86	32	1	2	5
	第三产业		343	132	21	21	32
接受培训情况	受过专业培训人数		200	76	—	18	31
	未受专业培训人数		1991	1116	—	173	162

三、畜力

1989 年，全县从事农事劳役的大牲畜年末存栏 1741 头，占年末牛存栏总数 67.3%，主要以水牛为主，黄牛少量。1990—2000 年，从事劳役的大牲畜年末存栏在 1000—1400 头间，约占年末牛存栏数 40—50%。2001 年，劳役耕牛有 1297 头，占年末存栏 54.3%。其后，由于双季稻面积逐年减少，种植业结构的大面积调整以及高山和半山区农村劳力的转移，相当部分山垅田、远田改种或被抛荒，从事农事的大牲畜也逐年减少。至 2005 年，全县仅有 804 头大牲畜从事农事劳役，占年末牛存栏数 40%，比 1989 年减少 50%。

第二节　农田基建

1990—1999 年，政和县连续 10 年实施国家立项农业综合开发项目，共投入资金 1882.2 万元，其中国家和省、市三级无偿财政资金 534.33 万元，有偿财政资金 359.89 万元，县配套财政资金 420.07 万元。10 年累计修建小（二）型水库 2 座、新建电灌站 2 座、拦水坝 19 处、开“排渍沟”66 公里、修建引水渠和排灌沟 121.11 公里、防洪堤 7.5 公里、机耕路 21.77 公里，完成改造中低产田 7326.67 公顷。

2002—2005 年，先后实施粮食专项工程、标准化农田建设项目，建成石屯、风头、东峰等标准化农田示范片，机耕路两侧路肩用块石切护，引水渠、排灌沟用混凝土浇筑，达到渠相连、路相通、旱能灌、涝能排、机能耕的标准。

第三节　农业区划

1989 年以来，县农业区划在原有区划成果基础上，继续开展农业资源调查、监测与评价，掌握农业资源动态变化，定期提出资源监测和综合分析报告，并根据资源变化情况，不断调整农业资源分区利用方案，根据境内地理位置和自然生态特点，按区域分异、生态系统内资源开发利用与生态环境保护措施一致性的原则，全县农业区划分为 3 个农业生态结构模式；并先后主持编写县“九五”“十五”“十一五”农业发展规划和优高生态农业县建设规划的生态农业部分；完成上级部署的《福建省农业资源“一村一品”发展战略研究》《“十五”期间农业资源状况报告》《福建省农业资源可持续利用和作物优化布局咨询系统》《生态农业建设》等的编写。

高山区生态结构模式　镇前、杨源、澄源三个乡（镇）和外屯、星溪、岭腰乡的部分海拔 800 米以上的地区为高山区。该区地形地貌复杂，湿润多雨，生物资源丰富，但水土流失严重，宜以林业为基础，以保山、保土、保水为中心，充分开发多种动植物资源，建立菌茶菜药，林牧特农相结合的山地主体生态农业。其中，海拔500—800米的地区建立以粮食生产为基础的水稻、反季节蔬菜、食用菌、锥栗等种植带；海拔800米以上的高山建立森林保护区，基本模式是以林为主，建立林、农、牧、水土保持生态农业，发展高山云雾茶、反季节蔬菜、魔芋、马铃薯、药材等，主要进行封山育林，发展草食性动物，如肉牛、肉兔、白鹅等。

半山区生态结构模式　铁山、外屯、岭腰、星溪四个乡（镇）的大部分和东平、石屯镇的小部分海拔在300—800米之间的地区为半山区。该区农业资源非常丰富，海拔300—400米的地方应建立以粮食生产为基础的水稻、茶叶、烟草等农作物种植带；海拔在400—600米的地方应建立以林业为主，乔、灌、草、林、牧、特、农相结合的生态农业模式，建立多林种、多树种、多层次、高密度的林业体系，充分开发森林中的土特产和生物资源，实现土特产物种资源的深度开发和转化的高效输出；海拔600—800米的半低山建立毛竹、药材、山苍籽、锥栗、杨梅、落叶水果为主的经济开发带，主要实施小流域综合治理，封山育林，修建小水库、小山塘，利用库塘养鱼，库边栽树种草，养殖禽畜。

河谷平原生态结构模式　熊山镇和石屯、东平镇的大部分海拔300米以下的地区为河谷平原。该区土质肥沃，气候温和，土地连片，是政和县主要粮食生产区。该区的生态农业建设以提高农田肥力为基础，在大力发展粮食生产的同时，积极发展多种经营，走深加工、精加工、多层次增值、深度开发之路，适当增加牛、羊、猪、禽、鱼、瓜、菜、茉莉花等物种层次，开发多梯级、多流向转化利用的互补型生态农业。

第二章　结构调整

第一节　农村产业结构

1989年后，随着改革开放的不断深化和社会主义市场经济的快速发展，县委、县政府先后出台扶持乡镇企业、发展个私经济、实施资源转化、加快特色开发、推进产业结构调整的一系列优惠政策措施，广大农民的改革开放意识不断增强，思想观念发生深刻变化，跳出农业抓农业，从单纯生产型向生产经营型转变，从封闭型经济向开放型经济转变，从求数量型向效益型转变，促进农村工业、农业企业、建筑业、交通运输业和商业服务业等产业的发展，推进农村产业结构调整。

农村工业，主要为从事竹木、茶叶、果蔬菜加工企业。1989年，全县乡（镇）、村及个体私营农村工业企业647家，年总产值3503万元，其中村办、个体私营417家，年产值1467万元，分别占64.5%、42%。1999年，全县农村工业企业1580家，年总产值43142万元。其后，由于乡（镇）、村工业企业的改制，部分个体私营企业转向联营或淘汰、关闭等原因，至2005年年底，全县农村工业企业减为1454家，年总产值71153万元，分别比1989年增加1.3倍和19倍，其中个体私营企业1428家，年产值近55000万元，分别比1989年增加2.4倍和14.7倍。

农业企业，主要为种植业、养殖业及农产品粗加工作坊，规模较小，多分布于高山区乡（镇）；1989年，全县农业企业511家，年总产值1504万元，其中村办、个私办491家；1990年后，随着社会主义市场经济体系的健全完善，农业企业在激烈的市场竞争中优胜劣汰，传统的种植、养殖企业呈逐年下降。1999年，全县农业企业202个，总产值8473万元；至2005年，全县农业企业锐减至90个，总产值9239万元，相当1989年5倍。

建筑企业，1989年全县乡（镇）尚无此类企业与统计项目，随着市场经济的发展，个私购置工程机械，独办或联办建筑企业逐年增多，至2005年，全县乡（镇）建筑企业120个，年总产值8466

万元。

交通运输业，1989年，全县从事运输业个体918个，乡（镇）运输企业3个，年总产值约1033万元；1993年最多达1413个，年总产值4339万元；90年代后期，由于市场、效益等因素制约，至1999年减少至1030个，总产值16224万元；2005年，全县运输企业884个，总产值18636万元，比1989年企业数减少37个，总产值增加近17倍。

商业服务业，1989年，全县乡（镇）、村商业服务业876家，年总产值994万元，20世纪90年代中期后，随着原有国有、集体商业服务企业的体制改革、产权改制，全县商业服务业，尤其批发零售、餐饮服务业快速发展。1999年全县达1910家，年产值17562万元；至2005年，全县商业服务业2564家，年产值达30467万元，分别比1989年增加2倍和29.6倍。

农村产业结构的调整有力促进全县三产业结构的变化，至2005年“十五”期末，全县三产业结构比例从1990年“七五”期末的54.2∶23.4∶22.4调到38.6∶22.9∶38.5，第一产业比重下降15.6个百分点，第三产业比重上升16.1个百分点。

第二节　农业结构

1992年实施“闽东北山地综合开发”项目，全县掀起山地开发热潮，共投入资金630.92万元，其中群众自筹资金533.49万元，农行专项贷款97.44万元，投工投劳66多万工日，开发山地2010公顷，其中茶叶1102公顷、锥栗765公顷、银杏35公顷、水果108公顷。

1995年，县委、县政府提出“菇菜猪起步，茶竹果腾飞”的发展方略。2000年提出“稳定菇业，优化茶业，巩固竹业，发展果业，开拓烟药业，壮大畜牧水产业”，发展山区“特色”“绿色”产业的思路。2001年提出“建设可持续发展生态优高农业县”战略目标。2005年，提出“四地”建设战略方针。经过十多年的努力，农业结构渐趋合理。2005年全县农林牧渔服业农业总产值（按1990年不变价）38559万元，其中农业20775万元，占53.88%；林业11065万元，占28.70%；畜牧业5025万元，占13.03%；渔业1274万元，占3.30%；农林牧渔服务业420万元，占1.09%；农业产值比重比1989年下降7.5个百分点，林牧渔和服务业产值比重上升7.5个百分点。

表16-4　**若干年份政和县农业产值结构变化表**　单位：万元、%

年份	农业总产值	农业		林业		牧业		渔业		农林牧渔服务业	
		产值	比值	产值	比值	产值	比值	产值	比值	产值	比值
1989	14390	8832	61.38	3047	21.17	2324	16.15	187	1.30	—	—
1991	15765	9342	59.26	4010	25.44	2155	13.67	258	1.63	—	—
1995	32157	12834	39.91	14616	45.45	3183	9.90	1524	4.74	—	—
2000	34076	12739	38.52	15629	45.86	3580	10.51	2127	6.24	—	—
2003	38265	21657	56.60	9124	23.84	4844	12.66	2255	5.89	385	1.01
2005	38559	20775	53.88	11065	28.70	5025	13.03	1274	3.30	420	1.09

第三节　种植业结构

政和县种植业历来以粮食作物为主，粮食作物又以水稻为主。20世纪90年代中期，开始大田种植业结构调整；2000年以后，加大调整力度，使种植业结构有很大变化。至2005年，全县大田粮经比例由1989年的82∶18调整到70∶30；粮食作物中水稻与杂粮面积比例由1989年的84.5∶15.5调整到69∶31。

表 16－5　若干年份政和县种植业结构变化情况表

单位：公顷、%

年　份	农作物总面积	粮食作物		经济作物		绿　　肥	
		面积	比值	面积	比值	面积	比值
1991	25406	20922	82.35	2437	9.59	2047	8.06
1993	26070	21372	81.98	3420	13.10	1278	4.9
1995	26395	22439	85.01	3457	13.10	499	1.89
1997	27408	22807	83.21	3966	14.47	635	2.32
2000	23686	19348	81.68	3598	15.19	740	3.12
2003	21585	15822	73.40	5492	25.34	271	1.26
2005	22658	15937	70.34	6521	28.78	200	0.88

表 16－6　若干年份政和县粮食作物种植结构变化情况表

单位：公顷、%

年份	粮食作物面积	水　稻		其中双季稻	甘　薯		马铃薯		杂粮玉米		其他（大豆）	
		面积	比值		面积	比值	面积	比值	面积	比值	面积	比值
1989	19658	16601	84.5	4028	1116	5.7	954	4.9	236	1.2	751	3.8
1991	20922	16718	79.9	4261	1268	6.1	1807	8.6	337	1.6	792	3.8
1993	21372	15942	74.6	3910	2228	10.4	1989	9.3	318	1.5	895	4.2
1995	22439	16008	71.3	4106	2278	10.2	2692	12.0	310	1.4	1151	5.1
1997	22807	15827	69.4	4005	2368	10.4	2952	12.9	471	2.1	1189	5.2
2000	19348	14152	73.1	3030	1592	8.2	2325	12.0	401	2.1	878	4.5
2003	15802	10771	68.1	1096	1410	8.9	2376	15.0	424	2.7	821	5.2
2005	15937	11003	69.0	1123	1433	9.0	2253	14.1	461	2.9	787	4.8

第三章　种植业

第一节　粮食作物

一、水稻

（一）稻作类型

1989 年，全县除高山区外，稻作类型均为双季稻连作。是年曾试种再生稻 39 公顷，全县种植水稻面积 16601 公顷，其中双早面积 4492 公顷、双晚 4028 公顷、中稻和单季晚稻 8080 公顷。1991 年再生稻扩大到 1287 公顷，其后逐年减少。此后，随着种植业结构调整，稻谷种植面积逐年减少，尤以 2000 年后为甚。至 2005 年，全县水稻种植面积 11003 公顷，其中双早 1123 公顷，占 10.2%；双晚 1250 公顷，占 11.4%；中稻与单晚 8630 公顷，占 78.4%。

（二）产量

1989 年，全县粮食总产 76451 吨，其中稻谷产量 71537 吨，占总产 93.6%。1990—2005 年，随着耕作制度的改革、农业技术的提高、优良品种的推广和农田水利的改善，水稻产量逐步提高。期间，由于自然灾害的影响，曾有几次大减产。1989 年“7·22”特大洪灾，早稻减产 7661 吨；1998 年“6·22”特大洪灾，早稻减产 7131 吨；2003 年夏、秋大旱，单、双晚面积减少 1440 公顷，产量减产 10068 吨。由于大田种植业结构调整，稻谷面积逐年减少，粮食总产量有所下降。至 2005 年全县稻谷播种面积 11003 公顷，总产量 60281 吨。

表 16－7　**1989—2005 年政和县水稻播种面积及产量情况表**　单位：公顷、吨、公斤

年份	水稻总面积	总产量	公顷产	早稻			单晚			双晚		
				面积	产量	公顷产	面积	产量	公顷产	面积	产量	公顷产
1989	16601	71537	4309	4492	11456	2550	8080	38603	4770	4028	21478	5325
1990	16724	71687	4286	4279	17481	4080	8139	31632	3885	4016	22574	5235
1991	16718	76726	4589	4294	19251	4485	8163	35377	4335	4261	22098	5190
1992	16892	78158	4627	4340	19673	4530	8190	35479	4335	4362	23006	5280
1993	15492	76121	4914	3911	17226	4410	8076	37461	4635	3955	21434	5451
1994	16133	76193	4723	4167	18668	4545	7915	36866	4665	4117	20659	5035
1995	16008	77147	4819	4100	17801	4335	7802	37682	4830	4106	21664	5280
1996	16065	79458	4946	4055	19393	4530	7941	39352	4950	4068	21713	5340
1997	15827	75880	4794	3965	18751	4725	7856	37555	4785	4006	19756	4890
1998	15726	72507	4611	3921	11620	2970	8008	42514	5265	3797	18733	4935
1999	15623	77629	4969	3673	14929	4065	8272	43697	5280	3678	19020	5175
2000	14152	71905	5081	2778	11857	4275	8344	43814	5250	3030	16234	5355
2001	13480	70340	5218	2301	10016	4320	8799	47628	5415	2360	12696	5385
2002	12816	68018	5307	1701	7722	4545	9426	51326	5445	1689	8970	5310
2003	10772	55387	5142	1096	5159	4710	8578	44407	5175	1098	5821	5295
2004	11000	59017	5365	1167	5329	4575	8640	46988	5445	1193	6700	5616
2005	11003	60281	5479	1123	5090	4530	8630	48082	5165	1250	7109	5687

二、甘薯

1989 年，全县种植甘薯 1117 公顷，总产 2326 吨。20 世纪 90 年代后，随着种植业结构调整，人们食物结构变化，甘薯主要用于加工淀粉和烧烤零售，种植面积逐渐增加。1997 年，全县种植 2368 公顷，为历史最高，产量 5936 吨；2005 年，全县种植 1434 公顷，总产 6527 吨。主要品种有红瓤地瓜、白瓤地瓜、黄瓤地瓜、大叶妈、六月白、红皮仔、红杆仔、屏南白、半红仔、胜利 8 号、禹北白、新种花等。

三、马铃薯

1989 年，全县种植面积 954 公顷，总产 1315 吨。是年引进优良新品种克新 3 号当家，种植面积占 80%，其次是费尔瑞它、荷 14、紫花白、贝薯 3 号、中薯 3 号、春薯 4 号、紫花 851 等。1998 年种植面积 3081 公顷，总产量 6407 吨。2002 年以后，平原区每年种植商品薯约 70 公顷。是年，引进大西洋

新品种在平原区作为商品薯种植。2005 年全县马铃薯种植面积 2253 公顷，总产量 7402 吨。主要种植品种为传统品种农发 1 号。

四、玉米

1989 年，全县种植 236 公顷，总产 401 吨，主要品种有六月黄、老鼠平等。1990 年开始在大田种植，由于引进优良品种，产量大幅度提高，当年全县种植 353 公顷，产量 550 吨，其中大田杂交玉米 255 公顷，产量 400 吨。其后，种植面积逐年扩大。1998 年为历史最高，面积 498 公顷，总产量 1545 吨。2005 年，全县种植 457 公顷，总产量 1500 吨，其中杂交玉米 334 公顷，产量 1006 吨，分别占 73% 和 67%。主要品种有传统的六月黄、老鼠牙等，先后新引进品种有丹玉 6 号、丹东 1 号、苏玉糯 4 号、中单 18、郑黑糯 1 号、苏玉糯 5 号、苏玉糯 8 号、沪玉糯 2 号、万糯 1 号、申糯 2 号、风糯 2146、科甜 98 －1、晶甜 3 号、珠甜 1 号、穗甜 1 号、农甜 3 号、浙甜 2018、闽甜 107、广甜 2 号、金凤甜 5 号、华宝甜 1 号等。

五、豆类

1989 年全县大豆种植面积 751 公顷，总产 872 吨。1990 年后，随着山地开发，幼龄果园套种大豆面积增加。1994 年全县豆类面积 1029 公顷，产量 1885 吨。1997 年为最高峰，全县 1190 公顷，产量 2580 吨。其后又逐年减少。2000 年全县种植豆类作物 878 公顷，产量 1966 吨。2005 年种植 764 公顷，产量 2043 吨。主要品种有传统矮脚青丝豆、高脚青丝豆、鸭姆豆、小黑豆、大黑豆、绿豆、红豇豆、黑豇豆、只半只、白蚁缸、大黄豆、白毛仔、红面颊，马料仔、六月黄、大山豆等。新品种有泉豆 322、浙春 2 号、雁青、青仁乌 2 号、浙春 3 号、埂青 82 等。

表 16 －8　**若干年份政和县甘薯、马铃薯、玉米、大豆生产情况表**　单位：公顷、吨

年　份	甘　薯		马铃薯		玉　米		大豆（含杂豆类）	
	面积	总产	面积	总产	面积	总产	面积	总产
1989	1117	2326	954	1315	236	401	751	872
1991	1268	2937	1807	2609	337	565	792	937
1995	2278	5118	2692	5786	310	957	1151	2219
1997	2368	5936	2952	6985	471	1394	1190	2580
1998	2180	5215	3081	6407	498	1545	1136	2384
2000	1592	4667	2352	5993	401	938	878	1944
2001	1528	4854	2288	5674	309	790	800	1836
2005	1434	6527	2253	7402	457	1500	764	2043

第二节　油料作物

一、花生

1989 年，全县种植面积 54 公顷，产量 62 吨。1990 年以来，随着山地开发深入发展，幼龄果园套种花生面积逐年增加。1995 年，全县种植 115 公顷，产量 199 吨。2000 年，种植 155 公顷，产量 283 吨。2005 年，种植 153 公顷，产量 358 吨。传统品种主要有大、中、小琉球，奥油 551、黄油 17、海花 1 号、116、大屁股等。新品种有泉花 10 号、泉花 646、泉花 327、金花 1012、金花 18、抗黄 1 号等。

二、芝麻

主要在星溪乡、铁山镇低海拔山区的山地和西部河谷的农坂地零星种植。1989 年，全县种植 4.0 公顷，总产 2 吨。1995 年，种植 29 公顷，产量 29 吨。2000 年，种植 20 公顷，产量 16 吨。2005 年种植 10 公顷，产量 11 吨。

三、向日葵

1989 年，全县种植面积 30 公顷，产量 12.9 吨。1995 年，全县种植 7 公顷，产量 7 吨。2000 年，种植 5 公顷，产量 3 吨。2005 年，全县种植仅 4.5 公顷。

第三节　水　果

一、常绿水果

柑　橘　属境内大宗水果。1989 年，全县柑橘面积 633 公顷，占水果总面积 58.6%，产量 2106 吨，占 90%。1995 年发展到 780 余公顷，占水果总面积 62%，产量占 82.6%。1997—1998 年，柑橘供过于求，价格低迷，温州蜜柑每公斤只有 2 角、芦柑 1 元，影响农民种植柑橘的积极性。1998 年，种植面积降至 666 公顷，产量 9072 吨，分别占水果总面积的 62%、76.5%。1999 年冬，遭遇历史上罕见霜冻为害，遭受重创，面积逐年减少。是年面积 665 公顷，产量 14474 吨。2000 年，面积减至 557 公顷，产量 6995 吨，比 1999 年减产 7479 吨，下降 51.7%。至 2005 年，全县柑橘面积 421 公顷，产量 11527 吨，分别占全县水果的 51% 和 71%。

1989—1997 年，柑橘品种以温州蜜柑为主，温州蜜柑又以尾张为主，占柑橘面积 90%，其次是芦柑，占 8%；有少量雪柑、南丰蜜橘、福橘、欧柑、朱红等。1997 年后，以发展芦柑、雪柑为主。1998 年，从三明市引进脐橙接穗高接换种 2 公顷，主要品种有朋娜、纽荷尔，少量华盛顿脐橙。2000 年，全县芦柑面积占 40%，温州蜜柑面积占 50 %，雪柑面积占 3%，脐橙面积占 5%。至 2005 年，全县芦柑占 45%，温州蜜柑占 40%，脐橙占 6%，雪柑占 3%，其他品种有哈林甜橙、蕉柑、本地早、平和蜜柚、玉环柚、金柑、南丰蜜橘、朱红、欧柑等 10 多个品种。

杨　梅　境内杨梅资源丰富，大部分为野生，个小味酸，仅东平镇有人工栽培。1989 年，全县面积 113 公顷，产量 35.8 吨。1990 年后，人工栽培面积逐年扩大。1995 年全县 157 公顷，产量 239 吨。2000 年，全县面积 159 公顷，产量 1519 吨。2005 年，全县面积 177 公顷，产量 1888 吨，其中主产区东平镇杨梅面积近 157 公顷，产量 1785 吨，分别占全县 88.6% 和 94.5%。主要栽培品种有大红、二色、春仔、炭梅、细叶仔和浙江引进的新品种东魁、丁岙等。

枇　杷　历史上有少量种植。1991 年，全县种植面积近 10 公顷，产量 14 吨；1995 年为 13 公顷，产量 35 吨；2000 年为 11 公顷，产量 64 吨；2005 年，全县种植面积 17 公顷，产量 54 吨。主要品种有洛阳青、大红袍、解放钟等。

二、落叶水果

锥　栗　政和县是锥栗发源地和主产区，人工栽培最早史载清朝康熙年间东平苏地村。1989 年，全县锥栗面积 2267 公顷，产量 127 吨。1990 年后，锥栗种植由零星分散向有组织的集中连片规模开发。1999 年，县政府组织专家对境内锥栗资源和生产情况进行调查论证，提出全县有 20 万亩山地适宜发展锥栗。2000 年，出台《政和县实施锥栗产业化意见》，成立领导小组，设立办公室，抽调专人从事锥栗工作。2001 年，提出“科技兴榛，富县富民”的发展目标，定位为“绿色和特色”的产业。全县 10 个乡（镇）和 2 个林业采育场种植锥栗面积 6667 公顷，总产量 2328 吨，面积和总产量位居全国第二。是年 8 月，被国家林业局授予“中国锥栗之乡”；同年 9 月，县锥栗协会成立。2002 年 1 月，“大真王”锥栗品牌被国家工商局认可使用，是年，被福建省消委评为“绿色消费推荐产品”。11 月参加国际（厦门）经济林产品交易会，被中国经济林协会评为“中国名优果品”。2001—2003 年，县林业局划出林业育林基金200多万元，扶持锥栗种植和示范基地建设。选派科技特派员驻村上山，指导生产，举办锥栗生产管理培训班共300多期。2005年11月，被评为“闽北知名商标”。至2005年底，全县锥栗面积1万公顷，总产量5317吨。全县有60多家流通户1500多农民从事锥栗流通业务，周边县（市）锥栗涌向政和市场，产品主要销往上海、南京、杭州、无锡、深圳等30多个大中城市。加工产品主要有锥栗罐头、软包装、栗粉及速冻锥栗。

表16-9　**1989—2005年政和县锥栗生产情况表**　单位：公顷、吨

年　份	面　积	总　产	年　份	面　积	总　产
1989	2267	127	1998	4667	614
1990	2800	149	1999	4867	1110
1991	3000	199	2000	5667	1161
1992	3200	256	2001	6667	2328
1993	3467	186	2002	8333	3433
1994	3733	230	2003	9000	3354
1995	3933	366	2004	9533	5228
1996	4133	473	2005	10000	5317
1997	4400	651			

梨　属境内主要落叶果。1989年，全县种植梨面积近60公顷，产量100吨。1995年面积61公顷，产量377吨。2000年面积44公顷，产量387吨。2005年全县种植面积69公顷，产量1214吨。主要传统品种有大雪梨、雁荡雪梨、口梨等，引进的品种有今春秋、桐庐白、菊水、黄花、黄蜜、六月雪、西子绿、翠冠等优良品种。

桃　1989年，全县种植面积近15公顷，产量15.6吨。1990年以后开始有连片种植。1995年种植面积55公顷，产量497吨。1997年面积63公顷，产量729吨。2000年种植面积52公顷，产量483吨。由于境内销售市场有限，至2005年，全县仅存41公顷，产量516吨。主要品种1990年前有毛桃、公婆桃、上海水蜜、奉化玉露、蟠桃、黄桃等；20世纪90年代初引进油桃中油1号、曙光等品种。1995年后品种较为丰富，早熟品种有五月红、春蕾、雨花露等，中熟品种有白凤、上海水蜜、奉化玉露等，晚熟品种有大久保、迎庆桃、蟠桃等。

李　1989年前种植面积不大，主要分布在星溪河下游和松溪河两岸沙洲地。1989年开始，引进油柰。1991年全县掀起种植油柰热潮，当年种植面积近10公顷。1992年57公顷，其中油柰50公顷，产量13吨。1995年86公顷，其中油柰76公顷，产量471吨。2000年后，由于油柰价格低迷，大多改种茶叶和其他水果。至2005年，全县李种植面积66公顷，其中油柰35公顷，产量690吨。主要品种有水柳李、芙蓉李、胭脂李、红李、黄李、黑李、油柰、青柰、花柰等。

葡　萄　1989年，全县种植巨峰葡萄45公顷，产量10.8吨。1990年后，从高山区扩大到石屯、星溪、熊山、东平等乡（镇）大田种植，而高山区所种巨峰葡萄因黑豆病害严重几近毁灭。1995年全县面积近12公顷，产量88吨。2000年全县面积11公顷，产量107吨。至2005年，全县面积仅9公顷，产量184吨。主要品种有巨峰、红富士、藤稔、红提子、绿提子等。

苹　果　1989年，全县面积162公顷，产量52.3吨。1995年面积缩减为近26公顷。2005年，全县仅有星溪乡宝岱、地平等村种植，面积约11公顷。主要品种有金帅、大国光、小国光、红星、红玉等。

银　杏　境内栽培银杏历史悠久，现存100年以上树龄的实生银杏树有500多株，其中铁山镇大

岭村有300多株。1992年开始引进嫁接银杏。1997年，全县发展到近124公顷，产量25吨。其后未有新的发展。

猕猴桃　境内猕猴桃资源丰富，历史悠久，多野生于深山老林，与林木缠绕伴生，村民于初冬采摘上市。民国8年《政和县志》载：猕猴桃，藤着树生，实形如梨，故又名藤梨。1982年，政和县曾研制成功“猕猴桃酒”，并于1987年获评福建省优质奖品。1992年，实施山地综合开发，铁山、岭腰、外屯、镇前、杨源、澄源等高山区，即有人工栽培猕猴桃。其中铁山镇向前村现有人工栽培猕猴桃面积近20公顷，当地人俗称“玺果”。2005年，全县猕猴桃面积约百余公顷。

其他落叶水果有梅、柿等。梅多为野生。1992年山地综合开发时始有人工栽培梅、柿等。

三、其他水果

西　瓜　1989年，全县种植西瓜145公顷，产量2222吨。20世纪90年代后，西瓜种植从农坂地向山坡地、水田扩种，面积不断扩大。1995年全县种植面积225公顷，产量4632吨。1997年种植面积286公顷，产量5975吨。2000年种植面积239公顷，产量5170吨。2001年后新引进品种有圣农宝、特大花神、抗病昰霸和益农特大西红宝等。2005年，全县种植262公顷，产量8457吨。主要品种有建杂1号、新红宝、红珍宝、巨龙、巨宝等。

草　莓　境内野生草莓资源丰富，但果小，商品价值不高。2000—2005年，先后引进部分新品种，主要在县良种场、熊山镇官湖村等城郊乡村种植，产量不多，仅供城区市场销售。主要品种有全明星、春香、宝交早生、哈尼、戈雷拉等。

第四节　烟　草

一、种植规模

政和县烟叶种植历史悠久，多属零星种植，自产自销。境内规模种植烤烟则始于1997年，由星溪乡的东峰、念山，铁山镇的大红，石屯镇的王山口，东平镇的常布等5个村143户烟农试种32.2公顷，建烤房103座，收购烤烟56.15吨，其中上中等烟占84.8%，公顷产量1743公斤，公顷产值14752元，试种取得成功。1998—2000年，由于政策引导、技术力量及自然灾害等因素的影响，种植面积在15—30公顷左右徘徊，公顷产值降至5000—8000元左右。2001年，县烟草公司把工作重心转移到烤烟生产上来，当年种植52公顷，收购烟叶123吨，收购金额106.8万元，吨均价8676元，公顷产值20538元。2004年，东平、石屯、星溪、铁山和岭腰等5个乡（镇）29个行政村487户农民种烟235.36公顷，收购烟叶630吨，总产值633.99万元，实现面积、产量、产值、利税均比上年翻番。2005年，全县种烟251.60公顷，收购烟叶640.30吨，总产值697.48万元，公顷产值27722元。

二、技术管理

境内烤烟均为春烟，适宜在光温充足，水源充沛，排水条件好，土质松厚，酸碱度适中，中等肥力的“洋面田”或山垄田种植。耕作制度为烟—单季稻轮作。一般在上年12月中旬播种，3月中下旬，日平均气温稳定在16度左右时，进行大田移栽。烤烟施肥宜早不宜迟，第一次在移栽后7天前后，第二次在移栽后10天前后，第三次在移栽后25天前施完。

烤烟的采收要求统一成熟度和成熟标准，做到每次采收同一品种、同一部位、同一成熟度的叶片，做到不漏畦、不漏株、不漏叶，适时适量，当天采收当天装炉烘烤。第一次采收在打顶后7—10天进行。其后，第5—6天采收一次，每次株采2—3片，最后3—4片叶于充分成熟时一次性采收完。

配炉装烤首先将采收的烟叶按品种、部位、成熟度归类，分别扎束绑竿，做到同竿同质。烘烤时掌握好变黄、定色、干筋等3个阶段的时间与火候，合理控制烟叶变色、干燥变化的速度，使其相互配合，促进烟叶质量的优化，以保证烤出优质烟。

县烤烟以K326、云烟85为主要当家品种。主要病虫害有炭疽病、黑茎病、青枯病、普通花叶病、黄瓜花叶病、马铃薯 Y 病毒病、气候斑点病等。主要虫害有烟蚜、夜蛾、稻绿蝽、小地老虎等。病虫害防治主要采取种子消毒、药物防治、人工捕杀、黄色板、银色地膜覆盖等办法诱杀驱赶蚜虫或瓢虫、草蛉等以及天敌保护。

三、政策扶持

县、乡（镇）政府和烟草公司出台烟叶特产税返回等一系列优惠政策，从资金、物资、技术、人才等方面给予扶持。新建烤房补助标准为：普通烤房补助 1000 元（县财政补 500 元）、中容量烤房补助 2500 元（县财政补 800 元）、密集式烤房补助 15000 元；烟用肥料、燃料按照烤烟收购数量、等级给予适当补贴；种籽、育苗用的基质等生产物资免费由烟草公司提供；根据种烟规模配足驻村烟技员，负责技术指导；按照烟叶不同生长阶段管理要求，定期举办技术培训班。2005 年新建烟田基础设施建设项目 17 项投资 45 万元。

表 16－10　　**1997—2005 年政和县烟叶生产情况表**

年份	种烟户数（户）	面积（公顷）	总产（吨）	公顷产值（元）	收购金额（万元）	吨均价（元）	上等烟 %	特产税（万元）	扶持资金（万元）	烟技员（人）	烤房（座）
1997	143	32.20	56.15	14752	47.5	8456	34.8	6.3	40	5	103
1998	63	20.00	25.00	6691	13.383	5360	22	4	1	5	81
1999	84	13.33	1.25	8127	10.834	8667	20	3.3	3	5	82
2000	70	28.00	30.00	5446	15.25	5083	14	6	5	5	90
2001	130	52.00	123.10	20538	106.8	8676	36.3	22	5	13	150
2002	285	113.93	310.10	20083	228.8	7378	35.16	48	17	13	309
2003	300	102.73	275.25	25075	257.6	9359	37	56	26	20	325
2004	487	235.36	630.00	26937	633.99	10063	41.66	130.5	82	22	602
2005	529	251.60	640.30	27722	697.48	10893	54.29	145	97.18	32	625

第五节　蔬菜与其他园艺作物

一、蔬菜

1989 年，全县种植蔬菜面积 1486 公顷，产量 28018 吨。1995 年，县良种场、熊山镇官湖村开始种植大棚蔬菜，当年全县蔬菜面积 2279 公顷，总产 41124 吨。1997 年，镇前、杨源、汀源高山区乡镇拭种反季节蔬菜成功，1999 年高山区乡镇种植反季节蔬菜面积近 11 公顷，产量 900 吨。2001 年，全县种植蔬菜面积 2583 公顷，总产 43146 吨。其中高山区反季节蔬菜面积发展到 200 公顷，产量 6000 吨，平原区大棚蔬菜面积 20 公顷，产量 1500 吨。至 2005 年，全县蔬菜面积 4739 公顷，总产量 84639 吨。其中高山区反季节蔬菜面积突破 800 公顷，产量 2.5 万吨，平原区大棚蔬菜面积 107 公顷，产量 8000 吨。

境内传统蔬菜品种有根菜类的萝卜、毛芋、胡萝卜等，茎菜类的姜、茭白、马铃薯等，叶菜类有包菜、大白菜、小白菜、包心菜、天津白菜、空心菜、芥菜、葱、蒜、韭菜、菠菜、香菜、苋菜等，荚菜类有四季豆、棉豆、虎爪豆等，瓜菜类有黄瓜、丝瓜、瓠瓜、冬瓜、南瓜、佛手瓜等，茄果类有茄子、西红柿、灯笼椒、辣椒等。

新引进品种有根菜类的芸苔、蔓菁、槟榔芋、茎菜类的莴苣、芦笋、大头菜、花椰菜，叶菜类胡荽、芹菜、荠兰、甘蓝、天葱、茼蒿，荚菜类的荷兰豆、豇豆，瓜菜类有西葫芦，茄果类的樱桃西红柿、青椒、鸡爪椒等。

二、食用菌

境内有30余种野生食用菌，如牛肝菌、珊瑚菌、红菇、平菇、木耳、茶菇、梨菇、松菇、灰树花等野生菇，以及灵芝、茯苓、竹荪、天麻等药用菌。

1989年，全县香菇产量147吨（未含其他菌类），至1995年达3356吨。1997年，为全县食用菌生产最高峰，9个乡（镇）121个行政村有110个行政村、3万多农户生产食用菌，近1亿袋，其中香菇产量4680吨，总产值约3.4亿元，占农业总产值的46%。是年8月，政和县和所辖的澄源乡分别被评为“全国食用菌行业先进县”和“全国食用菌行业先进乡”。由于食用菌生产原料主要是木材，为规避无序生产引发森林过度采伐，保护阔叶林资源，县委、县政府提出“稳定食用菌生产，限制木腐菌生产，发展草腐菌和珍稀菌生产”的调整，从1998年起全县木腐菇生产规模逐年减少。2000年全县食用菌产量4317吨，其中香菇4239吨。2003年生产食用菌5000万袋，由于高温干旱，损失约400万袋，影响产量和品质2000万袋，总产量3201吨，其中香菇2836吨，总产值比上年减少500万元。2005年，食用菌总产1762吨，其中香菇1079吨。

2005年，全县食用菌生产主要有：

木生菌　属境内大宗食用菌，纯木生菌有香菇、茯苓（药用）、黑木耳、灵芝（药用）、天麻（药用）等。以香菇（水菇、花菇）为大宗产品，占食用菌产量80%以上。以木屑为主要原料的非纯木生菌有毛木耳、银耳、黑木耳、白木耳等品种。

竹　荪　以毛竹加工的下脚料为原料在耕地上栽培的食用菌，药食兼用。1989年开始引种，发展较慢。1998年后栽培面积逐渐增加。2003年栽培面积50公顷，产量55吨（干品·下同）。2004年52公顷，产量58吨。2005年栽培面积17公顷，产量16吨。

草生菌　境内主要有蘑菇、草菇、凤尾菇、金针菇等。1998年以前草生菇占食用菌比例不大。2000年后，随着食用菌品种调整，草生菌比例逐渐增大。2001年东平镇农民在新口电站兴办金针菇厂，实行工厂化生产，年产金针菇40万袋80吨。2004年全县蘑菇、草菇产量445吨。2005年全县种植面积18200平方米，产量409吨，占食用菌总产23.2%。

三、魔芋

魔芋主产杨源、镇前、澄源3个高山区乡（镇），历史悠久，多为零星种植，自产自销。1989年全县种植20公顷，产量211吨；1990年后，由于农业结构调整和人民需求量的增加及市场价格看好，种植面积逐步扩大，加工淀粉或魔芋冻上市销售，成为商品生产；1991年全县种植40公顷，产量360吨；2000年种植65公顷，产量1445吨；2005年种植103公顷，产量2310吨。

四、其他

甘　蔗　主要种植果蔗。1989年种植面积17公顷，产量666吨。1995年种植26公顷，产量1168吨。1997年后，面积逐步扩大，是年种植83公顷，产量3320吨。2000年种植147公顷，产量5120吨。2005年种植168公顷，产量17514吨。

茉莉花　1989年，全县种植196.47多公顷，产花量770吨；至1993年种植面积357.2公顷，产花量1772吨，仅次于广西省横县，居全国第二，品质则处全国领先地位，初步形成以“中国茉莉花之乡”石屯镇为中心，连接东平、铁山两镇的茉莉花产业带。其后，由于广西横县发展种植茉莉花的态势好、成本低，境内相当部分企业将茶胚运往广西窨花，1994年县茶厂和1997年稻香茶厂相继改制，用花量急剧减少，同时北方花茶市场日趋萎缩，全县茉莉花种植面积曾一度骤减。21世纪后，由于个体私营花茶生产企业的发展和境外一批具有一定规模的花茶企业落户政和建设茉莉花基地，茉莉花生产得以恢复发展。2004年政和县被省林业厅、省花卉协会授予“省级花卉示范生产基地”。2005年，全县种植面积432.4公顷，产花量2502吨，基本满足境内花茶企业窨制所需。

表 16－11 **1989—2005 年政和县茉莉花生产情况表** 单位：公顷、吨

年 份	面 积	产 量	年 份	面 积	产 量
1989	196.47	770	1998	308.00	1676
1990	190.93	1047	1999	257.67	1350
1991	192.40	1306	2000	174.73	993
1992	253.80	1105	2001	176.60	975
1993	357.20	1772	2002	382.27	1762
1994	337.13	1660	2003	442.00	2700
1995	320.20	2010	2004	442.00	2506
1996	315.20	1964	2005	432.40	2502
1997	308.67	1672			

中药材 境内野生药材资源丰富。1989 年全县种植 67 公顷，产量 21.3 吨。1991 年后种植面积逐年扩大。1995 年种植 80 多公顷。2005 年种植 208 多公顷，产量 1531 吨。栽培品种主要有金银花、太子参、厚朴、白术、贝母等。

花 卉 花卉是境内新兴产业，过去仅少数县城居民养花自赏。1990 年后开始生产商品花卉，先后在星溪乡暗桥村、林屯村、县良种场、七星公园建立花卉生产基地，生产盆花和盆景。2000 年开始在大田种植鲜切花，主要品种有剑兰、康乃馨、百合花等。2005 年，全县花卉占用耕地面积近 9 公顷，生产鲜切花 3 万余枝，盆栽观赏植物 2.2 万多盆。

境内其他园艺作物有苎麻、荸荠、莲子等。苎麻多为零星种植，1989 年种植面积 18 公顷，产量 18.1 吨。1995 年种植 16 公顷，产量 12 吨。1997 年全县仅有 3 公顷，产量 2 吨。2000 年以后种植甚少。历史上多有种植荸荠，作为水果上市销售。20 世纪 90 年代以后种植面积逐渐减少，2005 年仅县良种场和东平村有少量种植。莲子主要分布在东平镇，1989 年种植 2 公顷，产量 4.5 吨。1991 年种植 2 公顷，产量 5 吨。1995 年种植 7 公顷，产量 12 吨。2000 年后仅有零星少量种植。

第四章 农业技术

第一节 耕作制度

境内大田作物以粮食作物为主。1989 年以来，随着种植业结构调整，耕作制度逐步向连作多茬、间混套种和立体开发方向发展。1989 年全县试种再生稻近 40 公顷，翌年开始推广。1991 年全县再生稻面积达到 1287 公顷，公顷增 1137 公斤。1994 年后再生稻逐渐减少。2000 年后，大田连作的面积逐渐减少，复种指数逐年下降。2000 年复种指数为 177%，2003 年为 170%，2005 年为 166%。

1989—2005 年间，由于大田种植结构调整，稻—稻、稻—闲耕作制度面积逐渐减少，水旱轮作、稻—经连作面积逐渐增加。东部高山区为马铃薯—稻、稻—菜、菜—菜、烟—菜；中部半山区为稻—菜—菜、稻—食用菌、食用菌—稻；西部平原区为稻—稻—肥（菜）、烟—稻、玉米（大豆、马铃薯）—稻、菜（瓜）（莲子）—稻、食用菌（竹荪）—稻。

旱地耕作制度为马铃薯、甘薯、玉米、大豆、花生、蔬菜、西瓜、甘蔗等作物间种、套种、混种、连作模式。

第二节　品种改良与推广

1989年始，政和县水稻品种历经以杂交稻为主、常规稻为辅到全面杂优化。杂交稻从少组合、重高产到多组合、重品质的变革。1990年平原区基本实现晚稻杂交化，高山区还有少量常规稻。1995年平原区实现早稻杂优化，高山区晚稻也实现杂优化。至1999年，早杂优以威优64、威优77为主，种植面积占60%，其次有汕优77、特优77、福优77、汕优89、威优89等；2000—2005年调为以汕优82、汕优晚3为主，种植面积占70%以上，其次是汕优016、汕优599、汕优36辐、威优40、威优82、福两优63等。

中晚稻杂优品种，1989—1995年主栽组合为汕优63，种植面积占60%以上，其次是汕优桂33、汕优桂32、威优63等。1995—2000年主栽组合调为D优10号、汕优10号，种植面积占50%，其次为Ⅱ优46（高山区）、Ⅱ优63、特优63、Ⅱ优明86、岗优22、特优172、特优388、特优898、特优689、特优420等。2001—2005年以推广优质米杂优组合为主，主要有扬两优6号、花优63、丰优22、宜优673、宜优155、甬优6号等，次为金两优33、金两优36、两优培9等，再是D297优63、D297优67、D297优155、汕优155、汕优多系1号、特优多系1号、特优70、汕优70、汕优699、特优699、汕优明86、汕优67、汕优78、汕优72、汕优397、汕优10号、汕优制西、特优73、Ⅱ优15、Ⅱ优838、Ⅱ优46、协优9308、博优501、两优2163、两优2186、特优175、福优964等。2005年全县优质米杂交稻面积占40%。

第三节　栽培技术

一、水稻

播种　双早播种期一般在3月中旬、下旬，单晚（中稻）播种期一般在5月上旬、中旬，双晚播种期一般在6月上旬、中旬。浸种：一般用清水浸种，也有用强氯精溶液浸种。双早一般用竹萝筐或化纤袋加温催芽，单、双晚为自然室温催芽。

育秧　双早采用薄膜湿润育秧，单、双晚一般采用湿润育秧或小水秧。1990年开始示范推广旱播育秧。1995年开始示范推广软盘育秧，但面积不大，难以推广应用。

插秧　双早插秧期一般在4月中、下旬，单晚（中稻）插秧一般在6月上旬、中旬，双晚插秧一般在7月中旬、下旬。双早插秧规格一般17×20厘米，常规稻每丛插8—12本，早杂优插2—3粒谷；单、双晚插秧规格20×20或20×23厘米，每丛插1—2粒谷。1989—1992年推广“垄畦栽”，对于深烂田有增产作用，但由于操作不便，推广面积不大，时间不长。

灌溉　1990年以来，主要沿袭推行“薄水插秧、寸水返青、浅水促蘖、烤田壮秆、复水养胎、湿润抽穗、干湿壮籽”的科学灌溉法。

二、甘薯、马铃薯

甘薯采用传统育苗插秧法。1999年在高山区引进甘薯脱毒种技术，但面积不大，没有继续推广应用。马铃薯采用传统直播法。1997年引进马铃薯脱毒种苗技术，在高山区推广应用。2004年在平原区示范推广薄膜覆盖春播马铃薯技术。

三、果树

果树种植除农户自行用野生锥栗、杨梅就地高接良种锥栗、杨梅外，多为引进果树嫁接苗。栽培上推广大穴、大苗栽植，扩穴改土，果树修剪，冬季清园，病虫害防治等技术。柑橘生产从20世纪80年代应用九二〇、2，4—D、三十烷醇、五四〇六等激素保花保果及根外追肥技术发展到90年代后推广“四大”（大台、大穴、大肥、大苗）栽植技术和保花保果、疏花疏果、套袋、滴灌等栽培管理技术。

第四节 改土施肥

一、土壤改良

境内除农户沿用传统的增施人粪尿、家禽家畜粪尿、沟塘污泥改良土壤外，曾有种植紫云英、采集艾草、盐肤木等野生绿肥压青肥田；增施石灰改良土壤酸性；推广稻草回田；大田养殖细绿萍肥田；沙质田则推广客土改良技术。

二、肥料种类

有机肥 主要有人粪尿、猪粪、鸡鸭粪、桐籽饼、菜籽饼、紫云英、红萍、细绿萍、乌绿豆、印度豇豆、大叶猪屎豆、苜蓿、垃圾肥、堆肥、沤肥、骨粉、草木灰、垃圾灰、山皮灰等。

无机肥 主要有碳酸氢铵、尿素、硫酸铵、硝酸铵、过磷酸钙、钙镁磷、磷矿粉；磷铵、磷酸二氢钾、三元复合肥、二元复合肥；硫酸铜、硫酸锌、硼砂、硼酸等。

菌肥 主要有九二 O、三十烷醇、叶面宝、喷施宝、五四 O 六等。

三、施肥技术

水稻 传统施肥技术有塞兜、蘸秧根等，一季施肥二次。现主要推广面肥、基肥、全层施肥和攻头、保尾、控中间施肥技术。

果树 推广挖大穴、施大肥（有机肥）、根外追肥技术，一般年施肥三次，第一次在萌芽前施用，以氮肥为主；第二次在果实膨大期施用，以三元复合肥为主；第三次在采果后施用，以有机肥为主。

四、施肥量

水稻一般每公顷一季施碳酸氢铵 750 公斤、尿素 75 公斤、过钙 375 公斤、钾肥施用量较少。果树一般年每株施碳铵 1 公斤或尿素 0.5 公斤，复合肥 0.5 公斤。

2005 年，全县农作物施肥总量为：碳酸氢铵 7000 吨、尿素 2500 吨、过磷酸钙 4000 吨、钾肥 500 吨、高含量三元复合肥 2000 吨、低含量三元复合肥 4000 吨。折纯氮 3040 吨，氧化磷 1020 吨，氧化钾 840 吨，总考量上看，全县农作物施肥氮、磷、钾比例存在严重失调。

五、土壤养份

2001 年水田土壤养分监测 88 个土样，结果显示普遍缺氮、缺钾、富磷。与第二次土壤普查对比，pH 值降低，酸性更强，平均值达到 4.76。

第五节 植物保护

一、植物检疫

20 世纪 90 年代初，植物检疫主要对象是调运柑橘苗木的黄龙病和果品的果蝇。其后，随着农副产品经营市场的放开和公路检查站的撤除，境内植物检疫数量逐年减少。至 2005 年，仅有偶尔少量检疫。

二、病虫测报

1989 年，县测报站负责全县病虫害预测预报，根据病虫害发生情况，每月或每旬发布 1 次病虫情报，东平、镇前、石屯 3 个乡（镇）设立病虫测报点，负责本辖区病虫预测预报工作。20 世纪 90 年代中后期，由于相关业务经费无法保证，东平、镇前 2 个测报点先后停止业务，县测报点迁至林屯洋。至 2005 年，全县仅设林屯洋、石屯工农洋 2 个测报点承担病虫测报工作。

三、病虫害种类

水 稻 主要病害有稻瘟病、纹枯病、白叶枯病。其次有细菌性条斑病、普通矮缩病、云形病、稻曲病、叶鞘病腐败病、赤枯病、恶苗病、绵腐病、立枯病等。虫害有稻飞虱、稻叶蝉、三化螟、二化螟、稻纵卷叶螟。其次是大螟、粘虫、稻蓟马、稻蝗、铁甲虫、稻蟥象、负泥虫、水稻根金花虫等。

甘　薯　主要病虫害有疮痂病、黑斑病、软腐病、花叶病、斜纹夜蛾、蛴螬、白蚁等。

马铃薯　主要病虫害有晚疫病、青枯病、软腐病、蚜虫、跳甲、叶螨、地老虎等。

果　树　柑橘病虫害主要有疮痂病、溃疡病、炭疽病及贮藏期的青霉病、绿霉病、蒂腐病和红蜘蛛、锈壁虱、介壳虫、潜叶蛾、天牛、卷叶蛾、桔蚜、花蕾蛆、凤蝶、吉丁虫、吸果夜蛾、缠皮虫等。梨主要病虫害有锈病、黑星病、黑斑病、轮纹病和小食心虫、梨网蝽、梨木虱、蚜虫、丽纹蟓甲等。桃、李主要病虫害有疮痂病、褐腐病、流胶病、干腐病、李红点病、细菌性穿孔病和天牛、桃小食心虫、桃蛀螟、叶蝉等。葡萄主要病虫害有黑痘病、霜霉病、白粉病、黑腐病等。锥栗主要病害有干枯病、炭疽病、白粉病等，虫害有栗瘿蜂、桃蛀螟、栗象甲、皮夜蛾、栗链蚧、剪枝象、透翅蛾等。

蔬　菜　主要病虫害有病毒病、霜霉病、软腐病、甘蓝病毒病、甘蓝黑腐病、白锈病、番茄晚疫病、番茄青枯病、甜椒立枯病、甜椒软腐病、菜豆炭疽病、西葫芦白粉病、黄瓜花叶病、菜粉蝶、菜青虫、甘蓝夜蛾、黄条跳甲等。

四、防治技术

（一）农业防治

水稻　主要有选用抗病品种，清洁田园、铲除田边杂草、烧毁带病稻草，科学安排播插期、合理密植，科学施肥、适时烤田等防治技术。

果树　主要选用抗病品种，无病苗木；合理修剪，剪除带病枝条、叶片、果实；冬季清园、刮树皮、深翻土、基部刷石灰；人工捕杀天牛、吸果夜蛾、蚧壳虫等虫害。

（二）生物防治

20 世纪 90 年代以来主要在果园提倡养鸡治虫，保护利用天敌，以菌治虫、以虫治虫，但效果均有限。

（三）物理防治

水稻生产曾应用泥水选种、盐水选种、晒种去除种子上附带病菌。现主要推广利用黑光灯诱杀害虫取得较好效果。近年来有部分果农在果园点日光灯诱杀害虫。

（四）化学防治

药　械　1989 年以后，圆筒形喷雾器、喷粉器、单杆式喷雾器、机动弥雾喷粉机等药械消失。大田主要使用背负式喷雾器，果树主要用脚踏式高压喷雾器。2000 年以后，推广柴油机动喷雾器。

农　药　1989 年以来提倡使用高效低毒低残留农药。农业生产上使用的杀菌剂主要有多菌灵、托布津、波尔多液、石硫合剂、大生 M—45、三环唑、加收米、敌克松、抗枯宁、瑞毒铜、胶铵铜、瑞枯霉、叶青双、硫酸链霉素、可杀得、世高等。杀虫剂主要有乐果、氧化乐果、敌敌畏、敌百虫、敌杀死、对硫磷、氰戊菊脂、杀虫双、水胺硫磷、杀螟松、灭蚜威、辛硫磷等。杀螨剂主要有克螨特、螨死净、哒螨酮、尼索朗、三唑锡等。除草剂主要有丁草胺、草甘磷等。

防治技术　病害提倡“预防为主，防治结合”的化学防治方针。虫害提倡“治早、治少、治了”的防治方针和“重点防治、挑治”的防治策略，以及“间歇用药、交叉用药”的防治技术。

综合防治　提倡“以农业防治为基础，充分保护利用自然天敌，科学合理使用化学农药”的综合防治方针。

第五章　农业机械

第一节　农机推广

一、农田作业

（一）耕作机械

1989年年底，全县有中小型拖拉机1228台，农用运输车、汽车228辆，耕整机32台，机耕船51艘，机引犁、机引耙、旋耕机等配套农具572部，耕作机械总动力12409万千瓦，全年机耕面积4300公顷，占可耕地面积的51.8%。1995年，全县中小型拖拉机1022台，及配套农具576部，农用运输车、汽车338辆，耕整机29台，机耕船37艘，总动力8937千瓦，全年机耕面积2910公顷，占可耕地面积的39.4%。2000年，全县变型拖拉机和小型拖拉机845台，及其配套农具330部，农用运输车、汽车885辆，耕整机98台，机耕船7艘，耕作机械总动力10708千瓦，全年机耕作业面积4327公顷，占可耕地面积的57.6%。2005年，全县变型拖拉机和小型拖拉机889台及其配套农具607部，农用运输车、汽车659辆，耕整机140台，耕作机械总动力12120千瓦，机耕面积3900公顷，占可耕面积的33.2%。

（二）植保机械

1989年，全县机动喷雾机77台136千瓦，人力喷雾器10731台，机械植保面积3880公顷。1995年，机动喷雾机70台122千瓦，机械植保面积4 667公顷。2000年，有机动喷雾机70台132千瓦，机械植保面积1640公顷。2005年，有机动喷雾机108台265千瓦，机械植保面积1357公顷。

（三）排灌机械

1989年，全县排灌动力机械102台1001千瓦，农用水泵85台，节水灌溉类机械14套，机械灌溉面积113公顷。20世纪90年代后，随着农村经济的发展和科技水平提高，农业灌溉除引水渠道灌溉为主外发展茶、果园、毛竹山的机械节水灌溉。1995年，农用排灌动力机械增至220台1837千瓦，农用水泵168台，节水灌溉类机械19套，机械灌溉面积1000多公顷。2000年，排灌动力机械190台1622千瓦，农用水泵130台，节水灌溉类机械20套，机械灌溉面积达1520公顷。至2005年，全县排灌动力机械474台3683千瓦，其中农用水泵284台，节水灌溉类机械22台套，机械灌溉面积近2000公顷。

（四）收割、脱粒机械

1989年前，曾先后引进3台收割机，机型与效果均不理想。1989年全县仅有收割机1台3千瓦，机动脱粒机34台，谷物烘干机1台，总动力90千瓦。1995年有联合收割机、机动收割机各1台，机动脱粒机32台，机械总动力129千瓦。1999年7月、10月先后引进松溪生产的惠特—120型小型稻麦收割机和福州机电厂制造的便携式微型收割机各1台。是年10月，市农机总站无偿调拨桂林4号奔野25型联合收割机1台，效果欠佳，难以推广。2000年，全县有联合收割机6台60千瓦，机收面积近30公顷，机动脱粒机46台，谷物烘干机2台，机械总动力211千。2004年，国家对购置农业机械实行补贴政策，调动农民购机的积极性。2005年东平、石屯、星溪的农民先后购进4LZ—160B型、4LZ—1、8型和4LZ—1、6型稻麦联合收割机各1台，试用效果好。至2005年，全县有联合收割机7台171千瓦，机收面积302公顷，机动脱粒机792台，脱粒烘干机械总动力2323千瓦。

二、农副产品加工

1989年，全县农副产品加工机械总动力11263千瓦。1990年以来，农副产品加工机械种类增加，加工范围扩大，作业项目增加，发展进度加快，除传统的碾米、榨油、制面、制粉、制茶等机械外，先后引进农产品冷藏保鲜、干燥分离等加工处理机械。1995 年，全县农产品加工机械动力 13098 千瓦。2000 年达到 16060 千瓦，作业机械 2171 台，其中粮食及其副食品加工机械 1000 台。至 2005 年，农副产品加工机械总动力为 13646 千瓦，其中，粮食及其副食品加工 1774 台。

三、农村运输

1989 年，全县用于运输的农用汽车 118 辆 10346 千瓦，农用运输车 110 辆 2070 千瓦，中、小型拖拉机和柴三机 1420 台 3189 千瓦。1990 年后，手扶拖拉机及大中型拖拉机相继退出运输市场，由变型运输机所取代。1995 年，全县农用载重汽车 123 辆 11728 千瓦，农用运输车 725 辆 10546 千瓦，变型运输机 128 辆。2000 年，有农用载重汽车 95 辆，农用运输车 790 辆，变型运输机 198 辆，运输机械总动力 21865 千瓦。至 2005 年，全县农用运输机械总动力达 18645 千瓦，其中：农用载重汽车 87 辆，农用运输车 572 辆，变型运输机 277 辆。

四、其他

其他农业机械主要是畜牧业机械、林业机械、渔业机械、农田基本建设机械等。1989 年，全县其他农业机械总动力 1386 千瓦，其中：饲料粉碎机 151 台 522 千瓦，锯板机 81 台 864 千瓦。1995 年总动力 2616 千瓦，有饲料粉碎机 125 台，专用推土机 10 台。2000 年总动力 4577 千瓦，饲料粉碎机 90 台，推土机 10 台，林业机械 52 台，渔业机械 156 台。2005 年，全县其他农业机械总动力 7313 千瓦，其中：饲料粉碎机 148 台，推土机 1 台，林业机械 87 台，渔业机械 24 台。

表 16－12　若干年份政和县农业机械拥有量表　单位：千瓦

年份	农业机械总动力	其中									
		耕作机械	排灌机械	植保机械	收获烘干机械	农产品加工机械	畜牧渔业机械	林业机械	运输机械	农田基建机械	其他机械
1989	41890	12409	1001	136	90	11263	—	—	15605	—	1386
1995	50890	8937	1837	122	129	13098	1008	—	23143	—	2616
2000	57072	10708	1622	132	211	16060	1041	416	21865	440	4577
2005	60290	12120	3683	265	2495	13646	1607		18645	516	7313

第二节　培训与维修

20 世纪 90 年代以来，国家对农业机械技术培训专项经费逐年减少，培训成本均由学员自行负担，即实行收费培训，参培人员逐年减少。至 2004 年累计培训人数 3 000 人次。2004 年 5 月，开始实施新的道路交通法，机动车（含拖拉机）驾驶员培训实行社会化，由农业（农机）主管部门对拖拉机培训机构实行资格管理，县农业机械化技术学校不再直接从事拖拉机驾驶员的业务培训。2004—2005 年，由县兴农技术服务有限公司培训拖拉机驾驶员 75 人次。

1989 年，全县农机维修网点 25 个。1990 年，县农机管理站组建“政和县维修技术考核委员会”。1999 年，国家改 2—8 级技术等级为初级、中级、高级 3 个技术级别，其中，初级农机维修工技术等级证书由县农业机械管理总站核发。中级以上由市农业机械管理总站考核鉴定核发。2003 年开始，统一使用国家劳动和社会保障部颁发的职业资格证。至 2005 年年底，全县有农机维修网点 34 个，其中，持有初级技术合格证书的 11 个，持有国家劳动与社会保障部初级职业资格证的 1 个。

第三节　安全监理

1989—1992 年，县农机安全监理主要是对从事田间作业的拖拉机进行安全教育、安全检查；调查处理乡间道路及田间作业事故；负责农用拖拉机的年审年检，办理报户、过户、核发牌照，开展驾驶员培训等。1993 年 1 月，由公安交警部门将上路行驶的拖拉机全部委托给农机安全监理部门管理。此后，农机管理法律法规相继出台。1998 年，贯彻执行农业部、省政府先后发布的《农用拖拉机及驾驶员安全监理规定》《福建省农业机械安全监理规定》。1999 年 6 月《福建省农业机械管理条例》颁布实施，使农机监理工作有法可依。是时，先后新机注册、过户 800 多台。2004 年 5 月，《中华人民共和国交通安全法》颁布实施，农业部发布第 42、43 号令，开始全面实施农机安全监理和正式启用拖拉机新式牌照，当年核发驾驶证 100 多本，行驶证 60 本，年检拖拉机 400 台。2005 年 5 月，县公安交警与农机监理完成交接工作，移交拖拉机档案 846 份，驾驶证档案 1099 份；是年，县农机安全监理年度检验拖拉机 380 台次，共核发拖拉机牌证 1050 台。

第六章　畜牧业

第一节　家　畜

一、猪

品　种　1989 年，境内猪种主要是传统的武夷黑猪与引进的福安花猪、约克夏、金华猪、长白猪等品种。1990—2005 年，先后引进杜洛克、大约克公猪、长白、太湖母猪、长太、杜太杂交母猪等；饲养的肉猪有长白、杜洛克、大约克、长太二元、杜长太内三元、杜长大外三元等多品种瘦肉型猪及部分本地杂交肉猪。2002 年建成外屯峡后母猪专业村，引进太湖母猪 400 多头，杜洛克、长白、大约克公猪 8 头。

繁　育　1989—2005 年，先后建成石屯镇的石屯、松源、长城、赤岭，外屯乡的下池、洋屯、峡后和东平镇界溪等母猪饲养专业村（场），利用引进的良种公猪、母猪繁育猪仔。2005 年，全县有繁育场 13 个，各品种公猪 15 头，母猪 1208 头，年产猪仔 3 万多头，除满足本县市场供应，还销往周宁、寿宁及浙江庆元等周边县市。

饲　养　1989 年末，生猪出栏 41066 头，存栏 65153 头。1992 年，南平山鹰集团公司在政和县镇前镇梨洋、梨溪、角板、里洋等村采用“公司 + 农户”模式饲养饲料猪，由公司提供建栏原材料、猪苗、饲料，农户负责选场址、建栏和饲养管理，户饲养 20—40 头，按每 1 公斤毛重，公司付 0.16 元饲养工资。后发展到澄源、杨源、外屯、星溪等 5 个乡（镇）的 20 多个村，是年末生猪存栏 55291 多头，年出栏 39857 头。1993 年，县成立高山开发公司，在石屯、星溪、东平等乡镇采用“公司 + 农户”的模式发展饲料养猪。1994 年后，由于市场、管理、饲料等因素，山鹰集团公司撤回南平。1995 年因资金困难，饲养管理跟不上，“公司 + 农户”模式也停止饲养。此后，生猪饲养主要以农户、专业户为主。2005 年，全县年饲养生猪 50 头以上的专业户有 100 多户，每批饲养肉猪 100 头以上有 8 户。至年底全县生猪存栏 73825 头，年出栏 90449 头，分别比 1989 年增长 13.3% 和 120%。

二、牛

品　种　主要有福安水牛、本地黄牛、安格斯黄牛、海福特牛等。2002 年 10 月从陕西引进秦川杂交乳役兼用牛、江西引进抗旱王等商品牛 316 头。是年 4 月，在石屯镇松源村建设奶牛场，从东北引进黑白花奶牛160多头。2005年从山东省引进娟姗牛、夏洛来、西门塔尔、利木赞等肉牛305头。

繁　育　牛的良种繁育，以兴和乳业有限公司为龙头的奶牛业，采取人工授精，走引进种牛和杂交改良的路子，全部饲养良种奶牛；肉牛则引进良种在本地饲养，自然繁育。

饲　养　1989年，全县牛存栏2586头，其中耕牛1741头。1990年后，随着人民生活水平的提高，肉食结构发生改变，饲养肉牛成为发展趋势。2002年，星溪乡林场引进肉牛饲养，最多时存栏500多头。2002年4月，成立兴和乳业有限公司，引进乳牛160多头。2005年，浙江宁波人在石屯镇包源自然村饲养肉牛305头，同年10月陆续出售。是年底，全县牛出栏915头，存栏1996头，其中奶牛317头。

三、羊

品　种　1989年，养殖山羊较少，均本地自繁自养的山羊、云和山羊，主要集中在高山区和铁山、岭腰、星溪等乡镇。1995年后，随着市场对羊肉需求的增加，山羊饲养逐渐增多，陆续引进南江黄羊、湖羊、福清山羊、波尔山羊等。

繁　育　随着波尔山羊、南江黄羊等优良种羊的引进，推广应用人工授精技术，通过更换或购买种羊，与本地山羊交配，改良本地山羊，使后代个体普遍增大。

饲　养　1989年全县饲养山羊857只。2002年，外屯乡承担省科技厅下达“山羊良种引进与繁育基地建设示范技术研究”项目，引进纯种波尔山羊，开展人工授精，全乡发展肉羊6000多只，2005年通过省科技厅组织的专家验收。2005年，全县养羊50只以上的有100多户，最多一户养500多只，其中外屯乡溪头村养羊600多只，全县山羊出栏8508只，存栏12949只，存栏数比1989年增长近9倍。

四、兔

品　种　历史上全县养兔主要是本地肉兔。1989年以来，先后引进安哥拉毛用兔、中国狮子头兔、日本大耳兔、新西兰大白兔、青紫兰兔、法系长毛兔和杂交长毛兔等。1996年，杨源大溪引进新西兰肉兔、福州大黄兔等。2002年，石屯新厂自然村从邵武引进80对德系安哥拉长毛兔种兔；2003年，铁山东涧村从浙江引进獭兔500只。

繁　育　兔主要引进良种繁育后代，然后交换种兔杂交繁育第二代，依此推广良种养殖。2002年引进的长毛兔采用人工授精技术，发展繁育后代；2003年引进的獭兔则是以培育种兔为主，带动獭兔的发展。

饲　养　养兔历史悠久，发展较慢，时起时落。1989年，全县饲养各品种兔11700只。20世纪90年代初，杨源西门、西岩一带曾大批量养殖，后由于防疫未能跟上及疾病影响，大量死亡，饲养量锐减，只有零星饲养。1996年，杨源乡大溪村肉兔存栏曾达3000多只，后因市场原因于1998年停止。2002年，石屯镇新厂自然村引进80对德系安哥拉长毛兔种兔饲养成功。2003年，铁山镇东涧村从浙江引进獭兔500对，先后陆续向铁山镇大红村、江上村、东平镇护田村辐射发展。2005年，全县饲养各品种兔8万多只，年出栏44835只，存栏42993只，其中长毛兔890只。

表16－13　**1989—2005年政和县家畜生产情况表**

年份	牛			猪			羊			兔		
	当年出栏（头）	期末存栏（头）	产量（吨）	当年出栏（头）	期末存栏（头）	产量（吨）	当年出栏（只）	期末存栏（只）	产量（吨）	当年出栏（只）	期末存栏（只）	产量（吨）
1989	37	2586	3.6	41066	65153	3989	121	857	2.9	3492	11700	3.1
1990	92	2396	11	43427	60754	3952	269	657	5	4043	10603	4
1991	90	2063	10	39606	56062	3317	152	546	4	6355	10408	5

续表 16－13

年份	牛			猪			羊			兔		
	当年出栏（头）	期末存栏（头）	产量（吨）	当年出栏（头）	期末存栏（头）	产量（吨）	当年出栏（只）	期末存栏（只）	产量（吨）	当年出栏（只）	期末存栏（只）	产量（吨）
1992	97	1868	13	39857	55291	3429	409	548	6	8237	9333	7
1993	71	1751	8	49687	59535	3956	217	315	3	8226	7629	8
1994	106	1157	8	54296	53519	4527	538	571	9	5792	5591	5
1995	91	1433	11	52342	56252	4438	937	1055	19	6420	6200	7
1996	73	1601	15	51399	52311	4349	1029	1266	30	6191	6471	6
1997	84	1823	14	60453	61126	5196	1813	2376	53	7400	6560	7
1998	60	1681	10	66588	63413	5723	1950	2804	29	99354	44558	99
1999	73	1515	8	70684	66780	5303	1762	2347	27	94908	37245	96
2000	258	1623	27	67844	64917	5082	2142	2679	32	59373	33677	60
2001	549	2387	52	79688	65627	5926	3830	6068	46	53506	33274	52
2002	697	2620	62	83295	66916	5831	6584	11146	71	46922	29134	54
2003	837	2100	80	90593	70323	6340	7591	13821	104	37682	22944	53
2004	833	2112	83	93099	67384	6514	7761	13295	107	41893	30258	61
2005	915	1996	90	90449	73825	6308	8508	12949	121	44835	42993	56

第二节　家　禽

一、品种

家禽饲养品种较多，有肉用型、蛋用型、肉蛋兼用型等。鸡的品种有本地鸡、来航鸡、芦花鸡、九中黄、白洛克鸡、土杂鸡、红波罗鸡。鸭有麻鸭、番鸭、半番鸭、北京鸭、樱桃谷鸭、芙蓉鸭。鹅主要是闽北白鹅、狮头鹅。少量饲养信鸽、肉鸽和鹌鹑等。

二、繁育

家禽繁育一般以自然孵化为主。1989 年石屯镇外坂村曾开展温水孵化，但孵化量少，未形成规模；1993 年，曾开展机器孵化，后由于种蛋不足而中止。

三、饲养

家禽饲养基本是自繁自育，多采用放牧型饲养，周期长，肉味甜美，产蛋个大。1989 年年底，全县家禽存栏 424223 万羽。20 世纪 90 年代，随着饲料工业的发展，家禽饲养发展迅速，出现一批池塘养蛋鸭、关棚养鸭、养鸡等养殖专业村、专业户，石屯松源村饲养 1000 羽以上的养殖大户有 16 户。1998 年，星溪乡林屯村建成全市最大的关棚养番鸭生产基地，最多年出栏番鸭 20 万羽，后由于市场因素，于 2001 年停养。2003 年，铁山南涧村采用放牧与舍饲方式饲养白鹅，年饲养 1.60 万多羽。2005 年，全县 10 个乡（镇）都有利用茶山、果园、竹山和林地放牧与舍饲方式养鸡，多的年饲养 3—6 批、出栏万羽以上，少的利用冬闲田饲养、一般几百羽。年底，全县家禽出栏 841930 羽，禽蛋产量 1743 吨。

表 16－14　**1989—2005 年政和县家禽生产情况表**　单位：羽、吨

年　份	当年出栏	期末存栏	禽肉产量	禽蛋产量
1989	192155	424223	207	292.9
1990	267208	407817	271	31
1991	361857	436737	284	36
1992	390089	452159	338	419
1993	120375	433314	405	571
1994	464258	459850	427	716
1995	479058	365865	480	933
1996	560399	189167	565	1107
1997	473563	398612	479	1211
1998	536677	380924	539	1335
1999	542997	416441	542	1362
2000	483414	361597	487	1233
2001	578823	367009	577	1293
2002	640393	364584	658	1545
2003	759798	438389	875	1644
2004	801186	506916	925	1611
2005	841930	463882	976	1743

第三节　其　他

一、宠物

宠物饲养始于21世纪。过去，农村养狗基本上为看家护院、狩猎及冬季屠宰自食，品种是本地的土种狗；养猫是为捕鼠；城区养狗、猫较少，家庭养鸟更少。1997年前后，镇前、星溪、熊山曾有人饲养肉狗，均因饲料成本高、饲养管理跟不上，效益不明显，专业饲养日渐减少。21世纪后，随着人民生活水平的提高和生活质量的改善，饲养狗、猫和养鸟人群日渐增多，尤属城区先后引进狼狗、狮子狗、沙皮狗、哈巴狗、贵妇犬和文鸟、鹦鹉、金丝雀、百灵、画眉、相思鸟、八哥、黄鹂鸟等。

二、珍贵野生动物

境内各种野生动物品种较多，人工训养的甚少，新捕获的多供自食或零星销售。1990年后，陆续有人工驯养山鹿、鸵鸟、鹧鸪、山鸡、野鸭、獭狸、香猪、野猪、豪猪、果子狸，也曾有养殖蝎子、蚯蚓、七彩山鸡、鸽、鹧鸪、鹌鹑等。1993年人工养殖獭狸曾遍布各乡（镇），全县最多时存栏6000多只，1995年后由于市场因素而停养。1994年县畜牧水产局从广西南宁引进一批香猪进行人工饲养，因繁殖后代体型不理想，当菜猪出售后停止养殖。2000年，星溪乡林屯村山峡子建立野生动物驯养场，饲养野猪、豪猪、果子狸、山狗、山鹿以及野禽、候鸟等，最多时有果子狸180多只、豪猪200多头、山鹿4只。2003年石屯镇长城村曾利用废鳗场养殖野猪，最多存栏100多头，因“非典”停止饲养。2004年，也因“非典”之故，林屯村山峡子野生动物驯养场所剩23只果子狸均扑杀无害化处理。2005年，林屯村山峡子野生动物驯养场饲养豪猪370头（能繁母猪70头）、野猪6头（母猪5

头）、山麂27只（母麂10只）及山狗、野猪等。

附：养蜂

境内农村多有养蜂习惯，深山老林的树洞、岩洞也栖息着野生蜜蜂。过去养蜂基本上是利用木桶、木箱置于房前屋后养殖，数量有限，多者不过10余箱，所产蜂蜜基本供自食或作药用，较少出售。1990年后，随着养殖技术的进步，采用活框养蜂，逐渐形成规模，并向流动养蜂、走蜂等多种方式发展。2005年县成立养蜂协会，会员60多户，全县养蜂658箱，年产蜂蜜23吨。养蜂最多的石屯镇包源自然村的农户，养蜂100多箱，所产蜂蜜统一包装，销往福州、南平、武夷山等地。

第四节　牧草与饲料

一、牧草

据普查，境内牧草资源丰富，可利用的各种天然牧草面积26667公顷。所养草食动物基本上四季放牧为主，冬季或农忙季节补饲稻草及少量精料。

20世纪90年代，随着畜牧业尤其是以奶牛、羊、兔产业为主的草食动物的发展，开始种植豆科牧草和青饲料。2003年从国内外引进紫花苜蓿、新西兰菊苣、杂交高粱、墨西哥玉米、黑麦草、白三叶、苏丹草、象草等牧草品种，在外屯、东平、石屯、星溪、镇前等地种植成功。至2005年，基本形成以东平、石屯为主的墨西哥玉米种植带，面积67公顷；以星溪、镇前为主的象草种植区，面积133多公顷；外屯、东平、石屯的优质牧草示范点片，种植黑麦草、紫花苜蓿、新西兰菊苣面积40多公顷。

二、饲料

饲料品种较多，籽实类饲料有大米、大豆、玉米、米糠等；青绿多汁饲料有甘薯、南瓜、萝卜、马铃薯、水浮莲、水葫芦、浮萍及野生植物饲料和牧草；秸杆类饲料有稻草、豆梗、麦杆、花生藤；从外地调入的有矿物质饲料、动物性饲料、添加剂饲料等。1990年后，随着畜牧业的快速发展，本地自产和粗加工的饲料已不能满足市场需求，开始引进预混科、精料、添加剂饲料、动物性饲料、全价料、原料等，各乡（镇）都建立饲料销售点，根据动物不同生长时期的营养需要制成不同颗粒大小的饲料，以满足畜、禽、水产养殖不同生长时期需求，年销售配合饲料多时2000多吨。2005年销售1000吨左右。

三、加工

1989年，县仅有食品公司良种场一小型饲料加工厂，引进原材料粉碎、混合加工成配合饲料，主供养猪。2005年有兴和乳业有限公司进行青割玉米、紫花苜蓿、象草等饲料青贮。高山区大部分仍沿袭传统青贮，将甘薯藤、马铃薯藤切短简单青贮堆压于本榅或自制小水泥池贮存，用于冬季喂养家畜。

第五节　疫病防治

一、疫病

据本县动物疫病普查，畜禽疫病（症）有151种，其中传染病38种、寄生虫病39种、中毒病（症）21种、普通病53种，危害严重的疫病11种。各种疫病中，猪病71种，其中传染病23种、寄生虫病15种、中毒症9种、普通病24种，较重的有猪瘟、猪丹毒、猪肺疫、仔猪白（黄）痢、传染性胃肠炎、仔猪副伤寒等14种；牛、羊病62种，其中传染病8种、寄生虫病19种、中毒症10种、普通病25种，较重的有布鲁氏杆菌病、结核病、血痢症、流感、寄生虫病、羊痘等11种；禽病18种，其中传染病7种、寄生虫病5种、中毒症2种、普通病4种，较重的有鸡新城疫、禽霍乱、鸭瘟、小鹅瘟、马立克氏病等7种。

1989年后，随着畜牧业的发展，科技含量和防疫水平提高，动物疫病总体上呈减轻态势。但一些一、二类传染病、人畜共患病和新的动物疫病，有抬头上升、反复发生和周期性暴发的趋势。1992年，杨源西门一带发生兔瘟，死亡率在95%以上。2002年外屯乡湖屯村发生输入性引起生猪“五号病”，一次性扑杀无害化处理生猪20多头。2003年石屯坤口、熊山官湖先后发现3头输入性引起生猪“五号病”，全部进行扑杀无害化处理。2004年监测发现布病奶牛4头，结核病奶牛1头，进行扑杀无害化处理。2005年出现不明原因引起家禽死亡2000多只。

二、防治

1989年以来，动物防疫坚持“以防为主，防重于治”的方针，改春秋防为主为常年防与春秋防相结合，建立防疫免疫程序，常发性疫病得到有效控制。21世纪后，由于畜产品市场放开，动物疫病防疫摆上更高的位置，对全县30多个仔猪交易场所和墟期交易仔猪进行预防免疫；所有母猪饲养户进行跟踪管理，按程序实施免疫；春秋两季，组织人员对全县所有畜禽实行强制免疫和常防制度，防疫密度猪瘟97%、鸡新城疫89%、Q病100%、W病50%以上、奶牛100%，使畜禽主要疫病得到控制，死亡率低于国家控制标准。2004年初部分省、市发生高效病情禽流感，县畜牧水产局启动各项应急预案，执行“零报告”和24小时值班制度，防患于未然，境内无一例“禽流感”发生。组织人员开展11种动物疫病监测和每年两次的奶牛“两病”普查，发现疫病，及时处理。2005年在铁山建成省际动物防疫监督检查站，严防外地疫源流入；县畜牧水产局建立兽医化验检测中心，以便及早发现病因，及时处理疫病。

第七章　水产业

第一节　淡水鱼

一、品种与鱼苗

县水产养殖品种有“四大家鱼”（青鱼、草鱼、鲢鱼、鳙鱼）、鲤鱼、鲫鱼、罗非鱼、倒刺耙、巴西鲷、黄颡鱼、虹鳟鱼、三角鲂、鳗鱼、甲鱼、赤眼鳟、南方大口鲶等。传统养殖的鱼种，如鲤鱼、泥鳅等品种基本自主繁育；其他养殖品种一般靠调进水花培育成鱼苗，供应养殖生产。2003—2005年县鱼种场经改造，培育的鱼已基本满足全县渔业生产需求。

二、养殖与产量

1989年，全县淡水鱼养殖面积243公顷，年产量345吨。1990年后，随着市场对水产品需求的增加，新技术的引进和推广，新的养殖模式的发展，鱼类饲料的推广应用，促进渔业生产。2003年，官湖村始安池塘增氧机，采用投饵机投喂饲料，公顷产成品鱼2000多公斤。2005年全县淡水鱼养殖面积588公顷，水产品产量2850吨，分别比1989年增长1.5倍和7.3倍。

三、鱼病防治

常见的鱼病有：水霉病、赤皮病、烂鳃病、肠炎病、白皮病、出血病、白头白嘴病、打印病、球虫病、小瓜虫病、车轮虫病、环虫病、红线虫病、锚头鳋病、跑马病等。鱼类的敌害有：青泥苔、藻类、蚌壳虫、水生昆虫、水蜈蚣、虾类、蛙类、蛇类、水獭、翠鸟、凶猛鱼类等。

1989年以来，鱼病防治坚持“以防为主，防治结合，综合治理”的方针。主要预防方法是：每年成鱼出塘，排水清除污泥后，或新建池塘，亩用生石灰75公斤全塘泼洒消毒，或亩用漂白粉15公斤带水消毒。在鱼病流行的4—6月和8—10月，根据池塘水质、水温、放养密度、发病情况等，加强饲养管理，定期用药预防，治疗采用内服和外用相结合，外用生石灰、漂白粉、中草药等全塘泼洒或挂篓给药，内服消炎药物如磺胺类药物。

20世纪90年代后期至2005年，由于养殖技术的发展，鱼病防治从生态角度出发，合理选择放养品种和搭配比例，尽量使养殖品种自身形成一个较为合理的生态系统，使饵料得到最大限度的利用，减少对水体环境的影响，保护渔业生态环境，鱼病害的发生也相应减少。

表16－15　　**1989—2005年政和县水产品生产情况表**

年　份	养殖面积（公顷）	养殖产量（吨）	水产总产量（吨）	产值（万元）
1989	243	345	405	187
1990	312	428	508	231
1991	306	512	627	258
1992	315	610	800	333
1993	333	788	1008	415
1994	363	1140	1420	621
1995	374	1595	1895	1524
1996	382	1683	1993	1811
1997	398	1903	2243	2266
1998	539	1840	2190	2288
1999	535	1871	2241	4357
2000	535	1866	2256	3828
2001	540	1870	2270	2567
2002	578	2080	2540	2852
2003	584	2200	2700	2735
2004	588	2346	2846	2940
2005	588	2350	2850	3095

第二节　河　蟹

一、品种与蟹苗

河蟹学名“中华绒螯蟹”。政和县河蟹养殖始于1992年在七星溪河道进行增值放流取得成功。主要品种为辽蟹、闽江和福安赛歧捕捞的扣蟹（福蟹），少量上海崇明长江水系豆蟹和扣蟹。1994年林屯村利用豆蟹培育扣蟹，由于饲养管理因素，早熟蟹较多，不能做为种用；1995年培育场移到镇前村溪尾，从宁德樟湾、六都、福安溪尾一带，收购大眼幼体经淡化养成豆蟹，运到镇前养殖，由于当年洪灾，没有出售扣蟹，将少量留塘扣蟹在第二年养殖成蟹。1996年，从宁德、福安一带，收购大眼幼体经淡化养成豆蟹，没有成功，后改收购豆蟹养殖，当年培育的扣蟹12万只，售往建宁、南平、城关。1997—1998年，县良种场进行苗种培育和成蟹养殖，从福安、福州、上海崇明调进苗种养成扣蟹，销往邵武、建瓯、宁化、泰宁等地30多万只。1999年县畜牧水产局在本省长乐市樟港镇省河蚌养殖场，用长江亲蟹的抱卵蟹进行蟹苗孵化和蟹种培育，亲蟹蟹苗孵化取得成功，亲蟹卵在海水中基本孵化成大眼幼体，但因海水淡化没有过关，大眼幼体脱壳成幼蟹的较少，蟹苗培育没有成功。2002—2005年，因效益低下而停止蟹苗培育业务。

二、养殖与产量

河蟹养殖主要有溪河放流和池塘精养两种。溪河放流始于1992年，由浙江人投资，在城区至西津的七星河段投苗，当年取得丰收，投资效益比1∶40。1993年在上年同一河段进行河蟹增值放流，当年产成蟹0.5吨。1994年后，在西津至护田的松溪河段、外屯河段、城区河段都有开展河蟹增值放流。同时，组织人员到江西赣州、福建宁化、长汀、泰宁等地放流。由于回捕率较低，效益不够理想。2005年，仅有西津、护田河段尚在放流河蟹。

池塘养蟹始于1994年在林屯村养殖成蟹，不仅培育苗种、养殖成蟹，还开展了稻田养蟹，是年，成蟹产量2吨多，苗种3万多只。1995—1996年发展到镇前、石屯、县良种场等地，年产量达7吨。1996年，省水产厅下达“不同水系河蟹的比较实验养殖”项目，开展对长江水系、辽河水系、闽江水系等三种水系河蟹品种的养殖比较，经省验收鉴定，长江水系的生产情况最好，成蟹个体规格之大，尚属省内首见，最大个体达262克。1996—1998年，承接省科委下达的“中华绒螯蟹种苗人工培育及养殖技术研究”，通过省科委的鉴定。1999—2002年承担农业部下达的“丰收计划”项目“稻田养蟹技术推广”，通过省水产厅组织的专家组验收。2003—2005年，改池塘养蟹为溪河放流，池塘养殖中止。

第三节　淡水鳗

1994年始，根据农业生产结构调整和发展特色渔业的需求，政和县从闽南引进鳗鱼养殖技术，在石屯松源首建淡水鳗养殖场。1995年后，在优惠的用地用电、贷款和税收政策以及高额利润的驱动下，养鳗业迅猛发展，陆续建成东平碗厂、石屯的长城、下坑、坤ㄈ、松源、熊山星溪里、县农科所、星溪梅坡等8个养鳗场。1998年全县养鳗产量达到历史最高的380吨。进入21世纪，由于市场竞争激烈，养殖技术普及，市场消费逐步饱和，鳗价波动不定，特别是产品质量面对严峻挑战以及市场供求、对外竞争等多因素影响，养鳗业逐步回落。部分业主则通过调整结构，主攻质量，改精养为土池养鳗，实施无公害养殖，组建鳗业协会，以及烤鳗加工出口等多种举措，实现降本增效，得以生存发展。2004年东平碗厂养鳗场由精养改为土池养鳗，形成自己特色。2005年，全县仅存东平碗厂、石屯坤口、下坑和县农科所4个养鳗场，年产淡水鳗产量306吨。

表16－16　**1993—2005年政和县河蟹、淡水鳗养殖产量表**　单位：吨

年　份	河蟹产量	淡水鳗产量	年　份	河蟹产量	淡水鳗产量
1993	0.5	—	2000	80	320
1994	10	—	2001	60	260
1995	2	210	2002	60	220
1996	7	270	2003	10	316
1997	10	270	2004	16	306
1998	70	380	2005	16	306
1999	80	330			

第四节　捕　捞

政和县溪河捕捞历史悠久，但规模小，为民间兼业且分散。主要捕捞的溪河鱼类品种有鲲鱼、鲶鱼、鳗鱼、鲤鱼、鲫鱼、溪虾、毛蟹、鳖、棘胸蛙等，捕具常用流刺网、围网、手撒网、犁缉网、手缯（四角缯）和延绳钓捕捞，也有使用叉、罩、鳗剪等。枯水季节，七星溪支流及境内其他溪河时有部分村民设扈捕捞（即在溪滩上垒拦河坝，留一出水口，水口装置竹编的鱼排，诱鱼、虾等随流入排），用笼捕溪虾（用竹篾编成笼，内设倒须，内置用田螺壳装的红糟和米糠等饵料，傍晚置于溪中，次日清晨收笼）；也有少数村民于夏夜执火到山涧捕捉棘胸蛙及秋冬季夜间用拦网捕捉河蟹等。每逢夏日旱时，各溪河时有毒鱼、电鱼、炸鱼现象，屡禁不止，尤以电鱼为甚。

1989 年，全县溪河捕捞年产量 80 吨。1990 年后，境内各溪流因滥捕、农药污染和砂石淤积、河道变浅等影响，水产资源日见衰退。县水产管理部门坚持宣传贯彻《中华人民共和国渔业法》等法律法规，加强渔政管理，严禁电鱼、毒鱼、炸鱼现象，组织渔业协会，发放溪河捕捞许可证，对境内河流普遍进行增殖放流等一系列措施，全县溪河捕捞产量仍呈逐年增加。2005 年，全年捕捞产量为 500 吨。

表 16－17　**1989—2005 年政和县水产品捕捞情况表**　单位：吨

年　份	捕捞产量	年　份	捕捞产量
1989	80	1998	350
1990	115	1999	370
1991	190	2000	400
1992	230	2001	400
1993	250	2002	460
1994	280	2003	500
1995	300	2004	500
1996	310	2005	500
1997	340		

第五节　渔政管理

1989—2005 年，境内凡从事水产养殖生产的单位和个人，按规定领取养殖证，禁止向无《兽药经营许可证》的销售单位购买渔用药物，不使用国家已公布的禁用药物和“三无”（无批准文号、无生产厂家、无产品批号）药物；每年定期进行水生生物病害防治员的培训、考核、发证工作；陆续成立东平护田、石屯西津、石屯松源、政和城关、星溪梅坡、外屯 6 个水产协会，发挥其自我管理能力；先后多次在外屯至西津的七星溪、西津至护田的松溪河段累计放流三角鲂、鲤鱼、鲢鱼、鳙鱼等品种 800 多万尾，恢复和增殖天然水域渔业资源。每年由县畜牧水产部门与各乡镇签订《渔业安全生产目标管理责任书》，6 个渔业捕捞协会分别与渔民签订《渔业安全生产承诺书》，渔民领取捕捞许可证，专人负责落实安全生产规章制度；由县渔政站与水技站组成渔业安全生产检查组，不定期检查落实各项安全生产制度，尤其对使用锅炉的养殖企业，督促其及时年检，保证生产安全；制定渔业防台风工作预案，及时预报预警；县渔政站不定期联合公安部门开展“电、毒、炸”整治活动，规范渔业安全生产和捕捞秩序。

第八章 农业管理

第一节 农业执法

1989年后，县农业部门严格执行农业法律法规，认真履行职责，开展各项农业执法检查。1998年9月，县农业执法大队成立后，认真营造依法治农氛围，利用多种形式宣传讲解《中华人民共和国种子法》《中华人民共和国农药管理条例》《肥料管理办法》等法律法规，举办培训班，对农资经营者进行农药、化肥、种子经营法规教育；每年出动执法车辆60多次，组织执法人员300多人次对全县40多家种子经营单位、80多个农药化肥经营点进行检查。2003—2005年共查处假劣种子245公斤、假劣农药化肥350公斤，罚没款2.1万元，涉案金额25.3万元，办结案件83起，结案率100%；开展高毒农药专项执法检查，严肃农药管理，禁止高毒农药在水果、生产、茶叶上使用；与技术监督局、工商管理局联合开展执法检查，对境内茶叶加工企业进行检查、整顿，查封8家掺“滑石粉”加工企业，在东平召开现场会，烧毁劣质茶叶1.5吨；依法履行行政许可管理职能，对种子经营许可证发放和农业物化技术经营实行核准、登记、备案及农资经营资格审查，取缔无证经营；调处农业生产纠纷，先后查处2起以常规稻种假冒杂交稻种案件、调解石屯供销社化肥在储存过程中吸附除草剂而导致松源村民使用后柑橘受损、东平镇碗厂焦炭厂使用盐酸生产活性碳致使附近农作物生长受到严重影响与农户间的矛盾纠纷。

第二节 经营管理

一、财务会计

1989—1991年，农村财务会计执行原村级财务管理制度。1992年开始执行《政和县村级经济联合社财务管理制度（试行）》。1997年执行《村合作经济组织财务制度会计制度（试行）》。2005年执行国家财政部颁布的《村集体经济组织会计制度》。村级财务会计制度历经多次变化，不断得到健全完善，相继建立健全年度财务计划制度、审批制度、民主理财制度、财务公开制度和票据管理制度等。

二、队伍建设

1995—2000年，村会计凭农村会计证上岗。2001年后，村会计和出纳都必须凭农村财会任用证上岗。县农村经管部门除先后选送农经业务骨干参加省市举办的培训班学习外，本县举办培训班20多期，受训人员2000多人次。

三、村财管理

境内农村原是一村一会计。1997年杨源乡试行村账乡管，由乡经管站人员入村记账。1998年外屯乡实行会计集中办公，账前各村交叉互审制度。2000年全县形成一村一会计制、会计代理制、会计委派制、村账乡管制等多种形式并存的村财管理模式。2003—2005年全县村级财务统一纳入乡（镇）会计集中核算。

四、村财清查

1998年开展村集体资产清产核资和村级财务清理整顿。1999年，清查乡村两级不良债务，对已形成的乡村债务，采取收欠还债、核销减债、拍卖还债、划转债务等方式逐步消化解决。

五、村财审计

除开展年度审计、村干部任期和离任经济责任审计外，对重点信访村、征地补偿费等进行专项审计。

六、土地延包

1998年10月，县政府成立延长土地承包办公室，抽调专人组建工作班子，贯彻落实党中央关于延长土地承包期30年不变的政策，至2002年基本完成全县农村土地延包及承包合同签订工作。

第三节 机 构

一、农业局

1989年年底，县农业局内设人秘股、农技站、经管站、经作站、植保站、土肥站、科教站、种子站等8个站（股），有工作人员29名，各乡镇均设农技站和经管站。1997年，县政府批准增设政策法规股；1998年组建农业行政执法大队。2002年，人秘股改称办公室，科教站更名为外经科教股，新设种植业管理股、食用菌站。2005年，原县农村环保能源站、农业区划办划归农业局下属。至2005年年底，农业局内设机构有：办公室、外经科教股、种植业管理股、农业执法大队、农技站、经管站、经作站、植保站、土肥站、种子站、食用菌站、环能站、区划办等13个股（站），编制44人，实有39人，其中中级职称16人，高级职称4人；各乡镇设农技站和经管站，共有编制72人，实有人员72人，其中中级职称20人。

二、畜牧水产局

1989年，县畜牧水产局内设畜牧兽医站、水产技术推广站、渔政管理站、检疫检验站，共有工作人员25名；各乡镇设畜牧水产工作站。1998年，成立县兽医卫生监督检验所和畜牧水产优良苗种服务中心，原检疫检验站职能并入兽医卫生监督检验所；1997年3月和2002年4月机构改革时并入农业局，对外加挂牌子，但均未到位。2005年，县畜牧水产局隶属农业局，为副科级挂牌单位，内设畜牧兽医站、水产技术推广站、兽医卫生监督检验所、优良苗种服务中心和渔政站等，核定事业编制16人，实有专业技术人员16人，其中：中级职称7人，高级职称2人；全县10个乡（镇）设畜牧水产工作站，编制32人（畜牧兽医19人、水产13人），实有人员32人。

三、农业机械管理总站

1989年年底，县农机管理站内设人秘计财股、农机监理站、农机推广站、农机化技术培训学校等4个机构，编制18人，实有人员12人。1996年各乡镇设立农机管理站，事业编制30人。1998年更名为农业机械管理总站。2005年底，县农业机械管理总站内设机构未变，编制18人，实有13人。各乡镇设农机管理站，共有编制30人，实有人员30人。

四、农业利用外资办公室

1991年6月，设立农业利用外资办公室，为正科级行政机构；内设综合股、计财股、工程股，编制9人，实有9人。1997年3月改为政府直属的正科级事业单位。至2005年底，内设股室未变，编制4人，实有4人。

五、县食用菌研究开发中心

1997年11月成立，为正科级行政机构，与县食用菌生产领导小组办公室合署办公，一套人马两块牌子。2002年4月撤销，行政职能并入农业局，业务由农业局下属的食用菌站承担。2005年底，编制3人，实有人员3人。

附：国营生产单位

县良种场 1989年，全场有耕地面积243公顷，其中水田63公顷，农地18公顷，茶山64公顷，果园16公顷，茉莉花3公顷，林地23公顷；全场530户2030人，粮食总产654吨，提供良种15万斤，产水果244吨，茶叶13吨，蔬菜400吨，人均纯收入605元。

1991年，根据县编委［1991］4号文批复，内设财务股、经作股、农技股、人保股、土地企业管理股；采取多种产业结构生产和经营方式组织生产和良种繁育。全年总产值189万元，人均纯收入810元。

1995年，良种生产面积38公顷，占水田总面积62.7%，提供优良杂交水稻种子19.44万吨，承担南平市良种繁殖面积4.5公顷，总产5299吨，杂交水稻制种四个组合13.5公顷；筹集资金90万元为全场225个职工进行退休养老保险，筹集30万元为场机关人员设立退休保险专项基金。1999年建立高产雷竹种苗示范基地12公顷；阔叶树母种及毛竹阔叶树混交林基地33公顷。年工农业生产总值540万元，粮食总产量894吨，提供良种149吨，人均创造产值2.36万元。

2003年，调整土地17公顷做为良种繁育基地，完成中稻区组13个品种39个小区域试验和青饲玉米早季组11个品种22个小区的对比试验任务，通过了省级农业科技示范场验收。新建良种科技推广中心、科技展览室面积600平方米，举办大棚蔬菜种植、优质果树种植、科学养殖等技术培训班6期，受训人员达438人，接受技术咨询350人次，开展技术服务310人次，现场指导500人次。是年投入191.87万元为306名农工从农村社会保险转为社会劳动保险，引进企业2家，全年工农业总产值596万元，人均纯收入2900元。

2005年，全场636户2126人，土地总面积3133亩，其中耕地917亩、旱地116亩、山地2100亩，粮食总产量800吨，提供杂交水稻良种22.3吨、蔬菜1200吨、生猪1600头、家禽30000只。人均纯收入3660元，荣获“省种子工作先进单位”。

营前农场　属单一经营粮食的小型农垦企业。主要从事水稻、烟叶、茶叶和芦柑等种植业。1989年年初，全场157户691人口，农田50公顷，茶园40公顷，果园29公顷，山林11公顷，年粮食总产556吨，茶叶19.5吨，水果50吨，蔬菜35吨，年加工精制茶100吨，人均纯收入768元。

1999年，在“分田到户”“自主经营、自负盈亏”的基础上，根据省农垦局通知精神进行体制改革，农场时有正式职工138人全部置换身份，一次性买断工龄；此后，农场主要职能从原来的生产经营性管理为主转为宏观管理、服务为主。2004年完成省国土资源厅批复实施“土地整理”项目面积83公顷，总投资323万元。2005年引进复合肥生产一家，年产值100多万元，解决农工子女20多人的就业。同时，根据省国土资源厅、农业厅的要求，完成全场“土地确权”工作，确权土地面积80公顷。2005年年底，全场774人口，农工106人，国家干部3人（含退休1人）、管理人员7人；粮食种植面积15公顷，总产602吨；种植烟叶13公顷，产量200吨；茶叶3公顷产量7.5吨，芦柑12公顷，年产360吨；人均纯收入3280元；全场年经营性收入6万元，省级税收转移支付8万元。

卷十七　林　业

第一章　森林资源

第一节　面积与蓄积

一、面积

（一）各地类面积

1989 年，境内林业用地面积 148253 公顷，有林地面积 88270 公顷，占林业用地 59. 5%；疏林地 9788 公顷；灌木林地 7820 公顷；未成林造林地 8787 公顷；苗圃地 10. 8 公顷；无林地 33576 公顷；至 2005 年，全县林业用地 149060 公顷，其中有林地面积 125847 公顷，占林业用地面积 84. 43%；疏林地 1933 公顷；灌木林地 11369 公顷；未成林造林地 1327 公顷；苗圃用地 3 公顷；无林地 8579 公顷。

（二）有林地面积

1989 年，境内有林地 88270 公顷，其中用材林 64256 公顷，占 72. 8%，防护林 6 公顷，特用林 114 公顷，经济林 5350 公顷，竹林 12486 公顷。至 2005 年，全县有林地面积 125874 公顷，其中用材林 59787 公顷，防护林 21474 公顷，特用林 5400 公顷，经济林 15258 公顷，竹林 22507 公顷，薪炭林 1400 公顷。林分面积 88450 公顷中，杉木 22037 公顷，马尾松 31956 公顷，阔叶树 6762 公顷，其他树种合计 27695 公顷。

（三）无林地面积

1989 年，境内无林地面积 33576 公顷，其中宜林荒山 31336 公顷，采伐迹地 1210 公顷，火烧迹地 1032 公顷。至 2005 年无林面积减为 8580 公顷，其中宜林荒地面积 760 公顷，采伐迹地 2646. 67 公顷，火烧迹地 953. 33 公顷，可封育成林荒山荒地 1726. 67 公顷，林中林缘空地 166. 67 公顷，暂未利用的荒山荒地 2326. 67 公顷。

（四）用材林面积

1989 年，境内用材林面积 64256 公顷，其中杉木 9839 公顷，马尾松 43016 公顷，阔叶林 11401 公顷；2005 年全县用材林 59786. 67 公顷，其中杉木 21120 公顷，马尾松 31900 公顷，阔叶树 6766. 67 公顷。

表 17－1 **2005 年政和县用材林各优势树种、龄组面积表** 单位：公顷

树种	合计	幼林		中龄林		近熟林		成熟林		过熟林	
		面积	%	面积	%	面积	%	面积	%	面积	%
杉木	21133.33	1173.33	5.55	8133.33	38.49	5466.67	25.87	5466.67	25.87	893.33	4.22
马尾松	31719.67	1793.00	5.66	9980.00	31.46	10066.67	31.74	9200.00	29.00	680.00	2.14
阔叶树	6766.67	726.67	10.78	1093.33	16.16	1520.00	22.46	2646.67	39.11	780.00	11.53
合计	59619.67	3693.00	6.51	19206.66	32.22	17053.34	28.65	17313.34	28.60	2353.33	3.95

（五）森林覆盖率

1989 年，境内森林覆盖率 55%，至 2005 年达到 71.6%。其中，澄源乡 75.9%、镇前镇 74.0%、杨源乡 73.6%、岭腰乡 73.1%、铁山镇 72.6%、东平镇 69.8%、星溪乡 64.2%、石屯镇 61.7%、熊山镇 62.7%、外屯乡 59.6%、石门采育场 86.9%、松源采育场 83.3%、省政和国有林场（界溪）84.8%。

二、蓄积量

1989 年，境内林木总蓄积量 499.45 万立方米，其中：林分蓄积量 443.09 万立方米，疏林 27.18 立方米，散生 29.17 万立方米；毛竹总立竹量 1415 万株。2005 年全县林木总蓄积量 517.52 万立方米，其中：林分蓄积量 507.50 万立方米，疏林地 2.31 万立方米，散生木 7.62 万立方米，四旁树 0.10 万立方米。毛竹总立竹量 5118 万株。

1989 年林分蓄积量中，用材林 392.48 万立方米，防护林 49.84 万立方米，特用林 0.78 万立方米。2005 年林分蓄积量中，用材林 406.12 万立方米，薪炭林 6.24 万立方米，防护林 76.94 万立方米，特种用途林 18.19 万立方米。

林分按优势树种分，1989 年杉木蓄积量 42.23 万立方米，马尾松 260 万立方米，阔叶林 90.28 万立方米。2005 年杉木 165.28 万立方米，马尾松 245.52 万立方米，阔叶林 96.70 万立方米。

用材林按树龄分，1989 年幼林蓄积量 68.24 万立方米，中龄林 167 万立方米，近熟林 51.49 万立方米，成过熟林 157.23 万立方米。至 2005 年幼林蓄积量 10.85 万立方米，中龄林 114.32 万立方米，近熟林 114.53 万立方米，成过熟林 166.43 万立方米。

表 17－2 **2005 年政和县林木蓄积量情况表** 单位：万立方米

<table>
<tr><td rowspan="2">总蓄积量</td><td rowspan="2">其中林分蓄积量</td><td colspan="24">按优势树种分</td></tr>
<tr><td colspan="8">杉木</td><td colspan="8">马尾松</td><td colspan="8">阔叶林</td></tr>
<tr><td rowspan="7">517.52</td><td rowspan="4">507.50</td><td colspan="4">165.28</td><td colspan="4">32.57%</td><td colspan="4">245.52</td><td colspan="4">48.38%</td><td colspan="4">96.70</td><td colspan="4">19.05%</td></tr>
<tr><td colspan="24">按林种分</td></tr>
<tr><td colspan="6">用材林</td><td colspan="6">防护林</td><td colspan="6">薪炭林</td><td colspan="6">特种用途林</td></tr>
<tr><td colspan="3">406.13</td><td colspan="3">80.02%</td><td colspan="3">76.94</td><td colspan="3">15.16%</td><td colspan="3">6.24</td><td colspan="3">1.23%</td><td colspan="3">18.19</td><td colspan="3">3.58%</td></tr>
<tr><td rowspan="2">其中用材蓄积量</td><td colspan="24">按树龄分</td></tr>
<tr><td colspan="6">幼林</td><td colspan="6">中龄林</td><td colspan="6">近熟林</td><td colspan="6">成过熟林</td></tr>
<tr><td>406.13</td><td colspan="3">10.85</td><td colspan="3">2.67%</td><td colspan="3">114.32</td><td colspan="3">28.15%</td><td colspan="3">114.53</td><td colspan="3">28.20%</td><td colspan="3">166.43</td><td colspan="3">40.98%</td></tr>
</table>

第二节　林木种类

一、主要种类

根据1987年完成的第三次森林资源调查初步鉴定，境内维管束植物有137科374属664种，其中，蕨类植物门28科42属67种，裸子植物门8科16属21种，被子植物门101科316属576种。主要林木种类有松科、杉科、壳斗科、樟科、银香科、红豆杉科等，以壳斗科分布最广，樟科次之。

松科　主要有马尾松、黄山松、湿地松、南方油杉、雪松。

杉科　主要有杉木、水杉、柳杉、水松。

壳斗科　主要有板栗、锥栗、茅栗、苦槠、红栗栲、红勾栲、甜槠、南岭栲、米槠、罗浮栲、鱀莉栲、钩栲、乌岗栎、短柄枹栎、大叶栎、麻栎、小叶青岗、青冈栎、石砾、多穗石栎、柄果石栎、枹树、栓皮栎。

樟科　主要有香樟、大叶新木姜、乌药、山胡椒、香叶树、绒楠、建楠、落叶桢楠、创花楠、楠木、柴楠、木子姜、山苍子、擦木、厚壳桂。

银杏科　银杏。

红豆杉科　南方红豆杉等。

二、珍稀树种

境内共有11个科14个树种属国家保护的珍稀树种。其中一级保护树种3个：银杏科的银杏，三尖杉科的三尖杉，豆科的花榈木；二级保护树种7个：柏科的建柏，樟科的肉桂、楠木和紫楠；木兰科的鹅掌秋，三尖杉科的香榧、长叶榧；三级保护树种4个：松科的油杉，柏科的竹柏，红豆杉科的江南红豆杉，木本科的方竹。珍稀树大都与阔叶树混交，唯有东平镇凤头村旁的楠木成林，仅混较少数阔叶树外没有纯林。

1997年11月，由国家果树种质熊岳李杏圃、辽宁省果树科学研究所等单位专家完成对境内杏属新品种政和杏（别名红梅杏）的鉴定工作，从而填补福建省没有杏资源的空白，亦为南方地区开展杏资源研究与开发利用提供试材和物资，鉴定成果已收录1999年6月第一版《中国果树志·杏卷》（中国林业出版社）。政和杏系蔷薇科落叶乔木，树高一般35—40米；分布于境内外屯乡稠岭山中，半野生，海拔780—940米，树龄240—300年；叶片长椭圆形或宽披针形；花单生，先于叶开放萼筒钟形，萼片舌状，花辨椭圆形，蕾期粉红色，开后白色，雄蕊25—30枚，雌蕊1枚；果实卵圆形，单果重20克，汁多、味甜、无香味；3月下旬开花，7月上旬果实成熟，大年树株产150—200公斤。

三、古树名木

据县林业部门专项调查，境内有古树名木群153处计1900株，其中最大的古树群为东平镇凤头村楠木林有楠木240株；有古树名木732株，其中树龄最长达1500年的有3株，分别为星溪乡后九蓬自然村后门山的赤皮青冈树、外屯乡洋屯村际角林亭仔外的椤木石楠树和杨源乡洞宫村水尾林的柳杉树。

（一）古树名木群分布

东平镇　古树群14处（编号350725101001－1014）计350株；主要树种为樟树（香樟）、枫香（枫树）、苦槠、甜槠、椤木石楠、钩栲、钩栗、江南油杉、银杏（白果）、闽楠（楠木）、糙叶树等；名树群平均树龄201—401年、树高16—33米、胸围190—380厘米、面积4.13公顷内、株数3—240株，分布海拔195—640米间；所处生长位置主要在常布、金峰、界溪、苏地、护田、西表、山溪、凤头、东平等村境内；最大树群为凤头村楠木林240棵。

石屯镇　古树群14处（编号350725102001－2014）计170株；主要树种为枫香（枫树）、杉木（杉）、樟树（香樟）、细柄蕈树（细柄阿丁枫）等；各树群平均树龄151—301年、树高16—27米、胸围220—430厘米、面积1.4公顷以内、株数3—85株；分布海拔170—230米间；所处生长位置主要在际下、工农、洋后、王山口、松源、石屯等村境内；最大树群为松源村赤岐后门山细柄阿丁枫群85株。

铁山镇　古树群27处（编号350725103001－3027）计314株；主要树种为枫香（枫树）、闽楠（楠木）、南方红豆杉、柳杉、枣（枣树）、杉木（杉）、钩栲、钩栗、银杏（白果）等；各树群平均树龄151—401年、树高18—29米、胸围180—390厘米、面积0.6公顷内、株数3—85株，分布海拔215—988米间；所处在长位置主要在大红、高林、张屯、向前、李屯洋、凤林、罗家地、铁山、东干、大岭、半洋等村境内；最大树群为铁山村殿下林闽楠（楠木）群38株。

镇前镇　古树群8处（编号350725104001－4009）共133株；三要树种为柳杉与江南油杉等；各树群平均树龄121—181年、树高17—29米、胸围195—280厘米、面积均在0.2公顷以内、株数5—21株，分布海拔651—986米间；所处生长位置主要在西溪、下庄、洋舍、宝岩、梨洋、镇前、茶溪等村境内；最大树群为洋舍村上举舍榅树峡柳杉群21株。

星溪乡　古树群30处（编号350725200001－0030）共424株；主要树种有细柄蕈树（细柄阿丁枫）、枫香（枫树）、南方红豆杉、柳杉、马尾松、苦槠、椤木石楠、江南油杉等；各树群平均树龄121—361年、树高17—160米、胸围210—380厘米、面积均在0.2公顷以内、株数4—86株，分布海拔417—989米间；所处生长位置主要在九蓬、长际、地平、念山、稻香茶场、乡林场、宝岱、林屯、章口等村（场）境内；最大树群为地平村下余屯羊角寺边甜槠群86株。

外屯乡　古树群15处（编号350725201001－1016）共119棵；主要树种为甜槠、柳杉、江南油杉、米槠、枫香（枫树）、南方红豆杉、华东黄杉等；各树群平均树龄151—401年、树高15—44米、胸围180—350厘米、面积均在1.2公顷以内、株数3—14株，分布海拔392—997米间；所处生长位置主要在外屯、稠岭、吴场、湖屯、下坪、溪头、黄坑等村境内；最大树群为黄坑村北斗门下江南油杉群14株。

杨源乡　古树群16处（编号350725202001－2016）共132株；主要树种为柳杉与乌冈栎；各树群平均树龄151—551年、树高17—29米、胸围96—380厘米、面积均在0.4公顷以下、株数25—26株，分布海拔792—1104米间；所处生长位置主要在茶林、禾洋、岭头、富坂、上庄、杨源、楼下、王大厝、坂头、西岩、洞宫等村境内；最大树群为茶林村吓头峡柳杉群35株，次为杨源村后门林柳杉群25棵。

澄源乡　古树群6处（编号350725203001－3006）共63株；主要树种为柳杉与杉木；各树群平均树龄121—151年、树高18—28米、胸围150—260厘米、面积均在0.4公顷以内、株数5—22株，分布海拔900—1100米间，所处生长位置主要在星溪头、上洋、北斗、前山、坑里等村境内；最大树群为星溪头村后柳杉群22株。

岭腰乡　古树群23处（编号350725204001－4023）共195株；主要树种为柳杉、南方红豆杉、钩栲、钩栗、杉木（杉）、苦槠、锥栗（榛子）、枫香（枫树）等；各树群平均树龄131—801年、树高15—32米、胸围170—380厘米、面积0.6公顷内、株数3—13株，分布海拔520—1135米间；所处生长位置主要在锦屏、长垅、前溪、横坑、西坑、高山、岭腰等村境内；最大树群3处，为锦屏村水尾桥、长垅村南山福主林和前溪村上山坪的柳杉群均为13棵。

（二）主要古树名木

境内共确定古树名木732株，其中较为著名的有：

杉木王　位于岭腰乡锦屏村水尾桥左岸的一块大岩石上，高49.5米，胸径1.69米，树冠14.5米。据传，该树为锦屏村开山祖先五代周朝谏议大夫吴十七所栽，至今已1000多年的历史，为全国之最，已中选“福建省古树名木”。

柳杉王　位于澄源乡黄岭村，树龄1200余年，树高38.8米，胸径3.23米，树围12.4米，它比浙江天目山的柳杉“大树王”还高大，已入选“福建省古树名木”。

千手观音柳杉　位于岭腰乡锦屏村1.5公里处，树龄已200多年，树高约22米，胸径1.4米，树干一改柳杉高大通直的常态，离地面1.1米处即开始分枝，与地面平行伸长，长10米以上的枝条多达上百枝，最大的围径有20多厘米，树冠覆盖面积达700多平方米，犹如观音伸展千只手臂，故被当地农民誉称“千手观音”柳杉，至今仍枝繁叶茂，郁郁葱葱，已被列为“福建省古树名木”。

奇特的“树抱竹”　位于铁山镇大岭村海拔700米的榅树峡，有棵奇特的苦槠与毛竹共生树，苦槠树高20米，胸径2.3米，树龄已有800余年；在苦槠树高约9米处当中长出38根10米多长的大毛竹，故称“树抱竹”。据村人介绍，毛竹年年繁衍，但总数均在30根左右，其奇特令人惊叹，已被列为“福建省古树名木”。

倒栽杉　位于杨源乡杨源村后门山。树龄已1100多年，仍然枝繁叶茂。据传，此树为唐朝乾符年间福建招讨使张谨之子张世豪所栽，因张谨战死政和九战丘后，其子为便于祭扫父墓，计划家迁杨源，为卜此地是否吉利而倒栽了这株杉木树，现为政和县古树名木。

楠木王　位于东平镇凤头村后，面积为7公顷的楠木林，平均胸径0.6米，树高23米，其中最大的一株高28米，胸径1.07米，具有很高的科研价值和观赏价值，现为县森林保护区之一，列入“国家级生态公益林”“楠木科研繁育基地”。

杉木王群　位于镇前宝岩村连山，由七株杉树组成。其中最大的高42米，胸径1.46米，立木蓄积32立方米；其他6株，树高均在35米以上，树龄400多年。

茶树王　位于岭腰乡锦屏村仙岩下，茶树高3米，树干直径12厘米，据传为明万历年间所栽，已有400多年历史，至今枝繁叶茂，年可采青茶8公斤。

水杉王　位于东平镇凤头村大洋自然村口，高23米，胸径1.5米。该村口原有水杉两株，1943年农历5月17日被大火烧死一株，残存的一株也火烧至黑，遍体鳞伤，但树心不死，至今仍生长良好。

黄岭红豆杉　位于澄源乡黄岭村尾，与黄岭“柳杉王”相距近60米，树高约23米，胸径1.7米，树龄已达600余年；红豆杉是中国稀有树种，属国家一级保护珍稀植物，黄岭人代代相护，十分珍惜，虽历经600余年风雨霜雪，却仍常绿不衰，实属罕见。

古衙大樟树　位于县政府大院8号楼前，树高20多米，树围需5人环抱，主干距地面3米多处分叉为两棵树干对称且均匀生长，树冠覆盖面积近500平方米，长势生机勃勃。

政和杏　别名红梅杏，生长在稠岭山海拔780—940米处，已知共5株，树龄240—300年，树高35—40米，最大树围3.1米，既别于梅，又别与其他杏品种，有关专家认定为杏之新品种，尤显珍贵。

表17－3　**政和县古树名木情况表**

乡　镇	编　号	主要树种	共有株数	树　龄	其中300—500年	最长树龄	生长地（村）
熊山镇	350725001001－1017	马尾松、枫树、樟树（香樟）	17	100—700	6	700	熊山顶、中天堂、南门十字路口、县政府大院、电力公司院内
东平镇	350725101001－1064	香樟、南方红豆杉、江南油杉、枫树	64	100—900	40	900	常布、金峰、苏地、界溪、护田、范屯、新口、东平等村
石屯镇	350725102001－2063	枫树、香樟、细柄、阿丁、糙叶树	63	100—800	33	800	际下、石门、工农、洋后、松源、王山口、石屯、长城、西津等
铁山镇	350725103001－3055	柳杉、香樟、枫树、南方红豆杉、银杏、江南油杉、丝栗栲	55	100—900	37	900	大红、高林、半源、向前、张屯、江上、凤林、罗家地、大岭等村

续表 17－3

乡　镇	编　号	主要树种	共有株数	树　龄	其中 300—500 年	最长树龄	生长地（村）
镇前镇	350725104001－4131	柳杉、水松、江南油杉、南方红豆杉、杉木、银杏、苦槠	131	100—1300	28	1300	�竹洋、际头、梨溪、下庄、镇前、南坑、洋合、横坑头、宝岩、茶溪、里洋、梨洋、半源、下园等村
星溪乡	350725200001－0057	枫树、香樟、南方红豆杉、江南油杉、银杏、柳杉、苦槠、赤皮青冈、酸枣	57	100—1500	34	1500	林屯、九蓬、章口、地平、宝岱、念山、稻香、长际、梅坡、东山、县良种场等村
外屯乡	350725201001－1089	银杏、南方红豆杉、柳杉、江南油杉、刨花楠、酸枣、枫香、钩栲钩栗	89	110—1500	37	1500	稠岭、外屯、黄坑、湖屯、下坪、溪头、洋屯、车潭、吴场等村
杨源乡	350725202001－2089	南方红豆杉、柳杉、枫香、江南油杉、福建柏椤木石楠	89	110—1500	46	1500	茶林、禾洋、�竹坑、岭头、富板、上庄、翠溪、杨源、楼下、桃洋、王大厝、坂头、西岩、洞宫等村
澄源乡	350725203001－3124	柳杉、枫香、南方红豆杉、江南油杉、马尾松、高山青冈、桂花	124	120—1200	37	1200	溪头、上洋、黄岭、汀源、前山、富垅、前村、井山、大梨溪、黄坦、赤溪、新康、香溪、下榅洋、双新、坑里、牛途、石壁、上榅洋等村
岭腰乡	350725204001－4049	南方红豆杉、银杏、香樟、江南油杉、香樟、枫香、杉木、钩栲钩栗	49	150—850	25	850	长垅、锦屏、前溪、横坑、西坑、高山等村

表 17－4　**政和县 500 年以上树龄古树名木表**

乡镇	古树编号	古树名称	大约树龄	树高	胸围	冠幅	具体生长位置
熊山镇	350725001013	樟树（香樟）	700	22	690	33×27	县政府大院内
	350725001014	樟树（香樟）	500	23	500	17×19	县电力公司院内
	350725001015	樟树（香樟）	500	23.5	550	20×18	县电力公司院内
东平镇	350725101008	樟树（香樟）	500	33	640	20×30	金峰村下地平
	350725101011	樟树（香樟）	500	43	540	32×28	界溪村上余樟树下
	350725101012	南方红豆杉	900	26.5	470	5×5	界溪村岭根水尾桥
	350725101023	樟树（香樟）	500	21	510	26×24	护田村福主庙前
	350725101037	樟树（香樟）	600	23	660	17×19	新口村旧村把山外
	350725101044	樟树（香樟）	500	24	540	21×23	新口村庙边
	350725101052	南方红豆杉	500	26	300	14×16	西表村松源林
石屯镇	350725102006	樟树（香樟）	500	25	560	29×25	石门村莲花寺门前
	350725102008	樟树（香樟）	500	17	480	18×18	石门村龙尾路
	350725102009	樟树（香樟）	500	20	540	22×18	石门村金鸡岭头

续表 17－4

乡镇	古树编号	古树名称	大约树龄	树高	胸围	冠幅	具体生长位置
石屯镇	350725102010	樟树（香樟）	800	20	830	28×20	石门村村尾
	350725102028	樟树（香樟）	600	22	720	26×24	王山口张家信厝前
	350725102033	樟树（香樟）	500	23	550	16×14	松源村石圳村尾
	350725102034	樟树（香樟）	600	27	640	26×30	松源村个布大樟树
	350725102042	樟树（香樟）	800	29	740	42×42	工农村杨公专王庙边
	350725102055	樟树（香樟）	700	22	680	18×23	西津村福兴寺边
铁山镇	350725103005	柳杉	600	23	510	8×7	高林村榅树峡
	350725103006	柳杉	500	28	450	11×11	高林村榅树峡
	350725103011	苦槠	500	26	550	12×11	高林村茶油坪
	350725103019	南方红豆杉	900	28	450	13×14	向前村岭头亭
	350725103026	樟树（香樟）	900	26	900	25×20	凤林村村中路边
	350725103034	银杏（白果）	600	35	640	16×16	大岭村�竹湾坑
	350725103043	银杏（白果）	500	30	480	18×18	大岭村牛角山公司茶地
	350725103054	南方红豆杉	500	23	320	12×10	半洋村半洋后门山
镇前镇	350725104001	柳杉	800	28	700	18×20	�竹洋村竹林凸
	350725104067	柳杉	1300	40	760	24×22	洋舍村榅树头
	350725104081	圆柏	700	13	170	8×8	横坑头村妹垅后
	350725104086	南方红豆杉	500	22	380	14×14	横坑头村公路边翁大林
	350725104094	南方红豆杉	800	15	455	8×10	宝岩村后门
星溪乡	350725200005	赤皮青冈	1500	25	690	30×30	后九蓬村后门山
	350725200016	樟树（香樟）	500	23	550	16×18	地坪村上圳坑宅后
	350725200029	樟树（香樟）	600	16	560	24×22	稻香村桥下河边
	350725200049	樟树（香樟）	500	27	530	18×18	林屯村村内
	350725200052	樟树（香樟）	500	26	420	23×24	县良种场下港
	350725200053	南方红豆杉	500	19	310	7×7	宝岱村石木坑
	350725200055	钩锥（钩栲钩栗）	500	21.5	590	13×13	梅坡村路边
外屯乡	350725201004	杉木（杉）	800	36	440	12×12	稠岭村果场边
	350725201027	枫香（枫树）	500	31	430	7×9	湖屯村庙边
	350725201028	枫香（枫树）	500	33	390	9×9	湖屯村庙边
	350725201037	银杏（白果）	900	16	250	9×8	下坪村田凸
	350725201039	南方红豆杉	500	11	310	6×4	下坪村村头
	350725201044	钩锥（钩栲钩栗）	700	18	600	16×14	溪头村后门林
	350725201057	钩锥（钩栲钩栗）	600	20	540	16×18	洋屯村大众林
	350725201077	椤木石楠	1500	17	619	14×13	洋屯村际角林亭仔外
	350725201078	枫香（枫树）	500	38	380	26×25	洋屯村际角村后门
	350725201087	柳杉	1100	23	650	7×8	吴场村庙仔下
	350725201089	钩锥（钩栲钩栗）	800	15	520	16×14	湖屯村过路丘

续表 17－4

乡镇	古树编号	古树名称	大约树龄	树高	胸围	冠幅	具体生长位置
杨源乡	350725202002	南方红豆杉	750	17	380	11×12	茶林村佛殿仔
	350725202003	南方红豆杉	750	18	380	7×7	禾洋村上殿
	350725202006	南方红豆杉	850	18	420	9×9	禾洋村珠仔林
	350725202011	柳杉	600	24	650	12×14	禾洋村后门山
	350725202033	柳杉	700	33	660	22×18	岭头小学后
	350725202040	柳杉	800	27	510	8×10	上庄村丫头峡
	350725202045	柳杉	1100	32	690	22×18	翠溪村水尾殿
	350725202046	柳杉	500	32	440	16×12	翠溪村榅树峡
	350725202049	南方红豆杉	900	22	450	16×18	杨源村卫生院后门
	350725202060	江南油杉	800	22	620	16×10	楼下村前池桥
	350725202083	柳杉	1500	30	540	10×12	洞宫村水尾林
	350725202085	江南油杉	800	24	440	16×14	洞宫村榅树头
	350725202089	柳杉	800	18	390	12×14	洞宫村榅树头
澄源乡	350725203011	柳杉	1200	38.8	1240	19×30	黄岭村村尾
	350725203013	南方红豆杉	1100	18	530	14×14	黄岭村村尾
	350725203014	柳杉	700	28	340	8×10	黄岭村村尾
	350725203042	柳杉	700	24	700	14×22	富垅村胡仔垅厝后
	350725203068	柳杉	500	20	600	13×13	黄坦村村头
	350725203073	南方红豆杉	900	23	465	16×18	富垅村村边
	350725203114	柳杉	500	31	600	16×18	上榅洋村村后门
岭腰乡	350725204006	杉木（杉）	1000	49.5	540	14×12	锦屏村水尾桥
	350725204007	柳杉	800	25	450	25×23	锦屏村道人洞
	350725204009	柳杉	600	29	620	14×12	锦屏村榅树桩
	350725204010	银杏（白果）	550	23	570	14×20	锦屏村榅树桩
	350725204017	柳杉	500	38	530	12×12	锦屏村榅树兜
	350725204020	银杏（白果）	700	28	400	10×10	锦屏村银树树兜
	350725204021	南方红豆杉	550	16	320	8×12	前溪村矮桥
	350725204028	南方红豆杉	650	20	360	8×8	横坑村后坑
	350725204031	南方红豆杉	800	15	440	8×8	横坑村安德庵
	350725204032	银杏（白果）	600	16	560	8×9	横坑村安德庵
	350725204041	南方红豆杉	850	22	420	10×10	高山村厝湾
	350725204042	南方红豆杉	500	12	300	7×7	高山村村旁

说明：本表未含古树名木群内的主要古树名木

第三节　竹资源

一、面积与分布

1989年，境内竹林面积12467公顷。1990年以来，县政府重视竹业生产，先后出台多项发展竹业经济的优惠政策措施，林业主管部门宣传普及推广竹业科技实用技术，开展“百村千亩科技竞赛”，实施省竹业丰产示范基地建设项目，组织竹业开发擂台赛，建设“两溪”（松溪政和段、七星溪）小流域绿色长廊示范工程，全县竹业发展迅速，成为县域经济的支柱产业之一。至2005年，全县竹林面积29668公顷，其中毛竹林面积23535公顷、中小径竹面积6133公顷，毛竹总立竹量5118万株，亩均145株。全县10个乡镇均有竹林，其中，面积4666公顷以上的有1个乡、4000—4666公顷的有2个乡（镇）、3333—4000公顷的有1个乡、2666—3333公顷的有2个乡（镇）、2666公顷以下的有4个乡镇。

表17－5　**2005年政和县竹林分布情况表**　单位：公顷

乡　镇	总面积	其　中	
		毛　竹	中小径竹
合　计	29668	23535	6133
东　平	1653	1433	220
石　屯	1527	1300	227
星　溪	5087	4814	273
熊　山	167	67	100
铁　山	4413	4400	13
岭　腰	4467	4467	—
外　屯	2947	2767	180
镇　前	3247	2487	760
杨　源	3660	1060	2600
澄　源	2500	740	1760

表17－6　**2005年政和县各村竹林面积一览表**

面　积	村数	村　　名（面积）
666.7公顷以上	6	岭腰（1 140）、西坑（918）、宝岱（922）、高林（1 082）、半洋（692）、张屯（747）
333.4—666.7公顷	16	罗家地（635）、大岭（374）、元山（348）、西表（580）、际下（426）、地坪（658）、梅坡（530）、东山（369）、章口（379）、九蓬（354）、长际（505）、高山（504）、横坑（581）、长垅（621）、前溪（400）、外屯（454）
200—333.4公顷	18	向前（226）、凤头（214）、松源（252）、石门（218）、富美（321）、东峰（242）、念山（278）、锦屏（303）、湖屯（298）、洋屯（203）、乡茶场（298）、溪头（323）、稠岭（273）、半源（236）、下园（242）、宝岩（275）、横坑头（244）、南坑（282）
133.4—200公顷	13	前溪（172）、金峰（155）、洋后（161）、林屯（195）、下坪（142）、茶溪（176）、界溪（136）、湘源（144）、连坑（199）、西溪（162）、�竹坑（194）、岭头（200）、禾洋（194）
66.7—133.4公顷	13	江上（74）、大红（85）、碗厂（123）、王山口（105）、黄坑（107）、车潭（94）、蓬岭（81）、下庄（111）、西门（104）、茶林（82）亩、后山（126）、赤溪（87）、双新（86）

续表 17－6

面　积	村数	村　　　名（面积）
66.7 公顷以下	41	东干、铁山、南干、李屯洋、凤林、苏地、东平、护田、范屯、新口、常布、长城、工农、西津、角坂、洋舍、镇前、郢地、齐家洋、西岩、杨源乡林场、王大厝、大溪、上庄、富坂、桃洋、杨源、翠溪、楼下、坂头、星溪头、北斗、坑里、新康、大梨溪、牛途、前山、前村、林山、富垅、下榅洋

二、主要品种

境内竹品种主要有27种：毛竹、红壳竹、肿节少穗竹、歇竹、江春竹、花壳竹、苦竹、石竹、黄竹、箸竹、凸竹、空心香竹、甜竹、簕竹、猫竹、芹竹、雷竹、绿竹、方竹、溪竹、刚竹、早竹、白脯鸡竹、红脯鸡竹、鸡母竹、水竹、观音竹等。

第四节　林副产品

一、锥栗

1989年，全县锥栗面积2267公顷，产量127吨；1995年全县锥栗面积3933公顷，产量3660吨；1999年县政府组织专家对境内锥栗资源和生产情况进行调查论证，提出境内有20万亩山地适宜种植发展锥栗；2000年出台《政和县实施锥栗产业化意见》，2001年县政府提出“科技兴榛，富县富民”的发展目标，把锥栗产业定位为“绿色和特色”产业。是年8月，国家林业局授予政和县“中国锥栗之乡”称号。2001—2003年间，县林业局划出育林基金200多万元扶持锥栗种植和示范基地建设，并选派科技特派员驻村指导生产。至2005年底，全县锥栗面积1万公顷，年总产量5317吨。（详见卷十六·农业第三章第三节。）

二、笋干

境内盛产笋干，主产区有星溪、铁山、岭腰、外屯等乡镇。1989年以来，县政府先后出台多项扶持竹业生产的决定、意见和优惠政策措施，县林业局组织建立示范基地、开展竹业开发擂台赛、推广实用新技术，促进毛竹产业发展为县域经济主导产业之一。2005年，全县毛竹林面积23535公顷，产笋干3937吨。

三、茉莉花

始于上世纪70年代引种试种成功。1989年全县种植196公顷，产花770吨。至1993年，全县种植面积357公顷，仅次于广西横县居全国第二，品质处全国领先地位，初步形成以“中国茉莉花之乡”石屯镇为中心、连接东平镇、铁山镇的茉莉花产业带。2004年，被省林业厅、省花卉协会授予“省级花卉示范生产基地”。2005年，全县茉莉花种植面积432公顷，产量2502吨（详见卷十六·农业第三章第五节）。

四、油桐

境内油桐有三年桐和千年桐两种。三年桐籽含油率达30%以上，每亩植桐约60株，每株产籽12—19斤，产油4—5公斤，曾有“家有千株桐，子孙永不穷”之农谚，种植面积历史最高达746.67公顷，产桐油117.5吨。20世纪80年代后期，由于桐油加工传统工艺的落后和许多替代品的问世，桐油市场萎缩，面积和产量也随之锐减，至1989年，全县油桐面积235公顷，产油桐籽16.1吨。1997年，全县产油桐籽66吨。至2005年，全县油桐籽产量36吨。

五、油茶

1989年，全县油茶面积349.93公顷，产油茶籽16.3吨。所种油茶是普通品种，为两性花，缺乏科技投入，很难丰产稳产，几经变迁，大起大落。至1997年全县油茶籽产量29吨。其后油茶林逐渐失管抛荒，仅存零星分布。2005年全县产油茶籽仅2吨。

六、山苍子

境内山苍子资源丰富，主要分布在杨源、镇前、澄源、铁山、外屯等乡镇，多为野生，历史上素有蒸制山苍子油的习惯。1989年全县产山苍籽达296.6吨。1990年后澄源乡就种植440公顷。山苍子早熟早衰，一般树龄10年左右，最高株产可达50公斤。20世纪90年代中期，随着县香料厂倒闭和外贸出口减少，山苍子逐年失管。1997年全县山苍子产量降至213吨。2000年后，仅部分农户房前屋后和菜地边缘有零星保留，所采山苍籽作为家庭备药之用，其他均被茶、果、锥栗等所代替。至2005年，全县山苍子产量仅为30吨。

七、松脂

境内马尾松资源丰富，1990年县化工厂落实经济责任制，以年缴利润12万元实行招标承包。其后，由于过熟松树林逐年减少，采脂山场向边远山区伸展，生产成本增加，经济效益下降，县化工厂于1998年停止收购生产。同时，由于马尾松资源的减少和部分松树林为个人经营，不愿割脂，所采的松脂需运往外地销售，运费提高，2005年，全县年产松脂仅12吨。

八、土纸

境内生产土纸品种有代白纸、粗甲纸、毛边纸和黄色纸等。二十世纪90年代前，土纸由县供销社部门收购，剩余部分可自由上市。1989—2005年，铁山镇高林、大岭、罗家地、半洋和张屯等村都有生产土纸的历史，年均生产量5吨左右。

表17－7　**1989—2005年政和县主要林副产品产量情况表**　单位：吨

年　份	笋　干	油桐籽	油茶籽	山苍籽	松　脂
1989	672	16.1	16.3	296.6	403
1990	844	20	10	487	456
1991	706	25	11	590	544
1992	1051	33	12	504	264
1993	953	44	13	459	242
1994	959	84	23	524	217
1995	1781	72	36	300	472
1996	1929	58	38	264	461
1997	3030	60	29	213	372
1998	2495	66	25	157	401
1999	2582	113	19	75	49
2000	2767	39	19	41	58
2001	2873	20	4	54	63
2002	3110	23	7	21	98
2003	4126	22	13	54	94
2004	3786	37	6	33	59
2005	3937	36	2	30	12

第二章　林业体制改革

第一节　集体林经营改制

2003 年，根据省政府《关于推进集体林权制度改革的意见》要求，启动集体林权制度改革。按照“县直接领导、乡镇组织、村具体操作、部门搞好服务”的工作机制，成立县集体林权制度改革工作领导小组，共抽调 367 人组成林改工作队深入到乡镇、村开展以“明晰所有权，放活经营权，落实处置权，确保收益权”为主要内容的集体林权制度改革。至 2005 年年底，全县共完成明晰产权的村（场）122 个，占实际应改革村（场）数的 100%。完成改革面积 76933.33 公顷，占实际应明晰产权面积 82333.33 公顷的 93.5%，其中：自留山经营 5666.67 公顷，家庭及家庭联产承包经营 59800 公顷，其他方式经营 11466.67 公顷，村集体统一经营 5333.33 公顷。应登记发证面积 116866.67 公顷，其中生态林商品林 86400 公顷；完成林权登记面积 103733.33 公顷，完成林权登记电脑录入 26144 宗地，面积 103733.33 公顷，占应录入面积的 100%，林权证准确率 100%。经自查验收，122 个村（场）中，有 102 个村（场）合格、20 个村基本合格，村级林改质量合格率为 100%。集体林权制度改革，使广大林农实现“耕者有其山”的目标，从政策、体制和机制上为林农致富创造条件；扩大林地使用费收取范围，提高林木林地承包经营分成和流转收入；促进非公林业发展，个私造林占全县造林比重的 80% 以上，现有个私林业企业 81 家，占全县林业企业总数的 90%；明晰林木林地产权和经营主体，建立起权、责、利相统一的新机制，造林、防火、管护、科技和投入等一系列问题得到有效解决，有利资源保护和林区的安定稳定。

第二节　木材经营改制

1989 年，境内木材经营执行县政府规定，由城关、东平、镇前 3 个木材采购站分别与乡（镇）村进行联营经销，乡（镇）村严格按下达的采伐限额指标组织木材生产，各相关采购站实行全部包购包销所产的松、杉、杂原木。1990 年后，随着木材产销经营从计划经济逐步向市场经济转变，形成按市场行情面议价格的木材经营体系，林业主管部门实行源头征税、“山上管死、山下搞活”的原则，各乡（镇）村木材生产则多由林主或雇工或卖青山进行生产。1993 年 4 月，执行县政府规定，对乡村生产的木材由林业部门与乡镇签定联营经销合同，实行统一经营、价格放开，责任共担、利益分享，凡确保林业部门足额收购的，林业部门与乡（镇）实行 5:5 分利，未完成合同指标的，则按实际收购木材量固定返利给乡（镇）。2000—2005 年，国家调整林业税费政策，逐步让利林农，林业部门坚持“抓紧一级市场，放开二级市场”“山上管死、山下搞活”的原则，木材经营形成市场经济条件下多元化的经营格局。

第三节　国有林业企业改制

20 世纪 90 年代，随着国家经济体制改革的推进和国有企业改革的深化，县国有林业企业先后实施改革。

西津木材转运站　1992 年后，随着公路运输业的发展和计划经济向市场经济的转变，西津木材转运站单一的水运木材作业方式渐被公路汽车运输所取代。1998 年 8 月经县政府批准，西津木材转运站实施改革，对原有 107 名干部、职工进行分流安置。改革后，仅留聘 7 人负责对国有资产、离退休人员及遗属的管理，留聘人员费用由县林业部门统筹扶持解决。

石门国有林业采育场　2000年11月，贯彻县政府《关于县林委国有林业企业改革实施意见的批复》精神，石门国有林业采育场实施体制改革，对原有干部、职工进行分流安置、返聘留用。经改制，内设机构由原2个木材生产班、1个营林班和3个工区改设1个生产班，干部、职工由原有147人改为返聘留用38人，减少74%。

松源国有林采育场　2000年11月，松源国有林采场实施改革，对原有干部进行分流安置、返聘留用。经改制，内设机构保留原6个工区，4个木材生产班和3个营林班改为各1个班，增设装车班1个，干部、职工人数由原有160人精减为返聘留用56人，减少65%。

城关、东平、镇前木材采购站　2000年11月，城关、东平、镇前3个木材采购站实施改革，对原有人员进行分流安置、返聘留用。改革后，3个采购站合并重组，于2001年2月重启运作原已停业的恒益商贸有限公司，现有人员11人。

第三章　造林育林

第一节　采种育苗

一、苗木培育

1989年，县林委根据“三年消灭荒山，五年绿化闽北”的造林需要，组织宣传发动群众大力培育苗木。全县育苗41.37公顷，其中乡村育苗38.67公顷。由于遭受1989年“7·22”洪灾，保存面积29.57公顷。1990年，全县育苗59.31公顷，其中乡村育苗52.81公顷。1993年，全县掀起开发山地热潮，县林委与县茶叶局合作，聘请福安技术人员在官湖苗圃育茶苗2公顷，其中福安大白茶0.67公顷，福云6号茶1.33公顷。是年，培育银杏苗0.2公顷，并请浙江技术人员进行嫁接。1999—2000年，培育锥栗实生苗60.5万株，无偿提供给林农种植；2003—2004年，贯彻落实《中共中央、国务院关于加快林业发展的决定》、省委、省政府《关于加快林业发展建设绿色海峡西岸的决定》，就全县林业资源培育存在的林种树种结构不够合理、科技含量低、生物多样性遭破坏等问题，调整树种结构，提高乡土阔叶树种的比例，共育苗8.13公顷520万株；2005年，培育珍贵乡土树种楠木、红豆杉、马褂木、乐昌含笑等12.6万株，基本满足“城区一重山绿化”“百村千亩万木林”工程建设需要。

二、良种基地

1989年“7·22”特大洪灾，西山坂国营苗圃严重受毁。1990年上半年在官湖村新建苗圃，征地7.24公顷，投资40万元，其中省厅拨款16万元，地区拨款5万元，县投入19万元。1991年初动工，1992年冬竣工。

2002年，在石屯镇洋后村新建马褂木种园4.73公顷，32个无性系、穗条来自贵州、湖南等地。当年因受水灾影响，成活率只有70%。次年，请浙江亚林所技术人员协助，边嫁接边补植，长势良好。

2003年11月，为提高石屯、洋后两处16.73公顷杉木二代种子园杉木种子品质、产量，进行适当抚育疏伐，次年效果明显，平均亩增杉木种子产量近0.5公斤。2005年，因开花受粉期受气候影响造成绝收。至2005年底，全县保存种子园2个21.4公顷；楠木园树林3片6.80公顷。

三、引种试验

1989年，从武夷山市、邵武市等地引种雷竹、红哺鸡、白哺鸡、绿竹等小径竹在东平、石屯一带试种成功，并大面积推广。绿竹耐低温较差，1995年，因零下五度低温受损严重，次年重新萌生。

1996年，在松源包源村试种马褂木、白玉兰、山杜英、小果香椿、火力楠等阔叶树种混交林18.93公顷，长势良好。其中，以马褂木表现最佳，并大面积推广种植。是年，引种培育红花木莲、乳源木莲、乐昌含笑、深山含笑、金叶含笑、黄山木兰等绿化造林苗木成功。1998年，在松源包源工区引种巨尾桉21.33公顷。2002年，引种欧美杨长势良好，但因病虫害较多，迹地要求较严，尚处于零星种植阶段。2004—2005年，松源下坑工区引种邓恩桉13.33公顷，因不耐低温，长势不良。

第二节　植树造林

一、人工造林

（一）个人造林

1989年，贯彻省委、省政府提出的“大干七年，绿化八闽”，“三至五年消灭荒山，七年绿化八闽”的宏伟目标（三五七工程）。县制定“以林富县，兴林富民”的战略决策，制定和出台个人造林的优惠政策和鼓励措施，个人造林的面积逐年增加。1990年，首次实施飞播造林有效面积6567公顷，全县组织开展植树造林，1995年，通过省政府验收，提前一年基本消灭荒山。2001—2005年，开展集体林权改革，年均个体造林面积均占全县造林完成面积37%以上。

（二）集体造林

社队和乡村林场造林是人工造林的主要组织形式。1989年，全县推广铁山乡大红村创办林场经验，制定各种优惠政策和措施，鼓励乡村办林场造林。1990年4月，县林委对乡村办集体林场实行6条优惠政策，凡新开办的集体林场给予补助开办费2000—3000元。林场生产的木材由采购站代购代销，只收取3%—5%的手续费，属林场的联营利润直接返回林场。至1991年，全县有乡村林场87个，其中乡林场8个、村办林场79个，经营总面积44900公顷，有林地31473公顷。此后，由于林权基本确定，荒山逐年减少，每年的造林面积也相应减少。2001年后，实施集体林经营体制改革，集体林分逐步实行私有制，集体造林也逐步被个体和少数联合体造林所取代。

（三）国营造林

1989年后，国营采育场、省政和林场（界溪）的造林贯彻“以林为主、多种经营、综合利用、永续作业”的办场方针，主要以采伐迹地和火烧迹地更新为主，造林总量较以前有所减少，但造林质量越来越好，营造林管理逐步规范化。

二、义务植树

1989年以来，每年植树节期间，县政府和林业部门都组织安排义务植树，完成当年义务植树任务，并先后在飞凤山公园、暗桥油站后门山、塔山公园、熊山及状元峰等处建立义务植树示范片。2005年，实施全县“百村千亩万木林”工程，是年，在47个村开展四旁植树，绿化美化乡村，种植马褂木、杜英、香樟、桂花、楠木、乳源木莲、柴威等珍贵绿化大苗4万余株。

三、基地建设

1989—2005年，全县营造速生丰产用材林5041.14公顷。其中1991—1995年，实施世界银行贷款造林项目，投资688.80万元，建设杉木、马尾松和阔叶树速生丰产用材林3220公顷。1996—2000年，建设菇用林营造阔叶树速生丰产林1217.79公顷。此后，基地建设进入正常运转，提高造林成效。

表 17－8

1989—2005 年政和县植树造林面积情况表

单位：公顷 万株

年　份	个　体	乡村集体	国营采育场		界溪林场	义务植树苗木数
			石　门	松　源		
1989	1480.00	3595.00	152.73	121.13	247.07	32.63
1990	—	8928.00	168.60	236.87	218.40	42.00
1991	1316.00	5544.00	171.00	199.67	473.27	42.00
1992	—	1533.00	11.13	59.60	51.87	42.00
1993	289.00	722.60	37.60	285.33	15.07	—
1994	328.67	401.67	61.67	49.80	7.33	35.00
1995	380.07	413.20	38.27	35.87	33.87	—
1996	364.60	242.40	57.53	77.07	22.80	36.20
1997	295.40	196.93	75.00	70.40	39.93	36.50
1998	431.07	280.67	100.00	54.67	54.66	36.30
1999	292.67	195.07	109.53	37.13	37.13	40.20
2000	387.13	208.47	61.07	42.33	42.33	38.90
2001	387.13	280.53	51.93	31.13	31.13	39.00
2002	848.47	152.00	46.87	106.73	106.73	38.90
2003	183.87	84.47	40.13	58.40	58.40	43.30
2004	966.53	198.80	49.40	42.80	42.90	44.60
2005	1095.27	—	30.40	48.33	48.34	40.34

表 17－9

1989—2005 年政和县各类基地造林情况表

单位：公顷

年　份	速生丰产用材林基地	世行林基地	菇用林基地
1989	689.13	—	—
1990	796	—	—
1991	673.27	716.13	—
1992	151.13	373.73	—
1993	19.93	387.66	—
1994	8.00	1378.07	—
1995	495.67	364.40	—
1996	304.87	—	66.33
1997	331.40	—	75.73
1998	272.13	—	462.73
1999	—	—	169.40
2000	121.67	—	443.60
2001	111.00	—	—
2002	192.20	—	—
2003	233.60	—	—
2004	231.47	—	—
2005	409.67	—	—

四、林纸工程

1989 年，南平造纸营林总公司政和分公司（下称政和分公司）继续实施县政府批转同意县林业局关于在政和县建设 13333.33 公顷造纸用材林基地（新造林 6666.66 公顷、中幼林培育改造 6666.67 公顷）的实施计划，分四年（1988—1991 年）完成。

2000—2003 年，南纸股份有限公司因生产发展需要，开始建设林纸一体化项目，新建 5 万公顷造纸原料林基地。政和分公司全资收购林地 1560.20 公顷，其中：政和县 1220.73 公顷、松溪县 339.47 公顷，并设置松政林场，实行独立编制森林经营方案，采伐指标单列。

至 2005 年，南纸政和分公司先后共完成林纸基地建设 6874.16 公顷（未含松政林杨面积），其中新造林 4606.23 公顷、幼培 1770.26 公顷、中培 497.67 公顷，分布于 10 个乡（镇）、84 个村、2 个国营采育场和 1 个国营林杨，总投资达 1099.61 万元；1997 年、1998 年连续获得福建省南平造纸营林总公司基地建设目标考核第一名。

表 17－10　**南纸政和分公司各乡（镇）基地林面积分布情况表**　单位：公顷

乡（镇）、场	合　计	新造林	幼　培	中　培
合　计	6863.16	4588.13	1770.26	497.67
镇前镇	1584.47	1019.27	293.13	272.07
澄源乡	1139.70	685.10	454.60	—
杨源乡	1041.40	474.33	567.07	—
铁山镇	622.73	432.60	170.73	19.40
岭腰乡	320.66	96.53	213	11.13
外屯乡	55.67	55.67	—	—
熊山镇	181.33	181.33	—	—
星溪乡	361.40	324.50	29.80	—
石屯镇	307.14	258.07	13.40	35.67
东平镇	760.53	668.20	28.53	63.80
界溪林场	246.67	246.67	—	—
石门采育场	129.13	33.53	—	95.60
松溪采育场	112.33	112.33	—	—

第三节　林木抚育

一、幼林抚育

上世纪 90 年代以来，由于林业市场经济的变化，曾一度出现林农“重砍轻造”的现象，幼林抚育工作难度逐年加大。1999 年后，县林业局采取采伐迹地造林保证金分三年退还，重点确保后两年的幼林抚育落实；加大对林业站幼林抚育的年度考核力度，督促抓好幼林抚育工作；制订奖励措施，凡完成年度幼林抚育任务，按每亩 0.5 元奖励一线营林工作人员等措施。2000—2005 年，每年均完成幼林抚育任务，年抚育面积 2000—3000 公顷。

二、成林抚育

1989 年前的成林抚育对象主要是农民种的油茶、油桐和毛竹；改革开放以后，杉木、马尾松也逐渐进行成材抚育，但由于税金高、成本大，1982—1991 年，全县抚育间伐材仅 8563.67 公顷，出间伐材24571立方米。1989—1991年，消灭荒山期间，全县营造大量的人工用材林，至2000年后，逐渐到间伐龄，但因林农间伐无益，工作很难开展。为拯救一代林分，2000年11月23日，根据市政府《关于全市统一规范木材生产经营税费征收项目及标准的通知》，减半征收间伐材税费，鼓励林农开展林分抚育间伐，林农间伐积极性加大；2001—2005年，全县完成抚育间伐面积达7347公顷，出材12.25万立方米。

1989年以来，县按照上级林业部门下达低产林改造计划任务，制定低产林分标准，实施低产林改造，2003年，改造面积405.33公顷，为历年最高。

三、封山育林

封山育林是一项花工少、成本低、绿化快、效益高的营林方法，境内高海拔山区造林难度大，尤为适合。1998年，福建省开展"五江一溪"生态工程建设及闽江源头自然保护工程建设，政和县加大自来水源头、道路一重山、自然保护区等的封山育林力度。

表17－11　**1989—2005年政和县林木抚育情况表**　单位：公顷

年　份	幼林抚育面积	低产林改造面积	封山育林面积
1989	9006.00	275.33	3067.00
1990	17433.00	346.13	3279.67
1991	14360.00	138.07	2807.00
1992	14660.00	264.00	6280.00
1993	1413.00	281.07	165.80
1994	3773.33	309.40	6061.33
1995	—	—	—
1996	833.33	—	1726.67
1997	2846.67	—	1333.33
1998	746.67	64.20	4427.13
1999	1706.67	42.13	3266.67
2000	2006.67	88.33	93.33
2001	2106.67	147.47	3153.33
2002	2186.67	44.33	1421.07
2003	2980.00	405.33	1336.67
2004	3020.00	166.67	1356.67
2005	3026.67	166.67	—

第四节　生态公益林建设

2001年4月，根据国家林业局《关于开展全国森林分类区划界定工作的通知》和省政府《关于福建省生态公益林规划纲要》要求，成立县林业分类经营领导小组，下设办公室，负责组织实施界定工作。是年7月15日，全面完成界定任务。全县建立生态公益林面积39266.67公顷，纳入试点补助面积36266.67公顷，占林业用地面积26%。试点补助面积中，中央财政补助8400公顷，占23.2%，省财补助27866.67公顷，占76.8%。界定成果经省、市联合评审验收组评审，总量基本满足现阶段生态环境建设要求。2003—2004年，根据省、市有关精神，在保持原有国财补助地块和面积不变的基础上，按照生态区位对未纳入试点及省财部分进行微调，使生态林布局更加合理，全县生态林面积调整为34486.67公顷，纳入试点补助面积33600公顷，其中：国财面积8400公顷，省财面积35200公顷。全县签定经济责任书154份、管护合同290份，其中：国财72份、省财218份。

境内生态公益林区域布局分为东部高山水源涵养区，中部半高山水土保持区，西部平原一般治理区。不同的区域具有其独特生态功能：东部高山水源涵养区，主要含镇前、澄源、杨源三个乡镇，该区海拔高、气候冷、土壤瘠薄、植被生长缓慢、恢复困难，洞宫与下榅洋两大水库位于该区。中部半高山水土保持区，涉及岭腰、外屯、铁山、星溪、熊山等乡镇，为七星溪发源地，该区地质构造复杂，山高坡陡、土层薄、岩裸地多，易发生山洪与水灾危害，该区生态环境治理直接关系到全县人民生命财产安全及城区饮用水等生存环境。西部平原一般治理区，主要包括石屯、东平两镇，是全县农业较为发达和商品林适宜发展的区域，加强其生态环境建设，是该区域可持续发展的基本保障。

第五节　竹业基地建设

1989年，全县垦复竹林2000公顷，劈草抚育3800公顷，新种毛竹13公顷，引种绿竹2000株。

1990年1月，县林业局出台《关于竹林资源金费管理的通知》，规范竹业金费的征收、管理和使用。1991年，在铁山、星溪和外屯3个乡（镇）组织开展“百村千亩科技竞赛”活动，建立毛竹丰产基地400公顷。1992年，县政府出台《关于发展毛竹规划的实施意见》，把竹业作为振兴林业、发展创汇农业、促进脱贫致富的重要途径，规划“八·五”期间，每年垦复竹山5333公顷，其中深翻2000公顷；要求亩立竹量达140株以上，亩产鲜竹笋350公斤；每年新植333公顷，扩鞭3333公顷。1994年，成立县竹产业协会，县政府作出《关于大力发展竹业经济的决定》。1995年成立县竹产业开发公司。1991—1995年，全县毛竹抚育、垦复面积累计34400公顷，深翻近3333公顷，新种毛竹800公顷、绿竹7.15万株、引种青皮竹0.7公顷，留笋养竹975.5万株，建立竹林丰产示范基地400公顷。期间，县林委运用多种形式，宣传发展竹业的重要性和经济价值，举办技术讲座，培训技术骨干和种植大户，融资184万元扶持竹林开发，县营林投资公司、采育场先后创办毛竹林基地。至1995年，全县竹林面积达29333公顷，占林业用地20%，林业科技中心与乡村联营建立丰产毛竹林基地833公顷。

1996年开始，实施省林业厅批复的建设万亩毛竹丰产林示范基地项目，规划在东平、石屯、铁山、星溪、外屯5个乡（镇）的11个村建立丰产林示范基地13片687公顷。1997年实施省定中小径竹绿色长廊示范工程建设，组织竹笋产品参加南平市竹业开发成果展销会；开展全县竹笋产品市场与加工现状调查，是时全县有加工企业68家（户），主要产品有清水笋、竹筷、竹工艺品、竹地板等18个系列；组织各乡（镇）领导、竹产区村主干前往浙江临安、安吉等地参观学习，提升竹产品开发的技术水平和产品质量。至2000年，全县共建立毛竹丰产示范基地2833公顷，营建七星溪、松溪（政和段）两岸中小径竹绿色长廊示范工程面积219公顷（新种65公顷、抚育154公顷），累计完成竹林抚育81133公顷，新种毛竹347公顷，留养新竹3620万株，竹山施肥面积2667公顷，新种小径竹113公顷，县竹业开发公司在岭腰横坑村建成毛竹丰产林基地126公顷。2000年5月，政和县被省林业厅、财政厅评为“全省毛竹丰产示范基地建设先进单位”。

2001年后，实施省竹业开发二期示范工程，规划建设中小径竹丰产培育、生态防护示范基地514公顷；全县持续组织开展竹业开发擂台赛活动，抓好竹业开发。2001—2003年，完成中小径竹示范工程建设面积514公顷，其中丰产培育98公顷、新种151公顷、新造生态防护林275公顷；建成松溪、七星溪两岸中小径竹生态防护林带37.5千米302公顷，经省林业厅实地考察，被列为免检查验收县。2005年，在铁山、岭腰、东平、外屯、镇前、星溪、杨源等乡（镇）建立省竹业开发丰产毛竹林基地1173公顷，新开竹山机耕道259.9千米，新造中小径竹27公顷。至年底，全县实施省竹业开发二期工程，累计抚育竹山62867公顷，留养新竹3577万株，建立毛竹丰产林基地3673公顷，新造中小径竹

173公顷，完成中小径竹培育示范工程、绿色长廊和生态防护林、示范基地建设面积817公顷，实施推广竹山施肥5000公顷，建设机耕道606.2公里，毛竹标号32.2万株，滴水灌溉示范67公顷。

表17-12　**2000—2005年政和县毛竹立竹量、采伐量情况表**　单位：万株

年　度	立竹量	采伐量
2000	2584	350
2001	3134	410
2002	3384	443
2003	4138	540
2004	4488	650
2005	5118	660

第四章　森林保护

第一节　森林防火

一、组织机构

县森林防火指挥部是全县森林防火工作的最高指挥、决策机构。指挥长由分管副县长担任，副指挥长由人武部、林业、公安等部门主要负责人担任，成员单位由财政、民政、人事、卫生等18个单位组成。指挥部下设办公室，负责全县日常森林防火工作。各乡（镇）、国有林场、采育场均成立森林防火指挥部。至2005年，全县共有森林防火指挥部（组）15个，工作人员27人；有专业、半专业森林消防队伍4支120人；各乡（镇）、村均成立义务扑火队伍。

二、防火设施

1989年后，贯彻《中华人民共和国森林法》《中华人民共和国森林防火条例》和“预防为主，积极消灭”的工作方针，加强森林防火基础设施建设，购置各种灭火工具、对讲机、配备车辆等。建立健全防火机制，控制森林火灾的发生和漫延。2005年，全县结合森林防火综合治理项目投资，投入防火经费达158.16万元，为历年最多，建成县级扑火物资储备中心，储备风力灭火机12台，油锯12台，二、三号工具各300把，防火扑救服200套，有各类森林消防车、宣传车10辆，巡逻摩托车8辆，无线电中继台1座、对讲机40部；修建防火瞭望台2座、防火林带80公里，建成森林林火卫星电子监测系统。

三、森林火灾

1989年以来，贯彻“预防为主，积极消灭”的森林防火的方针，每年由县、乡（镇）、村签订森林防火责任状，实行划片包干，出动防火宣传车，深入到各乡（镇）、村宣传《森林防火条例》。

1989—2005年，全县发生森林火灾120次，过火面积1865.1公顷，受害877.89公顷，年均发生火灾7次，受害面积51.33公顷。由于受气候和当地传统林事、农事活动影响，全县森林防火期从10月到翌年4月底，紧要期为12月至翌年3月，如遇特殊干旱气候，夏季也发生森林火灾，且损失更为严重。

表17－13　**1989—2005年政和县森林火灾发生情况表**

年份	次数	烧山面积		损失		打火工（天）
		过火面积（公顷）	受害面积（公顷）	成林（立方米）	幼林（万株）	
1989	8	72.30	20.30	1065.00	6.60	1783
1990	4	73.40	16.80	—	5.05	530
1991	2	11.70	7.00	60.00	1.07	80
1992	5	25.70	14.00	—	5.16	745
1993	6	9.00	4.3	—	0.80	110
1994	6	57.40	21.40	—	8.00	735
1995	6	69.30	27.20	—	8.25	727
1996	6	100.60	45.00	—	13.43	927
1997	9	530.00	38.27	153.00	10.20	657
1998	2	10.00	0.70	93.00	1.00	103
1999	5	48.60	30.40	222.00	6.46	276
2000	14	317.50	298.90	—	92.10	2000
2001	15	107.80	43.12	1256.00	15.30	873
2002	3	21.50	8.50	336.00	1.70	220
2003	9	104.00	67.00	9100.00	0.69	1193
2004	19	265.20	200.00	6450.2	3.90	1502
2005	1	41.10	35.00	2797.00	—	326

附：省国营界溪林场重大森林火灾

2004年3月9日下午7时20分，福建省国营政和界溪林场西表大柯山场发生重大森林火灾，林场下村工区主任林观德和李孝礼、许小斌、陈松4人因灭火殉职。经县林业规划设计队现场勘察、调查、评估、测算，火灾过火面积85.53公顷，其中锥栗山3.93公顷、锥栗树3740株、用材林81.60公顷；受害用材林73公顷，其中杉木蓄积量2758立方米、马尾松蓄积量7652立方米；火灾造成直接经济损失62.71万元。火灾发生后，市、县领导带领相关部门及时赶赴现场，组织、指挥扑火工作，界溪林场、东平镇及西表村即时组织200余人上山灭火；林场下村工区林观德等4人因灭火而殉职。省政府批复授予林观德、李孝礼、许小斌、陈松4人为革命烈士。经相关部门侦查，该重大森林火灾系因被告西表村民陈某某在自家山场草棚内用茅草烧蚂蚁窝，余火未熄复燃，致草棚着火而引发，其行为触犯《中华人民共和国刑法》第105条规定，以失火罪被追究刑事责任。

第二节　病虫害防治

1989年以来，县林业局加强森林病虫害的生物防治和化学防治，及检疫工作，森林病虫害发生面积整体呈逐年下降趋势，期间，最高年份有1996年发生面积1746.67公顷，2000年发生面积2060公顷。2004年，县林业有害生物普查，全县共有各类林业有害生物17种：马尾松毛虫、板栗疫病、竹广肩小蜂、竹笋象、星天牛、竹蝗、栗瘿蜂、白蚁、油桐黑斑病、刚竹毒蛾、竹丛枝病、松瘤锈病、桑寄生、槲寄生、苍耳、车前草、狗尾草等。

表 17－14

1996—2005 年政和县森林病虫害发生防治情况表

单位：公顷、%

年　度	监控情况			发生面积	防治情况		检疫情况	
	应监累计面积	实监累计面积	监测率		防治面积	防治率	产检	检疫率
1996	31106.67	23000.00	74	1746.67	1446.67	82.90	86	100
1997	142179.80	106635.00	75	1180.00	1180.00	100.00	74	95
1998	142179.80	116803.53	82	1500.00	1300.00	87.00	67	95
1999	137013.33	121840.00	89	1500.00	1500.00	100.00	67	100
2000	53973.33	45180.00	84	2060.00	1953.33	95.00	65	100
2001	57933.33	50100.00	86	1280.00	1246.67	97.30	36	100
2002	59340.00	55506.67	94	1240.00	1240.00	100.00	34	100
2003	81413.33	79333.33	97	1100.00	1100.00	100.00	120	100
2004	81046.67	79333.33	98	1073.33	1066.67	99.00	30	100
2005	77753.33	76040.00	98	960.00	760.00	100.00	30	100

表 17－15

1989—2005 年政和县办理调运检疫情况表

年度	木材（立方米）	竹材（万根）	苗木	木制品（吨）	竹制品（吨）	其他（吨）	竹笋（吨）	收取检疫费（元）
1989	0.27	0.66	—	1854.0				1.30
1992	6.06	14.43	—	6490.6	6.52	1340.00	—	6.34
1993	7.93	6.14	—	1517.9	3.16	688.30	—	7.46
1994	6.75	10.91	—	—	—	505.30	517.50	6.61
1995	4.34	4.45	—	—	—	434.20	278.00	5.00
1996	4.62	4.42	—	—	—	71.00	4008.50	6.39
1997	4.98	3.34	—	—	—	169.40	1482.20	4.89
1998	3.38	1.99	—	—	—	535.00	1197.25	5.01
1999	3.48	13.41	—	—	—	538.30	236.3	3.42
2000	5.19	36.8	—	—	—	293.50	970.20	6.86
2001	7.7	123.61	5.03	—	—	283.50	1930.30	7.25
2002	5.35	143.91	0.17	—	—	498.40	2956.40	4.55
2003	4.03	145.9	0.12	—	—	94.00	264.20	7.82
2004	11.81	110.98	0.52	—	—	162.00	127.25	13.67
2005	0.93	9.3	0.01	—	—	—	—	1.45

第三节　依法治林

1989—2005 年，全县森林公安机关办理各类森林案件 1317 件，其中森林刑事案件 229 件、逮捕 187 人，林政案件 982 件，治安案件 106 件，治安拘留 109 人，处理各类违法人员 1389 人，罚款 155.87 万元，收回赃款 307.96 万元，赔偿损失 517.76 万元，收缴木材 5516.8 立方米，为国家挽回经济损失 783 万元。县林业检察科共受理提请批捕林业刑事案件 137 件 264 人，经审查批捕 111 件 191 人，不批捕 13 件 29 人，追捕 4 人；共受理移送审查起诉林业刑事案件 201 件 289 人，经审查起诉 14 件 183 人，追诉 4 人，决定免予起诉、不起诉 36 件 75 人。县林业审判庭审理各类林业案件 982 件。（详见卷十一“政法”第十三节）

第四节　森林保护区

1995 年 6 月，贯彻省林业厅《关于组织编制生物多样性保护工程规划的通知》精神，组织开展政和县生物多样性保护工程规划，共划定自然保护区 1 个、自然保护小区 11 个，面积 5315.00 公顷。

洞宫鸳鸯自然保护区　位于县境东南，与屏南县交界，距县城 90 千米，面积 2480 公顷，风景秀丽、景色宜人，溪水清澈见底。土壤为黄红壤，植被保存较好，主要植被有柳杉、杉木、马尾松、木荷、杜鹃、含笑、毛竹等，是国家二级保护动物鸳鸯活动区。主要保护对象为鸳鸯、猴、蝶等。

金峰山乌冈栎自然保护小区　位于县境西北，距县城 50 千米，是七星矿泉水的源地，属国有林区，面积 330 公顷，最高峰海拔 1206 米，土层薄，土壤主要为黄红壤，山体主要由变质岩、花岗岩组成。保护对象为以带性常绿阔叶林，有乌冈栎、青冈、木荷、杜鹃、冬青等。

凤头楠木自然保护小区　位于东平镇凤头村旁，是福建省保护最好的楠木林，面积 7 公顷，其中 80% 为楠木，还有花榈木等，平均胸径 0.60 米、树高 23 米，最大一株楠木胸径 1.07 米、树高 28 米，具有较高的科研价值和观赏价值。

石门栲树自然保护小区　位于石屯镇石门村后门山，属风水林，土层深厚，土壤为黄红壤、红壤，保护面积 20 公顷，保护对象主要有栲树、枫香、木荷、甜槠、米槠、山药、大叶栎等。

熊山环境自然保护小区　位于县城北面，面积 200 公顷，主峰海拔 545 米，土壤以红壤为主，土层厚，主要树种有马尾松、杉木、花榈木、枫香、山乌桕等，是穿山甲、猫头鹰的活动地带。

高山木荷自然保护小区　位于岭腰乡高山村，面积 20 公顷，中山地貌，坡度较大，立地条件中等，土壤为黄红壤，主要保护对象为木荷、苦槠、拟赤杨、锥栗、米槠等。

前溪青冈栎自然保护小区　位于县城东北，距城关 40 千米，面积 45 公顷，中山地貌，地形复杂，植被保存较好，土层中厚，土壤主要是黄红壤，主要保护对象是青冈、锥栗、石栎、罗浮栲、黄檀等。

锦屏甜槠自然保护小区　位于岭腰乡锦屏村，面积 20 公顷，多石砾，土层薄，植被保存较好，天然阔叶林，树种有甜槠、苦槠、杜鹃、石栎等。

锦屏槠木自然保护小区　位于县城东北方向，距城关 70 千米，面积 140 公顷，是七星溪源头之一，中山地貌，坡度较大，立地条件较差，部分为峭壁和岩石裸露地，植被保护较好，主要树种有槠、锥栗、板栗、杜鹃等，经常有山羊活动。

佛子岩青冈栎自然保护小区　位于佛子岩省级自然风景区，面积 850 公顷，南坡多为峭壁和岩石裸露地，坡度大、土层薄、景点多、自然风光优美，主要分布树种为硬木类阔叶树，如青冈栎、乌冈栎等。

下榅洋水库自然保护小区　位于县城东南角，与周宁县交界，面积 1200 公顷，处在鹫峰山脉中，年平均气温较低，形成独特的白栎加小刚竹自然植被群落，覆盖度在 80% 以上。

王大厝甜槠自然保护小区　位于杨源乡王大厝村后，面积 3 公顷，为阔叶树纯林，其中 70% 为甜槠，是附近较有名气的风水林。

第五章　木材产销

第一节　采伐与集运

一、采伐

（一）数量

20 世纪 90 年代以来，木材产销从计划经济逐步向市场经济转变，形成按市场行情实行面议价格的多元化的产销体系。同时，由于国有经济的快速发展，木材需求量猛增，森林资源的锐减和林业公益生态性重要性的日益突显，国家不断加大对林业政策的调整。1997 年，贯彻执行省林业厅转发林业部《关于加快林业经济增长方式转变的若干意见的通知》精神，2003 年，贯彻执行中共中央、国务院《关于加快林业发展的决定》。林业木材采伐量逐年减少，人工造林和生态公益林得到加快发展和壮大，拓展林业新的经济增长点。1989—2005 年，全县共采伐销售木材 92.58 万立方米，其中国有生产木材 32.34 万立方米；2005 年，全县生产木材 7.72 万立方米，销售 7.84 万立方米，均为历年之最。

表 17－16　**1989—2005 年政和县木材生产情况表**　单位：万立方米

年份	当年产量	其中		年份	当年产量	其中	
		国有	社队			国有	社队
1989	5.74	1.18	4.56	1998	3.43	1.86	1.57
1990	5.79	1.43	4.36	1999	3.93	1.80	1.93
1991	5.76	1.53	4.24	2000	4.07	2.07	2.00
1992	6.01	1.58	4.43	2001	5.33	2.40	2.93
1993	6.45	1.87	4.61	2002	5.86	2.30	3.56
1994	5.90	1.68	4.22	2003	5.17	1.97	3.20
1995	5.14	1.74	3.41	2004	5.91	2.21	3.07
1996	5.22	1.81	3.41	2005	7.72	2.25	5.47
1997	5.12	2.74	2.65	合计	92.58	32.33	60.25

（二）工艺设计

1989 年，要求乡村木材生产也要实行工艺设计，县林业部门对未经工艺设计的不发砍伐证，促进乡村木材生产工艺设计，减少采伐盲目性。是年 6 月，执行林业部发布的《南方集体林采伐更新调查设计规范》。1990 年 6 月，执行福建省林业厅印发的《福建省森林采伐更新调查设计实施细则》，木材生产工艺设计开始规范化、制度化。1995 年 10 月 1 日起，国有林业采育场采伐设计工艺统一由林委规划队设计，采育场配合。木材采伐工艺设计包括外业和内业两部分：外业程序是由领导、技术员、工人“三结合”设计组共同到山场踏查、定点、定界址和定作业班组；测量伐区面积，划定林班、小班；澄清山林权属、界属，搞好劈引；进行全林每木调查，卡胸径、测树高；规划集材地点、道路和机械运材方法。内业则是根据外业调查进行累计树材种类、计算蓄积量、出材量；查找作业定额，确定计件工资单价；概算成品数量和投资金额；对更新造林进行设计；安排木材生产工序、劳力组织、劳动保护。

（三）工具

传统的采伐工具有斧头、龙锯和柴刀，之后开始推广弯把锯、锤筒，有部分使用快把锯。1989年后，普遍开始使用油锯。至2005年，全县木材生产油锯使用率为100%。

（四）生产组织

1989年以来，全县木材生产呈多元化趋势。国有石门、松源采育场、裕泰公司仍以采育场职工组织生产为主；林产品贸易公司、商贸有限公司等以买卖青山，自主经营承包生产管理为主；各乡（镇）村多由林主自伐或雇工采伐和卖青山；林业局实行源头征税，以“山上管死、山下搞活”为原则，检尺中心统一发货销售。生产工资改计时工资为计件工资，多以承包经营“按劳取酬，多劳多得”为主要形式。1989—2000年，林业企业有干部职工633人。2000年12月，企业改制后，现有干部职工和返聘留用人员242人。1989—2005年，全县国有采育场生产木材共计32.34万立方米，占全县木材产量的34.93%。

二、集运

（一）集材

木材生产集材历经原始的人工肩扛、滑道、拖铲、木轨车、板车、索道等多种方式方法。二十世纪八十年代后，绝大部分使用拖拉机集材。90年代，均用三轮、四轮农用运输车。至2005年，全县木材生产集材均以农用运输车运输。

（二）外运

20世纪80年代后，随着公路和汽车运输业的发展，木材销售市场的全面开放，原承担全县绝大部分木材水运任务的西津木材转运站到材量日趋枯竭，1992年西津木材转运站正式停止长达几十年的水运木材任务。此后，全县木材均以汽车外运销往全国各地。

木材外运的主要线路有：

政和——周宁——赛岐，全长137千米，木材到赛岐水坞及外销沿海地区、温州等均经此线运输。

政和——松溪——浦城——贺村，全长217千米，木材到浦城制材厂、贺村贮木场，以及陆运杭州、上海、江苏等地均经此线运输。

政和——庆元——龙泉——温州，全长390千米，木材外销温州也有部分经此线运输。

政和——西津——南平——福州，全长274千米，销售福州方向的木材经此线运输。

政和——斜滩——寿宁——泰顺——温州，全长404千米，销售温州一带的木材也有部分经此线运输。

第二节　经　销

1989年，政和县停止执行采购站与林区联营经销木材，实行以市场调节为主和指导性计划相结合的木材供应销售办法。1993年4月24日，县政府有关文件规定，对乡（镇）村生产的木材由林业部门与乡（镇）签定联营经销合同，实行统一经营、价格放开、责任共担、利益共享，联营分利采取对半分成或固定返利的办法：凡能确保林业部门足额收购的，实行林业部门和乡（镇）5∶5分利，未完成的，则按实收木材量固定返利乡镇。其标准为：松原木每立方米20元、杉原木25元、杂原木10元，等外材、非规格材减半返利；乡（镇）和产材村6∶4分成。2000年以来，随着企业改革的深入，国家税费政策的调整，逐步让利于林农，林业主管部门本着“抓紧一级市场、放开二级市场”“山上管死、山下搞活”的原则，木材市场形成市场经济条件下新的产销体系。1989—2005年，全县销售木材92.58万立方米，实现利润1817万元，上交税金3646万元。

第三节　加　工

1989年，全县木材加工及竹、藤、棕、草制品企业29家，年总产值1132万元；主要产品有木珠帘、胶合板、木碗、竹木筷、竹香纤、竹餐具、木制办公桌椅、高矮橱、三门橱、算盘及木方料、棍柄、木梳柄、木尺等。至2005年，全县木竹经营加工企业发展到98家，其中木材72家、竹材26家，主要生产中高档竹餐具、茶具系列、竹木工艺品系列、竹木办公桌椅与家具及竹木胶合板等系列产品（详见卷十九“工业乡镇企业”第一章第二节）。

第六章　管　理

第一节　林政管理

一、木材采伐管理

1989—2001年，贯彻地区林委对木材采伐实行“限额采伐”的规定，将限额指标自上而下逐级分解落实到各基层单位，由各乡（镇）林业站根据年度采伐限额和森林资源状况，将指标核实到村，并报经县林委批准后，按规定程序和要求办理领取木材采伐许可证，凭证采伐。

2002年6月起至2005年，根据省林业厅《福建省森林采伐管理办法》，实行对森林采伐限额和年度木材生产计划管理、凭证采伐管理、林木采伐许可证的申请和核发、林木采伐许可证办证机构和人员管理、森林采伐管理检查监督、责任追究等各项管理措施。

二、木材运输管理

1989年前，木材运输实行销售证与运输证同行的管理办法。1990年3月，地区林委对木材运输管理作出明确规定，实行凭证运输，且具备木材运输“统一发货票”“检尺码单”，缴纳的“税金费”凭证及出省木材应附的“植物检疫证书”和“森林资源补偿费”凭证；沿途所设木竹检查站（卡）对木竹运输进行检查，凡证物不符、违章运输的依照管理办法予以处理。

1992年5月，县林委专设“政和县木材经营联合办公室”，推行“一条龙”办证服务；1994年10月，开征林业保护建设费；11月18日，县政府下发《关于禁止薪炭材、木粉运入外县的通知》，不得办理、不得补办外运手续，堵住薪炭材外运的势头，保护林木资源。

2003年10月，县林业局针对境内出现乱采乱挖活立木、无证运输、收费标准不一、管理不到位等问题，下发《关于加强对活立木采挖、运输管理的通知》，对活立木的采挖、运输及收费标准进行规范管理。至2005年，境内木材运输基本步入规范管理轨道。

表17－17　**1994—2005年政和县办理木材运输证情况表**　单位：立方米、根

年度	杉原木	杉小径	杉板料	松原木	松小径	松板料	杂原木	杂板料	木制品	旧料	毛竹
1994	5919	9917	530	30863	15	4674	3652	2454	4001	2695	108373
1995	5746	7663	126	14430	215	4070	2255	987	5500	1887	49615
1996	7337	12960	300	20188	316	2185	2052	617	4693	1055	59774
1997	7152	14437	934	17573	103	1608	1742	298	3467	606	45659
1998	6872	12963	749	9682	5	745	643	266	1444	164	90663

续表 17－17

年度	杉原木	杉小径	杉板料	松原木	松小径	松板料	杂原木	杂板料	木制品	旧料	毛竹
1999	5259	18590	497	5752	874	1033	474	145	1316	335	243696
2000	5333	24109	1996	9697	1210	1215	81	87	951	53	332658
2001	9787	45908	1841	11414	2109	3103	17	5	1294	862	1354693
2002	8495	32736	1344	3066	1685	4021	17	3	363	—	1426788
2003	5060	25146	1196	3777	1921	2480	23	—	13	—	1551288
2004	10747	54198	8806	4263	4455	2929	88	—	26	—	718315
2005	9281	56440	18666	3634	4247	3883	61	—	258	—	154140
合计	86988	315067	36985	134339	17155	31946	11105	4862	23326	7657	6135661

三、木材加工管理

1989年始，为加强境内林业资源保护，县林业部门加大木材加工及其企业管理，规范原料采购运输、加工经营行为。1990年6月，对全县木材加工企业进行调查，全县时有木材加工企业21家。1992年1月、1994年4月，先后开展木材经营加工企业清理整顿和《中华人民共和国森林法》实施十周年宣传月活动。期间，对设备技术落后、效益差的企业实行关、停；每个乡（镇）加工同类产品的企业，一律合并保留一个；共取缔无证加工点5个，清理木竹加工企业58家，处理违章企业16家，清理木材1900立方米，没收木材427立方米，补征金税及罚款19万余元。1996年，县政府批转县林委《开展一九九六年木材经营、加工单位年审工作的报告》，对境内木、竹经营加工企业开展年审工作。1997年8月、1998年10月，先后开展全县基建用材清查，共查处乱购木材2174.78立方米，偷漏林业金费63.65万元；取缔镇前深度坑非法木材收购点，拆除场棚3座、木材加工机器2台，没收木材45立方米。2000年5月，根据国家四部委局（林业局、经贸委、农业部、工商行政管理局）部署，开展为期4个月的木材经营（加工）单位清理整顿工作。重点清理高耗低效的小加工企业和木材经营（加工）单位违法收购问题，以规范木材加工企业木材原料生产运输收购管理。至2005年，全县共有木竹经营加工企业98家，其中木材加工企业72家、竹材加工企业26家。

四、森林资源保护

1989年以来，县林业部门贯彻实施《中华人民共和国森林法》等法律法规，坚持执行林木采伐限额管理，严禁乱砍滥伐，做好护林防火，病虫防治，开展植树造林，封山育林和林竹生产基地建设，严格木竹交易管理等措施办法，坚持依法行政，依法治林，培育和保护森林资源。

1996年7—8月，对境内部分乡（镇）乱设炭窑非法烧炭进行专项整治，共捣毁外屯乡黄泥峡、谢家山、立基洋，星溪乡长际等村山场的炭窑61个，没收木炭14吨，查补金费3600元。

1997年，根据《福建省森林采伐限额管理责任目标检查考核办法》《福建省征占用林地管理责任目标考核办法》的精神，组织开展伐区调查设计成果、木竹采伐许可证发证情况、伐区作业质量验收、使用林地许可证发证情况（1996—1997年度）和征占用林地调查登记、统计和审核情况（1996—1997年度）等五项检查，随机抽查东平、石屯、熊山、铁山和石门采育场、松源采育场等4镇2场，及时发现并解决森林资源管理中存在的问题，规范森林资源管理。

1998年3月14日，根据省林业厅《关于禁止采伐乌冈栎等硬阔树种烧白炭的通知》，境内即日起停止审批采伐乌冈栎和青冈属所有树种用于烧白炭，对已审批尚未采伐的，责令停止采伐并收回采伐许可证。8月，县林业局贯彻实施《中华人民共和国行政处罚法》，开展林业系统行政执法检查，重点检查林业执法部门办理林业行政案件时执行《中华人民共和国行政处罚法》规定程序的情况。1999年6月，组织开展修改后的《中华人民共和国森林法》实施一周年执法检查，主要检查各地执行森林采伐限额制度和木材凭证运输经营加工制度等情况。

2000 年 5 月，国家林业局对政和县森林资源限额采伐情况进行监测检查。同年 9—12 月，开展“保护森林资源三号行动”，以《中华人民共和国森林法》等法律为根据，实行督办、查处和新闻曝光，提高全民的法律意识，威慑违法犯罪，维护森林法规严肃性。

2002 年 5 月，县林业局、公安局、星溪乡联合对城区南路零星盗伐、滥伐林木现象进行专项整治，保护城区自来水源头的森林资源和生态公益林林木。

2004 年 8 月，县林业局组织开展行政执法重视程度、执法队伍掌握法律水平情况、执行林业行政处罚标准情况、林业行政处罚程序规范、引用法律准确性情况、处罚案件卷宗质量及档案管理情况等林业行政执法六项检查。

五、野生动物保护

1989 年，境内野生动物资源有毛类动物 27 种、羽类动物 33 种、爬行类动物 13 种，县林业主管部门坚持贯彻实施《中华人民共和国森林法》，关注重视野生动物资源保护。

1994 年 4 月，开展《中华人民共和国森林法》颁布实施 10 周年宣传月活动，林业公安依法没收穿山甲 8 只，立案 5 起，逮捕 3 人。1997 年 10 月，按照国家林业部《关于安排全国陆生野生动物普查工作有关问题的通知》、省政府办《关于开展全省野生动物资源调查工作的通知》、省林业厅《福建省野生植物资源保护经经营利用调查技术规定》和补充说明的要求，成立县陆生野生动物资源调查监测小组，首次开展全面系统的陆生野生动物资源调查，于 2001 年 12 月结束，历时 5 年。根据调查，境内有 140 个物种调查时有出现记录，初步查清 13 种两栖类、27 种爬行类、70 种鸟类、30 种兽类的资源数量及分布（详见卷二第二章第四节“野生动物”）。

1998 年 3 月，贯彻南平市《关于坚决打击违法贩卖野生保护动物行为的通知》精神，县林业局、工商局联合开展保护野生动物检查，重点检查宾馆、饭店、招待所和个体饮食摊档，对进入集贸市场出售的野生动物、制造销售地弓、铁夹、吊杠、钢（铁）丝套等捕捉工具的单位和个人予以处罚。2000 年 1 月，开展“打击破坏野生动物资源违法犯罪活动的‘南方二号’行动”，收缴蛇类、蛙类等死体 30 余公斤、活体雉鸡 7 只、猪獾 1 头、花面狸 4 头、棘胸蛙 7 公斤，没收农贸市场一摊主出售的捕兽铁夹 400 余付，并处罚款。

2004 年 12 月 9 日，根据省林业厅《关于妥善处理人工饲养果子狸问题的函》，由林业、卫生、财政等单位对政和县山峡野生动物驯养繁殖场的 21 只果子狸实施扑杀，进行无害化处理。

第二节　权属变更与纠纷调解

20 世纪 90 年代后，由于森林转让、合资、合作、股份经营、联营、租赁经营、抵押、拍卖、企业清算等，以及林业改革，引起部分林权的变动。县林业局依照《中华人民共和国森林法》、林业部《关于进一步加强森林、林木和林地权属管理工作的通知》等法律、法规及有关政策，加强全县林权管理。1989—2005 年，根据林权变更相关权利人的申请，共受理林权变更 45 起，变更面积约 1620 公顷。

山林纠纷主要有权属纠纷和承包经营权纠纷。县围绕“大改革、大调处、保稳定、促发展”的工作新机制，坚持“谁主管、谁负责”和“分级负责、属地管理、依法处置”“尊重历史、照顾现实、依法依规、妥善处理”的原则，经调查研究和广泛听取群众意见，引导矛盾双方当事人通过协商方法妥善解决。协商、调处无效的，引导群众通过规范的司法程序解决。1989—2005 年全县共处理山林纠纷 128 起，林地面积 2260. 23 公顷。

表 17-18 若干年份政和县处理山林纠纷统计表 单位：公顷、起

年 度	解决方式	起数	面 积	纠纷发生地					
				（设区）市际		县 际		县 内	
				起 数	面 积	起 数	面 积	起 数	面 积
1989	协商解决	6	194.7	—	—	2	66.00	4	128.47
	仲裁解决	—	—	—	—	—	—	—	—
1991	协商解决	2	86.87	2	86.87	—	—	—	—
	仲裁解决	3	175.93	—	—	—	—	3	175.93
1992	协商解决	1	20.00	—	—	1	20.00	—	—
	仲裁解决	1	4.67	—	—	—	—	1	4.67
1993	协商解决	7	165.33	4	108.67	—	—	3	56.67
	仲裁解决	—	—	—	—	—	—	—	—
2001	协商解决	4	61.13	—	—	1	28.27	3	32.87
	仲裁解决	—	—	—	—	—	—	—	—
2003	协商解决	2	9.67	—	—	—	—	1	0.67
	仲裁解决	—	—	—	—	—	—	—	—
2004	协商解决	58	1214.33	—	—	—	—	58	1214.33
	仲裁解决	—	—	—	—	—	—	—	—
2005	协商解决	44	327.60	—	—	—	—	44	327.60
	仲裁解决	—	—	—	—	—	—	—	—

第三节 机 构

一、县林业局

1989年，县林业局内设办公室、政工科、计材科、宣传科、营林科、基建科、林业科技推广中心、木材生产科、林政资源科、林业规划队、林业资源管理站、林业公安分局、纪检办公室、人武部、工会和林业建设投资公司、林产品贸易公司、南纸政和分公司等科室公司，全局工作人员122人。局属基层单位有国营西山坂苗圃、国营界溪林场，东平、石屯、铁山、星溪、外屯、镇前、杨源、澄源、熊山林业站，石门、松源国营伐木场，城关、东平、镇前木材采购站，林业检查站、西津木材转运站、林业公路养路段、林业汽车修理厂、林业工程公司、木材加工厂等。1989年9月，林业局改称县林业委员会；1991年3月，国营界溪林场移交南平地区林委管辖，更名为福建省国营政和界溪林场；1995年5月，更名为福建省政和国有林场。1996年2月，设立竹产业开发公司。同年，石门、松源2个国营伐木场分别改称国有林业采育场。1998年1月，设立岭腰乡林业工作站。8月西津木材转运站体制改革停止运营。2000年7月，同时设立林业科技实验林场和毛竹实验林场；11月，东平、城关、镇前3个木材采购站改制重组启动恒益商贸有限公司。2002年2月，设立华林木竹检验中心；4月，政和县林业委员会更名为政和县林业局，核定机关行政编制12名、事业编制4名（防火办1名，绿化办1名，处纠办2名）。2005年1月，设立县锥栗技术服务中心、林地林木权属管理中心和森林病虫防治检疫站；6月、8月，先后设立华森木竹检验中心、裕泰林业发展股份有限公司；10月，林业公路段实行改革，职工分流安置，林业公路归口交通管理。

2005年年底，县林业局完成科改股建制，内设办公室、人事教育股、林政管理股、营业股、产业

发展股、计划财务股、竹业股等7个股室，全局工作人员共83人。局属事业单位有9个乡（镇）林业工作站（星溪、熊山合并办公）、国营林业苗圃、林业规划设计队、林业基金管理站、林业科学技术推广中心、森林资源管理站、林业建设投资公司、林业检查站、林业科技实验林场、毛竹实验林场、锥栗技术服务中心、林地林木权属管理中心、森林病虫防治检疫站等，共有工作人员149人。局属企业单位有林产品贸易公司、石门国有林业采育场、松源国有林业采育场、西津木材转运站、竹产业开发公司、恒益商贸有限公司、华林木竹检验中心、华森木竹检验中心、裕泰林业发展股份有限公司等，共有工作人员172人。

二、挂靠单位

县森林防火指挥部办公室　为常设办事机构，负责森林防火指挥部的日常工作，核定机关事业编制1名，现有人员3人。

县绿化委员会办公室　为常设办事机构，负责县绿化委员会的日常工作，核定机关事业编制1名，现有人员2人。

县处理林权纠纷工作领导小组办公室　为常设办事机构，负责县政府处理山林权纠纷工作领导小组办公室日常工作。核定机关事业编制2名，现有人员2人。

三、县公安局森林分局

1989年，县公安局林业公安分局（副科级）内设人秘股、治安股。1999年4月，更称政和县公安局森林分局。2002年，根据《政和县公安局森林分局职能配置，内设机构和人员编制规定》，县公安局森林分局属县林业局与公安局双重领导，核定专项行政编制13名（含机关工勤人员1名）（详见卷十一“政法”第十三节）。

卷十八 茶 业

第一章 茶树栽培

第一节 茶 园

一、茶园分布

境内10个乡（镇）均有产茶，年产量1500吨以上、1000吨以上和500吨以上的各有2个乡镇；有重点产茶村（场）67个，农户茶叶收入约占家庭收入60%，其中有30个村（场）农户约占家庭收入80%。

2005年年底，全县茶园分布在海拔300米以下的有2413.33公顷，产茶4200吨，分别占全县茶园总面积45.25%和茶叶产量52.5%；分布在海拔300—600米的有960公顷，产茶1400吨，分别占18%和17.5%；海拔600米以上的茶园面积1960公顷，产茶2400吨，分别占36.75%和30%。

表18－1

2005年茶园分布与茶叶生产情况表

乡　镇	面　积（公顷）	产　量（吨）	产　值（万元）	亩　产（千克）	亩产值（元）	平均价（元/千克）
东平镇	1000	1800	3060	120	2040	17
石屯镇	666.67	1000	1700	100	1700	17
铁山镇	533.33	1000	1700	125	2125	17
外屯乡	233.33	250	375	71.40	1071.40	15
星溪乡	533.33	900	1530	112.50	1912.50	17
熊山镇	46.67	50	85	71.40	1214.30	17
澄源乡	1233.33	1650	2475	89.20	1338	15
镇前镇	566.67	750	1125	88.20	1323	15
杨源乡	320	325	487.50	67.70	1015.60	15
岭腰乡	66.67	75	112.50	75	1125	15
稻香茶场	133.33	200	340	100	1700	17
合　计	5333.33	8000	12990	100	1623.80	16.2

表 18－2

2005 年重点产茶村茶叶生产情况表

村	面积（公顷）	产量（吨）	亩产（千克）	产值（万元）
东平	126.67	247	130	419.90
大红	120	225	125	382.50
下榅洋	120	180	100	270
铁山	113.33	212.50	125	361.25
凤头	106.67	208	130	353.60
澄源	106.67	160	100	240
金峰	100	195	130	331.50
富美	100	180	120	306
东峰	93.33	168	120	285.60
湖屯	93.33	140	100	210

二、茶园建设

1989 年起，境内茶园建设全面普及推广等高梯层开垦，梯层内侧设横沟或竹节沟，梯壁杂草采用刀劈而不除草，保护茶园梯壁和周边植被，营造茶园自然生态环境；部分幼龄茶园采用杂草或稻草覆盖。1991—1992 年，全县新建茶园面积 667 多公顷。1992—1994 年，改造低产茶园 1000 多公顷。1997—1999 年，每年改造低产茶茶园近 1000 公顷。1998—2002 年，新建茶园 1000 公顷。至 2005 年，全县茶园面积 5333 多公顷，总产量 8000 吨，平均亩产 100 千克。

1999 年开始推广无公害茶叶生产。2000 年 3 月，县政府印发《关于解决茶叶农残超标问题的通知》，把无公害茶叶生产纳入县政府工作议事日程，全县无公害茶叶生产逐年发展，无公害茶园面积不断增加。2002 年 1 月，正禾茶厂杨源有机茶基地 40 公顷茶园获瑞士 IMO 认证。2003 年 9 月，正禾茶厂镇前罗金坂 70 公顷茶叶基地获省质技术监督局无公害食品认证。2004 年白牡丹茶叶有限公司杨源东源茶场茶叶基地获瑞士 IMO 有机认证。2005 年 8 月，铁山花茶厂 80 公顷茶叶基地获省绿办绿色食品认证。至 2005 年底，全县建立无公害茶园 2000 公顷，产茶 3500 吨，产值 6300 万元。其中企业办基地 667 公顷（白牡丹茶叶有限公司 200 公顷、铁山茶厂 160 公顷、正禾茶厂 67 公顷、稻香茶叶有限公司 240 公顷）。

表 18－3

1989—2005 年茶叶生产情况表

年　份	面　积（公顷）	产　量（吨）	产　值（万元）	平　均　价（元/50 千克）
1989	3678	1428.6	982.88	344
1990	3776	1566	1089.94	348
1991	3878	1710	1193.58	349
1992	4478	1840	1288	350
1993	4611	1983	1388	349.97
1994	4345	2263	1448	319.93
1995	4346	2245.25	3663.80	815
1996	4346	2203.25	3284	745.26
1997	4346	2183.70	3153.83	722

续表 18－3

年　份	面　积 （公顷）	产　量 （吨）	产　值 （万元）	平　均　价 （元/50 千克）
1998	4346	2127.50	3844.30	892
1999	4346	2242.50	4283	955
2000	4346	2100	3870	925
2001	4733	3020	4900	810
2002	4933	3900	6608.70	847
2003	5067	4200	7127.60	848
2004	5200	6000	9600	800
2005	5333	8000	12990	812

第二节　品种与栽培

一、品种

20 世纪 80 年代初引进福安大白茶等优良无性系品种种植，品种结构发生较大变化。2001 年春季，茶叶总站率先引种台茶 12 号等适制乌龙茶的优良品种种植。2002 年春，澄源乡茶农种植台茶 12 号 4.79 公顷，通过长势、抗逆性、适制性等对比，确定引种成功。2005 年冬季，高山区较大面积引种植适制乌龙茶品种茶树，全县引种台茶 12 号、铁观音、丹桂等适制乌龙茶品种近 35 公顷。至 2005 年底，全县主要茶树品种种植面积为：福安大白茶 4333 公顷，占全县茶叶面积 81%，政和大白茶 535 公顷，福云 6 号 300 公顷，梅占近 70 公顷；本地菜茶 70 公顷，台茶 12 号等约 8 公顷。此外，尚有少量种植铁观音、福云 595、福鼎大毫、毛蟹、丹桂等品种。

当家茶树品种主要性状：

福安大白茶　原产福安市穆阳乡上高山村。无性系品种，小乔木型，大叶类，早芽种。植株较高大，树姿半开张，分枝中等，节间长。叶片呈稍上斜状着生，叶形长椭圆，叶尖渐尖，叶面平滑，叶缘内折，叶齿明显，叶色深绿有光。春芽萌发期一般在 3 月上旬、一芽三叶期在 4 月上旬。发芽整齐，密度稍稀，芽梢肥壮，嫩梢黄绿色，茸毛尚多，育芽力强。一芽三叶百芽重平均 115.5 克，产量高，结实率低，抗寒、抗旱力较强，扦插繁育成活率高。适制红茶、绿茶、白茶。

政和大白茶　原产于政和县铁山镇，已有 100 多年栽培历史。政和大白茶属于小乔木型，树势直立，枝条粗壮，叶片平展，叶面隆起，叶肉厚，质较脆，色浓绿或略黄绿，具光泽，花冠大，不结实或极少结实；嫩梢粗壮，白毫多，耐寒性强；短穗扦插繁育。制成红茶、绿茶、白茶品质均甚佳。

福云 6 号　系省农科院茶叶研究所从福鼎大白茶与云南大叶种的自然杂交后代中单株分离选育而成的无性系新品种。小乔木型，中叶类，特早芽种；植株高大，分枝部位较高，树姿半开张，分枝较密；叶形长椭圆，叶尖渐尖，叶色淡绿。春芽萌发期在 3 月初、一芽三叶期在 3 月下旬，发芽整齐，发芽密度较大，芽梢较肥壮，茸毛多。一芽三叶百芽重平均 69 克。适应性广，较能耐寒、抗旱和耐瘦；扦插繁育发根力强，成活率高，幼树生长迅速，成园快，易于栽培。适制红茶、绿茶。

梅占　原产本省安溪县芦田乡三洋村。无性系品种。小乔木型，中叶类，中芽种，植株较高大，分枝较稀，树姿较直立。叶形长椭圆，叶尖渐尖，叶身内折，叶色深绿。春芽萌发期在 3 月下旬，一芽三叶在 4 月中旬、下旬发芽密度较稀，育芽能力强，嫩梢绿色，粗壮，茸毛尚多。一芽三叶百芽重平均 103 克，抗旱性强，扦插发根力强，成活率高，产量高。适制红茶、绿茶、乌龙茶。

本地菜茶　属有性系中迟芽种，政和县种植历史已有 1000 多年。树型属灌木型，中小叶类，分枝部位低；叶多水平着生，多呈长椭圆形，叶色浓绿具光泽，亦有暗绿缺光泽，叶肉较厚，结实率较高；春茶新梢萌发较齐，芽梢较小，3 月下旬萌芽，4 月中、下旬开采，11 月中旬停止生长。抗逆性较强，较耐旱、耐寒、病虫较少。适制高香型高档绿茶和小种红茶、白茶贡眉。

台茶 12 号 属无性系迟芽种，由福安从台湾引种，政和又从福安引种，树型小乔木状；叶片平展略下垂，叶面略隆起，叶肉较厚，叶色浓绿；育芽能力较强，芽头较密；较耐旱、耐寒，抗逆性较强；幼龄期顶端优势较明显，应及时连续低位定型修剪。适制乌龙茶、红茶、绿茶，品质均佳。

二、茶苗繁育

1989 年后，境内茶苗繁育全面普及推广短穗扦插育苗技术。1993 年，县茶叶局与县林委合作，聘请福安市技术人员在官湖苗圃培育福安大白茶苗 0.7 公顷、福云 6 号茶苗 1.3 公顷。政和县茶苗繁育历来数量有限，所缺部分多自福安市调进。

三、茶树种植

1989 年以来，境内茶树种植均全面采用单行条栽或双行条栽密植速成种植技术，缩短茶树幼龄期培育时间，以利提早采摘投产。

第三节 茶园管理

一、耕作

中耕锄草是茶园管理中最基本的农艺措施。一般每年锄草 2—3 次，分别在春茶后、夏茶后、秋茶后各一次。除绿色茶园和有机茶园外，除草剂草甘磷、克无踪已在茶园广泛应用。1992 年起，每年进行低产茶园改造面积 600 公顷以上，主要措施有树改（台刈和重修剪）、园改（深翻土、修补梯壁、开挖排蓄水沟、保持水土）、肥改（深施基肥）等。

二、修剪

修剪是培养高产茶园树冠的主要措施。包括幼龄茶园的定型修剪、采摘茶园的轻修剪、深修剪，低产茶园改造的台刈和重修剪。目前，已有部分茶农应用修剪机和台刈割灌机。

三、施肥

施肥是茶叶持续高产优质的重要措施。境内茶园广泛使用的有氮肥、磷肥、钾肥、复合肥、茶叶专用肥、微量元素肥、生物肥和饼肥、农家肥等。施肥分基肥和追肥两种，基肥一般在定植前和秋冬季进行，每亩施农家肥 2500—5000 千克或饼肥 200—250 千克，为保持采摘茶园生产后劲，采用 4—5 年两头施或结合茶园低改施用。追肥于春茶前、夏茶前和秋茶前避开伏天伏旱进行沟施或穴施。幼龄茶园追肥氮、磷、钾肥按 1∶1∶1 配施。采摘茶园氮、磷、钾肥按 4∶2∶1 配施；三次追肥用量分别占全年追肥量的 50%、20%、30%；具体施肥量参照亩产量施用，一般幼龄茶园亩施纯氮 6—9 千克，采摘茶园按每生产干毛茶 50 千克施用纯氮 6—8 千克。此外，还有采用微量元素肥进行根外追肥，增强茶叶长势。

四、病虫防治

1989 年以来，随着茶叶科技和生产发展，各地不断提高茶叶卫生标准和茶叶贸易绿色技术壁垒。为应对市场竞争，茶树病虫防治依靠综合措施越来越显重要，境内除必要时选用高效、低毒、低残留农药外，已开始推广应用安全、无污染的生物农药、植物源农药和矿物源农药。

常见茶树病虫害及其防治办法

茶小绿叶蝉 又称浮尘子，每年可繁殖 10 余代、世代重叠发生为害，以针状口器刺吸嫩梢芽叶的液汁，使芽叶萎缩、硬化，叶尖、叶缘枯焦，停止生长，严重影响产量。防治方法有及时采摘茶叶新梢，选用农药吡虫林 4000 倍、杀螟丹 1000—2000 倍、天王星 3000 倍、功夫 2000—3000 倍、苏云金杆菌（BT）300—500 倍、啶虫脒 1000—2000 倍、阿克泰 1 克兑水 50 斤喷射防治。

茶丽纹象虫甲　又名象鼻虫、花鸡娘。每年发生一代。以成虫咬食茶树叶片，形成不规则状缺刻，严重发生时茶树叶片被吃光。防治方法是利用其假死性捕杀成虫，用锐劲特 500—1000 倍加白僵菌制剂防治。

茶褐色叶斑病　主要为害茶树上中部成叶，常在春末夏初雨季发生。它是由真菌孢子通过风力或雨水传播，病斑呈不规则或圆形，紫色或暗褐色，病斑与健全部分交界处无明显边缘。严重时造成叶片脱落，枝梢枯死，严重影响茶树生长，造成大幅度发生减产。防治方法有中耕锄草，增施磷钾肥，选用农药晴菌唑 2000 倍、百菌清 600—800 倍，福星 WG2500 倍、秋冬季采用波尔多液或石硫合剂封园进行防治。

茶枝梢黑点病　主要发生在半木质化红色枝梢上，春季气温回升，湿度大时，产生孢子，并通过风雨传播，罹病枝梢表现枯萎，叶片脱落，造成枝梢死亡。防治方法是剪除病梢、枯梢烧毁，选用农药 F500EG2000 倍、大生 m45 500—800 倍、世高 800 倍、秋冬季用石硫合剂或波尔多液封园进行防治。

此外，还有茶云纹叶枯病、茶炭疽病、茶赤星病、茶红锈藻斑病、茶尺蠖、茶毛虫、茶蚧壳虫等病虫害。

第二章　采摘加工

第一节　采　摘

境内茶叶采摘均由人工手工进行，尚无机械采摘。20 世纪 90 年代前，每年有 4 千余外地采茶工到本县国营或集体茶场采茶、捡茶；其后，随着国营、集体茶场管理体制改革，以及茶叶加工机械化水平提高等，外地采茶、捡茶工逐年消亡。至 90 年代中后期，茶针的采摘方式则有较大改变，由过去直接从茶树上采摘改为将茶叶采回家后再行抽针，采摘季节由过去的仅限于春茶延长到夏秋茶，采摘区域由过去的平原区拓展到全县范围。

第二节　加　工

1989—1997 年，境内茶叶加工主要有县茶厂、国营稻香茶厂，年产量占全县近 80%，个私茶叶加工企业时有石屯茶叶精制厂、铁山花茶厂、正禾茶厂等。1994 和 1997 年，县茶厂、稻香茶厂改制后，境内茶叶加工均个私企业加工生产。至 2005 年，全县茶叶加工企业 127 家，在工商部门登记的有 81 家；主要加工生产名优特产品。

白毫银针　为本县特有传统名茶，银针采自政和大白茶树，当新春嫩芽长成，鳞片初展时，单采肥壮芽头制作而成。其加工工艺分初制和精制 2 个阶段。初制：即将茶青经约 48 小时摊凉后，以 80—90℃高温进行初烘。待七八成干进行复烘，经 50℃—60℃温度复烘，水分在 6.5% 左右时即成毛茶（毛针），初制完成。精制：将初制白茶进行拣剔、匀堆后，进行复火烘焙，当水分在 4.8%—5.5% 左右时即为成品银针，进行包装。白毫银针外形芽长寸许，满披茸毛，色白如银，熠熠闪光，状若银针，故得名。冲泡杯中，初始卧浮，而后芽尖向上，挺立怀中，垂直而徐徐下降，上下交错，宛若一朵盛开的秋菊，蔚为奇妙。内质汤色浅杏黄，味醇厚回甘，芳香肺腑。性凉，有生津解渴，祛湿退热功效，陈年银针有降血压作用，其保健功效日益被消费者认同，产品远销欧美、东南亚等国家和地区。21 世纪以来，随着生产发展、名优茶新品种大量引种和加工工艺的多样化，产品增加炒针、蒸针、针螺、脱毛针等花色品种。鲜针来源除政和大白茶品种外，增加了福安大白茶、福云 595、梅占、福鼎大毫、福云6号等品种。同时，由于采针方式的改变和季节延长、区域扩大，产量由1989年的5吨增加到2005年的750吨。

政和白牡丹茶　又名“大白”，俗称“白仔”，为白茶族之精品，政和特种名茶。传统政和白牡丹茶采自政和大白茶肥壮的一芽二、三叶，高级白牡丹一芽一、二叶制作而成。其加工工艺有初制和精制2个阶段。初制：鲜叶历经48—50小时摊凉凋萎，含水8—9成时进行烘干，掌握温度80℃—90℃，当茶叶含水量达7%时即成毛茶，完成初制。精制：将初制毛茶进行拣剔、匀堆后，经复火烘焙至水分在4—4.5%时，即成成品茶。政和白牡丹茶外形叶态保持原枝叶塑形，芽叶连枝，叶背微翘卷，叶缘与叶端翘上，叶色翠绿或灰绿；冲泡后白毫绿叶相辉映，状似花朵，故名“白牡丹”。肉质毫香高长，滋味清甜醇爽，汤色杏黄明亮，叶底肥厚嫩匀，芽叶伸展。性凉，是消暑清凉佳茗。21世纪以来，产品除远销港澳及东南亚国家和地区外，已拓展到北美和欧盟。近年，由于人工加温排湿萎凋技术的应用，解决春茶期间多雨高湿对白牡丹茶加工质量和效率的影响；加工原料大量采用福安大白茶品种鲜叶，产量由1992年的25吨增加到2005年的1000多吨。

政和工夫红茶　福建省三大功夫红茶之一，闽红之上品，以“政大”品种鲜叶为原料。其加工工艺分初制和精制2个阶段。初制：鲜叶经萎凋，历时8—10小时，含水率达60%—64%时进行揉捻，当细胞损伤率在80%以上，叶片90%以上成条时即可进行发酵，发酵掌握适度略偏轻，进入初烘，初烘温度110℃—120℃，当水分七成干时再以70℃—80℃温度进行复烘足干，即成毛茶。精制：工夫红茶精制工艺较为复杂，主要经毛茶筛选、园身路加工、长身路加工和轻身路加工等4路工艺：毛茶筛分：将初制毛茶经复火、抖筛后，其中抖头茶交由园身路加工，筛下茶则经本身路加工为平园，其中平园捞头部分交长身路再行加工，筛下茶部分则经各筛号分别风选，第一口为正茶，经拣剔后供拼配使用；第二口茶交轻身路再加工；第三口则交茶片处理。园身路加工：将毛茶抖筛出的抖头茶再进行齿切、抖筛，其中抖头茶反复进行齿切、抖筛；筛下茶进行平园，平园后的筛上茶进入齿切、反复平园，筛下茶则进行分别风选，风选后第一口为正茶，经拣剔后交待拼配；第二口茶交由轻身路加工；第三口茶交茶片处理。长身路加工：主要是将毛茶抖筛、平园后的捞头茶进行齿切、平园，平园后的筛上茶反复再进行齿切、平园，筛下茶则进行分别风选，第一口为正茶，交由拣剔、待拼配；第二口茶交轻身路加工；第三口茶交茶片处理。轻身路加工：主要是将前3路加工风选的第二口茶分别进行抖筛，抖筛出的抖头茶经平园、风选后，各口片头茶供待拼配；筛下茶则经平园、风选，风选的第一口茶经拣剔后供拼配；第二口茶需反复抖筛，产生的抖头茶、筛下茶分别再进入平园、风选；第三口茶则交片茶处理。工夫红茶外形肥壮重实，色泽黑褐油润，芽毫披露金黄色，内质浓郁芳香，隐带紫罗兰香气，味醇而甘甜，汤色金黄明亮，叶底鲜嫩匀整，肥厚柔软，呈红铜色，素有“三泡味不变”之美誉，茶界泰斗张天福先生称赞“政和工夫红茶驰名中外”。政和县工夫红茶历史悠久，上世纪70年代滞销，年产仅20余吨，均由省外贸出口，80年代近于停产，至90年代中后期，逐渐恢复生产，2005年，全县生产工夫红茶300吨。

烘青绿毛茶　主要加工工艺是将鲜叶进行杀青，含水量至60%左右时进行揉捻，当叶片成条率达80%以上时即行解块，而后进行筛分；筛分出的筛上茶再返回揉捻，筛下茶则可进行初烘，至含水率18—20%时进行复烘，经复烘至含水率6%时，即成烘青绿毛茶。

烘青绿茶　本县主要茶类之一，分为“大绿”“小绿”。采用政和大白茶等中大叶种茶树新梢加工而成的称“大绿”，为烘青绿茶之上品。采用本地小茶新梢加工而成的烘绿称“小绿”。其粗加工工艺参照绿毛茶，精制加工工艺参照工夫红茶精制加工工艺。烘青“大”绿茶外形肥状紧结，白毫显露，汤色碧绿清澈，香气清高，滋味醇厚耐泡。产品除少部分直接销售外，多用于窨制花茶；而“小绿”则经拣剔和包装，直接投放市场销售。21世纪后，由于理条机、提香机等名优茶机械引进应用，“小绿”品质得到明显提高，形成高档小绿系列产品，外形条索紧结，色泽翠绿，汤色清澈，绿豆香浓烈，味爽醇厚。产品主要销往山东、天津一带市场。2005年烘青绿茶产量1400吨。

茉莉花茶　20世纪80年代至90年代初为县茶厂、稻香茶场主导产品，曾先后7次获福建省和国家商业部、轻工部部优产品。1989—1994 年，全县年产约 2000 吨，县茶厂、稻香茶厂均分别为 1500 吨和 150 吨以上，其余由铁山花茶厂、白牡丹、正禾茶厂等私营企业生产。1997 年后，全部由私营企业加工生产。茉莉花茶窨制的主要工艺为：将绿茶坯经复火至含水率 4%—5% 时即可冷却待窨茶；茉莉鲜花经养花后，根据不同级别的茶坯决定配花量进行窨花拼和，当温度达 45—48℃时，需行通花，温度至 35℃—38℃时再收堆续窨，续窨历时 5—6 小时，茉莉花色由白变微黄时进行起花，再复烘，复烘温度 100—120℃，水分比上窨增加 0.5—1% 之间时，进行冷却，冷却后以每公斤茶坯用 3.5—4 千克鲜花进行提花，水分控制在 8% 左右时即成成品花茶。由于各级茶胚原料与茉莉花窨制的差异，形成级外高档茉莉花茶、超特级、特级、1—6 级的系列产品。高级产品其外形紧秀，香型独特，香气鲜灵纯正，开汤冲泡后，汤色清澈明亮，芳香扑鼻，沁人心脾，品啜之下，口齿留香，回味无穷，令人心旷神怡。2000 年花茶总产近 1000 吨，2005 年达 2500 吨。

珠　茶　属绿茶类，珠茶生产始于 1999 年春，当年产量 385 吨。现为境内最大宗茶类，产品全部销往浙江嵊州、绍兴等地。其加工工艺主要是：采用滚筒杀青机，将鲜叶进行杀青，掌握滚筒前、中部温度 250℃左右，尾端温度 180℃左右进行揉捻，当嫩叶成条率达 90%，老叶成条率 85% 左右时转入炒小锅，锅温控制 120 度左右，至含水率 15%—20% 为适度进入炒大锅，保持锅温 60℃—80℃左右，炒至含水率 6%—7% 时即成成品。珠茶因其外形浑圆紧结，色泽乌润，呈颗粒状，身骨重实，宛如珍珠，故名。内质香高味浓，经久耐泡，叶底黄绿明亮，芽叶完整。至 2005 年，珠茶产量已达 4000 吨，产值 4000 万元。珠茶畅销，价格看好，主要是因为茶青原料绝大多数采用政和大白茶抽针后的嫩叶，所产珠茶嫩度高，身骨重实、乌润，味浓耐泡，品质明显优于其他地方茶区所产的珠茶。

表 18－4　**1999—2005 年珠茶生产情况表**

年　份	产量（吨）	产值（万元）	平均价（元/公斤）
1999	385	499.50	13
2000	502.50	552.70	11
2001	1286.75	1286.75	10
2002	1566	1566	10
2003	1668.50	1501.60	9
2004	2000	1800	9
2005	4000	4000	10

附：重点加工企业

2005 年境内年加工百吨以上茶叶加工企业有：

福建省茂旺（茗佳）茶叶有限公司　地处石屯镇龙岗工业园区，1996 年始办称宏农粗制茶厂，2003 年，更称茗佳茶厂，2004 年，增资 800 万元创办福建省茂旺（茗佳）茶叶有限公司。占地近 2 公顷，建设标准厂房 9000 平方米，拥有优质生态茶叶基地 130 多公顷，是境内集研发、生产、销售为一体的茶叶生产加工骨干企业之一，年茶叶加工总量 150 多吨，主要产品有 6 大系 100 多个品种，政和工夫红茶，占生产总量 80% 以上，产品远销欧美、东南亚等国家和地区，在国内和省、市境内设有直销店 5 个、加盟店 67 个。公司以政和高山小茶和政和大白茶为原料，将红锅炒制的传统工艺与现代科技相结合，焙制出以“红顶山人”“醉红岩”等为代表的“政和工夫”红茶系列产品。“红顶山人”获南平市首届“凯达杯”茶王争霸赛金奖；“醉红岩”获第三届“东方神韵杯”中华名茶红茶类金、银、铜三大奖项。总经理杨茂旺，石屯镇人，县茶叶协会会长。

福建政和瑞茗茶业有限公司　前身为国营稻香茶场茶叶加工厂，2003 年 11 月，茶场改制创建政和县稻香茶叶有限公司，2005 年年底，与福建茶叶进出口有限责任公司合资兴办福建省政和瑞茗茶业有限公司，是集种植、加工、购销为一体的茶叶生产加工骨干企业之一。占地1.4公顷，建筑面积8246平方米，建立标准化茶园近220公顷。该公司是“福建省农产品加工示范企业”；与福建农林大学中国白茶研究所联合成立“政和白茶研究基地”；年产“政和白茶”“政和工夫红茶”等名优茶500吨。产品主要销往欧盟、日本、东南亚及港澳地区和国内各大城市；2001年“茉莉花茶”被福建省名优茶评审委员会评为省优质茶；2003年“政和工夫”红茶获中国精品名茶博览会优质茶奖；2004年“白牡丹”白茶获中国（福建）茶叶博览会银奖；2005年“政和工夫”红茶被福建省名优茶评审委员会评为省优质茶。公司总经理余步贵，稻香村人。

福建省政和县白牡丹茶叶有限公司　地处石屯镇上合庄。前身为石屯茶叶精制厂，1995年5月，改制成立白牡丹茶叶有限公司，占地面积1.5公顷，厂房15518平方米；建立杨源东源、东平岭头、澄源前村和石屯上洋4个欧洲标准茶叶生产基地，公司获得CIQ卫生注册和QS、HACCP三项认证，注册商标“白牡丹城”属境内茶叶首个“福建省著名商标”，是境内集种植、生产、科研、销售、出口为一体的茶叶骨干企业之一，其白茶市场份额占全国白茶的30%。年产“白牡丹城”品牌白茶、红茶、绿花、花茶等系列产品890吨，主要销往欧美、东南亚及中国香港、中国澳门等地区；其白茶系列产品曾获2003年中国（福建）茶博会金奖，被省农业厅评为农牧业产业化省级重点龙头企业，中国茶叶流通协会评为中国茶叶行业百强企业，承担实施国家科技部“富民强县专项行动工程”、省科技厅“政和县‘政和白茶’产业化关键技术研究示范”专题项目。总经理黄礼灼石屯镇人，曾参与《白茶》国家标准起草，任《白茶》国际标准中国专家组成员。

福建隆合茶业有限公司　2005年年初创办，现址政和县铁山镇东涧村，是一家集茶叶生产、销售、科研及茶文化传播于一体的综合性企业。占地1.4公顷，建有由徽派建筑、马头墙和北京四合院的风格相结合的厂房6000平方米和民俗茶叶博物馆1000余平方米，拥有优质绿标茶叶基地61公顷，有机茶园20公顷，年产“政和工夫”红茶25吨，乌龙茶、白茶、茉莉花茶等100余吨。在厦门市设有运营中心，武夷山市设销售窗口，省内和东北三省共设销售网点16个。主产“隆合”牌“政和工夫”系列红茶，主要品种有国韵、和园、东方正红、满江红等；“隆合”牌商标为“闽北知名商标”。“隆合”红茶曾被第六届创业中国高峰论坛组委会指定为大会礼品茶；其系列产品获中国产品质量安全监督中心授予“中国名优产品”；首届南平市“凯捷杯”茶王赛获白茶茶王、红茶金奖；首届政和县“移动杯”茶王赛红茶茶王，白茶、绿茶双获金奖；第六届福建省“闽茶杯”红茶金奖，第二届南平市“星愿杯”茶王赛红茶茶王，北京第三届“人文中国茶香世界”“隆合”牌红茶被评为“中华名茶”，获第七届（北京）国际农产品交易会红茶金奖。总经理杨丰，浦城县人。

福建省政和县茗香轩茶厂　位于星溪乡东峰村。前身为正禾茶厂，2003年与北京茶业总公司合资更称福建省政和茗香轩茶厂，占地1公顷，建筑面积1.50万多平方米，拥有通过瑞士IMO机构认证的有机茶基地40公顷和省质量监督局认证的无公害茶叶基地80公顷。年加工茶叶400吨，出口创汇80万美元，是一家集生产基地、粗精制成品加工、国内外销售为一体的茶业骨干企业之一。主产政和工夫红茶“香轩丹露”“明前红”“金丝猴”，政和白茶“香轩玉露”“白牡丹”，高山云雾绿茶“香轩碧露”和茉莉花茶“国色天香”及乌龙茶等共5大类6大品牌20余种产品，产品主要外销欧洲、东南亚和俄罗斯，国内设内销窗口29个。政和工夫红茶“金丝猴”曾获上海国际茶文化节中国精品名茶博览会银奖；“香轩丹露”获北京“人文中国·茶香世界”中华茶文化博览会“优质奖”；政和工夫红茶“明前红”、绿茶“香轩碧露”曾双获政和县首届“移动杯”茶王赛金奖。公司总经理刘际浩，政和城关人，县茶叶协会副会长。

福建省政和县云寿茶厂　位于澄源乡澄源村，1999年创办，2003年注册“锦屏仙岩茶”商标，是境内产、销一体化的茶叶骨干企业之一。主产“锦屏仙岩”牌无公害优质绿茶、白茶、红茶、珠茶、茉莉花茶等系列产品，主要外销往日本、东南亚等国家和地区；内销中国香港、澳门、北京、天津、山东、广西、内蒙和东北三省市场，在福州、厦门、莆田和南平等地设有“云寿茶叶”办事处和销售网点，2005年产量100余吨。2004年9月，“锦屏仙岩”牌绿茶、茉莉花茶系列入选海峡两岩（福建）茶叶博览会“放心食品”；2005年1月，“锦屏仙岩”牌系列产品被中国名优企业推进委员会认定为“中国名优产品”；6月，“锦屏仙岩”茶荣获中日韩国际茶文化交流会暨中国国际星级茶王大赛“五星级国际茶王”称号；被福建省人民政府发展研究中心、区域评价中心、福建省企业评价协会和福建省地理学会联合评定为“福建省地标单位”；“锦屏仙岩”商标为“闽北知名商标”。厂长许云寿，澄源村人。

福建省福华茶叶有限公司　位于东平镇工业园区，前身为平兴茶叶精制厂，是境内率先引进珠茶制作先进生产线、最早专业生产珠茶的企业；2003年改称“福建省华福茶叶有限公司”，为浙江华发茶叶公司基地企业。占地2公顷，建筑面积1.2万平方米，建立生态茶园262公顷，注册“艺皇”牌商标，通过QS认证。所产珠茶有6个等级产品，政和工夫红茶有“皇室佳人”“功夫红”“漫卷旗红”三大系列13个等级品种。年产量1500余吨，其中珠茶1250吨，全部由浙江嵊州出口非洲、中东和法国；红茶250吨，大部出口俄罗斯，部分内销大中城市，在福州设有“艺皇茶叶”总店。公司为省商业行业协会“团体会员单位”，省“‘质量海西’品牌展示参与单位”，曾获县“移动杯”首届茶王赛白茶银奖。公司法人代表张福贞，东平镇人。

政和县铁山花茶厂（泰云春茶叶有限公司）　1993年创办，厂址与铁山工业园区毗邻，是境内茉莉花茶主要生产企业，为北京百年老字号张一元茶叶有限公司的花茶生产基地。建立茶叶基地近550公顷，其中50%为高标准生态茶园。产品获得QS认证和“绿色食品”认定。企业主产“元绿”牌茉莉花茶、“泰云春”牌系列红茶和绿茶等8大系列品种，年产高档茉莉花茶、绿茶180余吨。所产“元绿”牌茉莉花茶全部由北京百年老字号张一元茶叶有限公司包销。2004年9月，南平市科学技术局授予“南平市科技企业证书”；获南平市质量技术监督局、工商业联合会（总商会）授予2002—2005年度南平市民营企业质量管理先进单位；是南平市农业产业化龙头企业、福建省山海协作重点骨干项目。企业法人李长溪，铁山镇李屯洋村人。

福建省顺华茶业有限公司　地处星溪乡林屯工业园区。原称福建省顺华茶厂，2004年初，与浙江华发茶业有限公司合资成立福建省顺华茶业有限公司，占地1.1公顷，厂房0.7万多平方米，建设欧盟标准有机茶基地30公顷，年产有机茶100吨。注册“烂石岗”红茶商标，通过QS认证，是境内集生产基地、粗精制加工、国内外销售为一体的茶叶骨干企业之一。年产珠茶近550吨，12个等级品种；“政和工夫”红茶有“金逸品”“银逸品”“岁岁红”等3大系列。产品主要外销非洲、东南亚等国家和地区，国内的北京、上海、厦门和浙江等地均设有销售窗口；浙江嵊州华发茶叶有限公司和杭州华大制茶有限公司是其主产品珠茶的最大商户，2005年，县政府授予“项目招商引资成绩显著单位”。总经理范德顺，星溪乡林屯村人。

福建闽辉名茶有限公司　前身为星溪茶厂。1993年，改称福建省闽北名茶公司。2004年，公司改制创办福建省闽辉名茶有限公司。位于石屯镇龙岗工业园区，占地1.1公顷，标准厂房1万多平方米，拥有优质生态茶叶示范基地135公顷，茉莉花基地14公顷。1995年，注册“佛子岩”商标，2004年，注册“正禾”牌白茶商标。2005年，通过ISO质量管理体系和QS质量安全体系认证。主要生产“政和工夫”红茶、政和白茶、茉莉花茶3大系列产品，“政和工夫”红茶有“闽辉红”“仙醉红”“金丝猴”“金毫”等13个品种，政和白茶有牡丹王、高级白牡丹、白毫银针等品种，茉莉花茶有茉莉毛峰、茉莉银毫等8个等级品种，年总产200余吨，产品主销日本、东南亚及中国香港、中国澳门地区。“正禾”牌白茶“白毫银针”于2003年4月参展上海国际茶文化节暨中国精品名茶茶王赛获白茶系列金奖，“政和工夫”红茶“仙醉红”曾被评为“省名优产品”。总经理叶昌飞，政和城关人，首届县茶业协会副会长。

政和县七珍茶业有限公司　前身为政和县七珍茶厂。2005年，扩大生产规模更称政和县七珍茶业有限公司，位于石屯镇西津村。2003年，注册“七针”红茶商标，是一家集茶叶生产基地、粗制与精加工、批发销售为一体的茶叶企业。占地1公顷，建立无公害生态茶园80公顷。主产政和工夫丹鼎（金毛猴）、金丝猴、玉叶红、金针红、金色响秋等5个品牌和高中低档茉莉花茶及部分白茶、绿茶等系列产品20余种，年产量300多吨。产品以批发为主，客商分布北京、天津、西安、山东、河北、广西等地。原七珍茶厂所产绿茶曾获县移动杯首届茶王赛金奖，政和工夫红茶金丝猴、金毛猴分别被福建省名优茶评审委员会评委会评为“省优质茶”和“省名茶·金奖”，其中“金毛猴”被福州市博物馆珍藏。总经理李玉妹，政和城关人，县茶业同业工会副会长，曾获“省先进女能手”“十大农民女状元”称号。

第三章　茶叶销售

第一节　内　销

境内内销茶叶主要以花茶、银针茶和高档“小绿”为主，部分白茶、红茶。茉莉花茶主要销售市场以山东、北京、天津、河北等省（市）市场为主。1989—1993年，县茶厂和稻香茶厂生产花茶近2000吨，除完成外贸出口近400吨外，其余内销。1994年后，境内茉莉花产量减少，北方茉莉花茶销售市场日渐萎缩，部分花茶转销广东。21世纪以来，由于企业拓展市场，北京三大茶叶公司对政和县花茶的订单量较为稳定，2005年内销花茶500吨左右，其中铁山花茶厂销往北京张一元公司高档花茶75吨，京泰茶厂销往北京吴裕泰茶叶公司高档花茶150吨，正禾茶厂销往北京茶叶总公司高档花茶200吨。白毫银针主要销往广西、安徽、福州等地，2005年销量500吨。高档“小绿”主要销往山东、北京、天津、南京等地，2005年销量500吨。政和工夫红茶年销售量150吨，产品主要销往省内及天津等市场。

第二节　外　销

白茶　政和是中国白茶的主产区，也是外贸白茶的主要生产基地，所产白茶品质最优。1989—1992年产销白茶稳定在150—200吨，全部由省外贸出口。1993年后，私营企业介入白茶生产、销售，产量不断增加，销售渠道增加广东省外贸等部门。2003年外销政和白茶500吨，占全省白茶销售总量的74.6%。2005年外销750吨，出口产值1500万元。产品主要销往欧盟、北美、东南亚。

茉莉花茶　1989—1993年，政和花茶均由县茶厂和稻香茶厂生产，产品全部通过省外贸出口；县茶厂和稻香茶场改制后，部分个私企业介入外销花茶生产，产品仍由省外贸出口。2001年后，除白牡丹茶叶有限公司年产150吨和其他无公害低农残花茶自主销往欧盟外，其余厂家的产品均通过省外贸出口。2005年，全县外销花茶400吨，出口产值1040万元。

珠茶　珠茶生产始于1999年，年产量385吨，产值499.5万元，其后，由于市场畅销、价格看好，生产量逐年增加。2005年达到4 000吨，产值4 000万元。产品全部通过浙江嵊州等地茶叶外贸公司销往非洲。

政和工夫红茶　1989年，政和工夫红茶已停止生产。20世纪90年代后期恢复生产后，年外销量150吨左右，产品全部销往俄罗斯。2005年，外销红茶150吨。

表 18-5　**1989—2005 年茶叶销售情况表**　单位：吨

年份	销售总量	绿茶		红茶		白茶		花茶	
		内销	外销	内销	外销	内销	外销	内销	外销
1989	1535.60	100	—	—	—	115	50	745.60	525
1990	1656	120	—	—	—	125	50	836	525
1991	1710	125	—	—	—	130	50	880	525
1992	1903	130	—	—	—	140	50	1058	525
1993	1983	150	—	—	—	160	90	1058	525
1994	2263	350	—	—	—	175	110	1228	400
1995	2245.25	520.25	—	—	—	200	125	970	430
1996	2203.25	550.75	—	—	30	135.50	262	775	450
1997	2183.70	580.20	—	—	125	127.50	315	596	440
1998	2127.50	798.50	—	—	150	194	345	280	360
1999	2262.50	902.50	—	—	140	220	360	300	340
2000	2100	676.50	—	—	85	228.50	460	350	300
2001	3020	1318.75	—	—	150	256.25	545	400	350
2002	3720	1833.50	—	—	150	331.50	545	480	380
2003	3880	1850	—	—	150	480	500	500	400
2004	5300	3550	—	—	150	470	630	600	400
2005	8000	1550	4000	150	150	500	750	500	400

第四章　管理与茶文化

第一节　管理机构

1989 年 1 月，政和县茶叶公司与县茶厂分设，县茶叶公司改为县茶叶局，正科级行政单位，负责全县茶叶生产技术指导，下辖城关、铁山、外屯、镇前、杨源、澄源、石屯、东平 8 个茶叶收购站，负责全县茶叶收购。1991 年 3 月，茶叶机构改革，保留县茶业局，成立东平、石屯、星溪、铁山、外屯、镇前、杨源、澄源 8 个乡（镇）茶叶技术指导站，每站事业编制 3 人，工资、业务经费纳入政财预算。原 8 个乡（镇）茶叶收购站划归县茶厂管辖，隶属经委口，负责全县茶叶收购。1997 年 3 月，茶叶局、茶叶公司成建制改为县茶叶集团，职能与原茶业局相同。1999 年 4 月，县茶叶集团改称县茶叶技术推广总站，属二级局事业单位，仍履行全县茶叶生产技术推广指导职能。2000 年，县财政拨款 15 万元购进气相色谱仪一台及相应配套设备，用于茶叶农药残留含量“六六六”“滴滴涕”二项检测。是年 7 月，经县编委批准，县茶叶总站率先成立全市首个县茶叶检测中心，为自收自支事业单位，隶属县茶叶总站；2004 年，添置灰分检测设备，并对气相色谱仪进行升级改造，增加三氯杀螨醇、联苯菊脂等 7 个检测项目，使本县茶叶农残检测设备、检测能力、检测技术处于全市领先水平。随后利用省发改厅农产品检验检测体系建设专项资金，添置色谱仪 1 台，用于有机磷农药残留检测。至此，县茶叶检测中心农残检测项目，基本适应出口茶叶检测需求。2005 年，全县茶叶管理系统编制 29 人，其中县总站5人、乡（镇）24人，实有27人，农艺师以上职称4人。

第二节 经营体制

1989—1997年，全县茶叶种植经营主要是乡、村集体茶园推行承包经营和个体开山种植两种方式。1997年，全县茶园4340多公顷，总产量近2200吨。其中乡镇茶场6个，茶园面积135公顷，产茶70吨，村级茶场25个，面积430多公顷，产茶227.5吨，乡、村级茶场均采用承包经营，其余3775公顷茶园为个体种植，产茶1900多吨。1998年后，乡、村集体茶园陆续分到农户或拍卖给个人经营，茶农种茶积极性提高，持续开山种茶，加大对原有茶园改造，同时大面积推广种植福安大白茶等品种，茶叶产量迅速提高。2005年，全县茶园5333多公顷，产茶8000吨，平均亩产100公斤。

1997年，县茶厂和稻香茶场改制前，全县茶叶加工营销基本是以县茶厂和稻香茶场为主，其他个体小加工企业为辅。随后，个体加工企业发展迅速，白牡丹等一批个私企业脱颖而出，成为龙头企业；2005年全县茶叶加工和销售均属个私企业，形成多渠道经营。

第三节 茶政管理

20世纪90年代后，茶叶市场全面放开，流通渠道扩大，政府主要通过工商、质量监督、农残检测、税收和技术服务加强茶政管理。

工商管理 茶叶加工企业必须经办理工商注册和税务登记后方可经营。

质量监督管理 1997年后，国家对茶叶食品卫生标准高度重视，技术监督等质量管理部门对企业开展质量技术监督管理和质量体系认证、产品卫生质量安全（QS）认证、有机认证和绿标认证，以保证企业产品质量。

农残检测管理 2000年，成立县茶叶检测中心，先后购置设备、升级改造，扩大农残检测范围，加强检测项目管理，每年为茶企业、茶农检测样品百余个以上，使全县茶叶检测处全市领先水平，满足出口需求。同时，县财政先后对茶园低改和新植苗木实行补贴，开展“山海协作”及无公害茶园基地建设等项目扶持。

税政管理 原茶叶税收项目有特产税7%，教育附加费1%，加工增值税17%。1993年，各乡（镇）茶叶收购站未解体前农业特产税由收购站代扣代缴，销售给其他单位和个人的由生产者在销售时按实售价计税缴纳，销往外县的由生产者向起运地税务机关纳税。随后，茶叶农特产税和教育附加费由乡（镇）采用源头征收办法直接向茶农征收，加工增值税则由税务机关征收；2003年后停止征收特产税。

技术管理 县茶叶技术推广总站履行下乡技术指导、宣传培训，接受茶农来访、来电业务咨询，提高茶农高产、优质、高效种植水平和技能。参与和服务企业质量管理和申报各种认证。承担新产品、新品种、新工艺、新设备的引进和示范推广工作，如福安大白茶、台茶12号等引种示范、推广，高产优质密植速成栽培技术和茶叶无公害栽培技术的推广等；组织企业参评、参展、宣传品牌，提高政和茶叶知名度；协调和联络各企业沟通业务、共谋发展；组织调研、项目论证，为全县茶叶发展提供决策依据。

第四节 茶文化

政和，据传因茶获赐县名，史为鲜见。历千载有余，茶之文化沉淀蕴厚。逢盛世修志，特将境内部分茶之传说、民俗、吟咏和谚语予以辑录。

一、茶之传说

银针姑娘　据传，远古时的政和，有一年，春雨不滴，夏风不起，秋旱连冬旱，泉断水、河干涸，草焦树黄，田地绝收，瘟疫四起，死人无数，苦难的人们祈盼着“福星”降临，禳灾解难。

是时，铁山崙上住着兄妹3人，靠狩猎为生。老大志刚生性刚烈，使一方鸳鸯宝剑，力大无穷；老二志诚温文雅静，练身百步穿杨好箭法；小妹志玉，集大哥剑法、二哥箭法于一身，艺精胆大。有一天，听说东方迷魂山有仙草可治病救人，兄妹3人决心上山寻找仙草，解救乡亲。

志刚首先出阵，留下剑鞘并嘱弟妹：如见剑鞘生锈，即我不在人世，则由志诚再行寻找仙草。他走了六六三十六天来到迷魂山下，偶遇一白发银须老翁告知：迷魂山顶一古井，仙草长在古井边，莫惧登山路艰险，向前千万别回头。刚听罢正欲叩谢，转身老翁不见矣。志刚意气风发，登山不止，爬过乱石岗，忽闻嚎声起“大胆志刚，还敢往前闯！”稍惑一回头，瞬间变成一巨石。在家的志诚、志玉兄妹忽见剑鞘生锈，大惊失色，知兄已遇难，志诚强忍悲痛，按大哥方式留下一箭镞交于志玉，直奔迷魂山而去，可惜也未逃脱变成石头的厄运。

志玉在家终日盼着志诚寻回仙草，一日忽见箭镞铁锈斑斑，不禁怆然泪下，坚强的她取出剑、弓，焚香祭拜，告别乡亲，寻仙草而去。

她走了九九八十一天来到迷魂山下，见一白发老翁正生火烤糍粑，便恭恭敬敬地向其问路，慈祥的老翁看着这位不凡的姑娘，不仅告知其上山途中之凶险，还附耳嘱咐到了山顶古井时，要如此这般方可取得仙草，同时将一团糍粑塞给志玉并交代路上有用。玉恭身拜谢，抬头老翁不见矣。志玉紧紧草鞋带和身背的宝剑与弓箭，直往山顶闯；途中，一阵阵怒骂声、啼哭声她皆不理，乱石岗上听到大哥、二哥的呼喊，她心乱如麻，捶捶胸膛，不禁触到糍团，想起老翁说的“路上有用”，立即撕下两小团，塞进两耳朵，顿时，什么声音也听不见了，姑娘精神抖擞，直奔云雾迷漫的山顶；按照老翁的嘱咐，她弯弓搭箭，射死从古井扑来的小黑龙，掬井水浇仙草，仙草立即开花结籽，她怀存种籽，带着仙草，便下山了。途经乱石岗，揉出仙草汁，一一滴在石头上，瞬间一块块巨石竞相继变成人，原来都是上山寻仙草而遇难的小伙子们，她的大哥、二哥正呼喊着“志玉妹妹，你成功了”。兄妹3人连夜往回赶，将仙草籽撒在屋后山坡上。次日，满山长出翠绿的仙草。他们马上摘下仙草芽熬成汤，解救了病难中的乡亲，又将仙草汁滴向田里，滴到河中，田里有水好耕种，河水流畅万物兴。从此，七山八凹的人们，恢复了生机，繁衍着后代。

山里人心地好，将仙草芽采下晒成干，以供不时之用，因见凉干的草芽披满白茸茸的毫毛，颇似银针，便爱称其“银针”，这就是传至今日的“白毫银针”的由来。而人们为感激和纪念志玉姑娘，都昵称她“银针姑娘”。并当作“福星”“茶神”来奉供。

仙岩茶　相传，古时的锦屏村有对夫妇，膝下虽无儿女，但二老乐善好施，口碑甚隆。有年春天的一天，风和日丽，万物茂盛，门前来了位衣衫不整的老叟，向老妇人要口茶喝，老妇即将家中所引高山泉水盛满一碗奉上，老叟见状，便紧锁双眉曰：我要的是茶水，并非白水。老妇心惑，便直言道：“我们不知什么叫茶，哪来茶水？我们世世代代喝的就是这高山泉水呀！”老叟见其口快心直，则问道：“你们果真不识何为茶耶?”妇曰：“真不知也，如若家有茶水，绝不会舍不得给你喝的”。老叟听罢，疑团顿消，舒展双眉说：那好啊，今天有缘相见，你就随我去认一认茶，下次再来，就有茶水喝啰。言毕，随手携起堂中一竹篮，带着老妇人爬山越岭来到村后人称“仙岩”的石崖下，指着数棵一人高的树，告诉她：这就是茶树，其嫩芽可以做成茶。还详细讲述了做茶的方法和药用价值，要她切记。妇人正欲致谢采茶，老叟便不知去向了。妇人心存疑惑，莫非仙人指点，便匆匆采满一篮嫩芽返回家中，告知老伴今天所遇之事。夫妇俩连夜按老叟指点，将嫩芽制作成茶，烧沸泉水冲泡，饮之入口甘醇，喉齿留香，顿感精爽神怡，身轻体盈。翌日，相邀左邻右舍共尝并细说所遇，众人皆赞此物（指茶）神也，因其采之“仙岩”下，便取名为“仙岩茶”。其后，尽管岁月更迭，茶事起伏，而“仙岩茶”总是长盛不衰，享誉世间。

二、茶之风俗

新娘茶　这是流行于境内杨源、坂头一带的民俗，即每年农历端午节前一天的五月初四，本年度娶媳妇的人家，都要置办丰盛的“新娘茶”（也称“端午茶”）招待乡亲。此茶宴类似酒席不同于酒席，他以茶代酒，用新产的上等云雾茶叶，取清泉流水或井水用陶瓷瓶置灶膛烧沸冲泡之，清香甘醇，由新娘逐一敬客；席上没有鱼肉佳肴，其“佐料”均属自家腌制的菜干、咸菜和瓜子、豆子、花生及各类糕点，多至二三十种，以显示新娘子的手艺精巧和主人的热情好客；不似酒宴需等客齐开席，而是随到随喝，数巡告辞；来客均为老妇人，服装整洁，不属主人特邀，且不需随带礼物。

置办“新娘茶”的主人，需事先备足每条九寸长红喜绳（即红头绳），待客茶毕离去时，由新娘将红喜绳披在客人肩上，客人笑纳恭喜。该俗之意：一取“九”与“酒”谐音，表示主人以茶代酒，感谢乡亲的关照和帮助；二因“九”属阳数，祈盼新娘早生贵子；三寓客人披走红喜绳，借来“喜气”，讨到“吉利”。

相传，“新娘茶”的习俗，明代就已盛行，历史久远，尽管世代更迭，岁月轮转，此俗盛行不衰，足见山里人情感之古朴纯厚，人际之和睦融洽。

分岁茶　主要盛行于镇前一带，即每年除夕合家吃过“年夜”饭开大门时，由家庭主妇泡上一杯杯内置冰糖、爆炒黄豆的茶水，逐一递给每位成员，接茶的都要说句吉利话，如“新年吉祥”“合家安康”“春满人家”“双亲长寿”等等，此茶称“分岁茶”，意于祈盼新年日子甜蜜，添丁增寿。

醒眠茶　高山区杨源乡一带源远流传着泡“醒眠茶”的习俗，每天早上，主妇要冲上一碗冰糖、鸡蛋浓茶（也有用饭汤冲泡）给丈夫及家庭其他劳动力喝，让他们提精养神，缓解劳作的疲惫，尤在春耕春种、夏耕秋收等季节为要，此俗显示山里妇女之贤惠淑娴。

三、茶之吟咏

宋朱松《书护国上方》　久知喧寂两空华，分别应缘一念邪。为向脱靴吟芍药，何如煮茗对梅花。

明郭斯垕《游白云精舍》　几度登临眠豁然，精庐迴结白云边。眠临天际千山雨，晴见人间万井烟。稚子烹茶敲石火，林僧剖竹引岩泉。吟余拂袖下山去，回首华栏在半天。

清蒋周南《咏茶诗》　丛丛佳茗被岩阿，细雨抽芽簇实柯。谁信芳根枯北苑？别饶灵草产东和（即政和）。上春分焙工微拙，小市盈框贩去多。列肆武夷山下卖，楚材晋用怅如何。

清宋滋兰茶诗四首

《种茶曲》

茶无花，香满家；家无田，钱万千；山农种茶山之巅，长馋短褐锄云烟。今年辟山南，明年辟山北，一年种茶一年多，绣陌鳞塍长荆棘；塍陌年年本沃土，客土山崩怨春雨。鸣呜有鸟山上啼，飞去飞来诉茶苦；茶苦茶甘两不知，新茶种后雨丝丝；焚香默向山神祝，但愿明年茶叶齐；明年茶叶如山积，山下肥禾去一石。

《采茶曲》

南山高，北山低，山人上山如上梯；山中谷雨新茶熟，千枝万叶如云齐；新山茶比旧山好，上山采茶争及早；春风苦恨不开晴，只恐栖枝茶色老。朝采茶，暮采茶，一叶一摘肠堪断；山头终日竹鸡声，催人采得三斤半。采茶何去如采桑，采桑不似采茶忙；采茶只备他人饮，采桑能博自家裳。

《拣茶曲》

茶叶香，茶梗苦，万贯腰缠来大贾；大贾茶市开，谁家姊妹拣茶来；燕占莺团地无隙，分领青山香一堆；细拨轻挥不停指，双目撩香照秋水；日午腰痛欲欠伸，兜怀弄梗仍无几。茶苦梗，妾苦心，栋就黄梗似黄金；低头用尽闺中力，弹指君听厢外音；梗多梗少谁轻重，权衡暗识郎情用；归去余香尚恋衣，明朝来插钗头凤；裙布钗荆不拣茶，安贫却羡野人家。

《杂兴十首》之七

有客持篮至，遣我三斤茶；苦言山力薄，焙法犹无善。
昔年颇获利，一叶千金夸；粒粒田中颗，不如山上芽。
番舶迩狡狯，价钱如泥沙，尽我一年力，莫给八口家。
我闻置杯笑，客坐且勿嗟；我能致汝富，拔茶植桑麻。

清宋滋蓍茶诗二首

《采茶》

明珠不救饥，美玉不救寒；如何采茶户，所顾在眼前。
谷雨雷起蛰，旗枪满空山；男子摘朝露，女子寻夕烟。
粗茶持作饼，嫩叶持作团；茶灶复茶磨，色香味俱全。
贾胡从西来，艨艟遥相连；载彼阿芙蓉，酬我三春勤。
岂知农事废，处处有荒田。

《见采茶者口占》

春风采遍雨前茶，素手纤纤两鬓斜；日夕空机倚东壁，更无人与问桑麻。

民国35年，县长卢声义赠政和茶贾范列五对联。

列肆称昆玉之长材，改制大宗土产。五洲视绿茶为珍品，挽回不少利权。

四、茶之歌谣

（一）茶歌

《十二月摘茶歌》

正月摘茶是新年，借道经过瞷（方言意“看”）茶园，摘得茶来十二用，当场协议两交钱。二月摘茶茶发芽，手扶茶树摘新芽，左手摘茶茶四两，右手摘茶摘半斤。三月摘茶茶叶青，阿妹房里绣花巾，双边绣出茶花树，中间绣个摘茶姑。四月摘茶茶叶黄，阿妹房中瞷情郎，瞷得情郎茶又在，摘得茶来秧又长。五月摘茶茶叶旺，茶叶底下有蛇龙，多买香纸拜土地，山神土地保平安。六月摘茶热洋洋，多插翠柳少栽桑，桑树栽来没有用，柳树生来好歇凉。七月摘茶秋风起，阿妹房里织腰机（即“布”），织得腰机三五匹，留来明年好做衣。八月摘茶桂花香，风吹桂花满山飘，阿姐出来问阿妹，新茶老茶哪样香？九月摘茶九月九，家家户户过重阳，男人喝起重阳酒，女人去瞷菊花黄。十月摘茶是立冬，十家茶行九家空，茶篓放在阁楼上，扁担放在妹房中。十一月卖茶雪花起，山上雪花送寒衣，阿妹房里烤得火，阿哥外头受苦欺。十二月卖茶又一年，收拾包袱收茶钱，上街茶钱都收齐，下街茶钱等明年。

《拣茶歌》

正月拣茶是新年，茶行老板收茶钱，往年收钱三五百，今年收钱三五千。二月拣茶茶发芽，拣茶阿妹绣花鞋，日间绣双脚上穿，暗瞑（方言即“晚上”）绣双去拣茶。三月拣茶三月三，拣茶阿妹挑后生，十七十八都挑过，二十一二正中庄（意“合适”）。四月拣茶茶叶甜，拣茶阿妹入茶行，双手放在茶筛上，斜眼瞷郎勿（方言意“不会”）拣茶，斜眼瞷郎郎不知，茶娘骂郎是死尸。五月拣茶是节边，菖蒲大艾挂两边，别人大小包粽子，我没大小做麻糍，粽子好吃腹里黄，麻糍好吃豆碎香。六月拣茶大小暑，拣得阿妹流汗珠，日间流汗则犹可，暗瞑流汗受蚊欺。七月拣茶七月半，拣茶阿妹没划算（方言“计划·打算”），日间划算犹则可，暗瞑划算到天光。八月拣茶是中秋，拣茶阿妹命没修，结认兄弟三五个，没个兄弟送中秋。九月拣茶是重阳，拣茶阿妹好思量，白日思量多拣茶，暗瞑思量做新娘。十月拣茶是立冬，十家茶行九家空，结算工钱交爹妈，收拾衣裳回家乡。

《采茶歌》

正月采茶是新年，梦中想哥在眼前；梦中想哥想不到，两眼目汁（方言意“流泪”）到天边（意“天亮”）。二月采茶茶发芽，哥在苏地妹厝坐；秀手拿起大毛笔，写封情诗寄情郎。三月采茶叶子青，阿哥回厝做清明；大小清明也要做，背起包袱冷我心。四月采茶茶叶长，阿妹门后看情郎；看到哥来泡姜茶，妹惊阿哥受风寒。五月采茶茶叶浓，茶树脑下有蛇虫；妹买香纸敬土地，多谢阿哥情义重。六月采茶热洋洋，两人拉手进茶房；手拿扇子扇风凉，扇得你凉我也凉。七月采茶正立秋，带着阿妹看石榴；好大石榴不结籽，你我都不争风流。八月采茶桂花香，烧碗新茶阿哥尝；金杯装来哥不吃，阿妹含来哥口装。九月采茶正重阳，剐（方言意“杀”）了猪来又剐羊；阿哥坐东妹坐西，双人坐着过重阳。十月采茶正立冬，十只篮子九只空；篮子放在楼板（即“阁楼”）上，留着明年摘头春。十一月采茶雪花飞，山上雪花送寒衣；妹在房里烤起火，哥在外头受苦欺。十二月采茶又一年，拿起算盘收茶钱；上街茶钱都收起，下街茶钱等明年。

《三杯茶歌》

一杯茶，茶出模，你的子孙代代富。二杯茶，茶上心，你的子孙添财又添丁。三杯，茶叶落，你的子孙有吃又有桌。亦有金碗银葡萄，亦有柳叶流江河。采茶姑娘增福寿，做茶姑娘寿山高。茶瓶煮茶香莲花，茶杯倒茶香桂花。莲花桂花喷喷香，你的子孙做文章。

（二）茶谚

茶为政和经济之魂；
茶兴则百业兴，茶衰则百业衰；
春茶留一芽，夏茶摘一把；
种茶又种桐，九世都不穷；
种茶不管，打破饭碗；
三月谷雨清明晴，山间茶叶片片青；娘那背仔郎担种，娘那采茶郎种田；
茶为万病之药；
壶中日月，养生延年；
一担银针茗茶，换担银元回家；
雾重茶茗佳，潭深鱼肥大；
山高出好茶，水深养大鱼；
茶需细品，人莫讥评；
开门七件事，柴米油盐酱醋茶；
种田看气候，制茶看火候；

茶爱阳，杉爱阴，水果无阳没得生；
当阳松茶背归杉，高山榛栗坡地楷（油茶）；
种茶栽树，近收长富；
立夏茶，大过大（方言意“父亲”）；
天光一杯茶，药材无交加；
清早一碗蛋泡茶，做事一工精神爽；
种茶想丰收，科技不可丢；
七挖金，八挖银，茶园翻土莫等闲；
茶为百药王，养生莫淡忘。

卷十九　工业　乡镇企业

第一章　工　业

第一节　所有制结构

一、国有企业

1989年，境内全民（国有）所有制企业24家，有建材、食品、化工、印刷、机械、纺织、电子、有色金属采选8个行业，从业人员3018人。固定资产原值3910万元，工业总产值8819万元，占全县工业总产值的66.5%，利税总额1202万元。其中产值在400万元以上的企业有县茶厂、水泥厂、磷肥厂、铅锌矿，工业总产值4714万元，占全县国有工业企业总产值的53.4%。

1990—2005年，县国有工业先后全面实行改革，政和水泥厂、水轮机厂、磷肥厂、酿造厂完成改制，分别组建政和华厦水泥有限责任公司、水轮机有限责任公司、化工有限责任公司、政和东平酒业有限公司；印刷厂、县化工厂实施租赁经营，无线电厂、燃料公司厂实行关闭；针织厂、苎麻厂、酒厂实行破产；县茶厂实行“退二进三”（退出第二产业，发展第三产业），盘活国有资产；县建材厂实行拍卖；县化工有限责任公司关闭，由留守人员组织生产，实行租赁经营。2004年10月，县水轮机有限责任公司改制为股份合作制企业，更名为政和七星水轮机有限公司。至2005年年底，全县国有和国有控投企业5家，职工747人，实现产值5728万元，占全县工业总产值的8.1%。

二、集体企业

1989年，全县集体所有制企业84家，当年总产值2982万元，占全县工业总产值的42%。其中：乡（镇）办工业63家，年产值2036万元。20世纪90年代中后期，随着改革开放的深化，市场经济的发展，集体企业在市场经济的激烈竞争中，或改制，或停产、关闭，或转为个私经营。至2005年，全县集体企业仅存39家，年总产值3961万元，占全县工业总产值6.2%。

（一）县办集体企业

1989年，县办集体企业4家，其中国营附属集体2家，当年总产值163万元。县五金电镀厂因市场影响，处于停产、半停产状态，至2005年，尚无资产安置。国营附属集体的县茶叶包装厂、县化肥包装厂随县茶厂、磷肥厂的改制而关闭。县水泥制品厂是县办集体企业生产正常、效益较好的唯一企业，主营产品有建筑用白石粉、涂料、水泥瓦、空心砖和排污管等水泥制品，2000年5月，开发出广泛适用于塑料、橡胶、涂料、造纸、油墨、保健食品与饲料、日化与医药等工业的“重质碳酸钙”新产品，2005年产量2.14万吨，主要销往省内外，实现工业总产值256万元，比1989年的36万元增长

6.1倍。2005年，县办集体企业仅存2家，其中五金电镀厂停产。

（二）二轻集体企业

1989年，二轻系统直属集体工业企业有纺织器材厂、二轻机械厂、竹木厂、家具厂、化妆品厂、服装厂、瓷器厂、工艺厂、日用品厂、塑料电镀厂、鞋帽厂共11家，职工1077人，当年总产值530万元，占全县工业总产值的4.0%。2005年，实现总产值1431万元（未含挂靠企业）占全县工业总产值2.2%。二轻系统挂靠租赁民营企业有青龙公司、纸箱厂、珠帘车间、中亚公司、胶合板车间、良舒工艺厂、雅康公司、二轻印刷厂共8家，年总产值近1500万元。

表19－1　**政和县经贸口国有（集体）工业企业改制基本情况表**

企　业　名　称	原企业人数	改制时间	改制方式
县水泥厂	414	1997.10	股份制
磷肥厂	273	1998.3	股份制
水轮机有限责任公司	309	2004.6	股份合作制
电力公司（发电部）	102	2003.3	公司制
电力公司（供电部）	326	2003.6	联合兼并
县茶厂	255	2003.9	“退二进三”
县铅锌矿	386	2002.6	租赁
县化工厂	161	1998.7	“退二进三”
县香料厂	82	2003.6	“退二进三”
县燃料公司	19	2003.6	关闭
政和酒厂	67	1996.11	破产
政和针织厂	127	1995.12	破产
东平酒业公司	44	2004.12	承包
县茶包厂	69	2003.9	“退二进三”
县化工有限公司	231	2001.10	租赁
县无线电厂	29	2003.12	“退二进三”
县苎麻厂	120	1996.9	破产
县建材厂	40	1995.6	私营企业
县五金电镀厂	28	2005.12	租赁
五金社	13	1996.2	置换身份
服装鞋帽厂	11	1999.3	置换身份
瓷器厂	20	2000.12	置换身份
二轻机械厂	11	1998.10	置换身份
鞋塑厂	26	2002.6	置换身份
家具算盘厂	22	2004.9	置换身份
竹木纺器厂	185	2004.10	置换身份

（三）乡（镇）集体企业

1989年，全县乡（镇）办集体所有制企业63家，职工3027人，当年产值2036万元。1990年后，乡（镇）集体企业呈增长态势，1996—2002年，县、乡两级政府相继出台鼓励采取各种形式参与发展经济，兴办经济实体的政策，至2002年，企业数发展到203家。随着改革开放的深化，国家鼓励发展个体私营等非公有制经济，集体办企业发生较大变化。2003年，集体企业80家，从业人员1590，总产值1341万元。至2005年底，集体企业仅26家，从业人员333人，总产值2274万元。

（四）村办工业企业

1989年，全县村办工业企业167家，从业人数816人，总产值681万元，占乡（镇）工业企业总产值的34.5%。1994年，村办工业企业204个，总产值5663万元。1995年，贯彻县委、政府《关于加快私营经济发展若干决定》，推行“抓大放小”“一厂一策”等改革措施，村办企业结构调整，生产经营规模扩大。1996年，村办工业203个，实现总产值8583万元。1997年后，村办企业推行产权制度改革，逐步转为私营企业和个体企业。

三、股份合作企业

境内股份合作企业始于1994年，是年全县各类股份合作工业企业113家，职工643人，实现产值4269万元。1996年，全县有股份合作企业457家，其中与乡办合作企业2家，职工人数31人，资本金7万元，与村办集体合作企业455家，职工人数1833人，实现产值5323万元，资本金787万元。此后，由于个体私营企业的发展，股份合作企业逐年减少。至2005年，全县股份合作企业85家，职工人数1214人，工业总产值10783万元。

四、联营企业

境内联营工业企业始于联户经营。1989年，有联户经营企业72家，职工人数415人，产值266万元。此后，时起时落，1996年，发展到454家，职工人数1864人，产值5943万元。1996年后，联户经营企业体制改革力度加大，大部分改为私营企业，但规模较小。2005年，全县联营企业28家，职工人数2521人，总产值26860万元，其中年销售收入500万元以上的企业有7家，职工人数2219人，实现总产值24475万元。

五、有限责任公司

境内有限责任公司始于1997年，主要由县水泥厂、县水轮机厂、县磷肥厂等3家国有企业改制建立。1998年实现总产值8538万元，职工人数853人。2005年，全县股份有限责任公司仅县华厦水泥股份有限责任公司1家（国有控股企业）。实现产值2387万元，职工人数274人。

六、股份有限公司

境内股份有限公司始于1994年，当年仅星华工艺有限公司1家，从业36人，年产值30.10万元。1999年，有股份有限公司7家，职工人数938人，实现总产值478万元。至2005年，规模以上股份有限公司20家，职工人数2037人，实现总产值26409万元。

七、私营企业

1989年，全县私营（个体）工业企业345家，职工人数806人，年产值317万元。1990—1995年间，私营企业有起有落。1997年，发展到903家，职工人数2502人，实现产值27645万元。至2005年，全县私营企业1046家，职工人数6437人，年总产值38127万元，其中规模以上5家：政和县东平酒业有限责任公司（原政和县东平酒厂改制而成）、北京吴裕太茶叶公司京泰茶厂、福建省政和县荣鑫木竹保健礼品厂、政和县铁山镇花茶厂和政和县西津胶合板厂。2005年，实现工业总产值2 892万元，占全县私营企业总产值7.59%。

八、港澳台商投资企业

1989年，境内首家港澳台商工业企业星华工艺厂，主要生产漆木碗等竹木工艺产品，出口日本、韩国等国家和地区。1994年，实现产值270万元，其中出口交货值180万元。此后，全县加大招商引资力度，出台投资优惠政策，吸引港台企业到县投资办厂。至2005年，全县港澳台商工业企业10家，实现产值9513万元。

九、外商投资企业

1998 年 12 月，境内首家外商投资企业韩国客商投资兴办鑫奎食品有限公司成立。1999 年 11 月，日本客商兴办富士岛食品有限公司。2001 年 2 月，德国客商投资兴办卓龙食品有限公司。2004 年 6 月，加拿大客商兴办嘉华木业公司。2005 年 11 月，日本客商兴办福建汇德兴生态农业。至 2005 年年底，全县有外商投资企业 5 家，投资总额 2470 万元人民币，实现产值 4900 余万元。

表 19－2 **1989—1997 年政和县工业总产值一览表**

单位：万元

年 份	合 计	轻工业	重工业
1989	13268	7116	6152
1990	8427	2007	6420
1991	14336	8143	6193
1992	18117	10792	7325
1993	29906	16308	13598
1994	47620	29723	17897
1995	47408	30004	17404
1996	52100	32603	19497
1997	63810	44396	19414

表 19－3 **1998—2005 年政和县工业总产值情况表**

单位：万元

年 份	合 计	规模以上	规模以下
1998	57451	20816	36635
1999	59675	25132	34543
2000	57787	11524	46263
2001	63531	12560	50971
2002	64332	14112	50220
2003	61069	18352	42717
2004	62494	21314	41180
2005	64016	30576	33440

表 19－4 **若干年份政和县主要工业产品产量表**

产品 年份	精制茶（吨）	发电量（万度）	水泥（万吨）	铅精矿（吨）	锌精矿（吨）	农用水轮机（千瓦）	硫酸（吨）	磷肥（吨）
1989	7426	3528	6.03	216	1052	9200	6072	2389
1991	2159	3520	5.12	191	759	38 台	4262	1837
1993	722	5998	6.13	705	2126	30321	8556	2260
1995	3107	7101	7	380	670	29450	8965	2486
1997	818	8082	6.99	383	597	28325	13221	2050
1999	—	5739	9.65	145	186	43665	882	102
2001	—	8519	9.52	140	335	53856	8891	—
2002	136	5955	9.46	110	390	78380	7709	—

续表 19－4

年份＼产品	精制茶（吨）	发电量（万度）	水泥（万吨）	铅精矿（吨）	锌精矿（吨）	农用水轮机（千瓦）	硫酸（吨）	磷肥（吨）
2003	—	4574	9.80	42	126	106730	11653	3798
2004	413.3	5432	10	50	150	122200	8118	5914
2005	506.2	7671.5	10.10	—	—	68565	8876	5400

表 19－5　**1989—2005 年政和县全部独立核算工业企业主要经济指标表**　单位：万元

年份	工业总产值（当年价）	流动资产合计	流动资产年平均余额	产品销售收入	固定资产原值	固定资产值平均余额	利税总额
1989	11349	5760	5220	10105	6055	4467	1528
1990	11783	—	—	—	6644	4827	1326
1991	12288	6735	5972	12882	7302	5302	1547
1992	14165	11267	8645	13651	7080	4189	1706
1993	22222	11290	10070	16596	9240	8066	1914
1994	29143	13048	11461	19494	12224	8663	2311
1995	24580	12794	11049	24095	19559	11978	2007
1996	25941	12400	11700	19950	18859	14020	1364
1997	24081	10035	9874	17670	18429	13878	－1098
1998	20918	11436	10923	18430	25915	21245	17
1999	12332	8520	8348	9018	22403	17742	909
2000	11524	8414	8962	8585	22286	16864	－482
2001	12559	9367	8920	9043	21987	15970	965
2002	14112	9589	10244	12537	20896	15442	548
2003	18352	9034	9542	19287	23423	16133	702
2004	24536	12742	11631	21806	25779	17472	868
2005	30576	16231	15660	27939	28007	1807	2163

第二节　门　类

一、建材业

（一）水泥

1989 年，全县水泥制造业仅政和水泥厂 1 家，年产水泥 6.03 万吨，产值 1314 万元，利税 227.9 万元。1994 年，原 ¢2.2×8.5 米两台机立窑改造为 ¢2.4×8.5 机立窑。1997 年 6 月，开始在生产中应用废渣利用技术。主要有：以铅锌尾矿渣、工业氟石膏作为复合矿化剂取代莹石和黏土。以煤渣、煤石替代煤烘干原料。以工业氟石膏作为缓凝剂代替天然二水石膏。达到降低煤耗，提高熟料产量、质量，增加混合材掺入量，降低生产成本。1997 年 10 月，水泥厂改制更名为政和华厦水泥有限责任公司。2004 年，再次将二台 4.24×8.5 米机立窑改造为 4.28×8.5 米机立窑。至 2005 年，该企业拥有 ¢2.8×8.5 米机立窑两台，¢1.83×7 米球磨机四台等主机设备，形成以生产 425R、525R 普通硅酸盐水泥为主的两条机立窑生产线，年产规模 12 万吨。2005 年，生产水泥 10.1 万吨，实现产值 2382

万元。

附：政和县华厦水泥有限责任公司　前身为上世纪60年代创办的政和县水泥厂，主导产品“华厦”牌425R、525R普通硅酸盐水泥，1990年，被评为全省300家“最佳效益企业”，1994年，荣获福建省第二届工业博览会银奖，1997年10月，改制成立政和县华厦水泥有限责任公司。1998年，荣获省颁发的产品稳定、用户满意及消费者信得过产品、省建筑业协会“重点推荐品牌”、首届福建建材网上博览会“金奖”等证书，产品质量合格率连续18年100%；曾荣获“第十三届省级管理现代化创新成果三等奖”。2003年7月，取得全国工业生产许可证书，是政和县重点骨干企业。

（二）水泥制品

1989，全县水泥制品厂1家，主产水泥瓦、水泥管、建筑用白石米、水泥地砖等，年产值36万元。2001年3月，建成顺和水泥预期制品厂，主产水泥瓦、水泥管、人行道彩砖等，年产值约40万元。2005年，全县水泥制品业2家，工业产值296万元。

（三）砖瓦与石灰

1989年，全县砖瓦、石灰和轻质建筑材料制品业32家，生产砖2634万块，瓦950万片，从业人数264人，总产值205万元。其中村办企业30家，从业人数234人，实现产值125万元。1998年，有独立核算的砖瓦建筑企业2家，总产值255万元。2005年，全县砖瓦制造业6家，总产值395万元。

（四）陶瓷

1989年，境内陶瓷制造业3家，工业总产值71万元。其中：政和瓷器厂主要生产坛、缸、钵、瓶、盆、茶罐、火笼钵、碗、杯、盘和匙等生活陶瓷，1989—1993年，年销售值均保持在15万元—20万元。1994年后，由于市场供求变化，该厂绝大部分基础工艺和产品仍停留在原有的手工制胚和龙窑烧制的传统制作，1996年，开始亏损，2000年，破产安置。杨源建筑陶瓷厂和熊山工业陶瓷厂主要生产陶缸、陶钵、白面砖、墙外砖、立体彩砖等工业瓷产品。1989—1994年，杨源建筑陶瓷厂生产尚较稳定，1994年当年产值320万元，利税34万元，后因技术力量减弱和市场影响于1997年关闭。熊山工业陶瓷厂于90年代初关闭。

二、机械制造业

（一）通用机械

水轮机　1989年，境内水轮机制造有县水轮机厂1家，年产农用水轮机9200千瓦。1996年投入资金近100万元，完成机修车间，卷板车间的技改项目。翌年，投入新产品开发资金20余万元，开发HL110－WJ－60、HJ240－WJ－50、HL290WI－42、ID560－LMY－80、HI240－WI－20等5个新产品。1997年12月，企业改称政和水轮机有限责任公司。至2004年5月，企业有员工241名，其中各类专业技术人员30余名，总资产1350万元，年生产能力7万千瓦。有各类机械加工、铸造熔炼、附属设备等80余台套及精确的度量衡仪器和先进的理化设备。2004年6月，政和水轮机有限责任公司实施改制，10月更名为政和七星水轮机有限公司，实行股份合作制。至2005年底，水轮机主要产品有轴流式（转轮直径80cm—200cm）、混流式（转轮直径25cm—84cm）、斜击式（转轮直径32cm—63cm）、水斗式（转轮直径55cm—125cm）等4个系列150个品种规格。同时设计制造适合于山区涧流使用的5K－100KW微型整装水轮发电机组。产品主要销往印度、斯里兰卡、马来西亚、乌干达、泰国、坦桑尼亚、尼日利亚等。

附：政和七星水轮机有限公司　前身为政和水轮机有限责任公司。主要产品有轴流式、斜击式、混流式、水斗式等4大系列150多个规格品种，产品销往全国20多个省、市、自治区以及泰国、斯里兰卡、马来西亚、印度、坦桑尼亚、乌干达、尼日利亚等国家。连续十五年获南平市“重合同、守信用”单位。其“武夷牌”水轮机为南平市知名商标、中国质量检验协会授予“全国质量稳定合格产品”。2000年，荣获中国水电设备行业“优秀企业”，取得ISO9001:2000质量体系认证，被指定为福建省用户满意产品。2004年6月，改制为股份合作制企业。

（二）专用设备

锅炉　县熊烽锅炉制造有限公司（原政和县锅炉厂）于1995年创办，当年产值100万元。政和县境内唯一锅炉及压力容器制造的专业公司，国家质量监督检验总局定点制造燃煤、燃油、燃气的蒸汽锅炉，有机热载体加热炉，压力容器的企业。该企业研制开发的E2级工业实用新型锅炉，1997年10月，获国家专利。2004年，立式T1G0.08－0.4W11生活锅炉获福建省重点新产品称号。2005年总产值500多万元。

农机制造　1989年，县农机制造企业仅二轻机械厂1家，年生产稻谷脱粒机7244台，产值约35万元。1990—1996年间，企业经济效益时起时落，总体尚能维持正常生产。1997年10月实行公有民营经营后，因企业管理和市场影响，于1998年10月关闭。

蒸饭车　县星河炊具设备厂（原政和县通用机械厂），于1999年注册创办，当年产值约80万元。是政和县唯一生产蒸饭车专业厂家，系现代厨房炊具设备研究、开发及生产的国家专利专业厂家，该厂生产的志超牌KJC型快速蒸饭车，1995年，获福建省优质产品称号，2002年10月，获国家专利。2005年，生产量100余台，总产值120多万元。

三、金属矿采选业

1989年，境内金属矿采选业仅政和铅锌矿1家，工业总产值428万元。2005年，全县初具规模的有色金属采选业5家，其中规模以上3家，工业总产值4391万元。

附：部分企业

政和铅锌矿　原为省属小型企业，1985年下放县管。1990年，开发矿区内四号矿带螺岗水晶矿区伴生的铅锌矿；1992年，经华东有色地质勘查局805队勘探，探明铁山矿区南矿段铅锌矿石储量30多万吨，原矿品位铅加锌平均在10%左右，做为接替矿山开发，缓解资源枯竭。1994年，处理矿石量1.65万吨，实现产值380万元。1997年和2000年5月，先后实行租赁经营，但因原矿品位差异大，成本高等因素，铅锌采选处于半停产状态。2002年6月，由三明尤溪尾科龙矿业公司租赁经营。1989—2005年，累计生产铅精矿3876吨、锌精矿10321吨。

政和县香炉坪矿业有限公司　2004年1月创办，矿山位于澄源乡官司坪。现有员工136人，其中：高、中级工程师4人。矿山总投资2000余万元，日处理原矿200吨，年处理6万吨，产品为金、银，年总产值2000余万元，上缴各项税费逾400万元。公司曾获福建省企业市场占有评委会和省企业信息中心授予“福建省有色金属矿采选企业国内市场占有率50强”称号。董事长兼总经理许云彪，澄源村人，2005年，被评为市先进青年、先进企业家。

政和县大源矿业有限公司　2003年6月由福建省闽北地质大队与周恩荣先生联合投资创建。属境内集探、采、选、冶为一体的综合型矿山企业，2004年与中金黄金股份公司河南中原黄金冶炼厂进行技术合作，新建一座日处理金精矿120吨的黄金冶炼厂，实施对高硫铜金精矿石的综合冶炼项目，成为福建省唯一具处理综合回收金、银、铜、硫等有价元素能力的黄金冶炼企业，贻市2005年重点项目之一。2004年9月，正式启动，先后总投资6000万元。2005年9月，黄金冶炼厂建成投产，当年产值1070万元。总经理张传贵，杨源村人，时任闽北地质大队队长。

政和县金峰矿业开发有限公司　2001年1月创建，矿山位于星溪乡长际村上山岗。现开采范围为1号矿960—900米标高及10号矿体型945—850米标高。平均品位：1号，金4.62克/吨、银96克/吨；10号，金3.98克/吨、银96克/吨。由于矿体规模小而复杂，采矿难度大，实际生产规模未达到设计要求。2001—2003年累计采出矿石4.25万吨。2005年实现产值839万元。

政和县政龙矿业有限公司　2003年4月创建，矿山位于星溪乡茶岭村马仑头。据福建省闽北地质大队2003年详查报告：探明矿石量37.66万吨，金属量1805公斤，伴生银金属量21373.5公斤；金平均品位4.79克/吨，银平均品位为56.75克/吨；总投资1100万元，建设日处理矿石200吨，年处理矿石量约6万吨生产线，年产黄金约195公斤，白银约2吨。

四、非金属矿采选业

硫铁矿　全县硫铁矿开采仅县化工有限公司1家（前身为磷肥厂），主要生产原料为硫铁矿。1989年，主要在铁山矿区至14线井洞开采供矿。1994年后，开发王母山硫铁矿山，该矿B＋C＋DXE矿石量435.30万吨，其中B级矿石量62.40万吨，C级矿石量170万吨，D级矿石量202.90万吨，矿石平均品位18.53%，2005年，工业总产值491万元。

五、农副产品加工业

（一）粮油加工

1989年，境内国有粮食加工厂仅城关粮油加工厂1家，位于西门原城关粮站内，占地面积2896平方米，主要是受国家粮食部门委托，承担加工居民口粮任务，赚取加工费。加工费由县粮食局一年一核定。由于业务量小，经营单一，开工不足，1989—1991年，基本上处于半停产状态，年仅加工大米2400吨左右。1992年降至1200吨。1993年，企业实行自主经营、自负盈亏后，效益明显提高，日加工大米20吨左右，年加工大米6000多吨。1995年7月后基本停产。2000年，国有粮食企业开始改制，城关粮油加工厂结束经营，境内粮食加工转以个体私营企业为主。2005年，县粮食加工企业有改制后，有个体经营的原城关粮油加工厂、原城关站粮食加工厂、星和粮食贸易公司加工厂、胜利粮食加工厂及熊峰粮食加工厂等5家。城乡各地小型粮食加工厂则有数十家。

（二）饲料加工

1989年，县饲料工业公司拥有生产车间2座，饲料仓库3座，仓容1500吨以及办公综合楼、职工宿舍、鱼塘、养鸭场等生产设备和基础设施。公司占地面积8250平方米，固定资产100多万元。主要生产和销售配合糠和混合糠。1989年，年产量4613吨，销售量4600吨。1990—1991年产量8029吨，销售量7812吨。1992—1993年，由南平山鹰集团租赁承包经营，共生产饲料6780吨，销售6262吨，主要销给山鹰集团养猪专业户。1994年，经营权回收，年产饲料2612吨，销售2600吨。1995年起停产。2000年，公司职工全员下岗安置。

（三）食品加工

1989年，境内乡（镇）以上食品加工业33家，年总产值742万元，其中：县、乡办企业11家，产值730万元，村办企业22家，产值12万元。1990后，食品工业有较大的发展，主要产品有果菜、酱菜制品、笋制品、粮油加工、糕饼制品、酿酒和酱油等。2005年，列入规模以上工业统计的企业4家，实现产值5525万元。

酒　1989年，境内白酒酿造企业有政和酒厂和东平酒厂2家，年产量213吨。2005年，白酒酿造企业为东平老窖酒业有限公司和东平欣荣酿造厂，年总产量约350吨，产值约1100万元。

附：部分企业

政和县东平老窖酒业有限公司　1999年，东平高粱酒被评为省优质白酒，列入省旅游食品，是年企业改制，组建政和华盛酒业有限公司。2000年以来，先后投入技改和新产品开发资金300多万元，开发高、中、低档6个系列20多个品种，其中浓香与清香组合型白酒“东平老窖”被誉称“八闽第一窖”，产品销往北京、上海、江西、浙江及省内各地。2001年，“金峰”“东坪”两商标先后被认定为“闽北知名商标”。2004年、2005年分别荣获美国亚州经济贸易合作委员会、美国国际品质认证委员会和中国国际品牌协会联合颁发的“中国著名品牌”和“国际名牌发展企业”等荣誉证书。2005年生产白酒约200吨，产值600万元。同年，更称政和县东平老窖酒业有限公司，总经理黄春华，建阳市人，曾任省白酒协会副会长、市第一届人大代表、政协县第八届委员。

福建省政和县东平欣荣酿造厂　2001年，由原国有东平高粱酿造厂下岗职工组建创办。企业占地面积6660平方米，厂房4500平方米，2003年，注册"欣荣"牌商标。主要生产"欣荣"牌东平高粱、东平酱油、东平素菜3大产品：东平高粱系以优质矿泉水、高粱等为主要原料继承传统纯粮固态发酵酿造工艺酿造，产品有清香型、酱香型2大系列26个品种，年产量150多吨，产值500万元；东平酱油为地方百年老字号传统名牌产品，以当地所产大豆、糯米、优质矿泉水及食盐等为主要原料，继承传统天然日晒发酵工艺精制而成，分特级、一级、二级三个等级。2005年，企业被评为"南平市科技企业"，"欣荣"牌商标为"闽北知名商标"，东平高粱"龙瓷瓶装十年陈酿"等系列白酒被"5·18"武夷国际旅洽会指定专用白酒，南平市政府指定接待用酒，南平市人大、政协"两会"多次指定用酒。总经理张步瑞，东平镇人，曾获省、市"五一"劳动奖章，任省青年企业家联合会执委，市第二、三届人大代表。

酱油　1989年，境内企业生产酱油7.2吨。1993年2月，金禾酿造厂建成。1999年，东平酿造厂改制为东平酒业公司。2001年，原东平酿造厂下岗职工合资创办东平欣荣酿造厂。2005年7月，原政和县酒厂下岗职工合伙组建恒盛酿造厂。2005年底，全县注册酱油酿造厂企业4家，年产量约200吨。

笋制品　境内笋制品主要有笋干、笋罐头（清水笋）。笋干主要由林农个体生产；清水笋主要由铁山罐头厂生产，该厂引进日本设备和生产线，利用外资生产"锦峰"牌清水笋罐头。1989年，生产量1649吨，其中出口1559吨，总产值358万元。2005年，全县清水笋罐头生产企业5家，总产值714万元。

素食产品　主要由外商独、合资的鑫奎食品有限公司、神达果菜有限公司和富士岛食品有限公司生产。主要产品有鲜菇、切片菇、菇丁、清水笋、软包装笋、萝卜丝、地瓜粉丝、脱水蔬菜等20多种。

附：富士岛政和食品有限公司　1999年11月创建，拥有3条果蔬菜脱水生产线和原料预处理、脱水、质量安全检验、产品包装、储藏等配套设施和设备。主营"富仙"牌蔬菜、食用菌脱水产品。已开发的白萝卜丝、香菇、木耳、姬松茸、山哲菜、胡萝卜、马铃薯、香葱、蒜片等10余个产品全部出口日本。2002年以来，连续3年被评为省农产品产业化龙头企业。2004年，获得绿色食品标志使用权。2005年，被评为国家扶贫龙头企业，年产值1800万元。

糕饼　县私营糕饼加工规模小，经营分散，主要由各乡（镇）个体和异地私营企业生产投放市场，供应尚为充足。

茶叶　1989年，境内制茶企业6家，总产值2706万元。2005年，全县重点加工制茶企业11家（详见卷十八"茶业"）。

屠宰　1989年，境内食品屠宰加工企业仅县屠宰场1家，总产值146万元。2005年总产值1120万元。

（四）食品及饮料制造

1989年，境内有食品及饮料制造业13家，总产值3328万元，其中饮料制造业7家，产值2812万元。1997年，全县食品制造业12家，产值3101万元，饮料制造业16家，产值1215万元。2005年，规模以上饮料制造业6家，总产值3814万元。

六、化学工业

（一）化肥

1989年，境内生产化肥的企业为县磷肥厂。1991年，普通过磷酸钙生产工艺由"干法"改为"湿法"，由"箱式化成"改为"皮带化成"，提高机械化水平，年产量3万吨。1995年，对工业硫酸生产工艺进行技术改造，年生产能力从1万吨提高到2万吨。1998年3月，该厂改制更名为化工有限责任公司。2004年，再次对硫酸生产进行技改，生产流程上采用沸腾焙烧文—泡—电水洗净化“3＋1”两转两吸转化吸收阳极保护酸冷却器等新工艺。2005年，生产磷肥5400吨，硫酸8876吨，总产值491万元。

（二）氧化锌

氧化锌为原县磷肥厂主要产品，是福建省唯一生产厂家。1989—1992年，筹措投入资金104万元进行技术改造，1992年，生产氧化锌148.33吨。1993年，投资120万元对其工艺中的电除尘系统、烘粉系统以及造球工段等进行技改，生产能力从年产800吨提高到1200吨，当年生产422.88吨。1997年12月，省石油化学工业厅《关于政和磷肥厂年产5000吨氧化锌焙烧系统技改项目建议书的批复》后，至1999年年初，完成一期氧化锌焙烧系统改造和二期高活性、高含量氧化锌生产土建工程的80%，是年12月底，因资金缺口600余万元而未能投产，至2005年，为招商引资项目。

（三）农药

1989年，境内生产农药的企业为官湖化工厂。1993年，拥有一条年产800吨“杀蚧灵”农药生产线。主产品“杀蚧灵”是一种松碱合剂，剂型由水剂改为可溶性粉剂，具有低毒、低残留，对人畜安全，不污染环境、不易产生抗性和杀虫效果好等优点。1994年9月，取得化工部生产许可证。2005年产值180万元。

七、竹木加工业

1989年，境内木材加工及竹、藤、棕、草制品企业29家，年总产值1132万元，主要产品有木珠帘、胶合板、木碗、竹木筷、竹香纤、竹餐具、木制办公桌椅、高矮橱、三门橱、算盘及木方料、棍柄、木梳柄、木尺等。1993年，以竹木为主要原料的加工企业28家，年总产值2631万元。其后，随着社会主义市场经济的建立完善，个私企业发展加快，1997年，全县木材加工及竹、藤、棕、草制品企业45家，年产值4759万元；至2005年，境内木竹加工经营企业发展到98家（木材72家、竹材26家），其中规模以上企业7家，年总产值5815万元，分别占全县规模以上工业企业的四分之一、总产值的19.10%，主要产品有高中档竹餐具、竹茶具系列、竹木工艺品系列、竹木办公桌椅与家具系列及竹木胶合板等。

附：部分企业

政和新亚竹木有限公司 2003年创办，位于铁山工业园区，是境内拥有自营出口权的竹产业知名企业之一。主要产品有竹垫板、竹磬、竹碗、竹罐、竹盒、竹灯具、竹餐（茶）具等7大系列80多个品种，产品通过国家商检检测，出口日本、韩国、东南亚及欧美市场。2004年销售收入500万元，创利税70余万元。2005年，完成销售1200万元，其中出口创汇700多万元人民币。是年，被中国制造协会授予“全国先进企业”。董事长兼总经理何新礼，铁山镇人，县政协委员。

福建政和继升工艺品有限公司 前身为原外屯乡集体所有制企业政和民间工艺厂。2000年5月，改制成立福建政和继升工艺品有限公司，地址政和鹤林工业园区，属境内集产品设计、生产、销售为一体的自营出口贸易企业。公司建立毛竹基地近550公顷。拥有生产线2条，主要产品有装饰贴花竹胶板、竹餐具、竹茶具及各类竹制工艺品等7大系列近200个规格品种，产品远销欧美、东南亚等国家和地区，其自主研制开发的装饰贴花竹胶板获国家专利和南平市科技成果奖，年出口量占全省80%，拥有长期外贸客户56家。先后荣获国家农业部“全面质量管理先进单位”，省“先进乡镇企业”，市“市级龙头企业”。2005年，实现销售收入近2000万元，上缴各项税金100多万元，出口创汇300余万元。董事长兼总经理刘本继，外屯乡人，曾被评省“青年致富能手”、市“农民优秀企业家”，政协南平市第二届委员。

福建圆鸿木业有限公司 2005年创办，位于县铁山工业园区，是境内木材加工规模较大的民营企业之一。占地面积5.3公顷，规划总投资5000万元（分三期），2005年底，完成首期投资1390万元。主要生产涂装板、木工板、集成板、线条板等系列产品，全部销往欧美市场。总经理范顺生，星溪乡人，政协县第七届委员会委员。

政和县茗匠工艺礼品有限公司 该公司于2005年7月创办，位于石屯镇龙岗工业园区，同年注册“茗匠”牌商标，加盟福建省商务礼品协会“第一届理事单位”。占地面积近3公顷，厂房1万多平方米，年生产“茗匠”牌中、高档工艺茶具3大系列104个品种，产值5000多万元；产品经省中心检验所检测，通过国际质量管理体系认证；“茗匠牌”工艺茶具先后获得外形设计专利、包装盒便捷运用型专利和激光烫花在竹茶盘上运用科技发明专利等9项国家专利，在北京、广州和江苏宜兴设立办事处，全国33个省市均有代理商、经销商，还销往台湾和港澳地区，年销售量和销售额均居全省同行业之首，是境内竹制产品规模、骨干企业之一。董事长李启辉，石屯镇人。

福建祥福工艺有限公司 原称政和县祥和竹木工艺品厂，1999年创办，地址城关二级路暗桥工业园区，属境内集竹木茶具与展具研发、生产、销售于一体的综合企业；占地面积2公顷，建筑面积2.18万平方米，总投资5000万元；年产各款式竹家具、竹茶盘、茶道用品等5个系列300多个品种计100多万件，年销售额6000余万元。公司先后获国家专利的有“雅竹B型”“品茶论竹”“朱子茶灶”等型号产品新型实用专利、板材曲形成型专利、竹茶盘与电器组合实用新型专利、茶具设计外观专利共20余项，在北京、上海、广州、济南、宜兴、泉州设立办事处，有加盟店68家，产品销往全国33个省、市和香港、台湾地区及出口到东南亚国家。总经理杨忠，东平镇人，省青年企业家协会会员。

政和县添龙家具厂 2000年创办，位于石屯镇龙岗工业园区，占地面积6000平方米，厂房3600平方米，是境内唯一的、也是闽北地区较大的家具厂之一；该厂专业生产“套房”与“办公”两大系列家具计40余个品种，可为单位、个人、企业不同结构的楼房进行个性化家具设计、生产，是“赣闽家具联盟理事会成员单位”“南平市家具商会成员单位”。在城关设有面积1000多平方米的家具商场，代理“全友”“掌上明珠”“美芬”“百年名作坊”等多种国际、国家品牌系列家具及广东等地名优高档家具，产品有板式套房系列、办公系列、真皮沙发、布艺沙发、联邦沙发系列和宾馆酒店家具系列等。2005年实现产值400万元。

八、其他制造业

（一）纺织

1989年，境内有纺织企业4家，年产值460万元。主要产品有针棉织品、折用纱线、丝纺品、麻球、落麻、印花手帕等。至1999年，县纺织品企业仅1家，年产值200万元。2003年，江苏爵柏服饰公司投资创办政和正兴针织有限公司，主要从事毛衫的来料加工业务。2005年，全县有纺织企业2家，产值1167万元。

（二）服装

1989年，境内服装制造和制鞋企业3家，年产值55万元。其中，制鞋业1家，产值14万元。县服装鞋帽厂为集体企业，主要经营西服生产、手帕加工、印花及本地服装加工。1990年后，因服装市场款式日增，名牌占优，其生产能力难以匹配，西装生产和本地加工逐减，以引进浙江、温州等地业务加工为主，年加工值均在15万元左右。1994年对外加工终止，企业处于停产、半停产。1999年3月和2004年7月先后两次用资产变现安置职工。鞋塑厂从创办开始即亏损，维持经营困难，1992年12月，县政府批复关闭，2005年5月，实施破产安置。2004年9月，香港客商创办政和县志鸿服装织造有限公司，主要经营服装加工、织造。2005年实现产值222.80万元。

（三）印刷

1989年，境内印刷业仅政和印刷厂1家，年产值59万元。1992年10月创办教育印刷厂，为股份制企业，主营中、小学簿册和办公用品，1993年产值71.5万元。2000年，私营企业阳光印刷厂创办，主营打字、复印、印刷，2001年产值8万元。2005年，全县印刷企业3家，总产值212.6万元。

第三节　名优特产品

华厦牌水泥　由政和华厦水泥有限责任公司生产。“华厦”牌425#R、525#R普通硅酸盐水泥，具有早期强度高，后期强度增长率大、富裕强度高、色泽好、易搅拌、凝结硬化快、安全性稳定等优点。产品质量合格率连续18年达100%，先后获省级“产品稳定、用户满意”产品、“消费者信得过产品”及“重点推荐品牌”等证书。1994年，荣获省第二届工业博览会银奖。产品广泛用于水电、桥梁、隧道、公路、建筑等工程建设，畅销闽东北、浙东南等地。

武夷牌水轮机　由政和七星水轮机有限公司生产。主产品轴流式、混流式、斜击式和水斗式水轮机，是广大平原地区河流、水库、梯级水电开发和山区高水头、小水量电站理想的水轮发电设备。产品销往全国20多个省、市、自治区，并出口泰国、马来西亚、斯里兰卡等十多个国家。

铅锌精矿　由政和铅锌矿生产，1989年以来，先后进行3次技术改造，提高生产能力。产品主要销往湖南、江西、浙江等地。

竹餐具　由原政和县竹木制品厂生产，主要品种有西式竹餐具、竹刀、竹匙、竹铲、竹瓢等。该产品以传统工艺为基础，运用现代模坯成型、机械磨砂和密封碳化新工艺生产而成。产品具有不霉、不蛀、结构新颖、轻巧玲珑的特点，由省外贸定点生产。1994年，获国家轻工部优秀新产品二等奖。

华雄牌木珠门帘　由原继升工艺品厂生产。1989年，获省工艺美术“百花奖”，产品远销世界48个国家和地区。

18立升清水笋罐头　由政和铁山罐头厂生产。1989年，获轻工部评总分第一名。

志超牌KIC型快速蒸饭车　由县星河饮具设备厂生产。1995年，荣获福建省优质产品称号。2002年，获国家专利。

熊烽牌立式锅炉　由县熊烽锅炉制造有限公司生产。其E2级工业、生活锅炉获国家专利。2002年，获省乡镇企业名牌产品称号。

999高级仿效瓷涂料　由政和建筑材料厂生产，是内墙涂料新一代产品。其粘结强度大，装饰表面色柔和、光洁如瓷，坚久耐用，可洗刷、不脱皮、不裂口、不老化、无反光、无气味、无毒无害，不易附着灰尘，克服同类产品强度低、白质差、耐水性能弱等缺点。1992年，经省级鉴定为国内先进水平。

563白色大漆　由星华工艺有限公司生产。1992年，通过省级鉴定，被专家评为国内首创，填补省内空白。

东平高粱酒　由原东平酒厂生产。清香型优质高粱酒，清亮透明，香气醇正，入口醇和，回味甘美。适量饮用，兴神又不损脑，有驱风祛湿之功效。曾先后被评为建阳地区一级酒、优质酒、名酒；两次获全省评酒会清香型白酒第一名，为省优产品、省旅游食品。现由东平欣荣酿造厂生产，其“龙瓷瓶装十年陈酿”系列高粱酒为“5·18”武夷国际旅洽会专用酒、市政府接待用酒和市人大、政协“两会”指定用酒。

东平老窖　由东平老窖酒业有限公司生产，誉称“八闽第一窖”。其“金峰”“东坪”两商标为“闽北知名商标”，2004年获美国亚洲经合会、美国国际品质认证委员会和中国国际品牌协会联合颁发“中国著名品牌”。产品销往北京、上海、江西、浙江及省内各地。

东平酱油　原东平酿造厂生产，属地方百年老字号传统名牌产品，久负盛名。产品红褐鲜艳、滋味鲜爽、香甜适口、久存不变；富含蛋白质、多糖类、氨基酸、矿物质等，性温而不寒，可促进食欲，滋补健身，为美食调味和馈赠之佳品。现由东平老窖酒业有限公司、东平欣荣酿造厂生产。

第二章 乡镇企业

第一节 企业结构

一、乡（镇）办企业

1989年，全县乡（镇）办企业119家，其中，农业企业23家，工业企业63家，建筑企业5家，交通运输企业3家，其他企业25家。从业人数2980人，总产值2628万元，其中工业总产值2036万元。

1990年后，乡（镇）办企业历经治理整顿、调整结构，有的关、停、并、转、拍卖，总体增长速度放慢；多数企业通过开展“企业管理年”“质量、品种、效益年”等活动，贯彻落实地区行署和县政府关于“大力推进乡镇企业发展”“加快个私经济发展”等优惠措施。至1995年，全县乡（镇）办企业135家，从业人员7515人，总产值25950万元，出口交货值4633万元，创税利2007.7万元。

1996年，贯彻实施《中华人民共和国乡镇企业法》和市、县出台的各项优惠政策，乡（镇）办企业保持稳定发展的态势。2001年发展到1686家，年总产值42404万元，从业人员10006人；2002年以后，乡（镇）办企业逐步改制为股份合作或私营企业，围绕“突出工业，突破工业”，创办工业园区，以优惠的条件、宽松的环境吸引外商入县进园办企业。至2005年年底，先后引进、创办下榅洋水电有限公司、鑫奎食品有限公司、富士岛食品有限公司、继升工艺品有限公司、神达果菜有限公司、迪胜工艺品有限公司、卓龙食品有限公司、合利食品有限公司、盛业水电开发、高山纯兰果菜公司、嘉华木业公司、志鸿服装制造、凯捷生态农业、汇德兴生态农业等15家外商投资企业，总投资17630万元人民币。

二、村办企业

1989年，全县村办企业665家，其中：农业企业488家、工业企业167家、商业饮食服务企业10家，就业人数2997人，年总产值2043万元，其中工业总产值681万元。

1990年，随着乡（镇）企业的治理整顿，原挂靠村办的企业分别改为私营企业和个体企业。1991年底，村办企业425家，总产值2758万元，其中工业总产值900万元。1992年后，国家鼓励个体、私营经济发展，允许私人创办各类企业，多种经济成分并存，发展环境宽松，以往挂靠村办的企业，全部回归私营或个体经营，其他村办企业也逐步转卖给私人经营，村办企业几近消亡。

三、私营企业

1989—1994年，全县尚无私营企业的有关统计数据，但在联户、个体企业中实际包含部分私营企业。1995年，全县私营企业有346家，从业人数11641人，年总产值39130万元，其中工业总产值9935万元，实现增加值12405万元。其后，由于管理、资金、人才、技术和市场等诸多因素制约，经济效益差，部分企业相继亏本而关闭。至2001年，全县乡（镇）私营企业锐减到283家。2002年后，贯彻落实中央及省、市、县各项优惠政策，改革开放不断扩大，社会主义市场经济健康有序发展，国有企业体制改革的全面实施，私营企业得以快速发展。2005年年底，全县私营企业达1046家，实现年总产值71153万元，年产值200万元以上的有37家。

表 19－6　**2005 年政和县年产值 200 万元以上私营企业名表**

单位：万元

企业名称	产值	企业名称	产值
政和县大源矿业有限公司	2973	政和县神达果菜有限公司	2881
富士岛政和食品有限公司	1800	政和县安盛木制品有限公司	1289
福建省政和县家和竹木有限公司	1216	北京吴裕泰茶业公司京泰茶厂	1204
政和县白牡丹茶叶公司	1010	福建省福华茶叶有限公司	1267
政和县新亚竹木有限公司	1070	政和县金峰矿业开发有限公司	839
福建政和鑫奎食品有限公司	722	政和县金和水电有限公司	651
福建省顺华茶业有限公司	716	福建省嘉泰木业有限公司	600
福建省政和县荣鑫木竹保健礼品厂	596	福建省政和县香炉坪矿业有限公司	579
政和县铁山镇花茶厂	576	政和县华艺竹木制品有限公司	650
政和县迪胜工艺品有限公司	700	政和县瑞昌工艺品有限公司	600
政和县志鸿服装制造有限公司	222	政和县西津胶合板厂	394
政和继升工艺品有限公司	300	政和县政龙矿业	480
政和县镇前清煮笋罐头厂	200	政和县源鑫矿业公司	460
石屯镇铁合金厂	200	东平群星木制品厂	366
东平镇兴元木制品厂	382	东平镇三丰木业公司	460
石屯镇福霖木业公司	400	政和县腾峰冷饮厂	300
外屯乡车潭竹地板厂	216	石屯镇合利食品有限公司	400
外屯悦丰罐头厂	206	星溪乡念山竹地板厂	350
星溪乡正禾茶厂	260		

四、股份合作企业

1989 年，全县乡（镇）有股份合作企业 72 家，就业人数 415 人，年工业总产值 266 万元。1990—1995 年间，县、乡（镇）两级政府重视发展个私经济，分别制定优惠政策和扶持措施，创造宽松的环境，鼓励促进股份合作企业的发展。1996 年，全县乡（镇）有股份合作企业 164 家，实现工业总产值 454 万元。1997—2005 年，乡（镇）企业的统计数据，未体现股份合作企业的相关数字，但在个私企业中，有 80% 都是通过吸纳社会闲散资金、员工入股、民间借贷和单位资产折资入股及引进县外资金等多种方式进行股份合作经营的。至 2005 年，全县有股份合作企业 85 家，从业 1214 人，总产值 1039 万元。

五、“三资”企业

1989 年，境内“三资”（港澳台商投资，下同）企业仅星华工艺公司 1 家。1995 年有“三资”企业 4 家，工业总产值 1729.6 万元。1997 年发展到 14 家，但生产规模较小，总投资 529.43 万美元。其后，“三资”企业有起有落，原有炭化、精细、水产及饲料加工和饮料等工业企业，由于诸多因素影响，先后转产或关闭。同时，随着中央和省、市、县有关加快个私经济发展，扩大改革开放，建设工业园区，加大招商引资力度等各项优惠政策措施的贯彻落实，一批新办“三资”相继落户境内。至 2005 年，全县乡（镇）“三资”企业 15 家，引进外来资金 8130 万元人民币，实现产值 12825 万元，创利税 630 万元。投资 100 万美元以上的有：富士岛食品有限公司、合利食品有限公司、盛业水电开发有限公司和政和凯捷生态农业有限公司等 4 家企业。

第二节　企业门类

一、工业企业

1989年，全县乡（镇）工业企业647家，其中：乡（镇）办63家、村办167家、私营72家、个体345家，就业人数4752人，年总产值3503万元，其中，乡（镇）办工业企业产值2036万元，村（街）办及其他1467万元，初步形成采矿、食品加工、电力、竹木加工、茶叶加工、机械加工等6大行业。

1990年以来，贯彻落实中央和省、市、县关于推进乡（镇）企业发展，调整产业结构，深化体制改革，发展股份合作和个体、私营企业等一系列优惠政策，乡（镇）工业企业逐步由单一公有制向多种经济成分并存转变，由单纯生产型向生产经营型转变，由封闭型经济向开放型经济转变，由速度型向经济效益型转变。1999年，全县乡（镇）工业企业发展到1580家，其中乡（镇）村办166家、私营433家、个体办981家，年总产值43124万元。2000年后，随着改革开放的深化，企业改制，产权改革，建设工业园区，加快个私经济发展，鼓励外商投资，加大招商引资力度等政策实施，乡（镇）企业发展条件更为优惠，环境更为宽松。至2005年底，全县乡（镇）工业企业1454家，就业人员11217人，年总产值71153万元，其中规模以上乡（镇）工业企业19家，占全县规模以上工业企业28家的67.85%。

表19－7　　**若干年份政和县乡（镇）工业企业情况表**　　单位：个、万元

年　份	企业总数	其　中			就业人数	工业产值	工业增加值
		乡（镇）村办	私　营	个　体			
1989	647	230	72	345	4752	3503	—
1991	584	57	158	369	4318	4550	—
1993	987	76	148	763	5751	14591	—
1995	1506	91	346	1069	11641	39130	12405
1997	1009	158	851	缺资料	7947	27140	6459
1999	1580	166	433	981	11673	43142	10067
2001	1686	137	283	1266	10006	42404	11031
2003	1633	203	718	712	12030	77807	11522
2004	1661	206	518	937	12015	54803	12917
2005	1454	26	1046	382	11217	71153	17525

二、农业企业

1989年，全县乡（镇）农业企业511家，其中乡（镇）办20家，村办491家，从业人员1784人，年产值1504万元。是时，主要分布在高山区乡（镇），属种养业和粗加工，规模较小。

1990年后，贯彻落实县委、县政府“抓开发、促开放，抓特色、上规模”“菇菜猪起步，竹茶果腾飞”的发展构想，县政府先后出台扶持乡（镇）企业，鼓励山地开发，加快个私经济发展，吸引外商投资，调整农业结构，发展优高农业和特色规模经济等一系列政策规定和优惠措施。1995年，全县乡（镇）农业企业达529家，从业人员2287人，年总产值39130万元。1996年后，随着社会主义市场经济体系的健全完善，农村经济持续实施“特色开发，带动加工，促进开放”的发展战略，农业企业在竞争中优胜劣汰，在调整中发展完善，传统的种植、养殖企业呈逐年下降，而逐步转向以资源优势

为依托，发展农副产品深度加工和综合利用，将资源优势转化为商品优势，乡（镇）农业企业稳步健康发展。2004 年，全县乡（镇）农业企业 90 家，实现农业产值 9239 万元。2005 年，取消农业企业统计项目，数据融入农副产品当中。

表 19－8　　若干年份政和县乡（镇）农业企业情况表

年　份	企业数（个）	就业人数（人）	总产值（万元）	增加值（万元）	年　份	企业数（个）	就业人数（人）	总产值（万元）	增加值（万元）
1989	511	1784	1504		1999	202	1784	8473	2079
1991	584	2823	4550		2001	151	1329	6774	1673
1993	323	3422	5683		2003	93	1045	8548	1880
1995	529	2287	39130	12405	2004	90	1337	9239	1961
1997	140	1598	8963	2238					

三、建筑企业

1989 年，全县乡（镇）尚无建筑企业。1990 年后，随着社会主义市场经济体系的建立和改革开放的纵深发展，乡（镇）个私建筑企业逐年发展。2005 年，全县乡镇建筑企业 120 家，从业人员 1337 人，年总产值 8466 万元。

四、商业服务业

1989 年，全县乡（镇）商业服务业 876 家，从业人数 1786 人，年总产值 994 万元。

1993 年后，随着社会主义市场经济体系的培育和发展完善，原有国营、集体商业服务企业的体制改革、产权改制，县、乡（镇）政府相继出台适合本地经济发展的优惠政策，鼓励个体、私营经济发展，全县商业服务业，尤其是商品批发零售、餐饮服务业快速发展。至 2005 年，全县乡（镇）商业服务企业发展到 2564 家，其中商品批发零售企业 1883 家，餐饮服务业 681 家，从业人员 5961 人，年实现总产值 30467 万元。

表 19－9　　若干年份政和县乡（镇）商业服务业情况表

年　份	企业数（个）	从业人数（人）	总产值（万元）	增加值（万元）	年　份	企业数（个）	从业人数（人）	总产值（万元）	增加值（万元）
1989	876	1786	994	—	2001	1956	3964	16054	4389
1991	1035	1757	1635	—	2003	2516	6590	25699	5765
1993	1612	2452	4609	—	2004	2527	6162	26901	6251
1995	2350	5381	13353	3315	2005	2564	5961	30467	7455
1999	1910	3803	17562	3679					

五、交通运输业

1989 年，全县乡（镇）交通运输企业 921 家，其中乡（镇）办 3 家，个体 918 家，从业人数 1017 人，年产值 1033 万元。其后，随着经济发展，交通运输业得以快速发展。1993 年，全县乡（镇）交通运输企业 1413 家，从业人数达 1783 人，年总产值 4399 万元。20 世纪 90 年代中期，熊山、星溪、铁山、东平、石屯、镇前、外屯、杨源、汀源等 9 个乡（镇）先后成立联合运输车队，相当部分个体运输户加入联合运输车队，有的挂靠汽车站及公交公司。至 2005 年，全县乡（镇）交通运输企业 884 家，从业人数达 2364 人，年总产值 18636 万元。

表 19－10

若干年份政和县乡（镇）交通运输业情况表

年　份	企业数（个）	从业人数（人）	总产值（万元）	增加值（万元）	年　份	企业数（个）	从业人数（人）	总产值（万元）	增加值（万元）
1989	921	1017	1033	—	1999	1030	3009	16224	3631
1991	1138	1221	1441	—	2001	951	2811	14262	3833
1993	1413	1783	4399	—	2003	1070	2883	18091	4252
1995	1074	1340	10015	3213	2004	968	2664	19088	4261
1997	4	246	1813	426	2005	884	2364	18636	4470

表 19－11

1989—2005 年政和县乡（镇）企业基本情况表

单位：个、万元

年　份	企业个数	从业人数	总产值	营业收入	利润总额
1989	3204	9844	7026	7200	1160
1990	2918	9974	8227	8118	1246
1991	3170	10835	10313	10219	1489
1992	3278	11300	15017	14917	2094
1993	4490	14139	30458	30628	3505
1994	4906	17484	57604	51602	5412
1995	5896	21722	77677	—	—
1996	6482	22982	85067	—	—
1997	1642	12605	48946	—	—
1998	5784	24352	98317	—	—
1999	5387	22107	91352	—	—
2000	5361	21687	86216	—	—
2001	5480	21046	90093	94033	965
2002	5408	23748	97810	89804	5821
2003	5497	24316	108689	101709	5695
2004	5415	24197	119853	111776	5954
2005	5098	21114	129702	119562	6634

第三章　管　理

第一节　工业企业管理

一、机构

经济贸易局　1989 年，县经济委员会有编制 19 人，内设政工科、企管科、生产科、审计科、职工教育办公室和工业系统工会委员会。2002 年 4 月机构改革，撤销县经济委员会、县财政经济贸易委员会，组建县经济贸易局（简称“县经贸局”），对外加挂县粮食局牌子。同时，划入原由县水电局承担的电力工业行政管理职能，负责对县外经局、安监局的管理。2005 年 6 月机构改革，保留县经济贸易局，将县农业局承担的乡镇企业管理职能划入县经贸局，并对外挂牌，内设办公室、经济运行与政策法规股、企业与行业管理股、技术进步与电力股、市场流通股、中小企业管理股、监察室、党委办公室、工业系统工会委员会，辖商业行业管理中心、企业投资服务中心 2 个事业单位。2005 年，行政编制 21 名，事业编制 1 名，工勤人员事业编制 2 名。

二轻工业总会　1989 年，县第二轻工业局有行政编制 4 人，事业编制 17 人。1997 年 5 月改制为县二轻工业总会，与二轻集体工业联社合署办公，实行“一套人马，二块牌子”，为二轻集体企业的业务主管部门；2005 年行政编制 4 人，事业编制 11 人。

二、管理

（一）经济运行管理

1989—1993 年，县工业经济运行管理实行计划管理，通过宏观调控和微观管理，实现人力、物力和财力平衡。1994 年后，随着国务院《全民所有制工业企业转换经营机制条例》的颁布实施，国营工业产权分离，企业成为依法自主、自负盈亏、自我发展、自我约束的商品生产和经营单位。经济管理职能逐步从微观管理转向宏观调控、从指令性计划转向指导性计划、由主要依靠计划手段干预经济运行转向通过综合分析、监测、预测产业政策引导经济运行。

（二）工业企业管理

1989—2002 年，工业企业的生产管理、质量管理、财务管理，由政府职能部门下达计划，实行统一管理。期间，1994 年采取目标管理考评办法；1996 年有县水泥厂、茶厂、水轮机厂、磷肥厂等 4 家骨干企业实行厂长年薪制；对规模较小的企业视其具体情况采取利润包干或亏损限额包干等方式，年终考评表彰。2002 年 4 月后，由主要依靠行政手段管理转向宏观调控，搞好综合协调，运用法律、法规、政策、经济和信息的手段指导、服务企业；由主要抓国有企业转向以抓国有企业为重点，加强对集体、乡（镇）、个体私营、混合型等各种经济成分在内的全社会企业的指导、协调和服务。

（三）二轻企业管理

1989—1997 年，由县二轻局行使政府职能，对二轻企业进行人事、财务、生产、安全等方面的监督管理，对企业改革发展、经营管理等工作提供指导服务，维护企业的合法权益及资产的保值、增值等。1997 年 5 月，县二轻局改制为二轻工业总会，与二轻工业联社实行“一套人马、二块牌子”合署办公。其管理主要是贯彻落实政府发展城镇集体经济的有关政策，负责所属生产企业的计划、统计、财务、审计、技术改造、新产品开发、安全生产、环境保护等工作的指导和管理。

第二节　乡（镇）企业管理

一、机构

乡镇企业局　1989 年，县乡镇企业管理局行政编制 6 人、事业编制 11 人，内设办公室、生产技术股、经营管理股。1997 年 5 月机构改革，县乡镇企业管理局改称为政和县乡镇企业局，与县农业委员会合署办公（未到位）。2002 年 4 月机构改革，并入农业局，对外加挂牌子（未到位）。2005 年 6 月机构改革，乡镇企业管理职能划入县经贸局，并加挂县乡镇企业局牌子。

乡镇经济委员会　1989 年，全县各乡（镇）均设经济联合委员会，为副科级单位。1993 年，改称经济委员会。1997 年机构改革，各乡（镇）经委主任均由分管领导兼任，设统计、财务各 1 人，工勤人员编制 5—8 人。

二、管理

（一）行政管理

1989 年以来，县乡镇企业局对全县乡（镇）企业行使行政管理职能，负责宣传贯彻上级方针、政策；协调解决企业困难和问题；协助申报名牌产品，推荐评选系统先进单位、企业家；承担初级专业技术职称的评审和中、高级专业技术职称的申报。生产上实行目标管理，分别有上缴利润递增包干、上缴利润包干超收分成、利润包干或亏损限额包干、租赁和承包等方式，年终对主要经济指标完成情况考评和总结表彰。统计与财务的管理则按相关规定，由县企业局负责将各乡（镇）报送资料上报市乡镇企业局，统计数据每月一次，财务报表为每半年、年终各一次。对计划项目的管理主要是履行规划、指导、管理、监督、协调和服务，并帮助解决规划项目实施过程中的各方面难题。

（二）经营管理

1989 年以来，由县乡镇企业局根据县委、县政府经济工作会议的部署要求和市企业局下达的指导性计划，将企业总产值、企业增加值、工业总产值、工业增加值、出口交货值、营业收入、净利润、职工工资、实交税金、新增投入等 10 项指标，下达到各乡（镇）经济委员会作为指导性计划，其中工业总产值、工业增加值、外引内联 3 项指标列入县年度乡（镇）经济发展目标管理，由县委、县政府下达并进行考评。

（三）质量管理

1989 年以来，乡（镇）企业坚持以质取胜的发展策略，先后开展“质量、品种、效益年”“企业管理年”活动，落实国务院《质量振兴纲要》，加强质量管理和队伍建设，建立健全质量管理规章制度，不定期开展产品质量抽查、检查、监督、评比，促进企业产品质量和市场竞争力的提高。全县先后有 13 家乡镇企业通过升级考核，9 家企业获计量验收合格证书；主要产品质量抽捡合格率由 1989 年的 76% 上升到 2005 年的 98%；有部优产品 1 个，省优产品 3 个。外屯民间工艺厂生产的“华熊”牌木珠帘获省工艺美术“百花奖”，铁山罐头厂生产的 18 元升清水笋罐头获轻工部评总分第一名，熊山通用机械厂生产的快速蒸饭车获省优秀新产品；通过省级鉴定的新产品 6 项，其中国内首创 2 项，国内先进产品 5 项，获国家专利产品 2 项。

（四）安全管理

1989 年，县乡镇企业局成立安全生产领导小组，下设办公室，确定专人负责安全生产管理。每年初与各乡（镇）签订安全生产责任状，实行第一责任人风险抵押；定期会同县安监局、消防队开展宣传贯彻安全生产的法律法规，深入企业进行安全生产检查、指导，及时发现隐患，限期实施整改。认真落实上级安全生产工作会议和各项部署要求，贯彻执行“安全第一，预防为立”方针，开展“落实安全规章制度，强化安全防范措施”为主题的安全“宣传周”“宣传月”活动。2002 年，贯彻实施《中华人民共和国安全生产法》，加大安全生产管理力度，完善县乡安全生产组织机构和规章制度，组织开展安全生产教育培训，突出抓好矿山、烟花爆竹、建筑施工及重点骨干企业的安全防范，按照“立足防范、落实责任、深化整治、强化监管”的要求，各企业单位和责任人明确责任，各司其责，有效地遏制重大事故的发生。

全县各乡（镇）相应设立安全生产领导小组，成立义务消防队。各企业有安全领导小组，各车间、班组配备安全员，健全完善安全生产规章制度，坚持做到班组交接班查、车间日查、企业周查、乡经委月查的安全生产检查管理制度，以强化监管，消除隐患。

卷二十　水利电力

第一章　水利工程

第一节　蓄水工程

1989年年初，全县建有中型水库1座（界溪），总库容1750万立方米，小（一）型、小（二）型水库20处，总库容2550万立方米，灌溉面积1092公顷。有引水、提水等其他水利设施659处，有效灌溉面积625公顷。尚有不少旱片得不到灌溉，甚至有些地方人饮水也存在困难。1990年后，为进一步解决农田灌溉，更好地开发利用水能资源，先后投资兴建洞宫山、下榅洋两座水库，以及九层际、蟹桥、何坑等小型水库。2003年12月，集防洪、人饮水、水电于一体的龙潭溪水利枢纽工程动工兴建，计划四年内建成并交付使用。该工程含九蓬、宝岭、长际、章口4座水库和九蓬、章口、茶岭3座电站，预算总投资1.10亿元，总库容1800万立方米，总装机1.55万千瓦。至2005年，全县有蓄水工程220余处，修建水库26座，其中中型水库3座，总库容7425万立方米，小（一）型水库4座，总库容922万立方米，小（二）型水库19座，总库容521.10万立方米。小小型水库4处，以及山塘、蓄水池等190处，有效灌溉面积1633公顷。

一、中型水库

（一）洞宫水库

位于境内东南部，翠溪支流洞宫溪上游，是九层际电站“二库一站”开发的一级水库。水库坝址在杨源乡洞宫村尾，距城关38公里，集水面积13.20平方公里，外流域引水面积3.50平方公里，多年平均径流量0.18亿立方米，坝顶高度33.80米，总库容1295万立方米，其中：兴利库容1000万立方米，调洪库容275万立方米，死库容20万立方米。水库枢纽建筑由大坝、溢洪道、输水管道和厂房四个部分组成。坝后电站装机2×160千瓦。工程于1985年9月动工，1990年3月，水库主体工程大坝填筑完成。同年6月，完成输水管道和溢洪道工程等，水库工程全部完成，历时5年。工程总投资1600万元，水库淹没耕地39.20公顷，迁移人口780人。

（二）下榅洋水库

为中型水库小（一）型电站。坝址以上控制流域面积190平方公里，多年平均降雨量1743.90毫米，多年平均径流量2.32亿立方米，多年平均流量7.36立方米/秒，大坝高度65米，总库容4529万立方米，其中：调洪库容1220万立方米，兴利库容2405万立方米，死库容904万立方米，死水位832米。水库枢纽建筑由拦河坝、引水系统、发电厂房和机电设备安装工程（XYW/C6标）组成。工程于1993年7月1日动工，1998年10月竣工，总投资9246.50万元。淹没土地195公顷，其中耕地37.50

公顷。落实搬迁总户数 201 户 862 人，其中淹没区 45 户 228 人，非淹没区 156 户 634 人。

二、小（一）型水库

九层际水库位于杨源乡洞宫村仰头下游 1 公里处，是九层际电站“二库一站”开发的一级水库。坝址以上流域面积 26.3 平方公里，多年平均降水量 1980.3 毫米，多年平均径流 1406 毫米，多年平均年径流量 3697.8 万立方米，多年平均流量 1.17 立方米/秒，总库容 470 万立方米，其中：调洪库容 91.0 万立方米，兴利库容 372 万立方米，死库容 21.0 万立方米。703 米压力管道取得 406 米的落差，具有 1.2 立方米水发 1 千瓦时电的效益，调节九层际电站装机容量 8000 千瓦，多年平均发电量 2500 万千瓦时。水库枢纽建筑由大坝、溢洪道、放水洞及厂房四个部分组成。工程于 1986 年 5 月动工兴建，历时 3 年，于 1989 年 6 月 1 日竣工，总投资 900 万元。

三、小（二）型水库

蟹桥水库位于星溪乡东峰村，为斜墙堆石坝，坝高 20 米，总库容 17 万立方米，有效库容 14.5 万立方米。何坑水库位于石屯镇石门村，为单曲拱坝，坝高 17 米，库容 10 万立方米，有效库容 8 万立方米。两库均属 20 世纪 90 年代初建成。

第二节　引水、提水与节水工程

一、引水工程

1989 年年初，境内灌溉面积 66.67 公顷以上的引水工程有幸福渠、翻身垄、官凤、林屯、东峰、招岗、后宅、新口、北街、俊溪、新康、下庄等 11 处，灌溉面积 66.67 公顷以下的小型引水工程有 638 处。此后，由于经济与社会的发展，国家对水利建设的政策的调整，兴建的引水工程数量少、规模小，仅兴建灌溉 66.67 公顷以下的引水工程 4 座。其中：1989 年动工兴建的下师洋引水工程，投资 58.10 万元，有效灌溉面积 50 公顷；吴场引水工程，投资 18.90 万元，有效灌溉面积 16.7 公顷；岭头引水工程，投资 22.40 万元，有效灌溉面积 21.3 公顷；1994 年动工兴建的平丘引水工程，投资 18.20 万元，有效灌溉面积 16.7 公顷。

至 2005 年，全县共存各类引水工程 602 处，有效灌溉面积 8381 公顷。其中万亩以上系统引水工程 2 处，有效灌溉面积 1347 公顷，66.67 公顷以上引水工程 16 处，有效灌溉面积 1536 公顷；66.67 公顷以下引水工程有 584 处，有效灌溉面积 5498 公顷。

二、提水工程

（一）水轮泵站

1989 年，全县有水轮泵站 8 处 25 台，灌溉面积 260 公顷。其中以红门水轮泵站最具规模，其乃集水轮泵站、水电站、小Ⅱ型水库及茶山喷灌于一体的综合工程，该工程坝址在松溪河下游，与政和两县交界处之红门，坝址以上流域面积 2050 平方公里。1990 年对红门水轮泵站进行技改。2005 年年初，投资 11.5 万元，对外屯许洋水轮泵站的泵站房等建筑物进行改造，增加装机 1 台，并改造管道 200 米，渠道 500 米，改善灌溉面积 20 公顷。至 2005 年，全县仅剩东平红门、外屯许洋、下池、古源 4 处水轮泵站，装机 18 台，有效灌溉面积 167 公顷。

（二）电灌站

1989 年年初，全县共有电灌站 7 处，装机 11 台，功率 183 千瓦，有效灌溉面积 170 公顷。1989 年底，石屯举金水轮泵站因洪灾损毁改造成电灌站。1993 年在石屯白亭子修建电泵站，装机 1 台，功率 55 千瓦，有效灌溉面积 6.7 公顷。1994 年修建外屯千丘电泵站，装机 1 台，功率 16 千瓦，有效灌溉面积 15 公顷。1996 年修建外屯库坑坂电泵站，装机 1 台，功率 12 千瓦，有效灌溉面积 13 公顷。2001 年修建东平范屯村电泵站，装机 2 台，功率 36 千瓦，有效灌溉面积 73 公顷。2005 年分别修建石屯铺前和岭腰胡屯子电泵站，装机2台，功率83千瓦，有效灌溉面积33公顷。至2005年底，全县共有电泵站10处，装机14台，功率329千瓦，有效灌溉面积227公顷。

三、节水工程

1989年抗击“7.22”特大洪灾抢修引水渠道225条38.1公里，冬修水渠126条97.8公里。2005年制定科学用水及节水灌溉工程建设规划，主要有界溪水库灌区节水改造工程1处，石屯幸福渠节水灌溉增效示范片1处，农村山地节水灌溉工程19处，规划总面积687公顷。是年，完成省水电厅下达的全省“百万亩节水灌溉工程”任务108公顷。至2005年年底，17年间共完成灌溉渠道防渗减漏2136.2公里，总投入8821.59万元。

第三节　人饮水工程

一、城区供水工程

1989年年初，城区珠山水厂和马鼻岭供水站，日供水量为3000吨。年底，珠山水厂更名县自来水公司。1990年，县自来水公司日供水量达5000吨，是时，城区人口2.50万人，供水普及率为91.8%。1993年，投资300万元兴建珠山日产万吨制水厂。1995年建成投产。1996—1998年，投资400万元对凤嘴、南庄等新区十余处的自来水管道进行网管改造安装。1998年年底，日供水达1.50万吨，供给城区4.30万人口人饮用水，供水普及率100%，水质合格率98%。

2005年初，县城区常住人口近5万，县自来水公司日供水量仍仅1.5万吨，其主要水源是从七星溪与龙潭溪汇流处大庙桥附近抽水。该水源上游有林屯、宝岱、地坪、章口、长际、九蓬6个村和十几个自然村以及纺织器材厂、恒盛淡水养殖公司和金峰矿业有限公司3个污染源。上游居民生活和工业用水均排入河里，水源污染严重，直接影响城区居民的用水安全。同年4月，县政府决定，建设城区供水第二水源改造工程。工程于是年7月动工，水源从宝岭水库的二级章口电站尾水引入，采用600厘米混凝土管10千米，经三级茶岭电站，将水引至城关，设计日供水量2万吨，工程造价683.36万元。

二、乡镇供水工程

石屯镇供水工程　始建于1990年，工程地处石屯村沼垅中间，抽水井所处的小山垅田长200米，宽30米。供水工程装机容量8000瓦，日供水量600吨，主要供应3500人常住人口的饮用水和镇办工业企业用水。水质经县防疫站检验合格。

东平镇供水工程　位于中学后山。水厂始建于20世纪70年代，由于东平村与镇直各单位用水欠规划，随着工农业生产的发展，加上枯水期水源短缺，加剧饮用水的困难。1991年，取水源于界溪库左干渠2号洞下游800米处，建一座日处理3000吨水质净化设施，提高水质和供水能力，该水厂距镇所在地1000米，铺设主管道900米，总投资160万元。供水工程为东平镇所在地东平村1.60万人口和10余家镇办企业提供人饮水和工业用水。

铁山镇供水工程　1992年，由镇政府无偿收归单位供水管网。1996年由铁山村筹资30万元，改造供水管网，兴建一个日供水500吨清池，组建铁山村水厂，统一供水。2001年因水费价格低、收费难、管理不善及水质无净化处理等诸多因素，村水厂收归镇政府管理，成立铁山镇水厂，投入资金26万元，改造和扩建供水管网，建造日处理500吨水质净化设施，提高水质和供水能力，相对解决饮用水的供需矛盾。2003年铁山镇大旱，水源短缺，供水严重不足，严重影响居民的正常生活。镇党委、政府决定开发第二水源点，在南洋溪取水点处新建一座20万立方水库，引水至镇区供水，总造价150万元。基本满足铁山村和镇直单位4500多人口及10多家企业的生产生活用水。

岭腰乡供水工程　1999年建成日供水量1100余吨的乡供水工程，总投资98万元。2003年又投资38万元对管网进行扩建安装，提高管网覆盖面。

外屯乡供水工程　始建于1989年，水源点取自桐坑溪龙井面，设计日供水能力240吨，饮用水人口为3000人，输水主管道长3.8公里，水厂由过滤、沉淀、清水三池组成。工程建成后，遭受1989年“7.22”特大洪灾毁坏，于1989年12月重建，1998年“6.22”特大洪灾再次将水厂毁坏。1998年下半年进行修复，同时增加桐坑山涧水源进行调剂水量。

镇前镇供水工程　始建于1994年，由镇政府及干部和村民筹资50万元，以股份制投资建设水源点洋头自来水水坝，距镇政府驻地镇前村3公里，直接用水泥管网从水坝供水到用户，未建过滤池。2000年后，由于原水源水量不足，镇前村理事会通过一事一议，拍卖集体林木，筹资50万余元，在坑里处新建一座水坝，蓄水3万立方米，直接安装管道2.5公里至用户，未建过滤池。

澄源乡供水工程　始建于1992年，由于高山气候，冬季管网经常冻裂。2002年县水利局补助10万元，对管网进行改造。日供水量1000吨，供应乡直单位和澄源村5000居民及乡办企业的正常用水。

杨源乡供水工程　始建于1986年，日供水量仅200吨，水源取自铁坑小山溪，未通过净化处理。随着经济的发展，饮用水供需矛盾突出。2004年年底乡政府投资48万元进行工程改造，2005年上半年建成投产，日供水量1000吨，受益人口3100人。

三、村级供水工程

长期以来，境内广大农村群众人饮用水均靠竹桁引水和打井取水，这种生活方式一直延续至改革开放初期。1980年初，铁山乡南干村在上级水利部门的扶持下，投资，兴建村级自来水工程，为全县第一个村级供水工程。随后，铁山镇大岭村、外屯乡黄坑村相继建成村级供水工程。20世纪90年代，随着经济条件的改善，人民生活水平的提高，以及政府和水利部门对人饮水工程的扶持政策的出台等，全县各村纷纷集资筹资承建自来水工程。至2005年，全县兴建村级供水工程89座，总投资847.06万元，其中上级水利部门补助316.15万元，受益人口达72300余人。

表20－1　　**政和县村级供水工程建设情况表**　　单位：吨/日、人、万元

序号	工程名称	所在乡镇	供水规模	受益人口	投资	上级补助	建设年份
1	洋后村供水工程	石屯镇	200	1070	10	1.82	1990
2	际下村供水工程		200	926	10	0.50	1990
3	工农村供水工程		250	1300	13	2	1990
4	长城村供水工程		100	438	6	2	1992
5	石门村供水工程		50	224	5	2.78	1993
6	西津村供水工程		220	1144	11	2.35	1993
7	王山口村供水工程		280	1472	17	5	2004
8	护田村供水工程	平镇	250	1272	12	1.50	1992
9	凤头村供水工程		180	872	9	2	1992
10	新口村供水工程		300	1464	15	2	2001
11	界溪村供水工程		200	1179	12	2	1990—1991
12	苏地村供水工程		280	1430	17	5	2004
13	常布村供水工程		300	1578	18	5	2004
14	富美村供水工程	星溪乡	380	1945	20	3	1993
15	梅坡村供水工程		160	861	8	2	1993
16	暗桥良种场工程		80	328	4	1.50	1993
17	东山村供水工程		150	699	7	2	1994
18	念山村供水工程		120	580	6	2	1994

续表 20－1

序号	工程名称	所在乡镇	供水规模	受益人口	投资	上级补助	建设年份
19	东峰村供水工程	星溪乡	400	2039	18	2	1996
20	林屯村供水工程		130	673	7	2	1996
21	地坪村供水工程		120	580	6	2	1998
22	章口村供水工程		220	1120	11	2	2003
23	九蓬村供水工程		120	616	6	5	2003
24	宝岱村供水工程		13	1357	16	5	2004
25	长际村供水工程		13	1381	16	5	2004
26	李屯洋供水工程	铁山镇	100	452	6	1.50	1992
27	向前村供水工程		120	603	8	1.50	2003
28	大岭村供水工程		200	1032	11	2	1985.6
29	南干村供水工程		100	433	5	1	1980 年初
30	半源村供水工程		80	391	7	5	2004
31	大红村供水工程		360	1816	20	5	2004
32	张屯村供水工程		100	452	7	6	2005
33	高山村供水工程	岭腰乡	150	823	10	5	2004
34	西坑村供水工程		250	1334	13	5	2004
35	横坑村供水工程		80	393	7	6	2005
36	长垅村供水工程		60	260	6.8	6	2005
37	前溪村供水工程		100	541	6.5	6	2005
38	黄坑村供水工程	外屯乡	180	859	9	1	1986
39	洋屯村供水工程		140	770	8	3	1993
40	湖屯村供水工程		300	1409	15	2	1993
41	车潭村供水工程		80	375	6	无	1994
42	稠岭村供水工程		60	281	5	无	1998
43	下坪村供水工程		120	600	8.5	5	2004
44	溪头村供水工程		130	675	9	5	2004
45	吴场村供水工程		130	690	8	6	2005
46	横坑头村供水工程	镇前镇	80	482	6	2	2003
47	半源村供水工程		100	554	8	2	2003
48	蓬岭村供水工程		100	514	6.2	2	2003
49	湘源村供水工程		100	583	7	5	2004
50	齐家洋村供水工程		80	474	6	5	2004
51	里洋村供水工程		250	1332	13	5	2004
52	�竹浐村供水工程		150	762	8	5	2004
53	下园村供水工程		200	1106	12.5	5	2004
54	梨洋村供水工程		150	752	8.5	5	2004
55	梨溪村供水工程		150	804	9	5	2004

续表 20－1

序号	工程名称	所在乡镇	供水规模	受益人口	投资	上级补助	建设年份
56	洋厝村供水工程	镇前镇	100	548	8.2	6	2005
57	郢地村供水工程		160	849	12.73	6	2005
58	角坂村供水工程		150	742	11.13	6	2005
59	茶溪村供水工程		100	399	7	6	2005
60	郑源村供水工程		80	378	7	6	2005
61	岭头村供水工程	杨源乡	220	1145	12	1.50	1999
62	�竹坑村供水工程		100	553	7	1.50	2002
63	西门村供水工程		180	948	10	1.50	2001
64	坂头村供水工程		200	984	10	1.50	2003
65	桃洋村供水工程		200	1020	12	5	2004
66	大溪村供水工程		160	810	9	5	2004
67	上庄村供水工程		120	669	8	5	2004
68	楼下村供水工程		100	554	7	5	2004
69	富坂村供水工程		60	244	6	6	2005
70	茶林村供水工程		80	366	8	6	2005
71	乡林场供水工程		50	143	6	6	2005
72	黄坦村供水工程	澄源乡	80	234	5	1.50	1992
73	富垅村供水工程		150	794	8	2	1993
74	赤溪村供水工程		80	377	5	2.20	1993
75	坑里村供水工程		180	914	9	1.50	1994
76	新康村供水工程		50	129	4	1.50	1994
77	上洋村供水工程		200	1116	12	1.50	1997
78	黄岭村供水工程		120	686	7	1.50	1999
79	下温洋供水工程		130	884	10	2	2003
80	前山村供水工程	澄源乡	100	537	7	2	2003
81	北斗村供水工程		140	784	8	2	2003
82	石壁村供水工程		140	707	10	5	2004
83	星溪头村供水工程		300	1635	20	5	2004
84	林山村供水工程		120	619	9	5	2004
85	大梨溪供水工程		120	588	8	5	2004
86	香溪村供水工程		120	616	8	6	2005
87	前村供水工程		350	1882	20	6	2005
88	上温洋供水工程		130	670	8	6	2005
89	牛途村供水工程		130	683	8	6	2005
合　计			13616	72307	847.06	316.15	

第四节　防洪工程

一、城区防洪堤

1989年7月22日，政和县发生百年不遇的“7·22”特大洪灾，城区防洪工程遭受重创。灾后重建胜利洋防洪堤东大桥桥头段100米、渡头洋防洪堤西大桥至香料厂段450米、龙潭溪防洪堤350米，新建胜利洋凤嘴沟以上防洪堤470米。

1991年11月，县成立城区防洪规划领导小组。1992年7月完成《政和县城区防洪规划》，规划范围为主河道七星溪鹤都岭至官湖桥，全长5 170米；支流龙潭溪从汇合口至林屯桥，全长2416米。城区防洪工程均按20年一遇洪水的标准设防。1995年7月，省水电厅审查《政和县城区防洪规划》并获得通过。随后，即成立县城区防洪工程指挥部，并于1996年5月，委托省水利规划院进行初步设计。1997年2月，省水电厅批准政和县城区防洪初设报告，将县城区防洪工程纳入省千里江堤建设项目，审计投资818.75万元（不含县医院上半段），拆迁补偿787.36万元，利息支出等其他费用160.27万元，总投资1766.38万元，每公里国家补助35万元。1999年，南平市上报闽江上游建溪流域防洪工程国债项目，将政和城区防洪工程纳入一并上报。至2005年，城区防洪工程共补助265.65万元，兴建城区防洪堤12段8925米。城区防洪工程国债项目补助350万元，省级配套补助192.15万元，市配套补助150万元，实际完成2段850米。县城区防洪堤经改造后，总长度为11.78公里，保护农田53公顷，城区人口6.35万人。

表 20－2

政和县城区防洪工程建设情况表

单位：米、万元

年　份	堤　名	起—讫	堤长	堤高	顶宽	结　构	建设时间	修建项目
1989 年“7.22”灾后修复	胜利洋防洪堤	东大桥头段	100	5	1.0	干砌石	1989	—
	胜利洋防洪堤	凤嘴沟以上	470	3.5—5	1.2—1.5	干砌石	1989—1990	—
	渡头洋防洪堤	西大桥—香料厂	450	5	1.2	干砌石	1989—1990	—
	龙潭溪防洪堤	大庙桥—林屯	350	4—5	1.5	干砌石	1989—1990	—
1991—2005 年省千里江堤建设项目	城防香料厂段	三中—官湖坝	610	6—7	2.0	浆砌石	2001.11—2002.5	原堤加宽 0.6 米加高 0.8—1.2 米
	城防大庙桥段	县医院—大庙桥	320	5—6	1.0	外干砌内砼埋石基础砼抛块石	—	—
	城防医院段	下段	70	6	1.0	浆砌石大方脚和堤身	2001.1—2001.12	河道拓宽、拆旧重建
		上段	210	6—7.8	1.0	浆砌石重力式、浆砌石大方脚	2003.10—2004.3	
	城防南大桥段	上游段	65	9—10	2.0	浆砌石仰斜式浆砌石大方脚	2002.9—2003.5	河道拓宽、拆旧重建
		下游段	45	8—10	1.5	浆砌石重力式浆砌石大方脚	—	
	城防竹棕厂段	南大桥—东大桥	550	5—9	0.8	砼墩干砌石钢筋砼框架	2002.9—2003.5	—
	城防体育场段	东大桥上游	410	5—6	1.0	干砌石	2001.5—2001.7	钢筋砼护栏加高
	城防元峰庄段		640	5	1.0	干砌石钢筋砼框架基础	1996.11—1997.4	—
	城防水轮机厂段		600	6	1.0	干砌石内填砼	2000.7—2001.1	加高 320 米 重建 280 米
	城防建委宿舍段	大樟树—旧城墙	140	4—5	1.0	浆砌石	1998.8	加高 0.8 米—1.2 米
	城防粮食局宿舍段	东大桥—大樟树	370	4—5	1.0	浆砌重力式	2001	钢筋砼护栏加高，浆砌石重力式重建 45 米
	胜利洋防洪堤	东大桥—凤嘴沟	920	5	1.0	干砌石	2001	局部加高
	龙潭溪防洪堤	大庙桥—林屯	3975	4—5	1.5	干砌石	2001	局部加高
国债项目	城防武警中队段	官湖坝上游	400	4—5	1.0	浆砌石重力式浆砌石大方脚	2002.10—2003.2	—
	城防农贸市场段	南大桥上下游	450				2002	钢筋护栏加高

二、各流域防洪堤

境内水系丰富，河流众多。全县有河流12条，各流域防洪工程量大。1989—2005年共兴建防洪堤76段167.64千米，保护农田3153公顷，村庄64个、6646户、3.7万人口。

松溪流域干流及东平镇各支流防洪堤　干流上主要有范屯防洪堤和新口防洪堤，支流主要有界溪支流的安田防洪堤（碗厂村）和黄垱（新口村）防洪堤，沙排溪的沙排桥防洪堤（东平村）、头坑防洪堤（凤头村）和十八元防洪堤（东平村），溪西溪的溪西防洪堤（常布村和营前农场），下坑溪的后洋防洪堤（金峰村），另有属南浦溪支流樟墩溪的天井洋防洪堤（西表村）和下村防洪堤（苏地）共11处，总长27150米；保护农田573公顷、人口8500人。

松溪流域乐溪支流防洪堤　乐溪支流在岭腰乡境内的流域主要有锦屏防洪堤、后源防洪堤、洋屯防洪堤和后山防洪堤共4处，总长4830米；保护农田81公顷、人口1920人。

七星溪流域防洪堤　干流上主要有石屯镇的石屯防洪堤、松源妨洪堤、富竹庄防洪堤和西山坂防洪堤，石屯镇范围的支流主要有夏坑支流的夏坑防洪堤（长城村）和石门支流的石门防洪堤（石门村）；熊山镇的官湖防洪堤（官湖村）、姜屯防洪堤和麦子洋防洪堤（均属胜利村）；星溪乡的东峰防洪堤，星溪乡范围的支流富中洋防洪堤（梅坡村）；外屯乡的三屯防洪堤、九房防洪堤和外店防洪堤（均属黄坑村），外屯乡范围的支流有大禹坑防洪堤（湖屯村）、下池防洪堤（外屯村）和上村防洪堤（吴场村）共17处，总长53930米；保护农田1105公顷、人口1.62万人。

七星溪流域龙潭溪支流防洪堤　干流上主要防洪堤均位于林屯村前后（林屯桥以下列入城区范围）有林屯防洪堤、下马石防洪堤、方元防洪堤（均属林屯村）、杨梅溪防洪堤（宝岱村）和岭尾防洪堤（地坪村）共5处，总长4896米；保护农田140公顷、人口670人。

七星溪游域梅龙溪支流防洪堤　干流上主要有下洋防洪堤（南涧村、稻香茶场）、门前洋防洪堤（东涧村、南涧村）、鸦井洋防洪堤（铁山村）、李屯洋防洪堤（铁山村、李屯洋村）、梅龙溪防洪堤（江上村），支流主要有长埂洋防洪堤（凤林村）、新亭洋防洪堤（凤林村、元山村）、村尾防洪堤（大岭村）、向前溪防洪堤（江上村、向前村）、大红防洪堤（大红村）、星溪乡富美村的村门下防洪堤，保护农田100亩以上10处，总长23370米；保护农田420公顷、人口3065人。

蛟龙溪流域防洪堤　主要有梨洋、梨溪、角坂、镇前、下园、半源、际头、南坑等防洪堤及流入周宁县的各小支流西溪、筠竹洋、连坑、郢地防洪堤也列入该流域。以上所列保护农田100亩以上堤防2处，总长14660米，保护农田375公顷、人口3040人。

蛟龙溪流域俊溪支流防洪堤　主要有上洋、澄源、星溪头等防洪堤及支流前村、星溪防洪堤等共5处，总长14000米，保护农田207公顷、人口2320人。

暖溪流域防洪堤　主要有黄岭、暖溪、新康等防洪堤共3处，总长5000米，保护农田67公顷、人口780人。

大溪流域防洪堤　主要有大溪、富足口、翠溪等防洪堤及支流上的富坂、上洋（杨源村）、昌口（桃洋村）防洪堤等6处，总长13480米；保护农田125公顷、人口853人。

当溪流域防洪堤　主要有镇前镇的南坑防洪堤和支流上的孔亭洋（楼下村）、花桥（坂头村）防洪堤及流入后垄溪小支流的上坑防洪堤（西门村）共4处，总长7320米；保护农田92公顷、人口290人。

第二章　防汛抗旱

第一节　防　汛

一、防汛建设

1989 年，防汛抗旱由县防汛抗旱指挥部统一指挥，拟定各项防汛抗旱措施。防汛办公室为防汛抗旱指挥部下设办事机构。随着省防汛办达标要求的出台，县防汛建设不断得到加强。1993 年初，地区防汛办在政和召开县防汛办初级正规化、规范化达标验收会，会议认定政和防汛办机构人员固定，各项规章制度健全，拟定的防汛抗旱措施得当，基础设施基本健全，根据省防汛抗旱指挥部要求，初步正规化、规范化建设达到验收标准。1997 年年底，开展防汛办中级达标活动，并通过省、市验收。2002 年，开展防汛抗旱“三化”建设活动，2003 年年底通过省市验收。至 2005 年，配齐县防汛办工作人员，设立 15 万元特大防汛专项预算资金，编写与印发《政和防汛手册》及小（二）型以上水库防洪应急预案，绘制完成政和城区洪水风险图，建立规章制度 58 项，配置卫星云图装置、防汛汽车、摄像机等设备。

县防汛抗旱指挥部，设有指挥长室、办公室、总值班室、资料室、机房、仓库等。指挥系统由洪水预警报、卫星云图接收、洪水风险图查询系统、台风路径预报、电话监控和工程数据库查询系统等组成，并配有现代化通讯设备。在出现气候异常或灾害性天气时，通过防汛指挥系统的 24 小时监控，密切注视汛情发展，确保防汛指挥信息的快速提供与传递。必要时，可启动安装在城区各控制点的防洪警报器向全县发布洪水警报。

二、洪水与防汛救灾

（一）洪水

境内是洪灾频发地区。1989—2005 年 17 年间共有 10 年发生洪灾，其中 1996 年就发生洪灾 5 次。洪灾发生年份损失均较严重，尤其是百年不遇的 1989 年“7. 22”洪灾和 20 年一遇的 1998 年“6. 22”洪灾，给人民的生命财产造成巨大的损失。

1989 年 7 月 21 日夜至 22 日凌晨，受 9 号台风影响，全县遭受特大洪灾，各地降雨量均在 340 至 360 毫米，城关洪峰水位达 202. 08 米，超过警戒水位 3. 8 米，超过危险水位 3. 06 米。受灾户达 2. 01 万户、人口达 11 万人，死亡 66 人，重伤 225 人，轻伤 1090 人。洪水毁坏房屋 1. 13 万栋，农田 8333 公顷，绝收 2800 公顷；破坏防洪堤 117. 6 公里、水坝 7. 21 公里、水渠 52. 92 公里、电站 69 座、公路路面 382 公里、路基 54. 8 公里；塌方 54. 6 万立方米、公路桥 26 座、民间小桥 51 座；经济作物 1840 公顷、鱼 45 万尾、被毁坏或冲走木材 1. 05 万立方米；其他公私财产和水电基础设施被毁不计其数，全县经济损失达 2 亿元。

1998 年“6. 22”洪水从 6 月 12 日开始至 22 日，过程降雨量 686. 9 毫米，为历年来的最大降水过程，出现 4 天暴雨，2 天大暴雨天气，最大 24 小时暴雨量 150. 5 毫米。政和水文站外（城区）最高洪水位 199. 95 米，超危险水位 0. 67 米。过程中洪峰出现多次，其中超警戒、危险水位洪峰 3 次。6 月 20 日 8—20 时，降雨量 80 毫米，最高洪水位 198. 93 米，超警戒水位 0. 65 米；21 日 2—5 时，降雨 140 毫米，最高洪水位 190. 00 米，超警戒水位 0. 72 米；22 日 8—10 时 30 分，降雨量 97. 6 毫米，最高洪水位 199. 95 米，超危险水位 0. 67 米。据统计，此次洪水受灾 10 个乡镇，123 个行政村，17. 3 万人，淹没村庄 17 个，被围困群众 2. 2 万人。重灾区有外屯、铁山、石屯、东平、星溪等乡镇的 83 个村 6. 5 万人。死亡 34 人，失踪 6 人，其中 90% 均为山体滑坡死亡。外屯车潭村老碓厂山体滑坡压倒民房9座，死亡33人。淹没耕地5400公顷；毁坏房屋3795栋4.1万间；冲毁水坝168处，堤防决口893处43.63公顷；渠道崩塌136公里，影响灌溉面积1万公顷；毁坏电站57座，输变线路470公里，公路塌方863处，冲毁桥梁57座，涵洞310个；此外通讯光缆中断，500多家工厂企业停产，学校停课4天，食用菌、畜牧渔业、群众家庭财产等都遭到严重损失，洪涝持续时间长达8天，直接经济损失8.59亿元。

（二）防汛救灾

每年汛前，县防汛抗旱指挥部和有防洪任务的部门，根据人事变动情况，调整、充实和加强防汛组织领导成员，落实防汛安全责任制；以水利部门为主组织水利工程安全大检查，发现隐患和存在问题及时限期整改；编制防洪工程运行计划和安全度汛预案；提出汛期限制水位并按照分级管理的规定报批，审批下达后严格执行，不得任意更改；清查和添置器材、物资、工具、土砂石、麻袋、草包、木材等物料，储备应急；检查通讯联络设施，确保完好，使用畅通。

接到台风（热带风暴，以下统称台风）暴雨预报，县、乡（镇）防汛指挥部24小时值班，将气象预报及有关防台抗灾通知层层传达至基层单位与村（居）民。当降雨量大于50毫米以上，县防汛办主任带队值班，及时掌握风、雨、水诸情，工程单位组织巡察工作，及时处理并上报发现的问题。洪灾来临时，县五套班子领导即组织公安、武警、武装部全体指战员分赴重灾乡（镇）抗灾救灾，把人民生命和财产损失降到最低限度。

第二节　抗　旱

1989—2005年，政和县出现较严重的旱情有7个年份。1990年6—7月，发生旱情，全县水田受旱面积4647公顷；1991年5月中旬至7月中旬，全县受旱农田4533公顷；1993年，全县农田受旱5273公顷；1996年10—12月，全县受旱2000公顷；1998年9月中旬至10月底，全县农田受旱1830公顷；2003年初夏，全县持续高温，旱情严重，农田受旱面积8000公顷。2004年9月下旬至11月上旬，发生旱情，受旱农田2300公顷。

旱情发生后，各地在县防汛抗旱指挥部的统一指挥下，利用机灌站、抽水机等设施抽水抗旱。旱情最为严重的2003年和2004年，还开展人工增雨作业抗旱减灾，效果颇佳。

附：人工增雨作业

2003年初夏，遭受百年不遇大旱。7月30日，县委、政府召开人工增雨作业紧急会议，成立人工增雨工作领导小组，县防汛抗旱指挥部成员单位通力协作，于8月4日在铁山镇周屯洋发射人工增雨防雹火箭弹22发，当天全县普降小雨。8月5日上午，在铁山镇周屯洋发射火箭弹12发，中午在镇前镇下园村发射火箭弹25发，当天全县普降小到中雨。8月6日下午在鹤都岭发射火箭弹12发，当天县城以西地带均下小雨，由于云层移速较快，建阳市和松溪县等地受益。

2004年初夏，遭遇干旱。县委、县政府成立人工增雨工作领导小组，紧急启动人工增雨预案，县防汛抗旱指挥部成员单位通力协作，先后实施人工增雨作业9次，发射火箭弹19发，旱情基本解除，取得良好的经济效益和社会效益，仅下榅洋水电公司就增创效益20万元。

第三章　电　力

第一节　水电站建设

1989年年初，全县已建500千瓦以上（含500千瓦）小水电站5处25台，总装机6190千瓦。装机500千瓦以下水电站99处147台，总装机6330千瓦。是年，遭遇百年不遇“7.22”洪灾，水利设施被毁严重。同年，总装机8000千瓦的九层际电站投产运行，极大缓解全县用电困难。年底，县制订农村水电初级电气化规划。1991年3月，经国务院批准，政和县列入全国第二批农村水电初级电气化建设县。期间，先后兴建一批装机100千瓦以上的小水电，水毁的水利设施基本修复，县乡（镇）电网联网运行。

1994年1月6日，下榅洋水电站正式动工。该工程位于穆阳溪支流蛟龙溪黄坦村下游1公里处，时为建设规模最大的水利水电工程。工程枢纽建筑由拦河坝、引水系统、发电厂房和机电安装工程（XYW/C6标）组成。拦河坝高65米，为二心圆双曲砌石拱坝，坝址以上控制流域面积190平方公里，总库容4529万立方米。电站装机2台，总装机容量为15万千瓦，年发电量4529万千瓦时。下榅洋水电站建成投产，进一步缓解境内电力供求紧张的状况，全县电力基本达到供需平衡。下榅洋水电站工程初概算为5630万元，1996年3月调整概算为9410.9万元，实际投资9246.5万元。1998年10月竣工，并通过省水利厅验收。

2000年后，不断完善水资源的开发利用，以市场为导向的股份制办电热潮兴起，给水电建设和经济建设注入活力，成功利用外资、上级补助资金、群众集资和利用市场经济开发东溪、蛟龙溪、赤溪、七星溪和龙潭溪等流域水力资源。2004年，是县招商引资开发小水电最多的一年，引进投资10家，动工兴建蛟龙溪、乐溪、当溪主支流和龙潭溪等10处流域水电工程，小水电开发规模达4.3万千瓦，年发电量为1.37亿千瓦时，总投资达2.6亿元，是年完成投资3460万元。当年完成水电站建设4座，总装机2085千瓦，年发电量685万千瓦时，总投资为724万元。2005年开发兴建水电站10座，装机容量2.64万千瓦。

至2005年底，全县建成大小水电站55座，容量5.7万千瓦，其中总装机500千瓦以上水电站17座28台，总装机3.85万千瓦，全县年发电量达1.78亿千瓦时，全县10个乡镇百分百通电，通电村125个，占100%；用电户48967户，通电率100%。

表20-3　**1989—2005年新建500千瓦以上电站情况表**　单位：千瓦、台、千伏

电站名称	电站位置	装机容量	单机容量	台数	接入电压等级	投产时间
下榅洋电站	澄源乡	15000	7500	2	110	1997
牛途电站	澄源乡	640	320	2	10	2003.9
新洋屯电站	岭腰乡	2500	1250	2	10	2005.11
腾龙四级电站	镇前镇	500	250	2	10	2004.7
腾龙三级电站	镇前镇	1000	500	2	10	2004.1
黄垱电站	东平镇	720	320、400	1、1	10	2005.10
九层际电站	杨源乡	8000	2000	4	35	1989
红龙潭	镇前镇	1260	630	2	10	2005.3
下庄电站	镇前镇	640	320	2	10	2005.12

续表 20-3

电站名称	电站位置	装机容量	单机容量	台数	接入电压等级	投产时间
后山电站	岭腰乡	1000	500	2	10	2003.5
齐家洋电站	镇前镇	640	320	2	10	2004.6
当溪主支流二级	杨源乡	1000	500	2	10	2005.5
俊溪电站	澄源乡	800	400	2	10	2005.1

第二节　输变电

1989 年开工建设飞镇线，1990 年 1 月竣工投入运行；线路起点镇前镇梨洋变电所，终点政和城关飞凤变电所，导线长度 24.8 千米，规格 LGJ-1510，基杆 71 基。1992 年 5 月开工建设澄源变电站，1993 年 4 月投入运行；站址澄源茶厂，占地面积 800 平方米，安装变压器主变 SJ-1250/35 一台，容量 1250KVA。1993 年 2 月开工建设飞铁线，同年 11 月投入运行；线路起点城关飞凤变电所至铁山乡，杆路总长 7.79 公里，导线规格 35LGJ-50 水泥单杆，基杆 26 基。1998 年 3 月开工建设镇文线，1998 年 11 月竣工运行；线路起点镇前梨洋变，终点福安文塘，导线长度 46 千米，导线规格 LGJ-185，杆基 109 基。

2000 年 8 月开工建设车湖线，2001 年 6 月投入运行；线路起点外屯乡车坛电站至外屯乡湖屯变电所，杆路总长 11.565 公里，导线规格 35LGJ-70 水泥单杆，基杆 44 基。2004 年 4 月开工建设杨源变电站，2005 年 11 月投入运行；位于杨源乡陶瓷厂，占地面积 1500 多平方米，主变容量为 4000KVA。2005 年对澄源变电站和铁山变电站进行技术改造，技改后两站主变分别为 3150 KVA 和 4000 KVA。

1989—2005 年，共建设 35 千伏线路 7 条，长 75 千米；建设 110 千伏线路 4 条，长 108.86 千米；建设变电站 7 座，主变容量计 25950 KVA。

表 20-4　**1989—2005 年建设输电线路情况表**　单位：千伏、千米

输电线路	电压等级	起　点	终　点	长度	开工时间	投产时间
飞镇线	110	镇前梨洋	飞凤变电所	24.8	1989	1990.1
镇杨线	35	镇前梨洋	杨源坑底	11.58	1990.7	1991.7
飞松线	35	飞凤变电所	松溪寨岭	9.65	1991.8	1992.2
镇澄线	35	澄源变电所	杨源乡	12.93	1993.3	1993.8
飞铁镇	35	飞凤变电所	铁山镇	7.79	1993.2	1993.11
下镇线	110	下温洋电站	镇前梨洋	14.6	1996.1	1997.8
镇文线	110	镇前梨洋	福安文塘	45	1998.3	1998.11
松飞线	110	松溪松源变	飞凤变电所	23.46	2000.6	2001.1
新东线	35	新口升压站	东平变电所	9.42	2000.8	2001.3
车湖线	35	车潭电站	湖屯变电所	11.56	2000.8	2001.6
铁岭线	35	铁山变电所	岭腰变电所	12.00	2004.5	2005.5

表 20－5　　**1989—2005 年建设变电站情况表**　　单位：千伏安

变电站	地　点	主变容量	开工时间	投产时间
澄源变电站	澄源茶厂	3150	1992. 5	1993. 4
铁山变电站	铁山屯尾	4000	1992. 6	1993. 4
新口变电站	东平新口	4000	2000. 12	2001. 3
东平变电站	东平松溪界	2500	2001. 4	2002. 1
湖屯变电站	外屯湖屯	2000	2001. 4	2002. 1
岭腰变电站	岭腰庆元界	6300	2004. 3	2005. 4
杨源变电站	杨源陶瓷厂	4000	2004. 4	2005. 11

第三节　配　电

一、城区配电

1989 年，城区配网有 10 千伏馈线 5 回（专线两回），其中 10 千伏 604 线专线供水泥厂生产生活用电，计变台 1 台 1800 千伏安，线路 4 公里；605 线变台 8 台，计 2008 千伏安，供东门片区含公交公司、酒厂、一中，下药居民区，机砖厂、武装部、北大街片居民等；606 线为专线，变台 6 台，计 995 千伏安，供电力公司火电车间、县政府、自来水厂，医院、水轮机厂、招待所 6 个单位；607 线变台 4 台，计 560 千伏安，供应南门片居民，县农行，良种场、农业局、建筑公司、农科所，其中农行和农科所为专变；608 线变台 22 台，计 3200 千伏安，其中白鸽岭为 400 千伏安公变，供西门片区居民及城郊的暗桥、梅坡、松源、西山坂、方元、官湖、松源伐木场等十几个村（场）。

1992 年，改城关变电所为飞凤变，飞凤变通过 35 千伏线路与新口升压站和外屯两电站联网。年初 10 千伏 605 水泥厂专线经 T 接至铁山乡的县化肥厂，设专变 1 台为 560 千伏安，线路长度 3. 6 公里。1995 年，为提高城区配网质量，投入资金对飞凤变电所进行技改，使电压等级由 35 千伏升至 110 千伏，主变容量由 16000 千伏安扩大至 32000 千伏安。1998 年，为解决中外合资下温洋电站电量弃水问题，3 月新架设 10 千伏镇文线，线路长度 46 公里。

2003 年 11 月，开始实施城网改造一期工程，翌年 12 月完工。总投资 300 万元，共建设 10 千伏线路 681 公里，0. 4 千伏线路 8. 985 公里，更换新增变台 8 台，总变电容量 2175 千伏安，供下药、渡头洋两个片区居民共 1743 户。

至 2005 年，城区配网运行馈线 7 条，其中 611 水泥由飞凤变至水泥厂，长 7. 863 公里，共有变台 19 台，变电容量 8500 千伏安，主要供鹤林工业园区 、华厦水泥有限公司；613 金矿线由飞凤变至金峰矿业，长 61 公里，共有变台 49 台，变电容量 12250 千伏安，主要供金峰矿业、龙潭溪电站、顺华茶厂、地坪金矿、龙泉铅锌矿、沿线各行政、自然村等；614 城南线由飞凤变至农科所，长 7. 802 公里，共有变台 21 台，变电容量 5250 千伏安，主要供南门和南庄片居民区；615 城东线由飞凤变至星溪乡富美村，长 15. 98 公里，共有变台 30 台，变电容量 7500 千伏安，主要供东门片区、稻香村、富美村、东峰村等；616 东郊线由飞凤变至东门片，长 4. 828 公里，共有变台 7 台，变电容量 1750 千伏安，主要供元峰庄片居民区；617 西郊线由飞凤变至杨梅林，长 36. 035 公里，共有变台 47 台，变电容量 11750 千伏安，主要供二级路、渡头洋居民区、松源村、梅坡村、官湖村等；618 城西线由飞凤变至西门片，长 4. 6 公里，共有变台 19 台，变电容量 4750 千伏安，主要供西门片居民区。以上均为出线。是年，城区配网 10 千伏线路总长 167. 5 公里；0. 4KV263. 23 公里，配电台数 192 台，容量 51750 千伏安。供电营业户数 16224 户，城区年售电量 5218. 52 万千瓦时。

二、农村配电

1989年，农村配网除星溪、外屯、石屯和部分行政村及村民小组办的电站单独供电外，其余是以乡镇为范围，以重点水电站为主体的形式供电，新口、西津、虎坑三个电站属县配网工程，但只向县电网出售部分电，其余均向所在乡镇供电。配网内乡联网水电站有12处，容量3650千伏安，高压线路长138公里，三变13台，容量5130千伏安，供应5个乡镇35个行政村60个村民小组及企事业单位用电。1993年后乡镇水电站先后通过10千伏线路与县网联网。

1999年9月，开展一期农网改造工程，投入资金3500万元。2000年8月至2002年年底，一期农网改造工程共完成单项工程项目117个，其中行政村108个，10千伏线路6条，农茶场2个，无电村1个。工程内容包括新建和改造10千伏线路187.8公里、0.4千伏线路322.47公里，改造配变台区354台，容量21033千伏安，更换高耗能配变278台，容量16817千伏安，改造一户一表31230户，安装单项电表31230架，动力表1759架。电力辐射全县10个乡镇，6个农林场，123个村，直接受益农户38689户，受益人口19.24万人，全县村网改率100%。

2003—2004年，实施二期农网改造工程，共完成15个村，10千伏线路6条，农村茶场4个，自然村19个，其中无电村5个，新建和改造10千伏线路362.7公里，0.4千伏线路47.66公里；更换高耗能配变60台，容量2670千伏安；改造一户一表7459户，安装单项电表7459架，动力表472架，财务决算资金2012.27万元。全县“无电村”降为零。

至2005年，全县10千伏农村配电线路共有线路41回，线路总长987.314公里；0.4千伏840.24公里；电缆0.7公里；配变535台，容量40910千伏安；供电营业户数36870户；2005年农村售电量达2896.56万千瓦时。

表20－6　**2005年配电网情况表**　单位：千米、千伏安、千瓦时、万元

供电所名称（包各城区）	10千伏线路长度（公里）		0.4千伏线路长度（公里）		配变台数容量（千伏安）		供电营业户数	2005年售电量（万千瓦时）	农改投入资金（万元）
	架空	电缆	架空	电缆	台	千伏安			
城　区	167.50	18.30	263.43	—	272	36615	16530	5218.52	—
铁山供电所	71.92	—	65.26	—	52	3260	5372	527.15	—
外屯供电所	31	—	59.60	—	50	2080	3348	124.02	32
东平供电所	294.50	—	196.30	—	48	3175	5171	428.11	—
石屯供电所	113.60	—	119.20	—	37	3570	4494	909.71	7.70
杨源供电所	162.83	—	203.97	—	54	3070	3976	170.33	7
澄源供电所	185	—	137.40	—	74	4060	5858	340.83	—
岭腰供电所	96.60	—	36.88	0.03	48	2510	2646	153.19	17
镇前供电所	160.89	—	114	0.40	66	3690	5990	243.22	9
合　计	1333.84	18.30	1196.04	0.43	701	62030	53385	8115.08	72.70

表20－7　**2005年变电站运行馈线情况表**

变电站名称	馈　线　名　称　编　号
飞凤变（7）	水泥线611、金矿线613、城东线615、一级负荷线617、城西线618、城南线614
镇前变（5）	富垅线623、下庄线624、镇前线625、茶溪线626
杨源变（4）	王大厝线641、翠溪线643、上庄线644、�竹坑线645
澄源变（5）	澄中线651、澄星线652、澄前线653、澄富线654、澄牛线655

续表 20－7

变电站名称	馈　线　名　称　编　号
湖屯变（3）	外屯线 681、湖屯线 682、黄坑线 683
岭腰变（4）	岭后线 691、岭锦线 692、岭腰线 693、洋屯线 694
铁山变（6）	铁东线 601、铁化线 602、铁街线 604、铁大线 605、铁岭线 606、铁铅线 607
新口变（6）	西津线 632、新铁线 633、新坪线 635、护碗线 636、新石线 637
东平变（4）	凤头线 671、东平线 672、黄湾线 673、营前线 674

第四节　用　电

一、用电结构

1990 年，全县总用电量 2559.23 万千瓦时，工业用电 1653.68 万千瓦时，农林牧业用电 14.91 万千瓦时，其他事业 200.4 万千瓦时，城乡照明用电 690.24 万千瓦时，全县 9 个乡（镇）865 个村用电户计 3.02 万户。1992 年，全县总用电量 2939.45 万千瓦时，工业用电 1971.91 万千瓦时，农林牧业用电 5.17 万千瓦时，其他事业和生活用电 151.29 万千瓦时，城乡照明用电 811.08 万千瓦时。是年，全县用电户 3.56 万户。

1994 年，全县总用电量 3251.47 万千瓦时，工业用电 1909.66 万千瓦时，农林牧业用电 12.7 万千瓦时，其他事业和生活用电 153.06 万千瓦时，城乡照明用电 1176.05 万千瓦时。是年，全县用电户 3.93 万户。1996 年，全县总用电量 3820.43 千瓦时，工业用电 1958.60 万千瓦时，农林牧业用电 10.6 万千瓦时，其他事业和生活用电 162.16 万千瓦时，城乡照明用电 1689.07 万千瓦时。是年，全县用电户 4.51 万户。1998 年，全县总用电量 5658.93 万千瓦时，工业用电 4131.8 万千瓦时，农林牧业用电 26.9 万千瓦时，其他事业和生活用电 295.26 万千瓦时，城乡照明用电 1204.93 万千瓦时。是年，全县 10 个乡镇用电户 4.65 万户。2000 年，全县总用电量 4978.39 千瓦时，工业用电 3293.99 万千瓦时，农林牧业用电 13 万千瓦时，其他事业和生活用电 202.98 万千瓦时，城乡照明用电 1468.42 万千瓦时。是年，全县用电户 4.91 万户。

2003 年，全县总用电量 6938.39 千瓦时，随着工业园区的建设用电量大幅度上升，工业用电达 4091.66 万千瓦时，农林牧业用电 85 万千瓦时，其他事业和生活用电 540.58 万千瓦时；城乡照明用电 2122.15 万千瓦时。是年，全县用电户 5.22 万户。2005 年，全县总用电量 8765.08 千瓦时，工业用电 5367.02 万千瓦时，农林牧业用电 87.27 万千瓦时，其他事业和生活用电 1191.57 万千瓦时，城乡照明用电 2119.22 万千瓦时。是年，全县用电户 5.4 万户。

二、电价

1989 年 2 月 28 日，县物委下发《关于调整电价收费的通知》规定，工业电价由 0.12 元/千瓦时调整为 0.18 元/千瓦时；居民用电由 0.17 元/千瓦时调整为 0.22 元/千瓦时；营业用电由 0.17 元/千瓦时调整为 0.24 元/千瓦时。对支农企业磷肥厂实行优惠电价，即 1—8 月 0.12 元/千瓦时，9—12 月按新电价执行；地方附加费按原规定执行，即工业 4%，照明 8%，暂执行一年。

1991 年，为加速实现电气化县建设步伐，缓解县财政困难，减轻九层际电站和乡镇电站还贷能力，县物委下文规定，对全县现行电价及农村上网电价进行调整：城区范围，营业用电由 0.24 元/千瓦时调整为 0.26 元/千瓦时；生活照明用电由 0.22 元/千瓦时调整为 0.24 元/千瓦时；工业生产用电由 0.18 元/千瓦时调整为 0.20 元/千瓦时。对磷肥厂、自来水厂的生产用电给予照顾，不予调整。县水泥厂当年按 0.18 元/千瓦时执行；1992 年始，按 0.20 元/千瓦时执行，地方附加费不变。乡镇电站上网电价由 0.0675 元/千瓦时调整为 0.0875 元/千瓦时。外屯、杨源乡为 0.14 元/千瓦时，东平镇

0.12元/千瓦时，其他乡（镇）0.16元/千瓦时。从1991年9月1日起开始执行。1992年，县物委同意按每千瓦小时加收电费1分收取民用电综合保险费用，从当年7月1日开始执行。

1993年，县政府下文规定从当年7月1日始，县综合电价居民照明用电为0.3702元/千瓦时，工业用电为0.28元/千瓦时。是年10月，由于久旱少雨，县物委下文规定，将全县当年枯水期间电价提高，即工业用电在原价基础上增加0.49元/千瓦时，照明用电每户表每月定额30千瓦时，在定额内按原价执行，超过部分按0.90元/千瓦时执行。时间为1993年10月25日—1994年1月25日。1994年，县物委下文规定，将全县照明综合电价上调为0.4521元/千瓦时，工业用电综合电价上调为0.332元/千瓦时。从1994年元月26日开始执行。1995年3月，县物委下文规定，从当年4月1日始，每千瓦时电价在1994年执行价的基础上加收0.02元电力价格调节基金。

1997年，县物委下文规定，将全县综合销售电价调整为0.559元/千瓦时，居民照明用电调整为0.78元/千瓦时，工业用电调整为0.60元/千瓦时，营业用电调整为1元/千瓦时，乡镇趸售0.554元/千瓦时，趸售松溪0.30元/千瓦时，趸售浦城0.178元/千瓦时，从1997年7月1日起执行。

2001年2月8日，县电力公司按省上规定执行综合分类电价，居民照明用电为0.73元/千瓦时，工业用电为0.60元/千瓦时，非居民照明用电0.350元/千瓦时（路灯），商业用电0.93元/千瓦时，水泥生产用电0.54元/千瓦时，铸钢0.23元/千瓦时，自来水0.30元/千瓦时，磷肥加工0.34元/千瓦时，农村综合用电0.4元/千瓦时。在农村电力体制改革期间，根据省政府关于整顿农村电价工作实行目标管理的通知精神，电力逐步实现城乡同网同价。1999年10月，鉴于全县农村生活照明电价普遍在1.50元/千瓦时以上的情况，县政府下发《关于进一步加强整顿农村电价和农电管理的紧急通知》，将每千瓦时高于1元的电价一律降至每千瓦时0.9元。2001年，县物委下发关于实行同网同价的通知，于当年11月30日开始执行。2004年，政和供电公司执行省电网销售电价至2005年仍未调整。

表20-8　**1989—2001年电价变动情况表**　单位：元/千瓦时

类　别	1989年	1991年	1993年	1994年	1997年	2001年
城乡居民生活用电	0.22	0.24	0.3702	0.4521	0.78	0.73
非居民照明用电	—	—	—	—	—	0.35
商业用电	0.24	0.26	—	—	1	0.93
工业用电	0.18	0.20	0.28	0.332	0.60	0.60
农业用电	—	0.18	—	—	—	0.4

第五节　农村初级电气化建设

境内山脉绵延，溪流密布，河道坡降大，雨量充沛，水力资源丰富。全县水电资源蕴藏量15.2万千瓦，可开发资源7.21万千瓦。1991年3月，政和县被正式列入全国第二批农村水电初级电气化县。1991—1994年，贯彻“以电养电”的政策，坚持多渠道多层次广泛集资办电，在农村电气化试点建设中，共投入建设资金4698.5万元，其中县、乡、村三级自筹1768.5万元，国家补助或周转金600万元，银行贷款2330万元，使电气化事业得到较快发展。先后完成九层际电站二期4000千瓦机组安装，洞宫坝后320千瓦电站建设；建成政和至松溪、镇前至澄源、镇前至杨源、城关至铁山等35千伏线路43.1公里；新建澄源、铁山、杨源、东平10千伏变电站和改造外屯电站35千伏升压站，新建和改造乡（镇）村输电网（线）路287.5公里。至1994年，全县拥有电力装机容量20212千瓦，1994年全县发电量5376万千瓦时，年供电量5230万千瓦时，其中小水电自供电量5204万千瓦时，占全县总供电量的99.5%。年售电量4696万千瓦时，综合网损率10.59%，人均用电量228千瓦时，户均年生活用电量 400. 7 千瓦时，全县用电保证率大于 85% 以上的通电户率为 90. 6%。在利用丰水期电能方面，全县以电代柴户 18572 户，占总数的 43%。均符合或达到部颁标准的要求。

全县建设 10 千伏线路 838 公里，35 千伏线路 88 公里，变电能力 58756 千伏安，比 1990 年增加 20360 千伏安，以城关 11 万伏变电站为中心的全县各个乡（镇）电网与县电网联网运行，同时外联闽北 6 县（市）和闽东 2 县，确保电力余缺的调整和人民生产生活用电。1994 年年底，全县设有线广播站 1 座，扩音放大站 9 座，安装广播喇叭 18261 个，电视差转台 8 座，百人电视机保证量 13. 4 台，卡拉 OK 厅 62 家。农村的影院、剧场、俱乐部、文化中心、技术学校，直至流动的电影放映点都能得到可靠的电力供应。

1995 年 4 月 24 日，省政府委托省水利水电厅组织有关部门，在政和县召开政和农村电气化试点初级阶段验收会议，确认政和县农村水电初级电气化建设各项指标均达到水利部部颁标准和要求，报送省政府转报水利部批准。1996 年 4 月，国家计委、水利部正式批准政和县为全国第二批农村初级电气化县，并发给铜牌。

第四章　水土保持

第一节　水土流失状况

据 1985 年《政和县水土流失普查报告》记载，20 世纪 80 年代中期，全县水土流失面积 16045. 67 公顷，占土地总面积的 9. 2%。其中林地流失面积 8425. 59 公顷，占流失总面积的 52. 5%；园地流失面积 4623. 67 公顷，占流失总面积的 28. 8%，其中茶园流失 4070. 89 公顷，占园地流失面积的 88%；水田隐匿流失面积 2432. 2 公顷，占水田面积的 15. 1%；山坡农地流失面积 483. 80 公顷，占山坡农地面积的 3. 0%；其他用地流失面积 80. 40 公顷，占流失总面积的 0. 59%。在全县水土流失面积中，强度流失面积 5075. 56 公顷，占流失总面积的 31. 6%；中度流失面积 1552. 21 公顷，占流失总面积的 9. 6%；轻度流失面积 6985. 70 公顷，占流失总面积的 43. 5%，未含水田隐匿流失面积。

随着经济的发展，山地开发和经济建设项目的增加，全县水土流失面积逐年扩大。1995 年，轻度侵蚀以上面积 20846 公顷，占土地总面积 11. 84%，比 1985 年普查增加 4800 多公顷，其中轻度 5715 公顷，中度 6113 公顷，强度 8387 公顷，极强度 548 公顷。至 2000 年，全县轻度以上水土流失面积 26269 公顷，占总面积的 14. 92%，比 1995 年新增 5423 公顷。其中轻度 9571 公顷，占流失总面积的 36. 43%，中度 9638 公顷，占流失总面积的 36. 92%，强度 6865 公顷，占流失总面积的 26. 13%，极强度 195 公顷，占流失总面积的 0. 74%。进入 21 世纪以来，经济建设快速发展，使开发性建设项目与水土流失的矛盾愈显突出，据 2004 年调查，共有 24 处建设项目不同程度存在水土流失，面积 62. 63 公顷，主要为工矿业项目，有 80% 处未治理状态。

第二节　水土流失治理

1989 年，完成水土流失治理面积 1818. 67 公顷，其中封禁 1752 公顷（新封禁 666. 67 公顷，管护 1085. 53 公顷）；强化治理 73. 33 公顷，其中低产茶园改造 53. 33 公顷，针阔混交林 10 公顷，种果 10 公顷。

1992 年，完成治理面积 800 公顷。其中封禁治理 666. 67 公顷，强化治理 133. 33 公顷。强化治理中种果 28. 4 公顷，营造水土保持林 40 公顷，旧茶园改造 48. 67 公顷，新开茶园 7. 6 公顷，种绿竹 8. 67 公顷。

1997年，完成水土流失治理640公顷。其中重点整治七星溪和松溪两岸沙滩地水土流失，种植红壳竹和雷竹等小径竹306.67公顷，完成坡耕地改造166.67公顷，果园改造82公顷，茶园改造64.67公顷，其他经济林改造20公顷。

2002年，当年完成水土流失治理面积1725公顷。其中营造水土保持林486公顷，种植经济林果350公顷，坡地改造茶果园298公顷，封禁治理519公顷，实施水土保持工程12处，完成土石方627万立方米，管护水土保持新实施保护面积3000公顷。是年，星溪里小流域治理工程被评为全国水土保持生态建设"十百千"示范小流域。

2005年，全县完成水土流失治理面积1167公顷。其中营造水土保持林270公顷，种植经济林果37公顷，坡地改造梯田80公顷，封禁治理780公顷，实施水土保持工程1处，完成土石方0.7万立方米，新实施保护面积753公顷。

1989年—2005年，全县完成水土流失治理面积1.8万余公顷，其中实施小流域治理工程5处4475公顷。

第五章　管　理

第一节　机　构

1989年年初，县水利局内设人秘股、水利工程管理股、水利水电建设股、水利水电勘测设计队、防汛抗旱指挥部办公室、保卫股，时有工作人员31人。是年6月，成立水政水资源管理站、水利水电工程监督站、水利工程管理站。1997年，内设7个股室，时有工作人员29人。2002年机构改革，确定水利局为正科级单位，核定机关行政编制6名，事业编制2名，内设1室2股，即办公室、农村水利股、水政水资源股，县防汛办挂靠水利局。2003年7月，成立城区堤防管理站。至2005年，县水利局内设2室2股1站，即局办公室、水土保持委员会办公室、农村水利股、水政水资源股、城区堤防管理站，挂靠单位防汛办；在职干部25人，职工6人。在职干部中，有专业技术人员13人，其中工程师7人，助理工程师5人，技术员1人。

第二节　水政管理

1989年6月，成立县水政水资源管理站。1991年，管理站在做大量调查摸底的基础上，提出《政和县实施取水许可制度基础工作报告》，较详细地记录境内水资源开发利用的现状与水质情况及主要污染源及污染程度，为县政府出台《关于开展取水许可管理工作的通知》，开发利用水资源及解决存在问题，提供较翔实的科学依据。在持续开展法制宣传工作的同时，管理站对全县各取水户开展取水申请与登记工作。1996年始，全面实行《中华人民共和国取水许可证》制度，水资源管理步入依法治水、依法管水、依法用水的轨道。

1997年4月，成立县水政监察大队，配备交通及通讯工具，定编5人，与水政水资源管理站合署办公，实行"一套人马，两块牌子"的管理体制。翌年1月至6月，县水利局开展水政监察规范化建设，同年底，通过省、市验收。2000年开展水政监察队伍能力建设，翌年通过省、市验收。1989—2005年共调解水事纠纷123起，查处向河道弃土及水事违法案件201起。1996—2005年共征收水资源费127.10万元。

第三节　工程管理

境内水利设施多建于二十世纪六七十年代，历经数十年运行，多已进入老年期。1996 年，全省开始实施病险水库除险加固项目，1998 年病险水库满洋水库、鸡母垅水库、里洋水库、王春垅水库、念山水库、坑里楼水库等 7 座水库列为除险加固对象，予以实施除险加固。

2000 年，贯彻省水利厅《关于认真做好小（二）型水库清理整顿工作的通知精神》，按照“因库制宜、慎重报废、妥善处理”的原则，对境内 19 座小（二）型水库进行安全分类处理，对总库容达不到 10 万立方米（含 10 万立方米）的水库实行降级处理；对工程运行年龄长久，超过服务年限，工程投入大难以维修加固的，其工程本身又无效益或效益低的水库实行报废；对工程病险隐患多，有危及工程安全，但有明显效益的水库，列为“三类”（险库），进行除险加固；对工程存在病险隐患，但不危及工程安全的水库列为“二类”（病库）；对工程因建设时配套设施不齐，有待完善的则列为一类水库。据此标准，境内 19 座小（二）型水库中分别有 4 座水库列为巩固三类水库，11 座列为巩固二类水库，1 座水库（王春垅水库）报废。至 2005 年，共投入资金 281. 24 万元，基本完成小（二）型水库的除险加固。

卷二十一　商　贸

第一章　商　业

第一节　商品经营

一、批发业

（一）糖、酒及副食品

食　糖　1988年以前，因全省食糖货源缺口大，省物价部门将其列为国家计划商品，实行按人口定量供应，生产、收购、销售及价格均由省统一确定。1989年，食糖市场松动，批发量增大，商业部门年批销食糖460多吨，销售额169.22万元。1990年，国家取消农村人口糖供应政策，农村食糖市场逐步放开，个体批发部成为农村食糖市场主要经营者，商业部门年食糖批发量降至296吨，销售额65.72万元。1991年，通过整顿食糖流通秩序，商业部门食糖批发量回升至440多吨，销售额102.99万元。1992年后，食糖市场全面放开，商业部门年食糖批发量再次下降至300吨左右，销售额69.09万元。1993年，县糖酒副食品公司并入高山农业开发公司后，退出副食品经营领域，食糖批发全部由个体批发部经营。

酒　类　1988年以前，酒类尚未敞开供应，县副食品公司主要经营外地白酒、啤酒与花色酒。1989年，随着个体经济的发展，个体批发部参与市场竞争，加上受“7·22”特大洪灾影响，糖酒副食品公司酒类销售额降至40.36万元，比1988年锐减44.7%。1990年，酒类市场绝大部分为个体批发部占有，县糖酒公司销售额仅8.70万元。1992年，糖酒公司取得畅销品牌白酒建瓯黄华山米烧代理权，酒类销售额回升至48.63万元。1993年，酒类批发市场完全由个体批发商经营，且多以独家代理某一品牌的方式进行销售。1997年以后，酒类销售量以啤酒为多，其中福建省出产的雪津啤酒和惠泉啤酒销量最大。

表 21－1　**1988—1992 年政和县副食品公司主要副食品批发情况表**

单位：万元

项目＼年份		1988	1989	1990	1991	1992
销售总额		378.55	295.12	118.56	173.43	167.48
其中：主要商品	糖类	167.76	169.22	65.72	102.99	69.09
	酒类	73.03	40.36	8.70	24.92	48.63
	糖业小商品	71.01	38.28	15.40	4.76	0.80
	调味品	13.17	9.09	5.83	4.34	2.67
	兼营商品	4.75	5.17	0.96	0.10	18.49

禽、肉、蛋及蔬菜

20 世纪 80 年代末，禽、肉、蛋及蔬菜批发供应是县食品公司的主要经营业务。

1988 年 3 月起，猪肉实行平、议价双轨制供应，除城镇居民定量供应部分执行政府定价外，其余部分则实行议价议销，随行就市。

1989 年，食品公司强化基地建设，创办饲料加工厂，并与福建农学院挂钩，培养技术人才，发展生猪生产，当年基地生猪出栏 3028 头，肉鸡出栏 1.50 万只，蛋上市 631 担，蔬菜上市 10728 担，除供应本县外，向福州、泉州等地调出富余生猪 440 头，第一次实现生猪产销自给有余。

1990 年 8 月，城关首先实行生猪定点屠宰办法，后逐步延伸到石屯、铁山、东平等乡镇。

表 21－2　**若干年份政和县食品公司主要商品批发情况表**

项目＼年份		1989	1990	1991
销售总额（万元）		376	409.20	360.30
主要商品销量	生猪（头）	5154	5228	5336
	家禽（只）	15000	7744	7939
	蔬菜（担）	10743	10202	12220
	水产品（担）	1968	1834	1691
	蛋类（担）	—	302	389.20
农牧企业产值（万元）		124.02	119.56	114.32

（二）日用百货

1988 年以后，个体商业发展迅速，百货公司批发业务缩小，经济效益下降。1989 年，百货公司开始尝试经营模式改革，与上海钟表眼镜分公司联营组建“政和上海钟表眼镜联销公司”，并与广东、浙江、江西及本省各地、市 53 家企业开展业务联系，当年批销钟表 3.20 万只，销售额 130.50 万元。公司年批发总额 533.99 万元。

1990 年，百货市场变化，个体批发部增多，百货公司批发业务剧减，全年批发额仅 259.12 万元，比 1989 年下降了 50% 以上，其中纺织品下降 46.52%；针织品下降 50.89%；百货类下降 37.79%；文化用品下降 10.2%。1991 年，钟表公司全年批销量仅 2 万只左右。

1993 年，百货公司改革经营体制，百货商场由内部职工按柜台租赁经营，全年批发经营额仅 34.79 万元。

1994 年 7 月，百货公司商场改制为独立核算的商业中心商场，与县百货公司彻底分离，百货公司批发业务基本停止，全县日用百货批发均由各类个体经销商经营。

1999年，百货公司和钟表眼镜公司正式解体，国营商业退出百货经营市场。2000—2005年，较具规模的百货私营商场有“兴隆”“德心”“春林”等，均为日用百货批零兼营商场。

表21－3　**1989—1994年政和县百货公司批发经营情况表**　单位：万元、人

项目＼年份	1989	1990	1991	1992	1993	1994
销售额	533.99	259.12	342.10	189.19	34.79	9.30
上交税金	5.80	4.13	5.55	2.31	—	—
从业人员数	36	31	43	33	—	—

（三）五交化

五交化公司　1988年，五交化商品销量急增，特别是自行车、电风扇、电视机、缝纫机等商品销量很大。1989年，市场变化，销量大幅下降，当年批发额仅195.20万元，其中销售彩电21台，比1988年减销128台；黑白电视机276台，比上年减销450台；自行车860辆，比上年减销502辆；电风扇318台，比上年减销503台；洗衣机207台，比上年减销108台。由于受1989年“7·22”洪灾影响，1990年销售额继续下降，其中五金类销量下降11.32%；交电类下降26.56%；家电类下降6.79%；化工类下降35.33%。

1991年，五交化商品销售量大幅回升，当年总销售额突破250万元，其中家电类销售196.50万元，比1990年增加一倍。彩电销售317台，自行车销售474辆，电冰箱销售222台，洗衣机销售883台，是销售额最高的年份。

1992年以后，个体经销商迅速发展壮大，五交化公司市场占有率激剧下降，全年总销售额降至189.19万元，至1994年仅销售9.30万元，企业已处于经营困难状态。

1996年，五交化商场及经营部在旧城改造中拆迁，公司基本歇业。2004年五交化公司关闭。

商业贸易公司　1989年，商业贸易公司因受“7·22”洪灾影响，损失近60万元，年销售额下降至92.99万元，处于亏损经营状态。1992年4月，商贸公司被确定为社会集团购买力专项控制商品定点供应单位后，与苏州斯加电冰箱集团建立联营体，并将批发部与零售商场合并，成立家电批发商场，大批量调进名优彩电、冰箱、洗衣机等家电商品，实行“规模型”的家电批、零兼营，全年销售额达375.12万元。

1994年以后，商贸公司在激烈的市场竞争中陷入困境。1995年，公司对库存商品进行清仓拍卖，实行租赁经营。1998年，商贸大楼因城防工程建设被拆迁，干部职工相继转移安置。次年，商贸公司解体，停止经营。

表21－4　**若干年份政和县商业系统五交化商品经营情况表**　单位：万元、人

企业＼年份		1989	1990	1991	1992	1993	1995
五交化公司	销售总额	268.62	196.43	253.36	189.19	120.60	9.30
	税金	5.55	4.02	6.66	5.33	5.41	3.05
	从业员工	43	45	48	48	48	48
商贸公司	销售总额	92.99	136.48	170.84	375.12	—	361.30
	税金	—	2.37	2.97	6.07	—	4.20
	从业人员	—	35	37	38	—	38

二、零售业

20世纪80年代初，商品零售业务主要由商业系统各专业公司兼营，较大型的零售商场有百货商场、五交化商场、副食品商场、商贸公司商场及部分小型经营部等，县供销社也设有多个零售门市部。1988年，零售市场兴旺，棉布、被单、针织内衣、毛线、毛毯、毛巾、棉花、铝制品以及牙膏、香皂、食盐、洗衣粉等针纺织品和生活必需品销量极大，甚至出现脱销现象。

1989年以后，个体工商企业发展迅速，国营商业主渠道作用逐步削弱。1989年全县社会商品零售总额9616万元，国营商业系统零售网点40家（包括国有集体经营和租赁经营），零售额1376.65万元，仅占零售总额的14.43%，其中商业中心商场零售额272.72万元；副食品商场零售额33.02万元；五交化商场零售额73.40万元。这年，个体商业经营户近1100家，零售额达2100万元。

1991年始，商业系统几大商场先后进行整合改制，实行国有民营。是年，百货商场销售额252.62万元；副食品商场销售额36.32万元。

1993年，副食品公司划归高山农业开发总公司后，国营商业零售网点进一步萎缩，当年百货商场销售额451.33万元。

1994年百货商场与县百货公司实行“母体裂变”，成为独立核算经营单位。1995年销售额483.50万元。

1998年10月，政和第一家个体经营的自选商场“百姓超市”开业，此后相继有“家友”“家得利”“荟华家电”“心连心”等数家超市问世，成为政和零售业大户。

2002年以后，国营商场全部改制停业，商品零售完全由个体或合伙企业经营。各种品牌专营店相继开张，服装有“才子”“利郎”“七匹狼”“冰雪绒”等；鞋类有“匹克”“乔丹”“安踏”“康奈”“富贵鸟”“信诺”等，床上用品有“爱丽斯”等，全县有品牌专营店80多家。

2004年，五交化公司歇业后，相继出现个体经营的五交化经营部及“隆兴”“安捷特”“雅虎”“老字号”“贵华”等五交化商店。

2005年，全县社会消费品零售总额54002.40万元，比2004年增长15.07%。是年从事零售业的个体经营户1900户，从业人员近4000人，年销售额34318.19万元。

表21－5　**若干年份政和县商业系统部分商场零售情况表**　单位：万元、人

企业	年份	1989	1990	1991	1992	1993	1995
副食品商场	销售总额	33.02	21.90	36.32	27.80	—	—
	税　金	2.25	—	—	1.51	—	—
	从业员工	14	14	11	—	—	—
商业中心商场	销售总额	272.72	216.30	252.63	409.70	451.33	483.50
	税　金	7.60	7.20	5.73	4.28	5.18	—
	从业人员	80	84	90	102	—	—

附：荟华家电有限公司　1998年创办，2002年租赁原县百货商场，辟为荟华家电大型商场，面积近1000平方米。主营“长虹”“美的”等知名品牌彩电、电冰箱、洗衣机、家庭影院DVD、电脑系列产品等500多个品种。拥有资产500多万元，员工22人，历年营业额均超过1000万元。公司设有售后服务部，在乡镇设服务网点，实行送货—安装—维修一条龙服务。企业于1999年、2003年两次被南平市消费者协会评为“诚信单位”。2004年被省委宣传部、省经贸委、省商业行业协会联合授予“放心店”称号。2005年被南平市工商局评为“守合同、重信用”企业。公司总经理范桂灿，为南平市私营企业协会理事、政和县政协第七、八届委员、县企业与企业家联合会副会长、县私营企业协会副会

长。先后资助建设塔山公园、渡头洋新区水泥路面铺设、“希望工程”助学等社会公益和慈善事业，冠名举办“长虹之夜”歌咏比赛。2001年被县委、县政府授予“先进个体工商户”称号。

第二节 集市贸易

一、城区集市

（一）交易场所

中心农贸市场 位于城区中心闹市区、星溪大桥东、西两侧，分上、下两层，总建筑面积约3600平方米。底层有摊位310多个，主要经营农副产品、蔬菜、肉类、水产品及熟食品等；二层为服装、鞋帽、布匹、小五金、小百货等商品交易场所。1997年二层改建为超市后，就近新建文明路服装交易市场，有店面45间，经营商品以中、低档服装、童装、布匹为主。

西门农贸市场 位于西门环岛附近，1989年时系以街为市，1992年进行改造，搭盖雨棚。1998年撤街市，由解放村投资在环岛南侧新建，总面积约2000平方米，有摊位100个，店面15间。该市场主要经营蔬菜、食品、肉类及家禽等，有鸡、鸭宰杀服务摊点8个。

东门农贸市场 位于东大路与北大街交叉路口东侧，1993年投资554万元动工兴建，面积5077平方米，有店面80多间，为开放式商贸交易场所，交易商品主要是茶叶、竹笋、笋干、香菇、锥栗等大宗农特产品，其交易情况季节性特征突出。1995年后有商家进场建店，2005年场内有茶叶、特产专营店12家。

（二）交易额

1989—1996年，城区各集贸市场总交易额36763万元，年均交易额4595.3万元。1997—2000年，各集市交易总额22301万元，年均交易额5575.20万元。2001—2004年，各集市交易总额22796万元，年均交易额5699万元。2005年，各集市交易总额6104万元。

二、乡镇集市

东平墟市 传统农村墟市，已有近400年历史，每月6墟，墟期为农历逢二、七日。东平地处政和、建瓯、建阳及松溪四县市交接处，每逢墟日，周边县市商贩及村民近万人云集墟场，交易商品除服装、家电等工业品外，主要是粮食、农副土特产品、各种农具及手工制品，特别是地产锥栗、杨梅等应时果蔬交易最为红火。每年农历二月初二，是当地牛市，也是全年中最为热闹的一个墟日。县直有关部门也常在墟期举办文艺演出、科技咨询、医疗服务、摄影作品展览等活动。1998—2000年，年均交易额约1500万元。2001—2005年，年均交易额约2100万元。

岭腰边贸墟市 岭腰地处闽、浙交界处，2003年1月起创设边贸墟市，每月一墟，墟期为公历每月8日（岭腰建乡日）。每逢墟日，有本县铁山、外屯、澄源以及松溪、浙江庆元等地商贩和村民前往赶墟，交易商品除服装、家电及一般生活日用品外，大宗商品多为农业生产资料、家禽、药材等，其特点是两省多地商品互通有无，并且价格参照地域差异变化而定，较为灵活合理。自设墟以来至2005年，每墟交易额均在10万余元。

其他集市 1989年，由于食用菌产业的快速发展，先后形成澄源、镇前、杨源和铁山等乡镇的香菇交易市场。1989—1996年，上述几个交易市场年均食用菌交易总额在5000万元左右。1997年为食用菌生产高峰期，几个集市年交易总额近7000万元。2000年后，食用菌生产规模逐年缩小，集市交易也逐年减少。2005年后，各香菇集市相继停业。

第三节　国有商业管理

1989年至1995年5月，商业局为全县国有商业管理机构，归口县财贸委员会，为正科级政府机关，内设办公室及人事、财务、商管等3个股。下属企业有百货公司、钟表眼镜公司、糖酒副食品公司、食品公司、饮食服务公司、山珍公司、五交化公司、商业中心商场、商业贸易公司、商业物资公司等10个。县商业局对下属企业实行财务监管、指标控制、业务指导、人事调配等管理办法。

1995年6月，成立商业总公司，实行商业局、商业总公司“一套人马，两块牌子”的管理模式。

1997年3月，撤销商业局，成建制改建为商业总公司，成为经济实体，为正科级国有商业企业，实行独立核算，自主经营，依法纳税的管理办法，仍归口财委，并同时成立商业行业管理办公室和副食品基地办公室，均为股级事业单位，核定编制6名。原商业局人、才、物及下属基层企业一并转属商业总公司，实行总经理负责制的管理办法。2005年，商业行业管理办公室和副食品基地办公室合并成立政和县商业行业管理中心，为事业法人单位，行使商业行业管理职能。

2005年，商业系统下属各公司全部关闭后，各公司的日常事务及房产租赁均由商业总公司负责管理，财务由总公司集中分户核算，遣散各公司原管理机构工作人员。1998—2005年，在商业系统改制过程中，共安置职工156人。

表21－6　**政和县国营商业企业改制情况表**

企业名称	改制时间	安置职工人数		安置方式	改制后状态
		职工	离退休		
百货公司	1998.6	11	—	货币	解体
钟表眼镜公司	1998.6	12	—	货币	解体
商业贸易公司	2000.10	24	5	货币	解体
糖酒副食品公司	2001.12	38	16人未安置	货币	保留
饮食服务公司	2005.12	34	32	在册：货币＋医保 离退休：医保＋预留	解体

第二章　饮食服务业

第一节　饮食业

一、餐饮业

（一）正餐业

1989年，经营正餐业的除县宾馆餐饮部外，还有饮食服务公司的南门服务大楼和西门国营旅社，主要为政府机关、企事业单位的各种会议提供餐饮服务，多数正餐则是个体户经营的各类酒家、饭店。

1992年，县饮食服务公司改革后，国营正餐企业全部退出竞争市场，个体正餐业则迅速发展。

表 21－7　**1989—1992 年政和县饮服公司经营情况表**

单位：万元

年份 项目	1989	1990	1991	1992
营业收入	53. 18	44. 92	40. 58	41. 00
利　润	1. 03	5. 20	－2. 20	－1. 58
上交税金	2. 58	3. 67	1. 80	1. 60

2000 年，正餐业经营户发展至 60 多家，从业人员 400 余人，城区有 46 家，其中规模较大的有县宾馆餐饮部（个体承包经营）、教育宾馆、意中意饭店、粮食大酒店、港式酒楼、江军酒楼、怡乐餐厅、鲍氏酒家、龙宫大酒店、林贸酒家等。

2003 年以后，随着旅游业的发展和人们消费观念的变化，婚宴市场进一步繁荣，城乡经营正餐业酒家、菜馆也不断增加，先后又有洞宫酒家、浦城土菜馆、新港式酒楼、武夷大酒店等相继开业，数十家正餐企业共同承担政府机关、企事业单位和人民群众接待宾客、洽谈生意、朋友聚会及红白喜事等宴席服务。2005 年，正餐经营户 80 多家。为规范经营秩序和加强行业自律，是年成立政和县餐饮业商会。

（二）快餐业

20 世纪 80 年代末，随着市场经济的发展，商品流通领域活动渐趋活跃，城乡流动人口不断增加。同时，社会经济的快速发展，人们生活节奏的不断加快，能为人们提供便捷、廉价就餐服务的快餐业也随之兴起。快餐业均由个体户经营，规模都不大，但经营灵活，形式多样，有快餐、小吃、快炒等多种，各具服务特色。2000 年，全县已有各种快餐店 100 家，其中城区 44 家，乡镇 56 家，从业人员 240 人。2005 年，全县餐饮业经营户 250 户，其中 70% 以上以经营快餐、小吃为主。

快餐店　以大甑米饭为主食，各种家常菜随顾客点购，方便快捷，以经营中、晚餐为主。

小吃店　以面食、扁肉、米粉等为主食，经济实惠，以经营早餐为主。

快炒店　以米饭为主食，备有各种菜蔬现点现炒，有酒品，可供小范围朋友聚餐或洽谈生意，也以经营中、晚餐为主。

特色店　名目繁多，以经营当地特色菜肴或外埠特色菜品为特点，如水煮活鱼、啤酒鸭、土鸡、土鹅、泥鳅等专营店，兼备酒席，主要为有特色偏好的人群提供快餐服务。

西式快餐　20 世纪 90 年代中期进入政和饮食市场，先后有“肯得利”“美其乐”“胜奇士”等相继开业，深受青少年顾客欢迎，生意颇红火。

第二节　服务业

一、旅馆业

计划经济时期，旅馆业由商业系统下属的饮食服务公司经营。改革开放以后，乡镇、部门纷纷开办宾馆、招待所，同时，相继恢复个体经营的旅店。

1989 年，除县宾馆外，国营旅馆有商业系统下属的国营旅社、南门服务楼及闽新旅社等 3 家，共有客房 120 间，床位 300 余张。此外，还有个体旅社及招待所 33 家。是年全县有宾馆、招待所、旅社 36 家，从业人员 223 人。

20 世纪 90 年代起，随着市场的开放，集体、个体旅馆业迅速发展壮大，相比之下国营旅馆设备陈旧，条件简陋，档次偏低，因而失去市场竞争力。1995 年和 1998 年在旧城改造中国营旅社和南门服务楼先后拆除。2005 年，国营闽新旅社拆迁停业，至此国营商业全面退出旅馆业市场，住宿业除政府办的二星级县宾馆外，全部由集体或个体户经营，是年，城区有各类宾馆、旅社 48 家，其中具有一定规模且档次较高的有教育宾馆、林业宾馆、茶厂宾馆、邮政宾馆、安政宾馆、熊山招待所、椰山宾馆等，其余多为小型旅社。

二、理发及美容业

理发业　1988 年以前，理发业以隶属县饮食服务公司的集体所有制企业城关理发社规模最大，有员工 10 余人，其余皆为个体经营户开设的单人或双人店，服务项目除少数店家有烫发服务外，多数仅“剃头”而已。

1989 年，集体所有制的城关理发社解体，政和理发业完全由个体经营，服务内容逐步增加，染发、美发渐成时尚。是年，政和城乡共有理发店 56 家，从业人员 67 人。

2000 年以后，个体美发、梳剪店进一步发展，洗发、美发、染发、化妆、发型设计等诸多服务项目，充分满足了人们追求美的生活要求。2005 年，全县城乡有理发、美发店近百家，均为个体经营。

美容业　政和美容业起步于 20 世纪 90 年代中期，初始阶段仅是一些理发店提供按摩、面膜等简单服务，也无专业美容师。

1995 年以后，随着人们消费观念的改变，美容渐成时尚，成为年轻女性的追求，具有一定规模和档次的美容厅相继开业。2005 年，政和城区个体户经营的档次较高的美容专业企业有丽人休闲美容中心、悠兰美容会所、王牌美容厅、叶琳休闲美容厅、依人美容中心等数家，可为顾客提供美容、美肤、美甲等多种服务。

三、沐浴业

1989—1995 年，经营沐浴业的仅有隶属商业系统国营旅社开办的大众澡堂，设备简陋，仅供洗澡而已，每年营业时间只有 5 个月，一般为 11 月至次年 3 月。1995 年国营旅社拆迁，澡堂停业。

1996 年以后，城关出现多家个体小型浴室。20 世纪 90 年代末，桑拿浴开始进入沐浴市场，其时城关有 2 家桑拿浴室，但处于时开时闭状态。

2003 年 12 月，“康靓园”足浴城开业，为顾客提供桑拿、推拿、足浴等多种服务。2005 年，又有“润生园”进入沐浴市场，沐浴业基本形成“两园”鼎峙的竞争局面，其他小型沐浴场所则相继退出市场。

四、摄影扩印业

1989 年，全县有摄影扩印店 12 家，从业人员 21 人，其中城关有隶属商业系统的国营照相馆及个体经营的青年照相馆、风华照相馆等 5 家，农村则有东平、石屯、杨源等乡镇的照相馆 7 家，均为个体经营。

1995 年，承包经营的国营照相馆在承包期满后歇业，国营企业退出摄影市场。

20 世纪 90 年代末以后，“台北新娘”“卡罗”2 家婚纱影楼先后开业，为人们提供彩色、黑白婚纱照、儿童套餐艺术照及会议团体照等服务。

2005 年，政和城关除“台北新娘”“卡罗”婚纱影楼和青年照相馆等较具规模的摄影扩印企业外，还有多家数码照相馆，经营“大头贴”等摄影服务。

五、其他服务业

改革开放后，人民生活水平逐年提高，形成多样化的生活需求，许多适应群众生活需求的新行业也应运而生。20 世纪 90 年代初，政和出现“农工商”等 2 个婚姻介绍所，兼营家政及劳务中介服务。这一时期，为满足各种会议以及人们婚庆、探亲访友和丧事需要，有多家花坊、花店开业，其中以绿友花坊、英英花店经营状况最好，“绿友”还开设有分店。

2000 年前后，房地产热兴起，房地产市场多元化，出现“天地人”“建融”等房地产中介、评估服务。此外，随着人们生活水平的提高和交通条件的不断改善，各种家用电器、小汽车、摩托车急剧增加，带动了家电维修、汽车维修、汽车美容等服务行业的发展。

2005 年，全县持照从事居民服务业者 310 余户，从业人员 760 余人，年营业收入 2000 多万元。

第三章　供销合作

第一节　农业生产资料经营

1989年以前，农资实行计划分配经营体制，农资品种、数量、标准、价格、时间均按分配计划执行。

1989年，农资实行“统一计划、统一进货、统一调拨、统一筹资、统一管理”（以下简称“五统一”）的专营体制。由县农委和县供销社牵头，成立有交通、交警、农资、石油、农机等部门参加的化肥调运办公室，动员社会车辆投入化肥调运工作，当年供应化肥20981吨，冬储化肥6233吨，农药157吨，农膜27吨。

1990年和1991年，县供销社与公安部门密切配合，打击农资非法经营行为，制止伪劣农资产品进入流通领域，农资专营市场逐步稳定，两年供应化肥41894吨，农药218吨。

1992年，取消农资专营，农资由供销社主渠道经营变为多渠道经营。为适应新的经营体制，全县8个基层供销社联合成立“政和县农资联合总公司”，当年供应各种化肥21757吨。

1993年，改联合公司一级核算为县公司和基层供销社两级核算，当年供应各种化肥16921吨，农药20吨。同时，各基层供销社还发挥“庄稼医院”和“咨询站”的服务功能，全年为农民开出农药配方348张，提供咨询1000多人次。

1997年，县农资集团公司采取“五统一”和连锁经营办法，全年销售各种化肥17300吨，农药88吨，农膜16吨。

1999年，农资总公司将各经营部人、财、物全部划归原基层供销社。全年销售各种化肥12488吨。

2000年至2005年，每年销售化肥均在1万吨左右，六年共售化肥65438吨，占全县社会供应量75%左右。

表21-8　**1989—2005年供销社系统化肥、农药、农膜供应情况表**　单位：吨

年份	化肥					农药	农膜
	氮肥	磷肥	钾肥	复合肥	合计		
1989	13872	5861	387	861	20981	157	27
1990	13120	5769	395	859	20143	102	82
1991	14633	5861	412	845	21751	116	90
1992	14675	5785	428	863	21757	69	47
1993	10392	5421	396	712	16921	20	38
1994	12181	5326	385	729	18621	106	22
1995	11037	5185	346	713	17281	85	16
1996	10973	5377	333	479	17162	99	29
1997	10738	5471	386	705	17300	88	16
1998	8614	3164	308	544	12630	104	17
1999	8508	3370	145	465	12488	80	4
2000	7541	2975	308	1251	12075	122	11

续表 21 -8

年　份	化　肥					农　药	农　膜
	氮　肥	磷　肥	钾　肥	复合肥	合　计		
2001	6112	2655	205	1106	10078	161	12
2002	6842	2200	153	1542	10737	132	7
2003	4296	2278	82	1954	8610	54	4
2004	6427	2769	157	1883	11236	83	4
2005	8409	2019	43	2231	12702	119	4

表 21 -9　**若干年份化肥供应价格表**　单位：元/吨

时　间 品　种	1989 年	2003 年	2005 年
尿素	580	1440	1900
碳铵	380	500	600
过磷酸钙	280	380	420
复合肥	600	1200	2100

第二节　生活资料经营

一、工业品

20 世纪 80 年代末，自行车是畅销产品。1989 年，果品、贸易公司通过各种渠道，从苏州、太原、鲁南等自行车厂协作联合调进“永久”“凤凰”等名牌自行车 4120 辆，工业品采购站则为基层供销社联购各类工业品 259 万元，满足了市场的需要，当年销售额 2901 万元。1990 年以后，随着经济的发展和人民生活水平提高，工业品市场进一步活跃，销售额逐年增长。2005 年供销社系统销售各类工业品 3647 万元。

二、烟花爆竹

烟花爆竹是供销社日杂公司的主营业务，但 1989 年前后烟花爆竹市场较混乱，1999 年，公安部、国家工商行政管理局、全国供销合作总社等七部委联合下发了《关于加强烟花爆竹安全管理的通知》（公通字［1999］102 号），进一步明确烟花爆竹由供销社日杂公司统一经营，零售网点由供销社日杂公司本着从严控制的原则统一布设，经所在地县级公安机关审查批准核发爆炸物品销售许可证，共布设销售点 98 个。

2000 年县供销社投资 15 万元，在城郊金鸡山建造烟花爆竹专用仓库一座，面积 300 平方米。

2003 年，公安局和供销社联合成立烟花爆竹管理领导小组，多次对全县烟花爆竹经营点进行拉网式安全检查。同时，采用现代流通方式，构建烟花爆竹连锁经营网络，以日杂公司为龙头，零售网点为基础，实行统一标识、统一采购、统一配送、统一监管、统一定价的“五统一”连锁经营模式，共设直营连锁店 50 个。

2005 年，有烟花爆竹加盟连锁店 80 个，全县共有连锁店和加盟连锁点 130 个。

三、食盐

1989 年以前，食盐是供销社经营的一种重要商品。1996 至 2000 年，每年销售量都在 1700 吨以上。2001 年个私商业企业进入食盐销售渠道，供销社系统食盐销售量减少，全年仅销售 1240 吨，到

2005 年，全县供销系统销售食盐仅 336 吨。

表 21－10　**1996—2005 年政和县供销社系统食盐销售情况表**　单位：吨

年　份	1996	1997	1998	1999	2000
销售量	1830	2250	1770	1993	1860
年　份	2001	2002	2003	2004	2005
销售量	1240	522	880	344	336

第三节　农副产品购销

1988 年，农副产品购销已由代购、统购统销、部分派购等办法转为市场自由交易，但由于山区农村交通不便，信息不畅等诸多原因，造成农副产品销售难。为解决农副土特产品市场疲软问题，1989 年县供销社联合社采取“深购远销”策略，在江苏省苏州市开设农副产品批发点，共为农民推销春笋 756 吨、笋干 80 吨。全年农副产品购销总值 220 万元。

1990 年，铁山供销社在边远的岭腰、长垅、罗家地等村设立白笋干收购站，为农民推销春笋 600 吨、白笋干 200 吨、柑橘 80 吨。当年农副土特产品购销总值 307 万元，主要农副土特产品有毛竹 0.45 万根，桐油 2.30 吨，土纸 4 担，白笋干 237.80 吨，黑笋干 3.40 吨，柑橘 62.60 吨。

20 世纪 90 年代以后，随着农业产业结构的调整，供销社购销的农副土特产品更加丰富，除传统的大宗产品笋干、毛竹等外，更多的是茶叶、锥栗、食用菌及反季节蔬菜等，购销额逐年增长。2005 年，供销社系统农副土特产品采购额 874 万元。

第四节　机构与“三农”服务平台建设

一、机构

（一）县供销合作社联合社

1989 年，县供销合作社联合社（以下简称县联社）内设办公室、计划业务科、财务基建科、基层工作科、工业外经科、安全保卫科、人事教育科、审计室、纪检室、监察室、检察室和法律顾问室等 12 个职能科室，机关工作人员 26 人。1998 年，根据县机构编制委员会政编［1998］68 号文件精神，本着精简、高效原则，对机构进行改革，将原内设的 12 个机构撤并为一科一室一中心，即资产管理科、综合办公室及农副产品信息服务中心，核定事业单位编制人员 25 人，至 2005 年不变。

（二）直属专业公司

农资公司　1989 年公司共有员工 51 人。1998 年年底，公司累计欠农行贷款本息 760.22 万元，属负债经营。1999 年，公司实行“全员解除劳动关系，变现部分资产给予经济补偿”改革。2005 年，公司人员 4 人，其中县联社下派经理 1 人，返聘 3 人。

日杂公司　1989 年为土产日杂公司，共有员工 53 人。1993 年 3 月，改为日杂公司。2000 年年底，该公司债务本息达 450.05 万元，属连续亏损企业。2001 年 4 月，根据《关于政和县供销社直属公司在册职工置换身份及安置工作实施方案》（以下简称《安置实施方案》）实行改革，全员解除劳动关系，实行经济补偿。2005 年共有人员 6 人，其中由县联社下派经理 1 人，返聘 5 人。

果品水产公司　1989 年共有员工 53 人，至 2000 年年底，公司债务本息达 130.43 万元，因公司主营业务食盐被盐政局收回，2001 年公司改制后歇业。

供销贸易公司　1989 年共有员工 29 人，1998 年因旧城改造，公司拆迁后无经营场所，处于歇业状态。2000 年年底公司欠贷款本息达 142.34 万元，2001 年改制后歇业。

供销社工业采购站 为独立核算、自负盈亏的松散型经济实体，1989 年有员工 23 人。到 2000 年年底，企业欠贷款本息达 145.33 万元，资金亏空无法经营，且因旧城改造拆迁，长期处于歇业状态。2001 年 4 月企业改制后歇业。

供销工业公司 公司前身为由县农资公司与邵武农资二级站联办的政和微肥化工厂，主要产品为农用磷酸二氢钾，1989 年有员工 30 人，产值 102.40 万元。1993 年，因无资金投入技改，生产工艺落后造成高成本，且产品严重积压而停产。2001 年 4 月企业改制后歇业。

（三）基层供销社

1989 年，县供销联社属下共有城关、石屯、东平、铁山、外屯、镇前、澄源、杨源等 8 个基层供销社。20 世纪 90 年代以后，在市场经济不断完善的新形势下，基层社原有的经营模式已无法适应农村社会经济发展的需要。2001 年，对全县基层供销社实施“以产权改革为核心，以资产连结为纽带，以化解不良资产为目的”的企业改革，采取资产重组、盘活、拍卖等形式，推进企业制度创新。在盘活资产，优化资源配置的同时，实施全员置换身份，8 个基层社共安置解除劳动关系职工 465 人，分别给予一次性补偿。同时，按经济区域整合基层供销社，将城关、石屯、铁山 3 个基层供销社整合为城关供销中心社；镇前、澄源、杨源 3 个基层供销社整合为镇前供销中心社。

表 21－11

2005 年政和县各基层供销社情况表

基层社名称	成立时间	1989 年职工数（人）	属下站、店（个）		改制情况
			购销站	代购代销店	
城关供销社	1952	72	3	2	2002 年改制重组；2003 年并入城关供销中心社
石屯供销社	1952	59	3	4	2001 年改制重组；2003 年并入城关供销中心社
东平供销社	1952	65	5	9	1998 年开展基层社改革试点；1999 年完成开放办社试点
铁山供销社	1952.7	61	6	14	2001 年改制重组；2003 年并入城关供销中心社
外屯供销社	1952	35	2	7	2001 年改制，试行承包经营；2004 年歇业
镇前供销社	1952	58	6	13	2001 年改制重组；2003 年并入镇前供销中心社
澄源供销社	1952	57	4	11	2001 年改制重组；2003 年并入镇前供销中心社
杨源供销社	1961	54	6	4	2001 年改制重组；2003 年并入镇前供销中心社

二、“三农”服务平台建设

（一）县政府农副产品信息服务中心

1997 年 12 月，县政府农副产品信息服务中心正式挂牌成立（设在县供销社联合社内）。1998 年初，信息中心与中华全国供销合作总社农副产品信息中心的“中佳经济信息网”、农业部的“中国农业信息网”及南平市政府农副产品流通信息中心联网，并结合供销社的设施改造，将网络延伸到铁山、石屯、东平等基层供销社信息站。当年收集网络信息 1900 多条（篇），发布政和县农副产品信息 50 多次 130 多条（篇），并编辑发行《流通信息》12 期，接受来人来函咨询 384 人次。2002 年开始，开展网上发布供求信息项目，当年促成商品成交额 660 万元，市场预测预报指导商品购销额 656 万元。同时，信息中心还固定联系种养、加工或流通大户 20 多户。

2003—2005 年，网上发布供求信息促进商品成交额分别达到 760 万元、910 万元和 1100 万元；开展市场预报预测指导商品购销额分别为 1000 万元、1100 万元和 1210 万元。同时，信息中心还利用有线电视和广播电台，及时发布主导产业春笋、茶叶、锥栗行情，每年 50 天、500 条左右。

（二）基地建设

2003年，县供销社与外资企业富士岛公司联合在镇前镇梨洋村，采取“公司+基地+农户”模式创建生产基地，当年开发试种良种萝卜14亩获得成功。2004年种植面积扩大到300亩，收成600吨，并带动周边农户种植200亩，既有效地缓解了富士岛公司原料不足问题，又增加了农民收入。2005年基地种植200亩，收成350吨，带动周边农户种植300多亩，增加收入30多万元。

（三）专业合作社及流通协会

供销部门在改革和发展过程中，积极引导农民进入市场，助农增收，围绕当地主导和特色产业，创办各类专业合作社。2002年，由石屯供销社牵头，领办石屯镇茶叶专业合作社，当年入社农户14户，产值100万元。是年12月，经民政部门核准，成立以县供销社为依托的政和县农资流通协会，协会有团体会员11个，个体会员44户。2003年8月，由铁山供销社牵头，联办铁山镇锥栗专业合作社，当年入社农户70户，产值700万元；9月，由铁山供销社牵头，联办江上村蔬菜专业合作社，入社农户28户，当年产值3万元；11月，由杨源供销社牵头，联办大溪村蔬菜专业合作社，当年入社农户50户，产值60万元；12月，由东平供销社与东平镇政府联合创办东平镇锥栗专业合作社，入社农户52户，至次年产值450万元。2004年6月，县供销社和杨源乡政府联合创办杨源乡反季节蔬菜专业合作社，入社农户25户，当年销售甘兰、花菜、西红柿等500多万元，至2005年增至710万元。2005年3月，县供销社和县妇联联合创办下榅洋云雾茶专业合作社，入社农户59户，当年产值375万元。

（四）村级综合服务站

2002年，以村级购销站和代购代销点为依托，先后创办东峰、长城、石门、岭腰、锦屏、湖屯、富垅、坂头、岭头、新口、苏地等11个村级服务站。服务站统一悬挂供销社社徽招牌，统一代办营业执照，统一管理。实行自找店面、自筹资金、自主经营、自我发展办法。要求有服务承诺、有科普信息栏、有村民需求登记簿、有村民意见簿。2003年，先后创办松源、大红、江上、范屯（铁山）、际下、新康、黄岭、前村、营前、常布、凤头、护田、碗厂、范屯（东平）、西津等15个村级综合服务站。2004年，创办筠竹坑、大溪、西门、章口、外屯、车潭、下园、稻香、方源、洋屯、黄坑等11个村级综合服务站。2005年，创办西表、东干、下榅洋等3个村级综合服务站。是年底，全县共有村级综合服务站40个。

表21－12　**2002—2005年政和县供销社领办、牵办、联办农村专业合作社情况表**

名　　称	创办时间	社员户数	入社股金（万元）	经营规模（亩）	产　值（万元）	辐射范围	
						农户（户）	增收（万元）
铁山镇锥栗专业合作社	2003.8	70	0.71	2500	700	3600	14
铁山镇江上蔬菜专业合作社	2003.9	28	2.50	70	3	300	1.50
石屯镇茶叶专业合作社	2002.3	14	0.70	650	100	150	40
东平镇锥栗专业合作社	2003.12	52	0.76	1089	450	400	6
杨源乡大溪蔬菜专业合作社	2003.11	50	2.18	300	60	60	2.60
杨源乡反季节蔬菜专业合作社	2004.6	25	19	500	500	3000	70.60
澄源乡下榅洋云雾茶专业合作社	2005.5	59	0.10	1600	375	2300	11.80

第四章　粮油经营

第一节　粮油购销

一、粮食收购

（一）征粮

1989 年，全县征粮任务仍按原定基数 2215 吨不变，各乡镇分别为城关 256 吨，石屯 430 吨，东平 402 吨，铁山 399 吨，外屯 50 吨，镇前 182 吨，杨源 173 吨，澄源 276 吨，东平农场 30 吨，营前农场 17 吨。

1993—1999 年，全县共完成征粮实物 10133 吨。2000 年起停止征粮。

表 21 - 13　**1993—1999 年完成征粮实物情况表**　单位：吨

年　份	1993	1994	1995	1996	1997	1998	1999	合　计
征粮数	1381	997	1908	2022	1158	1211	1456	10133

（二）定购

1. 定购任务

1988—1990 年，省、地对粮食定购实行购销、调拨、财务包干，少购多销则由当地财政负责，一定 3 年，核定政和定购任务 8000 吨，“议转平”收购任务 2000 吨。县政府为调剂丰歉，下达定购任务 8450 吨，“议转平”收购任务 2500 吨。1989 年，因遭受“7 · 22”特大洪灾，农田、水利毁坏严重，经上级批准，当年定购任务调减为 6485 吨。

1992 年，县政府核减石屯乡松源村上布自然村定购任务 30 吨，全县定购任务为 8420 吨。是年，因新建水库，为解决库区移民口粮，县政府分别安排镇前、杨源、铁山、星溪等乡镇共新开垦农田 889 亩，向国家交定购粮 177.80 吨。1993 年，县政府取销各乡镇定购增加指标，全县定购任务调减为 8000 吨，延续至 1997 年。1998—1999 年，县政府先后两次调减全县粮食定购任务，分别由 8000 吨调减为 7820 吨和 7400 吨。2000 年，县政府根据上级政策，决定当年早稻不列入收购计划，各粮站按照“购得进，销得出”原则，自主经营，自负盈亏，全县粮食定购任务相应由 7400 吨调减为 2800 吨。2001 年，粮食购销市场化，粮食定购任务取消。

2004 年，省、市安排政和县省级储备粮订单任务 2000 吨；县级储备粮订单任务 400 吨。2005 年，省级储备粮订单任务仍为 2000 吨，县级储备粮轮换 183.50 吨。

表 21－14

1989—2000 年政和县粮食定购、“议转平”收购任务表

单位：吨

年份＼乡镇	合计	熊山	星溪	石屯	东平	铁山	岭腰	外屯	镇前	杨源	澄源	东农	营农	备注
1989 至 1991	7895	25	650	2185	2185	1175	—	50	325	400	450	225	225	定购粮，一定三年
	2500	—	375	625	775	300	—	—	100	200	125	—	—	“议转平” 定二年
1992	7865	25	650	2155	2185	1175	—	50	325	400	450	225	225	
1993 至 1997	8000	—	650	2635	1985	1175	—	50	325	400	450	225	105	一定五年不变
1998	7820	—	650	2535	1935	1145	—	50	325	400	450	225	105	
1999	7456	—	600	2335	1835	840	291	50	325	400	450	225	105	
2000	2800	—	255.60	763.90	654	286.70	112	50	182	172.80	276	30	17.00	

说明：2001 年起，粮食购销市场化，取消粮食定购任务

2. **收购实绩**

（1）定购粮收购

1989年，受“7·22”特大洪灾影响，粮食大幅度减产，县政府按省、市要求，除增加农村回销指标外，调减当年定购指标任务1965吨，减幅达23.25%，当年全县定购粮入库6421吨，占调减后任务的97.80%。1991—1992年，粮食部门贯彻国务院“稳购、压销、调价、包干”的粮食工作方针，两年共入库定购粮16325吨，占任务的98.50%。1993年，取消农业税收实物和指令性定购任务，粮油收购价格全面放开，实行市场议购，全县共签订议购合同8000吨，但因当年合同定购价与市场价差距较大，仅收购定购粮6325吨，占任务的74.4%。1995年，县粮食局设立定购粮资金内部结算中心，保证收购资金的及时兑现，1995—1997年共入库定购粮22830吨。1998年，实施《粮食收购条例》，落实敞开收购、顺价销售和收购资金封闭运行“三项政策”，1998—2000年共收购定购粮14035吨。2001—2002年，粮食系统国有企业干部职工下岗安置、置换身份，粮食收购工作处于停顿状态。2004—2005年，国家相继出台各种粮食直补政策，全县共收购订单粮3183吨。

表21－15　**1989—2005年政和县国有粮食企业定购粮、订单粮收购情况表**　单位：吨

年　份	收购数	年　份	收购数	年　份	收购数
1989	6421	1995	6830	2001	—
1990	8155	1996	8000	2002	—
1991	8325	1997	8000	2003	1317
1992	8000	1998	6230	2004	1000
1993	6325	1999	6245	2005	2183
1994	5705	2000	1560	合　计	84296

（2）议价粮收购

20世纪80年代，议价粮经营由粮食局下属的粮油议购议销公司独家经营。1989年，省出台议价收购粮食最高限价和最低保护价政策，7月，按照南平地区行署决定，议价粮收购早稻每50公斤不超过48元，晚稻不超过50元，早杂优按早稻加价1元收购，当年，夏秋粮入库议价粮10067吨。

1990年，在连续几年遭受自然灾害的情况下，县粮食部门仍然收购议价粮10256吨（含省地专项储备任务3000吨），其中纯购进7203吨。1991年，粮价下跌，粮食部门采取腾仓并库、边收边调等办法，努力增加仓储能力，当年收购议价粮13506吨。1993年，粮食价格放开，粮食收购价随行就市。1993—1997年，共收购议价粮25054吨，其中纯购进12008吨。1998年和1999年，全县粮食部门敞开收购农民手中余粮，两年共收购余粮3088吨。2000—2003年，粮食体制改革，未收购议价粮。2004年后，实行订单粮办法，议价粮收购业务停止。

表21－16　**1989—1999年政和县议价粮收购情况表**　单位：吨

年　份	合　计	纯购进	购自其他商业	系统内购进
1989	10067	8766	923	378
1990	10256	7203	815	2238
1991	13506	7783	4052	1671
1992	11373	6253	157	4963
1993	6922	2854	746	3322
1994	4682	128	186	4368

续表 21－16

年　份	合　计	纯购进	购自其他商业	系统内购进
1995	11555	5652	787	5116
1996	2903	1538	259	1106
1997	1959	1836	123	—
1998	1104	1082	—	22
1999	1984	—	—	—

二、粮食销售

1989—1992 年，城镇居民口粮按人口、工种实行定量平价供应。1989 年，因遭受特大自然灾害，为安排好灾区群众生活，除人口定量供应平价粮外，销售议价粮 7765 吨，全年售粮计 12015 吨。1990—1992 年，共销售平价及议价粮 40851 吨。

1993 年，开放粮食市场，粮食销售价放开，平议价粮接近同价，居民定量供应口粮办法虽未明文取消，但已无实际意义。下半年，粮价开始上涨，为稳定粮食市场，县粮食部门按省上统一部署，全县城乡各粮店于 12 月份挂牌降价销粮，敞开供应大米，全年城乡销售粮食 23995 吨。

1996 年，粮价回落，国有粮食部门粮食销售不畅，全年销售量仅 1648 吨，粮食库存严重积压，大量陈粮等待推销转化。

1999 年，县政府召开粮食工作专题办公会议，研究决定由县财政从县粮食风险金中拨出专款 30 万元，用于支持陈粮转化处理的差价还贷；县粮食局成立陈粮抛售领导小组，落实各项具体措施，当年抛售陈粮 2845 吨，减轻库存压力，盘活资金。全年共销售粮食 5838 吨。2003 年，除经有关部门批准，处理周转粮库存 6430 吨外，各网点售粮 3278 吨。2004—2005 年，销售省级储备订单粮 2600 吨。

表 21－17　**1989—2005 年政和县粮食部门粮食销售数量表**　单位：吨

年　份	销售数	年　份	销售数	年　份	销售数
1989	12015	1995	13634	2001	4618
1990	12971	1996	1648	2002	7112
1991	13951	1997	4642	2003	3278
1992	13929	1998	2836	2004	600
1993	23995	1999	5838	2005	2000
1994	15887	2000	3655	合　计	142609

三、经营网点

1989 年，粮食部门为方便居民和农民购粮、售粮，在城区及各乡镇均设立粮食收购点和粮油供应门市部。城区设立 7 个定点供应门市部和 2 个粮食收购点，各乡镇所在地粮站设 1 个粮食收购点和 1 个粮油供应门市部，此网点布局一直延续至 1998 年。1999 年，城关粮站及城关粮油供应站在旧城改造中拆除。

2000 年，全县粮食系统体制改革逐步展开，职工进入下岗安置阶段，各乡镇粮站门市部撤销，粮油经营网点仍然以个人承包或个体经营方式存在。2001 年，取消粮食定购任务，各收购网点基本处于有点无市状态。2003 年，由原城关粮站门市部撤销后分设的西门沿街店面 3 个门市部撤销，保留的军供粮点则迁至东门粮库营业。个体粮食供应店及流动粮食经营户遍布城乡。是年，城区南门、东门及下药等 3 个门市部撤销。2005 年，除城区东门粮库及东平、石屯收购点继续收购粮食外，其余收购网点均闲置。

四、食油购销

1989—1992 年，食油购销实行平、议价格双轨制，平价部分按人口凭票定量供应。粮食部门共购进各种平价食油 255.60 吨，销售 265.50 吨。1993 年以后，全面实行市场价格，由市场调节。1993—1995 年，共购进各种食油 44.01 吨，销售 37.17 吨。1996—1998 年，共购进各种食油 6.7 吨，销售 16.3 吨。1989—1998 年，粮食部门食油购进量为 306.31 吨，销售量为 318.97 吨。1999 年之后，食油购销全部由个体户经营。

表 21－18　**1989—1998 年政和县粮食部门食油购销情况表**　单位：吨

年　份	1989	1990	1991	1992	1993	1994
购入数量	29.40	70.30	102.30	53.60	15.11	27.90
销售数量	36.50	63.30	104.40	61.30	21.77	11.20
年　份	1995	1996	1997	1998	合　计	
购入数量	1.00	6.00	0.70	—	306.31	
销售数量	4.20	5.90	0.10	10.30	318.97	

第二节　粮食价格

一、粮食收购价格

（一）粮食定购价格

1989 年以前，国家对粮食收购从统购改为合同定购，粮价先后进行过 11 次调整，如晚籼谷每 50 公斤从早先的 4.50 元，提高到 22.50 元，但工农业产品价格剪刀差仍然很大，粮食价格与其他农副产品价格相比也偏低。1989 年，为促进粮食生产，县物委、粮食局根据省政府《关于调整粮油收购价格的通知》精神，对粮食收购价再次进行调整，在现行定购价的基础上，每 50 公斤早籼稻（中等，下同）提高 5 元；杂交稻提高 5.40 元；粳稻、籼糯稻提高 6 元；晚稻提高 6.20 元；小麦提高 1.50 元。同时，相应提高等级差价，每个等级的早、晚稻等级差价为 0.70 元；早晚粳稻和早糯稻的等级差价为 0.80 元；粳糯为 0.90 元；小麦 0.80 元；玉米和地瓜 0.70 元。

1990 年以后，随着粮食市场的逐步放开，粮价也不断变化。1993 年开始，粮食市场行情时升时降，粮食定购价也相应调整，至 2000 年，先后调整 8 次。

表 21－19　**1989 年政和县粮食收购价格调整情况表**　单位：50 公斤/元

品　种	调　整　前　价		调　整　后　价	
	统购价	定购价	统购价	定购价
早籼谷	12.96	17.50	16.67	22.50
晚籼谷	13.55	18.30	17.56	23.70
杂交籼谷	13.55	18.30	17.56	23.70
早粳谷	15.55	21.00	20.00	27.00
晚粳谷	16.30	22.00	20.70	28.00
籼糯谷	15.55	21.00	20.00	27.00

续表 21－19

品　种	调　整　前　价		调　整　后　价	
	统购价	定购价	统购价	定购价
粳糯谷	18.75	25.30	23.30	31.50
早籼米	18.50	25.00	23.90	32.20
晚籼米	19.40	26.20	25.10	33.90
杂交籼米	19.40	26.20	25.10	33.90
早粳米	21.90	29.60	28.10	38.00
晚粳米	23.00	31.00	29.20	39.50
籼稻米	21.90	29.60	28.10	38.00
粳糯米	26.40	35.60	32.90	44.40
小　麦	17.40	23.50	18.52	25.00
玉　米	12.90	17.30	16.67	22.50
地瓜米	12.20	16.50	15.55	21.00

说明：各品种规格均为中等

表 21－20　**1988—2005 年政和县粮食定购价情况表**　单位：50 公斤/元

年　份	品　种		年　份	品　种		年　份	品　种	
	早　谷	晚　谷		早　谷	晚　谷		早　谷	晚　谷
1988	17.50	18.30	1994	50.00	55.00	2000	—	53.00
1989	22.50	23.70	1995	50.00	55.00	2001	—	—
1990	22.50	23.70	1996	71.00	76.00	2002	—	—
1991	22.50	23.70	1997	71.00	76.00	2003	—	—
1992	22.50	27.70	1998	61.75	66.50	2004	77.00	79.00
1993	29.00	32.00	1999	51.00	56.00	2005	70.00	72.00

说明：表中品种规格均为中等

（二）粮食收购保护价格

1993 年 3 月 5 日，建立并实施粮食收购保护价格和粮食风险金两项制度。当年，早、晚稻收购价分别为每 50 公斤 24 元和 28 元。

1995 年，实行“米袋子”省长负总责前提下分级负责制。1998 年，《粮食收购条例》颁布实施，要求执行按保护价收购农民手中余粮、粮食收储企业顺价销售、农业发展银行收购资金封闭运行等“三项政策”，当年保护收购价每 50 公斤早谷 55 元，晚谷 62 元。2004 年 5 月，执行《粮食流通管理条例》，早、晚稻最低收购价每 50 公斤分别为 70 元和 72 元，此收购价延续至 2005 年。

表 21－21　**若干年份政和县粮食保护价收购价格表**　单位：50 公斤/元

年　份	品　种		年　份	品　种		说　明
	早　谷	晚　谷		早　谷	晚　谷	
1993	24.00	28.00	1999	51.00	54.00	品种规格均为中等
1997	61.75	66.75	2004	70.00	72.00	
1998	55.00	62.00	2005	70.00	72.00	

（三）粮食收购价外补贴及“三挂钩”政策

贫困乡粮价补贴　1988年开始，对贫困乡定购粮实行加价补贴，每50公斤加3.50元，星溪、外屯、镇前、杨源、澄源等5个贫困乡（镇）享受该项补贴，按年定购任务1900吨计算，年补贴额13.30万元，此项政策延续至1992年。

价外补贴　1994—1999年，对定购粮实行价外补贴，除1994年每50公斤补贴5元外，其他年份均补贴10元。2004年4月，贯彻执行南平市粮食局、财政局、农业发展银行《2004年南平市粮食实行直接补贴和良种补贴实施意见的通知》，对订单粮食按最低收购价格水平（早稻为70元/公斤）或市场收购价，再给予每50公斤4元的直接补贴和1元良种补贴，2004—2005年全县共支付此项补贴资金45.83万元。

“三挂钩”政策　1988年4月开始，每交售50公斤定购粮，奖售平价优质化肥7.50公斤，柴油1公斤，并在春耕前按定购粮价款总数预付20%定金。1989年，化肥由7.50公斤提高到12.50公斤，其他不变。1990年4月，每定购50公斤原粮，挂钩标准氮肥12.50公斤（折尿素6.25公斤）、柴油1公斤、预定金4.50元，另补柴油款0.70元。1991年每50公斤定购粮增补化肥平议差价款2.50元。1993年，化肥平议差价款调为4.21元。1994年，除东平、石屯、星溪及铁山4个乡（镇）继续发放预定金外，其他乡（镇）停止发放。1995—1997年，定购粮只与奖售化肥挂钩，每50公斤原粮奖售三明尿素6.25公斤。1998年“三挂钩”政策停止执行。

二、粮食销售价格

（一）城镇和农村供应价

1988年5月以前，粮油供应价格虽经几次调整，但仍然偏低。当年5月31日，根据省政府文件通知，从6月10日起，提高粮油销售价格。城镇粮食销售价格按定购价以购销同价原则调价，每50公斤标二晚米从14.20元调为26元；标一晚米由14.40元调为27元。特等籼米和优质籼米则不属购销同价，而比定购价略高，每50公斤特等早籼米高0.30元，晚籼米高0.60元；优质早籼米高1.60元，晚籼米高1.90元；标准面粉从17.00元调为28.50元；精粉从26.00元调为38.00元。农村粮食销价则按定购价加价外补贴的购销同价，每50公斤（下同）中等晚谷为22.80元，标二早米为31.25元。

粮食复制品和副产品也相应提价。城镇供应的精粉机面由35.00元提至49.00元；兴化粉由29.00元提至46.00元；麦皮由7.00元提至8.50元；细糠由5.60元提至7.00元。对老红军、离退休老干部定量外补贴大豆按收购价供应；各行业用粮、用油则价格一律放开，议价供应。军供粮油仍按原统销价供应。为确保职工生活，实行每人每月8元的粮油提价补贴。

表21－22　**1989年政和县稻谷销售价格调整情况表**　单位：50公斤/元

品名	等级	调整前销价		调整后销价	
		城镇销价	农村销价	城镇销价	农村销价
早籼谷	一等	9.80	18.50	18.50	23.00
	二等	—	18.50	18.00	22.50
	三等	9.50	17.50	17.50	21.50
	四等	—	17.00	17.00	21.50
	五等	9.20	16.50	16.50	21.00
晚籼谷	一等	10.20	19.30	19.30	23.80
	二等	—	18.80	18.80	23.30
	三等	9.90	18.30	18.30	22.80
	四等	—	17.80	17.80	22.30

续表 21－22

品 名	等 级	调整前销价		调整后销价	
		城镇销价	农村销价	城镇销价	农村销价
	王等	9.60	17.30	17.30	21.80
晚粳谷	一等	12.00	23.30	23.30	27.80
	二等	—	22.65	22.65	27.15
	三等	11.70	22.00	22.00	26.50
	四等	—	21.35	21.35	25.85
	五等	11.30	20.70	20.70	25.20
粳糯谷	一等	15.40	26.80	26.80	31.30
	二等	—	26.05	26.05	30.55
	三等	14.90	25.30	25.30	29.80
	四等	—	24.55	24.55	29.05
	五等	14.40	23.80	23.80	28.30

表 21－23

1989 年政和县米面销售价格调整情况表

单位：50 公斤/元

品 名	现行价格		调整后销价	
	城镇销价	农村销价	城镇销价	农村销价
优质早米	18.50	30.40	32.00	38.25
特等早米	15.90	27.70	28.00	34.24
标一早米	14.00	25.75	25.75	32.00
标二早米	13.80	25.00	25.00	31.25
优质晚米	19.00	31.60	33.50	39.75
特等晚米	16.50	28.90	29.60	35.75
标一晚米	14.40	27.00	27.00	33.25
标二晚米	14.20	26.20	26.00	32.46
标一早粳米	16.60	30.50	30.50	36.75
标二早粳米	16.00	29.60	29.60	35.35
标一籼糯米	19.00	30.50	30.50	36.85
标二籼糯米	18.50	29.60	29.60	35.85
标一晚粳米	17.00	32.00	32.00	38.25
标二晚粳米	16.50	31.00	31.00	37.25
标一粳糯米	21.70	36.60	36.00	42.85
标二粳糯米	21.00	35.60	35.60	41.85
特一精粉	26.00	37.80	38.00	43.60
特二精粉	22.00	33.10	33.00	38.60
标准粉	17.00	28.40	28.50	34.00
中等粉	9.50	17.50	17.50	22.00

1991 年，粮食销售价格再次调整，根据 4 月 18 日省物价委员会和省粮食厅下达的《关于调整粮油销售价格的通知》，从 5 月 1 日起执行新的粮油销价。各粮种调价幅度为 42.8%—60%，如每 50 公斤（下同）标二早籼米城镇销价产区从 25 元提高到 40 元，销区从 27 元提高到 42 元，提高 60%。农村销价产区从 32.20 元提高到 47.00 元，销区从 34.20 元提高到 49.00 元，提高 46%。标准面粉产、销区同价，城镇从 28.50 元提高到 42.00 元，农村从 35.50 元提高到 49.00 元，幅度为 47.40%。玉米城镇销价从 17.50 元提高到 25.00 元；农村从 22.50 元提高到 30.00 元，幅度为 42.80%。大豆城镇销价从 37.50 元提高到 60.00 元，幅度为 60%。粮价调整后，粮食复制品则按调整后的原料粮食销价，加合理费用和微利确定。军供粮油按调整后统销价供应。市镇居民留存的粮票和粮证结存的粮额可继续使用，但购买粮食和粮食复制品均按调整后的城镇销价供应。农村销售的粮食，原规定按农村销价供应的，按调整后的农村销价供应，原规定按城镇销价供应的，按调整后的城镇销价供应。

表 21－24

1991 年 5 月起政和县粮食销售价格表

单位：50 公斤/元

品种	等级	城镇销价		农村销价		统销价
		产区	销区	产区	销区	
早籼米	优质	52.00	54.00	61.00	63.00	32.00
	特等	45.00	47.00	53.00	55.00	28.00
	标一	42.00	44.00	49.00	51.00	26.00
	标二	40.00	42.00	47.00	49.00	25.00
	标三	39.00	41.00	46.00	48.00	24.00
晚籼米	优质	54.00	56.00	64.00	66.00	35.00
	特等	47.00	49.00	56.00	58.00	31.00
	标一	44.00	46.00	52.00	54.00	28.00
	标二	42.00	44.00	50.00	52.00	27.00
	标三	41.00	43.00	49.00	51.00	26.00
杂交籼米	优质	54.00	56.00	64.00	66.00	35.00
	特等	47.00	49.00	56.00	58.00	31.00
	标一	44.00	46.00	52.00	54.00	28.00
	标二	42.00	44.00	50.00	52.00	27.00
	标三	41.00	43.00	49.00	51.00	26.00
早粳米	优质	61.00	63.00	72.00	74.00	39.00
	特等	53.00	55.00	63.00	65.00	34.00
	标一	49.00	51.00	58.00	60.00	31.00
	标二	47.00	49.00	56.00	58.00	30.00
	标三	46.00	48.00	55.00	57.00	29.00
晚粳米	优质	64.00	66.00	76.00	78.00	41.00
	特等	56.00	58.00	66.00	68.00	36.00
	标一	52.00	54.00	51.00	63.00	33.30
	标二	50.00	52.00	59.00	61.00	32.00
	标三	49.00	51.00	58.00	60.00	31.00

续表 21－24

品　种	等　级	城　镇　销　价		农　村　销　价		统　销　价
		产　区	销　区	产　区	销　区	
籼糯米	优质	62.00	64.00	73.00	75.00	40.00
	特等	54.00	56.00	64.00	66.00	35.00
	标一	50.00	52.00	59.00	61.00	32.00
	标二	48.00	50.00	57.00	59.00	31.00
	标三	47.00	49.00	56.00	58.00	30.00
粳糯米	优质	72.00	74.00	85.00	87.00	45.00
	特等	63.00	65.00	74.00	76.00	40.00
	标一	58.00	60.00	68.00	70.00	36.00
	标二	56.00	58.00	66.00	68.00	35.00
	标三	55.00	57.00	65.00	67.00	34.00

1992 年，省政府决定，从 4 月 1 日起，再次调整全省粮食购销价格，实现购销同价，城镇居民口粮标二早籼米每 50 公斤平均提高 4.00 元，并以此作为中准价，允许根据市场粮价变动情况而调整。部队军粮仍按国家规定统销价供应。1993 年 12 月以后，由于粮食价格持续走高，粮食市场发生很大变化，粮价开始进入市场调节阶段。1994—2005 年，粮食销售完全按市场价格变化运行。

（二）集市粮食销售价格

集市粮食价格从 1988—2005 年，先后经历了三个上涨阶段。1988 年年底，早谷每 50 公斤 77.00 元，晚谷每 50 公斤 90.00 元，涨幅均在 40% 以上。1993 年 12 月中旬，大米价格由每 50 公斤 65.00 元上涨到 95.00 元，涨幅 46.1%。1994 年底，粮价继续上扬，晚米最高价每 50 公斤 150.00 元。为抑制市场粮价上扬，县粮食部门适时采取措施，在全县 16 个粮店恢复凭证供应，实行定价挂牌，城镇居民凭“粮籍证”领取供应券，分别到指定的 9 个粮店购粮，其价格也经历三个阶段变化。第一阶段按省上定价标一晚米每 50 公斤 94.00 元，特标晚米价格随行就市敞开供应；第二阶段按县政府定价，特标晚米每 50 公斤 108.00 元，按人口限量供应；第三阶段居民凭“粮籍证”兑换每人每月 10 公斤粮食供应券，挂牌限价供应，特标晚米每 50 公斤 115 元。通过宏观调控，粮食市场价格有所回落，每 50 公斤从 150 元下降到 138 元。

2003 年 6 月以后，市场粮价开始小幅波动，11 月，晚谷每 50 公斤由 52 元上升到 64 元；早米由 71 元上升到 78 元；晚米由 78 元上升到 100 元，分别上涨 18.5%、9.8% 和 28.2%。2004—2005 年，集市粮价继续攀升，晚谷每 50 公斤升到 91 元，晚米每 50 公斤 130 元。2005 年 12 月底，晚谷最高价每 50 公斤 102 元，大米最高价 142 元。

表 21－25　**若干年份政和县主要粮油品种集市价格月报表**　单位：50 公斤/元

年份	月份/品种	1 月	2 月	3 月	4 月	5 月	6 月	7 月	8 月	9 月	10 月	11 月	12 月
1998	早谷	60	59	58	59	54	58	72	70	70	68	67	66
	晚谷	65	65	65	65	65	68	84	81	80	76	72	72
	早米	82	82	82	82	80	83	105	105	100	96	105	96
	晚米	96	96	96	96	95	104	120	120	130	125	115	110
	面粉	100	100	100	100	130	130	130	130	130	125	130	130

续表 21 – 25

年份	月份 品种	1 月	2 月	3 月	4 月	5 月	6 月	7 月	8 月	9 月	10 月	11 月	12 月
1998	花生油	450	450	450	500	500	500	500	500	500	500	550	550
	菜油	360	360	360	420	420	420	420	420	420	420	490	490
1999	早谷	66	66	67	66. 5	66	66	61	57	54	52	52	49
	晚谷	72	72	72	72	71	70. 5	68	66. 5	65	62	58	54
	早米	96	96	96	98	92	92	90	85	82	80	76	70
	晚米	110	110	110	110	105	105	102	100	96	95	90	85
	面粉	130	130	130	130	130	130	130	130	130	130	130	120
	花生油	550	550	550	550	550	550	500	500	500	500	500	500
	菜油	490	490	480	480	480	480	430	430	430	430	430	400
2000	早谷	49	49	48	45	45	43	43	40	40	40	40	40
	晚谷	54	54	54	52	52	52	50	49	49	49	49	49
	早米	70	70	70	70	70	70	68	66	66	66	66	66
	晚米	80	80	80	80	78	80	78	75	75	72	75	75
	面粉	110	110	110	110	110	110	100	100	100	100	100	100
	花生油	450	450	450	450	450	450	450	450	450	450	450	450
	菜油	400	400	400	400	400	340	340	340	340	340	340	349
年份	月份 品种	2003 年 7 月	8 月	9 月	10 月	11 月	12 月	2004 年 1 月	2 月	3 月	4 月	5 月	6 月
2003 至 2004	早谷	48	55. 5	54	51	—	—	—	—	—	—	—	—
	晚谷	54	57	55	52	64	71	74	85	90	89	89	91
	早米	71	80	78	78	78	78	—	—	—	—	—	—
	晚米	78	85	85	80	100	105	110	130	140	134	130	130
	面粉	110	110	110	110	110	140	140	140	145	145	145	140
	大豆	180	185	180	180	200	220	220	220	220	220	220	240
	花生油	400	400	450	450	450	—	—	—	—	—	—	—
	菜油	350	350	340	340	400	420	430	420	410	410	410	400

第三节　粮油储运

一、粮仓、油罐

国家粮食仓库绝大多数建造于 20 世纪 90 年代以前，其中 1980 年前建设的粮库仓容量 11383 吨，占总仓容量的 46%，多为简易的房式仓。1980—1990 年建造的，则全部是新式基建房式仓。1991 年，相继新建石屯粮站和城区供应站粮仓各 1 座，其中石屯粮仓库容 500 吨，城区站粮仓为双层成品粮库，库容 500 吨。这一年全县粮仓建筑面积 18375 平方米，设计库容 27250 吨，有效库容 26730 吨。

1992 年，因旧城改造和城镇建设拆迁，城关、东平和镇前粮站粮库面积减少 748 平方米，有效库容减少 1250 吨，全县粮仓有效库容为 25480 吨。

1996 年，西津 4#仓、岭腰 9#仓、外屯 2#仓、富垅 5#仓相继报废，共减少面积 1040 平方米，减少有效库容997吨，全县粮仓有效库容减为24483吨。

2002年，因资产变性（性质变易），城关粮站仓库减少面积2096平方米，减少库容2882吨；西津粮库减少面积801平方米，减少库容1224吨；杨源粮库减少面积312平方米，减少库容442吨，共减少库容4552吨，全县粮仓面积减至13128平方米，有效库容减至19931吨，至2005年不变。

2005年，城关粮站有储油罐2个，容量120吨。

表21－26　**2005年政和县粮食仓库分布情况表**

项目 站名	仓库座数（座）	库点个数（座）	仓库面积（平方米）	设计仓容（吨）	有效仓容（吨）	投资金额（万元）	有效仓容（吨）
城关粮站	5	2	2486	3750	3689	20	807
石屯粮站	12	2	4194	6750	6536	44	5312
东平粮站	11	1	3749	5750	5673	39	5673
铁山粮站	7	3	2196	3350	3003	13	3003
外屯粮站	1	1	150	250	206	1	206
镇前粮站	4	1	1248	2000	1785	15	1785
杨源粮站	3	1	941	1500	1337	8	891
澄源粮站	4	2	877	1900	1754	10	1754
城区军供站	1	1	496	500	500	46	500
合　计	48	14	16337	24483	25750	196	19931

表21－27　**1988—2005年政和县粮食仓库容量变化情况表**　单位：平方米、吨

年　份	仓库面积	设计容量	有效容量	年　份	仓库面积	设计容量	有效容量
1988	17171	26250	25145	1997	16337	25750	24483
1989	17171	26250	25145	1998	16337	25750	24483
1990	17171	26250	25145	1999	16337	25750	24483
1991	18375	27250	26730	2000	16337	25750	24483
1992	17627	26000	25480	2001	16337	25750	24483
1993	17377	26500	25480	2002	13128	21250	19931
1994	17377	26500	25480	2003	13128	21250	19931
1995	17377	26500	25480	2004	13128	21250	19931
1996	16377	25750	24483	2005	13128	21250	19931

二、粮食储藏

（一）商品粮

政和县是闽北粮区之一，年平均存粮约1万吨，1999年底最高存粮达1.90万吨。为确保粮食安全，粮食部门除认真落实《国家粮油仓库管理办法》和《福建省粮站（库）主任保管责任制的若干规定》外，1996年还制订了《政和县粮食保管工作若干规定》。2002年以后，随着粮食流通体制改革的不断深化，商品粮库存量锐减，2003年年均库存仅1108吨。2004年起粮库就仅存县级储备粮。

（二）储备粮

国家专项储备粮　1992年起开始承担国家储备粮保管任务。1994年3—5月，先后3次移库宁德

地区。2002 年以后，国家专项储备粮上收，政和县无储备任务。

省级专项储备粮 1992 年开始承担省级专项储备收藏任务。1995 年 8 月和 1999 年 2 月因灾先后两次核减库存。2001 年 10 月，代储粮开始上收，库存减少。2003 年 2 月后没有代储任务，但 2005 年有代收省专项储备粮。

“506”代号粮 从 1988 年起，开始代储“506”代号粮，直至 2001 年库存数均不变。2002 年，代储粮任务结束。

县级专项储备粮 1992 年开始收藏县级专项储备粮，至 2005 年均有收藏任务。

三、粮油调运

政和县调出的粮食主要是稻谷和大米，其流向主要为宁德、福安和福州等地。1988 年，调出稻谷 3352 吨，1989 年调出 1330 吨，1994 年调出 5715 吨，为历年中调出最多的年份。1995 年后国家专项储备粮移库宁德，外调数逐年减少。1999 年后，粮食调运完全市场化，粮食外调外销采取拍卖方式进行。至 2000 年，全县共调出粮食 21779 吨。

政和县调入的主要是面粉、麦皮、玉米及食用油，面粉、麦皮多从邵武、南平及闽东面粉厂调入。1989—1992 年，每年面粉调入量均在 1000 吨左右，其中 1990 年 1463 吨，是调入量最大的年份。1993 年后，粮油逐步实行市场化经营，粮食部门没有成品粮调入计划，均由个体经营户

自行进货。至 2000 年，全县共调入面粉 4715 吨，小麦 1000 吨，麦皮 1120 吨，食用油 177 吨。

第四节 管 理

一、管理机构

1989 年，县粮食局内设秘书股、人事股、财会股、审计股、监察股、购销股、储运股、加工股、标化室及系统工会等 10 个股（室），行政编制 3 名，事业编制 38 名，实有人员 33 人。

1996 年 5 月成立粮食局内部结算中心。1997 年 7 月，内设机构整合为人秘股、购销股、储运股和财会股等 4 个股，行政编制增至 8 名。同时，成立县粮食收储公司（后改为粮食购销有限公司），分流职工 13 名。2000 年，下属的粮食企业有城关、石屯、东平、铁山、外屯、镇前、杨源、澄源等 8 个粮站及城区粮油供应站、县粮油贸易公司、县饲料工业公司及县粮油加工厂等 12 家，在册职工 397 名。2000 年底，实施粮食体制改革，粮食企业职工全员下岗，转换身份。

2002 年 5 月，县粮食局并入县经济贸易局，对外加挂粮食局牌子，在经贸局内设一个股负责处理日常粮食业务工作。10 月，县粮食局从经贸局分出办公，财务独立，人员编制则从经贸局划出 5 名，至 2005 年底不变。

二、票证管理

购粮证 城镇居民人口购买定量口粮的凭证，已使用多年，至 1992 年，随着粮食流通体制改革的不断深化，国有粮食部门供应居民口粮的价格，全省基本与市场价持平，购粮证虽未明文取消，但已失去实际意义。

粮籍证 1993 年 2 月发放，是非农业人口吃定量口粮的身份证明，1999 年 5 月取消。

农村粮食转移证明 用于农业人口迁移变更粮食供应关系，诸如农业人口婚嫁、子女升学、招工、招干、参军等，凭此证明办理，2001 年 5 月取消。

市镇粮食供应转移证明 用于市镇人口因婚嫁、子女升学、招工、招干、参军等原因而迁移变更粮食供应关系，2001 年 5 月取消。

全国粮票 在全国各地通用，1994 年停止使用，8 月 11 日销毁。

福建省地方粮票 在福建省内流通，1994 年停止使用，8 月 11 日与全国粮票同时销毁。

军用粮票 是部队官兵购买粮食的专用票，1989—1996 年统称军用粮票，不分粮种，由国家商业

部印制；1997—1999 年分大米票和小麦粉票，由国内贸易部印制；2000—2005 年分大米票和面粉票，由国家粮食局印制。

侨汇粮票和侨汇油票　华侨、侨眷因侨汇获得相应的购买粮、油的凭证，1989 年停止使用，12 月 26 日销毁。

政和县城区居民粮、油票　为便于城区人口定量口粮和食油的核销，1990 年城区粮油供应站印制了政和县城区居民粮票和油票，城区居民凭粮证到供应站领取，凭票到指定粮店购买粮食和食油，不能流通，1992 年废止。

粮食供应券　1994 年年底，因粮价持续走高，县政府为防止粮价过快上涨，采取临时性措施，规定居民人口凭粮籍证每月每人领取 10 公斤粮食供应券，居民凭券到指定粮店购买口粮。1995 年上半年，市场粮价趋于平稳，供应券取消。

三、财务管理

（一）定额亏损包干

1989 年开始，县财政对粮食部门实行定额亏损包干管理办法，正常经营由粮食部门自行负责。1997 年开始增加超储补贴，即政策性实际周转库存超过合理周转库存部分，县财政从风险基金中给予费用补贴和利息补贴，省上核定政和合理周转库存为 7500 吨（1998 年调整为 7000 吨）。是年开始，核定县级储备粮规模为原粮 1100 吨，产生的贷款利息由财政风险金中支付；保管费用按核定标准每吨年 90 元，从风险基金拨付给粮食部门。

1998 年 5 月和 2005 年 10 月，有关部门先后对政和县粮食部门政策性粮食财务亏损和政策性粮食财务挂账进行审计清理。2005 年，从粮食购销企业剥离政策性亏损挂账占用农发行贷款 987 万元到粮食局账户，由财政风险金中支付贷款利息。

（二）财务包干

1989—1995 年，县粮食局对基层企业（不含粮贸公司、加工厂、饲料公司）实行财务包干管理办法，由县局统一核定包干指标，年终考核，结余全留，超支不补；对粮食销售及贷款等，则由各单位自行办理。1996 年 5 月成立内部结算中心，停止各企业自行向农行贷款，将各粮站的政策性周转粮库存、申请贷款及销售粮款等统一收归内部结算中心管理，所需资金根据收量和费用包干指标统一下拨。

2000 年，粮食企业职工全员下岗。2001—2003 年，31 名签约上岗人员的工资、社保等则统一由粮食购销公司发放管理。2004—2005 年，政策性周转库存全部清理，对有县级储备粮保管任务的石屯、东平、铁山及城关 4 个粮站，则按县级储备粮的实际库存，每吨每年补贴 40 元保管费用，做为保管人员工资、养老保险金及办公费统筹使用。

第五章　物资供应

第一节　物资经营

一、金属材料

1989 年，金属材料经营由县物资局金属股根据核定的各项经济指标安排。经营品种主要有各种自来水管及水暖材料、钢板、钢管、生铁等品种，规格多达数十种。经营上已实行平价供应和议价供应并存的“双轨制”运作机制，计划外议价钢材的供应量较大。是年，计划内统配材和代供指标占全年金属材料销售量的 50% 左右，绝大部分钢材货源来自南平地区金属材料公司，年销售额 316 万元。从

1990 年开始，计划指标逐年减少 15%—20%。议价金属材料的价格完全根据市场供求关系的变化而自行调节。

1991 年，因各种基本建设规模不断扩大及群众大量建房等因素，对钢材的需求量激增，出现供不应求状况，钢材价格攀升到每吨 4450 元，当年销售金属材料 258 万元。1992 年后，金属材料由县物资总公司下属的金属材料公司，根据市场需要开展经营活动。1993 年，因国家实施宏观经济调控政策，银根紧缩，钢材价格全面回落。1994 年，计划指标全部取消，钢材销量则逐年增长。1998 年，物资总公司销售各类钢材 2650 吨。1999 年以后，物资市场全面放开，经营金属材料的个体经销商不断增加，1999 年城区有 3 家个体金属材料供应店，石屯、东平、镇前等乡镇也有金属材料销售点，县金属材料公司销售业务锐减，2000 年停止经营。

表 21－28　**若干年份政和县物资系统钢材销售情况表**

年　份	1989	1991	1993	1996	1998
销售量（吨）	620	750	810	1000	2650
销售价（元/吨）	1900—2000	2000—4450	3500—3900	2850—3000	2500—2750

二、机电设备

1989 年，县物资总公司经营的机电设备包括汽车、摩托车、水泵、变压器、仪表仪器、铝绞线、刀具钻、木工机械、轴承、砂轮以及机械配品配件等 100 多个品种，1000 多种规格。在经营运作上，除汽车仍由县计委下达指标和县控办批准供应外，大部分机电产品已开始实行平、议价“双轨制”经营方式，全年机电产品销售额近 300 万元，销售汽车 45 辆。

20 世纪 90 年代初，物资市场逐步放开，城乡经营机电产品的个体经销店迅速发展。1995 年后，继首家个体经营的中信摩托车行（专营钱江摩托车）开业后，又有“兄弟”（主营三轮摩托车）、“强宇”（主营雅马哈、豪江等品牌）等多家车行和机电配件店开张，占有大部分摩托车、自行车、汽车零配件等机电产品市场份额，1994 年县物资总公司机电产品销售额下降为 268 万元。

1997 年，县物资总公司改革经营体制，成立股份制企业九州物资公司，引进现代企业管理办法，建立激励机制，销售额有所回升，是年销售机电设备 301 万元。1998 年购进汽车 32 辆，全部销出。

表 21－29　**若干年份政和县物资总公司汽车购销情况表**　单位：辆

年　份	1989	1991	1993	1995	1998
购进数	47	24	39	38	32
销售数	45	24	38	36	32

二、化工建材

1989 年前，化工建材的经营由物资局建材股根据核定的各项经济指标开展经营服务，经营的化工建材品种主要有水泥、玻璃、烧碱、电石、二甲苯、各种轮胎、油毡、三角带、平型皮带等。1989 年，物资供应实行“双轨制”后，物资部门经营的化工建材品种逐渐减少，计划统配物资仅水泥和玻璃两种，其余由市场调节供应。当年，物资部门化工建材产品销售额 251 万元。20 世纪 90 年代初，水泥和玻璃也逐步取消计划管理，其余建筑材料则全部进入市场交易 。1991 年，物资部门化工建材产品销售额 232 万元，个体经销商则占了大部分市场份额，其中以水泥产品销售尤为突出。1992 年，水泥销售量 2940 吨，仅为 1989 年的 14% 左右。2000 年，物资部门占有的市场份额继续缩小，年销售量不足 500 吨，绝大多数水泥产品均由个体经销商供应，其货源除政和地产水泥外，县外、省外水泥产品也开始进入政和建材市场。

四、其他物资

主要有炸药、雷管、导火索等民用爆炸物品，俗称火工材料。民爆物品属于专控物资，其采购、运输、储存、供应均由公安机关审批、监督。20 世纪 90 年代以前，火工材料主要供给民用和交通工程爆破之用，销售量不大。2000 年以后，水利水电工程发展迅速，特别是矿业开发成为政和新兴产业，火工材料销售量逐年增长。2005 年，销售炸药 624 吨，导火索 98 万米，雷管 66 万发，均比 1989 年翻 2 番。

第二节　机　构

1989 年，县物资局内设人秘、财务、金属、机电、化建等 5 个股，下辖生产资料公司和物资再生利用公司 2 个企业，机关干部 14 人，企业职工 46 人。1990 年 10 月，县物资协作公司撤销建制并入物资局，同时，增设县物资经营部，为独立核算企业单位，物资局干部增至 15 人，职工增至 50 人。

1992 年 12 月，改革物资经营体制，物资局逐步过渡为经济实体，成立县物资总公司，与县物资局实行“一套人马，两块牌子”的模式。县物资总公司内设办公室、财务审计股和市场经营股等一室二股。下属企业有金属材料公司、机电设备公司、化工建材公司、物资贸易公司、生产资料服务公司和物资再生利用公司等 6 个。总公司管理人员 13 人，企业一线员工 52 人。1994 年，增设物资开发公司，但不增员，人员由物资总公司内部调整。

1997 年 12 月，县物资总公司进行产权制度改革，成立由县物资总公司控股的政和九州物资有限公司。公司内设董事会、监事会、人事科、财务科等管理机构。下设金属材料有限公司、机电设备有限公司、化工建材有限公司、生产资料服务公司和物资再生利用公司等 5 个子公司。其时总公司有管理人员 12 人，企业员工 48 人，至 2005 年不变。

第六章　烟　草

第一节　烤烟收购

政和规模种植烤烟始于 20 世纪 90 年代末，1997 年，东峰、念山、大红、王山口及常布等 5 个村 143 户烟农试种 32 公顷烤烟获得成功，当年烟草公司收购烤烟 56. 15 吨，其中 84. 8% 为上等和中等烟，收购金额 47. 50 万元。

1998—2000 年，全县烤烟种植面积没有突破，3 年共收购烤烟 67. 50 吨，收购金额约 39. 47 万元。为促进烟叶生产，2001 年，烟草部门出台扶持烤烟生产的政策和经济措施，全县烟叶种植面积 52 公顷，当年收购烤烟约 123 吨，收购金额 106. 80 万元，吨均价超过 8676 元。2002 年以后，全县种烟农户逐年增加，烟叶种植面积不断扩大，烤烟产量也逐年增加。2002 年收购烤烟 310. 10 吨，收购金额 228. 80 万元。2004 年收购烤烟 630. 30 吨，收购金额 633. 99 万元。2005 年收购烤烟 640. 30 吨，收购金额 697. 48 万元。

表 21－30　**1997—2005 年政和县烤烟收购情况表**　单位：吨、万元

年　份	收购数量	收购金额	年　份	收购数量	收购金额
1997	56. 15	47. 50	2002	310. 10	228. 80
1998	25. 00	13. 383	2003	275. 25	257. 60
1999	12. 50	10. 834	2004	630. 30	633. 99
2000	30. 00	15. 250	2005	640. 30	697. 48
2001	123. 10	106. 80	—	—	—

1997—2001 年，对烤烟采取流动收购方式。2002 年以后，烟叶种植面积扩大，种植点增加，为方便烟农，实行设点收购办法。2002—2003 年首先在东平设立 1 个烤烟收购点，另加 1 个流动收购点。2004 年，增设城关和岭腰 2 个收购点，流动收购点撤销。2005 年又增设石屯收购点。烟叶收购全面推行定时、定点、定部位的“三定”制度；对收购点则实行定人员、定收购量、定等级合格率、定奖罚措施的“四定”制度。烤烟收购实行证、卡收购管理办法，即县烟草专卖局为烟草公司各烟草收购站（点）办理烟叶收购许可证，凭许可证开展烟叶收购业务，取缔无证商贩非法收购行为；烟农持证、卡向指定的烟叶收购站（点）交售烟叶，并凭证、卡登记收购事项，获得相应的奖售和扶持物资。

第二节　卷烟销售

一、营销体制

1989 年后，卷烟营销体制经历了三个不同阶段。1989—1993 年实行“坐店批发”营销方式。营销业务主要由第一批发部承担，农村营销则委托当地供销社代为批发，基本上是承续 1984 年烟草公司组建时的“坐店经营”销售模式。1994 年，成立网建股，并在城关和农村增设 3 个批发部，1996 年再增设城、乡批发部 4 个。2001 年成立配送中心，实行“划片管理，划片供应”的送货服务营销方式。对远离网点的边远乡村则补以流动批发服务，实行“网点下伸、就近送货、专销一体、延伸服务”的经营模式。2003 年，卷烟营销开始由传统商业营销模式向现代流通转变，实行“电话订货，电子结算，网上配货，现代物流”的网络营销模式。为适应新的营销体制，2004 年 4 月，设立客户服务中心。7 月，取消县级法人资格，建立以南平市烟草公司为经营主体的母子公司体制，由市公司统一订货，统一配送。

二、销售

1. 销售量

1989 年，执行省烟草公司规定，采取调拨、批发价浮动，零售价格放开的办法，当年销售卷烟 6049 箱（每箱 250 条），其中 80% 以上为一、二级烟。1990 年销售量增至 6745 箱，但以三、四级烟为多，约占总销量的 65%。1991 年、1992 年，销售量略有下降，分别为 5249 箱和 5247 箱。1994 年则猛增至 11273 箱。

1995 年，边界贸易活跃，政和县发挥地处闽浙边界的地理优势，积极与省内各烟厂和 7 个地区分公司及部分县公司进行系统内调剂，开僻地产烟的省外边贸市场，当年除域内销售卷烟 6593 箱外，销往省外市场卷烟 8725 箱，占全年卷烟销售总量的 56. 96%。2003 年，全面停止边贸销售业务，当年域内卷烟销售量降至 5225 箱。2004 年以后销售量逐年回升，2005 年销售卷烟 6742 箱。

表21－31　**1989—2005年政和县域内卷烟销售数量表**　单位：箱

年度	合计	等级（类）					年度	合计	等级（类）				
		1	2	3	4	5			1	2	3	4	5
1989	6049	1538	3463	412	636	—	1998	3838	556	1871	1310	82	19
1990	6745	674	1686	3035	1350	—	1999	6081	1018	1613	2793	657	—
1991	5249	535	1312	2362	1040	—	2000	6677	723	2138	1921	1895	—
1992	5247	537	1259	2518	933	—	2001	6422	372	814	2120	1505	1611
1993	7185	750	2011	3350	1074	—	2002	6218	252	744	1452	2441	1329
1994	11273	415	1165	6172	3521	—	2003	5225	141	289	1714	2360	721
1995	6593	492	162	2405	3080	454	2004	6129	445	559	1980	2642	503
1996	5143	317	971	2265	1434	156	2005	6742	596	635	3007	2504	—
1997	6455	357	4253	1804	41	—							

2. 销售网点

批　发　1989年，仅设烟草公司批发部一个，经营全县城乡卷烟批发业务。1994年，增设东平和镇前两个批发部，全县有卷烟批发网点3处。1995年，成立城关第二卷烟批发部。1996年，增设城关第三、第四批发部及铁山、石屯批发部，全县卷烟批发网点增至8个。2001年，成立配送中心，采取形式多样的送货方式，对边远地区开展卷烟流动批发服务。2002年9月，撤销全部批发部及配送中心，卷烟营销业务逐步实行“访送分离”的体制，由市场营销部、物流发展部通过电子商务方式以网络模式和现代物流进行。

零　售　1989年，全县有卷烟持证经营户258户，经营城乡卷烟零售业务。1994年，卷烟持证经营户增至526户。2003年，随着电子商务、网络营销模式的推行，烟草公司对客户的服务水平提高，卷烟经营队伍进一步扩大，至年底全县卷烟持证经营户增至783户。

2004年，实行以南平市公司为经营主体的母子公司体制后，进一步完善客户服务体系，推行差异化营销和个性化服务，卷烟零售经营户逐年增加，2005年底，全县卷烟持证经营户增至837户。

第三节　专卖管理

一、机构

县烟草专卖局（南平市烟草公司政和分公司）　实行当地党委、政府和上级主管部门双重领导，以南平市烟草专卖局（公司）管理为主的垂直管理体制和“一套机构、两块牌子”的管理模式。1989年，内设人秘股、财务股、专卖管理办公室和业务股等4个股。1994年，增设网建股。2000年5月，成立城区专卖管理所。2001年，撤销网建股改设商管股，并相继组建专卖稽查大队和镇前烟草专卖管理所。2002年以后，多次调整内设机构，至2005年，内设综合办公室、专卖监督管理办公室、财务管理办公室、烟叶生产管理办公室、客户服务中心、专卖稽查大队、烟基项目办公室以及2个专卖管理所、3个烟草站，在职员工131人。

二、行政管理

许可证管理　“许可证”是执行烟草专卖行政许可制度的重要手段，包括烟草批发企业经营许可证（含委托批发企业许可证）、烟草零售许可证（含国营、集体及个体企业）和特种烟草经营企业许可证等，严格按审批和核发权限及程序办理。

准购证管理　“准购证”是烟草专卖许可证的配套证件，也是经营户向指定的批发网点购进烟草制品的凭证，只准持证人本人使用，不得转让、借用或租用，违者严格按烟草专卖有关法规处理。

准运证管理 “准运证”是烟草专卖局或其授权的机构签发的烟草制品发货凭证，也是烟草专卖管理的重要手段。按《烟草专卖法》规定，凡托运或自运烟草专卖品，均必须持有烟草专卖行政主管部门或烟草专卖行政主管部门授权的机构签发的“准运证”，否则均为违法，应予扣留查处。

三、执法监督管理

2001年5月，成立县烟草专卖稽查大队，当年查处卷烟违法案件122起，查处卷烟285.9件（每件50条）。2002年7月，县烟草局分别与公安、工商部门合作，先后成立“卷烟打假缉私办公室”和“烟草市场联合整顿办公室”，建立联合议事制度，采取经济、行政、法律等手段，打击制假售假、非法运输和非法经营卷烟等违法行为，维护卷烟流通市场正常秩序。1989—2005年，共查处卷烟违法违章案件1436起，查获各种卷烟7832.89件。

表21－32 **1989—2005年政和县查处卷烟违法案件情况表** 单位：件、万元

年份	起数	数量	罚没款	年份	起数	数量	罚没款
1989	61	387	11.81	1998	242	219.27	11.66
1990	134	1304	97.60	1999	150	122.70	10.86
1991	105	488	31.61	2000	124	65.87	3.22
1992	37	204	29.73	2001	122	285.90	85.61
1993	7	171	1.96	2002	119	40.33	2.16
1994	26	2520.28	4.39	2003	92	115.69	8.41
1995	11	983.40	7.77	2004	32	23.58	0.82
1996	81	186.22	36.68	2005	34	47.57	3.19
1997	59	768.08	1.30	—	—	—	—

第七章 燃料经营

第一节 石 油

1989—1993年，由省石油总公司统一运作，实行全行业承包经营，即实行上交利润基数包干，确保上缴，超收分成，欠收自补的经营方式，企业效益提高，年销售汽油从1989年的614吨增至1993年的891吨；销售柴油从1989年的541吨增至1993年的1100吨。

1994年，为适应国家对成品油统一配置的要求并节约采购成本，省石油公司成立成品油结算中心，政和县石油支公司纳入全省石油系统采购资源油品货款统一结算。

1995年前后，石油市场松动，境内曾经出现2家由个体户创办的加油站。为规范石油市场，1996—1997年，县石油公司在上级公司及当地政府支持下，相继收购了这2家加油站。

1999年，根据上级公司统一部署，在经营管理上推行由上级公司统一配置、统一调运、统一作价、统一结算、统一资金运作的“五统一”管理办法，进一步提高企业的经济效益，当年汽油销售量增至1320吨，柴油销售量增至3240吨。

2004年，省石油总公司成立润滑油销售中心，对全省石油公司经营的润滑油实行统一配送，统一定价，政和支公司润滑油销售业务纳入统一管理，并成为县内最大的润滑油供应商。

2005 年，全县有各类加油网点 7 处，其中 IC 卡发卡网点 1 个，充值加油站 2 个，刷卡加油站 4 个，供应柴油 5846 吨，汽油 2638 吨。

表 21－33　**1989—2005 年政和县石油公司柴油、汽油销售量表**　单位：吨

年　份	柴　油	汽　油	合　计	年　份	柴　油	汽　油	合　计
1989	541	614	1155	1998	1708	1189	2897
1990	608	642	1250	1999	3240	1320	4560
1991	672	708	1380	2000	5772	1537	7309
1992	876	768	1644	2001	3704	1566	5270
1993	1100	891	1991	2002	3514	1811	5325
1994	1109	1081	2190	2003	3886	2139	6025
1995	1349	813	2162	2004	4983	2358	7341
1996	1420	860	2280	2005	5846	2638	8484
1997	1510	842	2352	合　计	41838	14558	56396

表 21－34　**2005 年政和县加油站分布情况表**

站　名	所在地点	建站时间	经营品种	经营形式
城关加油站	政和城关西大街	1982. 3. 31	汽油、柴油、润滑油	零售
西山坂加油站	省道 204 岭文线 35K＋100	1992. 2. 3		
暗桥加油站	星溪乡暗桥	1993. 6. 1		
熊山加油站	省道 204 岭文线 21K	1996. 2. 2		
东门加油站	政和城关东大街	2000. 1. 1		
东峰加油站	省道 302 下浦线 132K	2003. 8. 4		
岭腰加油站	省道 204 岭文线 3K	2003. 12. 31		

第二节　液化气

政和城区居民使用液化气始于 20 世纪 90 年代初。1992 年初期，县能源办与浙江丽水客商签约，在城关创办液化气供应点，为居民提供瓶装液化气，并以优惠价格提供灶具。1993 年，转由本地个体户经营，其时，尚无储气设备，液化气均由外埠瓶装运入。1994 年由个体户创办松源液化气站，该站建有储气设备，储气缸容量 125 立方米，居民使用的液化气均可在本地装缸，方便了消费者。当时城区设有液化气供应门市部 3 个，年供瓶装液化气 1500 吨左右，用户人口近 3 万。

1996 年，创办鹤都岭液化气站，建有 100 立方米左右的储气设备，但因故未正常营业，后该燃气站撤销。1997 年，林屯金鸡山液化气站正式挂牌营业，有储气缸 3 个，总容量 125 立方米，主要供气对象为城区、石屯、东平、铁山、岭腰、外屯等乡（镇）的用户，年平均供气量 1000 吨左右。

2002 年 5 月，由原城区鹤都岭液化气站迁建的镇前液化气站正式开业，有储气缸 3 个，容量分别为 25 立方米、28 立方米和 50 立方米，总容量 103 立方米，供气范围主要为高山区的镇前、杨源及澄源等乡（镇）的燃气用户，年均供气量 100 吨左右，最高年份 2002 年供气达 300 吨。

2005 年，金鸡山供气站在城区设有 5 个供应点，共有 15 家液化气代销户，年供瓶装液化气 1010 吨。是年，全县有液化气站 2 个，供应点及代销点 21 个，年供气 1260 吨。

卷二十二　财政　税务

第一章　财　政

第一节　财政收入

一、预算内收入

1989 年，县财政预算内收入 1435 万元。1992 年，县财政预算内收入 1807 万元，仅比 1989 年增加 343 万元，财政收入增幅不大。1993 年，财政预算内收入 2340 万元。1994 年，实行税税制改革后，是年收入 2790 万元，1995—1997 年，共计收入 12272 万元。1998 年后，由于受国际金融风波和自然灾害等因素的影响，财政收入呈下降趋势。2001 年，财政收入 3811 万元，比 1998 年的 4542 万元，短收 731 万元。2002 年，县财政收入 4237 万元，比上年增长 11.2%。2003—2005 年，县财政收入分别为 4766 万元、4828 万元和 5542 万元，保持稳步增长的趋势。

（一）农业四税收入

1989—1993 年，农业四税（农业税、农业特产税、耕地占用税、契税）收入增长缓慢。1989 年农业四税收入为 241 万元，1993 年，农业四税收入 317 万元，年均增加 15.2 万元。1994 年，实行新的农业税制，将税务部门原征收的农林牧鱼水产品税并入农村特产税，改称农业特产税，并由地方财政机关征收。对七大类 60 多个特产品种征收生产环节的特产税，对原征收产品税的毛茶、水产品、林木产品、牲畜产品、食用菌、贵重食品等产品，除征收生产环节的特产税收，还应征收收购环节的特产税，增加烟叶收购环节特产税，调整扩大征收范围，使农业四税成为县级财政收入的主体。1994—1999 年，全县农业四税收入 6378 万元。其中：1997 年收入 1480 万元，为最高年份。2000 年后，由于木材滞销、食用菌量减少和农村税费改革等因素的影响，农业四税收入逐年下降，是年收入 551 万元，比 1999 年短收 390 万元。2001—2004 年，农业四税收入分别为 475 万元、649 万元、472 万元和 407 万元。2005 年仅收入 395 万元。是年底，取消农业税，至此，向农民直接征收 2000 多年的农业税，退出历史舞台。

（二）工商税收收入

1989—1991 年，工商税收收入累计 2860 万元。在这期间新开征城市维护建设税、工资调节税、个人收入调节税、国有企业奖金税、个人收入所得税等，全面开征房地产税，于 1990 年停征工商业税。1992 年，暂停征收筵席税和牲畜交易税。将个人收入调节税改综合收入征税为单项收入征税，除烟酒、石油等几种产品外，取消批改代扣、内贸企业免征奖金税等，是年收入 1125 万元。1993 年，工商税收收入1509万元。1994年，建立规范化，以增值税为核心的，与消费税、营业税、资源税互相协调配套的统转税制，废止原产品税、增值税、营业税、盐税、资源税、特别消费税、烧油特别税等条例。废止工商统一税，简并内资企业所得税，建立统一的个人所得税，将现行的个人所得税、个人收入调节税和城乡个体工商户所得税合并；统一内外资企业所得税，开征土地增值税、证券交易税、遗产和赠与税；取消筵席税、集市交易税、牲畜交易税、奖金税、工资调节税；特别消费税与燃油特别税并入消费税；取消对外商投资企业和外籍人员征收的城市房地产税和车船使用牌照税，统一实行房产税和车船使用税，并适当提高；同时取消国有企业承包收入退库科目。是年收入1404万元，比上年短收105万元。1995年后，全县工商税收收入逐年增加。因1996和1997年出现经济“过热”现象，1998年国家开征固定资产方向调节税，并于2000年停征。2001年，工商税收收入2615万元，比上年同期增加442万元。2002年后，全县工商税收收入年均增收220万元。2005年，工商税收收入达4206万元，比1993年税制改革前增加2697万元，增加近2.8倍。

（三）企业收入

企业收入包括国营企业所得税、国营企业调节税、企业所得税、国有资产经营收益、国有企业计划损补贴等项。1989—1993年，企业收入分别为209万元、118万元、161万元、165万元和231万元。1994年，实行分税制后，在国家与企业分配关系改革方面，改实行承包制为全面推行“税利分流、税后还贷、税后分利”制，统一实行33%的所得税税率。是年企业收入274万元，比上年增加43万元。1997年，企业收入333万元，创历史最高水平。2000年后，企业收入大幅度下降，至2005年，企业收入仅52万元。其主要原因是受自然灾害和市场变化等因素影响，造成经济效益下降，导致企业上缴财政收入的减少。1989—2005，国营企业计划亏损补贴达908万元。

（四）其他收入

其他收入包括行政性收费收入、罚没收入、专项收入（排污费收入、教育附加费收入）和其他杂项收入等项。1989年，其他收入125万元。1990—2002年，其他收入共计5900万元。2003年，其他收入944万元，创历史最高水平。2005年，其他收入889万元，比1989年增加约6倍。其中：行政事业性收入350万元，罚没收入352万元，专项收入147万元。

（五）基金预算收入

1997年1月1日起开征，并逐年扩大范围。包括文教部门基金收入、地方财政税费附加收入、工交部门基金收入、农业部门基金收入、其他部门基金收入和土地有偿使用收入。政和县缴入预算内管理的基金主要有农村教育附加、水利建设基金、国有土地使用权有偿使用收入、农牧业税附加收入等。1997—2005年，基金预算内收入累计3223万元，其中：土地有偿使用收入1701万元，文教部门基金收入895万元。

二、预算外收入

预算外收入分为一般预算资金收入和专项资金收入两类。收入范围由小到大，收量由少到多。1989年，预算外收入193万元。1992年后，预算外资金实行“财政专户”和“收支两条线”管理办法。1995年，实施“两上结合”即收费票据与“专户存储”相结合，行政事业收费许可证和换证工作与“专户存储”相结合。是年纳入专储单位有44家，年末累计存储额达2400多万元，预算外资金收入3523万元，比1994年增加733万元，增长26.3%。1996年1月1日起，整顿扩大行政性收费范围，将司法、公安、民政等部门的入境管理收费、婚姻证书费等83个行政性收费项目纳入预算外管理，使预算外收入大幅度增长。1997年后开征预算外资金调节费，是年，预算外收入4405万元。1999年对乡镇预算内、预算外、自有资金均纳入统一管理，停征各种基金共计73项，并出台《政和县预算外资金管理暂行规定》，是年，预算外收入4341万元。2000年后，实行行政事业性收费的“票款分离”和罚没收入“罚缴分离”的网络管理。推行票据电子化改革。2000—2004年，预算外收入共计14960万元，占总预算收入46.7%。2005年预算外收入3052万元，比1989年增加2859万元，增加近16倍。

表 22－1　　**1989—2005 年财政预算内收入情况表**　　单位：万元

年　份	预算内收　入	其　　中				其　　中		合　计
		农业四税	工商税收	企业收入	其他收入	县级收入	中央级收入	
1989	1435	241	860	209	125	—	—	1435
1990	1550	266	963	118	203	—	—	1550
1991	1706	281	1037	161	227	—	—	1706
1992	1807	294	1125	165	223	—	—	1807
1993	2340	317	1509	231	283	—	—	2340
1994	2790	726	1404	274	386	2065	725	2790
1995	3523	967	1817	297	442	2711	812	2523
1996	4048	1160	2008	324	556	3269	779	4048
1997	4701	1480	2395	333	493	3891	810	4701
1998	4542	1104	2370	281	787	3786	756	4542
1999	4130	941	2246	325	618	3426	704	4130
2000	3501	551	2173	214	563	2666	835	3501
2001	3811	475	2615	170	551	2811	1000	3811
2002	4237	649	2932	88	568	3122	1115	4237
2003	4766	472	3250	100	944	3212	1554	4766
2004	4828	407	3302	128	991	3357	1453	4828
2005	5542	395	4206	52	889	3550	1992	5542
合　计	59257	10726	36212	3470	8849	37884	12535	59257

第二节　财政支出

一、预算内支出

财政预算内支出包括经济建设费支出、科教文卫事业费支出、社会保障费支出、行政政法支出、其他支出等项。1989—2005 年财政预算内支出累计 114659 万元。其中：经济建设费支出 17450 万元，占 15.22%；科教文卫事业费支出 41048 万元，占 35.8%；社会福利救济支出和社会保障费支出 14709 万元，占 12.83%；行政政法支出 26071 万元，占 22.74%；其他支出 15381 万元，占 13.41%。在财政收入十分困难的情况下，基本保持逐年提高，全县财政预算内支出从 1989 年 2921 万元增加到 2005 年 13456 万元，增加 4.6 倍。财政支出的增加，进一步增强公共保障能力，有力支持各项事业的发展。

（一）经济建设支出

经济建设支出包括工业、农业、林业、水利、交通、邮电等方面的支出。1989 年，全县经济建设支出 1044 万元，1990 年支出 665 万元，比上年减少支出 379 万元。1994 年，经济建设支出 496 万元，为最低年份。1995 年后，随着社会发展，经济建设支出逐年提高，是年支出 863 万元。1996—2005 年，全县经济建设支出共计 12459 万元。其中：投入企业三项费用 690 万元，占 3.95%；农林水气象部门事业费 3365 万元，占 19.28%；支援农村生产支出 4435 万元，占 25.42%；城市维护费支出 1453 万元，占 8.33%。2005 年，经济建设支出 1568 万元，比 1994 年增支 1072 万元，增加 3.2 倍。

（二）科教文卫事业费支出

科教文卫事业费支出包括科学、教育、文化、卫生、计生、体育、广播等事业经费的支出。科教文卫事业费支出呈逐年增加趋势。1989—2005 年，全县共支出 41048 万元，占财政总支出 35.8%。其中：教育方面投入 31661 万元，占科教文卫事业费支出 77.13%，除人员经费外，主要用于教育基础设施、设备的投入和为实现“普九”达标的投入。卫生方面投入 4843 万元，占科教文卫事业费支出 11.8%，主要用于卫生系统人员经费的差额补助、资产、设备的专项补助、公费医疗保障支出和防疫防治事业费。计划生育投入 2072 万元，占科教文卫事业费 5.05%，主要用于计生基础设施建设，独生子女父母奖励费及宣传经费等。文体广播和科学支出分别为 2089 万元和 383 万元，占科教文卫事业费支出的 5.09% 和 0.93%。

（三）行政政法支出

行政政法支出包括人员经费和公用经费。行政政法支出逐年增加，主要是由于各项改革措施的出台，政策性工资改革，推行住房公积金制度和医疗保险制度等因素影响。1989 年，全县行政政法支出 498 万元，占当年预算内财政支出的 17.05%。1990—1994 年，行政政法支出分别为 547 万元、540 万元、641 万元、840 万元和 1276 万元。1995—2005 年，全县行政政法支出共计 21729 万元。其中：行政管理费 14326 万元，占 65.93%；政法经费 7403 万元，占 34.07%。2005 年，行政政法支出 2410 万元，比 1989 年增加 1912 万元。

（四）社会福利救济支出和社会保障费支出

社会福利救济支出和社会保障费支出包括抚恤和社会福利救济费、行政事业单位离退休费、社会保障补助支出等。1989 年支出 233 万元，1990—1997 年，全县共支出 2025 万元，占财政总支出 1.8%。主要用于民政优抚对象的抚恤、社会救灾、救济支出、残疾人事业费和离退休经费等项。1998 年后逐年增加，主要是由于自然灾害频发，城乡最低生活保障等支出增多，殡仪馆基本建设支出及退伍军人的安置等。1998—2005 年，全县共计支出 12451 万元，占财政支出 10.9%。其中：2005 年，全县支出 2913 万元，创最高水平。

（五）其他支出

其他支出包括其中部门事业费、政策性补助支出、支援不发达地区支出、其他杂项支出等。1989 年，其他支出 379 万元。1990—2005 年，其他支出共计 15002 万元。1996 年后，其他支出除 2001 年支出 961 万元外，其余年份支出都达千万元以上。2005 年支出 1786 万元，比 1989 年增支 1389 万元，增加 4.7 倍。

二、预算外支出

预算外支出包括地方财政部门预算外支出、事业行政单位预算外支出和国有企业及其主管部门预算外支出三个部分。1989 年，全县预算外支出 138 万元。1991—1995 年，全县预算外支出 3375 万元。其中，固定资产投资支出 424 万元、城市维护支出 125 万元、行政事业支出 1403 万元，其他支出 1575 万元。1996—2000 年（不含 1998 年），全县共支出 13353 万元，比“八五”时期增长 4 倍。这一时期支出主要用于基本建设支出 1943 万元，乡（镇）自筹、统筹资金支出 830 万元，专项支出 316 万元，社会保障基金支出 430 万元，行政事业费支出 7301 万元，城市维护费支出 61 万元、其他支出 2472 万元。2001—2005 年，全县预算外支出共计 12238 万元。

表 22－2　　**1998—2005 年财政预算内、预算外支出情况表**　　单位：万元

年份	预算内支出	其中					预算外支出
		经济建设支出	科教文卫支出	行政政法支出	社会福利救济和社会保障支出	其他支出	
1989	2921	1044	767	498	233	379	138
1990	2397	665	726	547	190	269	148
1991	2547	571	894	540	216	326	195
1992	2919	672	908	641	193	505	53
1993	3483	680	1001	840	186	776	20
1994	4231	496	1479	1276	252	728	216
1995	5036	863	1716	1289	397	771	2891
1996	5782	968	2079	1589	281	865	890
1997	6317	972	2219	1697	310	1119	3900
1998	7762	1419	2174	1737	1230	1202	—
1999	7113	1040	2494	1616	738	1224	4530
2000	7743	1068	2920	1822	824	1109	4033
2001	8377	1118	3598	1969	1087	961	2881
2002	10494	1402	4340	2399	1251	1102	2642
2003	11330	1441	4136	2607	1918	1228	2351
2004	12396	1463	4818	2594	2490	1031	2415
2005	13456	1568	4779	2410	2913	1786	1949
合计	114304	17450	41048	26071	14709	15381	29252

第三节　财政体制

一、县财政体制

1989 年，为适应加快改革、扩大开放的经济形势，省对地、县财政预算包干体制，以下放财权给活力、划分事权给财力、区别对待保上交、层层实行大包干为指导思想，对政和实行“划分收支，核定基数，定额缴补，增收多留，分类包干，自求平衡”的预算管理体制。自 1988 年 1 月 1 日起实行，五年不变。

1992 年，省政府对财政体制进行调整，对政和县采取“递增补助”的办法，递增比例 8%。该体制调整从 1993 年 1 月 1 日起实行，暂定三年。1993 年，省财政厅对省定贫困县政和继续实行“增收全留”，并采取“递增补助”的办法，递增比例 8%。南平地区对县财政预算管理体制微调办法是：基数分配政和县 60 万元，政和贫困县再按省府通知递增补助 8% 执行。

1994 年起对县“划分收支、核定基数、定额缴补、增收多留、分类包干、自求平衡”的财政体制进行调整，将所有城市（包括县级市）的增值税 10%、营业税 30%、所得税 30%（即“133”）、土地增值税 40%、资源税 15%、城镇土地使用税 20%、耕地占用税 20%、罚没收入 20% 作为省级分成收入，其余为县收入。该体制到 2001 年结束。

2002 年，对困难县的财政转移支付补助调整进基数，按照 2001 年县标准人均财力不足 1.03 万元部分，由省、市分别增调县体制补助。市、县级财政收入是扣除省级固定收入后的增值税、营业税、

企业所得税、个人收入所得税、行政性收费、罚没收入、其他收入等21类收入。2002年省对县收支基数进行调整。同时完善省对困难县（市）的转移支付制度。

从2003年起，对县一般转移支付补助实行一定五年不变政策，实行“六挂六奖”补助办法。2005年为进一步促进县做大财政收入“蛋糕”，缓解县乡财政困难，强化财政管理，提升财政运行质量，结合中央财政“三奖一补”政策，制定《省财政对县（市）财政‘六挂六奖”补助办法》；对县地方级税性收入增长给予奖励，对产粮大县给予奖励，对撤乡并镇给予奖励，对县消减财政赤字给予奖励，对县乡政府化解债务给予奖励。

二、乡（镇）财政体制

1989年，县政府为进一步完善乡（镇）财政管理，逐步过渡到“分灶吃饭”体制，同时针对1987年铁山、杨源两乡试点中存在的问题，制定和实行“划分收支，核定基数，收支挂钩，超收分成，短收倒扣”的财政管理体制。在核定收入基数时给乡（镇）财政留存增收的余地，在支出基数上对年内政策性改革出台因素由县局区别对待、合理负担。各乡（镇）不设立金库，预算收入直接解交金库中，预算支出由县财政直接拨款，年终按体制规定进行结算。分成比例和基数：工商税收以税务局核定当年的税收任务数为基数，超收部分熊山镇分成15%，其他乡（镇）分成30%；竹木特产税、其他特产税超收部分5个贫困乡分成40%，其他乡（镇）分成35%；其他收入超收部分熊山镇分成70%，其他乡镇全额留成。在执行过程中，收入完不成基数，短收部分相应扣减当年的财政支出数，倒扣比例为：工商税收熊山镇7.5%，其他乡镇15%；竹木特产税、耕地占用税、其他特产税20%；其他收入全额倒扣。该体制一定两年，在预算管理执行过程中，除国务院、省政府规定的重大改革措施外，一律不调整收支包干基数，也不追加正常性支出。

1990年，实行“划分收支，收支挂钩，总额分成，超收另定分成比例”的财政体制。1991年，针对原体制中存在收支基数不尽合理，对贫困乡照顾不够，财权和事权还未能很好统一的问题，全面推行“划分收支、核定基数、收支挂钩，超收分成，短收倒扣”的财政管理体制，对收支基数和分成比例进行适当调整，对特困乡实行超收全留。全县9个乡（镇）均有分成，共分得分成款达62万元，使“存财于乡”的理财思路得到较好的贯彻。

1994—1996年，实行“划分收支、核定基数、收支挂钩，超收分成，短收倒扣”的财政管理体制。为使新、旧体制更好地衔接，决定对乡（镇）财政执行的“划分收支、核定基数、收支挂钩，超收分成，短收倒扣”的管理体制顺延一年。考虑到新税制税率的调整，原体制收入基数不尽合理等问题，本着公平、合理的原则，提出改进，重新确定乡（镇）财政特产税收入基数。收入基数根据乡（镇）财政实际收入征收情况，实行分税制后原农林木水产品税并入农林特产税征收，以及其他一些具体的增减因素加以核定。改进超收分成比例。针对9个乡（镇）经济发展不平衡，超收后劲强弱不一，对特产税超收分成比例分为三种类型。熊山、石屯、东平、铁山4个乡（镇），县乡财政四六分成；外屯、星溪2个乡，县乡三七分成；镇前、杨源、澄源3个乡（镇），县乡（镇）二八分成。县级工商税收，完成确保任务数以上部分，乡（镇）按百分之十五分成。其他收入县、乡（镇）实行四六分成。调整方案自1994年1月1日起执行，执行时间暂定一年。但该方案实际执行到1996年。

1997—1999年，实行“划分税种，确定基数，定率递增，收支挂钩，超收全留，短收全赔，一定三年”的财政管理体制。基数确定：特产税以1995年的实际完成数和1996年收入确保数的平均数为基础，再按照相应的递增率并结合各乡（镇）经济发展状况，进行必要的因素调整后加以确定。考虑到乡（镇）经济发展不平衡，增收后劲强弱不一现状，对特产税收入基数按以下三种递增比例进行微调：熊山、石屯、东平、铁山4个乡（镇）按10%逐年递增；星溪、外屯、镇前、澄源4个乡按8%逐年递增；杨源乡基数不递增。工商税收以1996年的收入实际完成数为基数，此后年度按15%逐年递增。农业税、其他收入实行固定比例分成办法。支出基数：继续实行编制和经费挂钩的办法，兼顾乡镇既得利益，在进行必要的因素调整后加以确定。分成比例：特产税超基数部分，全部留给乡（镇），不再实行超收分成。县级工商税收，超过基数以上部分，除熊山按二八分成外，其余乡（镇）县、乡实行五五分成。农业税收按完成总额县、乡实行七三分成。其他收入按完成总额县、乡实行二八分成。乡（镇）若完不成收入基数，相应按同比例，从支出基数中予以全额倒扣。

2000—2001年，实行“划分税种，定死基数，收支挂钩，超收全留（或比例分成）、短收全赔”的财政管理体制。期间，2001年对乡（镇）实行过渡转移支付制度，对财力水平低的乡（镇）给予一定的财政支持。

2002—2005年，针对乡（镇）经济发展的实际状况，按照区别对待的原则，实行分类指导，执行三种不同的乡（镇）财政管理体制。第一种类型为城区的熊山镇，参照县直机关事业单位经费管理办法执行，时间暂定四年。第二种类型为对经济实力较差的星溪、岭腰、外屯、杨源、澄源等五个乡实行“划分收支，核定基数，收支挂钩，超收分成，一定四年”的财政管理体制。第三种类型为经济实力较好、发展有潜力的石屯、东平、铁山、镇前等4个镇实行“分税制”的管理体制，一定四年。期间，2003年根据省委、省政府决定，停征屠宰税和缓征部分农业特产税，政和县在结合新一轮乡（镇）财政体制改革的情况下，对乡（镇）财政体制进行适当调整，在确保乡（镇）基层政权正常运转和社会稳定的前提下，对乡（镇）的支出基数不作调整，对乡（镇）的收入基数进行下调，对“两税”停缓征而影响乡（镇）财力部分通过县对乡的转移支付补助予以解决，仅该项改革政和县对乡（镇）转移支付资金就新增489万元。具体调整为：新确定乡（镇）农业特产税收入基数只含木材收购环节特产税，烟叶特产税不列入基数，乡（镇）烟叶特产税收入在征收入库后按正税的70%返还给乡镇，30%返还给烟草局。2004年10月12日，县政府常务会议根据转移支付等财政体制的变化状况，对县乡收入范围进行部分调整，从2005年起水电、矿产开采和加工的资源型建安税、增值税归县财政；原享受县级补助的鹤林、石屯、铁山等三个工业园区建安税归县财政；农村公路硬化即征即还的建安税归县级财政收入，同时对各乡（镇）财政收入基数做相应的调整。2005年，根据县政府《关于调整2005年乡镇财政体制的通知》精神，下达该年度乡（镇）收支基数。下达各乡（镇）基数中含农村税费改革乡镇运转转移支付资金，但不含优恤金补助，同时也不包含农村税费改革村级各项转移支付资金。

第二章　税　务

第一节　税种　税率

1989年后，税制多有变化，至1993年，运用的税种有37种，其中国税征收有7种，地税征收主要有15种，费金15种。费金主要由地税征收，部分为省政府规定由地税代征。

一、国税税种、税率

增值税　对从事销售货物或提供加工、修理修配劳务以及进口货物的单位和个人取得增值额为课税对象征收，居于价外税，级次中央75%，地方25%。销售及进出口货物，提供加工，修理修配劳务，税率为17%；销售及进口农业产品、食用植物油、煤气、居民用煤炭制品、饲料、化肥、农药、农机、农膜、国土、报纸、杂志等税率为13%；小规模纳税人销售货物或就税劳务，税率为6%；1998年7月1日以后，商业企业小规模的纳税人征收率为4%；出口货物（国务院有规定除外）税率为零。

消费税　生产、委托加工和进口烟、化妆品、贵重首饰及珠宝玉石、鞭炮、烟火、汽车轮胎、摩托车、小汽车采用定率征收；酒精5%、其他酒10%、薯类白酒20%、粮食白酒20%；粮食白酒、黄酒240元/吨；柴油0.1元/升、汽油0.2元/升；高尔夫球及球具税率为10%；高档手表税率为20%；游艇税率为10%；木制一次性筷子税率为5%；实木地板税率为5%；石脑油、溶剂油、润滑油单位税额每升0.2元；燃料油、航空煤油单位税额0.1元/升。

企业所得税 1994年1月1日起开始施行，2002年1月1日以后，新登记注册的企事业单位的所得税归国税征收，级次中央60%、地方40%。年应纳税所得额在3万元（含）以下税率为18%；年应纳税所得额在3—10万元（含）税率为27%；年应纳税所得额在10万元以上税率为33%。

外商投资企业和外国企业所得税 1991年7月1日开征。从事生产、经营的机构、场所所得税率为30%；地方所得税税率为3%。

车辆购置税 属于价外税，2001年1月1日起划归国税征收，是一个新税种。凡车主购置汽车、摩托车、电车、挂车和农用运输车，税率均为10%。

储蓄存款利息所得个人所得税 1999年11月1日开征，属于新的一个税种，税率为20%。

关税 是由海关根据国家制定的有关法律，以进出关境的货物和物品为征税对象而征收的一种商品税。自2004年1月1日起，对进口货物在一定期限内可以实行暂定比例税率；出口商品20种，关税实行出口统一比例税率，且税率较低。

二、地税税种、税率

营业税 交通运输、建筑安装、邮电通信、文化体育税率为3%；服务业、转让无形资产、销售不动产、2003年以后的金融保险业税率为5%；娱乐业税率为5%—20%。

企业所得税 1994年1月1日起施行，2002年1月1日以前，登记注册的企事业单位的所得税归地税征收。年应纳税所得额在3万元（含）以下税率为18%；年应纳税所得额在3—10万元（含）税率为27%；年应纳税所得额在10万元以上税率为33%。

个人所得税 工资、薪金所得适用5%—45%九级超额累计税率；个体工商业户生产经营所得、企事业单位的承包与承租经营所得适用5%—35%五级超额累计税率；稿酬所得按应纳税额减征30%后计征，税率为20%，劳务报酬所得、特许权使用费所得、股息、红利所得、财产租赁所得、偶然及其他所得，税率为20%；代开交通运输费因发票按开票金额计征，税率为3.3%。

资源税 原油、天然气、煤炭、其他非金属矿原矿、有色金属矿原矿、盐实行从量定额税率征收。

房产税 征收范围限于城镇的经营性房屋，级次为县级收入。按房产原值一次减除10%—30%后的余额计算，税率为1.2%；按房产租金收入，税率为12%。

城镇土地使用税 城关地区每平方米土地年税额分四个等级即一级地段1.2元、二级地段0.8元、三级地段0.5元、四级地段0.3元；建制镇每平方米土地年税额为一级地段0.5元，二级地段0.3元。

印花税 借款合同0.5元/万；购销合同、建筑安装工程承包合同、技术合同、建设工程勘察设计合同3元/万；加工承揽合同、货物运输合同、产权转移票据、营业账簿记载资金为5元/万；财产租赁合同、仓储保管合同、财产保险合同为1元/千；证照每件5元。

车船使用税 乘人汽车每辆年税额320元（座位数不同征收税额不等）；载货汽车每吨年税额60元；二轮摩托车每辆年税额60元；三轮摩托车每辆年税额80元；轻便摩托车每辆年税额20元；对临时牌照，每10天为一期，每期按该种车辆税额3%计征，不满10天以10天计算，按本年或一年一次征收。

土地增值税 按土地增值额实行四级超率累进税率征税，税率分别为30%—60%。

城市维护建设税 纳税人所在城市市区和按交通运输业缴纳营业税额的税率均为7%；纳税人所在地县城、建制镇的税率为5%；纳税人所在地不在市面上区、县城、建制镇的税率为1%。

烟叶税 由县财政征收，税率为20%。

城市房地产税 按房产值计税的税率为1.2%；按房产租金收入税率为18%。

车船使用税牌照税 采用幅度定额税率。

屠宰税 采用定额税率，2005年1月停征。

固定资产投资方向调节税 1991年起征，2000年1月停征，税率分别为10%、15%。

集市交易税、牲畜交易税、燃油特别税、奖金税、工资调节税等 1989—1993年，实施征收，

1994 年进行税制改革，是年 1 月 1 日起停征。

三、农业四税

农业税　按正税的 15% 征收。其中上缴省 5%，县留 10%。

农业特产税　茶叶 7%、木税率 12%，其中木棍和枝丫材税率 8%、竹税 9%、新炭柴税率 8%；笋干、香菇、水果均由过去的 5% 分别提到 8%、7% 和 11%；茉莉花、松脂税率 8%；蘑菇、药材税率分别为 3% 和 6%。

耕地占用税　城区规划 6.9 平方公里范围内水田每平方米 8 元，其他耕地为 6 元；乡镇所在地水田每平方米 6 元，其他耕地 4 元；其他自然村、行政村水田每平方米 3 元，其他耕地 1 元；公路建设占用耕地从 1989 年 5 月起全省统一按 2 元征收。

契税　买卖、赠与为 6%；典当为 3%。

四、税务征收的各费

社会养老保险费　按企业标准工资总额，单位 18%、个人 8% 征收。

社会失业保险费　按企业标准工资总额，单位 2%、个人 1% 征收。

教育附加（县级收入）　按缴纳增值税、消费税、营业税“三税”的 3% 征收。

地方教育费附加（省级收入）　按缴纳增值税、消费税、营业税“三税”的 1% 征收。

防洪基金　按企业年销售收入的 1% 征收。

工会经费　按企业计税工资总额的 2% 征收。

副食品调节基金　按个体服务业户开具发票金额的 1% 征收。

残疾人保障金　按企业年销售收入的 1% 征收。

基础设施费　按缴纳增值税、消费税、营业税“三税”的 5% 征收。

税务部门行政性收费　按业户办理税务登记证（正副本）一套工本费 20—50 元及发票工本费收入。

工建农资金、能源交通基金、文化事业建设费、预算外调节资、社会事业发展费等　于 1993 年后停征。

第二节　税收收入

一、国税

（一）税制改革

1989 年上半年以前实行双轨制，是年 10 月开始，全县国有企业全面实行利改税单轨制。此后，新税制于 1994 年 1 月 1 日起全面实施。按照统一税法、公平税征、简化税制、合理分权的基本原则，确立由流转税、所得税和财产税三大税组成的新的复合税制。经过改革，税种由原来的 37 个减少到 23 个。

流转税改革　改革后的流转税由增值税、消费税、营业税组成，并以增值税为核心，辅之以对非商品经营课征营业税，对少数产品交叉课征消费税。统一适用于内外资企业，取消对外资企业征收的工商统一税。税率分 3 档：销售或者进口货物以及提供加工、修理修配劳务，税率为 17%；销售或进口粮食、食用植物油、自来水、暖气、冷气、热水、煤气、石油液化气、天然气、沼气、居民用煤灰制品，图书、报纸、杂志；饲料、化肥、农机、农药、农膜，税率 13%；出口货物，税率为零。增值税一般纳税人要进行专门的税务登记，并使用增值税专用发票。对小规模纳税人规定征收增值税，税率由 6% 调成 4%。

企业所得税改革　实行统一的内资企业所得税，采取 33% 的比例税率。统一不同经济性质的内资企业所得税。废止和调整其他一些税种，用税法规范企业所得税税前列支项目和标准。中央与地方分享比例由原来的5：5改为6：4。并对下列纳税人实行优惠政策：民族自治区地方的企业需要照顾和鼓励的，经省级人民政府批准，可以实行定期减税或者免税；法律、行政法规和国务院有关规定给予减税、免税的企业，依照规定执行。纳税人发生年度亏损，可以用下一年度的所得税弥补，下一年度所得不足弥补的，可以逐年延续弥补，但最长不得超过5年。

个人所得税改革 1994年1月1日起施行。将原个人所得税，个人收入调节税和城乡个体工商户所得税三税合并，使个人所得税法由原来仅适用外籍人员和华侨、香港、澳门、台湾同胞，扩大到适用公民和个体工商户；明确居民纳税人和非纳税人标准；调整应税和负税项目，增到“个体工商户的生产、经营所得”“财产转让所得”“偶然所得”“稿酬所得”等；调整费用扣除标准，外籍人员扣除额达到每月4000元；调整运用税率及级距：工资、薪金所得适用5%至45%的9级超额累进税率；个体工商户的生产、经营所得和企事业单位的承包经营、承租经营所得税适用5%至35%的5级超额累进税率；其他各项所得税均用20%的比例税率。该税种由国家税务局负责征收管理。

其他税种改革 开征土地增值税，实行4级超率累进税率，按增值额与扣除项目金额的比率，分别为30%、40%、50%和60%。改革资源税、城市维护建设税，对其他零星税种或并、或撤、或下放地方，设立证券交易税、遗产税。

金融保险企业税改革 1997年，规范金融保险所得税税率，由55%统一降为33%；金融、保险企业的营业税计征依据为营业收入的5%，税率由5%提高到8%。提高营业税税率后，除各银行总行、保险公司交纳的营业税归中央财政收入外，其他金融、保险企业交纳的营业税，按原5%税率征收的部分，归地方财政收入，由地方税务局负责征收；提高的3%税率征收的部分，归中央财政收入，由国家税务局负责征收。

征收征管制度改革 县税务局对现行制度进行全面清理，对全县纳税户进行税务登记证换发。清理查漏管户，取消营业税“临时经营”税目，对原属“临时经营”税目范围的业务，分别按营业税其他项目征收营业税。普遍建立纳税申报制度，积极推行税务代理制度，建立严格的稽查制度，加速推进税收征管电子计算机化的进程。形成纳税申报，税务代理，税务稽查“三位一体”的征收格局。

（二）国税征管范围

县国税系统征收管理的税种主要有：增值税、消费税、金融保险业营业税、企业所得税，包括中央企业所得税，中央与地方所属企事业单位组成的联营企业，股份制企业，金融保险企业所得税，外商投资企业和外国企业所得税等。从2002年1月1日起，新注册登记的企业，所得税一律由国家税务局征收管理；国税系统的征税范围还包括个人所得税中的利息税和车购税。

（三）税收收入

境内主要应税项目有商业、电力、水泥、烟叶、茶叶等。1989—1993年，税收收入6886万元，其中县级收入6487万元，占税收收入94.2%。1994年后，分国税、地税征收。1994—2004年国税征收15177万元。2005年，征收国税2285.70万元，比1989年的1083.0万元，增加1202.0万元，增长110.98%，年均增长率为6.57%。

二、地税

（一）税制改革

1994年1月1日，全面实行新税制。主要内容包括：建立以规范化增值税为核心的消费税、营业税、资源税互相配套的流转税制，废除原先的产品税、增值税、营业税、盐税、特别消费税、燃油特别税及对三资企业征收的工商统一税；取消国有企业所得税，集体企业所得税，私有企业所得税，建立统一的内资企业所得税；1993年前执行的个人所得税、个人收入调节税和城乡个体工商业户所得税合并建立统一的个人所得税；开征土地增值税；建立证券交易税和遗产税；改革城市维护建设税，取消奖金税，工资调节税。

（二）地税征收范围

地税系统征收管理的税种主要有：营业税、个人所得税、土地增值税、城市维护建设税、车船使用税、房产税、屠宰税、资源税、城镇土地使用税、国企资产投资方向调节税、地方企业所得税（包括地方国有、集体、私营企业）、印花税、筵席税、地方税滞补罚收入、地方营业税附征的教育费附加。

（三）税收收入

1994 年以来，县地税局坚持税收征管与税源培植并重，坚持依法治税，不断完善征管制度，挖控潜税收潜力，大力培植新的税收增长点，多管齐下精心组织收入，加大清欠力度，使地方征收逐年增长，1994—2004 年，地税收入 12987.67 万元，占税收总收入 39.86%。2005 年，地税收入约 2296 万元，比 1989 年增加 1773 万元，增长 2.4 倍。

社保两费从 2001 年起由地方税务局征收。2005 年基本养老保险征收 760 万元，比 2001 年增收 325 万地，增长 74.78%，年均增长率 14.96%；失业保险金征收 95.43 万元，比 2001 年增收 27.58 万元，增长 40.65%，年均增长率 8.13%。

表 22－3　**1989—2005 年税收总收入一览表**　单位：万元

年度＼项目	税收收入					
	合计	其中县级收入	国税收入		地税收入	
			小计	占总收入%	小计	占总收入%
1989	1082	1035.3	—	—	—	—
1990	1242.4	1175.4	—	—	—	—
1991	1003.38	1218.6	—	—	—	—
1992	1383.8	1303.9	—	—	—	—
1993	1882.8	1752.6	—	—	—	—
1994	1526.34	—	1003.07	65.7	523.27	34.3
1995	1795.85	—	1132.49	63.01	663.36	36.9
1996	1930.58	—	1117.28	57.9	813.3	42.1
1997	2236.5	—	1003.38	44.9	1233.12	55.1
1998	2107.18	—	1084.18	51.5	1023.00	48.5
1999	2106.47	—	1027.34	48.8	1079.13	51.2
2000	2587.47	—	1389.21	53.7	1198.13	46.3
2001	2910.16	—	1605.66	55.2	1304.50	44.8
2002	3278.9	—	1800.3	54.9	1478.6	45.1
2003	3640.68	—	1990.28	54.7	1650.4	45.3
2004	4046.98	—	2026.42	50.1	2020.56	49.9
2005	4580.71	—	2284.73	49.9	2295.98	50.1

表 22－4

1989—2005 年各征收单位税收比重一览表

单位：万元

税收单位／年份	直征（熊山镇）	城关（星溪乡）	石屯镇	东平镇	铁山镇	岭腰乡	外屯乡	镇前镇	杨源乡	澄源乡	检察室	稽查队	检查站	税政科	合　计
1989	650.5	87.2	99.3	99	48	—	18.1	53.4	13	14	—	—	—	—	1082.5
1990	606	228.3	96.1	129	63.5	—	15.5	63	14	16.3	—	—	10.7	—	1242.4
1991	585.2	276	116.6	125	56.7	—	17	68	15.1	18	—	—	16.3	—	1293.9
1992	708.3	231	123.7	110.8	63.1	—	17.2	70.7	16.9	21.9	—	—	20.2	—	1383.8
1993	906.07	360.2	169.36	197.47	96.5	—	25.49	49.31	24.73	21.66	0.57	—	31.62	—	1882.8
1994	745.02	344.43	91.49	118.52	—	—	20.26	36.46	19.75	12.63	—	—	30.32	—	1526.34
1995	845.44	375.7	111.57	145.08	—	—	25.75	42.73	15.79	15.33	11.88	43.76	32.94	—	1795.85
1996	1313.1	71.14	112.98	171.16	—	—	37.8	46.2	12.98	22.08	—	—	—	—	1930.58
1997	1461.1	112.3	111.1	194.2	—	—	35.3	30.6	17.1	28.9	15.7	56.3	—	—	2236.5
1998	65.3	65.33	85.69	134.17	—	14.42	39.89	28.05	11.1	21.35	—	30.39	—	—	2107.18
1999	1389.7	85.92	91.45	143.51	—	11.99	49.8	31.68	14.36	14.43	—	151.16	—	3.01	2106.47
2000	1711.88	102.54	105.04	1561.5	153.49	15.37	42.39	44.05	15.59	21.9	—	144.69	—	74.65	2587.74
2001	1812.71	109.75	163.29	216.63	144.71	25.84	85.3	53.44	29.51	21.51	—	106.39	—	141.01	2901.16
2002	1995.66	120.85	147.25	218.8	182.77	15.49	43.73	33.8	86.82	169.89	—	145.85	—	118.09	3278.9
2003	2277.47	120.42	185.28	254.75	167.61	16.77	78.83	47	38.12	67.09	—	147.64	—	239.7	3640.68
2004	2630.13	138.33	204.76	327.41	209.41	37.42	80.28	71.71	57.59	77.27	—	107.36	—	105.25	4046.98
2005	3007.64	170.59	253.16	278.68	246.76	39.72	66.44	69.51	17.74	133.15	—	133.63	—	113.69	4580.71

三、其他各费收入

1989年，县税务其他各费收入有教育费附加、工建农资金、能源交通基金和预算外调节资金，为县级收入，按缴纳增值税、消费税、营业税“三税”的1%征收，当年各费收入61.80万元。1993年开征基础设施附加费，按缴纳增值税、消费税、营业税“三税”的5%征收。1994年停征能源交通基金。1995年开征社会事业发展费。1997年开征文化事业建设费，停征工建农资金。1999年停征预算外调节资金。2000年停征基础设施附加费和文化事业建设费，开征税务部门其他罚没收入。2001年开征基本养老保险费、社会失业保险费和税务部门行政性收费。养老保险费按企业标准工资总额，单位18%、个人8%征收；失业保险费按企业工资总额，单位2%、个人1%征收；税务部门行政性收费按业户办理税务登记证（正副本）一套工本费20—50元及发票工本费收入。2002年停征社会事业发展费。至2005年底，县税务部门征收的各费有教育费附加、基本养老保险费、社会失业保险费、税务部门行政性收费、税务部门其他罚没收入，征收各费997.72万元。

表22－5　　**1989—2005年各费收入一览表**　　单位：万元

项目 年份	合计	教育费附加	以工建农资金	基础设施附加费	能源交通基金	预算外调节资金	文化事业建设费	社会事业发展费	基本养老保险费	失业保险费	税务部门行政性收费	税务部门
1989	61.80	7.7	2.4	—	30.4	21.3	—	—	—	—	—	—
1990	62.4	11	3.3	—	27.6	20.5	—	—	—	—	—	—
1991	76.9	15	2.1	—	33.9	25.9	—	—	—	—	—	—
1992	57.6	13.6	3.1	—	22.4	18.5	—	—	—	—	—	—
1993	41.03	20.43	2.33	18	0.16	0.11	—	—	—	—	—	—
1994	49.95	16.3	0.35	33.3	—	—	—		—	—	—	—
1995	79.8	20.33	0.71	43.26	—	—	—	15.5	—	—	—	—
1996	88.01	23.65	1.01	44.19	—	—	—	19.16	—	—	—	—
1997	83.7	27.5	0.6	30.2	—	0.6	1.6	23.2	—	—	—	—
1998	136.87	75.97	—	33.15	—	0.6	0.5	26.65	—	—	—	—
1999	82.3	25.15	—	29.76	—	—	0.52	26.87	—	—	—	—
2000	207.22	128.21	—	29.82	—	—	0.50	43.78	—	—	—	4.91
2001	635.41	69.01	—	—	—	—	—	43.13	434.60	67.85	3.04	17.78
2002	584.9	75.01	—	—	—	—	—	0.23	440.26	58.31	3.93	7.16
2003	676.77	89.59	—	—	—	—	—	—	494.89	80.81	9.52	1.96
2004	658.41	101.07	—	—	—	—	—	—	422.78	121.73	8.62	4.21
2005	997.72	116.16	—	—	—	—	—	—	759.61	95.43	23.39	3.13

第三章　管　理

第一节　财政管理

一、管理机构

（一）县财政局

1989年，县财政局内设预算股、农财股、工业企业财务股、人秘监察股、行政事业股、综合计划股、商业企业财务股和财政检察等8个股室和9个乡（镇）财政所。1990年后，先后设立和创办中华会计函授学校、直征所、国债服务部、国有资产管理办、南平市会计师事务所政和办事处、资金管理股、外经股、农业特产税稽查队、住房资金管理中心和基建财务股。1997年，机构改革，县财政局加挂县国有资产管理局牌子，内设13个股室，行政编制31名，事业编制3名。1999年，成立收费票据管理服务站、政府采购办、国有资产投资经营公司；2001年，撤销国债服务部，南平市会计师事务所政和办事处转轨为企业。2002年，根据“三定”方案，财政局内部机构和职能设置为：办公室、预算股、国库股、综合股、监督股、经建股、事业股、农财农税股、企业股、会管股、政府采购办、控办、国资办、会计集中管理办；设立会计核算中心、农税直征所、农税稽查队、票据站、会计函授站、国投公司、财政信用资金管理中心、市场服务中心等8个下属单位。2003年4月，撤销县住房资金管理中心。2005年，县财政局内设办公室、预算股、国库股、综合股、监督股、经建股、事业股、农财农税股、企业股、会管股、政府采购办公室、县政府控制社会集团购买力办公室、国有资产管理办公室、会计集中管理办公室、会计核算中心、农税直征所、农税稽查队、票据站会计函授站、国投公司、财政信用资金管理中心、市场服务中心等22个股室共64人，其中：机关事业人员29人，下属事业机构35人。下设10个乡镇财政办公室，有工作人员82人。

（二）县国有资产管理局

1997年12月28日，正式挂牌成立政和县国有资产管理局，副科级单位，挂靠县财政局，共有工作人员2人，经费由县财政统一安排。2001年，机构调整，国有资产管理局并入县财政局，内设国资办，负责国有资产管理工作。

二、财政预算管理

1989年，县财政预算安排实行“三保三压”（保农业、保教育、保改革因素出台；压缩行政管理费、压缩公用经费、压缩社会集团购买力）的办法，对行政事业单位单项2万元以上的专项基金，实行跟踪反馈。1990—1993年，按照“保吃饭、促改革、扶重点”原则，对县直行政事业单位继续实行和完善预算包干办法，严格控制行政管理费和公用经费的增长，严格经费与编制挂勾，对超编人员不安排人员经费和公用经费，对预算包干经费实行首长负责制。实行公费医疗保险制度改革，成立机关文印站，开展业务创收活动。1994年，实行“分税制改革，税后还贷、税后分利”制，统一实行33%的所得税税率，按照“实事求是、区别对待、合理负担”的原则，筹措资金兑现行政事业单位工改增资。行政事业单位实行“核定预算、包干使用、超支不补、结余有奖”的预算管理办法。1996年后，本着适度从紧的财政政策，制定并出台《公费电话管理办法》《会议费管理办法》等节支措施，加大个人对公费医疗保险的负担比例，严控赤字，力争实现收支平衡。优化支出结构，突出重点，兼顾一般，集中财力重点支持国有企业改革，支柱和重点产业发展。1998年1月1日起，执行《财政总预算会计制度》《行政单位会计制度》《事业单位会计准则（试行）》《事业单位会计制度》，实行借贷记账法。1999 年，成立政府采购办挂靠县财政局，规定车辆定点加油、维修和统一保险。2000 年，按照“调整结构、确保重点、压缩一般、加强管理”的原则，把一切不应由财政负担的支出剥离出去。实行编制给钱，在原有企业养老基金、机关养老保险基金、下岗职工再就业基金等实行“收支两条线”管理基础上，把工伤保险基金、生育保险基金纳入专户管理，实行集中支付。对县直全额预算行政事业单位离退休人员经费纳入国库统一支付。2001 年，按照“总体推进、分段实施”的方案，进行支出预算编制改革，组织试编单位的部门预算。对县直行政事业单位预算采用综合包干定额预算和按全额预算的两种办法。是年出台《关于加强基层计生单位财务管理的有关规定》。2002 年，对农村中、小学教师工资上收县管，县直机关工作人员工资国库统一支付面达 99.6%。2003 年后，贯彻“一要吃饭、二要建设”的方针，坚持“有所为、有所不为”的原则，继续推进部门预算改革，实行零基预算以及定员定额编制办法，县直行政事业单位预算根据各单位上报的年度经费收支，以及各单位的业务工作需要，进行预算编制。县财政部门进行财政票据管理信息化改革，在全市率先推行以“电子开票、自动核销、全程跟踪、源头控制”的管理模式。2005 年，全县乡镇干部职工工资全部纳入国库统一集中支付，全面实现全县干部职工工资国库统一发放。

三、企业财政管理

1989 年，对上年完不成承包任务的酒厂、化工厂实行公开招标，引进竞争机制，搞好风险承包。对商粮企业会同粮食部门拟定“厂内银行”方案，对工商企业开展清仓工作。1990—1992 年，对国营大中型骨干企业实行倾斜政策，共发放支持工商企业周转金 1506 万元，使企业摆脱困境，促产促销；帮助企业完善内部各项责任制，积极开展“支帮促”活动，继续推选代销承包和原燃材料节约奖；与企业签定“三定、二挂、一奖罚”的目标责任状措施，建立“531”梯级结构财源，促进重点企业收入上台阶。1991 年，企业产值、销售、利润指标均比 1990 年分别增长 6.79%、21.27%、30.39%。通过企业财务改革和技术改造，实行“一厂一策”，唱好“改制、改组、改造、改善”的改革重头戏，坚持完善厂长（经理）负责制，集中重点扶持骨干企业，帮助磷肥厂扩容、水泥厂微机配料电脑计量、水轮机厂 10 至 30 千瓦水轮机组等项目技改，帮助处于停厂状态的茶厂启动生产。全面推进“税利分流、税后还贷、税后分利”制。仅 1993 年，开发新产品 18 项，新增税利 289 万元。1993—1998 年，共收入企业技改资金 319 万元，支出周转金 1865 万元。落实粮食企业消化 1997 年粮食政策性挂账 110 万元，消化全部政策性亏损 700 万元，促进企业增盈。1999 年，重点抓好华厦水泥有限公司、水轮机制造公司、化工有限公司的技改工作，共投入 75 万技改资金，扶持骨干企业。是年，华厦水泥有限公司实现产值 1907 万元，税利 280 万元。2000 年，对东平供销社进行股份合作制改造，抓好农资公司减亏增收等工作。2001—2005 年，共投入 508 万元用于神达食品公司、闽北名茶公司、铁山花茶厂、富士岛食品有限公司、鑫奎食品有限公司以及建筑、轻工业、商业等企业的挖潜改造、技术推广等，促进企业提高经济效益。

四、乡（镇）财政支出管理

1989 年，针对乡镇预算内、预算外、自有资金等三项资金管理混乱的情况，对九个乡镇的三项资金全部纳入乡财政所管理，支出金额由财政所拨付，并在东平、熊山镇实行“七站八所”统一纳入联所管理试点工作。1991 年后，通过压缩公用经费和管理费，实现财政收支平衡目标，提出十二条严控财政支出的措施，对经费的审批、办公用品的管理、招待费、会议费、差旅费及小车经费等都做出严格的规定。实行经费等支出公开，接受群众监督。严格实行支出“一支笔”审批制度。收费严格按照物委核定的收费项目和标准收取，统一使用《行政事业性收费收据》。1995—1997 年，乡镇财政所设立预算内、预算外、乡镇自有资金财政管理专户，分别对三项基金进行专户管理，实行专款专用。1998—2004 年，对预算外资金实行“收支两条线”管理，从 2002 年起对乡镇采取“会计集中核算”的管理办法，将乡镇各站、办、所的所有财务收支全部纳入乡镇政府统一集中核算，预算外资金收入全部缴入乡镇所实行专户管理，支出根据需要和资金使用计划，由乡镇财政核拨到“会计核算中心”

进行分户核算、管理、考核。对税收、扶贫、老区、救灾等专项资金专户进行单独核算。2005年，对乡镇实行国库统一支付工资改革，将乡镇财政供养人员（含离退休人员）的工资全部纳入国库统一支付；对乡镇自收自支管理的企业管理站人员和建设站人员实行差额补助管理办法。同时，深化农村税费改革，规范乡镇财政收支，防范和化解乡镇债务风险，确保乡镇政府正常运转。

五、基金资金管理

（一）社会保障经费支出和医院财务管理

县财政局、卫生局对县直医疗机构实行“收入总量控制和药品核实收入与超收上缴办法”，2001年，对县直医院药品收入占医院业务收入比例在30%以上的，实行医院药品收支两条线管理。县属企业离休干部生活费和医疗费，企业负担的“两费”由主管部门统一按一定比例收取后，集中上缴财政专户，再由财政统一支付，减免部分由财政承担，列入年度预算。破产企业离休人员干部“两费”按规定在契清算、资产变现中留足。医疗经费管理还包括离休人员、“5·12”人员、二乙以上革命伤残军人、副处级以上五套班子退休人员、建国前老工人等特殊人群。再就业资金管理，凡有下岗职工的国有企业，都建立就业服务中心，负责发放下岗职工基本生活费、医疗等社会保险费，并组织下岗职工参加再就业培训；在岗职工再就业的期限一般不超过两年，其基本生活费最低不低于当地失业救济水平。再就业资金主要来源于从个人所得税当地留成的20%部分安排预算，并逐级上解20%调剂金，以及财务、税收、物价检查中罚没入地方库总额20%中，每年按财政预算支出2—5%安排的部分，上述两项仍不足的，由同级财政追加支出安排。2004年，县、乡镇、街道均建立农村低保资金专户，由各级财政下拨或预算安排的农村低保资金及其他渠道筹集的农村低保资金，全部纳入农村低保资金专户，实行专户管理，专款专用。

（二）社会保险基金管理

2001年起，企业养老保险费、失业保险费移交地方税务部门征收。企业养老基金由市本级根据各县上报的用款计划，再拨入各县财政专户。失业保险基金由省财政统一扣除8%作为省级调剂金后，其余再由市根据各县的收入情况，全部下拨给财政局，再根据本级社保经办机构的每月用款计划，将失业保险基金拨付给经办机构。市级统筹的工伤保险基金由社保机构在年终将工伤保险基金结余存入同级财政部门专户，专款专用。

六、国有资产管理

1995年，对小型及亏损企业加快“关、停、并、破、卖”步伐。对县针织厂破产清算，对县电力公司、化工厂、医药公司、粮油贸易公司抵押贷款的资产进行评估，对西津水电站改制、饲料公司、种子公司抵押贷款进行评估。1996年，对严重亏损企业酒厂、苎麻厂、针织厂进行关、停、关转、破等，对印刷厂、酿造厂等企业继续推行租赁制。1997年，经委系统10个国有工业企业，实行股份制的3个（水泥厂、磷肥厂、水轮机厂），承包经营的1个（化妆品厂），租赁经营3个（铅锌矿、印刷厂、酿造厂），处于停厂关停厂的3个（茶厂、化工厂、香料厂）。国有骨干企业水泥厂率先于10月份改制为国家、法人、职工持股的政和华厦水泥有限责任公司。随后，水轮机厂、磷肥厂也相继实行股份合作制。当年，有3个商贸企业拍卖和2个商贸企业破产。1998年，县钟表眼镜公司、百货公司、商贸公司、粮食复制品厂利用城区旧城改造出售固定资产，贯彻执行粮食企业“四分开一完善”方针，成立粮食收储公司。1999年，县茶厂全面出租产房，盘活存量资产20万元；原县针织厂一次性转让资产，妥善安置全厂职工；铅锌矿认真摸索解困路子，有20多人分流到南平铌钽矿；完成西津转运站和营前农场的转换改革工作。全县工交企业上缴税利880万元，比上年增长6.28%。2000年，全面开展以产权制度改革为核心，全员转换身份为重点的企业改革，全县参与改革企业58家，改制面100%，基本完成改革任务企业26家。林业企业转换职工身份391人，占职工总数92.5%，80%的职工得到就业安置；粮食企业转换职工身份325人，占职工总数82%，供销社企业完成改革7家，占总数32%；燃料公司、工业供销公司对职工全面予以转换身份。同年对九层际电站进行发供资产剥离，成立独立法人的发电公司。2001 年 7 月，下榅洋水电工程指挥部将资产、账务等移交给电力公司；12 月，将界溪水库国有资产投资入股政和县华盛水利水电有限公司，变更后为国有控股公司；将稻香茶场土地及房屋划拨给国有资产投资运营公司，成立县七星广播网络有限公司。2002 年 12 月，对农业机械公司部分资产和土地对外公开转让，用于未安置人员的安置和部分缺口改制费用。关闭香料厂，将香料厂土地房产出让用于筹建政和三中，出让价款用于安置。2003 年，县国投公司在国资委的授权下，将县电力公司九层际电站及拥有的30%下榅洋公司股份对外公开转让，先后完成40 多家国有、集体企业退出工作，转换、解除职工劳动关系 3100 多人，占职工总数的 66.2%。2004 年 2 月，对县一建、二建公司进行改制，对县酒厂国有土地使用权挂牌出让进行职工安置。基本完成水轮机制造有限公司改革工作，成立民营企业县七星水轮机有限公司。回收外屯电站资产，取得政和监狱 30 年资产经营权，引进香港凯捷集团投资1000 万元落户政和县。2005 年，对外贸公司的财务和债务全部由县国投公司兼并收购管理，将外贸分司兔场出让给县物资公司。对 30 家企业开展追缴债务工作。对五金电镀厂与原水轮机公司职工宿舍进行产权界定；将县新华书店资产委托省国资委出资省新华发行集团公司。对原有百货公司库存剩余商品由商业总公司实行社会公开招投标，一次性拍卖。林业总公司出资参股裕泰林业发展有限责任公司，国有法人股占 40%。

七、财政监督检查

（一）财政监察

1991 年，开展经常性的控购检查，共查出违控商品 602 件，金额 18.5 万元，违控上交 4.4 万元。对罚没款、特产税、私设小金库等进行专项检查清理。1993 年，组织有关部门抓好专项治理乱收费工作，进行票据清理，清理违纪和自立收费项目 99 项，收费金额 17.08 万元，退还乱收费 18.85 万元，上缴财政 1.4 万元。1994 年，开展整顿乡镇财务工作，对三个重点乡镇，林业、公安、工商、计生等四个行业的 44 个单位进行重点检查，共查出违纪金额 38.94 万元。

1995—1996 年，成立县财政局清理整顿周转金工作协调小组，由监察室牵头，开展清理整顿财政周转金、预算外外资金。对全县 13 个群众反映的热点部门单位和 9 个乡镇共计 108 个单位进行重点检查，共查出违纪收费 49 万元，应缴未缴财政预算金额 13 万元，应缴未缴财政预算外专户 1136 万元，违纪支用资金 46 万元，设“小金库”1 万元，不使用规定票据收费 22 万元。处罚应入库 93.24 万元，已入库 55 万元。1996 年开展粮食系统的专项检查，共查处违纪金额 215.7 万元，入库 26 万元。

1997 年，开展预算外资金、公费安装私人住宅电话和公费购买移动电话清理工作。对全县 73 个单位进行重点检查，共查处违纪金额 193 万元。1998 年，对全县 112 个单位进行全面审计检查，共清理预算外资金 2025 万元，入库率达 78%。共清理 112 个单位的 351 个银行账户，通过清查，全县纳入财政管理的部门和单位由原来的 46 个增加到 70 个，同时，还撤销多头开设的单位银行账户 78 个。2000 年后，全县实现会计集中核算，将财政监察等工作寓于日常财务结算中，严把财政违规违纪关。

2003—2005 年，贯彻落实反腐倡廉工作“六个机制”的实施意见，制定《财政机关人员廉政规定》《财政所工作人员“十要十不要”守则》，对全县公款为个人购买商业保险进行清理。

（二）财务大检查

1989 年，税收、财务、物价大检查工作与清查“小金库”同时进行。财务大检查对 77 个单位进行重点检查，全县共查出违纪金额 96.39 万元，应入库数 43.04 万元。清查“小金库”入库 45.9 万元。1990 年，对全县 31 个单位进行重点检查，共查处违纪应入库金额达 45.87 万元。1991 年，财务大检查工作共查出违纪金额 124.61 万元，入库 41.9 万元。1994 年，对全县 89 个单位和企业进行重点检查，全县自查和重点检查共查出违纪金额 39.07 万元。1995 年 5 月，组织乡镇财务检查，对全县乡镇 137 个单位进行检查，共查处金额 57.2 万元，应上交金额 3.14 万元，已入库金额 3.08 万元。1997 年 10 月，开始开展税收财务物价大检查，在所有单位开展自查自纠的基础上，抽调财政、税务、审计、监察等部门的人员组成检查组，对企业和单位进行重点检查。1998 年起，取消税收、财务、物价三大检查。

（三）财政信息质量检查

随着取消三大检查后，财政监督向实施全面的日常监督转轨，实现收入监督与支出监督并举，专项检查与日常监督并重，有力促进依法理财事业发展。从1999年开始组织开展会计基础工作规范化活动，将会计信息质量检查作为《中华人民共和国会计法》执法检查的重要内容，纳入财政部门开展整顿和规范市场经济秩序的总体部署之中，开展《中华人民共和国会计法》执行情况检查和会计信息质量检查，打击造假、账外设账，提供虚假会计信息行为。2001年，查处物资公司、林业总公司等11个单位，查出违规违纪金额30多万元，应入库12.1万元。同时对乡镇财政所例行监督检查。当年财政监督工作被省财政厅授予先进单位称号。2004年—2005年，会计信息质量检查工作主要结合农业、社保专项资金检查，对被检查的农业局、劳动和社会保障局开展会计信息质量检查，有重点地对部分企事业单位开展会计信息质量检查。

第二节　税务管理

一、管理机构

1989年，县税务局内设机构有：秘书股、人事股、教育股、税政一股、税政二股、计会股、征管股、稽查队；下设县汽车站、杨源、澄源、牛迹洋税务检查站及各乡镇税务所；县人民检察院驻税务检查室。1995年11月，撤销县税务局，成立政和县国税局、地税局。人事归国税系统管理，实行“两块牌子，一套人马，集中征收，分别入库”的管理体制；1996年8月，成立税务局城区分局、稽查分局、城郊税务所，撤销直征所和城关所。1997年12月，县地税局办公室、人教科、检察室、计财科、计算机信息中心、税政科、征管科均升为副科级科室。1998年，成立县税务师事务所，国、地税务局内设机关人事教育科、办公室、监察室、计财科、计算机信息中心、税征科、征管科7个科室，下设稽查局（分局）、城区分局、东平、铁山、石屯、外屯、镇前、杨源、澄源、城郊等2个分局8个税务所及税务师事务所，共有正式在职人员86人。2003年2月，局机关增设征收科，人事教育科、监察室并为人事监察科，撤消城区分局和各乡镇税务所，设立熊山分局、东平分局、镇前分局。2004年5月，撤销人事监察科，分设人事教育科和监察室。2005年底，县国税局、地税局合署办公，实行两个牌子一套人马，对机构设置及职能进行调整，设局长1人，副局长2人，内设办公室、综合业务科、地方税管理科、征收管理科、计划征收科、人事教育科、监察室等7个科室以及信息中心，下设稽查局、熊山分局、东平分局和镇前分局，全局共有工作人员96人。

二、税收政策管理

税收政策管理主要包括增值税、消费税、营业税政策管理；增值税专用发票管理、企业所得税政策管理、储蓄存款利息个人所得税政策管理。

增值税管理　增值税是对在境内销售货物或者提供加工、修理修配劳务以及进口货物的单位和个人，以法定增值额为征税对象征收管理，属于中央与地方共享税，入库税款按中央75%，地方25%分成。1998年7月1日起，凡年应税销售额在180万元以下的小规模商业企业按小规模纳税的规定征收增值税，征收率由8%减为4%。是年将增值税一般纳税人购进、销售应税货物支付的运输费用的扣除率由10%降为7%。土地增值税实行4级超额累进税率，按增值额与扣除项目金额的比率，分别为30%、40%、50%和60%。

增值税专用发票管理　在境内的单位和个人必须依法印制、须购、开具、取得和保管发票。增值税专用发票是根据增值税征收管理需要和增值税的特点而设计的，供增值税一般纳税人使用的一种特殊发票。是记载货物和应税劳务销售额的一般商事凭证，是累计增值税税额、一般纳税人计算可抵扣销项税额的进项税额法定凭证。加强专用发票的管理，对促进纳税人依法纳税，防止不法分子利用专用发票偷骗税款，保证国家财政收入有着极其重要的意义。1996 年 1 月 1 日，取消百万元版、千万元版手写专用发票；纳税人凡一次经营销售额达到百万元以上的，均使用国家税务局统一印制的电脑专用发票，并纳入增值税专用发票的增值税一般纳税人进行清理，对凡不具备使用大面额版专用发票的全部收缴，剪角作废 15 本，封存 1000 本。同时停止开具十万元版增值税专用发票，全部纳入防伪税控系统管理。

消费税政策管理　消费税是指在境内生产、委托加工和进口规定的消费品的单位和个人为消费税的纳税人。消费税目有 11 个，即烟、酒及酒精、化妆品、护肤护发品、贵重首饰及珠宝玉石，鞭炮和焰火、汽油、柴油、汽车轮胎、摩托车、小汽车。实行从价定率或者从量定额计算应纳税额，比例税率从 3%—45% 不等。对纳税人出口应税消费品给予免税。1994 年 4 月，停止征收彩电特别消费税。清水笋、速冻蔬菜、家具、纸箱、竹木制品、水泥、砂石料产品一律按征收率实行定期率的征收。

营业税政策管理　在境内提供应税劳务、转让无形资产或者销售不动产的单位和个人为营业税的纳税人。营业税税目有 9 个，即交通运输业、建筑业、金融保险业、邮电通信业、文化体育业、娱乐业、服务业、转让无形资产、销售不动产，税率从 39%—20% 不等。按照营业额计算缴纳。托儿所、幼儿园、养老院、残疾人福利机构提供的育养服务、婚姻介绍、殡葬服务，残疾人员个人提供的劳务，医院、诊所和其他医疗机构提供的医疗服务，学校和其他教育机构提供的教育劳务、学生勤工俭学提供的劳务，农业机耕、排灌、病虫害防治、植保、农技保险以及相关技术培训业务，家禽、牧畜、水生动物的配种和疾病防治，纪念馆、博物馆、文化馆、美术馆、展览馆、书画院、图书馆、文物保护单位举办文化活动的门票收入、宗教场所举办文化、宗教活动的门票收入一律免征营业税。

企业所得税政策管理　企业所得税纳税人是国有企业、集体企业、私有企业、联营企业、股份制企业，有生产和经营所得，其他所得的其他组织，征税对象是企业的生产、经营所得和其他所得。纳税人应纳税额按应纳税所得额计算，税率为 33%。对下列纳税人实行税收优惠政策：一是民族自治地方的企业需要照顾和鼓励的，经省级人民政府批准，可以实行定期减税或者免税；二是法律、行政法规和国务院有关规定给予减税、免税的企业，依照规定执行。纳税人发生年度亏损，可以用下一年度的所得税弥补，下一年度所得不足弥补的，可以逐年延续弥补，但最长不得超过 5 年。

三、税务登记管理

税务登记主要包括开业登记、变更登记、停业登记、复业登记和注销登记。企业及企业在外地设立的分支机构和从事生产、经营的场所，个体工商户和从事生产经营的事业单位，自领取营业执照之日起三十日内，持有关证件，向税务机关申报办理税务登记。承包和租赁的，实行自负盈亏的生产经营者也应办理税务登记。不从事生产经营活动，但是依照法律、行政法规规定负有纳税义务的单位和个人，除临时取得应税收入或发生应税行为以及只缴纳个人所得税、车船使用税外，应当自依照税收法律、行政法规成为纳税义务人之日起 30 日内向所在地税务机关申报办理税务登记。纳税人识别号由 15 位码组成，企业、事业单位纳税人，以国家技术监督局编制的 9 位码并在前面加挂 6 位行政区划码共 15 位码，作为其纳税人识别号；个体工商户和其他的中国公民，以居民身份证 15 位码作为其纳税人识别号；外国人员以其国别加护照号码作为其纳税人识别号。税务登记证件每年验审一次，3 年更换一次。

四、征收管理

1989 年开始，县税务部门全面实施《中华人民共和国税收征管法》，实现征收、稽查、税务代理三位一体的新时期税收征管模式。强化服务经济意识，大力开拓税源，狠抓税收征管，使全县税收征管工作走向系统化、规范化、法制化轨道。1994 年机构分设后，全面实施分税税制，按照统一税法，分平税负，简化税制，合理分权的基本原则，建立与社会主义市场机制相适应的税收体系，并与国际惯例相衔接。确立由流转税、所得税和财产税三大税组成的新的复合税制。在流转税方面，以增值税为核心，辅之以对非商品经营课征营业税，对少数产品交叉课征消费税。在所得税方面，统一不同经济性质的内资企业所得税。新开征土地增值税，合并内外个人所得税，合并废止和调整其他一些种类。把调节个人收入划分国税和地税间的征管范围。将原个人所得税、个人收入调节税和城乡个人工商所得税三税合并，调整适用税率及级距，降低关税。改变分散征收集征管于一身的传统管理模式。

五、减免税管理

劳动就业服务企业中的加工型企业和街道、社区具有加工性质的小型企业实体，安置下岗失业人员，并与其签订1年以上期限劳动合同的，经劳动保障部门认定，税务机关审核，每安置1名下岗失业人员，每年扣减企业所得税额2000元；当年扣减不足的，可结转下一年扣减，但是结转期不超过2年。此外，规定享受税收优惠政策的企业与下岗失业人员签订劳动合同的期限从3年以上改为1年以上。对下岗失业人员从事个体经营（除建筑企业、娱乐业以及广告业、按摩、网吧、氧吧外），自领取税务登记证之日起，三年内免征营业税、城市维护建设税、教育费附加和个人所得税。整顿税收秩序强化税收工作，严控减免负税，规定对烟、酒等33种产品一律不得减免产品税，增值税；对小酒厂、小毛纺厂等8种小型企业一律不得减免产品税、增值税和所得税。对清水笋、速冻蔬菜、家具、纸箱、竹木制品、水泥、砂石料产品，一律按征收率实行定期率征收办法。1993年，对征管相对薄弱的加油站、发廊、舞厅、酒家等行业税收作大幅度的调查，是年调整定额1730户。1994年，规定对外商投资企业和外国企业暂不征收城市维护建设税和教育附加费。1998年，将16家小规模商业一般纳税人划转为小规模纳税人管理，并对现有的一般纳税人企业进行年资格年审，保留一般纳税人118户，取消12户。对外商投资企业自产应税农、林、牧水产品直接出售给使用单位、个人，按实际销售收入缴纳工商统一税，交给国营、集体收购单位的，则不缴。对个体工商户实行按定额征收，按月或按季调整。2003年，为107户从事个体经营的下岗职工减免税收，落实再就业优惠政策批免营业税、个人所得税等35万元。2005年，减免个人所得税、营业税等共122户32万元。

六、出口退税管理

出口退税是指对货物在出口前实际承担的税收负担，按规定的退税率计算后予以退还，采取先征后退的办法。1996年1月1日后，报关离境的出口货物按下列税率计算退税。煤炭、农产品出口退税仍为3%；以农产品为原料加工的工业品按13%的税率征收增值税的其他货物，出口退税率由10%调成为6%；按17%的税率征收增值税的其他货物，出口退税率由14%调成9%。2002年1月，对生产性出口企业全面推行“免、抵、退”税管理办法。落实产品出口型企业优惠政策，在依照税法规定免征、减征企业所得税期满后，凡当年出口产品产值达到当年企业产品产值70%以上的，可按税法规定的税率关征收企业所得税。如减半后税率低于10%的，按10%税率缴纳企业所得税。1989年，政和鑫奎食品有限公司成为政和县第一户出口退税企业。截至2005年年底，全县出口退税企业8户。1989—2005年，退税额累计776.7万元。

七、税务稽查

自1989年起，县税务部门开展经常性日常检查稽查同行业检查相结合，形成纵横交错的稽查网络，制定《稽查业务工作评比办法》，设计《稽查组处理决定书》《税务稽查通知书》等加大对涉税案件的处罚力度，确保国家财税收入，保护合法经营，制止违法行动，配合征收管理。1991年，建立“三位一体”的稽查岗位制度，即稽查员岗位、内勤征收员岗位、监督岗位，由三个岗位构成的相互监督制约的统一整体，解决职责不清的问题。1994—2005年，税务稽查除日常稽查外，每年进行一次专项稽查，查补税款、罚金、滞纳金入库率100%，稽查案件处罚率在95%以上。同时，对大案件和群众举报、上级交办等案件进行稽查。税务机关与公、检、法紧密合作，打击各项税收犯罪行为，暴力抗税案件得到遏制，偷逃税现象明显减少。

八、税收信息化建设

1989 年，税务系统实行办公自动化、无纸化管理，应用《公文修理系统》电子化收发、封发传递、办理公文；1990 年，自行选用邵武市税务局开发的税收征收管理软件，运用于税收征收管理，实现款、票分离及电脑开票。2001 年，推行税收个体定额管理软件。2004 年，实行“双网互联”，全年选择税银划缴的业户达到 742 户，2005 年 9 月起，全面推行国税“税库行联网缴税”，成功上线的企业 135 户，个体改原来的电话报税为批量扣税。

卷二十三　金融　保险

第一章　金　融

第一节　货币发行与流通

一、人民币发行

1989年境内市场上流通的纸币，除第三套人民币外，还有1987年4月27日起分三次发行的第四套人民币，至1997年4月1日止，共发行9种面额14种票券。其中1角券1种，2角券1种，5角券1种，1元券3种（1980年版、1990年版、1996年版），2元券2种（1980年版、1990年版），5元券1种，10元券1种，50元券2种（1980年版、1990年版），100元券2种（1980年版、1990年版）。比第三套人民币增加一百元券和五十元券两种券别。

1992年6月1日，在境内开始发行1元、5角、1角金属人民币，与三种铝分币（1分、2分、5分）一起构成完整的硬币系列。

1999年10月1日起，境内陆续发行第五套人民币，有100元、50元、20元、10元、5元、1元、5角和1角八种面额。此次增加20元券，停止发行2元和2角这两个券种。随着第五套人民币的陆续发行，形成第三、四、五套人民币多版流通的状况。同时央行宣布第三套人民币自2000年7月1日起，停止在市场流通，在2001年1月1日至6月30日期间以现行人民币办理等额兑换。2005年年底，在市面上流通的人民币形成第四套与第五套人民币混合流通格局。

二、纪念币发行

1989年9月，境内发行第十一届亚洲运动会纪念币。1995年，发行第四十三届世界世界乒乓球锦标赛、中国抗日战争及联合国第四次世界妇女大会、反法西斯战争胜利50周年、联合国成立50周年、中国珍稀野生动物金丝猴等6种纪念币。1998年，发行周恩来诞辰100周年、刘少奇诞辰100周年等6种纪念币。2002年，发行世界文化遗产万里长城、秦始皇陵及兵马俑纪念币各一枚。2003年起每年发行贺岁普通纪念币1枚。是年12月，发行中国首次载人航天飞行成功金银币纪念币各1枚。2004年12月，发行观音贵金属纪念币一套3枚，其中金币1枚、铂币1枚，银币1枚。2005年11月，发行熊猫贵金属纪念币一套，共12枚，其中金质纪念币7枚，银质纪念币3枚，铂质纪念币1枚，银质纪念币1枚。发行的纪念币绝大多数作为收藏品，极少用于流通。

三、现金投放与回笼

境内货币投放的渠道主要有：农副产品的采购、职工工资、资金、津贴、单位办公费用、乡镇企事业费用、国家信贷投放、基本建设（需支付现金的地材和工人工资）、储蓄取款、邮电汇兑、出差人员差旅费用等。货币回笼主要渠道有：商品销售、税收、乡镇企事业收入、城乡储蓄存款、汇兑和其他收入等。

1989年3月，境内由于上年度现金投放过多，经济过热现象尚未消除，为控制不合理现金投放，根据省人行《关于清理现金结算户、建立健全现金管理制度的意见》，县人行对各开户单位现金结算户进行一次全面清理。同时，政府开展治理整顿市场经济，取得成效，市场货币过多的状况得以逐步改变。当年，全县货币投放数仅3141万元，比1988年减少货币投放14955万元。1992年，随着经济快速发展，基建投资和消费基金迅速增长，物价指数不断攀升，又出现货币投放过多的现象。当年净投放1467万元。1993年8月，各专业银行制定一系列措施，减少现金投放，组织货币回笼。1994年，受物价上涨等诸多因素影响，以及经济运行的惯性作用和货币政策的时滞效应，又促使货币投放的大量增加。由于采取各种手段，使储蓄存款等业绩大幅上升，货币回笼得以增加。当年货币投放7044万元，货币回笼7504万元，出现回笼数大于投放数。此后，基本建设投资和消费基金迅速增长，物价上涨，以及国家政策性的工资上涨等因素，货币投放的势头一直未减，净投放逐年增加，1999年净投放达到6009万元。2004年，采取有效措施，组织货币回笼，当年再次出现回笼大于投放。2005年，全县货币投放26792万元，回笼23941万元，净投放2851万元。

1989—2005年，全县货币总投放227693万元，回笼198242万元，净投放29451万元。除1994年、1995年、2004年回笼大于投放，其他年度均是投放大于回笼。

表23－1　**政和县发行基金历年投入、回笼数表**　单位：万元

年　份	投放数	回笼数	净投放＋（回笼－）数
1989	3141	1947	1194
1990	2950	2179	771
1991	2626	2500	126
1992	4414	2945	1469
1993	5556	4486	1070
1994	7044	7504	－460
1995	8933	8972	－39
1996	11611	11492	119
1997	15135	12111	3024
1998	14698	12808	1890
1999	17889	11880	6009
2000	17169	13865	3024
2001	20588	18340	2248
2002	21475	18147	3328
2003	21967	19107	2860
2004	25712	26018	－306
2005	26792	23941	2851

第二节 存 款

一、个人储蓄

（一）储蓄种类

1989年年初，由于通货膨胀，物价上涨，全县曾一度出现抢购风和挤兑现象，储蓄出现滑坡，及时采取调高存款利率，并从9月10日起，对城乡三年以上的长期储蓄实行保值补贴。同时，全县各专业银行、信用社普遍开办摸奖储蓄，以金银首饰、彩电、自行车为奖品吸收群众储蓄。由于个别行社违反金融政策，擅自提高利率，开展不适当的竞争，造成储蓄存款在行、社之间大搬家，影响金融秩序稳定。年底停办摸奖储蓄，是年，全县个人储蓄年末余额为3192万元。此后，各专业银行、信用社、邮政储蓄专柜扩大服务领域，逐年推出储蓄新种类。各行推出专项有奖储蓄，保值储蓄，“一本通”定活期储蓄，既可存取人民币，也可以存取外币的综合性多币种储蓄等，1991年12月1日，停办保值储蓄。1992年，全县个人储蓄存款年末余额为11517万元，首次突破亿元大关。1993年3月1日起，全县金融部门施行《储蓄管理条例》，规范各专业银行的储蓄工作。2000年增办教育储蓄，教育储蓄的利息享受免税待遇。同年4月1日起，开始实行《个人存款账户实名制》，凡开立个人存款账户的应出示本人身份证件，使用实名。实名制施行后，原账户未使用实名的，均应按照规定使用实名。县人行专项检查、督促各金融机构落实，推动个人储蓄快速发展。2005年年底，全县个人储蓄存款余额达到81234万元，比1989年增加78042万元，增长25.5倍。

在居民储蓄持续发展的同时，信用卡业务也有较大的发展。县农行1992年2月发行金穗信用卡，1997年7月发行金穗万事顺卡，2003年3月发行金穗借记卡，同年7月发行具有一卡多账户，创业可融资，理财能增值的“金博士理财卡”。至2005年，县农行共发行各种金穗卡17637张，存款余额4596万元。

县工行1992年发行牡丹卡，县工行率先在全县发行牡丹借记卡，具有先消费后还款、享受免息待遇，还具有信用卡存取现金、转账等功能。至2000年共发行牡丹卡2870张，其中普通信用卡1860张，贷记卡1010张，存款余额600余万元。

1995年7月县建行发行“龙卡”业务，有信用卡、储蓄卡，当年发行龙卡1307张，储蓄余额为1434万元；2003年县建行发行理财卡，首发35张，储蓄余额1123万元；至2005年，县建行共发行各类储蓄卡21095张，储蓄总余额3105万元。

邮政储蓄于1996年发行邮政绿卡，至2005年，共发行邮政绿卡54745张，绿卡储蓄余额7691.89万元。

表23-2 **1989—2005年政和县个人储蓄存款余额表** 单位：万元

年 份	合 计	储蓄余额				
		工 行	农 行	建 行	邮 政	信用社
1989	3192	1779	243	197	116	857
1990	6620	2260	1762	360	251	199
1991	8491	2731	2257	577	545	2381
1992	11517	3572	3181	942	738	3084
1993	14922	4174	4156	1455	1305	3832
1994	18579	5352	4516	2151	2056	4504
1995	22677	6201	5181	3104	3021	5170

续表 23－2

年份	合计	储蓄余额				
		工行	农行	建行	邮政	信用社
1996	26790	6725	5268	4784	4205	5808
1997	31785	7506	6090	6647	5193	6349
1998	38032	7297	8221	8362	7178	6974
1999	40434	6153	9594	9791	8014	6882
2000	42566	5428	8403	10627	10421	7687
2001	48477	—	15891	11252	12758	8576
2002	57029	—	18152	12401	15622	10854
2003	62400	—	20455	13566	18111	10278
2004	71686	—	23790	14393	21400	14103
2005	81234	—	26371	15593	25991	13279

（二）储蓄网点

1989年初，全县有2个储蓄专柜、储蓄所22个，其中县工行4个、县农行8个、县建行4个储蓄所和邮政储蓄柜6个及县工行、县农行储蓄专柜。之后，各专业银行、信用社、邮政储蓄展开储蓄存款业务竞争，储蓄网点也随之逐年增设。

县工行　1989年初，设有城关、东门、西门、第一储蓄所和储蓄专柜，1990年，增设西门第二所、解放所、南门所、下药所、西大街所，1991年增设市场储蓄所，至是年底，县工行储蓄所达到10个。1994年撤销市场所，1998年分别撤销南门、西大街、下药、解放、西门所，1999年分别撤销城关、东门、西门一所。至2000年8月县工行撤并到建瓯市工行，原有10个储蓄所全部撤销，原有储蓄金额划归到县农行接收。

县农行　1989年初，设有东平、石屯、铁山、镇前、城关、星溪、飞凤山、熊山和支行储蓄专柜，1990年后增设西门、东门、解放等储蓄所，1997年储蓄所达到15个，其中专职所7个，综合所8个。之后，逐年精简机构和人员，至2005年底，共撤销12个储蓄所，其中城区4个，乡镇8个，仅保留支行营业部储蓄专柜、城关分理处、熊山分理处3个网点。

县建行　1989年年初，设有第一、第二、第三、第四储蓄所，之后增设第五储蓄所、一中代办所（1991年撤并到第五储蓄所），1993年增设支行专柜，1995年设水泥厂和城关林业采购站代办所，1997年后，逐年撤并储蓄所，至2005年底，县建行仅设立城区分理处、储蓄专柜2个网点。

县邮政储蓄专柜　1989年，设有东平、石屯、铁山、镇前、杨源、汀源6个邮储专柜，1994年8月增设城关西门、东门2个邮储专柜，1995年4月设立南门邮储专柜，2001年3月设立胜利邮储专柜，2004年3月设立中心邮储专柜。至2005年年底，县邮政局共设储蓄网点11个，其中城区专职所5个，乡镇邮政综合所6个。

县信用社　1989年年初，有9个乡镇信用社、6个信用分社、71个信用代办站，1996年县农行与县信用社分营后，设立联社营业部，撤销熊山和星溪信用社，逐步撤销信用代办站和信用社，至2005年底，县信用社共设有7个乡镇信用社、4个信用分社和联社营业部，共12个网点。

至2005年年底，全县各专业银行、信用社、邮政储蓄共设立储蓄网点28个。

二、单位存款

1989年后，随着经济体制改革的不断深化，促进全县城乡国营、集体、私营、经济联合体、外商企业等工商业快速发展，国民经济进入一个新的发展时期，企业自有资金增多，单位存款不断增加。

各专业银行纷纷成立“组织吸收存款领导小组”，银行还派车、派人到单位收款、送款等措施开展业务竞争，由于各家银行都放宽开户条件，这段期间单位存款搬家现象普遍，账户管理较为混乱。1995年县人行组织各专业银行开展账户清理，统一规范银行账户的开立和使用，加强账户管理。企事业单位开立银行账户实行开户许可证制度，凭县人行核发的开户许可证办理，制止单位、企业乱开户现象。至2005年年底，全县单位存款余额达24848万元，比1989年增加19742万元，增长近5倍。其中：财政存款840万元，比1989年增加524万元，增长2.65倍；企业存款7429万元，比1989年增加4645万元，增长2.67倍；机关团体存款9704万元，比1989年增加9249万元，增长21.3倍；其他存款6875万元，比1989年增加5324万元，增长4.4倍。

表23-3 **1989—2005年政和县各项存款余额表** 单位：万元

年份	合计	其中				
		企业存款	财政存款	机关团体存款	个人储蓄存款	其他存款
1989	8258	2784	316	455	3192	1551
1990	11596	3234	395	534	6629	804
1991	14687	4099	122	840	8491	1135
1992	18850	3484	86	819	11517	2944
1993	23047	4185	22	808	14922	3110
1994	28065	5669	222	848	18579	2748
1995	31766	5825	189	898	22677	2177
1996	37203	7179	106	1301	26790	1872
1997	42760	7973	413	1235	31785	1354
1998	49948	7714	906	1500	38032	1796
1999	52825	8422	525	1934	40434	1510
2000	54170	6222	390	2032	42566	1960
2001	61794	6897	948	2526	48477	2947
2002	71850	6612	446	3482	57029	4281
2003	79155	6725	432	6088	62400	3510
2004	96149	13929	591	6205	71686	3738
2005	106082	7429	840	9704	81234	6875

第三节 贷 款

一、农业贷款

1989年以来，农业贷款从单一的支持粮食生产转向支持农村商品经济的发展，贷款的对象、用途全面拓展。贷款对象从只支持单一农户转向承包户、专业户、农村经济联合体，用途从单一的种植业转向扩展到养殖业、林业、乡镇企业等。县农行和县信用社承担大量的农业贷款和扶贫项目，对加快脱贫致富步伐、发展农村经济起到积极的推动作用。

（一）支持粮食生产　农村金融部门在信贷上优先支持粮食生产，做好粮食生产的产前、产中、产后服务。产前组织人员到乡村进行春贷摸底，帮助农业部门和供销部门组织农业生产资料，发放贷款购进良种、化肥、农药、农用薄膜和农机具等。产中则以春贷摸底为依据，配合粮食、供销部门框算资金需求发放粮食预购定金贷款。产后重点维护农户生产利益，保证粮食部门收购资金需要，确保粮食收购不打“白条”。1989—1994 年共发放粮食收购贷款 3478 万元，农业生产资料贷款 5878 万元。

（二）支持林业发展　县农行贯彻省农行《农村社、队林业贷款试行办法》精神，进一步支持林业生产，尤其是 1989—1991 年，支持地方政府消灭荒山的造林绿化工程。贷款扶持的对象有国营林场、集体林场或耕山队，也有联合体和承包户。1989—2005 年共发放贷款 1460 万元，支持造林和垦复毛竹 2 850 公顷，完成新植茶、果、板栗 2 267 公顷，低改茶、果园 3 667 公顷。

（三）支持乡镇企业发展　1989—1995 年，县农行根据全县乡镇企业发展规划，向上级行争取项目资金支持，累计投放 3383 万元，支持东平萱麻厂、石屯铁合金厂、铁山罐头厂、汀源麻袋厂、杨源陶瓷厂、镇前鞭炮厂、星溪木碗厂等一批乡镇企业发展。发放小水电站贷款 1300 多万元，支持九层际电站、澄源满洋电站、铁山洋后电站、石屯西津电站、东平新口电站、杨源富坑电站、镇前何山电站等一批小水电站建设。

（四）支持扶贫工作　1989 年以来，县委、县政府把扶贫工作作为重要任务来抓，农业贷款以支持贫困乡、村脱贫致富为重点。为管好扶贫专项贷款资金，县农行和县信用社干部深入农村和农户开展调查摸底工作，评估落实扶贫项目，最后上报到县委、政府确定支持的项目。县农行、县信用社发放扶贫贷款重点支持集体、农户种植茶叶、茉莉花、毛竹垦复、水果、板栗、畜牧水产养殖、高山区反季节蔬菜种植“菜篮子工程”。在扶贫项目上，县农行贷款主要支持乡、村集体项目，县信用社贷款支持农户发展多种经济。通过行、社扶贫专项贷款支持，贫困乡、村增加乡财、村财收入，贫困户增加经济收入。贫困村、户的面貌有很大改观，实现县委、政府提出的脱贫致富的预期目标。1989 年，县农行、县信用社发放扶贫贷款余额为 634 万元，最高年份为 1994 年，贷款余额为 998 万元，2005 年扶贫贷款余额为 130 万元。

（五）支持特色农业发展　1989—2005 年间，县信用社投入 32640 万元支持农户发展茶叶、茉莉花、锥栗、毛竹、中药材、烟叶、反季节蔬菜等特色农业，扶持农户新开和改造低产茶园 1200 公顷，新植茉莉花 185 公顷，新垦植竹林 3330 多公顷，新种锥栗 200 多公顷，支持星溪乡、岭腰乡、东平镇农户种植烟叶 1330 多公顷。为提升农产品附加值，县信用社还着力培育农副产品加工企业发展。

（六）积极发展农户小额信用贷款　县信用社在全县开展农户小额信用贷款的评定和创建信用村、镇工作。农户小额信用贷款采取“一次核定、随用随贷、余额控制、周转使用”的方式，信用户可凭信用贷款证随时到信用社网点办理借、还贷款业务，不需要逐笔申请，不需要经信贷员、主任层层审批，极大地简化贷款手续。至 2005 年底，创建信用乡 1 个，创建信用村 12 个，全县评定信用户 15000 多户，授信金额 5300 多万元。

表 23－4　**1989—2005 年全县农业贷款余额表**　单位：万元

年　度	农业贷款余额	其中：扶贫贷款余额
1989	3363	634
1990	3985	725
1991	4274	810
1992	4767	802
1993	5309	804
1994	4948	998
1995	5625	900
1996	5931	712
1997	6358	627
1998	7279	513

续表 23－4

年 度	农业贷款余额	其中：扶贫贷款余额
1999	8203	280
2000	6552	340
2001	7114	340
2002	7197	306
2003	10915	146
2004	10982	590
2005	12389	130

二、工商业贷款

（一）工业企业固定资产贷款

1989—2005 年，为扶持当地工业基本建设和能源、交通等行业的资金需求，境内各家银行向上级行申请重点支持基建贷款和技术改造贷款项目，经各自上级行审批发放。县工行发放下榅洋水电站贷款 3000 万元、水轮机厂技术改造项目贷款 150 万元、水泥厂技术改造项目贷款 200 万元。县农行发放磷肥厂、铅锌矿技术改造项目贷款 125 万元。县建行发放建材厂贷款 55 万元、水泥厂贷款 260 万元、香料厂贷款 95 万元、电力公司贷款 450 万元、针织厂扶贫贷款 425 万元。2003—2005 年，县建行发放私营工业固定资产贷款 6750 万元，其中金和水电有限公司贷款 1850 万元，龙潭溪水利水电有限公司贷款 4900 万元。

（二）工业流动资金贷款

1989 年，县内国有商业银行执行“控制总量，调整结构，保证重点，压缩一般，适时调节”的金融工作方针政策和“区别对待，择优扶持，以销定贷”的信贷原则，实行信贷资产集约经营，提高信贷资金的流动性、安全性、效益性，促进企业的产业结构、产品结构的调整和经济的发展，各行逐步调整信贷结构，合理配置信贷资源，信贷工作以适应国民经济结构调整趋势和市场发展方向。1989—2005 年，县农行累放工业贷款 1921 万元，经过清收 799 万元；2000 年 6 月长城资产管理公司剥离不良贷款 562 万元；县工行经过清收、转股、剥离到华融资产公司不良贷款 5038 万元，至 2000 年 7 月。县工行拆并到建瓯市工行的工业贷款余额 561 万元，比 1988 年减少 1432 万元。至 2005 年年底，县农行工业贷款余额为 560 万元，比 1988 年增加 120 万元。县建行工业贷款余额为 5700 万元（不含剥离不良贷款 1263 万元），比 1988 年增加 5399 万元。

（三）商业贷款

1989 年后，随着经济体制改革的逐步深入和市场机制的转化，商业流通领域面临着市场的挑战，农副产品价格放开，粮食统购统销放开，私营商业企业（店）遍布城乡。原有的商业、集体、供销、粮食营销和加工等企业系统随着市场机制的转化、价格的放开，逐步转向承包、租赁、联营、兼并、产权有偿转让等经营形式。银行信贷部门及时参与企业落实债权债务，重新办理借款手续，转化后的企业和私营企业（店）的贷款全部实行有效担保和质押。县农行 1989—1994 年累计发放商业贷款 17570 万元，其中：发放粮食收购贷款 3478 万元、农副产品收购贷款 2416 万元、农业生产资料贷款 5878 万元，至 1994 年年底商业贷款余额 2430 万元，剔除 1994 年 6 月县农行向县农发行划转粮油收购资金贷款多种因素后，商业贷款余额比 1988 年底净增 1232 万元。2000 年县工行、县农行经过落实债权债务之后，对原有的商业企业、供销企业、集体企业的不良贷款分别进行剥离到资产管理公司。至 2005 年底，全县商业贷款余额 1696 万元，比 1989 年减少 1214 万元。

三、基本建设贷款

1989—2005年，在交通建设，改造城市面貌，提高人民饮用水质量，改善城镇居民居住条件，满足广大人民群众对广播、电视收视要求，发展教育事业，改善、提高医疗单位医疗治病水平，促进人民消费水平的提高等基础设施建设方面，县国有商业银行都酌情发放贷款支持。

县建行支持政和自来水公司万吨水厂改造，投放城区管网建设贷款600万元；发放电力公司贷款450万元；城区防洪堤工程建设贷款500万元；主街道拓宽改造贷款600万元；政和至建瓯二级公路改造，西津至岭腰后山桥战备公路贷款1000万元；安嵩线、小浦线公路柏油路面铺设贷款355万元。

为响应"教育要面向现代化，面向世界和面向未来"，实现科教兴国，教育为本的目标。县建行发放政和一中校园改造贷款1250万元、政和三中贷款560万元、实验小学贷款130万元、星溪小学贷款50万元。发放县医院购买螺旋CT机贷款300万元；发放县广播电视网络有限公司发放网络改造贷款250万元。

为改善政和人民住房条件，促进住房商品化，县建行先后对县房地产开发公司贷款850万元。2000—2005年，县农行、县建行发放个人消费、住房贷款7695万元，其中：县农行发放2843万元，县建行发放4852万元。

四、专项贷款

县内发放的专项贷款属老少边穷地区发展经济贷款。具有政策性强、用途特殊、利率优惠、期限较长、管理方式灵活多样等特点。

1989年，县人行制定实施细则，加强管理，注重项目的经济效益，与专业银行联合调查、评估，共发放专项贷款180万元，余额达到446万元。

1990年，对专项贷款的种类作较大的调整。合并内容基本相同的种类，把原老、少、边、穷地区发展经济贷款与贫困县县办工业贷款合并定为老少边穷地区贷款。县人行按照"支、帮、促"的原则，对全县十七家企业的20个专项贷款项目进行全面检查，严格贷款的"三查"制度，确保专项贷款资金的专款专用。

1991年11月，县人行加强项目评估筛选工作，结合县情对淀粉厂、华星工艺有限公司、外屯民间工艺厂等项目进行评估、论证，经筛选决定对淀粉厂发放专项贷款35万元。

1992年，对铅锌矿、县磷肥厂（含金矿）2个项目进行评估论证，经筛选后对铅锌矿发放专项贷款30万元，同时对老贷款项目检查、监督。当年共收回到逾期专项贷款78.9万元。

1993年5月，根据省人行《关于加强专项贷款管理工作的通知》，规定贷款投向重点放在续建项目上，新项目原则上不提供贷款。当年为支持县重点企业水泥厂的生产发展，发放专项贷款65万元，并对磷肥厂（含金矿）10个项目进行评估，发放专项贷款40万元，加强对老贷款项目进行检查、监督，采取计划收贷，共收回到逾期贷款67.6万元。

1994年，对下榅洋水电站、水轮机厂水轮机综合技改项目进行评估论证，发放专项贷款560万元。同时，针对专项贷款项目多且零星分散的状况，对历年来的21个专项贷款项目进行定期贷后检查，采取"多渠道收贷，多措施并举"的办法，共收回到逾期专项贷款50.2万元。

1995—1996年，实行专项贷款年收息额与经办行费用开支挂钩的办法。为此每年专门下达各地收贷收息任务。

1997年4月，老少边穷地区发展经济贷款（含贫困地区县办企业贷款）划转基数为当年4月30日营业终了的贷款余额，划转贷款采取逐笔清理核实，落实债权债务，联合逐级上报的办法，县人行与县农发行同时与借款企业办理合法的债权债务转移手续，严防借款企业借机逃避银行债务。

1998年5月，县人行专项贷款（含已移交划转县农发行）全部划转县农行。共划转专项贷款本金282万元，应收利息150万元。

表 23－5　**1989—1997 年政和县专项贷款年末余额表**

金额：万元

年　份	专项贷款余额	年　份	专项贷款余额
1989	446	1994	967
1990	492	1995	942
1991	462	1996	942
1992	420	1997	282
1993	457		

五、粮食收购贷款

1989 年，县金融系统执行治理整顿的方针和“控制总量、调整结构、保证重点、压缩一般、适时调节”的货币信贷政策，支持国家粮油收购，全面推行“预购定金与实物挂钩”办法。1990 年县农行发放农副产品收购贷款 954 万元，保证平议价粮油等收购资金的正常需要，有效地避免打“白条”现象，促进农副产品收购任务的完成。

1991 年，县农行积极配合粮食、供销等部门做好粮食“三挂钩”物资和资金的预付工作，继续推行“钱肥挂钩”的办法，在粮食收购旺季发放收购粮食贷款 1200 万元。

1992 年，全省粮食企业转换经营机制，粮食购销基本放开，购销价格逐步与市场接轨。县农行发放粮食收购贷款 1478 万元，支持粮食部门购进国家定购粮、省地储备及议价粮。

1994 年，国家相继出台财税、金融、投资等一系列改革措施，县农发行陆续调整粮、油、糖等重要农副产品价格。县农行不仅承担自身业务范围内收购资金的供应，还代理农发行政策性收购资金的供应和管理工作。年末，全县粮食企业贷款余额达 1012 万元。

1995 年在夏秋两季粮油收购之际，集中力量对夏季粮油收购和资金需要进行调查预测，确保当年全县夏秋两季收购的资金供应和管理工作的顺利进行。年末，全县粮食企业贷款余额达 846 万元。

1996 年，做好政策性资金需求的预测，强化对收购资金的专户管理，保证收购资金专款专用。实施“库贷挂钩”的管理办法，年末，全县粮油贷款余额达 1483 万元，比年初增加 637 万元。

1997 年，年末全县粮食企业贷款余额达 2223 万元，比年初增加 740 万元。1998 年县农发行实行“钱随粮走、购贷销还、库贷挂钩、封闭运行”的粮食信贷政策，粮油贷款基本实现封闭运行。年末，全县粮食企业贷款余额达 2864 万元，比年初增加 641 万元。

2004—2005 年，随着粮食保护价收购品种和范围的逐步缩小，粮食收购市场准入限制的放宽，粮食收购贷款明显下降，至 2005 年，粮食企业贷款余额为 362 万元。

六、支农贷款

2001 年，县人行开始投放专门用途的支农再贷款。当年累计投放支农再贷款 4 笔 1500 万元，到年底县信用社利用支农再贷款发放贷款 1250 万元，其中“三农”贷款占 98% 以上，信贷支农面达 85% 以上，主要支持烤烟、锥栗和大棚蔬菜种植等新的经济增长点项目的资金需求，全县有 5000 多农户得益于支农再贷款，为农民增收和农业经济发展提供有力的资金保障。

2002 年，县信用社发放再贷款 5 笔，金额 2400 万元，支持当地茶叶、茉莉花、食用菌、反季节蔬菜等特色农业的发展，实现农民增产增收和信用社增效化险的“双赢”。

2003 年，全年累计发放支农再贷款 5200 万元，到年底贷款余额 3500 万元。

2004 年，全年共发放支农再贷款 9 笔，金额 4500 万元，年底支农再贷款余额 3500 万元，支农再贷款有力地支持农村信用社盈利，实现自 1996 年县农行、县信用社“脱钩”以来首次社社盈余的局面，当年实现盈利 64 万元。

2005 年，严格按支农再贷款管理办法及规定，加强对再贷款的使用对象、投向、投量、利率及风险管理，年底支农再贷款余额3000万元。

表23-6 **1989—2005年政和县各项贷款余额表** 单位：万元

年 度	合 计	其 中			
		工 行	农 行	建 行	信用社
1989	9954	3116	4501	407	1930
1990	13184	3391	7066	561	2166
1991	14199	3840	7566	437	2356
1992	16718	4574	8383	1006	2755
1993	19779	6092	9324	1076	3287
1994	21559	7335	9420	1246	3558
1995	25368	8125	11577	1433	4233
1996	24198	9104	9087	1793	4214
1997	28331	9380	12776	1818	4357
1998	32005	9292	14693	2967	5053
1999	30683	8486	13904	3057	5236
2000	19742	—	8905	4076	6761
2001	20706	—	7961	4113	8632
2002	24458	—	8854	4848	10756
2003	30666	—	10302	6926	13438
2004	32632	—	9514	8939	14179
2005	33942	—	8157	12159	13626

第四节 外 汇

1989年，由县农行办理外汇解付业务，外汇业务量比较少。1994年1月起，取消境内所有企事业单位、机关和社会团体等的贸易和非贸易项下的外汇收入的外汇留成，外汇收入均需按银行挂牌汇率，全部结售给外汇指定银行；实行银行结汇制，允许人民币在经常项目下完全可兑换；取消外汇调剂市场，建立银行间外汇市场，改进汇率成机制，保持合理及相对稳定的人民币汇率。1996年，对星华工艺有限公司、华闽炭化有限公司、兴和针织厂进行外汇年检，同时加强企业出口核销单发放管理及账户的登记备案工作。1997年，全县完成20家外商投资企业的常规年检工作，并配合南平外管分局做好南平市外商投资企业的年检工作；对县建行第一储蓄所申请办理外汇储蓄网点的审查申报及批复工作；配合南平外管分局加强对企业资本项目的管理，对下温洋水电有限公司外资外债的账户及使用进行跟踪管理。

1998年1月6日，县建行第一储蓄所正式开始办理居民外币储蓄业务。3月14日，县人行对一家企业有非法从事金融外汇期货交易行为作出处理，立即停止从事外汇期货交易，并在规定的期限内完成清退收取的保证金。2004年，县人行采取多种措施强化基层外管职能，做好外汇服务工作。全年共发放核销单330份，办理核销291笔，核销金额470多万美元。加强外商投资企业登记、年检和换证工作，与外经局、工商部门联系，对外汇登记的企业进行外汇年检，年检率达到100%。2005年，对县农行外汇账户管理和结售汇业务开展专项检查，进一步规范外汇指定银行外汇账户开户准入行为和结售汇业务操作规程。为出口企业安装网上核销软件并提供业务指导，辖内九家企业全部实现“网上核销”，极大地方便出口企业。到2005年年底，全县已办理外汇登记手续的外商投资企业有11家，当年共发放出口收汇核销单370份，已办理核销313笔，核销金额549.46万美元。

第五节　中间业务

一、结算

1989年4月1日起，对银行结算制度进行改革，废止原有的国内信用证、付款委托书、托收承付、保付支票和省内限额结算等各种结算方式，取消信汇自带。此后，又取消异地托收承付结算方式，同时，建立以票据为主体的结算制度，大力推行银行汇票、商业汇票、本票、支票和信用卡等信用支付工具，并增强票据的流通性和其他结算方式的灵活性、通用性、兑现性、安全性，使银行结算向信用支付工具流通化方面迈出。1990年4月1日，恢复办理异地托收承付。之后实行结算举报制度及结算专管员工作制度。1993年6月，解决当时影响社会安定和人民生活的邮政汇款兑付难的问题。1996年1月，《中华人民共和国票据法》正式施行，实现票据行为法制化进入依法管理票据融资的新时期。同年8月，取消委托收款提前付款结算办法。1997年12月，施行新修订的《支付结算办法》，确定信用支付工具在支付结算中的主导地位，形成以信用支付工具为主体的新的结算管理体制。1999年，县人行对县农行擅自制定异地汇入款项（非储蓄卡账户）汇到账24小时后方可使用的“土政策”进行查处，罚金1万元，维护辖内结算秩序。

2001年11月，县人行受理并及时处理一起结算举报事件，对县农行由于经办员失误造成一客户资金3.38万元延压18天，责成县农行向客户赔礼道歉，赔偿客户损失。对县邮政局开展邮政储蓄和汇兑资金专项检查，对邮政储蓄代收电话费划缴存在延迟划转问题要求邮政储蓄予以及时整改，对各行、社开户单位商品交易仅凭发票办理委托收款的错误做法进行纠正。2002年，对辖内各商业银行之间的异地跨系统汇划款项规定进行重申，凡单笔金额在10万元以上的，必须按规定通过县人行转汇并清算资金。同年4月，向辖内各行、社印发《政和县支付结算目标量考评办法》《政和县同城票据交换量化考评办法》，修订《同城票据交换制度》，提高支付结算工作管理水平，确保汇路畅通。2003年，执行结算联席会议制度，协调解决支付结算中存在的问题，按季对辖内各商业银行和信用社的支付结算工作进行目标量化考评。2004年6月，制定《同城票据交换实施细则》和修订《同城票据交换工作量化考核办法》，对辖内参加同城票据交换的金融机构实行票据交换量化考核，确保同城资金清算安全。2005年，做好小额支付系统试运行工作。加强同城票据清算的监督管理，切实维护支付清算渠道的畅通。当年辖内共提入提出票据交换29236笔，交换金额26358万元，票据抵用率达79.5%。

二、国债

1989年，境内发行债券有国库券、特种国债、保值公债三种，分别推销42万元、14.44万元和53万元。针对当时群众对国库券认识不足和兑付网点布局不合理的问题，加强宣传工作，保证国库券兑付任务的顺利完成，全年共兑付国库券本金27.8万元，同时，加强与公安部门配合，打击非法债券交易活动，维护国家债券的信誉。1990年全县发行国库券42万元、特种国债14.10万元。

1991年，全年共发行国库券54.90万元，特种国债14.50万元。增设常年国债兑付点，全年兑付国债60.30万元。

1993年，做好国债发行、兑付和收款单清理工作，全年发行两期，共发行国库券180万元，全年兑付国债6万元。

1994年国库券分为一年、二年、三年期。一年期国库券由证券公司发行；二年期国库券发行任务由各级政府承担年息13%；三年期国库券采取收款收据形式由各专业银行发行，年息为13.96%。同时以旧券换新券的办法提交利息1%。

1996 年，全年完成国债发行 95 万元，兑付国库券 230 万元。

2000 年，加强国债发行与兑付工作的组织和管理，维护国债信誉。在发行和兑付前夕牵头召开各代理行、财政、国库等部门联席会，认真布置国债发行与兑付工作，设立发行、兑付网点 14 个，指导国债防假防伪工作，完成国债发行任务 181 万元。

2001 年，全年完成国债发行任务 70 万元。6 月 12 日在城区街中心开展国库券反假宣传。设立国债常年兑付点，对外出示国库券常年兑付标志，组织兑付人员观看国库券反假录象。

2002 年，全年完成国债发行任务 51 万元。重视做好兑付宣传工作，通过电视媒介向社会发出公告，共兑付国债本息 1.10 万元。

2004 年，全年完成国债发行任务 16 万元，全年兑付国债 15 个年份 171 张，兑付国债本息 5279.08 元。

2005 年，全年完成国债发行 8 万元。组织兑付人员观看国库券反假录象，增强防假防伪意识，全年共兑付国债 14 个年份、166 张，兑付本息 2223.18 元。

第二章 保 险

第一节 承保 险种

1989 年随着保险事业的进一步发展，服务领域不断扩大，保险公司在巩固老险种的基础上，不断增加一些新险种。当年，开办有 14 个险种及附加险。1991—1994 年，保险公司相继开办自行车保险、雇主责任保险、水泥质量责任协议保险、职工伤害责任保险、产品质量及责任协议保险、旅行社旅客责任保险。

1996 年，财险与寿险分业经营，中国人寿政和县支公司（简称县人保公司）传统的险种有：学生平安保险、独生子女婚嫁保险、独生子女平安保险、义务兵保险、简易人身保险、大额简易人身保险等险种；新增加 99 鸿福终身保险、88 鸿运终身保险、鸿寿养老金保险、66 鸿运 A 保险、66 鸿运 B 保险、重大疾病终身保险、重大疾病定期保险等险种。

1997—1998 年，县财险公司开办森林火灾保险、水稻种植保险、烟叶种植保险、电话盗打保险、机动车辆修理厂责任保险、公共火灾爆炸责任保险、锅炉压力容器责任保险、非生产供电安全责任保险、停车场（库）责任保险、个人购置住房抵押贷款保证保险、个人抵押贷款房屋保险。1999 年，县财险公司开办供电责任保险；县人保公司开办祥和定期保险、祥瑞终身保险、祥瑞还本终身保险、康宁终身保险、康宁定期保险、国寿福瑞两全保险、国寿福馨两全保险、国寿少儿两全保险、国寿英才少儿保险、国寿松柏养老保险、国寿松鹤养老保险。2000 年，县财险公司开办校（园）方责任保险；县人保公司开办国寿 99 鸿福两全保险、国寿养老年金、国寿金色夕阳养老年金保险（A）、国寿关爱生命女性疾病保险（A）、国寿关爱生命女性疾病保险（B）。2001 年，县财险公司开办旅行社责任保险，寿险开办国寿鸿福相伴两全保险（分红型）、国寿鸿寿年金保险（分红型）、国寿鸿泰两全保险（分红型）、国寿鸿运少儿两全保险（分红型）、国寿千禧理财两全保险（分红型）、国寿永泰团体年金保险（分红型）。2002 年，县财险公司开办医疗责任保险；县人保公司开办国寿鸿星少儿两全保险。2003 年，县财险公司大力推广以责任保险为主的意外伤害保险，根据不同客户群体、不同风险类型、不同车辆种类进行改版，分别设计个性化条款的 2003 版机动车辆条款。县人保公司开办国寿鸿鑫两全保险（分红型）、国寿永泰团体年金保险（分红型）、国寿附加传染性非典型肺炎住院津贴保险、国寿个人综合意外伤害保险。2004 年，县人保公司开办国寿康恒终身保险（分红型）、国寿康恒定期保险（分红型）。至 2005 年，县财险公司共办 60 种险种，县人保公司开设 168 种险种。

第二节　保费与理赔

1989 年，县财险和县人保公司共收取保费 176.57 万元。其中县财险公司保险费收入 97.74 万元，县人保公司保险费收入 78.83 万元。全年赔付达 1145.38 万元。7 月 22 日，县遭受百年不遇的特大洪水灾害，造成直接经济损失达 1.4 亿元人民币。县财险和县人保公司向受灾的 81 家国营、乡镇企业，594 户城乡居民支付赔款 1008 万元，为全省恢复国内保险业务以来最大的理赔案，支付的赔款相当于当年政和县的财政总收入。其中，县茶厂的茶叶成品受淹严重，保险公司赔款达 245.52 万元，为全省恢复国内保险业务以来最大的一起企业财产保险理赔案。

1990 年，承保企事业财产 191 户，家财险 5641 户，机动车 352 辆，拖拉机 62 辆，摩托车 102 辆，货运险 1380 笔及其他险，共收取保费 160.03 万元；支付赔款 884 笔，赔付金额 114.41 万元，赔付率 71.49%。简易人身保险 1652 人，养老险 1488 人，团体人身险 1661 人，学生平安险 20291 人，绝育险 1176 人，厂长经理意外险 30 人，老人平安险 2830 人，独生子女平安险 309 人，共收取保费 84.67 万元，各种给付及赔款共计 17.47 万元。

1991 年，承保企事业财产 182 户，家庭财产 2197 户，机动车 369 辆，拖拉机 41 辆，摩托车 70 辆，货运险 1113 笔，养猪险 450 头，养鱼险 35 亩，水稻险 250866 亩，森林险 6710 亩，共收取保险费 242.59 万元，支付赔款 808 笔，赔付金额 172.85 万元，综合赔付率 71.25%。简易人身险 5914 人，养老金 577 人，团身险 1612 人，学生平安险 16102 人，绝育手术平安险 8684 人，老人平安险 4058 人，共收取保险费 118.36 万元，各种给付及赔款共计 33.39 万元。

1992 年，企事业财产保费收入 68.26 万元，家庭财产保费 5.26 万元。人身意外险保费 68.62 万元，机动车辆保费 92.83 万元，货运险保费 1.54 万元，农险保费 78.2 万元，共计保费收入 314.9 万元，支付赔款 468.04 万元，综合赔付率 148.63%。人身等寿险业务 184.83 万元，统筹业务保费 25.52 万元，共计保费收入 210.35 万元，全年支付各种给付及赔款 38.58 万元。

1993 年，企事业财产保费收入 78.78 万元，家庭财产保费收入 11.73 万元，人身意外伤害险保费 55.97 万元，机动车保费 185.74 万元，货运险保费 5.93 万元，农业险保费收入 55.89 万元，保户储金 32.83 万元，共计保费收入 426.87 万元，支付赔款 328.08 万元，综合赔付率 76.84%；人身险等寿险业务保费收入 203.49 万元，统筹业务保户储金 50.76 万元，共计保费收入 254.25 万元，支付赔款 228 万元，综合赔付率 89.67%。

1994 年，完成企事业财产保费收入 90.68 万元，家庭财产保费收入 13.62 万元，人身意外伤害险保费收入 107.13 万元，机动车保费 212.73 万元，货运险保费 5.31 万元，农险保费收入 2.01 万元，保户储金 48.31 万元，共计保费收入 479.84 万元，支付赔款 395.17 万元，综合赔付率 82.35%；人身险等寿险业务保费收入 329.05 万元，统筹业务保费收入 26.97 万元，共计保费收入 356.02 万元，全年支付各项给付金及赔款共计 176.1 万元。

1995 年，完成企事业财产保费收入 101.58 万元，家庭财产保费收入 16.43 万元，人身意外伤害险保费收入 138.4 万元，机动车保费 289.92 万元，货运险保费 13.87 万元，农险保费收入 9.82 万元；人身险等寿险业务保费收入 322.94 万元，统筹业务保费收入 23.76 万元，共计保费收入 346.7 万元，全年支付各项给付金及赔款共计 301.75 万元。

1996 年，县财险、人保分业经营，全年共承保企事业财产 146 户、家庭财产 1344 户，机动车 861 辆，摩托车 1127 辆，货运险 6 笔，种植业险 7 笔，养殖业险 1 笔，民用电保险 4 笔 8.3 万元，建安险和产品质量责任险各 4 笔，金融机构综合保险 1 笔，现金险 9 笔，共收取保费 570.66 万元，全年共支付赔款 473 笔，赔付金额 370.99 万元，综合赔付率 65.01%。寿险保费收入 492 万元，赔款总支出 167 万元。

1998 年，财险承保企事业财产 139 户（其中个体工商户险 85 户），家庭财产 566 户，机动车 840

辆，摩托车972辆，货物运输6笔，森林火灾保险8笔，共收取保费560.17万元，支付赔款460件，赔付金额567.25万，综合赔付率101.26%。是年6月12日至6月24日，境内出现历史上罕见的持续性大暴雨天气，造成严重的洪涝和地质灾害，财险公司共给付赔款50余笔，赔付金额达280余万元，仅财政统保的国有资产和家房保险两笔就支付赔款达125万元。县人保公司寿险保费收入733万元，赔款总支出116万元，其中，学生平安险给付818人次，给付金额69万元；老人险给付388人，给付金额41.72万元。

1999年，县财险公司非车险业务的发展方向逐步转向个体工商户保险和家庭财产保险，摩托车及责任险等分散性险种上。是年只承保企事业财产114户（其中个体工商险70户），比上年同期承保数量下降18%；家庭财产1362户，比上年同期承保数量增幅140.64%。共收取保费595.29万元，支付赔款397件，赔付金额283.13万元，综合赔付率47.58%，创下历史较好经济效益。寿险保费收入765.25万元，赔款总支出105万元。其中，团体简易人身保险给付8人，给付金额11240元；团体意外险3人，给付金额15364元；学生平安险给付935人次，给付金额81.5万元；老人险给付106人，给付金额10.6万元。

2000年，财险承保企事业财产108户（其中个体工商户险67户），家庭财产648户，个人房屋抵押贷款保险111笔，机动车759辆，摩托车3227辆，拖拉机70辆，货运险7笔，森林火灾保险7笔，共计保费641.82万元；支付赔款252笔，赔付金额333.88万元，综合赔付率52.02%。寿险保费收入848万元，赔付支出112万元。其中，学生平安险给付1035人次，给付金额97.6万元。

2001年，财险承保企事业财产111户（其中个体工商户险63户），家庭财产3148户，个人住房抵押贷款保险324户，机动车666辆，摩托车2233辆，森林火灾保险7笔，共收取保险费610.28万元，支付赔款304笔，赔付金额317.91万元，综合赔付率52.09%。寿险保费收入959万元，赔付支出96万元。其中，学生平安险给付735人次，给付金额76.1万元。

2002年，财险全年共收取保费613.51万元，支付赔款300笔，赔付金额354.29万元，综合赔付率57.75%。寿险保费收入1555万元，赔款支出133万元。其中，学生平安险给付1354人次，给付金额1045785元。

2003年，财险承保企事业财产101户（其中个体工商户46户），家庭财产152户，个人住房抵押贷款358户，机动车618辆，摩托车1673辆，拖拉机676辆，货运险6笔，森林火灾保险4笔，烟叶种植险1笔，全年共收取保险费531.1万元，支付赔款359笔，赔付金额406.47万元，综合赔付率76.53%。寿险保费收入2162万元，赔款支出165万元。其中，学生平安险给付886人次，给付金额115.9万9元。

2004年，财险全年共收取保险费684.39万元，支付赔款560笔，赔付金额433.74万元，综合赔付率63.38%。寿险保费收入2431万元，赔款支出197万元。其中，学生平安险给付1131人次，给付金额87.78万元。

2005年，摩托车、拖拉机及货物运输保险创最好的水平，学生、幼儿意外伤害保险的市场份额也在逐步提高。共承保企业财产综合险、基本险100户，家庭财产险486户，机动车1088辆，摩托车8015辆，拖拉机1143辆，货运险97笔，森林火灾保险4笔，意外伤害险10503笔，共收取保费686.37万元，支付赔偿787笔，赔付金额432.89万元，赔付率63.07%。寿险保费收入2496.28万元，赔款支出136万元。其中支付团体意外险62人，给付金额24.03万元；学生平安险给付936人次，给付金额73.01万元。是年6月17日至21日，境内出现持续性暴雨，造成财险公司承保的新口电站、西津电站、华厦水泥有限责任公司以及属县财政统保的国有资产、全县家财等财产受到不同程度的损失，县财险公司在十天之内，就支付赔款20件，赔付金额70余万元。

表 23－7　**1989—2005 年保险费收入及理赔情况表**

单位：万元、%

年份	财险			人寿			
	收入	理赔	赔付率	收入	其中		
					短险收入	短险理赔	赔付率
1989	97.74	1079.89	1104.86	78.83	78.83	65.49	83.08
1990	160.03	114.41	71.49	84.67	57.56	17.47	30.35
1991	242.59	172.85	71.25	118.36	70.84	33.39	47.13
1992	314.9	468.04	148.63	210.35	102.21	38.58	37.75
1993	426.87	328.08	76.86	254.25	137.50	87.87	63.91
1994	479.84	395.17	82.35	356.02	181.61	176.10	96.97
1995	620.78	549.51	88.52	346.70	197.35	202.48	102.60
1996	570.66	370.99	65.01	492.18	195.23	159.50	81.70
1997	629.64	360.73	57.29	606.26	110.33	104.38	94.56
1998	560.17	567.25	101.26	773.35	129.28	115.00	88.95
1999	595.29	283.13	47.59	765.25	192.19	102.32	53.24
2000	641.82	333.88	52.02	848.13	212.13	133.64	63.00
2001	610.28	317.91	52.09	959.44	216.26	96.28	44.52
2002	613.51	354.29	57.75	1555.28	225.32	180.26	80.00
2003	531.1	406.47	76.54	2162.31	203.20	157.25	77.39
2004	648.39	433.74	63.38	2431.19	210.31	145.11	69.00
2005	686.37	432.89	63.07	2496.28	186.23	103.20	55.42

第三章　管　理

第一节　金融管理

一、机构

（一）银行

中国人民银行政和县支行　简称县人行。1989 年，内设机构有：人秘、计划信息、金管稽核、会计国库、发行保卫等 5 个股，共有干部、职工 27 人。年底，县人行从城关解放街 56 号迁址至胜利街 247 号。至 2005 年年底，县人行内设股室有办公室、信贷调统股、营业室、保卫股，全行有员工 29 人。

中国银行业监督管理委员会南平分局政和办事处　2003 年 12 月 23 日，经上级有关部门批准，设立中国银行业监督管理委员会南平分局政和办事处，隶属南平分局派驻政和县行政正科级的办事机构，人员编制 3 人。银行业主要职能由中国人民银行划转给中国银监会。

中国工商银行政和县支行　简称县工行。1989 年，内设人事股、会计出纳股、信贷股、计划股、储蓄股和保卫股等 8 个股，管辖城关、东门、西门、第一储蓄所等 4 个工商储蓄所及劳动服务部。1991

年原址拆建综合大楼，期间内设人秘股、计划股、工商信贷股、储蓄股、会计出纳股、保卫股6个股室，后又增设对公科、稽核股和监察室、信用卡部。1992年6月，股改为科室。至2000年年初，内设机构已改为二部一室（综合业务部、监管部、办公室）及一个支行储蓄专柜，有员工58人。2000年8月县工行撤并，其员工分流到各县市工行23人，内部退养11人，自谋职业11人，融信集体人员13人由县农行全部接收，机构撤并到建瓯市工行。

中国农业银行政和县支行 简称县农行。1989年年初，内设机构有：营业部、资金组织股、信贷股、会计出纳股、审计稽查股、计划股、人事股、保卫股、信用合作股、办公室、检察室、信用联社等12个股室，下辖8个营业所，8个储蓄所，10个信用社，5个信用分社，8个信用中心站。1994年4月，组建中国农业发展银行，由上级派员设立政和代理组，接管农业政策性贷款业务。1996年8月，县信用社与县农行脱离行政隶属关系，其业务管理和金融监管分别由县信用社和县人行承担，当年完成行社“脱钩”工作。1998年先后撤销六个营业所。2004年12月，县农发行代理组撤离政和，政和农行不再代理县农发行业务。至2005年末，内部机构设“三科四部”即人秘科、信贷科、监保科、营业部、客户部、资产经营部、中间业务部，下设城关和熊山两个分理处和支行本部共三个对外服务网点，有员工65人。

中国建设银行股份有限公司政和支行 简称县建行。1989年年初，内设机构有：综合股、建经股、投贷股、会计股和储蓄股；下设4个储蓄所，共有员工57人。1996年4月，更名为中国建设银行福建省政和县支行，2004年9月20日，中国建设银行完成股份有限公司改造，正式对外挂牌，更名为中国建设银行股份有限公司政和支行。内部机构设有：办公室（含保卫）、客户部（信贷）、个人金融部（储蓄）。储蓄机构由1995年末的5个储蓄所，一个储蓄专柜，3个代办点，撤并为城关分理处与支行储蓄专柜。至2005年年末有员工45人。

（二）其他金融机构

县农村信用合作联社 简称县信用社。1989年，为县农行的基层机构。1996年8月，县信用社正式与县农行脱离行政隶属关系，成为独立法人单位。2000年5月，县信用社迁至政和西环南路4号新建大楼办公。2005年底县信用社内设：人秘、稽核、业务、会计出纳、保卫科和资产保全部六个职能科室。下辖东平、石屯、城关、铁山、外屯、镇前、澄源七个信用社和一个联社营业部，岭腰、杨源、江上、南庄四个分社，共有员工117人。

县邮政局邮政储汇经营部 1987年7月，县邮电局正式开办邮政储蓄业务，吸收的存款全部缴存县人行，属于县人行委托代办性质，业务收付（含储户利息支付）每年向县人行结算，收取县人行支付业务代办费。1990年1月1日，邮政储蓄改由邮政部门自办，吸收的储蓄存款由缴存改为转存县人行，分别设立活期和长期两个存款账户，县人行按邮政储蓄转存余额和规定的转存款利率向邮局按季付利息，储蓄户利息由邮政储蓄支付。1998年邮政、电信分营，邮政储蓄归属邮政局。邮政局下设邮政储汇经营部。内设稽核组和储蓄机房，下辖11个邮政储蓄专柜。2000年储蓄余额突破亿元；2004年储蓄余额已突破两亿元大关；至2005年年底储蓄余额已达25991万元，占全县个人居民存款总额的31.98%，共有员工258人。

（三）民间金融组织

典当 1992年初，由于银根紧缩，银行严格贷款手续和审批程序，外贸投资企业公司开办典当业务，成立“双发当行”，由个人承包经营。资金来源由合股人投股及公司名义向县工行申请50万元贷款，典当品种范围有传统的金、银首饰典当，当价双方面议，双方同意后办理，大量的是用有价证券、存单、房地产作抵押借款。月息2分至4分不等，以借期短利率高、借期长利率低的原则，期限视借款人具体情况，有三个月、半年。1994年，由于“双发当行”注册资金未达200万元，不符合规定，被县人行联合公安机关取缔，责令其摘牌停止营业，“双发当行”将县工行贷款还清后停办。

担保公司 2005年5月28日正式成立福建省信达担保投资有限公司，属于综合性担保的法人企业机构，地址设在县总工会大厦5楼，公司注册资金500万元，业务主要是贷款短期融资担保，至11月正式对外挂牌。

二、账户管理

1990年，县内一些企业曾一度为套取现金、逃避债务而在多家银行开户，县人行与县各专业银行密切合作，对全县各开户单位的基本账户进行全面清理，在清理过程中，一部分账户转入一般存款户，对手续不全、资料不完整的账户转入待清户，当年完成清理账户597户。1993年，为巩固清理整顿企业存款账户成果，在账户管理工作中应查验存款企业的全国代码证书。1994年11月，境内各家银行实施以规范银行账户的开立和使用，加强账户管理。将企事业单位的存款账户划分为：基本存款账户、一般存款账户、临时存款账户和专用存款账户。对企事业单位开立基本存款账户实行开户许可证制度。1995年贯彻《中华人民共和国商业银行法》，县内企事业单位可以自主选择一家商业银行的营业场所，开立1个办理日常转账结算和现金收付的基本存款账户，不得开立2个以上基本存款账户。明确规定，任何单位和个人不得将单位的资金以个人名义开立账户存储，明令禁止“公款私存”。

1996年，针对一些金融机构执行结算纪律不严，违反账户管理规定时有发生的现象，对县工行、县农行、县建行、县信用社开展结算纪律执行情况大检查，共抽查结算业务39536笔，制定并实施《政和县辖区内金融机构加强账户管理同业公约》，进一步规范账户管理，同时建立账户管理数据库。

1998年8月，对全县城乡银行账户开展年检，共年检1444账户，撤销1082个账户，特别是清理行政事业单位银行账户取得较好的效果，共清理112个单位351个账户，撤销多头开设行政事业单位银行账户78个。

2000—2005年，各家商业银行严格按照《银行账户管理办法》，实行开户许可证制度，杜绝不规范账户开户，对违纪现象予以重罚，银行账户管理逐步走上法制化、规范化的轨道。

三、信贷资金管理

1989—1992年，贯彻国务院为防止通货膨胀，控制银行间的乱拆借，对金融机构发布的“约法三章”。县人行对当时紧缩银根的宏观经济环境下，执行“限额管理，以存定贷”，进一步完善“实贷实存”的管理办法，改进信贷计划分层次管理体制，实行计划和资金分开管理，县人行加强对专业银行的贷款管理，实行“合理供应，确定期限，有借有还，周转使用”的原则，贷款按限额控制并采用“条块结合”的分配方法。

1993年，县人行对信贷总量的宏观调控，由以规模限额管理直接控制为主逐步转变为运用资产负债比例管理间接控制为主；对信贷资金的调节配置，由以计划手段为主逐步过渡到以市场手段为主。

1994—1996年，按照人民银行总行制订的《信贷资金管理暂行办法》，改革自1985年起沿用的“实贷实存”的信贷资金管理体制，实行以“总量控制，比例管理，分类指导，市场融通”为基本原则的新信贷资金管理办法。在有限资金情况下，优先保证农副产品收购资金的需要。各商业银行针对不良贷款偏高，采取“新老贷款划段，分类考核”的办法，建立健全贷款风险防范机制。

1998年1月1日起，取消对国有商业银行贷款限额控制，不再下达指令性计划，而改为指导性计划，在建立健全资产负责比例管理和风险管理制度的基础上，开始对国有商业银行实行“计划指导、自求平衡、比例管理，间接调控”的信贷资金管理新体制。1999年，县农行对贷款客户实施分类管理，县工行将企业信用等级分为7类进行管理。2002年，信贷管理以“市场为导向，以客户为中心，以效益为目标”为指导，对法人客户贷款实行“先评级，后授信，再贷款”的办法。

2003年6月，对商业银行房地产信贷进行风险提示，对开发商贷款、建筑业流动资金贷款、个人多套住房贷款和高档住房贷款制定比较原则性的限制措施。2004—2005年，县人行有针对性地对商业银行继续加强窗口指导和风险提示，提请商业银行既要重视和防止货币信贷过快增长，也要防止“急刹车”；围绕“质量、效益、安全”主题，以风险控制为中心，坚持审慎信贷原则，加快信贷结构调查，发送授权授信管理。同时，在农业方面，要求商业银行积极做好“三农”金融服务工作，进一步部署和落实小额担保贷款工作；要求商业银行切实改进金融服务，推动国家助学金贷款工作的健康发展。

四、现金管理

1989 年，经济过热现象尚未消除，为控制不合理现金投放，县人行对各开户单位现金结算户进行一次全面清理，发放现金卡 1015 户，清理交叉开户 150 户。通过清理单位多头开户、随意套取现金、乱设小金库、擅自扩大消费基金开支标准等违反现金管理规定的状况有所好转。

1990 年，在清理单位现金结算户和加强单位库存现金限额管理的基础上，针对当时采购人员普通存在直接携带现金异地采购的现象，把现金管理同结算管理结合起来，大力推行汇票结算方式，省际间小商品交易转为带汇票采购，以减少现金使用。

1991 年，针对企业多头开户套取现金的现象，对专业银行开展现金结算户检查，共检查现金结算户 831 户，对检查出的符合条件但未办理现金卡 94 户企业予以现场补办，纠正无卡提取现金的现象。

1994 年，要求各金融机构严格工资基金监督管理，根据工资基金手册的规定办事，制止各种滥发奖金和津贴的行为；建立健全大额提现审批制度，严格单位库存现金限额管理，控制不合理现金投放；规定金融机构也要核定业务库存现金限额，加强对单位和开户银行现金管理执行情况的检查监督。

1995 年，在全县各金融机构及企事业单位进行现金大检查，并通过加强专业行柜面监督，严格控制集团购买力，各专业银行进一步规定严禁企事业单位滥发奖金和年终突击发钱等，控制不合理的现金支出。

1997 年 7 月，各单位提取大额现金，要如实填写登记表格，开户银行要逐笔登记，并定期向县人行备案。规定大额提取现金超 5 万元报县人行审批制度。

1998 年，加强现金日常监管工作，严格审查大额现金支付和办理现金结算户，严把审批关，按季开展现金检查，查出金融机构、企业违规使用现金问题 18 项，金额 84 万元，提出整改意见 20 条。

2000 年 5 月，在对县建行开展现金检查工作中发现存在对现金支付柜面把关不严等问题，11 月份对县信用社开展的现金检查中发现大额现金支付审批制度执行不严，支付超范围使用现金等问题，并就这些问题提出监管意见，督促其认真整改。

2005 年，通过督促检查，协助商业银行建章立制，建立健全现金管理内控制度，以大额现金支付管理为重点，规范现金收支，防范和打击利用现金交易进行诈骗、洗钱、逃税等经济犯罪。

五、反假币

1989—1990 年，县人行制订反假币工作方案，主动上门向商业、供销等部门宣传人民币反假知识，力争把假币截留在商业第一线。加强人民币源头反假、打假工作。

1994 年，加强人民币的宣传和反假工作，动员各金融机构通过张贴宣传件和临柜宣传反假知识方式，大力开展反假工作，使假币流通市场得到有力的堵截，当年共收缴假币 49578 元。

1999 年，开展“99 爱护人民币宣传周”活动，组织各金融机构出纳人员对第五套人民币特征、防伪识别培训，确保新版币顺利发行。

2000 年 3 月，县公安局刑警大队根据群众举报，破获辖内首例第五套人民币假钞案，共收缴 100 元券新版假钞 16000 元。对从事现金收付的三家国有商业银行县支行下发授权书，对假币的收缴、鉴定过程予以规范化。

2001 年 5 月，县农行在柜面发现第一张第五套 20 元券假币，8 月警方在澄源乡成功破获一起贩卖假币案，共收缴假人民币 4120 元。

2002 年，把反假人民币宣传重点放在广大农村，开展反假币标兵评选及反假币知识竞赛活动，对收缴假币有功人员进行褒奖。

2004—2005 年，开展辖内金融机构出纳人员第二期反假币上岗资格考试。对辖内商业银行执行《人民币管理条例》情况开展检查，对商业银行人民币实物进行检查和上缴工作，共收回样币 50 张。

六、金银管理

县人行在金银管理中遵守中国人民银行总行先后颁布和制定的各项政策和规章制度。

1989—1993年，开展打击黑市黄金买卖，整顿金银加工市场工作，对六家符合规定及合格的金银加工点予以办理“金银加工许可证”，取缔无证经营行为。

1996年，在工商、公安、个协等部门配合下对全县38家金银首饰加工店从业人员进行考试，有35家取得等级证。

1997年，对全县28家个体金银加工店及商业中心商场金银饰品柜进行年检换证工作。

1999年，破获一起境内最大的黄金、白银走私案，缴获纯度约97.5%的黄金117.45克，纯度约95%的白银16700克。对辖内18家金银首饰加工店进行检查，吊销5家经营金银业务许可证，准许13家换发金银业务许可证。7月份及时制止一浙江客户非法销售黄金饰品的违法行为。

2000年，对经营金银业务许可证进行年检，共年检金银首饰销售单位1家，个体金银加工店13家，取消个体金银加工店1家；3月，县公安局刑警大队接群众举报成功破获一起黄金走私案，共收缴走私黄金90克。

附：金、银首饰加工业

政和县境内从事金、银加工兼售成品金银首饰和玉器首饰的企业，在1993年鼎盛期城乡有35家，其中城关18家、镇前3家、东平6家、澄源3家、杨源1家、石屯2家、铁山2家。1996年在工商、公安、个协等部门配合下，对全县38家个体金银首饰加工店从业人员进行考试，有35家取得等级证。2005年有23家，其中城关11家、镇前2家、东平3家、石屯2家、铁山江上1家。

从事金银加工兼售成品的商家所售24K金的最高价188.80元/克，最低价为72元/克；白纯银最高价4.65元/克，最低价2.24元/克；铂金最高价380元/克，最低价140元/克。黄金首饰的平均每店每月售流量750克，城关11家企业一年金流量可达99000克以上，白纯银每店每月约4公斤，1年约50公斤。

七、征信管理

2002年，开展信用村创建试点工作，评定信用村4个、信用户1150户，授信金额460万元，发放农户小额信用贷款150万元。4—5月，组织辖内各金融机构在全县范围内开展以“增强社会信用意识，优化金融运行环境，促进地方经济发展”为主题的宣传月系列活动。

2003年，开展金融信用企业评定及授信活动，推动社会信用建设。按照“严格标准，共同评定，统一授信”的方式，通过召开行长（主任）联席会进行评定，共评出8家“金融信用企业”，明确给予金融信用企业信贷支持的优惠政策。推进信用乡（镇）、村、户创建，指导农村信用社择优选择已基本具备条件的外屯乡作为全县首个创建试点乡。至年末全县评定信用乡1个、信用村8个，当年累计发放农户小额信用贷款1148.6万元。

2004年，围绕打造“诚信政和”的目标，创新信用企业评定机制，实行动态评定，对守信信用企业实行星级信用评定和不守信信用企业实行摘牌警示；积极探索对下派村干部、金融助理授信贷款和担保贷款的新方式；结合国家货币政策导向，以金融信用建设为平台，构筑政府、金融、工商、税务、司法、质监部门协调互动机制，共推社会信用，携手打造“诚信政和”。

2005年，开展信贷征信宣传和非银行信用信息的征集前期工作，为个人信用数据库的运行推广提供前提保证。按照“先易后难，逐步铺开”的总体思路，稳步推进非银行信用信息的采集工作，先后与电力、供水等11个部门签订非银行信用采集协议。

八、金融监管

1989年，县人行履行中央银行职能，对全县金融机构实行监管，维护县内金融秩序，发挥金融宏观调控作用。根据总行《关于加强储蓄管理的通知》，严格金融市场准入，规范市场退出，监管好储蓄机构网点的设置、撤并的规划与批准。

1994年，县人行开展全县金融机构监管综合大检查，对被查出的金融机构提高利率、超范围经营、违反结算纪律，少缴、漏缴存款准备金，房改金融业务等经营性房地产金融业务未实行分别核算、分账管理等问题予以及时纠正和处理。制止县工行以“办理让利销售存款”活动为名，变项提高储蓄利率和违反国家有价证券管理的做法。1996年成立“金融监管网络领导小组”，有计划、有步骤、有重点地开展金融监管工作。针对县工行试行参与基本建设资金管理的做法，及时制止并予纠正。清理整顿典当行，取缔注册资金未达标的“双发当行”，摘牌停止营业。

1997年，县人行组织辖内金融机构分别签订《政和县非银行金融机构制止不正当竞争同业公约》《政和县保险业制止不正当竞争同业公约》《政和县银行业制止不正当竞争同业公约》。同时为维护辖内银行储蓄业务公平竞争环境，县人行明确规定辖内各金融机构一律不得向社会招聘储蓄员（协储员或营销员），拓宽金融监管领域，强化对社会金融活动的监管，查处县良种场非法借贷业务行为，制止县供销社非法拟办金融业务行为。对县民政部门尚未销售的各类彩票84万元进行封存。1998年，对县农行未经任职资格审查，擅自变更城区5个储蓄所负责人的违规行为进行查处，对其支行行长“谈话”，并处以1万元的罚款；制止、查处一企业非法从事金融外汇期贷交易活动；查处物质总公司内部集资31.9万元的违规行为。1999年在全市率先制定《银行业监管专管责任制》，加大环境检查处罚力度，对金融机构违规违法行为进行经济处罚10余万元。2000年，监管工作的重点是对县农行和信用社脱钩后新增不良贷款开展检查，对发现和存在的问题提出五项监管意见。开展农村基金会的治理整顿工作，县人行参与基金会的清产核资和清盘关闭工作。做好县工行撤销的监管工作，对撤销全过程进行严格监督，协调解决撤销工作中的各种问题，对社会做好宣传解释工作，确保平稳顺利完成。

2001年，县人行加大监管力度，提高监管技巧，强化措施，降低不良贷款，首次实现国有资产独资商业银行货款比率和余额下降目标。

2003年，制定县信用社“抓降”目标，落实措施，全县信用社不良贷款纯降12.2万元，占比下降5.27%，实现“双降”。城关信用社实现盈利6.3万元，比上年增盈16.6万元，石屯信用社实现盈利8.1万元，比上年增盈17.3万元。

2004年2月1日实施《中华人民共和国银行业监管法》，明确银监会对银行业金融机构及其业务活动进行监督管理的职责。监管工作的重点管法人、管风险、管内控，建立机构季度监督分析会制度，被监管机构每季度分别就本机构的不良资产化解情况、内控制度的建立及执行情况、金融创新与新业务开展情况、季度信贷投向投量情况，高管人员廉政建设和遵纪守法情况等向监管办报告。2005年，加大窗口指导力度，及时预警，杜绝辖内金融风险隐患。

第二节　保险管理

一、机构

中国人民财产保险股份有限公司政和支公司　1989年，县人保公司是个综合性的公司，经营人寿险业务和财产险业务，内设：人秘股、计财股、城市业务股、人身险和农村股，有13名在编员工，7名非在编员工。1996年人保总公司成为控股的人保（集团）公司，下设财产险、寿险和再保险3个专业子公司。随着总公司体制的改革，政和支公司则分设为中保财产有限公司政和支公司和中保人寿保险公司政和支公司。分业经营以后，内部机构调为综合科、计财科及业务科，共有8名在编员工和8名非在编员工。1999年1月中保财险有限公司政和支公司更名为中国人民财产保险公司政和支公司。2003年7月6日中国人民保险公司完成股份制改革，7月19日正式揭牌，更名为中国人民财产保险股份有限公司政和支公司（人保财险）。10月，进行机构人员重组，至2005年年底，公司内部机构设综合部、营业一部、营业二部及营销部，有5名在编员工及13名非在编员工。

中国人寿保险股份有限公司政和支公司　中国人寿保险股份有限公司政和支公司的前身是中国人

民保险公司政和支公司。1996 年 4 月 1 日分业经营，成立中保人寿保险公司政和支公司。公司内部机构设：人秘股、计财股、业务科、内管科共四个科室和石屯、东平、铁山镇三个营销网点服务部。2003 年股份制改革，更名为中国人寿保险股份有限公司政和县支公司。至 2005 年公司内设：综合科、财务科、团险科、客户服务科及石屯、东平、铁山三个农村营销网点服务部。现有管理人员 24 人，其中在编 7 人，聘用 17 人；营销代理人 163 人。

平安保险公司政和支公司　2000 年 8 月政和平安保险支公司成立并挂牌开办保险业务，是县内首家股份制保险公司，地址设在解放大街星溪大厦四楼。公司经营财产、建筑工程、机动车辆、人身险、养老、医疗、个人意外伤害、子女教育、个人团体健康等各种法定险种及国际再保险业务。2000 年至 2005 年共收保费 1386 万元，共理赔件数 208 件，理赔金额 256 万元。公司下设理赔部，员工 6 人，营销人员 50 人。

中国太平洋保险公司政和支公司　2003 年 1 月太平洋保险公司政和支公司成立，地点设在环岛环南路 6 号 3 楼，有正式职工 8 人，营销员 27 人。2003 年至 2005 年共开办机动车辆、家庭财产保险、短期人身意外伤害保险、雇主责任险、建筑工程责任险、企业财产保险等险种。三年共收保费 729 万，理赔 321 件，理赔金额 123.6 万元。

二、行业监督

1989—1993 年，保险行业执行金融机构“约法三章”，开展检查，纠正不合理收费项目，取消创建“保险先进乡镇”活动和废除老人险收取 5 元保险证工本费的收费制度等。

1996 年，对保险公司实行报表专收制度。开展财险、寿险公司业务检查，查出问题有违反保险条款规定、扩大保险对象，承保业务质量不高、合规性不够，执行利率不严、存在多收少收保费现象，理赔工作失误、存在多赔少赔现象，存在强制收取保险费现象，查勘费列支不实等问题，采取相应的处理措施。

1997 年，为进一步规范保险市场，促进保险业稳健经营和风险的化解，纠正寿险公司“学生、幼儿团体平安保险及附加险”，财险公司的“民用电综合责任险”“机动车挡风玻璃险”等涉及强制提高费率、扩大承保对象等违规做法，制止财险公司试图与消防部门共同采取具有强制色彩的娱乐场所火灾保险的做法，把监管关口前移在事件发生前，起到预警作用。

1998 年 5 月，对财险、寿险公司开展年检工作，发现有未严格执行人民银行规定的保险条款，对承保企业实行固定赔付；违反现金管理规定使用现金；理赔手续不全，事实不清；未按规定办理退保；保户储金科目反映不真实；保户借款手续不全；未按条款规定扩大承保对象等问题。1998 年 11 月，中国保险监督管理委员会成立，保险业监管职能从人民银行分离出去，县级未设立专门的保险监管机构。1999—2005 年，其行业监管由上级保险业监管部门负责，按照《中华人民共和国保险法》严格监管。此后，保险行业的监管工作走上规范化、正常化和法制化轨道。

卷二十四　对外经济与贸易

第一章　招商引资

第一节　投资环境

1989 年，政和县仅 2 家合资企业。1991 年开始，南平地区行署将利用外来资金列入责任制考核内容，县政府从改善投资环境入手，坚持多种形式，广泛接触外商，参加各届“9・8”厦洽会。1992 年，出台《关于进一步扩大对外开放鼓励外商投资的优惠办法》。1993—1996 年，实施地委、行署“一年跨步、二年跳跃、三年翻番”的对外经济贸易战略目标；全县进行清理和规范外商投资企业税外收费工作，开展“外资企业服务年”活动，努力改善优化投资环境，提升服务功能。1997 年，全县开展新一轮创业竞赛，南下北上拓展市场，加大招商引资力度。1998 年，县对外商投资企业实行服务代理制，对外商投资实行全方位一条龙便捷服务，修订出台《关于进一步鼓励外商投资的若干意见》，从税收、地价、国有股资产优惠、收费 、服务和奖励等六个方面对外商投资给予优惠的政策。

1999 年开始，在改善优化投资环境的基础上，把具有资源优势和区域优势的项目作为招商引资的重点，逐步向上海、江苏、浙江等长三角地域拓展推介，让客商了解政和、落地政和。2001 年，全县组织清理有悖于世界贸易规则的政策措施，开展审批制度改革，减少审批项目，提高服务质量，同时，对招商引资直接引荐人实行表彰奖励。2002—2005 年，贯彻南平市委、市政府“突出工业、突破工业”的战略部署，县政府适时创建鹤林、石屯、铁山 3 个工业园区，搭建外商企业发展平台，以优惠的政策吸引外资入园办企业，谋发展，创双赢。同时先后出台《政和县县级工业园区建设若干优惠政策》《政和县工业园区管理暂行规定〈草案〉》等，聘请 11 位投资外商为招商引资顾问，采取以商招商、表彰奖励直接引荐人等措施，不断改善和优化投资环境，推进招商引资工作稳健发展。

第二节　利用外来资金

1989 年，境内创办第二家合资企业联达木业有限公司，总投资 66 万元人民币，双方投资比例各 50%，铁山竹制品厂以厂房和现金投入，外来资金香港达德实业公司以设备和外汇投入，主要生产竹、木、棕、草、麻等制品。至 1992 年年底，全县有外来资金企业 4 家（合资 3 家、独资 1 家），签约合同资金 102. 3 万美元，实际到资 26. 25 万美元，投资方来自中国香港、中国台湾，投资行业为服装加工和木制品加工。

1996 年 10 月，引进中国香港维京斯永沛有限公司合资兴建下榅洋水电工程，引进外资 650 万美元，占总投资的 55%，是政和县引进的最大外来资金项目。1997 年，全县开展新一轮创业竞赛，加大招商引资力度，新引进批准养殖、饲料加工、服装、塑料制品行业“三资”企业5家，合同资金200万美元，实际到资490万美元。至1998年，经批准有履约动工的企业19家，累计到位资金1920.65万美元。全县利用外来资金步伐加快，投资规模扩大，比重提高、企业增多。投资领域由原有的服装和竹木加工两行业向农业养殖、水电开发、白炭、房地产、食品加工等行业发展。投资方由原来以香港为主拓展到中国台湾、中国澳门和韩国、荷兰、英属维尔京群岛等国家和地区。期间，由于亚州金融危机以及企业自身缺乏优势等原因，先后有5家淡水养鳗企业、1家鳗鱼饲料加工企业和3家针织服装加工企业倒闭，个别企业尚未动工即自行关闭。

1999年开始，全县招商引资的重点放在具有地方资源和区域优势的项目上，招商地域逐步向长三角的上海、江苏、浙江等地拓展。1999—2005年，全县先后共引进审批外来资金企业14家，实际到资1694万美元，其中出口型竹木制品企业3家、食品加工企业4家；投资客商新增日本、德国、比利时等国，神达、继升等企业入驻工业园区，投资额有新的追加。至2005年年底，全县“三资”企业15家，其中独资企业13家、合资企业2家，总投资17630万人民币，主要投资行业是农业种植、农产品加工、海产品加工、果菜加工、服装加工、竹木制品等。当年产值超亿元，税收400多万元，企业用工2000余人。有4家外来资金生产型、出口型企业获得国家商检局卫生注册，通过相应质量体系论证，出口企业在国际市场的竞争力逐步提高。

1989—2005年，全县经审批有履约动工并投产的外来资金企业共36家，累计利用外来资金3614.65万美元。投资的国家和地区有台港澳、韩国、日本、德国、比利时、加拿大、英属维尔京斯岛国等。投资领域有农业种植、农产品加工、水产养殖、海产品加工、果菜加工、服装加工、竹木制品加工、水电开发、房地产、城市基础设施建设等。期间，因合同到期注销、企业倒闭、外资转内资等原因，减少外来资金企业21家。

表24－1　**1989—2005年政和县利用外来资金到资额情况表**　单位：万美元

年　份	到资额	年　份	到资额	年　份	到资额	年　份	到资额
1989	8.80	1994	200	1999	560	2004	110
1990	—	1995	251	2000	300	2005	204
1991	2.45	1996	402	2001	300		
1992	15.40	1997	490	2002	80		
1993	1	1998	550	2003	140	合　计	3694.65

表24－2　**2005年政和县“三资”企业情况表**　单位：万元人民币

序号	企业名称	经营范围	投资总额	注册资本	合作方式	投资方所属国家或地区	成立时间
1	政和下楳洋水电有限公司	水电开发	9500	4750	合资	维尔京群岛	1996.10
2	政和鑫荃食品有限公司	食用菌加工	300	272	独资	韩国	1998.12
3	富士岛（政和）食品企业有限公司	食用菌、萝卜丝加工	800	680	独资	日本	1999.11
4	政和继升工艺品有限公司	竹木制品、工艺品	120	100	独资	中国香港	2000.6
5	政和神达果菜有限公司	果菜及包装物加工	400	300	独资	中国香港	2000.9
6	政和卓龙食品有限公司	笋罐头、果酒等生产	250	180	独资	德国	2001.2
7	政和迪胜工艺有限公司	竹木制品	160	120	独资	中国香港	2001.9
8	政和瑞昌工艺品有限公司	竹木制品	160	160	独资	中国香港	2002.7

续表 24－2

序号	企业名称	经营范围	投资总额	注册资本	合作方式	投资方所属国家或地区	成立时间
9	政和合利食品有限公司	笋制品、腐竹、蔬菜加工	820	520	独资	中国香港	2003. 5
10	政和县盛业水电开发有限公司	水电开发	2500	1880	独资	中国香港	2003. 5
11	政和高山纯兰果菜有限公司	蔬菜种植及加工	1000	100	独资	中国台湾	2003. 8
12	政和县嘉华木业有限公司	竹、木制品加工	420	420	独资	加拿大	2004. 6
13	政和县志鸿服装织造有限公司	服装加工、织造	400	300	独资	中国香港	2004. 9
14	政和凯捷生态农业有限公司	茶、果、林种植加工	1000	1000	独资	中国香港	2005. 4
15	福建汇德兴生态有限公司	水产品、农产品加工	700	500	合资	日本	2005. 11

第二章　进出口贸易

第一节　出口贸易

1989 年，政和县出口贸易仅县外贸公司一家，负责按上级外贸公司要求组织出口货源，企业没有自主出口贸易权。是年，全社会出口供货总值 1055 万元，其中外贸出口 823 万元，工贸出口 232 万元。

1990—1993 年，县外贸公司除完成省、市外贸公司下达的收购供货值外，开发柳杉、硅铁、竹木制品等新的出口产品。工贸出口企业主要有县香料厂、化工厂、针织厂、二轻竹木厂、化妆品厂、林业综合厂、铁山罐头厂、杨源保鲜厂、石屯铁合金厂等，生产规模小，仅铁山罐头厂、杨源保鲜厂和石屯铁合金厂出口供货值在 100—300 万元。“三资”企业有星华工艺有限公司、联达竹木实业有限公司和华鹏营养食品有限公司 3 家，年出口额最高的星华工艺有限公司 200 万元。主要大宗出口产品有茶叶、清水笋、保鲜菇、竹木制品等 4 大宗产品，出口供货值在 500—1000 万元间。出口贸易口岸主要是省外贸公司、厦门外贸公司、省华福公司。1993 年全社会出口供货总值 3382 万元，比 1989 年增长约 2 倍。

1994—1998 年，随着外贸体制改革的深化，出口贸易产品进一步放开经营，出口贸易机制发生变化。1996 年，县外贸公司首家获得进出口经营权。1997 年，县委、县政府制定优惠政策鼓励外贸出口，当年全社会出口 1. 59 亿元，占计划 105. 8%，比上年同期增长 25. 5%，其中工贸出口约 1. 52 亿元，外贸出口 707 万元；出口产品突出“中国菇县”特色，以保鲜菇、干菇、茶叶、水煮笋等为重点产品。1998 年，实现自营出口零的突破，当年自营出口业务 37 万美元；4 大宗工贸出口品种香菇、清水笋、茶叶、竹木制品的供货值大幅增长，达到 4000 万元；出口渠道从原有的省内几家外贸公司扩展到上海、广东、浙江、深圳等 10 余家口岸出口公司；全县出口生产企业由 1994 年的 15 家增加到 28 家，出口贸易品种从 4 大类拓展到 8 大类。其中竹木制品类企业有林业综合厂、二轻竹木厂、美华企业有限公司、星华工艺品有限公司、联达竹木实业有限公司、雅康保健用品公司、外屯民间工艺厂、东平木制品厂和铁山福发玩具厂等 9 家，保鲜香菇、清水笋罐头类企业有高山农业开发公司、县香料厂、铁山罐头厂、熊山东门罐头厂和澄源保鲜等6家，针纺织品类有兴和针织、恒利针织、县化妆品、县手帕厂、服装厂等5家，白炭出口贸易有华闽炭化有限公司，硅铁出口贸易有石屯铁合金厂，鳗鱼出口贸易有永盛水产、和盛水产两个有限公司，茶叶出口贸易主要由县茶厂、稻香茶厂、东平利民茶叶精制厂、石屯茶叶精制厂等4家企业。是年底，全县全社会出口供货总值19668万元，比1993年增长近5倍，其中：外贸出口928万元、工贸出口18740万元。

1999年，首家生产性企业、韩商独资的鑫奎食品有限公司开展自营出口业务。此后，全县出口贸易逐步转向自营出口。2001年中国加入世贸组织，进出口经营权进一步放宽，境内外资生产性企业增多，自营出口量进一步增长，先后有神达、富士岛、卓龙、瑞昌、龙翔、新亚等生产性企业及自营企业开展自营出口业务。是年全县自营出口总值突破200万美元，2002年达到400万美元，2003年突破500万美元，2005年实现自营出口额626万美元。至2005年年底，全县自营出口并在海关拥有业绩的企业9家：神达、富士岛、鑫奎、卓龙、迪胜、瑞昌、继升、龙翔、新亚，其中有4家获得商检卫生注册和ISO9001质量体系认证，主要出口品种有食用菌、茶叶、保鲜蔬菜、脱水蔬菜、萝卜丝、笋制品和竹木制品等，出口日本、韩国、美国、俄罗斯、欧盟、东南亚等20多个国家和地区。

表24－3 **1989—1998年政和县全社会外贸出口情况表** 单位：万元

年份	全社会出口	其中		年份	全社会出口	其中	
		外贸	工贸			外贸	工贸
1989	1055	823	232	1994	8200	1596	6604
1990	1213	628	585	1995	11310	1800	9510
1991	1460	835	625	1996	12603	963	11640
1992	2352	873	1479	1997	15874	707	15167
1993	3382	1146	2236	1998	19668	928	18740

表24－4 **1999—2005年政和县外贸自营出口额情况表** 单位：万美元

年份	出口额	年份	出口额	年份	出口额	年份	出口额
1999	121	2001	255.16	2003	541	2005	626
2000	57	2002	417	2004	587		

第二节 进口贸易

长期以来，由于国家进口审批、外汇管理较为严格，政和县进口贸易甚小，仅涉及个别合资、外资企业作为资本投入而进口部分生产设备和交通工具。

1989年，合资企业星华工艺品有限公司进口小车一辆，总价值2.5万美元。

2001—2005年，韩国独资企业政和鑫奎食品有限公司先后从韩国和日本进口生产设备，主要有焊工机、切片机、磁选机等，总价值约20万美元。

第三章　经济技术协作

第一节　区域经济协作

1989—1996年，政和县开展区域经济技术协作项目甚少。1997年，加大对外开放、招商引资和区域经济技术合作的步伐。先后组团参加“5·18”海峡两岸经济贸易交易会、厦门“9·8”投资贸易洽谈会等，全县征集68个名优特新产品参展，推出具有地方特色的招商引资、区域合作项目21个，签约水产养殖、蜜饯加工、服装针织、房地产开发等合同项目6个，总投资505万美元，签订贸易合同92.5万美元。举办赴闽南、闽东和上海等地招商引资活动，吸引深圳、莆田、宁德、厦门富士岛、信达和周边县市一批客商到政和投资创办香菇加工厂，参与香菇流通。

1999年，根据省委六届九次会议通过《关于进一步加快山区发展的决定》，制定对口帮扶和山海协作的战略性举措，确定省政府办公厅挂钩政和县，泉州市惠安县帮扶政和县，促进区域经济技术协作发展。是年，获得省直部门和惠安县财政、林业、农业、工业、希望工程、协作项目贷款贴息等资金近千万元，并建立政和县驻惠安县办事机构。同时，围绕资源优势，遵循平等自愿、互惠互利，扬长避短、优势互补，双向开放、统一布局，政府引导、企业为主的原则，加快推进山海协作，实施香菇蔬菜脱水加工、茶叶精加工、笋制品加工、金矿开发等合作项目17个，总投资12394万元，其中主方投资8440万元，沿海等协作方投资3964万元，到资2090万元，到资率52.7%，占南平市政府年度考核到资额的70%，位居全市第四，实现产值4460万元，利税682万元，安排劳动力就业1060人。

2000年，实施山海协作项目19个，其中农牧业2个、食品加工8个、矿业、建材、加工业9个，总投资13544万元，其中主方单位投资9050万元，协作方单位投资4494万元，实际到资2855万元，占市下达任务3000万元的95.2%，实现总产值10750万元，利税1240万元，安排劳动力就业1110人；到位国债贴息补助款42万元，接受惠安协作县卫生教育助资80万元、救灾款10万元。2001年，共引进农副产品加工、矿产开发、机械铸造、饲养业等协作项目18个，总投资14916万元，引进资金3577万元，其中有10个项目共获得国债贴息103万元。与莆田县合同合作开发优质稻666.67公顷，与惠安县合同销售种植优质马铃薯133公顷。2002年争取到位上级贴息补助71万元。

2003年参加省市组织的大型招商活动，开展主要面向江、浙、沪的小分队招商和定向招商，聘请11名在政和投资的外商为招商引资顾问，以商招商取得重大实效。是年引进山海协作项目13个，到资5145万，比增39.05%，占市下达任务128.6%；新建、续建协作项目18个，总投资15510万元，比增18.46%。争取上级“山海协作”项目贴息补助60万元（富士岛食品企业有限公司15万元、政和县鑫奎食品有限公司13万元、政和县镇前益农香菇保鲜厂11万元、政和县正禾茶厂无公害有机茶叶加工11万元、政和县制刷厂10万元）。

2005年，全县合同利用外来资金158万元，比增81.6%，实际利用（验资口径）97万元，比增304.2%；引进市外“山海协作”资金到资13900万元，同比增长124.19%，引进“山海协作”项目中工业项目注册资本3495.42万元，增长近5倍。

第二节　山海协作示范园区

鹤林工业园区　福建省“山海协作”示范园区，距城东800米。2002年10月动工建设，总规划面积72公顷，首期开发面积23公顷（山垅田8公顷，坡地15公顷）。园区建设立足当地资源优势，以食品加工为主，辅以木制品、五金、轻纺加工，按照高起点、高标准、园林式、生态型、多功能的特色要求进行整体规划设计。2005年年底，完成首期开发土地平整21公顷，其中可出让工业用地18公顷，土地开发利用率87%；完成园区大道水泥硬化1.08公里、10千伏安工业用电线路架设、日供水3000吨供水系统管道安装、4800米排洪排水系统及广播电视电信等系列配套设施建设；已出让工业用地18公顷。至2005年年底，入园企业16家，规划总投资1.23亿元，完成固定资产投资6771元。主要产品有竹木制品、雕刻工艺、集成板、防水模板、仿古家具、竹炭制品和茶叶精制、食品加工、果菜保鲜及生物农药等，主要销往美国、俄罗斯、日本及国内上海、温州、宁波等地，年产值8000余万元，利税500万元，解决劳动就业近千人。

铁山工业园区　属福建省“山海协作”示范园区，位于铁山镇境内“入闽通道”公路旁。2002年动工建设，规划总面积33公顷，分二期开发，一期开发面积15公顷，全面实现“三通一平”等配套设施建设，二期开发18公顷。至2005年年底，入园企业13家，其中：和庆、家和、新亚、圆鸿、店小二、花茶厂等6家企业为规模企业，累计完成固定资产投资12530万元。园区主要产品有涂装板、集成板、装饰板、竹地板、竹工艺品、高中档成品筷、竹餐具系列和中、高档茉莉花茶、清水笋、肉制品加工等。主要销区为美国、澳大利亚、日本、欧盟、东南亚及北京等国内大、中城市。2005年园区企业产值8000万元，解决农村劳动力就业1200余人，被省委农办列入全省“山海协作”示范园区，新亚、家和、花茶厂等企业列为“山海协作”项目，得到贴息资金扶持，家和竹木有限公司被评为全省“山海协作先进企业”。

表24－5　**2005年政和县鹤林工业园区企业简况表**　单位：万元、人

企业名称	性质	入园时间	总投资	其中固定资产	主要产品	主要销区	年产值	年利税	就业人数
福建省凯泉竹木有限公司	私企	2005	1200	640	竹木板深加工	浙江、上海	200	5	70
福建省隆盛竹木有限公司	私企	2005	1500	302	集成板、齿接板生产	—	400	15	50
金竹木工艺品有限公司	私企	2005	450	240	雕刻工艺、仿古家具	—	300	10	50
安盛木制品有限公司	私企	2004.2	500	410	浴室用品	美国、俄罗斯	2013	68	76
嘉华木业有限公司	私企	2003	950	500	本松防水模板	温州、上海	150	8	45
华艺木业制品有限公司	外资	2003	500	300	儿童家具、竹制品	欧美	1141	57	60
继升工艺品有限公司	外资	2004.4	500	296	竹木品深加工	欧美等国	120	23	120
格绿木业有限公司	私企	2004.7	500	400	细板加工、木制品	—	512	56	36
神达果菜有限公司	外资	2003.8	900	600	食品加工、蔬菜保鲜	日本、欧美	1502	—	120
生物制剂有限公司	私企	2005	600	465	生物农药	全国各地	150	10	30
长红炭业有限公司	私企	2003	260	260	竹炭制品	日本	240	15	20
翔瑞（福欣）工贸公司	私企	2005	1300	555	茶叶精制、轻工业加工	福州、宁波、上海	540	40	60
星中木制品厂	私企	2004.4	226	178	家具、办公桌	县内	30	2	13

续表 24－5

企业名称	性质	入园时间	总投资	其中固定资产	主要产品	主要销区	年产值	年利税	就业人数
竹海炭业有限公司	独资	2005	1280	820	竹炭、农副产品	上海等	—	—	40
天时贸易有限公司	私企	2003	1200	505	竹木加工	—	200	—	70
金鹰木业有限公司	私企	2005	450	300	木制品	—	—	—	—

第三节　劳务输出

政和县劳务输出主要有公派和民间两种形式，公派国际劳务人数很少。1989—2005 年，仅由省中福、南平市国际技术合作公司等组织派遣国际劳务人数 18 名，主要到新加坡、东南亚、毛里求斯等地。民间劳务输出始于 1990 年后，随着改革开放，通过种民间渠道到国外从事劳务的人员逐渐增多。据调查，1996 年，全县民间劳务输出共 102 人，眷属 231 人，主要到俄罗斯、以色列、缅甸、美国、加拿大、菲律宾、日本、澳大利亚 8 个国家。1997 年，向俄罗斯、匈牙利、新加坡等国组织劳务输出 22 人，占计划 110%。2005 年，民间劳务输出人数增加到 192 人，眷属 731 人，其中，俄罗斯就有劳务人员 110 人，眷属 380 人，其他有加拿大、美国、菲律宾、新加坡、日本、南非、西班牙、德国、越南等 14 个国家和地区。

第四节　县级开发区

石屯龙岗工业园区　位于石屯镇工农村、省道瓯政线旁。2003 年 7 月动工建设，规划总面积 20 公顷，首期开发面积 10 公顷；2005 年年底，共投资 300 万元，完成首期开发区的“三通一平”等基础设施建设，已入住园区企业有荣鑫竹木保健礼品有限公司、雅康天然食品有限公司、茗佳茶厂、添龙家具厂等 4 家，总投资 1400 万元，其中固定资产投资 810 万元。开发区主要产品有竹木系列制品、家具、办公设备和茶叶精加工、锥栗罐头等，产品主要销往北京、上海、天津等大中城市和欧美、东南亚、日本等地；2005 年实现产值 2050 万元，创利税 185 万元。

卷二十五　交通　邮电

第一章　交　通

第一节　线　路

一、省道

下浦线（S302线），从福安市下白石镇起点经周宁县、政和县至浦城县。境内从104K+330M镇前深度坑村至169K+302M与松溪县交界处寨岭头，全长64.97千米，在镇前牛跡洋与犀涠线相接。1993年7月、1995年6月先后实施省道公路“先行工程”，对镇前段1.64千米、政和城关至暗桥段2.7千米进行改、扩建，总投资1255.5万元，改造后的两路段等级标准均为山岭重丘区二级公路。1994年2月，镇前至周宁公路有10千米列入世行贷款改造工程，4月动工，1996年11月完工，改造后路段等级标准为山岭重丘区三级公路。1997年3月，省公路局批准立项政和城关车站至公交公司路段（北大路）改扩建项目，4月动工至1998年6月实施竣工，投资872万元，改造后等级标准为二级公路。

犀涠线（S202线）从寿宁县犀溪乡起点经政和县澄源乡、镇前镇、杨源乡、屏南县、福州市至莆田市湄州岛。境内起点101K+723M澄源乡牛途村至162K+165M杨源乡上庄村，总长60.433千米，该线于镇前牛跡洋与下浦线相衔接。1992年4月，经省、市公路三管部门批准立项，犀涠线镇前至澄源路段实施改造，1998年完工，改造等级标准路面15千米，为沥青灌入式路面，总投资285万元，改造后为山岭重丘区三级公路。1994年2月，犀涠线镇前至屏南段24.6千米和下浦线镇前至周宁10千米路段同时列入世行贷款改造工程项目，两路段改造于1996年11月完工，总决算770万元，其中镇前、杨源两乡镇公路沿线农民自筹和投工投劳折合人民币260余万元，改造后等级标准为山岭重丘区三级公路。

岭文线（S204线）从浙江省庆元县入境，政和县岭腰乡后山起点，至政和稻香与下浦线相接，经政和县城关、建瓯市、顺昌县、将乐县至连城县文亨镇，含原安嵩线、瓯政线。境内始于OK+000M岭腰乡后山，终点为48k+582M与建瓯交界处伏演，总长48.58千米。1992年2月，经省市主管部门批准立项，对瓯政段公路实施改造，县内改造里程28.51千米，其中：建瓯至政和19.92千米，政和至松溪8.58千米。1999年8月动工，2001年5月完工，投资决算3870万元，改造后瓯政路段等级标准为山岭重丘区二级公路，松政段为三级公路。2001年9月成立“入闽通道政和段公路改造工程指挥部”，下设办公室、征地拆迁组、工程技术组、纪检监察组、工材料组和财务室等6个机构。2001年10月，对岭文线实施“入闽通道”战备公路改扩工程建设，境内改扩建里程42.81千米，设计标准为山岭重丘区一般二级公路，总投资14184.66万元（含西津大桥1083万元）。2001年12月工程正式动工，2005年11月完工，改造后的岭文线政和段交通标志、标线、安全护栏等设施齐全，为标准山岭重丘区二级公路。

二、县道

旧迴线（X830线）从松溪县旧县乡起点经松溪县城关、政和县东平镇至建阳市回龙乡。旧回线政和境内起点于东平镇柯厝桥，终点在政和县东平市与建阳市漳墩镇交界处茶桐岭，全长19.48千米，均为沙石路面。

政杨线（X833线）从政和县城关西门加油站经星溪乡章口村、长际村、杨源乡禾洋村、大溪村，终点杨源村，与省道犀湄线相接。政杨公路总长42.95千米，已通车里程为政和县城关至星溪乡长际村21千米，砼水泥路面，杨源乡至禾洋村13千米，砼水泥路面。

平津线（X834）从境内东平镇至石屯镇西津村，与省道岭文线相接。平津线总长15.5千米，1994年3月，经上级主管部门批准实施全线改造，是年5月动工。1996年12月完工，总投资630万元。改造后全线路基、路面达到山岭重丘区四级公路标准。

三、农村公路

1988年年底，政和县有农村公路51条，全长378.94千米，均为山岭重丘四级公路；有乡村等外公路9条，总长52.20千米；有林业专用公路9条，总长99.90千米，为林区三、四级公路，是年，全县有23个行政村未通公路，占总数的20%。

1989年开始，省计委、省交通厅实施扶贫公路建设计划，下拨中低档工业品以工代赈，折合人民币共计368万元，县、乡、村自筹配套资金202万元，群众投工投劳5.25万个工日，至1994年年底，相继新建、续建了稠岭、下坪、北斗、茶林、下榅洋、溪头等行政村公路，总里程38千米。1994年始，省、市交通部门实施行政村通公路建设计划，每年拨出专款分批扶持“村村通”公路建设工程，县委、县政府将其列为为民办实事项目，层层制定责任制抓好落实。至1997年年底，全面完成98个行政村“村村通”公路工程计划，建设总里程为131千米。

2004年始，实施农村公路水泥路面硬化工程，上级定补每公里15万元—21万元，当年全县完成农村公路水泥路面铺设102千米，占下达计划的102%。该工程至2005年底，已完成3个乡镇43个村公路水泥路铺设，总里程245千米。

截至2005年年底，全县农村公路176条，其中乡道91条588.22千米，村道和等外公路85条，总长197.47千米。

表 25－1

1989—2005 年政和县公路建设情况表

单位：千米、万元

道别	工程名称	建设路段	工程性质	施工时间	里程（千米）	投资总决算	其中：上级补助	其中：县配套	其中：乡村自筹	其中：贷款	其中：欠尾
省道	先行工程（302 线）	镇前镇	改造	1993.7－1994.1	1.64	203.5	180	342.25	200	500	—
		城关—暗桥	改造	1994.8－1996.11	2.7	1052	—	—	—	—	—
	世行贷款（花边綑绑 302 线、202 线）	镇前—周宁 镇前—屏南	改造	1994.2－1996.11	34.6	770	510	260（含乡村自筹）	—	—	—
	城关北大路（204 线）	车站—公交公司	改扩	1997.4－1998.6	2.66	670	150	265.77	—	—	254.23
	瓯政线（204 线、202 线）	建瓯—政和 政和—松溪	改扩	1999.8－2001.5	25.51	3669.3	定补 1857.5	1300	—	—	561.3
	入闽通道	岭腰后山桥—西津大桥	改扩	2001－2005	42.81	14184.66（预算）	8125	—	—	—	—
县道	平津公路改造工程	东平—西津	改造	1994.5－1996.12	16.5	630	定补 135	125	125	150	220
	斜镇线改造工程	镇前—澄源	改造	1997－1998	15	285	—	—	—	—	—
村道	扶贫公路（以工代赈）建设工程	稠岭、下坪、北斗、茶林、下榅洋、溪头	新建、续建	1989－1994	38	570	368	202	—	—	—
	行政村通公路工程	25 个行政村	新建、续建	1989－1997	93	群众投工投劳和集资为主			—	—	—

表 25－2

1989—2005 年政和县新建公路情况表

单位：千米

序号	路线代码	行政等级	路线简称	路线里程	验收时间	通车时间	备注
1	C173350725	村道	S302 至下池	0.926	1989	1989	
2	C193350725	村道	南坑至大房	2.603	1989	1989	
3	Y961350725	乡道	营前至下屯	3.449	1989	1989	
4	Y972350725	乡道	长城至下坑	8.610	1989	1989	
5	C233350725	村道	里山溪桥至里山溪	0.321	1990	1990	
6	C253350725	村道	宝岩村口至山后	0.843	1990	1990	
7	C393350725	村道	桥头至冷石	1.167	1990	1990	
8	C533350725	村道	王大厝至西坑	2.711	1990	1990	
9	Y916350725	乡道	泗桥至西溪	2.593	1990	1990	
10	Y932350725	乡道	落岭桥至翠溪	6.359	1990	1990	
11	Y940350725	乡道	交溪桥至溪头	7.248	1990	1990	
12	C423350725	村道	地坪至下余屯	4.947	1992	1992	
13	C263350725	村道	庄下至富宅	3.786	1995	1995	
14	C523350725	村道	梧桐坑至上山岗	9.055	1995	1995	
15	Y973350725	乡道	南门至林屯	2.535	1995	1995	
16	Y993350725	乡道	西表至下村	4.068	1998	1998	
17	Y989350725	乡道	官湖至塔山	0.981	2000	2000	
18	S204350000	省道	岭文线（岭腰至江上段）	7.875	2003	2003	
19	C403350725	村道	道班至宝岭	1.250	2004	2004	
20	X830350725	县道	郑墩至常口（护田至洪门段）	0.792	2008	2008	规划待建

表 25－3

2005 年政和县省、县、乡道线路表

单位：千米

道路等级	序号	线路名称	起　点	讫　点	里　程	等　级	通车时间
省道	1	犀涸线（S202）	汀源牛途	杨源上庄	60.44	—	—
	其中	犀涸线	汀源牛途	镇前洋后	32.82	四	197212
		犀涸线	洋后	洋厝	9.95	三	197010
		犀涸线	洋厝	上庄	17.67	四	197012
	2	岭文线（S204）	岭腰后山	建瓯伏演	47.02	—	—
	其中	岭文线	后山	城关东门	22.28	二	196512
		岭文线	东门	西门	2.66	三	195904
		岭文线	西门	西津	16.71	二	195811
		岭文线	西津	伏演	5.37	二	196211
	3	下浦线（S302）	镇前深度坑	寨岭头	64.98	—	—
	其中	下浦线	深度坑	太平垅	19.77	三	195904
		下浦线	太平垅	东峰茶园	27.29	四	195904

续表 25－3

道路等级	序号	线路名称	起 点	讫 点	里 程	等 级	通车时间
省道	其中	下浦线	茶园	稻香	2.22	三	195904
		下浦线	稻香	城关西门	4.84	三	195904
		下浦线	西门	暗桥	2.19	二	195904
		下浦线	暗桥	梅坡林场	5.76	三	195904
		下浦线	林场	寨岭头	2.91	四	195904
县道	4	柯厝桥至茶桐岭	柯厝桥	K20＋213	19.48	二、四	1972
	5	郑墩至常口	郑墩叉口	常口	0.79	四	待建
	6	城关加油站至杨源	加油站	杨源	48.89	四	1978
	7	东平至西津	东平	西津	15.54	四	1978
乡道	8	新康至双新	新康	双新村口	6.05	四	1978
	9	坑里至下赤溪	坑里	下赤溪	13.81	四	1983
	10	坑里至后山	根竹亭	后山	15.49	四	1977
	11	观音桥至黄岭	观音桥	K5＋403	5.40	四	1978
	12	百岁亭至下榅洋	百岁亭	田洋	30.99	四	1978
	13	独木桥至坑里	独木桥	坑里	1.44	四	1977
	14	澄源至北斗	观音桥	北斗村	4.81	四	1978
	15	观音桥至上洋	解放洋	星溪头	4.06	四	1976
	16	郢地至上榅洋	郢地村出点	上榅洋	3.32	四	1976
	17	象鼻亭至大梨溪	象鼻亭	大梨溪	3.52	等外	1976
	18	澄源至前山	澄源	前山村	3.52	四	1979
	19	富垅至黄坦	富垅	黄坦	10.23	四	1978
	20	富垅至石壁	富垅村	车溏坑	10.34	等外	1978
	21	泗桥至西溪	泗桥	西溪	2.59	四	1990
	22	赤岩至连坑	赤岩	连坑村	6.74	四	1978
	23	湘源峡至何山	湘源峡	何山村出点	4.06	四	1972
	24	郑源至下庄	郑源	下庄村出点	15.16	四	1976
	25	镇前至蓬岭	镇前镇	蓬岭村出点	5.80	四	1970
	26	梨洋至茶溪	里弄桥	茶溪村出点	21.57	四	1978
	27	梨溪至角坂	角坂村入点	角坂村出点	1.22	四	1978
	28	S202 线至南坑	南坑村入点	南坑村出点	2.78	四	1978
	29	湘源至齐家洋	湘源村叉口	齐家洋出点	2.32	四	1976
	30	牛迹洋至际头	牛迹洋	际头村	2.22	等外	1986
	31	下园至半源	下园村入点	半源村出点	3.59	等外	1978
	32	里洋至横坑头	洞口	横坑头	3.06	四	1968
	33	郢地至�竹洋	郢地村出点	�竹洋村出点	5.24	四	1974
	34	上木桥至洞宫	上木桥	洞宫村西门出点	2.27	等外	1987
	35	土岭岗至电站	土岭岗	电站	3.09	四	1986

续表 25－3

道路等级	序号	线路名称	起　点	讫　点	里　程	等　级	通车时间
乡道	36	桃洋至西岩	桃洋	西岩村出点	35.04	四	1976
	37	落岭桥至翠溪	落岭桥	翠溪村出点	6.36	四	1990
	38	大庙至岭头	大庙村口	岭头村出点	7.16	四	1976
	39	八角亭至茶林	八角亭	茶林	2.33	四	1980
	40	界竹洋至�竹坑	界竹洋	�竹坑	5.74	四	1972
	41	天井洋至龙滩	天井洋	楼下龙滩	5.99	四	1981
	42	外屯桥至黄坑	S302 线外屯桥	黄坑	20.53	四	1976
	43	九房至下坪	九房	K14＋94	14.06	四	1980
	44	葛后至际面	葛后自然村	际面	10.37	四	1983
	45	交溪桥至溪头	交溪桥	溪头	7.25	等外	1990
	46	湖屯至吴场	湖屯	吴场村出点	8.98	四	1981
	47	佛子岩至稠岭	佛子岩	稠岭村出点	1.41	四	1986
	48	洋木桥至横坑	洋木桥	横坑村出入点	5.03	四	1976
	49	交溪至西坑	交溪	西坑村出点	3.40	四	1976
	50	传水至高山	传水	高山村出点	6.60	四	1976
	51	S204 至大红	李屯洋	大红村入点	3.09	四	1972
	52	凤林至大岭	凤林村	大岭村	10.13	四	1972
	53	铁罗线	铁山	罗家地村出点	12.28	四	1962
	54	高林至半洋	古林	半洋村出点	4.81	四	1982
	55	S204 至李屯洋	李屯洋村入点	李屯洋村出点	1.58	四	1968
	56	稻香至富美	稻香	富美	5.10	四	1978
	57	林屯至宝岱	林屯	宝岱	13.69	等外	1987
	58	林屯至地坪	林屯	地坪	10.09	四	1972
	59	范屯洋至黄念山	范屯洋	黄念山	9.33	四	1980
	60	S302 至梅坡	梅坡小桥	梅坡村出点	4.92	四	1970
	61	官松线	官湖	松源村出点	5.19	四	1972
	62	石屯屯际下	石屯镇	K9＋20	9.16	四	1978
	63	石屯至王山口	石屯	举金	7.50	四	1978
	64	南山至下洋峡	南山	下洋峡	13.19	四	1987
	65	界溪至苏源	界溪村	苏地村出点	8.29	四	1975
	66	营前至下屯	下屯	金峰村出点	3.45	四	1989
	67	东西线	东平	K15＋728	15.77	四	1972
	68	营前至上坑	营前	常布村出点	3.07	四	1976
	69	花桥至坂头	花桥	坂头	1.06	四	1982
	70	鸭子铺至 S204	鸭子铺	S204	1.67	四	1970
	71	东平至山溪	东平	山溪村出点	1.33	四	1978
	72	大红至张天桥	大红	张天桥	11.15	四	1982

续表 25－3

道路等级	序号	线路名称	起　点	讫　点	里　程	等　级	通车时间
乡道	73	高林至桃坪	高林	桃坪	3.38	四	1978
	74	碗厂至源头	碗厂	源头	1.57	四	1980
	75	黄墩至中村	黄墩	中村	12.74	四	1980
	76	长城至下坑	长城	下坑	8.61	四	1989
	77	南门至林屯	南门	林屯	2.54	三	1995
	78	章口至九蓬	章口	九篷村出点	11.22	四	1982
	79	岭腰至锦屏	岭腰镇入点	锦屏村出点	23.62	四	1976
	80	江上至向前	江上村入点	向前村	4.24	四	1962
	81	交岐至前溪	交岐	前溪村	4.84	四	1976
	82	S202 至路下	S202	路下	0.38	四	1977
	83	S202 至洋舍	S202	洋舍	0.39	四	1978
	84	S204 至张屯	S204	张屯村	1.22	四	1975
	85	S202 至牛途	S202	牛途	0.75	四	1976
	86	北坑至禾洋	禾洋村入点	禾洋村出点	0.80	四	1978
	87	下榅洋至电站	下榅洋叉口	电站	1.17	四	1978
	88	富坂至保加林	富坂村入口	富坂村出口	0.52	四	1980
	89	镇前至梨溪	镇前	梨溪	1.20	四	1976
	90	赤溪至洞口	赤溪	洞口	2.10	四	1977
	91	S202 至上庄	S202	上庄	0.25	四	1972
	92	杨源至蟹坑	杨源叉口	蟹坑	2.58	四	1977
	93	官湖至塔山	官湖	塔山	0.98	四	2000
	94	水泥厂至东峰	水泥厂	东峰	0.96	四	1980
	95	瓜厂至范屯	瓜厂	范屯	3.77	四	1978
	96	长城至外坂	长城	外坂	1.86	四	1972
	97	西表至下村	西表	下村	4.07	四	1998
	98	铁山至南干	铁山	南干	1.53	四	1972

四、桥梁　渡口

（一）古桥

2005 年政和县尚存古桥百余座，其中独具特色的有：

石屯镇东漈大奶桥　始建于清康熙年间。光绪末毁于火，宣统三年（1911 年）叶添满募款物修桥五间廊屋。

杨源乡坂头花桥　始建于明武宗正德六年（1511 年）。由明朝进士、副使陈桓捐银创建，清康熙、道光年间均有重修。现存建筑为民国三年（1914 年）重建，1982 年当地陈姓人募捐重修，为石构拱廊屋式风雨桥，南北走向，全长 38 米，宽 10 米，高 6 米，净跨 12.2 米，桥面建厝，主楼三层，重檐歇山顶，层层翘檐垂挂风铃，桥内有藻井、彩绘，桥柱 6 排 80 根，柱上书刻楹联 30 余幅。桥头供有陈桓、陈文礼塑像；楼上古诗古画装饰，颇为丰富多彩。

镇前镇梨溪石板桥　始建于清嘉庆六年（1801年），为二墩三孔石板桥，南北走向。全长15.5米，每孔净跨4.9米，面宽1.75米，高2米。桥墩以3根竖石柱上架一长条石，上铺架厚30厘米石板桥面，整体仿木架桥的结构，简单古朴，至今仍在使用。

岭腰乡后山厝桥　位于岭腰后山村北约200米。始建于明代，清嘉庆四年（1799年）重建，为木构单孔廊屋风雨桥，单檐歇山顶，西北、东南走向，全长40.5米，净跨32米，宽4.9米，15开间，虽经风雨沧桑，至今仍保存完好。

外屯乡洋后桥　始建期无考，清道光三十年（1850年）重建，该桥为木构单孔廊屋风雨桥，跨度32.7米，宽4.8米，桥身13柱，木板桥面，总长44.2米，（其中桥头堡11.5米，小庙4.8米）桥高4.5米，距水面8.2米。

澄源乡富垅石蹬桥　建于清顺治年间。该桥横溪铺石，有石蹬99个，属全县最长的石蹬桥。

（二）公路桥

1989年年初，政和县有公路桥梁144座，全长30米以上的31座，其中百米以上公路桥梁有9座：建瓯至政和的西津大桥162米（1968.10建成）、石屯至际下公路的石屯大桥226米（1977.7建成）、政和城关至章口公路的林屯大桥96米（1980.12建成）、梨溪至宝岩公路的山后大桥104米（1983）、洞宫至西岩公路的雾中桥128.1米（1986.5建成）、城关的东大桥129米（1982.9建成）、城西大桥135.6米（1985.12建成）、官湖大桥106米（1983.12建成）、松源大桥206米（1984.12建成）。

1989—2005年，全县新建、改建、扩建公路桥梁共62座，长30米以上的有21座，其中新建百米以上有护田大桥、西津新大桥，改扩建的有南门大桥。

至2005年底，全县有公路桥梁206座，其中30米以上的有52座。

南门大桥（旧称星溪桥）　1957年10月改建。全长72米，宽7米，共3孔，2孔跨径20米，1孔跨径13米，桥墩为钢筋混凝土，桥面钉板梁；1970年，扩建为石拱大桥，桥面为钢筋混凝土，两侧护栏用石柱、石条构建，限量载重汽车13吨；1991年，对大桥人行道进行加宽扩建，左右人行道各加宽至4米，现桥面宽15米；同时，对大桥桥台、桥墩也相应加宽扩建，北侧桥面至市场通道由原直梯式改建为现转梯式通道，1992年10月竣工。2001年10月至2002年5月，修建南大桥南侧防洪堤工程，河宽由原47米拓宽至65米，大桥新增1孔，净跨13米，桥墩3米。

护田大桥　位于东平镇护田村。1993年3月建成，横跨松溪，全长201米，4孔，跨径172米，桥面宽6.5米，行车通道宽5.5米，人行道2×0.5米，板拱结构，设计荷载为公路—II级。

西津新大桥　位于政和县石屯镇西津村。横跨松溪河，是入闽通道控制工程之一，也是政和县桥梁建设史上第一座采用预应力T形梁大桥。桥梁全长215.79米，接线长度884.21米。荷载等级汽—20，挂车—100；桥面宽度：9+2×1.5米；地震烈度六级，桥跨7×30米预应力砼T形梁，桥墩为双圆柱式，柱径150厘米。2001年12月动工，2005年11月完工，总投资1083.81元。

表25-4　**2005年政和县30米以上公路桥梁表**　单位：米、个

序号	桥梁名称	河流名称	桥长			桥宽		结构形势	设计荷载	建成年月
			全长	孔数	跨径	桥面	车道			
1	落岭桥	翠溪	63.9	2	41.8	7	6.2	板拱	其他	1970.12
2	暗桥	梅坡溪	31.0	1	12.7	42.9	40.9	板拱	公路－Ⅱ级	1987.12
3	长城桥	下洋溪	34.6	2	22.1	12.5	9.0	空心板桥	公路－Ⅱ级	1971.11
4	西津大桥	松溪	162.0	5	135.0	7.6	6.0	板拱	其他	1968.10
5	稠坑桥	稠坑溪	35.0	1	16.0	8.3	7.1	板拱	其他	1989.01
6	范屯洋桥	范屯洋溪	74.9	3	64.6	7.6	7.0	板拱	其他	1972.12

续表25－4

序号	桥梁名称	河流名称	桥 长			桥 宽		结构形势	设计荷载	建成年月
			全长	孔数	跨径	桥面	车道			
7	稻香桥	稻香溪	63.3	1	44.8	8.0	6.0	板拱	其他	1971.05
8	沙排桥	界溪	30.0	1	20.0	5.5	4.9	板拱	其他	1976.12
9	城西大桥	七星溪	136.0	5	110.0	15.0	12.0	板拱	公路－Ⅱ级	1985.12
10	章口桥	长际溪	39.7	1	20.0	7.0	6.5	石拱	其他	1981.12
11	长际桥	长际溪	44.9	2	34.0	7.0	6.5	板拱	其他	1993.12
12	大溪一桥	大溪溪	31.0	1	14.0	6.0	5.5	板拱	其他	1982.12
13	常口桥	东溪	35.0	1	16.0	7.0	6.5	板拱	其他	1989.12
14	新口桥	界溪	41.2	5	36.2	5.5	5.0	板梁	其他	1966.12
15	下赤溪桥	赤溪	31.4	1	20.0	5.5	5.0	石拱	其他	1993.12
16	象鼻亭二桥桥	暖溪	30.0	1	20.0	5.0	4.5	石拱	其他	1983.12
17	下坂桥	蛟龙溪	34.6	2	25.2	5.0	4.5	石拱	其他	1980.12
18	后林桥	香溪	41.0	3	34.0	5.5	5.0	石拱	其他	1996.12
19	富垅桥	蛟龙溪	63.5	2	33.5	7.0	6.6	石拱	其他	1997.12
20	长潭桥	上榅洋溪	31.3	1	13.0	5.5	5.1	肋拱	其他	1997.12
21	山后大桥	山后溪	104.0	9	68.0	5.5	5.0	石拱	其他	1983.12
22	天柱桥	天柱溪	30.0	1	18.0	5.5	5.0	石拱	其他	2000.12
23	红际桥	当溪	46.5	2	31.5	6.0	5.6	石拱	其他	1993.12
24	上树桥	洞宫溪	30.0	1	10.0	7.3	7.0	石拱	其他	1990.12
25	雾中桥	洞宫溪	128.0	7	95.0	7.0	6.5	石拱	其他	1986.12
26	翠溪桥	翠溪	59.0	3	51.0	6.5	6.0	石拱	其他	1986.12
27	外屯桥	星溪	71.0	4	56.5	7.0	6.5	石拱	其他	1981.12
28	交溪一桥	黄坑溪	48.0	3	41.4	6.0	5.5	石拱	其他	1990.12
29	传水桥	砾溪	34.0	1	22.0	5.5	5.1	石拱	其他	1987.12
30	凤林一桥	凤林溪	31.5	2	25.5	6.0	5.7	石拱	其他	1980.05
31	铁山桥	梅龙溪	49.0	1	36.0	6.5	6.2	石拱	其他	1961.07
32	凤林二桥	凤林溪	35.4	1	20.0	5.0	4.5	石拱	公路－Ⅱ级	1990.09
33	李屯洋一桥	梅龙溪	33.0	1	30.4	8.0	7.5	板梁	其他	1998.12
34	李屯洋二桥	梅龙溪	30.0	1	20.0	9.5	9.0	石拱	其他	2000.12
35	李屯洋三桥	梅龙溪	30.0	3	27.0	5.0	4.6	板梁	其他	1994.12
36	官湖桥	七星溪	106.0	4	86.0	5.0	4.8	石拱	其他	1983.12
37	石屯大桥	七星溪	226.0	9	213.0	7.5	7.0	石拱	其他	1977.07
38	坤口桥	际下溪	37.5	2	30.2	5.5	5.0	石拱	其他	1982.10
39	黄墩桥	界溪	33.7	2	29.0	6.0	6.0	板拱	其他	1980.12
40	碗厂桥	界溪	32.0	1	21.0	6.5	6.5	板拱	其他	1980.12
41	林屯大桥	林屯溪	96.0	4	84.0	7.5	7.5	板拱	其他	1980.12
42	溪尾桥	锦屏溪	31.4	1	18.0	5.0	5.0	双曲拱	其他	1968.12

续表 25－4

序号	桥梁名称	河流名称	桥长			桥宽		结构形势	设计荷载	建成年月
			全长	孔数	跨径	桥面	车道			
43	南干桥	梅龙溪	43.0	1	36.0	5.1	4.0	板拱	其他	1991.12
44	护田大桥	松溪	201.0	4	172.0	6.5	6.5	板拱	公路－Ⅱ级	1993.03
45	石圳桥	七星溪	101.0	4	83.5	4.0	3.5	板拱	其他	1978.12
46	松源大桥	七星溪	206.0	8	192.0	5.0	4.0	板拱	其他	1984.12
47	章口桥	九蓬溪	38.0	1	26.0	5.0	4.0	板拱	其他	1992.12
48	冷石桥	长际溪	35.0	1	25.0	5.0	4.0	板拱	其他	1992.12
49	解放桥	七星溪	76.0	3	64.0	5.0	4.0	板拱	其他	1975.12
50	水东大桥	七星溪	129.0	4	31.0	6.5	4.5	石拱	其他	1982.09
51	南门大桥	七星溪	88.0	4	2×20 2×13	15.0	7.0	石拱	其他	2002.05
52	西津新大桥	松溪	215.79	7	30	12.0	9.0	预应力 T形梁	讫－20 挂－100	2005.11

（三）渡口

1989年初，全县渡口有护田渡、举金渡、瓜仔厂渡、范屯渡、郑源渡、坤口渡等6处，均在松溪流域。1990年以来，随着社会经济的发展，基础设施建设的加强和各项公路交通工程的实施，至2005年，全县仅存范屯渡和举金渡2处。

第二节 运 输

一、旅客运输

政和汽车站 1989年，政和汽车站为国营运输企业，隶属福建省运输总公司建阳分公司，有驻点解放、东风牌客车24辆共960座位；日发客车68班次，其中：省际有政和至上海，浙江衢州、庆元、太顺、文成、龙港，江西上饶；省内有政和至福州、福安、寿宁、周宁、浦城、松溪、建瓯、南平、建阳、邵武、武夷山等跨区跨县线路11条24班；县内客运班线10条44班次，过境客车26班次，下乡过夜7个点、5个代办站，年完成客运量35.11万人次，客运周转量5054万人千米。

1989年11月，首次开通政和至上海客运班车，全程739千米。1990年7月，开通政和至浙江文成客运班线，全程288千米。1991年，开通政和至浙江龙泉班线，全程123千米；1993年1月，企业归属南平市管理，更名为南平市汽车运输总公司政和汽车站，属市级国营运输企业；同年，客运车辆实行承包经营，车站开始对社会车辆开放。2003年4月，南平市汽车运输总公司政和公司成立，经营客运线路21条。2004年5月，整体改制为福建省武夷交通运输股份有限公司政和分公司和福建省武夷交通运输股份有限公司政和汽车站，拥有客运车辆24辆，其中大客10辆，中客24辆，总座位695座；2005年，开通政和至浙江宁波、瑞安客运班线，增开政和至上海班次；恢复政和至武夷山班线；年完成客运量54.58万人次，客运周转量7860万人千米。至2005年年底，拥有大型高一卧席大客2辆、中型中级8辆、小型中级13辆、普通级小客7辆，共计30辆617座位；经营客运班线24条，其中省际8条、跨市区7条，区内9条，经营总里程达9177千米，日始发客车86班次，过境客车31班次。

表 25－5

1989—2005 年政和汽车站客运情况表

单位：万人千米、万人次

年 份	客 运 量		周 转 量	
	合 计	其中：汽车站	合 计	其中汽车站
1989	180.5	35.11	7850.00	5054
1990	194.75	36.20	9104	5212
1991	209.33	37.29	10363	5369
1992	223.25	38.38	11498	5526
1993	237.50	39.48	12756	5683
1994	252.27	40.57	139011	5840
1995	264.72	41.66	15226	5998
1996	280.44	42.72	16471	6155
1997	294.69	43.84	17607	6312
1998	310.81	44.93	18872	6469
1999	325.06	46.03	20116	6626
2000	337.28	47.12	21373	6784
2001	351.53	48.21	22627	6941
2002	364.96	51.3	23948	7388
2003	380.51	52.39	25193	7545
2004	394.76	53.48	26338	7702
2005	409.01	54.58	27583	7860

县公交公司 1989 年年初，县公交公司有客车 11 辆，客运线路 10 条 487 千米，年营运里程 38 万千米，客运量 31.6 万人次，客运周转量 1222 万人千米，在岗职工 55 人。此后，实行“政企分开”“利改税”等政策，先后进行精减机构、裁减人员，职工集资和社会融资购置中巴车和小车，建立落实安全、耗能、服务等各项责任制。至 2005 年，在岗职工 25 人，一线驾驶员 98 人及车台售票员、修理工等，从业人员共计 226 人，公司拥有客运车辆 98 辆，其中：15—19 度中巴 80 辆（加盟 40 辆）、加盟面的 18 辆，经营公交线路 40 条，其中：城区 3 条、境内各乡镇 34 条，县际有政和至建阳、政和至建瓯、政和至川石 3 条，总经营里程 2760 千米。

二、货物运输

1989 年年初，政和县公路货物运输主要由福建省汽车运输公司政和汽车站承运外，另有工矿企业、自货自运车队和短途人力货运，拖拉机货运及少数竹排水路航运。全县有运输企业 25 家，货运车辆 128 辆 583 吨位，农运车 75 辆 135 吨位、手扶拖拉机 780 台 780 吨、柴三机 635 台，年货运量 67.34 万吨，周转量 4026.08 万吨千米，其中：政和汽车站年货运量 2.81 万吨，周转量 530.38 万吨千米。

20 世纪 90 年代以来，随着公路运输条件的不断改善和运输市场的全面开放以及个私经济的发展，公路货运状况发生很大变化，工矿企业和自货自运车队及人力货运、竹排水运等逐年减少或消亡，而个体运输户不断发展和扩大。1997 年，全县有货车 425 辆，均属个体运输。2002 年，政和汽车站停办货运运输业务。2005 年年底，全县公路货运经营户 5 户，货车 618 辆 1168.77 吨，机动运输车 135 台 205 吨，其他机动车 175 台 175 吨，货运场 1 个，汽车维修二类厂家 4 个，全县年完成货运量 117.50 万吨，货运周转量 10347.08 万吨千米。

表25-6 **1989—2005年政和县货物运输情况表** 单位：万吨 万吨千米

年 份	货运量		周转量	
	合 计	其中：汽车站	合 计	其中：汽车站
1989	80.04	2.81	7043.52	530.38
1990	82.33	5.53	7235.98	520.83
1991	84.72	2.1	7540.08	513.84
1992	87.05	2.01	7815.34	480.52
1993	89.46	1.89	7883.21	420.51
1994	92.08	1.63	8053.31	460.03
1995	94.78	1.53	8350.11	450.78
1996	97.14	1.43	8526.94	440.05
1997	99.24	1.38	8793.42	430.51
1998	101.84	1.36	9106.53	432.08
1999	104.14	1.22	9201.92	389.21
2000	106.24	0.96	9680.58	305.61
2001	108.45	0.66	9639.03	209.58
2002	110.9	—	9710.4	—
2003	112.88	—	9946.32	—
2004	115.3	—	10149.85	—
2005	117.5	—	10347.08	—

第三节 管 理

一、机构

（一）县交通局

1989年，政和县交通局内设人秘股、公路股、企业股、安全股、财务股、工会、交通运输中心管理站和西津航管站等，共有工作人员21人。省属单位有：政和公路段、政和汽车站；县属单位有：县乡公路管理站、县搬运公司、县汽车修理厂、县交通停车场、县交通运输服务公司。1990年9月，交通局内设的交通运输中心管理站定名为政和县交通运输管理所，升为副科级单位，仍隶属交通局。1992年12月，成立政和县公路通行费征收站，设址镇前牛脊洋三叉路口，1996年迁址城关暗桥，称“省道310线政和公路通行费征收站”（2003年改为204线）。是年撤销企业股和西津航管站，8月，设立交通局“路政管理股”。1997年9月，县交通停车场停止营业并入汽车修理厂。1998年4月，交通局“安全股”与“路政股”合并为“路政管理安全监督股”。2002年7月，县交通运输管理所更名为政和县运输管理所，9月，局人秘股改称办公室。2005年4月，撤销县乡公路管理站，成立“省道204线政和公路通行费征收站”。9月，搬运公司撤销，全部职工置换身份，解除劳动关系。

至2005年年底，县交通局内设办公室（监察室、党委办）、路政管理安全监督股、计划建设股、财务审计股，行政编制7名、事业2名、机关工勤1名，实有工作人员18名（含交战办）。

（二）政和公路分局

1989年年初，县公路段内设劳动组、财务组、机械组、桥工组，下属12个公路站和养护道班，有技术人员3人、养路工90人。1993年1月，从县公路段分建成立福建省稽征局政和稽征所（正科级单位），公路段由省属下放市管，并更名为南平市公路局政和公路分局，升格为正科级单位。至2005年底，内设办公室、财务室、工程股、路政所、工会，下属8个公路站，总编制91人，实有工作人员91人。

（三）政和稽征所

1993年1月，政和公路段分建成立福建省公路稽征局政和稽征所，为正科级单位，内设办公室、征费股、稽查股，编制17人，实有人员12人。1994年增设财务室。至2005年年底，内设机构有办公室、财务室、征费股、稽查股，编制17人，实有工作人员11人。

（四）县运输管理所

1990年9月，根据省交通厅、人事厅文，县交通局内设的交通运输中心管理站定名为政和县交通运输管理所，升格为副科级单位，隶属交通局，对外加挂“机动车辆维修管理所”牌子，下设城区、东平、石屯、镇前4个交管站，共编制22人。2002年7月，县交通运输管理所更名为政和县运输管理所，同时加挂“政和县内河港航监督所”牌子，撤销“县机动车辆维修管理所”。2003年1月，根据南平市编委［2003］2号文件，将运管所加挂的“县内河港航监督所”更名为“福建省政和县地方海事处”，仍隶属运管所。至2005年年底，县运管所内设稽查队、驻车站管理站，下设城关、东平、石屯、镇前4个交管站，核定编制25人，实有工作人员20人。

二、公路养护

（一）省道养护

1989年，县公路段专业养护的公路里程为156.606千米，有公路站和养护道班12个，技术人员、养路工共93人，年养护经费80—100万元，平均公路好路率达60%。1989年“7·22”特大洪灾，三条主干线均不同程度被冲断毁坏，阻车时间最长达15天，组织2000多人次，投入机械220辆次，耗资300多万元，及时抢通省道。1990年进行管理体制和养护机制的改革，1993年，政和公路段由省下放市管，更名为政和公路分局，公路养护采取养护经费承包责任制。1998年“6·22”洪灾，组织1800人次，投入机械176辆次、经费300多万元，及时抢通修损毁公路。2000年后，组织开展“文明样板路”“绿色通道”创建活动，岭文线28K+000M—48K+500M和政和暗桥至建瓯伏演为“文明榜样路”。2004年3月，成立公路养护公司，对省道养护管理采取招投标方法。至2005年底，政和公路分局专业养护的公路里程162.35千米，其中二级路52.3千米，三级路110.05千米。

（二）县乡村道养护

1989年，县、乡、村列养公路65条365千米，林业公路90.2千米，全县有9个乡（镇）公路养护站，负责境内公路修建、改造、日常维修保养和路政路权管理。养护管理采取民办公助、民工建勤的办法。养路费为县道年公里500元、乡村道年公里400元，发生重大灾害时，由县交通局负责组织抢通修复。1989年“7·22”特大洪灾，县、乡公路大面积受毁，阻车线路44条344千米，直接经济损失560万元，全县先后集资28万元，各乡村投工10.5万工日（折价23.5万元），省、地、县交通部门及时调拨专款60余万元，使县道和重点乡道得到及时抢修，恢复通车。1998年1月，《中华人民共和国公路法》《福建省公路管理条例》颁布实施，根据《中华人民共和国公路法》，县道由交通局直接养护管理，乡村公路由所在乡村负责养护管理。至2005年，养护机制为民办公助、民工勤建的办法。上级养路费补助标准：县道视车流量和路状，每公里年补助800—1000元，乡道每公里年500元，村道300元。

2005年底，全县列入计划养护的公路610.5千米，占总里程59.2%，其中：县乡养护520.3千米，占总里程50.4%，林业部门负责养护90.2千米，占总里程8.8%。

三、路政管理

（一）路政

1989—1995 年，政和公路段（1993 年改为政和公路分局）有 1 名路政员负责省道行政管理，主要承担路政管理条例宣传，公路两侧控制区管理及维护路产路权。1996 年，公路分局成立路政管理所、县交通局成立路政管理股，负责境内专业养护公路的路产路权的维护和管理，查处破坏公路及其附属设施的案件、超限运输的违章行为及办理行政许可事项，宣传公路法律法规，保障公路完好畅通。1998 年 4 月，交通局安全股与路政管理股合并为路政安全股，负责县、乡、村公路行政管理，维护路产路权；抓好路政人员的培训、考核及有关证件、标志、符号的报批，健全路政管理档案，监督、检查、指导运输企业安全生产，协助公路运输安全的检查处理。2002 年，路政所获省交通厅授予“规范路政所”称号。至 2005 年年底，组织上路巡查 1125 人次，纠正路政违章行为 38 起，取缔占道加水点 10 家，清除路面堆积物 145 处，拆除违章建筑 20 座 3000 平方米，设置路政宣传牌、警示牌 12 面，挽回路产损失 18.3 万元，路政违章案件同比下降 8%。

（二）绿化

省道公路绿化主要由公路分局负责。1989—2000 年，先后对专业养护公路的绿化树木进行补植，未进行大面积种植。2000—2003 年，瓯政线路面改造后，对 S204 线 20K—48K + 500（政和暗桥—建瓯伏演）、S302 线 160K—169K（暗桥—松溪寨岭头）公路两侧全面新植欧美杨；2005 年，对改造完工的 S204 线 0K + 25K + 000 国防公路全面新植欧美杨树。2000—2005 年，共完成公路绿化里程 530 千米，累计植树 7.95 万余株，投资总额 39.75 万元，实现专业养护公路绿化的全面覆盖。县、乡、村公路绿化由各乡（镇）政府和公路养护站组织实施，一般为每年植树节组织发动群众开展“热爱家乡、绿化公路”植树活动，由各乡（镇）公路站负责正常的补植管理。

四、运输管理

（一）客货运输管理

1990 年 9 月，县交通运输管理站正式定名交通运输管理所，贯彻实施道路运输的方针政策和法律法规，承担《道路运输证》《道路运输经营许可证》（下称“两证”）的办证、年审和新增车辆、新增线路的审批，全县客货运市场统一、开放、竞争、有序。2005 年审验、核发《道路运输证》370 本，其中：客运车辆 140 本，货运车辆 208 本，其他机动车辆 22 本，新增运力 18 辆，核发《道路运输经营许可证》18 本；同时，开展道路运输市场清理整改，取缔上路客运农用车 35 辆和因车辆技术状况问题的货运车 8 辆的经营资格，对出租车，全面发放服务资格证、安装服务监督卡，做好营运年限期满“面的”的报废和更换“轿的”工作。

（二）维修市场管理

1993 年 3 月以来，贯彻实施交通部颁布的《汽车运输业车辆技术管理规定》，建立健全维修台账，执行二级维护合同及签章制度，加强“三单一证”管理，率先试行二级维护备案提示卡制度，严把维修企业资质准入关，从严年审，督促技改，增加设备，提高技术含量，规范经营行为。同时，做好车辆上线检测的监督管理，维修质量得到明显改善。至 2005 年，全县有二类维修企业 4 家，从业人员 29 人，持证上岗率 100%。

（三）驾培市场管理

2002 年 4 月，开始换发和新办全国统一的《营业性运输驾驶员从业资格证》，县运管所对未经合法驾校培训的驾驶员重新进行培训，加强对危险化学品运输驾驶员、押运员、装卸员及企业管理人员的培训、考核、发证等管理，对因历史原因未经批准的驾校，责令停办或整改，重新报批。至 2005 年底，共换发、新办从业资格证 448 人，核发驾乘人员岗位证 169 人，道路运输岗位服务证 315 人，持证上岗率 100%。

（四）运输市场源头管理

县运管部门围绕道路运输安全管理目标，加强运输市场源头管理，开展对运输企业、危险化学品运输、机动车维修企业和非法营运的‘黑车”等专项整治，强化企业安全生产的主体地位，增强责任意识和安全意识，提高企业的自身管理水平和服务质量。2005年，运管部门共出动人员600多人次，开展各类安全专项检查10余次，检查各类车辆280多辆次，查处非法营运车辆16辆次，暂扣营运证50本、从业证10本，发出整改通知书3份。

五、规费征管

（一）养路费

1989—1992年，汽车养路费由县公路段征收站征收。1993年1月稽征所成立后，按照国务院、交通部和省人民政府关于养路费征收管理办法规定，向有车单位和个人征收，其标准为：1994年5月30日前，客车180元/月吨、货车160元/月吨；1994年6月1日后，客车200元/月吨、货车180元/月吨。养路费的使用管理，贯彻“全面规划、加强养护、积极改善、重点发展、科学管理、保证畅通”的方针，坚持“收管用一体，统收统支、收支两条线严格核查”和“干支公路兼顾、以干线公路为主、养护与改建兼顾，以养护为主”的原则，由省级公路管理部门统一管理，统筹安排。1993—2005年，累计征收汽车养路费3123.29万元。其他机动车、拖拉机养路费征收，由县交通运输管理所负责，1989—2005年，共征收养路费841万元。

（二）运输管理费

1990年前，运输管理费按运输发票的运输总额3%计征。1991年后，由县交通运输管理所直接按营业额的8%计征，对营业额不可知的车辆按吨位计征，标准为：1吨以下30元/月辆，1吨以上25元/月辆。1989—2005年共征收运输管理费1393万元。

（三）公路通行费

1992年年底，设立政和县镇前牛脊洋公路通行费征收站，开征公路通行费。1996年，迁址至城关暗桥，称“省道310线政和公路通行费征收站”（2003年改为204线）。1993—2005年共征收公路通行费3686万元。

（四）“两金”（两费）

1993年至2000年4月，客运附加费称交通建设基金，货运附加费称山区还贷基金。2000年5月，分别改称客运附加费、货运附加费，几经调整，至2003年征收标准为：客运附加费营运客车90元/月座，货运附加费货车40元/月吨，由县公路稽征所征收，全额上交，用于道路交通基础设施建设。1993—2005年，共征收客运附加费1209.13万元，货运附加费536.23万元。

（五）车辆购置附加费

1985年5月1日起开征（国发（1985）50号，下称车购费），由县交通局车辆购置附加费征收管理办公室（下称车购办）负责征收，全额上缴交通厅，用于国家交通重点工程建设，征收对象为所有购车的单位和个人，国务院另有规定的除外，征收标准从1994年1月1日起由原国产车10%、进口车15%统一改为10%。2000年国家“费改税”后，车购费改称“车辆购置附加税”，仍由车购办代国税部门征收。1985—2004年，县交通局车购办共征收车购费（税）494.13万元。2005年1月起移交政和县国税局征收，是年征收150.43万元。

表 25-7

1993—2005 年征收公路规费情况表

单位：辆、吨、万元

年 份	年 末 车辆数	年 末 吨位数	征收规费 总 计	其 中		
				养路费	客运附加费	货运附加费
1993	446	1387.52	282.33	203.15	30.88	48.30
1994	528	1714.00	381.71	273.81	47.54	60.36
1995	585	1748.05	438.13	311.94	70.69	55.50
1996	606	1745.45	456.79	310.78	89.40	56.61
1997	615	1783.50	545.50	306.10	89.00	56.40
1998	528	1740.00	434.06	272.92	101.99	59.15
1999	640	1694.50	426.76	260.00	114.01	52.75
2000	536	1324.00	380.95	252.73	94.81	33.41
2001	488	1037.00	285.16	164.44	97.24	23.48
2002	529	1027.00	250.05	142.21	91.19	16.65
2003	569	1027.00	277.08	151.65	111.24	14.19
2004	640	1172.00	336.83	178.04	137.53	21.26
2005	717	1328.00	466.30	294.52	133.61	38.17

表 25-8

1989—2005 年县征收交通规费情况表

单位：万元

年 份	养 路 费		运 输 管理费	年 份	养 路 费		运 输 管理费
	机动车	拖拉机			机动车	拖拉机	
1989	11	10	16	1998	51	15	110
1990	19	19	20	1999	41	19	132
1991	22	19	22	2000	44	16	126
1992	23	18	31	2001	32	12	134
1993	32	17	47	2002	32	11	128
1994	55	15	69	2003	28	11	101
1995	48	14	87	2004	25	11	93
1996	45	20	87	2005	27	11	94
1997	52	16	96				

表 25-9

1993—2005 年征收公路通行费情况表

单位：万元

年 份	1993	1994	1995	1996	1997	1998	1999	2000	2001	2002	2003	2004	2005
征收额	223	215	243	358	343	339	314	156	215	330	343	333	274

表 25-10

1989—2005 年征收车辆购置附加费（税）情况表

单位：万元

年 份	征 收 额	年 份	征 收 额
1985—1986	0.29	1996	55.75
1987	0.40	1997	35.25
1988	0.37	1998	44.09

续表 25－10

年　份	征　收　额	年　份	征　收　额
1989	0.70	1999	77.40
1990	1.61	2000	30.01
1991	1.52	2001	26.50
1992	3.24	2002	20.92
1993	3.08	2003	8.28
1994	61.04	2004	64.22
1995	59.46	2005	150.43

六、安全管理

（一）公路交通

1987 年 1 月，县公安局交通警察大队挂牌成立。时有交通警察 8 人，负责执行境内车辆监理和公路交通安全管理。至 20 世纪 90 年代初，主要采取日常巡逻、与兄弟县市进行交叉路检、组织“红五月”安全生产竞赛、部署春运道路交通安全专项管理等方式开展工作，城区中心路段仅设 1 个交通岗点，道路监控无固定警力，监控卡点不定时设立，管理模式较单纯。1993 年建成驾驶员学习综合楼。1999 年 9 月、2001 年 12 月，两次取缔客运柴三机 1097 辆，淘汰客运厢式农用车 95 台。1999 年 10 月，县人大第十三届常委会颁布实施《政和县城区道路交通秩序管理规定（暂行）》，城区交通秩序管理有章可循。2000 年 10 月，建成首座暗桥二级路 3.04 千米双排式交通隔离护拦。2003 年，建成汽车站至南凤楼 1 千米单排式交通护栏，完成设置交通标志线 220 多处，新增城区东门、西门、环岛、政府门口、南门等交通岗点，实行高峰站点平峰巡线，进城车辆限时限量通行，港田客运三轮摩托按单双车牌号分日营运，机动车辆指定临时停车泊位，开辟学生“绿色通道”等管理措施。同年 2 月设立镇前稠岭牛脊洋交警执勤分队。2004 至 2005 年，全县实施协管交通安全勤务机制改革，有 80 个行政村聘用交通安全员。县交警大队着力提高机动车年检率、报牌率和已达使用年限车辆报废率，落实客运、货运和危化品使用及运输企业交通安全责任制，每年开展三大生命防护工程创建、夏季交通安全百日会战、无牌无证摩托车专项治理、工程车和低速载货汽车交通违法行为治理、治超治限和设立春运交通安全保卫点等。

1989—2005 年，全县机动车报牌数计 18491 辆，发生交通事故 2762 起，受伤 2117 人，死亡 335 人，直接经济损失 284.90 万元。

（二）公路施工

1989—1992 年，境内公路修建、养护施工量较少，安全管理基本由工程指挥机构、养护道班自行负责。1993 年以后，随着“先行工程”“世行贷款”“入闽通道”“扶贫公路”“村村通公路”等多项公路建设工程的实施，公路施工安全管理备受重视。交通局路政安全股承担公路施工安全监督管理，县、乡、村公路建设工程均分别成立领导小组、指挥部，下设相关股室组，建立健全各项施工安全规章制度，确保施工安全、队伍隐定。

（三）春运

每年春运期间，全县围绕安全、便捷、有序、畅通目标和加强领导、周密部署、改善服务、客货兼顾的原则，成立工作领导小组，制定应急预案。由县交通局、交警大队组织相关单位做好“三品”（易燃、易爆、易腐蚀）查堵，客运车辆实行日检、趟检制度，汽车站大客、中客驾驶员一律持“三证”（驾驶证、资格证、公司聘用证）上岗。同时，强化路检路查，流动巡查，严格过境车辆安全管理，做到违章车辆不入境不出境。

附：1989—2005 年特大交通事故

1989 年 3 月 1 日，在安嵩线 69K＋900M 处，杨源乡坂头村一农用车翻车，死亡 4 人、重伤 4 人、轻伤 2 人，驾驶员被追刑。

1992 年 8 月 4 日，在下浦线 207K＋350M 处，政和公路段一农用车翻车，死亡 6 人、重伤 2 人，驾驶员死亡。

1994 年 10 月 8 日，从澄源赤溪林场至后井山场 12K＋600M 处，政和金泰公司一运木材大货车翻车，死亡 4 人、重伤 1 人，轻伤 5 人，驾驶员被追刑。

1997 年 2 月 12 日，在安嵩线 76K＋184M 处，杨源乡上庄村一柴三机翻车，死亡 8 人、重伤 1 人、轻伤 2 人，驾驶员被追刑。

1998 年 9 月 30 日，在安嵩线 66K＋200M 处，古田县平湖镇平湖村一小客车翻车，死亡 33 人、伤 8 人，驾驶员死亡。

2000 年 7 月 3 日，在下浦线 208K＋300M 处，县交通运输服务公司一厢式农用车翻车，死亡 14 人、伤 10 人，驾驶员被追刑。

2001 年 6 月 9 日，在下浦线 198K＋950M 处，古田县鹤塘镇西洋村一大货车与政和县杨源乡茶林村一厢式农用车碰撞，死亡 9 人、伤 13 人，西洋村驾驶员死亡，茶林村驾驶员吊销驾驶证。

第二章　邮　政

第一节　机　构

一、邮政局

1989 年年初，政和县邮电局内设劳工教育办、计财室、电信办、邮政办、工会及营发组、邮件组、投递组、报务组、话务组、载波室、农市机组、机线组、稽核组等，共有工作人员 139 名，其中固定工 103 人，下辖东平、镇前、铁山 3 个支局和石屯、外屯、杨源、澄源 4 个邮电所。

1998 年 11 月，由于国家宏观政策调整，邮电分营，原政和邮电局分为邮政局和政和电信局，新成立的政和县邮政局资产 1438 万元，人员 138 人，下辖 2 个部室（综合办公室、市场经营部）、8 个班组（小车班、机要、稽核组、报刊发行组、维护组、经警队、投递组、邮件组）、8 个邮电支局、4 个邮政储蓄专柜。2000 年，由于储蓄业务发展，成立储汇经营部。2000 年 12 月，邮政大楼破土动工，翌年 11 月落成，占地 3387 平方米，总投资 842 万元。2005 年成立财务部，其他内设机构未变，人员 151 人。邮政收入由 1998 年的 409 万元增加到 2005 年的 891 万元，企业效益由 1998 年亏损 332 万元转变到 2005 年盈利 48 万元，固定资产总额达 2063 万元。主要设备有计算机 23 台，电脑终端 29 台，打印机 45 台，ATM 取款机 1 台，邮运汽车 3 辆。

二、邮电支局

解放支局　位于解放街 3 号，主营邮政各项业务。2005 年，全局职工 6 人，全年业务收入为 46.8 万元。主要设备有电脑终端 4 台，打印机 3 台。

东平邮电支局　1989 年初，支局职工 13 名，邮票代售处 14 处，信筒信箱 15 个，农村送报站 8 个，投递线路 5 条（自行车）单程 140 千米，开通自动电话 450 门，政和—东平农话中继电路 12 条。2005 年，全局共有工作人员 8 名，设有邮票代售点 16 处，信筒信箱 9 个，邮政储蓄点 1 个，农村投递路线（自行车）4 条，单程 148 千米，服务人口 2.5 万人，邮政储蓄余额达 3399 万，邮政业务收入 4.3 万元。主要设备有计算机 1 台，电脑终端 2 台，打印机 2 台。

石屯邮电支局 1989年年初，有职工8人，农村邮路2条单程101千米，邮票代售处9处，信筒信箱8个，农村信报站3个。2005年，全局职工7名，设有邮票代售点9处，信筒信箱9个，邮政储蓄点1个，农村投递路线3条，单程158千米，服务人口2万人，邮政储蓄余额达2055万，邮政业务收入3.3万元。主要设备有计算机1台，电脑终端2台，打印机2台。

铁山邮电支局 1989年年初，支局职工13人，投递线路6条单程162千米，邮票代售处16处，信箱信筒12个，信报站4个，安装50门农话交换机1部，三路载波机一台，至县局电路4条。2005年，全局共有工作人员8名，设有邮票代售点9处，信筒信箱14个，邮政储蓄点1个，农村投递路线8条，单程235千米，服务人口2.1万人，邮政储蓄余额达1297万，邮政业务收入2.09万元。主要设备有计算机1台，电脑终端2台，打印机2台。

外屯邮电支局 1989年年初，有职工6人，农村邮路4条（自行车2条，步班2条）单程109千米，邮票代售处6处，信箱信筒10个，农村信报站3个。2005年，全局共有工作人员2名，设有邮票代售点6处，信筒信箱7个，农村投递路线4条，单程84千米，服务人口1.3万人，邮政业务收入0.81万元。

镇前邮电支局 1989年年初，支局职工12人，有60门农话交换机一台，13845重叠三路载波机一台，通县局电话3条载波电路，农村投递线路7条（自行车班2条、步班5条）单程136千米，邮票代售处15处，12个信筒信箱，4个农村信报站，服务人口2.11万人。2003年4月，经相关部门批准，支局搬至镇前西街10号。2005年，全局共有工作人员8名，设有邮票代售点9处，信筒信箱17个，邮政储蓄点1个，农村投递路线6条，单程171千米，服务人口2.8万人，邮政储蓄余额达1558万，邮政业务收入2.4万元。主要设备有计算机1台，电脑终端2台，打印机2台。

澄源邮电支局 1989年年初，有职工8人，有农村投递线路6条（自行车1条，步班5条）单程163千米，邮票代售处12处，信箱信筒10个，信报站1个，服务人口2.38万人。2005年，全局共有工作人员7名，设有邮票代售点10处，信筒信箱13个，邮政储蓄点1个，农村投递路线7条，单程137千米，服务人口2.3万人，邮政储蓄余额达2126万，邮政业务收入1.8万元。主要设备有计算机1台，电脑终端2台，打印机2台。

杨源邮电支局 1989年年初，有职工8人，安40门农话交换机1台，通县局农话中继电路1条，由镇前投转直达，农村邮路5条（自行车班4条、步班1条）单程133千米，邮票代售处12处，12个信筒信箱，1个农村信报站，服务人口1.78万人。2005年，全局共有工作人员6名，设有邮票代售点7处，信筒信箱10个，邮政储蓄点1个，农村投递路线5条，单程134千米，服务人口2.10万人，邮政储蓄余额达1010万，邮政业务收入1.8万元。主要设备有计算机1台，电脑终端2台，打印机2台。

第二节 邮政网络

一、营业网点

1989年，除县邮电营业大厅外，有镇前、铁山、东平、石屯、杨源、外屯7个邮电支局（所），新增邮政储蓄业务。2005年境内邮电支局数未变，邮政储蓄乡镇设6个业务点（原外屯储蓄网点移至城关为胜利储蓄专柜），城区设东门、西门、南庄、解放、胜利等5个邮政储蓄专柜。

二、城区邮路

1989年，城区划为4条邮路，配4名投递员，单程92.1千米，均为自行车投递线路：城东段（自胜利街1号至县教师进修学校，包括文明路、城墙头、下药片），单程长度34.4千米；城南段（自卢厝坑弄至南大街，包括直街、翻身街、余厝柯、青龙庄、南庄等），单程长度29.7千米；城西段（自县政府至城关供销社，包括前街、河滨路、西街等），单程长度10.5公；城北段（自公交公司至石油公司，包括渡头洋），单程长度17.5千米。至2005年年底未变动。

三、乡村邮路

1989年，全县共有农村邮路7条，总单程243千米。分别为政和至澄源，单程62千米；政和至镇前，单程44千米；政和至杨源，单程59千米；政和至外屯，单程20千米；政和至铁山，单程10千米；政和至东平，单程34千米；政和至石屯，单程14千米。至1995年自办汽车邮路开通后，全县农村邮路为2条，单程96千米：即政和至澄源，单程62千米；政和至东平，单程34千米。至2005年，全县农村邮路保持政和至澄源、镇前、杨源、外屯、东平、铁山、石屯7条邮路。

四、农村投递线路

1989年，全县农村投递路线44条，单程长度1096千米。其中摩托车投递路线1条（石屯至横墩），单程长度45千米；自行车投递路线22条，单程长度643千米；步班投递路线21条，单程长度408千米。1990年，全县农村投递路线为46条，新增外屯至车潭和外屯至下坪的自行车投递路线。将原为自行车投递路线的镇前至宝岩至茶溪改为步班投递路线，停办政和至西津（即上午石屯至横墩）摩托车投递路线。1993年，政和至石屯自行车投递路线改为自办汽车路线。至2005年年底，全县共有邮路46条，单程1311千米，实现全县行政村村村通邮。其中城区6条：政和至长际、政和至地平、政和至宝岱、政和至东峰、政和至梅坡、政和至九蓬；东平4条：东平至西表、东平至营前、东平至苏地、东平至河边；石屯3条：石屯至王山口、石屯至际下、石屯至西津；铁山8条：铁山至横坑、铁山至前溪、岭腰至锦屏、铁山至高林、铁山至半源、铁山至大岭、铁山至罗家地、铁山至东南干；外屯4条：外屯至稠岭、外屯至车坛、外屯至下坪、外屯至黄坑；镇前6条：镇前至连坑、镇前至洋舍、镇前至下庄、镇前至下园、镇前至�竹洋、镇前至宝岩茶溪；杨源4条：杨源至九层际、杨源至上庄、杨源至大溪、杨源至岭头；澄源6条：澄源至富垅、澄源至前村、澄源至下榅洋、澄源至新康、澄源至北斗、澄源至星溪头。

第三节　邮政业务

一、函件

（一）国内函件

1. 业务

1987年4月，开办有声信函业务，使用专用信封收寄用户录有所需传递信息的盒式录音磁带，由于用户极少，开办不久即告停止。1991年12月1日，开办邮政贺卡（有奖）明信片业务。2005年，函件业务收入74.3万元。

表25-11　**若干年份政和县国内函件业务表**　单位：件、万元

年　份	出口函件	其中：计费	业务收入
1990	80360	75763	11.88
1995	92015	86095	14.70
1999	401696	399520	50.69
2000	644734	639507	76.56
2001	730224	727725	73.02
2002	892140	887804	56.13
2003	804193	800084	54
2004	544364	539807	63
2005	602578	600332	74.3

2. 资费

1990 年 7 月 31 日，国家对邮政资费作全面调整，国内平信每重 20 克收邮资 0.20 元。1992 年 7 月 1 日又作了部分调整。

1992 年 10 月 15 日，经福建省政府同意，决定对邮政业务收取地方建设附加费。给据邮件每件收附加费 0.20 元，印刷品每重 100 克或零数收取附加费 0.10 元。

1996 年 12 月 1 日，再次调整邮资，国内平信不分本、外埠一律 0.50 元，挂号费提高到 1 元。1999 年 3 月 1 日，国内平信资费在城市城区和行政县范围内通信，首重资费每 20 克提高到 0.60 元；发往城区外及县外信函的首重资费提高到 0.80 元。从 2004 年 1 月 1 日起，邮政部门对邮费进行调整，国内平信价格不变，基本邮资仍为 0.80 元；国内挂号费，每件由原 2 元调整为 3 元，平信挂号基本邮资由 2．80 元提高到 3．80 元。

（二）国际及港澳台函件

1999 年 3 月，国家邮电局对国际及港、澳、台函件资费作出调整，国际函件基本费 20 克以下每件 4.40 元，港、澳、台函件每件基本费 1.50 元。

二、包件

1. 业务

1988 年 9 月 1 日起，停止收寄香烟包裹。2005 年，出口包件 17882 件，包件业务收入 25 万元。

包件分为普通包裹和快递包裹两类。

表 25－12

若干年份政和县出口包件业务表

单位：件、万元

年　份	出口包件		包件收入
	普通包裹	快递包裹	
1990	15905		8.88
1995	22706		33.39
1999	15494		27.55
2000	18491		39.31
2001	16694		33.42
2002	17861	730	39.97
2003	14415	3005	32
2004	12600	4364	25
2005	13668	4214	25

2. 资费

1989 年，大件包裹资费除按商品包裹资费收费外，每件另加收处理费 1 元。1992 年 10 月 15 日起，对商品包裹 5 公斤（含公斤）每件收取 0.3 元邮政地方建设附加费，5 公斤以每增加 1 公斤或其零数加收 0.10 元。此后历经几次调整，至 2005 年，国内包裹资费中普通包裹每 500 克为一个计费单位，每件挂号费 3 元，资费标准则按寄递里程分区核定；快递包裹每件挂号费 3 元，资费按寄递里程核定，首重 1000 克，寄递里程 500 公里及 500 公里以内收取资费 5.00 元，5000 克以内续重每 500 克加收资费 2.00 元，5001 克以上续重 500 克另加收 0.30 元。

三、邮政快件

1988 年 4 月 1 日，县局开办国际邮政快件业务。5 月 1 日，扩大到全县各支局（所）。当年收寄国内邮政快件 2.75 万件，进口邮政快件 2.45 万件，占当年计费给据函件的 54.71%。1989 年，出口邮政快件 3.36 万件，进口邮政快件 2.83 万件。

1991 年，全年出口邮政快件 4.80 万件，进口邮政快件 3.44 万件；1993 年，全县出口快件 4.28 万件，进口邮政快件 3.38 万件；1995 年，邮政快件 4.91 万件，其中计费 4.9 万件，是当年计费给据函件的 3 倍，业务收入 4.51 万元。1997 年，邮政快件业务停办。

四、报刊发行

1990 年，全县报纸期发数 1.06 万份，累计数 176.07 万份，杂志期发数 1.65 万份，累计数 21.74 万份，报刊流转额 44.97 万元。此后，由于报刊定价提高，以及物价上涨等因素影响，报刊订销量波动较大。报纸发行累计数最高的 2001 年达 217.58 万份，2005 年减至 207.31 万份。杂志发行累计数最多为 1990 年，达 21.74 万份，期后，多有反复。2005 年锐减为 6.59 万份。至 2005 年，全县报纸期发数 12.2 万份，累计数 207.3 万份，杂志期发数 3827 份，累计 6.59 万份，业务收入 44 万元。

表 25－13　　若干年份政和县报刊业务表　　单位：万份、万元

年　份	报　纸	杂　志	报刊流转额	报刊收入
	累计数	累计数		
1990	176.07	21.74	44.97	10.71
1995	181.24	15.74	79.48	19.52
1999	201.69	9.81	129.60	31.72
2000	184.98	10.40		33.20
2001	217.58	6.06	105.66	41.04
2002	194.33	6.03	128.74	45.43
2003	197.68	8.98	139.8	43
2004	210.82	7.78	151	42
2005	207.31	6.59	143.64	44

五、汇兑

1988 年 6 月始，普通汇款每笔加收地方附加费 0.1 元，电报汇款每件加收地方附加费 1 元。1992 年 10 月 15 日起，汇款 100 元以内，每张收取 0.20 元邮政地方建设附加费；101 元至 500 元每张收取 0.50 元；501 元以上每张收取 1 元。10 月，电报汇款每笔收取电报费 2 元。2003 年，邮政汇兑实行电子化联网处理业务，汇费计费标准：每笔汇款最高限额 5 万元，按汇款金额的 1% 收取，最低收费 2 元，最高收费 50 元；200 元以上至 5 千元按汇款金额的 1% 收费，5 千元以上至 5 万元按 50 元收取；退汇、改汇、挂失每笔收费 2 元；附言从第 7 个汉字起，每字收费 0.13 元，两标点计 1 个汉字；加急、特急、报单回执和短信回执 4 项业务分别收取附加费 5 元、10 元、3 元和 1 元。随着邮政储蓄业务及绿卡业务等快速发展，邮政汇兑业务逐年减少，至 2005 年，全年邮政的汇兑量仅 0.97 万张。

表 25－14　　若干年份政和县汇兑业务情况表　　单位：万张、万元

年份	业务量	其中：计费	业务收入
1990	3.33	3.01	5.43
1995	3.41	3.08	14.82
1999	2.12	1.88	10.83
2000	1.95	1.72	9.27

续表25－14

年份	业务量	其中：计费	业务收入
2001	1.54	1.30	7.64
2002	1.38	1.15	6.38
2003	1.23	1.04	5
2004	1.07	0.86	5
2005	0.97	0.75	4

六、邮政储蓄

政和县邮政储蓄始于1987年7月，是时属人民银行委托代办，当年开办镇前、铁山、东平和石屯4个邮政储蓄所。1988年9月，新设外屯、杨源、澄源3个储蓄点。1990年1月1日起，邮政储蓄由邮电部门自办。1993年1月，开办邮政礼仪储蓄存款。至年底，全县邮政储蓄年末余额突破千万元大关。1994—1995年，增设东门、西门和南庄网点。2001年，外屯邮政储蓄网点搬迁至城关，更名为胜利邮政储蓄专柜。

邮政储蓄种类有活期储蓄、定期储蓄、整存整取、零存整取、定期活期两便、定额定期储蓄及各类有奖储蓄。新开发的业务有代理代发工资、代缴话费、代理各项公用事业收费和代收税款等中间业务，代理发行、兑付政府债券，办理银证通、银证转账及电话银行业务，代理保险、办理汇兑业务，从事银行卡业务等。（详见卷二十四金融保险）。

七、特快专递

1993年4月，开办邮政特快专递业务。当年国内特快专递874件，国际及港澳30件，业务收入1.63万元。1994年，全年特快专递业务量为：出口国内特快专递789件，其中计费783件；进口国内特快专递1082件；国际及港澳特快专递55件；业务收入为2.85万元。1995年，共出口国内特快专递1937件，其中计费1925件；国际特快专递48件，业务收入4.94万元。1999年10月30日，开办邮政礼仪特快专递业务。2005年6月，成立包裹速递公司，负责全县特快专递业务的专业化经营。开办有国际特快专递业务、国内特快专递业务、港澳台特快专递业务、台湾快件业务等种类。

八、机要通信

机要通信是国家保密通信的重要组成部分，是党和国家赋予邮政部门的一项特殊的政治任务。主要是传递党和国家的秘密文件、资料和其他物品，由专人负责收寄和投递工作。

九、集邮

1989年9月26日至10月5日，在政和举办闽浙两省“三县”（政和、松溪、庆元县）集邮展览，并成立闽浙边界松政庆邮学研究会。1990年1月15日，成立政和县青少年集邮协会，10月4日，成立政和县农村集邮协会，10月25日，成立政和县职工集邮协会。1992年3月10日，成立政和县老年集邮协会。集邮的种类有集邮邮票和集邮邮品。集邮邮票主要有纪念邮票、特种邮票和普通邮票等。集邮邮品主要有首日封、纪念封、邮资封、明信片、邮折、图卡、纪念册等。此后，随着集邮人员的逐步减少，业务活动削弱，集邮业务量也随之逐年减少。至2005年，全县集邮业务量仅13.80万枚，集邮收入降至23万元。

表 25－15

若干年份政和县集邮业务情况表

单位：万枚、万元

年　份	业务量	集邮收入	年　份	业务量	集邮收入
1989	6.77	6.76	1999	25.97	121.02
1990	13.88	6.05	2000	24.08	125.05
1991	34.51	15.52	2001	22.64	125.70
1992	39.76	22.28	2002	34.70	44.90
1993	34.71	22.80	2003	13.2	25.0
1994	27.85	19.20	2004	14.60	25.0
1995	24.34	20.18	2005	13.80	23.0

十、邮政物流

2000 年 11 月始办物流业务。其业务分为一体化物流和中邮快货。2001 年，物流销售额 4200 元，实现收入 800 元；2002 年，物流销售额 6000 元，实现收入 950 元；2003 年，物流销售额 9000 元，实现收入 1700 元；2004 年，物流销售额 14000 元，实现收入 2550 元。至 2005 年年底，邮政物流业务有同城配送、一体化物流、货运代理、分销物流等 4 大类别。当年销售额 22000 元，实现收入 4200 元。

十一、信息业务

2005 年，邮政信息业务主要有 11185 客户服务中心的信息咨询类业务，查询类业务，业务受理、投诉与建议，邮政延伸服务，短信业务的电子汇兑短信、邮政储蓄短信和邮政网上业务。

第三章　通　信

第一节　电　信

一、机构

1989 年年初，政和县邮电局内设综合办公室、计财股、电信股、邮政股。其中：电信股下辖报务组、话务组、载波室、农市话机务组、机线组。是年 8 月，城关自动电话开通后，增设自动机房。乡（镇）设镇前、铁山、石屯、东平 4 个邮电支局和杨源、澄源、外屯 3 个邮电所。

1990—1995 年，邮电局内设机构几经调整，至 1995 年年底，内设办公室、人事保卫股、邮政股、通建股、经营股、计财股。通建股下辖程控班、报话组、载波室、电力组、机线组、客户组。人事保卫股下辖经警队。乡（镇）邮电支局（所）未变动。1997 年 11 月，撤销经营股，成立电信市场经营部。

1998 年 10 月邮、电分业经营，成立福建省电信公司政和县电信局，内设机构调整为综合办公室、市场经营部、计划财务部。市场经营部下辖程控机房、电力室、机线组、市话营业组、电缆班。原乡（镇）邮电支局（所）房产及邮政生产人员全部划至邮政。电信业务全部委托社会代办，成立东平、石屯、铁山、岭腰、外屯、镇前、澄源、杨源 8 个电信业务代办站，其营业场所、设备由电信局提供，业委委托社会人员代办。

2000 年，县电信局内设机构调整为综合管理部、市场经营部。原程控机房与电力室合并成立设备维护中心，电缆班与机线组合并，成立线路维护中心，保留市话营业组。

2003 年 10 月，福建电信改制上市，成立福建省电信有限公司政和县分公司，内设机构为综合管理部、市场经营部、计划财务部。市场经营部下辖设备维护中心、线路维护中心、大客户服务部、营业部、营维中心、计费账务稽核组、农村营维组。2004年，营维中心改为专业的营销中心，原营维中心的维护职责并入线路维护中心，进行专业化管理。2005年，撤销区乡营维组，职责并入大客户服务部。

二、业务

（一）有线电报

1989年，政和拥有全电子电传机和程控电子式发报机各1部，BDO55型电传机、BFD02型五单位单机各3部，可直接与福州通电报，有到建阳的有线电报电路3路，其中电传2路、人工1路。

1990年10月，南平地区邮电局从建阳迁址南平，政和到建阳人工电路停用，增加政和到南平人工电路1路。同年购置BDC80E型汉字电传译码机2部。1991年5月，购置半电子电传1部。至1995年底，拥有二级省内电报电路2路，即政和—福州数字电路，其中出租县人民银行1路，有电传机2部，传真机2部。2000年3月，开通政和—南平速率为64K分组交换电报专用数字电路，所有收发电报经分组交换并通过南平转报处理。是时，政和到南平人工电路、政和到福州数字电路、汉字电传译码机、半电子电传机停用。2005年后，由于电报业务已无个人用户，极少数单位用户的电报自行通过数据专线传送，公众电报业务停用。

（二）无线电报

1990年9月，南平地区邮电局无线电台中心移往南平，开通南平至政和无线电路。至1994年，有南平至政和无线电路1条，15W小八一型短波收发报机1部。1995年，有无线电台2台。1997年，为应急通信，购置挪拉NETA型卫星电话一部，保证在遇到重大自然灾害通信全阻的情况下，能保持通信联络，原有无线发报机完成历史使命，于2001年停止使用。

（三）长途电话

1988年8月，政和城区开通纵横制自动电话。1989年10月，安装开通DD16型全自动对端设备1部，12月，安装DD14半自动对端设备1部，实现长途电话自动直拨，当年，新增开政和至南平人工电路1路、政和至松溪人工电路1路、政和至建瓯自动电路1路；停开政和至建阳人工电路1路。开通政和至南平出租电路1路，同时停开政和至建阳人工出租电路。1990年5月，南平地区邮电局引进日本F-150长市话合一程控电话系统投产，增开政和至南平自动电路12路，半自动电路2路，人工电路1路，停开政和至福州自动电路2路，半自动电路2路。是年政和县长途电话电路增至39路。

1991年，增开政和至南平自动电路6路，停开政和至福州人工电路2路，政和至建阳半自动电路3路。同年11月，开始建设建瓯—政和—松溪—浦城光缆工程。1992年，又增开政和至南平自动电路8路，政和至松溪人工电路1路，原政和至南平4路人工电路中的2路改为自动电路，停开政和至福安人工电路1路。当年12月26日，建瓯—政和—松溪—浦城光缆工程竣工投入使用，光缆架设皮长111.6公里，采用4—6芯单模中长波长光缆，传输速率34MB/S，开通1个系统480路，投资608.7万元，县邮电局安装AT&T三次群光电端机一套，政和长途电话开始向数字传输转换。1993年，县邮电局增装DD16全自动对端设备。随着程控电话系统的完善和数字电路的开通，当年政和增开至南平自动电路62路，使政和至南平的长途自动电话电路达到92路，其中数字电路90路。同时停开政和至松溪点对点自动电路2路，政和至建瓯自动电路1路，政和至南平半自动电路2路。至此，政和县长途电话电路增至104路，其中政和至南平92路（自动90路、人工2路）、至建瓯人工电路2路、至浦城人工数字电路2路、至建阳人工电路2路、至松溪人工电路2路、至福安人工数字电路1路、至周宁人工数字电路2路，政和至南平出租人工电路2路。9月，程控电话开通，长途电话实现程控化、传输数字化。

1994年8月，随着建瓯—浦城光端机扩容1个四次群系统，容量1920路。9月，新配置安装光电合一端机两端，为南平地区10个县（市）建成本地网和电话号码升位做准备。12月4日零时，南平地区本地网建成开通，政和长途电话进入本地网，电话号码由6位升至7位。同年底，政和县共有人工长途电话电路10路，本地电话中继电路160路，其中，政和至南平全自动数字电路120路，政和至南平移动通信全自动数字电路10路、政和至建阳全自动数字电路30路。随着电话交换程控化和传输数字化，长途载波设备逐步淘汰停用。

1995年后，长途电路全部实现网络光纤化，传输数字化。政和成为万门程控市话局的县，可直拨全国1960多个城市、190多个国家及中国港澳台地区。

（四）市内电话

1988年4月，城区安装HJ－921型纵横制自动电话交换机1000门，实现市内电话自动化，实占容量599门，年末用户数为579户。1989年，自动电话交换机实占容量达934门，市话用户数892户。1990年6月，对市话交换机进行扩容1000门，使纵横制交换机总容量达到2000门，当年市内电话用户数达到1077户。1992年年底，市话用户数达1707户。

1993年，由于市话纵横制交换机已不能满足多功能通信的需要，无法与数字传输对接，开始对城关自动电话交换机设备进行改制。9月，安装SI240型数字程控交换机5120门，长途中继300线，于9日零时割接成功投产使用，实现市内程控化、长途传输数字化，淘汰纵横制交换机。同时用户电话号码由5位升到6位，1994年12月升至7位。年底，市内电话用户到达数增至2445户。

1994年年底，交换机实占容量3592门，市话用户数达3414户。是年，市话程控交换机又扩容5120门，于1995年5月6日割接开通投产，至此，政和县城区程控电话交换机总容量达到10240门，市话用户4557户。至2000年底，城关地区市话用户8365户。由于市话用户快速增长，原有交换机容量未能满足用户日益增长的需求，从2001年起，开始安装程控接入网设备。2001年8月，在市话网的基础上，在城区建设本地无线环路网络（即小灵通网络），当年发展小灵通用户700多户。至2005年年底，城区接入网机户总数12个，容量3064门，市话交换机实占容量11229门，市话用户达11051户，小灵通用户6120户。

（五）农村电话

1988年，政和县农村电话有澄源50门交换机换成100门，石屯60门交换机换成100门，全县农话交换机总容量750门，实占容量459门，年末实有农话机332部。1989年，外屯、杨源2乡农村交换机分别由50门、40门换成100门，全县增加容量110门，总容量达860门，话机总数358部。

1990年8月，政和县首先在东平镇进行农村电话交换点改制，安装JZHZ—IN型纵横制自动交换机450门，率先成为南平地区第一个实现农村电话自动化的乡镇。

1991—1993年，先后有铁山、镇前安装纵横制自动交换机各450门；架设政和至外屯PCM电缆17公里，开通外屯程控电话2套60门用户终端PCM设备；石屯、杨源、澄源3地安装数字程控机；开通政和至杨源程控电话容量500门；澄源交换点改制安装竣工投产。至1993年3月，境内9个乡镇全部开通自动电话，成为福建省第4个、南平地区首个实现全县电话自动化的县。是年，先后架设城关至石屯、东平、铁山、外屯、镇前5个乡镇的光缆；9月，配合市话改制安装市话S－1240程控交换机调测开通，农话5个交换点中继传输达到数字化，分别开通3次群光电合一端机6架，中继端机2架。至此，东平、石屯、铁山、外屯、镇前5个乡（镇）至城关的中继电路容量达120路，各乡镇实用30路。

1994年，新架设政和至外屯、外屯至镇前、镇前至澄源、镇前至杨源光缆和集镇用户及行政村用户电缆，增装杨源、镇前3次群光电中继端机各1架，将镇前原光端机移至澄源使用。至此，政和县完成城关至各乡镇交换点电缆设备的架设，并对城关至各乡镇所在地的明线线条进行拆除。是年9月，投资360万元，在东平、铁山、镇前各安装JSN－ID型C程控交换机，是时，县城至各乡镇均有120路容量的传输数字化电路，全县农话实现交换程控化、传输数字化。

1995年，先后完成石屯1024门，杨源、澄源、外屯各512门的农话程控交换机改制扩容。1996

年后，分期分批对城关至各乡镇的电缆线路为光纤线路。至2000年底，城关至8个乡镇的电信线路全部实现光纤化，传输实现数字化，交换设备全部实现数字程控化。2005年底，全县农村安装程控接入网设备56个（套），农村交换机总容量达18125门，农村话机总数达16946台，实现村村通电话。

表25－16　**1988—2005年政和县市内与农村电话情况表**　单位：门、户

年　份	市　内　电　话			农　村　电　话		
	交换机总容量	实占容量	用户总数	交换机总容量	实占容量	话机总数
1988	1000	599	579	750	459	332
1989	1000	934	892	860	477	358
1990	2000	1112	1077	1310	448	382
1991	2000	1275	1225	1400	553	492
1992	2000	1835	1707	1560	630	573
1993	5120	2528	2445	2422	852	798
1994	5120	3592	3414	3710	1304	1243
1995	10240	4646	4557	5430	2046	1992
1996	10240	5708	5613	6058	3155	2981
1997	10240	6811	6721	7120	4253	4192
1998	10240	7502	7324	8026	5159	5092
1999	10240	8124	7946	9115	6248	6187
2000	10240	8543	8365	10270	7403	7342
2001	10540	9014	8836	12393	9526	9465
2002	11070	9544	9366	14419	11552	11490
2003	11358	9832	9814	15530	13170	13108
2004	11728	10961	10783	16320	15778	15716
2005	11728	11229	11051	18125	17007	16946

（六）无线寻呼

1992年4月始办无线寻呼业务，是年底用户130户。1993年，年末用户433户。1994年，东平、镇前安装无线寻呼发射机各1部，全县年末用户数达1397户；1995年，新增城关、镇前、杨源5频点寻呼台、东平1频点寻呼台各一套，4月，实现政和县无线寻呼与全市10县（市）联网，寻呼业务快速发展，年末用户数达2674户。1996年至1998年5月的两年半时间，寻呼业务平均每年发展近3000户，至1998年7月，全县无线寻呼用户数达9932户。1998年8月，无线寻呼业务从电信分离并入南平联通国信寻呼公司，政和设营业部。1999年，全县无线寻呼突破万户，至2000年，中国联通政和办事处成立。其后，随着移动电话业务的发展，无线寻呼用户逐渐减少，至2003年末基本停止运营。

（七）互联网

2001年3月，政和县始办互联网接入服务，当年末接入用户109户。2002年6月，开办宽带互联网接入服务，至2003年末，接入用户231户，2004年，增加到687户。由于电脑的普及，用户需求快速增长，2005年底，全县互联网接入用户数达3305户，宽带网络覆盖到79个行政村。

第二节 移 动

一、机构

1999年，中国电信行业第一次重组，9月29日中国移动通信集团福建有限公司政和分公司成立并单独运营。至2005年底，公司内设综合办公室、市场经营部和建设维护中心、营销中心、营业中心、集团大客户服务中心等4个中心，共有员工49人。营运网络设城区解放街、东平、石屯、铁山、镇前5个营业厅和恒泰、澄源、岭腰3个合作营业厅。

二、设施建设

1993年12月，首次安装模拟移动电话设备1套，揭开境内移动通信的历史。1995年，安装数字移动电话设备1套（GSM设备），8月建成熊山和石屯2个移动电话直放站。至1996年底，共建成城关、镇前、石屯、东平4个模拟基站；1997年3月，县数字移动电话基站建成。1998年，新建石屯、东平、铁山、镇前4个数字移动电话基站；2002年4月5日22时，境内移动运行10年的模拟网正式关闭，结束模拟移动电话历史。2003年9月，开通PRS业务。2005年开通城区GSM1800系统基站，至是年底，先后投入通信建设资金约3500多万元，境内共建成开通宏站、边际站和直放站41个。

三、业务

1993年12月，境内始有模拟移动电话，当年用户4户。1995年始，有数字移动电话，是年底有移动电话网话路30路，用户99户。1997年，建成县数字移动电话基站，以1个载频14个信道进入政和交换区，至1998年底，移动电话用户数为1035户，突破千户。1999年9月，中国移动政和分公司成立运营，其后，随着模拟网的关闭和社会经济的发展，数字移动电话有较快发展。2003年2月26日，境内移动电话第1万个用户产生。2004年年底，移动网络覆盖境内68%的行政村80%的人口。2005年，开通城区GSM1800系统基站后，至是年底，中国移动网络信号覆盖全境所有乡镇、省道、县道及100%的行政村。公司主营全球通、动感地带、神州行3大业务品牌，全球通品牌拥有139、138、137、135、134等9个网号，动感地带拥有学生套餐、娱乐套餐、时尚办公套餐和会员俱乐部等营销服务项目。移动通信业务除本地通话、国内长途、国外长途和国内漫游等基本业务外，新辟梦网、彩信、WAP、短信、游戏等一系列新业务。

表25－17 **1993—2005年政和移动分公司用户情况表** 单位：户、万元

年 份	用户数	业务收入	年 份	用户数	业务收入
1993	4	—	2000	2093	650
1994	25	—	2001	7636	830
1995	99	—	2002	9800	1230
1996	287	—	2003	14000	1450
1997	598	—	2004	18000	1490
1998	1035	—	2005	23000	1589
1999	2187	460			

第三节　联　通

一、机构

中国联通有限公司政和分公司始办于2000年1月，时称办事处；2004年2月，机构改革，取消办事处，正式挂牌中国联通有限公司政和分公司，为南平分公司的二级分支机构，设址政和顺发大厦三楼。至2005年年底，公司内设市场部、综合部、建维部3个部门，共有员工26人，其营销服务网络有城关营业厅和以渠道专营点为主的营业点12个。

二、设施建设

2000年，中国联通有限公司政和办事处成立后，当年建设CDMA基站8个、GSM基站2个。2001年两基站共24个。2002年分别为19个、14个。2003年、2004年均分别为20个、23个。至2005年，先后共投资300多万元用于基础设施建设。是年底，拥有G网基站38个、C网基站19个，GSM网络覆盖率较前提高56%，CDMA网络覆盖全境，实现"乡乡通"。

三、业务

2000—2002年，中国联通政和办事处先后完成与国信寻呼、联通寻呼的融合重组。2002年4月正式运营CDMA业务，实现GSM/CDMA两网并行，其业务收入由初始年的32万元提高到89万元。主要业务有为用户提供GSM130、131、132及CDMA133移动电话入网及业务变更、17911、17910IP电话、193长途电话、165互联网、增值业务等多项通信业务。其网络覆盖境内全部乡镇，并与国外147个运营商开通国际漫游业务，漫游国家和地区达75个，2003年7月与政和邮政进行CDMA业务全面合作，是境内唯一的运营商。其主要客户品牌有"如意通""UP新势力""世界风"和"新时空"4大品牌，服务网络为153、133、132、131、130等。至2005年，联通公司拥有用户10000户，年营销服务收入341万元，分别比2000年增长约7.1倍和约9.7倍。

表25－18　**2000—2005年政和联通分公司业务情况表**

年　份	2000	2001	2002	2003	2004	2005
用户数（户）	1237	2521	3900	5700	7800	10000
基站数（个）	10	24	33	40	46	57
收入（万元）	32	45	89	142	200	341

卷二十六　经济管理

第一章　计划管理

第一节　机　构

1989年，县计划委员会（简称县计委）设主任1人，副主任2人，内设办公室、基建科、物资科、综合科，在职干部7人。县物价所为其下属股级事业单位。1995年，县计委设主任1人，副主任2人，内设办公室、综合科、基建科、经济信息中心，在职干部10人。2002年8月，县计委设主任1人，副主任2人，内设办公室、综合股、投资项目股、重点项目服务中心，在职干部12人。同年9月，县计委更名为政和县发展计划局，为正科级政府工作部门，核定行政编制13人。内设办公室、综合股、投资项目股、重点项目服务中心，在职干部10人。县物价局为其挂靠单位。2003年，县体改办部分职能并入发展计划局。2005年，县发展计划局更名为县发展和改革局，同年设立的政和县经济动员办公室为其挂靠单位。

第二节　计划编制与执行

一、“七五”计划（1986—1990年）编制与执行情况

（一）“七五”计划编制情况

1985年，编制《政和县国民经济和社会发展第七个五年计划》，提出“七五”期间主要任务为：通过改革，奠定新的经济基础，扬长避短，利用山区优势，建成粮食、林业、能源、经济作物和水产等五大基地。抓好能源、交通、智力开发等三个基础建设。总体目标是“二年脱贫，四年脱帽，六年做贡献”。经济发展目标：1990年，工农业总产值达到16000万元，年均递增10%；农业产值8300万元，年均递增8%；工业产值7700万元，年均递增12%；固定资产投资1160万元；财政收入719万元，年均递增8.3%；人口平均增长率控制在12‰。

（二）“七五”计划执行情况

1989—1990年，为“七五”计划实施的后两年，在经济发展一度出现过热的大环境下，整个“七五”期间的国民经济在总量失衡、比例失调和经济不够稳定的条件下运行，主要经济指标完成情况：1990年，全县国内生产总值实现19829万元（当年价，下同），年均递增15%，财政总收入1550万元，年均递增18.55%；农业总产值13103万元，年均递增12.53%；工业总产值13427万元，年均递增20.87%；社会消费品零售总额8712万元，年均递增16.4%；固定资产投资1476万元，年均递增

8.2%；农民人均纯收入630元，年均递增11.66%；年末总人口189254人。

二、“八五”计划（1991—1995年）编制与执行情况

（一）“八五”计划编制情况

根据县委制定的“资源转化，以山兴县”的经济发展战略，1990年，编制《政和县国民经济和社会发展第八个五年计划》。其总体要求：积极贯彻治理整顿和深化改革的方针；继续对农业实行倾斜政策，加强农业地位，调整产业结构，提高经济效益；进一步深化经济体制改革和对外开放；加强能源交通、邮电通讯、城市规划等基础设施建设；进一步发展科教文卫社会事业，突出科技和教育在国民经济中的战略地位；努力开展扶贫攻坚，确保1995年提前实现国内生产总值翻两番的总目标。确定“八五”期末计划实现的主要经济目标：1995年，国内生产总值达到52000万元，年均递增21.2%；农业总产值30000万元，年均递增18%；工业总产值58200万元，年均递增34%；财政收入2370万元，年均递增8.86%；社会消费品零售总额20000万元，年均递增18%；农民人均纯收入1400元，年均递增17.3%；人口自然增长率控制在9‰。

（二）“八五”计划执行情况

“八五”期间，始终坚持“抓住机遇、深化改革、扩大开放、促进发展、保持稳定”的方针，在治理整顿中求发展，在发展中继续完成各项治理整顿任务，国民经济和社会事业健康发展。各项主要计划指标完成情况：1995年，全县国内生产总值完成64056万元（当年价），年均递增26.4%，其中第一产业32064万元，第二产业17946万元，第三产业14046万元。三次产业结构比为50:28:22。农业总产值44077万元，年均递增27.46%；工业总产值46211万元，年均递增28.04%；财政总收入3523万元，年均递增17.85%；固定资产投资5909万元，年均递增32%；社会消费品零售总额19907万元，年均递增17.8%；农民人均纯收入1552元，年均递增19.75%；年末总人口203067人，人口自然增长率控制在5.87‰。

三、“九五”计划（1996—2000年）编制与执行情况

（一）“九五”计划编制情况

根据县委制定的“品牌兴县，科技强县”的经济发展战略，1995年编制《政和县国民经济和社会发展“九五”计划与2010年远景目标纲要》，确定“九五”期末计划实现的主要经济目标：2000年，国民生产总值达到126000万元，年均递增21%；三次产业结构比为39:36:25。工农业总产值200000万元，年均递增21%；农业总产值100000万元，年均递增24.2%；工业总产值100000万元，年均递增18.3%；财政收入7000万元，年均递增14.7%；社会消费品零售总额60000万元，年均递增23.4%；农民人均纯收入3500元，年均递增17.7%；人口自然增长率控制在8.6‰。

（二）“九五”计划执行情况

“九五”期间，扎实开展扶贫攻坚奔小康工作，走特色开发、带动加工、促进开放的路子，加快发展步伐。但因受亚洲金融危机的冲击和九八“6·22”特大洪灾与地质灾害的影响，致使国民经济和社会发展缓慢。2000年，全县国内生产总值完成74566万元（当年价，下同），年均递增3.09%，其中第一产业30851万元，第二产业18076万元，第三产业25639万元。三次产业结构比为41.4:24.2:34.4。农业总产值45951万元，年均递增0.84%；工业总产值45017万元，仅保持1995年的水平；财政总收入3501万元，也保持在1995年的水平；固定资产投资18436万元；年均递增25.6%；社会消费品零售总额34556万元，年均递增11.66%；农民人均纯收入2297元，年均递增8.2%；年末总人口218148人。

四、“十五”计划（2001—2005年）编制与执行情况

（一）“十五”计划编制情况

根据县委制定的“奋斗十年把政和建成可持续发展的生态优高农业县”的经济发展战略，2000年

编制《政和县国民经济和社会发展第十个五年计划和2010年远景规划纲要》，根据“九五”计划执行情况的具体实际，对“十五”计划的主要经济指标作适当调整，提出“十五”期末的主要经济目标：2005年，国内生产总值达到105000万元，年均递增7.2%；农业总产值达65000万元，年均递增7.2%；工业总产值达66000万元，年均递增8%；财政收入4681万元，年均递增5.98%；固定资产投资26000万元；年均递增7.6%；社会消费品零售总额56350万元，年均递增10.3%；农民人均纯收入2960元，年均递增5.2%。

（二）“十五”计划执行情况

“十五”期间，坚持科学发展观，凝聚力量融入海峡西岸经济区建设，积极发展区域经济，加大招商引资力度，着力培育新的经济增长点，促进全县经济全面发展。2005年全县国内生产总值完成117433万元（当年价，下同），年均递增9.5%，其中第一产业45294万元，第二产业26872万元，第三产业45267万元。三次产业结构为38.6∶22.9∶38.5。农业总产值71360万元，年均递增9.2%；工业总产值64016万元，年均递增7.3%；财政总收入5542万元，年均递增9.6%；固定资产投资26690万元，年均递增7.7%；社会消费品零售总额54002万元，年均递增9.3%；农民人均纯收入3300元，年均递增7.5%；城镇居民可支配收入7769元；年末总人口218545人。

第三节 固定资产投资

“七五”期间，社会固定资产投资完成6842万元，年均递增8.2%。其中1989年，社会固定资产投资1236万元，比增26.8%；1990年，社会固定资产投资1476万元，比增19.4%。

“八五”期间，社会固定资产投资完成18499万元，年均递增32%。其中1991年，社会固定资产投资979万元，比减33.7%；1992年，社会固定资产投资2219万元，比增126.7%；1993年，社会固定资产投资4036万元，比增81.9%；1994年，社会固定资产投资5356万元，比增32.7%；1995年，社会固定资产投资5909万元，比增10.3%。

“九五”期间，社会固定资产投资完成64890万元，年均递增25.6%。其中1996年，社会固定资产投资10574万元，比增78.9%；1997年，社会固定资产投资11071万元，比增4.7%；1998年，社会固定资产投资14350万元，比增29.6%；1999年，社会固定资产投资10459万元，比减27.1%；2000年，社会固定资产投资18436万元，比增76.3%。

“十五”期间，社会固定资产投资完成103964万元，年均递增7.7%。其中2001年，社会固定资产投资15281万元，比减17.1%；2002年，社会固定资产投资17803万元，比增12.6%；2003年，社会固定资产投资21499万元，比增20.8%；2004年，社会固定资产投资22691万元，比增5.5%；2005年，社会固定资产投资26690万元，比增17.6%。

第四节 项目实施与管理

“七五”期间，实施项目62个，总投资5200万元，争取补助资金860万元（以工代赈资金60万元）。其中1989年实施30个项目，总投资2500万元（其中上级补助400万元）；1990年实施32个项目，总投资2700万元（其中上级补助460万元）。

“八五”期间，全县通信、电力、公路等基础设施建设迅速发展，安装5000门程控电话，无线电寻呼、移动电话光缆工程建成并投入使用，电话普及率3.3部/百人，在南平全市率先实现电话自动化，无线寻呼覆盖率达100%，移动电话发展137部。县乡电力实现联网，全面实施农村初级电气化县。完成西津至镇前、稻香至铁山柏油路铺设，东平至西津公路改造，城关至暗桥2.4公里二级路改造，实施旧城改造第一期工程，新增通车行政村6个。国家投入以工代赈资金639万元，完成投资规模1863万元，兴建水渠水利232处，恢复水毁农田520亩，完成乡村人饮水改造工程58处，修建公路24条总长122.3公里，防洪堤12处7.5公里。实施重点建设项目7个，其中1991年开工的下榅洋水电站工程，总投资13000万元，于1994年完工；城区万吨水厂于1993年动工，总投资367万元，其中上级补助90万元，于1995年竣工并投入使用。

“九五”期间，工业企业改革进一步深化，全县国有企业改制面达100%。下榅洋电站建成发电，全县开发大小水电站84座，装机35287千瓦。改建扩建省道二级公路38.50公里，修通乡村公路13条94公里，实现村村通公路。旧城改造拆迁12.70万平方米，建筑面积21万平方米，完成住宅建设45.40万平方米。全县电视人口覆盖率达93%，90个行政村建设闭路电视。程控电话实装10320部，移动电话达2300多部，无线寻呼用户10320部，市话普及率达38.9部/百人。实施重点建设项目10个，总投资15000万元，其中上级补助1000万元。

“十五”期间，累计完成固定资产投资10.45亿元，新建樟口水库、城区防洪工程、岭文线实施“入闽通道”（战备公路）改扩建工程等一批交通、能源等基础设施项目，制约政和发展的“瓶颈”有所缓解。社会事业全面进步，经济社会日趋和谐，尤其是教育投入显著增加，实施二中教学综合楼、实验小学扩容工程等教育基础设施项目，中小学办学条件明显改善，教育“两基”连续六年通过验收。城乡居民从发展中得到更多实惠，人民生活水平不断提高，城镇居民最低生活保障制度全面实施，农村最低生活保障制度开始启动。各项改革扎实推进，特别是农村税费改革和集体林权制度改革，大大减轻农民负担，有效地激活农村经济细胞。实施重点建设项目18个，总投资33500万元，其中上级补助3200万元。

“七五”至“十五”计划期间，以项目带动经济发展，经济发展方式逐步实现从粗放型向集约型转变，产业结构也逐步合理化。17年间，全县国民经济和社会事业稳步、协调、持续发展。国内生产总值年均递增13.2%，其中：第一产业年均递增11.2%，第二产业年均递增12.5%，第三产业年均递增16.5%,。三次产业结构从54.2∶23.4∶22.4调整到2005年的38.6∶22.9∶38.5。农业总产值年均递增12%，工业总产值年均递增13.4%，财政总收入年均递增11.2%，固定资产投资年均递增17.87%，社会消费零售总额年均递增13.8%，农民人均纯收入年均递增11.66%。

第二章　统计管理

第一节　组织机构

1989年，县统计局人员编制8人，设局长1人，副局长2人，内设人事秘书股、工贸综合股、农村经济股。政和县农村经济社会抽样调查队（编制9人）挂靠统计局。全县9个乡（镇）统计站，配备专兼职统计员9人。县直各部门、各企事业单位也相应配备专兼职统计员。

2002年机构改革，确定县统计局为正科级单位，核定行政编制7人，设局长1人，副局长2人，内设人秘法制股、综合统计股、经济统计股。2004年2月，成立县城市社会经济调查队，核定事业编制7人，为统计局下属股级事业单位。农村社会经济调查队核定编制7人，挂靠统计局。

至2005年，县统计局人员编制18人，设局长1人，副局长2人，内设3股1队：人秘法制股、综合统计股、经济统计股、城市社会经济调查队。农调队为其挂靠单位。全县共有专兼职统计人员258人，其中高级统计师1人，统计师7人，统计员150人。随着省、市、县三级微机联网的建立，实现统计数字的远程传输，加上各专业统计信息数据库的建立，全县形成较完备的统计网络。

第二节　常规统计

一、统计报表

1989 年，执行国家、省、市的统计报表制度，主要有综合统计、劳动工资统计、工业统计、农业统计、固定资产投资统计、物资和能源统计等。20 世纪 90 年代初，全县执行新的国民经济核算体系（统称一套表制度），主要包括农业、工业、建筑业、交通运输业、批发零售贸易及餐饮业、服务业企业、行政事业单位等。至 2005 年末，执行的统计报表制度主要有：国民经济统计、农村经济统计、工业统计、固定资产投资统计、建筑业统计、房地产开发统计、批发零售贸易及餐饮业统计、劳动工资统计、对外经济统计、金融及服务业统计、能源统计、科学技术统计、交通运输及邮电统计等。这些专业的统计主要是通过建立月报、季报、半年报、年报等统计报表制度，定期填报统计报表，从而取得各乡（镇）、各部门、各行业的各种统计资料，通过报表数据定期反映全县国民经济和社会发展计划执行及经济效益情况，为落实年度计划，编制国民经济和社会发展计划提供决策依据。同时，每月编印《政和县国民经济统计资料》，提供给县五套班子主要领导和各主要部门。

二、统计信息和分析

在取得统计资料的基础上，广泛运用现有的统计资料，根据事物之间的内在联系和发展趋势，紧紧围绕经济运行中的热点、难点问题进行深入分析。每月编辑《政和统计信息》《政和统计分析》，每年编印《政和统计年鉴》，及时反映国民经济和社会发展过程中出现的新情况、新问题，并提出合理化建议和相应对策，为各级党政领导决策发挥参谋作用。

第三节　专项调查

一、普查

（一）全国人口普查

第四次全国人口普查　1989 年年底，成立县第四次人口普查登记领导小组，并由县府办、公安、统计、民政、计生等部门抽调人员组成普查办公室。1990 年 7 月 1 日零时为第四次全国人口普查登记标准时点，这次人口普查有 21 个调查登记项目，其中对人的调查项目 15 个，对户的调查项目 6 个。1991 年 12 月，全国第四次人口普查全面完成。普查结果：全县总户数 40109 户，总人口 195900 人，其中男 104559 人，女 91341 人。文化程度：大学本科 246 人，大学专科 589 人，中专 2257 人，高中 7677，初中 26855 人，小学 90721 人，不识字或识字很少 38567 人。在业人员 75680 人，其中机关和事业单位 2593 人，商业人员 3592 人，服务业人员 712 人，农林牧渔业劳动者 54914 人，生产和运输工人 1678 人，其他 12191 人。百岁老人 1 人，为女性。

第五次全国人口普查　第五次全国人口普查的标准时点是 2000 年 11 月 1 日零时，普查对象是具有中华人民共和国国籍、并在中华人民共和国境内常住的人；普查的原则是按常住人口登记、一个人只能在一个地方登记。普查登记常住人口的时间标准、空间标准与第四次全国人口普查相比作出调整。普查结果：全县总户数 48401 户，总人口 193169 人，其中男 103879 人，女 89290 人。人口中研究生 7 人，大学本科 430 人，大学专科 2286 人，中专 4712 人，高中 7882 人，初中 51109 人，小学 93331 人，不识字或识字很少 17892 人。

（二）第一次全国第三产业普查

1993 年 8 月，县政府成立政和县第三产业普查协调小组及其办公室，负责第三产业普查的组织、协调及业务工作。是年底，对普查单位和抽样单位进行调查登记，对登记单位进行多次的复查、核对、侧重补漏工作，并组织对各部门、各乡（镇）的质量验收。1994年上半年，完成普查数据的录入和县级汇总及上报工作。下半年，组织办公室人员编辑出版《福建省政和县第三产业普查资料汇编》。此次普查结果：1992年，全县第三产业单位数4903个，其中企业单位218个，事业行政单位617个，个体经济4068个。年末从业人员15426人，其中企业单位3196人，事业行政单位7041人，个体经济5189人。

（三）第三次全国工业普查

1995年6月，县政府发出《关于认真做好工业普查的通知》，并成立县第三次工业普查领导小组及办公室，负责全县第三次工业普查的协调和业务工作。这次工业普查，主要是调查1990年以来的工业经济情况，查清县内工业经济规模和现状，工业的所有制结构、行业结构、产品结构、经济技术结构等。普查结果：全县工业企业和生产单位数1076个，其中轻工业894个，重工业182个。以经济类型分，国有工业25个，集体工业464个，其他工业587个。年末从业人数15577人，按当年价计算工业总产值46983万元。

（四）全国基本单位普查

第一次全国基本单位普查　1996年，县政府成立第一次基本单位普查领导小组及办公室，开展第一次全国基本单位普查。各乡镇、各部门也相应成立机构。普查结果：1996年全县法人单位总数643个，产业活动单位551个。

第二次全国基本单位普查　第二次全国基本单位普查是进入21世纪全国进行的第一项重点国情国力调查，普查对象为中华人民共和国境内（不含香港、澳门及台湾省）的法人单位及其所属的产业活动单位。普查内容包括各单位的基本标识、主要属性、基本状态和主要总量指标。普查的标准时点为2001年12月31日。普查结果：2001年全县法人单位703个，其中单产业法人510个，多产业法人193个；产业活动单位1197个，其中多产业所属产业活动单位687个。

（五）第一次全国农业普查

1996年，根据国家、省、市的部署，县政府成立第一次全国农业普查领导小组及其办公室，全县9个乡（镇）及主要涉农部门也相应成立普查机构，落实办公地点、人员和经费。这次农业普查任务重、范围广、内容多，全县121个行政村6.5万个调查单位，划分为1350个调查小区。1997年7月1日，全县普查工作人员开始入户登记，进行普查。普查结果：全县121个行政村，农村住户33498户，其中农业户31968户、非农业户1530户，农村住户总人口160703人，其中男性16130人，女性74573人。

二、抽样调查

（一）人口抽样调查

政和县为省定人口抽样调查县之一。除1990年与2000年人口普查外，县内每年都要进行人口抽样调查。样本由省人口抽样调查办公室确定，被抽中的调查点分别为国家点和省点。调查的项目主要有总户数、总人口、出生、死亡等，2002年始，增加群众安全感项目抽查。通过取得这些调查数据推算全县的总人口、出生率、人口增长率等各项指标。

（二）城市住户调查

城市住户调查以城市居民家庭为调查对象，以家庭收支为主要内容，是一项综合性社会经济调查。这项调查工作始于2005年，调查户在熊山镇范围内抽选，在调查摸底的基础上先抽出300户样品单位，又在300户内确定50户调查户。调查户每3年轮换一次。调查的主要指标有城市居民收入与支出状况，主要消费品的拥有量，住房情况等。从这50户调查户中所取得的调查数据来推断全县城镇居民的生活水平及其变化，从一个侧面反映县内经济的发展变化。

（三）农村住户调查

农村住户调查是农村社会经济调查的重要内容之一，它以农民家庭为调查对象，以农村住户家庭收支为主要内容。这种调查是采取把全县所有行政村按人均收入排队，以随机起点，对称等距的抽样调查方法，在10个乡镇中抽取定点乡（镇），然后再抽出1～2个行政村抽取调查户，每个行政村抽选5户或10户调查户，全县共抽取70户农户作为调查样本（2000年后调查样本增加至80户），每5年轮换一次。1990年，抽选石屯镇的工农村、石门村，东平镇的东平村、护田村、营前村，星溪乡的地坪村，铁山镇的铁山村、江上村、凤林村、西坑村，外屯乡的外屯村，镇前镇的镇前村，杨源乡的洞宫村，澄源乡的前村村等14个调查网点进行调查 。1995年，农村调查网点部分进行轮换，抽选石屯镇石门村，东平镇护田村，铁山镇铁山村、江上村，镇前镇连坑村，杨源乡洞宫村，澄源乡前山村等7个调查网点进行调查。2000年，农村调查网点再次轮换，抽选石屯镇西津村，东平镇常布村，铁山镇张屯村，外屯乡车潭村、稠岭村，镇前镇上庄村、坑里村7个调查网点开展调查。2005年，农村调查网点又一次轮换，抽选石屯镇工农村，星溪乡地坪村，铁山镇高林村，岭腰乡长垅村，澄源乡新康村，镇前镇下园村，杨源乡桃洋村、洞宫村8个调查网点开展调查。

（四）其他调查

1989—2005年，县内还先后开展城市物价调查，电视收视率、市场、居民储蓄、社会治安情况问卷调查，农产量、农经调查，农民人均纯收入监测，扶贫和农村小康监测，历年妇女儿童监测等。期间，还开展改革开放以来第一次全国范围内商品交易市场专项调查，限额以下批发零售贸易定期抽样调查，百万元以上固定资产投资项目调查，规模以下工业抽样调查，交通运输、经营情况调查，劳动力就业调查等。

第四节　统计监督与执法

一、统计监督

20世纪90年代始，统计工作逐步走上规范化轨道。县统计部门依照《中华人民共和国统计法》对统计报表实行监督，对各乡（镇）、各单位上报的统计数据进行质量评估，及时纠正虚报、瞒报、漏报现象，提高统计数据质量。同时，通过定期编制国民经济和社会发展各时期的报告，全面反映国民经济发展水平、发展速度和各种比例关系，检查监督各部门、各单位的计划完成情况，考核各项重要经济指标，从而揭示计划执行过程中存在的问题，分析产生问题的主要原因，提出合理化的建议，供领导参考，以便领导及时采取措施解决问题。在此基础上，不定期地对社会经济生活中的“热点”“难点”问题进行分析研究，通过统计的监督和预警作用，准确分析、判断全县目标制定的合理化程度，并提出矫正的建议与对策。

二、统计执法

1989年，根据国家统计局、监察部、国务院法制局关于在全国范围内开展统计执法大检查的通知。4月，按照省、地要求，成立县统计法规执行情况大检查领导小组及办公室，部署开展全县统计执法大检查，检查主要内容为各乡（镇）、各部门、各单位贯彻执行《中华人民共和国统计法》情况。是年始，统计执法逐步得到加强，县统计部门经常对各乡（镇）和县直单位贯彻统计法律法规情况、统计基础工作、统计工作人员持证上岗情况、国家统计报表制度执行情况等进行检查，严肃查处统计违法行为。

1992年，县统计局、县人大财经委、县监察局联合组成检查小组进行重点检查，先后抽查东平镇、县水泥厂等12个单位。主要检查工业产值、利税总额、国民收入、粮食总量、社会商品销售总额、物价、工资、人口出生率等主要指标。检查发现有3个单位分别存在虚报、瞒报、迟报、篡改统计资料等统计违法行为，及时给予批评教育，限期改正。

1997年，开展全县范围的统计执法大检查，由县府办、组织部、人大财经委、监察局、统计局等部门组成统计执法领导小组及办公室，检查的主要内容是乡镇企业个数及产值、销售收入、人口出生数等自查表的填报情况。在各单位自查的基础上，县执法检查组抽出人员对18个单位进行重点抽查，对迟报、拒报、瞒报的5个单位给予批评，并限期改正。

2001年，县纪委、组织部、监察局、统计局抽调人员组成县反对和制止在统计上弄虚作假工作领导小组及其办公室，开展全县统计执法大检查工作，要求各单位对各项主要经济指标数据进行自查自纠，在各单位自查自纠的基础上，派出检查组重点抽查各单位在统计工作中是否存在弄虚作假行为以及自查自纠情况。

2005年，根据国家统计局、监察局、司法部联合部署，县统计局、监察局、司法局联合对全县统计法律法规执行情况及各项主要经济指标数据进行检查。

1989—2005年，全县共立案查处统计违法案件9起。

第三章　工商行政管理

第一节　机构与体制

一、机构

1989年，县工商行政管理局（简称工商局）内设人事秘书股、市场管理股、企业管理股、合同管理股、个体经济管理股、经济检查股等6个股和城关、东平、铁山、外屯、镇前5个工商行政管理所，共有工作人员64人。1990年1月，增设城区市场管理所。11月，恢复石屯工商所。1991年2月，增设商标广告管理股。1994年6月，撤销人事秘书股，增设办公室、人事教育股、财务股、监察室；11月，增设消费者权益保护股。1996年6月，经县政府批准，成立县市场服务中心，配备5名工作人员。1998年5月，撤销外屯工商所，外屯乡辖区的工商行政管理工作并入城关工商所管理；石屯工商所与东平工商所合并，设石屯工商所，保留东平工商所建制。2001年2月，市场管理所和东门市场管理办公室并入城关工商所。11月，城关工商所改为城关工商分局，镇前工商所改为镇前工商分局；12月，整合局机关商标管理股、市场管理股、合同管理股的职能，设置行政执法股；整合个体私营经济管理股、企业登记管理股职能，设置注册登记管理股。2003年4月，局机关财务股并入办公室。同年10月，撤销铁山工商所，铁山镇辖区的工商行政管理工作由城关工商分局负责管理。2004年7月，全省统一规范工商所名称，原城关工商分局和镇前工商分局改为城关工商所和镇前工商所。同年，县工商局下设城关、镇前、石屯3个工商所，保留东平工商所建制，工商所长（在任）享受副科级待遇。2005年，县工商局内设9个股室，即办公室、监察室、财务装备股、人事教育股、信息管理股、企业登记管理股、行政执法股、12315消费者申诉举报服务台、直属经济检查大队，下辖城关、石屯、镇前、东平4个乡镇基层工商所，全局共有干部职工66人。

二、管理体制

1989年，县工商局属县政府下辖机构，业务受上级工商部门指导。1994年1月，进行职能配置，工商行政管理部门是主管市场监督管理和行政执法的职能部门。1996年1月，省工商局转发《福建省市场服务机构人事管理暂行办法》，对市场服务机构的编制、任免调配、工资福利、岗位培训、辞职解聘、管理监督等作出规定。1998年12月，根据国务院规定，省级以下工商行政管理部门全面实行垂直管理体制。1999年6月30日，举行县工商行政管理体制改革机构人员、资产等交接仪式。2001年10月后，实行市场管办脱钩，将城关中心集贸市场、东门农副产品批发市场、镇前边界贸易市场的所有资产、债务及管理人员的档案资料移交当地政府，由县财政局统一接收。

第二节　市场建设

1989年后，县工商局按照县总体建设规划，加大对市场建设投资力度，抓好市场建设。至1992年底，共投资12.80万元，新建、改造和扩建政和中心市场、城关西门市场、铁山、外屯、澄源5个农贸市场，建筑总面积为2486平方米。1993年，动工新建的政和城关农副产品批发市场，建筑面积为5077.30平方米，共投入资金554.17万元。同年6月，县工商局在建设资金极为困难的情况下，补助1万元给石屯镇新建长城茉莉花市场，建筑面积500平方米。1995—1997年，落实各项优惠政策，鼓励乡（镇）、村和企事业单位共建城乡市场。3年间，共投资131.16万元，先后与县建委、石屯乡、镇前镇、岭腰乡、东平镇、县良种场、县电影公司及熊山镇胜利村等合作，新建和改造修建政和文明路小商品市场和石屯、镇前、岭腰、东平、杨源、县良种场、东门电影院等8个农贸市场，建筑总面积4157.70平方米。至2005年底，县工商局为市场建设总投资715万元，新建改建和修建城乡市场15个，建筑面积12221平方米。其中室内永久性市场7个：城关中心农贸市场、城关农副产品批发市场、文明路小商品市场、铁山农贸市场、石屯农贸市场、长城茉莉花市场、外屯农贸市场；简易搭盖市场8个：城关南门良种场农贸市场、东门电影院农贸市场、解放村农贸市场、东平农贸市场、镇前农贸市场、澄源农贸市场、杨源农贸市场、岭腰农贸市场。

第三节　市场管理

一、集贸市场管理

1989年起，县工商局坚持维护食品市场交易秩序，开展集贸市场专项治理，努力消除“餐桌污染”，保障上市食品安全。至1993年，县工商局先后联合经贸、卫生、公安及各乡镇有关单位，对全县11个城镇集贸市场的规范管理、“餐桌污染”、摊位状况、办理证照、登记、年检、食品价格、劣质产品等开展专项检查治理工作，共查处食品违法案件20起，对不规范食品经营行为，依法责令整改14家，销毁劣质食品价值18324元。1994—1996年，县工商局加强对进入市场的二手农副产品经营主体和入市加工食品、水产品开展专项监督检查，取缔肉品私宰户3户，查处无照经营案件7起，销毁劣质食品（产品）价值达14518元。1997—2000年，县工商局重点加强对入市食品检查和开展市场登记年检及市场示范户评选活动。共查处食品违法案件21起，取缔非法经营户14户，规范办照18户。2001年，城镇各工商所统一开展对市场进行每日一次以上的巡查监管，全年共查处食品违法案件6起，销毁劣质食品价值8754元。2002年，开展对涉及肉制品、饮食品等五项集贸市场专项整治工作，共查处食品违法案件31起，销毁劣质食品价值12450元。2003年，县工商局在城区中心农贸市场开展全面落实“索证索票经营台账”和“商品信誉卡”两项制度试点，与“百姓超市”“家得利超市”结成共建单位，销毁劣质食品价值达18544元。2004年成立南平市市场管理协会政和分会，落实食品市场准入和不合格食品召回制度，督促市场业主履行责任制，开展家禽市场专项整治，共查处食品违法案件34起，销毁劣质食品价值15650元。当年全县集贸市场总成交额达7504万元，其中城区5928万元，乡镇1576万元。2005年，查处食品违法案件32件，销毁劣质食品价值26124元。全县集贸市场成交额达7631万元，比上年增长127万元，其中城区6104万元、乡镇1527万元。

二、粮食市场管理

1989—1997年，政和县工商部门发挥市场管理工作职能，重点抓好粮食市场管理工作。1998年6月，根据国务院《粮食收购条例》，会同县粮食局等相关部门，成立县粮食专项执法大队，对粮食市场实行专项监管，当年共查处违法收购粮食案件28起，责令整改12个企业。1999年，开展对粮食生产经营企业的行政指导工作，举办一期42人参加的粮食生产企业法律法规培训班，全县11个粮站（库）建立粮食购销台账。2000年，组织各工商所（分局）人员，开展索证索票检查，对粮食市场进行专门监控和跟踪管理，依法维护粮食市场秩序，全年共查处市场违法经营粮食案件3起，销毁霉变粮食123公斤。2001—2005年，重点开展对粮食经营加工企业的日常巡查和加强对陈化粮经营专项检查及市场监管，并建立举报网络，打击非法经营粮食行为。五年共出动执法车辆25（台）次，检查粮食加工经营企业86家、个体经营户114个，查处违法经营粮食行为3起，督促规范整改6起，查处购买使用陈化粮34批（次），粮食24.60吨，总金额达5.24万元。

三、经纪人市场管理

1989—2001年，县工商部门依照国家法律、法规和条例，结合规范注册登记、年检、验照，加强经纪合同监管，督导经纪组织建立合同管理制度，引导和规范经纪人的合同行为，发展农村经纪人和规范经纪人自律行为。2002年，按照“一本台账、一从业记录、一备案年度”的三个一规定，对已登记经纪人和未登记经纪人及在从事经纪的执业人员进行备案，完善备案管理工作。至2005年，全县共办理经纪人年检23家，从业人员33人，其中加入南平市经纪人协会21人；加入南平市机动车营销协会12人。

四、车辆市场管理

车辆市场监管始于2000年，至2003年，县工商局按照汽车、摩托车市场管理的要求，在全县开展对各机动车经营主体的检查，对机动车市场无照经营行为及商品没有明码标价或标签不全、制售假冒伪劣商品损害消费者的合法权益等行为进行专项整治，并对3起擅自拆装车行为给予行政处罚。2004—2005年，县工商局牵头，联合公安、质监执法人员，对汽车整车零售经营单位、汽车维修点和汽车配件、回收拆解经营主体进行全面检查，共出动执法车辆11台（次），出动执法人员66人（次），检查经营企业单位（点）57家，对未建立经营台账、没有按规定亮照经营、没落实服务承诺制及经营场所不规范的19家经营单位依法予以整改。

五、展销会管理

1989—2002年，县工商局依照国家工商行政管理局《食品展销管理办法》的有关规定，加强对展销市场的登记、监督和管理，全县共受理展销登记4件，展销投诉1件。取消一家以个人名义办展资格，对1起未登记擅自举办图书展销及擅自发布广告行为进行处罚。2003年，根据南平市工商局通知，暂停一家申展，并对1起非法发布展销广告行为责令整改。2004—2005年，设立展销受诉服务台，健全展销登记档案，加强对展销市场的巡查工作，先后办理羊毛衫、装饰品展销登记，受理擅自发布展销广告行为投诉案件4件。

六、房地产市场管理

1989年以来，多次对房地产市场秩序开展专项治理工作，特别对承接本县有关建筑工程的建设单位的主体资格、有关证照、审批手续、施工合同等进行依法检查监管，把好房地产广告登记管理关，促进房地产市场健康有序发展。至2005年，共38次出动执法人员，检查房地产经营、中介机构、广告经营单位10家，建筑企业11家，检查《建筑工程施工合同》49份，检查预售商品房合同12份，涉及劳务合同23份。会同县劳动部门依法查处1起合同违法案件，取缔1家非法中介机构，销毁广告牌2面、违法经营房地产广告15份，补办登记2件，责令整改4件。

七、市场整顿

1989年后，工商管理法规逐步完善，市场管理工作有法可依。2001年开始，根据国务院《关于整顿和规范市场经济秩序的决定》及省、市工商部门的部署，会同县委宣传部、县“打黄办”、文化局、公安局、安监局、农业局、卫生局等有关部门，组织开展打击制售假冒伪劣商品、偷税、骗税、骗汇、走私、制贩假币、非法传销等违法犯罪活动。当年共查扣假化肥20吨，假卷烟、假机器设备、假石膏粉、假汽水等物品价值12万元，取缔违法经营75户，清理无照经营128户。2002年，开展文化市场整治和打黄打非专项整治，取缔“黑网吧”、电子游戏机场所10家，收缴电脑21台，销毁非法盗版碟片2500片、色情书刊870本、磁带200多盒。2003年“非典”期间，制订《政和县工商局处置市场经营秩序突发事件工作预案》，打击利用“非典”名义进行的违法违章经营活动，共出动执法人员280人（次），车辆30台（次），检查各类市场经营户850户（次），对违规发布医讯的两家药店责令整顿。2005年9月25日，在县政府广场举办“红盾打假护农”行动仪式暨工商局长现场受理消费投诉活动，现场受理消费投诉申诉举报10件，当场解决9件。全年立案查处各类市场违法违章案件26件，罚没金额3.15万元。

第四节 企业与个私经济登记

一、个私企业、工商户登记管理

1989年以后，依照国务院颁布的《城乡个体工商户管理暂行条例》和《中华人民共和国私营企业暂行条例》及省政府、省工商局有关企业、个体工商户注册核准登记发照等精神，开展核准登记发照工作。至1993年，全县经核准登记发照的个体工商户和私营企业3733户，从业人员5294人，注册资金960万元。1994年，县委、政府提出发展个体工商户和私营企业目标，全县个体工商户发展至4157户，从业人员6017人，注册资金1103万元，上缴个体工商税收630万元，占全县工商税收34%。1995年，县委、政府提出“特色开发、带动加工、促进开放”的经济发展思路，先后制定鼓励个体私营经济发展的23条规定和建立个体私营企业保护制度等优惠政策和措施，全县印发个体私营企业纳税缴费登记手册2000本，发放省工商局印制的实行监督管理登记手册3000本。至1996年年底，全县个体工商户达4448户，从业人员6582人，注册资金1676万元，个私企业总产值达6017万元，销售总额37409万元。1999年，对个体私营企业进行一次全面清理，注销手续不全、无照经营的个体工商户1132户。2000年，对个体私营企业全面换照，统一启用新的个体私营企业执照，注销名存实亡的个体工商户1586户。2001年，开展前置审批事项检查，对不符合规定的个体工商户和个私企业，注销41户，变更2户，补齐证件15户。当年底，全县个体工商户和私营企业2247户，从业人员4401人，注册资金2901万元，2002—2003年，县工商局贯彻落实下岗职工再就业优惠政策，共为下岗职工再就业提供信息145条，向私营企业推荐就业99人，为75名从事个体经营的下岗职工办理减免管理费14万多元。局机关设立个私企业法律服务室，受理个私业主咨询312人（次）。2004年，实行“一审一核”制，直接办理个体工商户登记469户，非法人企业年检174户，简化场所证明手续及简化察看企业住所41户，为企业代理服务23户（次），直接到省、市局代办外资企业、代理改制、资产登记、年检及变更登记等共21户。当年5月在茶叶产区开展“茶叶拒绝掺假万人签名”和掺假茶叶及物质集中销毁活动，工商所与辖区茶叶加工户签订“不掺假、不坑农、不欺行霸市、不偷税漏税、不雇用童工、不拖欠工人工资，不侵犯商标专用权”的“六不”责任书。至2005年年底，全县共有个体工商户2244户，从业人员4564人，注册资金5494万元。其中新发展个体工商户541户，注销个体工商户31户，新办理下岗职工个体工商户65户，减免各类注册登记费2.30万元，减免会员费2.40万元；全县共有私营企业183户，营业额达2521万元，手工业总产值为3460万元。

表26-1 **1989—2005年政和县私营企业基本情况表** 单位：户、万元

年份	商业		饮食业		服务业		手工业		总户数
	户数	营业额	户数	营业额	户数	营业额	户数	产值	
1989	15	271	—	—	2	35	11	32	28
1990	3	40	—	—	2	97	2	20	7

续表 26－1

年份	商业		饮食业		服务业		手工业		总户数
	户数	营业额	户数	营业额	户数	营业额	户数	产值	
1991	—	—	—	—	—	—	2	21	2
1992	—	—	—	—	—	—	2	58	2
1993	4	180	—	—	5	19	23	514	32
1994	12	165	—	—	9	54	45	620	66
1995	14	700	—	—	7	350	61	3050	83
1996	15	960	—	—	6	210	69	3300	90
1997	16	550	—	—	7	330	82	4350	105
1998	13	297	1	190	11	254	81	3496	106
1999	14	490	1	35	13	425	66	3303	94
2000	16	517	1	50	14	462	72	2450	103
2001	15	500	2	38	16	532	67	2296	100
2002	16	638	1	—	19	534	72	3370	108
2003	21	800	—	—	21	642	81	4620	123
2004	22	1040	3	120	48	715	89	3685	162
2005	25	1455	3	395	35	671	120	3460	183

表 26－2　**1989—2005 年政和县个体工商户登记基本情况统计表**　单位：户

年份	总户数	其中							从业人员（人）	资金（万元）
		商业	饮食业	服务业	手工业	修理业	运输业	其他		
1989	1715	1140	153	125	187	98	10	2	2393	266
1990	2026	1266	199	195	233	125	6	2	2853	369
1991	1898	1235	170	144	227	104	16	2	2735	348
1992	2658	1417	208	185	281	115	451	1	3802	584
1993	3733	1716	287	318	368	136	898	10	5294	960
1994	4157	1922	351	398	429	160	890	7	6017	1103
1995	3887	1802	314	334	388	—	883	166	5057	1293
1996	4448	2142	381	400	443	—	883	199	6582	1676
1997	3798	1982	227	497	282	—	810	—	5554	1919
1998	3898	2078	244	503	310	—	760	3	5852	2315
1999	3149	1560	291	464	225	—	601	8	5409	2919
2000	2044	1059	156	324	261	—	244	—	3990	2537
2001	2247	1119	218	374	292	—	244	—	4401	2901
2002	2210	1275	—	398	285	—	244	8	4392	3595
2003	2463	1655	—	469	329	—	—	10	4003	4139
2004	2370	1424	170	341	350	—	—	85	4266	4717
2005	2244	1338	178	302	332	—	—	94	4564	5494

二、国有、集体及联营企业登记管理

1989年，全面进行企业法人登记，并对原已登记的所有企业进行更换新营业执照。全县共登记换照709户，从业人员达13643人，注册资金8881万元。1990年，对58家公司开展清理整顿，撤并7家，年检9家，保留42家；清理整顿商业批发企业56家，注销3家，重新发照53家；结合企业换照清理集体企业40户，为企业追回欠款3万元。经过清理整顿，当年全县共有国有、集体企业、分支机构587户，从业人员13105人，注册资金9092万元。1994年，根据企业管理有关政策精神，适当放宽经营范围，先后为78家企业办理经营范围变更登记，支持12家企业在外设立窗口并办理核转手续，至年底，全县共有企业828户，从业人员14860人，注册资金17314万元。1999年，对国有、集体企业的台账和档案进行全面清理，共注销企业55户，办理企业变更82户。当年，根据市工商局《关于涉及前置审批登记事项检查的通知》要求，组织市管、经检、企业、个体工商户代表，对全县涉及前置审批登记事项的企业档案进行清理，查出涉及前置审批手续不完整单位23户，其中成品油经营单位12户，烟花爆竹1户，经营企业10户。当年全县登记注册国有、集体、外资企业共48户，其中法人企业6户，外商投资企业4户，非法人企业38户。2003年，围绕县委、县政府提出的“突出工业、突破工业”的经济发展战略部署，实行重点项目（企业）代理服务及工业园区联络员制度，对注册资本在200万元以上工业或完成年产值达500万元规模企业纳入代理服务对象范围，实行“一审一核制”“先照后证”和“承诺登记”等注册登记制度。2005年，降低企业市场准入门槛，放宽重点企业无偿代理服务对象条件，落实服务内容，推行注册制度。协同消防部门，开展公众聚集场所消防安全专项整治，查出存在安全隐患企业5户。无偿代理重点企业变更、年检5户，发放CA证书400份。至当年底，全县共有国家、集体企业250户，分支机构126户，从业人员3356人，注册资金17703万元。注销和吊销登记76户，内资企业年检率达70%。

表26－3　**1989—2005年政和县国家、集体企业情况表**　单位：个、万元

年份	总户数	注册资金	其中			
			国家	注册资金	集体	注册资金
1989	709	8881	172	1613	537	7268
1990	587	9092	209	5578	378	3514
1991	612	9107	222	5580	390	3627
1992	651	11097	252	6704	399	4393
1993	778	13008	296	7358	482	5650
1994	828	17314	319	10241	509	7073
1995	824	15052	334	10133	490	4919
1996	741	18958	312	14626	429	4332
1997	605	18061	256	14381	349	3680
1998	543	16098	234	12836	309	3262
1999	525	15749	228	12650	297	3099
2000	435	14011	179	11442	256	2569
2001	407	11232	157	8836	250	2396
2002	281	12152	105	9158	176	2994
2003	258	11741	102	8968	156	2773
2004	290	19778	154	18098	136	1608
2005	250	17703	129	16392	121	1311

表 26－4　**2005 年年底政和县国营、集体工商企业登记表**

单位：个、万元

行业＼数量	登记企业		从业人员（人）	注册资金（万元）
	户数	分支机构		
工业	55	13	650	8937
商业	116	70	1410	4324
运输业	18	14	21	183
外贸	1	—	5	—
饮食业	4	1	12	229
服务业	3	2	30	48
建筑业	3	1	150	1461
文化教育	2	1	18	50
金融业	21	21	700	—
农林水畜牧业	8	—	53	1131
房地产业	2	1	31	200
服务业	3	1	20	40
其他	14	1	256	1100
合计	250	126	3356	17703

三、动产抵押登记管理

1996 年起，根据《中华人民共和国担保法》及 1996 年国家工商局出台的《企业动产抵押物登记管理办法》规定，运用动产抵押物登记职能，为地方经济发展提供有效的融资服务。至 2005 年，为全县种养殖企业、工业、水电、供电、竹木加工、广播电视、茶叶加工、涉农企业办理企业动产抵押登记 45 件，服务企业办理融资贷款 5734 万元。

第五节　商标广告管理

一、商标管理

1989 年以来，县工商部门发挥商标监管执法职能作用，开展《中华人民共和国商标法》宣传和保护商标专用权专项行动。至 1991 年，全县注册商标 21 件，查处商标违法案件 16 件，销毁商标侵权物品 127 件，没收销毁侵权标识 547 份，价值 2150 元。1992—1997 年，全县共核准注册商标 74 件，加强全县各专卖店、超市、商标印制单位的专项检查工作，共核准注册茶叶、化肥、农资、食品、化妆品商标等 16 件，注册商标 52 件，查处商标违法案件 28 起，没收侵权商标标识 1960 个，销毁商标侵权物品价值达 8771 元。1998—2001 年，共核准注册商标 128 件，查处商标违法案件 37 件，没收侵权商标标识 3041 个，销毁商标侵权物品价值达 5980 元。督促食品市场、超市完善管理制度，并与经营户签订《严禁假冒伪劣商品入场经营承诺书》，保护进场经营者合法权益。2002 年后，先后开展保护商标专用权整治行动和对著名驰名商标的保护工作。2005 年，全县共核准注册机械、农产品等商标 33 件，累计注册商标 239 件，查处商标违法案件 35 件，销毁商标侵权物品价值 12300 元。

二、广告管理

根据《中华人民共和国广告法》《中华人民共和国广告管理条例》等有关法律法规，工商部门加强对广播、电影、路牌、橱窗、印刷品、报纸、杂志等广告媒介的广告内容、形式及设置状况的审查和检查。至1995年，全县共办理广告登记455家，查处广告违法案件20件，责令整改24件，销毁违法或不规范宣传广告牌43面，销毁违法广告宣传单412张。1996—1999年，全县共办理店堂、印刷品、保健品广告登记134家，查处违法发布广告案件15件，督促责令整改6家，销毁带有诱导性违法广告牌5块，销毁违法广告宣传单244张。2000—2004年，先后开展广告经营单位资格检查和虚假中介广告整治及重点对虚假药品、食品、服装、房地产、通讯服务等八大类广告的专项整治工作。2005年，全县取缔非法中介机构1家，查处食品、医药违法及虚假广告案件45件，端掉悬挂和张贴的假郎中窝点4个，拆毁违法广告牌37块，销毁各类违法广告宣传单1354张，规范房地产广告经营行为2件，并指导县电视台建立总编辑、台长、广告审查员签批广告宣传制度，落实广告宣传审查报备制。

第六节　经济合同管理

一、鉴证仲裁

1989年起，根据《中华人民共和国经济合同仲裁条例》和《合同鉴证办法》有关规定，及时准确地处理各类经济合同34份，保护合同双方当事人合法权益，提高合同履行率。同时，根据经济合同双方当事人申请，坚持开展对企业、个体工商户、农村承包经营户、个人合伙及其他经济组织的合同鉴证管理工作。至2005年，全县共办理借贷、购销、定购、房屋、租赁、茶山果园承包、财产租赁、建筑安装工程承包等各类经济合同鉴证267份，合同标的物金额达9 018万元；调解仲裁合同纠纷51起，争议金额118.30万元，其中调解35起，争议金额89.40万元，仲裁8起，争议金额28.90万元，查处合同违法案件1起。

二、检查监督

1989—1994年，共检查各类公司、厂矿、乡镇企业663家，所签订各类经济合同24433份（次），金额达107197万元。1995—2000年，检查（抽查）各类公司、厂矿、乡镇企业2199家，所签订各类经济合同75348份，总金额达79514万元。2001—2005年，对全县616家企业进行抽查，共签订各类经济合同12269份，总金额达126552万元，实际履行9877份，履行金额34916万元，合同履行率80.5%，转下期履行454份，金额3455万元，查出违约合同27份，违约金额151万元。

三、拍卖监督

自2001年始，依照国家工商行政管理局出台的《拍卖管理办法》积极开展拍卖监管工作，至2005年，共受理法院、粮食等部门委托的房产、粮食物资、摩托车、家用电器、工艺品、废旧钢材等拍卖备案监拍25件，拍卖金额278.5万元。

四、诚信建设

1989年末开始，根据《中华人民共和国合同法》及省、市规定有关精神，开展企业诚信建设工作。诚信企业的评定经企业申请，主管部门推荐上报，县工商行政管理部门复查评定。至2005年，全县有476家各类企业分别被省、市、县级人民政府和省、市、县工商行政管理局评定为“重合同、守信用”企业，其中被省工商局授予的企业5家，被南平市人民政府授予的企业214家，被南平市工商局授予的企业34家，被县政府授予的企业204家，被县工商局授予的企业19家。华夏水泥有限公司、水轮机制造有限公司、农业机械公司、磷肥厂等4家公司连续10年分别被省、市、县评定为“重合同、守信用”企业。

第七节　经济检查

1989—1991年，县工商局行政管理机关认真履行经济检查职能，加大查处投机倒把案件的力度，三年共查处各类违法违规案件1412起，依法罚没金额达1066万元，其中万元以上大案14起，千元以上案件86起，罚没金额达675万元；取缔无照加油站9个。1992年，依照《中华人民共和国产品质量法》《中华人民共和国反不正当竞争法》及《福建省商品质量监督条例》，配合公安部门，打击农副产品收购中的“笋霸”“菇霸”及走私进口轿车、卷烟等犯罪行为，共查处各类走私案件45起，违法违规案件386起。其中查获进口摩托车9辆，轿车6辆，走私卷烟55100条，假酒16000瓶，总案值达620万元，依法罚款47万元。至1994年底，共检查各类公司、厂矿、乡镇企业663家。1995年，加大对农资、食盐、石油、医药市场监管力度，全年出动138人次，对全县9个乡镇的农资市场进行清理整顿，查处走私轿车2辆，查扣非法经营化肥、食盐等10.5吨，查获假冒食用菌生产原材料等价值6.5万元、假种子2100斤，取缔无照经营3户。

1996年，根据国家工商总局的部署，开展公平交易执法年活动，县工商、消防、石油、农资、供销、烟草、卫生防疫等部门相互配合，共同开展市场专项治理73次，共查处无证经营石油、无碘盐、农药、化肥、稻种等经营户22家，没收非法成品油4吨，无碘盐3.50吨，失效农药100多瓶，化肥210吨，种子300公斤。1997年，以打假治劣、反商业欺诈为重点，对全县种子、化肥等农资市场进行专项整治，查扣假化肥16.50吨，劣种子160公斤，劣菇种600公斤，罚没金额10.10万元。1998—1999年，开展市场专项检查66次，出动执法人员260人次，检查各类公司、企业1191家，共查封假劣麦皮60多吨，销毁假劣农药660瓶（盒），捣毁各类制假窝点18个，没收冒牌液化灶50台、假冒钢材20吨、化肥53吨、石膏43吨。取缔无证无照行医（售药）13户、不合格制菌种户5户，罚没金额计11.50万元。2000年，开展农资市场、前置审批、娱乐场所、电子游戏机、粮食、医药、文化市场竞争限制行为等专项市场查处工作，共取缔无照经营120户，查处各类经济违法案件130起，检查娱乐场所215家，没收赌博机15台，查获销毁5号病猪31头。

2001—2003年，对全县616家企业进行抽查，查出违约合同27份、违约金额151万元。2004年，加大对公用企业不正当竞争行为的整治力度，严肃查处商标侵权及侵害农民利益案件，当年共查处各类违法违规案件754起，案值892万元，罚没金额57.6万元。2005年，开展“红盾打假护农行动”，加强茶叶市场打假力度，查处各类违法违规案件195起，捣毁制售假窝点49个，取缔无照经营101户，销毁不合格商品价值7万余元，罚没金额15.50万元。

第八节　消费者权益保护

1989—1993年，县消费者协会贯彻执行《福建省保护消费者合法权益条例》，受理消费者投诉，开展商场检查及对商品服务的社会监督，全年办理投诉76件，为消费者挽回经济损失9.80万元。开展市场检查31次，出动执法人员810人次，先后检查国营、集体、个体经营门市部、仓库、批发部8392户（次），查获并销毁各类假冒伪劣酒类、变质饮料、副食品等14027瓶（件），伪劣电器900件，假冒商标3700张，价值10万多元。1994年1月1日，《中华人民共和国消费者权益保护法》正式施行，7月15日，福建省第八届人大常委会第十一次会议通过《福建省实施（中华人民共和国消费者权益保护法）办法》，政和县通过游行踩街、知识竞赛、电视讲座等形式，及时开展宣传咨询活动。1995—2002年，县消费者协会共接受咨询1万多人次，印发各种小册子和宣传材料5.5万份。

2003年，开展“营造放心消费环境年”和《中华人民共和国消费者权益保护法》颁布十周年纪念活动，发放宣传单3000份。同年开展烟草、食品、副食品、药品、保健品等专项检查4次，销毁各类假冒伪劣商品450公斤，价值10000多元。2004年，以“诚信、维权”为主题，把农资、食品、副食品、药品、医疗五个行业作为监督检查重点，开展“护农打假保春耕”行动，对超市、集贸市场、熟食加工、校园周边食品卫生、农机产品质量、无照行医、液化器具、烟草市场等开展项检查，共查办投诉案件85起，为消费者挽回经济损失3.5万元。2005年，开展“倡导诚信兴商、共建和谐社会”的“2005红盾行动”，取缔无照经营6户，捣毁窝点14个，销毁各类假冒伪劣商品160多种，价值17万多元，办结消费者投诉案件62件，罚没金额5万元，为消费者挽回经济损失4万多元。

第四章　质量技术监督管理

第一节　机　构

1989 年，县标准计量所共有干部职工 4 人，隶属县经委管理，属股级机构。1992 年 10 月，县标准计量所更名为县技术监督局。1997 年 3 月，改为县政府办管理的副局级机构。1999 年，更名为县质量技术监督局。2000 年 7 月，根据国务院文件精神，全省技术监督系统实行垂直管理，并升为正局级建制，核定行政编制 5 人，事业编制 4 人，实有工作人员 6 人。2005 年年底，县质量技术监督局内设办公室、综合股、计量所、稽查队，核定行政编制 11 人，事业编制 4 人，实有工作人员 12 人。

第二节　质量监督

一、企业产品质量监督

1989 年以后，在做好食品质量安全市场准入管理工作的同时，逐步展开对食品的调查摸底工作，加强食品质量安全的宣传力度，坚持每年“3·15”期间在城乡及集市开展宣传材料活动。2000—2001 年，先后组织开展“放心工程”“百城万店无假货”和春季“查农资、促春耕”、夏季“查食品、保健康”、开展“整规”和“百日打假”等活动，并配合市中检所、计量所搞好产品的抽检和计量具器的检查工作。质检、公安、工商、消委会、烟草局、防疫站、法院等相关部门配合开展“万人打假”联合执法行动，共印发打假宣传单 2300 余份，展示假冒劣质商品 10 余种，抽查市场商品质量 190 批（次），零售定量包装 195 批（次）。

2002 年，成立“全国质量月”活动领导小组，制订实施方案。查处石屯镇西津两家炼钢厂，查封地条钢 13 吨，并责令停止生产，立案审查。对全县 10 个乡镇农资、农药经销点进行全面检查，抽样送检 29 批（次），其中，查出江山市塔峰化肥厂生产的塔峰过磷酸钙化肥的有效五氧化磷含量达不到标准要求，给予相应的处罚。全年共封存非 B 装啤酒 4 万多瓶，查处短斤少两加油站 1 家，检查液化石油气经营单位 80 多家，钢瓶 1.1 万个，送检液化石油气超期钢瓶 6330 个，立案 12 起，罚没款 3 万多元。抽查市场商品质量计量 310 批（次）。2005 年，全县有白酒制造企业 3 家、食醋制造企业 3 家、酱油制造企业 4 家，共 10 家企业获得“QS”食品安全市场准入许可证书。同时，对尚未取得许可证书的企业责令其停产或给予技术指导，帮助制订规范产品质量标准，提高产品质量，并督促企业在规定期限内取得证书。

二、组织开展“打假”活动

2001 年开始，县质量技术监督局针对境内有些茶叶加工点在茶叶中掺杂制假的现象，开展专项整治行动。2002 年 9 月，组织 160 多人次，深入 8 个乡镇的 87 个商店和城关 130 家商品批发部及经销单位，共抽样检查商品 5 批（次），立案 18 起，涉案单位 30 个，涉案金额 6 万多元，罚没款 5.2 万元。2003 年，先后组织开展农贸市场专项整治和整顿规范茶叶市场活动，共出动执法人员 150 多人（次），重点检查农资生产、产品批发和经营部 41 家，检查农资产品 33 种 127 批（次），抽样检验化肥 6 种 12 批（次），查出不合格产品 2 种 3 批（次）。其中对不合格化肥给予处理；当年还出动 255 人（次），检查茶叶生产经销企业 136 家，检查茶叶 217 批（次），抽样检查 23 批次，共查获掺滑石粉茶叶 5 个批（次）3100 公斤，查没滑石粉 1500 公斤。对掺杂制假茶叶的“重灾区”东平镇进行多次的执法检查，对掺杂制假的加工点进行教育和处罚。此外，还开展水泥、钢材、室内装修材料、机砖、低压电器等建材市场专项检查，检查建材经销单位16家，查处销售袋装不足的水泥31吨，不合格胶合板、机砖、发热器等建材产品19批（次）。查处外地生产的“B”装灌装啤酒3900瓶，查处8℃冒充8.6℃的啤酒130箱。

2004年，以农产品的检查为工作重点，共检查农资销售单位51家、生产单位1家，抽样检查27批（次），查处标识不合格化肥5个批（次），计13吨，送检肥料13个批（次），查处质量不合格肥料3个批（次）。是年3月17日，组织消委会成员和部分茶农、茶商，在产茶重镇东平镇召开的“拒绝茶叶掺杂、掺滑石粉”的万人签名大会。2005年，组织人员深入全县10个乡（镇）的农资批发部，检查农资销售单位38家，生产单位2家，抽样检查15批（次），查处质量不合格肥料2个批（次）共4吨，对销售不合格产品店家，责令整改。6月，会同县工商局、农业执法大队、茶叶总站等部门，对全县茶叶生产企业开展大检查，并督促有一定生产规模和能力的茶叶生产加工企业建立健全茶叶质量检测、生产原料、半成品标准体系，把好产品出厂关。

三、市场名牌产品质量监督

1989年后，质量技术监督部门在每年开展市场商品监督检查中，把执法监督重点放在与群众生产生活密切相关的食品、茶叶、建材、电器等日常生活用品和种子、农药、化肥、饲料等农用物资方面。2000年开始，县内出现东平酱油、东平老窖、正禾茶叶等一批具有市场竞争力的产品品牌，质监部门在标准、质量、计量方面适时对其做好强制计量器具的检定并提供有力的服务，全年帮助企业制定标准24项，接待有关技术及法律、法规、信息咨询的人员30多人次。2001年5月，中旬开始，相继开展学习贯彻“质量月”宣传和“打假冒、保名优”产品活动，对全县经销电线、电缆产品的5家商店和7个肉品冷库进行全面检查，依法收缴伪劣电器产品14件和假冒贵州生产的小糊涂仙酒13瓶，总价值1300元。2002年9月下旬，配合相关部门检查经销企业40多家，检查检验锅炉42台次，下发意见书26份，提供整改意见79条，封存土锅炉6台。同时配合市所举办一期38人参加的锅炉操作培训班。

2003—2004年，先后监察“锅、容、管、特”设备140台（次），检定各类计量器具7064台件，起重机械、电梯、压力容器等41台，液化石油气充装站3家，经营点84家，液化石油气瓶2.3万只，共查处有违规制造、经营、非法安装及超期瓶使用等行为经营户4家，处罚款5000多元，发出监察意见书31份，提出整改意见130条。2005年，开展矿泉水、冷冻食品、茶业等23种生产许可证申办审查工作。配合市局锅检所特检站检验锅炉34台，起重机械10台，查处非法安装锅炉1家，监督送检液化气超期钢瓶15084只，氧气瓶30只。监察特种设备30多台（次），发出监察意见书28份，提出整改意见10条。同时，深入全县10个乡镇的38家农资批发部、销售点，抽样检查15个批次，查处质量不合格肥料2个批次4吨，并予封存处理。在当年3·15打假行动中共查获过期饮料、无生产日期果冻、糕点、劣质食品等325瓶（包），当场销毁货值5000余元，查处生产销售不合格水泥2家25吨，价值6000多元。

第三节　计量监督与认证

1989—1992年，计量管理工作以“计量定升级”活动为载体，通过行政手段促使企业加强计量管理基础工作，法定计量单位的使用得到普及，全县建立强制核定计量器具台账、衡量器等制度，计量器具受检率达95%以上。1993—1998年，依照《中华人民共和国计量法》及有关法规、规章，做好计量器具的强制检定，保证量值传递的准确可靠和计量单位的统一。1999年，全面开展“计量达标认定”工作，举办一期有20余家企业参加的宣传贯彻《福建省乡（镇）企业计量工作达标管理办法》培训班。同时加强对各乡（镇）卫生院使用计量器具的管理和医疗卫生单位计量达标的考核工作。2000—2005年，根据《中华人民共和国计量法》，在全面建立和实行天平、砝码、衡量器、压力表四项社会公用标准，先后增加血压计计量标准，加油机检定标准装置的同时，开展天平、砝码、衡量器、压力表、血压计、血压表及加油机等各项检定工作，先后检定各类计量器具 14285 台（件），分别授权县电力公司、自来水公司开展电能表、水表的强制检定工作，共检定电表 21886 架、水表 6471 只。

第四节　标准化管理

一、农业标准化管理

1992 年，根据国务院办公厅《关于进一步加强农村标准化工作的通知》和南平市政府《关于加强农业标准化工作的实施意见》，开展农业标准化工作，是为本县农业标准化管理之始。是年 9 月 1 日，市质量技术监督局派员到铁山花茶厂检查指导农业标准化工作，协助企业解决有关在开展农业标准化工作中遇到的问题，使其成为市级农业标准化示范基地。2001 年 4 月，成立消灭无标准生产工作领导小组，先后召开全县性工作会议 6 次，举办各类培训班 4 次，发放宣传资料 200 份，帮助农业企业查询标准 85 项，制定标准 20 家。2002—2004 年，实行标准化注册登记企业 9 家 15 种产品，标准化备案登记 3 家。

2005 年，与农业部门联手打造县无公害蔬菜标准化示范区，在杨源、镇前、汀源等高山乡（镇）大力推广和种植反季节蔬菜，应用标准化原理，实施生产技术控制，以杨源乡为龙头基地，带动各乡镇发展无公害蔬菜标准化生产。为企业制定标准化综合体，成立南平市政和茶叶农业化示范区。示范区内共有茶园面积 80 公顷，参与茶园种植管理农户 270 户。是年 12 月 15 日，县政府召开部署全县农业标准化工作，使全县农业标准化工作形成政府推动、部门协调、示范区典型引导、龙头企业带动发展的态势。

二、工业标准化管理

1989 年开始，贯彻实施《中华人民共和国标准化法》，1990 年，举办企业法人标准化培训班 1 期，有 16 家企业的 18 位厂长（经理）参加学习培训。是年，开始受理企业产品标准备案 21 项。1991 年，组织 15 家企业 32 人参加由省纪委、省标质协会等 6 家联合举办的《质量管理和质量保证》系列国家标准电视讲座培训学习。1993 年起，根据《福建省工业产品执行标准登记注册管理规定》精神，对全县企业产品标准进行登记注册。

2001 年，帮助 121 家工业企业制定各类产品标准 157 种，全县工业产品标准覆盖率由上年 30% 提高到 96.3%。全年共接待、咨询产品标准化人员 60 多人次。至 2005 年底，全县企业执行标准登记注册共有 205 个项目，其中执行国家标准 12 个，行业标准 26 个，地方标准 24 个，企业标准 143 个。是年，县稻香茶叶有限公司的政和白茶基地被国家标准委批准为第六批全国农业标准化示范项目。

三、代码标识证管理

1993 年 6 月，政和县统一代码标识制度领导小组和代码办公室，开始代码标识证管理工作，印发《关于全县实行统一代码工作实施意见》和《关于颁发党政机关、企业、事业和社会团体统一代码标识证书》等文件。是年，县质量技术监督局与县人民银行联合发出《关于在账户管理工作中实施全国统一代码证书的通知》，确保全县统一代码工作的顺利开展。1994 年，大力推广统一代码的应用，先后与县人行、县税务局联合下发《关于贯彻落实强制查验代码证书的通知》和《关于在县税务登记工作中强制查验全国统一代码证书的通知》，做好代码赋码办证工作。1995 年，县质量技术监督局配备打印代码证书电脑和打印机各一台，培训具体操作人员，实现代码证书随到随办。1997 年，开始进行到期代码证书的换证工作。1998 年，配合省代码办进行代码应用软件工作，更新电脑。

2000 年，全面实现与省代码办的计算机联网，做到网上及时赋码。当年办理新代码证 83 家（其中社团 23 家），换证 338 家，年审 72 家。2001 年，新办证 53 家，换证 156 家，单位代码数据库有 1000 条信息被统计、金融、税务等有关部门采用。2002 年，新办代码证 61 家，换证 161 家，年审 319 家，年审换证率达 55%。至 2005 年年底，全县共办理组织机构代码 1326 个。

第五章　物价管理

第一节　管理机构

1989 年，县物价委员会有干部 2 人，县物价检查所有专职干部 5 人。1993 年，成立县价格事务所，为物委下属自收自支股级事业单位。1997 年 5 月，机构改革保留县物委，改为属计委管理的部门管理机构。2000 年，县价格事务所加挂县价格鉴证中心牌子。2001 年，县价格事务所更名为政和县价格认证中心，撤销县价格鉴证中心，时有人员 2 人。2002 年 7 月，机构改革，确定物委并入县发展计划局，对外加挂物价局牌子。至 2005 年年底，县物价局内设机构有物价检查所、价格认证中心，工作人员 6 人。

第二节　物价总水平

县物价水平的测算仅限于城关农贸市场八大类 44 种商品，未进行社会商品零售物价指数的测算。1989 年，城关农贸市场八大类 44 种商品价格（下同）总指数 8.97%，较上年降 26.4 个百分点，比当年政府下达控制任务数 27% 低 18.21 百分点，降幅较大的有水果类降 99.27%、蔬菜类降 31.11%、竹柴炭类降 27.09%、土特产类降 23.15%。1989—1991 年，贯彻“治理整顿，深化改革”“既要稳定物价，又要振兴经济”的工作方针，物价总指数呈下降或小幅上涨。1990 年，下降 11.45%，比年初政府下达控制任务数低 21.45 个百分点，1991 年，微涨 0.21%，比控制任务数 15% 低 14.88 个百分点，其中，粮油、蔬菜和肉禽蛋 3 大类商品，分别降低 16.36、7.65 和 3.84 个百分点。1992 年，为 6.63%，比控制任务数 10% 低 3.37 个百分点。

1993—1995 年，物价总指数呈大幅上升，总指数上涨 43.48%，其中，粮油类 59.53%、肉禽蛋类 41.59%、蔬菜类 32.64%、水产类 24.84%、水果类 17.94%、烟麻类 18.54%、土特产类 32.11%、柴炭类 57.31%，是涨幅面最广、涨幅度最大的一年；1995 年，为 18.37%，1996 和 1997 年，涨幅分别为 9.15% 和 2.73%，比政府下达控制任务数 15%、7.6%，分别低 5.9 个和 4.87 个百分点。

1998 年后，由于加大物价监督检查力度，对关乎民生的部分主要商品实行提价申报、限制最高零售价、实行“六 0 控制工程”（60 种商品）和严格价格水平控制目标责任制等一系列稳定物价水平的措施，物价水平总体呈下降。1998 年和 1999 年，均下降 2.51%。2000 年，下降 1.81%，八大类商品中有粮油、肉禽蛋、土特产等 3 大类商品分别下降 14.20%、0.21% 和 0.54%，竹柴炭和蔬菜 2 大类分别微涨 1.12% 和 1.1%。

2001 年以后，物价涨幅又趋总体回升，其中，2001 年涨 0.87%，2002 年涨 1.06%，2003 年涨 2.14%，2004 年涨 3.82%，2005 年涨 3.93%。

第三节　物价体制改革

1989—1994 年，贯彻落实经济体制改革的决定，坚持“以放为主，调放结合”的价改原则，改革不合理的价格体系和管理体制，探索建立以市场形成价格为主的价格形成机制。主要特征是实行“价格双轨制”，从石油开始到改土地无偿划拨为有偿使用，提高矿产品、原料性农产品及基础工业产品的价格。随着国家取消农产品的统购、派购制度，主要农产品粮、棉、油、木材、重要中药材实行“价格双轨制”，大多数农产品放开价格，实行市场调节价。期间，为有效控制物价过快上涨，县物价部门认真执行“严格控制物价水平，适当调整价格结构，大力整顿经济秩序，加强价格监督检查，继续深化价格改革”的方针，落实“六〇控价工程”（60 种商品），通过行政、经济等措施，完成物价控制目标，保持社会经济生活的稳定。

1995—1999 年，以建立“市场形成价格”为主的价格形成机制为目标，深化价格管理体制改革，转换价格形成机制，落实企业定价自主权，继续坚持“以放为主，调放结合”的价改原则，政府定价的商品比重大幅减少。同时，不断健全完善政府控价目标责任制，至 1996 年，物价总水平的上涨回落到比较正常状态。1997 年，全县社会商品零售价涨幅为 1.03%，其中，集市贸易八大类 44 种商品零售价涨幅为 2.73%，分别比年初下达控价目标任务降低 3.47 个和 4.87 个百分点。1998 年 7 月对居民基本生活必需品和服务价格监管品种和范围进行较大调整，凡是能够在市场中形成竞争，供求基本平衡的，都放开价格，由经营者自立定价，随行就市。至 1999 年年底，县管商品价格减至 3 种：水价、电价和农业生产资料最高限价。

2000—2005 年，贯彻实施《中华人民共和国价格法》，执行《重要商品和服务价格成本监审暂行办法》《关于引导和规范市场价格行为的通知》《非常时期落实价格干预措施和紧急措施暂行办法》和《政府价格决策听证办法实施细则》等一系列指令，运用价格杠杆促进扩大内需和经济结构调整。物价管理主要由过去抑制通货膨胀转到促进市场价格的合理回升，由过去抑制消费的价格政策转变为鼓励消费的价格政策，由过去抑制投资的价格政策转为促进和扩大有效投资的价格政策，从传统的常规管理转为依法治价，促进价格管理体制市场化、宏观化、法制化。

第四节　价格管理

一、工业品价格

（一）地方工业品价格

1. **电力价格**　1989 年 3 月，经县长会议研究决定：工业用电每千瓦时（下同）由 0.12 元调为 0.18 元（磷肥厂从 9 月份执行），居民生活用电由 0.17 元调整为 0.22 元，营业性用电由 0.17 元调为 0.24 元，以上电价均不含地方附加（工业 4%，照明 8%）。1991 年 9 月，对城关供电范围内电价进行调整：营业性用电每千瓦时（下同）由 0.24 元调为 0.26 元，居民生活用电由 0.22 元调为 0.24 元，工业用电由 0.18 元调为 0.20 元（磷肥厂、自来水厂生产用电仍执行 0.18 元，水泥厂生产用电从 1992 年起执行 0.20 元），以上电价均不含地方附加（营业、生活照明用电 8%，工业、农业用电 4%）。1993 年 7 月，经县长办公会议研究决定每千瓦时电价上调 0.15 元，1994 年 1 月开始，照明用电每千瓦时 0.45 元，工业用电为 0.33 元。

1995 年 12 月起，按丰水期（3—8 月）和枯水期（9 月—翌年 2 月）分别定价。丰水期：每千瓦时照明用电价 0.58 元、工业用电价 0.43 元、一般营业用电价 0.65 元、特殊营业用电 0.70 元；枯水期：每千瓦时照明用电 0.67 元、工业用电 0.47 元、一般营业用电 0.78 元、特殊营业用电 0.84 元。县自来水厂、县粮食加工厂用电本次未调，仍执行原价。1997 年 1 月起，按丰水期、枯水期分别下调电价。丰水期：每千瓦时照明用电 0.52 元、工业用电 0.42 元、化肥生产为 0.31 元、自来水与粮食加工用电 0.27 元、一般营业用电 0.61 元、特殊营业用电 0.65 元；枯水期：每千瓦时照明用电 0.61 元、工业用电 0.46 元、化肥生产用电 0.37 元、自来水及粮食加工用电 0.33 元、一般营业用电 0.48 元、特殊营业用电 0.78 元。是年 7 月起，调整部分电价：每千瓦时照明用电 0.78 元、工业用电 0.60 元，其中磷肥生产 0.34 元、水泥生产 0.54 元、自来水生产 0.30 元。2001 年 1 月起，各类用电价每千瓦时调整为：照明 0.73 元、商业 0.93 元、非普工业 0.60 元、水泥生产 0.54 元、自来水生产 0.30 元、磷肥生产 0.34 元。

2002 年 11 月至 2005 年年底，全县实行城乡用电同网同价，每千瓦时电价为：照明 0.56 元、商业

0.91元、非普工业0.58元、水泥生产0.49元、磷肥与自来水生产0.33元。

2. **自来水价格**　1989—2005年，先后7次调整自来水价格。1990年2月，每吨居民生活用水价从0.22元调至0.25元，工商企业用水价从0.24元调至0.30元。1992年7月，每吨居民生活用水价为0.30元，工商企业用水价为0.35元。1995年6月起，每吨居民生活用水价0.60元，商业、建筑用水价0.95元，工业用水价0.75元。1996年1月起，每吨居民生活用水价0.65元、工业企业、行政事业单位办公和医疗卫生用水价为0.75元、其余用水价均为1.00元。1997年1月，实行城区自来水管网改造价外集资，生活用水每吨价0.85元，工商企业用水每吨价0.85元，其余用水每吨均为1.00元。当年6月起，每吨居民生活用水价调为0.80元，工商企业用水价1.00元，酒家、旅社、歌舞厅、茶座和游乐中心等营业性用水吨价1.20元。2001年1月起，每吨民用水价（含行政机关、事业单位、社会团体用电）由0.80元调为1.30元，工商企业用水价由1.00元调为1.40元，各类宾馆、饭店及招待所（经物价部门核定房价的等级宾馆执行工商企业用水价）、酒家、旅社、歌舞厅、茶座、游乐中心等营业性用水价由1.20元调为2.00元，至2005年底企业用水价基本不变。

3. **水泥价格**　1989—1992年，县产水泥实行计划内、外价格管理，计划内水泥价格由政府价格主管部门管理，超计划生产的水泥由厂销双方协商定价。1993—2005年，根据省、地物委关于进一步深化价格管理体制改革的精神，下放县产水泥的厂销价格管理权限，由企业自主定价，随行就市。

4. **县产化肥（过磷酸钙）价格**　1993年前，县产化肥过磷酸钙的价格管理均由政府价格管理部门按省、市物委相关作价办法制定和管理。1993年初，根据上级关于进一步深化价格管理体制改革的精神，县产化肥出厂价由企业与经营单位签订产销合同，协商定价报县物委备案，销售价格下放给经营主管部门或经营企业，按上级相关作价方法定价，报县物委备案。1994年8月，农资流通体制改革，由四级批发一级零售改为两级批发一级零售（即中央级、省级批发，县农资公司和基层供销社批零结合，基层供销社推行代销制），全县实行统一最高零售限价管理。1996年，地产小化肥厂销价格放开，其后，随着供销体制改革，化肥等农资经营权全面放开，至2005年批零价格不变。

（二）工农业生产资料价格

1. **化肥价格**　省及省以上管理的化肥生产企业所产化肥价格始终实行政府管理。如三明尿素，1989—1991年底，出厂价实行双轨制，1992年逐步并轨，1993年5月起实行全县统一零售价，1996年起，实行出厂价最高限价，允许一定幅度上浮，批发零售价格实行进销差率、批零差率等形式管理。2004—2005年，按省物价局通知实行出厂限价管理，只许下浮，不得提高，明确批发、零售两环节分别实行3%、4%的差率管理。

2. **工业生产资料**　如黑色金属（选线材为标物），1989—1991年，实行价格双轨制，国家指令计划生产调配部分的厂销价格严格执行国家定价，超计划部分实行最高销售限价。1992年5月，实行工业生产资料计划内外价格并轨，销售价按“随行就市，略低市价”的原则，由经营单位集体定价，挂牌销售，每季表报县物委备案。1993年后，国家放开钢铁产品价格，仅对指令性生产的产品仍实行国家指导价管理，允许企业在5%幅度内上下浮动，至2005年保持不变。

（三）日用消费品价格

1. **食盐价格**　食盐价格属省管理，1989年至2001年10月，实行严格的批零差率和规定的作价方式，执行零售价格分区管理。2001年11月起，实行全省统一零售价格，按批发价等于零售价除以1.13作价配送，所需费用除卸车费外由省盐业公司负担。2004年6月起，对每次购货量3吨以上，且每月累计10吨及以上的销售网点，给予批零差率2个百分点优惠，批发价等于零售价除以1.15，至2005年底，全省统一零售价不变。

表 26－5

政和县城关若干年份食盐价格表

年　　月	规　　格	单　位（克）	调后执行价（元）
1989. 11	小包装	500	0. 31
	散装	500	0. 27
1992. 3	小包装	500	0. 35
	散装	500	0. 30
1993. 8	小包装	500	0. 40
	散装	500	0. 30
1995. 6	小包装	500	0. 60
	细白小包装	500	0. 62
	优质细白小包装	500	0. 65
	精制盐小包装	500	0. 70
1996. 2	小包装	500	0. 67
	日晒细盐小包装	500	0. 71
	精制盐小包装	500	0. 77
2001. 11	复合袋加碘日晒盐（纸箱）	500	0. 90

2. **大米价格**　1989 年，随着稻谷收购方式和价格改革，大米价格也相应实行统销价和议销价的双轨制及分区管理的方式。1991 年 5 月起，调高大米统、议销价格，标二早籼米统销价每 50 公斤从 13. 80 元调为 25 元，议销价从 25 元调为 40 元。1992 年 4 月起，全省放活粮食销售价格，居民定量供应部分的标二早籼米每 50 公斤调为 42 元，标二晚籼米为 45 元，粮食部门经营议价粮的价格随行就市，农民生产的多余粮食放开多渠道经营。1993 年 12 月，省物委、粮食厅下发《关于平抑粮价稳定市场的紧急通知》，要求在 12 月 30 日前，标一、标二早、晚籼米实行挂牌销售，其他品种仍放开经营。是时，南平地区确定每 50 公斤标一早籼米 78 元、标二早籼米 73 元、标一晚籼米 85 元、标二晚 80 元，并规定当时零售价低于上述标准的，仍按原价执行，不得乘机涨价。1994 年 9 月 20 日起，县大米市场实行最高限价管理，粮食部门销售的标一早籼米每 50 公斤 85 元、标二晚米 94 元，其所属各粮点经营优质米 108 元，个体工商户经营优质米限价 115 元。此后，至 2005 年，当市场米价出现异动或遇自然灾害等意外情况时，县物价部门均适时对大米销售实行限价管理。

二、农产品价格

（一）粮食（稻谷）价格

1989 年 4 月 1 日起，提高粮食统购价和议购价，每 50 公斤（下同）中等早籼统购价由 12. 5 元调为 16. 67 元，定购价由 17. 5 元调为 22. 5 元。晚籼稻统购价由 13. 55 元调至 17. 56 元，定购价由 18. 30 元调为 23. 70 元。1990 年，实行议购粮指导价管理，每 50 公斤中等早籼稻 35 元、晚籼稻 40 元、糯稻 44 元，并允许上下浮动 5%。1991 年粮价未变，4 月 1 日起每 50 公斤稻谷奖肥从 12. 5 公斤提高到 20 公斤。1992 年 4 月 1 日起，提高粮食定购价格，每 50 公斤中等早籼稻从 22. 50 元调至 25. 50 元，早杂籼稻从 23. 70 元调至 25. 50 元。1993 年，早籼稻执行合同收购基准价 34. 75 元，晚籼稻执行合同收购指导价 40. 75 元。1994 年，执行国家定购粮收购价，早籼稻 50 元、晚籼稻 55 元。1995 年，执行价格不变，国家定购粮实行价外补贴，省定每 50 公斤补 15 元，政和县实际执行 10 元，奖肥款 12. 50 元。1996 年，国家定购粮价早籼稻为 72 元，晚籼稻 77 元，保留价外补贴和奖肥政策。

1997 年起，实行保护价政策，每 50 公斤稻谷 61. 75 元。1998 年 5 月，贯彻国务院进一步深化粮食流通体制改革的决定，继续实行粮食合同定购制度和保护价政策，实行中央和省两级储备制度，落实《粮食收购条例》，由省级政府根据国务院制定的原则，制定各地合同定购价和保护价，粮食企业实行顺价销售。是年，全省晚籼稻收购保护价统一为每50公斤62元，等级差按3%执行；定购粮晚籼稻基准价70元，各地可在5%幅度内上下浮动，并继续保留价外补贴每50公斤10元及奖肥政策。1999年，定购价与保护价相同，中等品质中籼稻每50公斤价56元，晚籼稻58元，等级差2元，取消定购粮价补贴和粮肥挂钩政策。此后，至2005年，实行粮食最低保护价收购政策，每50公斤早、晚稻分别为70元、72元。期间，物价部门根据粮食安全预警应急方案，在出现紧急或特急状态时，实行最高限价或限量凭票供应等干预措施进行管理。

（二）木材价格

1989—1996年，贯彻省物委下达的《关于加强我省木材价格管理的通知》，实行收购价水平与销售价水平相挂钩的办法管理，杉木收购价不得低于销售价的50%，松、杂木收购价不得低于43%（均含联营返利），适当提高木材收购价和林价水平：杉木和特类杂木林价由每立方米95元提为160元，松木和乙类杂木林价由每立方米45元提为70元，甲类杂木林价为每立方米100元，丙类杂木林价由每立方米30元提为60元，等外材、非规格材林价按70%折算，集体林价仍实行预留更新造林费35%，用于更新造林。1997年，贯彻省政府《关于清理整顿木材生产经营不不合理收费的决定》，实行“管、控、放”的原则，即管好木材收购价格，控制中间环节税费，放活木材销售价格。木材收购实行最低保护价与销售价相挂钩，即杉、松原木收购价以不低于销售价的50%，杂原木收购价以不低于销售价的43%进行计算，并允许各地可在此基础上上浮，幅度不限。至2005年，全县木材价格管理仍执行上述规定。

三、交通、邮电价格

（一）交通价格

1. **汽车客运价格**　客运价格是由省物价局和交通厅根据《汽车运价规则福建省实施细则》所制定的价格标准和计算公式负责制定和调整，对外公布执行。1993年1月起，客运价格实行政府指导价，允许运输企业根据不同时段不同路线的市场供求状况，在规定的浮动幅度内自行确定多条线路、各种车型的具体票价，但上浮幅度平时最高不超过10%，春运期间不超过20%，并需提前5天向社会公示，1994—2005年，根据物价管理权限分工，县物价管理部门负责境内支线公路客运价格的核定和县内城市交通运价的制定。本县内支线公路客运价格的核定是根据《汽车运价规则福建省实施细则》所规定的基本运价率、车辆通行费、客运附加费、运输站服务费等，按计算公式核定票价，并对外公布执行。

2. **汽车货运价格**　汽车货运价属省管项目，据《汽车运价规则福建省实施细则》进行管理。汽车货运市场放开后，运力增长迅速，市场竞争激烈，实际运价多由双方商定，普遍低于政府指导价。

（二）邮电价格

1. **邮政价格**　1989—2005年，邮政价格属国家管理项目，各项资费均实行国家定价。邮政延伸服务价格属省管项目，并实行政府定价管理。

2. **有线通讯价格**　1989—2005年，有线通讯（电话）价格属省管理项目，由基本月租费和通话费构成，价格标准由省物价局、省邮政局共同制定与调整，向社会公布执行。

3. **无线通讯价格**　1989—2005年，无线通讯含电报和无线电话。电报价格属国家管理项目，由国家价格主管部门与邮电部制定或调整并公布执行。无线电话价格标准均属国家统一管理，2002年1月后，贯彻国家计委、信息产业部联合下发《电信资费审批备案程序规定（试行）》的通知，省物价局、通信管理局要求全省性的基础电信业务交费调整实行听证制度，并报省政府批准后实施；各电信企业在政府指导价范围内制定调整新资费，实行市场调节价的新资费标准在执行前20日向省通信管理局和物价局备案，至2005年不变。

第五节　非商品收费管理

一、收费管理

1989—2005 年，县物价管理部门执行上级关于行政事业性收费管理条例、年度审验办法和经营性收费“统一领导、分级管理”等一系列规定，共核发行政事业性收费许可证与经营性收费许可证（下称“两证”）3202 本。其中：1995—1999 年间，年核发“两证”194—196 本，最多的 1996、1997 两年均为 196 本。2000 年后，县政府和各部门转变职能，宏观调控，清理收费项目，取消和停止一批不合理收费项目，核发“两证”数逐年减少。2005 年，全县核发“两证”仅为 121 本，比最多年份 196 本减少三分之一。

收费许可证年度审验始于 1993 年，按照《福建省行政事业性收费管理办法》实施，是年核发“两证”170 本，应审 170 本、实审 170 本。1997 年，审结行政事业性收费单位 154 个，其中合格 48 个，基本合格 106 个。是年，以年度审验为契机，开展公用电话收费专项检查，发现擅自提高收费标准的经营户 40 户，给予罚没入库 0.38 万元。21 世纪后，收费管理的重点逐步转向健全完善各项管理制度，至 2005 年底，全县行政事业性收费与经营性收费持证单位 121 个（收费许可证为一点一证），年度审验应审、实审 121 本，合格 97 本，占审验数 80%，基本合格 24 本，占审验数 20%。

二、收费项目清理

1991 年，贯彻落实党中央、国务院《关于切实减轻农民负担的通知》《关于坚决制止乱收费、乱摊派和各种摊派的决定》和财政部、国家计委及省物委、省“清费办”、闽农监管办等上级的一系列通知要求，共清理整顿收费单位 149 个 269 项，金额 788 万元，取消不合法收费 45 项（含省、地通知取消项目），查处乱收费单位 5 个 7.77 万元，当年追缴入库 3.07 万元，有效减轻企业和群众负担。1994 年，县专项治理乱收费小组组织 36 人次 8 个小组对 13 个系统 24 个单位 78 个收费点进行检查，检查面占 35.6%，查出自立收费项目 33 项，予以取消。停止执行涉农负担文件 12 份，查出违规收费金额 35.12 万元，退还群众 28.89 万元。至 1994 年年底，共取消收费项目 1012 项，停止执行 29 项（1992 年），暂缓执行 2 项（1993 年）、需修改 29 项（1993 年）。2005 年，5 对 10 多个部门涉及企业收费的项目、标准、依据的收费公示情况进行检查，编制涉企收费目录、实施“收费卡”制度，落实涉企优惠政策，全县实施涉农收费公示制度的单位 412 个，取消或降低收费标准 13 项，减轻农民负担 287 万余元。

第六节　价格检查与监督

1989 年，县物价管理部门围绕“治理经济环境，整顿经济秩序，全面深化改革”的决策，加强物价监管、严控价格出台，努力降低物价上涨幅度。全年组织市场物价检查 174 人次，检查商店 496 个、集市 2 个、个体户 190 户，查处违价案件 14 件，违价金额 4.09 万元，当年入库 2.39 万元，入库率 58.6%。1991 年，先后组织 70 多人次开展 3 次节假日物价检查和 2 次商品明码标价专项检查，明码标价率达 90% 以上。全年物价检查查处违价金额 4.80 万元、当年入库 4.33 万元。1994 年，针对市场物价上涨新情况，强化监督检查，制止乱涨价行为。全年查处各类价格违法案件 37 起，违价金额 33.15 万元，上缴入库 4.20 万元，退还消费者达 28.95 万元。

1997 年，组织开展重大节假日市场物价检查 10 次，查处 7 起哄抬物价等扰乱市场和侵害消费者权益的行为。开展 3 次春运票价检查，将城区公交及三轮车起始标价由每人次 1 元调为 0.5 元。春耕与夏收夏种时节，开展农资价格专项检查，共检查生产企业 1 个，专营公司 2 个，乡镇供销社 9 个和农技站 9 个。开展公用电话收费专项检查，发现擅自提高收费标准的经营户 40 户，给予罚没入库 0.38 万元。在医疗单位和药品价格专项检查中，查处违价单位 4 个，处罚 0.5 万元。查处液化气违价经营者7家，教育收费违价单位3个。全年共查处各类违价案件34起，非法所得金额38.82万元，其中退还消费者32.78万元，上缴入库4.57万元。

1998—1999年，查处医疗卫生、药品机构存在药品零售价未按国家规定的作价办法作价，存在“虚高定价”和环保、建设部门多收“排污费”“放样费”等违法违价行为11起，收缴非法所得计7.47万元，上缴入库7.47万元。2000年，全县社会商品零售物价比上年下降0.75%，八大类商品零售物价下降1.81%，降幅最高的粮油类为14.2%。城关集市贸易成交额4756万元，同比上升2.8%。全年查处各类违价案件11起，查处非法所得6.89万元，处罚3.2万元，其中退还消费者0.75万元，当年上缴入库1.8万元。2002—2003年，共查处违价案件2件，非法所得4.88万元，上缴入库4.88万元。2004年，全县商品零售额3.1亿元，同比提高3.05%。全年查处违价案件3起，非法所得金额10万元，均退还消费者。2005年，开展液化气价格专项检查8次，严格监测管理，使境内气价处周边县市的中等水平。开展节假日市场物价检查6次，受理投诉举报20余起。查处违价案件4件，查处非法所得6.2万元，退还消费者5万余元。

1989—2005年，县物价管理部门共检查违价违纪案件116件，举报案件78件，查出违价金额116.3万元，退还消费者77.48万元，收缴入库金额29.64万元。

表26-6　**若干年份政和县物价监督查处情况表**　单位：件、万元

年　份	查处案件数	查处违价金额	退还消费者	当年收缴入库
1989	14	4.09	—	2.39
1991	—	4.80	—	4.33
1994	37	33.15	28.95	4.20
1997	34	38.82	32.78	4.57
1998	8	2.77	—	2.77
1999	3	4.70	—	4.70
2000	11	6.89	0.75	1.80
2002	1	0.94	—	0.94
2003	1	3.94	—	3.94
2004	3	10.00	10.00	—
2005	4	6.20	5.00	—

第七节　价格听证会

1998年8月，省物价委员会制定公布实施《福建省价格听证办法》，价格调整听证制度形成。县物价管理部门根据办法和价格管理权限分工，相应制定价格听证目录，先后召开价格调整听证会2次。2000年11月，县物委首次召开自来水价格调整听证会。县政府领导、省人大代表及县人大、政协、政府办等相关部门参加。听证会充分听取各方面意见，综合考虑自来水用户承受能力、生产企业条件及效益等各方面因素，原则同意对自来水价格进行适当调整。2001年1月起，居民生活用水价格由每吨0.8元调为1.30元，工业用水由每吨1.00元调为1.45元，商业用水价由每吨1.20元调为2.00元。

2002年8月12日，由发展计划局主持召开液化气价格调整听证会。省、市、县人大代表、县政协委员、老干部代表、县委办、人大办、政府办、物价局及相关部门代表共35人参加。决定由物价局会后根据液化气价格管理有关规定，综合多数代表对液化气价格因素调整方案和具体价格方案进行再次审定，送到会代表再行审议，并请示县人大、县政府后确定执行方案，至2005年，保持不变。

第六章　审计管理

第一节　机　构

1989 年，县审计局内设综合股、工交企业股、商贸企业股和行政事业股 4 个股，实有人员 14 人。1989—1992 年，先后建立 8 个乡（镇）审计所，县商业、供销、粮食、林业、交通、二轻、经贸、教育等部门设立内审股，共配内审人员 27 人。1997 年 7 月，增设基建审计股

2002 年，机构改革核定行政编制 10 人、工勤 2 人。2005 年，增设县固定资产投资审计中心，为下属正股级事业单位，核定事业编制 2 人。至 2005 年年底，内设综合股、财金股、行政事业股、经贸股、经济责任审计股和固定资产投资审计中心等 6 个股级机构，实有行政人员 10 人，工勤 2 人。

第二节　财政金融审计

一、财政预算执行审计

县财政预算审计始于 1996 年，其后，每年对财政局、地税局并延伸抽查若干个部门、单位进行审计，至 2005 年，共审计 52 个单位（项目）。主要存在的问题是：预算编制不够细化、预算执行及资金分配不够规范，部分财政收入未及时足额解缴入库；税收增长乏力、税源后劲的不足，非税性比重大、财政收入质量低；部门单位挤占挪用专项资金、预留预算外资金及专项资金闲置等问题。每年将审计结果向本级人民政府和上一级审计机关报告，向县人大常委会报告预算执行和其他财政收支的审计工作情况及上一年度审计指出问题的纠正情况与处理结果。

二、财政决算审计

县财政决算审计主要是对各部门及下级政府的财政决算进行的审计。1996 年，对东平、铁山、汀源 3 个乡（镇）财政决算审计，查出违规款项 110 多万元，均及时得以纠正。2005 年财政决算审计 2 个，查出违纪违规资金 79 万元，管理不规范款项金额 74 万元，其中，截留挤占挪用预算资金 24 万元，乱收费乱摊派罚款 34 万元，账外资产 1 万元，违规减免缓征少征未征收款 3 万元。其他 91 万元。审计处理应缴财政金额 13 万元，应归还原渠道资金 13 万元，应调账处理金额 4 万元，应自行纠正金额 74 万元。至 2005 年，共完成对本级各部门及下级政府财政决算审计 30 个单位（项目），存在的主要问题是决算不真实、债权债务清理不及时；纳税意识不强、不尽履行纳税及代扣代缴义务；执行预算外资金专户管理不严等。

三、金融审计

1989—2005 年，按照国家审计署、省审计厅的统一安排，开展金融审计共 27 个单位（项目）。揭示的主要问题是金融企业存在资产、负债、损益不实，有违法违规从事金融业务活动情况，信贷资金质量低下等。1997 年，对县农行资产、负债、损益情况进行审计，重点为信贷资产质量的调查，县农行至 1996 年底，累计贷款总额 9083 万元，其中：正常贷款占 22.3%，逾期贷款占 26.97%，不良贷款占总额 77.23%；1996 年度发放贷款 3112 万元，收回率占总额的 95.43%，查出违规金额 1.1 万元。

第三节　农业审计

1989年末开始，农业审计对老区扶贫专项资金的管理使用情况进行全面跟踪审计，相关人员走遍100多个基点村，形成审计报告，提出资金管理使用的意见建议。1997年开展外资应用审计，对世行贷款造林项目、卫生及人口人力开发、扶建公路、二期黄红土壤开发等项目审计，重点检查外资的借用、使用是否合规、有效。2003年，对农业综合开发、世行贷款、部分国债项目、计划、林业、老区扶贫、水电等部门专项资金审计，有的延伸到使用资金部门、单位（含乡镇），共纠正专项资金使用不当100多万元；发现某单位通过虚增工程量、虚列工程支出，将21.44万元专项资金转移到其下属一公司，还设置账外资金18.70万元等违纪问题并给予严肃处理。2005年，对教育、发改、土地、民政、扶贫、计生等系统部门管理的专项资金和使用单位进行跟踪审计监督。至是年底共审计64个单位（项目），针对揭示出存在的涉农惠农政策落实不到位、项目资金虚假配套、挤占挪用、滞留截留、虚列支出及增加农民负担、侵害农民利益问题，作出相应的审计报告。

第四节　企业审计

1989年，县企业审计部门对政和酒厂、化工厂进行投标承包前审计，摸清家底，提出投标承包应考虑的具体因素。1990年，对26家企业进行首轮承包审计，为实施二轮承包，促进企业健康稳步发展发挥应有作用。是年，对8家县重点企业审计，铅锌矿、磷肥厂等企业认真采纳审计意见建议，加强对原料、半成品、成品等的管理。1992年，拓展审计的深度与广度，对县茶厂进行经济效益试审，发现多转成本高达200万元。1997年，对县医药公司、水轮机厂、松源采育场、东平采购站进行资产、负债、损益审计，帮助企业完善内部管理，防止国有资产流失，并提出合理化建议，使企业增加效益40余万元。2003年，对县林业总公司基建户690万元资金是否属“小金库”进行审计查证，确认该资金基本属于企业自有资金，但多年未向财政、审计部门报送会计报表，有逃避监督之嫌，虽处以2.8万元罚款，但客观公正、实事求是为企业澄清情况。2003—2005年，先后对县九洲物资公司、华厦水泥有限公司资产负债损益和对县自来水公司、华厦水泥有限公司、新华书店、县恒盛公司、林产品公司、石门采育场、松源采育场、林业规划队、林业建设投资公司等企业财务收支及国有粮食企业的财务挂账等项目进行审计。

1989—2005年，共审计工业、交通、商业、企业及其他按企业会计制度核算的单位（项目）169个，揭示企业管理与财务核算中存在的损益不实、管理不善或利益驱动造成国有资产流失等问题。

第五节　行政事业审计

1989年，参与清理51个单位私存账外资金（小金库）共21万余元，审计发现设4个单位“小金库”5.32万元，对违反控购的6个单位及时移交县控办处理。是年，会同县林业局，抽查46个单位1988年的育林基金、更改基金征收情况，及时上缴漏欠金额38.90万元。1997年，把行政事业审计重点放在资金较多的行政机关、执法部门和群众反映热点问题，着重审查侵占截留财政收入、乱收费、乱罚款等，对重大问题力求查清查透。是年，会同财政、物委、监察等部门对预算外资金进行清理检查，共查72个单位，查出违反控贩、滥发奖金、违反票据管理及偷税漏税等方面的违规金额193万元，应入库金额56.85万元，移交纪检部门案件3件。全县内审机构17个，纠正违规金额达70余万元。1998—2000年，先后对县教育局普教经费、社保公司“两金”管理使用、县公安局与交警大队行政性收费及罚没收入、社会劳动保险公司养老金管理、县募委会募集赈灾资金、福利彩票福利基金、县农保、社保和机关社保公司社保基金等进行专项审计。2003—2005年，对县民政局城市居民低保资金，县良种场的招待费、小车费及基建装修，县教育系统的 2003 年收费情况等进行专项审计调查。

1989—2005 年，对全额或差额财政预算的行政事业单位的财政财务收支审计共达 301 个单位（项目），注重是对预算执行和资金效益进行审计监督，对发现的主要问题均分别作出相应处理。

第六节　固定资产投资审计

1989—1996 年，县九层漈电站、下榅洋电站、省县乡道建设改造、城区主街拓宽改造、城防工程建设、万吨自来水厂扩建、输变电线路建设、电网改造等工程先后竣工；林贸、粮食、财政、建设、商业、供销、检察、公安、法院、国土、文艺、新华书店等大厦（楼）相继落成；教育与卫生系统一大批教学、办公楼房投入使用，全县固定资产投资审计工作量大，任务繁重。1997 年 7 月，根据《审计法》要求和固定资产投资发展的需要，审计局成立“基建审计股”，县政府批转执行《关于实行建设项目（工程）竣工决算全面审计制度》。当年完成 8 个自筹基建项目资金来源审计，审核基建工程送审造价总额 359. 40 万元，审定造价 340. 40 万元，核减工程造价 19 万元，核减率为 5. 3%。是年经审计节省基建投资 45 万多元。2003 年，县政府印发《政和县国家建设项目审计监督实施办法》。是年完成固定资产投资审计项目 10 个，在中介机构审核确认工程造价后，审计进一步核减工程造价 15. 20 万元，其中财政投资 6. 70 万元，应解交各种税费 16. 50 万元。2005 年，县政府批准成立“政和县固定资产投资审计中心”，是年完成固定资产投资审计项目 8 个，原送审工程造价计 1423 万元，审计确认总造价为 1332 万元，在建设单位确认及中介机构审定的工程造价基础上再核减造价 91 万元，补缴漏交税费 2 万元。其中政和三中新建教学楼工程送审造价 667 万元，经审计确定造价 613 万元，核减 54 万元。

至 2005 年，全县共完成政府投资和政府投资为主体的建设项目预算执行和决算的审计监督计 100 个单位（项目）。主要审计项目财务收支、工程管理及造价的真实、合法与效益情况，重点为项目竣工决算审计。对发现的主要问题均分别提出审计建议。

第七节　经济责任审计

1989—2005 年，全县完成经济责任审计 81 个单位，其中，乡镇领导离任审计 28 个单位，县直部门单位和企业法人任期或离任审计 53 个单位。发现的主要问题是：重大事项执行缺乏必要的内部控制，损害国家利益、造成国有资产流失；收支不实，固定资产管理薄弱；对下属单位监督管理不够到位以及乡镇财政收支平衡压力大，大量债权及周转金放款沉淀，借款或动用财政存款垫交税收或虚列收支等。其中 2005 年，完成经济责任审计单位（项目）15 个，查出违纪违规金额 147 万元，管理不规范金额 9 万元。其中，挤占挪用专款 119 万元，虚列工程支出 34 万元，少计少交税款 3 万元，审计处理后上交财政 11 万元，应归还原渠道资金 75 万元，应自行纠正金额 8 万元。

第八节　其他审计事务

1989—1991 年，审计部门完成县委、政府交办的民政福利胶合板厂、宣传摄制中心、熊山计生办、移民办、富美村和 9 个乡镇的审计。1992 年，配合省、地专案组，对铁山罐头厂和乡本级与财政所等单位的财务进行审计，查出罐头厂违纪金额达 76 万多元，累计亏损金额达 167 万余元，铁山乡违纪金额 15 万元。1997 年，完成交办事项审计 8 个单位（项目）。对预算外资金专户储存调查显示，全县 140 多个单位，参加存储 48 个，占总数 34. 3%，储存资金量不到 50%，从而引起各级领导重视，加强规范预算外资金管理。2002 年，镇前老人会老人寿终基金不能兑现，有 374 位老人联署向县法院提起诉讼，审计部门对其财务通过内查外调、明察暗访，查出隐瞒互助金收入 6. 94 万元，虚列支出

1.09万元，平息老人上访、诉讼。2003年，配合检察、纪检监察部门，对县医药公司、九洲物资公司进行财务审计和审计调查。2004年，完成市审计局交办的异地交叉审计项目——浦城公路分局2004年度财务收支审计，资金量达3500多万元，属全市10县（市、区）资金量最大项目，也是审计工作量最大的项目。通过从内控制度、资产管理、收入、公路养护和建设专项资金支出、工程项目管理、事业管理费支出、债权债务及财务会计制度执行情况等8个方面开展审计，发现存在漏交税收、挤占挪用公路建设专项资金、工程招投标及会计核算不规范等问题，并按市审计局统一规定下达审计决定，补交税款4万多元，罚款1万元。至2005年，全县共完成其他审项事项65个单位（项目）。

表26－7　**1989—2005年政和县审计情况表**　单位：个、万元

年　份	审计单位（项目）	查出违纪违规金额	应上缴财政金额	已上缴财政金额
1989	72	378	84	59
1990	80	89	30	29
1991	70	130	43	51
1992	65	137	38	16
1993	42	136	34	42
1994	45	201	38	40
1995	48	223	25	29
1996	50	456	107	98
1997	33	295	10	9.50
1998	31	525	22	24
1999	57	436	15	18
2000	39	704	35	35
2001	32	595	15	15
2002	75	230	51	51
2003	41	351	63	59
2004	64	502	78	78
2005	45	357	51	55
合　计	889	5745	739	708.5

卷二十七　科　技

第一章　机构与队伍

第一节　行政机构

县科学技术局　1989年初为政和县科学技术委员会，简称科委。设主任1人，副主任1人，内设办公室、科技管理股，共有工作人员12人。2002年3月，更名为县科学技术局，简称科技局，设局长、副局长各1人，内设办公室、发展计划股、科技管理股，下辖科技情报所、技术开发中心。至2005年底内设机构不变，共有行政、事业编制15名，其中行政编制8名，科技情报所事业编制4名，技术开发中心事业编制3名。

县地震办公室　1977年11月成立，1984年撤销。2003年7月恢复设立政和县地震办公室，工作人员及编制由县科技局调整。至2005年不变。

县科技干部管理局　1989年，政和县科技干部管理局与县人事局合署办公，实行"一套人马、两块牌子"，机构挂靠县人事局。至2005年不变。

县矿产资源管理委员会　1989年，县矿产资源管理委员会与县矿产资源管理办公室合署办公。2002年5月并入县国土资源局。至2005年不变。

县山区综合开发办公室　1989年，设在县科委内。1992年，随山区天然香料资源的综合利用与开发、长毛兔良种繁殖技术开发、政和苹果丰产栽培技术开发、政和县珍珠岩的开发利用、食用菌新技术开发与推广、锥栗技术开发等6个项目实施结题后相继撤销。

第二节　科研机构

一、国有科研机构

县农业科学研究所　系县内唯一的农业科研机构，副科级建制，为县财政全额拨款的事业单位。1989年，县农业科学研究所隶属县农业局，工作人员13人，下辖县园艺场和综合农场。2005年，事业编制9人，其中中级职称2人，初级职称4人；农户107户、322人。研究所有水田11.20公顷，淡水养鳗场6公顷，花卉1公顷，稻田2.80公顷，茶果园山地56.70公顷，茶叶加工厂一座。引进罐头笋厂、水泥砖厂、竹木保健品厂各一家。主要承担全县农作物的新品种、技术的引进试验研究，参与省、市、县农业高新技术和无公害技术协作攻关，论证县农业产业结构调整方案、提高农业科技成果咨询服务和推广应用工作。

科技情报研究所　隶属县科技局。1989年年初，有工作人员4人，主要从事科技情报收集、管理和信息传递、科技咨询等工作，并创办“科技消息”“科技信息”刊物等。2003年，制作并开通政和科技信息服务网页。2005年10月，建成开通远程视频科技培训系统硬件终端。2005年年底，共有工作人员4人。

县科技实验站　隶属县科技局，原为县科技实验场。1989年年初，有工作人员2人。1989年，承担县科委下达的部分科技项目、食用菌新品种试验推广。1990年2月，更名为县科技实验示范茶厂，拥有高标准立体示范茶园13.30公顷和茶叶初、精制茶设备一套及厂房约5000平方米。2000年，示范茶厂实行对外承包经营，仍承担科技局实验和示范茶园任务，至2005年，对外仍挂靠县科技实验站。

县技术开发中心　隶属县科技局，设在科技办公楼内。2005年有工作人员3人。

县生产力促进中心　2004年3月成立，隶属县科技局，设在县科技局内，2005年有工作人员2人。

县茶叶科学研究所　位于星溪乡林屯村。1988年隶属县茶叶局。1991年后随市场经济变化，茶科所基本停止运作，2005年陷入停滞状态。

政和县农业技术推广站　系农业局下辖股级事业单位。1989年有事业编制5人。2005年，政和县农技站在编人员不变，其中大专学历3人、中专学历2人；农艺师1人，助理农艺师2人。此外，乡(镇)、街道农技站在编48人，其中中专学历12人，大专学历15人，本科学历3人；农艺师9人，技术员5人。

政和县经作站　系政和县农业局下辖股级事业单位。1989年有事业编制2人，2005年在编2人，均为本科毕业。

二、民营科研机构

政和县石屯果树技术研究所　1989年12月成立。所址在石屯果苗场，主要开展柑橘高产稳产的栽培技术研究，引进推广优良品种进行立体林业综合开发利用，巡回技术指导、技术培训等。1995年后逐步停止科研活动。

政和星联食用菌研究所　1992年12月成立。所址设在杨源乡，主要是示范种植食用菌，进行食用菌新品种研究试验，为菇农提供技术咨询和技术服务。1998年后停止运作。

政和强华生态工程研究所　1989年成立。所址设在东平镇，主要从事大中小型沼气发酵装置的设计和推广，及各种生态模式、生产庭院的设计与施工推广。1998年停止运作。

三、民营科技企业

2002年5月，县熊峰锅炉制造有限公司和继升工艺品有限公司被南平科技局批准为市级民营科技企业。2003年县方竹竹制品厂等民营企业被批准为县级民营科技企业。至2005年年底，全县共有9家市级民营科技企业、7家县级民营科技企业。

表27-1　**市级民营科技企业**

序号	企业名称	企业地址	批准时间	经营范围
1	县熊烽锅炉制造有限公司	石屯镇松源村	2002.05.27	生活锅炉、杀菌锅炉制造销售
2	县继升工艺品有限公司	外屯乡外屯村	2002.05.27	竹木制品工艺品加工
3	县店小二竹木有限公司	铁山工业园区	2003.01	竹木胶合板、竹餐筷生产销售
4	县京泰茶厂	石屯镇	2003.05	茶叶精制销售
5	县正禾茶厂	铁山镇	2003.11	茶叶精制销售
6	县铁山花茶厂	铁山工业园区	2004.09	茶叶精制销售
7	县家和竹木有限公司	铁山工业园区	2005.07	竹木制品工艺品加工

续表 27 - 1

序号	企　业　名　称	企业地址	批准时间	经营范围
8	县东平颀荣酿造厂	东平镇	2005. 07	白酒、酱油、素菜加工
9	县添龙家具厂	石屯工业园区	2005. 07	家具

表 27 - 2　　**县级民营科技企业**

序号	企　业　名　称	企业地址	批准时间	经营范围
1	县山峡子野生动物驯养繁育场	星溪乡	2003. 03	野猪、豪猪等驯养
2	县方竹竹制品厂	岭腰乡工业园区	2003. 06	竹机制碳生产销售
3	县澄源乡茶厂	澄源乡澄源村	2003. 11	茶叶精制加工
4	县高山纯兰果菜有限公司	杨源乡杨源粮站内	2003. 12	水果蔬菜种植及保鲜加工
5	县云寿茶厂	澄源乡澄源村	2004. 01	茶业加工销售
6	县长日工贸有限公司	外屯乡外屯村	2004. 06	木竹坐垫生产加工
7	县东源茶场	澄源乡	2005. 07	茶叶加工销售

第三节　科技队伍

1989 年年初，全县有技术职务的科技人员 2625 人。其中，教育系列 1081 人，工程系列 292 人，农业系列 153 人，经济系列 395 人，会计系列 298 人，统计系列 61 人，卫生系列 302 人，新闻、播音、出版、档案、图书、美术、艺术系列共 39 人，律师、公证系列 4 人。其中高级职称 23 人，中级职称 323 人，初级职称 2 270 人。此后，随着科技人员逐年增加，技术职称评定工作逐步正常化、规范化。1991 年 5 月，政和县科协协调牵头，开展农民技术员评定，至 1992 年 4 月，评出农民技师 7 人，助理技师 87 人，农民技术员 158 人，助理技术员 130 人。至 2005 年底，全县具有专业技术职务 4005 人，其中高级职称 109 人，中级职称 1693 人，初级职称 2203 人。按系列分：教育系列 2537 人，工程系列 301 人，农业系列 139 人，经济系列 108 人，会计系列 180 人，统计系列 25 人，卫生系列 641 人，档案系列 21 人，新闻、出版、体育、艺术系列 24 人、企业政工 13 人，审计 12 人，公证系列 4 人。

表 27 - 3　　**2005 年政和县专业技术人员情况表**　　单位：人

专　业		合　计	高级职务	中级职务	助理职务	员级职务
教育	小学教	1520	7	783	510	220
	中学教	1007	74	438	340	155
	中专教	10	1	5	4	0
工　程		301	2	84	149	66
卫　生		641	21	217	191	212
农　业		139	3	53	58	25
经　济		108	1	37	44	26
会　计		180		50	85	45
统　计		25		3	15	7
档　案		21		2	11	8

续表 27-3

专　业	合　计	高级职务	中级职务	助理职务	员级职务
新闻、出版	21		4	10	7
企业政工	13		3	9	1
审　计	12		11	1	
公　证	4		1	2	1
体　育	2		1	1	
艺　术	1		1		
合　计	4005	109	1693	1430	773

第二章　科技活动

第一节　科技宣传

一、青少年科技普及

1989 年始，县科协配合县教育局及理学会、县青少年科技辅导员协会，每年组织学科竞赛与科技知识竞赛活动，组织学生参加全国、省、市、县各类知识竞赛，组织少年气象科技兴趣小组从事科技小发明。举办小学生电脑学习班及“知我政和爱我政和”暑期夏令营和“科普杯”优秀科技小制作作品展。2001 年，举办“校园拒邪教”系列活动。2002 年，组织中小学生参加“认识生命、了解自己”的科普征文竞赛活动。2003 年，组织 500 名中小学生参加福建“航空百年”科普知识竞赛，获省优秀奖 7 名。同年 5 月，组织 3 所小学 71 名学生参加第四届全省小学生计算机奥林匹克联赛，获全省联赛一等奖 1 名，二等奖 3 名，三等奖 4 名。2004 年 4 月，县科协被省科协、省教育厅、团省委、省妇联授予“青少年科技创新活动优秀组织奖”。2005 年，组织学生参加第五届全省小学生计算机奥林匹克联赛获一等奖 3 名，二等奖 1 名，三等奖 1 名。

二、科普宣传

1989 年后，县科协及所属基层协会坚持面向农村、面向生产、面向群众和以普及为主、农业为主、应用技术为主，开展各种科普活动。利用县、乡（镇）、村三级科普宣传栏，刊登群众喜闻乐见、内容新颖的科技宣传资料。1992 年 3 月，县科委与科协组织由全县科技拔尖人才、高级职称人员、6 部彩车、15 个方阵、万人游行队伍组成的科技踩街游行，拉开第一个科技宣传月序幕。是年始，县科协与县广播电台联合开办《农村天地》科普节目。此后确定每年 3 月为科技宣传月。

1997 年始，将科技宣传月时间改为每年 5 月第三周为科技宣传周。每年一个主题，运用广播、电视播放专题片，组织专家深入农村实地指导。

2000 年 7 月，县科协与县文明办联合举办为期 4 天的“崇尚科学，反对迷信愚昧”大型图片展。8 月，县科协与县政法委联合开展对政和城区 20 余名原法轮功练习者的帮教活动。2003 年，为防治“非典”，县科协翻印大量宣传资料及《养生保健》小册子发给群众。

2005 年 5 月 14—20 日，县科技局组织科技人员深入农村基层，开展“情系三农”“送医下乡”“送药下乡”“科普广场”等活动。县科技局与县科协组织科普志愿者 40 多人在政府广场开展农业、畜牧业、林业、气象、医药卫生等科普宣传咨询活动，发放科普宣传资料 19 种 7000 份，推出科普灯迷200条。组织机关干部、中小学生参观“海峡两岸经济区建设和可持续发展经济试验区建设”“餐桌上的污染”“崇尚科学、反对邪教”“健康养身”大型图片展。组织科普志愿者43人深入熊山、星溪、铁山、外屯、镇前等乡（镇），举办蔬菜、茶叶、畜牧、养殖、锥栗的高产栽培技术培训班25场次，受训群众1430人次。张贴科普墙报5000张，张贴科普标语8300条，向政和广播电台提供科普广播稿件6980多篇，展出科普图片22450张次。

第二节　科技培训

1989年，全县在山地开发和“星火计划”项目实施过程中，开展食用菌、省柴灶、笋用林等项目培训班12期培训449人次。之后，每年都采取“送出去，请进来”的办法选送技术骨干外出参加各种专项培训，并请省市高校、科研院所专家教授到政和办培训班授课，举办技术讲座或进行现场技术咨询指导。同时发挥科技、教育、农业、经贸等部门优势，围绕市场定开发，围绕开发定项目，围绕项目搞培训。1990年，政和县农村实用技术讲师团开展以果树、食用菌、茶叶、养殖等专业实用技术培训20余期。1991年，政和县成立农函大政和分校，围绕各乡（镇）主导产业开办食用菌、果树、蔬菜、茶叶、竹林、锥栗、烟草、水产养殖、畜牧兽医等培训班。同时，县科技、教育、经贸等部门充分发挥自身优势，每年围绕市场举办实用技术培训班30期（班）以上，培训人数每年均达1500余人。2004年，正式启动闽北星火特色农业农民工技能培训工程。每年培训各项农技专业技师170人，各乡（镇）举办各类培训班共50余期，培训技术骨干5000人次。

2005年，县科技局、科协、林业局、农业局、畜牧水产局、各乡（镇）共同承担举办教师培训班3期145人，举办各类农民工技能培训班66期6616人次，其中林、竹、锥栗丰产栽培与笋竹制品加工培训班32期3084人次；无公害茶叶标准化栽培与加工技术培训班12期1230人次；果蔬、食用菌标准化栽培与加工技术培训班11期1216人次；畜禽健康养殖与疫病防治培训班11期1086人次。是年，县科技局投资7万余元安装远程视频科技培训系统硬件终端并投入使用。该系统延伸至全县各乡（镇）各重点企业。

第三节　科技推广

1989年后，为了繁荣和发展区域经济，最大限度地发挥县茶、菜、笋、竹、菇等特色优势，推进县茶叶、茉莉花、反季节蔬菜向产业化、标准化发展，大力引进先进的科学技术，每年由县科技局牵头，县政府下达推广科技成果18—20项。1994年，由县畜牧水产局负责引进推广中华绒螯蟹人工培育新技术，结合实施省重点科研项目“中华绒螯蟹人工培育及立体养殖系统工程研究”项目，攻克幼蟹培育、性早熟及生态养殖难题，运用不同水系河蟹养殖的试验技术成果推广稻田套养商品蟹45.30公顷，成活率达74.50%，性早熟比例从46%下降到5%。该项目推广实施总结一套符合实际的科学养殖技术，对促进河蟹养殖具有重要意义，是福建省河蟹养殖的范例。1996年由镇前、杨源、澄源三个高山区乡（镇）和熊山镇官湖村、县农科所共同推荐“创建‘二元’地域优高农业示范区研究”项目，先后建立大棚蔬菜栽培基地、无公害蔬菜基地及果树品种园、示范园，先后引进果树品种34个，水稻引种示范品种34个。高山区反季节无公害蔬菜种植逐步形成规模并成为当地支柱产业之一。2004年，推广实施“绿色食品茉莉花标准化生产及产业化示范”省级重大项目，在石屯镇新建优质茉莉花栽培百亩科技示范片5个，确认科技示范种植户50户，辐射种植近万亩。在长城村、凤头村、桃洋村、稻香茶场等地建立高标准、无公害科技示范茶园8个，示范面积150公顷，带动全县5万多亩茶园无公害化管理。铁山花茶厂“碧湖村”茉莉花茶，“碧湖村”“元绿牌”绿茶获得中国绿色食品发展中心颁发的绿色食品标志使用权。至2005年，全县共推广科技成果210项，为经济社会发展提供有力的科技支撑。

第四节　科技下乡

1989年始，县科协试办《政和科普》《政和科协简讯》《政和建议》等刊物，无偿发到农村农民手中，提供科技经济信息。

2003年利用“三下乡”（文化、科技、卫生）科普宣传月、科技活动周、“科普日”的契机，深入农村基层，向农民传授科技、送医送药、开展文化活动，为农民致富奔小康提供科技服务。以“服务三农、和谐发展”为主题，除现场培训、宣传、义诊活动外，还捐赠图书、药品等，出动科普宣传车到农村巡回作科普宣传。至2005年，先后下基层播放科普录像达4592场次，出动科普宣传车184辆次。

第五节　科技示范

一、科技示范乡（镇）、村、户建设

1987年，开展创建科技示范乡（镇）工作。是年，石屯镇拥有千亩茉莉花种植基地，被确定为第一批省级科技示范镇，1991年1月通过验收。1992年，东平镇完成千亩茶叶和千亩小径竹示范基地建设，被确定为第二批省级科技示范镇，1996年9月通过验收。1996年，确定熊山镇为第三批省级科技示范镇，2000年5月通过验收。

2000年7月，石屯镇被南平市列为全市“十百千”科技示范工程10个重点科技示范乡（镇）之一。镇成立重点科技示范镇工作领导小组，组建领导机构和工作班子，召开专题会研究部署全面开展重点科技示范镇工作，制定全镇科技、经济和社会协调发展三年规划。是年底，9个行政村全部配备科技副主任。同年，由各乡（镇）评选并经县科技局确认，熊山镇解放村、东平镇苏地村、石屯镇长城村、星溪乡东峰村、铁山镇元山村、岭腰乡高山村、外屯乡湖屯村、镇前镇下园村、澄源乡前村村、杨源乡桃洋村10个行政村为政和县科技示范村。同时确定种、养业单项收入超过全年总收入80%以上，人均纯收入高于当地平均水平30%以上的100户种、养专业户为政和县科技示范户，并享受三年科技政策倾斜和一定数量的科技项目资金扶持。

2001年年初，石屯镇科技工作被列入镇、村领导班子和有关站所责任目标管理，并签订责任书，进一步把科技工作具体化，形成一整套激励机制。2002年，石屯镇专门成立科技创业领导小组，7月成立科技特派员工作站。内设农技、林业、畜牧水产、茶花、农经、农产品流通6个组，由具有初、中级职称的技术人员任组长。各村农技员也被列为镇科技特派员的专职人员纳入统一管理，每月发给补贴15元。同年，石屯镇党代会、人代会都把科技工作写进报告，确定每年召开3次科技工作专题会议。镇政府加大科技示范推广工作力度，完善示范村、示范厂、示范基地建设，建立健全科技示范体系。重点科技示范村长城村专门配备科技副主任和科技特派员办公室及办公设备。全村扩种茉莉花400亩，使茉莉花种植总面积达到50公顷，户均0.08公顷；茶山56公顷，户均0.09公顷；烤烟14公顷，养鸡大户18户，年养鸡鸭1.60万只，竹山养羊4户1000头。重点科技示范镇、村、户主要示范内容、规模经考核验收后，于2002年7月全面授匾挂牌实施示范。是年，石屯镇村民人均纯收入达2700元。

二、科技示范企业

2003年9月，县科技局确认政和水轮机制造有限公司为制造业信息化示范企业。2004年6月，政和县富士岛食品有限公司、政和县铁山木制工艺厂、政和县京泰茶厂三家企业被确认为县农村信息化示范企业。同年8月，政和县熊烽锅炉制造有限公司被确认为南平市制造业信息化应用示范企业。2005年5月，石屯镇被确认为县农村科技信息化示范镇，政和县白牡丹茶叶有限公司被确认为县农村

科技信息化示范企业。

三、示范园区建设

1991—1995 年，先后有县农科所建立“政和县园艺示范园”13.33 公顷，其中母本园 0.67 公顷；东平农技站建立雪柑丰产示范基地 3.33 公顷；星溪农技站建立芦柑丰产示范基地 1.33 公顷；县农委建立稻香茶场果茶高产示范场 6.67 公顷；熊山镇建立官湖村无公害蔬菜科技示范园区 69 公顷，其中大棚蔬菜 8 公顷；石屯镇建立五七农场黑李、油桃示范园 33.33 公顷等农业示范园区。

第六节　科技达标

1989 年始，县科委组织干部职工深入农村，多层次开展适用技术培训，办丰收样板、科技示范村，引导农民创办乡（镇）企业，架电、修路、造林、封山等综合治理，对农业劳动力进行大量实用技术培训。同时实施“田成方、树成行、路相通、渠相连，沟、渠、桥、涵配套齐全的高产稳产、旱涝保收的粮食生产基地”开发，投资 1616.70 万元用于土地、基础设施及茶园、果园等八大内容开发。至 1997 年，全县具有一定规模的水利工程 713 处，其中防洪工程 147 处、引水工程 534 处、蓄水工程 29 处、提水工程 3 处，有效灌溉面积近 12 万公顷，占全县耕地 56%。农科队伍扩大，劳动力素质和农业科技含量提高，粮食产量比 1988 年增长 50%。经济作物形成茶叶、食用菌、竹业、水果、牧业、水产六大主导产业。茶园面积发展近 3333 公顷，年产量近 150 吨。茉莉花种植面积达 230 多公顷，花茶产量近 1645 吨。香菇保鲜 5000 吨，产菇 3000 吨。生猪 7 万头，肉兔 13.80 万只，鸡、鸭、鹅、水产等同步发展。林业高质量完成人工造林更新 2.80 万公顷。全县拥有二轻系统竹木企业 5 家，乡（镇）系统竹木企业 43 家，以及近百家民营林产品小企业；修建乡（镇）公路 160 公里、修建桥梁 74 座 3404 米、实现县乡干道油路化，行政村通公路，新建水电站 9 座，总装机 26250 千瓦，年发电量 8740 万度。架设各种输变电线路 1088.60 米。8 个老区乡（镇）村村通公路，老区行政村通公路率、通电率、通程控电话率分别达到 96.50%、95.40% 和 51.70%。全县有 86 个村级科技小组、3500 户科技示范户、3816 位农业函大毕业农民、382 个农技职称绿卡持有农民。鉴此，县科技局于 1997 年、2001 年、2003 年三次被福建省科技厅、福建省人事厅授予“福建省科技系统先进集体”称号，2005 年 9 月政和县通过 2003—2004 年度全国市、县、区科技进步考核，被国家科技部批准为“国家科技进步县”，被福建省科技厅授予“福建省科技进步先进县”称号。在 2002—2005 年南平市科技创业竞赛中政和县科技工作连续四年名列全市前三名，县科技局连续三届（七、八、九）获南平市文明单位。

第七节　农村能源开发

1991 年，全县推广省柴灶。1995 年，开始推广沼气池新技术。1998 年，引进推广顺昌 SQC 型户用沼气池。2000 年开始推广“一池三改”（改厨、改厕、改圈）沼气池技术。2005 年，全县建沼气池 31 口，其中东平界溪、铁山江上 2 个示范村，共有沼气池 23 口。

第三章　科技服务

第一节　农技服务

一、农民技术员

1989年，政和县实行农民技术员聘用制度。每个行政村聘用一名村级农民技术员（农民技术员职称由政和县农民技术员职称评定工作小组评定）。农民技术员负责把县、乡（镇）农技推广部门的技术方案，引进的新品种、新技术向各村村民示范推广，把农业生产上出现的问题及时同上级农技部门反映，配合上级农技部门做好农技扶贫服务工作。1994年，县科委、石屯镇农技站在石屯推广应用篱架葡萄高产栽培技术。1995年，县农技站在澄源乡推广应用马铃薯脱毒苗繁育技术。1996年，熊山镇官湖村引进油桃、草莓、翠冠梨等优质水果新品种等。2000年，县种子公司引进两系优质稻在石屯、铁山等乡（镇）示范推广。2004年，星溪乡东山村引种美国黑李20公顷。同时，中央农业广播学校政和分校举办农民夜校，不定期请市、县农业部门专家、技术员授课，举办农民实用技术培训班，县、乡（镇）农技站干部经常深入到专业户、科技示范村挂点举办技术讲座，传授各类种养业实用技术。县农业局根据农事季节和生产需要举办短期培训班，向村级农民技术员和专业户、科技示范户传授农技理论和实践操作技术。

2004年，通过村级推荐、乡（镇）考核，县农业部门组织考试，首批选聘村级农民技术员144名，并颁发聘书，聘用期为三年。至2005年，政和县农村组建一支拥有839人的“八大员”（即水利员、动物防疫员、林业员、社会治安综合治理协管员、计划生育管理员、国土资源和规划建设环保协管员、公共卫生员、文化协管员）队伍，其中农民技术员144人。为全县农村经济社会发展发挥重要作用。

二、科技特派员

90年代后，随着全国经济发展进入由长期短缺转为相对过剩，农产品由卖方市场转为买方市场的新阶段，全县原有单一粮林为主的农业经济结构面临着严峻的挑战，农产品销售难问题十分突出，农业经济效益越来越低，大量粗放型、大众化的产品在市场竞争中毫无优势，农民收入幅度逐年下降，局部地区出现负增长。为解决传统农业向现代农业、粗放型农业向效益型农业、封闭型农业向开发式农业转变等一系列矛盾和问题，加快农村脱贫致富奔小康的步伐，1999年，政和县推行科技特派员驻村开展农业科技服务，当年下派12人。科技特派员以村为基地，根据个人的能力和特长，结合产业结构调整的需要和农民的实际要求，通过举办技术培训班和现场指导等形式，为农民提供示范、培训、合作等科技服务。通过建立利益共同体，树立示范典型，辐射带动发展，通过科技项目开发，因地制宜，加快新品种、新技术等“五新”推广。1999年后，随着农业科技服务机制的不断深化，由点到面，逐步推广，特派员下派到全县各基层村指导农民科学种田、种菜、种果，帮助驻点村发展经济，推动农业产业化的发展。至2005年，全县共选派6批504人（其中中高级职称351人）进驻92个村、6家龙头企业和5个生产基地。

特派员的驻村服务，有效推进农村经济的发展，农业结构调整进一步优化。据统计，科技特派员驻点村农业结构调整的面积占60%以上，比全县平均水平高出28%。食用菌、茶叶、竹业、锥栗、反季节蔬菜、茉莉花等主导产业发展质量明显提高。食用菌转向多菌类开发，优质菌比例达30%左右；茶园面积5700公顷，茶叶农残抽检合格率上升到98%；毛竹面积3万公顷，深翻垦复1.60万公顷，竹业产值新增上亿元；新植锥栗4000多公顷，成功注册“大真王”商标，被授予“中国锥栗之乡”；

高山蔬菜、烟叶等种植规模不断扩大，科技成果应用进一步推广。至2005年，科技特派员共引进、试验、示范、推广种养新品种200个，累计推广面积1700多公顷，推广实用新技术252项，推广灌溉、植保、耕作、收割等新设备120台（套），推广新农药35种。南平市明星科技特派员陈必兴主持研究的“高山区无公害蔬菜栽培技术”课题通过市科技局评审验收，技术达到国内先进水平，该项目获得政和县2004—2005年度科技进步二等奖。实用技术普及进一步加快，科技特派员充分利用乡、村文技校，坚持“实用、实地、适时”的原则，通过举办各类技术培训班，提高了农村广大群众的科技文化素质。1999—2005年共播放科技录像256场次，组织收看8420人次；举办科技墟市110次，咨询服务8960人次；举办实用技术培训班1105期，印发技术资料6.56万份；组织农户外出考察取经32次，参加人数达1596人次。被誉为“闽北榛仙”的科技特派员詹夷生，在抓好驻点村科技服务的同时，走遍了全县锥栗种植园，向榛农传授锥栗特性、施肥管理、病虫害防治等实用技术，从而提高广大榛农的生产科技含量，锥栗产量从1999年的50万公斤增加到2005年的800万公斤。产销对接机制进一步形成。科技特派员们以项目开发为依托，兴建生产基地，搞活市场流通，实现产销一体化运作。1999—2005年，全县科技特派员共申报科技开发项目260个，实施241个，项目总投资1760多万元，带动农户增收4500多万元。同时科技特派员以建立利益共同体形式开发科技项目123个，项目总投资450多万元，其中科技特派员个人投入资金52万元。全县科技特派员共建立示范园（点）82个，示范面积500多公顷，各乡（镇）科技特派员工作站通过电脑网络发布农产品营销信息，解决了农产品“销售难”问题。

第二节　气象服务

1989年，县气象局用高频无线电话进行气象信息交流。1994年，建立省、地、县计算机通讯网络，通过拨号上网与省、地进行信息交流。开办12121天气预报自动答询系统、避雷检测、防雷工程、人工影响天气等多项业务。1997年，建立中规模卫星云图接收站。1998年，建成气象卫星广播单收站（PCVSAT小站），安装中国气象信息综合分析处理系统（MICAPS系统）。2003年，建立民X.25专线，预报浏览平台，6分钟实时雷达产品软件平台，Ewips2006等。至2005年不变。

随着气象现代化设备不断投入使用，气象信息的传送速度和预报服务水平不断提高。气象服务从单纯的公益服务发展为以决策服务为重点、农业服务项目为中心、公益服务与有偿服务相结合，服务内容丰富，服务手段日益多样化。从单纯的为农业服务发展到向工矿、城建、交通水利、电力商业、保险、林业、地质、通讯、教育、旅游等层次行业延伸。服务手段从单一的广播发展到利用传真、电视、“12121”电话、移动手机、短信、互联网等渠道向广大用户传播，并增强服务新产品的针对性、准确性和时效性，使气象为社会经济建设和广大人民群众生活提供全方位的服务。

第三节　地质矿产勘察及服务

1989年，地质矿产勘察工作主要有国家出资的地质勘察和地方及个人出资的地质勘察，以及为民间提供供水水井工程地质勘察工作等。

1990年后，政和县地质矿产勘察工作前期主要是由国家掌控，国家出资进行地质勘察找矿。90年代末国家政策允许社会团体及自然人出资地质找矿。即有国家出资找矿，也有国家通过行政审批、民营企业以及个体自然人共同参与利用招标拍卖挂牌出让探矿权方式，取得探矿权、采矿权，形成国家、企业、个人三者均拥有矿业权格局。

境内地质矿产勘察主要由福建省闽北地质大队承担，其次是1998年进入政和县的冶金部福建冶金二局福州东鑫矿业技术有限公司承担，并对政和县在地质找金、银多金属矿有一定的突破。如：在石屯东际矿区金银多金属矿普查中，提出矿体赋存于侵入在南园组与老地层不整合面的似层次火山岩

（流纹岩）内的认识成果，成功地找到被断层错断下180—220米深部矿体，并提出闽北地区大多数金矿（化）体均产于酸性岩浆岩或次火山岩体构造或围岩接触部位的找矿思路，为政和地质矿产勘察提供了新思路。

至2005年，先后完成政和县上山岗金矿普查、政和县王母山硫铁（金）矿勘察及普查、政和县香炉山珍珠岩普查、政和县锦屏金银矿普查、政和县马仑头金矿详查、福安双溪花岗石材普查等地质勘察工作，为矿山开发和利用提供地质资料依据。至2005年，全县地质矿产勘察项目共18家，已进入开采（包括早期开发）8家，详查10家，普查4家，预查2家。其中：金银矿12家，铅锌5家，铁矿1家。主要分布在星溪、铁山、外屯，其次为澄源、杨源、东平、镇前等乡（镇）。

第四节　科技咨询服务

1989—2002年，科技咨询主要从事科技资料收集和科技书籍传、借阅，运用"科技信息"和"科技消息"两个期刊向农村、企业传递科技信息，同时与南平市各县（市）及浙江庆元、宁德市的周宁、寿宁、屏南等近50个地、市（县）进行交流。2003年，随着"政和科技信息网"的建立，停止"科技消息"和"科技信息"的刊发，开通政和科技信息服务网页，内容涵盖科技信息成果、知识产权、专利产品、科技政策法规及科技动态。2005年10月，建成开通远程视频科技培训系统硬件系统终端，积极为广大农村、农民、企业业主、员工传递科技信息。

第四章　管　理

第一节　项目管理

科技项目管理包括项目立项（包括申请、审批、论证、签约），项目组织实施管理、督促检查计划执行情况，定期汇总并提交年度执行情况表和财务决算报表及科技项目结题后的验收总结（包括立项背景、实施过程、完成情况、存在问题、经验教训等），作出项目技术报告（包括所获成果、推广应用情况等），有关新产品测试报告及用户报告、项目决算表，经县科技局审核后上报项目立项单位，由项目立项单位组织相关专家进行核实或复测相关数据形成验收意见。

1989—2005年，政和县共实施国家星火计划项目1项，省级项目49项（其中重大项目1项），市级科技项目45项，县级科技项目393项。

表27－4　**1989—2005年政和县国家、省、市、县立项实施科技项目表**

年　份	国家级项目	省级项目	市级项目	县级项目
1989	—	2	3	18
1990	—	1	2	18
1991	—	—	3	21
1992	—	2	1	23
1993	—	3	3	26
1994	—	1	2	15
1995	—	3	2	22

续表 27－4

年　份	国家级项目	省级项目	市级项目	县级项目
1996	—	8	3	21
1997	—	6	—	22
1998	—	7	4	28
1999	—	2	3	14
2000	—	1	3	20
2001	—	2	2	14
2002	—	1	4	20
2003	—	3	4	28
2004	—	3	4	26
2005	1	4	2	57
合　计	1	49	45	393

第二节　成果管理与专利

一、成果管理

政和县科技局对全县各单位科研成果进行登记，组织相关专家鉴定建档，并负责向上级申报更高层次的奖励。县科技进步奖一般两年评一次，由县政府成立科技进步奖励评审委员会，评委会成立若干专家评审小组，对所有申请奖励项目提出评审意见和建议奖励等级，经评委会审核后报县政府批准颁发。

1989 年起，执行 1984 年制定的《政和县科学技术进步奖试行办法》，规定县级科技进步奖一等奖金 1000 元，二等奖金 700 元，三等奖金 500 元，四等奖金 300 元。1998 年 8 月 10 日和 11 日，政和县分别发布《关于科技成果推广奖励暂行规定》和《关于重奖科技有功人员的试行办法》。2003 年 3 月，县政府发布《政和县科学技术奖励规定》，明确县科技奖每两年评审一次，每次授予项目数不超过 10 项。奖金额为一等奖 8000 元，二等奖 5000 元，三等奖 3000 元。该项规定自 2003 年 4 月 1 日起施行，同时废止此前的奖惩规定。至 2005 年，全县获科技进步奖成果共 71 项，其中省级 1 项，市级 9 项，县级 61 项。

表 27－5　**1989—2005 年政和县获省、市、县科技进步奖项表**

成　果　名　称	完成单位	主要完成人员	授奖单位	获科技进步奖时间
LHGO. 08 － 4—W 高效节能立式锅炉	政和县熊烽锅炉制造有限公司	叶大伟　刘声红 叶森伟　林葆明 魏永忠	福建省政府	2005 省科学技术三等奖
生漆改性新技术用于制作无毒无味餐具的研制	政和星华工艺有限公司	吴荣生	南平地区行署	1991 年地区科技进步三等奖
篱架葡萄高产栽培技术研究	石屯镇农技站 石屯镇科委	魏孙宝　郑礼荣 兰义忠	南平市政府	1995—1996 年市科技进步三等奖
刚竹毒蛾防治新技术研究	县林委、福建林学院、县科委、福州树木园	郑建春　林毓银 聂建全　曹清育 连巧霞	南平市政府	1997—1998 市科技进步三等奖

续表 27-5

成 果 名 称	完成单位	主要完成人员	授奖单位	获科技进步奖时间
香菇优高产栽培技术探索推广	县食用菌研究开发中心	范 敏 范春江 陈旺友 陈必兴 吴善仕	南平市政府	1998—1999 市科技成果推广三等奖
锥栗丰产栽培技术开发	星溪乡政府	林 军 张见明 刘国辉 许云礼 陈嘉誉 郑红梅	南平市政府	1998—1999 市科技成果推广三等奖
创建“二元”地域优高农业示范区的研究	县农科所	孙郑英 叶积勇 取健全 应星富	南平市政府	1999—2000 市科技进步二等奖
短轮伐期菇木林栽培试验研究	县林委	葛灼瑞 魏年锋 曹清育 王上伟 朱祥锦	南平市政府	1999—2000 市科技进步三等奖
名特优茶叶加工技术研究	县科技实验站	刘声红 洪万生 郑诚勇 许绍卫 聂建全	南平市政府	2001—2002 市科技进步三等奖
LHGO.08—0.4W 高效节能立式锅炉	政和县熊烽锅炉制造有限公司	叶大伟 刘声红 叶森伟 林葆明 魏永忠	南平市政府	2003—2004 市科技进步三等奖
自动话机密码锁装置技术研究	—	林葆荣	政和县政府	1989—1990 县科技进步一等奖
电度表空载无耗装置技术研究	政和县电力公司无线电厂	林葆荣 陈志弟 叶兆雄	政和县政府	1989—1990 县科技进步二等奖
政和Ⅰ型节柴灶研制	政和县能源办	候光右 倪尚书 朱厚诚 宋运辉 倪尚河	政和县政府	1989—1990 县科技进步二等奖
测定HⅠ抗体监测鸡新城疫免疫程序新技术	县畜牧兽医站 石屯乡牧医站 石屯乡科委	范 辉 范建宜 郑礼荣 杨红玉	政和县政府	1989—1990 县科技进步二等奖
刚性斜墙过水堆石坝	政和县水电局	裴安太 林汉保 郭耀南 许 华	政和县政府	1989—1990 县科技进步三等奖
“中稻—再生稻”引进栽培试验研究	外屯乡农技站	叶相盛 许达义 马 春 赖才良 叶明号	政和县政府	1989—1990 县科技进步三等奖
政和县坡地资源农业开发利用研究	政和县农业区划办	王连捷 罗子京	政和县政府	1989—1990 县科技进步三等奖
世界银行贷款中国国家造林项目、政和县造林总体设计	县林业规划设计队	—	政和县政府	1989—1990 县科技进步三等奖
浅析政和县矿资源的综合开发利用	县矿产开发中心	叶德寿 魏日中	政和县政府	1989—1990 县科技进步四等奖
政和县国营林业采育场森林经营方案	松源、石门采育场	江胜铭 颜振平 李守龙 卓火龙 罗立强	政和县政府	1989—1990 县科技进步四等奖
563 无毒无味高级白色大漆研制	政和星华工艺有限公司	吴荣生 江 洪 吴 辉 苏云花 倪建枝	政和县政府	1991—1992 县科技进步一等奖

续表 27－5

成　果　名　称	完成单位	主要完成人员	授奖单位	获科技进步奖时间
999 高级仿瓷涂料	政和建筑材料厂	陈敏春　张光炉	政和县政府	1991—1992 县科技进步二等奖
ZTQ 型准同期装置	政和无线电厂	陈式聪　黄尚荣 陈修强　陈　荣	政和县政府	1991—1992 县科技进步二等奖
杀蚧灵	政和官湖化工厂	范子青　周可横 魏正华　缪葵荣 郑有和	政和县政府	1991—1992 县科技进步二等奖
福董酒（低度白酒）	政和县酒厂	汪家辉　陈灼炎 姚金寿	政和县政府	1991—1992 县科技进步三等奖
TXX 型调频广播音箱	政和县无线电厂	叶兆雄　倪其辉 薛棉荣	政和县政府	1991—1992 县科技进步三等奖
早晚组合对换栽培超“三纲”技术研究	石屯乡农机站 石屯乡科委	张余帅　魏孙宝 郑礼荣　陈鸣华	政和县政府	1991—1992 县科技进步三等奖
LSGO. 12—0. 9A Ⅰ Ⅰ Ⅰ 锅炉研制	政和县锅炉厂	周　星　叶大伟 林葆荣　叶森伟 应星富	政和县政府	1993—1995 县科技进步一等奖
竹头竹尾综合利用及碳化着色竹制品	政和县竹木制品厂	曹肇明　叶大军 郑勤仙　赖宝忠	政和县政府	1993—1995 县科技进步二等奖
LCD 系列脚踏粒机的研制		班金全　叶显江 张琳茂	政和县政府	1993—1995 县科技进步二等奖
早中稻旱育稀植栽培枝术	星溪乡农技站	黄有恒　张正河 赖才万	政和县政府	1993—1995 县科技进步二等奖
硫酸扩建 20KT/年的技术改建	政和县磷肥厂	苏久勤　陆启书 林　进　陈松臻 刘乃欧	政和县政府	1993—1995 县科技进步三等奖
LQC—0. 25、0. 4 型养殖气化常压炉研制	政和县农技站	叶森伟　周　星 叶大伟　应星富 林葆明	政和县政府	1993—1995 县科技进步三等奖
甜椒高产栽培技术研究	政和县农技站	高建明　范孙东 兰义华　吕祥弟	政和县政府	1993—1995 县科技进步三等奖
原燃料预均化技术改造	政和县水泥厂	詹树强　王惠山 范　斌　叶先胜 季　平	政和县政府	1993—1995 县科技进步三等奖
2 号机立窑增产节能改造	政和县水泥厂	詹树强　许新桂 范　斌　叶先胜 季　平	政和县政府	1993—1995 县科技进步三等奖
生料微机配料系统改造	政和县水泥厂	吴成林　范　斌 叶先胜　季　平 周　强	政和县政府	1993—1995 县科技进步四等奖
政和县医院污水处理系统工程	政和县医院	马　林　范云生 郑马昭　何小觅 陈　平	政和县政府	1993—1995 县科技进步四等奖
中华绒嚣鳌蟹种苗人工培育养殖技术研究	县畜牧水产局 县科技实验站	汤文池　马　春 李式梅　孙国旺 黄兴富　李　明	政和县政府	1996—1999 县科技进步一等奖

续表27－5

成　果　名　称	完成单位	主要完成人员	授奖单位	获科技进步奖时间
马铃薯脱毒苗繁育技术研究	县农技站	范孙东　叶云翔 陈　辉　张本进 叶衍森	政和县政府	1996—1999 县科技进步二等奖
刚竹毒蛾防治新技术研究	县林委、福建林学院、县科委等	郑建春　林毓银 聂建全　曹清育 连巧霞	政和县政府	1996—1999 县科技进步二等奖
创建“二元”地域优高农业示范区的研究	县农科所 澄源优高农业种植场	孙郑英　叶积勇 应星富　聂建全	政和县政府	1996—1999 县科技进步二等奖
茶叶绿色食品的生产与加工技术研究	县科技实验站 县稻香茶场 县科技示范场	郑诚勇　陈灼声 洪万生　刘声红 许云礼	政和县政府	1996—1999 县科技进步二等奖
工业废渣综合利用	县水泥厂	范　斌　王惠山 杨上平　周尚荣 薛盛兴	政和县政府	1996—1999 县科技进步二等奖
梨树矮化密植栽培技术研究	石屯镇农技站 县经作站	魏孙宝　吕亩南 周良伟　张正河 邵义清	政和县政府	1996—1999 县科技进步三等奖
浆砌石挡墙堤防的改进与应用	县水利电力局	吴建雄	政和县政府	1996—1999 县科技进步三等奖
香菇优质高产栽培技术探索推广	县食用菌研究开发中心	范　敏　范春江 陈旺友　陈必兴 吴善仕	政和县政府	1996—1999 县科技成果推广一等奖
毛竹低产林发行技术推广	县林委	陆理钦　何德芳 李佳瑞　葛灼瑞	政和县政府	1996—1999 县科技成果推广二等奖
锥栗丰产栽培技术开发	星溪乡政府	林　军　张见明 刘国辉　许云礼 陈嘉誉　郑红梅	政和县政府	1996—1999 县科技成果推广二等奖
篱架葡萄高产栽培技术研究	石屯镇农技站 石屯镇科委	魏孙宝 郑礼荣兰 义忠	政和县政府	1996—1999 县科技成果推广三等奖
名特优果树品种园的建设	县农科所	孙郑英　陈小明 谢传兴　马　春	政和县政府	1996—1999 县科技成果推广二等奖
引种培育优良草莓新品种	熊山镇科委	应星富　许海峰 吴玉锦	政和县政府	1996—1999 县科技成果推广三等奖
白竹姜引种	县蔬菜办	陈必兴　陆永树 郑诚勇　陈运声	政和县政府	1996—1999 县科技成果推广三等奖
名特优茶加工技术研究	县科技实验站	刘声红　洪万生 郑诚勇　许绍卫 聂健全　沈生荣	政和县政府	2000—2001 县科技进步一等奖
政和县饮用水水质区域疾病相关性调查研究	县环保监测站 县科技情报站 县卫生防疫站	张应平　范治金 林瑞华　郑诚勇 张　琦	政和县政府	2000—2001 县科技进步二等奖
脱毒马铃薯夏季繁育技术研究	县农技站	李远宝　范孙东 郑远灿　薛盛水 谢宝爱	政和县政府	2000—2001 县科技进步二等奖

续表 27－5

成　果　名　称	完成单位	主要完成人员	授奖单位	获科技进步奖时间
茉莉花反季节育苗技术研究	石屯镇政府	魏庭贵　朱　彤 魏孙宝　邵义清 陈爱秀	政和县政府	2000—2001 县科技进步二等奖
减少水轮机磨蚀的技术研究	县水轮机有限公司	张忠光　吴世秀	政和县政府	2000—2001 县科技进步二等奖
无公害蔬菜科技示范园区建设	熊山镇科委	吴其群　郑远灿 许海峰　张正满 缪葵荣	政和县政府	2000—2001 县科技进步三等奖
农科系列水蜜桃引种试验	县农科所	孙郑英　陈少明 谢传兴	政和县政府	2000—2001 县科技进步三等奖
短轮伐期菇木林栽培试验研究	县林委	葛灼瑞　魏年锋 曹清育　王上伟 朱祥锦	政和县政府	2000—2001 县科技成果推广一等奖
两系优质稻的引进与示范	县种子公司	张本进　李满旺 兰桂花　刘忠钱 魏子清	政和县政府	2000—2001 县科技成果推广二等奖
萝卜周年丰产栽培技术	县农业局经作站	李远宝　郑红梅 杨上爱　蔡桂辉 陈　辉	政和县政府	2000—2001 县科技成果推广二等奖
反季节蔬菜示范　推广基础建设	镇前镇政府	李禄生　余林满 叶积勇　陈式琼 叶温全	政和县政府	2000—2001 县科技成果推广三等奖
稻田养蟹技术	县畜牧水产局	汤文池　李式梅 黄兴付　陈国旺 李　明	政和县政府	2000—2001 县科技成果推广三等奖
金银花示范　推广基地建设	外屯乡科委	陈观增　李佳瑞 许海平　郑琳成 吴妙定	政和县政府	2000—2001 县科技成果推广三等奖
优高油菜试种推广应用	岭腰乡政府	谢秀端　周良伟 陈江全　马建新 周岩炎	政和县政府	2000—2001 县科技成果推广三等奖
高山区反季节蔬菜基地建设	杨源乡政府	陈必兴　吴世清 郑红梅　张　健 陈　娟	政和县政府	2000—2001 县科技进步二等奖
162 例胃癌的胃镜和病理诊断探讨	县医院	舒美玲　陈立祥 林　芬	政和县政府	2000—2001 县科技进步三等奖
茉莉花高产优质无公害示范基地建设	石屯镇政府	兰义忠　陈松贵 廖金荣	政和县政府	2000—2001 县科技进步三等奖
冬春塑料大棚栽培蔬菜项目	星溪乡政府	薛盛明　陆陈强 张见明　叶相盛 郑红梅	政和县政府	2000—2001 县科技进步三等奖

表 27－6

1989—2005 年政和县省级科技项目验收鉴定情况表

项目名称	完成单位	组织鉴定单位	验收鉴定时间	成果水平
中华绒蟹种苗人工繁育及养殖技术研究	县畜牧水产局	省科技厅	1999.03.25	国内先进
创建二元地域优高农业示范区的研究	县农科所 澄源乡 优高农业种植场	省科技厅	1999.07	省内领先
茶叶绿色食品的生产与加工技术研究	政和县科技实验站	省科技厅	1999.11	省内先进
政和县饮用水质与区域疾病相关调查研究	政和县环境保护监测站、县科技情报所	省科技厅	2000.07.16	省内先进
名特优茶加工技术研究	政和县科技实验站	省科技厅	2002.06	省内领先
LHG0.08—0.4W 高效能节能立式锅炉	政和县熊烽锅炉制造有限公司	省科技厅	2004.10.10	
城市绿化珍贵树种引种与培育技术研究	政和县松涛国有林采育场	省托市	2005.12	
优高经济作物新品种的选育及高效栽培技术研究	政和县新世纪生态园艺示范场	省托市	2005.12	
绿色食品茉莉花茶标准化生产及产业化科技示范	政和科技示范茶场、福建农业大学、福建农科院茶叶研究所	省科技厅	2005.12	国际先进水平

二、专利

政和县 1989—2005 年共取得专利 38 项，其中发明专利 12 项，实用新型专利 26 项。

表 27－7

1989—2005 年政和县取得专利情况表

名　称	申请（专利权）人	地　址	发明设计人	公开公告日	专利类型
串接式杆号牌	许迓老　戴瑞炎	政和县胜利街 24 号	许迓老　戴瑞炎	1989.01.25	实用新型
立式锅炉装置	叶大伟　叶森伟 林葆明	福建省福州市贸易局工业品流通处曹红艳转	叶大伟　叶森伟 林葆明	1998.11.04	实用新型
一种水加热器	何仕考　郑　坤	政和县胜利街 237 号	何仕考　郑　坤	2000.06.28	实用新型
一次性中药碗	林世忠	福建省政和县北大街 121 号	林世忠	2001.03.21	实用新型
一种新型医护服	许庆友	福建省政和县熊山镇翻身街 1 号	许庆友	2001.04.11	实用新型
一种农副产品保真干燥的装置	陈旺友　谢乐明	政和县星溪小学宿舍	陈旺友　谢乐明	2001.05.16	实用新型
一种菌物或作物栽培的容器	陈旺友　陈旺进	政和县星溪小学宿舍	陈旺友　陈旺进	2001.08.15	实用新型
电度表空载无耗装置	林葆荣　叶兆雄 陈志弟	政和县南大街余厝柯 5 号	林葆荣　叶兆雄 陈志弟	2001.09.05	实用新型
一种电风扇	蓝富寿	政和县熊山镇胜利村凤嘴 94 号	蓝富寿	2001.09.05	实用新型

续表 27－7

名　称	申请（专利权）人	地　址	发明设计人	公开公告日	专利类型
自动计算机密码锁装置	林葆荣	政和县南大街余厝柯5号	林葆荣	2001. 09. 12	实用新型
一种省柴灶	周焕森	政和县解放街72号	周焕森	2001. 09. 12	实用新型
一种多能型供水器	葛建强　吴仕明	政和县城关凤嘴94号	葛建强　吴仕明	2001. 09. 12	实用新型
一种摩托车链条自动张紧器	吴祖云	福建省政和县东平镇新口村后坑头65号	吴祖云	2001. 09. 19	实用新型
脚踏脱粒机	班金全　叶显江	政和县铁山乡铁山村	班金全　叶显江	2001. 09. 19	实用新型
花盆固定器	叶志恒	政和县铁山乡政府	叶志恒	2001. 09. 19	实用新型
一种三轮车的转向操纵装置	杨机德	政和县科委	杨机德	2001. 09. 19	实用新型
健安器	叶文雄	政和县星溪乡政府	叶文雄	2001. 09. 19	实用新型
自行车车架的充气装置	黄其安	政和县下药125号	黄其安	2001. 09. 19	实用新型
一种摇篮	缪存平	政和县医院理发室缪存平	缪存平	2001. 09. 19	实用新型
一种染发专用刷	缪存平	政和县医院理发室	缪存平	2001. 09. 19	实用新型
透气可折硬质凉床	葛建强	政和县城关凤嘴94号	葛建强	2001. 11. 21	实用新型
健身摇椅	缪存平	政和县医院理发室	缪存平	2001. 11. 21	实用新型
行走摇木马	李儒秀	政和县东平镇文明路123号	李儒秀	2002. 07. 10	实用新型
水轮自动清洗器	李儒秀	政和县东平镇文明路123号	李儒秀	2003. 03. 19	实用新型
轻型水稻收谷机	李儒秀	政和县东平镇文明路123号	李儒秀	2003. 08. 20	实用新型
花面隔视塑膜	黄其安	政和县元峰庄一弄2号	黄其安	2005. 05. 11	实用新型
农副产品保真干燥的方法及装置	陈旺友　谢乐明	福建省政和县星溪小学宿舍	陈旺友　谢乐明	1991. 09. 25	发明
吊把	宋兰江	福建省政和县澄源乡富垅村	宋兰江	1991. 10. 23	发明
采石机	宋兰江	福建省政和县澄源乡富垅村	宋兰江	1992. 01. 15	发明
石制品系列—石材管道、电线杆、管桩、桩及其生产方法	宋兰江	福建省政和县澄源乡富垅村	宋兰江	1992. 01. 29	发明
钢框架支撑吊装法	宋兰江	福建省政和县澄源乡富垅村	宋兰江	1992. 10. 21	发明
巨型石板筑路法	宋兰江	福建省政和县澄源乡富垅村	宋兰江	1993. 04. 28	发明
巨型石板架桥法	宋兰江	福建省政和县澄源乡富垅村	宋兰江	1993. 12. 15	发明
石板墙砌筑法	宋兰江	福建省政和县澄源乡富垅村	宋兰江	1996. 05. 01	发明

续表 27-7

名　称	申请（专利权）人	地　址	发明设计人	公开公告日	专利类型
石板、钢筋混凝土楼板浇筑法	宋兰江	福建省政和县澄源乡富垅村	宋兰江	1996.06.19	发明
地下城挖掘法	宋兰江	福建省政和县澄源乡富垅村	宋兰江	1996.12.11	发明
机械采石法	宋兰江	福建省政和县澄源乡富垅村	宋兰江	1998.12.30	发明
采石机开掘隧道法	宋兰江	福建省政和县澄源乡富垅村	宋兰江	1999.05.05	发明
畜禽毛被、裤、大衣、鞋帽系列产品	宋兰江	福建省政和县澄源乡富垅村	宋兰江	1999.05.12	发明
石砖及其生产方法	宋兰江	福建省政和县澄源乡富垅村	宋兰江	1999.09.01	发明
多用途太阳能蒸汽泵	李儒秀	政和县东平镇文明路123号	李儒秀	2000.03.29	发明
一种以创制键盘图为字符输入作帮助的方法	黄其安	福建省政和县元峰庄一弄2号	黄其安	2001.09.19	发明

第三节　经费管理

科技经费包括科技三项费用和科学事业费用两大经费。科技三项费用来源以地方财政预算划拨为主，省、市给予适当支持。用于科技项目新产品试制，中间试验费，重点科学研究补助费。科学事业费用来自地方财政，主要用于科学普及，行政、事业编制人员工资、职工福利、办公用品、会议经费及添置必要的科技器材设备。1989年省、市、县共拨给科技经费34.70万元。1992年后，县财政加大对科技项目扶持，1996年全县科技项目增多，省、市加大对科技经费的投入，其中省上拨给科技经费62万元，南平市拨给经费504万元。2005年，立项国家级科技项目一项，争取到国家科技三项费用25万元，县财政投入科技三项费用达174.80万元。

表27-8　**1989—2005年政和县国家、省、市、县科技经费划拨情况表**　**单位：万元**

年　份	科技三项费用				科技事业费
	国家	省	市	县	
1989	—	6.00	4.50	8.20	16.00
1990	—	10.00	4.00	13.00	18.00
1991	—	—	7.20	14.80	19.00
1992	—	1.30	2.00	47.90	19.00
1993	—	3.00	6.50	63.40	13.00
1994	—	2.00	4.70	30.80	16.00
1995	—	15.00	4.00	47.83	27.00
1996	—	62.00	504.00	42.82	19.00
1997	—	79.85	—	18.00	21.00

续表 27－8

年　份	科技三项费用				科技事业费
	国家	省	市	县	
1998	—	53.00	17.00	53.00	23.00
1999	—	5.50	11.00	21.50	20.00
2000	—	10.00	29.00	21.00	22.00
2001	—	30.00	13.00	23.40	31.00
2002	—	20.00	20.00	24.40	32.00
2003	—	70.00	26.00	113.60	38.00
2004	—	42.00	25.00	149.00	37.00
2005	25.00	47.00	12.00	174.80	42.00

第四节　农业科技管理

1991—1992 年，政和县石屯镇农技站先后实施“吨粮田”“三纲田”建设项目，分别获南平地区科技进步二等奖、三等奖。至 2005 年，全县农业系统先后获南平市科技进步二等奖项目 2 个，三等奖项目 4 个，获县科技进步一等奖项目 1 个，二等奖项目 7 个、三等奖项目 12 个。（详见本章第二节）

第五章　防震减灾

第一节　地震监测

一、远程地震遥测台

1995 年年初，由福建省地震局在政和城关南庄（现云根书院西侧山脚），设立远程地震遥测台，无人值守，由省地震局通过远程遥测数据。省地震局每年派员对设备维修一次。至 2005 年，该遥测台仍正常运行。

二、地震观测点

2003 年底，政和县地震办在稻香养殖场设立地震宏观观测点，设专人值守。主要观测动物异常现象，每日记录，每周定期向省地震局预报中心报告宏观观测情况。至 2005 年不变。

第二节　震害防御

一、地震科普宣传

2003 年，政和县地震办成立。在每年县科技宣传周、宣传月活动中，县地震办工作人员与其他部门科技工作者深入社区、农村、学校，宣传地震常识和防震抗震知识，在政府广场开展地震知识咨询、图片展览，分发科普小册子，举办地震知识讲座等。至 2005 年，县地震办共举办知识讲座 4 场，开展广场宣传 5 次，分发科普宣传资料 5000 余份，宣传和普及社会公众防震抗震知识。

二、地震应急

2004 年 4 月，为确保辖区内发生破坏性地震时，地震应急工作能高效而有序地进行，最大限度地减轻地震灾害造成的损失，制定《政和县破坏性地震应急工作预案》，经县政府研究通过并颁布实施。成立政和县抗震救灾指挥部，负责破坏性地震应急工作，由县政府分管领导任指挥长，相关部门人员任副指挥长和成员。县抗震救灾指挥部成员单位相继制定应急预案，明确应急职责。同时，建立县防震减灾工作联席会议制度，在发布破坏性地震临震预报后或发生破坏性地震时的应急阶段，履行其职责。

卷二十八　教　育

第一章　幼儿教育

第一节　园所设置

1989 年，政和县采取政府、部门、厂矿、集体、个人等多种形式兴办幼儿园。全县共有幼儿园 63 所，其中教育部门办 1 所，教育部门与胜利村合办 1 所，厂矿办 2 所，政府机关办 1 所，县良种场办 1 所，村完小附设幼儿班（园）23 所，个人办 31 所，乡（镇）中心园 3 所，幼儿入园率 31.26%。是年，按照国家教委发布的《幼儿园工作规程》和《幼儿园管理条例》要求，举办幼教法规暑期培训班，各乡（镇）学区、幼儿园教师 120 人参加学习。

1990 年 6 月，政和进行全县幼儿园（班）注册登记，规范幼儿园管理。

1995 年，由于幼儿数量大幅度增加，政府为提高幼儿入园率，鼓励社会力量办园。同时，要求各学区努力做到村村有幼儿班，全县有幼儿园（班）148 个。1997 年始，在国家鼓励社会各方面力量依法办园的发展方针下，全县大小个体幼儿园不断增加，原附设在学区和村完小的幼儿园（班）由于小学学生数增加，逐步撤出小学转为个体办园。至 1999 年年底，全县共有幼儿园 174 所。

1998 年，县教育局对社会力量办学进行检查审核，由南平市教委重新审批发放“政和县社会力量办学许可证”。1999 年，对县、乡（镇）所在地附设的 10 个学前班一律取销。同时规范幼儿园、学前班用书，全县幼儿园一律使用福建省编的幼儿园大、中、小班教材，农村学前班一律使用省编的学前班教材。

2000 年，对全县 123 所社会力量兴办的幼儿园进行重新登记注册。109 所合格园取得“社会力量办园许可证”和“福建省举办幼儿园（班）注册证”。

2003 年 9 月，对各类幼儿园进行全面整顿。严格按照《中华人民共和国民办教育促进法》和《中华人民共和国行政许可法》规定，对基本符合办园条件的 46 所民办幼儿园，发放办园许可证；对不符合办园条件的，依法予以取缔。

2004 年，县教育局成立行政许可领导办公室，对全县 81 所社会力量办学单位的办学“注册证”“许可证”进行年检，经审批合格园 67 所。

2005 年，对全县社会力量兴办的幼儿园再次进行分批年检换证。是年底，全县有幼儿园 58 所，幼儿入园率达 81.54%。

第二节　保　教

一、保育

1989年前，政和县幼儿园以教学为主，保育工作薄弱，唯全日制公办幼儿园有配备保育员，一般的园所均无保育员，只配个别卫生打扫人员。1989年《幼儿园工作规程（试行）》颁发后，保育工作渐趋规范，幼儿用品卫生、幼儿健康检查，幼儿安全防护、幼儿饮食营养等均逐步得到加强 。

卫生消毒　保持幼儿园室内空气流通。清洁卫生，每天一小扫，每周一大扫，被褥一般每月拆洗一次。桌面玩具每周用消毒水或紫外线照射消毒一次。幼儿保持仪表整洁，勤洗头洗澡，勤剪指甲，餐前便后和手脏后用流动水洗手。幼儿每人一条毛巾一个茶杯，巾杯餐具每日消毒，并放置通风处。发现传染病幼儿立即由家长带回隔离治疗，传染病幼儿所在班级用紫外线灯照射消毒。

健康检查　幼儿园工作人员及幼儿体检由妇幼保健机构负责。工作人员入园所前进行职前体检，在职人员每年还需复检一次。幼儿入园前进行体格检查和肝功能检查，无传染病者方可入园。幼儿入园后，每年体检一次，每半年测身高、体重一次，且每天坚持晨检。此外，要求幼儿按国家规定的免疫程序预防接种。

安全防护　幼儿园各项工作均以幼儿安全为前提，除对幼儿进行安全和自我保护教育外，还定期检查和随时注意园舍、场地、玩具、用具及运动器械使用的卫生安全状况，避免发生幼儿砸伤、摔伤、烫伤、触电等事故。桌椅高度、抽屉深度等均按幼儿身高和适合幼儿正确坐姿设计。同时，确保防火设备的使用，加强门卫工作防止幼儿走失。幼儿离园由家长接送或路队护送，注意交接，严防丢失。

饮食营养　幼儿餐点食谱由分管园长、医务人员、保育员、食堂工作人员共同研究安排，做到粗细搭配，主副食、荤素菜、干稀搭配，尽量按科学的方法和幼儿口味烹饪，提高食品的营养价值。进餐前后保持幼儿情绪平静、愉快，增进食欲，以助消化。幼儿园医务保健人员定期计算幼儿进食量、营养量，并进行分析，合理调整幼儿的膳食营养。

二、学制 班制

学制　1989年，政和县规定幼儿园适龄幼儿为三周岁至六周岁（或七周岁），学制有三年制、两年制、一年制。2005年起，一律实行三年制。

班制　1989年始，政和县三年制的按年龄分班，每班幼儿人数为：小班（三至四周岁）二十五人左右，中班（四至五周岁）三十人左右，大班（五至七周岁）三十五人左右。混合班不超过三十人，学前班不超过四十人。各年龄班都有明确的教育内容和要求。至2005年不变。

三、教学　教材

教学　1989年，幼儿培养目标方面特别重视幼儿知识技能的培养与掌握，建立以教师为主导，重视知识技能传授的分科教学模式，设置语言、常识、计算、音乐、体育、美术等科目，大班下学期开设少量的识字课。1990年开始综合活动模式尝试。1992年开始半日综合主题活动教学模式改革，围绕一个主线，将能综合的内容安排在一个半天进行。1993年，使用福建省教委编写的学前班教材和小中大班教材，教师用《教育参考书》，幼儿用书有行为习惯、语言、常识、计算、绘画、手工及动手学科共七本。1996年，新的《幼儿园工作规程》颁布，调整幼儿培养目标，保教并重，重视幼儿知识技能、情感态度，重视幼儿角色、结构、表演、创造性等。1999年，幼儿园增加使用南平市自编的《幼儿区角活动》一书。2001年，《幼儿教育指导纲要（试行）》颁布实施，把幼儿园教育内容相对划分为健康、语言、社会、科学、艺术等五个领域，打破传统的分科教学模式。幼儿教育在总结已有的改革经验，学习和借鉴国外先进的教育理念与模式的基础上，确立领域加主题探索活动的教学模式。至2005年不变。

教材　1989年，政和县幼儿教材使用全国统一教材。1993年，使用福建省教委编写的学前班教材和小中大班教材。1999 年，幼儿园增加使用南平市自编的《幼儿区角活动》一书。至 2005 年不变。

四、课题与教研

1989 年，进行幼儿园分科教学模式探索。1992 至 1996 年，开展半日综合主题活动教学模式探索。1994 年，南平地区教育局幼教科组织编写《幼儿园教育参考书》。1996 年至 1998 年，开展幼儿游戏活动探索。1997 年至 1999 年，开展幼儿科学教育、幼儿环保教育课题研究，成果获省级一等奖。1999 至 2002 年，开展幼儿科技活动（国家 98 规划课题幼儿科技教育）研究，成果获省级一等奖，并在国家总课题研讨会上交流，县实验幼儿园被该课题组分别评为国家级、省级优秀实验基地。2002—2004 年，开展"探索性活动中的幼儿与教师"课题研究，课题论文在刊物上发表。2005 年，开展幼儿区角活动研究，县实验幼儿园成为南平市幼儿区角活动课题研究试点园。同时进行幼儿早期阅读经验构建与指导的课题研究，该课题列为省级教研课题。

1995 年召开政和县第一届幼教年会。自 1999 年起，每两年召开一届幼教年会，研究和探讨幼儿教育教学方法，总结与交流幼儿教育经验，参会人员有幼教研究会理事、各中心小学幼教负责人及幼儿教师。至 2005 年，政和县幼教年会已召开五届。

表 28－1　**1989—2005 年幼教基本情况统计表**

年度＼项目	园数（所）	班数（个）	在园幼儿（人）	幼儿入园率（%）	教职工数（人）		
					合计	其中	
						公办	民办
1989	63	121	2988	31.26	166	26	140
1990	45	129	3273	36.04	183	29	154
1991	71	129	3372	36.38	180	23	157
1992	81	135	3738	40.82	192	23	169
1993	80	155	4271	50.32	234	34	200
1994	157	264	8868	54.09	343	33	310
1995	148	251	8255	54.93	332	32	300
1996	195	304	8059	67.17	372	34	338
1997	177	275	7089	68.52	343	35	308
1998	171	245	6041	75.25	328	36	292
1999	174	226	5685	75.58	307	36	271
2000	123	158	4666	79.90	246	39	207
2001	105	171	4079	78.96	153	36	117
2002	101	175	3984	79.58	148	42	106
2003	81	138	4713	81.50	161	44	117
2004	58	157	3953	81.54	191	36	155
2005	61	194	4484	82.57	232	38	194

五、设施

1989 年，政和县幼儿园（班）只有 63 个。1991 年 11 月，投资 155 万元的新县实验幼儿园破土动工，1994 年 6 月迁入。此后，幼儿教育社会化工作发展迅速，城区及乡（镇）均创建标准化个体幼儿园，师资力量增强，办学条件改善，走向办园规模化、标准化轨道，全县幼儿入园率由 80 年代的 30% 提升到 80% 以上。2005 年，全县有各类幼儿园 61 所，其中基本符合条件、有办园许可证的幼儿园 58 所。

附：园所选介

政和县实验幼儿园　于1982年复办，原址在县新华书店旁。时仅4个班，97名幼儿，9名教职工。随着入园幼儿的不断增加，旧园所无法满足教育教学的需要。1991年，在县委、县政府的重视和各部门的大力支持帮助下，选址新建。1994年6月新园投入使用。至2005年有大、中、小共12个班，在园幼儿413人，教职工36人，其中高级教师20人。教师中大专以上学历30人，省级学科带头人1人，县级学科带头人5人，骨干教师5人，90%为幼教专业毕业。

政和县实验幼儿园占地5亩，总建筑面积3308平方米，设有活动室、盥洗室、寝室、音体室、医务室、保管室、财务室、厨房等，设备日趋完善。按照要求，该园幼儿户外活动面积不足，经幼儿园与胜利村多方协商，并在各部门的关心和支持下，2003年征地1.5亩，新建成幼儿户外活动绿地，使幼儿园的占地面积达到4333平方米，户外活动场地达2800平方米。此后，该园相继投入大量资金，改善办园条件和教师办公条件，每个班都配有钢琴、三用机、彩电、VCD、热水器、电风扇、饮水机等，园里购置笔记本电脑、投影仪、摄像机和数码相机教学辅助设备，对教师办公室进行全面装修，并配备12台办公电脑。

1999年11月，该园被列为全国“十五”规划教育部重点课题《幼儿科技教育活动》研究基地。2000年8月，因课题成果突出，先后被福建省子课题组、国家总课题组评为省级和国家级优秀实验基地。2005年1月，该园被南平市教育局确定为南平市“幼儿区角活动”实验基地。

政和县少涓幼儿园　原名教育幼儿园，创建于1994年7月。园址设在实验幼儿园旧址，初创时仅4个班，8名教师，幼儿147名。1997年7月迁址到政和茶厂内，同年更名为“少涓幼儿园”。

至2005年，教学环境逐步改善，园所占地2600平方米，建筑面积960平方米，班生规模不断扩大，有幼儿226人，教职员工17人，开设7个班级。办园之后，该园除不断完善办学条件，每班配有电视机、VCD机、三用机等电化教学设备外，还根据幼儿特点，开展适应幼儿年龄段的“快速阅读法”“珠脑速算”教学，为幼儿快乐健康地学习提供良好的环境。少涓幼儿园连续八年被县教育主管部门评为“县先进幼儿园”“县优质幼儿园”，2005年3月被县妇联评为“巾帼文明岗”。

第二章　小学教育

第一节　学校设置

1989年，全县小学校（点）数为358个，其中，重点小学1所（实验小学），中心小学9所，完小119所，教学点229个，教学班1095个，复式班156个，在校学生24223人。小学教师1476人，其中民办代课教师620人，小学生的入学率、巩固率、毕业率分别为98.30%、97.26%、99.71%。当年小学教师的学历达标率为54.50%。

1991年，全面实施初等义务教育。同年，在星溪小学开办弱智儿童班，首批招生10人。1993年，小学推行“校长负责制和教师优化组合”，充分调动小学教师的教学积极性和广大干群的办学热情。

1995年，全县小学招生4910人，完成任务的105.21%，在校生28034人。小学“四率”（入学率、巩固率、毕业率、普及率）连续12年保持省、部颁标准，入学率99.83%，巩固率99.86%，15周岁完成率92.40%，毕业率100%。9月，成立熊山学区。实验小学迁址于原东门小学，充实加强学校班子和教师。12月，开展小学学额巩固抽查工作。是年，政和县“普九”工作全面启动，东平、石屯两乡（镇）率先实现“普九”验收目标，其他乡（镇）以学校为单位分步推进，建立“普九”双线承包责任制。

1996年，全县农村119所完小，从五年制改为六年制，增加119个教学班。当年，根据县政府办公会议纪要精神，县编委同意增加小学教师编制 114 人，教师总数增至 1350 人。

至 2005 年年底，全县共有 69 所小学，其中，城区小学 3 所（实验小学、南门小学、星溪小学），中心小学 10 所，完小 56 所，教学点 46 个，教学班 679 个，在校学生 18730 人。小学教师 1336 人，学历达标率为 97.64%，其中大专以上学历为 33.71%。小学生的入学率、巩固率、毕业率分别为 99.68%、96.49%、99.94%。

第二节　教学教研

一、学制

1989—1996 年，政和县小学存在两种学制。城区小学和中心小学采用六年制，农村小学采用五年制。1997 年始，政和全县农村 119 所完小全部实行六年制，至 2005 年不变。

二、课程

1989—1992 年，政和县执行国家教委 1986 年颁布的《义务教育全日制小学、初级中学“六三”制教学计划》，工时制为五天半。小学课程设置为：低年级开设思想品德、语文、数学、音乐、美术、体育、班会等课程，每周 24 节；中、高年级（三至五年级）设思想品德、语文、数学、历史、地理、自然、音乐、美术、体育、班会等课程，每周 26 节，每节 40 分钟，每天安排早读、体操、写字、课外活动各 1 节，每节 20 ~ 30 分钟，设置比较完整。1993 年开始，各年级增设一节乡土教材课。

1994 年秋季，根据教育法、新的工时制（五天工作制）和国家教委、省教委的课程计划安排课程，并且分学科类、活动类两个部分，改变多年来只有必修课的模式。

1998 年，福建省编的教材与相对应的课时计划过渡完毕。政和县一至六年级全部实施义务教育全日制课时计划，“乡土教材”安排在“地方安排课程”中进行教学。2004 年，全县小学起始年段全面进入新课程改革，有近 280 个教学班，16000 多名学生，近 500 名教师进入课程改革试验。

三、教材

1989—1992 年，政和县小学有两种学制，其中五年制语文、数学统一使用全国通用的人民教育出版社的教材。六年制语文、数学在改制过程中，先后使用上海、北京、浙江等地教材。

1993 年，国家教委教材审查委员会公布全国八套教材，县（市）单位可以自由选用。政和县选择人民教育出版社的六年制各年级各学科教材。其中，一年级使用义务教育教材，其他年级继续使用福建省过渡教材。1994 年，义务教育教材进入二年级。至 1997 年，小学全部使用全国通用的人民教育出版社教材。同年，《南平市小学科技活动课本》在县小学试用。1998 年起，小学使用福建省编的劳动、思想品德教材。当年，执行国家教委《关于推进实施素质教育，调整中小学教育教学内容，加强教学管理的意见》，对现行的人民教育出版社主编的义务教育语文、数学教材进行调整使用。1999 年，小学三至六年级增加《闽北地方教材》（试用本）。2004 年小学起始年级进入课程改革实验后，开始使用课改实验教材。城区三所小学及各乡（镇）中心小学均按要求开发生成校本实验课程，编写富有乡（镇）和学校特色的校本教材。2004 年，政和县建立三级教研领导机构，即县、校、学科教研组，从而促进各校教研工作有序开展，确保新课程改革顺利进行。同时，为适应课程改革需要，开展教师全员培训。是年起小学、初中、高中起始年级统一使用课改实验新教材。

四、教研

1989—1994 年，全县小学教研工作逐步加强。其重点是改革教学内容，改进教学方法，减轻学生过重负担，提高教学质量。同时，采取行政措施，改革初中招生制度，划片就近入学，淡化考试意识。1995 年实施素质教育，课题研究全面展开，教研氛围更加浓厚。2000—2005 年，小学教研工作进入快速发展阶段，全县承担省级课题 3 个、市级课题 2 个，每个中心小学承担县级课题 1 个。实验小学的省级课题“在数学教学中培养学生的问题意识”是省教改课题“小学数学‘问题解决’”的子课题之一，从2000年2月开题，2004年12月结题。这一课题研究通过省专家组评估验收，学校被评为福建省小学数学“问题解决”课题研究工作先进学校。

2001年4月，县进修学校教研室创办《政和县小学教学研究》期刊，为教师论文发表提供园地，同时将一些优秀的论文积极向上选送，进行交流。同年，率先在全市启动“名师工程”，制定《政和县“名师造就”工程方案》，详细规定“名师”的职责、要求、待遇，加强对优秀青年教师、骨干教师、学科带头人的培养、评定和跟踪力度。2002年始，每年举办“教学开放周”和“送教下乡”活动，充分发挥骨干教师、学科带头人的专业引领作用。至2005年，《政和县小学教学研究》出刊37期，发表论文、教学设计、课堂点评等文章750篇。“名师工程”先后培养国家级学科带头人1人、省级学科带头人10人、县级学科带头人70人，骨干教师、优秀青年教师300人。

第三节　德　育

1989年，贯彻《中共中央关于改革和加强中小学德育工作的通知》，小学制定学生日常行为目标量化管理实施方案，在思想品德课中加强德育教学内容。教育行政主管部门把学校德育工作列入学校评估工作的重要内容。

1991年，执行中共福建省委《关于加强和改革中小学德育工作的意见》，开展以爱国主义、集体主义、社会主义、共产主义为主要内容的思想教育，完善升国旗、唱国歌制度。同年，贯彻国家教委《小学德育纲要》《小学生日常行为规范》，加强小学德育工作的管理和研究。1994年，为进一步贯彻落实《爱国主义教育实施纲要》和《关于进一步加强和改进学校德育工作的若干意见》，在全县教育系统开展爱国主义教育摄影展，并组织城关小学免费观看革命传统教育影视片36场，受教育学生近万人次。1995—1999年，开展以爱国主义教育为主线，以“五爱”（爱祖国、爱人民、爱科学、爱劳动、爱护公共财物）和“五有五无”（课堂有纪律、课间有秩序、言行有礼貌、心中有他人、差生有进步；地上无痰迹纸屑、墙上无污痕、桌上无刻划、门窗无破损、卫生无死角）为主要内容的社会公德、法律制度、文明礼仪、行为习惯的教育。

2000年，小学在德育教育创新和品牌打造中有了新的发展。星溪小学启动“亲子村”活动，依托学校德育工作主题，定“孝亲敬长”为德育课题，开展“以人为本”的情感关怀和体验活动，以学校、家庭、社区为载体，关注未成年人思想道德建设。实验小学设立“悄悄话信箱”，加强学生的心理健康教育。南门小学以“诵千古诗文，育时代新人”为主题，开展“古诗诵读工程”活动，其经验和做法被《福建日报》《闽北日报》、南平电视台等相继报道。2004—2005年，进一步建立和完善德育工作中的三个机制，出台《政和县中小学德育工作评价体系》，以爱国主义为主线，开展“六个一”（观看一部爱国主义教育影片，举行一次爱国主义歌咏比赛，举办一次革命传统教育讲座，参加一次感受家乡变化的参观活动，组织一次征文活动，开展一次社区服务实践）和弘扬民族精神月系列活动。利用各种传统节日，对学生进行民族精神教育，培育学生的爱国情感和民族精神。

第四节　特殊教育

1992年，按《政和县实施初等义务教育规划》要求，在星溪小学附设开办第一个“政和县弱智儿童辅读班”。1994年，改称为“培智班”，有专任教师2人，学生18人。培智班的筹建工作由县教育局牵头，民政、残联等单位协办。该班设在星溪小学校园内，每班8—15人，由星溪小学代管，隶属教育主管部门。“培智班”学制为8—9年，开设语文、数学、常识、图画、体育、音乐、劳技、活动等八门课程。在城区范围内招生，招生对象为7—10周岁轻度的弱智儿童。招生工作由星溪小学负责组织，凡需进入“培智班”就读的儿童须向招生学校提出申请，通过卫生部门的智商测定，方可办理入校手续。1995年后，生源或增或减，在班学生最少时仅7人，最多时13人。至2005年，有专任教师3人，学生11人。

表 28－2

1989—2005 年政和县小学教育发展概况表

年度	点校数（个）			班数（个）			学生人数（人）			招生人数（人）			毕业人数（人）			教职工人数（人）	
	合计	公办	其他办	合计	公办	其他办	合计	公办	其他办	合计	公办	其他办	合计	公办	其他办	公办	民办
1989	358	352	6	1095	1070	25	24223	23889	334	3107	3079	28	3418	3373	45	856	620
1990	360	355	5	1083	1060	23	23621	23286	335	3475	3427	48	3842	3772	70	901	589
1991	361	356	5	1093	1071	22	23212	22952	260	3527	3489	38	3853	3779	74	930	558
1992	348	343	5	1094	1072	22	23475	23265	210	4070	4044	26	3641	3591	50	994	381
1993	349	344	5	1117	1093	24	24815	24617	198	4667	4625	42	3499	3460	39	1036	332
1994	339	334	5	1205	1184	21	26253	26088	165	5064	5034	30	3586	3556	30	1065	319
1995	326	322	4	1123	—	—	28034	—	—	4910	—	—	2877	—	—	1123	207
1996	303	299	4	1157	1138	19	30547	30378	169	4802	4769	33	2356	2339	17	1350	—
1997	250	246	4	1010	998	12	33354	33182	172	5252	5210	42	3536	3519	17	1300	—
1998	231	231	—	1035	1035	—	34769	34769	—	5224	5224	—	4244	4244	—	1353	—
1999	230	230	—	1082	1081	1	34539	34535	4	3837	3833	4	4758	4758	—	1399	—
2000	217	217	—	1044	1043	1	32344	32339	5	2622	2622	—	5231	5231	—	1415	—
2001	171	171	—	1033	1033	—	32542	32542	—	3517	3517	—	5648	5648	—	1373	—
2002	166	166	—	957	957	—	29784	29784	—	3250	3250	—	6379	6379	—	1410	—
2003	166	166	—	852	852	—	25499	25499	—	2679	2679	—	6814	6814	—	1387	—
2004	151	151	—	774	774	—	21949	21949	—	2957	2957	—	6602	6602	—	1355	—
2005	116	116	—	679	679	—	18661	18661	—	1919	1919	—	4923	4923	—	1336	—

附：主要小学简介

政和县实验小学　创办于1960年8月。1963年9月定名为东门小学，1966年10月更名为向阳小学，1979年9月复称东门小学，1995年9月被县政府命名为“政和县实验小学”。学校现坐落在朝阳街1号，校园占地12914平方米，建筑面积7847平方米，劳动教育基地0.25公顷。学校拥有一条200米环形跑道及100米直跑道，校园活动面积892.60平方米，生均4.32平方米。2005年学校有36个教学班，在校学生2066人。教师编制105人，实际在岗教职工93人。教师学历合格率100%，其中大专以上学历72人，占专任教师77.40%；本科学历5人，占专任教师5.40%。中、高级职称教师数占50.50%，其中小中高职务2人，特级教师1人。

学校教育教学设施较为先进，配备有300多平方米的多媒体大教室、语音室、实验室等；建立七色光闭路电视系统、校园广播系统、校园计算机网络系统，初步实现教育教学网络化、办公系统信息化、学校管理现代化。学校致力于人文型校园的建设，遵循“办有灵魂的教育，育有底气的新人”的办学宗旨，追求“以德立身、追求卓越”的学校精神，形成“一个思想，两项目标，三种风气，四项必讲，五种精神，六种意识，七个学会，八字校训”的办学思想体系。在实践中确立“体验生命快乐，学会快乐生活”的教育理念，构建优雅厚重的学校文化氛围，促进师生的共同成长。为加强学生的心理健康教育，2001年3月开始创设“悄悄话信箱”“悄悄话信箱”的做法在全县推广，并得到南平市委宣传部肯定。2005年“悄悄话信箱”工作案例入选《福建省未成年人思想道德建设创新案例集》。学校重视特长生的培养，为省级田径运动传统校。至2005年，校内学生作品获国家级奖励达350人次，省级奖励达566人次；田径运动队连续三届参加南平市中小学运动会，两次获团体冠军，一次获团体亚军；先后获得“省小学数学‘问题解决’课题研究先进单位”“省小学语文‘自主、合作、探究’课题研究先进校”“省小学数学‘发展性教学研究’基地校”“全国小学数学研究与应用基地校”“全国红旗大队”“全国艺术教育先进学校”“省五有五无学校”“省交通安全校”“省心理健康教育示范校”“省文明校”“省先进教工之家”等多项荣誉。

政和县南门小学　前身是星溪小学南门分校，校址在南大街。1962年定名为南门小学。1966年更名为红卫小学。1968年划归良种场管理。1979年2月恢复南门小学校名。1980年9月，被定为县重点小学，命名为“政和县实验小学”。1995年9月，恢复南门小学校名。1998年9月校址迁至外洋路。新校园占地13340平方米，建筑面积4350平方米，整体布局按园林式设计，是一所“三园”式学校。主要建筑有综合楼、教学楼、阶梯教室等。其中普通教室32间，专用教室有音乐室、电脑室、语音室、自然实验室、美术室等。图书馆藏书两万余册，被评为“省级达标图书馆”。2005年学校有30个教学班，学生1578人，教职员工83人，其中小高以上教师65人，大专以上学历68人，专任教师学历达标率为100%。该校以“厚德、博学、务实、拓新”为校训，确立“以发展需求为导向，以科研兴教为中心，以特色办学为抓手，以提高素质为本位”的全新办学理念。以“办规范加特色学校，育全面加特长学生”为办学目标，创建省级达标示范校。以“诵千古诗文，育时代新人”为主题，弘扬中华传统美德；以“两法进课堂，法律进校园”为主线，构建平安和谐校园；努力达到促“三会”、创“三特”、培“三优”的教育目标。以科研兴教、科研兴师、科研兴校作为学校发展的根本，开发校本课程。多次承担省、市课题，并在省、市获奖。教育教学成绩一直名列全县前茅。学校先后荣获“全国爱国主义读书教育活动示范校”“全国艺术教育先进单位”“全国红旗大队”“省文明学校”“省关心下一代工作先进集体”“省先进教工之家”“南平市示范小学”等荣誉称号。

政和县星溪小学　创办于1906年，原名东和官立高等小学堂。校址几度变迁，学校几经分离，现坐落在熊山脚下，星溪河畔，是一所“三园式”学校。2005年学校学生1338人，27个教学班，教师85人，学历全部达标，其中小学高级教师62人。学校于1992年被评为省首批德育试点学校，学校遵循“以人为本”的教育思想，以“让社会满意，让家长放心，让学生成才”为总体目标，以“办学有特色，教学有特点，学生有特长”为工作思路，培养学生“学会生存、学会学习、学会创造”。坚守“文明、乐学、创新、发展”的校训，倡导“奉献、拼搏、求真、进取”的精神，以传统的“亲子村

——心手相牵”国际项目为德育主线，传承中国优秀的文化，营造良好的教书育人平台。2004 年 5 月 31 日《闽北日报》头版头条发表《星溪小学：“亲子村”亲情育人》报道和评论，《东南网》于同年 6 月 1 日全文转载；《福建日报》同年 6 月 2 日以题为《老师巧设题目 家长快意融入——“亲子村”教孩子学做人》为题在头版加以报道。

第三章　中学教育

第一节　学校设置

1989 年，全县设完全中学 2 所，农村初级中学 8 所，职业中学 1 所，小学附设初中班 1 个。全县初中 128 个班，在校生 5975 人；高中 22 个班，在校生 955 人。初、高中教职工总数 499 人。

1992 年起，为促进初中教育的全面平衡发展，一中、二中初中实行对等招生。1994 年，进一步加大初中职业技术教育改革的力度，依托乡（镇）文技校或有条件的村完小，举办多形式多层次的职业初中班和函授初中班或小学后分流班，招收当年秋季未入学和历年流失在校外的学生。当年，杨源乡坂头小学初中班停止招生，初二、初三学生全部并到杨源中学就学。

1995 年，认真贯彻落实全国、全省、全县教育工作会议精神和“一纲四法”，教育“两基”工作全面启动。东平、石屯中学率先进入实施阶段，全县建立两个“普九”试点村校。各中学狠抓初中阶段的补偿教育，积极推进初中分流教育，开办“分流班”“农函大”和函授教育，让学生接受九年义务教育，基本解决初中流生较多的问题。

2000 年，抓好“两基”巩固提高工作，全面推进素质教育。全县各中学开展教师基本功训练活动，把教师基本功训练成绩与职称评聘、评优评先挂钩。

2001 年，以二中为试点，启动教师职务竞争上岗工作，为中青年优秀教师的脱颖而出开辟“绿色通道”，进一步调动广大教师教书育人的积极性。继续争取市直属校和延平、建瓯、浦城等县、市、区支持，接受 65 位教师到政和县支教，实现人口高峰期初中扩容的平稳过渡。

2002 年，初中学生比上学年净增 1628 人。为缓解扩容压力，新成立政和县第三中学，投入 380 万元，45 天完成一期改造工程。首期招生 660 人，其中普高 4 个班 200 人，职业高中 4 个班 200 人，初一新生 260 人。当年接收 118 名师范类大中专毕业生充实到教师队伍。同时积极争取兄弟县市支教教师 35 人，一定程度上缓解师资紧张的压力，保证新学年的正常开学。是年起，政和一中停止初中招生，逐步过渡成为高级中学，扩大高中办学规模。二中、三中初中实行划片招生。严格执行义务教育阶段禁止招收择校生的规定，一中取消实验班，二中取消老区班。2004 年，扩大高中招生规模，普通高中招收新生 1683 人，比 2000 年的 779 人翻了一番多。鼓励初三毕业生到中等技术职业学校就读，当年全县有 1200 多名学生到各类中等技术职业学校就读。

2005 年，深入推进新课程改革，政和县顺利通过南平市基础教育课程改革评估验收。是年 8 月，星溪中学更名“政和县第四中学”，列为进城务工农民子女就读指定接收学校。深入开展学校实施素质教育工作督导评估，全县 11 所中学全部达到素质教育合格学校要求，政和一中迈进南平市素质教育先进校行列。是年底，全县有中学 11 所，其中高级中学 1 所，完全中学 2 所，初级中学 8 所。中学教职工 1066 人，其中初中专任教师 725 人，学历合格率达 95.30%，本科占 28.70%；高中专任教师 249 人，本科以上占 83.94%。初中招生适龄学生入学率达 99.70%，学年巩固率 97.03%。初中在校生 17346 人，高中在校生 4740 人。

表 28－3

1989—2005 年政和县普通中学教育发展情况表

年份	学校（所）			班级（个）		学生数（人）		教职工数（人）	
	合计	高中	初中	高中	初中	高中	初中	高中	初中
1989	9	2	7	22	128	955	5975	499	
1990	9	2	7	22	140	978	6346	498	
1991	9	2	7	22	169	1008	6978		
1992	9	2	7	—	—	—	—	—	—
1993	10	2	8	—	—	—	—	—	—
1994	10	2	8	—	—	—	—	—	—
1995	10	2	8	—	—	—	—	—	—
1996	10	2	8	19	153	906	7433	71	464
1997	10	2	8	22	172	1125	10023	79	465
1998	10	2	8	23	186	1184	11402	82	501
1999	10	2	8	27	216	1419	13468	93	512
2000	10	2	8	30	224	1791	13688	122	527
2001	10	2	8	38	235	2302	14956	121	566
2002	11	3	8	50	253	3122	16584	168	617
2003	11	3	8	56	271	3355	18112	201	696
2004	11	3	8	71	282	4401	18870	211	735
2005	11	3	8	80	259	4740	17346	249	725

第二节　教学教研

一、学制 课程 教材

学制　1989 年，政和初中、高中部执行“三·三”学制，即初中 3 年，高中 3 年，至 2005 年不变。

课程　1989 年，乡土教材列入课程。1991 年，按省教委部署，普通中学实行毕业会考，会考采取考试和考查两种方式，考试科目为：语文、数学、英语、政治、物理、化学、生物、历史、地理；考查科目为：劳动技术课和物理、化学、生物的实验操作课，体育课由各校按教学大纲规定的内容进行考试。1993 年秋始，普通初中年段实施国家教委制定的《九年义务教育全日制初级中学课程方案（试行)》。1994 年，普通高中增设艺术欣赏课，具体分为美术欣赏课和音乐欣赏课，为高一年级和高二年级学生的必修课。1995 年，将人口教育作为高中一年级学生的必修课，并纳入高一年级地理科会考内容。1996 年秋季，将计算机课程纳入城区高中新生课程计划，下半年举行首次计算机知识与操作等级考试。1997 年，国家规定的中学课程，分为学科类和活动类课程。其中活动类课程包括校会、晨会、班会、社会实践活动、体育锻炼、科技文体活动。1998 年，对初中语文、数学、外语、思想政治、物理、化学等各种教学内容、教学要求进行调整，减轻学生过重的课业负担，但课程结构、课时、教材体系不作改变。

2000 年，高中毕业会考科目增设“信息技术”，参加全省计算机等级考试。该科分笔试和上机操作两个部分。高中劳动技术课以《识图与制图》为高中会考考查项目。2001 年，把组织学生参加社会实践活动作为必修内容，引入教育教学计划，社会实践活动总时间初中学生一般每学年不少于 20 天，普通高中学生一般每学年不少于 30 天。社会实践活动包括社会调查、生产实践、军事训练、公益劳动、社区服务、科技文化活动、志愿者活动、勤工俭学等多种形式。2003 年，均衡设置课程，各门课程比例适当，保证学生和谐、全面发展。义务教育阶段九年一贯整体设置课程，课程门类由低年级到高年级逐渐增加，加强课程的综合性，设置综合课程；三至九年级设科学课，一至九年级设艺术课，七至九年级设历史与社会、体育与健康。综合实践活动课程，内容主要包括：信息技术教育、研究性学习、社区服务与社会实践以及劳动与技术教育等。各校开发适应地方、学校、学生的校本课程。在达到九年义务教育基本要求的前提下，农村普通中学试行"绿色证书"教育，形成有农村特点的学校课程结构；城市普通中学积极开设职业技术课程。

2004 年秋季，全县初中起始年段全面进入新课程改革，采用新课程计划。各校进行校本课程开发，建立有特色的学校文化。课程计划实行《福建省义务教育课程实施计划》（试行）。至 2005 年，每学年上课时间 35 周，学校机动时间 2 周，由学校根据具体情况自行安排。复习考试时间 2 周（九年级第二学期毕业复习考试时间增加 2 周）。晨会、班队会、科技文体活动等由学校自主安排。综合实践活动及地方与学校课程共占课时总量的 16%—20%，其中综合实践活动一般安排 6%—8%，地方与学校课程一般安排 10%—12%，可以整合使用。初中阶段信息技术课程一般不少于 68 学时。

教材　1989 年，乡土教材列入课程。政和全县各校初中开始使用南平地区今南平市教师进修学院编写的《闽北地理》和《闽北历史》教材。1991 年，全县普通初中统一使用《国情教育读本》，每学年安排 12 课时。2005 年，全县中小学启动课程改革实验，除继续使用南平市统一编写的乡土教材外，鼓励各乡（镇）中小学结合各自地理人文特色，开发编写校本课程，提供给学生使用。

二、教研

1990 年起，相继开展语文、数学、英语、政治、物理、化学、历史、地理、生物、体育、美术等 12 个学科中心组教研活动。1993 年，成立普通教育教学研究室，下辖全县 12 个学科教学研究会（中学语文、数学、英语、政治、物理、化学、生物、历史、地理；小学语文、数学；中小学音乐），分为三个片区（平原区、高山区、城区）九个教研组，组织教师开展政治业务理论学习与培训。研究教学大纲，制订教学计划，开展教研活动。1999 年起，进一步完善各学科研究会，语、数、英三个学科每学年开展一次教研活动；其他学科每两年开展一次教研活动。

2000 年，全县各校积极探索教学、教研改革的办法和途径，县教育局确定课题研究试点校及研究课题。10 月份，福建省普教室及南平市教师进修学院 20 多位领导、专家组成的教学调研组深入政和县进行调研，召开座谈会 30 余场，开设讲座 10 场，听讲座教师达 1000 多人。2002 年，开展初中、高中"研究性学习"新探索，把学生置于一种动态、开放、生动、多元的学习环境中，给学生提供更多的获取知识的方法和渠道，使他们在自主学习、自主探索中获取一种新的学习体验，培养学生发现问题、研究问题、解决问题的能力。县里将 2002 年确定为"教研年"，建立完善教研网络，创办教学研究刊物《政和中学教研》，组织开展"学科教研年会""教学节""送教下乡"活动以及一中、二中教学开放周活动。2003 年，按照新课程标准要求，全县将考试、作业、提问、小组活动、日常观察、课后访谈等内容结合起来，对学生学习进行综合分析，形成科学合理的评价机制。中考试题加大人文性、讨论性、开放性、探究性分量。2004 年，全面实施"科研兴教、课题兴教""向教研要质量，以教改促效益"战略。健全完善县教研室、学校教研室、学科教研组三级教研网络。组织 133 名学科带头人、骨干教师参加省、市、县三级学科培训，举办 4 期县级培训班。

2005 年，全县中学共确立 10 个课题，其中市级课题 5 个，分别是星溪中学的《改变学生被动学习状态，倡导"自主、合作、交流"的学习》，石屯中学的《收获教学》，一中的《综合学习指导对学生能力发展的影响》，二中的《生活教育理论与学校综合实践活动课程实施之研究》，教研室的《体验、探究、感悟》。通过对课题的有序开展，积极推动政和县各中学的教学水平和教师的专业成长。加强落实片区教研制度，其中史地生教研组率先开始每月开展一次教研活动。

第三节 德 育

1989 年，根据《中共中央关于改革和加强中小学德育工作的通知》精神，各中学制定学生日常行为目标量化管理实施条例，把学校德育工作列入学校评估工作的主要内容。1990 年，南平地区宣传部、教育局联合下发《加强中小学德育工作的若干意见》，推动学校德育工作的落实，形成全社会关注齐抓共管的合力，德育工作进一步得到加强，县里成立德育工作领导小组，建立健全学校、家庭和社会一体化的德育网络，各校成立家长委员会或家长学校，各中小学和辖区派出所还建立“警民共建”机制，所有学校均聘请法制副校长，创立一批青少年德育基地。各校围绕爱国主义、集体主义等主题，开展品德教育和艺术教育，促进学生德、智、体、美、劳的全面发展。1992 年，政和一中创办的青少年党校，受到县、地区、省委宣传部领导的表扬，省委宣传部在《党员教育通讯》中介绍一中青少年党校的成功经验。1994 年，在全县教育系统开展爱国主义教育摄影展、校园文化艺术展、师生书画展、中小学生工艺美术精品展、手工制作展、校歌创作展等六项评展活动。1995 年，开展“知我政和、爱我政和、振兴政和”《政和地理》知识竞赛。

2001 年，各校通过“召开一次座谈会、开展一次签名倡议活动、收看一次教育片、举行一次主题队会、一次校报宣传、一次法制科普宣传、给练习‘法轮功’的亲属写一封家书”等“七个一”活动，广泛开展以“遵纪守法、崇尚科学、抵制邪教”为主题的“校园拒绝邪教”活动。2004 年，全县掀起贯彻落实《中共中央、国务院关于进一步加强和改进未成年人思想道德建设实施纲要》的高潮。县委、县政府召开专题工作会议，研究部署加强未成年人思想道德建设工作。县教育局召开专题研讨会，举办德育骨干培训班，开展未成年人思想道德状况调查活动。

2005 年，全县以创建“平安校园”为主线，建立“平安校园”建设责任追究机制、教育宣传机制、检查督查机制、协调联动机制、考核奖惩机制等“五种机制”，其中校园督查大队运行机制、一中矛盾纠纷调解、石屯中学寄宿学校管理、镇前中学交通安全教育等在“平安校园”创建过程中形成了各自特色，在全县推广。政和县的工作经验在全省“平安校园”创建工作现场会上做经验交流。2005 年 11 月南平市政法委、市公安局、市教育局在政和县召开现场会，推广政和县创建“平安校园”的经验做法。当年，全县有 50% 以上的学校达到“平安校园”标准，70% 以上学校达到“综治合格单位”要求。

附：学校选介

政和第一中学 省重点中学，1925 年春建校时为政和初级中学，1958 年成立高中部，更名为政和一中，1995 年通过省二级达标校验收。2005 年学校教职工 188 人，其中高级教师 35 人，一级教师 111 人，学生 2983 人，设有 46 个教学班。是年秋由完全中学改制为高级中学，成为政和县第一所高级中学。

1999 年 5 月，学校开始校园改造，投入建设资金 1200 多万元，新建校舍 9958 平方米，建成高中教学楼、教工之家、教师公寓、田径场及占地 5000 多平方米的文化广场，成为花园式学校。教育设施、设备齐全，建有校园网站电子备课室、多媒体室、电脑室、语音室、实验室等，基本适应现代教育需要，并规划科学楼建设。

学校的教育教学质量连年稳步提高。1978 年高考恢复后，即取得零的突破，1979、1980 年有考上清华、北大等名校的学子。1997 年高考取得省专上线率全市第五，增长率全市第一的历史最好成绩，4 个学科高中会考获市高中教学质量一等奖。2000 年高考万人上线率全市第五，省专上线率 63.58%，比 1999 年提高 32.84%，跃居全市第三，考生取得全市高考文科第一名。2003 年高考省专上线率 98.30%，全市第一。2005 年高考本科上线 481 人，上线率 49.80%，本专科上线 909 人，上线率 94.20%。

学校自上世纪80年代开始筹建市“田径传统校”，田径项目始终在全市保持较大的优势，市级田径传统校建设成果显著，学校两次被评为“省体育达标工作先进单位”。1998年、2000年、2004年校田径队夺得连续三届南平市中学生田径运动会团体冠军，实现“三连冠”。2003年培养出3名省级运动员，选手张平参加全国举重锦标赛获60KG级少年组第一名，王国平参加省田径运动会获400米第一名；谢林钦参加省中学生运动会获800米第三名、1500米第四名。

1999年，被评为省“文明学校”。1998年和2002年两次被评为市“文明学校”。2005年，被评为省“模范职工之家”。至2005年年底，教师中有2人获国家级表彰，17人获省（部）级表彰。

政和第二中学 1981年经省教育厅批准正式成立，前身为政和县星溪学校。校址坐落于星溪河畔，状元峰下，是一所完全中学，学校占地7.34公顷。2004年4月20日通过福建省三级达标中学验收，成为政和县第二所省级重点中学。2005年学校设有51个教学班，其中高中25个，初中26个。在校生3000多人，教职工170人，其中硕士生学历2人，本科学历145人，拥有高级职称教师10人，中级职称教师99人，县学科带头人3人，县骨干教师7人，县优秀青年教师10人，5人担任市级学科研究会理事等职务。建有先进的计算机网络教室，是政和县唯一的全国计算机考试考点，并有先进的物理、化学、生物实验室和语音室、多媒体教室、电子备课室等。建有30间教室的多媒体双向教学系统、卫星地面接收系统、语音听力系统、校园网络系统、闭路电视系统、校园广播通讯系统等现代化设施，教学信息化、教育技术现代化达到一定水平。

1989年始，政和二中牢固树立“办成功学校，为人人成功”“以人为本，和谐发展”的办学理念，秉承“存正、求慧”的校训，以校为本、以质立校，坚持“请进来、走出去”的办学指导思想。学校先后荣获省、市、县三级授予的“文明学校”称号。至2005年，政和二中有8位教师获得省级表彰，12位教师获市级表彰，学生中有8人次获国家级奖励，6人次获省级表彰。

第四章 职业教育与成人教育

第一节 职业教育

学校 1989年，石屯职业高中停办，改由二中普高附设职高班。1993年，在二中职业高中的基础上正式成立县职业中学，学校依附在县二中，实行分离管理。1999年将职业中学从二中迁出，租用县委党校校舍办学。2002年将原职中并入县三中。2004年，由于受人口高峰期影响，中学生源猛增，原依附在县三中的政和县职业中学分离出来，于当年停止招生，原在校学生插入三中普高班就读。2005年元月22日，政和县在星溪中学挂牌成立政和县中等职业技术学校，当年秋季开始招生。学校开办之初，先后两次获省市专项补助经费计130万元。

招生与专业设置 1991年，县职业高中部设置幼师、电子、服装等专业并开始招生。1993年，学校招生形势良好，幼师、电子、财会等专业均超额完成招生计划。2002年，因受条件限制，缩小办学规模，仅开设计算机、电子、幼师三个专业。2005年，政和县中等职业技术学校共招新生83人，设置机械、汽车制造与维修、电子技术应用等三个专业。是年，新建教学综合楼一幢，建筑面积1200平方米。

就业指导 2004年前，县职业技术学校对学生就业指导工作较为薄弱。2005年始，学校加强对学生的就业指导，同时，确定了“高位嫁接，借力发展”的办学思路，建立校校联合，校企联合等灵活的办学模式，与省内重点职业学校、技术学校联合办学，并与企业挂钩，实行“订单培养”，着眼学生高质量就业。

表 28－4　**1989—2005 年政和县职业中专（高中）发展情况表**

年　份	校　数（所）	班级数（个）	招生数（人）	在校生数（人）	教职工数		兼任教师数
					总　数	其中专任教师	
1989	1	—	83	161	9	—	—
1990	1	—	—	148	7	—	—
1991	1	—	130	204	10	—	—
1992	1	—	108	182	19	—	—
1993	1	—	203	304	23	—	—
1994	1	—	66	143	20	—	—
1995	1	—	77	132	16	—	—
1996	1	7	84	167	16	—	—
1997	1	5	84	166	13	—	—
1998	1	3	42	118	15	—	—
1999	1	3	121	179	20	—	—
2000	1	11	195	299	22	20	2
2001	1	11	211	445	20	18	2
2002	1	11	—	277	9	8	1
2003	1	8	287	498	21	19	2
2004	1	4	—	287	14	12	2
2005		4	—	287	14	12	2

第二节　成人教育

一、农村扫盲

20 世纪 90 年代，农村扫盲进入扫尾攻坚阶段，成人教育改革逐步深化。1990 年各乡（镇）组织入学的扫盲学员 1413 人，业余高小班学员 1054 人，巩固班 1439 人。

1991 年，统一采用省编的扫盲教材，考试统一采用省编题库的试卷。在教学上改变枯燥单一的识字教学形式，把识字为主的教学与生产、生活实际及实用技术的学习和应用结合起来，保证有一定的教学时间。当年，全县扫除文盲 2135 人，巩固班结业 1009 人，高小班结业 887 人，超额完成南平地区下达的扫盲、巩固提高的办学任务。根据“四普”提供的文盲清册统计，当年全县新中国建立后出生的人口中，仍有全、半文盲 4577 人。1992 年全县农村扫除文盲 2375 人，巩固班结业 1258 人，高小班毕业结业 680 人，分别占南平地区下达任务数的 143. 90%、102. 10%、103. 00%。至 1993 年，县连续三年超额完成南平地区下达的农村成教各项办学任务。实用技术培训也超额完成南平地区下达培训任务。全县共举办技术长班培训 1784 人次，短班培训 20551 人次。全县村级文技校建设有新的发展，除东平镇村村兴办文化技术学校外，其他乡（镇）也有 15 个行政村建立文技校。

1994 年县技术文化培训工作站成立。根据“四普”提供的资料，全县 15—40 周岁年龄段全半文盲数为 10902 人。“四普”后连续三年全县共扫除文盲 6987 人，文盲率降至 4. 80%。是年 5 月，选派各乡（镇）文技校副校长、成教专干、各中学老师，共计 20 人参加地区南平成人教育中心举办的首期“金耳人工栽培”培训。

1996 年，县政府成立“国家贫困地区义务教育工程”领导机构，加强领导，强化管理，保证“国家贫困地区义务教育工程”顺利实施。1997 年，县基本扫除青壮年文盲通过省级验收。在实施教育“两基”的过程中，县委、县政府坚持“地方负责、分级管理、分级办学”原则，建立责任机制，向各乡（镇）下达“两基”工作目标责任状。1997 年省、市“两基”验收后，至 2005 年，政和县扫除青壮年文盲工作连续八年通过省、市跟踪核查。

二、自学考试

1985 年，成立县高等与中等专业教育自学考试办公室，同年开始大中专自学考试。1986 至 1991 年报考大专 2454 人，开设 6 个专业；中专 309 人，设 4 个专业。期间大专毕业 35 人。1990 年高教自考本科层次开考。到 1994 年全县已开考本专科共 42 个专业。1995 年 10 月全省首次开考“小学教育”专科专业，政和县参加自考的人数达到历史高峰，仅参加小学教育专业自考人数就达 360 余人。同年，在政和二中设立小学教育专业自考助学点，聘请省市教师授课，设立县小学教育专业自考考点。由于该专业参加自考人数多，1996 年东平学区增设助学点。至 1999 年全县小学教育专业首次毕业 87 人。随着自考学员的锐减，2000 年政和考点停止设立。

2004 年—2005 年，全县有 1894 人次参加 4162 科次的自学考试，本科毕业 40 人，大专毕业 189 人。全县有 30% 以上的小学教师通过小学教育专业自学考试。

三、学历教育

政和县学历教育主要由县教育局负责。电大工作站和教师进修学校为县成人学历教育基地。

县电大工作站 1989 年开办大中专教学班 8 个，其中大专班 5 个。1991 年成人教育发展较快，开办机关干部学校、电大、成人中专教学班 11 个，学员 459 人。由于县教师进修校教室不够使用，有 3 个教学班分散在乡（镇）办班。至 1994 年，大专毕业生 147 人，中专 32 人，单科结业生 20 人，岗位培训 1300 人次。毕业生中担任县级领导 3 人，科局级干部 50 多人。1995 年设有大专、中专和岗位培训班，并形成面向农村文技校的多层次的教育机制，基本形成以大专为主的成人教育中心。

2000 年，电大开始进行开放教育专科试点招生与教学工作。2003 年经省电大批准成立“开放教育本科导学点”，开设本科法学、会计学、教育管理专业。专科开设小学教育、法学、会计学、现代文学、英语、行政管理 6 个专业。是年，在校生达 787 人。2005 年 6 月，县电大通过省电大“关于开展中央广播电视大学人才培养模式改革和开放教育试点项目总结性评估验收”。是年县电大开办 9 个教学班，其中本科 3 个班，专科 6 个班，共有学员 655 名。

至 2005 年年底，政和电大为全县各行业培养输送 1800 余名急需的各类实用型专门人才，其中有 12 人担任县处级以上领导职务，有 260 人担任副科级以上领导职务。

表 28－5 **1989—2005 年政和县电大在校生、毕业生情况表** 单位：人

年 份	在校生	本 科		专 科		中 专	
		招生数	毕业数	招生数	毕业数	招生数	毕业数
1989	111	—	—	28	37	12	13
1990	82	—	—	5	18	—	15
1991	70	—	—	20	16	—	20
1992	87	—	—	10	28	—	12
1993	64	—	—	13	5	—	—
1994	46	—	—	3	20	—	—
1995	68	—	—	42	10	—	—
1996	79	—	—	31	13	—	—
1997	129	—	—	53	3	—	—

续表 28－5

年　份	在校生	本　科		专　科		中　专	
		招生数	毕业数	招生数	毕业数	招生数	毕业数
1998	207	—	—	81	42	—	—
1999	207	—	—	38	31	—	—
2000	455	—	—	283	53	—	—
2001	526	—	—	124	81	—	—
2002	628	—	—	181	38	—	—
2003	787	86	—	113	283	—	—
2004	680	59	—	117	181	—	—
2005	655	50	—	49	124	—	—

教师进修学校　1995 年开办小学教育自学考试。至 1998 年，教师进修学校与南平师范学校、福州幼儿师范学校联合举办中师函授和幼师函授，函授人数分别为 400 人和 110 人，并全部毕业。2001 年起，与西南师范大学联办，设立西南大学网络学院校外学习中心，共招收高升专、高升本及专升本各专业学生 650 多人。至 2003 年，通过学历培训，中学教师本科毕业 78 人，小学教师专科毕业 86 人。

政和县文化技术培训工作站　1994 年成立，各乡（镇）村也相应成立领导小组。乡（镇）文技校校长由乡（镇）长兼任，村级文技校校长由村主任兼任。9 个乡（镇）文技校均达“八有”（有领导班子、有专职教师、有独立校舍、有办学经费、有办学规划、有规章制度、有电教设备、有实习基地）条件。文技校还与扫盲工作和当地经济发展相结合，开展食用菌、板栗种植等实用技术培训，年受训 3000 多人次，培训出一大批技术人才，为当地经济和社会发展做出了贡献。

附：学校简介

政和县电大工作站　政和县电大工作站成立于 1984 年 10 月，1990 年确定为副科级建制，核定事业编制 5 名。工作站位于城关胜利街 209 号，占地 860 平方米，建筑面积 2717 平方米，实行与成人中专两块牌子一套班子的管理体制。2005 年重新核编为 8 人，设正、副站长各一人，内设办公室、教务处、总务处及技术处，在职教师 8 人，外聘教师 21 人。政和电大从原来的成人招生、注册视听生和开放教育生并存的办学格局转为以开放教育试点教学为主，集学历教育、继续教育和非学历教育为一体的办学模式，重点突出开放教育本科试点教学工作。

第五章　教　师

第一节　队　伍

1989 年，全县小学专任教师 1317 人，其中中等师范学校毕业 392 人，占专任教师总数 29.76%；中学专任教师 413 人，本科及以上毕业 81 人，占专任教师总数 19.61%，专科毕业及本科肄业以上 185 人，占专任教师总数 44.79%。教师队伍继续执行 1980 年政策规定，师范类毕业生实行统一计划分配，教师队伍形成公办、民办、代课相结合，逐步将经过考核、考试，成绩合格的中、小学民办教师转为公办教师，同时组织参加中师函授和中师招生统一考试，升入中等师范学校脱产学习或函授。1990 年，县教育局分期分批对全县 368 名学历不达标教师进行初中文化知识补习培训，以提高小学教师的文化素质。

1995年，师范类毕业生共112人，其中大专以上52人，中专60人，全部分配到岗。为进一步提高中小学教师学历层次，规定凡在农村中学任教不具备大专学历的教师一律到中心校任教，凡在中心校任教未达中专学历的一律到乡（镇）完小任教，共有33位教师从中学到中心校任教，有78位教师从中心校到乡（镇）完小任教，各完小辞退临时代课人员93人。至1997年，全县民办教师中除21人办理退养外，其余民办教师全部转为公办教师。同时，对1984年底前参加顶岗代课的教师按省上规定由市教育局统一组织考试，录取后升入中等师范“入学不入校”或“入学入校”学习，毕业后按师范类统配毕业生进行安排任教。

2000年始，政和县停止国家统一分配录用制度，执行向社会公开招聘教师制度。根据编制和教学需要，公开向社会招聘有教师资格的人员充实教师队伍。2002年，鼓励教师参加自考、函授，提高学历层次。当年，全县中学教师本科学历126人，占16.36%；大专学历335人，占43.51%。全县有300多名教师取得计算机等级证书，1659名教师达到普通话二级乙等以上水平。2003年，全县聘用师范类本科生4人，大专生71人，中师生67人。同时，通过学历培训，提升教师学历层次，当年中学教师本科毕业78人，小学教师专科毕业86人，本科学历及以上占中学教师总数的18.95%，大专学历及以上占小学教师总数的22.54%。随着教育改革的不断深入，县教育局提出“小学教师大专化，中学教师本科化”的目标，并采取激励机制，鼓励在职教师参加各类学历提高培训学习。至2005年底，全县共有教师2266人，其中小学教师1314人，中学教师940人，职业中学教师12人。初中教师本科学历及以上人数占44.36%，小学教师专科学历及以上人数占33.71%。

表28－6　**1989—2005年政和县中小学（含职中）专任教师统计表**　单位：人

年　份	中　学	小　学	职业中学
1989	413	1317	6
1990	427	1325	4
1991	448	1351	7
1992	474	1286	16
1993	490	1302	18
1994	511	1325	17
1995	520	1337	14
1996	526	1324	14
1997	537	1260	12
1998	575	1308	14
1999	596	1353	18
2000	621	1370	20
2001	689	1354	18
2002	770	1394	8
2003	839	1371	19
2004	898	1334	12
2005	940	1314	12

表 28－7

1991—2005 年政和县中小学专任教师学历层次统计表

单位：人

年份	小学						中学				
	合计	大学本科	大学专科毕业	中专毕业	高中毕业	高中毕业及以上占总数%	合计	大学本科毕业及以上	大学专科毕业	中专毕业	高中毕业及以下
1991	1351		8	501	407	67.80	448	92	224	125	7
1992	1286	2	8	579	336	71.93	474	98	270	98	8
1993	1302	2	8	617	362	75.96	490	106	303	74	7
1994	1325	2	12	658	378	79.25	511	109	336	53	13
1995	1337	2	15	877	223	83.55	520	109	399	8	4
1996	1324	2	29	921	199	86.93	526	111	415	—	—
1997	1260	2	39	1017	84	90.63	537	120	417	—	—
1998	1308	2	43	1098	62	92.13	575	116	459	—	—
1999	1353	2	114	1078	71	93.50	596	120	476	—	—
2000	1370	2	164	1067	68	94.96	621	127	494	—	—
2001	1354	2	184	1107	61	100.00	689	139	550	—	—
2002	1394	2	218	1115	59	100.00	770	152	618	—	—
2003	1371	2	307	1022	40	100.00	839	159	680	—	—
2004	1334	12	374	917	31	100.00	898	301	597	—	—
2005	1314	16	427	840	31	100.00	940	417	523	—	—

第二节　职称评聘

1989年，执行1986年中央职称改革工作领导小组转发国家教育委员会《中学教师职务试行条例》和《小学教师职务试行条例》规定，中学教师按中学高级、中学一级、中学二级、中学三级教师任职条件进行评定；小学教师按小学高级、小学一级、小学二级、小学三级教师的任职条件评定。幼儿园按幼儿高级、幼儿一级、幼儿二级和幼儿三级教师的任职条件评定。中学、小学初级教师职务由县评审，每年开评一次；中学高级、一级和小学高级教师送地区以上机构评审，每三年开评一次。

1993年教师职务评审工作按闽职改字［1993］19号文件《福建省关于专业技术职务评审组织及评审工作的若干规定》的精神办理。中学高级教师职务评审委员会由南平地区（今南平市）教育局组建，经省教委职改领导小组审核，报省职改领导小组审批，负责评审语文、数学、物理、化学、英语、政治、历史、地理、生物、体育十个学科的教师职务，其他学科由省教委负责组建中学高级教师职务评审委员会组织评审。中学中级教师职务评审委员会由南平地区教育局组建，报地区职改领导小组审批；中学初级教师职务评审委员会由县教育局组建，报县职改领导小组审批。小中高职务评审委员会由省教委组建，报省职改办审批，小学（含幼儿园）中级教师职务评审委员会由地区教育局组建，报地区职改办审批；小学（含幼儿园）初级教师职务评审委员会由县教育局组建，报县职改领导小组审批。是年起，职改工作正常化，每年开评一次。随着评定工作的有序开展，具备中高级教师职称的比例逐年增加。

2000年起，全县实行教师专业技术职务“评聘分开”，具备条件的教师不受职数限制，符合条件即可申报相应的专业技术职务。同时，相应出台聘后管理的有关办法，规定各级职务教师应完成的相应工作，实行聘约管理，并进行年度工作业绩考核。至2005年年底，全县小学专职教师中，有小中高7名、小学高级职务教师549名、小学一级544名、小学二级211名；中学专任教师中，有中学高级教师40名、一级教师268名、二级教师414名、三级教师172名。

表28－8　**1991—2005年政和县中小学专任教师职务评审情况表**

时间	小学						中学				
	专任教师总数	小中高	小学高级	小学一级	小学二级	小学三级	专任教师总数	高级	中一级	中二级	中三级
1991	1382	—	28	231	237	243	448	—	18	95	108
1992	1321	—	39	296	397	86	474	1	31	133	67
1993	1339	—	32	321	443	80	490	3	27	152	113
1994	1357	—	60	381	535	28	511	4	42	200	103
1995	1337	—	119	334	560	15	520	13	64	246	100
1996	1324	—	129	439	519	5	526	12	68	285	99
1997	1260	—	144	418	572	4	537	10	69	309	93
1998	1308	—	167	431	584	1	575	10	96	324	105
1999	1352	—	161	511	559	—	596	10	86	360	92
2000	1370	—	175	586	124	—	621	9	96	395	89
2001	1354	3	243	673	407	—	689	14	144	411	56
2002	1394	3	316	698	318	1	770	24	175	428	79
2003	1371	5	375	623	312	1	839	26	185	437	113
2004	1334	6	401	643	272	—	898	38	215	413	166
2005	1314	7	549	544	211	—	940	40	268	414	172

第三节　待　遇

政治待遇　县委、县政府关心重视教育，积极提倡“尊师重教”，对表现优秀、做出突出贡献的教师及教育工作者予以表彰奖励。1989年起县里每年召开大会，对教育系统的先进单位、优秀教师进行表彰。1993—1997年，中小学优秀教师和教育工作者获表彰的有国家级2名、省级11名、地级12名、县级220名。2001—2005年有11名优秀教师和先进教育工作者获省级以上表彰。2005年有14名小学教师获省市扶贫工作重点村优秀教师称号，有两位农村教师被省政府评为“福建省优秀农村教师”，并各获得5000元奖励。是年，全县首次隆重评选表彰“政和县十佳优秀教师”。此外，县教育局和各乡（镇）党委、政府在每年教师节前夕都要评选表彰一批优秀教师、优秀教育工作者，以树立典型，弘扬尊师重教的美德。至2005年，全县中小学教师中先后有48人当选为县级以上人代会、党代会代表。

经济待遇　1989年1月，出台“对高山区教师浮动一级工资，对全县30年教龄退休教师发百分之百工资”等政策。同年，民办教师和公办教师同步开始评定职称，分为中小学民办教师一、二、三级，并按职称级别享受补贴工资。1995年9月，建立教师工资按时足额兑现机制，公办教师工资全部到位，民办教师工资实行乡（镇）统筹，按公办教师同职务、同级别、同档次工资70%实行工改。1998年始，教师安排从原来的委派性质转向招聘性质后，各乡（镇）为了能争取聘到更优、更好的教师，纷纷提高聘任教师的待遇，出资、集资改善办学条件，东平中学给每位聘任教师浮动二级工资，许多乡（镇）对努力为教师提供菜地和伙食补贴，减免水电费，报销探亲车旅费等，让教师更加安心山区教育教学，提高教师工作的积极性。2001年12月始，建立教师工资保障制度，实行教师工资国库统一发放，按月足额兑现；实行教师团体平安保险附加医疗保险，以解决教师安全保障问题。至2005年不变。

第四节　培　训

教师进修培训主要依托县教师进修学校进行，根据不同时期教育形势的发展，举办相应的培训。中学教师进修培训、教师职务晋升主要由南平市教师进修学院组织进行。教师学历提高主要参加电大工作站、教师进修学校、县自考办举办的各种函授、自考、远程网络教育。课程改革培训一般参加省、市、县举办的三级培训。1990年，县教育局分期分批对全县368名学历不达标教师进行初中文化补习班培训，提高小学教师的业务和文化素质。1993年，县教育局专门下发政教综［1993］101号文，鼓励教师参加本专科自学考试，提高专业水平。对参加自学考试的教师的假期、差旅费给予优待。2001年根据各时期教师培训的重点和需要，分别举办“新教师岗前培训”“校长培训”“学科培训”“骨干教师培训”“新教材培训”“小学（幼儿）教师职务晋级培训”以及一年一度的“全员继续教育培训”等。

至2005年，小学、初中骨干教师省市级培训率为4.90%，小学、初中专任教师信息技术培训率为100%，小学校长任职资格培训率和取证率达到95.90%，初中校长任职资格培训率和取证率为89%。

附：培训基地简介

政和县教师进修学校　创建于1963年，学校占地1850平方米，建筑面积5800平方米。1998年经评估通过成为由福建省教育厅批准备案的具有中等师范性质的成人教育学校。该校是教育系统继续教育的基地，承担全县在职小学（幼儿）教师继续教育任务。学校有专任教师23人，其中高级职称教师4人，中级职称教师15人。学校长期聘请部分教学经验丰富，业务能力强，具有中高级职称的县骨干教师和学科带头人作为培训及教研的兼职教师。学校在抓好常规工作同时，还承担《政和县小学教学研究》刊物的组稿编审及出刊工作，每年还参与承担或组织市县各级各学科的教研年会，不定期组织小学校长培训、骨干教师培训、教师职务晋升培训、小学各学科培训及全员继续教育培训等任务。该校从1986年起，分别与原南平师范学校、福州幼儿师范学校、福建教育学院联办过多届中师、幼师、教育大专学历的教学班，对成人教学班的教学、管理积累一定的经验。学校还有一支熟悉现代远程教育教学技术的人员队伍，自2001年下半年开始设立西南大学（原西南师范大学）网络学院校外学习中心后，至2005年共招收高升专、高升本及专升本各专业学生650人。

第六章　管理与督导

第一节　机　构

政和县教育局　1989年行政编制14人，设正局长1人，副局长2人，下设办公室、人事股、计财股、初教股、中教股、成教股、仪器站七个职能部门。1992年增设幼教股。1994年增设教育审计股。1997年核定教育局机关行政编制8名，机关后勤人员1名，教育督导室及其他股室按事业编制核定。1999年，根据县机构改革“三定”方案，重新核定局机关行政编制10名，事业编制30名。2001年4月，成立政和县教育局党委，下设党委办公室，与局办公室合署办公。2002年根据县委、县政府《关于政和县县级党政机构改革的实施意见》（政委发［2002］7号）及县委、县政府《关于政和县县级党政机构“三定”规定的通知》（政委［2002］15号）精神，核定县教育局机关行政编制7人，局机关事业编制8人，合计15人（含派驻监察室编制），其中局长1人、副局长3人、党委书记1人、纪委书记1人；股级职数6人。2003年设立未成年人保护办公室。2005年县教育局下设办公室（加挂党委办）、人事股（加挂监察室）、中教股、初教股、德育股、计财股、未成年人保护办公室7个职能股室，设局长1人，党委书记1人，副局长2人，纪检书记1人，共有工作人员38人。

政和县教育督导室　1989年12月成立，为正科级事业单位，与县教育局合署办公，事业编制2人，设主任1人，副主任1人。至2005年机构设置与人员编制不变。

第二节　教育管理

一、行政管理

1989年政和城区设一中、二中、实验小学、实验幼儿园，由教育局直接管理，东门小学和星溪小学由城关学区管理。全县9个乡（镇）设8所农村初级中学（石屯中学附设职业中学），小学设8个学区。20世纪90年代初，根据“分级办学，分级管理”精神，对乡（镇）中、小学实行二级管理，厂矿学校由办学单位管理，并接受县教育局的业务指导。其时教育局对学校实行目标管理，学校内部实行校长负责制，给学校以充分的自主管理权。各级各类学校在同级政府的领导下，分工管理、互相配合、各司其职，共同办好学校。1995年根据县教育工作会议精神，经县委批准成立熊山学区、星溪学区和南门小学（政委综95［11］号），东门小学改为县实验小学，城关学区和东门小学在学校布局调整过程中予以撤销。2002年启动“名校长”工程，出台了校长任期目标考评机制，对学校管理更加科学，办学效益更加明显。至2005年县教育局直属校有政和一中（高级中学）、政和二中、三中、中等职业技术学校、实验小学、南门小学、星溪小学和实验幼儿园，设8所乡（镇）中学、9所乡（镇）中心小学。

二、人事管理

1989 年始，中小学教师管理、调配由教育行政部门负责。学校干部和教师流动必须按规定手续报批。教育局机关、直属校正股级班子成员由县委宣传部考核任免，农村中学校长、中心小学（学区）校长由教育局推荐，征求所在乡（镇）党委意见后，由教育局会同宣传部考核，由县委宣传部任免；农村中小学二层班子由学校推荐，教育局考核任免。学校党组织班子由党员大会选举产生，报教育局党委审批、备案。1991 年开始学校实行校长负责制，教师职务实行聘任制。1996 年从党政机关和事业单位选派 13 名干部到基层校支教。是年出台民办教师退养和生活保障制度。1997 年共择优录用 244 位民办教师为公办教师，2000 年开始，先后接受浦城、建瓯等县市支教教师 150 多人，以缓解中学编内缺员的压力。2001 年在南平市率先推出“名师造就”工程，共培养出全国特级教师 1 人，市、县级学科带头人 88 人，骨干教师 163 人，优秀青年教师 235 人，教师队伍形成了“金字塔”型结构。是年，实行人事制度改革，中小学紧缺学科所需教师实行公开招聘。2002 年，全县有 14 位符合条件的民办教师办理退养手续，每月领取生活费 350 元。2003 年机构改革，教育系统中小学教师以学生数和班级数结合计算重新核编，编内人员总数为 2743 人，其中小学教师 1566 人，中学教师 1177 人。2005 年经公开考试，择优录用 12 位取得教师合格证的代课教师为合同制职工。同年有 48 位本科生、295 位大专生、174 位中师毕业生补充到教师队伍，并实行聘约合同管理。是年，县编委与人事部门重新核定中学教师编制 1360 人（实际在岗 1041 人），小学编制 1280 人（实际在岗 1320 人），中学编内缺员 219 人，小学超编 40 人。

三、学校管理

幼儿学校管理　1989 年，县教育局规定幼儿园园长为幼儿园的法定代表人，对外代表幼儿园，对内全面领导和负责幼儿园的各项工作。规模较小的幼儿园设立园长或负责人一人。规模较大的幼儿园设园长 1 人，副园长 1—2 名，并组建园务委员会，委员会由园长、保教、医务、财务等部门负责人组成。幼儿园每学期召开一次以上家长会，园长或教师向家长汇报全园或班级的保教工作，宣传育儿知识，教师每学期到幼儿家里家访一次。一些大的幼儿园，建立家长委员会，请家长参与幼儿园管理，组织家长活动，协调解决办园困难。县实验幼儿园还举办“开放日”“开放周”“亲子活动”等活动，请家长到幼儿园听课、参观、座谈、联欢等，加强家园联系。幼儿园通过家园联系手册定期与家长联系配合育儿，或出墙报宣传育儿知识。

小学学校管理　1989—2005 年，除城区设立独立的三所小学外，全县 10 个乡（镇）共设 10 个学区，各设校长 1 人，作为乡（镇）小学的法定代表人。学区设立教导处、总务处等领导机构，负责管理乡（镇）各完小和教学点。各完小和教学点设校长或负责人 1 名，完小还对应学区设立相应管理机构。学区班子由县教育局按职数任命，完小、教学点校长和班子成员由学区直接任命。2002 年秋季，全县 10 个学区撤销，建立中心小学代管村级完小和教学点的管理体制，70 多位原学区行政管理人员走上了教学一线，使教育资源得到优化利用。同时实行撤点并校改革，到 2005 年，全县共撤并完小 52 所，教学点 78 个，小学管理日趋规范，办学水平和教学质量逐年提升。

中学学校管理　1989 年，中学学校管理实行校长负责制，每所中学设校长 1 名，并按职数配备副校长及办公室、政教处、教务处、总务处等职能处室。校长及班子成员依据级别，按照干部管理权限，分别由县委组织部、宣传部和教育局予以考核任命。2005 年 12 月，中共政和县委教育工作委员会成立后，教育人事管理体制再次进行改革，中学除副科级干部由县委组织部考核任命外，股级及股级以下干部由县委教工委和县教育局按照干部管理权限进行考核任命。

四、教学管理

幼儿教学管理　1989 年，社会力量办园除登记注册外，还需办理社会力量办学许可证。1990 年，县教育局对幼儿园进行全面登记注册，教育督导室对各乡（镇）教育工作进行年度督导评估（评估项目有幼儿入园率、中心园设置率、师资合格率、登记注册率等）。此后，注册工作走向正常化，凡新办园所均需履行注册手续。1991 年，县教育局与省教委同步建立幼儿园评估制度，评估乡（镇）中心园、村学前班。1992 年 8 月，县成立幼教股，任命一名股长，负责幼教行政、教研等工作。1995 年 4 月，南平市建立幼儿园（班）年度检查评估制度，政和县根据当地实际情况进行调整。2005 年，县实幼经南平市教育局评估第二次被认定为市优质园，全县共有 13 所幼儿园经县教育局评审认定为县优质园。

小学教学管理　小学教学管理由县教育局初教股和教研室全面负责，城区小学、农村中心小学配备分管教学的副校长，完全小学以上都配备教导主任负责教学工作。

1989—1992 年，根据《小学教学常规管理若干要求》，对备课、上课、批改作业、辅导差生、教学研究、管理责任都作详细的规定。全县每年进行一次教学常规检查。1993 年，为减轻学生课业负担，规定各年级学生家庭作业量：一年级不留家庭作业，二、三年级每天的课外作业不超过 30 分钟，四年级不超过 45 分钟，五、六年级不超过 1 小时。教育主管部门加强教学常规的检查，各级督导机构从“两基”主要督政检查转向学校“素质教育评估”——督学，引导小学走上科学教育管理轨道。2000 年以后，随着素质教育的全面推进，小学教育教学管理更加规范，教学质量逐步提高。2004—2005 年，为适应课改的实施与推进，县教育局印发《政和县小学教学常规管理实施细则》，教学管理量化指标，学校教学管理步入改革的新阶段。

中学教学管理　1989 年，进行学校体制改革，健全教代会制度，实行校、年段、组分级管理负责制。是年，凡符合招生规定入学学生，由教导处编列学号、设立学籍卡片，永久保存。留级生、复学生仍使用原编号；跨省、市的转学生按规定编制新学号。1990 年开始，实行学校目标管理，校长负责制、教师聘任制。是年，全县制定强化初中教学管理的意见和措施，对初一年级入学的新生实行三年跟踪教学管理，要求在巩固率、及格率、报考率、综合比率方面分级达标；全县学籍管理执行福建省全日制普通中学学籍管理和成绩考核办法（试行）。1991 年按省教委的要求，普通高中实行毕业会考。会考采取考试和考查两种方式，体育课由各校按教学大纲规定的内容进行考试。考试科目为每科 100 分，考查科目为合格与不合格的等级制。考试科目按成绩分为优、良、合格、不及格四个等级。1995 年实行高中招生改革。是年初中毕业考试与高中招生考试分离，重点中学招生录取与高中阶段其他各类学校录取分离。1997 年中考实行英语听力测试，测试为 20 分钟，占英语科总分的 20%。1999 年，对 1998 年入学的高一新生，实行语文、数学、英语三科由学校组织毕业考试，不进行全省统一会考。政和县将这三科毕业考试安排在高三第一学期末进行。地理、物理、化学、生物、历史、政治六科毕业会考一年举行两次，分别安排在每年的 6 月和 10 月进行。

2000 年，出台《政和县中学学籍管理补充规定》，乡（镇）中学间办理借读、转学，由借出、借入或转入、转出两校校长签章同意后到县教育局中教股审批。2001 年，出台《政和县中小学教师职务竞聘上岗试行意见》，启动教师职务竞争上岗工程。2002 年，启动“名校长”工程，出台校长任期目标评价机制。2004 年起农民工子女按进城务工农民子女借读条件统一安排指定学校就读，借读、转学办理，按学籍管理办法，在双方学校审核基础上持相关材料到中教股验证、审批；外商子女到政和中学借读的一律即到即办，投资额在 100 万元以上的免交借读费，持有“客商证”的家长，其子女到政和县初中就读实行优惠政策，优先选择学校并免交借读费。学生患病、重病需住院治疗，三个月内无法到校学习的，可以办理休学手续。初三、高三毕业班学生下学期原则上不办理休学。学生休学以一年为期，期满不能复学的，可申请延长一年。学生休学期间仍保留学籍，不得报考其他学校。同时规定，九年义务教育阶段禁止招收择校生；乡（镇）中学严格按户籍辖区招生；城区各中学招生必须严格执行县招生委员会规定招生。是年，高中毕业会考增设“信息技术”，该科分笔试和上机操作两个部分，分值分别为 50 分，总分为 100 分。2005 年 6 月开始，高中毕业会考为正考和重考同时进行，11 月仍为重考。

第三节　教育经费

一、经费来源：

（一）预算内拨款

预算内拨款是教育经费的主要来源。政和县确立教育优先发展的战略地位，将其统筹纳入经济社会发展的总体规划，大力实施“科教兴县”发展战略，认真落实“以县为主”的管理体制，切实加大教育投入，稳步推进义务教育、高中阶段教育和职业教育，逐步实行教育经费预算单列。县政府对教育经费的投入逐年增加。从1989年的536.10万元，增加到1994年的1565万元。从1995年起，每年底由县教育局编报下一年度教育经费计划的建议，经县财政局审核，由县政府列入预算，县人大批准后实施。同时，县政府为确保“两基”工作的顺利进行，增加教育办公经费和教学设备，校舍建设等投入。1999年财政预算内投入2355.40万元，其中基础设施建设411.70万元。2004年财政预算内投入4441.60万元，其中基础设施建设达954.90万元。2005年财政预算内投入4039.30万元。

表28-9　**1989—2005年县财政预算内教育经费情况**

年　份	投入总额（万元）	其中			
		教师工资（万元）	办公经费（万元）	生均公用经费（元）	基建（万元）
1989	536.10	325.00	20.60	—	—
1990	524.90	369.90	25.00	—	—
1991	574.80	413.10	29.30	—	—
1992	666.00	484.90	33.70	—	—
1993	735.00	575.00	37.00	—	—
1994	1565.00	1050.00	61.00	—	—
1995	1334.00	1166.00	48.00	—	—
1996	1758.00	1279.00	75.00	—	—
1997	1790.00	1480.00	137.00	—	—
1998	1639.00	1283.00	197.00	—	—
1999	2355.40	1934.10	52.30	13.98	411.70
2000	2223.70	2133.00	75.20	21.77	115.10
2001	2893.00	2708.00	59.80	23.99	59.50
2002	3379.10	3017.50	62.20	26.71	114.00
2003	3458.30	3059.40	57.60	31.30	171.00
2004	4441.60	4292.10	39.50	30.70	954.90
2005	4039.30	4019.30	110.80	40.90	640.00

（二）教育费附加

1989年，全县开征教育事业附加费。县政府召开专题会议，将任务分解下达乡（镇），实行征管责任制和委托代征责任制。1990年8月起，实行国务院修改的《征收教育费附加的暂行规定》。1995年为启动“两基”工作，县委、县政府加大教育事业费附加的征收力度。农村教育事业费附加按上年农民人均收入的2%计征，并实行“乡征、县管、乡用”。凡没有完成农村教育事业费附加任务的乡

（镇）由乡（镇）财政从自有资金中补足。城市教育费附加按新“三税”（增值税、营业税和消费税）的3%计征，由税务部门征收后拨教育部门掌握使用。城区和建制镇基建按建筑面积每平方米12元征收城镇教育建设配套费，由县建委征收后拨教育部门使用。2002年，停止征收农村教育事业费附加，城市教育事业费附加由省转移支付，每年下拨277万元。

（三）城镇义务教育费

1995年1月起开征城镇义务教育费。全县各级党政机关、社会团体、企事业单位（含外资、独资企业）以及其他经济组织所有有工资收入的干部和月收入260元以上的职工，由所在单位的财务部门按同级劳动部门核定的工资总额（含各种津贴）实发数的2%按月征收，并采取“委托收款”结算方式交县“普九”基金专户。招待所、旅社按核定营业床位的50%计算，每床每天2元计征，由工商局代征。营业性歌舞厅按工商管理费的30%，餐饮业按工商管理费的50%，营业性电子游戏机厅按工商管理费的100%，其他公司、商店按工商管理费的40%计征，美容厅、发廊按面积每平方米每月3—5元计征，由工商局（所）代征。对全县中小学生适当收取义务教育仪器设备配套费，城区学校每生每学期50元，农村学校每生每学期20元，由教育部门负责在每期注册时统一收取，汇入县“普九”基金专户统一管理使用。1995—2001年共收取义务教育费1260万元，新建30多项“普九”工程，添置大量教育教学设备，弥补财政主渠道投入不足，在政和县实施“两基”过程中发挥不可替代的重要作用。2002年起，停征城镇义务教育费。

（四）学费、杂费

向学生收取学杂费，是教育办公经费的一个主要资金来源。1991年全县宣布实施初等义务教育，义务教育阶段一律免收学费，学校只向学生收取杂费和代办费。每年向学生收取的杂费和代办费项目标准均根据省、地区收费文件，由县财政局、物价局和教育局三家共同研究确定，联合下文到各学校，学校严格执行收费标准，规范收费行为，实行收费公示制，统一票据、亮牌收费，接受群众监督。1994年秋季开始，对各中小学杂费标准作如下调整：城区小学每生每期30元，初中每生每期45元；乡（镇）小学每生每期25元，初中每生每期35元。对家庭经济困难的中小学生减免杂费，可控制在杂费总额的5%以内。1999年高中试行缴费上学，政和一中、二中每生每学期学费标准600元。一中高中缴费生三年一次性缴费4800元。从2004年秋季开始在全县义务教育阶段实施教育收费“一费制”制度；2005年执行省、市文件标准，政和一中缴费生按省市文件三年一次性缴费9600元，政和二中缴费生三年一次性缴费6000元。是年，春季开始实行“两免一补”政策。全县8所农村中学、9所中心小学累计免课本费5365人次计62万元，免杂费31745人次计544.10万元。

（五）社会集资助学

自1994年开始，采取向社会集资、个人捐助等办法，解决教育经费不足，改善办学条件。至2005年，累计接受社会集资、个人捐助等资金600余万元，所捐赠资金全部用于教学楼建设。

表28－10　**1994—2005年接受捐资助学情况表**　单位：万元

序号	年份	捐赠者名称	受赠学校及项目	金额
1	1994	沈炳麟（香港）	铁山中心校恩美楼	16.80
2	1995	省武警总队	江上小学教学楼	20.00
3	1996	沈炳麟（香港）	东平二中小恩美楼	26.50
4	1997	庄启程（香港）	政和一中奖学金	5.00
5	1997	国家扶贫办	凤林小学教学楼	30.00
6	1997	泉南希望小学（泉州市）	外屯中心校教学楼	20.00
7	1998	邵逸夫（香港）	新口小学教学楼	17.00

续表 28－10

序　号	年　份	捐赠者名称	受赠学校及项目	金　额
8	1998	正才希望小学（县财政局）	罗家地小学教学楼	26.00
9	1998	正才希望小学（县财政局）	澄源中学教学楼	26.00
10	1998	龙岩团市委	范屯小学教学楼	50.00
11	1999	惠安希望小学（惠安县）	护田小学教学楼	25.00
12	1999	八一希望小学（解放军）	岭腰中心校教学楼	50.00
13	1999—2002	省林业厅	星溪小学教学楼	60.00
14	2000	明才希望小学（省财政厅）	后源小学教学楼	20.00
15	2001	省兴业证券公司	杨源中心校教学楼	19.32
16	2001	省国税局	杨源中学教学楼	20.00
17	2002	福建华福公司	石屯中学教学楼	50.00
18	2003	许晓梅（私营企业主）	县实验幼儿园征地	10.00
19	2003	台湾爱心文教基金会	洋屯小学教学楼	20.00
20	2003	省国税局	湖屯小学教学楼	20.00
21	2004	吴建南（香港）	黄坑小学教学楼	20.00
22	2004	香港文教基金会	林屯玥德希望小学教学楼	20.00
23	2005	大丰文教基金会	澄源中心校教学楼	23.00
24	2005	陈祥其（私营企业主）	稻香小学教学楼	20.00
合　计				614.62

（六）勤工俭学

1991年始，全县各中小学校把乡（镇）村无偿划给学校的耕地、山林、茶果园、水塘、山地，通过结合劳技教育的形式，开展勤工俭学、“一校一地”建设活动。1992年10月，全县中小学联合创办校办企业——教育印刷厂，印刷厂隶属于县教育劳动服务公司，占地570平方米，固定资产280多万元，专门生产学生簿籍和教育教学办公用品。1993年10月，县教育劳动服务公司投资32万元创办政和教育宾馆。这是一个集餐饮、住宿于一体的综合性经营实体，以“服务教育”为宗旨，对教育部门机关、各乡（镇）学区、中学均实行优惠政策，在提供对内服务的同时，也面向社会经营。至1995年，全县共建成林、茶、果园及农作物等劳动基地180个，面积达16.50公顷，兴办校办工厂2个、第三产业网点12个，实现工、农和第三产业总产值280万元，年纯收入92万元。2001年9月始，政和一中不再给除孤儿以外的一般特困生减免学费，而是提供校园卫生保洁、花草护理等勤工俭学机会，按每人每天15元的标准发放助学金。

二、经费管理

1989年，全县教师工资和经费拨款由县财政拨付给县教育局，再由县教育局下拨各中学、学区，有完善的教育经费的拨款、核销渠道。1995年开始，改革教育经费管理体制，民办教师工资实行乡（镇）统筹，按《劳动法》规定不低于当地最低工资水平，并按省市规定进行民师工改，由乡（镇）按月兑现。是年起，每年初由统计部门会同教育局对上一年教育经费实际支出进行统计并予公布。教育行政部门和学校建立健全财务规章制度，严肃财经纪律，做好财务管理，定期接受审计。义务教育费专门用于普及九年义务教育所需的危房改造、新建校舍和添置教学仪器设备等，不得挪作他用。义务教育费实行预算外资金的“收支两条线”财政专储管理，使用时教育部门要会同财政部门提出计划，经县政府教育领导小组批准后下拨中小学用于改善办学条件。年终时教育部门须将全年义务教育费收入、投入效益情况报县政府审查并公布。各级财政、审计部门加强财政审计监督，确保专款专用。1998 年理顺教育事业管理体制，教师工资由县乡分级管理，县财政以上年为基数核拨，由乡（镇）包干制度转变为由县统一管理，有效地杜绝了教师工资拖欠现象，并逐步建立教师工资发放保障制度。2001 年 7 月成立会计核算中心，负责全县教育系统各单位财务核算与监督指导工作。从当年 12 月开始，政和县教师工资均由国库统一支付。至 2005 年不变。

第四节　学校建设

1989 年，进一步重视中小学、幼儿园危险校舍安全问题，加大基础设施投入，确保各校园的安全，每年挤出资金对重点的校舍进行维护。同时多方筹措资金，有计划地建新校舍。1996 年，全县投入教育基建款 233 万元，建筑面积 9297 平方米，新建围墙 456 米，扩建操场 1235700 平方米。由政府拨款 35 万元，个人集资 128 万元，兴建城区教师公寓。是年，政和县中小学生就学人数进入高峰期，县里筹集资金 1500 万元，扩大校园面积 2. 10 公顷，新建或续建一中教学楼、二中教学综合楼，镇前、外屯、星溪、杨源中学教学楼。全县大部分中学开设电脑课，县二中建起多媒体教室和语音室。

1997 年，政和县"两基"教育工作顺利通过省级验收，并全面推行实施素质教育。县委、县政府优先保证教育经费投入，当年又投入教育基建款 555 万元，其中贫困地区义务教育项目工程款到位 175 万元。省、市政府及教育主管部门补助 147 万元，县各级自筹资金 233 万元。维修校舍 2358 平方米，修筑围墙 1137 米，新征校园面积 7. 63 公顷，完成全县 6 个乡（镇）初中扩建工程。至 2001 年投入资金 8937 万元，完成教育重点工程 90 多个，建筑面积 10. 68 万平方米。是年，启动第一期危房改造工程，确定 D 级危房重建项目 6 个，消除危房面积 4652 平方米，规划建设面积 7853 平方米，省上及中央补助 179 万元，县自筹 285 万元，工程当年竣工验收，质量全部合格。2003 年开始，在总结第一期危房改造经验的基础上，加大第二期危改项目建设步伐，第二期危房改造共消除危房 50056 平方米，其中只拆不建项目 7 个，面积 5910 平方米，完成新建项目 38 个，新建教学楼 30 幢，学生宿舍 8 幢，建设面积 56670 平方米，省上补助资金 2002 万元，地方自筹配套资金 1154 万元。2005 年，继续抓好扩容工程建设，满足当年初中增生 2800 多人的入学需求。筹措资金 950 万元，新建、改建、扩建校舍 13476 平方米，石屯中学教学楼、东平中学综合楼、镇前中学学生宿舍楼、三中教学楼等 11 个重点工程项目如期完工，并投入使用。加大创建"普及教学实验县"力度，投入 150 万元，添置实验器材，改造实验室，基本配齐仪器设施。当年全县有实验室 56 间 4065 平方米，仪器室 53 间 1895 平方米，实验桌 958 张，实验椅 2890 张，演示台 56 张，仪器橱 436 张，为通过省"普及教学实验县"评估验收作好准备工作。各中学也在暑假期间投入资金近 180 万元新改、扩建教室、宿舍，添置课桌椅、床架。全县乡（镇）以上中小学全部接入宽带网，开设信息技术教育课，中小学拥有教学电脑 1460 台，电脑室 36 间，多媒体教室 6 间，语音室 6 间。

第五节　教育督导

1989 年 12 月，依照《福建省实施〈中华人民共和国义务教育法〉办法》，成立政和县教育督导室，在同级政府的领导下，代表政府对下一级政府的教育工作、全县中小学的教育教学工作进行监督、检查、评估指导，保证国家有关教育方针、政策、法规的贯彻执行和教育目标的实施。1991 年 10 月开展"义务教育六项督导评估"，督导的内容为教育管理、事业发展、队伍建设、教育经费、校舍设备、德育工作。1992 年开始，主要以开展中小学德育工作督导评估为年度督导内容，实现目标管理、量化评估。

1995—1997 年，教育督导工作重点是"两基"督导评估。1995 年县政府召开教育工作会议，做出"关于进一步加强教育工作的决定"。县委、县政府成立"政和县实施'两基'工作领导小组"，县教育局成立“政和县教育系统‘两基’业务工作小组”，各乡（镇）村也相应成立机构。县委、县政府制定《政和县实施九年义务教育规划》，分步推进实施。1995 年，东平、石屯通过“普九”验收。1996 年，铁山镇、外屯乡、星溪乡、镇前镇通过验收。1997 年，熊山镇、杨源乡、澄源乡通过验收。1997 年 10 月，政和县“两基”工作通过省政府评估验收，全县 9 个乡（镇）全面实现“基本普及九年义务教育，基本扫除青壮年文盲”的目标。1998 年以后，教育督导工作重点是对各乡（镇）“两基”验收后的跟踪检查和评估，政和县连续 8 年通过省、市的跟踪检查评估。

2003 年，教育督导室全面部署中小学校素质教育督导评估工作，相继对全县 11 所中学、10 所中心小学、3 所城区小学进行学校实施素质教育工作督导评估，有 9 所中学，13 所小学获得政和县首批“实施素质教育合格校”称号。2005 年，教育督导室对 2 所中学、38 所农村完小进行实施素质教育工作督导评估，有 2 所农村中学、35 所农村完小获得政和县第二批“实施素质教育合格校”称号。

第七章　教育改革

第一节　教育管理体制改革

1989 年始，推行“地方办学，分级管理”的办学体制和管理机制改革，调动乡村办学的积极性，农村中小学面貌发生变化。1990 年 9 月，推行建立校长负责制、教师聘任制，对学校进行目标管理。1998 年始，基础教育落实“以县为主、统筹发展”方针，促进城乡教育的协调发展。各校根据教师的学历、职称、年龄、学科等特点进行定编、定岗、定量、定责、定津贴，因事设岗、以岗聘任，校长根据教师填报的志愿和岗位需要对教师实行择优聘任，并按上岗、试岗、待岗三个等级予以不同的待遇激励教师。经过试点、总结和完善，校长负责制和教师优化组合在全县各中小学普遍展开，取得成效，教师安排从原来的委派性质转向招聘性质。同年，县教育系统在局机关、县一中、东平中学、县实验小学等 5 个单位试行校务公开。2001 年，校务公开工作推广到全县各中小学，并成立校务公开领导小组和监督小组，设立校务公开对外、对内公示栏，意见反馈箱，做好公示材料的收集和归档，校务公开工作与校长业绩挂钩。至 2005 年，城区各中小学和乡（镇）中学、中心小学都开辟了校务公开专栏，全县教育系统初步建立起较为完善的校务公开工作体系。

第二节　办学体制改革

积极贯彻“两条腿走路”的方针，发动全社会团体、工矿企业、部门行业共同参与办学。建立以政府办学为主体，社会各界共同参与办学的新格局，逐步形成基础教育以政府为主、幼儿教育以社会为主、成人教育以部门为主、职业教育以行业为主的“四为主”办学体制。积极贯彻国务院《社会力量办学条例》，坚持“积极鼓励、大力支持、正确引导、加强管理”的方针。20 世纪 90 年代以来，接受社会力量捐资助学 600 余万元，兴建教学楼 23 幢。2003 年，创立民办“政和县熊山文武学校”。2005 年，政和三中高中部顺利推向民营化运作。至 2005 年全县民办合格幼儿园 61 所，在园幼儿 4290 人。

第三节　人事制度改革

1992 年 5 月，推出“校长负责制和教师优化组合”人事管理方案，在东平、杨源、镇前等乡（镇）学区开始试行，并在“稳定、优化、民主、公正”的前提下平稳运作。通过推荐、自荐、乡

(镇)村两委建议和学区提名，选举产生各校校长，顺利组建各校二层班子，并制定好各校目标管理方案，继而实施教师优化组合。各校根据教师的学历、职称、年龄、学科等特点，实行双向选择和竞争聘任上岗，把竞争机制引入教育人事管理之中。1995 年暑假，在全县推出“两下”制度：凡是中学学历不达标的教师下放到中心小学，凡中心小学学历不达标的教师一律下放到村完小，是年，中学教师下放 78 人，小学教师下放 33 人。1998 年出台民师退养制度，结束政和县聘用民办教师的历史。2002 年开始，对中小学紧缺学科所需教师实行招聘制，被聘用的教师全面实行聘约合同管理。是年 6 月，对澄源中心小学副校长、镇前中心小学校长、实验小学副校长实行公开竞聘，进一步激活用人机制。2005 年对教育系统 54 位长期离职离岗人员按自动离职处理。

第四节　招生制度改革

1992 年开始逐步实行小学升初中免除升学考试，划片就近入学，学校由升学竞争变为全面提高学校办学水平的竞争，城区初中实行对等招生。同年，推行高中会考制度。1995 年，一、二中初中实行“对等”招生，按照小学毕业会考成绩、男女比例、班级人数，做到各班成绩对等、男女比例对等、班级人数对等。1999 年高中实行缴费上学，高中招生实行两考分离，重点中学招生实行提前录取，并按比例招收部分缴费生。2000 年 6 月，小学毕业会考实行“2 + X”考试科目设置，即语文、数学 + 综合技能科。2001 年高考考试科目实行“3 + X”的考试科目设置，即语文、数学、英语 + 文科综合(政治、地理、历史)、理科综合（物理、化学、生物)。2002 年在全市率先对初中毕业班体育考试进行改革，把体育考试作为报考高中的资格考试，不计入总分，报考中专学校则计入总分。为妥善解决进城务工子女就学问题，从 2003 年开始，政和四中（星溪中学)、官湖小学、林屯小学、稻香小学作为进城农民工子女选读学校，其子女在上述学校就读享受片区学生同等待遇。2003 年秋季，政和一中改为高级中学，新建的三中开始招生，城区小学毕业生录取初中实行划片招生就近入学。2005 年，由于高考人数增加，增设政和二中考点。

第五节　布点结构调整

1998 年，政和县制定撤点并校工作方案，调整农村小学布点，撤并办学规模小、教学质量低、办学效益差的小学和教学点。完小从 1998 年的 102 所调整为 2005 年 69 所，教学点从 1998 年的 129 个调整为 2005 年的 46 个，使全县农村小学布点更趋合理，教学质量、办学效益明显提高。同时对从企业剥离出来归教育部门管理的四所学校也进行调整和合并。

第六节　教育教学改革

1991 年以后，小学学习北京的“愉快教育”，中学学习上海的“成功教育”，中高年级推行邱学华的“尝试教学法”，成人教育和职业教育推行“成才教育”。1998 年全面推进素质教育，县教育局制定《政和县全面推进素质教育实施意见》，确定一批素质教育试点学校，制定素质教育工作评估标准。同时以改造中小学薄弱学校为突破口，制定分期改造计划和评估验收标准，至 1999 年，连续三年改造农村中小学薄弱校 10 所，基本实现中小学办学条件、教学设施的规范化、标准化。同年，全面启动现代教育工程，加快学校教学设施的现代化，电化教育工作得到稳步推进。城区中学普遍开设计算机课、多媒体教学、计算机辅助教学。课堂教学逐步实现“七大转变”，即教学理念由教师为本转向学生发展为本；教学目标由单一性转向综合性；教学模式由教授式转向研讨式；教学顺序由教后学转向学后教；教学活动由教师为主转向学生为主；教学手段由传统型转向科技型；教学关系由支配式转向民主式。2004 年政和县被列入基础教育课程改革实验县，实施对义务教育阶段的课程改革，对中小学起点年段的各科任教师进行大规模的培训；各校因地制宜研究开发校本课程，加强中小学德育基地、劳动实践基地建设，为学生的全面发展夯实基础。2005 年 12 月，通过南平市教育局课程改革实验县评估。

第七节　教育结构改革

1991 年，以普及九年义务教育为重点，全面实施“两基”，大力发展职业技术教育，实行“三教统筹”，促进基础教育、高中教育、职业教育和成人教育的协调发展。1992 年始实行初二后分流。1995 年始实行小学、初中、高中三级分流，逐步形成初等、中等、高等职业教育和普通教育共同发展、相互衔接、比例更加合理的教育系列。1996 年，县政府作出《关于大力发展职业技术教育的决定》。1997 年 10 月全县通过省政府“两基”验收后，连续 8 年通过跟踪复查。2003 年 6 月县电大工作站成立“开放教育本科导学点”，工作站从原来的成人招生、注册视听生和开放教育并存的办学模式转为以开放教育试点为主，集学历教育、继续教育和非学历教育为一体的办学体制。2005 年整合原职业高中的教育资源，创办中等职业技术学校，当年学生进入职业技术学校与普通高中的比例达到 6∶4。全县乡（镇）农民文化技术学校全部达到省定的办学标准，教师进修学校通过省教育厅备案验收。全县幼儿入园率 81.54%，达到全市平均水平。

卷二十九　文化　体育

1989—2005 年，文化、体育工作坚持“两为”方向和“双百”方针，正确把握舆论导向，努力建设社会主义先进文化。这一时期随着社会主义市场经济和改革开放的深入发展，文化工作呈现出新的特点。社会文化格局从单一向多元发展，形成国家、集体、企业、个人共同经营文化事业的大格局，文艺创作更加活跃。区域特色文化活动活跃并各具特色，群众文化呈现出“百花齐放”局面。文化市场逐步形成，“一手抓繁荣，一手抓管理”“扫黄打非”成为文化工作一项重要内容。

1994 年，编纂出版新中国成立后第一部《政和县志》，同时《政和县工会志》等 7 部部门志也相继出版。

随着人民生活水平的不断提高和教育事业的发展，图书发行量逐年增长，2005 年图书销售额突破 1000 万元，是 1989 年的 10 倍多。群众体育活动更加活跃，竞技体育水平逐年提高，优秀体育人才不断涌现，出现了张平、李善富等国家级运动健将。

档案、地方志编纂等工作，紧紧围绕经济建设中心，主动服务三个文明建设，服务当地改革开放和经济发展。

第一章　文　化

第一节　文化创建活动

一、实施“芳草计划”

1984 年，石屯乡举办首次农民诗歌竞赛活动，此后每年举办一次。1991 年 3 月，县政府下发《关于批转县文化局〈政和县繁荣发展社会文化“芳草计划”实施方案〉的通知》，开始实施“芳草计划”，内容包括农村文化场所建设、农村特色文化活动及农村文艺人才培养等，石屯文化中心被列为福建省实施“芳草计划”100 个示范点之一。从是年始，石屯镇确定每年农历九月初九日重阳节为“农民诗文化节”，至 2005 年已连续举办 14 届，活动内容不断丰富，规模逐年扩大，已有农民诗创作骨干 240 多人，其中黄云峰、吴建恩等农民作者的诗作多次在《闽北日报》发表。诗文化节的创作成果每年结集出版《小石堆》刊物一期。

二、文化中心户及文化之家

2000 年 5 月，在全县范围内开展评选并命名农村文化中心户和社区文化之家活动，创新基层文化阵地建设，总结家庭文化创建成果，农村文化中心户包括文化娱乐、农业科技、民间艺术、医疗卫生、诗歌创作、科技养殖、农技推广、教书育人等 8 个类型；社区文化之家包括音乐文学创作、摄影、书法、美术、花卉盆景、报刊、古钱币及民间工艺收藏、舞蹈戏剧、表演等 9 个类型。至 2005 年年底，全县共评选出农村文化中心户80户，社区文化之家26户。

三、乡、村百姓知情室（栏）

为适应改革开放后农村思想政治的新形势，创新基层文化工作机制，2002年底，岭腰乡在文化站工作基础上，创建全县第一个集娱乐、政策法规宣传、农村科技知识普及以及政府政务公开、村民矛盾排查调解、商品流通信息发布等功能为一体的“百姓知情室”，村则建“百姓知情栏”。此后，这一农村思想文化工作新形式不但在全县各乡镇普遍出现，而且被推广到全南平市。至2005年底，全县共建立“百姓知情室”23个，有72个村建立“百姓知情栏”。

第二节　文艺创作

1989年后，文艺体制发生较大变化，专业文艺创作力量有所衰弱，而群众业余创作则相对活跃。1989—2005年，出版文艺作品专著6部，在各类报刊上发表的文艺作品400多篇（件），其中发表于省级以上报刊的有130余篇（件），有部分作品荣获国家或省级奖项。

表29－1　**1989—2005年政和县主要文艺创作情况表**

<table>
<tr><th>年　份</th><th>作　者</th><th>作　品　名　称</th><th>形式体裁</th><th>发表、参展、获奖情况</th></tr>
<tr><td rowspan="2">1989</td><td>杨定基</td><td>让时代充满芬芳</td><td>歌　曲</td><td>福建省厂歌行业歌创作优秀奖，刊《福建音乐》第2期</td></tr>
<tr><td>宋德华</td><td>神州颂</td><td>摄　影</td><td>入选省影协举办的国庆影展</td></tr>
<tr><td>1990</td><td>陈颖华</td><td>永远的银针茶</td><td>散　文</td><td>全国第二届“故乡水”征文二等奖</td></tr>
<tr><td>1991</td><td>杨定基</td><td>森林河，母亲河</td><td>歌　曲</td><td>刊《芳草地》第1期</td></tr>
<tr><td rowspan="3">1992</td><td>杨定基</td><td>武夷山盼你来</td><td>歌　曲</td><td>省“我的家乡美”创作比赛三等奖</td></tr>
<tr><td rowspan="2">陈颖华</td><td>悠悠长路情</td><td>散　文</td><td>第一届“东坡杯”散文比赛二等奖</td></tr>
<tr><td>北国风光</td><td>书　法</td><td>全国首届硬笔书法邀请赛二等奖</td></tr>
<tr><td rowspan="2">1993</td><td>宋德华</td><td>尝、南昌八一起义纪念塔</td><td>摄　影</td><td>入选中、日摄影交流展日本东京展</td></tr>
<tr><td>陈颖华</td><td>人民解放军占领南京</td><td>书　法</td><td>纪念毛泽东诞辰100周年全国书法赛二等奖</td></tr>
<tr><td rowspan="2">1994</td><td>宋德华</td><td>大山·梯田·人</td><td>摄　影</td><td>入选福建省十五届摄影艺术展</td></tr>
<tr><td>杨定基</td><td>村庄</td><td>歌　曲</td><td>刊《福建歌声》第3期</td></tr>
<tr><td rowspan="2">1995</td><td rowspan="2">熊源泉</td><td>老乡邮员</td><td>诗　歌</td><td>《福建老人报》9月7日</td></tr>
<tr><td>山村鸭妹子</td><td>诗　歌</td><td>《海峡姐妹》第4期</td></tr>
<tr><td rowspan="7">1996</td><td>陈颖华</td><td>箫箫翠竹情</td><td>散　文</td><td>第二届“东坡杯”散文比赛二等奖</td></tr>
<tr><td>刘　云</td><td>那个夜晚没有车</td><td>散　文</td><td>《人民交通安全报》</td></tr>
<tr><td>杨定基
池小霞</td><td>锦屏美</td><td>歌　曲</td><td>《福建歌声》第6期</td></tr>
<tr><td rowspan="2">杨定基</td><td>雨中游</td><td>歌　曲</td><td>《福建歌声》第1期</td></tr>
<tr><td>新安江，难忘的江</td><td>歌　曲</td><td>“情系新安江”歌曲比赛三等奖、《音乐园地》第3期</td></tr>
<tr><td>刘　云</td><td>折射</td><td>小　说</td><td>《中国交通安全报》1996—6</td></tr>
<tr><td>熊源泉</td><td>苧萝江风入梦来</td><td>散　文</td><td>《芳草地》第4期</td></tr>
</table>

续表 29－1

年　份	作　者	作　品　名　称	形式体裁	发表、参展、获奖情况
1997	李志强	春的呼唤	广播剧	1997 年福建省广播剧展评三等奖
	杨定基	我是小小音乐家	歌　曲	福建省少儿歌曲征集评比创作奖
1998	熊源泉	水碓与老人	诗　歌	《中国诗歌》　北京燕山出版社
	李志强	高山上的一片云	广播剧	1998 年度福建省广播剧展评三等奖
	杨定基	一加一	儿　歌	《福建歌声》第 1 期
	池小霞	从小爱中华	儿童歌曲	福建少儿歌曲优秀创作奖
1999	刘　云	父亲的故事	散　文	《福建法制报》
		名角宝仔	小　说	《人民交警报》
2000	宋德华	收成	摄　影	入选“湄州风情”影展
	张章景	远方来客、春到稠岭	摄　影	福建省环保书画、摄影展优秀奖
	李式广	共欢	摄　影	福建省环保书画、摄影展优秀奖
	叶华祝	无题	摄　影	福建省环保书画、摄影展优秀奖
	李志强	假币	小　品	福建省首届文化艺术节三等奖
	杨定基	少年的五彩梦	少　儿 歌　曲	省“建国五十周年歌曲作品评选”一等奖、“环宇杯”全国少儿歌曲大赛二等奖、刊《新世纪校园新歌作品集》
		咱老百姓	歌　曲	先后刊于《福建歌声》《新世纪之歌》
	陈颖华	我爱武夷红杜鹃	散　文	第三届“东坡杯”散文比赛二等奖
		缕缕乡情	散文集	中国文联出版社
	刘　云	紫纱巾	小　说	《人民公安报》
		水晶灯	小　说	《人民交通安全报》
		借　车	小　说	《人民公安报》交通安全版
		老槐树下	小　说	《人民公安报》交通安全周刊
		世纪关爱	散　文	《福建法制报》
	李志强	永不凋谢的红杜鹃	广播剧	1999 年度福建省广播剧展评二等奖
	池小霞	让幸福吉祥充满每个家	歌　曲	福建省计生宣传征歌评选优秀创作奖
	谢斌先	我们是光荣的计生管理员	歌　曲	福建省计生宣传征歌评选优秀创作奖
	张章景	走向希望、晨沐、沙漠之舟	摄　影	入选福建省十七届摄影艺术展
	宋德华	焦点	摄　影	入选福建省十七届摄影艺术展
2001	陈颖华	他圆了雕塑家之梦	散　文	中国新世纪先锋人物风采征文二等奖
	刘　云	流泪的时候	散　文	《人民公安》
		回家	小　说	《人民交警报》
	余长青	打工路上	散　文	《海峡都市报》
	熊源泉	熊城漫话（12 篇）	随　笔	《闽北掌故》　福建人民出版社
	李志强	光之神韵	摄　影	福建省青年摄影协会第五届影展铜奖
	倪陈峰	共读	摄　影	福建省青年摄影协会第五届影展优秀奖
	余明传	日照千秋步步高、今非昔比	摄　影	入选省青年影协第五届影展

续表 29－1

年　份	作　者	作　品　名　称	形式体裁	发表、参展、获奖情况
2001	杨立福	瑞雪催春	摄　影	福建省青年摄影协会第五届影展优秀奖
		自古仙山多雄浑、耸天、蓬莱神韵、山魂	摄　影	入选省青年影协第五届影展
	宋德华	云雾人家	摄　影	入选省青年影协第五届影展
		渴	摄　影	省保护母亲河生态环境摄影赛优秀奖
		誓言、值守一片天	摄　影	入选福建省“七一”影展
		我生在一个小山村	摄　影	第五届中国摄影艺术节福建摄影精品展荣誉奖、中国第九届国际摄影艺术展银奖、省青年摄影协会荣誉会士奖
	李进云	丽水街印象	摄　影	入选“大自然杯”全国摄影艺术大奖赛
2002	陈颖华	云雾人家	摄　影	入选省青年影协第五届影展
	杨定基	渴	摄　影	省保护母亲河生态环境摄影赛优秀奖
		誓言、值守一片天	摄　影	入选福建省“七一”影展
	杨立福 郭隐龙	我生在一个小山村	摄　影	第五届中国摄影艺术节福建摄影精品展荣誉奖、中国第九届国际摄影艺术展银奖、省青年摄影协会荣誉会士奖
		云雾人家	摄　影	入选省青年影协第五届影展
	李进云	渴	摄　影	省保护母亲河生态环境摄影赛优秀奖
	余明专	誓言、值守一片天	摄　影	入选福建省“七一”影展
	倪陈峰	我生在一个小山村	摄　影	第五届中国摄影艺术节福建摄影精品展荣誉奖、中国第九届国际摄影艺术展银奖、省青年摄影协会荣誉会士奖
		云雾人家	摄　影	入选省青年影协第五届影展
	陈存恩	渴	摄　影	省保护母亲河生态环境摄影赛优秀奖
	李志强	誓言、值守一片天	摄　影	入选福建省“七一”影展
	宋德华	我生在一个小山村	摄　影	第五届中国摄影艺术节福建摄影精品展荣誉奖、中国第九届国际摄影艺术展银奖、省青年摄影协会荣誉会士奖
2003	陈颖华	洞天福地洞宫山	散　文	福建旅游杯征文大赛一等奖
	刘　云	父子出警	小　说	《人民公安报》交通安全版
	李隆智	爱拦住死	报告文学	《知音》第 5 期
		下跪齐刷刷	报告文学	《知音》第 10 期
	李志强	只生一个好	小品	福建省首届社区文化艺术节一等奖
		垃圾与茅台	小品	中国第七届“古贝春”杯华东地区小品相声大赛银奖、福建“廉政之光”文艺汇演二等奖、全国第十三届“群星奖”福建选拔赛金奖
	宋德华	我生在一个小山村	摄　影	福建省第四届百花文艺奖三等奖
		古风	摄　影	《中国摄影报》双月赛优秀奖
		故乡	摄　影	入选省青年影协第七届影展

续表 29－1

年　份	作　者	作　品　名　称	形式体裁	发表、参展、获奖情况
2003	余明传	金蛇狂舞	摄　影	入选省青年影协第七届影展
	郭隐龙	古台戏事	摄　影	入选省青年影协第七届影展
	李进云	“吹”婚	摄　影	入选省青年影协第七届影展
2004	刘　云	男儿今夜也有泪	散　文	《人民公安报》
	杨　扬	外套传奇	小　说	《牡丹》第1期
	余开香	烦恼三千丝	散　文	《生活·创造》
		父亲是军人	散　文	《生活·创造》
	杨定基	科技特派员进村来	歌　曲	《中国优秀群众创作歌曲选》
		大地回声	歌曲集	中国文联出版社
	郭隐龙	渔村阿婆、生活乐章	摄　影	入选青年影协第八届作品展
		走亲归来	摄　影	《大众摄影》全国影友联谊赛优秀奖
		畲家阿婆	摄　影	入选上海第七届国际摄影艺术展
	余明传	天上人间	摄　影	入选省青年影协第八届作品展
		人间仙境	摄　影	福建省十九届摄影展优秀奖、全国产业美术书画精品展优秀奖、中国丽水国际摄影优秀奖
		古城晨曦	摄　影	“丽江古城杯”全国摄影大赛优秀奖
	陈存恩	韵律	摄　影	入选省青年影协第八届作品展
	宋德华	山村理发师	摄　影	入选省青年影协第八届作品展
		悲歌	摄　影	《中国摄影报》双月赛优秀奖
2005	杨　扬	童话感觉	散　文	《福建日报》
		夜归	散　文	《福建日报》
		小县城的幸福生活	散　文	《福建日报》
		天湖夜游	散　文	《福建日报》
		空花草帽	小　说	《福建文学》第11期
	刘　云	进山	散　文	《人民公安报》
	余开香	减肥小记	散　文	《生活·创造》
		当爱要走远	散　文	《生活·创造》
	陈　辉	因为长得丑	散　文	《校园幽默》
		点名也疯狂	杂　文	《快活林》
		唱歌	杂　文	《快活林》
		校园黑话词典	杂　文	《校园幽默》
	杨定基	人民与公仆	歌　曲	福建省反腐倡廉征歌优秀奖
	宋德华	我生在一个小山村	摄　影	2000—2005 福建摄影精品展佳作奖

第三节 文化活动

一、文艺演出及展览

（一）文艺演出

1989年以后群众性文艺演出活动日趋活跃。1989年，城乡各类文艺演出16场。1997年，城乡各类文艺演出26场。2005年，各类演出42场。历年来较大型的演出活动有：

1989年5月首届“熊城艺术节”举办专场歌舞文艺演出。1990年10月25日，福建省劳改局组织的“新冶艺术团”在政和影剧院举办综艺演出晚会。

1991年1月12—13日，县文联举办闽浙六县青年歌手比赛演出活动，浙江省龙泉、景宁、庆元3个县和福建省寿宁、松溪、政和3县的20多位歌手参加演出。2月26日（农历正月初二），县委宣传部举办自我娱乐大众演唱晚会，参加活动群众近千人。7月1日，举办庆祝中国共产党成立70周年综合文艺晚会。

1992年4—7月，县社会主义教育艺术团先后在城区、石屯、东平、铁山、铅锌矿、王山口村、西津转运站、石门采育场、松源采育场、暗桥采购站、杨源乡、西岩村、镇前镇、澄源乡、外屯乡举办大型文艺演出活动，观众2万余人。

1993年1月11日，举办迎接精神文明总评综艺晚会。10月2—4日，举办“天龙杯”卡拉OK大奖赛及汇报演出晚会。12月25日，举办“纪念毛泽东同志诞辰100周年《毛泽东颂歌》大型歌咏比赛晚会”，经委、农委、宣传、林委等8个合唱团参赛。

1996年10月28日，县“希望工程”领导小组组织举办“托起明天的太阳”希望工程义演文艺晚会。12月28日，县文化局、广播电视局联合举办电视卡拉OK比赛首场预赛晚会。

1997年6月25日，在县体育馆举办迎香港回归大型综合文艺晚会。10月7—8日，举办“邮电储蓄杯”通俗歌曲大奖赛文艺晚会。

1999年9月18日，县妇联、青少年宫联合举办国庆综艺晚会，邀请福州市歌星黄欣参加演出。9月23日，县委、县政府主办庆祝建国50周年全县农村文艺汇演，10个乡镇均选送节目参加演出；29日，举办大型文艺晚会。

2000年4月27日，举办首届职工舞蹈汇演。12月27日，举办“千年政和之夜”大型综艺晚会，邀请福州市歌舞团参加演出。

2001—2003年，先后举办庆祝中国共产党建党80周年歌咏晚会、庆祝国庆及庆十六大综艺晚会、“政法之光”文艺晚会及中秋之夜等大型文艺晚会。

2004年1月3日，举办“迎新年，庆两会”大型综艺晚会。同年6月28日举办庆祝中国共产党成立83周年文艺晚会。9月29日，举办国庆55周年“金德之夜”综艺晚会。11月5日，举办政和县首届运动会“百事之夜”大型歌舞晚会。

2005年9月29日，举办庆祝国庆暨抗日战争胜利60周年“绿之韵”大型文艺晚会。11月，举办闽浙赣三省十一县（市）青年歌手大赛。

（二）文艺展览

1990年2月20—25日，县文联主办“闽浙毗邻六县书法篆刻作品展览”，浙江省龙泉、庆元、景宁和福建省政和、松溪及寿宁等六县80位书法作者110件作品参展。5月，县文联、文化局联合主办的“闽浙毗邻九县（市）摄影作品展览”在政和展出，浙江省龙泉、庆元、苍南、泰顺、景宁和福建省政和、松溪、寿宁、周宁等九县（市）88位作者165件摄影作品参展。

1992年7月，县摄影协会分别在东平镇及城关举办“墟日风情”摄影作品展。8月27日，南平地区文联、文化局主办的“‘7·4’闽北抗洪救灾摄影作品展”在政和县展出。

1993 年 6 月 21—25 日，县文联、水土办联合举办首届“水土杯”书法展览。10 月 12 日，县摄影协会举办“洞宫风情”四人摄影作品展览。

1997 年 6 月 26 日，县文联举办“迎香港回归”摄影作品展览，县文化局举办“迎回归”文物展览。7 月，县美术协会举办“郭崇业油画作品展览”，展出油画作品 60 余幅。

1999 年 9 月，县文联举办“迎国庆摄影、美术、书法作品展览”，展出各类作品近 200 件。

2000 年 1 月，县书法协会和邮电局联合举办“邮电书法展”。2 月，县方志委、文联共同主办政和籍书法家李家钦书法艺术展。12 月 28 日，由中共政和县委、政和县人民政府和南平市老区扶贫办联合主办，政和县文联承办的“政和县扶贫成果大型摄影展览”揭幕，展出各类摄影作品 500 幅。

2001 年 3 月，由南平市摄影家协会、政和县摄影家协会联合举办的“洞宫山风光风情摄影作品展”分别在南平及政和县城、杨源乡展出，展出摄影作品 104 幅。2003 年 5 月，政和县书法协会举办“国土杯”全县书法作品展，展出各类书法作品 100 幅。同年 10 月县文联举办“南平市摄影艺术作品展”，展出作品 120 幅。

2004 年 5 月，举办“林业杯”全县书法作品展，展出书法作品 89 幅。11 月，分别在县政府广场和东平镇举办“今日东平”摄影展览，共展出反映东平镇建设成就照片 125 幅（组）。

2005 年 1 月，在县政府广场举办“政和县首届运动会摄影展，展出摄影作品 100 幅（组）。

二、民间文艺及节庆活动

（一）民间文艺

1. 民间文艺活动　政和县民间文艺活动有悠久历史，1989—2005 年，各种民间文艺活动多依托政府部门组织的各类文化活动和传统的民间民俗活动而进行。如农历春节、元宵期间城乡均开展舞龙活动，每年举办一次舞龙比赛。东平镇、苏地村则在春节期间演唱茶灯戏。铁山镇正月十五闹元宵，举办“大奶”庙会。东峰村农历七月庙会有“游台阁”活动。杨源乡每年农历二月和八月两次庙会演出四平戏和舞狮子。杨源乡禾洋村每年农历七月庙会演四平戏和舞草龙。星溪乡念山村农历七月庙会“游黄巢”。铁山镇凤林村八月庙会“游八公”等均为民间传统活动。

2. 民间文学三套集成　民间文学三套集成是国家哲学社会科学重大项目“十大集成”中 3 套，即《中国民间故事集成》《中国民间歌谣集成》和《中国民间谚语集成》，按省、县（市）编纂。三套集成领导小组和以熊源泉为主编，范传国为副主编的三套集成编委会，组织人员到全县 225 个村庄采风，从 1988—1992 年，共搜集到民间故事 400 多个，民间歌谣 372 首，民间谚语 5800 多条。经精选整理，编纂《中国民间故事集成 · 政和县卷》《中国民间歌谣集成 · 政和县卷》和《中国民间谚语集成 · 政和县卷》各 1 部。其中故事集成编入神话、传说、故事共 158 篇；歌谣集成共编入劳动、时政、仪式、情歌、生活、历史传说、儿歌等 7 大类歌谣 319 首，故事唱本 5 个；谚语集成编入时政、事理、修养、社交、生活、自然、生产及偏见等 8 大类谚语 2730 条。该三套集成于 1992 年 9 月出版发行。

3. 民间戏曲

四平戏　四平戏是明代古老声腔剧种四平腔的遗响，被誉为戏曲活化石。它于明末清初传入杨源乡一带，世代相沿，现有杨源村和禾洋村两个业余剧团。

杨源四平戏演出活动主要依托当地英节庙会，每年农历二月初八和八月初六两次庙会，除祭祖采街活动外，各有三昼夜的四平戏演出活动，是当地沿袭了 300 多年的民间文化活动。禾洋村四平戏演出活动则依托该村东平王庙会举行，每年农历七月二十四至二十六日，演出四平戏三昼夜，自清代中期以来也沿袭了数百年。1989 年后，四平戏除庙会期间的演出活动外，还多次参加市、县的节庆日或专题演出、学术考察研究演出。2001 年后，先后到杨源、禾洋两村采访四平戏演出活动的新闻媒体有福建电视台、东南卫视、南平电视台及《福建画报》社、《福建年鉴》社、《海峡都市报》《东南快报》《闽北日报》等。

2004 年 10 月 22 日，省政协副主席、福建师范大学教授王耀华率视察组到杨源视察四平戏演出活动。2005年9月9—11日，日本学者、庆应义塾大学教授野村伸一，博士藤野阳平及福建省艺术研究院研究员马建华先后到杨源、禾洋两村对四平戏演出活动作学术考察。

2005年11月，四平戏被列为省级非物质文化遗产，并申报国家级非物质文化遗产项目。同年，杨源小学开办四平戏学员班。

茶灯戏　清代中期传入政和县的民间小戏，流传于东平镇苏地村一带农村，演出活动主要在农历新年至元宵节期间。因演出形式简单活泼，多数剧目只需两个演员，伴奏仅用锣鼓，故有“福建二人转”之称。茶灯戏作为民间娱乐的一种文艺形式，在东平、苏地一带有广泛的群众基础。至2005年有业余剧团1个，经常演出的剧目有《下南京》《闹花灯》《十劝夫》《瞎子闹店》等10多个。

木偶戏　政和县木偶戏属提线木偶，自明末清初传入后已在民间流传300多年。由于木偶戏兼具宗教活动和民俗观赏双重功能，所以长期活跃在民间庙会和节庆日、墟场的演出舞台，是群众喜闻乐见的娱乐形式。1989年后，随着农村经济发展和农民生活水平提高，各类民间庙会及节庆活动频繁，木偶戏演出也更加活跃。2005年，全县共有东平、苏地、长城及桃洋4个木偶戏班社。

表29－2　**2005年政和县木偶戏班社概况表**

班　社	所在乡村	艺人姓名	传承代次	木偶担数	主要演出活动地域
灵宝坛	杨源乡 桃洋村	张林活 张森声 张荣飘	5代 5代 6代	2	杨源、镇前及屏南、建瓯毗邻乡村
威灵坛	东平镇 东平村	阙秉生	3代	2	东平镇、铁山、熊山及建阳水吉、漳墩等
长城班	石屯镇 长城村	吴梦琳	3代	1	石屯镇、杨源乡、熊山镇
苏地班	东平镇 苏地村	吴来旺 吴世钦	3代	1	东平苏地及建阳毗邻地区

（二）节庆活动

洞宫旅游文化节　洞宫山位于杨源乡境内，是省级风景名胜区。为推介当地独特的民俗文化，展示洞宫秀美的自然风光，自2001年始，杨源乡先后举办了三届洞宫旅游文化节。每届文化节除结合当地民俗庙会祭祖活动及四平戏展演外，均邀请省、市有关部门领导及新闻媒体，作家、摄影家进行采风和创作。

首届洞宫旅游文化节于2001年3月3—4日举行，举办《洞宫风光》摄影作品展览，应邀出席的有《福建年鉴》社、《福建画报》社领导及福建电视台、海峡卫视、南平电视台及《海峡都市报》《东南快报》《闽北日报》等媒体记者。

第二届于2002年3月22—23日举行，市、县文学、摄影界组织采风团到洞宫山景区采风和创作。

第三届于2005年3月8日至9日举行。邀请省、市有关部门领导和福建电视台、海峡卫视、南平电视台及《海峡都市报》《东南快报》《闽北日报》等媒体派记者出席。武夷山旅游协会、武夷山花园大酒店、武夷山国贸大酒店、神州旅行社有限公司等旅游企业也派代表参加活动，推介业务。

畲族文化节　东平镇范屯村后布自然村是畲族聚居村，至今还保留许多畲族的独特风俗和民情。每年农历六月初六，是畲族传统的“拜祖节”，这一天畲族村民都穿起传统的畲族服装，唱山歌，表演才艺，做“乌米饭”，以美酒佳肴款待远方来客。东平镇及范屯村借助这一传统民族节日，于2005年7月11日（农历六月初六）举办首届畲族文化节，并成为定例。文化节活动内容包括祭祖活动，传统歌会，畲、汉宾客大联欢，品尝畲族风味食品等。应邀参加活动的有县委及县直有关部门领导，石屯镇西津村、铁山镇元山村等村的畲族同胞以及文艺、摄影界人士和新闻媒体记者。

松源村农民文化节　2001 年秋开始，石屯镇松源村农民黄润明个人出资举办村农民文化节，每年 1 次，至 2005 年共举办 5 次。活动内容有诗歌创作及吟诵比赛、舞龙灯、棋类比赛、拔河比赛、农事技能比赛等，除本村村民踊跃参与外，还吸引毗邻各村村民的加入，多家新闻媒体对其作过报导。

禾洋村民俗文化节　自 2004 年开始，杨源乡禾洋村利用每年农历七月二十四至二十六日传统庙会，举办民俗文化节。第一届于 2004 年 9 月 8—10 日举行，此后每年举行 1 次。活动内容除传统的敬祖、巡游唐“东平王”张巡并连演 3 天四平戏外，还精心安排具有地方特色的木偶戏演出、农民拔河比赛、象棋比赛、猜谜语和套圈等游艺活动，特别是别具一格的舞“青草龙”最具吸引力。各项比赛均以锄头、喷雾器、柴刀等农具为奖品。市、县、乡及县直有关部门领导与千余群众参与活动。省、市、县新闻媒体到现场采访。

三、文化活动场所

（一）公共文化场所

县影剧院　建于 20 世纪 60 年代中期。经多次改造，至 1989 年，县影剧院建筑面积 0.10 万平方米，有 900 个座位，为电影放映和戏剧演出两用场所。1994 年以后，由于电影市场萎缩和县越剧团解体，影剧院经营困难，加以建筑陈旧，难以适应社会发展需要，1996 年 6 月，县政府决定撤销影剧院，产权转让给县电力公司。

县电影院　建于 1984 年。时为专业电影放映场所，建筑面积 0.15 万平方米，原有座位 1283 个。1989 年 7 月进行改造，扩大舞台面积，座位缩减为 1100 个，从而成为影、剧演出两用场所，承接全县各种重大文艺演出活动和重要会议。

县青少年宫　建于 1987 年 10 月。建筑面积 0.28 万平方米，是全县青少年学习科技文化、开展文化娱乐活动的场所。每年均分别举办音乐、舞蹈、美术及农村实用技术培训班，节假日举办游园及文艺演出活动。

县退休干部活动中心　1984 年在县青少年宫内附设离退休干部活动所。1991 年，在南大街租房开办退休干部活动中心。1996 年，购置专用楼房 500 平方米，扩充活动场所。2000 年 1 月，投入 10 万元专款，增加多种设施，建成集健身、学习、娱乐于一体的多功能活动中心。

县政府广场　1999 年建，地处城关闹市中心。面积约 0.15 万平方米，是举办各种社区文化活动及文艺演出场所。每年元宵舞龙比赛均在此举行，一些规模较大的摄影、书法作品展览也多以此为场地。此外，商贸推介、咨询活动也多在此举行。

飞凤山公园　1983 年建，原面积 8 公顷，有楼、阁、亭等建筑及烈士陵园。2000 年后先后增辟 2 处健身晨练场，既是群众休闲健身场所，又是社区活动场所。同时，每年清明节期间，均在陵园举行祭奠革命先烈活动，也是青少年爱国主义教育场所。

塔山公园　1998 年 6 月成立七星塔筹建委员会，9 月破土动工兴建上山公路，12 月七星塔奠基，2000 年 12 月竣工。塔为重檐 7 层 8 角石砌混凝土结构，塔体内径 9 米，通高 42 米，富丽壮观，并相继建成 3 处亭、阁及休闲山庄等，修通水泥公路。山上还有始建于北宋的诸佛寺和建于明代的乾清坤宁石塔等景观，是群众日常休闲健身和节假日游园活动场所。

七星公园　1998 年 12 月动工兴建，面积 2.67 公顷，园内有儿童游乐场、旱冰场、体育健身等设施及人工湖，建有“谊芳”“明翠”“清波”3 亭，为休闲健身及社区文化活动场所。

云根书院　始建于北宋政和年间，为朱熹之父朱松创建，是闽北著名古代书院之一，历经明、清而后毁。在社会各界要求下，2004 年 3 月成立以吴邦才、朱土申、张建光、黄健平、陈宗荣、黄昌明等为名誉主任，魏万能为主任的筹建委员会，8 月动工重建，总建筑面积 1460 平方米，2005 年年底朱子阁、先贤祠等主体工程完成。先贤祠两耳室分设“政和历史名人陈列室”和“政和革命人物陈列室”。“天光云影楼”建有文艺演出舞台，每年中秋晚会和赏月活动均在此举行，是集休闲、教育及文化活动功能于一体的场所。

（二）文化经营场所

1989年，出现第一家个体经营的歌舞娱乐场所玫瑰歌舞厅。随着国家政策的调整和改革开放的深入，群众对业余文化生活的需求不断提高，越来越多的文化经营场所相继出现。文化市场从无到有，从小到大，呈现出多层次、多形式的发展趋势。2005年年底，全县共有OK厅、舞厅、录像厅（以下简称歌舞三厅）、数字音像、互联网服务、音像制品和书刊零售经营户112家。

表29-3　**若干年份政和城区文化经营场所情况表**　单位：家

场所＼年份	1989年	1995年	2005年
歌舞三厅	4	57	32
音像出租、放映	16	8	19
电子游戏厅	2	14	3
书　刊	8	15	10
电影院	1	1	1
影剧院	1	1	—
印刷企业	1	2	4
旱冰场	1	4	—
音乐茶座	—	20	—
网　吧	—	—	9
台球室	—	—	4
美术经营部	—	—	1
文印店	—	—	10

表29-4　**若干年份政和农村乡（镇）文化经营场所情况表**　单位：家

场所＼年份	1989年	1995年	2005年
歌舞三厅	—	35	4
音像出租、放映	17	7	12
电子游戏厅	—	20	—
书　刊	1	10	5
电影院	—	—	—
影剧院	—	—	—
印刷企业	—	—	—
旱冰场	—	—	—
音乐茶座	—	9	—
网　吧	—	—	4
台球室	—	—	1
美术经营部	—	—	—
文印店	—	—	7

第四节　群众文化机构、团体及文艺人才培养

一、机构、团体

县文化馆为公益性文化事业单位，承担全县群众文化的组织、培训及队伍建设、艺术创作、业务辅导等任务。各乡（镇）文化中心（站）为农村群众文化机构。

1989 年县越剧团解体后，在没有专业文艺团体的情况下，1996 年 11 月组建七星业余艺术团。1998 年组建飞凤山业余艺术团。两个艺术团聚集了全县各类文艺人才和文艺骨干，承担全县节日及各类庆典、大型活动的演出任务。

2005 年，除县文化馆外，有乡（镇）文化中心（站）9 个；文学、音乐、舞蹈、美术、书法、摄影和民间文艺等专业文艺协会 7 个。

二、文艺人才培养

学校兴趣小组　1989 年后，各中、小学校根据个人兴趣爱好，在自愿参加的原则下，组织音乐、舞蹈、文学、美术、书法等课外兴趣小组，从小培养学生艺术兴趣。1989—1998 年，全县各学校参加各类文艺兴趣小组的学生 6000 多人次。1999 年开始，南门小学实施“中华古诗文诵读工程”，在对学生进行优秀传统文化教育的同时，培养学生诗歌欣赏和创作能力，并结集出版学生诗歌习作《七星彩梦》两册。实验小学采取多种形式对学生开展艺术教育，开办书法课，2004 年获全国艺术教育特色单位称号。

青少年艺术培训班　县文化馆、青少年宫利用每年寒、暑假，分别举办音乐、舞蹈、表演、书法等各类培训班，并按基础班、提高班等不同层次进行教学，从而培养出一批青少年文艺人才，1989 年—2005 年，有 60 余人次在全国或省、市各类文艺比赛中获奖，其中陈寅格的美术作品《城市女孩》获南平市少儿美术作品三等奖，孙婷玉古筝演奏获全国人才推选（南平分场）古筝比赛青年组银奖。2003 年，魏重斌在福建省首届古筝艺术节上获独奏一等奖。2004 年，余嘉在“联通杯”闽北第二届少儿才艺大赛中获幼儿组金奖，李益丰、陈沛之获福建省首届中学生管乐大赛福州赛区优秀奖。

专业艺术培训班　20 世纪 80 年代末，政和县报考大、中专以上艺术院校的学生逐年增加。为此，许多艺术专业教师和文艺人员纷纷兴办常年制的各类文艺专业进修班，尤以美术和器乐类（主要有钢琴、扬琴、琵琶、二胡、萨克斯等）为普遍，也有一些专业教师以带学生形式授课。通过专业培训，培养出不少文艺人才。政和一中毕业的叶一茜，从小酷爱文艺，1997 年考入福建省艺术学校，1998 年 7 月即获得东南电视台“开心 100”金像奖，1999 年 5 月又获得该电视台“开心明星”年度总决赛亚军。2005 年，参加“超级女声”比赛，获杭州赛区亚军、全国总决赛第七名，被评为南平市十大新闻人物。至 2005 年，先后有 100 多名学生考入中央美术学院、福建师范大学、厦门音乐学院、武夷学院、泉州师范学院、四川音乐学院、景德镇陶瓷学院等 30 多所大专院校艺术专业。

第五节　文　物

一、机构

县博物馆是承担全县文物普查、发掘、修复、收藏及文物研究和展览的专门机构，1999 年以前为县文化馆内设的文物组，2000 年 4 月从文化馆分离后独成建制，隶属县文体局。至 2005 年，县博物馆为股级事业单位，有工作人员 4 人。

二、馆藏文物

1988 年年底馆藏文物共 281 件，其中重要的有商周时期 57 件，汉代 1 件，西晋及南北朝时期 88 件，唐至五代时期 30 件。1989 年后，通过考古发现和公安部门收缴移交，新增馆藏文物 126 件，其中

商周至汉时期15件，西晋南北朝时期6件，唐代5件，宋代27件，元代5件，明代15件，清代26件，近代及民国时期27件。至2005年，共有馆藏文物407件，各类标本藏品415件。馆藏文物中有一级文物1件，二级文物8件，三级文物133件，一般文物133件。

馆藏新增文物中较为珍贵的有：

汉印纹硬陶方格纹罐 高16.3厘米，口径15.5厘米，底径14.5厘米。酱褐色陶衣、敛口，圆唇外卷。弧肩，肩周饰方格纹。球腹，下腹斜收。最大腹径处一周叶脉纹，以下饰方格纹。

汉青釉弦纹双耳三足盖鼎 通高20.1厘米，口径16.3厘米。青黄釉，子母口，方形立耳。鼓腹，腹中一道浮线纹。圜底，三蹄形足。盖为覆盘式，三扁立钮，盖顶饰数道弦线纹。

东汉青釉水波纹双辅首叶脉系壶 高46.5厘米，口径20.4厘米，底径21.8厘米。青黄釉，喇叭口，粗短颈。口沿下2道弦线纹间以水波纹一周，肩颈处亦2道弦纹间水波纹。广溜肩，上贴一对辅首叶脉纹系，肩饰宽浮线纹，弦线纹间水波纹一周。鼓腹、浅圈足。

东汉青釉弦纹双辅首罐 高22.5厘米，口径10.2厘米，底径16厘米。青黄釉，下腹未施釉。直口、平沿外侈。广弧肩，肩贴一对兽面铺首耳，并饰组合弦线纹一周。斜弧腹，有轮旋痕。

唐青釉双环耳盘口壶 高30.1厘米，口径16.8厘米，底径11.5厘米。青釉闪褐，已失光泽，下腹无釉。盘口，短颈，弧肩，肩饰一对双环耳。鼓腹。

唐仙人飞鹤花口镜 直径11.9厘米，厚0.4厘米。镜为八出花口、圆钮、钮外一道宽浮线纹和四组仙人飞鹤纹，花口缘饰宽浮线纹和灵芝纹一周。

宋青白釉执壶 高11.6厘米，口径7.5厘米，底径7厘米。青白釉，釉下冰裂、敞口、矮颈、弧肩、鼓腹、浅圈足。肩部一圆曲状短流，颈肩间一扁条半环形把。

宋青白釉褐彩多嘴盖罐 通高39.6厘米，口径10.2厘米，底径10.2厘米。青釉，釉下冰裂，饰圆弧状褐彩。直口外侈，丰肩，直腹外胀。肩至腹部堆塑五层四个对称排列的角形实心短嘴，矫圈足外撇。盖为双层葫芦塔形，每层堆贴水波纹一周，顶覆饼状钮。

宋青白釉葵口托盏 通高6厘米，盏口径9.8厘米，托盘口径12厘米。青白釉，釉厚润。盏六弧葵口，腹壁六弧出筋，浅圈足。托盘七弧葵口，折腹，浅圈足。

宋黑釉盏 高5.2厘米，口径9.8厘米，底径3.2厘米。酱黑釉，釉厚润，外壁釉不及底。盏呈漏斗形，口微敛，腹壁斜直下收，浅圈足。

宋双凤纹方形铜镜 边长14.9厘米，厚0.3厘米。镜为正方形，外缘四周为凸宽边。乳钉钮，钮外一圆周旋叶纹，旋叶纹外饰弦线纹间展翅飞翔的双凤纹。方形宽边四角内饰以蝴蝶状花叶纹。

明青花火石红鱼纹卧足碟 高3.1厘米，口径11.5厘米，足内径3.5厘米。青白釉，肥厚莹润。敞口微敛，圆唇。口沿内饰一道青花圈，近底处饰两道青花圈，中饰青花水草纹。底中饰一浮凸火石红鱼纹。斜弧腹，卧足。

三、古迹、遗址

（一）古迹

七星塔 位于城西佛字山。始建年代不详，原为七层砖木结构，后毁于火。2000年12月重建竣工。塔为重檐七层八角石砌混凝土结构，通高42米，有水泥公路直达塔前。

乾清坤宁宝塔 位于七星塔之北。建于明朝正统四年（1439年），石构楼阁式七层六面实心塔，通高8米，1984年，列为县级文物保护单位。

澄源石塔 位于澄源乡澄源村水尾。建于明隆庆六年（1572年）十月，七层实心石塔，通高6米。

宝福寺 位于铁山镇高林村。创建于唐贞观三年（629年），清康熙十六年（1677年）重建。为土木结构多体联合建筑群，有殿、堂、舍、房百余间，占地面积6800平方米。1989年重修，系县级文物保护单位。

杨源英节庙　位于杨源乡杨源村。始建年代不详，北宋崇宁间赐额。清康熙元年（1662 年）重建，有大殿和戏台，为古老剧种四平戏固定演出场所，占地 420 平方米。2001 年被列为福建省文物保护单位。

资福寺　又名坑塘寺，位于镇前镇下庄村。始建于五代闽王曦永隆元年（939 年），明崇祯十二年（1639 年）重建，建筑规模宏大，总面积 2800 平方米。

铁坑殿　位于杨源乡杨源村。创建年代失考，现建筑为清康熙元年（1662 年）和道光二十四年（1844 年）两次重修，是福建道教临水三祖殿之一。

坂头花桥　位于杨源乡坂头村。始建于明正德六年（1511 年），现建筑为民国 3 年重建。单孔石拱木构廊屋楼阁式风雨桥，重檐歇山顶，全长 38 米，风格独特，文化内含丰富，1992 年列为县级文物保护单位。

洋后廊桥　位于外屯乡外屯村洋后自然村，木拱廊桥。始建年代失考，现建筑建于清道光三十年（1850 年）十月。桥跨度 33 米，宽 5 米，有桥屋 11 间，1999 年列为县文物保护单位。

后山廊桥　位于岭腰乡后山村。木拱廊桥。始建于明代，清嘉庆四年（1799 年）二月重建，2001 年修葺。桥长 42.5 米，宽 5 米，净跨 32 米，廊屋 17 间，屋高 4.5 米。2005 年列为县文物保护单位。

赤溪廊桥　位于澄源乡赤溪村下赤溪自然村。木拱廊桥。始建于清乾隆五十五年（1709 年），嘉庆二十三年（1818 年）重修。桥长 33.5 米，面阔 5 米，拱高 9 米，净跨 24 米，是古廊桥建筑技术娴熟时期之代表作。

大梨溪廊桥　又名交龙桥，位于澄源乡大梨溪村。木拱廊桥。始建年代失考，现建筑为清道光十五年（1835 年 ）秋重建，1949 年重修葺。桥长 28 米，宽 5 米，净跨 15 米，廊屋高 4 米。

龙滩廊桥　位于杨源乡楼下村龙滩自然村。木拱廊桥。建于 1965 年，是政和在近代建造的一座木拱廊桥。桥长 31 米，廊屋 12 间，净跨 23 米，宽 5 米。该桥架设于峭壁陡岸之间，是继承古代廊桥建筑技术的现代标本。

朱森墓　位于铁山镇凤林村。朱森，字良材，系朱松之父，朱熹之祖父，墓地立有明成化十四年（1478 年）墓碑，1983 年列为县级文物保护单位。

程夫人墓　位于星溪乡富美村。程夫人系朱熹之祖母，墓地有清同治六年（1867 年）重修时立的墓碑，1992 年列为县级文物保护单位。

陈朝老墓　位于石屯镇石门村。陈朝老，字廷臣，北宋元符时太学生，因多次上书抨击蔡京等“六贼”而遭贬道州，回籍后三诏而不仕，世称三诏先生，其墓有清咸丰元年（1851 年）重修时立的墓碑和神道碑，1999 年列为县级文物保护单位。

（二）遗址

木魚山文化遗址　位于石屯镇石屯村之南，系新石器末至商周初期文化遗址。面积约 0.6 万平方米，曾出土石箭簇、石奔、石纺轮及许多釜、尊、罐等陶器（片）。

峡垅山文化遗址　位于稻香茶场东北，系商周时期遗址。面积约 6 万平方米，曾出土大量豆、盘、簋等印文硬陶片及原始青瓷片。

蚌山文化遗址　位于铁山镇南涧村东北，属春秋战国时期吴越文化系统。曾出土青铜矛、青铜剑及豆、罐、瓮、釜、鼎等印纹硬陶和原始青瓷器（片）。

林山文化遗址　位于东平镇护田村郑源自然村北，系西汉时期遗址。曾出土石箭簇及釜、盆、钵等硬陶器（片）。

罗金坂窑址　位于澄源乡澄源村罗金坂自然村，为五代青瓷窑址。面积约 600 平方米，有 0.2 至 0.5 米堆积层，烧制产品以青瓷碗、碟为主。

安田窑群遗址　位于东平镇界溪中、上游两岸、安田村至撑岩村之间。绵延 7 公里，总面积约 3 万平方米，有窑址 24 处，开创于清雍正十年（1732 年），最后一座窑生产延续至 20 世纪 80 年代中期。出土器物以青花瓷为多，有少量白瓷，产品以碗类为主，次为碟、盘、杯等，因系德化工匠所创，其风格与德化窑相近。

遂应场矿冶遗址　位于岭腰乡锦屏村，系宋绍兴至明正德时期开採和冶炼银矿遗址。这是福建省重要古代矿冶遗址之一，遗址面积3平方公里，包括大小矿洞280多个及冶炼区、生活区等。

中共政和支部旧址　即东平镇凤头村杨氏宗祠。1929年7月，政和县第一个中共党组织——中共政和支部在凤池村（今凤头村）杨氏宗祠成立。1934年9月，建松政苏维埃政府成立，驻地也在杨氏宗祠。1983年列为县文物保护单位。

建松政革命委员会旧址　即东平镇西表村魏氏宗祠。1934年9月初，中央工农红军七团挺进西表村，在黄立贵、陈一等人主持下召开建松政边区群众大会，宣布成立红色临时政权——建松政革命委员会，革命委员会机关驻魏氏宗祠。1979年重修，1999年列为县文物保护单位。

红军会师遗址　位于杨源乡仰头村和大窠村，系1934年和1936年闽东红军和闽北红军会师及闽东、闽北中共特委负责人召开联席会议研究成立闽赣省委的地点。

四、文物保护

（一）打击文物犯罪

1989年以后，文物考古调查以专题调查为主。考古发掘主要为农业生产和基本建设中发现文物而进行抢救性清理发掘。同时，认真贯彻《中华人民共和国文物保护法》和《福建省文物保护条例》，严厉打击文物犯罪。2003年文物部门配合公安部门破获东平镇护田村汉代古墓被盗案；2004年破获石屯镇“五七”农场古墓被盗案及文物诈骗案，经公安部门侦破，抓获犯罪嫌疑人3名，经一审判决，分别判处1—3年有期徒刑，并各处罚金3000元。至2005年共追缴和新征文物百余件。

（二）文物抢修

文物保护贯彻“保护为主，抢救第一”的方针。1994年完成县文保单位朱森墓主体修复工程，1996年完成该墓第二期防护工程及陈朝老墓修复项目。同年，收集全县珍贵碑刻，在飞凤山公园建造碑廊。1999—2005年，坂头花轿，杨源英节庙，凤头中共政和支部旧址，铁山宝福寺等县级文物保护单位都先后进行了不同程度的保护维修。

（三）文物保护单位

1989年以前，全县文物保护单位仅朱森墓等5处，均属县级保护单位。1992年，县人民政府公布杨源英节庙、坂头花轿、富美程夫人墓、洞宫怪圈及佛字山商周遗址等5处为第二批县级文保单位。1999年，县人民政府公布铁山宝福寺、外屯洋后廊桥、石门陈朝老墓、西表魏氏祠堂等4处为第三批县级文保单位。2001年1月，杨源英节庙被省人民政府公布为省级文物保护单位，是政和县第一个省级文物保护单位。2005年，县人民政府公布岭腰后山廊桥、锦屏古银矿及冶炼遗址等2处为第四批县级文保单位，同时因情况变化，撤销稻香宋墓及佛字山遗址等2处县级文保单位。是年底，政和县共有文物保护单位14个，其中省级文物保护单位1个，县级文物保护单位13个。

表29－5　**政和县省、县级文物保护单位情况表**

文物名称	所在地	年代	级别	公布批次	公布时间	备注
杨源英节庙	杨源乡 杨源村	清	省级	第五批	2001年	1992年第二批县级文保单位
乾清坤宁宝塔	官湖村 佛字山	明	县级	第一批	1984年	
朱森墓	铁山镇 凤林村	宋	县级	第一批	1983年	
卢亮墓	铁山镇 凤林村	明	县级	第一批	1983年	

续表 29－5

文物名称	所在地	年代	级别	公布批次	公布时间	备注
中共政和支部旧址杨氏祠堂	东平镇凤头村	民国	县级	第一批	1983 年	
稻香宋墓	稻香茶场	宋	县级	第一批	1983 年	2005 年撤销
坂头花轿	杨源乡坂头村	民国	县级	第二批	1992 年	
程夫人墓	星溪乡富美村	宋	县级	第二批	1992 年	
洞宫怪圈	杨源乡	待考	县级	第二批	1992 年	
佛字山商周遗址	官湖村	商周	县级	第二批	1992 年	2005 年撤销
宝福寺	铁山镇高林村	清	县级	第三批	1999 年	
洋后廊桥	外屯乡外屯村	清	县级	第三批	1999 年	
陈朝老墓	石屯镇石门村	宋	县级	第三批	1999 年	
建松政苏维埃政府旧址魏氏祠堂	东平镇西表村	民国	县级	第三批	1999 年	
后山廊桥	岭腰乡后山村	清	县级	第四批	2005 年	
锦屏银矿遗址	岭腰乡锦屏村	宋—明	县级	第四批	2005 年	

第二章　图书　档案

第一节　图　书

一、图书馆藏与服务

（一）县图书馆

县图书馆是隶属县文体局的社会公共图书馆。其建制始于 1985 年，定编 6 人（2005 年精减为 4 人），原设在县文化馆内。1988 年底新馆舍落成，为园林式仿古建筑。1989 年，馆藏图书 6000 余册（80% 为文学类普通图书），期刊 123 种，报纸 20 种，仅设书刊外借服务窗口 1 个。1990 年增设期刊、报纸阅览室。1991 年开始，陆续添购各类工具书、名著精装本，并增设工具书检索室（亦为特藏室）。1993 年增设少儿图书室、报刊阅览室。大部分书刊实行半开架对外借阅服务。为便于读者借阅，1994 年，对厅室布局进行调整，少儿借阅厅与期刊厅合并，单设成人普通图书阅览厅、采编室和工具书检索室，各厅室均配 1 名专职工作人员，当年接待读者 2.10 万人次。1999 年扩建，总面积 1949 平方米。当年参加全国图书馆等级评估，被授予国家三级图书馆称号。

1999—2003 年先后在县福利院、看守所、武警中队及石屯镇设立图书流动借阅点。2003 年 4 月，通过招标投资形式，合作举办电子阅览厅，开展有偿服务，2004年3月停办。

2005年馆藏图书2.5万册，其中普通图书18710册，特藏图书3200册，少儿图书4000册；期刊150种，5600余册，报纸28种。

（二）学校图书馆（室）

政和一中图书馆　1989年仅设图书室1间，兼职管理人员1人，藏书1.3万册。1999年，在创建达标校的过程中，图书馆相应发展，学校每年核拨购书经费3万元，并购置电脑和一批视听资料、ilas软件，开始自动化分编，实行半开架借阅服务。2005年馆藏图书39000余册（件），配专职管理人员4名。

政和二中图书馆　1987年成立时仅一间图书室，1990年后逐步发展壮大，1994年聘请县图书馆工作人员指导业务和分编工作，配置1名专职管理人员，开始实行规范化管理。2005年，馆藏图书2.1万册，专职管理人员3名，实行半开架借阅服务。

政和县委党校图书室　1989年，根据教学需要，陆续购置各类图书，至2005年，收藏图书7000余册，以马列著作、党建党史图书为主，由办公室分管，无专职管理人员。

（三）厂矿企业图书馆（室）

1989年，部分较大厂矿企业建立图书室。至2005年，全县有县医院、电信局、供电公司、华厦水泥有限公司等设有职工图书馆（室），藏书数分别在5000—8000册之间，分别由各单位办公室或工会管理，服务对象为本单位干部、职工及其家属，其中县医院图书室为专业图书室，90%馆藏书为医学书刊文献。

（四）乡（镇）文化站图书室

1989年，全县9个乡镇（其时岭腰尚未建乡）文化站均设有图书室。1993年外屯文化站创办“农民图书储蓄所”，发动农民把自家图书存放到文化站，由文化站统一分编管理，对外租借，农民凭存书卡免费借阅书刊或领取租金，到1998年，该站藏书增至近万册，2000年停办。

1994年，石屯文化站学习邵武大埠岗经验，创办“一分钱读书社”（即文化站向农民每天收取一分钱，统一订购书刊供农民借阅），但仅实施一年。2005年，该站室藏图书3000余册。

2000—2005年，各乡镇先后创建文化中心户，均购置和收藏书刊，为当地群众提供书刊租借服务。

二、图书发行

（一）新华书店

1989年以后，随着经济体制改革的不断深入，图书市场也发生变化，除新华书店外，各类大小个体书店、书摊相继出现，但新华书店仍然是图书发行的主体，在各乡镇供销社设有代销点。1989年，图书销售总额91万元，利润总额1.2万元。1993年，在宣传学习邓小平中国特色社会主义理论活动中，发行《邓小平文选》1000余套，历年累计发行3000多套。1989—1996年，每年销售年画、春联、年历等约1.5万张（册），挂历3000多册。1995年开始尝试把音像发行作为教材教辅发行的补充，当年销售额2000多元。1997年邓小平同志逝世，发行《邓小平同志画像》5000多张。当年，图书销售总额456.50万元，比1989年增长约4倍；利润总额7.4万元，比1989年增长约5倍。1998年，农村教材发行权发生变化，原由供销社代理发行的课本，改由县新华书店直接供应学校，农村供销社代销点中止图书发行。从是年起，日历、台历、中堂年画等传统品种逐步退出市场，挂历的市场份额也很少。

1999年，投资400多万元，占地面积630平方米，建筑面积3200平方米的7层新华书店大楼落成并投入使用，该建筑是集门市、办公、仓储、住宅于一体的综合大楼，从而使书店的经营条件得到很大改善。是年，开设专门音像制品门市部，经营品种增至1000种左右，其门类由单纯的教学音带扩充为涵盖少儿、科技、文艺、教育等类别，音像商品结构由音带扩充为录像带、CD、VCD、DVD，当年销售额3万余元。

2000年，新华书店一般图书发行加入福建新华图书批发公司连锁经营，实现图书进、销、存均在连锁框架中进行，从而解决了库存这一大包袱，图书品种迅速增至上万种。

2002年，为配合推广普通话教育，发行《普通话水平测试大纲》200多套。2003年发行《三个代表重要思想学习纲要》1000多册和《江泽民论有中国特色社会主义》500多册。当年8月，县新华书店正式加入福建新华发行（集团）有限责任公司，成为该集团公司下属的一个分公司，实行人、财、物统一管理。

1989—2005年，共发行《新华字典》1.50万册，《现代汉语词典》3000多册，《锥栗栽培新技术》等农村实用技术书籍2000多册，《木材材积计算手册》3000多册。特别是教材发行迅速增长，由1989年的42万元增至2005年的930万元，增长约21倍。

表29-6 **政和县新华书店若干年份经济指标对照表** 单位：万元

年度 项目	1989年	1997年	1997年比1989年增长（倍）	2005年	2005年比1997年增长（倍）
销售总额	91	456.50	约4	1000.50	1.2
利润总额	1.20	7.40	约5	38.30	约4.2
资产总额	35.68	158.90	约3.4	545.20	约2.4
固定资产	10.70	66.80	约5.2	611.10	约8.1

说明：1989—1997年固定资产不含土地费

（二）民营书店

1989年后，随着市场经济的发展，出现不少租卖相结合的民办图书社，在城区主要有红雨连销书社、中华希望读书社、育华书店（后更名为育才书店）、欣欣书店、旺旺书店等。其中育才书店规模较大，存书2万余册，除在城区设有总店和3家分店外，还分别在东平、石屯、铁山及镇前等乡镇开设分店。这些书社（店）主要租借或销售畅销书刊和中小学教辅资料。到2005年年底，全县有集体、个体图书发行网点15家，其中城区10家，农村5家。

第二节 档 案

一、档案收藏

1989年，县档案局加大档案的征集、接收工作力度，共接收13个单位的档案3531卷，资料684册。同时先后接收县委、教育局、劳动局、组织部等单位个人档案471袋/人，接收县委办、县广播电视局部分声像档案。是年3月在南平地区（今南平市）组织的档案馆升级检查中达二级馆标准，7月获省一级馆称号。

1990年，接收县委、县政府、县人民银行等单位档案759卷；征集清光绪三十一年（1905年）十一月首版的《政和县乡土地理教科书》和民国3年（1914年）再版的《东平两等小学堂》等具有地方特色的资料2册。当年政和茶厂、邮电局、自来水厂、公交公司等企业档案管理升省级档案管理先进单位。

1991—1992年，全县36家国营企业配备了专或兼职档案管理员，17个单位建立综合档案室，县工商银行档案室被上级部门评为甲级档案室，县法院、检察院、税务局、人民银行、农业银行的档案管理通过省级考证验收，被评为省一级档案室。全县112个立档单位，已建档案室98个。

1993年，对馆藏年代久远、破损严重的1700余卷历史档案进行抢救性修复、裱糊或复制，当年完成1400卷。

1994年，接收档案760卷，内容包括经济建设、工农业生产、财政贸易、科技文化、宣传教育等工作。1995年，认真做好机构改革中的档案收藏，特别是撤并单位的档案接收以及九层际电站工程建设档案和土地、清房、财会等档案的收集管理。县电力公司、石油公司、水泥厂等9家企业升为省级档案管理先进单位，全县共有11个县直单位档案室被评为省级先进单位，15个单位被评为档案管理市级先进单位，105个行政事业单位配备了专或兼职档案管理员。1996年，对馆藏档案进行鉴别处理，对52个全宗中3811卷需解密的档案解密2860卷，同时对2419卷到期档案全部进行鉴定，其中提为长期保存的414卷，暂缓销毁446卷，销毁1559卷。

1998年，开始加强农村基层组织档案建档工作，经过3年努力，到2000年全县98%行政村建档，其中档案数在100卷以上的合格村66个。当年，在星溪乡林屯村征集清道光时期档案17件，大多为刻版印刷之山林田宅买卖契约及相关的纳税凭证，对研究清朝晚期政和的生产活动、财税制度等具有重要价值。此外还征集到政和县第一部具有地方民俗特色的杨源乡坂头村村史资料以及澄源乡赤溪村的唐代大臣、著名书法家颜真卿族谱《鲁国序谱》和《李氏族谱》，从而填补了馆藏族谱空白。

2000年，征集各种门类和载体的档案资料925卷（册），具有地方特色的史料111卷。至2005年，全县共有110个档案全宗单位，县档案馆保存有68个全宗档案，共40278卷。全县有档案室98个，其中机关事业单位档案室30个，乡镇档案室10个，综合档案室58个。116个行政村建档，10个乡镇，48个机关单位，25个事业单位档案管理通过合格认证。全县共有档案管理人员98人，其中专职档案管理人员31人，中级职称以上3人。

表29－7　**1989—2005年政和县档案馆档案收藏情况统计表**　单位：卷

年　度	馆藏数量	接收文档	接收资料
1989	14245	3531	684
1990	18460	759	100
1991	19319	650	120
1992	20085	1001	210
1993	21300	450	90
1994	21840	1100	77
1995	23017	1900	230
1996	25147	1893	65
1997	27105	598	170
1998	27873	4285	64
1999	32222	225	110
2000	32557	650	180
2001	33387	826	99
2002	34312	2766	345
2003	37423	1667	100
2004	39190	1013	75
2005	40278	953	56

二、档案利用

1989 年后，县档案馆积极开展档案的利用工作，为各级党政机关、企事业单位和社会各界群众提供档案服务。服务方式包括开设阅览室，给来馆查阅者提供好的阅览环境；通过信函、电话提供咨询服务；不定期举办珍贵档案史料展览等。

1989 年 1 月，经县人民政府批准，馆藏 1648 卷民国档案正式向社会开放。1996 年，近 3000 卷档案解密后，促进了档案利用工作的开展。至 2005 年，利用档案 20051 卷（册），利用人数 4732 人次。

表 29－8　**1989—2005 年政和县档案馆档案利用情况表**　单位：人、卷

年　度	利用人次	利用档案
1989	972	6110
1990	750	515
1991	170	230
1992	483	2161
1993	42	348
1994	214	1071
1995	320	1800
1996	270	2300
1997	57	750
1998	75	177
1999	41	105
2000	150	208
2001	340	1139
2002	210	2001
2003	57	110
2004	289	570
2005	292	456
合　计	4732	20051

三、档案设施

（一）馆舍

2000 年以前，县档案馆一直设在 20 世纪 50 年代战备库房改建的北大街 45 号，馆库占地 717 平方米，建筑面积 927 平方米（其中库房 507 平方米）。随着各种档案资料不断增加，旧馆舍难以适应日益发展的档案工作需求，2001 年县政府将原县土地局办公楼划拨给县档案局作为办公用房。当年 12 月底动工新建档案库房。该库房占地 228 平方米，建筑面积 1140 平方米，5 层框架结构，2005 年主体工程完工。

（二）设备

1989 年以前，档案设备较为简陋，档案工作完全由手工操作，档案安全设施较少。1991 年购置降温去湿机 1 台，空调机 1 台，灭火器 6 架，温湿度自动纪录仪 1 台，湿度表 2 架。新置档案箱 394 个，档案橱 8 顶。1993 年添置打字机 1 台，灭火器 4 架。2002 年增添档案橱 9 顶。至 2005 年档案馆拥有档案橱 110 顶，档案箱 850 个，铁皮箱 10 个，资料橱 4 顶，温湿度计 3 个，灭火器 5 台，复印机 1 台，

计算机1台，消防栓5个，档案设施得以改善。

第三章　广播电视 影像

第一节　广播电视

一、广播

（一）设施建设

1988年，县站到乡的专线传输126杆公里，乡以下1280杆公里，乡通播率100%，村通播率92.6%。1989年8月，熊山顶建立广播调频发射台，转播中央一套、福建一套广播节目和政和县节目。10月东平、石屯、铁山三个乡镇开通调频广播。1990年下半年，全县各乡镇均开通调频广播。

1994年，县调频台经国家广播电影电视部批准，正式建台呼号为政和人民广播电台。县调频广播第一套节目主机由100瓦升级为300瓦，播出中央人民广播电台一套、福建人民广播电台一套及福建经济台等3套节目，累计日播出时间3小时20分。

1999年，随着县至乡（镇）广播电视光纤联网工程的实施，采取广播电视共缆传输方式，将熊山顶转播的中央一套、省一套和省经济台的3套调频广播节目，通过有线电视网传送到全县10个乡（镇）及沿途的53个行政村。2001年10月，完成县城至东平、石屯、铁山3个乡（镇）广播电视光缆联网工程。2002年，租用电信光纤，完成外屯、镇前、杨源、澄源等乡（镇）广播电视光纤联网。2004年，完成岭腰乡光纤联网。至2005年年底，县有线广播村通播率为41%，有线广播人口覆盖率为80%。

（二）节目制作

县广播电台内设编辑、播音和通联3个组，负责广播宣传节目制作。1989年后陆续购置了海燕双卡式录音机、调音台、背包式录音机、坐式录音话筒、盒式磁带等简单的广播采编制作设备。从2000年开始，广播节目制作设备从模拟向数字化转变，开始使用CD机、光盘刻录机等先进设备制作广播节目。2004年8月，广播数字化播控系统建成并投入使用，该系统主要由1个播出站，1个录制编辑站、1个审听管理站及相关外围设备组成，从而实现广播节目电脑化、数字化、网络化和自动化，广播节目制作质量得以提高。

（三）广播宣传

1989—1998年，每周开设5档（周二至周五每天一档）的《政和新闻》，每档新闻节目10—15分钟，一般编播5条新闻。其内容主要为政和县的一些动态新闻和摘播中央、省、市报纸的重要新闻。播出时间段为7:35—7:50；11:30—11:45；18:30—18:45（冬季为18:00—18:15）。周六、周日则开办音乐文艺节目，播出时间段与上述相同。同时，先后与林业、农业、科技、计生等部门合作，举办各类专题节目，播出时段一般在《政和新闻》之后，时间10分钟。内容主要为各联办单位相关的法律法规、业务知识及动态新闻。

表 29－9　**1991—2005 年广播作品获省级以上奖项情况表**

年　份	作品类别	作　品　名　称	获　奖　情　况
1991	少儿广播	赖宁式少年—杨韩非	全国优秀广播节目二等奖
1993	播音作品	建功立业英雄谱	福建广播节目三等奖
	播音作品	山庄百事—话说西表	福建广播节目三等奖
1994	连续报道	呼唤阿堂	福建广播奖二等奖
1995	广播作品	农艺师被困记	福建广播奖三等奖
1997	广播新闻	姑娘出嫁尽孝道，乐为父母买保险	福建广播奖二等奖
	广播剧	春的呼唤	省广播剧三等奖
1998	短消息	三代哈达情	中国广播电视短消息三等奖、福建广播二等奖
1999	广播剧	老碓厂不会忘记	福建广播奖二等奖
	广播剧	永不凋谢的红杜鹃	福建广播奖二等奖
	广播剧	李有贵弃“法”行医	福建广播奖三等奖
2003	长消息	一个贫困生用汗水挣来学费	福建广播电视新闻奖三等奖
2005	文艺节目	中国戏剧活化石—政和四平戏	福建广播文艺三等奖
	广播节目	平安，让孩子成长更快乐	“平安福建”综治好新闻奖、广播三等奖

二、电视

（一）设施建设

电视差转　1989 年年初，全县城乡有电视差转台 26 座，差转机 30 台，总功率 387 瓦。1989 年以后，随着有线电视和卫星电视的发展，电视差转台的“差转”功能消弱，除城关熊山顶电视差转台外，农村差转台逐步撤除。2005 年，熊山顶电视差转台进行升级扩建改造，改造后该差转台占地 1000 平方米，其中建筑面积 300 平方米，有机房、值班室、厨卫设施和仓库等。该差转台发射功率 22 瓦，发射 13 套节目，即转播中央电视台一套、二套、三套、六套、十套节目；福建电视台综合、经济、体育、电视剧等频道节目；南平电视台一套、二套节目以及政和电视台电视节目。由于光纤传输工程的建设，熊山顶差转台已承担全县发射转播功能，各乡镇卫星接收站从 2005 年起全部停止运行。

有线电视　有线电视始于 1989 年县林委在西津转运站建立的公用天线系统。1992 年 7 月 7 日城区有线电视开通，当年用户 2800 户，传送中央及省台 8 套节目。1994 年用户 3300 户，传送中央、省、南平地区台 11 套节目。1995 年 7 月，城区有线电视工程通过省、市验收，当年用户发展到 3500 户。1996 年 1 月，城区有线电视网络与省有线电视台微波联网，新增省影视台、省体育台、省经济台和省综艺台 4 套节目，网络指标由表及里 330 兆升级为 550 兆，传送 15 套电视节目，电视用户 3950 户。2003 年，城区有线电视用户 9800 户，传送中央及省、市电视节目 32 套，调频广播节目 3 套，且线路延伸到城乡结合部的林屯、东峰、东山、富美、官湖、暗桥、梅坡等村落。

1992 年起，各乡（镇）开始分期分批实施有线电视建设工程。当年 7 月，东平镇建网，用户 630 户，传送 7 套电视节目。1993 年 7 月，石屯镇建网，用户 500 户，传送 9 套电视节目。1994 年 10 月，镇前镇建网，用户 390 户，传送 8 套电视节目。1995 年 5 月，铁山镇建网，用户 390 户，传送 8 套电视节目。同年 10 月，杨源乡建网，用户 250 户，传送 8 套电视节目。1996 年 1 月，澄源乡建网，用户 300 户，传送 8 套电视节目。同年，岭腰乡建网，用户 320 户，传送 6 套电视节目。1997 年 1 月，外屯乡建网，用户 220 户，传送 8 套电视节目。

从 1992 年起，非乡镇所在地村（场）采用自建有线电视网方式，建设村级有线电视网络。至 2005 年底，全县各村（场）共建有线电视网 127 个。是年，全县有线电视用户 2.3 万户，广播电视综合覆盖率95.3%。

联网工程及加解扰系统　2001年10月，开始实施乡镇广播电视光纤联网工程，到2004年底，全县架设主干光纤网杆线路202公里，10个乡镇所在地及沿途的51个行政村实现广播电视信号共缆传输。2002年，实施城区有线电视主干线网入地工程，当年完成光纤环网12.8公里，布置光节点26个。

2003年3月，开始引入有线电视全网加解扰管理系统，到2005年底，该工程基本完成，全面覆盖10个乡（镇），发放解扰器2.4万只。是年底，全县10个乡镇、56个行政村与城区广播电视光纤联网，乡（镇）一级有线电视联网用户达1.4万户，传送广播电视节目与城区相同，即32套电视节目和3套调频广播节目。

（二）电视节目制作

1989—1999年，电视节目制作设备较简陋，主要设备仅有日本产的M900索尼（模拟）摄像机3台，日本产的JVC编辑机2台，录音设备1套。由于设备简陋，制作节目质量不高。2000年，购置电脑、光盘刻录机等数字制作设备，进行由模拟化向数字化转变的设备更新。2001年6月，购置2台日本产的索尼DVCOM（数字）摄像机，2套非线性编辑系统，1台索尼DVCAM（数字）录像机，1台日本产的松下DV10000（数字）录像机等数字采编播设备。2004年，与广播同步进行电视数字化播控系统建设，8月投入使用。该系统包括1个播出站，1个录制编辑站，1个审听管理站及相关外围设备，提高电视节目制作的时效性和节目质量。

（三）电视新闻宣传

电视新闻宣传始于1988年3月。其时新闻记者拍摄的图像新闻经编辑机剪辑，用大1/2的录音带制成一组《政和新闻》后，由专人送往熊山顶差转台进行转播。1989年以前不定期播出，1989年起每周1档，周五首播，周六、周日重播。播出时段为13:00—13:15；19:30—19:45，播出时间15分钟，其内容以时事政治新闻为主。

1992年7月，城区有线电视网络建成。《政和新闻》节目实行双轨播出，即熊山顶差转台仍延续原来的播出方式。同时在有线电视台不定期开设同一内容的《政和新闻》节目，经过一年多试播，有线电视网络播出的《政和新闻》节目渐趋正常，固定为每周1栏，周五首播，周六、周日重播。播出时段为9:00—9:15；13:00—13:15；19:35—19:50；21:00—21:15以及政和台自办节目结束后再重播一次，播出时间为15分钟。

1998年3月，熊山顶电视差转台停播《政和新闻》节目。该节目由有线电视台固定播出，档期由每周1档增至2档，首播时间为每周二、四，重播时间为每周三、五、日。播出时段为9:00—9:15；13:00—13:15；19:35—19:50；21:00—21:15及政和台自办节目结束后，播出时间15分钟。

2002年6月3日，电视台开办《文明政和》栏目，每周1档，周日首播，周一重播。从当日起，电视新闻节目遂由每周2档增为每周3档，即2档《政和新闻》、1档《文明政和》。2003年7月，《文明政和》栏目改版，开设“监督台”“建设者足迹”“警方聚焦”“美食斋”“时尚生活”及“回音壁”等版块。

1989—2005年，县电视台共播出新闻稿件近2万篇，一些优秀稿件被省市电视台采用。播出《文明政和》栏目160期。

（四）电视实况转播

1999年9月27日晚，在城关举办庆祝中华人民共和国成立50周年大型综艺晚会，县广电局联合县文化局等单位，首次进行文艺晚会现场实况转播。现场直播2小时，录制录像带4盒，经剪辑后制成录像资料1盒，并编辑电视新闻在《政和新闻》和《南平新闻》节目中播出。

（五）电视专题片

电视专题片摄制始于20世纪80年代。1998年，电视台成立专题部，负责专题的采编和制作。1989—2005年，共制作电视专题片70余部，主要代表作有：

1994 年，摄制以洞宫山风景区为背景的音乐电视片《日子富了歌也多》，荣获“闽北电视奖”二等奖。

1998 年，摄制《老碓厂不会忘记》，获闽北电视奖二等奖。

2000 年，为配合“大武夷”旅游体系建设及政和县建县 1000 周年庆典活动，摄制旅游专题片《神秘的洞宫山》和专题片《千年政和》。

2004 年，根据县法院退休干部杨上进先进事迹摄制专题片《爱心奶奶》。

2005 年，摄制以政和一中退休教师刘佛明事迹为题材的电视专题片《烛光里的父亲》、系列报道《让市民喝上放心水》及电视理论专题片《沟通从心开始》等 3 部，在当年南平市电视专题片评奖中分获一、二、三等奖。

（六）经济广告信息

1993 年 1 月，成立视音服务部，开始在有线电视台尝试开展点歌、字幕及图像广告等业务。2002 年 1 月，县广播电视局注册成立经济信息部，经营业务包括电视点歌、商业类电视广告、公益类电视广告、电视片头广告、特约点播、字幕走底线、联办专题等。固定播出时间分别在每日 9:30—10:30、13:30—14:30；19:35—23:00 的政和台自办节目时段中播出，字幕走底广告则分别在南平台 1 套、福建公共频道、中央台 5 套、中央台 6 套及政和台自办节目等 5 套节目中的屏幕下方走字播出，至 2005 年不变，年均播出各类经济广告信息 2 万多条。

（七）公众点播业务

2002 年 8 月，县广播电视局与福州金鸿联通信息技术有限公司合作，开展电话互动点播业务，在有线电视台开设一个固定频道，开通点播热线 96011111，24 小时开播。互动点播内容主要有流行歌曲、动画片、影视剧等。2003 年 10 月，有线电视台与县电信局达成合作建立视频点播项目协议，电视台提供一个固定频道，开通点播热线“16888111”，全天 24 小时播出合作节目。至 2005 年年底，公众点播业务覆盖全县 10 个乡镇所在地及沿途 56 个行政村，覆盖用户 2.2 万户。

附：村村通工程

1999 年，开始实施的广播电视“村村通”工程，是省、市、县三级为民办实事项目之一。当年 8 月 25 日，全县完成 39 个村通广播电视任务，建成有线电视前端 39 个，开通用户 3400 多户，并实现了 26 个村与乡（镇）广播电视网联网。2000 年 9 月，完成上级下达的 13 个老区基点村的通广播电视任务，建有线电视前端 13 个，开通户数 3800 多户。年底，有 4 个老区基点村和一个老区村实现“双通”。2004 年，12 个 50 户以上已通电的自然村实现通广播电视。2005 年年底，全县 50 户以上已通电的自然村全部通广播电视，有线电视光纤联网 48 个村。

第二节　影　像

一、电影

县电影公司负责管理全县的电影发行、放映、设备维修、器材供应及电影放映人员培训等工作。

1989 年年初，全县共有 56 个电影放映单位，其中国营 2 个，乡（镇）、村集体 15 个，个体 39 个，放映人员 200 多名；电影院 5 座，座位 0.52 万个。

1990 年以后，电影受到电视、数字音像制品等高科技文化产品及歌舞三厅等的严重冲击，市场大幅度萎缩。同时，自 1994 年 8 月后，由中影公司统购包销的国家垄断式发行体制被打破，电影中介发行被取消，在市场和体制变革的双重压力下，农村放映单位陆续停业，国营放映单位从 2 家缩减为 1 家，放映场次锐减，仅靠部分爱国主义教育影片包场及其他副业收入维持运转。农村影院基本歇业，仅个别流动队偶尔放映一二场。1998 年全县仅放映电影 31 场，年放映收入 8795 元。

2000年以后，县电影公司开始尝试多种方法拓展电影市场，与企事业单位及社会各界人士“联姻”，筹措宣传放映资金，电影市场逐步复苏，票房收入开始回升。2002年，县电影公司开始实施“2131”农村电影放映工程，即从21世纪开始，一个村一个月放映一部电影，设多个流动电影队，到农村各乡（镇）村及厂矿、社区流动放映，2005年，放映场次回升至263场。

表29－10　**1989—2005年全县电影放映场次表**

年　份	1989	1990	1991	1992	1993	1994	1995	1996	1997
放映场次	6717	8609	8698	8916	3389	1296	428	105	93
年　份	1998	1999	2000	2001	2002	2003	2004	2005	
放映场次	31	25	39	86	273	278	176	263	

二、录像

1989年，县电影公司、县广播站先后成立录像厅，开始经营录像放映业务。随后在城区相继出现文化馆、总工会、新华书店、茶包厂、熊山文化站等录像厅。是年底，城区有营业性录像厅16家。东平、石屯、铁山、杨源、镇前和澄源等乡镇共有营业性录像厅17家，全县营业性录像厅33家。1995年，全县城乡营业性录像厅减至15家。2005年回升到31家。

1989年，有县电影公司和县广播站两家录像带发行站。1996年后，发行站停止经营，录像带由各经营户自行购买或租借。

第四章　新闻　报刊

第一节　新闻报道

1989年，新闻报道以宣传报道扶贫扶建、生态优高农业县建设为重点，1989—1996年，全县被中央、省、市40多种报刊采用的新闻稿件近8100篇（含图片），年均对外上稿超千篇，其中《福建日报》1100多篇，《闽北日报》4200多篇，《人民日报》《农民日报》《工人日报》《纪检监察报》《中国特产报》等国家级新闻媒体用稿800多篇，其他各种报刊用稿近2000篇。平均每年被《福建日报》《闽北日报》等党报头版头条刊发的新闻稿件在12篇左右，被评为好稿的新闻在10篇以上。由县委报道组人员、省、市党报记者、通讯员分别采写的反映政和经济、社会发展的重头新闻《政和人抢滩上海办市场》《站在创业的潮头》《“政和经验”破解综治难题》《政和白茶香飘四海》《阿堂法官》等先后在《闽北日报》头版头条刊发。其中《阿堂法官》获福建新闻奖一等奖。

1997年，全年被60多种报刊、电台采用新闻1113篇。其中中央报刊28篇，省级报刊、电台416篇，市级报刊669篇，有近100篇被《福建日报》《福建经济报》《闽北日报》等18种报刊采用为头题（条），其中《办廉政灶刹吃喝风》和《拓宽筹资渠道打破交通瓶颈》两篇新闻，均被《福建日报》头版组合头条利用。

1998年，由鄢仁平、范永光拍摄的刊登在《闽北日报》一版的《磋砣岁月铸就血肉亲情》图片新闻，获1998年福建新闻奖（新闻摄影部分）一等奖。

1998—2004年，全县被中央、省、市60多种报刊采用的新闻稿件9200篇（含图片），年均对外上稿1310篇，其中《福建日报》1500篇，《闽北日报》5200篇，《人民日报》《农民日报》《纪检监察报》《中国绿色时报》等国家级新闻媒体用稿1200多篇。平均每年被《福建日报》《闽北日报》等党报头版头条刊发的新闻稿件在15篇左右，被评为好稿的新闻在12篇以上。一些典型经验的消息、通讯在报刊刊发后产生了积极的反响，如2001年6月1日在《闽北日报》头版头条刊发的消息《开启心灵之窗解除难言烦恼——政和实小挂出悄悄话信箱》，介绍了政和实小探索小学生心理教育的经验，起到很好示范作用。2002年10月2日《闽北日报》头版头条刊登通讯《长治久安的金字塔——政和建立矛盾纠纷排查调处长效机制探析》，政和县综治工作先进经验在全市、全省推广，当年政和县被评为全国社会治安综合治理先进县。《长治久安的金字塔》一文也获得2002年全国社会治安综合治理好新闻一等奖。

2005年，全县被市级以上40多种报刊用稿1100篇，其中《人民日报》（华东版）《法制日报》《农民日报》等中央级新闻媒体用稿50多篇。《政和：推进“四地”建设壮大县域经济》《政和特色产业引领农村经济》《“菇县”政和追补生态旧欠》等一批反映落实科学发展观的深度报道受到各方关注，特别是《“菇县”政和追补生态旧欠》，被《人民日报》（华东版）《福建日报》《闽北日报》等媒体头条（题）加短评刊发。典型经验报道方面，《“政通”催生“人和”》《山乡吹来和谐风》《“政和经验”破解综治难题》《进村入户驻村连心——政和县推行驻村特派员制度纪事》《“上访村”变成和谐村》等通讯，均获得良好社会效果。

表29－11　**1992—2005年获奖新闻作品表**

作品类别	发表时间	登载报刊	作品标题	作者	获奖情况
通讯	1992.10	闽北日报	市场闯进会场	李隆智	福建新闻三等奖
消息	1993.4	闽北日报	政和群众给基层所站画像	范永光	福建新闻三等奖
通讯	1993.6	闽北日报	阿堂法官	陈辉　李隆智 陈汉章	福建新闻一等奖
消息	1993.9	闽北日报	革命后代显本色，临终不忘爱家乡	张晓平　陈汉章 许毅	福建新闻二等奖
通讯	1993.12	闽北日报	如此排场不应该	陈楠　王清流	福建新闻三等奖
消息	1994	福建日报	盼弟招弟改芳名	李隆智	福建省计生新闻一等奖
通讯	1995.3	闽北日报	给良田上“户口”	良豹	福建新闻三等奖
摄影	1998.8	闽北日报	蹉跎岁月铸就血肉亲情	鄢仁平　范永光	福建新闻摄影一等奖
摄影	1999.3	闽北日报	众人奏响爱之歌　姐仨圆了住房梦	鄢仁平　范永光	福建新闻摄影三等奖
消息	2001.6	闽北日报	开启心灵之窗　解除难言烦恼	叶国宝　范永光	第十六届中国地市报新闻奖消息类一等奖； 第八届福建新闻二等奖
消息	2001.8	闽北日报	“咬咬耳朵”交交心	范永光　吴发胜	第五届福建人口新闻三等奖
通讯	2002.5	福建日报	从“上访村”到文明村	刘国军　兰锋 范永光	全省三个代表学教活动好新闻三等奖
通讯	2002.10	闽北日报	长治久安的金字塔	徐庭盛　刘晖	2002年度全国社会治安综治好新闻一等奖；第十届福建社会治安综治好新闻一等奖
通讯	2002 第3期	婚育导刊	政和农民自办计生宣传节	范永光　吴发胜	第六届福建人口新闻三等奖
通讯	2003	人民公安报	让孩子成长在阳光下	徐庭盛　叶维达	第十一届福建社会治安综治好新闻二等奖
摄影	2003.3	闽北日报	计划生育广播室	范永光　吴发胜	第七届福建人口新闻三等奖

续表 29－11

作品类别	发表时间	登载报刊	作　品　标　题	作　者	获奖情况
摄　影	2004	闽北日报	用知识服务农民	鄢仁平　范永光	第十六届中国地市报刊摄影新闻铜奖
消　息	2004.4	福建日报	国有资产活了	范永光　徐庭盛	华东九报“求真务实谋发展”好新闻三等奖
摄　影	2005	闽北日报	割不断的母子情	鄢仁平　范永光　徐庭盛	第十二届福建新闻奖（摄影部分）三等奖

第二节　报刊编发

一、编辑

1990 年 10 月，创办《政和月报》，为 4 开小报，每月 1 期，每期 4 版。首期于 10 月 1 日出版，刊发新闻、通讯及文艺等各类文章 32 篇，至 1992 年 5 月 1 日，共编辑出版 23 期。

1992 年 6 月 1 日，《政和月报》更名为《政和报》，并由月报改为旬报，系中共政和县委、县人民政府机关报。每月编辑出版 3 期，仍为 4 开 4 版，期发 4000 份。至 2001 年 12 月 21 日，共编辑出版 272 期。

2002 年 1 月 2 日，《政和报》改版为《闽北日报·政和新闻》，由旬刊改为周刊，仍为 4 开 4 版，一版要闻，二版经济走廊，三版综合新闻，四版星溪副刊。改版后报纸的编辑业务由闽北日报社指导，报纸在县境内随《闽北日报》发行。2003 年 12 月，根据中央整顿报刊有关规定精神，《闽北日报·政和新闻》于当月 31 日出版最后一期后停刊，出版总期数为 100 期。

2005 年 10 月，因信息交流需要，创办内部资料性质的报纸型本装式《政和资讯》。《政和资讯》由中共政和县委、县人民政府主办，县委宣传部承办，《政和资讯》编辑部编辑，每月 10 日、25 日出版，16 开，每期 24 页。首期于当月 10 日出版，至 2005 年 12 月 25 日，共出版 6 期。

二、印刷与发行

《政和月报》　每期印刷 1000 份，政和县印刷厂承印，免费赠送县直机关、企事业单位和各乡（镇）、村（场）。

《政和报》　每期印刷发行 4000 份，主要向全县县直机关、企事业单位及各乡（镇）、村（场）征订，部分赠送。1992—1994 年由政和印刷厂承印，1994 年以后由建瓯市行知印刷厂印刷。

《闽北日报·政和新闻》　每期印刷发行 5000 份，向全县县直机关、企事业单位及各乡（镇）、村（场）征订，由闽北日报印刷厂印刷。

《政和资讯》　每期印刷发行 1200 份，向县直机关、企事业单位、各乡（镇）、村（场）免费赠送，由政和印刷厂承印。

第三节　新闻队伍

一、专业队伍

1989 年，县委报道组、县电视台、县广播电台以及《政和报》社等新闻单位共有专业新闻人员 17 人，1999 年增至 45 人。2000 年后，因新闻摄制中心并入县电视台，人员也相应调整，专业新闻人员 41 人。2002 年后，随着广播电视事业的发展，专业新闻队伍逐步加强。到 2005 年年底，全县专业新闻人员 43 人（其中专职新闻记者 15 人）。在专业新闻人员中，中级专业职称人员 3 人，初级专业职称人员 40 人。

表 29－12　　**1989—2005 年政和县专业新闻人员情况表**　　单位：人

年份 \ 单位 人数	县委报道组	政和报社	新闻摄制中心	电视台	广播电台	合　计
1989	4	—	—	7	6	17
1990	3	—	4	9	8	24
1991	2	—	3	10	10	25
1992	3	—	3	12	13	31
1993	3	—	3	14	14	34
1994	3	3	3	15	15	39
1995	3	4	4	15	16	42
1996	3	5	4	16	16	44
1997	4	3	4	17	16	44
1998	4	3	4	18	16	45
1999	3	4	2	19	17	45
2000	3	4	—	20	14	41
2001	3	4	—	21	12	40
2002	3	5	—	21	13	42
2003	3	4	—	22	14	43
2004	2	—	—	23	14	39
2005	3	2	—	24	14	43

注：2005 年《政和报》社栏内人数为《政和资讯》编辑人员

二、业余通讯员队伍

1989 年后，业余通讯员队伍人数保持在 80—100 人左右，其中骨干通讯员 20—30 人，他们中多数都经过《福建日报》《闽北日报》或行业组织的新闻报道业务培训，具备一定的新闻报道专业知识。1989 年，业余通讯员撰写的被中央、省、南平地区各类报刊采用的新闻稿件 316 篇。1995 年增至 432 篇，2000 年增至 563 篇。2005 年达 631 篇，平均每月 50 篇以上。至 2005 年，共有 62 人次获省、市及《福建日报》《闽北日报》颁发的优秀通讯员奖。

表 29－13　　**1989—2005 年政和县业余通讯员情况表**　　单位：人/篇

年　份	骨干通讯员人数	中央、省、市报刊用稿数	获　奖　励　情　况
1989	15	316	2 人获南平市优秀通讯员称号 2 人获《闽北日报》优秀通讯员称号
1990	16	358	2 人获南平市优秀通讯员称号
1991	18	362	2 人获南平市优秀通讯员称号 2 人获《闽北日报》优秀通讯员称号 1 人获《福建日报》优秀通讯员称号
1992	18	322	2 人获南平市优秀通讯员称号
1993	20	415	2 人获南平市优秀通讯员称号 2 人获《闽北日报》优秀通讯员称号

续表 29－13

年　份	骨干通讯员人数	中央、省、市报刊用稿数	获 奖 励 情 况
1994	22	418	2人获南平市优秀通讯员称号
1995	26	432	2人获南平市优秀通讯员称号 2人获《闽北日报》优秀通讯员称号 1人获《福建日报》优秀通讯员称号
1996	26	463	2人获南平市优秀通讯员称号
1997	27	521	3人获南平市优秀通讯员称号 2人获《闽北日报》优秀通讯员称号 1人获《福建日报》优秀通讯员称号
1998	29	533	3人获南平市优秀通讯员称号
1999	28	545	2人获南平市优秀通讯员称号 2人获《闽北日报》优秀通讯员称号 1人获《福建日报》优秀通讯员称号
2000	31	563	2人获南平市优秀通讯员称号
2001	30	575	2人获南平市优秀通讯员称号 3人获《闽北日报》优秀通讯员称号
2002	32	568	2人获南平市优秀通讯员称号 1人获《福建日报》优秀通讯员称号
2003	32	586	2人获南平市优秀通讯员称号 2人获《闽北日报》优秀通讯员称号
2004	30	612	2人获南平市优秀通讯员称号
2005	33	631	2人获南平市优秀通讯员称号 3人获《闽北日报》优秀通讯员称号 1人获《福建日报》优秀通讯员称号

第五章　地方志　党史　文史

第一节　地方志

一、志书编纂

（一）新编《政和县志》

1986年4月，政和县人民政府决定成立县地方志编纂委员会（以下简称“县方志委”），着手新编《政和县志》的各项工作。10月，召开全县修志工作会议，进行全面动员和部署。当年年底县直机关和乡镇都相应成立修志机构，配备修志人员。参加修志的县直机关单位67个，采编人员155人，其中专职68人，兼职63人，聘用24人。1987年4月，召开第二次全县修志工作会议，7月，召开全县修志成果观摩会议。1989年底，全县基本完成部门志的编写工作。

1990年3月24日，成立《政和县志》总编室，开始新编《政和县志》总纂工作。1992年6月新县志稿编写完成。6月28日至30日，召开专稿评议会，邀请省、地区方志委领导、专家和全区各县市及宁德市周宁、屏南两县的县市志主编、副主编等，对志稿进行评议。1992 年 10 月 15 日成立新县志稿审稿组，对志稿进行审定，1993 年 3 月，新编《政和县志》定稿，4 月、6 月，志稿分别呈送省、地区地方志编纂委员会复审和验收。9 月 24 日经福建省地方志编纂委员会审查批准，1994 年 3 月，由中华书局出版发行，第一次印刷 3000 册。新编《政和县志》由林天福任主编，熊源泉任副主编，周元火、丁少康、郑亚雄、王连捷任编辑。

新编《政和县志》上限始自事物之发端，下限至 1988 年，个别事件下延至 1989 年。全志除卷首概述、大事记和卷末附录外，设建置、自然地理、乡（镇）村概貌、人口、经济综述、农业、林业、茶业、水利水电、工业、交通、邮电、商业、粮油贸易、工商行政和物价管理、财政税务、金融、城乡建设、政党、政权政协、军事、司法、群团、劳动人事、民政、教育、科技、文化体育、医药卫生、民俗宗教、方言和人物等 32 卷 158 章，125 万字，收录政务活动、民俗、文艺、产品等彩照 30 版，65 张。

（二）续编《政和县志》（1989—2005）

2003 年 6 月，县委办公室、县政府办公室联合下发《关于开展第二届〈政和县志〉编纂工作意见的通知》，县方志委随即着手进行第二轮《政和县志》篇目设计工作。2005 年 3 月，县方志委拟定《政和县第二届修志工作实施方案》。4 月 16 日，县政府下发《关于同意〈政和县第二届修志工作实施方案〉的批复》。8 月 15 日召开第二届修志工作会议，第二轮《政和县志》编纂工作进入组织实施阶段。

续编《政和县志》上限自 1989 年，下限至 2005 年。志书拟定篇目除卷首概述及大事记、卷末附录外，设政区、自然环境、人口与计划生育、体制改革等 33 卷。至 2005 年，参加第二轮修志的县直机关及企事业单位 88 个，乡镇 10 个，全县参加修志采编人员 168 人。

（三）省志增编

2001 年 7 月，县方志委根据省、市方志委的文件和会议精神，组织人员着手编写省志增编各编目之中政和部分相关内容，包括增编《闽江志》中闽江源头之松溪、七星溪流域相关资料 1.5 万字；增编《姓氏志》中政和代表性或独特姓氏 10 个，初稿 4 万余字；增编《地名志》中政和重要和特色地名 1 万字；增编《名产志》中政和之名、优、特及传统产品 10 余种，初稿近 2 万字，于 2004 年底全部完成。

（四）旧志点校

2003—2004 年，县方志委组织人员对政和县历史上编纂的 3 部旧县志进行认真点校。三部旧志共 50 余卷近 100 万字，2004 年完成全部点校工作，经省方志委审定后，交付厦门大学出版社安排出版发行。3 部旧志分别为：

明永乐二年（1404 年）版《政和县志》，黄裳主修，郭斯垕纂，系政和县首部地方志书，全志 4 卷，卷末附范瓘《观游录》1 卷。

清道光十二年（1832 年）版第五部《政和县志》，程鹏里、梁承纶主修，魏敬中纂，全志 11 卷，另卷首、卷末各 1 卷。

民国 8 年（1919 年）版第六部《政和县志》，钱鸿文、黄体震主修，李熙纂，全志 35 卷，另卷首、卷末各 1 卷。

二、地情编纂

（一）《政和年鉴》编纂

1997 年 4 月，经县政府批准，县方志委制定首部《政和年鉴》编纂方案。组建以张治宜为总编的《政和年鉴（1997）》总编室，历时 5 个月，完成编纂工作，当年 9 月交付出版印刷，1998 年 10 月 26 日发行。第一次印刷 3000 册。

《政和年鉴（1997）》为综合性工具书，分39大类，设468个条目，题辞4版，彩图38版217幅。内容包括特载及政务活动、人大工作、政协工作、纪检监察、人民武装、党政部门工作、政法工作、社会团体、计划生育、经济体制改革、农业、食用菌生产、林业、水利水电、工业、对外贸易、对内贸易、经济综合管理、财政、审计、税务、金融、保险、交通邮电、城建环保、人事劳动、教育、科技、文化体育、新闻、广播电视、民政、老区扶贫、地质矿产、社会研究、信访工作、对台工作、宗教、乡镇概览、人物简介、统计资料等40篇460部分，全书44万字。

（二）《千年政和》编纂

1999年3月，县委、县政府决定编纂《千年政和》，并成立以县委书记郑明洋、县长黄健平为主编，张治宜、周元火等10人为编辑的编辑部。

《千年政和》除卷首、概述及卷末附录外，正文设“千年概览”“奋进的历程”“新世纪展望”和“乡镇概览”等4篇，共26个专题，有彩图100版337幅，黑白插图照55幅。全书24万字，16开精装1册，福州鼓楼印刷精装厂印制，首印3000册，于1999年11月出版发行。

（三）《政和县姓氏志》编纂

2002年初，县方志委成立以张治宜为主任，周元火为副主任，熊源泉为主编的《政和县姓氏志》编委会，组织人员对全县姓氏人口资料开展全面调查，搜集、查阅，研究民间保存的族谱、家乘140余部，各姓氏资料100多万字，2003年初着手编纂《政和县姓氏志》。2004年12月，《政和县姓氏志》出版发行，第1次印刷2000册，大16开平装。

《政和县姓氏志》除卷首概述和卷末附录外，正文以姓氏立章，凡人口在500人以上的姓氏各立一章，人口在500人以下的姓氏则设“其他姓氏简介”专章统之，全志共立41章。凡吴、张、陈、叶等40个单独立章姓氏，均设“源流”（分姓氏渊源、入政与定居、迁移）“分布”“谱牒”“文物”及“人物”等节详细记载，全书48.8万字。

《政和县姓氏志》是政和县第一部姓氏著作，也是福建省最早印行的一部姓氏专志，福建省方志委副主任卢美松为该志书作序，称之为“全省姓氏专志的开山之作”。县长黄健平也为该志书作序。

三、部门志编纂

《政和县供销合作社志》　县供销合作社编。1987年4月正式组建编纂委员会，黄昌明任主任。1991年4月调整编纂班子，主编林天福、郑明光，副主编丁少康。同年10月完成初稿。1992年2月通过评稿会后定稿，4月出版，内部发行。志书除卷首、卷末外，共设“总述”“机构、网点”“行政事务”“经济事务”“物价”“生产生活资料经营”“农副产品废旧物资经营”及“人物”等8卷22章，近25万字，32开精装全1册。

《政和县土地志》　县土地局编。1990年组建编纂班子，搜集资料。1992年8月开始编纂，主编杨上锦、林天福。1993年11月定稿，1994年9月出版印刷300本，精装1册，内部发行。全书除卷首为题词、照片等及卷末附录外，设“概述”“大事记”“土地概况”“土地权属演变”“土地税赋”“地籍管理”“非农业建设用地管理”“土地监察”“土地开发利用”“土地规划”等10章37节，计22.8万字。

《政和县工会志》　县总工会编。1994年4月出版印刷400册，32开精装本，全1册，内部发行。志书主编徐义琳、林天福，副主编魏重旺、黄信文、何世华、周元火、丁少康。内容除卷首外，设“概述”“大事记”“机构人员”“代表大会”“职工生产”“劳动保护”“职工生活”“宣教工作”“女工工作”“信息、信访、档案”“民主管理”“财务管理”及“人物”等共12章35节，全志15.5万字，翔实记录了县工会组织的历史、发展变化及现状。除文字部分外，还收录黑白照片8幅，领导题辞4幅。

《政和县林业志》　县林委编。1990年初组建编纂机构，着手资料搜集等工作。1992年8月正式开始编纂，凡四易其稿，五延下限，历时六年，于1995年8月定稿付印，印刷1000册，32开精装本，全1册，内部发行。志书主编余取民，内容除卷首为概述和大事记，卷末附录林谚、林区趣闻、相关调查报告等外，共设“森林环境”“森林资源”“调查设计”“林木种苗”“林地准备”“植树造林”“森林抚育”“山林权属”“林政管理”“森林保护”“森林病虫”“木材生产”“木材运输”“木材经营”“木材加工”“林产化工”“林区建设”“财务管理”“科技兴林”“林业教育”“劳动人事”“林业机构”“党群团体”及“站场简介”等24章82节，计20万字，各种彩图、照片13版31幅。

《南平地区邮电志政和卷》　县邮电局编。主编陈人湘，副主编周元火、丁少康、詹文华。1995年9月组建编委会，聘请县方志委专业人员协助编纂，1996年2月通过审稿，送省、市相关部门审定。1999年10月由北京燕山出版社出版发行，16开精装本全1册，第一次印刷1000册。志书除卷首为概述及大事记外，共分设“机构”“通信建设”“邮政业务”“电信业务”“邮电服务”“企业管理”“党群组织”“人物”及“先进集体”等9章，全志31.2万字，文前冠有彩图、照片14版41幅。

《政和县政协志》　政协政和县委员会编纂。主编范强，副主编吴华，1998年10月出版印刷，32开平装本，内部发行。志书采用记、志、录、表等形式，记述自1981年8月政和县政协成立至1996年12月，政和县政协各方面详实资料，内容除卷首概述、大事记及卷末附录重要文件选辑外，分设“委员会组成”“会议”“提案”“视察调查和咨询服务”“‘三胞’联谊”“学习宣传”“文史资料”“机关建设”及“历届主席简介”等9章36节，约10万字。原福建省政协副主席许集美为志书封面题签，福建省政协主席游德馨等题辞。志首冠有黑白照4版10幅。

《政和县财政志》　县财政局编。主编林天福、朱志生。1986年组建编纂机构，1991年6月着手编纂，1993年3月定稿付印。志书共8卷27万字，32开精装本，全1册，印数300册，内部发行。

第二节　党　史

一、党史宣传

1989—1992年，每年拟定一个主题，通过宣讲、座谈会、研讨会、征文、主题晚会及知识竞赛等形式开展党史宣传教育活动。1993年，协助拍摄反映建松政地区游击队坚持敌后抗日、反顽斗争的电视剧《南天风雷》。1994年组织编写《政和革命史稿》，深入机关、学校宣讲。1999—2000年组织撰写《政和第一支部的诞生》《红五十六团挺进建松政》等11篇纪念文章，并举办革命传统报告会，开展革命传统教育活动，播放反映政和革命斗争内容的电教片和革命题材影视片12场次。2003—2005年，组织编写《中共闽北党史人物》（政和部分）辞条130条。

二、党史编著

1990年编纂《政和县党史资料》专辑，计9万字。1990年10月，党史研究室与县委组织部、县档案馆合著《政和县组织史资料》28万字，由福建人民出版社出版。1997年7月，党史研究室编著《政和革命史》（内部版），计17万字。1999年5月，党史研究室与县关心下一代工作委员会合作，编著《夕阳红》（内部版），13万字，2001年10月，编著《夕阳红》续集12万字，内部版。2002年8月，县委党史研究室与南平市委党史研究室合著《闽北有个陈牯老——陈贵芳纪念文集》，21万字，福建人民出版社出版。2003年、2005年，由县委党史研究室组织编写的《让长征精神永放光芒》《抗战胜利六十周年再看日本右倾化》等文章，先后被中央党史研究学会和中国现代史学会编入《长征档案》和《抗战档案》。

第三节　文　史

20世纪80年代初，县政协即设立文史工作机构，负责搜集和编纂文史资料。至1988年年底，共以内刊形式编纂出版《政和文史资料》6辑，发表文章178篇，计66万字，总共印发6900册。

1990年5月，编纂出版《政和文史资料》第七辑，刊发文章17篇，8万余字，印发1300册。1991年5月，编纂出版《政和文史资料》第八辑，刊发文章19篇，9万余字，印发1300册。1992年9月，编纂出版《政和文史资料》第九辑，刊发文章26篇，9万字，印发1300册。1994年7月，编纂出版《政和文史资料》第十辑（茶叶专辑），刊发有关政和茶叶发展历史、制作工艺、名优产品及茶文化等专题文章23篇，8万余字，印发1300册。

2005年年底，编纂出版专题文史资料《走进政和》（旅游篇），刊发各类文章148篇（条），约10万字，印发1300册。

第六章　体　育

第一节　群众体育

一、体育社团组织

从20世纪80年代开始，群众体育活动逐渐活跃。1989年，体育社团组织有县棋类协会、县桥牌协会、县钓鱼协会、县信鸽协会和县武术协会等5个体育协会。1992年4月又成立县篮球协会和县乒乓球协会。1994年，桥牌和信鸽协会基本停止活动，而羽毛球、门球等项活动则渐趋活跃。到2005年底，活动正常的群众性体育社团组织有篮球、羽毛球、乒乓球、棋类、门球、武术和老年人体育等7个协会。

二、群众体育活动

1989—1994年，多为自发性的健身锻炼活动。1995年6月，落实国务院《全民健身计划纲要》，群众体育进入一个崭新发展时期，全民健身活动呈现出前所未有的活跃局面，各类体育项目赛事每年都在15次以上。2003年“非典”以后，群众更注重体育锻炼，参加锻炼人数与日俱增，其中城区日参加篮球、羽毛球、乒乓球、门球以及登山、跑步等项健身锻炼的均在千人以上。同年5月开始，举办由企业冠名赞助的“周末男子篮球赛”活动，每年有10余支企事业代表队参赛，成为政和群众体育品牌项目。职工体育活动更加活跃，每年均举办2—3次象棋、桥牌、拔河等传统项目比赛。

2004年11月6日，由县政府主办的改革开放后政和县首届大型运动会开幕。参加本届运动会的代表团20个，其中乡镇代表团（甲组）和县直机关、行业代表团（乙组）各10个。比赛项目设田径、篮球、乒乓球、羽毛球、中国象棋、围棋、拔河、保龄球、老年人门球（单列，不计团体总分）、中学生足球（单列，不计团体总分）等10个。参赛运动员1207人，裁判员160人，运动会历时三天。分获甲组（乡镇组）团体总分前6名的代表团是：星溪乡、熊山镇、石屯镇、铁山镇、镇前镇和东平镇；分获乙组（县直机关、行业组）前6名的代表团是：教育、县直机关、建设、经贸、政法、林业。此次运动会是政和有史以来规模最大、参赛人数最多的一次群众体育比赛活动。

三、老年人体育

1989年后，老年人参加体育活动人数逐渐增多，活动项目也不断丰富，主要有门球、秧歌、太极拳、太极剑、健身操和乒乓球等，活动形式以晨练为主。是年相继举办了老年人门球、钓鱼、登山、迪斯科、太极剑、扬眉剑等比赛活动，参加人数891人次。1991年先后举办老年人象棋、登山、门球、太极拳比赛，参加人数763人次。1998年，老体协举办6次门球比赛，4次钓鱼比赛，5次象棋比赛。2003年老体协举办融健身与文艺于一体的“健身之歌”大型文体晚会。2005年举办重阳节“健康杯”老年人门球赛，老年人门球队发展到14支，队员74人，8名80岁以上高龄老人被县文体局和老体协授予“健康老人”称号。至年底，全县老年人体育协会在册会员人数7600人。

表29－14　**1989—2005年群众体育重点活动项目表**

年 份	举办群众体育活动名称
1989	庆“五一”环城跑比赛
	国庆40周年“振兴政和”火炬环城跑
	“双迎杯”信鸽500公里大奖赛
1990	第十一届亚运会火炬传递仪式
1991	县六套班子领导小口径步枪射击比赛
1992	职工篮球比赛 农村篮球比赛
1994	“工行杯”篮球比赛
1995	“保险杯”篮球比赛
	“九七脱贫致富杯”篮球比赛
1997	首届女子健身操大赛
1998	乒乓球世界冠军全省巡回表演赛
	“建行杯”全国甲级女篮精英邀请赛
1999	中学生男子篮球赛
2000	庆建县千年职工长跑比赛
2001	男子3人篮球比赛
	女子保龄球比赛
	乒乓球、羽毛球比赛
2003	“国土杯”周末男子篮球比赛
	“林业杯”环城跑
	“林业杯”省女篮邀请赛
2004	全县首届体育运动会
	邀请省女篮表演赛
2005	“农行杯”第四届周末男子篮球赛
	“迎新春”中国围棋、象棋精英赛
	“平安烟草杯”男子篮球邀请赛
	“赛琪杯”第三届中学生足球赛
	“国土资源杯”闽北十县（市）男子篮球赛

第二节　竞技体育

一、人才培养

20 世纪 80 年代末，政和县尚无专门体育培训机构，体育人才培养主要依靠中、小学体育教学。

1989 年 3 月，由政和选送的年仅 17 岁举重运动员李善富，获国家体委授予的国家运动健将称号，成为政和县有史以来第一位运动健将。

1991 年 8 月，县少年儿童业余体育学校正式成立，隶属县体育运动委员会，为股级事业单位。其时，体育人才培养以县少年业余体育学校为依托，以各体育传统校为基地，实行体教结合模式，选拔体育特长生组织业余训练，从中发现人才，选送省、地区少体校培养。

1994 年 6 月，政和县输送的举重运动员张平，在北京体育学院通级赛中以抓举 92.5 公斤、挺举 117.5 公斤、总成绩 210 公斤，顺利通过国家运动健将标准考评，成为政和县第二位获国家运动健将称号的运动员，并在此后多次国际、国家级竞赛中获金、银、铜牌。

2003—2005 年，政和县共向省、市少体校选送优秀特长少年儿童 24 名，其中选送省少体校 4 名：体操 1 名，乒乓球 2 名，羽毛球 1 名；选送市少体校 20 名：田径 12 名，射击 5 名，举重 2 名，赛艇 1 名。

二、参加各级竞赛

（一）国际、国家级竞赛

1989 年 3 月，举重运动员李善富在华东协作区举重比赛中，获 48 公斤级男子组冠军。后又先后获全国青少年举重比赛第二名 2 次、第三名 2 次。

1994—2005 年，政和籍举重运动员张平多次参加国际或国家级比赛，共获得金牌 5 枚，银牌 2 枚，铜牌 3 枚。

表 29－15　**政和籍举重运动员张平参加国际、全国举重赛获前三名成绩表**

运动会名称	年　份	组　　别	成　　绩	名次	获奖牌
世界举重锦标赛	2005.11	男子 62 公斤级	抓　举	1	金牌
全国举重锦标赛	1994	—	—	1	金牌
全国青年男子举重锦标赛	1997.9	男子 59 公斤级	抓举 125 公斤	1	金牌
全国青年男子举重锦标赛	1997.9	男子 59 公斤级	挺举 152.5 公斤	1	金牌
全国青年男子举重锦标赛	1997.9	男子 59 公斤级	总成绩 277.5 公斤	1	金牌
全国青年男子举重锦标赛	1998.6	男子 62 公斤级	抓举 127.5 公斤	2	银牌
全国青年男子举重锦标赛	1998.6	男子 62 公斤级	挺举 155 公斤	3	铜牌
全国青年男子举重锦标赛	1998.6	男子 62 公斤级	总成绩 282.5 公斤	2	银牌
全国男子举重冠军赛	1999	男子 62 公斤级	抓举 130 公斤	3	铜牌
全国男子举重冠军赛	1999	男子 62 公斤级	总成绩 290 公斤	3	铜牌

（二）省级竞赛

1989—2005 年，政和籍运动员参加省级各项竞赛有 16 人次获前 3 名，有 3 人次破省记录，共获得第一名 4 个，第二名 7 个，第三名 5 个。其中，1992 年，举重运动员李善富参加福建省第 10 届运动会，夺得 52 公斤级举重比赛金牌，并打破该级别抓举、挺举、总成绩三项省记录。

表 29－16　　**政和县参加省级竞技体育比赛获前三名项目表**

运动会名称	项　目	年　份	组　别	名　次	运动员姓名
省农民篮球赛	篮　球	1989	男　子	3	
省第四届残疾人运动会	田径（5000）米	1999.12	男子聋人组	1	张德谊*
省第四届残疾人运动会	田径（1500）米	1999.12	男子聋人组	1	张德谊*
省第四届残疾人运动会	田径（800）米	1999.12	男子聋人组	2	张德谊*
华东地区青少年举重比赛	举　重	2001	男子 40 公斤级	总成绩 2	张　辉
省少儿田径锦标赛	铁　饼	2003.8	女子 15 岁组	2	杨　春
省少儿田径锦标赛	投掷四项全能	2003.8	女子 15 岁组	1	杨　春
省少儿田径锦标赛	80 米栏	2003.8	女子 13 岁组	1	尹盈盈
省少儿田径锦标赛	80 米栏	2003.8	女子 13 岁组	3	谢张丽
省少儿田径锦标赛	铁　饼	2004.8	男子 13 岁组	2	余敏翔
省少儿田径锦标赛	综合全能赛投掷组	2004.8	男子 15 岁组	2	余敏翔
省少儿田径锦标赛	跳　高	2004.8	男子 15 岁组	2	叶　群
省少儿田径锦标赛	跳　远	2004.8	男子 15 岁组	3	叶　群
省少儿田径锦标赛	综合全能跳高组	2004.8	男子 15 岁组	3	叶　群
省少儿田径运动会	跳　远	2005.7	男子 92 年组	2	魏鹏翔
省少儿田径运动会	跳　远	2005.7	女子 92 年组	3	李　莹

注：*号为破省记录

（三）市级竞赛

1998—2005 年政和籍运动员参加市级各项竞技体育比赛，共有 50 个项目获得第一名。

表 29－17　　**政和县参加市级竞技体育比赛获第一名项目表**

运　动　会　名　称	项　目	年　份	组　别
南平市中学生田径运动会	总锦标	1998	团体
南平市中学生田径运动会	团体总分	1998	初中组
南平市中学生田径运动会	总锦标	2000	团体
南平市中学生田径运动会	初中组	2000	团体
南平市中学生田径运动会	高中组	2000	团体
南平市少儿举重比赛	抓举（47.5 kg）	2000	男子 36 公斤级别
南平市少儿举重比赛	挺举（60 kg）	2000	男子 36 公斤级别
南平市少儿举重比赛	总成绩（107.5 kg）	2000	男子 36 公斤级别
南平市中小学生田径运动会	总锦标	2000	团体
南平市中小学生田径运动会	团体总分	2000	高中组
南平市中小学生田径运动会	团体总分	2000	初中组
南平市中小学生田径运动会	总锦标	2004	团体
南平市传统校田径赛	团体总分	2004	传统校
南平市中小学生运动会	女子 800 米	2004	初中组
南平市中小学生运动会	男子跳高	2004	初中组

续表 29－17

运动会名称	项目	年份	组别
南平市中小学生运动会	男子三级跳远	2004	初中组
南平市中小学生运动会	女子 100 米栏	2004	初中组
南平市中小学生运动会	女子 60 米	2004	小学组
南平市中小学生运动会	女子 200 米	2004	小学组
南平市中小学生运动会	女子 800 米	2004	小学组
南平市中小学生运动会	男子 80 米栏	2004	小学组
南平市中小学生运动会	女子跳高	2004	小学组
南平市中小学生运动会	男子铅球	2004	小学组
南平市传统学校田径赛	女子 60 米	2004	传统学校组
南平市传统学校田径赛	女子 100 米	2004	传统学校组
南平市传统学校田径赛	男子 200 米	2004	传统学校组
南平市传统学校田径赛	女子 200 米	2004	传统学校组
南平市传统学校田径赛	女子 400 米	2004	传统学校组
南平市传统学校田径赛	男子 800 米	2004	传统学校组
南平市传统学校田径赛	男子 80 米栏	2004	传统学校组
南平市传统学校田径赛	女子跳高	2004	传统学校组
南平市传统学校田径赛	男子铅球	2004	传统学校组
南平市少儿举重比赛	挺　举	2004	男子 44 公斤级
南平市少儿举重比赛	总成绩三项	2004	男子 44 公斤级
南平市少儿举重比赛	抓　举	2005	男子 48 公斤级
南平市少儿举重比赛	挺　举	2005	男子 48 公斤级
南平市少儿举重比赛	挺　举	2004	男子 44 公斤级
南平市少儿举重比赛	总成绩三项	2004	男子 44 公斤级
南平市少儿举重比赛	抓　举	2005	男子 48 公斤级
南平市少儿举重比赛	挺　举	2005	男子 48 公斤级
南平市少儿举重比赛	总成绩（三项）	2005	男子 48 公斤级
南平市少儿举重比赛	抓　举	2005	男子 52 公斤级
南平市少儿武术比赛	团体总分	2005	团体
南平市少儿武术比赛	拳　术	2005	男子甲组
南平市少儿武术比赛	刀　术	2005	男子甲组
南平市少儿武术比赛	棍　术	2005	男子甲组
南平市少儿武术比赛	枪　术	2005	男子甲组
南平市少儿武术比赛	个人全能	2005	男子甲组
南平市少儿武术比赛	规定拳	2005	男子丙组
南平市少儿武术比赛	枪　术	2005	男子丙组
南平市少儿武术比赛	剑　术	2005	女子乙组
南平市少儿武术比赛	刀　术	2005	女子乙组
南平市少儿武术比赛	刀　术	2005	女子丙组
南平市少儿武术比赛	枪　术	2005	女子丙组

三、承办市级竞赛

2005 年 5 月，承办南平市少儿武术比赛，参赛代表队 16 支，运动员 180 人。同年 6 月，承办南平市男子篮球赛，参赛代表队 10 支，运动员 150 人。

第三节　学校体育

1989 年，贯彻省教育厅颁发的体育教学大纲，各学校实行“两课、两操、两活动”计划，适当增加体育课时和活动量。

1990 年，实施《学校体育工作条例》，规范学校体育教学。1993 年，实验小学、东门小学、星溪小学、铁山学区、镇前学区获福建省学校体育达标先进校称号，政和县被评为省学校体育达标先进县。1998 年，体育教育首次被列为小学年度教育教学项目。1999 年，全县城镇小学、农村中心小学全面配备专职体育教师，体育教学课时普遍从每周两节增为三节，体育设施进一步完善。从这一年起，城镇中、小学每年举办一次校运会。

2003 年，县二中、实验小学、南门小学、星溪小学、雄山文武学校等 5 所学校分别被确定为省级相关运动项目传统校，其中二中和南门小学为田径运动传统校，实验小学为羽毛球和游泳运动传统校，星溪小学为篮球运动传统统校，雄山文武学校为拳击运动传统校。至 2005 年，中、小学生运动员在参加省、市各项田径运动项目竞赛中，共有 75 人次获得团体第一名 5 个，个人第一名 47 个。

第四节　设　施

1989 年，县体育中心拥有综合楼一座，底层设乒乓球训练室；露天灯光球场一个，有 2728 个观众座位。

1996 年 9 月，体育馆二期（盖顶）工程竣工投入使用，占地面积 1620 平方米，有水泥座位 2500 个。1998 年，400 米跑道田径运动场竣工投入使用，占地 23000 平方米。2000 年 3 月，田径场主席台及水冲式厕所先后投入使用，6 月按国家标准设计建造，面积为 1250 平方米的专业游泳池投入使用。2003 年，投资 22 万元修建占地面积为 1300 平方米的青龙庄多功能健身场地（其中新建地掷球场一个、门球场一个）。同年 8 月，城西健身公园开工建设，2004 年元旦投入使用，公园总面积 2450 平方米，健身设施齐全。

2004 年投资 13 万元铺设体育馆塑胶地面。同年，镇前、石屯、杨源、铁山 4 个乡（镇）先后完成健身路径安装。至年底，全县共有体育馆 1 个，保龄球房 1 个，游泳池 1 个，标准田径场 1 个，小运动场 6 个，篮球场 39 个，羽毛球场 12 个，门球场 4 个，排球场 1 个，乒乓球场 4 个，小训练场 45 个，以上合计占地 204571 平方米，人均占地 0. 89 平方米，其中场地面积 146187 平方米，人均 0. 63 平方米。

2005 年 10 月，岭腰、外屯、澄源、东平 4 个乡（镇）相继安装健身路径，实现全县乡乡有健身路径的目标。至年底，全县共安装健身路径 16 条，其中城区和乡（镇）各 8 条。

附：体育彩票　1987 年年底首次销售体育彩票，仅有一处代销点，采用即开型彩票。2001 年，开始发行电脑体育彩票，销售站点 8 个，当年销售总量 3217596 元。2002 年，销售站点 9 个，年销售总量 4779194 元。2003—2004 年，销售站点不变，两年销售额共 5540922 元。2005 年，销售站仍为 9 个，年销售额 2108100 元。通过体育彩票的发行，筹集社会闲散资金，用于群众体育健身设施建设，并为实施“全民健身计划”和“奥运争光计划”提供经济支持。

第七章　管　理

第一节　机　构

一、县文物管理委员会

成立于1983年5月，为县政府对文物实施全面管理的协调性机构，无专门编制，由分管副县长任主任，有关部门领导任副主任或委员，根据工作需要或人员工作变动而做相应调整。第一届文物管理委员会主任1名，副主任2名，办公室主任1名，委员11名。1988年9月调整人员组建第二届文物管理委员会，主任1名，副主任2名，委员16名。2001年6月第3次调整组成人员，主任1名，副主任3名，委员12名，至2005年不变。

二、县文化体育局

2002年以前分别为县文化局和县体育运动委员会。2002年4月机构改革，文化局与体育运动委员会合并，组建政和县文化体育局，主管全县文化艺术事业、文化产业、体育事业及新闻出版事业。县文体局内设办公室、文化股、体育股3个职能股（室）；下属单位有文化馆、图书馆、博物馆、电影公司、文化市场稽查大队、体育中心、少年儿童业余体校等7个股级事业单位。2004年7月，县文化体育局加挂政和县新闻出版（版权）局牌子，至2005年不变。

三、县新闻出版（版权）局

2004年7月，政和县文化局加挂政和县新闻出版（版权）局牌子，无单独编制。其职能是负责全县书报刊、音像和电子出版物的出版、印刷或复制、发行等行政管理；监督全县印刷业（包括出版物印刷、内部资料性出版印刷等），规范出版及印刷市场。

四、县档案局（档案馆）

1986年4月成立，直属县人民政府，与县档案馆合署办公。1997年3月，档案局与档案馆合并，改为县委直属的正科级事业单位，保留档案局牌子，局、馆一套人马。内设办公室、监督指导股、保管技术股等3个股（室），事业编制11名，至2005年不变。

五、县地方志编纂委员会

1986年4月成立，正科级事业单位，为县人民政府主管全县地方志工作机构。2005年有事业编制5名，除内设办公室外，根据编纂工作需要，组建编辑室和总编室。

六、县新华书店

1989年，县新华书店为直属县委宣传部的正股级自收自支事业单位。内设业务、财务及教材3个股，各乡镇供销社设代销点。1991年7月升格为副科级单位。1999年投资400多万元，在原址新建7层新华书店综合大楼，占地630平方米，建筑总面积达3200平方米，集门市、办公、仓储、居住于一体。2005年8月，县新华书店加入福建新华发行（集团）有限责任公司，成为该集团的一个分公司。实行人、才、物归省集团管理模式，仍保留新华书店牌子，内设办公室、财务股、业务股及综合门市部。

七、县广播电视事业局

1989年时称为县广播电视局，是县委和县政府主管全县广播和电视事业的职能部门。机关编制4人，内设办公室、人民广播电台、电视台及广播电视服务公司等4个股级机构。1997年机构改革时改为县广播电视事业局，为县政府直属的正科级事业单位，内设8个职能部、室，核定局机关行政编制4名，机关事业编制36名，乡镇事业编制26名。2005年，除县政府核拨工资的机关事业人员46人外，另有自收自支人员22人。内设办公室、新闻部（含电视台新闻部和广播电台新闻部）、运输维修部、技术播出部、经济信息部、客户部及工程部。下属有广播电视台，内控编制数8名，为自收自支单位；乡（镇）广播电视站10个，实行“条块结合，以条为主”管理模式。

八、县委报道组

1969年成立时为股级单位，1991年8月升格为正科级机构，编制3名。《闽北日报》依托县委报道组设立《闽北日报》政和记者站，至2005年不变。

九、县党史研究室

1989年8月，县党史工作委员会改称县党史研究室，为科研性质正科级事业机构。2000年7月，经重新审定为县委直属正科级事业单位，编制3名，至2005年不变。

第二节　行政执法

一、文化经营许可审批

1986年成立县社会文化管理委员会，负责全县文化市场日常管理和检查工作，统一部署和组织“扫黄打非”工作。从1989年起，文化经营项目均由社会文化管理委员会定期召开会议，集体研究审批，经批准后，分别由文化行政部门签发文化经营许可证（1995年前，广电系统所属单位经营的由广播电视局签发），公安部门签发特种行业许可证，工商部门签发工商营业许可证（以下简称“三证”）。“三证”俱全，方可营业，否则均视为非法经营。

二、文化市场稽查和“扫黄打非”

1989年后，文化市场逐步繁荣。当年，政和出现第一家个体经营的歌舞娱乐场所玫瑰歌舞厅。随后多家录像厅、电子游艺厅、个体书摊相继开张。为净化文化市场，社会文化管理委员会每年均组织文化、公安、工商等职能部门，抽调人员组成联合稽查组，对文化市场开展3—5次联合检查。1990年，出动31人次，对城乡文化市场进行3次大检查，取缔非法录像播放点2家，电子游艺厅2家，收缴非法出版物5350册（张）。

1997年，成立隶属县文化局的文化市场稽查队（事业编制5名），对境内文化市场实施规范化常规管理。坚持一手抓繁荣，一手抓管理方针，在保护经营者合法权益的同时，加大“扫黄打非”力度，净化文化市场。至2005年，共立案查处各类文化出版违法违规经营活动92起，收缴盗版音像制品67480盘（片），非法出版物12960册（张），查缴带有赌博功能的游戏机329台，电路板296块，取缔黑网吧26家，查缴电脑84台。

三、档案执法检查

1988年《中华人民共和国档案法》公布实施后，县档案局加强全县档案工作的管理和执法检查。1990年，县档案局对《档案法》颁布三年来的执行情况开展全面检查，对检查中发现的问题分别提出执法建议。1991年11月和1993年10月，县档案局二次会同县委办、政府办对全县机关、企事业单位的档案工作进行执法检查。1994年，《档案法》列入全县普法教育范围。1995年，县档案局被县政府列为具有行政处罚权单位，当年县档案局6人取得省执法人员行政执法资格证书。2001—2003年，连续三年对全县机关、企事业单位的档案安全管理情况开展执法检查。2004年，结合对87个单位的执法检查，健全和完善档案违法行为和违法案件报告与登记制度，加大对违法案件查处力度，并对全县机关事业单位进行档案登记。

卷三十　旅　游

政和地处鹫峰山脉北段、政和—大埔大断裂带东北部及宁德三都澳断裂带的早白垩世石帽山群火山岩盆地的西北部。独特的地形地貌造就出独特的自然景观，境内除省级风景名胜区洞宫山外，还有佛子山、锦屏、望浙山、奖山等景区以及古廊桥、古民居、云根书院、鲤鱼溪、四平戏和革命历史遗存等众多人文景观。

由于受交通、资金等条件制约，1985 年以前，政和丰富的旅游资源尚未得到开发利用，旅游业基本处于初始开发阶段，各景区景点的建设开发多由民间自发集资进行，开发水平低，且不利于旅游资源的保护。20 世纪 90 年代中期，县委、县政府做出建设生态优高农业县的决策，相应把保护旅游资源和谋划旅游业发展列为重点工作之一，在加强领导的同时，采取各种措施，积极引导旅游业发展。同时，组织力量开展旅游普查和洞宫山省级风景区申报工作。2002 年 8 月，洞宫山景区被列为省级风景名胜区后，政和县随即成立景区管理机构和旅游行政管理机构，并着手编制旅游发展规划，开展各种旅游宣传，专业旅游经营部门也应运而生。2005 年旅游业开始步入正常发展轨道。

第一章　旅游资源

第一节　自然景观

一、洞宫山省级风景名胜区

位于县境东南杨源乡境内。距县城 70 公里，地处政和、周宁、屏南三县接壤处，景区面积 50 平方公里，包括九孔岩、雾中桥、龙滩峡谷、翠溪峡谷等景区。其中九孔岩景区有麒麟峰、飞升坛、虹溪、蛇头岩、宝丰岩及高山平湖等景点。雾中桥景区有天柱岩、宝剑峰、双乳峰、怪圈岩、情人谷等景点。龙滩峡谷景区有竹林溪谷地飞来石、酒壶岩、靴岩、水瓢岩、玉兔岩、鹞岩等像岩群及水域平洋等景观。翠溪峡谷景区上游滩、潭众多，有瓯后潭、鹭鸶潭、七穴潭、七孔滩、长潭等，下游则溪谷幽深，峭岩突起，危壁凌空，有虎口岩、悬挂岩、白石岩及暗涧潭、苍潭、瓮潭、刀鞘潭、石印潭、方潭等景观，且是鸳鸯、猕猴栖息地，原始植被及幽深峡谷是本景区的最大特色，也是生态旅游良好资源。

二、佛子山风景名胜区

位于外屯乡境内。地处外屯、镇前、澄源三乡镇交界处，距县城 28 公里，2002 年 2 月被县人民政府公布为县级风景名胜区。景区总面积 137. 3 平方公里，其中狮峰核心景区面积 11. 5 平方公里，主要景观有狮子岩、仙叠岩、三天门、观景台、白象岩等，以自然地貌观光为主；笔架山景区主要有笔架峰、天柱岩及梅子坑瀑布等；佛子岩景区有将军岩、弥勒岩、老鹰岩、佛子岩、猫耳洞等景观；天生岩景区有天生岩、鸳鸯剑等景观。此外，在景区外围还有蛙岩景点，是古崩塌地质遗址，崩落岩石体积巨大，并形成堰塞坝及深邃的岩缝、岩洞，有江南第一崩之称，是夏日避暑佳境。同时，狮峰云海、稠岭梯田均为精华景观。

三、锦屏风景区

位于岭腰乡锦屏村境内。距县城36公里，地处岭腰、外屯及澄源三乡交界处，且与浙江庆元县毗邻。2002年2月，被列为县级风景名胜区。景区总面积20平方公里，其范围包括松林岛、香炉尖、杉木王古树群、南屏山森林公园、古银矿及冶炼遗址、燕子岩及天池龙井、虎头际瀑布等景点。该景区不仅奇峰叠翠，且独具特色，诸如香炉尖高山草甸、南屏山原始阔叶林、独立于巨石上的杉木王和千手观音柳、千米山上的天池等都是极具特色的景观。虎头际瀑布高30多米，从虎头山顶直泻而下，声震幽谷，十分壮观。锦屏是著名红茶“政和工夫”的首产地，景区内仙岩山所产“仙岩茶”闻名遐迩，早在清末就已远销英国、德国及港澳地区。

四、奖山风景区

位于东平镇凤头村境内。地处政和、松溪、建阳三县（市）交界处，距县城50公里，为闽北著名佛教圣地之一。奖山海拔1083米，最高处金峰顶海拔1206.3米，是政和县西部最高峰。主景区总面积12平方公里，其核心区有奖阜丛林、峭壁天梯、观日岩、美女照镜、砻米岩及碓子坑瀑布群（又称七圣潭）等景观，周边景观则有金峰山双门洞、弥勒岩、红岩及凤头楠木林和界溪人工湖等。奖山景区层峦叠翠，山峰危耸秀异，奇岩怪石众多，最为奇特的是千米峰顶竟成石臼之状，内涵平田百亩，故明代诗人郭斯垕有“联岗叠嶂倚天青，绝顶藏湖百亩平”之咏。

五、望浙山风景区

望浙山也称英杰山，位于石屯镇西津村境内。距县城20公里，海拔758米。相传西周时，有大渔仙姬受控鹤仙人之诀从武夷山来此修道，控鹤仙本出自浙江天台山，故以“望浙”名山。景区面积除山体6平方公里外，另有河道4公里。自然景观以山峰雄伟、古洞穴及奇岩怪树为特色，有6洞32景之称，可分为天台岩、烟涧坑及水上游乐等三个景区。天台岩位于峰顶，除有始建于唐代的天福寺外，有当年大鱼姬修道之所莲花台以及绝崖深谷。烟涧坑又称火云涧，涧藏瀑布，峭崖上有著名的火云洞，可容数百人，宋代范汝为举兵犯建州时，此洞为百姓避乱之所，曾在洞口建造“天车碓”，其迹犹存，现已辟为道教研修之所。水上游乐区位于七星溪与松溪汇合处，利用旧时西津码头建水上公园，从而形成山水并佳的景区。

六、其他景区

（一）城区休闲景点

佛字山公园　位于城西七星溪畔，沿1公里盘山公路便可抵达景区。山上有创建于宋宣和间的诸佛寺、建于明正统四年的实心坤宁石塔及1998年重建的高45米、七层重檐的七星宝塔。沿登山台阶还可登临山顶。建有山庄可供食宿，是集旅游、休闲、健身于一体的景点。

飞凤山公园　位于县城中心、星溪河南岸。林木荫蔚，翠竹婆娑，园中有茶室、碑廊、羽毛球场、健身活动场等设施，是大众健身休闲场所，山南有革命陵园，为人们缅怀先烈之处。

熊山森林公园　熊山位于县城之北。自古就是县治之屏障，顶峰海拔624米，自明代起便是城垣之北沿，清乾隆间开始在山上遍植松树，以为县城屏蔽，故称“松城”。上世纪70年代起，又在山上种下数万株酸枣、香樟、楠木、木荷等珍贵树木，经长期封山育林，现林木面积已达200多公顷，并被列为省级生态公益林保护区。山上树木葱笼，景色四季各异。2000年后，基础设施逐步完善，除公路可达半山外，东、西各僻有数公里水泥路面的步行道直达山顶。为便于游人登山休憩，山上建有登云桥、听松亭、响泉亭、揽月亭等多座亭阁，并有中天寺、临水殿、白云庵等庙宇，山顶有电视转播台和护林瞭望台。

（二）宝岩景区

位于镇前镇境内，距县城50公里。景观以奇峰险峻，奇岩连绵为特色，其中天烛岩、将军岩、石壁、岩船、麻雀岩、石牛、牛迹、彩虹桥、十二音洞、龟山等号称宝岩十景，然因地处偏僻，交通不便，故少有游客。

（三）大风山景区

位于星溪乡宝岱村境内，距城区约10公里。古籍记载其山岩峦峭拔秀丽，五峰并列，“绝类庐山五老峰”，是政邑五大道教名山之一。相传商周时彭祖鼓师赵元琦受控鹤仙人之诀在此山修道，后成正果而飞升，山上今尚有其修道遗迹多处，其中以“椅子岩”最为险峻壮观。此外还有千年不涸的灵泉龙井、上古时皇太母魏夫人留迹牛迹岩、元代泗洲禅僧石造像等古迹。

（四）念山休闲旅游区

位于星溪乡东部，距县城11公里。念山村海拔480米，村落散布在茶园飘香的山坳间，掩映于古树蔽日、修竹临风之中，尤其是沿七星溪左旋右转的层层梯田为他处少见。村中生态环境良好，有数百株古银杏、古香樟、古红豆杉、古枫树，树龄均达数百年。茶园、果树错落有致地掩映在花树丛中。念山还是唐代黄巢起义军扎营练兵之地，遗迹尚存。2005年，该村被评为全省100个旅游名村之一。

（五）大岭古银杏群景区

位于铁山镇境内，距县城20公里。境内有数百株古银杏树，最老的树龄500年以上，有“福建天然银杏之乡”之誉。每到秋末冬初，银杏树叶一片金黄，吸引众多省内外游客及摄影家前往观赏、创作，人气极旺。此外，景区内还有奇特的“树包竹”，树龄在1000年以上，以及百丈悬崖瀑布等景观。

第二节　人文景观

一、古廊桥

政邑乃廊桥之乡。见于记载的廊桥最早建于北宋咸平元年（998年），比建县历史还早。旧志记载有名目的廊桥就有230多座，至2005年保留下来的廊桥尚有102座，包括石拱廊桥、平梁木廊桥、八字撑木构廊桥、木拱廊桥、伸臂式廊桥等多种样式，其中最具特色的廊桥有：

杨源坂头花桥　始建于明正德六年（1511年）。后多次重修，现存建筑为民国3年（1914年）重建。系单孔阁楼式重檐木构风雨桥，构造典型独特，共有6排80根立柱，壁画、楹联众多，是古代桥梁建筑中精品，且为进入洞宫山景区的门户。1992年列为县级文物保护单位。

外屯洋后桥　现存建筑为清道光三十年（1850年）所建。系木拱廊桥，拱跨33米，宽约5米，有桥屋11间，是木拱廊桥中的典型代表之作。1999年列为县级文物保护单位。

岭腰后山桥　位于岭腰与浙江庆元县交界的后山村乐平溪上，也为木拱廊桥。该桥始建于明代，现存建筑为清嘉庆四年（1799年）重建，后几经重修。桥长41.5米，宽5米，净跨度32米，2005年列为县级文物保护单位。

澄源赤溪桥　位于赤溪村西南300多米处，为单孔木拱廊桥。始建于清乾隆五十五年（1790年），现存建筑为嘉庆二十三年（1818年）重修。桥长33.5米，面阔5米，拱高9米，净跨24米。赤溪桥地处闽浙边界，是赤溪村连接外界的要冲。赤溪又是颜真卿后裔聚居村，是历史和文化旅游的珍贵资源。

其他特色廊桥　锦屏景区内水尾伸臂式木廊桥和上场八字撑木廊桥。杨源落岭木拱廊桥，始建于明万历间，现建筑为清光绪九年（1883年）重修。地处政和、浙江省庆元、宁德市周宁、寿宁四县交界处的澄源乡大梨溪交龙桥。澄源乡黄岭双溪村双孔石拱廊桥，一桥横架两溪，颇具特色。铁山张天廊桥，坐落于政和、松溪、庆元三县交界处的张天村北，为石拱木构廊桥，始建于明崇祯元年（1628

年），后多次重修。杨源龙滩木拱廊桥，20 世纪 60 年代初创建，架设于陡峭的悬崖间，桥长 31 米、宽 5 米，净跨 23 米，当年建造此桥共用巨大杉木 800 余根。

二、鲤鱼溪

杨源鲤鱼溪　位于杨源乡政府所在地杨源村。溪河穿村而过，养鱼河段长约 1 公里，为该村独特人文景观。相传该处养鲤鱼始自唐代，是该村张姓始祖开基时的吉祥物，故村民视若神明，历代均立村规民约禁止捕食。鲤鱼自然死亡后，也要葬入"鱼塚"。沿溪建有"观鱼亭"和数座观鱼桥，供游人观赏和"逗鱼"。

镇前鲤鱼溪　位于镇前镇所在地镇前村老村区。养鱼河段长约 0.5 公里，相传从明朝始这里就开始有意识放养鲤鱼，因在当地流传鱼仙托梦救村民于洪灾之中的传说，故亦自古就有禁捕河鲤的村规，并演化成当地独特民俗，遂与杨源鲤鱼溪并称为政邑高山区两大人文景观。现已辟为鲤鱼溪公园，园内小桥曲径，草木葱郁。周边还建有观音殿等庙宇以及马氏宗祠、汤氏宗祠，2005 年已着手重建古廊桥。

三、锦屏古矿冶遗址

位于锦屏风景区内上场村，系宋、明时期银矿采炼遗址，面积约 5 平方公里。该处银矿开采始于宋绍兴三十二年（1162 年），封闭于明正德十六年（1521 年），延续了 359 年。最盛时期有红硃坑、少亭坑等矿硐 13 处，民间相传有"三千买卖客，八万打银人"，足见其规模之大。现除红硃山矿硐可供游人参观外，自上场至大林洞沿溪密布当年冶炼及生活区遗迹。同时，该处还是明正统间震惊全国的叶宗留率领矿工起义揭竿之地，今建有叶宗留纪念堂供游人瞻仰。

四、英节庙及四平戏庙会

杨源英节庙约始建于宋初，崇宁间（1102—1106 年）赐额。现存大殿为清康熙元年（1662 年）重建，2001 年被列为省级重点文物保护单位。每年农历二月初六和八月初九，杨源村都要举办规模盛大的英节庙会，并连续演出三昼夜四平戏。该剧种系明代古老声腔的遗响，被视为戏曲活文物，因而对研究者和游人均有相当吸引力（详见卷二十九《文化·体育》）。

五、云根书院

宋政和间朱松在政和任县尉时所创办，以教邑人子弟。后朱子到政邑省墓时，常偕弟子蔡元定等读书讲学于此。明、清各代多次重修扩建，规模益敞，清末毁于战乱。2004 年 8 月，政和各界人士为弘扬朱子文化，多方筹资在城南青龙山按原规制重建云根书院，占地近 7 公顷，主体建筑有朱子阁、先贤祠、天光云影楼、碑廊、方塘、牌坊等，总建筑面积 1460 平方米，成为邑人读书、休闲之佳境，也是闽北一处重要的理学遗存（参见卷二十九《文化·体育》）。

六、七星塔和乾清坤宁塔

两塔皆位于城西佛字山麓。七星塔始建于宋代立县之初，为砖木结构，后遭回禄。1998 年 9 月，政和各界人士为庆祝建县 1000 周年，筹资在原址附近重建，并改为 7 层 8 角重檐混凝土结构石塔，塔体内境 8 米，通高 42 米，于 1999 年 2 月竣工。乾清坤宁塔建于明正统四年（1439 年），为 7 层 6 面实心石塔，通高 8 米，由花岗岩砌成，塔身上共镌刻佛像 42 尊，1983 年被列为县级文保单位。两塔现已成为佛字山公园主要景观，并向游人开放。

七、杨源西门和澄源前村、坑里古民居

西门村位于洞宫山景区核心区内。村中至今有许多明、清古民居建筑，且大多保存完好，极具古代闽东北建筑文化特色，是洞宫山旅游的精华产品。前村位于澄源乡东南部、蛟龙溪支流上游，村中有明、清古民居 20 余栋，沿小溪北岸布局，多数保存完好，封火马头墙错落有致，砖雕门楣、石刻门联随处可见。临近古民居的一段小溪，放养数千尾彩鲤，也是吸引游人景观。坑里村位于澄源乡中部，省道 202 线沿村西过境。村中原有 10 余栋古民居，20 世纪 80 年代末因洪灾部分倒塌，现尚存较完整

的建筑5栋，也是具有闽东北地方特色的明清时期建筑。

八、凤林护国寺及朱森墓

护国寺位于铁山镇凤林村。创建于五代晋天福四年（939年），迄今已有1060余年历史，分天王殿及前、后殿，前殿还建有偏殿，并有放生池等建筑。宋时朱松及其父朱森常流连寺中读书、观光。朱森殁后即葬于该寺西庑外莲花山，其墓于明成化十四年（1478年）重葬立碑，其碑为明成化间福建提学佥事周孟中书立，至今犹存。1983年被列为第一批县级文物保护单位。1996年对该墓进行全面重修，现已成为一处重要的朱子文化遗存。每年均有多批海内外朱子后裔前来拜谒和观瞻旅游，世界朱子后裔联合会会长朱祥南先生曾两次到此祭拜，并立碑纪念。

九、红色旅游基地

中共政和第一个支部旧址　位于东平镇凤头村内，距镇所在地仅2公里。1928年8月，共产党员杨则仕受党指派回到家乡凤池村，以教书为掩护，发动群众，组织读书会和农协会，并在此基础上秘密发展党员10余人。1929年7月，在凤池村杨氏宗祠召开会议，正式宣告成立中共政和支部。1934年9月，建松政苏维埃政府成立，其驻地也在杨氏宗祠。旧址几经修缮，现已成为思想教育基地，周边还有建松政革命纪念碑、七烈士陵园、则仕小学等可供游人瞻仰和参观。

建松政革命委员会旧址　位于东平镇西表村，属奖山景区外围。1934年9月初，闽北红军领导人黄立贵、陈一等率部进驻西表一带，并在西表村主持召开建松政边区群众大会。会上宣布成立建松政革命委员会，由杨则仕任主席，革委会机关设在西表魏氏宗祠，是为建松政地区第一个红色临时政权。9月底，经工农兵代表大会决定，革委会正式改为建松政苏维埃政府，政府机关也随之迁到凤池杨氏宗祠。原革委会旧址经多次维修，已辟为革命传统教育基地和旅游景点。

红军会师纪念地　位于洞宫山景区内的禾坪村和仰头村。1935年冬，为执行中央在开始长征时给闽北的“闽北红军注意和闽东叶飞同志的部队取得联系”的指示，黄道派黄立贵、曾镜冰率领的独立师主力挺进闽东北。1936年农历春节部队进驻洞宫山境内的禾坪村。不久叶飞也率闽东红军到禾坪与闽北红军会师。当年4月，闽东、闽北党和红军领导人再次率部在仰头村会师，并召开著名的“洞宫会议”，对赢得三年游击战争的胜利产生了重大影响。现仰头村建有红军会师纪念碑和纪念亭。

第二章　景区规划与开发

第一节　景区规划

一、《政和县1996—2010年旅游事业发展规划》

1996年8月，由政和县计划委员会编制。该规划包括“现状与评价”“发展战略”及“项目规划”等三部分。提出加强旅游宣传、组建旅游机构、构建洞宫山与闽东旅游圈等思路。具体分城区、洞宫山景区、锦屏景区和其他景区等四块进行相应的项目建设和投资规划。

2000年10月，县政府召开旅游规划工作会议，部署各县级风景区初步规划工作。2001年4月，县政府召开第二次旅游规划会议，各景区所在乡镇相继成立规划编制机构。

二、《政和县旅游发展总体规划》（纲要）

2003年8月，政和县委、县政府委托南平市旅游局组建专家组，代为编制《政和县旅游发展总体规划》（纲要），2004年6月完成规划样本。该规划文字部分共分为九章，包括“旅游业发展条件及前景预测”“旅游业发展战略及目标”“旅游业发展总体布局”“旅游产品开发及线路组织”“旅游客源市场的拓展”“旅游配套建设”“旅游扶贫试验区开发”“旅游资源及环境保护”及“规划付诸实施的对策与措施”等，另附各类分布图3幅。该规划力求通过近、中、远期的分阶段运作，全力推出“亲近真山水，相约洞宫山”主题形象口号，实现“居中的地理位置，凸显政和在闽浙交界二省七县（市）旅游生态经济圈中独特的后发优势”之目的。2004年7月2日，该规划纲要通过省专家评审。

三、《政和县佛子山风景旅游区修建性详细规划》

2005年初，政和县旅游部门委托华侨大学景观规划设计中心和湖南司大旅游规划有限公司，共同编制《政和县佛子山风景旅游区修建性详细规划》，当年10月完成规划文本。该规划分为“概况”“风景旅游区的规划依据、指导思想与原则”“旅游资源及其评价”“客源市场分析”“景区功能分区、布局及规划目标”“旅游产品规划”“保障系统规划”“旅游环境容量”“旅游资源保护规划”“分期规划与投资收益分析”等11章，并附录“佛子山风景区旅游资源分类表”以及各种图件13幅。规划划定佛子山风景区范围面积137.3平方公里，可分为狮峰核心区、旺楼二级景区、七星溪二级景区及三级生态保育区等四部分，并分别对其功能进行界定。

四、《政和县生态旅游建设规划》

2002年6月，政和县旅游局编制《政和县生态旅游建设规划》。该规划较为简单，共分“生态旅游业现状”“生态旅游业评价”和“保护与开发”等3节，另附生态旅游建设项目表，建设年限自2002年—2008年。

五、其他规划

（一）《政和县旅游事业发展“十五”计划》

2000年初，由县政府办公室编制。该计划分为“现状分析”“开发前景”“发展目标和布局设想”“重点发展项目”及“策略和措施”等五大部分，提出要“抓住机遇，借船出海，重点突破，逐步发展”策略，要充分利用“大武夷”旅游建构的有利时机，争取把政和县旅游业发展纳入南平市旅游产业规划，并凭借鸳鸯溪国家级风景区优势，联合开发洞宫山旅游资源，从而带动其他景区开发。

（二）《外屯乡旅游开发规划》

2001年5月，外屯乡人民政府根据县旅游规划工作会议精神，编制《外屯乡旅游开发规划》。该《规划》的指导思想是按照“全面规划，突出重点，分期开发，限期完成”的发展思路，逐步把外屯建成生态旅游乡镇。《规划》内容包括“外屯乡旅游资源概况和开发前景”“旅游开发具体规划内容（总体目标和开发步骤）”以及“主要措施”等三大部分。

第二节　景区建设与开发

一、洞宫山景区建设开发

1995年5月，县政府以政人字【1995】综182号文公布洞宫山为县级风景名胜区，从而揭开了洞宫山景区建设开发的序幕。但因受资金、交通等条件限制，洞宫山的开发建设仅依赖当地政府及群众自发行动，在九孔岩、麒麟峰等处修建部分步行道及小品景观。1998年年初，洞宫林场投入部分资金，建设小木屋接待站、延伸飞升岩步行道。与此同时，县政府积极争取省市旅游部门支持，申请将洞宫山列为省级风景名胜区。4月，南平市旅游局领导及专家深入洞宫山调研，并就申报省级风景区工作进行具体指导。2000年11月29日，市旅游局领导再次偕中科院地理研究所专家尹泽生等到政和，对洞宫山的旅游资源及开发前景进行实地考察。县政府成立洞宫山旅游开发及省级风景区申报工作领导小组，着手申报工作。2001年4月，省建委专家组郑忠训教授一行到政和，对洞宫山旅游资源进行评估。2002年8月，福建省人民政府闽政文【2002】224号文公布洞宫山为第五批省级风景名胜区。此后，洞宫山景区成立管理机构，并以洞宫林场为依托，争取民间资金投入，量力而行地开发宝丰岩、蛇头岩等特色景点，先后重修或重建了花桥、宝丰禅寺、西航寺等景点。同时，重点加大旅游资源保护工作，成立保护机构。此外，根据西门村丰富的民俗文化资源，积极争取民间资金，开展民俗文化村和“森林人家”的创建工作并开始接待游客。2004 年，集资修筑雾中桥至怪圈岩步行阶梯，完善林场接待站设施，接待能力有所提高。

二、佛子山景区开发建设

佛子山景区原称稠岭景区。20 世纪 90 年代中期开始，由民间投资先期开发蛙岩景点。先期投入 30 余万元，建设蛙岩休闲山庄，先后建休闲竹楼 5 座及餐厅、棋牌馆等，推出周末休闲游和山庄洞穴一日游等旅游产品，2000 年，接待游客 4 万人次。

2001 年，民间集资 20 余万元开发佛子岩狮峰景区，开辟了从 302 省道至狮峰简易步行道 6 公里，修整红豆杉群景点，修缮狮峰寺，修建溪泉泳池等。后因土地及山林赔偿问题与当地村民协商未果，景区开发告停。2005 年年初，引进浙江客商投资开发佛子山景区，成立政和县佛子山旅游开发有限公司。当年 5 月 13 日，政和县人民政府与佛子山旅游开发有限公司正式签约。7 月该公司委托华侨大学进行景区旅游资源调查，着手景区建设规划，开辟两条上山步行游道，树立景区标示牌。11 月，完成《政和县佛子山风景旅游区修建性详细规划》并通过福建省专家评审。

三、锦屏景区建设开发

1993 年，民间集资及投工投劳开发锦屏景区。至 1995 年先后建设杉木王状元亭，古银矿洞穴灯光设施，虎头漈瀑布步行道等。当年 8 月推出锦屏一日游项目，并分别在景区所在地上场及城关设立一日游接待站，当年接待游客 4000 人次。1999 年，开发燕子岩景点，新建叶宗留纪念堂和太原寺，并修通上山游路 3 公里。2005 年，建成茶王园和千手观音柳观赏园，当年接待游客近 7000 人次。

四、望浙山景区建设开发

1998 年 4 月，民间集资成立政和县天福旅游开发有限责任公司。规划开发望浙山风景区，累计投资近 80 万元，先后建设 5 公里西津水景区、天福寺景区和回坑洞景区等 3 个景区；修建 4 公里上山简易公路及 10 条步游路；重修位于山顶的天福寺；铺设至回坑洞的水泥路。1999 年年初开始接待游客，至 2001 年累计接待游客 1.4 万人次。但因后续资金未能到位，景区建设停滞，2004 年后基本停止接待游人。

五、奖山景区建设开发

1999 年，东平镇成立奖山风景区旅游开发领导小组，着手奖山景区建设开发初步规划工作。2000 年后，相继重建慧圣寺和投资 4 万元新建奖山景区入口山门，修通东平至奖山 16 公里乡村公路。同时，修整了景区内峭壁天梯、观日岩等“奖山十景”及牛建坑瀑布等处步游道。此外，对周边中共政和第一支部旧址、建松政苏维埃政府旧址等红色旅游景观也进行不同程度的修缮，并对独特景观楠木林进行保护开发。2001—2005 年，年均接待游客 0.3 万人次。

第三章　旅游宣传

第一节　影视作品及文字资料

一、影视作品制作

1998 年 4 月，南平电视台《看闽北》专题摄制组到政和拍摄《洞宫风光》专题片。该片先后在南平电视台和福建电视台播出。9 月 20 日，福建电视台及东南电视台均派摄制组到杨源及洞宫山拍摄鲤鱼溪及当地民俗活动资料，制作《魅力乡村》专题片，在省电视台第7套节目播出。

2000年，县委宣传部组织县文联、广播电视局先后拍摄《探访洞宫山》电视片及《神秘洞宫山》《佛子山风光》光盘，分别在政和电视台和南平电视台播放。南平电视台“天气预报”栏目也播放洞宫山风光画面。

二、文字及图片推介资料

1992年5月，县文学协会协助杨源乡政府编印《洞宫山简介》宣传册。1993年7月，县文学协会为锦屏景区编印《锦屏风景区简介》宣传册。1995年9月，县文联与杨源乡政府合作，举办“金秋洞宫笔会”，邀请南平市10个县（市）作者参加，创作各类反映洞宫山风貌作品20多篇，并在《南平文学》辟专栏刊发。1999年4月，县旅游领导小组制作《洞宫山风景名胜区掠影》相册，收录介绍洞宫山风光照片64帧，成为申报省级风景区重要资料之一。6月，福建省青年摄影家协会组织《福建日报》《海峡摄影报》《福建法制报》等媒体摄影家9人，到洞宫山和锦屏景区，开展采风创作，创作照片100多幅，除举办洞宫山风光摄影作品展览外，还遴选部分作品分别在上述报刊发表。12月，为参加“99中国武夷山世纪之旅”活动，制作政和各旅游景区宣传照片4个展版在武夷山展出

2000年7月，政和洞宫山、锦屏、望浙山等景区风光照片被编入《南平市旅游图》。2001年，县旅游局制作《洞宫山风光》台历1套。2004年初，县旅游局编辑印刷《政和旅游》画片折页，选录洞宫山、锦屏、佛子山等景观照片20多幅及相关文字推介资料。8月，编辑出版《政和县旅游资料汇编》。

三、邮品制作

2004年开始，县委宣传部、县方志委、县建委及政和一中、政和二中、东平中学等20多个县直单位和30多家企业，与国家邮政部门合作，每年印制推介政和旅游景区风光的带资普通信封及贺年卡，年均发行量4万枚。

2005年12月，县旅游局印制发行《政和览胜》特种邮票3000套，每套16枚，每枚面值80分。该套邮票经国家邮政局批准印制，北京邮票厂印刷。

第二节　旅游文化节

一、洞宫山旅游文化节

2001年3月，首届洞宫山旅游文化节在杨源乡举行，并同时举办《洞宫风光》摄影作品展览，福建电视台、海峡卫视、南平电视台及《福建画报》《海峡都市报》《东南快报》《闽北日报》等媒体均派记者到现场采访并及时作了报道。2002年3月和2005年3月，又先后举办第二届、第三届洞宫山旅游文化节，上述媒体均派记者到场作采访报道（参见卷二十九《文化·化育》）。

二、武夷山旅游文化节（政和展厅）

2005年5月13日，武夷山旅游文化节在武夷山市举行。政和县首次以独立展厅形式参展，并以独特的茶、竹产业及古廊桥为设计理念，突出政和独具特色的旅游资源、区位特点以及构建闽东北旅游圈的设想。

三、畲族文化节

2005年7月11日（农历六月初六），举办首届畲族文化节，内容包括祭祖、吃“乌米饭”、传统畲族歌会等，省、市摄影界人士及媒体记者20多人出席。

第四章　旅游业务

第一节　入境旅游

一、境外及港澳台游客

政和旅游资源虽较丰富，但开发程度低，大多数景区不具备接待游客条件，境外及港澳台游客多以商务或文化考察为主要目的，且多为散客。1989 年，过夜境外及港澳台游客 27 人，其中外国人 2 人，港澳台游客 25 人。1993 年，过夜境外及港澳台游客 48 人，其中外国人 26 人，港澳台游客 22 人。1997 年，过夜境外及港澳台游客 34 人，其中外国人 9 人，港澳台游客 25 人。2000 年，过夜境外及港澳台游客 27 人，其中外国人 15 人，港澳台游客 12 人。2001 年，过夜境外及港澳台游客 24 人，其中外国人 4 人，港澳台游客 20 人。2005 年，过夜境外及港澳台游客 21 人，其中外国人 17 人，港澳台游客 4 人。

二、其他游客

政和旅游资源多属“藏在深山人未识”，开发工作起步晚，水平低，改革开放前旅游业务几乎是空白。20 世纪 90 年代初，旅游业首先在民间兴起。1995 年，锦屏部分村民集资并投工投劳开发古银硐景点，修建洞穴歌舞厅。1996 年开展“锦屏一日游”业务，当年接待县内及毗邻浙江地区游客 6700 余人次。1999 年，望浙山景区首期建设项目投入运营，当年接待游客 5000 人次。与此同时，洞宫山、佛子山、奖山景区也开始接待部分游客。2000 年，全县各景区共接待游客 6.8 万人次，其中佛子山景区 3 万人次，洞宫山景区 2 万人次，望浙山景区 1 万人次，锦屏景区 0.5 万人次，奖山景区 0.3 万人次。2002 年，全县接待游客 4.6 万人次，旅游总收入 752 万元。2003 年，全县接待游客 6.6 万人次，旅游总收入 1005 万元。2005 年，全县接待游客 9.5 万人次，旅游总收入 1560 万元。

第二节　出外旅游

改革开放前，因受经济条件及思想观念影响，政和人出外旅游者为数有限。20 世纪 90 年代初，外出旅行者逐年增加，但因政和尚无旅游服务机构，故旅游者除就近旅游外，多参加南平或武夷山等地旅行社组织的旅游团外出旅游。2000 年 6 月，国务院转发国家旅游局等部门关于发展假日旅游若干意见，首次实行七天长假并提出“黄金周”概念，为人们外出旅游创造了更好条件。2002 年 9 月，政和县首家旅行社洞宫山旅行社成立后，政和人外出旅游有了专业服务部门，促进了旅游之风的进一步形成，当年即有赴北京、上海、海南等旅游团出行。此后，旅游目的地逐步扩大至张家界、青岛、黄山、庐山、周庄、千岛湖及省内厦门、大金湖等旅游景区。同时，还在特定时间组织专门旅行团，如妇女节组织“巾帼旅行团”，老人节组织“夕阳红”旅行团等赴外地旅游。2003 年后，政和人通过省、市旅行社赴港澳、新马泰及日本、韩国游之风也悄然兴起，虽然人数不多，但对山城人民开阔眼界则具有示范意义。此外，随着涉台婚姻数量增加，赴台湾地区探亲旅游者也与日俱增。至 2005 年，出境观光旅游人数累计达 2600 余人次。

第五章　旅游服务与管理

第一节　旅游服务

一、旅行社

2002年之前，政和县没有旅游服务机构。2002年9月，经福建省旅游局闽旅【2002】147号文批准，成立政和县洞宫山旅行社有限公司。其性质为国内旅行社，从事招徕、组织接待旅游者在中国境内旅游，为其安排交通、浏览、食宿、饮食、购物、娱乐及导游等相关服务，至2005年不变。

二、交通

境内交通便利，有202线、204线和302线3条省道，总长173.93公里；县道4条，总长77.97公里。至2005年，乡村公路已实现村村通，且全部水泥硬化。开通始发政和—上海、政和—龙泉、政和—庆元3条省际班车线路。省内则开通始发政和至福州、南平、建阳、邵武、建瓯、浦城、松溪、福安、周宁、寿宁、屏南11条班车线路。此外，还有过境往广州、泉州、温州、瑞安、福鼎、宁德等班车线路。

景区内交通条件逐步改善，302省道和204省道分别穿过佛子山景区和望浙山景区。洞宫山景区、锦屏景区及奖山景区沿县道均可抵达。景区内各景点除部分可通公路外，步行道里程也逐年延伸，设施逐步完善。

三、食宿

1989年，可为游客提供食宿服务的除县宾馆外，较具规模的旅社、招待所有国营旅社南门服务楼、农工商招待所等4家。1998年后城关先后增加教育、茶厂、邮政等宾馆，县宾馆获评为二星级宾馆，有客房70间。在洞宫山景区则有洞宫宾馆（杨源）、林场接待站、电站招待所及3家农家旅馆和1户“森林人家”。至2005年年底，全县有各类旅游住宿设施36家（其中二星级1家），床位总数670张，具备年接待游客10万人次食宿能力。

政和酒店规模不大，且多定位于公务及商务为主的客源。2005年年底，具备接待100—200人同时就餐的酒店有县宾馆酒家、意中意酒家、林贸酒家、粮食大酒店、教育宾馆酒家、江军酒楼、怡乐餐厅、新港式酒楼等14家。

四、旅游商品

工艺品　政和系中国著名竹乡、林区，所产竹木工艺品历史悠久，品种繁多。20世纪90年代后，产品不断创新，已形成竹茶具、竹餐具、竹家具、竹灯具等系列产品200多种，可为旅游者提供独具特色的旅游纪念品和生活用品。

茶叶　政和系福建省茶叶六强县之一。产茶历史悠久，品质上乘，所产红茶“政和工夫”为“闽红”三大工夫之一。白茶白毫银针、白牡丹，绿茶“高山云雾”及茉莉花茶，其品质均为消费者所青睐，也多为游客所选购。

菇类　有香菇、红菇、茶树菇、姬茸菇、牛肝菌以及野生黑木耳、岩菇等诸多品种。

笋类　被誉为山珍之一，品种繁多，分大笋、笋丝和小笋。大笋又分清水笋和笋干，均为政和传统大宗特产。根据加工方法不同，笋干又有白笋干和乌笋干之别。“凤尾”“羊角”为白笋干中之上品。

苦槠干　苦槠果又称鸳鸯果。由其加工而成的苦槠干，是纯天然无公害山珍食品，既是酒席上之佳肴，且具有治湿疹、皮肤病之功效，故成为人们青睐之珍馐和馈赠亲友之礼品，常为游客争相选购之佳品。

锥栗　政和是中国锥栗原产地和主产区，年产量7000多吨。所产黄榛、油榛、白露仔等20多个优质品种坚果，粒大、均匀，果实饱满，具有糯、甜、香的品质特征，其中“大真王”锥栗先后被评为国家“名优林产品”和“中国名优果品”，其小包装产品更是旅游者争购特产。

东平高粱及东平老窖　先后被评为“闽北名酒”、福建省“优质白酒”，素有“南有金门，北有东平”之称，被列入省旅游食品。东平老窖有“八闽第一窖”之誉，获得美国亚洲经济贸易合作委员会、美国国际品质认证委员会和中国国际品牌协会联合颁发的“中国著名品牌”和“国际品牌发展企业”证书，产品有高、中、低档6个系列20多个品种。

东平酱油　始产于清道光年间，至今已有180多年历史，在闽北久负盛名，是“福建老字号”产品。1995—2005年，除不断改进生产工艺，提高产品质量外，也注重改进产品包装，便于携带，满足旅游者需要。

风味小吃　政和县风味小吃种类很多，其中最具特色的有东平扁肉、肉胰仔、芋饺、油炸泥鳅干、蕨粉鳅、山珍糕、米冻粿、七层粿、社粿（花粿）、米花酥等。

第二节　旅游管理

一、管理机构

2000年以前政和未设旅游工作机构，旅游工作由县政府办公室社会事业科代管。2000年10月27日，县委、县政府在洞宫山召开旅游工作会议，专题研究旅游工作和洞宫山旅游资源保护有关问题，并决定成立政和县旅游工作领导小组，由黄健平县长任组长，县委副书记张章景任常务副组长，县委常委、常务副县长吕德钧，县委常委、宣传部长蔡康政，副县长詹树强等任副组长，领导小组下设办公室，附设于县政府办，并在政府办加挂旅游科牌子，具体履行旅游行业管理职能。

2002年4月，成立政和县旅游局，但无独立编制，为县政府办公室内挂牌机构。8月，洞宫山获批准为省级风景名胜区后，翌年6月即成立洞宫山风景名胜区管理所，属县旅游局和杨源乡双重管理的事业单位，编制2人，其职能为洞宫山旅游资源保护及旅游接待。

2005年5月，正式成立佛子山旅游开发有限公司，负责开展该景区旅游资源调查和编制景区建设规划。

二、旅游资源保护

政和旅游工作坚持开发与保护并举原则，2000年10月，县委、县政府召开办公会议，专题研究洞宫山旅游资源保护工作，明确决定要加强领导，强化保护措施，认真抓好景区生态和文物古迹保护工作。县人大常委会根据人大代表建议，多次组织有关部门人员深入景区调查研究，制定地方性保护法规。2002年10月24日，政和县第十三届人大常委会第28次会议通过《政和县洞宫山风景名胜区管理暂行规定》，并于当日起公布实施。该《规定》共分“总则”“规划建设”“山林管护”“水土保持”“环境管理”“野生动植物保护”“罚则”及“附则”等八章二十七条，为旅游资源保护和开发建设提供了法律依据。与此同时，县政府又将佛子山、锦屏、望浙山、奖山等景区列为县级风景名胜区并予以公布。各景区所在地乡（镇）人民政府也对当地旅游资源保护制定出相应规定，或通过乡规民约加以保护。2005年，依托洞宫林场，加强对洞宫山资源常态性保护。

三、旅游行业管理

自2002年县旅游局成立起，即加强旅游行业管理，建立旅游行评机构，聘请行评监督员，每年均制定《政和县旅游行风评议活动方案》。2003年，下发《关于开展全县旅游市场打假打非专项整治工作意见》，组织开展旅游市场“双打”整治活动，进一步规范洞宫山旅行社管理和望浙山景区门票价格管理。2004—2005年，加强对旅游行业人员培养、培训工作，培训旅行社和旅游饭店经理3名，导游员2名。

卷三十一 医药 卫生

第一章 医 药

第一节 体 制

一、医药体制

1989—2002 年，药品经营基本沿袭计划经济的旧体制。2003—2005 年，为适应市场经济发展的需要，对医药体制进行改革。药品经营全面放开（国家禁止私营药品除外），个体私营药店及诊所均可直接向制药厂或药品经营单位购进。县药品检验所负责监督全县的药品经营，重点加强对进口药品、麻醉药品、血液、生物制品及制售假劣药品监督检查。

二、医药国有企业改革

1989 年，政和医药公司主管单位为县财贸委。2002 年 4 月，由于机构改革，县财贸委与经委合并，成立经贸局，医药公司由县经贸局管理。1989 年至 2003 年 10 月，县医药公司药品购销均由内部职工承包经营。2003 年 11 月，县医药公司转换经营机制，每个职工买断国有身份工龄，按自愿入股的原则，同时吸纳社会闲散资金，成立福建省仁和医药有限公司，选出股东代表 7 名；依法设立董事会、监事会、职工代表大会等组织机构。公司改制后，对批发、行政人员进行分流，中药经营部由 7 人减至 4 人，西药经营部由 30 人减至 25 人，行政人员由 13 人减至 9 人，至 2005 年不变。

第二节 经 营

1989 年，全县药品经营点 40 余家，经营药品 2000 余种，当年实现销售额 600 余万元。境内药品以外地调入销售为主。县内地产药材主要有茯苓、白术、厚朴、鱼腥草等 10 余种，产值不高。县医药公司经营的药品每年平均占全县的 70% 以上。药品经营以“药品质量是企业的生命”为原则，组织适销对路的货源，扩大经营品种，拓宽销售渠道。公司经营中药材、中药饮片、中成药、地产药材、饮片加工、医疗器械、进口药品、化试药品等。药品主要来源于福建九州通医药有限公司及药品生产厂家。销往政和医院、政和中医院、各乡镇医疗机构及诊所，部分销往临近县市医药机构。

1994 年，由于市场疲软，面对经营艰难的局面，县医药公司做出增开网点抢占市场、让利经营等决策，出台优惠价格表。是年，公司对 100 余个品种的中药、中成药让利销售，让利幅度 8%；对 200 余个品种的西药也让利销售，让利幅度 12%。

1998 年，公司提出“以优惠的价格、一流的服务、齐全的品种争夺市场”的经营方针。当年在城关增设2个药店，并在周边县市开辟2个卫生院市场，增加批发购进，采取按最低费用倒推出批发购进额的方式，下达任务指标，签订承包合同，全年共增加批发购进10余万元。1999年，公司改变进货渠道，对个别大宗中药品种则直接向厂家购进，发展总代理、总经销。

2003年11月公司改制后，利用品牌优势，对个别品种直接以现金购进，扩大毛利差，降低购进成本；改变进货渠道，加大产地购进份额，争取总经销品种，扩大市场份额。是年，西药经营部增加新品种供应100余种，增销700余万元；中药经营部开发新品种20余种。2004年9月，通过省药品监督管理局GSP认证验收。2005年，公司采取"诚信经营、薄利多销"的经营方针，进一步引进开发中西药新品种。是年，全县药品经营使用单位335家，其中乡镇村247家，经营药品2100余种。县医药公司设有中药、西药经营部，零售药品经营点43家，公司实现销售额1800余万元。

表31－1　**2005年政和县医药公司药品经营点**

项　目	经　营　点
中药经营部	仁和公司中药经营部
西药经营部	仁和公司西药经营部
零售药店43家	永康大药店、保康药店、仁和第一大药店、仁和第二大药店、康得利药店、城南康乐药店、元峰药店、吉祥药店、五里堂药店、便民药店、吉林药店、红星药店、利民药店、百姓药店、扬祖大药房、保康药店西门店、美英药房、胜利大药房、保和仁药店、蕙好药店、康寿药店、利群药房、庆元百大药房、庆元建仁药店、松溪健民药店（锦）、松溪益民药店、松溪回春药店（岚）、松溪新特药店、松溪舒安药店、渭田利群药店、渭田安康药店、建瓯回春药店、东平回春医药商店、东平益民药店、东平益康药店、东平爱民药店、东平惠康药店、东平年丰药店、石屯美珍药店、铁山振兴药店、铁山济康药店、镇前大药房、东峰益民药店

附：福建仁和医药有限公司　公司于2003年11月由原政和县医药公司改制而成，是政和县唯一一家医药批发和零售公司。公司注册资本500万元。现有员工33人，其中执业药师2人，从业药师1人，药师11人，药士7人，药学专业技术人员占员工总数的64%。公司占地1586平方米，建筑面积2803平方米，其中办公及营业场所面积533平方米，药房仓库面积1562平方米，药房仓库阴凉库面积688平方米，配有1075立升冷柜，设有验收养护室，并按要求配齐各种检测仪器，拥有符合药品特性要求的专运车辆2部。公司主要经营中成药、中药材、中药饮片、化学药制剂、化学原料药、抗生素、生化药品、二类精神药品、蛋白同化制剂、肽类激素等产品的批发和零售。同时，积极开发中西药新品种；主要经营区域为政和县域内及周边县市；公司下辖政和仁和第一大药房和仁和第二大药房2个药品零售部，2004年9月，公司通过福建省药品监督管理局GSP认证验收。2005年公司实现销售额1800余万元。公司董事长赵先华，政和城关人。20世纪90年代中期，主要从事矿产开采加工、磷肥、硫酸等化工产品生产及木材生产销售、水电开发等多项业务。2003年11月经营福建仁和医药有限公司。先后为多项社会慈善事业捐资10余万元。是政协政和县第七届委员会委员。

第二章　医疗机构

第一节　县医院

政和县医院是一所集医疗、教学、科研为一体的综合性医院，为建阳卫校教学医院和全县医疗救治中心。1989年，全院共有工作人员209人，其中卫生技术人员173人（医师46人，护士78人，助产士8人，其他医技人员41人），核定床位170张。是年，"7·22"特大洪灾，县医院损失严重。

1990 年，灾后重建仓库、锅炉房、公厕、太平间、配电房。1992 年，门诊（急诊）人次数 14.6 万，出院病人数 5813 人次，病床使用率 91.7%，业务收入 358 万元。是年，投资 36 万元，建筑面积 900 平方米，四层钢混结构的放射大楼竣工并投入使用。1995 年 8 月，被国家卫生部及世界卫生组织、联合国儿童基金会评为爱婴医院。1996 年新建日处理 60 吨的污水处理站。1997 年，添置美国 PicKer1200 型二手 CT 机、全自动生化仪、全自动电解质分析仪、全自动洗片机、呼吸机等医疗设备。1998 年，县医院妇产科、内科、外科创建整体护理模式病房，并顺利通过南平市卫生局验收。是年 10 月被评为二级乙等综合性医院。1999 年 3 月，动工兴建病房大楼。2000 年 6 月 22 日始，县医院用血由南平市中心血站统一调配。2003 年 9 月，占地面积 1438 平方米，建筑面积 7770 平方米，总投资 950 万元的新病房大楼竣工并投入使用。病房大楼设置床位 200 张，配置中心呼叫对讲系统、中心供氧系统、安装电梯，部分病房设置卫生间、安装空调。是年，添置了日本岛津胃肠机。2004 年，添置原装德国西门子单排螺旋 CT 机一台，设立卫星远程会诊系统，提升该院的检诊水平。是年，占地面积 500 平方米，建筑面积 862 平方米，造价 57 万元的二层砖混结构传染病房投入使用，共有病床数 30 张。重建占地 56 平方米，投资 33 万元，日处理污水 100 吨的处理站。同年 7 月，制剂室停止生产，曾获福建省卫生厅科技进步三等奖的“熊山蛇药酒”也停止生产。

2005 年，县医院床位增至 230 张，核编 256 人，在岗人员 224 人，其中卫生技术人员 200 人（主任医师 3 人，副主任医师 12 人，主治医师 29 人，护士及助产士 97 人，其他技术人员 59 人）。是年，门诊病人（急诊）15.09 万人次，出院病人数 4838 人次，病床使用率 64.3%，业务收入 1964.78 万元。是年，临床科分为内科、外科、妇产科、儿科、感染科、眼科、耳鼻喉科、中医科、口腔科、急诊科、麻醉科、手术室、骨伤科、皮肤科、小儿科等；医技科室有：检验科、药剂科、CT 室、放射科、病理科、输血科等；功能科室有：影像室（B 超、彩超）、内窥镜室、心电图室、治疗室、针灸室等；全院设备总值 1500 余万元。

第二节　县中医院

县中医院是一所集医疗、教学、科研为一体的县级综合性中医医院。医院占地 1458.26 平方米，建筑面积 3187.40 平方米。1989 年，全院在职人员共 56 人，其中主任医师 2 人，主治医师 5 人，其他医技人员 47 人，合同工 2 人。开设床位数 50 张，床位使用率 65.61%，门诊总人数 3.328 万人，出院人数 527 人，抢救成功率 94%，治愈率在 95% 以上，年总收入 75 万元。1995 年 5 月，县中医院投资 76 万元，在白鸽岭新建一幢高 6 层，建筑面积 1100 平方米的门诊大楼，集医疗办公与职工住房于一体，新增医疗用房 520 平方米。1996 年 1 月，被确定为副科级的全民所有制事业单位，核定床位编制 100 张。同年被福建省卫生厅列为全省首批等级中医院建设单位。1997 年 9 月，投资 52 万元，在文明路 44 号地段新建一栋占地面积 185 平方米的县中医院综合楼，该楼总建筑面积 1017 平方米，为 3 层钢筋混凝土结构房。同年 12 月，被评为二级乙等中医医院。

2005 年全院共有工作人员 75 人（在编在岗 64 人、人事代理 11 人），其中专业卫生技术人员 61 人。卫生技术人员中，中级以上职称 27 人，其中副主任中医师 2 人，副主任医师 1 人，主治中医师 9 人，主治医师 4 人，主管护师 7 人。核定床位编制 100 张，实际开放 70 张，房屋建筑总面积 4711 平方米。全年门诊量达 5.38 万人次，住院病人数 937 人次，床位使用率 41.4%，抢救成功率 90%，治疗有效率 97%，其中中医药治疗率 55%，中药处方占处方总量的 55%，中医病历书写合格率 98%，病案甲级率 93%，中药处方书写合格率 96%，中医施护率 81.90%。年业务总收入 474 万元。医院配置了进口彩超、泌尿系体外碎石机、全自动生化分析仪、电解质分析仪、纤维胃镜、心电图机、脑电地形图仪、500MAX 光机、呼吸机等先进医疗设备。科室分设中医内科、中医外科、中医妇科、中医儿科、中医骨伤科、痔疮科、颈腰痛专科、康复科、针灸科、医学美容科、口腔科、妇科、五官科、急诊科、肠道门诊、住院部、手术室、B 超室、化验室、放射科、心电图室、胃镜室、体外碎石科。

第三节 县妇幼保健院

1989年，县妇幼保健所共有工作人员8人，其中妇幼医士2人、护士3人、助产士1人、财务1人、退休1人，卫生技术人员均为初级职称。1996年，政和县被列为1996—2000年中国与联合国儿童基金会妇幼卫生合作项目县，县妇幼所为项目实施单位。1997年11月，妇幼保健所综合大楼建成并投入使用，开设床位15张，人员编制12人。2000年，县妇幼所被卫生部、联合国儿童基金会授予“爱婴医院”；同年7月，更名为政和县妇幼保健院。2001年，机构升格为副科级单位，承担中国扶贫基金会“生命属于爱——母婴平安120行动”项目的实施任务，在全县6个乡镇开展母婴平安救援工作。2003年，政和妇幼保健院被省妇联授予“巾帼文明示范岗”。2004年10月，被评为一级甲等妇幼保健院。

2005年，全院工作人员40人，其中卫生技术人员34人（主治医师10人，妇幼保健医师、助产师、护师11人，助产士、护士10人、检验师2人和药剂1人），专业技术人员中，初级职称20人，中级职称14人。核定床位30张，实际开放15张，全院建筑面积3196平方米，其中总业务用房1861平方米。医院配置了BPM治疗仪、电动胎儿吸引器、冷光仪、美国进口贝克多普勒彩超、固有荧光诊断仪、电脑胎心监护仪、高压锅空调等先进设备。科室分设保健部、门诊部、住院部，有行政办公室、门诊、药房、妇产科、儿科、妇女保健科、生殖保健中心、儿童保健科、婚前保健科、手术室等科室。是年9月，在城关水南中路征地11亩，动工兴建妇幼综合大楼，占地1040平方米，总建筑面积4008平方米，总造价500万元。

第四节 县卫生防疫站

1989年，县卫生防疫站位于南大街，占地1000平方米，建筑面积2000平方米。全站事业编制35人，在职工作人员30人，其中中级职称3人，初级职称7人。

2003年12月13日，翻身街41号发生火灾，殃及县卫生防疫站。翌年3月31日，县政府办公会议决定，购买位于水南中路27号的七星游泳休闲健身有限公司场地，作为县卫生防疫站办公场所，其占地面积5000平方米，建筑面积1365平方米。同年5月底，签订购买合同；6月9日，新办公楼工程公开招标，总造价175万元；7月，部分科室搬到新办公场所办公；10月，所有科室均搬到新办公场所办公。

2005年，全站共有工作人员35人，其中副高级职称1人，中级职称12人，初级职称17人。科室分设办公室、疾控科、食品卫生科、卫生科、检验科、结防科（结防所）。是年12月30日，建筑面积1480.38平方米的新办公楼竣工并交付使用。

第五节 乡（镇）卫生院

1989年，全县9个乡镇设有8个卫生院（熊山镇未设），各院院址均在乡镇所在地。各院共有工作人员198人，其中卫生技术人员150人。卫生技术人员中，初级职称140人，中级职称10人。是年5月，省卫生厅重新核定全省中心卫生院。经省卫生厅批准，东平镇、镇前镇卫生院为中心卫生院。1998年1月，设立岭腰乡卫生院。

2005年，全县9个乡镇卫生院中，有一级甲等卫生院3所，一级乙等卫生院6所。共有工作人员211人，其中卫生技术人员129人。卫生技术人员中，初级职称105人，中级职称24人。

1989—2005年，各乡镇卫生院的医疗用房得到全面整修，规范化产科建设和预防接种室普及全县各乡镇卫生院，医技科室普遍增加。东平、铁山、岭腰卫生院新建门诊大楼先后竣工并投入使用。乡镇卫生院医疗专用设备更新，部分乡镇卫生院配置了全自动生化仪、血红蛋白仪、200 毫安 X 光机、尿液分析仪、心电图机、B 超机、牙科治疗仪、产科电脑治疗仪等新型医疗设备。

第六节　村级医疗单位

1989 年，全县 121 个行政村，设有 120 个卫生所 34 个卫生室，有乡村医生 293 人，卫生员 72 人。是年，全县各村卫生所均配备消毒高压锅、预防接种冷链包，60% 的村卫生所为甲级卫生所。1997 年，乡村医生进行专业知识系统化继续教育，通过三年函授学习，经省、市统考合格者，发给中专学历毕业证书。2001 年，乡村医生进行任职资格培训考试，合格者发给乡村医生资格证书。2003 年，全县实行各行政卫生所为疫情监测点和乡村医生为传染病疫情责任报告人的管理制度。2005 年，村卫生所（室）270 多所，全县乡村医生开始享受财政补助，每人每月 60 元。全县 125 个行政村，共有乡村医生 376 人，其中享受津贴补助 250 人。同时，省政府在全省范围内开展乡村医生规范化培训，全县 306 名乡村医生分三期参加培训。

第三章　公共卫生

第一节　饮用水卫生

20 世纪 90 年代初，政和县根据国家发改委文件精神，实施“以工代赈”项目，扶持农村建设人饮水工程。县卫生监督部门把生活饮用水安全作为卫生监督监测工作的重点，实行县级监管，市、县联合监测的工作机制。县卫生防疫站每月对城区供水单位的出厂水和末梢水进行监测，南平市卫生防疫站每季对县城区饮水供水单位的出厂水和末梢水进行抽样复检。丰水期和枯水期视具体情况增加监测频次。并对农村人饮水水源的水质量进行监测。

1999 年 7 月，外屯稠岭路段发生“7 · 16”交通事故，一辆运输农药（甲胺磷）的汽车翻车，农药泄入山沟，造成流域水源污染，省、市、县卫生防疫站联合开展对外屯桥河段、稻香桥河段、东大桥上段、大庙桥河段、西津桥河段水质检测一周，检测水样 35 份，及时提供不同时间、不同河段水质污染情况，供政府决策时参考。

2004 年 3 月 19 日，上山岗金矿尾坝泄漏致使城区饮用水源受到严重污染，造成珠山自来水厂停止供水 3 天，临时改用马鼻岭水厂供水，确保城区生活饮用水质量。县卫生防疫站共检测水样 7 份，适时监测饮用水源受污染情况。是年，政和县落实省水电厅文件精神，实施“百万农民饮水安全”项目，扶持农村建设人饮水工程。

2005 年，全县农村饮用自来水 15. 60 万人，占农村人口的 91. 80%，饮用安全卫生水人口 4. 20 万人，为 1989 年的 4. 30 倍。1989—2005 年，全县共投入资金 847. 06 万元，兴建乡（镇）村级供水工程 89 个，受益人口由 0. 70 万人增至 12. 30 万人，共开展常规饮用水水质检测 194 次，检测水样 384 份；南平市卫生防疫站抽检 64 批次，检测水样 128 份；开展农村饮用水水质改造检测 361 份；应急检测 42 份。

第二节　食品卫生

1989 年始，每年开展 1—2 次食品卫生大检查，重点加强食品、食品添加剂、食品容器、包装材料和食品生产工具、设备、洗涤剂、消毒剂以及食品生产经营场所、设施和有关环境的卫生监督监测。对不依法从业的食品生产经营单位及个人予以警告、罚款、限期改正，依法销毁腐变、酸败、霉变、生虫、污秽不洁、混有异物或感官性状异常，以及被有毒、有害物质污染、含有致病寄生虫、微生物超标及掺杂、掺假、伪造、超过保质期、影响营养卫生等不符合食品卫生标准的食品，甚至吊销食品卫生许可证。对食品从业人员每年进行一次健康检查，发现“五病”（病毒性肝炎、肺结核、化脓性皮肤病、痢疾、伤寒）人员立即调离。对饮食行业的防尘、防蝇、防鼠、防腐设施，进行检查、督促落实，加强对生活饮用水的监测。

1989 年，实行综合目标管理责任制，依法核发卫生许可证 1012 份，从业人员健康体检 1932 人次，开展卫生监管 3456 次，销毁不合格食品 14321 千克，罚款 2.43 万元。

1995 年，对全县清煮笋罐头加工厂进行专项检查，抽样品 317 份，提出卫生监督意见 34 条。是年 10 月 30 日《中华人民共和国卫生法》颁布实施，政和县组织开展新法宣传与咨询，共发放宣传手册 304 本，咨询人数 401 人。

2001 年，对农贸市场、副食品批发部、糕点、冷饮生产企业、餐饮等单位进行专项整治，销毁不合格食品 1400 千克，依法取缔地下食品加工窝点 4 个，停业整顿 7 家，限期改正 12 家，罚款 3 家。

2004—2005 年，开展食品安全专项整治活动，严格卫生许可证准入制，对不具备经营条件的场所不予发证，对已发证的经营场所重新审核，并对集贸市场、餐饮单位、小吃摊点等经营单位和个人所采购、运输、加工、销售的各类食品进行抽查，销毁不合格食品 169 千克，没收添加滑石粉茶叶 4150 千克，处理冰糖掺“吊白块”事件一起，销毁死因不明畜肉 627 千克，过期果冻 127 千克，过期饮料 1450 瓶，取缔地下食品加工窝点 23 个。

1989—2005 年，每年开展一次食品抽样检测工作，抽检食品品种 15 类，食品合格率由 1989 年的 62.6% 提高到 2005 年的 88.75%。在此期间，共调查处理食物中毒事件 48 起，挽回经济损失 14 万余元，开展食品卫生科普知识宣传 43 场次，发放宣传材料 8.7 万份。

表 31－2　**1989—2005 年政和县食品质量抽检情况表**　单位：份、%

年份 ＼ 份数 ＼ 合格率	抽检品种	抽检份数	合格数	合格率（%）
1989	15	176	110	62.60
1990	15	201	128	63.68
1991	15	261	174	66.67
1992	15	243	172	70.78
1993	15	182	133	73.08
1994	15	223	162	72.65
1995	15	281	206	73.31
1996	15	291	217	74.57
1997	15	301	231	76.74
1998	15	321	251	78.19
1999	15	303	241	79.54
2000	15	317	261	82.33
2001	15	305	255	83.61
2002	15	317	270	85.17
2003	15	322	278	86.34
2004	15	313	274	87.54
2005	15	329	292	88.75

第三节 公共场所卫生

一、学校卫生监督

1989年，县卫生防疫站成立学生体检队，对城区中小学生开展健康体检，乡镇中小学生的体检由乡镇卫生院负责组织实施，体检的项目主要有身高、体重、五官、视力等12项内容。

1990年6月，《学校卫生工作条例》颁布实施。政和县乡（镇）卫生防疫机构依据《条例》加强对学校卫生的监管，对学生生长发育和健康情况、常见病、传染病等进行动态监测，对学生体检结果进行评价与反馈，并建立学生健康档案和疫情报告制度，重点加强对头虱、疥疮、弱视、麻疹、流脑等传染病的监测与治疗。

1994年，县卫生防疫部门把学校饮食卫生纳入学校卫生监督范围，对学校周边的摊点、商店、饮食店进行不定期卫生监督。2000年10月，对全县128所小学校舍进行监测，发现有2所小学教学楼的设计、噪音、采光、照明、室内微小气候存在问题，其中3处建筑结构不合理，4个班级人数超标，噪音过大，3个教室采光照明不足，室内通风不良，建议相关部门进行改造。2002年始，教室采光、照明、噪音等纳入监督范围。2005年，卫生防疫部门加强对学校食堂、校园周围的快餐、饮食店、小摊点等进行清理和整顿，对无证经营者、卫生条件不达标的予以取缔或整改。

表31-3 **1989—2005年政和县学生健康体检情况** 单位：人

年份＼体检	体检总数	其中							
		近视	龋齿	砂眼	甲状腺	平足	色盲	心肺疾病	头虱
1989	6222	1399	1741	1032	1406	31	47	19	304
1990	6031	1322	1806	992	1321	29	43	20	322
1991	7526	1704	2239	1188	1597	45	59	24	332
1992	9156	2156	3796	1441	1922	42	36	27	440
1993	8433	1891	2195	1321	1763	48	63	36	396
1994	6396	1441	1893	2999	1418	125	48	8	313
1995	10373	5393	3941	2853	1815	33	23	14	191
1996	15745	3709	1860	4264	1155	681	131	47	471
1997	15924	3814	6025	3829	1388	616	191	55	46
1998	16547	6106	6539	3861	1437	644	210	59	156
1999	8705	3600	2972	1720	756	301	114	29	—
2000	8533	2376	3231	1981	736	384	5	3	—
2001	9024	2852	3606	1670	408	250	2	6	—
2002	12659	3973	6295	2294	597	323	3	41	—
2003	13784	2851	6594	5207	664	305	108	46	—
2004	14069	5692	7215	617	949	477	289	87	—
2005	13289	6188	5578	555	1405	944	269	83	—
合计	182146	56467	67526	37824	20737	5278	1641	604	2971
平均患病率		30.84	36.88	20.66	11.33	2.88	0.90	0.33	1.62

二、环境卫生监督

1989年后，城区环境卫生监督由县建设局负责，其日常环境卫生由建设局委托环卫所负责，各社区协助管理。城市卫生清扫由县环卫所承担，实行“定人、定岗、定班次、定经费”制度，保持街道终日清洁。县卫生防疫站重点加强对公共场所（含宾馆、招待所、旅社、酒吧、茶座、公共浴室、理发店、美容店、游泳池、图书馆、商店、书店、候车室等）的卫生监督与监测，对直接为顾客服务的从业人员每年进行一次健康检查和卫生知识培训。

1996—2004年，加大对公共卫生监督力度，对相关行业从业人员体检监督工作进一步加强。

2005年，县卫生防疫站对全县106家公共卫生场所进行监测，监测率91%，发证106家，合格率85%。

表31－4　**1989—2005年政和县公共场所卫生监督情况表**　单位：次、人、户

年　份	监督户	体检数	发（验）证数
1989	99	61	40
1990	110	70	48
1991	132	83	55
1992	148	79	57
1993	144	84	60
1994	132	81	60
1995	164	95	63
1996	152	107	66
1997	163	99	71
1998	159	114	76
1999	202	122	81
2000	215	126	88
2001	210	125	94
2002	249	152	98
2003	252	150	103
2004	250	152	101
2005	265	159	106

三、放射卫生监督

1989年3月，县卫生防疫站配合南平地区职业病防治院对县、乡10台医用X光机和县水泥厂2个放射源进行监测，澄源、铁山卫生院2台50毫安X光机因射线排量超标被限期淘汰，其余检测全部合格，同时对23名放射人员实行个人剂量监测，均合格，合格率100%。10月24日，《中华人民共和国放射线同位素与射线装置放射防护条例》发布实施。自此，全县两年进行一次对医用X光机的防护性能监测，对X线从业人员进行体检及个人剂量测定，举行放射防护知识培训。1990—2005年共开展8次医用X光机的防护性能监测，更换X光机8台，对23名放射人员实行个人剂量监测，合格23人，合格率100%。

第四节　职业卫生

政和县工业规模小，工艺普遍落后，尘毒作业点较分散。1989—2002 年，3 次组织对有害因素作业点的卫生监测，合格率从 46. 9% 提高到 56. 7% 。建立“一厂一卡”制度和职工健康档案，对新上工程或技改工程进行预防性卫生监督，落实“三同时”（同时设计、同时施工、同时投产）制度。2002 年 5 月，《中华人民共和国职业病防治法》正式颁布施行，县开展《职业病防治法》宣传月活动，对全县厂、矿企业的职业危害工作进行重新申报，开展对有害化学品生产、销售和使用情况的调查，重点加强对尘肺和接触铅、苯等有毒物作业人员的监护。2005 年，职工健康监护 204 人，健康监护率 69. 2% 。

第五节　爱国卫生运动

1989 年始，县贯彻全国爱国卫生运动委员会制定的“政府组织、地方负责、部门协调、群众动手、科学治理、社会监督”的爱国卫生工作方针，成立了由卫生局、城建局、农业局、水电局等相关部门组成的县爱国卫生运动委员会，负责指导协调开展爱国卫生运动。每年 4 月，县、乡都要开展以除害灭病为中心，以“两管五改”（管水、管粪、改水、改厕、改灶、改畜圈、改环境）为主要内容的“爱国卫生月”活动，组织灭鼠灭蝇，开展大规模的环境卫生整治。做到统一时间、统一购药、统一划拨经费。把健康教育、改水、改厕、创建卫生县城、卫生乡镇、卫生村列为爱卫工作的重点。

1989—1994 年，每年在全县城乡开展一次灭鼠防病活动，鼠密度大幅度下降。1994 年，经南平地区（今南平市）爱国卫生运动委员会考核，实现达标。1995 年初，在创建卫生乡镇活动中，东平镇先后被南平市爱卫会和福建省爱卫会评为“市级卫生乡镇”和“省级卫生乡镇”。在城区开展卫生示范街和健康教育科普一条街活动，购买洒水车 1 辆，开展降尘工作，增设垃圾箱和果皮箱 100 余个，城区新建水冲式公厕 10 座，大街小巷终日保洁，卫生面貌大为改观。2005 年，无害化厕所 11232 个，无害化厕所普及率 38. 2% 。

第六节　健康教育

1989 年年初，县卫生局成立健康教育科，配备 3 名专职人员从事健康教育工作。是年底，成立县、乡、村三级健康教育网，健康教育人员由乡、村妇幼保健人员兼任。三级健康教育网按照健康计划实施相应健康教育活动。针对全县目标人群（主要为孕产妇）文盲率高、居住分散、交通不便、存在封建迷信思想等问题，采用人际传播为主，大众传播为辅，人际传播与大众传播相结合的传播活动，尽可能使用当地通俗易懂的语言和文字，结合图文并茂的宣传资料，开展多样性、针对性、广泛性的健康教育活动。1996 年初，卫生部将政和县列入 1996—2000 年中国与联合国儿童基金会妇幼卫生合作项目县，2001 年 9 月，中国扶贫基金会将政和县列入母婴平安 120 行动项目县。县卫生部门把健康教育与项目实施结合起来同时开展，在县广播电台开设《母婴健康之友》节目，成立“母婴平安 120”项目健康宣传小组，深入开展健康宣传教育活动。项目实施后，县乡两级召开村例会 180 多次，项目村每两个月召开村孕妇宣传例会。至 2005 年，全县共管理孕妇 2570 人，安全分娩 2292 人，高危孕产妇筛查 734 人，高危孕妇筛查率 32. 48% ，接诊抢救危急高危孕产妇 41 人，抢救成功率 100% 。住院分娩率由原 62% 提高到 95. 5% ，孕产妇死亡率由 1989 年的 97. 2/10 万降低到 2005 年的 0。婴儿死亡率由 1989 年的 30. 15‰下降到 2005 年的 7. 45‰。孕产妇健康知识宣教率 100% ，产后访视率 100% ，母乳喂养率 96% ，健康教育率上升，目标人群行为得到转变，孕产妇到医院住院分娩、接受新法接生和消毒接生、参加妇幼保健等行为大幅上升，有效控制孕产妇及儿童的发病率与死亡率。

第四章　疾病预防与控制

第一节　疾病防治

一、传染病防治

结核病防治　结核病在政和曾长期流行。1990年3月，政和县成立结核病防治所，同年县卫生局成立结核病防治协作组，加强领导和协调结核病防治工作。1994年，县卫生局下发《关于做好结核病控制项目的实施意见》，1996年，县政府下发《关于做好结核病防治工作的通知》，把防治结核病作为治贫致富的工作来抓。2002年，政和县被列为“世界银行贷款/英国赠款和全球基金中国结核病控制”（简称“结防”）项目县，全面开展结核病调查与防治。世行“结防”项目实施至2005年，全县共新发涂阳病人337例，涂阳病人治疗覆盖率100%，全程督导化疗率97%，查痰率100%。

肝炎防治　病毒性肝炎是政和县的主要传染病。1992年，肝炎发病最多，共381例，发病率1.93/万；1995年发病最少，共44例，发病率0.89/万。政和县自1986年首次引种乙肝疫苗后，接种乙肝疫苗的人逐年增多。2000年，县政府制定肝炎防治方案，提出肝炎防治的详细计划与目标。2003年始乙肝疫苗接种列入儿童计划免疫范围。1989—2005年全县肝炎报告发病2839例，肝炎患者又以乙型肝炎居多，约占患者总数的85%以上。

麻风病防治　麻风病在政和县发病极少。1984年，省、地区防疫部门对东平、澄源、铁山等乡镇的一些疫源地进行普查，发现复发病人1例，治愈康复。1989年，省、地区卫生部门到政和县考核验收，确认政和县麻风病发病率已降至0.07/万以下，基本达到消灭麻风病标准。2004年，在东平镇新口村和铁山镇大红村各发现麻风病1例，已治愈康复。

流行性脑脊髓膜炎防治　政和县流行性脑脊髓膜炎（简称流脑）呈散在性发生。1989—2005年共发病50例，其中1990年发病10例，为1989至2005年中发病数最多的年份。流脑流行期间，县乡（镇）村三级防疫人员深入疫区，采取综合防治措施进行治疗。1991年后，流脑发病率控制在较低水平。至2005年，全县共对15岁以下儿童接种流脑多糖菌苗28万余人份。

流行性乙型脑炎与疟疾防治　流行性乙型脑炎（简称乙脑）预防的主要措施是接种乙脑疫苗。1989—2005年政和县累计接种乙脑疫苗25.80万人份，该病在政和发病不高，17年间发病9例。疟疾等传染疾病的发病率均控制在极低水平。1989—1997年，疟疾发病11例。1998—2005年，没有发现疟疾病例。此外，痢疾、麻疹、百日咳等发病率也控制在极低水平。而霍乱与副霍乱发病率为0。

鼠疫

鼠疫俗称老鼠仔症，传染性强，死亡率高。1989年以来，政和境内鼠疫已绝迹，鼠疫防治工作的重点转向疫情动态监测。至2005年共捕鼠23026只，采集血清22227份。经抗体免疫测定均为阴性，检蚤9875匹，其中印鼠客蚤占83.98%，不等单蚤占14.98%，缓慢细蚤占0.96%，近瑞远棒蚤二交亚种占0.01%，人蚤占0.06%。

“非典”

2003年2月，成立由县长任总指挥的防治非典型肺炎（“非典”）领导小组，抽调卫生、公安、交通、宣传、教育等部门成立办公室，制定《政和县非典型肺炎防治预案》，组织全县卫生资源投入抗击“非典”。3月，召开村级乡医“非典”培训会，培训乡医180人。4月，县卫生、防疫部门实行24小时值班制、日报告和零报告制，对返乡人员开展监测体温，逐个排查，至6月共排查7000余人，留验1人，健康追踪267人。4月中下旬，县防疫站对汽车站、农贸市场、学校及机关单位等重点场所开展预防性消杀，消毒面积达 30 万平方米。县乡医疗机构设发热门诊，对发热病人严格排查。5 月 9 日，贯彻《突发公共卫生应急条例》，全县卫生系统开展广泛学习。“非典”防治中，全县各部门密切配合，做到早发现、早报告、早隔离、早治疗，御疫情于境外。至 2003 年年底，政和境内无“非典”发生。

“禽流感”

2004—2005 年，部分省份发生人感染高致病性禽流感（禽流感）病例，福建三明市亦发生禽流感病例，其主要传播途径为携带病菌之候鸟迁徙所引起，死亡率极高。根据省、市的部署和要求，政和县成立禽流感防治领导小组和办公室，全面协调，开展禽流感防治工作。组织技术力量，开展日常监测，并到农贸市场、生禽屠宰点等场所开展调查，对货源采购、加工、销售等一一登记建账，从源头严把禽类及肉制品的安全，共销毁死因不明禽类 76 头（只）。至 2005 年年底，政和境内无疫情报告。

表 31－5

1989—2005 年政和县各种传染病发病情况表

单位：人

年份	各种传染病数																总发病数	总发病率/10 万
	霍乱	艾滋病	肝炎	痢疾	伤寒	淋病	梅毒	麻疹	百日咳	流脑	出血热	钩体	乙脑	疟疾	破伤风	结核病		
1989	—	—	120	33	—	14	—	4	3	2	—	—	—	—	—	—	176	96. 41
1990	—	—	230	46	—	—	—	—	—	10	—	—	2	1	—	—	289	163. 35
1991	—	—	118	38	—	38	—	—	2	6	—	—	—	2	—	—	204	102. 51
1992	—	—	381	41	1	51	—	59	7	4	—	—	2	3	—	—	549	275. 89
1993	—	—	215	9	—	23	5	19	2	1	—	—	—	4	—	—	278	134. 95
1994	—	—	108	33	—	14	13	23	1	4	—	1	—	—	—	—	197	95. 63
1995	—	—	44	60	—	3	3	4	—	1	3	—	—	—	—	—	118	58. 82
1996	—	—	134	59	1	23	19	3	—	2	2	—	3	—	4	11	261	129. 21
1997	—	—	227	19	—	42	36	12	—	6	1	1	—	1	2	86	433	205. 21
1998	—	—	186	17	1	33	16	—	—	5	—	1	—	—	—	52	311	147. 60
1999	—	—	109	7	—	49	22	—	—	—	—	—	1	—	1	63	252	116. 60
2000	—	—	70	5	—	27	32	—	—	1	—	1	—	—	—	98	234	127. 10
2001	—	—	137	5	6	38	23	12	—	—	—	1	1	—	—	124	347	157. 60
2002	—	—	153	4	—	29	23	4	—	—	—	—	—	—	1	160	374	155. 40
2003	—	—	155	4	2	21	15	—	—	8	—	—	—	—	—	202	407	181. 70
2004	—	—	228	4	1	49	19	2	1	—	1	—	—	—	—	172	477	211. 90
2005	1	1	224	6	—	33	7	4	—	—	3	—	—	—	—	216	495	270. 80
合计	1	1	2839	390	12	487	233	146	16	50	10	5	9	11	8	1184	5402	—

二、地方病防治

政和县境内的地方病有地甲病（碘缺乏病）与地氟病（地方性氟中毒）两种，危害较大的是地甲病。

（一）碘缺乏病防治

1989 年，开展碘盐监测和学生病情监测，碘盐监测 210 人，合格 189 人，合格率 90%；学生检测 1200 人，甲状腺肿大 343 人，肿大率 28.58%。

1994 年 10 月 1 日，国务院颁发《食盐加碘消除碘缺乏危害管理条例》后，每年县政府组织卫生、工商、供销、商业等部门开展打击非碘盐专项治理活动，并开展大规模的食用加碘盐宣传活动。1998 年，政和县通过省验收，认定为达到“基本消除碘缺乏病”的标准。2004 年年底，县防疫站再次进行抽样监测，结果为甲状腺肿大率 1.25%，无Ⅱ度肿大病例，碘盐合格率 98.26%，以上三项指标均达到消除碘缺乏病的标准。

表 31-6　　**1989—2005 年政和县碘盐监测、学生病情监测情况表**　　单位：人、%

年　份	碘盐监测数	合格数	合格率	学生检测数	肿大人数	肿大率
1989	210	189	90	1200	343	28.58
1990	206	175	84.95	768	156	20.8
1991	120	100	83.33	587	100	17.03
1992	89	57	64.04	987	276	27.96
1993	117	80	68.37	1276	363	28.44
1994	188	161	85.63	587	105	17.88
1995	210	192	91.42	1200	343	28.58
1996	228	201	95.71	1200	59	4.91
1997	210	121	57.07	1200	72	6
1998	212	165	94.42	165	4	2.42
1999	165.	156	96.33	1200	26	2.16
2000	218	210	97.19	1200	32	2.66
2001	210	205	97.61	—	—	—
2002	288	288	100	1200	20	1.66
2003	288	284	98.61	—	—	—
2004	288	283	98.26	1200	15	1.25
2005	288	286	99.3	—	—	—
合　计	3535	3153	89.19	13970	1914	13.70

（二）地方性氟中毒

20 世纪 80 年代初，在星溪乡长际村下宅自然村发现氟斑牙患者后，经地区、县联合调查组确定为地氟病轻病区，为政和县唯一一个地氟病区。县乡村三级投入 10 余万元，为下宅自然村修建自来水工程改水降氟。1994 年 11 月，南平地区（今南平市）卫生防疫站组织专业技术人员对长际村下宅自然村进行地氟病复查，调查 8—12 岁人群 34 人，调查率 19.32%，结果为轻度氟斑牙患者 2 人，患病率 5.88%，采水样 2 份，水氟值 0.07 毫克/升，查尿氟 34 份，尿氟值 0.17 毫克/升。至 2005 年全县无新发病例。

第二节　计划免疫

计划免疫（简称计免）是传染病控制的主要措施。政和县成立由副县长为组长的计划免疫协调领导小组，建立农村三级预防保健网，县防疫站设防疫科（后改称疾控科），负责传染病防治。全县卫生防疫工作长期坚持“预防为主”的方针，依托农村三级预防保健网，大面积控制疾病。1989 年 3 月中旬，世界卫生组织联合国儿童基金会、卫生部全国扩大免疫评审团根据国际组织制定的统一考核评审方案，采取随机抽样的办法，对全县 6 个乡镇 28 个村和县直机关 2 个点（计 30 个点）的 1987 年全年出生的 210 个儿童预防接种情况进行评审，其中建卡率 99.05%，卡介苗接种率为 97.62%，卡痕率 89.76%，小麻全程口服率 97.14%，百白破全程接种率 97.14%，麻疹接种率 98.10%，四苗覆盖率 93.33%，单苗接种率和四苗覆盖率均超过部颁标准。此后，政和县传染病防治工作侧重对儿童的计划免疫。

1991 年，全县 9 个乡（镇）118 个行政村开展计免保偿，儿童投保率 60%，投保乡（镇）村及投保率逐年增加。1994 年，推行儿童服用脊髓灰质炎（简称“脊灰”，下同）糖丸，是年 1.39 万名 4 岁以下儿童服用脊灰糖丸，经省卫生厅考核认定政和县于 1995 年消灭“脊灰”。2002 年，政和县取消村级预防接种的办法，实行乡村定点定时接种制度。是年始，全县推行乙肝疫苗接种，将乙肝疫苗接种列入计划，并进行考核，计划免疫从“四苗”（麻苗、小麻糖丸、卡介苗和百白破）控“六病”（麻疹、“脊灰”、结核病、百日咳、白喉、破伤风）扩展为“五苗”（增加乙肝疫苗）控“七病”（增加乙型肝炎）。是年 10 月，国家卫生部计免审评验收组检查政和县儿童计免工作，各项指标均达到部颁标准。2005 年，开展规范化儿童预防接种保偿工作，至年底，政和县卫生防疫站和 9 个乡镇卫生院预防接种门诊达到“计划免疫规范门诊”的建设标准要求。全县 10 个乡镇均开展计免保偿，投保率 85.67%。

表 31－7　**1989—2005 年政和县“五苗”接种率情况表**　单位：人、%

率 年份	一周岁儿童建卡数	卡介苗接种人数	小麻糖丸口服人数	百白破接种人数	麻疹接种人数	乙肝接种人数	四苗全程免疫率
1989	3200	2832	2846	2800	2758	—	—
1990	640	5464	5729	5601	5518	—	—
1991	7025	6175	6330	6196	6063	3027	85.20
1992	3353	2974	3058	2988	2887	1549	86.30
1993	2749	2452	2477	2477	2491	1655	84.20
1994	2743	2501	2480	2535	2411	1788	86.20
1995	2684	2267	2534	2507	2528	2153	90.20
1996	2381	2224	2267	2226	2224	2055	89.20
1997	2312	2229	2226	2213	2213	2039	90.20
1998	2315	2083	2229	2213	2195	2067	89.20
1999	2139	2002	2083	2041	1929	1981	91.20
2000	2064	1826	2002	1961	2012	1831	90.50
2001	1902	1637	1826	1087	1845	1752	95
2002	1679	1525	1637	1649	1666	1540	96
2003	1553	1566	1525	1525	1530	1446	94

续表 31－7

年份＼率	一周岁儿童建卡数	卡介苗接种人数	小麻糖丸口服人数	百白破接种人数	麻疹接种人数	乙肝接种人数	四苗全程免疫率
2004	1611	1606	1566	1558	1550	1518	95
2005	1666	43837	1606	1619	1628	1554	94.20
合　计	42016	—	44421	43196	43448	27955	—

第三节　卫生应急体系建设

一、网络建设

1989 年 2 月，县医院成立抢救领导小组，增设抢救室，购置一部救护车配备参数心电监护仪，高频呼吸机等医疗设备，制定突发事件抢救应急方案和急诊导诊制度。1996 年 6 月，县医疗成立“120”急救中心，开通“120”抢救专线电话，向社会公开承诺，在接到呼救电话 10 分钟（夜间 15 分钟）内出车。2001 年 3 月，县医院设立急诊科，同年 6 月，县中医院设立急诊室。2002 年，县医院成立院内、院前急救小组，省卫生厅赠送“120”急救车一辆。同年成立突发公共卫生事件领导小组，加强组织领导。2004 年，县医院“120”与巡警“110”建立联动机制，完善急救网络。

二、突发事故（件）抢救

2000 年 7 月 3 日，在政和外屯路段发生一起 14 人死亡 10 人重伤的重大交通事故，伤员分别由交警、班车、“120”救护车送到县医院外科，外科病房、走廊、大厅里排满了伤员，整个外科紧急行动，全院医技科室齐力配合。事故发生的两天内，全科 10 名医生累计手术达 20 台次，输血 2 万多毫升。经全科 20 余名医护工作者的共同努力，送到医院抢救的伤病员没有一人死亡和致残，一个月内全部痊愈出院。

2005 年 9 月 5 日，一位来自建瓯川石乡的女患者，以腹泻为主诉至县医院 就诊，经门诊及病房医师会诊，确诊为传染性疾病“霍乱”。由于早发现、早诊断、早报告，及时采取治疗措施进行治疗，病人住院 17 天便痊愈出院，有效地扼止了输入性“霍乱”在政和境内流行。

第五章　卫生保健

第一节　妇女保健

一、普查普治

政和县妇科病普查普治工作始于 1991 年。是年，县妇幼所对 90 个县直机关单位和东平镇碗厂村的已婚妇女进行妇科病普查，共检查 1376 人，查出患病妇女 701 人，患病率 50.94%，治疗 512 人，治疗率 73.04%。普查中，妇女患子宫颈糜烂发病率最高，占患病人数的 80.30%。1993 年，县妇幼所组织人员到县内 24 个村开展妇女病知识宣传教育，对 1100 名妇女进行问卷调查，并为 320 名妇女进行妇科病普查普治。同年，对县直机关及企事业单位的 870 名妇女进行普查普治，查出患病 578 人，患病率 66.43%，其中宫颈糜烂 388 人，占患病人数的 58.48%。子宫颈糜烂冷冻手术 245 人，治愈率 85%。2001 年，为 8 个机关及企事业单位的 200 名妇女开展普查普治，查出患病 127 人，患病率 63.50%，治愈 114 人，占患病人数的 90%。同年，对全县 490 名农村妇女开展妇科病普查普治，查出患病254人，患病率51.84%，治疗率95%。2003年“三八”妇女节期间，为14个机关及企事业单位352名妇女进行妇科病普查普治，查出患病180人，占普查人数的51.40%，治疗180人，治疗率100%。至2003年共对机关企事业单位、城乡已婚妇女开展妇科疾普查普治13期，共检查7728人次，查出患病4737人次，患病率61.30%，治疗3961人次，治疗率83.60%。2004—2005年，为28个机关及企事业单位的758名妇女进行妇科病普查，结果表明子宫肌瘤、卵巢囊肿、子宫内膜异位和阴道炎等妇科疾病均居高不下。

二、孕产妇系统管理

1991年，全县9个乡镇35个村开展孕产妇系统管理，孕产妇保健覆盖率30%，管理孕产妇982人，产妇建卡395人，人群管理率40%。1991年5月，以医疗单位的领导及县内知名妇科、儿科专家组成的政和县围产保健协作组成立，加强对全县高危孕产妇及围产儿保健的指导、检查和评比，指导基层对高危产妇的筛查及管理，对高危产妇及重症婴幼儿疾病进行会诊，对死亡产妇及时进行死因调查、鉴定及分析，推行住院分娩，开展母乳喂养宣传。1993年，县妇幼所举办新法接生员培训班，并为村级接生员免费提供产包、布类、器械（出诊器、听诊器、血压计等）。同年，实现村村有接生员，从事新法接生的女乡医107人。1995年6月1日，《中华人民共和国母婴保健法》正式颁发施行，各级防保机构加强以围产期保健为重点，以创建爱婴医院、爱婴县为载体，以降低母婴死亡率为目标的两个系统管理。1996年，县政府下发《关于在全县范围内实行妇幼保健保偿制度的通知》，推行住院分娩制度。是年，全县共有村级接生员113人。

2005年，全县高危孕妇专案管理率100%；住院分娩率100%，比1991年的37%，提高63个百分点；新生儿破伤风发生率为0，比1991年的4‰降低4个千分点；孕产妇死亡率0.59‰，比1991年降低1.61‰。妇幼保健的工作指标和效果达到“两纲”（《90年代中国儿童发展纲要》《90年代中国妇女发展纲要》）目标和“新两纲”（《2001—2010年中国儿童发展纲要》《2001—2010年中国妇女发展纲要》）的要求。

表31-8　**1991—2005年政和县孕产妇管理情况**　单位：人、%

年度	产妇总数	孕产妇保健覆盖率	孕产妇系统管理率	产前检查率	高危孕妇检出率	高危孕妇管理率	产后访视率	住院分娩率	新法接生率	孕产妇死亡率‰	围产儿死亡率‰
1991	4081	86.67	20.39	86.66	2.30	95	33.69	68.12	96.30	2.20	0.24
1992	2348	86.55	31.85	86.54	3.40	94	56.43	62.13	92.24	0.22	0.23
1993	2240	31.15	33.84	87.61	5.36	100	54.71	69.64	96.66	0	0.18
1994	1901	48.36	45.42	92.95	6.37	95	66.86	66.54	98.20	0.16	0.29
1995	2164	81.60	43.90	87.5	5.60	96	78.9	61.2	96.5	0.09	0.21
1996	1895	98.15	80.70	92.17	8.34	100	85.30	66.99	94.51	1.06	0.37
1997	1953	98.77	76.14	93.78	9.63	100	82.63	70.25	95.90	0	0.23
1998	1892	99.47	68.66	91.31	7.51	100	83.26	72.19	98.11	0.53	0.20
1999	2059	99.32	74.02	96.47	6.17	100	89.57	74.44	97.40	0.49	0.30
2000	2072	9.71	79.62	92.76	11.46	100	86.10	79.68	98.62	0.48	0.27
2001	1923	99.64	78.99	96.59	16.59	100	90.35	85.68	97.58	0	0.26
2002	1700	96.63	77.63	95.67	18.12	100	89.99	92.10	96.63	0	0.12
2003	1594	98.37	83.50	96.50	21.08	100	94.38	91.94	98.37	1.25	0.20
2004	1714	75.01	80.40	95.06	19.70	100	91.81	92.22	98.44	0.58	0.12
2005	1697	95.55	82.67	95.55	20.39	100	91.98	93.68	100	0.59	0.13

三、实施母婴平安120项目

2001年9月，中国扶贫基金会将政和县列为“母婴平安120行动”项目县。当年在政和县边远的澄源、镇前、杨源、外屯、岭腰、东平6个乡（镇）84个村实施，覆盖10.4万人口。项目依托县妇幼保健院成立政和县“母婴平安120行动”项目救援中心，依托乡（镇）卫生院成立乡（镇）分中心，确定村联络员，建立健全县、乡、村三级卫生网络。2005年9月，母婴平安120项目在全县10个乡（镇）124个行政村实施，覆盖18.08万人口。项目实施至2005年，先后投入82万余元，为县妇幼保健院、各乡（镇）卫生院添置了心电监护仪、手术床、牙科治疗仪、血糖仪、显微镜、心电图机、B超、手术器械等设备。建立完善项目监测考评和人员奖励平台、项目内外宣教平台、孕产妇管理平台、人员培训平台、产妇住院补贴和接赠物资发放平台、信息核查录入平台等，确保项目管理规范，运作有序，并先后选送20多人次到中国扶贫基金会、北京妇产医院、福建省妇幼保健院、福建省附属第一医院、南平市妇幼保健院培训学习。累计管理孕妇5428人，安全分娩4883人，高危孕产妇筛查925人，高危孕妇筛查率32.48%，抢救危急高危孕产妇42人，抢救成功率100%。住院分娩率从2000年的62.15%提高到2005年的96.68%，孕产妇健康知识宣教率100%，产后访视率100%，母乳喂养率96%，有4883名产妇共得到80.2万元的住院分娩补助，捐赠物资309.45万元，物资受益人口9960余人。

第二节 儿童保健

一、儿童系统管理

1991年，政和县儿童保健工作步入正轨。是年，儿童保健覆盖率25%，儿童系统管理率29.60%。此后，全县儿童保健工作规范化、制度化。至2005年，儿童保健覆盖率68.54%，儿童系统管理率78.12%。分别比1991年提高了43.54个百分点和48.52个百分点。

表31－9 **1991—2005年政和县儿童保健工作情况**

年度	儿童保健覆盖率%	儿童系统管理率%	体弱儿管理率%	体重（中位—2SD）的比例	托幼机构卫生保健管理率%	新生儿死亡率‰	婴儿死亡率‰	五岁以下儿童死亡率‰	新生儿破伤风发生率‰	母乳喂养率%
1991	25	29.60	96.15	4.73	47.33	15.08	27	44.01	4.72	77
1992	35	30.36	96	4.52	49.56	20.09	30.09	43.21	4.27	78.10
1993	31.15	26.41	96	8.50	28.02	8.56	22.63	31.80	0	80.56
1994	31.15	32.12	97	5.11	59.11	17.52	22.23	30.25	1.59	83.20
1995	43.05	31.80	96.46	3.30	62.33	14.40	20	25.53	1.40	82.38
1996	60.38	94.16	100	2.35	62.32	28.22	32.48	38.34	1.60	89.56
1997	58.65	60.38	99.31	3.67	87.32	20.04	22.61	25.18	1.03	94.00
1998	58.52	58.05	100	2.87	92.73	17.48	25.95	29.13	0.53	9.96
1999	62.53	57.91	100	2.57	100	24.49	26.93	30.36	0.49	94.01
2000	71.68	67.52	99.66	3.07	92.11	23.17	27.51	28.47	0	93.99
2001	68.07	75.76	100	2.57	94.29	17.83	23.07	25.17	0	89.16
2002	67.80	73.97	100	2.90	96.67	13.47	16.98	18.74	0.59	93.02
2003	69.73	79.20	100	2.61	100	20.63	22.50	27.50	0	90.81
2004	68.42	75.88	100	3.21	100	9.29	11.61	15.10	0	94.17
2005	68.54	78.12	100	2.83	100	9.95	14.05	17.56	0	84.68

二、创建爱婴医院

1996年始，全县开展创建“爱婴医院”活动。当年6月，县卫生局下发创建“爱婴医院”工作方案，县乡两级医院（卫生院）充实千元以上医疗器械125台（件），共举办产科适宜技术培训班20期，参训346人次，18人次选送县级以上医院进修培训。全县开展推行“母乳喂养”宣传活动。1997年10月，县医院、中医院、妇幼所同时通过“爱婴医院”省级评估。是年，全县住院分娩率90.60%，“四个月纯母乳喂养”婴儿1454人，喂养率69.73%。2000年3月，县妇幼所被卫生部授予“爱婴医院”称号。此后，石屯、东平、铁山、镇前四个乡镇卫生院相继通过“爱婴医院”审评。创建爱婴医院后，县妇幼院购进一批医疗设备，调进一批专业技术人员，开展住院分娩业务。2005年，县妇幼院可以开展剖宫产、宫颈环扎术、腹式及阴式子宫全切除等手术。是年，全县住院分娩率93.68%，母乳喂养婴儿1034人，母乳喂养率60.93%。

第三节　农村初级卫生保健

1991年6月，政和县成立由县长为主任的初级卫生保健（以下简称初保）委员会，下设办公室。各乡镇也相应成立办事机构。同年9月20日，县政府批转下发《政和县实现2000年人人享有初级卫生保健的实施规划》，随即派出初保工作组，深入各乡镇指导开展初保工作。1997年6月，省初保评审组对政和县初保工作进行审评，并提出整改意见。是年11月，县政府成立初保攻坚领导小组，下发《关于建立1998年初级卫生保健达标领导挂点以口包乡制的通知》，并召开全县初保动员大会，给各乡镇下达初保13项责任状。随后各初保攻坚工作组进乡入村开展工作。至1998年6月，全县卫生事业拨款占县财政总支出5.02%，比1991年的3.78%，提高了1.24个百分点；全县106个行政村设立卫生所，村卫生所覆盖率100%，其中集体办85个村，占80.2%，甲级卫生所56个占52.8%，全县饮用合格卫生水171288人，占91.9%；全县共新建、改建卫生公厕119座，完成无害化处理家庭厕所7370户，食品卫生合格率达85.59%，食品生产经营单位合格率达87.5%，体检食品从业人员1897人；全县中、小学健康教育开课率达100%，儿童系统管理1106人，管理率达58.65%，婴儿死亡率控制在22.61‰，孕产妇死亡率降至零，高危孕产妇住院分娩率达100%，孕产妇系统管理1487人，管理率75.91%；接种卡介苗1874人，接种率达99.29%，接种麻疹苗1869人，接种率99.52%；口服小麻糖粒丸1869人，口服苗达99.52%；接种百白破疫苗1865人，接种率达99.31%；传染病发病率控制在205.2/10万；基本控制和消灭地氟病、碘缺乏病。1998年10月，经省、市初级卫生保健专家评审团评审，政和县达到初级卫生保健的各项规定指标。

第四节　婚　检

1989年12月3日，省卫生厅、财政厅下发《关于进一步加强婚前健康检查工作的通知》。自此，县妇幼所在城区开展婚前健康检查。1993年4月20日，成立“政和县婚育咨询中心”，城区规范地开展婚检工作。是年，共接受婚检男女青年38对，26人接受优生优育系列保健服务及婚育教育。1996年全县共有65对男女参加婚前健康检查，检出率1.54%，婚前教育130人。2000年婚前健康体检在全县铺开，共有815对男女青年接受婚前体检，占全县结婚登记数的40.75%，查出疾病59人，检出率3.62%，婚前教育1506人，卫生咨询28人次。2003年全县共有男女878人参加婚前体检，检出疾病193人，检出率为22%。是年10月1日始，实行新的《婚姻登记条例》，婚前健康检查由强制改为自愿。2004年婚前医学检查率降至0.006%，2005年进一步下降至0.002%。1993—2005年，全县对6525对要结婚的青年男女进行健康检查，检出各类疾病336例，并进行指导治疗，对35人规劝暂缓（或不宜）结婚。

第六章　医疗技术

第一节　西　医

一、内科

1989—2005 年，县医院先后成立心血管、呼吸、消化、血液、内分泌、肾病学、神经等内科专业组，成功开展复杂性心律失常治疗、顽固性心衰治疗、重症肺源性心脏病的诊治、淋巴瘤的诊治、脑血管微创技术、游离 T3T4、超敏 TSH 检测等技术项目。

二、外科

1993 年起，县医院先后成功开展食管下段肿瘤切除术、胸腔椎骨折切开复位内固定术、人工股骨头置换术、经尿道前列腺切除术、肾切除术、膀胱损伤修补等手术。1998 年，县中医院开展腹部阑尾手术、疝气修补术、胆囊切除术等。2000 年，县中医院开始进行胃大部切除术、颅脑等高难手术。

三、妇产科

1989 年后，县医院能完成前置胎盘、胎盘早剥、妊娠高血压性疾病、产前子痫、妊娠合并糖尿病、心脏病、肝炎、产科失血性休克、卵巢肿瘤切除术、次全子宫切除术、全子宫切除术、会阴Ⅲ度裂伤修补术、输卵管通液术、输卵管碘油造影术、输卵管结扎术、宫颈炎微波治疗等危重症疾病的治疗。2001 年，开展新式剖宫产术、子宫脱垂阴式子宫切除术、宫颈 LEEP 环切术等。

四、麻醉科

1989 年后，县医院成功地开展异氟醚、H20、七氟烷吸入全身麻醉、腰硬联合麻醉、单侧腰麻、深静脉穿刺置管术、喉罩置入术、有创血流动力学的监测、控制性降压、双腔支气管插管用于胸科手术的麻醉、多路神经干阻滞、术后镇痛、无痛人流等麻醉。小儿骶麻 + 七氟烷吸入麻醉为主，能为高龄合并多器官系统疾病的复杂病人以及新生儿施行麻醉（最大年龄 98 岁，最小的新生儿为刚出生）。

五、儿科

能开展小儿常见病、多发病及疑难病的治疗抢救技术。开展儿童心理行为异常、营养性疾病诊疗及儿童智力检测，县妇幼院开展了新生儿疾病筛查。

六、眼、耳、鼻、喉科

眼科　1989 年，开展白内障囊内摘除术、小梁切除术、泪囊摘除术、视网膜脱离的电凝及巩膜缩短术、虹膜周边切除术、斜视矫正术。1997 年，开展人工晶体植入术。2000 年，开展小切口白内障摘除 + 人工晶体植。2003 年，开展间接眼底镜下视网膜脱离复位手术。2005 年，开展小切口白内障摘除 + 人工晶体植入术、小梁切除 + 周边虹膜切除术、泪囊鼻腔吻合术、视网膜脱离的巩膜加压 + 冷凝 + 放液术、复杂性斜视矫正术等。

耳鼻喉科　1989 年，开展鼻息肉单纯摘除术、间接喉镜下声带息肉摘除术、扁桃体摘除术、乳突根治术、食道异物摘除术、鼓腊修补术。1998 年，开展鼻窦镜手术。2003 年，开展支持喉镜手术。2005 年，能开展鼻窦镜下息肉摘除、功能性鼻窦开放术、支持喉镜下声带肿物摘除术、乳突根治术、鼓膜修补术等。

第二节　中　医

一、内科

县中医院利用“五行学说”“脏腑辨证”等中医理论，结合临床，对糖尿病、冠心病、慢性肺源性心脏病、慢性肾炎、慢性前列腺炎、中风后遗症、神经官能症等疑难杂症的治疗，取得较好的疗效。

二、骨伤科

中医院骨伤科可运用手法整复术、吊伤、洗伤、关节闭合性冲洗、四肢骨牵引骶管冲击术、推拿按摩术、针刀治疗术等手段，结合中药，治疗急性腰扭伤、腰腿痛、腰劳损、椎间盘突出、偏瘫、面瘫等均有明显的疗效，有些甚至可以康复。

三、妇科

中医妇科在月经病、带下病及一些妇科疑难杂症中，通过“补肝益肾、疏肝健脾、益气养血”等方法，取得较好的疗效。利用温经汤治疗痛经、暖艾汤治疗漏下、干姜人参半夏汤治疗虚寒型妊娠呕吐、桂枝茯苓丸治疗子宫肌瘤与乳房小叶增生、补中益气汤治疗子宫脱垂。尤其是月经不调，功能性子宫出血，通过辨证施治，可调节内分泌功能，起到良好的止血良效。

四、肛、肠科

中医肛肠科利用中医特色，遵循传统的中医辨证施治原则，使用内服、外洗等中医传统疗法对肛肠病进行治疗。同时，开展消痔灵四步注射术（内痔注射枯痔术）、混合痔外剥内扎术、血栓性外痔摘除术、高位肛瘘切开挂线术、高位肛瘘切除术、低位肛瘘切除术、肛周脓肿一次性切开根治术、肛裂侧切指扩术、扩肛术、直肠息肉套扎术、肛门皮下组织美兰注射神经阻滞术、激光治疗、微波治疗、冷光源肛门镜检查、冷光源直肠镜检查、肛肠综合治疗仪等治疗。

五、针灸科

中医针灸、推拿治疗中风后遗症、椎间盘突出症、急性腰扭伤、慢性腰腿痛、慢性关节炎等均有助病人康复。

此外，县中医药人员打破门户偏见，互相切磋，防治常见病、流行病、地方病，研制出黄豆芽汤预防流脑，鸡、猪苦胆治疗小儿百日咳，贯仲汤预防流感，大青叶治疗乙脑等偏方。

第三节　中西医结合

1989年始，县中医院在应用中西医结合方面进展较快，诊疗技术和治疗水平逐年提高。1998年，引进体外碎石机，对肾结石、输尿管结石、膀胱结石进行体外碎石治疗，并取得较好的治疗效果，减轻患者的痛苦，降低治疗费用。2002年，引进全自动生化仪，提高对急性心肌梗塞、急性胰腺炎、糖尿病、肝硬化、肾功能不全、电解质紊乱等多种疾病的诊断率及治愈率。同年引进彩超，对多种先天性心脏病及各种器质性心脏病的诊断率明显提高，并进行肝囊肿、肾囊肿穿刺治疗，均取得很好的治疗效果。2005年，引进24小时动态心电图后，对各种心律失常的诊断率及治疗率明显提高。县医院中西医结合科主要由中医科医生组成，以妇、内科疾病治疗为主，擅长内科呼吸系统疾病的诊断与治疗及心血管系统疾病的治疗，对慢性萎缩性胃炎、消化性溃疡、盆腔炎、呼吸系统等慢性疾病和疑难杂症的救治，采取中西医结合疗法，取得较丰富的诊疗经验和良好疗效。

第四节　护　理

1989—1995 年，县医院、中医院护理工作主要是以疾病为中心的功能制护理，即开展基础护理、常规护理、专业护理和专科护理等。1996 年，政和县医院、中医院开展创建等级医院活动，按照等级医院的要求，建立 ICU 病房，护理模式由功能制护理向整体护理模式转变。是年底，在等级医院评审中，政和县医院、中医院的护理工作均获好评。1998 年，政和县医院、中医院先后在内科、外科、妇产科等科室中实施整体护理，以病人为中心，以现代护理理论为指导，对病人实施生理、心理、文化、精神等全方位的服务。开展温馨病房、母婴同室、家庭病房等业务，满足社会不同层次人们的需求。1999 年，全县开展“医疗安全质量年”活动，对全员进行“三基”培训，加强医疗管理、护理管理、院感管理和临床用血管理。落实“一人一针一筒一用一灭菌”制度，全面推行一次性注射器和输液器，完善和推行护理岗位责任制、交接班制度、消毒隔离制度等一系列制度。2002—2005 年，县医院、中医院等医疗单位开展健康宣传教育，把健康宣传教育工作作为护理质量控制的一项内容，并将科室护理质量、病人满意率、健康教育知晓率、护理安全以及对护士的学习培训等指标进行量化，对护理工作实施量化考评。

第五节　技能培训

1989 年，各医疗单位重视提高医务人员的业务技能，加强对在职人员的“三基”（基本理论、基本知识、基本技能）训练。鼓励医技人员参加医学再教育，每年从业务收入中提取 1—2% 用于医务人员的继续医学再教育工作。通过参加自考、函授教育、参加各种培训班、学习班、学术交流会议及送出去、请进来等各种办法，对在职医务人员进行培训，以不断提高医务人员的理论水平和技术操作技能。

至 2005 年，各医疗单位共选派 389 人次参加各种自考、函授教育学习，选派 253 人次到省、市医院深造，同时，请专家教授来政和讲课、辅导、手术帮带、会诊共计 273 人次。通过培训和参加国家组织的考试，共有 157 人取得中级等级证书。有 112 人次取得了本专业大专以上学历。

第七章　卫生管理

第一节　管理机构

一、政和县卫生局

1989 年，县卫生局共有工作人员 15 人，其中局长 1 人，副局长 1 人，党支部书记 1 人，干部职工 12 人。内设医药股、人秘股、爱卫办、红十字会、卫生工作者协会、医学科学研究所。1990 年 6 月，县卫生局成立党总支。1991 年，县卫生局购买位于元峰庄的房屋（占地 192 平方米，建筑面积 960 平方米）作为办公楼，办公地点从南大街 16 号迁至元峰庄 100 号。是年，县卫生局设局长 1 人，副局长 1 人，党总支书记 1 人，专职干部职工 11 人。1994 年 6 月，撤销医药股，增设医政股、药政股、计财股，人员内部调整。

1997 年 5 月，根据县政府机构改革的精神，县卫生局设局长、副局长、党总支书记各 1 人，行政编制 7 人。内设办公室、医政股、药政股、计财股、爱卫办、卫生工作者协会、红十字会、公费医疗管理办公室等3个职能部门。2002年，县卫生局成立党委，下辖卫生局机关支部、县医院支部、卫生防疫站支部、妇幼保健院支部、中医院支部。2005年，县卫生局共有工作人员23人，其中行政编制7人。设局长1人，党委书记1人，副局长2人，纪检书记1人，干部职工18人。内设办公室、医政股、疾控股、卫生工作者协会、红十字会、健康教育所、基层卫生与妇幼保健股、会计核算中心、卫生系统工会等9个职能部门。

二、政和县药品监督管理局

2001年11月21日，经南平市药品监督管理局批准，成立政和县药品监督管理局，实行省以下药品监督管理交流垂直管理，内设综合股、药品监督股、稽查股3个职能部门，编制12人，设局长1人，副局长1人，纪检组长1人，实有工作人员10人。至2005年，机构设置、编制与人员不变。

三、县卫生防疫站

1989年，县防疫站内设食品卫生科、卫生科两个科室，其中食品卫生科设岗4人，负责全县的食品卫生、公共场所、学校卫生的监管工作。

1992年，增设学校卫生科，设岗2人，负责全县学校卫生的监督与管理。1994年，撤销学校卫生科，将监管职能并入卫生科，设岗4人，负责全县的公共场所卫生、学校卫生、职业卫生、生活饮用水卫生、化妆品卫生监督职能。

至2005年，县卫生防疫站内设食品卫生监督科、公共卫生监督科，负责全县的食品卫生、公共卫生监督等工作。

第二节　医政管理

一、医疗机构设置管理

政和县医疗机构管理长期实行属地管理的原则，乡镇卫生院由县卫生局和乡（镇）人民政府共同管理。1991年始，实行工作目标责任制管理。县卫生局与院（站、所）长签订目标管理责任合同书，县卫生局下发《政和县乡（镇）卫生院工作目标考评实施细则》和县直单位站（所）长《工作目标考评细则》，年终进行督导与检查，依据考核成绩高低，评选综合目标奖和医疗、防疫、妇幼、经济管理等工作的单项奖。20世纪90年代，为适应医药市场竞争，方便群众生活，允许部分医生停薪留职开办医疗门诊部和医药店。1997—2005年，开展医院分级管理和创等级医院（站、所）活动，推行乡村医疗机构一体化管理。

二、执业准入管理

1989年后，职称改革工作逐渐步入正常化规范化轨道，医疗卫生单位禁止非专业人员从事技术工作。1993年3月，《中华人民共和国护士管理办法》颁发施行，1995年始加强对护士注册与执业管理工作。1998年6月26日，《中华人民共和国执业医师法》颁发，1999年5月1日正式执行。2001年始推行住院分娩、禁止村级卫生员家庭接产。2002年，县卫生局依法加强对医疗机构、从业人员的审核准入，共发放《医疗机构执业许可证》209家，卫生技术人员实行专业技术职称聘任制，未取得专业技术职称者不得从事医疗技术工作。2003年8月5日，国务院颁发《乡村医生管理条例》。2004年，县卫生局对符合村级医疗卫生机构执业的344人，进行重新申报和登记。2005年始每年举行一次护士资格考试并开展助产技术资格和计划生育服务技术资格考核，核发《助产技术资格证书》和《计划生育技术服务合格证》。至年底，全县拥有执业医师244人（县直153人，乡镇67人，其他企事业单位24人），执业护士165人（县直141人，乡镇19人，其他企事业单位5人），助产技术合格人员54人（县直43人，乡镇11人）。

三、医疗质量管理

1989年后，各医疗卫生单位坚持以质量求生存求发展，加强医疗质量管理。抓好“三级查房”

（主任医师、主治医师、住院医师查房）、病历书写、疑难病会诊、急诊、首诊责任制。实行院长质量查房，加强危重病人护理，落实医护工作制度，诊疗技术规范和操作规程，制定规范措施，县卫生局每年组织一次全县病历质量评比。90年代初开始，在全县开展“医疗质量安全年”活动，对容易导致院内感染的消毒、注射、手术、输液、输血等重要环节进行全程质量监控。1995年始，开展争创“甲级村卫生所”活动，要求村卫生所实行“三室”（诊室、注射室、药房）分开，推行门诊日志，使用县卫生工作者协会统一印制的处方单。2005年，全县医疗单位共门诊38.67万人次，出院病人9628人次，住院总床日70526天，全年无等级医疗事故。

第三节　药政管理

一、药政执法网络建设

1989年4月，县卫生局设立医药股，有药品监督员1人，兼职药品监督员4人，履行药品监督执法职能。1992年5月，成立政和县药品检验所，核编3人，履行药品质量检测职能。1994年6月，成立政和县药政股，有药品监督员1人，兼职药品监督员6人，履行药品监督执法职能。2001年11月21日，经南平市药品监督管理局批准，成立政和县药品监督管理局。是年12月，新修订的《中华人民共和国药品管理法》正式施行，药品监督管理执法主体由县卫生局变更为新成立的县药品监督管理局。实行省以下药品监督管理系统垂直管理。县药监局主要职能是负责本行政区域内的药品监督管理工作，依法查处制、售假药品和有其他违反药品管理法规的行为和责任人。同时，成立政和县农村药品监管协调领导小组，聘请80名药品监督员，建立县、乡、村三级药品监管网络，至2005年不变。

二、药品监督管理

1989年《药品管理法》颁布实施4周年。是年，药监部门开展定期与不定期检查13次，检查覆盖率99%，查销不合格药品203种次，价值2205.55元，查处违法经营药品案8件，罚款2.7万元。1990—2001年每年均开展1—2次药品执法大检查，重点打击无证经营药品，取缔非法药市，查处经营假劣药品。共检查批发、经营、使用单位1693个，检查各类药品54万余种次，查出不合格药品490种次，伪劣药价值32720元，查处销售假劣药品案31件，罚款5.70万元，查处无证经营药品案51件，罚款34万元，开展从业人员健康检查2487人次。

县药品监督管理局成立后，药品监管各项职责由药监局负责。结合“一二·四”法制宣传日、“三·一五”等重大节日，每年举行《中华人民共和国药品管理法》《药品管理法实施条例》等药品监督的法律法规宣传，举办假劣药品展览，增强人民群众药品维权意识。加强药品流通分类管理工作，零售企业按要求落实药品分类管理。监督药品经营企业实施GSP认证工作。规范农村药品市场，确定直配式和卫生院代购制的药品供应模式。同时，每年组织开展药品执法大检查，2001—2005年，共检查涉药单位833家次，查处违法案件267件，结案261件，案值69.75万元，罚没入库21万元，移送案件1件，完成药品快检128个品种228批次。

第四节　经费管理

县卫生补偿机制单一，除财政投入外，很少社会集资捐赠。财政对基层补助的基本形式为医院按床位核拨，防保单位及卫生院按人员核拨。

1989年，落实政和县人民政府《关于加强农村卫生工作的决定》，县财政对乡镇卫生院的差补经费按在编人员人头经费的50%核拨，防保单位按人头经费的80%核拨，全额拨给卫生院离、退休人员的各种费用。县政府在该《决定》中重申：卫生事业是社会福利性质的事业，不承担各种集资和摊派。全县医疗卫生单位实行的财政差额补助，由县财政局直接下拨差额卫生补助经费；对医院经费补助按床位补助标准补助，先后于1990年和1999年两次调整医院床位补助标准，每年年终根据财政发展情况逐年增加。各卫生医疗单位根据年初与县卫生局签订的综合目标管理责任制的各项目标，在单位内部亦实行综合目标管理责任制，对主管单位下达的各项工作目标进行分解，并与经济效益相挂钩，建立奖惩责任制，体现多劳多得兼顾公平的分配原则。1989—1999年，各医疗单位扣除成本后的结余部分的50%为事业发展基金、5%为院长基金、45%为单位职工的集体福利基金。1999年年底院长基金取销。翌年始，各医疗单位扣除成本后的结余部分的60%为事业发展基金，40%为单位职工集体福利基金。2004年，县成立卫生系统会计核算中心，财政差额补助由县财政预算下拨卫生系统核算中心，由核算中心再下拨到各卫生医疗单位，实行统一管理。

县乡医疗单位顺应财政体制变化，主动参与医疗市场竞争，加强经营管理，实行按劳分配、多劳多得、高技术多得、重脏险活多得的分配原则，推行“优质、高效、低耗”的管理模式。全面推行绩效挂钩、奖惩明确的管理责任制，提高技术收益成分，降低医疗消耗和管理成本，经济效益和自给水平逐年提高。2005年，全县14家医疗单位业务总收入2821.87万元，其中医疗收入1352.93万元，占总收入的47.90%；药品收入1433.10万元，占总收入的50.78%。

表31-10

1989—2005年政和县卫生事业经费统计表

年份	卫生事业经费（万元）	卫生事业经费占财政总支出比例（%）	人均卫生事业经费支出（元）	医院床位或人头补助经费（元/床（人）年）	人数（人）
1989	70.52	2.40	3.91	1707	413
1990	81.10	3.47	4.28	1729	469
1991	93.26	3.60	4.82	1980	471
1992	105.38	3.52	5.36	2103	501
1993	121.20	3.53	6.10	2400	505
1994	139.37	3.28	6.95	3318	420
1995	159.00	3.10	7.83	3786	420
1996	184.50	3.15	8.90	3844	480
1997	217.70	3.42	10.35	4652	468
1998	239.10	2.86	11.17	5313	450
1999	255.50	2.83	12.75	5193	492
2000	275.00	2.96	13.31	5258	523
2001	339.48	3.73	16.69	6286	540
2002	388.95	3.64	17.78	7098	548
2003	397.51	3.48	18.13	7472	532
2004	441.19	3.51	19.92	8007	551
2005	432.72	3.15	19.80	8103	534

卷三十二　宗教　民俗

第一章　宗　教

政和县有悠久的宗教活动历史。唐朝初期，佛教已传入政和。到唐中叶，已建寺庙10余座。宋、明以后，宗教活动更趋活跃，大小庙宇遍布城乡，信徒众多，其时宝福寺、慧圣寺皆为闽北著名佛教丛林。境内洞宫、大风、望浙等山，则是古代重要的道教活动地。洞宫山是中国道教七十二福地之一，被载入道教经典。清朝末年，基督教传入政和，相继在城关及东平一带传播。20世纪50年代“破四旧”和60年代“文化大革命”中，宗教活动被禁止，庙宇多数被不同程度破坏。中共十一届三中全会以后，落实宗教信仰自由政策，宗教活动逐步恢复，一些历史悠久的庙宇相继修复。1991年在县委统战部内设立宗教科，2002年成立民族宗教事务局。2005年年底，全县有较具规模的寺院65座，民间信仰活动场所168处。登记开放佛教寺庙9座，出家僧尼32人，信徒1600余人；道教宫观4座，教徒600余人；基督教堂2座，信徒1200余人。

第一节　佛　教

佛教传入政和确切时间无考，但据政和旧志记载，政和最早兴建的铁山镇高林村宝福寺始创于唐贞观初年。到唐大中、咸通时期（约847—864年），政和境内已建有清平寺、凤栖寺、定峰寺等10座佛教寺庙。五代至宋、明时期，政和寺庙之数大增，清代更发展到顶峰。民国时期，政和大小寺庙庵堂达160余座。

20世纪50年代“破四旧”运动及60年代“文化大革命”中，多数寺庙被破坏或改做他用，宗教活动基本停止。党的十一届三中全会后，宗教信仰自由政策逐步得到落实，宗教活动也逐步恢复。1989年，全县有佛教寺、庵46座，僧尼12人，信徒900多人，但未成立宗教组织，也没有政府批准的开放寺院，佛教活动皆由僧众自发主持，个别寺庙也曾邀请福州鼓山涌泉寺世志法师和江西佑民寺戒全法师主持法事，但规模不大。

1990年后，政府加大对宗教事务的领导和管理，成立了专门管理机构。

1991年，为规范宗教活动和合理安排宗教活动场所，经中共南平市委综〔1991〕65号文批复，正式将位于城郊林屯村的小报恩寺和位于熊山上的中天寺列为第一批开放佛教活动场所（中天寺后因故暂缓登记）。这是政和历史上第一次经政府批准开放的宗教活动场所。1993年7月，根据佛教界的要求，批准成立政和县佛教协会。

1994年，县人民政府又批准开放石屯镇坤口村禅岩寺、下际村黄龙寺（古称黄崙寺）、东平新口村大报恩寺、东平村圆通寺，奖山慧圣寺、西津村天福寺等6处佛教寺庙。

1996年10月，位于县城西郊佛字山的诸佛寺主殿重建竣工。这是政和境内规模较大、设施完备、信徒众多的一座庙宇。1998年经批准正式开放，并于10月举行隆重的开光庆典，南平市和政和县宗教部门领导以及台湾传孝法师等佛教界人士应邀参加庆典活动。是年，岭腰乡双凤寺也获准正式登记开放。

2004年，又批准外屯乡石门寺为临时登记开放佛教活动场所。至2005年，全县有较大的佛教寺院56座，其中经批准正式登记开放的8座，临时登记的1座，已批准但暂缓登记的1座。僧尼32人，信徒1600余人。收藏有《乾隆大藏经》《新修大正藏》等重要佛教典籍。

表32－1　**1991—2005年政和县登记开放佛教寺庙情况表**

寺　庙	所　在　地		始建年代	开放性质	批准开放时间	备　　注
	乡（镇）	村				
小报恩寺	星溪	林屯	宋庆历四年	正式登记开放	1991	—
中天寺	熊山	—	宋绍兴二年	暂缓登记	1991	旧名福庆庵
禅岩寺	石屯	坤口	唐代	正式登记开放	1994	—
黄龙寺	石屯	际下	宋乾道九年	正式登记开放	1994	旧名黄崙庵
大报恩寺	东平	新口	五代后梁龙德三年	正式登记开放	1994	旧名大报恩资福寺
圆通寺	东平	东平	清康熙十六年	正式登记开放	1994	旧名后庵
慧圣禅寺	东平	凤头	唐代	正式登记开放	1994	由古玄奘庵改建
诸佛寺	熊山	官湖	宋宣和五年	正式登记开放	1998	旧名佛字庵
双凤寺	岭腰	岭腰	待　　考	正式登记开放	1998	—
石门寺	外屯	外屯	宋绍兴元年	临时登记开放	2004	—

附：寺庙

小报恩寺　位于城南林屯村境内。创建于宋庆历四年（1044年），明天启间（1621年前后）重修，清咸丰八年（1858年）毁于战乱。光绪初重修，光绪十九年（1893年）扩修，延请高僧住持，创立寺产。民国2年（1913年），换旧重新，增建殿宇。20世纪50年代及“文化大革命”中大部建筑被毁。1988年后，群众集资重建，且规模超过旧貌。1991年，经南平市委批复，正式列为开放佛教活动场所，是政和第一个经政府批准开放的佛教活动场所。

宝福寺　位于铁山镇高林村境内。始建于唐贞观初，永隆元年（680年）重建，历经兴废。清康熙十六年（1677年），福州鼓山曹洞正宗第三十三代祖师道霈禅师（又称为霖禅师）主持重建。其时，系按中国十大丛林建筑设计，为土木结构多体联合建筑群，有殿、堂、舍、房百余间，占地约6800平方米。中轴建筑为天王殿、大雄宝殿和法堂；右为地藏殿、禅堂、念佛堂；左为观音殿、藏经阁、方丈室。两旁则分别为库房、客堂、厨房、斋堂、僧舍等。其中大雄宝殿宽26米，深18米；天王殿宽26米，深12米；法堂宽26米，深14米。主殿、偏殿均为悬山顶，抬梁穿斗式结构，高约8米。主柱直径49.2厘米，石质鼓镜式柱础，是政和最大的佛教寺庙，鼎盛时期有僧徒300余人。1950年后，因僧徒四散，庙宇逐渐破败失修。20世纪70年代，寺庙曾一度成为生产队驻地。1989年，民间集资重修。1991年1月，该寺被列为县级重点文物保护单位。

报恩寺　原称大报恩资福寺，位于东平镇新口村。创建于五代后梁龙德三年（923年），明永乐、成化及民国初先后三次重修。1982年重建观音殿，1992年重建大雄宝殿，1994年被正式登记批准开放，2002年重建天王殿。该寺占地面积50余亩，背靠群山，为十里松林所怀抱，不但风景秀美，且交通便捷，寺内现保存有铸于宋绍兴十六年（1146年）的大铁钟一口，钟高1.86米，口径1.16米，铭文清晰，是政和县现存最大的铁钟。

诸佛寺　古称佛字庵，位于县城西郊佛字山。创建于宋宣和五年（1123 年），明正统四年（1439 年）和清康熙十八年（1679 年）先后重修，原有上、下两庵。清咸丰八年（1858 年）在太平天国战争中被焚。1994 年，信众集资规划重建，规划总面积 500 亩，总建筑面积 16500 平方米。1996 年重建的大雄宝殿落成，大殿 8 根主柱选用名贵的柳杉和罗汉松，柱高 13.6 米，底部直径 60 厘米。大殿外 3 米宽迴廊立 4 米高素面石柱 22 根和盘龙浮雕石柱 2 根。大殿三宝佛像高 5.26 米，由玻璃钢精制外贴纯金箔，左侧为铜制观音佛像。

该寺所在的佛字山现已建为塔山公园，园内有建于明代的七层实心石塔和 1998 年重建的七星塔，塔高 45 米，七层重檐，是政和县标志性建筑之一。

护国寺　位于铁山镇凤林村。创建于五代晋天福四年（939 年），历代多次重修，规模渐大，现建筑有天王殿、大雄宝殿、观音殿及放生池等。宋代朱子之父朱松任政和县尉时，常陪父亲朱森到该寺小住，并多有诗作传世。森殁后即葬于寺西之莲花山，后朱子每回政和省墓时也多驻足该寺。明朝时在寺西侧建有启贤祠以纪念朱子及其先祖。

禅岩寺　位于石屯镇坤口村境内。始建于唐代，寺内奉祀金观音像。宋开禧元年（1205 年），改寺为院。明代寺院扩大，环境秀美清幽，时人郭斯垕曾赋《禅岩诗》云："携琴载酒远相寻，林路幽幽霭绿荫。松涧日斜逢野鹿，竹枝云去见巢禽。上楼山色青无尽，到户溪光碧转沉。顿觉此心无滞碍，小窗闲坐自微吟。"清同治三年（1864 年）重修，20 世纪 60 年代渐废。1989 年群众集资重修，至 2001 年，先后重建大雄宝殿、观音殿及山门亭等，特别重塑四面观音像和观音菩萨三十二化身像，在政和各庙宇中独具特色。

慧圣禅寺　位于东平镇凤头村境内之奘山上。始建于唐代，旧名玄奘庵，民间相传系唐代高僧玄奘所创，历经兴废，20 世纪 60 年代以后大部分建筑圮废。1991 年群众集资在旧址重建大雄宝殿。1992 年建观音殿。1995 年建天王殿及僧舍、膳堂。2000 年又新建山门。2004 年在寺对面山顶又增建仙峥一座，由是，寺院渐显规模。更由于寺院所在的奘山，是政和著名风景区之一。景色秀美，景点众多，庙宇与景观相得益彰，礼佛同观光互为参补，千年古刹，逐渐恢复往昔面貌。1998 年开通 2.5 公里公路连接线后，汽车可直达庙前。

定风寺　又名定峰寺，位于澄源乡北斗村境内。创建于唐咸通五年（846 年），是政和最早兴建的庙宇之一，现存建筑大部为清嘉庆六年（1801 年）所重建。庙宇坐北朝南，规模较大，沿中轴线由南往北依次为山门、前院、弥勒殿、三宝殿、中殿、后殿，南北长 70 米，东西宽 20 米，总面积约 1400 平方米。

山门为斗拱重檐歇山顶亭式结构。前院为走道和放生池。弥勒殿面阔 3 间，殿前两侧为厢房，厢房上分别建八角拱顶钟、鼓楼。三宝殿面阔 3 间，进深 10.7 米，两坡灰瓦顶，穿斗式结构，高约 9 米。内有天花和覆盆式斗拱藻井，十分考究。中殿、后殿结构与三宝殿相同，各殿之间均有天井和厢廊相连，整座建筑完整而宏敞。20 世纪 90 年代，群众集资对庙宇进行过修葺。庙宇右侧原有花楼一座，相传系唐银青光禄大夫许延二进京复职后，其夫人梁氏留居之所，今已圮，然其遗迹尚斑斑可见。

清平寺　位于澄源乡澄源村境内。创建于唐咸通元年（860 年），现建筑大部分为清道光十九年（1839 年）所重建，坐北朝南。其建筑群包括山门、前院、弥勒殿、三宝殿、后殿、后院及厢房、迴廊等，东侧建偏殿，总面积约 1800 平方米。弥勒殿面阔 3 间，进深 2 间，两侧厢房上分别建钟、鼓楼。三宝殿面阔 3 间，进深 12 米，两坡灰瓦顶，风火山墙，穿斗式结构，高约 9 米。其他各殿结构与正殿相同，唯后殿面阔 5 间，进深 11.4 米。各殿间有天井、廊道相连。寺中供奉有缅甸白玉石观音佛像一尊，颇为珍贵。

资福寺　又称坑塘寺，位于镇前镇下庄村坑塘自然村。始建于五代闽王曦永隆元年（939 年），明崇祯十二年（1639 年）重建。其建筑群沿中轴线由东南向西北依次为山门、放生池、前殿、天井、廊道、正殿、后池塘、后殿、后园。两侧为偏殿及厢房，总面积约 2800 平方米。

该寺建筑规模颇大，正殿面阔 3 间，进深 20 米，高约 8 米。两坡灰瓦顶，穿斗式结构，方形覆斗式藻井。后壁板尚保留有古代壁画，外露枋梁上均彩绘花卉图案。前殿进深15.7米，结构与正殿相同。两殿之间由走道、天井及厢房相连。后殿面阔3间，进深22米，与正殿有土墙相隔，自成一体。其两侧为厢房和偏殿，上方建楼阁，单檐歇山顶，穿斗式结构。寺内保存有"大明天启二年"铭文的石水缸和石盆。

第二节　道　教

政和道教不但历史悠久，而且影响广泛。据明永乐旧志记载，早在汉代以前，政和境内之洞宫、大风、望浙、铜盘、满月和白石岩等6座大山，就分别有籛骞、赵元琦、大鱼姬、胡仙姬、顾思远和白石先生等6位真人修炼道术。他们都是武夷山控鹤仙人的高徒，并受其仙诀分赴名山大川修道而成正果。各山后来均建有道观，其中以洞宫山为最。据中国道教典籍记载，洞宫山是道教七十二福地中之第二十七福地，称琅环福地，又称无为神化洞天。宋代重建道观时，其匾额由理学家、朱熹的弟子黄榦所书。

五代末至宋初，道教闾山派之夫人教开始在政和广泛传播。夫人教俗称奶娘教或阴阳教，奉许真君和三奶夫人为法主。其道法和主要宗教活动形式为举行祈安清醮、保安法科和功德道场三大类，早期多由道观道士主持，后来因道观衰落，法事则多由民间"阴阳先生"主持。"阴阳先生"有"本地阴阳"和"客家阴阳"之分，"本地阴阳"为文科，"客家阴阳"为武科。武科在举行道事活动时有"上刀山""过火海""煮油"等法事形式。这一时期，在政和杨源村创建了著名的铁坑殿——李夫人祖殿，与古田临水宫、宁德转水临水宫并称夫人教三大祖殿。此后，在城关的旗尾山麓也创建了临水宫，奉祀三位夫人。其宗教活动主要是求子保胎和祈安醮坛等，农历正月十五陈夫人神诞日则举办盛大庙会。在乡村则有铁山、长城、官湖、杨源等多处临水宫，皆以三奶夫人为神主，其宗教活动一直延续到20世纪50年代初。

清宣统二年（1910年），在城西旗尾山创建赞化宫（又称吕祖宫），供奉道教全真道"北五祖"之一的吕纯阳（吕洞宾），有住宫道士数人，除举办醮坛外，日常多有"扶乩"活动。20世纪30年代，城关还有太清宫。供奉道教始祖太上老君；万寿宫（在江西会馆），供奉许真君。20世纪50年代以后，道宫大部拆除，道教活动基本停止。1989年以后，随着党的宗教政策的落实，道教信仰和法事活动逐步恢复，除部分道教宫观得到修复外，民间多是佛、道同祀。到2005年，单纯道教活动场所有杨源铁坑殿、东平金峰道观、松源地母庙和英杰山火云洞等4处，基本信徒600余人。其中以杨源铁坑殿影响最大，其信徒除本地一些村民外，还有邻近的周宁、寿宁、屏南及建瓯一些村民。台湾高雄北极殿和峰月宫管委会主任委员陈二郎先生曾带队专程到铁坑殿进香和考察。2005年9月，日本学者野村伸一教授带领博士研究生先后两次到铁坑殿对其历史渊源、宗教形态及宗教活动进行深入研究并撰写论文。

附：宫观

铁坑殿　即临水宫，座落于杨源乡杨源村铁坑山。创建年代失考，但据清人张龄《笔记》所载，可能创建于五代末或宋初。到清初时，因"年远庙坏"，故于康熙元年（1662年）重修。此后，乾隆五十九年（1794年）、道光二十四年（1844年）及民国6年又先后3次重修扩建，遂成规模。

铁坑殿是著名道教闾山派夫人教三神主中顺天圣母李夫人之祖殿，与古田大桥临水宫、宁德霍童转水临水宫并称夫人教三大祖殿，在闽、台两地均有很大影响。铁坑殿正殿面阔10.4米，分上、下栋，上栋进深10米，下栋3米，中为天井。偏殿按形制称梳妆楼，进深8米，阔9.5米。

1997年农历八月，该殿曾接待过台湾高雄市峰月宫和北极殿进香考察团。

火云洞　位于石屯镇西津村英杰山一悬崖处，古称回坑洞。洞高7米，深21米，洞口宽5米，内宽2米，可容数百人。古时战乱中是百姓避难之所。在火云洞左上方有一片宽坦山波，原为古代火云道观，后毁于战乱，现仅留遗迹。20世纪90年代，道家在火云洞口建造亭阁，洞内奉祀慈航道人和张真君，遂成一处道教活动场所。

第三节　基督教

清光绪二十年（1894年），在建瓯传教的美国传教士鹿峥嵘首次到政和发展信徒，开始了基督教在政和的传播历史。光绪三十一年（1905年），英国传教士隆悌华到政和传教，设立基督教中华圣公会，隶属福建教区建瓯支区松政牧区。这是政和有基督教组织之始。其时在城关南门创建教堂一所。1919年3月，基督教传入倪屯（今石屯镇工农村）、东平，在东平南街建造教堂一所。由是基督教在政和平原区乡村传播，发展教徒近250人。

1958年，因兴建南门大桥，城关基督教堂迁东门胜利街136号。1966年“文化大革命”开始后基督教停止活动。1980年6月，政和基督教恢复活动。1983年10月，召开政和县第一次基督教代表大会，并成立政和县基督教“三自”爱国运动委员会，选举委员5人。1985年5月，经中共政和县委批准，开放城关和东平2处教堂，作为基督教活动点，并于1993年正式予以登记。

1989年，政和基督教有城关、东平两堂，教徒150余人。并以堂带点管理石门、工农、锦屏、后源、西坑、镇前、杨源、澄源等8个点，教徒300余人。

1998年8月，位于元峰庄中元路85号的城关基督教堂新楼落成，占地405平方米。是年，全县有基督教信徒近1000人，其中城关教堂有信徒200多人。

至2005年年底，全县有城关和东平两所教堂，以堂带点管理的传教点有工农、石门、铁山、章口、西坑、后源、铁山、招岭、洋屯等9个，信徒1200余人。

附：教堂

城区基督教堂　政和城区基督教堂创建于20世纪初，原址在城外南门。1958年因兴建星溪大桥，教堂正处桥头基地，故迁往东门活动。1966年“文化大革命”中基督教停止活动直至1980年恢复。1995年7月，在县委统战部牵头协调下，筹资30多万元在青龙山麓元峰庄中元路兴建一座新基督教堂，教堂占地405平方米，1998年8月落成投入使用。

第四节　宗教管理

一、行政管理

（一）管理机构

1989—2002年3月，在县委统战部内设宗教科，负责全县宗教管理工作。1992年4月，县委统战部加挂民族与宗教事务局牌子。2005年5月，作为县人民政府主管民族宗教事务的部门管理机构，原由统战部承担的民族与宗教事务管理职能和民间信仰活动场所的管理职能划归县民族宗教事务局，宗教事务正式纳入政府行政管理轨道。

（二）管理内容

宣传教育　20世纪80年代末，政和城、乡曾一度出现滥建庙宇和“基督教聚会点”的非法活动，严重影响社会秩序和群众的生产秩序，为此，统战部在加强宗教政策宣传教育的同时，与公安、土地、城建等部门通力合作，遏制滥建庙宇歪风，取缔石屯、铁山等非法聚会点。1989年以来多次组织力量，开展对全县范围内的庙宇及民间信仰活动场进行调查，特别是对涉台、涉侨、涉外的宗教及民间信仰活动情况进行认真调研，在调研基础上制定相应管理办法。1997年年初，县政府召开办公会议，专题研究宗教工作，并以政人通（97）1号《通告》颁发全县。《通告》对加强全县宗教活动场所管理、反对封建迷信活动以及维护宗教信仰自由等均做出明确规定。是年，在各乡镇建立了一支以乡镇统战委员和行政村宗教联络员为骨干的宣传队伍。当年发放宣传材800多份，组织宗教界人士学习或以会代训8次，参加学习180人次。

登记管理　1991年以来，县宗教管理部门为规范宗教活动和合理安排宗教活动场所，先后4批次对符合开放条件的9处佛教活动场所进行登记开放或临时登记开放，其中1991年登记1处，1994年登记5处，1998年登记2处，2004年临时登记1处。对上述已登记开放的宗教活动场所，宗教部门则加强对传教人员进行政策引导和思想沟通。在加强管理的同时，依法维护宗教人士的合法权益和帮助解决他们的实际困难，巩固和发展宗教界的爱国统一战线，团结和动员广大信教群众投身社会主义现代化建设。

二、协会管理

（一）佛教协会

1993年7月13日，召开第一届第一次佛教界代表会议。出席会议代表23人，选举产生县宗教协会第一届理事会，通过了协会章程。协会的主要工作是贯彻党的宗教政策，引导信徒遵纪守法，在法律规范范围内开展活动，并协调全县各佛教场所关系。同时，培养输送传教人员，选送1名人员到福建佛学院深造。1994年10月30日，召开县佛教界一届二次代表会，对协会班子进行届中调整。

2000年10月31日，召开县佛教界第二届第一次代表会议，选举产生新一届协会班子，并修改协会章程。通过协会日常工作，加强对传教人员及信徒的教育，进一步提高他们对党的宗教政策的认识。

（二）基督教三自爱国运动委员会

政和县基督教三自爱国运动委员会，简称三自爱国会。成立于1983年10月，其宗旨是团结全县基督教徒，热爱祖国，坚持自立、自养、自传的传教原则，抵制国外反动势力的渗透，教育信徒遵纪守法，维护信徒合法权益。1997年8月26日，召开第二届第一次基督教界代表会议，选举产生由15人组成的县基督教协会第二届委员会及其领导人员。协会先后选送1人到南京神学院、2人到福建神学院深造，并有6人到建瓯、浦城、武夷山、邵武等教会义工班学习。

第二章　民　俗

政和史称"先贤过化之地"，故政和人自古重教化，敦礼俗，并逐渐形成涵盖生产、生活及岁时礼仪诸多方面的风俗习惯。这些习俗有的已随时代的变迁而消失，有的则流传至今。其中虽有些封建迷信糟粕，需要批判地继承，但大多数反映出山城人民质朴敦厚的思想感情和敦亲睦邻的人际关系；有些生产习俗则反映人们敬畏自然及天人合一的和谐思想。新中国成立后，特别是改革开放以后形成的新习俗、新风尚，则具有鲜明的时代特征，体现出移风易俗的时代精神。

第一节　经济生产风俗

一、农村生产风俗

伐木　农村视伐木为大事，其礼俗颇为繁杂。大面积砍伐俗称"做柴筒""砍青山"，要选择黄道吉日进场。进场后首先要祭山，祭奠对象为"山主""山神"及"土地"等三神主，祭品为公鸡或猪头、三素三荤菜肴等。祭奠必须选山场中最大的一棵树进行，且这棵树要留山，不得砍伐。倘若建房、建桥砍伐梁木或砍伐寿材，则必须选在农历八月初一进行，梁木要选尾部有2至3个分枝之树，并在树上披上红布，砍倒后要用树枝垫起，树干不得着地，抬回家时也然。进场砍伐要"做柴"师傅带工，砍第一根木头时须由师傅先砍三斧，谓之“开斧”。“开斧”后方可进行正式砍伐。砍第一根木头必须是“顺山倒”。若遇“下山溜”则被视为不吉利，当天停止砍伐，次日或另择日子重新“开斧”。若第一天砍伐顺利，当晚则利用拜山祭品并另加酒菜会餐，谓之“做福”，此后便可顺利进行砍伐。改革开放后，为保护森林资源，大面积砍伐不多，伐木习俗有所简化，但“祭山”“开斧”等习俗仍然在乡间流传。

制笋　政和盛产毛竹，白笋干是传统大宗土特产品，远销江浙及上海。在主产区星溪乡宝岱、铁山镇高林、岭腰乡西坑等村，制笋干是一项重要的农事活动。从挖笋之日起，便要日夜操劳数月，故旧俗每年农历清明节前后三天，笋农择吉日进山建笋厂，全家人连同家禽、家畜都要搬到笋厂。建厂时要在厂内安设神位，每日焚香。开挖春笋前要用公鸡、红蛋祭山神和“老佰佛”，祈求保佑人畜平安，生产顺利。第一次挖笋时，要选最大的挖。在挖笋过程中，若挖到“笋王”，即双尾或三尾笋，则要立即烤干，用红布或红纸包裹，敬香上供三天。在第一次卖笋时要将“笋王”带上，笋商见到“笋王”，便会以较高价格优先收购这家人的笋干。20 世纪 90 年代后，大力发展清水笋产业，白笋干生产逐渐衰退，制笋过程中的各种习俗也逐渐淡化，仅在个别村庄流行。

造纸　铁山镇高林村、东平镇西表等村曾是手工土纸著名产地。最旺时期仅高林村就有纸厂十余家，其产品代白纸、粗甲纸除行销本地外，还畅销福州及江浙，并被进一步加工成各种色纸。手工纸以毛竹为原料，因此，砍伐毛竹是手工造纸的首道工序。旧俗进山砍竹时禁说不吉利话，砍伐前要选一根长短适中的新竹，绑上黄、白两种纸，点燃三支香祷告，谓之“拜山”。倘当日砍伐不顺利，次日则要备办猪脚、麻糍等供品再祭拜。也有一些厂家在厂内设一神龛，逢初一、十五日上香礼拜，谓之“拜师傅”。改革开放后，手工纸渐为机制纸所代替，此俗渐不流行。

建桥　政和农村多数地处深山狭谷间，溪流纵横交错。自古以来建造各类廊桥便成为农村生产生活中的一件大事，几乎是逢村必有桥，至今全县不但保存古桥 100 余座，且不断在建造新廊桥。在农村建桥被视为神圣大事，其礼仪相当繁杂且沿袭至今。首先要组建建桥董事会，推选缘首，由董事会和缘首物色技艺高超的主墨师傅并与之签定“桥约”，然后请地理师选定桥址（多在乡村水尾处），并同时行择日吉课，确定动工、架马、上梁等重要日子，一般在“秋分”后的枯水期破土动工。动工时要举行隆重的祭河仪式，要备办香烛、茶、酒、果点、素菜及“三牲”等供品。在备“三牲”时，要将猪、羊先杀一刀后放到溪中，让其血喷洒在溪水中，溪水越红越吉利。祭河仪式结束后即可开始施工。此后建桥台、上苗梁、上五节苗乃至建桥屋、上“喜梁”，每道工序均由主墨师傅主持，并且都要“发诗”祝颂，特别是“上喜梁”时，“发诗”长达“十喝”，颇具特色。到桥梁建成时，还要推选村中夫妻健在、三世同堂的有福之人“踏桥开走”。

护牛　旧时，牛是重要生产帮手，农民视牛如宝，历来有爱牛护牛的良俗。农历四月初八日被视为牛生日。这天不但要让牛休息，不下田劳作，而且要温热红酒和做糯米糍粑喂牛，意为给牛过生日。冬天，遇霜、雪严寒之日，也要让牛喝红酒，故农家多备有“牛酒”。

尝新　农历九月二十八日，秋收结束，新谷入仓，为庆贺一年的辛劳，这一天农村家家户户要选用新收的糯米舂糍粑、磨豆沙，做成喷香可口的豆沙糍，既全家享用，也馈赠亲友，谓之“尝新”。又因为此时农事基本结束，农具、谷楻均清洗干净，农民也不下田，不再满脚泥，故又称“洗泥”，此俗至今仍在多数乡村流行。

二、商贸风俗

墟市　自清中叶起，东平镇即形成墟市。农历逢二、七为墟期，每月六墟，届时远近村民均将各自生产的农副土特产品拿到集市上交易，最多时赶集群众可达近万人。2003 年，岭腰乡也创办墟市，墟期为阳历每月 8 日（参见卷二十一《商贸》）。

招幌、广告　旧俗不注重广告，商家招徕顾客仅用简单招幌而已，如布店悬一招幌，上书“布”字；酒店悬一“酒”字招幌等等。20 世纪 80 年代后期，商家多悬彩色招牌。90 年代后，各式灯箱广告大量出现。进入 21 世纪后，商家广告宣传意识进一步加强，除各种灯箱、霓虹灯广告外，出现大量印刷精美的商品小广告，并雇专人随时向社会散发。

开业、促销 商家开业多讲究吉利，要选择“旺日”。时辰多选在八时或某时八分，因“八”与“发”谐音，以祈兴旺发财。时辰一到，则燃放烟花爆竹，有的还请专业乐队捧场，亲朋好友会到场送花篮、放鞭炮祝贺。开业也多伴有促销活动，商品有打折，并随赠一些纪念品。逢国庆或店庆，多数商家也会搞相应的促销活动，风尚所至，渐成流俗。

夜市 20世纪90年代后，随着人们夜生活的不断丰富，夜市悄然兴起并迅速发展，吃宵夜成为一种生活时尚。在城区逐渐形成河滨中路、中元路公园口、西大桥头及河滨公园等数个夜市集中区，各类火锅、炭烤鱼是夜市消费的时尚食品。

商品展销会 20世纪90年代后，各类商品展销会取代了旧时的物资交流会，并成为商品流通领域的一种时尚，诸如上海毛衣、内蒙古皮衣、北京布鞋、海宁皮夹克等名牌产品展销，几乎每年都有举行，赶促销会也成为群众消费习俗。

专题节会 茶、竹、笋系政和之名产。为提高产品知名度，自上世纪90年代以后，先后多次不定期举办这些产品的推介会和赛事，如“茶王赛”“竹王赛”“竹制品推介会”“茶艺比赛”“茶文化节”等等，逐渐形成注重茶、竹产品文化内涵的习尚。

第二节 生活风俗

衣饰 旧时政和因受地理环境和经济发展水平影响，民多俭朴。明、清旧志记载，“俗尚辛勤，民情古朴”，“衣服俭朴，率以韦布”。即便在20世纪80年代前后，人们的衣着仍然简朴，色泽以蓝、青、灰色为主，样式单调，特别是在农村，男直襟，女斜襟是衣着的普遍习惯。改革开放后，随着人们生活水平的提高，风尚渐变。人们衣着已不以保暖为唯一目的，而是追求时尚，讲究个性。西装、职业装是工薪阶层的普遍选择，牛仔装在青年人中广为流行。人们的衣着观念从大众化逐渐转向追求品牌。衣着的年龄界限逐渐模糊，许多老年人也喜欢穿大红大紫的服装。在农村，传统的斜襟服装也已鲜见。金、银首饰和玉器也从少数人的奢侈品变成大众化的饰品。

饮食 自古政俗饮食善精洁，不尚奢靡。日三餐以米饭为主，杂以面食。农村劳动群众三餐多食干饭，城区居民早餐多食粥。改革开放后，不少人早餐改食豆浆、牛奶、馒头等，也有部分人到快餐店进食。旧俗饮燕必以鸡鸭鱼肉为佳肴，所谓无肉不成宴。改革开放后人们饮食观念大为改变，绿色食品、无公害食品成为餐桌上新宠，政和特产苦锥粿、魔芋、山珍糕等乡土菜都成为宴席上的佳肴。传统饮品为家酿米酒（俗称红酒），多数人家于每年农历十月便开始酿制，以备全年饮用。夏天则有部分人酿制白水酒。20世纪90年代后，当地名产东平高梁、东平老窖以及各种啤酒、葡萄酒则成为大众化饮品。

品茶 政和是著名茶产区，群众历来有饮茶习惯，然多以解渴为目的。20世纪90年代后，随着茶产业的发展及政和茶叶知名度的提高，茶楼、茶座与日俱增，品茶之风悄然兴起，饮茶成为人们健康生活的时尚追求。

理发 俗称“剔头”，旧俗只有男子才到理发店理发。改革开放后，无论男女理发、洗发均到理发厅，且从简单的“剔头”变为“美发”，染发、烫发渐成大众时尚，特别是女性理发讲究张扬个性，发型从单一到多样。中、老年妇女中梳髻子的已鲜见。

居住、器用 传统民居多为土木或砖木结构，富庶人家宅院建筑颇考究，一般有砖雕门楼，厅堂式一进或多进，风火马头墙，有照壁、天井，此类民居至今在东平、杨源、澄源等乡镇尚随处可见，多为明、清建筑。普通人家则多为土木建筑，单层或两层。新中国成立后至改革开放前，民居建筑多为砖混结构，一般在四层以下。20世纪90年代起，混凝土钢筋结构的高层住宅大量出现，且风格各异，装修讲究。世纪末，更出现不少别墅式住宅建筑。传统民间生活器用诸如饭甑、火笼、马桶、棕衣、斗笠等已鲜见。在杨源、澄源等山区农村，用餐多所用“挂桌”，平时收拢悬挂在壁上，用餐时放下，桌下设有火塘，冬天可生火取暖，颇具地方特色。改革开放后，家用电器普及城乡，电视机、冰箱、电饭煲、微波炉、电磁炉等已进入寻常百姓家，燃气灶也大多取代了传统锅灶。

出行　20 世纪 80 年代，在城区人们出行主要靠步行、搭人力三轮车或骑自行车。20 世纪 90 年代中期，人们开始使用摩托车，而且逐年增加，成为城乡群众出行的主要交通工具之一。同时，港田三轮摩托车大量出现，取代了人力三轮车。1997 年，城区开通 4 条公交车线路，人们出行更加方便。远行则乘长途汽车，或转乘火车，乘飞机者也不在少数。政俗凡亲友出远门必备酒菜饯行，离家门时要放喜炮，以祈一路平安。

做满月、做周岁　新生儿满月要宴请至亲，俗称“做满月”。外婆家要备送数套婴儿服装、鞋帽、银饰、童床及红蛋等。周岁也然，俗称“做晬”。外婆家除送服装等外，要根据宴请客人数量，备送红蛋、粽子，以供席间分发。

庆寿　政俗十岁称“头寿”，民间颇为重视，即便贫寒人家也会主动宴请亲朋。此后逢十为寿，但只有 50 岁后才“做寿”。多系亲朋友好在春节期间主动上门燃放鞭炮祝贺，称为拜寿。寿星要给拜寿者发红包，再择日宴请。近多有子女择寿星生日之时，为长辈举办寿宴，既体现了尊老的美意，又避免了大量燃放鞭炮的浪费。

第三节　岁时风俗

一、传统节日

立春　俗称“交春”，被视为春季之始。旧时民间极为重视，是日家家户户悬挂《春牛图》，有的人家还要供一盆“迎春花”，时辰一到，上香放鞭炮，谓之“接春”。近年来此俗已逐渐淡出人们生活。

春节　政俗农历正月初一至初三为春节，是一年中最重要的节日。人们哪怕远在千里之外，也要尽量回家团聚。初一凌晨，各家择吉时燃放鞭炮开启门户，谓之“开大门”。初一要早起，洗漱后要喝糖茶，以祈一年中都甜甜美美。旧时春节期间商家均歇业，待春节过后择吉日开市。改革开放后，人们抓住商机，不少商店和食品摊点照样营业。旧俗初一、初二人们一般在家团聚，不出行，初三开始相互登门拜年。改革开放后，人们拜年已不拘时日，且随着手机的普及，通过电话或发短讯相互拜年渐成时尚。春节期间，有关部门和单位分别举办舞龙、象棋比赛及游园活动。在东平镇要举办“跑龙”比赛。政和民间流行“七人八谷九天十地”之俗，即正月初七为人生日，初八为五谷生日，初九为天神生日，初十为地神生日，均要焚香祭祀，可视为春节的延续。

元宵节　农历正月十五日为元宵节，古称上元节，政和俗称“过大年”。旧时元宵节的重要活动是“闹花灯”，现已鲜见。民间相传此日是临水圣母夫人诞辰日，故举行临水庙会、“游大奶”也是元宵节最重要的活动，“文化大革命”前后此活动基本停止。改革开放后，部分乡镇和村庄逐渐恢复大奶庙会，铁山镇还恢复妆扮台阁、“抢溪洲”等独特民俗活动。在城区，自 1986 年起，每年元宵节均举办舞龙比赛，东平、石屯、铁山等乡镇均派龙灯队参赛。

清明节　又称踏青节、祭坟节，其重要活动是扫墓、祭坟，以缅怀祖先。政俗凡新坟必须在社日前祭扫，所谓“新坟不过社”。旧坟则多在清明日前后数日祭扫（俗行“前三后四”），但以清明当日祭坟者居多。旧俗扫墓必备办酒、肉等祭品，要焚香、烧纸、挂纸，新俗则通行在坟前摆放鲜花。清明期间，城区各中小学多组织学生到县烈士陵园祭奠烈士英灵，进行革命传统教育。

端午节　农历五月初五为端午节，又称端阳节，也是民间视为最重要的节日之一。节前数日，家家户户即开始包粽子，初一日在门前挂艾草和菖蒲。政俗有“年三工（天），（端午）节三顿（餐），中秋一暝暗”之说，故端午节一天的饮宴都颇有讲究，早餐必备瓜果等凉菜，谓之“吃生”。午餐为节餐，备丰盛酒菜合家团聚，多数人家要吃薄饼，并且要分吃“人丁粽”。旧俗要喝一口雄黄酒，以避虫蝎，不生毒瘤。中午妇女信众要备办香烛“走桥”，向河里扔粽子。帷杨源乡坂头一带端午节则在初四日过，其因有两说，一说初五日乃屈原投江之日，故而避之；一说初五日是闽王忌日，所以提前过节。坂头一带有在端午举办“新娘茶宴”的习俗，即凡在上年端午至本年端午之间娶媳妇的人家，都要以茶代酒，陈设数十种“茶料”款待乡亲，乡亲邻里则不论亲疏远近，均可挨家挨户去赴茶宴，且无须送礼，新媳妇则一一为客人斟茶。当客人离去时，新媳妇要在客人腰间缠上一根长九尺九寸的红头绳，并把客人送出门。此俗寓意有三，就主人而言，“九九”为最大阳数，预示主人将添男丁。同时，“九”与“久”同音，表示新婚夫妻将长长久久，白头偕老。对客人而言，红绳乃喜气的象征，带走红绳即从主人家“借”到喜气，来年必有好运。

七夕节　又称乞巧节、女儿节。旧俗这天晚上要在月下陈设香案拜月，妇女们特别是少女们要用七色丝线穿七枚针，以比赛谁手巧，谓之“穿七孔针”，但此活动现已鲜见。民间传说七夕是牛郎、织女鹊桥相会的日子，因此，这一夜也是恋人约会的佳期，近年来又渐演化为中国情人节。

中元节　农历七月十五日中元节，又称祭祖节。民间俗称“鬼节”“公婆节”或“做七月半”，是人们祭祀祖先，缅怀先祖的行孝节日。旧俗七月初一日，各家就要请出“公婆牌”供奉在厅堂，早晚必须奉茶、酒，上香，直至十五日“送公婆”。中元节前后，择日备办荤、素菜肴祭祀祖先，烧纸钱，俗称“烧公婆纸”。旧时有放河灯等活动。中元节也是佛教盂兰盆节，有些寺庙会举办盂兰盆会。因这些活动均与传统孝道有关，故至今流俗不改。

中秋节　农历八月十五日为中秋节，也是民间最注重的节日之一。节前娘家要给出嫁的女儿送月饼等物，谓之“送中秋”。旧俗中秋晚上，多数小孩上街玩“流星灯”，大人则分别在城区东、西、南三个方向择空旷之处垒砌砖或瓦塔，内充柴草谷壳，待烧红后不断喷以煤油或红酒，引发烈焰冲天，谓之“烧塔”，往往通宵达旦，意在驱除邪气，祈求四境平安，此俗现已不行。赏月也是中秋节的重要内容之一，中秋月圆，人们吃过团圆饭后，便围坐在庭院中，摆上月饼、茶点，赏月嬉戏，其乐融融。改革开放后，走出家门，合家到露天茶座喝茶赏月也渐成习尚。而不少部门、单位则在中秋夜举办中秋赏月晚会，赋于传统节日以新的内容。

重阳节　农历九月初九为重阳节，又称重九节、登高节。旧俗重阳节人们要插茱萸、登高，临水宫举办重阳醮会，为儿童“过关”，祈求平安，此俗现已淡出人们生活。做重阳糕、吃米冻粿是重阳节在饮食方面的必备节目。重阳时节气候转凉，秋风渐起，故放风筝也成为重阳节的一道风景。重阳节的核心民俗文化意义在于祈寿，因“九九”为阳数之极，“糕”与“高”谐音，均寄托人们祈求高寿的美好愿望。“登高”更直接表达了人们期盼登寿的心理。1989年，重阳节被国家定为我国的老人节后，有关部门则多在此日组织离退休干部职工开展登山、游园等文体活动，并组织人员到城乡敬老院慰问老人。

除夕　一年之中最为繁忙、隆重的节日。农历十二月十五日以后，人们纷纷开始整理房舍，打扫卫生，谓之“扫尘”。二十三日为送灶神日，家家户户备办糖果糕点敬送灶神上天“奏喜事”，二十九日再迎神回宅“赐祯祥”，在此期间，人们开始蒸年糕，备办年货。三十日（小月为二十九日）为除夕，俗称“卅日暝”，是日下午要备办荤、素菜肴敬神，谓之“分岁”。晚上合家团聚，吃团圆饭，长辈给小孩分发压岁钱，小辈则为长辈“守岁”，通宵达旦。近年来，渐流行“团圆饭”上酒家、饭店吃的风习，看中央电视台的春节文艺晚会则成为时尚。从20世纪80年代开始，风行子夜12点燃放烟花爆竹，以迎接新一年的来临，谓之“接新”。

二、现代节日

重大的现代节日有元旦、“三八”国际妇女节（以下简称妇女节）、“五一”国际劳动节（以下简称劳动节）、“六一”国际儿童节、“七一”中国共产党建党节、“八一”中国人民解放军建军节、“十一”中华人民共和国国庆节（以下简称国庆节）等。这些节日多具有强烈的爱国主义或国际主义教育意义，故历来为人民群众和政府所重视。节日期间都要开展丰富多彩的活动，特别是元旦、劳动节和国庆节等三大节日，最为人们所关注。节前要整治环境，清理卫生，机关单位多张灯结彩。节日期间不但要组织各种文艺演出，而且往往根据不同节日内容，开展评优、评先和慰问活动，如劳动节评选劳动模范，建党节评选优秀共产党员，建军节慰问驻军等。1999年9月，国务院颁布《全国年节及纪念日放假办法》后，劳动节、国庆节假期增至3天，调整工作日后形成两个“黄金周”。因此，利用节日外出旅游逐渐成为时尚。

此外，还有不少行业性和专题性节日，如教师节是教育界的重要节日，护士节是医护人员聚会欢庆之日，环卫工人节则是“城市美容师”们的节日，均要举办不同形式的活动。植树节则是全民参加植树造林的日子。

改革开放后，随着中外文化交流的发展，一些西方的“洋节日”也渐为政和群众特别是青年人所接受和仿效，如圣诞节、母亲节、父亲节、情人节、愚人节等均已流行，立圣诞树，互送玫瑰花、巧克力，都已成为这些节日的时尚节目。

三、特色节庆

畲族拜祖节　农历六月初六，是东平镇后布村和铁山镇元山村畲族群众的拜祖节。这一天要拜祭祖先，唱畲歌，吃乌米饭，故又称“乌饭节”。2005年起，后布村在“乌饭节”期间举办畲族文化节，从而使“乌饭节”这一传统节日的活动内容更加丰富，更富于时代特色。

英节庙会和洞宫山旅游文化节　杨源乡杨源村系唐代福建招讨使张谨后裔聚居之村。乾符年间谨与黄巢部激战于政和，殁于铁山，后朝廷在政和敕建英节庙3座以祀张谨及部将郭荣等。自明、清以来，每年农历二月初九和八月初六，杨源张氏族人均要举办盛大的英节庙会，届时除举行祭祀、游神、排战阵等活动外，还要连演三昼夜古老剧种四平戏。在此期间，铁山、凤林、夏山、南洞等村也相继举行“游八公”庙会。为提升民俗庙会的文化品位和推介本地的旅游文化资源，自2001年开始，杨源乡又在庙会期间举办洞宫山旅游文化节，邀请省内外众多媒体及作家、摄影家参加，至2005年已举办三届（参见卷二十九《文化 体育》第一章）。

念山游黄巢庙会　星溪乡念山村原名黄念山，是唐末黄巢义军入闽后在政和扎营屯军之地。其村也因此而得名，村中建有黄巢庙。每年农历七月二十至二十三，均举办祭祀庙会，在所属8个自然村依次游神（黄巢）3天，游神时要出动号旗、火铳及全套仪仗，以仿当年战官兵场面，也为当地之特俗。

东平王庙会和禾洋民俗文化节　东平王庙会祭祀的是唐朝爱国将领张巡。他在“安史之乱”中英勇战死于睢阳。民间相传他死后被封为“通真三太子”，政和民间俗称“东平王”。张巡信仰原流行于中原，唐宋以后，随大批中原移民入闽其信仰也逐渐传入闽北。政和镇前、杨源等高山区乡村大多建有东平王庙，相传每年农历七月二十四日是东平王诞辰日，要举办盛大庙会，其中以杨源乡禾洋村庙会最具特色。庙会从二十四日开始至二十六日结束，连续三天，除在全村巡游祀主神像以求四境平安外，也要演出三昼夜四平戏和木偶戏。特别是庙会期间要舞“草龙”，为他处所未见。2004年起，禾洋村在传统庙会基础上，拓展活动内容，举办民俗文化节，融入农村文化、体育活动（参见卷二十九《文化 体育》第一章）。

石屯农民诗文化节　政和农民诗歌创作活动始于上世纪60年代，1991年开始，石屯镇把每年农历九月九日定为“农民诗文化节”，节日期间，镇所在地主要街道张灯结彩，家家户户要张贴自行创作的楹联。除邀请全县各地农民诗歌作者参加赛诗活动外，还组织踩街、歌舞及木偶戏等文艺演出，并同时开展各种经贸和科技咨询活动。

四、其他

闰月饭　每逢有闰月的年份，在闰月中娘家要备一桌午宴请已出嫁的女儿或姐妹，俗称“闰月饭”“后头饭”。请“后头饭”时间可选闰月任一天，但俗尚趋早。女儿或姐妹吃完“后头饭”必须当日返回，忌在娘家留宿。

开路饭　政俗崇尚善举，自古视修桥铺路为阴功积德之事。故至今在农村地区，每年从农历八月初一至十五日，人们会自觉相约集聚，义务清理村庄附近的道路，铲除杂草，填补坑洼。而一些新添丁口或家境较好的人，则会自愿准备饭菜，请参加修路的人吃饭，谓之“开路饭”。

第四节　礼仪风俗

一、社交

传统社交活动多在亲戚、同事和挚友间进行。逢年过节走亲戚、访朋友、邻里串门是多数人的交往方式。

政和人自古崇尚“礼数”，遇到熟人必以微笑、点头或握手表示问候。与陌生人打招呼忌用“喂”，对年长者称大伯、大叔、婶妈，也有直称“叟人”或“叟人家”的。对中年人多称大哥、大嫂或兄弟。对年轻人多称俺弟、俺妹。对手艺人则称师傅。改革开放后，企业主队伍迅速壮大，人们多称之为老总。对女性称小姐、女士也日益普遍。政俗已婚男女对对方长辈至亲的称呼要高称一辈，即随子女称，如称对方的舅舅为舅翁，称对方的叔叔为叔公，称对方的伯母为伯婆等。

政和人送礼以红、白之事居常，凡结婚、寿庆等喜事，礼金必以红纸包之，近年多用礼袋。丧礼则用白纸包封，并写上“丧仪”或“代纸烛”“代花圈”等，事主若不设宴，则多以半数丧仪用红包相回。

20世纪80年代后，同学关系，备受重视，同学聚会渐成风气，各种同学会应时而生，成为社交活动的一大内容。90年代后，随着互联网的快速发展，“网交”之风悄然兴起，“网聊”“网恋”开始受到部分年青人推崇。

二、婚嫁

旧俗男女婚嫁，必经媒人说合、插记、行聘、迎娶等诸多繁琐程序。新俗通常是自由恋爱，但仍要请“介绍人”从中沟通。在民间仍然有“合八字”的流俗，若双方八字无碍，方由介绍人从中周旋，议定聘金、聘礼，由女方开出“红单”，男方照单备办。多数人在双方议定之后，会举行订婚仪式，也有些人不办订婚酒席，直接择日完婚。订婚时男方大多要给女方送大、小定婚饼，女方则按不同份额分赠亲戚。

迎娶是婚礼中最重要程序。政俗女方中午设酒席，男方则设晚宴。当天上午，男方派新娘车和嫁妆车，由介绍人（媒人）带领到女方家接新娘，要给女方送去“剃面担”，内除了装糖果、剃刀、离母布等外，特别要备一株青葱、一枝线柏，一包用红纸包起的茶叶和一包红纸包好的食盐。茶叶包外书写“山盟”，食盐包外则书写“海誓”，寓意夫妻白头偕老。女方要请年长且儿女双全的女宾为新娘子修脸。现时新娘虽多在美容厅化妆，但仍要进行象征性的修脸，俗称“剃面”。然后拜别祖先和父母，由母舅或兄弟背出门（新俗改为牵出大门）上新娘车，随行的有挑“红担”的小舅子和数名小姨子（伴娘）。自上世纪60年代以后“拜堂”仪式已鲜见。80年代后，在城区结婚宴席多在酒楼举办，通常是新郎、新娘在酒楼门口迎候宾客，入席后依次给客人敬酒，也有个别人举行简短仪式。闹洞房的习俗依旧，但已趋于简单化，在城区也有些人改在歌厅进行。次日，岳家设午宴请女婿，男方则设晚宴请女方亲戚，谓之请“会亲”，意在让双方亲戚互相认识，便于日后沟通。在杨源、镇前等乡镇，旧时流行“哭嫁”习俗，女孩自幼就要学“哭嫁歌”，其内容包括从议婚到结婚的全过程，诸如梳妆、下楼、接礼、别亲、拜天地、出门、上轿、入洞房等均有歌唱。但自上世纪70年代以后此俗渐不流行，现今能唱“哭嫁歌”的妇女已很少。在澄源乡星溪头、北斗等一些村庄，女儿出嫁送出门后，东家要邀请全村妇女到家中喝茶，谓之“喜茶”。此俗至今尚流行。

三、丧葬

政和人视丧葬为人生终结大事，故旧俗十分繁杂（参见1994年版《政和县志》卷三十《民俗 宗教》)。20世纪90年代后，丧葬礼俗有所简化，但在民间仍然要经历报丧、守灵、出殡、祭三、做七、除孝等过程。

当病人弥留之际，子女亲属必须守候在旁，谓之送终。断气前须将病人移于厅堂木板上，忌在楼上咽气。咽气后孝子须立即到河边“买水”，为死者沐浴、梳头，换上寿衣。孝子随即要到舅家或长辈亲戚处跪拜“报孝”。同时，择定火化和出殡时日。20 世纪 90 年代以前尚未全面实行火葬，往往有停尸多日的，亲属要日夜轮流守灵。2001 年全县城乡全面实行火化制度，然丧家通常在遗体火化后把骨灰接回家中设灵堂，供亲朋凭吊。在此期间民间多有法事活动，以超度亡灵。出殡前要举行大祭，若死者为女性，娘家至亲要备办猪头、种种素菜等祭品。内、外亲戚依次向亡者焚香跪拜，孝子、孝女则跪伏一旁谢祭。出殡多在上午，惟东平镇及澄源一些地方俗在下午。凡机关、企事业单位工作人员去世，出殡前一般会召开简短的追悼会，以追思死者的功绩。政俗出殡时亡灵出门须走“上首”（东向），若墓地在西向，也得先往东走一段路再拐向西。上世纪 90 年代以后，出殡日渐铺张，出现用鲜花制作的花圈、花篮、花匾、花球。多数人都雇请乐队。送葬人送到城郊，孝子跪拜辞谢方回。安葬后第三天，要到坟上添土、祭奠，谓之“祭三”。此后每七日必祭奠，直至七“七”，俗称“做七”。旧俗长辈去世后家人要“守孝”至少一年，守孝期间不办婚庆喜事。现因人们生活节奏加快，工作流动性大，守孝时间可长可短，各视具体情况而定。20 世纪 90 年代后，实行殡葬改革，葬俗逐步简化。

第五节 民间信仰与禁忌

一、民间信仰

政和人信奉的民间神祇众多，既有自然神、宗教神、英雄神，也有家族神，大多源于人们对大自然的敬畏、对历史及英雄人物的敬仰和对祖先的尊崇。每逢初一、十五或神佛生日，信众往往自发举行进香、祭祀活动。民间时有向崇奉的神祇祈福、许愿活动，一旦如愿，则要备办祭品“还愿”，演木偶戏。乡间多有迎神赛会活动，如杨源村二月初八和八月初六张八公庙会，铁山八月初三郭元帅庙会，镇前梨溪、齐家洋等村七月二十七齐天大圣庙会等等，均要举办打清醮法事活动并演木偶戏。民间信奉的神祇既有各地共同的，也有个别乡村特有的。

天神 俗称天公菩萨，民间视为主持正义和公道之神。无专门庙宇，人们遇到难事往往焚香对天发誓愿，祈求天公保佑。

土地神 俗称土地翁，被视为保佑一方土地安宁的神祇。农村既有规模很小的庙宇，也有在村头村尾用石头简单垒成的神位，每逢初一、十五，乡人多往上香祭祀。

地方福主 为保佑某一地域四境平安、风调雨顺的护卫神。城区有东、西、南、北四庙，在农村则多数村庄皆有供奉，但各地供奉的神主各异，如杨源乡禾洋附近村庄为东平尊王，星溪乡念山村为黄巢元帅，东峰村为李御史（彦坚），石屯镇工农村为杨御史（惠民）等等，不一而足。各地逢福主诞辰日都要举办庙会和游神活动。

观音菩萨 观音菩萨是一位大慈大悲、救苦救难的慈善菩萨，在民间家喻户晓，信徒众多，各庙宇均设观音殿或观音佛龛。在农村多数廊桥内都供奉观音菩萨。相传每年农历二月十九、六月十九和九月十九分别为观音菩萨诞辰日、成佛日和坐化升天日，信众均要举行祭拜活动。

临水三夫人 即被誉为“陆上马祖”的陈夫人（靖姑）、林夫人（九娘）和李夫人（三娘），俗称三位大奶。民间视为护国佑民、救产佑童之神，在妇女中信徒众多。在农村产妇临产往往要念《大奶咒》，祈求大奶保佑。城乡各地多建有临水宫以祀三位大奶，山区廊桥也多有祀。农历正月十五为陈夫人诞辰日，各地常举办庙会和游神活动，其中城关、铁山、杨源等地规模较大。

石敢当 又称泰山石敢当，民间相传是受封于玉皇的专司治邪魔阴秽之神。无专设庙宇，只在城乡僻静“阴气”较重的街巷或道路拐角处，立一石碑，上刻“泰山石敢当”。也有人因房屋建在街巷拐角处，建房时即在面街墙上嵌一块刻有“泰山石敢当”的砖石，藉以避邪。

家神 旧俗一般家庭厅堂均设祖先神位，上书“天地国亲师”，逢初一、十五日要上香祭拜。中华人民共和国成立后，人们多在厅堂悬挂毛主席像，但仍保持给祖先上香祭拜的习俗。也有个别姓氏，因其祖先系历史名人，且被神化，故专设家庙奉祠，如杨源村张氏设英节庙，奉祠其先祖唐招讨使张谨。澄源赤溪村颜氏，设护林宝殿，奉祠其先祖颜真卿、颜虬松；坑里村则有颜公殿，也是奉祠其先祖。镇前镇下冠岭岩头村高氏设五公庙，奉祀祖先高五。铁山镇凤林村朱子祠则是朱氏奉祠其先祖朱熹的家庙。

二、民间禁忌

时间禁忌　除夕至年初三忌杀生。大年初一、初二忌扫地和倒垃圾，若非扫不可则要从大门往屋里面扫。新春正月或办喜事时忌说不吉利话，特别忌说“死”字。“分龙”日忌拿铁器上山、下田，或则会伤“龙甲”；不晒衣服，或则会生“龙迹”；忌挑粪便、倒尿桶，免秽龙身。深夜忌呼唤小孩名字。午后忌探望病人。无春（立春）之年或虎年忌结婚。午夜子时前忌公鸡鸣叫，若遇上时要立即砍下鸡头，或用红酒喷洒。以上禁忌多在中老年人中流行。

语言禁忌　小孩子生病忌说“病”，要说“不乖”“恩生”或“偷屎吃”；服药忌说“药”，要说“吃茶仔”。忌当面说婴儿“胖、重、得人爱”，要说“得人憎”。老人过世忌说“死”，要说“过身”“眯七”“去作客”。进寺庙庵观忌说脏话，否则被视为对菩萨不敬。乘车、坐船时忌说“翻”字，如不说“翻身”，要说“转身”。

行为禁忌　喜庆礼物忌送钟，因“钟”与“终”同音，不吉利。家有孕妇，不在墙壁上打钉，因“钉”与“丁”同音，怕损丁。凡属龙、蛇者忌入产房，以为产房污秽，会造成“破相”。婴儿忌让孕妇抱。妇女经期忌入庙门，以免亵渎菩萨。妇人衣裤忌与男人衣服同盆洗，更忌晾晒在行人过道之上，否则被视为无教养。在船上吃饭，吃完忌把筷子放在碗上，否则会翻船。请客赴宴，吃完也不得把筷子放在碗上，否则表示没吃饱，是对主人不恭。已婚女儿与女婿回娘家住宿忌同床，否则被认为会带走娘家子息。忌抬死人进村、进屋，特别是伤死者。身穿孝服忌进别人家门。畲族群众和颜姓人忌吃狗肉，郑姓人忌吃鳖鱼，因为相传这两种动物分别对其祖先有救命之恩。

其他禁忌　建造房屋时大门忌对巷口开，室内忌三门相对。灶门忌逆水开。梧桐木被视为木中之王，不能当柴火烧。出远门时忌乌鸦叫，若碰上则不吉利，要改行期。

卷三十三　人　物

第一章　现当代人物传

卢立山

卢立山（1895—1953）又名吉祥，湖北省黄梅县楼府村何家铺人。出身贫苦农民家庭。由于贫穷，8 岁便当起放牛娃，10 岁后到邻近的安徽寿顺替人放牛。16 岁时父亲去世，他回到家乡。随后到黄梅县一家染坊当学徒 3 年，学习染布技艺。出师后先后在安徽、江西等地替人做帮工，十余年奔波于皖、赣等地。20 年代中期，工农运动蓬勃兴起，他在家乡积极投身工农运动，参与农民协会工作。

1927 年 7 月，卢立山在江西乐平由地下党代表刘征武引荐加入红四军，成为一名红军战士。1928 年 9 月，在江西景德镇经刘征武介绍加入中国共产党。1929 年，立山转入粟裕领导的中央红军七军团，任班长。因作战勇敢，曾 3 次受表彰。是年，在安徽彭泽的一次战斗中负伤，转地方养伤，因此与组织失去联系。翌年归队后，经七军团政治部主任证实，恢复组织关系。1934 年，中央主力红军长征后，南方革命根据地形势发生很大变化。1935 年，立山编入闽浙赣边挺进师，任副排长，在闽浙赣地区开展游击战争。1936 年，转至浙江龙（泉）遂（昌）县委工作，任住龙区委书记。1937 年抗日战争开始后转至遂昌县委，在龙泉、遂昌一带坚持斗争。1943 年，他转任闽浙赣边区交通员。

1949 年 5 月闽北地区解放后，卢立山任政和县公安局副局长。7 月，闽东地区相继解放，卢立山奉调到寿宁县从事接管工作，任寿宁县接管委员会委员、指导员。9 月，回调政和县，任县地方税征收处主任。1950 年 5 月，县地方税征收处改为县税务局，卢立山为首任局长。解放之初，百业待兴，税收是地方财政最主要来源，为适应工作需要，上级调派他到福建省委党校学习。是年底，土地改革全面展开，他被抽调参加土改工作。

卢立山长期从事地下斗争，艰苦的斗争环境致使其积劳成疾，患有严重的支气管哮喘症，1952 年离职休养，但仍然对老区划分和老区建设工作给予极大的关注。1953 年 12 月 7 日下午因旧病复发医治无效而辞世。1986 年 12 月，经中华人民共和国民政部批准，追认其为革命烈士。

周大德

周大德（1905—1992）出生于政和县澄源乡富垅村一个仅有 3 户人家的暗坑自然村，兄弟 7 人，大德排行第六。从 10 岁起就帮人放羊。1934 年 3 月，在岭腰村通过地下联络员客店老板的介绍，他加入叶飞领导的闽东红军，成为闽东红军一支队战士，从此走上革命道路。由于他为人忠厚老实，且又体力过人，深得叶飞赏识，就被留在叶飞身边，专门保管和挑运贵重物品。他跟随叶飞在极其艰难困苦环境中坚持游击战争，配合主力红军打击敌人。1939 年，他正式加入中国共产党。

抗日战争和解放战争期间，他参加过无数次战斗，作战勇敢，不怕牺牲。在大山的一次战斗中，他冒着敌人的枪弹背叶飞过河脱离危险。他多次荣立战功，被评为模范。组织上多次要安排他担任适当领导职务，他总以没有文化难担重任而坚辞，始终以普通战士的身份，兢兢业业地坚守在华东军区军械部第二总库守库员的岗位上。

1952 年，组织上尊重他回家乡参加农村建设的强烈愿望，批准他复员。当年 5 月，他在家乡人民的热烈欢迎下回到阔别多年的老家富垅村，并在 1955 年成了家。从此，他便一心扑在新农村建设上。他先后担任互助组组长、初级社社长、高级社社长、大队党支部副书记等职。他克服种种困难，率领乡亲们自力更生，走集体化道路。而他自己一家七口生活却十分艰难，连住房也是借住别人的，但他却从不计较。1964 年，在叶飞等领导同志关心下，地方政府拨给补助款，社队出料帮工，准备为他盖住房，但基础打好后不久即发生了“文化大革命”，他的住房终未盖成。后来因修公路盖道班，他又把做好的地基无偿送给道班，甚至连家里仅有的一块自留地也奉送给国家盖粮库。1981 至 1987 年，他连续担任政和县政协第一、第二届常委会委员。此后，由于年事已高，无法参加更多的社会活动，但他仍然关心对青少年的思想道德教育工作，几乎走遍周边的中小学校，以亲身经历给学生们讲革命斗争历史，激发他们爱党、爱国家和建设家乡的热情。1992 年在家乡病故。

林宜昌

林宜昌（1909. 9—1976. 2）又名林千达，政和县石屯镇石屯村人。幼年时家境尚富，12 岁进本村私塾读书四年，后因家庭遭变故破产而辍学，于是先后到林福春、赵洪全商店当学徒、做店员。但因身体残疾，不久又被辞退，生活陷入困境。1931 年 12 月后，经人介绍先后到国民党政府地方保安队及五区（石屯）和六区（东平）区公所当勤杂员，其中在东平曾跟随区员做征粮工作，但也因身残而倍受歧视。1938 年 8 月，林宜昌在东平凤头一带征粮时，受当时中共政和县委书记、游击队负责人陈贵芳教育，提高阶级觉悟和对革命斗争的认识，并在陈的介绍下加入建松政游击队，从此投身革命队伍，任特委政治交通员。1939 年 2 月，在东平山头村，由陈贵芳介绍加入中国共产党，当年 5 月转为正式党员。此后，先后任游击队事务长及财务管理员。1947 年 8 月，他受闽浙边地委指派，随闽北游击纵队第一支队队长池云宝率领的游击队，到新康、后山、赤溪及长际一带发动群众，开辟新区，参加游击战争，发动群众抗租抗税，打开局面。1948 年 2 月，他又受地委指派，在长际一带的大绍、何余等村建立农会和贫农团。八、九月间又建立中共大绍支部和下宅支部，并组织 50 多人的民兵武装。是年冬，重建中共政和县委，林宜昌任县委组织部长。1949 年 2 月，中共闽浙边地委分设为松（溪）浦（城）龙（泉）庆（元）和政（和）寿（宁）（建）瓯两个工委，林宜昌任政寿瓯工委委员，在建松政地区发动群众，参与肃清外围据点和乡镇公所战斗，以迎接人民解放军南下。

1949 年 5 月政和解放后，6 月成立政和县人民政府，林宜昌任中共政和县委委员、县政府财粮科科长。12 月改财粮科为财政科，林宜昌仍任科长。1950 年 8 月，调任建设科科长。1952 年 11 月，调建阳专区老区工作队，任小队长，为革命老区的划定及“五老”人员的认定做了许多细致的工作。1953 年 4 月，任政和县人民委员会卫生科科长。1956 年 12 月，当选为县人民委员会委员。1958 年 7 月，改任政和县人民委员会办公室副主任。1960 年 2 月至 1964 年 8 月，先后任松政县人民委员会副县长及政和县人民委员会副县长。1964 年 9 月，因年老体弱等原因，改任政和县人民委员会名誉委员。他生活俭朴，平易近人，善于联系群众。1965 年离休后，仍然关心政和老区建设工作和老区经济社会发展，常常提出一些可行性建议。1976 年 2 月在政和病故。

刘远霖

刘远霖（1914—1993）政和县城关人，无党派知名人士。出身于中医世家，自幼受家庭影响，耳濡目染，研修治病救人之术。然而长大后眼见国弱民穷，使他深感医病不若治愚，于是投身教育事业。1935至1939年，先后任政和报国小学教员、毓贤小学校长。但其时政治腐败，政局动荡，使他感到无以施展才干。1940年他复弃教从医，并从此走上救死扶伤的漫长路程。他为人正直和善，擅长中医内科、妇科。他对穷苦百姓充满同情，替贫苦患者看病收费极少甚至不收费，在群众中口碑很好。

1950年5月，刘远霖当选为政和县各界人民代表会议第一次会议常务委员会候补委员。1950至1960年，历任政和县卫生工作者协会副主任委员，城区中医第一联合诊所医师、所长，石屯保健院院长等职。1961年后先后任政和县中医研究所及政和县中医院医师。从医期间他不仅积极参加各种巡回医疗及防治鼠疫、天花等流行病活动，而且在妇科和儿科病治疗方面多有独到之处。他作为无党派知名人士代表，1981年11月至1987年10月，连续被推选为政和县政协第一、第二届委员会兼职副主席。由于年事已高，1987年11月至1994年1月，改任政和县政协第三、第四届常务委员会委员，但他仍然一如既往地关心政和经济社会发展，积极参政议政，在深入民间调查考察的基础上提出了许多事关国计民生的提案和建议，特别是多次对贫困山区医药卫生工作、熊山和星溪河治理、改善人饮水卫生状况等事关人民群众生命安全和身体健康等重大课题进行调研并提出建议，为领导决策提供参考，受到有关方面的好评。

刘远霖于1984年2月退休后，依然以自己高超的医术服务于群众。对上门求医的病人，不论社会地位和家境贫富均一视同仁，处方基本免费，司药仅收成本，对家庭特别困难者往往送医送药，其乐善好施之心和悬壶济世的高尚医德几乎传遍政和城乡。1993年6月在政和去世，享年80岁。

陈邦兴

陈邦兴（1918—1974）别名阿龙，出生于政和县杨源乡楼下村天井洋自然村一个贫苦农民家庭，幼时遭兵燹，随父流落他乡。7岁即到建瓯替地主放鸭和放牛、羊。

1934年，年仅16岁便参加建瓯迪口工农游击队。1938年1月，调省委警卫队，历任队员、班长、队长、指导员等职。同年2月加入中国共产党。1944年12月，随左丰美率领的游击队，袭击莆田县忠门双髻山国民党自卫队和忠门镇公所，缴获机枪、步枪30余支。是役，陈邦兴虽身负重伤，仍独身背回5支枪。1947年4月，他受省委派遣回闽东，同江作宇、阮伯棋、黄垂明等，在宁德虎浿组建闽东游击大队（也称闽东人民谋生军），陈邦兴任政治部主任。同年9月，中共闽东地委在宁德洋中成立，陈邦兴任地委委员。其时，在地委书记阮英平领导下，开展游击战，先后攻打七都、洋中、赤溪等乡公所。10月，陈邦兴与黄垂明率部在屏南、周宁一带，采取声东击西战略牵制民国党保五团兵力，伺机歼敌。1948年2月，阮英平牺牲后，陈邦兴转战于屏、古、瓯地区，历任屏古瓯中心县委委员、书记，屏古瓯游击队指导员，发动群众，开展“除恶分粮”斗争。1949年初，他率领屏古瓯游击队70多人，转战闽东，恢复和发展闽东武装。4月，率队攻打霍童，随后成立闽浙赣游击队第四支队，任支队长。在此期间，他一直率部在宁德、周宁一带活动，开展宣传工作，袭击国民党败兵，筹款筹粮，迎接解放军南下。5月下旬，他率部到南平与中国人民解放军第二野战军45师会师。6月上旬，省委决定成立中共闽东工委，陈邦兴任书记。其时，他又与黄垂明一起配合解放军解放古田并拖住宁德守敌。6月下旬，成立闽东人民游击队，由陈邦兴和黄垂明负责。随后陈、黄率部解放了霍童、洋中等地。同时，又指导第五支队在周宁的策反工作，促使周宁国民党县长黄颐交枪起义，和平解放周宁。8月中旬，他奉命配合中国人民解放军第三野战军21军189团解放罗源，成立罗源县人民政府，陈邦兴出任首任县长。9月下旬，他奉命到福安赛岐与南下干部会师，任中共福安地委委员。不久又调任福安军分区政治部副主任。1949 年 11 月改任寿宁县县长。其时，当地土匪活动猖獗，他亲率部队翻山越岭，歼灭盘踞深山、危害极大的土匪武装“闽东反共游击第三团”，巩固了诞生不久的人民政权。

1956 年 5 月，陈邦兴任宁德县委副书记。1959 年 4 月，任宁德县委副书记兼县长。他艰苦朴素、平易近人、深入基层的工作作风，深得干部和群众好评。1960 年 10 月，国家面临严重困难时期，为加强基层领导，他服从组织决定，到八都区兼任区委书记，与农民同甘共苦，不仅足迹踏遍八都的山山水水，而且经常拿出自己的工资、粮票、衣物接济困难群众，直至 1962 年 8 月生产基本恢复后，才调回县里继续担任县长。

1964 年 9 月，他调任福安地委监委副书记。1968 年，任闽东水电站工程指挥部指挥。任职期间，他起早摸黑泡在工地上，并经常和民工一起劳动，因劳累过度而犯上严重肝病，但他仍然坚守岗位。1972 年 3 月，调任宁德地区革委会政治处组织组副组长。1974 年 11 月 3 日，因病去世。

叶马泰

叶马泰（1921. 1—1981. 12）政和县镇前镇宝岩村人。出生于宝岩山后自然村一个农民家庭，幼年丧父，家境贫困，16 岁便外出给地主打长工。1947 年 8 月回家乡后即参加地下党活动并任贫农团团长，组织贫苦农民抗丁抗税，为共产党游击队搜集情报，筹集粮食、药品。曾多次化装到梨洋、下园、镇前、外屯、林屯等地张贴标语，号召穷苦百姓抗丁抗税，打倒土豪劣绅。1948 年 10 月，经组织安排进部队，任游击队事务长，负责后勤工作。同月 27 日，由时任中共政和县委书记陈正初介绍加入中国共产党。11 月，他接受任务会同魏俺礼等人前往建阳徐布，经过多方努力，为部队取回枪支弹药。12 月，在游击队领导叶风顺、池云宝等带领下，漏夜奔袭浙江步亭区公所，缴获颇多。次日又随队进军白岭头，镇压民愤极大的伪保长。随后又参加浙江龙山头战斗。

1949 年 5 月政和解放，县人民政府成立之初叶马泰任县政府总务股长，负责政府机关后勤供给工作。8 月，改任第一区区长。其时，人民政权诞生伊始，社会秩序较混乱，国民党残余与土匪武装勾结骚扰地方。1950 年 3 月，土匪武装围攻区公所，他组织指挥区干部，配合县独立营将土匪武装击溃，安定地方秩序。4 月，赴省学习。12 月参加土地改革，任土改工作队队长。1951 年 7 月，任建瓯煤建公司政和营业处木材股股长。8 月，调任中百公司土产收购股股长。1953 年 6 月改任政和县总工会主席。翌年 8 月，调任中共杨源区委书记。1955 年 6 月，在县第一届人民代表大会第三次会议上当选为县人民委员会委员，11 月，在第一届人民代表大会第四次会议上当选为县人民政府副县长，并相继履任至 1968 年的第六届。其中 1958 年 5 月至 1959 年 1 月兼任县农业局局长；1960 年 2 月至 1962 年 1 月为松政县副县长；1964 年 10 月至 1965 年 10 月为中共政和县委常委。在任副县长期间，曾分别担任浦（城）赛（岐）公路政和段工程总指挥和政（和）庆（元）公路岭腰段工程总指挥，为政和早期交通建设做出贡献。“文化大革命”期间受冲击靠边站。1970 年 5 月根据组织安排进中共福建省委党校学习，7 月，调任平潭县财经革委会主任、党组书记。1972 年 11 月调建瓯县工作，初任县手工业管理局局长，1976 年改任建瓯县供销社教导员。1980 年 12 月，在政协建瓯县第四届会议上被选为副主席。1981 年 12 月 6 日在建瓯县去世。

郭发祥

郭发祥（1922. 9—2001. 5）山西省长治县南呈村人。1946 年 6 月在家乡加入中国共产党。1947 年 2 月，郭发祥加入革命队伍，在家乡当村干部，先后担任南呈村指导员、中共南呈村支部书记、区委委员等职务。1949 年 1 月南下福建后，在近 6 年时间内历任南平贸易公司仓库负责人、沙县贸易公司经理、南平专区土产公司经理、福建省土产公司人事科干部、福建省茶叶公司监察室副主任等职务，积极参与建国初期福建的地方经济恢复和建设工作。1954 年 10 月，服从组织调配到条件艰苦的闽北山区政和县工作，任政和县茶厂厂长、党支部书记。1959 年 1 月调任政和县森工局局长、党委书记。1960 年 2 月松溪与政和并县后任松政县林业局党委书记。茶叶和林业自古以来就是政和重要的经济支柱，他在这两个部门工作期间，为发展茶叶和林业生产做了大量工作，特别是在茶叶加工精制方面，引进动力机械和烘干、滚切、抖筛等多种设备，不仅减轻了工人的劳动强度，而且提高了产品质量。1962 年 8 月，调任政和县供销社主任、党支部书记，为服务农业和发展农村经济做出贡献。1964 年 4 月至 1965 年 7 月任政和县工业交通财贸部部长，统筹全县工交财贸工作。1965 年 7 月后改任政和县政府副县长、中共政和县委常委。1979 年 1 月至 1980 年 10 月，任政和县革命委员会副主任，分管财贸工作。1980 年 11 月至 1981 年 6 月，经政和县第八届人民代表大会第一次会议选举，郭发祥任县人大常委会副主任。1981 年 6 月以后，复任政和县人民政府副县长，直至 1983 年 11 月。1985 年 11 月离休。2001 年 5 月病逝。

暨文海

暨文海（1922. 10—1980. 5）政和县东平镇人，出生于贫苦农家，幼年给地主放牛。14 岁投身革命，参加闽浙赣省委警卫营，成为革命战士，并先后担任班长、警卫队长。

抗日战争开始后，暨文海调任闽浙赣人民游击纵队第一支队副队长、支队长。由于作战勇敢，又平易近人，在群众和战士中威信很高。1940 年 5 月，他加入中国共产党。

1949 年 1 月末，中共闽浙赣省委为打击地方反动武装的嚣张气焰，决定奇袭南平峡阳镇。2 月 6 日早晨，文海跟随乔装打扮的陈贵芳，突然出现在镇公所门前，并迅速突入大厅，暨文海眼疾手快，一枪打死伪镇长。是役共缴获轻机枪、长短步枪 20 余支，并开仓放粮救济贫苦农民。后暨文海在顺昌古佛庵与敌人突击大队的遭遇战中受伤。养伤期间，他不但拄着拐棍上山为其他伤员采药，而且还利用机会带领战友到附近村庄做群众工作，搜集国民党散枪 30 多支，组织游击队。两个多月，队伍发展到 300 多人，活动于南平、建瓯、顺昌一带。

1949 年 5 月，暨文海带领游击队配合第二野战军解放建瓯县，并出任副县长；6 月，又配合二野部队解放顺昌县，任县委书记。是时，国民党特务黄忠贞纠集数百贯（惯）匪组成的“闽浙赣特击司令部”偷袭洋口镇，暨文海闻讯与公安局长率县大队等武装力量急赴洋口，迅速将匪徒击溃，安定了地方秩序。10 月下旬，南平地委任命暨文海为屏南县委书记，筹划解放屏南工作。11 月 27 日，他带队进驻屏南县城双溪镇。12 月 3 日，县人民政府成立。其时，屏南形势复杂，国民党残余势力与惯匪相勾结，妄图复辟，偷袭县城。为保障人民群众生命财产安全，县政府机关撤出双溪镇。暨文海充分利用战机，组织武装力量在外围打击敌人。

1950 年 2 月 14 日，在解放军剿匪部队配合下，屏南党政机关重返双溪镇，随即成立县剿匪指挥部，暨文海任政委，领导全县剿匪工作。经过一年多努力，全县匪患基本肃清。同时，暨文海还领导减租减息和反霸斗争、乡村政权组建及土地改革及培养当地干部等工作。

暨文海严于律己，生活俭朴，平易近人。在屏南县委工作期间，他的办公和住宿条件均十分简陋。他注重深入基层，下乡时常睡通铺甚至地铺。他廉洁奉公，不徇私情，从不利用职权为亲眷谋私利，而对贫苦百姓，他却充满关爱之情，常从自己微薄的工资中拿出钱来接济他们。

1959 年 1 月，暨文海调离屏南县后，先后任职于南平专署、福建省监委、青州造纸厂、省人委办公厅、省建委等单位。1980 年 5 月 21 日，文海因患癌症医治无效逝世（1999 年版《屏南县志》有传）。

陈正初

陈正初（1924.7—1978.1）松溪县郑墩乡前进村人。1924 年 7 月出生于贫农家庭，曾当过船工。1943 年 2 月，他参加建松政特委领导的游击队，先后任战士、警卫员、副班长、班长、排长等职。1948 年冬，中共政和县委在宝岩恢复，陈正初任县委书记。1949 年 1 月，任闽浙边游击纵队第一支队支队长。2 月，原闽浙边地委分设为 2 个工委，陈正初任政（和）寿（宁）（建）瓯工委委员，在建松政地区发动群众，肃清敌人外围据点和国民党乡镇公所，准备迎接解放军南下。他曾率队在宝岩富宅村围歼镇前敌自卫队，击毙、击伤敌人 9 名，缴获枪支 6 支。3 月下旬，敌福建保安第四总队第一大队围攻宝岩，遭闽浙边游击队顽强抵抗（反击）。敌人溃逃时，在宝岩天柱一带实行“三光”政策。身为县委书记的陈正初立即率部回宝岩安置群众，组织生产自救，很快恢复正常生活秩序。

1949 年 5 月政和解放，陈正初先后任政和县委书记兼副县长、县委书记兼县长、县大队长等职。1950 年 7 月，他赴福建省委党校参加整风学习。11 月，他参加政和、水吉边境剿匪斗争。1951 年 2 月调离政和县，他先后任水吉县县委委员兼第二区区委书记、水吉县人民政府副县长。1956 年 2 月，他调任松溪县委副书记。1958 年 11 月后，他历任三明电缆厂党委副书记、三明水泥厂党委副书记、闽东造船一厂党委副书记等职。1962 年 11 月后，他相继任福建省三沙渔业公司工会主席、福建省闽东渔场指挥部党委副书记。1978 年 1 月病故。

张国荣

张国荣（1926.4—2002.4）原名张唐铭，出生于政和县东平镇营前村前蓬自然村一个贫苦农民家庭。7 岁时父母双亡，成为流落街头的孤儿，后给地主放牛放羊。1939 年 7 月，年仅 13 岁的他经建松政游击队领导人陈贵芳批准参加游击队，初任警卫员，后任班长，成为该部队中年龄最小的一名革命战士，并由陈贵芳亲自为其改名“国荣”，意喻以国为荣。1942 年底，张国荣跟随特委书记陈贵芳攻打外屯乡公所，战斗中他不但作战勇敢，且机智地用火攻战术迫使敌人束手就擒，深受赞许。1944 年 9 月，任建松政游击队分队长。1945 年 4 月任第二支队队长。

1947 年 1 月，张国荣加入中国共产党。同年 7 月，他调任闽浙赣省委机关警卫队队长。1949 年 2 月，他再次担任闽浙边游击队第二支队队长，期间他率部参加著名的天柱山狙击战，以顽强的战斗精神和灵活战术，抗击数十倍于己之敌，并取得辉煌战果，极大地鼓舞了游击区和根据地群众。

1949 年 4 月，他任南平游击队大队长。其时中国人民解放军渡江战役已打响，张国荣和政委周道纯率领游击队 300 多人，在闽江沿线多次伏击国民党溃逃之敌，同时扫除樟湖坂、夏道一带全部敌区、乡反动武装，缴获枪支 500 余支，队伍扩大到 700 多人。5 月 14 日，他率部配合中国人民解放军第二野战军 45 师 132 团解放南平。

1949 年 11 月至 1951 年 8 月，他先后任水吉县大队长兼县公安局长、福建省警备团一团二营营长。1951 年 9 月，他调任福鼎县人武部部长。1953 年 6 月任福建省公路修建指挥部第九工程大队队长。1954 年 9 月他进省委党校学习，1957 年 7 月任建瓯县总工会主席。1961 年 4 月至 1969 年 12 月，他先后任建瓯森二局局长和建东森工局副局长。1970 年 1 月，他调任省建设兵团 16 团副团长。1976 年 5 月，建设兵团撤销后任兵团办事处主任。

1976 年 6 月至 1983 年 3 月，他先后任浦城县革命委员会副主任、浦城县人大常委会副主任。1983 年 10 月离休回到家乡政和。离休后担任政和县老区促进委员会名誉主任。2002 年 4 月 7 日，因心脏病突发辞世。

陈君翼

陈君翼（1927.1—1999.9）政和县杨源乡坂头村人。出生于贫苦农民家庭，幼年丧父，与母亲和兄长相依为命，自幼就感受到生活的艰辛。革命战争时期，坂头是革命老区，共产党领导穷苦百姓反压迫闹革命的如火如荼的斗争让他深受教育和感染。特别是他三哥陈君目参加革命，在皖南事变中遇难，更磨炼了他的意志和立志革命事业的决心。

1950年8月，县农民协会诞生，各乡、村也相应成立农会，陈君翼被推选为坂头农会主席。1951年初，土地改革运动在全县全面展开，他正式被抽调参加土改工作，先后任杨源、镇前及铁山等乡土改工作队员。翌年，调政和茶厂工作。1958年5月，任凤林乡乡长。同年9月后，先后任铁山公社社长、党委书记。1962年8月，任铁山区区长、区委副书记。1964年5月起任铁山区委书记。任职期间，正值国家经济困难时期，他始终认真贯彻党的方针政策，坚持走群众路线，为恢复农村经济做出贡献，因此，先后作为正式代表分别出席福建省群英大会和省工农教育先进工作者代表大会。

“文化大革命”中，他作为“当权派”受到冲击，曾被关在李屯洋隔离审查，后被下放东平洪门水库劳动。1971年2月他恢复工作，调任石屯公社管委会副主任、党委副书记，分管农业生产和水利建设工作。1973年10月至1976年2月，任石屯公社管委会主任、党委书记。石屯地处七星溪下游，由于地势低，历来水患频仍，对农业生产和群众生命财产造成极大威胁。任职期间，他一方面组织发动群众疏浚河道，改弯取直，另一方面又组建知青水利排，在七星溪沿岸修复和加固河堤，并在沿河两岸大面积种植小径竹以保护农田。同时，又规划实施石屯新村建设，移村造田，从而使素有“政和粮仓”之称的石屯，粮食生产连年丰收，1972年省、地两级均在石屯召开农业生产现场会。为推广石屯农业生产经验，1973年他根据组织安排，曾一度挂职担任东平护田村支部书记近一年。1974年，他出席地区农业学大寨先进代表大会。

1976年10月，陈君翼离开他长期从事的农村工作，调任政和县公安局局长，并于翌年在中共政和县第四次代表会上当选为县委常委。1979年1月，任中共政和县委副书记，不久又兼任县政法委书记。1980年11月，在政和县第八届人民代表大会上，他当选为县人大常委会主任（兼任党组书记），并且连任至1991年的第十届，时间长达11年之久。期间还于1982年和1987年相继当选为福建省第六届和第七届人民代表大会代表。在人大工作期间，他在县委领导下，围绕全县不同时期的中心工作和群众普遍关心的问题，带领各级人大代表和机关同志，先后进行过30多次较大规模的专题调查和视察，并写出许多可行性报告，为政和的经济和社会发展提供决策依据。同时，注重法制建设和民主监督工作，先后主持制定并通过《政和县城区市容卫生条例实施办法》《关于集资办学若干规定》《政和县城建管理暂行规定》《政和县实施〈福建省计划生育条例〉办法》等一大批地方性法规以及《政和县人大常委会关于加强同县人大代表联系的办法》《县人大常委会与“一府两院”加强联系的办法》及《政和县十届人大代表持证视察暂行办法》等一批工作细则和规定，为完善人大自身建设奠定了法制基础。1991年退休后，仍然关注政和各项事业的发展，积极出谋献策。

1999年9月27日，陈君翼在政和病逝。

邱德松

邱德松（1936.8—1996.3）出生于建瓯县小松乡大庙村郭漈自然村。1951年7月肄业于省立建瓯中学。同年8月参加土改工作队，在原水吉县第四区从事土改工作。1952年至1956年9月，先后就职于福建省人民法院和省监察厅，任办事员和助理监察员。1956年10月至1959年11月，先后在政和县监察委员会、政和县委审干肃反办公室和政和人民银行工作。1959年12月至1980年5月，先后任南平专区建筑工程公司劳工员、408部队第七工程处劳工员、屏南县商业局业务主办、屏南公路段政工干部等职。1975 年 11 月加入中国共产党。1980 年 6 月，任宁德公路分局工程队党支部书记。1982 年 3 月调政和县人民检察院工作，4 月，任院办公室副主任。在此数年间，为配合建国后首部《政和县志》的编纂，他除做好本职工作外，担纲主笔编写《政和检察志》，为收集资料，多次深入福州、南平、福安、松溪等地查阅各类档案 564 卷 20 余万字，并在此基础上独立完成 10 余万字的《检察志》撰稿任务，受到市、县有关部门好评。1986 年，荣获最高人民检察院颁发的三级奖章。他先后 3 次被评为省、市级先进工作者。1990 年 2 月，经政和县第十届人大常委会第 23 次会议审议，任命其为政和县人民检察院检察员。1992 年 5 月，任政和县人民检察院控申科科长，10 月，晋升政和县人民检察院副科级检察员。

任职期间，他不顾年纪大且身患多种疾病的状况，仍然一心扑在工作上。他勤勤恳恳，任劳任怨，深入基层，深入群众，每年接待群众来访 300 多人次，处理群众来信 400 余件，调处告急信访 10 余件。他秉公执法，一尘不染，一身正气，从不办人情案，因此，在干警和群众中享有很高声誉。1994 年，荣获南平市“十佳检察官”称号，并连续两年被评为优秀公务员。

1996 年 3 月初，有急案需要派人前往南平办理，因案件较为紧急且复杂，邱德松不顾身体状况，婉辞院领导多次劝阻，坚持亲自前往。当月 13 日，他办完案回到政和，次日顿感身体不适，心跳异常。16 日住进医院，但终因肺水肿病情严重恶化，经多方抢救无效，于 17 日上午 8 时 40 分去世。

同年 6 月 5 日，南平市检察院党组决定在全市检察机关开展向邱德松学习活动。7 月 5 日，中共政和县委作出在全县开展向邱德松学习活动的决定。7 月 8 日，福建省人民检察院追授邱德松一等功，并要求全省各级检察机关认真组织好向邱德松学习宣传活动。10 月 11 日，中华人民共和国最高人民检察院发出高检发［1996］29 号文，追授邱德松“模范检察干部”称号，并号召全国各级检察干警向邱德松学习。11 月 24 日，最高人民检察院在南平召开追授邱德松称号大会，最高人民检察院及福建省人民检察院、南平市人民检察院负责同志等数百人出席大会。《检察日报》《人民论坛》《福建日报》《闽北日报》等中央及地方新闻媒体先后对他的先进事迹进行了报道。

刘佛明

刘佛明（1938. 3—2005. 5）霞浦县人。1960 年 8 月毕业于厦门大学数学系，同年 9 月分配在福州大学任助教。1963 年 8 月，下放到政和中学（今政和一中）任教。1972 年 3 月调松溪中学，同年 8 月，又调回政和中学直至退休，前后在政和任教 30 多年。

刘佛明立志教书育人，从青年时期起就以培养学生为己任。“文化大革命”时期，学校“停课闹革命”，这使他感到十分痛心又无奈，只能在私下里利用时间钻研教学业务，这也为他以后的教学工作打下更加坚实的基础。

1974 年，学校恢复上课，他立刻以饱满的热情投入教学工作。1977 年，全国恢复高考，有 30 多名七四届高中毕业生报名应考，他立即不辞辛劳地组织和帮助他们复习，耐心辅导，当年考取 8 人，其中 1 人考入厦门大学。此后，他长期担任高三数学教学工作。在长期的教师生涯中，他与学生们结下了深深的情缘。他孤身一人生活在政和，却多次放弃调回家乡和省城福州的机会，因为他不仅视政和为第二故乡，心中更放不下渴望用知识改变命运的山区穷苦孩子。他生活十分俭朴，却经常从有限的工资中拿出钱来为家境贫寒的学生买营养品，为生病的学生求医买药，为视力不好的穷苦学生买眼镜。1981 年 11 月，他被聘为第一届政和县政协委员，并且连任至第三届。

刘佛明学识渊博，学术功底深厚，在长期的教学实践过程中，积累了丰富的教学经验，并通过对教学方法的不断探究，形成许多独到的见解。在教学之余，他常年笔耕不辍。1980 年后，他先后在中国数学学会主办的全国最具权威的数学杂志《数学通报》上，发表关于不等式教学和关于圆锥体教学的论文各 1 篇，得到普遍好评。1985 年 9 月，荣获省教育厅授予的福建省先进教育工作者称号；12 月，加入中国共产党。1987 至 1994 年间，他 3 次被评为县优秀教师。1989 至 1991 年，他先后任政和一中教务处主任和教研室主任。在此期间，他言传身教，培养年青教师，为一中带出了一支很强的数学教学队伍。1992年，他兼任一中党支部副书记。1993年，被南平地委评为南平地区优秀共产党员。1994年9月，省人民政府授予他特级教师称号，1996年又荣获福建省数学教育奖。1998年9月退休，从事教育工作达38年之久，其中近35年任教于政和。2005年5月13日，因患肺癌不治辞世，享年68岁。

黄世洪

黄世洪（1941.11—1997.7）又名维松，政和县杨源乡楼下村人，出生于贫苦农家。1953年7月在杨源乡坂头小学毕业后，当年9月入周宁初级中学就读。1956年9月升入福安师范学校。1959年9月考入厦门大学，就读于经济系。1963年9月毕业后先后就职于国家商业部物价局、“五七”干校，任办事员。1975年6月至1984年5月，先后任商业部机械局、科技局科员。1984年5月，升任商业部科技司机械处科长，1986年6月，升任机械处副处长。1989年3月起，调任商业部政策法规司政研二处处长。在此期间，工作认真负责，勤恳敬业，有很强的事业心。虽然工作部门多次变动，但他始终从事流通政策、体制改革的调查研究工作，并善于运用所掌握的宏观与微观政策理论联系流通实际。这期间他多次参与综合性文件、报告的起草和修改工作，在农副产品流通方面有一定的知名度和社会影响力。他还主持建立并编制商业系统《商办工业综合统计报表制度》，首次把商业、粮食、供销三个系统的工业统计统一起来；主持编制了《商业部七五技术改造大纲》，首次把商品流通和商办工业融为一体来制定“五年规划”。他还参加国家《1981—2000年全国食品工业发展纲要》起草工作，并且是起草组主要成员之一。他不仅编著《中国名特食品选编》一书，而且策划创作电影方案、拍摄提纲及解说词，会同中央新闻电影制片厂拍摄成《中国名特食品》大型纪录片。

1993年9月，他改任国内贸易部政策体制法规司调研处处长。1994年，他受农业部委托，主持完成《国有粮食企业改革文件》的综合报告；根据国务院领导的批示精神，撰写了《组织创新，两线运行，深化国有粮食企业改革》的综合报告，得到专家组较高评价，并被中国人民大学书报资料中心收录。他主笔撰写了数十篇有一定深度和影响力的课题和报告，为行业方针政策的出台提供参考，其中有许多发表在国内公开报刊上。1995年，他对国内生猪市场的产销波动原因进行深入的调查研究，总结出8条原因并提出解决方法和政策性意见，被《中国农村经济》刊发。经他起草的文件、报告及撰写的文章，均具有较高的政策水平，往往能解决重要经济活动中的实际问题，有显著的经济和社会效益。

1996年12月起，他调任国内贸易部政策体制法规司助理巡视员，是中国食品科学技术学会工作委员会成员、中国食品工作年鉴特邀编辑、《机电工业大行业企业及产品大全》编委、商业部科技进步奖专业评审组成员。1997年7月6日在北京病逝。

林金官

林金官（1949—1975）出生于福州市一个工人家庭，中共党员。1969年6月，就读于福州第十一中学的林金官，响应毛主席“知识青年到农村去，接受贫下中农再教育”的号召，辞别正生病住院的父亲和年迈的祖母，到闽北山区政和县石屯公社（今石屯镇）最偏远的际下大队（今际下村）插队。在插队期间，他白天参加劳动，晚上坚持学习革命理论，先后通读《毛泽东选集》《共产党宣言》《国家与革命》等马列著作，写了几万字的学习心得。

七星溪是政和人民的母亲河，流经石屯境内长达15公里，沿岸有耕地1.4万亩，每逢暴雨季节常泛滥成灾。1970年秋，石屯公社党委发出“彻底治理七星溪，建设社会主义新石屯”的号召，林金官和30多名知青积极响应，报名参加大会战，并主动承担最艰苦的开山炸石任务，曾冒着生命危险，单独冲进险区排除哑炮。

1972年初春，一场“倒春寒”袭击石屯，大雪纷飞，河水冰冻。而此时防洪大堤沈屯段工地施工正进入紧张阶段，为解决石料供应不上问题，指挥部决定铺设铁轨加快运输进度，但铁轨要通过一段50多米宽的“盲肠河”。林金官带领8名知青组成突击组，冒着刺骨寒风，破冰下河，连续苦干了五天六夜，终于架起了一座铁轨桥，解决了工程中一大难题。也就在这年春天，他父亲病故，按规定他可以回福州补员，且他父亲所在工厂给他寄来了补员登记表。是走还是留，林金官曾经犹豫过，反反复复地思考着。他想到自己下乡时的誓言，想到插队三年多来贫下中农对自己的教育和关怀，感到自己人生的新历程才刚迈出第一步，决不能退缩。于是，他决心不回福州补员，便在补员登记表上写下“志在农村做贡献，风吹浪打不回头”铮铮誓言退回给福州的工厂。此后，他又先后6次把招工、招生指标让给其他知青。

1975年6月上旬，政和境内连降暴雨。6月10日，倾盆暴雨引发山洪暴发，七星溪河水猛涨，石屯沿岸村庄、良田面临洪水严重威胁。当晚11时许，林金官和几个社员正在巡查粮食仓库，忽闻巡堤民兵向抗洪指挥部报告，白亭仔防洪堤被洪水冲破一个缺口，情况万分紧急。林金官当即带领由30多人组成的抢险队奔赴险区，第一个跳到水中堵缺口。险情尚未完全排除，林金官突然又发现正在对岸抢险的女知青小龚被洪水卷入河中，于是他再次奋不顾身地跳进河里，拼死把小龚救上岸来。林金官和他的战友们连续与洪水搏斗了10多个小时，终于堵住了缺口。这时他已累得筋疲力尽，正想坐下来休息片刻，可是更大的险情出现了，上游石堤又被冲决出一个大缺口，他毫不犹豫地沿河堤向上游奔去。不料这时汇聚上游三条支流的洪峰铺天盖地涌向石屯，刹那间林金官被凶猛的洪水吞没了，这位工人阶级的好儿子，农民心中的好知青，为保护人民群众生命财产安全，献出了宝贵生命，牺牲时年仅26岁。

林金官牺牲后，中共石屯公社委员会根据他的英勇事迹和生前要求，追认其为中共党员。共青团政和县委员会授予他“模范共青团员”称号。

1975年10月，福建省人民政府追认林金官为革命烈士。同年12月29日，中共建阳地委授予林金官“模范上山下乡知识青年”光荣称号，并号召全区广大下乡回乡知青和各条战线的共青团员、革命青年向他学习。

郑世堂

郑世堂（1950.12—1993.5）政和县镇前镇下园村人，出生于农民家庭。15岁以前先后就读于下园小学和镇前中学，1966年辍学后在当时的下园公社当通信员。1968年4月参军入伍，在厦门某部队服役，任战士、班长，先后3次受部队嘉奖。1969年2月加入中国共产党。1973年11月退伍回乡后，在镇前公社任扫盲干事，从事农村扫除文盲工作。1978年3月转干，调镇前中学搞行政。1983年调任镇前公社出纳。1984年5月，镇前法庭成立，郑世堂调入镇前法庭任书记员。从此走上了法律工作者的人生道路。同年7月，晋升助理审判员，后又被任命为副科级审判员。1991年3月，由于工作出色，他被福建省高级人民法院评为“岗位学雷锋积极分子”，并荣立二等功。1992年4月，他调任杨源法庭负责人，并被推荐为全省法院英模报告团成员，到全省各地（市）做报告。

郑世堂在基层法庭任职期间，时刻牢记全心全意为人民服务宗旨，忘我工作，无私奉献，为办案他风里来雨里去，走遍辖区山山水水。他廉洁公正，两袖清风，严格执法。九年间，他亲自办理审结的各类民事案件达548件，调解处理诉讼外的纠纷案件500余起，并通过耐心细致的工作，使30多名离家出走的妇女重返家园。他办案量居全省法院个人办案量的前茅，案件审结率和执行率均达100%。而且，所办结的案件没有一个当事人提出上诉和申诉。他虽学历不高，但善于刻苦学习，钻研法律知识和审判业务，创造出“一防、二优、三快”和“三不传”的独特办案方法，深受好评。由于长期在艰苦的高寒山区工作及超负荷的工作量，他的体质越来越差，但他从未退缩，仍然一如既往地坚守岗位。

1993 年 3 月，他调任东平法庭庭长。此时虽已病魔缠身，但依旧坦然赴任，精心谋划如何开创东平法庭工作新局面。1993 年 4 月初，郑世堂病情加重，经组织上多次动员，他才赴省医学院附属医院检查治疗，被确诊为肝癌晚期，人们无法想象，一个肝肿大 17.7 × 12.3 厘米且肝腹水严重的病人，是如何以惊人的毅力和顽强的精神，坚持战斗在基层审判岗位上。1993 年 5 月 8 日，福建省高级人民法院给予郑世堂记一等功。5 月 21 日 17 时，郑世堂走完了他毕生钟爱的基层法官之路，病逝于政和医院，年仅 42 岁。

1993 年 6 月，中共福建省委追授郑世堂为全省优秀共产党员。7 月，福建省总工会追授郑世堂“五一”劳动奖章。同月，福建省高级人民法院、中共南平地委、南平地区行政公署、南平地委政法委、南平地区中级人民法院、中共政和县委等单位相继作出《关于开展学习郑世堂同志先进事迹活动》的决定，市、县有关部门相继组织郑世堂先进事迹巡回报告团。11 月 15 日，中华人民共和国最高人民法院追认郑世堂为全国法院模范，对郑世堂作出了中肯而全面的评价。

魏重成 张应有

魏重成（1975.4—1995.9）政和县星溪乡九蓬村人。

张应有（1976.8—1995.9）政和县外屯乡溪头村人。

魏重成、张应有均出生于贫苦农民家庭，九蓬村和溪头村也同为革命老区基点村，张应有的爷爷和伯伯在革命战争年代都参加过游击队。两人从小就接受革命传统教育，老一辈热爱党、热爱人民、热爱社会主义和舍己为人、无私奉献的高尚道德情操，如春风化雨般滋润着他们幼小的心灵，使他们从小便培养起崇拜英雄和乐于助人的精神。在读小学的时候，张应有就曾冒着生命危险，在斗架狂奔的牛牯身边救下一个小孩。15 岁时他曾滑到 5 米多深的山坡下，救起一位不慎跌落坡底的老农，并把他背回家中，以致老人临终前还念念不忘远在部队的救命恩人。他还曾独自一人上山采草药，为因救火被烧伤的叶应满老师治伤。和张应有一样，在读小学的时候，魏重成总是大哥哥般的照顾其他寄宿小同学，为他们整理被褥、打水洗碗。他还发动同学为生病住院的女同学叶秋英捐款。他也曾冒着如骤的冰雹，头顶书包冲到操场上，拣起被狂风吹落泥淖中的国旗，洗干净后交给老师。

他们俩家境都很贫寒，为了照顾年迈的父亲和读初中的妹妹，张应有初中一毕业便挑起了全家生活的重担。在村里，植树造林，消灭荒山，抢修供电线路，样样工作他都带头干。而魏重成则在 16 岁时便承担起了家庭生活的重任，艰苦的环境不但磨炼出他坚韧不拔的性格，而且培养出他善良和富于同情心的品性。他曾数年如一日地照顾双目失明的老人魏敦琳，直到入伍的前一天，还为老人砍了一担柴，挑了一缸水。他把雷锋视为偶像，期盼自己能成为雷锋式的战士。张应有从 17 岁起就连续三年报名参军，但头二年都因名额限制而未能如愿。1994 年 12 月，张应有、魏重成终于实现了多年的愿望，双双参军入伍，成为中国人民解放军 32276 部队战士。

在部队这座革命熔炉中，张应有、魏重成虚心好学，进步很快。老区人民吃苦耐劳、不怕困难的精神在他们身上得到充分体现。在不到一年的时间里，他们先后为 20 多位战友或生病的战士代岗，多次采药为战友们治病。他们服从命令，遵守纪律，在各自的岗位上兢兢业业，多次得到部队首长的好评。

1995 年 9 月 6 日中午，在部队驻地江西省鹰潭市泸溪河畔龙虎山村的一个山坡上，驻军部队水泵房的水泵发生故障，上午站了 4 个小时岗的张应有闻讯后顾不得休息便主动参加抢修，刚完成一项任务满身泥泞的魏重成也加入了抢修行列。12 时 30 分，正当他们累得满身大汗之际，突然从不远处河边传来阵阵呼救声，张应有、魏重成及另 2 名战士急忙丢下手中工具，拔腿向河边奔去。当他们来到河边时，只见一位妇女在滔滔的急流中挣扎，顷刻间被卷入了漩涡，被惊呆了的姐妹们只能向山村发出撕心裂肺的呼救。原来是龙虎山村妇女周梅兰欲涉水过河放牛，当她漫不经心地走到河中央时，不料上游一座水库正好放水发电，顷刻间滚滚巨浪如万马奔腾般涌向下游，转瞬间就把周梅兰吞没了。

见此情景，张应有、魏重成来不及脱下军装就跳入滚滚波涛中，但因水流过急，他们久久难以接近周梅兰，当魏重成拼尽全身力气终于接近周梅兰欲将她推出漩涡时，却被求生心切的周梅兰死死抱住。此时水性不好的张应有见状也拼力赶到，两人耗尽全力终于把周梅兰推出了漩涡，但他们自己却再也无力排脱波涛的冲击，双双被漩涡卷入潭底，两位来自政和老区的年轻战士，为抢救落水群众而献出了自己宝贵的生命。牺牲时张应有 20 岁，魏重成 21 岁

1995 年 9 月 9 日，南京军区后勤部政治部批准张应有、魏重成为革命烈士。11 日，鹰潭市党政军各界人士为两位烈士举行隆重追悼会。

杨韩非

杨韩非（1978—1990）小名大弟，政和县石屯镇长城村人。由于家境清苦，他从小就很懂事，砍柴、挑水、摘茉莉花，事事都帮着干。10 岁时入长城小学读书，他不但学习认真，成绩不错，而且体育拔尖，劳动表现尤为突出，是个品学兼优的学生。其时，全国中、小学生正开展学习英雄少年赖宁活动，杨韩非积极参与各项活动，他在作文中用一个孩子朴素的语言写道："我要向赖宁学习，好好读书，做好少年，好儿童，多做好事，不做坏事，看到有什么能做的就做……"他年纪虽小，却能说到做到，冲洗教室地板，打扫校园卫生，多次受到班主任的表扬；雨天里，他扶起滑倒在泥泞土坡上的幼儿园小朋友，送其回家，得到叔叔阿姨的称赞。他曾像小孙子般搀扶着打兔草扭伤脚的阿婆"火焰婶"一步步回家，也曾连续两年为 75 岁的五保户何大爷提水、劈柴。

1990 年 5 月 19 日下午 3 时，在长城村外下洋溪，年仅 12 岁的杨韩非在 2 米多深的急流中，奋力救起 14 岁的郑茂平和 12 岁的黄仕生，而自己却因体力不支沉入水底，献出了年轻的生命。杨韩非舍己救人的英勇事迹通过媒体报道迅速在八闽大地传播，被人们赞誉为赖宁式英雄少年。共青团政和县委号召全县青少年向他学习。1990 年 8 月，福建省少代会追授杨韩非为"优秀少先队员"。1991 年 9 月福建省人民政府批准杨韩非为革命烈士。

第二章　古代人物（补遗）

叶延一　许延二

叶延一，名德猷，本姓许，因避祸改从母姓。生于唐文宗大和二年（828 年）九月，卒年失考。原籍河南汝宁府光州固始县新安村白马渡。

许延二，名德勋，号长官，延一之胞弟。生于唐文宗大和四年（830 年）八月十五日，卒于唐昭宗乾宁二年（895 年）。

据上洋《许氏宗谱》记载，兄弟俩出身于官宦之家，其父许成，任文宗殿前银青光禄大夫、集贤殿学士，赐金鱼袋，赠鸿胪卿加封怀远侯，追莒国公。兄弟二人自幼聪慧，家学世传，皆以文学登榜。宣宗初，延一官拜金紫光禄大夫，延二官居银青光禄大夫，同掌皇室库钞。二人事君谨慎，理财清廉，为同僚所敬重，不意却因此引起奸臣御使刘姑司的不满。宣宗大中九年（855 年）七月，姑司诬奏二人私匿库钞，利贷欺君，请治重罪。宣宗平日虽器重延一兄弟品行，奈御使参劾，遂传旨刑部审断。刑部尚书张钦，素知延一兄弟忠义，且与之相善，欲断诬告，又恐宣宗怪其徇情。于是以审断许氏兄弟漏落库钞一十八贯，诚为小过复旨。由是延一被罢职归里，延二贬谪楚州山阳县令。八月，兄弟二人挈 70 余眷属及 30 余姓随从离开京城长安。经历此打击，使他们深感宦海险恶，遂萌生择地隐居念头。为避日后再生不测，保全许氏血脉，延一改从母亲叶夫人之姓。

经数月辗转，翌年三月中旬，兄弟一行抵福建福州，再沿闽江北上。四月底到达感德场之东湖（今政和外屯）歇脚寓居，其地即今之“叶洋”和“许洋”。然感于东湖过于偏狭，恐难容百口之众长远发展，于是旋又信马东行，更寻幽僻宜居之地。至今镇前漈头象山狮子岗下，见山环水绕，地沃林蔚，延一遂择地肇基，成为政和南阳叶氏之鼻祖。他先后开拓出叶洋、徐洋等大片良田、山场，创立“清和庄”发展农业生产，是政和早期五大开拓者之一。其后裔现已遍布全县各乡镇并衍发闽东、浙南及广东海丰一带。

延二则越象山进入今澄源上洋（旧称梧桐）肇基创业，先后开辟常洋、澄洋、清洋、后洋及白洋等“五洋”，创立清平、坂墩、新坑口等“三庄”，发展农业生产，传播中原先进生产技术。同时，于咸通间（861 年前后）创办梧峰书院，开政和教育之先河，是政和历史上第一座家塾式书院。兄弟二人还在政和境内建造了清平寺、定风寺、凤栖寺等 10 余座庙宇，是佛教传入政和的早期传播者。

唐僖宗乾符元年（874 年）九月，礼部侍郎孟延嗣上疏为延一兄弟辩诬，僖宗下旨兄弟二人官复原职，延二且兼任御使中丞，敕加金紫光禄大夫、上柱国。夫人梁、周、李三氏各封一品夫人。延一贪恋园林，无意官场，遂终老于漈头村。延二回京复职，唯梁氏夫人不愿随夫赴京，终老于上洋村，曾作《怀长官诗》18 首，至今在当地广泛流传，其后裔也衍发浙、闽各地。

范公辅

范公辅，晚年号桃源处士，原籍河南光州固始县。生于唐文宗开成元年（836 年），壮年得志，仕途风顺，官至御使中丞，授金紫光禄大夫。

唐乾符初，王仙芝、黄巢相继在河北和山东举事。乾符五年（878 年），黄巢率大军越仙霞岭入闽，先后克浦城、松溪、政和，在政和境内分别与唐福建招讨使张谨、御使中丞李彦坚、御使杨惠明等所率官军展开多场激战。唐廷命公辅赉粮抚闽，然当公辅辗转跋涉抵闽时，各部官兵均已为义军所败，张谨、李彦坚、杨惠明均已战殁，巢部也已挥戈南下。公辅痛失同僚，收拾善后同时，深感朝政腐败，料唐室气数将尽，于是萌生弃官念头，隐居于感德场金字山下（今铁山镇范屯村），构屋建房，开辟田园，植树种果，发展农耕。又在周边种桃百余株，不数年将荒僻之地变成世外桃源，故号桃源处士。随着农业的开发和人口繁衍，村庄规模也不断扩大，成为政和最早开发的地区之一。

公辅为人和善，旧志称其“性孝友”，“以诚率物”，“善行群噪里党”。五代后梁龙德三年（923 年）无疾而卒，享年八十有八。所生九子，除第五子范述居祖地守墓庐外，其余八子均分迁县内外各地。宋江山县主簿作霖、元政和县尹伯兴、明丹陵知县仲政皆出其后。今其后裔已遍布全县各乡镇及闽东、浙南各处。

张世豪

张世豪，约生于唐宣宗大中初（847 年前后），卒年未详，唐福建招讨使张谨之长子。祖籍河南光州固始县魏陵乡，唐末，其祖父张岩官任福建都团练使，遂徙居闽县。唐僖宗乾符五年（878 年），黄巢起义军攻陷政和，其父张谨率官兵与黄巢义军鏖战于政和铁山屯尾，经九战而粮断援绝，全军覆没。殁后，里人葬其于铁山屯尾后垅。战事结束后，世豪偕胞弟世杰、世表到政和“赴庙墓，遂不忍去”，于是择地居黄源（今杨源），世杰、世表则分别定居于张源（今元山）和水北（属建瓯）。世豪率族人开辟凤山，广植树木；疏浚河道，放养鲤鱼；精耕良田，种植稻菽。由是偏处一隅的小山村逐渐被开发成柳绿花香的世外桃源。他又在杨水两岸遍植垂柳，故杨源又有柳州之别称。随着生产的发展和人口的不断繁衍，杨源成为张氏聚族而居的著名村落，世豪也被尊为政和张姓的鼻祖和开拓政和五大先哲之一，其族众现已遍布全县各地及闽东多个县市。

颜虬松

颜虬松，名仁贤，字又青，以号行世，约生于五代初。唐朝大臣、著名书法家颜真卿之八世裔孙。祖籍山东琅琊，后徙京兆万年（今陕西西安）。出身望族，少而岐嶷，长而颖敏。后汉隐帝朝（949 年前后）以明经而仕，官拜通事。五代时期，朝代更换频繁，社会动荡，加之虬松崇尚道家“出世”思想，厌弃仕途，进而热衷道家修炼之术，于是辞官南游，辗转入闽。当他到达望浙山（在今石屯镇西津境内）时，巧遇与他具有相同思想而弃官的谏议大夫吴十七，两人十分投契，相约就近择地隐居。由是吴居遂应场（今锦屏村），虬松则继续深入高山峻岭间。当他抵达闽浙交界处的赤溪（今属澄源乡）时，见峰峦挺秀，溪水潆洄，林木蓊蔚，泉声上下，于是惊喜地对随从说，“此处可家焉!”遂定居于政和之赤溪。在此开辟田园，兴修水利，广植树木，发展农耕，而且专擅医术，治病救人，殁后当地人为其立庙祀之，奉若神明。至今其后裔已繁衍 40 余世，除本县外，还远播宁德、福州及东南亚。

郭斯垕

郭斯垕，字伯载，浙江会稽（今浙江绍兴）人。约生于元末明初，卒年失考。明建文四年（1402 年）任政和典史，学识渊博，尤工诗词，人重其文，世称会稽先生。任内关心民间疾苦，常深入民间察访，多有建树。他曾与知县黄裳一起，动员富户输粟赈济灾民，并以低息发放官债，助民农耕。永乐初，他在知县黄裳支持下，历时两年，主持编纂出版了第一部《政和县志》，共 4 卷 49 条目，记载自唐至明永乐年间 530 多年的政和历史及风土民情，不仅保存许多重要的政和地方史料，而且为此后编纂县志打下很好的基础。他对政和充满感情，在任期间几乎踏遍全县山山水水，写下了大量描述和歌颂政和优美风光及人文地理的诗歌和记游文章，为政和人民留下一份珍贵的精神财富。

周尚友

周尚友，字望松，江西贵溪人。生于明嘉靖初，卒于嘉靖四十一年（1562 年）。少聪慧而好学，以举人出仕，嘉靖间任政和县知县，性刚毅而治政宽厚。嘉靖四十一年十二月，大股倭寇攻掠宁德、寿宁后，进犯政和。其时政和仅有部分土城，小小山城，兵卒无几，大敌压境，危在旦夕。然身为一县之宰，周尚友并无惧色。以文臣之身，履行守土之责。他与县丞徐九经一起，发动民众据城固守四十余日，但终因粮尽援绝，难以匹敌。城陷之时，周尚友仍率众以民居为据点，与倭寇展开殊死战斗，直血战到全家死节，徐九经也全节于此役，受到世世代代政和人民的赞颂，明朝廷也赠他们以寺丞之衔，《福建通志》则以“忠义”列之。

杨宗舜

杨宗舜，政和城邑人。约生于清雍正末，卒年失考。清乾隆时监生，性乐施好善，热心地方公益。虽然家道并不十分富裕，但凡事关地方公益，他无不勉力为之。他曾捐资独建凤林花桥，造福一方。乾隆三十六年（1771 年），他有感于熊城主山了无屏蔽，既大碍景观有失“风水”，又造成严重的水土流失，易引发山洪暴发，酿成严重水患，致使贫民百姓生命财产受到很大损失。而政和是个贫脊“下县”，官府无力治理。为此他倾资购苗、雇工，在熊山上遍植松树。经过数十年的精心养护，使原本光秃的熊山面貌大变，苍松蔽日，状如外城，人称松城，不但水患减少，且成为山城绿色屏障。为更好守护这片松林，他复捐资膏田以充资费。他的善举也给子侄们很好的影响，嘉庆间其子维风又将侄女夿田捐入，以资松城守护之费，从而使“松城”得以不断繁育，更臻蓊郁，成为政和一大景观。这也是政和历史上最著名的一项水土保持工程，知县邓文起、周元梓先后为之撰文刻碑。

第三章　人物表

政和县获副高以上专业技术职务人员名表

（截至 2005 年 12 月）

表 33－1

姓　名	性别	出生年月	参加工作时间	所在单位	任职资格	聘任职务	任职资格取得时间
邓建沧	男	1964.05	1983.09	县中医院	副主任中医师	副主任中医师	2003.04
宋坦洋	男	1957.02	1981.09	县中医院	副主任中医师	副主任中医师	2003.04
张长春	男	1968.02	1991.08	县中医院	副主任医师	副主任医师	2004.04
吕仕铨	男	1936.02	1956.04	县疾病预防控制中心	副主任医师		
范治金	男	1966.02	1989.08	县防疫站	副主任医师	副主任医师	2003.07
叶繁茂	男	1961.10	1984.08	县医院	主任医师	主任医师	2005.07
叶　娟	女	1968.10	1988.08	县医院	副主任中医师	副主任中医师	2004.04
许妙辉	男	1948.12	1970.07	县医院	主任医师	主任医师	2003.07
刘启章	男	1938.06	1965.08	县医院	副主任医师		
刘树平	男	1949.08	1974.08	县医院	副主任医师	副主任医师	1999.01
刘清英	女	1966.03	1988.08	县医院	副主任医师	副主任医师	2002.05
朱　丹	女	1969.02	1991.08	县医院	副主任医师	副主任医师	2004.05
宋金兰	女	1955.04	1974.01	县医院	中医主任医师	主任中医师	2005.7
陈文亮	男	1937.04	1960.09	县医院	主任医师		
陈立祥	男	1966.06	1989.09	县医院	副主任医师	副主任医师	2002.05
陈素文	女	1964.12	1982.02	县医院	副主任护师	副主任护师	2004.05
张昌应	男	1955.10	1974.07	县医院	副主任医师	副主任医师	2000.12
张应荣	男	1964.10	1987.08	县医院	副主任医师	副主任医师	2002.05
吴陈祥	男	1957.04		县医院	副主任医师	副主任医师	
何新焕	男	1967.06	1990.08	县医院	副主任中医师	副主任中医师	2004.04
郑汉贞	女	1938.05	1955.08	县医院	副主任医师		
林爱珍	女	1938.01	1964.09	县医院	副主任医师	副主任医师	1987.12
周　政	男	1966.10	1988.08	县医院	副主任医师	副主任医师	2002.05
范红珠	女	1966.12	1988.08	县医院	副主任医师	副主任医师	2002.06
范铭生	男	1966.02	1989.08	县医院	副主任中医师	副主任中医师	2005.05
谢子娇	女	1966.05	1988.08	县医院	副主任中医师	副主任中医师	2002.05
陆义山	男	1936.05	1955.01	东平中心卫生院	副主任医师	副主任医师	1988.08
范　辉	男	1963.05	1985.08	县兽医站	高级兽医师	高级兽医师	2005.05

续表 33－1

姓　名	性别	出生年月	参加工作时间	所在单位	任职资格	聘任职务	任职资格取得时间
俞大康	男	1939.02	1964.08	县动物疫病预防控制中心	高级兽医师		
许　丹	女	1968.12	1991.9	县经管站	高级农经师	高级农经师	2005.05
马步石	男	1937.09	1962.08	县农技站	高级农艺师		
范渠森	男	1945.08	1975.08	县区划办	高级农艺师	高级农艺师	2003
郑远灿	男	1960.07	1982.08	县土肥站	高级农艺师	高级农艺师	2005.05
黄有恒	男	1939.09	1962.08	星溪乡特派员工作站	高级农艺师	高级农艺师	
朱祥锦	男	1969.10	1991.08	林业局资源科	高级工程师	工程师	2005.12
宋庶森	男	1936.03	1964.08	林业科技推广中心	高级工程师		
陈克荣	男	1940.12	1968.05	林业科技推广中心	高级工程师		
曹清育	男	1966.12	1989.12	县营林公司	高级工程师	高级工程师	2003.02
宋庆镇	男	1955.06	1976.04	县水利局	高级工程师	高级工程师	2005.12
林汉保	男	1939.01	1961.08	县水利局	高级工程师		
马建新	男			县测绘管理站	高级工程师		2002.01
陈国旺	男	1967.01	1987.08	县渔技站	高级工程师	水产工程师	2005.11
刘望和	男	1957.09	1975.06	县委党校	高级讲师	高级讲师	1998.03
王　东	男	1964.09	1983.08	县教育局	中学高级教师	中学高级教师	1994.05
邝财华	男	1968.11	1990.08	县教育局	中学高级教师	中学高级教师	1998.08
李应培	男	1963.08	1979.08	县教育局	中学高级教师	中学高级教师	1995.12
范林德	男	1966.03	1987.08	县教育局	中学高级教师	中学高级教师	1994.01
祝胜源	男	1964.02	1982.08	县教育局	中学高级教师	中学高级教师	2000.12
赖名刚	男	1938.09	1957.09	县教育局	中学高级教师		
熊师燕	男	1941.01	1966.08	县教育局	中学高级教师		
魏有强	男	1963.06	1982.08	县教育督导室	中学高级教师	中学高级教师	
杨宗华	男	1947.01	1965.06	电大工作站	中学高级教师	中学高级教师	2004.12
谢乐明	男	1960.11	1981.08	电大工作站	中学高级教师	中学高级教师	1993.12
刘诗德	男	1959.12	1977.09	县进修学校	小学中学高级教师	小学中学高级教师	2004.09
杨　青	男	1963.06	1983.08	县进修学校	中学高级教师	中学高级教师	2000.05
周国义	男	1953.08	1973.01	县进修学校	中学高级教师	中学高级教师	2000.05
黄声萍	女	1963.03	1984.08	县进修学校	中学高级教师	中学高级教师	2003.02
赖长才	男	1937.10	1961.08	县进修学校	中学高级教师		
邓逸清	男	1942.03	1962.08	政和一中	中学高级教师	中学高级教师	1992.08
王邵捷	女	1945.05	1963.09	政和一中	中学高级教师	中学高级教师	1996.06
王玉萍	女	1964.12	1987.08	政和一中	中学高级教师	中学高级教师	2003.12
尹章德	男	1963.06	1987.08	政和一中	中学高级教师	中学高级教师	2001.09
叶　毅	男	1963.02	1981.08	政和一中	中学高级教师	中学高级教师	1994.01
叶衍吕	男	1964.11	1983.08	政和一中	中学高级教师	中学高级教师	1994.01

续表 33－1

姓　名	性别	出生年月	参加工作时间	所在单位	任职资格	聘任职务	任职资格取得时间
全松林	男	1922.01	1949.04	政和一中	中学高级教师	中学高级教师	1988.09
全柏洪	男	1955.10	1973.02	政和一中	中学高级教师	中学高级教师	1999.01
许德春	男	1957.03	1981.08	政和一中	中学高级教师	中学高级教师	2001.09
许智增	男	1962.02	1986.08	政和一中	中学高级教师	中学高级教师	2001.09
刘　强	男	1966.03	1988.08	政和一中	中学高级教师	中学高级教师	2004.12
吴美煊	男	1946.06	1969.08	政和一中	中学高级教师	中学高级教师	1991.09
吴榅生	男	1963.08	1983.08	政和一中	中学高级教师	中学高级教师	1999.01
吴晓东	男	1961.10	1978.08	政和一中	中学高级教师	中学高级教师	2003.12
陈育光	男	1939.09	1962.08	政和一中	中学高级教师	中学高级教师	1989.04
陈炳枢	男	1947.09	1965.09	政和一中	中学高级教师	中学高级教师	1994.03
陈童芬	女	1955.10	1974.07	政和一中	中学高级教师	中学高级教师	1999.01
陈全达	男	1963.01	1985.08	政和一中	中学高级教师	中学高级教师	2004.12
张　毅	男	1962.12	1982.08	政和一中	中学高级教师	中学高级教师	2001.09
张应崇	男	1962.11	1984.08	政和一中	中学高级教师	中学高级教师	2003.06
张声玉	女	1968.05	1990.08	政和一中	中学高级教师	中学高级教师	2003.12
宋家森	男	1942.12	1963.07	政和一中	中学高级教师	中学高级教师	1992.08
宋林政	男	1964.10	1984.08	政和一中	中学高级教师	中学高级教师	2000.12
李逢振	男	1950.08	1969.09	政和一中	中学高级教师	中学高级教师	1996.06
李家宁	男	1963.09	1986.05	政和一中	中学高级教师	中学高级教师	2003.12
严功宝	男	1956.03	1974.08	政和一中	中学高级教师	中学高级教师	2000.04
陆政华	女	1963.11	1987.08	政和一中	中学高级教师	中学高级教师	2003.12
林　奇	男	1937.05	1958.02	政和一中	中学高级教师	中学高级教师	1994.03
林世义	男	1964.02	1981.08	政和一中	中学高级教师	中学高级教师	2000.04
林　浠	女	1965.08	1987.08	政和一中	中学高级教师	中学高级教师	2003.12
周芳添	男	1939.09	1966.06	政和一中	中学高级教师	中学高级教师	1999.03
范丽琴	女	1962.10	1985.08	政和一中	中学高级教师	中学高级教师	2004.12
祖后明	男	1934.08	1954.08	政和一中	中学高级教师	中学高级教师	1988.07
郭孟泰	男	1945.11	1969.07	政和一中	中学高级教师	中学高级教师	1992.08
倪建才	男	1965.07	1987.08	政和一中	中学高级教师	中学高级教师	2001.09
黄有安	男	1949.05	1971.02	政和一中	中学高级教师	中学高级教师	2000.04
黄文华	男	1963.01	1982.08	政和一中	中学高级教师	中学高级教师	2000.12
黄瑞卿	女	1956.11	1975.07	政和一中	中学高级教师	中学高级教师	2002.03
黄健康	男	1964.12	1988.08	政和一中	中学高级教师	中学高级教师	2003.12
黄金辉	男	1950.06	1962.02	政和一中	中学高级教师	中学高级教师	2004.12
黄金凤	女	1965.08	1984.08	政和一中	中学高级教师	中学高级教师	2004.12
梁爱健	男	1964.07	1988.08	政和一中	中学高级教师	中学高级教师	2001.09

续表33－1

姓　名	性别	出生年月	参加工作时间	所在单位	任职资格	聘任职务	任职资格取得时间
曾桂生	男	1959.07	1978.09	政和一中	中学高级教师	中学高级教师	1999.02
谢　猛	男	1967.01	1987.08	政和一中	中学高级教师	中学高级教师	2003.12
蔡治信	女	1943.10	1965.12	政和一中	中学高级教师	中学高级教师	1992.08
叶开芳	男	1962.04	1984.08	政和二中	中学高级教师	中学高级教师	2002.12
叶　凡	男	1959.09	1977.08	政和二中	中学高级教师	中学高级教师	2003.12
陆执富	男	1964.09	1983.08	政和二中	中学高级教师	中学高级教师	2000.12
张瑞枝	女	1966.03	1985.08	政和二中	中学高级教师	中学高级教师	2003.12
陈秋英	女	1953.07	1980.02	政和二中	中学高级教师	中学高级教师	2005.05
苏忠望	男	1939.01	1979.04	政和二中	中学高级教师	中学高级教师	1994.04
杨　春	男	1974.08	1997.08	政和二中	中学高级教师	中学高级教师	2000.09
范鸣凤	女	1948.10	1969.01	政和二中	中学高级教师	中学高级教师	2001.04
周陈顺	男	1949.12	1970.09	政和二中	中学高级教师	中学高级教师	1996.09
黄顺映	男	1953.10	1978.08	政和二中	中学高级教师	中学高级教师	2001.12
黄浦辉	男	1952.09	1969.02	政和二中	中学高级教师	中学高级教师	2002.12
黄秀光	男	1962.06	1982.08	政和二中	中学高级教师	中学高级教师	2003.12
魏明彦	男	1963.01	1986.08	政和二中	中学高级教师	中学高级教师	2001.11
许人杰	男			政和三中	中学高级教师	中学高级教师	2000.12
张灼弟	男	1965.03	1984.08	政和三中	中学高级教师	中学高级教师	2002.12
张大握	男	1963.06	1982.08	政和三中	中学高级教师	中学高级教师	2003.12
范崇雄	男	1964.03	1984.08	政和三中	中学高级教师	中学高级教师	2000.04
赵师华	男	1953.11	1976.09	政和三中	中学高级教师	中学高级教师	2002.12
曹战平	男	1963.04	1981.08	政和三中	中学高级教师	中学高级教师	1997.09
刘国钦	男	1949.03	1973.08	星溪中学	中学高级教师	中学高级教师	2002.12
陈昌海	男	1958.11	1977.08	星溪中学	中学高级教师	中学高级教师	2001.12
陈　伟	男	1960.08	1977.09	星溪中学	中学高级教师	中学高级教师	2001.12
张道弟	男	1957.11	1977.08	星溪中学	中学高级教师	中学高级教师	2003.12
余克林	男	1963.02	1982.08	星溪中学	中学高级教师	中学高级教师	2004.12
魏成沐	男	1948.07	1972.03	石屯中学	中学高级教师	中学高级教师	2000.12
杨上侠	男	1945.09	1964.07	东平中学	中学高级教师	中学高级教师	1992.05
黄世荣	男	1947.09	1973.06	东平中学	中学高级教师	中学高级教师	2001.02
叶长希	男	1938.10	1959.08	铁山中学	中学高级教师	中学高级教师	
刘良云	男	1953.07	1973.03	铁山中学	中学高级教师	中学高级教师	2001.12
张智才	男	1965.10	1987.08	铁山中学	中学高级教师	中学高级教师	2002.12
魏德本	男	1937.08	1958.08	铁山中学	中学高级教师	中学高级教师	
甘乃桂	男	1956.04	1975.08	杨源中学	中学高级教师	中学高级教师	2003.12
许马辉	男	1949.07	1975.08	杨源中学	中学高级教师	中学高级教师	2000.12

续表 33－1

姓　名	性别	出生年月	参加工作时间	所在单位	任职资格	聘任职务	任职资格取得时间
王柳芳	女	1952.09	1971.02	实验小学	小学中学高级教师	小学中学高级教师	2001.01
叶永松	男	1963.04	1982.08	实验小学	小学中学高级教师	小学中学高级教师	2004.09
杨正荣	女	1963.12	1982.08	实验小学	小学中学高级教师	小学中学高级教师	2003.06
刘振旺	男	1962.11	1982.08	南门小学	小学中学高级教师	小学中学高级教师	2003.06
范朝勇	男	1956.12	1974.06	星溪中心校	小学中学高级教师	小学中学高级教师	2001.07
官荣智	男	1955.11	1974.06	星溪中心校	小学中学高级教师	小学中学高级教师	2003.06
陈立平	男	1956.11	1980.02	东平中心校	小学中学高级教师	小学中学高级教师	2001.07
陈诚声	男	1940.08	1963.01	杨源中心小学	—	—	—
许道池	男	1941.10	1963.08	澄源中心小学	—	—	—

已知政和籍在外任副处（团）以上干部名表

（截至 2005 年 12 月）

表 33－2

姓　名	性别	民族	籍　贯	出生年月	主要经历及职务
尤立成	男	汉	政和石屯	1964.12	1983 年 11 月入伍服役，历任战士、排长、副指导员、宣传股长、教导员、政治处主任等职。期间 2001 年在南昌大学法律本科毕业；2004 年苏州大学行政管理学科专业研究生班结业。现任武警江西省总队抚州市支队正团级政委
毛毕华	男	汉	江西广丰	1968.5	1985 年政和一中毕业后考入北京大学经济学系，1993 年获该系经济学硕士学位。1996 年获经济学博士学位。1997 年 5 月至 2001 年 1 月，先后任中国证券监督管理委员会监管部主任科员、副处长。2001 年 2 月至 2005 年 2 月，先后任中国证券监督管理委员会副处级干部、稽查局监督处、稽查一局调查四处处长。2005 年 3 月，任中国证监会四川监管局党委委员、局长助理。
邓树福	男	汉	政和石屯	1927.7	1949 年 5 月参加军政大学五分校西进贵州，历任贵州平圹县牙舟乡乡长、牙舟区副区长，1952 年起先后任贵州省委统战部干事、贵州省政协专委会主任、老干部处处长等职
邓达木	男	汉	政和澄源	1968.6	1989 年毕业于复旦大学，先后在福州灯泡厂、福州市经委工作，现任福州市委台湾工作办公室副主任
甘文应	男	汉	政和杨源	1958.4	1981 年入伍，任职于福州商业学校储运公司。1988 年 1—12 月调福州市鼓楼区政府工作。1989 年 1 月调福建省人民政府办公厅工作。2002 年 3 月起任福建省年鉴社常务副主编
叶马泰	男	汉	政和镇前	1921.1	详见本章《人物传》

续表 33－2

姓　名	性别	民族	籍　贯	出生年月	主要经历及职务
叶宝华	男	汉	政和熊山	1964. 8	1983 年 11 月入伍，服役于武警江西省总队第二支队，期间于 1987 年毕业于武警南昌指挥学校，并调武警江西总队宜春支队，历任排长、副中队长、代中队长、副参谋长等职。此后又先后深造于武警部队专科学校、广播电视大学法律本科。2002 年后先后任武警江西上饶市支队参谋长、萍乡市支队参谋长，曾多次受总队和支队嘉奖
叶肇雄	男	汉	政和熊山	1955. 10	1980 年毕业于福建省机电学校，先后在政和水轮机厂、无线电厂工作，曾任车间主任、无线电厂厂长、水轮机厂支部书记等职务。1992 年调任政和县经委主任，是县委委员。1994 年任建设银行政和支行行长、支部书记。1996 年调任建设银行南平市分行副行长、党委委员
汤文伦	男	汉	政和镇前	1938. 12	1959 年毕业于福建林校，先后任职于南平专署林业局、南平地委农工部及建阳县。1974 年任建阳黄坑公社管委会主任、公社书记。1980 年调任武夷山国家级自然保护区副区长，获林业部铜牌奖。1990 年改任建阳县人大常委会副主任。1994 年任建阳市委统战部部长。1999 年后任建阳县人大常委会调研员
江世民	男	汉	政和熊山	1937. 12	1961 年毕业于北京农业大学，高级农经师。1976 年后历任政和县农业局副局长、局长，政和县政府办主任，建阳地区科委副主任，松溪县委副书记、县人民政府县长。1990 年调任南平地区农业局局长。1994 年起任南平市农委主任
池云宝	男	汉	政和东平	1923. 7	1942 年参加建松政特委游击队，历任排长、连长、闽浙边游击纵队支队长、副纵队长、工委书记等职。1949 年 4 月，在人民解放军入闽北前夕，率游击队先后解放政和东平、护田，松溪郑墩及水吉杭头、漳档等乡。1949 年 5 月后历任浦城县委书记兼县长、水吉县委书记、建阳地委组织部副部长、地委委员、建阳县县长等职。1965 年后又相继任南平地委农工部副部长、松溪县委副书记、建阳地区农委副主任、建阳地区纪检会副书记等职务。1983 年离休
吕元贵	男	汉	政和镇前	1962. 5	1982 年应征入伍，服役于东海舰队司令部，历任司令部四所文书、管理处文书。1990 年进大连海军学院学习，结业后任司令部勤务连副指导员、指导员。1996 年后先后调任东海舰队钱湖招待所副教导员、钱湖农场正营职场长、司令部上海办事处副团职主任（中校），曾荣立三等功一次。2005 年转业，任松江区管理局办公室主任
吕祥松	男	汉	政和熊山	1950. 12	1978 年毕业于南京理工大学，就职于福建省国防工办，任科长。1995 年调任连城县委常委、政府副县长。1997 年改任福建省经贸委能源处副处长。1998 年后任省政府对口支援办正处级副主任
许　奇	男	汉	政和澄源	1963. 3	毕业于福建省建筑工程学校，后相继就读于福建林学院函授园林化专业和中央党校函授经济管理专业并获香港公开大学工商管理硕士学位。历任福建省建设厅城建处副处长、处长；风景园林办主任等职务
许　诚	男	汉	政和熊山	1965. 7	华东政法学院法学本科学历。1987—2004 年 2 月历任政和县公安局刑警大队民警、治安科科长、副局长兼城关派出所所长等职。2004 年 2 月后先后任南平市公安局刑警支队副支队长、支队长。曾立个人三等功 3 次，先后被评为“全省优秀人民警察”“福建省社会治安综合治理先进工作者”及“南平市劳动模范”

续表 33－2

姓　名	性别	民族	籍　贯	出生年月	主要经历及职务
许云协	男	汉	政和澄源	1964.7	先后毕业于福建人民警察学校、厦门大学法律系自考大专、中央党校函授学院本科。1989 年入福建省国家安全厅，历任业务处副科长、科长，副处级侦察员等职，现任办公室副主任，一级警督。先后立个人三等功 4 次，曾获国家安全部“技侦标兵”荣誉称号
许庆东	男	汉	政和澄源	1966.3	1985 年应征入伍，任战士、班长。1987 年就读于南昌陆军学院合成指挥大专专业，此后又先后参加中央党校经济管理本科和宣化炮兵学院部队政治工作中级指挥培训学习。1990—2003 年历任一军一师二团排长、政治指挥员、干部股长、教导员、团副政委及师装备部直政科科长等职，期间立三等功 1 次。曾参加“911 军事演习”等 6 次重大军事行动及九江抗洪抢险，多次被评为先进个人和优秀机关干部。2005 年起任浙江省杭州市旅游委员会副调研员
许达苍	男	汉	政和澄源	1942.10	1967 年毕业于福建林学院林学系本科，历任周宁香洋林场技术员、七步林业站长、助理工程师。1980 年后先后任纯池公社革委会副主任、管委会副主任。1983 年调周宁县委工作，是第四、五届县委常委并兼任农口党组书记。1987 年 10 月以后调周宁县人大常委会工作，历任周宁县第十至十三届人大常委会副主任、党组书记
许志文	男	汉	政和澄源	1962.10	1984 年毕业于福建师大中文系，历任政和一中教师、校团委副书记，是第二届全国优秀语文教师，中学高级教师，南平市劳动模范。1992 年后，先后任政和县教师进修学校副校长、政和二中校长、政和一中校长、县政协兼职副主席，是南平市政协第一、二届常委，现任闽北职业技术学院副院长
许道红	男	汉	政和澄源	1938.10	1959 年入伍服役，历任战士、班长、排长、连长、营长、南昌陆军学校通讯训练大队队务处副处长、处长等职，曾立三等功 2 次。1984 年转业到福州化工研究所，先后任副书记、副所长、调研员
刘先义	男	汉	政和岭腰	1964.9	1991 年浙江大学研究生院电机工程专业毕业，工学硕士。先后任职于上海电器科学研究所、福建省中心检验所，历任玩具室副主任、办公室主任、所长助理、高级工程师等职。1998 年 7 月改任中国方圆认证委员会福建审核中心副主任。2001 年 6 月起任福建省中心检验所所长，高工，期间攻读美国 SYRACUSE 大学公共管理专业，获文学硕士学位。2005 年调任三明市技术监督局党组书记、局长。曾多次被省直机关评为优秀党员，是福建百千万人才工程人选
朱家禄	男	汉	政和东平	1932.8	1952 年 7 月入伍，历任政和县委组织部干事、熊山公社社长、熊山区区长、石屯公社书记等职。1971 年调建阳县工作，先后任徐市公社书记、县革委会副主任、县政府副县长、县委副书记、县人大主任等职务。1986 年调福建省司法厅工作，先后任纪检组副组长、省监狱管理局副局长
陈　云	男	汉	政和澄源	1960.11	1979 年起就职于建阳地区人民法院，历任助审员、审判员、副庭长等职，立三等功 1 次。1995 年 10 月主持南平市中级人民法院刑二庭工作。1996 年起任南平市中院全国法律业余大学南平分部主任及法官培训处主任。1998 年调任浦城县人民法院院长

续表 33－2

姓　名	性别	民族	籍　贯	出生年月	主要经历及职务
陈　武	男	汉	政和澄源	1964.6	1981 年入伍服役，历任江西省军区战士、班长、机要秘书。1984 年就读于武警指挥学院汽车管理专业本科，1987 年毕业后先后任武警江西总队三支队车队队长、军械运输股股长，少校军衔。1995 年后历任江西省公安厅车管所副科长、科长，江西省公安厅交警总队直属支队政委兼十七大队教导员
陈　美	男	汉	政和澄源	1935.12	1949 年 10 月参加工作，先后任职于东平、镇前区政府及县供销社、县委办等单位。1958 年由县委办选送到厦门大学工农预科就读。1964 年毕业于厦门大学经济系并分配到海南行政区商业学校工作，后调行政区财办、行政区党委组织部，历任副科长、科长、处长。1983 年 9 月起任区党委组织部副部长。1988 年 4 月起任海南省委组织部副部长兼省委党校党委书记和省委企业工委书记，正厅级
陈立典	男	汉	政和东平	1963.3	1984 年福建中医学院本科毕业后留校任助教、讲师。1990 年 7 月获广州中医药大学硕士学位。1992 年 4 月起任福建省第二人民医院副主任医师、副院长。1999 年任福建中医学院针推系主任。2002 年后先后任省第二人民医院主任医师、院长、福建中医学院教授、副院长。2005 年获福建中医学院博士研究生学位。曾先后主编《中、西医结合康复学》《中医养生》《康复医学概论》等教材，并负责国家自然基金《局灶性脑缺血系统和机制探讨》等课题研究，发表相关论文 30 余篇，荣获福建科技进步三等奖 1 项
陈茂潘	男	汉	政和星溪	1964.8	1983 年 10 月入伍服役，1987 年毕业于武警南昌指挥学校，历任武警江西总队二支队排长、副中队长、中队长、作训股长、警卫大队大队长等职。1996 年 7 月起调任武警上海总队副参谋长、总队作战勤务处处长。2004 年 8 月转业地方，任上海市人民政府防汛抗旱指挥部副主任
陈树方	男	汉	政和东平	1932.3	1949 年 5 月参加中国人民解放军，入二野军政大学五分校学习，同年随军进军解放大西南，历任中国人民解放军 51 师侦察员、保卫干事，在黔南地区剿匪中 3 次立功。1952 年转业地方，历任贵州独山专署公安处副科长、科长；平塘县公安局长；官滩电站指挥长、政委；黔南州委保卫科长；保密局局长等职。离休后任贵州省军大五分校校史研究会理事、黔南布依族苗族自治州军大校史研究会副理事长
宋孙声	男	汉	政和镇前	1934.11	1952 年 7 月参加工作，任政和人民银行农金员、副股长。1959 起任松政县人民银行副行长兼办事处主任。1960 年调省新华书店工作。1963 年调省委工作队。1970 年后历任宁德地区计委办公室副主任、劳动局副局长。1986 年调任宁德地区土地局副局长
宋庆奇	男	汉	政和镇前	—	郑州粮食学院毕业，现任国家商业部基建司副处长
宋宗荣	男	汉	政和镇前	1937.12	1959 年毕业于福安师范，历任周宁一中教员、革委会副主任、主任、党支部书记。1979 年起任周宁一中校长、支部书记，县委委员。1987 年 10 月起任周宁县人大常委会副主任、党组成员。1999 年退休后任周宁县计生协会会长
吴　雄	男	汉	政和铁山	1959.9	1981 年毕业于厦门水产学院，历任政和县畜牧水产局技术员、杨源乡党委副书记、东平镇镇长、党委书记等职务。1994 年 3 月调任南平市农业局副局长

续表 33－2

姓　名	性别	民族	籍　贯	出生年月	主要经历及职务
吴子华	男	汉	政和铁山	1958. 3	1976 年应征入伍，历任江西省军区独立二团、军区教导大队文书、营部书记、正连职政治教员。1986 年转业到政和县委组织部，历任科员、科长、副部长。1991 年调南平地区工商局，先后任办公室主任、副局长、局长及党组书记，其间挂职于省工商局。是政协南平市第一届委员、南平市第二届人大代表，市私营企业协会第一、二届理事长，市外商投资协会副会长
吴邦才	男	汉	政和澄源	1949. 7	1973 年毕业于厦门大学后就职于共青团建阳地委，历任秘书、办公室主任、副书记、书记。1986 年后任崇安县委副书记、县政协主席。1990 年 1—9 月任武夷山市委副书记、市政协主席，10 月调任南平地区教育局局长。1995 至 2001 年 3 月任南平市政协副主席、党组副书记。2001 年 4 月起任南平市人民政府副市长。期间曾兼任中国农村教育改革研究会常务理事、福建省领导科学研究会理事及南平师专客座教授，曾编《情系山村》等专著
吴仰泽	男	汉	政和星溪	1927. 3	1949 年 5 月入二野军政大学五分校，1950 年 1 月入中国人民解放军 17 军 49 师 147 团任文化干事，曾立一等功 1 次。1952 年 9 月转业到贵州修文县委组织部工作，1956 年后先后任职于贵定行署农业局、安顺地区水泥厂、安顺地区物资局。1965 年起任安顺地区金属公司经理
吴昌宝	男	汉	政和澄源	1963. 10	1981 年参加工作，任教于政和澄源中心小学。1986 年福建省委党校国民经济管理专业毕业后，调中共政和县委宣传部工作，先后任办公室秘书、副主任。1994 年 3 月任政和县委办公室主任。1996 年调任南平市委办公室助理调研员。2001 年 7 月任南平市人大常委会副秘书长。同年，挂职建阳市麻沙镇党委书记
吴荣钦	男	汉	政和镇前	1962. 1	1978 年 12 月应征入伍，历任战士、班长、代理排长、指导员、教导员、政委等职务。1997 年 8 月转业，先后任福建警察学院学生处副处长、福建省看守所所长、福建省公安厅警务督察总队副总队长。1989 和 1990 年各立个人三等功一次，先后被授予福建省新长征突击手和福建省新长征突击手标兵称号。1991 年 12 月被评为福建省首届十大杰出青年，1990 年以来先后 10 次荣获省部级以上奖励
吴敏东	男	汉	政和星溪	1960. 8	1978 年参加工作，先后任职于政和县人民法院、中共政和县委组织部。1988 年任政和县人民法院副院长。1991 年调地区中级人民法院，历任审判委员会委员、民庭庭长、副处级审判员等职。1998 年后，先后任南平市中级人民法院副院长、党组成员、政治部主任、正处级副院长等职，兼任市政协法制委委员
吴隆彪	男	汉	政和铁山	1964. 11	1982 年参加工作，任建阳地区保险公司科员、副科长。1985 年调政和县保险公司工作，先后任副经理、经理。1988 年到武汉大学保险专业学习深造。1996 年 5 月调中国人寿保险公司南平分公司，先后任总经理助理、副总经理
张中光	男	汉	政和杨源	1961. 8	毕业于长沙交通学院，高级工程师。1983—1996 年先后任政和公路段副段长、武夷山市公路段段长、建阳公路段长、南平公路分局长等职。1996 年 4 月任南平市公路局副局长。1998 年调任福建省高速公路建设总指挥部副处长，负责筹建福建高速公路养护工程公司。2005 年 6 月再度回南平，任南平福银高速公路公司总经理。先后在全国核心工程学术刊物上发表论文 13 篇

续表 33－2

姓 名	性别	民族	籍 贯	出生年月	主要经历及职务
张立先	男	汉	政和杨源	1958.4	1975年参加工作，省委党校研究生毕业。1991年12月起任正处级职务。1994年2月起任福建省委政研室副主任，期间挂职南平市副市长。2000年3月起任南平市委常委、副市长。2000年9月起任宁德市委副书记、组织部部长
张传贵	男	汉	政和杨源	1952	1975年毕业于福州大学矿冶系地质专业后任职于福建省地质三队。1981年调闽北地质六队工作，历任地质员、劳人科副科长、副分队长、分队长，副大队长、队工会主席、大队长等职。曾担任九层际水电站施工总指挥。1998年晋升地质矿产高级工程师
张昌示	男	汉	政和杨源	1960.11	毕业于空军工程大学，历任福建省政府机关事务管理局、福建省政府采购中心副处长
张建光	男	汉	祖籍湖南幼迁政和	1956.7	1974年插队稻香农场，1980年南平师专毕业后任教于政和一中。1983年后历任共青团政和县委书记；外屯乡党委副书记、乡长。1987年入福建省委党校党政干部本科班学习。1989年后历任政和县委办公室主任；常委宣传部长、县委副书记、政法委书记、县人民政府县长等职。1996年后历任武夷山市委副书记、市长、市委书记，期间毕业于省委党校在职研究生班。是中国作家协会会员，著有《浪漫山水》《朝圣山水》《欧风美雨》等散文集
张其良	男	汉	政和杨源	1960.2	毕业于福州大学，曾任福建省粮食厅粮油贸易处副处长
张国荣	男	汉	政和东平	1926.4	1939年参加建松政游击队，历任班长、分队长、支队长、省委警卫队长等职。建国后历任水吉县公安局长、人武部长；建瓯总工会主席、建东森工局副局长、浦城县人大副主任等职，详见本卷《人物传》
张忠熙	男	汉	政和杨源	1939.8	1963年参加工作，先后任职于屏南县实验小学、手工业联社、县教育局。1978年起调屏南县委组织部，历任副科长、副科级组织员。1987年起先后任屏南县委宣传部副部长、县监察局局长。1994年任屏南县纪委副书记，1997年后任屏南县政协副主席、助理调研员，是屏南县第六届人大代表和第七届县委委员，曾被评为福建省优秀纪检、监察干部
张泽华	男	汉	政和东平	1965.1	1986年毕业于福建农学院农学专业本科，历任建阳地区农业局科员、南平市农业局农经科科员、政研科副科长、人秘科科长等职，期间先后挂职任光泽县鸾凤乡乡长助理、省供销社柴竹炭公司总经理助理，兼任南平市科技特派员办公室主任助理。2002年后任南平市科技局副局长
张泽和	男	汉	政和东平	1956.1	1980年参加工作，先后任政和县委宣传部干事、人秘科长、县人事局副局长。1990年任政和县委组织部副部长、正科级组织员。1992年2月任政和县人民政府副县长，同年赴西藏从事援藏工作，先后任西藏安多县政府副县长、那曲地委宣传部副部长。1996年完成援藏任务后任南平市委宣传部正处级副部长。1999年调回政和任县委副书记（正处）。2001年后调任南平市农业局党委书记
李乃明	男	汉	政和镇前	1924.6	1948年参加游击队，先后任班长、排长。1953年任政和县镇前区委书记。1955年调任政和县人民检察院检察长。1961年后历任松政县公安局局长、政和县公安局长、政和县委副书记。1972年调任建阳县委副书记、县革委会副主任。1978年后任建阳县人大常委会主任。1985年离休

续表 33－2

姓　名	性别	民族	籍　贯	出生年月	主要经历及职务
李永品	男	汉	政和镇前	1933. 5	1947 年参加闽北游击队，历任通讯员、警卫员。1949 年后历任建阳地委、建阳军分区警卫员。1951 年起先后任福建省人民法院监印员、科员，福建省公安厅外调接待室负责人。1971 年后历任福建省档案局历史档案科负责人、办公室主任、正处级党总支副书记。1997 年离休
李运武	男	汉	政和镇前	1959. 9	毕业于香港公开大学，MBA 硕士。先后任福建光学仪器厂副厂长、福建光学仪器有限公司总经理。1996 年 6 月任福光集团公司董事长，兼任福建省电子工业厅经管处处长。1999 年后先后任福日电子股份公司董事长、福建省电子信息集团副总经理
余清华	男	汉	政和熊山	1965. 9	1985 年 7 月参加工作，历任建瓯公路段技术员、政和公路段副段长、政和公路分局局长等职。1996 年调任延平公路分局局长。1998 年任南平市公路局副局长
杨上彪	男	汉	政和东平	1958. 10	1976 年参军入伍，1984 年复员后历任政和县人民法院办公室干事、助审员，政和县委组织部干事，东平、铁山镇党委副书记，杨源乡党委书记，政和县建委主任，南平地区审计局局长助理等职。1993 年后相继任浦城县政府副县长、浦城县委副书记、泉州市鲤城区委副书记、丰泽区委副书记、建瓯市委副书记、建瓯市市长等职
杨华辉	男	汉	政和东平	1966. 2	先后毕业于复旦大学法律系和中国人民大学工商管理学院，经济学硕士、应用经济学博士，高级经济师。1988 年以来历任南平地区税务局干部、兴业银行南平分行科长、兴业证券公司上海总部总经理、兴业银行上海分行副行长、兴业银行杭州分行行长、党委书记等职，兼任浙江大学经济学院金融理财研究中心理事会理事
肖宜美	男	汉	祖籍周宁 出生于政和	1946. 9	1969 年毕业于南京农业大学，历任苏州市计委副主任、兼任中国新加坡合作苏州工业园区经济贸易发展局局长、苏州工业园区管委会副主任、调研员等职，高级经济师。曾受聘为国家商务部中国—埃及经济开发区政策顾问。是中华诗词学会理事、苏州诗词协会副会长、苏州经济学会副会长，著有《肖宜美绝句选集》等
陆永和	男	汉	政和杨源	1942. 12	1967 年毕业于厦门大学后先后任职于国务院外事办公室和外交部。1969 年在广州市锻炼。1971 年下放南平市工作。1979 年调福建省人民检察院工作，1985 年起任福建省人民检察院副检察长，期间曾赴日本研修，发表论文两篇。1993 年后任福建省国际贸易促进委员会会长，出版有《欧亚美之旅》散文集等作品
何长辉	男	汉	政和铁山	1959. 10	曾任政和县委报道组组长、政和县广电局副局长。1989 年后历任闽北日报社经济部、记者部、专利部、摄影部及《武夷周刊》部主任，期间曾挂职松溪县茶平乡党委副书记。1998 年 4 月调任南平职业中专学校党总支书记
何立民	男	汉	政和铁山	1958. 11	1980 年后历任松溪县委宣传部干事、科长，花桥乡党委副书记、郑墩镇镇长、党委书记。1993 年调任政和县人民政府副县长。1997 年后任南平市供销社副主任
何远松	男	汉	政和熊山	1962. 7	1983 年 7 月江西财经大学毕业后任职于建设银行建阳中心支行。1985 年调任建设银行政和县支行副行长、党支部书记。1990 年后历任建设银行南平分行营业部主任、国际部主任、副行长。2000 年调任建行三明审计办事处副主任

续表 33－2

姓 名	性别	民族	籍 贯	出生年月	主要经历及职务
邱章奴	男	汉	政和外屯	1960.3	1981 年参加工作，历任政和县气象局测报员、股长、局长；1992 年任南平地区气象局副局长；1993 年任三明市气象局副局长；1997 年起先后任福建省气象影视中心副主任、主任。先后毕业于中央党校函授学院经济管理专科班和本科班，并参加清华大学经济管理学院现代工商管理总裁研修班学习。曾获省气象局优秀论文二等奖和中国气象局法规司优秀信息奖
邱翠明	男	汉	政和熊山	1968.7	1990 年毕业于中国人民大学后就职于福建省工商行政管理局，任办公室秘书科科员；1995 年后改任商业广告处副主任科员、主任科员；2000 年起任个体处副处长
周 敏	女	汉	政和澄源	1956.3	历任中共福建省委办公厅办公室科员、主任科员、副主任、副处级调研员
周 雄	男	汉	政和澄源	1963.4	就职于信息产业厅、历任福建省无线电管理委员会主任科员、副处长、处长
周乃和	男	汉	政和杨源	1938.12	1962 年毕业于福建师范大学后就职于福安专署教育局，1968 年调福安专区革委会“三 0 办”工作。1970 年调宁德地区革委会直工组，1983 年起历任宁德地区党工委副书记、宁德地区计生委副主任等职
周作焕	男	汉	政和澄源	1928.7	1949 年 9 月参加工作，历任东平区副区长、政和县政府建设科科长、办公室主任。1955 年后先后任政和县委宣传部副部长、镇前区委书记、县委农工部副部长、东平公社第一书记、铁山区委书记等职务。1966 年后历任政和县委副书记、县革委会副主任。1970 年调任建阳地区农业局副局长。1975 年后历任松溪县委副书记、建阳地区农业局局长、地区林业局党委书记、地区民政局长兼老区办主任等职。1986 年退居二线，任松溪县人大常委会正处级调研员
周崇辉	男	汉	政和澄源	1931.11	1949 年 6 月参加工作，历任建瓯军管会文书、福建省委办公厅话务员、人事干事、发行科副科长、科长、秘书科副科长、办公厅一组副组长等职务。曾参加“三定”“整风”“社教”等工作队，任组长、队长等。1972 年任建阳地区驻建阳县城关镇工作队副队长。1975 年调回省委办公厅，历任秘书处负责人、副处长。1982 年起先后任福建省人大常委会办公厅人事处副处长、处长，办公厅副主任、农经委副主任、机关党委副书记等职。1993 年离休后任省老区建设促进会副秘书长
郑 震	男	汉	政和	1975.11	1998 年 7 月毕业于北京科技大学，就职于北京毛主席纪念堂管理局，现任管理局保卫处副处长。
郑水良	男	汉	政和外屯	1954.9	1979 年参加工作，相继就职于建阳师范学校和南平师专。1990 年进福建公安专科学校求学，1991 年底任南平师专派出所指导员。1994 年调任南平市政府驻北京联络处办公室主任、副书记。2002 年起任南平市老区办副主任
郑少鸣	男	汉	政和熊山	1962.11	1980 年在南京政治学院毕业后就职于政和县人民银行，先后任副行长、行长。1992 年调任邵武市人民银行行长。1996 年后先后任兴业银行南平市分行行长助理、副行长
郑业炎	男	汉	政和杨源	1954.3	1971 年入伍服役，历任班长、排长、副连长、连长。1984 年后先后就职于建阳县人武部和建瓯县人武部。1993 年调任政和县人武部部长。1996 年后任南平市老区办副主任

续表 33－2

姓　名	性别	民族	籍　贯	出生年月	主要经历及职务
郑樟仔	男	汉	政和外屯	1922.4	1944 年参加闽浙赣游击队，先后任副班长、排长、民运部长。1949 年起历任政和县农会副主席、武委会主任、武装部长、县委委员、县人大常委等职。1952 年进地区干训班和省军区干部学校学习。1954 年调任大田县供销社干部科长兼总社支部书记。1958 年调任福建省地质局支部书记、钻探训练班主任。1962 年后历任福建省区域地质调查队党委委员、支部书记、政工主任、行政办主任等职，1983 年离休
范兴余	男	汉	政和镇前	1949.7	1968 年参加工作，历任松溪县委宣传部理论教员、松溪县法院办公室副主任、松溪县检察院办公室副主任、检察员、副检察长等职。1994 年任松溪县人民检察院检察长，第十届县人大代表。1996 年调任建阳市人民检察院代理检察长、党组书记。2002 年后调任建阳市政府党组成员、助理调研员
范杰昌	男	汉	政和星溪	1950.3	1968 年入部队服役，1975 年浙江大学毕业后，历任政和农械厂技术员、工业局秘书、人事局干部、县检察院科员、检察员等职。1983 年后历任中共政和县委常委、熊山镇党委书记，县委常委、宣传部长。1990 年后先后调任闽北卫校党委书记、南平市新华书店总经理、南平市计生委副处级调研员等职
卓茂义	男	汉	政和澄源	1955.10	1974 年服役于陆军 86 师炮团，任班长。1979 年后先后任广丰县、上饶市人武部科长、婺源县人武部副部长。1988 年后先后攻读于南昌陆军学院和北京经济学院函授班。1997 年以后历任上饶市人武部副部长、上饶市信州区地税局副局长
林葆荣	男	汉	祖籍闽候 出生于政和	1952.7	1975 年参加工作，历任政和一中教员、政和无线电厂技术科长、县人民检察院助理检察员。1983 年后历任政和县电力公司科长、副经理、经理，并任县政协兼职副主席。1997 年调任九三学社福建省委秘书长并任省政协常委、副秘书长。在政和任职期间曾完成科技成果 40 多项，曾获第 20 届日内瓦国际发明奖和第 5 届全国发明奖并获国务院突出贡献专家特殊津贴。高级工程师。省政协第七、八、九届常委
凃宝贵	男	汉	祖籍江西 出生于政和		曾任政和县经委副主任、县财政局局长、南平专区财政局科长、兴业银行南平办事处主任、兴业银行南平分行行长、兴业银行储蓄信用卡部总经理、营业部总经理、兴业银行福州分行行长、兴业银行上海分行行长、党委书记等职。高级会计师
钟昌荣	男	畲	政和铁山	1963.7	毕业于福建师范大学政教系，历任政和县委党校讲师、副校长，政和县委办公室副主任、支部书记，南平市商业集团公司副总经理兼南平市远大百货有限公司董事长。期间曾于 2002 年下派松溪县任县委常委、副县长
高凤翊	男	汉	政和镇前	1928	1949 年入中国人民解放军二野军政大学五分校，随军下西南，后就职于贵州省平坝县，历任平坝县税务局局长、财政局局长，中共平坝县委副书记、平坝县政协主席等职
翁保钟	男	汉	政和石屯	1963.6	1984 年福建警察学校毕业，后相继取得厦门大学法律专业和中央党校经济管理专业专科和本科学历，历任福建省公安厅治安处科员、省交警总队宣传科副科长、宣传处副处长。2001 年后先后任省交警总队政治部副主任、调研员等职。有多篇论文在国家级刊物发表或出版
黄　平	男	汉	政和铁山	1966	历任政和县财政局股长、副局长、局长；南平市人民政府办公室科长、副主任；莆田市药品食品监督管理局纪检组长等职务

续表 33－2

姓　名	性别	民族	籍　贯	出生年月	主要经历及职务
黄世洪	男	汉	政和杨源	1941.11	1963年参加工作，历任国家商业部物价局办事员、机械局科员、机械处科长、政策法规司处长及国内贸易部政策体制法规司助理巡视员等职。详见本卷《人物传》
谢善名	男	汉	政和石屯	1959.10	1976年服役于62739部队，1979年转江西省高安县人武部，任助理员。1987年入南昌陆军学院军事指挥系大专学习。1997年起任南昌市政协办公厅秘书、机关党委专职书记，期间毕业于中央党校函授学院政法专业本科。2002年后历任中共南昌市委副秘书长、市接待办主任；江西省委、省人民政府接待办公室副主任，曾获南昌市人民政府授予的个人三等功一次
赖自力	男	汉	政和熊山	1962.8	1986年就职于政和县委办公室，曾任政研室副主任。1992年调南平地区行署、南平市政府办公室工作，先后任副科长、科长。2000年起先后任南平市出入境检疫检验局副局长兼纪检组长、三明市出入境检疫检验局副局长兼纪检书记
暨恩济	男	汉	政和东平	1939	1962年毕业于华东水利学院水港工程系后，相继任教于中国人民解放军政治学院和青岛海军高级学校。1974年调海军学院（海军指挥学院）历任教务处副处长（正团）、教研室副主任（副师）。1988年授海军大校军衔。1991年升任教研室主任。1996年退休，时为海军大校，正师职，技术五级
魏守和	男	汉	政和镇前	1956.11	1976年入伍服役于武警福州支队。1986年后在福州市国家安全局工作，现任该局正处级副局长
魏克良	男	汉	政和熊山	1962.1	1982年7月参加工作，在职研究生学历，1998年2月起任正处级职务，2002年5月起任福建省国土资源厅副厅长、党组成员
魏重春	男	汉	政和镇前	1946.10	1973年毕业于福州大学无线电系后留校任教。1976年后历任职于建阳地区邮电局、地区标准化所、地区经委等单位，曾任科长、政治部副主任。1990年后历任松溪县副县长、南平市劳动局副局长、副书记、工会主席等职，曾被国家教育部等三部委授予职业教育先进个人荣誉称号
魏敦贵	男	汉	政和镇前	1945.11	1963年参加工作，1969年后历任政和县公检法机关整建党领导小组副组长、松政县保卫组办公室负责人、政和县公安局副局长兼支部书记等职。1980年调任镇前乡党委书记兼革委会主任。1984年后历任政和县司法局局长，政和县人民检察院检察长、党组书记，浦城县人民检察院检察长、南平市人民检察院处级检察员。三级高级检察官
魏端建	男	汉	政和东平	1949.11	1973年厦门大学毕业后历任松溪县团委干事、政和县委宣传部及县委办公室干事、副科长。1983年调任政和县委办公室主任、县委常委。1986年起历任光泽县委常委、宣传部长、县政法委书记、综治委主任、县委副书记等职务。1993年起调任南平地委政法委常务副书记、南平市教育局局长、教委主任、教委党委书记、市教育督导室主任等职，兼任南平市人大常委会科教文卫委主任

已知政和籍在外工作获副高以上技术职务人员名表

（截至 2005 年 12 月）

表 33 – 3

姓　名	性别	民族	籍　贯	出生年月	主要学历、职务、学术成果	技术职务
王少明	男	汉	政和熊山	1959.4	1980 年毕业于福建卫生技术学院，当年入福建省立医院任药师，历任福建省医药技术开发公司总经理、省立医院药学部主任。2001 年后赴比利时鲁汶大学、清华大学管理学院培训。曾任福建医科大学省立临床学院药学教研室主任。现为中国药学专业委员会委员、中国药学会会员、福建省药学会常务理事、福建省药学专业委员会副主任委员，《中国药房》《中国药业》《中国临床药学》等杂志编委	副主任药师
邓诗峰	男	汉	祖籍建瓯 出生于政和	—	毕业于大连工学院化工系高分子专业，现任华东理工大学石油分院化工系副主任、副教授，主持的《聚烯烃增容剂的探索》等 11 个项目有 4 项获上海石化科技进步奖，有 5 项通过国家鉴定，其中两项获国家专利。曾在国家级刊物发表专业论文 9 篇	副教授
叶　锋	男	汉	祖籍建瓯 出生于政和	1964	1983 年厦门大学毕业后考入中国科学院攻读研究生。1989 年获美国高分子生物学博士学位和纽约大学 MBA 学位，曾任德意志最高层主管的金融财务顾问。后转入美国 HCW 金融投资公司，协助组建投资银行部，现任曼哈顿资本集团上海总部首席执行官	—
叶光富	男	汉	政和	1966.8	1988 年 7 月毕业于福建林学院林学系，1991 年获林学院造林学硕士学位，1995 年 6 月获造林学博士学位，10 月进福建农林大学博士后流动站。1997 年任院科技处主任，高级工程师。翌年任硕士生导师，并获博士后证书。2002 年 8 月任福建省林科院副院长、省林业技术发展中心常务副主任。2003 年 4 月晋升教授并兼任国家林业局重点开发实验室副主任。曾多次赴澳大利亚、美国、新西兰、日本高校及研究机构进修培训及学术交流。先后完成林业科研项目 20 多项，有 13 项获国家或省部级科技成果奖。编有《城市森林学》等专著 5 部，发表学术论文 218 篇，指导硕士研究生 20 名。1999 年被评为享受国务院政府特殊津贴专家。先后获福建青年科技进步奖、福建林业科技突出贡献奖。2004 年获福建省"五一"劳动奖章。现为福建林学会理事兼青年委员会常委、福建林木品种审定委员会常委、省林学会常务理事、副秘书长、省植物学会副理事长，《防护林科技》《福建林业科技》副主编	教　授 高级工程师
叶家诚	男	汉	政和镇前	1966.4	1990 年毕业于福建医科大学本科，先后任政和外屯卫生院医师，政和县医院主治医师。2003 年入南平市人民医院，任心内科副主任医师、介入科主任。现为南平市第一医院内科副主任医师	副主任医师
叶南飚	男	汉	政和熊山	1976.9	毕业于四川大学并获博士学位，2001 年任职于广州金发公司	高级工程师
叶楹平	男	汉	政和杨源	1976	1999 年毕业于中南财经政法大学后攻读该校研究生，2002 年取得法学硕士学位，就职于湖北省公安厅。2004 年入厦门大学攻读博士并取得法学博士学位，现任教于上海财经大学法学院，先后发表学术论文 10 余篇	硕士生导师

续表33－3

姓　名	性别	民族	籍　贯	出生年月	主要学历、职务、学术成果	技术职务
刘国忠	男	汉	政和星溪	1969	1991年毕业于北京师范大学历史系，后又攻读北师大硕士研究生和清华大学博士，1996年获清大博士学位，并就职于清华大学，任历史系副教授	副教授
刘小新	男	汉	政和镇前	—	1982年政和一中毕业后考入华东师范大学中国汉语语言文学系，曾任华侨大学教授、福建省社会科学院文学研究所研究员。现任福建省社科院文学研究所副所长、研究员。著有《文学理论的转折》等专著	研究员
许云祥	男	汉	政和澄源	1969.8	1993年毕业于福建中医学院。1996年获福建中医学院硕士学位，并就职于福建中医学院海外教育学院，任助教。2001年获广州中医药大学针灸推拿学院博士学位，并先后任该学院讲师、副教授 。曾先后赴智利、拉美、意大利等国讲学或学术交流	副教授
许云禄	女	汉	政和澄源	1964.1	1989年7月福建医科大学硕士研究生毕业后就职于福建医大，先后任讲师、副教授、教授并攻读博士学位。现任福建医大药学院药理学系副主任、蛇毒研究所所长。发表学术论文20多篇，获二项国家发明专利。曾先后获得“福建省科技进步奖”“福建省青年科技奖”“福建省医学科技奖”等奖项多项，是福建省“百千万人才工程”人选和福建医大学科带头人	教　授 医学博士
许庆仁	男	汉	政和澄源	1970.12	1988年政和一中毕业后考入南京建筑工程学院，1992年7月毕业后就职于广东省建筑设计研究院，任助理工程师。1996年4月进广东华固工程有限公司，先后任工程师、经营部副经理。1999年7月起任公司副总经理。2003年12月晋升高级工程师。2005年1月任公司总经理。公开发表《静压注浆加固地基工程实录》等学术论文多篇。其主持施工的工程先后多次荣获国家建设部和广东省优秀工程勘察设计奖	高级工程师 一级建造师
朱　宏	男	汉	政和	—	1981年政和一中毕业后考入青岛化工学院并先后获得该院化学工程硕士和中国科学院化学研究所博士学位，曾任中科院广州化学所助理研究员，后入日本大阪大学进行博士后研究，现为日本科技厅博士后特别研究员	研究员
朱国怀	男	汉	祖籍永嘉 出生于政和	1974.9	1996年毕业于中国科技大学，2001年获中国科学院高能物理研究所博士学位，同年作为外国人特别研究员赴日本国立加速器研究机构进行学术研究。2003年后又先后赴法国巴黎大学和德国汉堡大学开展研究工作，回国后就职于浙江大学物理系近代物理中心，任副教授，在基本粒子物理研究领域有深入研究，在国际物理学核心期刊上发表近20篇学术论文，曾获2003年全国百篇优秀博士论文提名奖	研究员
朱国祯	男	汉	祖籍浙江 出生于政和	1968.11	1990年毕业于上海铁道学院后入福州电务段，先后任信号工、工长、技术员。1995年起任信号技术科工程师。1998年起任检修车间副主任、主任兼党支部书记。2002年后任副段长、总工程师。先后完成铁路驼峰无线机车信号监测系统、电务修配所∧所检修管理系统及铁路驼峰空压机自动控制系统等技术项目任务。先后获福州铁路分局和南昌铁路局青年科技拔尖人才称号	高级工程师

续表 33－3

姓　名	性别	民族	籍　贯	出生年月	主要学历、职务、学术成果	技术职务
江振华	男	汉	正和镇前	1964.6	1982 年毕业于南平师专后，曾先后任教于杨源中学和政和二中。1992 年至 1995 年攻读厦门大学财经系财政学硕士研究生。1995 至 1997 年，为深圳市计划局经济研究所研究人员。1997 至 2001 年，任深圳特区报业集团财务中心会计师。2001 年 3 月任深圳联合证券办公室主任助理、研究员。2003 年 1 月任深圳职业技术学院经管学院副教授、高级经济师。2004 年 8 月，攻读暨南大学金融系金融学博士。曾在《经济研究》、《管理世界》等刊物发表论文 50 多篇，完成学术专著 1 部。曾获国资局优秀论文奖、广东省委宣传部优秀社科成果奖等奖项。	教　授
江震龙	男	汉	政和	—	福建师范大学文学院副教授，文学博士，硕士生导师，福建省中国现代文学研究会理事，冰心研究会、冰心文学馆客座研究员	研究员
汤大华	男	汉	政和铁山	1967.5	1987 年毕业于北京大学国际政治系，曾任职于福建社科院，后相继取得北京大学行政学硕士、政治学博士学位，1992 年调北京大学任教，曾任北大政府管理学院副院长、硕士生导师，曾赴日本大东大学交流学习。先后参与教育部“现代中国政治思想流派”和“中国地方政府体制研究”等项目，分别获北京市和北京大学优秀成果奖，有《现代中国政治思想流派》《当代中国行政管理体制改革》《组织理论与管理》等多种独著或参著。2005 年借调到中央政府驻香港特别行政区联络办公室工作	副教授
孙杰勇	男	汉	政和镇前	1965.8	福州百事可乐饮料公司经理	高级经济师
阮思荣	男	汉	政和熊山	—	上海科技大学无线电系硕士毕业，后留学德国柏林工业大学。现为中德合资宁波卡培亿电器技术有限公司质量经理	—
阮思维	男	汉	政和熊山	—	1980 年政和一中毕业后考入清华大学热能工程系，毕业后进入上海交通大学硕博连读，又赴德国柏林工业大学攻读博士学位，并在佛罗里达中部大学进修 MBA 学位，曾任职于德国西门子公司发电集团，后被派驻美国任技术经理	—
陈丰华	男	汉	政和杨源	1969.2	1993 年毕业于北京清华大学，当年就职于中国航空技术广州有限公司，从事信息化方面工作，是中航国际信息化专家、高级工程师。曾获得中航技管理创新成果三等奖、中航技“创造非凡”奖、中航工业信息化工作“最佳实践团体”等奖项	高级工程师
陈周熠	男	汉	政和澄源	1974.2	1994 年 7 月毕业于湖南大学力学与航空学院后任教于福建林学院交通工程学院。2002 年 7 月获大连理工大学水利与土木工程学院工学博士学位，并任职于中国建筑东北设计院。2003 年调厦门大学建筑与土木工程学院任教，其间进入湖南大学博士后流动站开展研究，并赴日本东京大学作访问学者	—
陈萱林	女	汉	政和	—	现为福建省立医院副主任医师，多年从事临床及内分泌代谢疾病的治疗和研究，曾参加全国糖尿病普查及连续五年的“防治糖耐量低减”的科学研究工作，2001 年后参加李嘉诚基金会“全国宁养计划”工作	副主任医师

续表33－3

姓 名	性别	民族	籍 贯	出生年月	主要学历、职务、学术成果	技术职务
沐 榕	女	汉	政和	—	现为福建医科大学附属协和医院主任医师	副教授
佘文琴	女	汉	祖籍建瓯 出生于政和	1970.2	1990年6月毕业于福建农学院果茶专业，1993年6月获该校果树学专业硕士学位，并任教于福建农学院园艺系果树教研组，2002年被评为副教授。长期从事果树学教学和科研，对果实品质和抗性生理学有较深入研究，其研究成果曾二次获得省科技进步三等奖	副教授
杨上广	男	汉	政和东平	1972.7	1992年毕业于闽江大学，2002年获硕士学位，2005年获华东师大博士学位，并被评为上海市优秀博士毕业研究生，现任职于华东理工大学商学院，博士生导师，有多篇论文在重要学术期刊上发表。	教授
杨上陆	男	汉	政和东平	1975.11	2000年毕业于河南科技大学，2004年获硕士学位后继续攻读博士和博士后。现任职于通用汽车中国科学研究院	研究员
杨忠奇	男	汉	政和东平	1969.8	广州医药医科大学毕业，相继获硕士、博士学位。现任广州医药大学第一附属医院心脏科医师	副教授
宋 辉	男	汉	政和	—	上海交通大学毕业，取得双学士学位。现任北京建都设计研究院院长助理，北京工程建设设计标准化协会理事，北京市国资委系统专家，国家一级注册结构工程师、注册咨询（投资）工程师	高级工程师
宋 凯	男	汉	政和澄源	1968.5	1991年毕业于上海医科大学临床医学专业后任职于复旦大学附属中山医院心外科。1999年获得复旦大学医学院临床医学硕士学位。2005年赴美国哈佛大学医学院进修。现为上海中山医院心脏外科副主任医师，曾多次参与心脏移植等基础和临床工作，获上海市科技进步奖，先后在《上海医学》《复旦大学学报》《中华现代全科医学杂志》发表专业论文多篇	副主任医师
宋 漳	男	汉	政和熊山	1963.7	1985年毕业于南京林学院，获学士学位并就职于福建林学院，先后任助教、讲师。1998年7月晋升副教授、硕士生导师，并任实验室副主任。2004年后任教授、森林旅游与保护系副主任、森林资源系主任、《福建林学院学报》编委、福建省林学会森林保护专委会理事。先后主持完成多项省级科研课题，2003年获省科技三等奖。先后在《林业科学》《中国生物防治》等国家一级学术刊物上发表学术论文近40篇	教 授
宋师兰	女	汉	政和澄源	1966.5	1987年毕业于福建林学院本科，先后任职于政和县委组织部、镇前乡党委、县妇联等单位。1993年调福建省林业检查总站，任副站长。1996年调任福建省野生动物保护管理站副站长。2003年任福建省野生动植物保护管理中心副主任。2004年省委党校在职研究生毕业	高级工程师
宋庆青	男	汉	政和镇前	1963.3	1984年毕业于福建医科大学医学系后任职于政和医院，历任外科主任、副院长。曾先后赴省医大附属医院、上海中山医院、肿瘤医院及卫生部肿瘤外科进修班学习。1998年为副主任医师。2001年后调南平市第一医院工作，现任肿瘤外科主任医师、医院质量管理科长，受聘为福建医大兼职教授，是第二届南平市政协委员。先后在国家级医学杂志上发表论文15篇，荣获南平市科技三等奖	客座教授 主任医师

续表 33 - 3

姓　名	性别	民族	籍　贯	出生年月	主要学历、职务、学术成果	技术职务
宋吾海	男	汉	政和镇前	1936. 8	1962 年毕业于福安师专，曾任纯池农中、周宁三中负责人；玛坑、浦源、礼门及城关学区校长。1993 年受聘于周宁一中高级教师。1997 年退休	高级中学教　师
宋志强	男	汉	政和熊山	1971. 10	福建师范大学研究生毕业，任教于福建省金融干部管理学院，现任外语系主任、党支部书记	—
李烈满	男	汉	政和熊山	1955. 5	1987 年 7 月毕业于福建省委党校理论专业本科。1989 年任教于南平市委党校，曾任党史教研室副主任。1994 年调福建省委 党校党建教研部，现为该教研部副主任、教授，长期从事党建理论教学和研究工作，在国家和省级党建理论刊物发表论文 50 多篇，曾被福建省委组织部聘为兼职研究员	教　授
李涵林	男	汉	祖籍浙江 出生于政和	1965. 11	1989 年 7 月福建师范大学历史系本科毕业后即任教于福建林学院。1993 年调闽北日报社任记者。1994 年 12 月调海峡体育报社任编辑。1997 年起调入福建省出版总社，现为副编审，曾在《出版广角》《中国出版》等国家级刊物发表文章多篇。2000 年被评为全国“扫黄打非”先进个人	副编审
吴卢荣	男	汉	政和星溪	1956. 7	1980 年毕业于厦门大学，先后任福建机械技校教师，福建林学院助教、讲师，现为福建农林大学计算机与信息学院副教授，中国数学学会会员、中国农业应用数学学会全国第四届理事，参加过多项科学研究，在全国性学术刊物上发表学术论文 10 余篇，主编和副主编大学教材各一部	副教授
吴明刚	男	汉	政和石屯	1963. 1	1986 年毕业于吉林大学历史系，同年就职于中共福建省委党史研究室，1999 年受聘为社科系列副研究员。先后参与《中共闽浙赣边区史》《中共福建省地方史》《福建省志·共产党志》等重点课题的研究和编写，获省优秀社科成果奖 3 项，在国家级刊物发表论文多篇	副研究员
何立珍	女	汉	政和熊山	1959	1982 年福建医科大学医学系毕业后，曾就职于政和医院。1987 年获福建医大硕士学位后进福建医大附属协和医院及福建省血液病研究所任医生，1992 年晋升为副主任医师。1993—1996 年，先后为英国伦敦大学国王医学院血液科访问学者及皇家医学院血液科博士后研究员。2000 年后为美国著名生物设备跨国公司资深科学家和美国生物制药公司首席科学家。在国际一流杂志《自然》《细胞》等刊物发表论文 30 多篇，其研究成果曾多次在血液学界国际性最高层次学术会上推介和交流，先后获国内外各种成果奖励 10 余项。现受聘为福建医科大学客座教授、福建省血液病研究所副所长、中国南方（上海）生物模型研究中心客座研究员	教　授 研究员
范　瑛	女	汉	政和	1957. 6	1981 年 7 月毕业于宁德地区卫校助产专业，现任福建省妇幼保健院产科护士长，副主任护师。曾在《中华护理杂志》《实用护理杂志》上发表论文多篇，《新生儿破伤风的防治》论文参加全国护理学术交流会交流并宣读。与人合作撰写并发表论文多篇，其中《母婴护理系列研究》分别获省护理学会科技进步二等奖和全国“护理科技进步奖三等奖	副主任护师

续表 33－3

姓　名	性别	民族	籍　贯	出生年月	主要学历、职务、学术成果	技术职务
范小玲	女	汉	政和熊山	1962. 7	1984 年毕业于上海医科大学药学系，1987 年获中国医学科学院药物研究所硕士学位，就职于中国科学院电子学研究所从事计算机药物合成和研究。1989 年起赴英国皇家药物研究中心从事药物化学设计。1992 年获英国皇家化学学会博士学位。2005 年起在英国剑桥科学城科多思制药公司从事计算机辅助药物设计。曾多次到美国、法国、瑞典等国参加学术会议和讲学，有数十篇论文在各种国际会议上交流或国际性刊物发表。由其研制的抗癌、抗哮喘、抗血栓制剂等 9 种系列产品获专利，特别是首次研制成功的 ATM 抑制剂，其药物—蛋白受体相互作用的三维结构图被刊于国际性学术杂志《自然细胞生物学》封面	研究员
范清清	男	汉	政和熊山	1971. 2	1991 年毕业于北京大学生物系后留学美国北卡罗莱纳大学教堂山分校，1996 年获该大学博士学位后，继续在美国从事博士后工作。1999 至 2002 年在美国哥伦比亚大学神经生物学和行为中心任副研究科学家。2002 年回国效力任上海交通大学药学院教授。2005 年创办上海普泛生物科技有限公司，任总经理。在长期从事生物学研究过程中，不断探索利用基因表达图谱技术研究动、植物特性基因，并在实验室建立了高通量基因表达序列分析法用于基因表达图谱的研究，同时还承担国家 863 计划生物和现代农业技术领域的基因操作主题《利用基因表达串联分析法研究癌变相关基因》课题组组长	教　授
林　苹	女	汉	政和		现任福建商业高等专科学校新闻系文秘教研室主任	副教授
郑　林	女	汉	政和		曾任教于福州市台江第五小学、鼓楼第二小学，是福州市优秀中小学教研组长，福州市教育系统先进工作者，现为福州市青年教师骨干培训班导师	特级教师
郑旭峰	男	汉	政和	1977. 11	浙江大学光电专业研究生毕业，硕士学位，现为中国工程物理研究院助理研究员	助理研究员
祖人植	男	汉	祖籍浦城 出生于政和	—	北京大学毕业，先后获得北大硕士、博士学位，现为北京大学副教授，有《高级汉语口语》（上、下册）等编著	副教授
谢子传	男	汉	政和石屯	—	重庆西南政法学院研究生毕业，硕士学位，现任教于福建检察学院，三级检督	副教授
谢宏忠	男	汉	政和熊山	1969. 12	1991 年福建师范大学博士毕业，现任教于福建师大，教研室副主任	副教授
梁爱斌	男	汉	政和	1971. 8	1993 年毕业于上海铁道医学院临床医学专业后任职于上海铁道医学院附属甘泉医院并为主治医师。1998 年获上海第二医科大学医学硕士学位。2004 年 6 月，获上海交大医学院、德国 ULM 大学联合培养博士学位后，为上海血液白研究所高级访问学者。2005 年，成为香港威尔士亲王医院高级访问学者，并为同济大学附属同济医院血液科副主任。曾入选上海市医学人才培养计划“医苑新星”及上海市“科技启明星”称号。现任同济大学附属同济医院血液科主任。系美国及欧洲血液学会、肿瘤学会国际会员、中华医学会血液分会青年委员会常务副主委、中国抗癌协会上海血液分会副主委、全国生物治疗委员会常委、国家重点研发计划重点专项首席专家、国家自然科学基金二审专家等多种职务。	

续表 33－3

姓　名	性别	民族	籍　贯	出生年月	主要学历、职务、学术成果	技术职务
戴李宗	男	汉	政和	—	毕业于厦门大学并获博士学位，后赴法国攻读博士后，获MontpeLlierII大学博士后学位。曾任法国国家科研中心水科学研究所客座研究员，现为厦门大学化工学院教授，博士生导师	教　授 博　导
魏　亮	男	汉	政和镇前	1972.5	1993年毕业于同济大学建筑学院室内设计专业。1998年获建筑学硕士学位后赴美国南加州大学留学，2001年获南加州大学数理金融学硕士学位。留学期间曾应邀参加芝加哥、亚特兰大、上海等地召开的国际城市规划研讨会并宣读论文。在国内外学术刊物上发表学术论文多篇	—
魏仰达	男	汉	政和镇前	1936	1964年毕业于福州大学机械系后即留校任教，先后任助教、讲师、副教授，长期从事机械制造教学、机械设计和科研工作。曾在国家二级刊物上发表学术论文多篇	副教授
魏丽明	女	汉	政和铁山	1965	1987年毕业于北京师范大学中文系。1994年获得北京大学世界文学中心文学硕士学位。1998年留学于印度德里大学印地语系，进修印地语文学博士学位。长期从事东方文学、印度文学与西方文学关系研究。曾参与国家教育部“泰戈尔研究”及国家社科基金《他者化与东方文学》课题研究。2000年获北京大学树人教学奖。2001年晋升为副教授。有《中印开辟神话刍议》《泰戈尔的文学起源思想探析》等10多篇论文及专著发表	副教授

表 33－4　**1989—2005年政和县各级劳动模范及“五一”奖章获得者名表**

姓　名	性别	工作单位	荣誉称号	授予机关	授予时间
陈梦生	男	东平镇苏地村	省劳动模范	省人民政府	1991
郑世堂	男	政和法院东平法庭	省劳动模范	省人民政府	1993
马光衢	男	镇前镇经委	省劳动模范	省人民政府	1994
詹树强	男	政和水泥厂	省劳动模范	省人民政府	1994
陈玉英	女	政和水轮机厂	省劳动模范	省人民政府	1997
许正灿	男	澄源乡北斗村	省劳动模范	省人民政府	1997
宋金萍	女	政和县公路分局	省劳动模范	省人民政府	1998
范土生	男	政和县广播电视局	省劳动模范	省人民政府	2000
余林满	男	政和县农业局	省劳动模范	省人民政府	2003
周　星	男	政和水轮机公司	省劳动模范	省人民政府	2003
范健明	男	政和果蔬水产公司	省“五一”奖章	省总工会	1990
王庆南	男	政和县林业委员会	省“五一”奖章	省总工会	1992
苏久勤	男	政和县磷肥厂	省“五一”奖章	省总工会	1996
全继洪	男	政和县土地局	省“五一”奖章	省总工会	1999
曾桂生	男	政和第一中学	省“五一”奖章	省总工会	2001
叶求和	男	政和电信局	省“五一”奖章	省总工会	2004
杨上平	男	政和水泥厂	南平市劳模	市人民政府	1996
张春莲	女	政和县社会福利院	南平市劳模	市人民政府	1996

续表 33－4

姓　名	性别	工作单位	荣誉称号	授予机关	授予时间
郑　花	女	政和林业公路段	南平市劳模	市人民政府	1996
程　萍	女	政和县医药公司	南平市劳模	市人民政府	1996
许志文	男	政和县第二中学	南平市劳模	市人民政府	1996
张生义	男	星溪乡宝岱村	南平市劳模	市人民政府	1996
陆永树	男	杨源大庙农场	南平市劳模	市人民政府	1999
何远红	女	政和实验幼儿园	南平市劳模	市人民政府	1999
张建华	男	政和县保险公司	南平市劳模	市人民政府	1999
宋瑞宁	男	镇前镇镇前村	南平市劳模	市人民政府	1999
贾建星	男	政和县公路局	南平市劳模	市人民政府	2002
许　诚	男	政和县公安局	南平市劳模	市人民政府	2002
刘瑞琳	男	政和水泥厂	南平市劳模	市人民政府	2002
李长溪	男	铁山花茶厂	南平市劳模	市人民政府	2002
范渠森	男	政和县农业局	南平市劳模	市人民政府	2005
丁仁方	男	政和水泥厂	南平市劳模	市人民政府	2005
倪建才	男	政和第一中学	南平市劳模	市人民政府	2005
叶决兴	男	政和县工商局	南平市劳模	市人民政府	2005
吴金信	男	岭腰乡政府	南平市劳模	市人民政府	2005

表 33－5

1989—2005 年政和县烈士名表

姓　名	性别	籍　贯	工作单位及职务	牺牲时间、地点及原因
杨韩非	男	政和县石屯镇	长城小学学生	1990 年 5 月 19 日为抢救落水同学牺牲
张应有	男	政和县外屯乡	32276 部队 52 分队战士	1995 年 9 月 6 日在驻地因抢救落水妇女牺牲
魏重成	男	政和县星溪乡	32276 部队 52 分队战士	1995 年 9 月 6 日在驻地因抢救落水妇女牺牲
陈　松	男	政和县镇前镇	镇前里洋村村民	2004 年 3 月 9 日在县林场为扑灭森林火灾牺牲
林观德	男	浙江文成县	政和县林场下村工区主任	2004 年 3 月 9 日在县林场为扑灭森林火灾牺牲
李孝礼	男	浙江苍南县	政和县林场职工	2004 年 3 月 9 日在县林场为扑灭森林火灾牺牲
许小斌	男	浙江文成县	政和县林场西表工区护林员	2004 年 3 月 9 日在县林场为扑灭森林火灾牺牲

表 33－6

1989 年以前政和县烈士名表补遗

姓　名	性别	籍贯	工作单位及职务	牺牲时间、地点及原因
赖水兴	男	政和县镇前镇	闽东工农红军第 11 支队二班战士	1935 年冬在周宁赤岩战斗中牺牲
宋观禄	男	政和县东平镇	新四军排长	1938 年北上抗日后失踪
肖仁生	男	政和县东平镇	红军 58 团战士	1938 年北上抗日后失踪
黄龙贵	男	政和县杨源乡	政屏游击队情报员	1948 年 10 月在屏南县双溪一带执行任务中负伤后牺牲
李帮树	男	政和县星溪乡	游击队交通员	1948 年 12 月在杨源富竹源被杀

续表 33－6

姓　名	性别	籍贯	工作单位及职务	牺牲时间、地点及原因
梁其洪	男	建瓯县水源乡	政和县警备大队副大队长 中共政和县委委员	1950 年 3 月在石屯剿匪战斗中牺牲
刘荣仔	男	政和县外屯乡	中国人民志愿军第 47 军 119 师战士	1951 年参加抗美援朝在朝鲜战场牺牲
陈子宝	男	政和县	中国人民志愿军战士	1951 年参加抗美援朝在朝鲜战场牺牲
杨振南	男	政和熊山镇	中国人民志愿军战士	1952 年参加抗美援朝在朝鲜战场牺牲
卢立山	男	湖北黄梅县	政和县税务局局长	1953 年 12 月因积劳成疾病故，1986 年 12 月追认为烈士

附 录

附一：

政和县人民政府关于加快竹业产业化进程的实施意见

政人字〔1999〕综73号

各乡（镇）、县直有关单位、国营农（茶）场：

为了贯彻落实党的十五届三中全会和中央、省、市农村工作会议精神，实现传统农业向现代农业转变，全面推进小康建设，现根据我县制定的农业产业化发展战略部署，提出加快竹业产业化进程的实施意见：

一、现状

近年来，县委、政府根据政和县的实际，提出以依靠科技为手段，推广和应用毛竹丰产技术，把竹业作为我县致富奔小康的支柱产业，已连续实施六个“竹业年”，我县竹业有了较快的发展。全县现有竹林面积39.2万亩，其中：毛竹林面积31.7万亩，小径竹7.5万亩。毛竹总量3600万株，亩均120株，平均胸径8.5㎝。已建立丰产高效示范基地2.7万亩，年产鲜笋1.7万吨，年采伐毛竹227.5万根。全县笋加工企业30家，1998年竹业总产值达9828万元，其中加工产值4832万元。但是，我县还存在竹林经营水平不高，笋竹加工企业的发展起步迟、规模小、产品单一、市场单一、销路不广、流通不畅、营销滞后、经不起市场的波动，部分企业生产经营难以为续，这充分说明我县加工企业在很大程度上还跟不上市场经济发展步伐。为了更好、更快实施竹产业化，推进我县竹业经济向更高水平产业化方向发展，我县今后一时期竹业产业化的意见是：

二、实施竹产业化意见

（一）指导思路

全面贯彻落实党的十五届三中全会精神，按照“山上建基地，山下搞加工，山外抓市场，科技创高效”的要求，以市场为导向，以资源培育为基础，以开发新产品和绿色食品为重点，培育、扶持、发展一批龙头企业，引进资金，引进新品种、新设备、新技术，努力提高笋竹产品的市场占有率，逐步形成以市场牵龙头、龙头创名牌，公司加农户的贸工农一体化，产供销一条龙的笋竹产业发展新格局。

（二）发展目标

从竹业产业化发展思路出发，我县竹业产业化发展的主要奋斗目标是：经过3—5年的努力，把政和县建成名副其实的闽北竹乡，具体要求：山上竹林面积3年达到41.5万亩，2010年达到45.0万亩。亩均竹林产值三年达300元、山上竹业总产值达9111万元，亩均竹林产值2010年达800元、山上竹业总产值达25360万元，山下加工产值三年达13000万元、2010年产值达45000元。

（三）措施意见

1. 加工资源培育力度，提高竹山效益。一是增加竹林培育科技含量，开展集约经营，以提高单产，提高质量为主攻方向，加大低产低效竹林改造力度，在3—5年内丰产高效基地由现在的2.6万亩，增加到10万亩。二是进一步完善竹山承包责任制，把完善责任制列入新一轮土地承包的一项内容，《土地承包经营权证》的发放，统一由当地政府进行部署和落实，要坚定不移地贯彻竹山家庭经营承包期再延长30年的政策，保持政策的连续性和稳定，以调动竹农经营竹山的积极性。三是加强对竹山病虫害预测预报及防治工作，特别是竹山纯林化以后，更要注重竹山病虫害防治。

2. 开发系列新产品，实施名牌战略

开发系列新产品，重点是“2个适度开发”：一是适度开发即食系列笋制品软包装。二是适度开发9立升方缸和3立升园缸清水笋。打开美国、加拿大、韩国及欧美国家的清水笋市场。

实施名牌战略，首先要增加品牌意识，有名牌才有市场，有市场才可以上规模，有规模才能提高市场占有率。要树立精品，打品牌，提高知名度。其次要依靠科技开发特色产品、名牌产品，要引进先进设备和最新科技成果，开发一批省级和国家级名牌产品。

3. 开拓两个大市场，搞活流通渠道

我县主要笋竹制品大部分销往国际市场，少部分在国内市场。因此，开拓国内和国际两大市场，是开发笋竹产品的关键。一是建立大流通网络。以林委、外贸、商业、供销、乡镇企业等为核心，形成辐射和集聚相结合的大流通体系，为生产企业提供系列化服务。二是要充分发挥驻外办事机构的作用。在国内各大中城市中办窗口、开公司、搞经销点，在国际上充分发挥驻外公司使用。三是建立营销队伍，灵活运用销售策略。四是建设笋竹产品专业市场。在东门农贸市场建立笋、竹产品专业市场，岭腰乡建立笋竹制品专业市场。

4. 培育龙头企业，组建集团公司。“公司加农户”和“市场牵龙头”模式是我省竹业产业化比较好的实现形式。产业化关键是要有龙头企业。林业主管部门要对竹业发展进行宏观调控，注重以竹养竹工程建设。同时，引导竹业开发和经营向“公司加农户加基地”的产业化、集团化方向发展。笋制品以华昌食品有限公司为龙头，竹制品以兴龙宏顺竹制品厂为龙头，对龙头企业进行重点扶持。要下决心淘汰一批浪费资源，产品产量低下，效益差的企业，改变各自为阵，分散经营的格局，以优势企业为核心，资源优化配置为目的，力求有限资源发挥最佳效益。通过龙头开拓市场，扩大规模，带动基地、联系农户，促进企业联合改组，在利益共享、风险同担、自愿结合的条件下，逐步向企业集团靠拢，形成区域性笋竹经济体系。

5. 完善并落实一系列优惠政策，鼓励和扶持竹产业发展。

第一，从资金技术方面扶持笋、竹加工企业建基地。原料基地是笋竹加工流通的物质基础，也是发展笋竹加工基础工程的第一车间和竹产业链的基础环节。因此，应从资金和技术上支持鼓励笋竹加工企业，特别是企业到竹产区租赁或联营建立原料基地，优惠征收源头各项税费。

第二，规范收费管理行为，改变收费方式。政府应本着“放水养鱼”、“硬税软费”、“收税让费”和“先扶持后收费”的原则，规范收费行为，减少收费项目和降低收费标准，重新核定收费项目，改变征收办法。对笋竹生产环节特产税，教育附加、林业育林基金、村山本费等实行源头统一征收，林业、财政等部门要强化服务和管理职责，并根据毛竹大小年生长生育规律及时调整源头征收标准，根据市场行情标准，实行灵活调节，发挥税收杠杆作用，对采用下脚料生产的企业减半收取有关税费，以提高企业综合利用率。

第三，简化毛竹砍伐和办证手续，实行“一条龙”服务。根据当地竹林面积和林委下达的年度砍伐限额，开展一次性规划设计，一次性审批，一年内有效，除省政府审批的木材检查站，卡（哨）外，对各地擅自设立的检查站、卡必须撤除。对外来笋、竹源料或半成品要大力吸纳，坚决打击欺行霸市和本县资源外漏等各类违法行为，确保市场流通顺畅和本县财源不外流。优化竹林结构，制定采伐老竹、小竹规划，出台收费优惠政策，对笋竹经营的公司、实体和流通大户要在政策、资金等方面给予扶持，在流通方面，大力培育大户，建立促销大军。

第四，加大引资开发力度，从建厂用地、笋竹原料、用电、各项收费等方面应采取更加优惠政策。

对起点高、规模大，年产值达1000万元以上的加工项目，当地政府应无偿提供建厂用地、减免建厂的配套收费。

第五，全县各有关部门要继续贯彻对竹产业投入扶持的倾斜政策，尤其要加大笋竹加工流通环节投入的力度。财政每年应安排一定周转金用于扶持流通大户、龙头企业、新创办的大企业，并做到扶持力度逐年增加。金融部门要把扶持笋竹流通和加工作为信贷工作的重点，安排一定比例的贷款扶持龙头企业发展。税务部门要给予龙头企业以优惠政策。

第六，加强检查督促，发挥“政令畅通督查领导小组”的职能作用。各级政府和有关部门要进一步落实竹业经济发展目标责任制，实行党政一反手负总责，建立严格考评、检查、验收、奖惩制度，确保竹产业化各项措施到位和目标的实现。

6. 强化组织领导，搞好宏观调控

针对笋竹加工出现的问题，各级政府应按照市场经济规律进行有效的宏观调控。（一）各级领导要增强发展竹产业的紧迫感，把发展竹产业作为农业产业化的重要内容和重要项目来抓，作为发展农村经济的新增长点来抓。（二）建立统一的领导协调机构。成立竹产业化领导小组，由县委常委、纪委书记魏积平任组长，政府副县长葛灼瑞任副组长，成员由林委、外贸、供销、科委、企业局、县竹协及各乡（镇）等领导组成。领导小组下设办公室，地点设在林委，何德芳任办公室主任。（三）竹业协会是对竹类生产、加工、流通进行服务的群众性组织，是联系政府部门和生产单位之间的桥梁和纽带，要充分重视和发挥竹业协会的作用。（四）建立全国笋竹市场信息中心网络，及时向企业提供信息服务。

政和县人民政府
一九九九年三月十五日

附二：

政和县人民政府关于加快锥栗产业化进程的意见

政人字〔2000〕综116号

各乡（镇）、县直有关单位 、国营农（茶）场：

锥栗属于壳斗科栗属植物，是闽北传统名特优的经济树种，素有闽北瑰宝之美誉。栗果清香、脆甜、糯性好，是一种无污染的绿色食品。由于近年来锥栗价格日渐看好，栗农种植积极性十分高涨。它将迅速成为我县农民增产增收的又一重要产业，成为我县又一新的经济增长点。根据中央关于加快农村经济结构调整的要求，为了发展我县的特色产业和绿色食品产业，加快我县锥栗产业化进程，特提出如下工作意见：

一、基本情况

我县是锥栗的发源地和主产区之一，栽培历史悠久，东平镇苏地村早在清朝康熙年间就有人工栽培的记载。境内的半高山区非常适宜种植发展锥栗。全县可供种植锥栗的山地面积超过20万亩。全县现有锥栗面积7万多亩，位居全省第二，1999年总产量达100多万斤。锥栗适应性强，投入少，成效大。特别是利用我县丰富的野生茅栗嫁接改造建立锥栗果园，不仅投资省，而且还可以提前结果，增加收益，因此，种植锥栗是政和山区贫困县农民脱贫致富的一个十分合适的项目。近年，南平市林业部门大力促进发展锥栗产业，初步形成“V”型产业带，规模近42.5万亩。在这条区域经济带内，林业技术人员与榛农一道携手探索，总结出一套较为成熟的低产栗林改造措施和丰产培育技术模式，取得了一系列科研成果，同时，锥栗产业带的建设引来远近的客商投资兴业，去年底正式签约成立的“福建省建瓯天香绿色食品工程有限公司”，今年已开始动工建设，并可望于年底前投入生产。这条区域经济带已具有一定的科技、生产加工及市场优势，我县正处在产业带的建设区范围，可以此为依托，充分利用已取得的最新科研成果，借鉴兄弟县（市）的成功经验，达到高起点、高标准、高投入、高效益的目的。加快我县锥栗产业的发展，变资源优势为经济优势，对于调整农村产业结构，增强山区农村经济实力，整治国土、改善生态环境，促进城乡建设和外向型经济的发展，特别对于加快老区、高山贫困地区的脱贫致富，都具有十分重要的意义。

我县锥栗产业虽已初具雏形，发展前景良好，但也应看到，我县锥栗产业开发还处在低层次、低水平阶段，存在着不少问题。一是部分地方对锥栗开发还没有引起足够重视，缺乏必要的信息引导、合理规划和良种选育等措施。二是锥栗园管理粗放，效益低，普遍存在广种薄收的状况。锥栗树体营养不良，林地立地条件差，病虫害种类繁多，危害频繁，种植稀疏，产量低。三是对良种造林重视不够。目前榛农仍习惯于传统造林，刀耕火种，锥栗栽植的品种比较混乱，品种多、杂、乱，难以适应市场的需求，对选育良种，采用优良无性系造林还没有引起足够的重视。四是资金投入不足，制约着栗园集约经营程度的提高，影响锥栗产业发展。五是产业科技含量不足，技术人才缺乏。六是市场建设及产品开发、保鲜、加工滞后，产品无品牌等。

二、指导思想

坚持“科技兴榛、富县富民”的发展战略，以锥栗丰产栽培为中心，以锥栗低产改造为重点，以科技创先、林科教、产学研相结合为手段，以提高经济效益、社会效益、生态效益为目的，适度规模，主攻单产，搞活流通，发展深加工，使锥栗生产由粗放变集约，由传统向现代，由副业变主业，确保我县锥栗产业的经营规模、管理水平、经济效益、科学研究全面发展。

三、目标任务

2000 年—2004 年“五年规划”：新种植 5 万亩，低产林改造 2.5 万亩，优高示范 5000 亩。新种植、低改实现品种优质化、多样化，早、中、晚品种分别占 25%，35%，40%，优良品种推广达 80% 以上，其中早熟品种以白露仔、处署红（引种）为主，中熟品种以推广乌壳长芒为主，晚熟品种以黄榛、油榛为主。大力推广集约经营，提高单产，着力解决加工保鲜及市场建设问题，力争到 2004 年平均亩产达 40 公斤，年总产量 800 万斤，总产值 2400 万元。主产区农民锥栗人均增收 1200 元。

二 000 年计划：新种植 10000 亩，低产林改造 5000 亩，优高示范片、领导示范片 2000 亩。

四、措施与要求

1. 加强领导，提高认识。

成立县锥栗产业领导小组，县长黄健平任组长，县委副书记张泽和，县委常委、常务副县长吕德钧任副组长，领导小组下设办公室，负责日常具体工作，办公地点设在县林委。同时成立县锥栗协会，有条件的乡镇成立锥栗协会分会，加强信息的沟通、联系，当好党委、政府的参谋助手，为栗农提供产前、产中、产后服务。各有关单位切实把锥栗产业化发展工作摆上重要议事日程，上下一心，互相配合，共同推动锥栗产业的发展。落实责任制，开展检查评比活动。将检查评比结果与乡镇和职能部门的工作政绩挂钩，与年终两个文明评比挂钩。

2. 选育良种，培育壮苗。

坚持品种优质化、多样化的原则。实行定点育苗，定向培育，确保良种壮苗在生产上的推广使用。根据我县二元地理特点，在高山和平原区乡镇各建立一片面积 30 亩以上的苗、穗圃。建立穗圃可种用现有优良品种中幼锥栗林加以改造，加大黄榛、乌壳长芒、白露仔、油榛、处署红等优良品种的引进选育推广，从而带动锥栗产业上规模、上水平。

3. 建立优高及领导示范片。

根据政和县锥栗 5 年规划要求，各乡（镇）、有关单位建立各级领导优高示范片，2000 年各级领导优高示范面积 2000 亩。县领导示范片 4 片（杨源翠溪，外屯立基洋，星溪地坪，东平苏地）。各乡镇党政领导班子示范片的规模在30亩以上。各示范片均按技术指标、品种结构调整指标，严格操作，设立示范标志。每个示范片选定1—2户示范大户，在技术、物资等方面重点扶持，使之发挥样板作用。

4. 加大宣传力度，创建绿色品牌。

我县锥栗生产虽有一定的规模，但远远未达到锥栗产业发展所需的知名度，因此今年要积极申报绿色品牌，力争获得1个绿色品牌，统一标准、统一包装，充分发挥品牌效益，拉动锥栗产业的发展。通过电视、广告、报纸、因特网等多种媒体宣传我县锥栗的优势，提高我县锥栗的知名度。

5. 坚持科学管理，促使稳产丰产。

实施新造与野生茅栗林嫁接改造并举、常规措施与高新技术配套，以增加单产和提高品质为中心，以低产林改造为重点，达到高标准、高质量、高投入、高效益。新发展的栗园采用高标准整地并且每亩种植40—45株，相应采取有关整形、修剪枝术，矮化树体，便于经营管理，促使稳产丰产。加大低改力度，实行集约经营，实施栗园化学除草，合理施肥，高接换种，整形修剪，及时防治病虫害等一套丰产栽培技术，同时推广高新技术，如有效微生物种群技术应用（简称EM技术），树木生长调节剂控制技术（简称TDS技术），林木保水剂技术（简称SAP技术），进一步改良土壤，增加肥力，增加锥栗产量，提高栗果品质。

6. 加强技术培训，搞好集约经营。

加大培训力度，全县上下按点面相结合的办法，大力开展鉎栗丰产栽培技术和低产林改造的培训。面上聘请林学院的专家、市林委的科技特派员来授课，点上由我县的林业技术人员和县里有丰富经验的栗农一起到村里培训。林委设立锥栗丰产栽培技术咨询服务中心，及时解决栗农在生产中的疑难问题，印发锥栗科普宣传资料，把锥栗的栽培技术送到千家万户。各乡（镇）林业站培训3—5名青年技术人才，深入一线，重点抓好锥栗科技示范的培育，以示范来引导、带动农民搞好集约经营。

7. 制定鼓励发展的优惠政策。

一是迹地优先。坚持“适地适树”原则，采伐迹地，火烧迹地优先用于发展锥栗。二是允许个人、集体参加与产业开发，鼓励乡（镇）干部参与锥栗开发。三是广辟资金渠道：县林委每年从育林基金中切出部分资金，县乡财政每年从新增农税中拿出部分资金用于产业的发展。县计委、科委、林委、财政、扶贫办等部门多渠道向上申报项目，争取资金，积极对外招商引资，鼓励社会和个人进行投资，银行、信用社等金融部门加大贷款投资力度。

8. 建立交易市场，开拓营销渠道。

一是今年重点抓好城关南门、杨源、东平苏地产地交易市场的建设，形成栗农销售集中点。二是积极组建专业宣传销售队伍、人员赴我国南方各地宣传和销售政和的锥栗，扩大知名度。三是积极探索和引进锥栗的加工和保鲜业务，努力提高附加值。四是加强产地的市场管理，规范市场交易，严厉打击欺行霸市等不轨行为，切实保护栗农合法权益，解决栗农的后顾之忧。

政和县人民政府

二〇〇〇年七月三日

附三：

政和县人民政府办公室关于转发政和县林权登记及换发林权证工作方案的通知

政人办〔2002〕17 号

各乡（镇）人民政府，县直有关单位：

《政和县林权登记及换发林权证工作方案》已经县人民政府同意，现予以转发，请认真贯彻执行。

附：政和县林权登记及换发林权证工作方案

二〇〇二年四月十五日

政和县林权登记及换发林权证工作方案

我县自 1982 年开展林业“三定”工作以来，颁发林权证对维护林区稳定，保护林木林地所有者和使用者的合法权益，促进林区经济的发展起到了积极的作用。但是林业“三定”后的二十年中，由于采伐更新，权属争议调处、租赁、承包、转让等经济活动，部分林木林地权属发生变化未及时办理权属变更，更没有及时换发新的权属证，致使出现林木林地权属不清，造成林木林地所有者和使用者的合法权益得不到应有的保障。

为促进林区稳定和经济发展，保障林木林地所有者及使用者的合法权益，依据《中华人民共和国森林法》、《福建省森林条例》以及国家林业局《关于实行全国统一林权证正式的通知》（林资发【2002】159 号）、《林木和林地权属登记管理办法》（国家林业局令第 1 号）、《福建省人民政府关于开展登记发换全国统一式样林权证的通知》【闽政文（2002）74 号】等有关林业法律法规规定，拟在全县开展林木林地登记和换发林权证工作，特制定本方案。

一、山林权属登记及换发林权证应遵循的原则

1. 坚持稳定林权的原则。

稳定林权是指国家、集体的森林、林木、和林地，以及个人所有的林木和林地，在林业“三定”期间权属清楚，并已依法登记造册发证，且权属未发生改变的应予以维护，并在此基础上予以登记，换发新林权证。

2. 坚持自愿申请换证原则。

实行全国统一式样林权证的换发工作，是规范林权管理，维护林权证严肃性和权威性的一项措施，而不是否定林业“三定”的成果，也不是否定原林权证本来就具有的法律地位。林权证的“唯一性”、“权威性”、“合法性”不因换证而受到影响，凡是经县级以上人民政府依法确认的权林及所发的林权证书都是有效的。此次开展林权登记发换发证是在原有林权证书基础上进行换发证。要坚持自愿原则，不搞强迫命令。林权发生变更，原林权证记载内容与实际不符的应进行初始登记并发证。要向权利人宣传只有依法确认的林权才受国家法律保护，权利人的利益不受侵犯。因林业分类经营、公益林区划界定工作需要发证的优先安排登记与发证，登记发证可根据实际需要区分轻、重、缓、急进行。林权未发生变更，证书记载内容与实际相符的，可根据权利人的要求与申请逐步进行换证，不搞一哄而上，影响登记与发证的质量。

3. 认真核实，依法办事的原则。

开展权属登记及换发新林权证工作关系到林权权利人的切身利益，也是稳定林区生产秩序的一项基础性工作，不允许有任何差错。从申请到核实、填表、发证，都必须按程序，公开登记 ，依法公示与发证，主动接受社会各界监督，做到认真准确，不留问题，经得起历史检验。

4. 坚持依法调处权属争议的原则。

林木、林地权属争议，是影响林区安定的一大隐患，处理林木、林地权属争议是林权管理的一项重要内容。林权争议没有依法妥善解决，林权登记与发证就不能顺利进行，森林资源就不能很好得到保护。因此，通过林权登记、换发新林权证，解决一些历史遗留的权属争议，是各乡镇政府和林权登记与管理机关应尽的职责。通过林权登记与发证进一步划清林木、林地所有权和使用权的权属界线，明确权利人的各项权利，使林木林地权属争议调处工作的开展有一个较大的进展。

二、换发林木林地权属证的范围。

1. 权属争议处理后具有法律效力的。

森林林地所有者可凭双方达成解决协议或各级人民政府依法作出处理决定或法院依法调解、判决的法律文书申报换发林权证书。

2. 山林权属依法转让的。

用材林（含竹林）、经济林、薪炭林或其他林地使用权依法发生权属变动的，可以申请换发新的林木林地权属证。

3. 自留山权属发生变动的。

按国家和省有关规定、落实自留山政策规定，划定的自留山，依法发生权属变更时，可申请办理换发新的林权证。

4. 因采伐更新和荒山造林发生权属变动的。

自林业“三定”以来，凡林木已采伐且造林更新及荒山造林经县级以上林业主管部门验收合格的各类林分如：用材林（含竹林）、防护林、经济林、薪炭林、特种用途林等，凡权属变动的都可换发林权证。

5. 乡村集体因行政区划撤销、合并、分设而发生山权权属变化的，可申请换发林权证。

6. 国有林业单位为有利经营管理与毗邻单位调换林地使用权或划退的山场，必须签订调换或划退协议书，报省林业主管部门或原批准机关审批后，可申报换发林权证。

7. 因分类经营和生态公益林建设，根据县级以上林业部门批准，划定为国家、省、市级生态保护和公益林的，可以依法颁发林权证。

8. 因集体林经营体制改革而产生的各种类型的林地权结构权利人，可以申请发证。

9. 林地被征用或灭失的，应登记注销。

三、换发林权证应提交的材料。

（一）因权属争议解决后，明确的山林权属。

1. 各级人民政府的处理决定及附图（含地形图，72 年“三定”权属图，96 年二类图）。

2. 法院的调解书或判决书及附图（同上）及法院执行庭的执行通知书。

3. 争议双方签订的协议书及附图（同上）。

4. 原山林权证书。

（二）因森林资源转让发生权属变化换发林权证的。

1. 出让的原山权林证书（原件）。

2. 出让方与受让方签定的协议书或合同及附图。

3. 因偿还债务由人民法院调解或判决执行拍卖转让后要求变更山林权属的相关法律文书及附图。

4. 森林资源资产评估机构出具的森林资源评估报告书。

（三）因采伐更新和荒山造林发生的权属变化。

1. 原林权单位的山林权属凭证。

2. 原林木采伐许可证明和荒山情况证明。

3. 造林更新验收合格证明。

4. 承包造林的合同书或协议书及附图。

（四）因国有林业企事业经营区调换或划退等发生的权属变化。

1. 调换双方的山林权属凭证。

2. 调换或划退的协议书、批文及附图。

3. 省级林业行政主管部门或原批准机关的批准文件。

（五）已发过林权证的自留山权属发生变更的，要提交原山林权证。

（六）个人应提供身份证明，法人应提供法人的资格材料和身份证明。

四、登记换发林木地权属证程序：

1. 由林木地所有者或权利人提出申请，填报换发证登记申请表。并提交原林权证等有关资料。

2. 经所在乡镇林业工作站对现场核对土名、四至、面积、林种、树种等并勾绘林权图及地形图位置，核对无误后签署意见，报县林权登记发证办公室，由县林权登记发证办公室组织有关人员进行现场核对土名、地类、林种、四至、面积、树种等相关因子。核对无误后按申请表中填报的内容委托林业站进行张榜公布，在法定的公告期限内没有异议的，填写林权清册或林权变更清册，依法上报县人民政府审核批准，换发新林权证。

五、加强领导，成立组织机构，认真做好换发证工作。

权属管理是一项政策性、业务性强、情况复杂、工作量很大的工作，需加强领导，设立组织机构，有关单位切实配合，及时抽调业务能力强，有责任心的技术骨干协助，把换发林木林地权属证工作落实到实处。

1. 充分认识林权证是森林、林木、林地所有者和使用者的唯一有效法律凭证，颁发林权证是维护林木林地所有者和使用者合法权益的根本保证，也是稳定林区生产秩序的基础工作。凡是林业“三定”后林木木地权属有变化的，均应申报登记，换发林权证。今后，凡是没有持县级以上人民政府确认并颁发的林权证，均不得进行租赁、转让、抵押、承包以及采伐等林业经营活动。

2. 坚持深入细致的工作作风，逐片深入山场，认真核对各项因子确保无误，依法核发新林权证。

3. 要稳定国有森林经营单位的经营区。

4. 凡与其他权属单位毗邻交界的，要通知对方到实地共同定界后，签定认界协议。

5. 企事业法人和村级法人必须提供法人的相关证明材料予以确认，合同、协议等须经法人签字盖章后方能生效。

6. 审批发放采伐许可证的机关，应认真审核权属凭证，坚持凭林权证办理采伐审批手续，对已批准采伐的山场应及时在林权证和林权清册上注销相应森林、林木权属。

7. 加强换发证工作的管理，新林权证由国家林业局统一制作发放，各项内容必须填写清楚、完整。根据国家、省市要求，县林权登记发证办公室负责权属审核、登记、变更、发证的管理工作，要建立健全权属有关档案，使之逐步走上正常化、规范化、法制化的管理轨道。

六、注意事项（有以下情况之一的不予办理权属登记和换发新权证）

1. 林木林地权属有争议的。

2. 林木林地权属不清的。

3. 违反合同或协议书侵占国有经营区经及侵占国有林木林地的。

4. 毁林开荒，毁林种果等违反森林法的。

附四：

政和县人民政府关于修订并重新印发《政和县县级工业园区管理暂行规定》的通知

政人综〔2004〕167 号

各乡镇人民政府，县直各单位：

鉴于国家土地、金融政策调整和电力体制上收等客观条件变化，根据我县县情，结合《政和县县级工业园区管理暂行规定》一年来的运作情况，为营造良好投资环境，加快工业平台建设步伐，提高招商引资和项目开发质效，经县园区管理委员会研究并审核同意，决定对《规定》中的第二条第六款，第三条第十二、十三、十四、十七、十八、二十一款，第五条第二十七款等进行修订；第三条第二十六、二十七款序号改为第二十七、二十八款。现将修订后的《政和县县级工业园区管理暂行规定》印发给你们，请遵照执行，原《政和县人民政府关于印发〈政和县县级工业园区管理暂行规定〉的通知》（政人综〔2003〕108 号）自行废止。

附件：1. 政和县县级工业园区管理暂行规定
　　　2. 行政事业和中介、技术服务收费项目一览表
　　　3. 工业投资项目设立、投资办证流程简易图

二〇〇四年九月二十六日

附件：

政和县县级工业园区管理暂行规定

一、总则

1. 为使各工业园区开发经营规范化、制度化，更好地为入园企业提供优质服务，依据南委发〔2003〕5 号文件精神，结合我县实际，特制定工业园区管理暂行规定（以下简称规定）。

2. 鹤林、铁山、龙岗和今后新规划一次性开发连片百亩以上的工业园区都是政和工业发展的主要载体，全县各部门、单位要齐心协力，精心培育，使之不断发展壮大，成为全县经济的支柱。

3. 园区管委会是园区管理开发的主体，各开发公司、园内企业是园区管理的客体，是园区建设的主力军。本规定是联系主客体的纽带，双方都应本着建设好“高标准、高质量、高效益”的工业园区为宗旨，相互尊重、相互支持、共同遵守。

4. 各职能部门必须认真学习，严格执行南委发〔2003〕6 号文件精神，优先、优质服务好工业项目。

二、管理权限

5. 县工业园区管理委员会是政和县人民政府常设性行政管理机构，下设办公室，不定编制（业务经费列入县财政年度预算），隶属于县人民政府，对县政府负责，并受县政府的委托，研究制定全县工业布局、发展规划和有关政策、决策重大项目，协调重要事项，分解和督办年度工作目标中，对各园区行使行政和经济管理职能。各工业园区相应成立开发投资有限公司，按公司法的规定运作，依照政

和县人民政府批准的园区开发建设的总体规划，具体负责园区的开发建设和经营，以及招商引资等工作。公司与园区企业之间关系为民事商务关系。

6. 各园区开发公司独立核算，自负盈亏。园区土地收益必须进入管委会的开发资金专户，专款专用。各开发公司收支向管委会报账，管理费用原则上控制在土地收益的3%以内。

7. 各园区的土地开发实行统一规划、统一征用、统一供应，由县园区管委会负责监督管理，各开发公司按县政府批准的详细规划，在管委会的指导下组织实施。园区内所有的建设项目一律报管委会备案，任何单位 、部门不得在园区征地建设。

8. 各园区内企业在不改变工业用地性质前提下，所属地块的土地使用权余期及该地的建筑物、附属物的转让、抵押、赠与等须报县园区管委会审核，再转报有关职能部门审批。

9. 各园区内企业所享受的有关优惠政策，须报县园区管委会登记，审核后送有关部门办理，管委会有权督促相关部门落实兑现。

10. 对全县经济发展有重大影响和高科技外商投资项目及两头在外企业，可以以项目带政策，获得更加优惠的待遇，但各开发公司在与业主签订合同之前，要将优惠政策报园区管委会审核同意。

11. 招商引资到我县兴办生产加工型项目的直接引荐奖励按《政和县人民政府关于招商引资直接引荐人奖励办法的通知》（政人综〔2003〕93号）规定执行。

三、优惠政策

12. 园区内现有土地存量（熟地）地价：鹤林园区4.6万元/亩，铁山、龙岗园区4.1万元/亩（含上交省国土厅中央收入），财政每亩补助1.6万元。园区外新办企业用地（生地）按年度活动地价供地，业主自己开发，自负征地、土地平整、报批等费用（报批费用与园内企业享受同等待遇）。

13. 园区外新办企业投产后第一年（以周年计）所缴纳的税收县级净得留成部分，由财政以每亩不超过1万元用于补助企业征地及水、电、讯投入的成本，利用矿产资源加工的企业不享受财政税收补助。

14. 入园企业水、电、讯不收增容费。供电企业将高压线无偿架设到园区总接口处，园内企业可自主选购符合国家标准的变压器，并自主选择有资质的单位安装，园内企业确保优先供电，电价按省有关政策执行。工业用水量年日均在15吨以上的水费按民用水价90%收取。

15. 园内企业技改列入全县企业技改盘子。

16. 园内企业建设项目从审批到竣工全程所涉及的县级行政性收费免收，各中介服务机构咨询费和服务费等按最低收费标准的50%收取（附件2《工业园区行政事业和中介、技术服务收费项目一览表》）。

17. 对固定资产投资达300万以上，年创税25万元以上的企业，发给《政和客商证》（一企一证），3年内享受如下优惠待遇（含园区外新办企业）：

（1）一部自用商务车在县域范围内免收过路费。

（2）客商及企业外聘（指户籍不在本地）的业务及技术骨干、管理人员子女入托、入园、入学免收借读费，享受所在地居民同等待遇。

（3）公安部门若需对客商的活动进行检查，需出示由县公安局长批准的相关批件。

（4）交警部门在车辆、驾驶员及路面管理等方面为客商提供12项服务，具体见南平市公安局交警支队《关于开展在道路交通管理方面为来南平投资兴业的客商提供优质服务的通知》（南交警〔2003〕22号）；对客商企业自用车辆、为客商企业运输生产资料及产品的车辆，不慎违章时，交警部门以批评教育为主，处罚为辅，同时尽可能考虑企业生产经营对时间连续性的要求。

18. 落户企业固定资产一次评估三年有效。

19. 园区内非公企业工程施工，可由企业邀请投标并决定施工单位，或委托有资质的中介机构组织招标。企业自带的施工队应具备相应的条件，工程质量由质量监督部门负责监督。

20. 为促进竹、木资源就地转化加工升值，园区内企业如有原料基地，到采伐年限林业部门优先安排采伐指标取材，企业产品优先安排出口指标。

21. 对依法经营成为纳税大户的客商，可推荐其为县人大代表或政协委员。

四、优质服务

22. 管委会办公室加挂企业投资服务中心牌子，中心是政府有关部门为企业服务的窗口，实行告知承诺制，无偿代办从企业设立到开工建设的各种证照和手续，不拖不卡，公平公正地对待所有企业。在资料齐全的情况下，一般项目不超过7个工作日，复杂项目不超过15个工作日（附件3《工业投资项目企业设立、投资办证流程简易图》），中心除为入园企业服务外，同样为到政和投资的园外企业提供免费服务。

23. 各园区实行封闭式管理。管委会负责园区内物业管理、治安保卫、协调企业间关系等工作。任何单位、团体到园内企业进行检查、验收、评比等，必须征得管委会的同意。

24. 严禁利用审批管理权搭车收费或强求园内企业赞助、入会缴费、购买产品、订阅报刊杂志、刊登广告等增加企业负担的行为。

25. 按照“谁受益、谁投资”的原则，电力、自来水、电信、移动、广电等部门，要搞好工业园区的配套设施建设，未经县政府同意，不得将工程项目、设备安装等费用分摊给园区或园内企业。

26. 政法部门积极为园区创造宽松的司法环境，让外来客商在政和投资兴业感到安全、便捷，对客商慎用司法手段，维护企业稳定。

五、效益分配

27. 各园区企业实行“谁引进、谁受益”，统计口径不变。

28. 园内新办企业县级工商税收（不含所得税），属园区所在乡镇引进的，鹤林园区熊山镇和县财政按50∶50分成，龙岗园区石屯镇、铁山园区铁山镇与县财政按75∶25分成；属其他乡镇引进企业到园区落户的，引进乡镇、园区所在乡镇、县财政按40∶40∶20分成。

29. 原县内现有企业转入园区后，以上年该企业的税收实际入库数为准，按80%比例相应增加园区所在乡镇任务基数，原乡镇任务基数不变。

30. 各乡镇引资在异地落户的园外企业，县级工商税收（不含所得税）50%归属于引进乡镇，50%归属于落户的所在乡镇。各乡镇不得以任何理由拒绝企业落户，且必须参照园区的管理办法，积极为该企业服务。

31. 各企业工商各税按属地进行征收，税收分成年终按规定比例统一结算。

本规定从发文之日起执行，由政和县工业园区管委会负责解释。

政和县工业园区管理委员会
二○○四年九月二十六日

附五：

中共政和县委　政和县人民政府
关于加快茶叶产业发展的实施意见

政委〔2007〕90号

各乡（镇）党委、政府，熊山街道党工委、办事处，县直有关单位、企事业单位：

为充分发挥我县茶叶产业的独特优势，切实抓好“打响茶叶品牌，做强茶产业”战略的实施，强力推进“绿色食品基地”建设，促进农业增效、农民增收和农村发展。根据南政〔2005〕综247号文件精神，结合我县实际，特制定本实施意见。

一、发展思路和目标

发展思路：坚持政府推动、龙头带动，以生态为优势、以科技为动力，立足产品质量、做强国际市场，立足品牌建设、做大国内市场，立足关联产业、做足产业链延伸，加快龙头企业的培育和引进，努力实现基地规模化、加工专业化、产品标准化、管理规范化、服务社会化，推动茶产业整体持续发展，促进县域经济持续、快速、健康发展。

发展目标：到2012年，茶园面积在现有8万亩基础上稳中有升，发展和转换有机茶面积3000亩，绿色食品茶园5000亩，成片茶园全部达到无公害以上标准。产值3000万元以上企业3家，市级以上龙头企业6家，创建省级名牌产品和著名商标3个，茶叶产业实现加工企业销售收入超4亿元，确保政和白茶在中国白茶产业界的龙头地位。

二、发展方向和重点

发展重点：拓展白茶国内外市场，做大做强政和白茶产业，恢复政和工夫在国内红茶市场的应有地位。

发展方向：以现有茶园为基础，大力推广有机、绿色、无公害低农残茶生产技术，积极降低茶叶农残、改造低产茶园，培育高产、优质、高效茶园，确保农残不超标。大力发展精包装、高档名优茶，提高茶叶加工的标准化、机械化水平。大力扶持发展茶浓缩汁、速溶茶粉、茶饮料、保健茶、茶多酚及茶氨酸等科技含量较高的茶叶特色产品，提高产品附加值。

三、发展措施和办法

（一）加强组织领导

1. 成立政和县茶产业发展领导小组。领导小组组长和副组长由县委、县政府领导担任，成员由相关部门领导和各乡镇（街道）领导组成，负责全县茶叶产业发展规划、政策研究、统筹协调，对重大问题时行科学决策。领导小组办公室设在县茶叶总站，负责茶叶产业发展的日常工作，落实各项政策和考核目标，制订各类茶叶技术标准和生产技术规范等。

2. 各乡（镇、街道）相应成立茶产业发展领导小组，职能衔接县茶叶产业领导小组，并指定一名副职领导具体负责。做到主要领导亲自抓，分管领导具体抓，驻村干部全力以赴抓。在现有技术干部条件下，优化人力资源配置，依托“三农”服务中心建立乡（镇、街道）、村、组三级服务网络，为茶农和茶叶企业提供政策、信息、栽培、加工、管理等服务。

3. 强化县茶叶同业公会职能。发挥桥梁与纽带作用，做好茶叶行业自我管理、自我服务、自我发展，增强行业自律。立足白茶企业，组建政和白茶协会，制定白茶发展思路，协调白茶生产、流通、技术推广、茶叶科研等的协调管理工作，按照“政和白茶”地理标志产品等各级标准制定统一参考价格，提高经济效益。

（二）强化茶产业政策扶持力度

4. 设立县茶产业发展基金。县财政通过协调、集中使用各级扶持茶产业资金，每年统筹安排不低于50万元专项资金作为县茶产业发展基金，用于品牌创建、市场开拓、企业技改、品种改良、茶农培训等。基金专户设在县茶叶总站。

5. 加大茶叶企业资金扶持。对茶叶龙头企业和投资新办的规模茶加工企业，特别是饮料、茶食品、茶叶化工等精深加工企业，在企业用地、税费、信贷等方面，在政策上予以重点扶持，金融部门在行业政策允许的范围内提供最大限额的贷款；在申报技术改造、山海协作、科技开发等项目时，将茶叶产业作为重点，优先予以立项。

6. 鼓励茶叶生产、流通企业走品牌战略。凡获得驰名商标、著名商标的政和茶叶加工生产企业，除省市奖励以外，一次性分别奖励30万元、5万元；对被评为中国名牌产品、省名牌产品的政和茶叶企业，一次性分别奖励30万元、5万元；对茶叶产品在省级以上茶叶赛事活动中获最高奖项的，给予适当奖励，奖励标准由县茶叶发展领导小组另行制定。

7. 大力扶持茶业龙头企业。按照“扶优、扶强、扶大”的原则，培育壮大一批起点高、关联度大、带动力强的茶叶龙头企业。鼓励优势龙头企业，通过承包、租赁、入股、控股、兼并等市场化运作方式，组建茶叶企业集团，形成“农、工、贸”一体化的经营体系，提升茶叶企业集团竞争力。

8. 发挥市场营销优势，扶持茶叶营销队伍建设。依托政和在外乡亲销售网络，拓展政和茶叶销售市场，提高市场占有率。通过对营销人员进行培训、发证等方式，规范营销行为，提高营销队伍品牌意识和人员素质，建立一支善于宣传、诚信经营的营销队伍。

9. 建设茶叶加工园区，给予多层次的优惠，加大招商引资力度，特别是做好“回归经济”文章，吸引各类资本参与茶产业发展，特别是新产品开发和品牌建设。

10. 凡在本县境内开展各类茶事宣传活动，相关部门免收各种费用。如设立广告牌涉及各种政府部门收费。

11. 积极争取上级编制管理部门支持，力争县茶叶总站机构升格、人员编制增加，充实茶产业管理、监督、服务力量。

12. 开展多方位、多层次的宣传和培训工作。组织乡镇、部门领导开展茶专业知识培训，提高对政和茶叶认识水平；组建县茶艺表演队，展示政和茶文化底蕴；在中小学素质教育中引入茶艺表演、茶文化教学，适时开展相关赛事；在职业教育中，结合旅游、茶艺、茶文化，开设专门旅游茶艺专业。

13. 将茶叶机械列入农机补贴，大力推广机采茶园管理技术，优先发展采茶机和修剪机，逐步实现机械化管理。

14. 鼓励企业开展ISO9000、HACCP、QS等质量认证，支持各地茶园开展无公害、绿色、有机茶基地认证。凡获得欧盟（IMO）或杭州中茶所有机茶认证面积达400亩以上的企业，政府每年给予5000元至10000元的补助。

（三）实施品牌战略

15. 依托龙头企业，大力实施茶叶品牌建设工程。按照“树品牌、创市场、拓旅游”思路，引导和支持企业抓品牌创品牌。从全县茶产业发展高度出发，选择一批有基础、有影响的茶叶品牌，通过参与国内外有关茶事活动和宣传推介；邀请知名茶叶专家评茶、话茶，聘请媒介名人代言品牌等方式，扩大品牌知名度；举办茶文化节，开展“政和茶王赛”评选活动，整合资源培育一批知晓度和知名度高的茶叶品牌，实施品牌带动战略，提升茶叶产业化经营的整体水平。

16. 借助电视、报刊、网络等宣传媒体，强力造势，以深厚的茶文化底蕴为切入点，大力宣扬政和悠久茶叶文化；组织力量挖掘整理政和茶叶典故或传说，纳入旅游景点导游词，促进旅游宣传与茶叶品牌树立的有机结合，提高政和茶品牌知名度、美誉度。

17. 推广政和白茶国家地理标志产品使用。按照政和白茶国家标准，鼓励符合条件的企业使用“政和白茶国家地理标志产品”标志，具体使用管理办法由县技术监督局会同县茶叶总站制定，报县茶叶产业领导小组批准后实施。

18. 授权县茶叶总站申报“政和白茶”、“政和工夫红茶”地理标志产品证明商标，并负责证明商标的管理和运作。积聚各方力量共同打造政和白茶、政和工夫证明商标，争取在5年时间内把政和白茶证明商标打造成著名商标。通过“公司＋农户＋商标”的形式，充分发挥商标品牌的桥梁纽带作用，改变分散生产经营模式，逐步实现生产规模化和产销一体化，不断做大做强“政和白茶”产业，实现“品牌兴茶、茶兴民富”的目标。

19. 鼓励茶叶企业在上海、南京、广州等大中城市设立窗口、开办销售连锁店，积极推介品牌，建立面向全国的营销网络，大力开拓国内茶叶市场；授权县茶叶同业公会，开展“政和茶叶指定销售点”认定工作。

20. 鼓励企业发挥政和独特的、优越自然环境，建设观光茶园，选择优良茶树品种，采用有机生产方式，生产精品茶、高档茶，打造企业品牌形象。

21. 健全产品检测检验体系。完善县农产品检测检验中心功能，鼓励茶叶生产企业建立茶叶检测实验室，加强茶叶生产企业茶叶感官评审员和检验员的培训，把好茶叶出厂质量关。

22. 结合政和旅游产业、竹餐具产业布局，建设茶叶交易市场。

（四）加快基地建设

23. 建设以企业为依托的6万亩低农残茶叶基地。着重在东平镇、石屯镇建立白牡丹生产基地3万亩；在铁山镇、星溪乡建立白毫银针茶生产基地1.5万亩；在外屯、镇前、杨源、澄源等高海拔乡镇，建立高山生态茶叶基地3.5万亩；在岭腰（锦屏）—外屯（稠岭）—镇前（罗金坂）—杨源（翠溪）一线，建设生态旅游休闲观光茶园5000亩。

24. 严把茶叶生产资料市场准入条件关。茶叶生产资料被告登记管理制度，制定切实可行的农残管理办法，严格控制农药残留、重金属超标；加强执法监督，坚决打击售假、掺杂使假行为。

25. 加大茶农培训力度。政府在品种改良、茶树营养诊断配方施肥技术、病虫害综合防治培训方面给予补贴，指导茶农发展优质茶园，提高茶叶产量和品质。

26. 按照“依法、自愿、有偿”原则，引导茶农采取股份合作、承包、出让等方式，扶持龙头企业建立优质原料生产基地，使茶园向种茶能手和茶叶龙头企业集中，推广茶叶标准化生产技术，实现种植基地化、标准化、规模化。

（五）加强科技兴茶

27. 坚持产学研一体化，提升茶叶品质。依托科研单位、大专院校等科技人员和企业技术力量，以龙头企业为重点，实行“民办公助”方式，鼓励支持企业成立研发中心，努力提高行业整体创新实力。与福建农林大学合作，建立中国白茶研究所政和研究中心。

28. 以市场为导向，加强科技攻关，改进加工工艺和设备，重点开发特色茶系列产品，提升茶叶产业的科技含量，不断延伸茶加工的产业链，提高茶叶附加值，提升产品档次。

29. 建设一支懂技术、善管理的复合型茶业技术队伍。着重抓好高级管理人才和高级技术人才引进与培养工作，为茶叶产业发展提供有力的技术支撑。在县职业技术学校开设茶叶种植和加工专业，培养和造就一批茶叶生产、加工等专业人才。

（六）完善社会化监督和服务体系

30. 各级各有关部门密切配合，齐抓共管，长期坚持，潜心打造，营造浓厚的茶产业发展氛围。

文化宣传部门要加强宣传策划，利用各种形式宣传政和白茶；

财政部门要加大对白茶产业投入力度，多渠道筹措白茶产业发展资金；

工商管理部门要全力做好市场秩序维护，规范证明商标使用，打击掺杂使假行为；

技术监督部门要做好茶叶标准化服务工作，依法对茶叶地理标志产品实施全过程、全方位的质量跟踪管理，加强茶叶生产秩序整顿工作，维护“政和白茶”声誉；

农业执法部门要加强市场跟踪管理，禁止假冒农资和禁用农药流入茶园；

科技部门要加强技术培训，安排专项科研经费，开展白茶生产、加工、包装工艺研究，提高白茶产业的科技水平；

茶叶总站要加强技术指导和技术咨询服务，加快农产品检测中心建设步伐。

中共政和县委

政和县人民政府

2007年11月7日

附六：

中共政和县委　政和县人民政府
关于进一步加快竹产业发展的意见

政委〔2010〕15号

各乡（镇）党委、政府，熊山街道党工委、办事处，县直各单位：

为充分发挥我县竹资源优势，进一步加快竹产业发展，着力打造中国竹具工艺城，特提出如下意见：

一、指导思想

坚持以科学发展观为指导，以资源培育为基础，以市场需求为导向，强化龙头带动、科技创新、政策扶持，力促竹产业集约化、规模化发展，逐步形成贸工林一体化、产加销一条龙的竹产业体系，力求竹产业的发展与生态建设并进、社会效益与经济效益并举，全面提升竹产业经营水平和整体效益，加快推进绿色经济强县建设进程。

二、发展目标

围绕建设中国竹具工艺城目标，到2015年，竹林面积发展到50万亩，其中新增面积4万亩；丰产竹林面积30万亩，其中新增丰产竹林面积11万亩。新建竹山机耕路800公里。竹业总产值15亿元，竹业山上产值达到2.5亿元，年均增长16%；竹业加工产值突破12.5亿元，年均增长25%，亿元以上产值龙头企业2家以上，5000万元产值以上企业5家以上，1000万元以上企业20家以上。

三、措施办法

（一）精心组织运作

1. 成立政和县竹产业发展领导小组。领导小组组长和副组长由县委、县政府领导担任，成员由相关部门和各乡镇（街道）领导组成，负责全县竹产业发展规划、政策研究、统筹协调，研究解决竹产业发展的重大问题。领导小组办公室设在县林业局，负责竹产业发展的日常工作，落实各项政策和考核目标，制订竹制品技术标准和生产技术规范等。各乡（镇、街道）相应成立竹产业发展领导小组，职能衔接县竹产业领导小组，并指定一名副职领导具体负责。做到主要领导亲自抓，分管领导具体抓，驻村干部全力以赴抓，为竹农和竹具加工企业提供政策、信息、种植、加工、管理等服务。

2. 通过统筹协调、集中使用方式，每年从林业（笋竹两金50万元，向上争取20万元以上）、水利（山地水种专项资金20万元以上）、财政（专项资金10万元）等资金中安排不低于100万元，滚动使用，专门用于竹产业品牌创建、文化挖掘、市场开拓、企业技改、产品开发、基地建设、人员培训等。（责任单位：林业局 水利局 财政局）

3. 竹业协会要充分发挥桥梁与纽带作用，做好竹业行业自我管理、自我服务、自我发展，增强行业自律。要积极探索发展依法规范的竹业专业合作社，以确保农民的利益得到保证、企业原料得到保障、产业健康发展。（责任单位：竹业协会 供销社）

（二）加强人才培育

4. 优先培养竹产业发展人才。继续整合农办、劳动保障、科技、教育等部门资源，建立以县中等职业技术学校为依托（增设竹林培育、竹具加工等专业）的竹具职业培训基地，大力培养竹具生产加工、管理等专业人才；加大高技能人才培养力度，积极创造条件，为企业输送技师人才。（责任单位：劳动和保障局 协助单位：农办　人事局　经贸局　教育局）

5. 做好企业管理人才、专业技术人才和高技能人才的引进和招聘工作，落实人才政策的相关待

遇。（责任单位：人事局 劳动和保障局 教育局）

（三）强化品牌经营

6. 县政府每两年组织举办一届“竹文化节”，每年对竹具创新产品、经销大户、种植大户等进行评选和表彰奖励。鼓励资助部门组织企业参加国内外“竹文化节”、“竹博会”、“竹业论坛”等竹产业推介活动，聘请媒介名人代言品牌等，不断提高产品知名度和市场占有率。对竹具产品在国家、省级以上竹文化节、竹博会等活动中获最高将，政府给予适当奖励。（责任单位：林业局 发改局 外经贸局 竹业协会）

7. 规范商标和包装。工商部门要积极指导企业注册商标，为企业提供商标注册便利，对列为县重点企业的商标注册费用按最低标准收取。凡企业在国内有注册商标并使用自有商标出口，当年出口额在150万美元以上，且增幅在20%以上，政府给予适当奖励。（责任单位：工商局 外经贸局）

8. 鼓励企业申报国际通行的管理体系等认证，对通过认证的企业，政府给予适当奖励。支持企业争创品牌，凡被评为“中国驰名商标”、“中国名牌产品”的竹具企业，除省市奖励外，给予一次性奖励10万元。凡当年生产环节纳税额在100万元以上（含100万元），被评为“福建省著名商标”、“福建名牌产品”的竹具企业，给予一次性奖励5万元。对同一企业当年获得多个称号的，只选最高一项予以奖励；对同一企业获得同一级别（即国家名牌产品与驰名商标、省名牌产品与著名商标）称号的，只奖一次，不作重复奖励（责任单位：工商局 质监局）

9. 鼓励本县善于经商人士到全国县级以上城市设立营销店，加快建设统一规范的全国竹具连锁营销网络。（责任单位：工商联 竹业协会）

10. 企业自主在境内开展各类竹具产业的宣传活动，相关部门给予大力支持。按城建统一规划、统一管理原则，竹具企业在东岭工贸走廊沿线、城区街道、县宾馆等公共场所设立竹具产品广告牌，行政事业收费从优减免；鼓励企业以自身的名义在省级以上电视台做政和竹具产品宣传促销广告。（责任单位：建设局 工商局 公路局 竹业协会）

11. 积极与旅游、茶产业宣传有机结合，对内营造全社会都来关心、支持竹产业发展的良好氛围，对外不断扩大政和竹具产品的认知度和影响力。（责任单位：宣传部 广电局 报道组）

（四）服务企业发展

12. 实行竹具产业链企业“创业绿卡”制度。严禁“三乱”，严明执法纪律，规范执法程序，提高服务质量，切实减轻企业负担。对违反相关规定，损害经济发展环境的人和事，将按县委、县政府《关于开展最简最快最优效能要求活动的通知》及机关效能责任追究办法进行严肃处理。（责任单位：效能办 交警大队 运管所）

13. 加强政府、银行、企业三者之间的沟通协作。各商业银行（社）要注重引导，强化服务，逐年提高竹具企业贷款额。对竹具龙头企业和投资新办的规模竹具企业，各商业银行（社）提供最大限额的贷款，对入园已投产的竹具企业，积极给予林权证和入园企业土地、资产抵押贷款。对获得闽北知名商标、福建省著名商标、中国驰名商标（名牌产品）的竹具企业，各商业银行（社）要创造条件，积极予以办理商标权质押贷款。（责任单位：人行 建行 农行 信用联社 邮政储蓄银行）

14. 允许竹制产品（包括半成品）及原竹在县内企业间自由流通，县内流入竹具加工企业原竹按政财办〔2010〕4号文标准征收，取消中间环节一切收费。

企业从县外购进原竹及半成品：如入境前已在当地办理手续，经本县入境检查站核实，林业部门应免费（除工本费外）办理出口手续；如入境前手续不全的，需由入境检查站或林业工作站申报登记并参照本县原竹征收标准补征税费后，签发流入材核实单，过境后在县内一律免予检查，县内加工企业如需再次加工出运，凭县外流入核实单台账办理出口。

为节约和保护辖内有限的竹资源，鼓励竹具加工企业往精深加工方向发展，原竹及半成品出省，林业税费按省定标准执行。即原竹按0.82元/根计征；竹制半成品以每吨164元计征（一吨折200根原竹）。（责任单位：县林业局 财政局 税务局）

15. 鼓励优势龙头企业，通过承包、租赁、入股、控股、兼并等市场化方式，组建竹具企业集团，形成“农、工、贸”一体化的经营体系，提升竹具产业的整体竞争力。（责任单位：县经贸局 工商局 竹业协会）

16. 加大与高等院校（所）的科技合作，建立县竹具产业研发中心。完善竹具产业科技服务网络，逐步形成产品创新、成果转让、技术推广普及的良好运行体制。支持企业开展技术创新，鼓励企业自建研发中心，扶助申报国家级、省级企业研发中心（工程技术研究中心、行业技术开发中心）。（责任单位：科技局 发改局）

（五）加快基地建设

17. 开展丰产竹林技术培训，进一步提高竹农的科学育竹水平。（责任单位：林业局）

18. 加快竹山机耕道、滴灌池等丰产竹林设施建设和竹业科技示范园建设，提升竹资源质量和总量。对在用材林地上新植竹阔混交林10亩以上，每亩种竹30株、阔叶树20株以上，且成活率80%以上，验收达标后给予50元/亩补助。新开竹山机耕道硬路面达2.5米的，给予500元/公里补助；路面达3.5米的，给予1000元/公里补助。竹山滴灌池蓄水20立方米以上，给予1000元/个补助。（责任单位：林业局 水利局 财政局）

19. 规范毛竹采伐管理，督促企业把好原料进货检验关，以保证全县竹制产品的质量。（责任单位：林业局 竹业协会）

各级各有关部门要制订具体实施细则，密切配合，齐抓共管，长期坚持，营造浓厚的竹产业发展氛围，潜心打造中国竹具工艺城。

中共政和县委

政和县人民政府

2010年3月30日

1994年版新编《政和县志》
勘 误 表

卷	章	节	页	行	误	正
大事记			16	1	陈正初县长	王俊德县长
			26	倒6	杂优稻	杂交稻
卷一 建置	第二章	第三节	37	倒7	坡头	坂头
	第二章	第三节	41	倒18	星溪头	星溪里
	第二章	第三节	45	6	下场	下扬
	第二章	第三节	45	倒4	板头	坂头
卷二 自然 地理	第六章		72	倒6	子遗植被	孑遗植被
	第六章		72	倒6	子遗种	孑遗种
	第六章	第一节	73	14	茶溪树	茶溪村
	第八章	第二节	77	倒10	超警戒水位6.83米	超警戒水位0.83米
	第八章	第三节	78	6	雨雹大如卵	冰雹大如卵
	第八章	第三节	78	15	1988后	1988年
卷三 乡（镇）村 概览	五		91	9	363.16万元	363.16元
	六		94	倒9	东潭村	车潭村
	六		94	倒7	罗堆厂	老堆厂
	八		98		峻工发电	竣工发电
	八		99	14	黄面梨	黄蜜梨
	八		100	14	苦褚棵	苦槠果
卷四 人口			105	5	69844人	69484人
	第一章	第二节	107	上表倒1	68175人	69484人
卷六 农业	第一章	第五节	155	倒17	汀源	湘源
	第四章	第四节	173	1	嫁按苗	嫁接苗
	第四章	第五节	174	1	稻株僻体	稻株群体
	第四章	第五节	174	20	单独防止	单独防治
	第四章	第五节	175	4	锈杀害虫	诱杀害虫
	第四章	第六节	176	倒8	经营等站	经管等站
卷七 林业	第二章	第二节	190	倒6	擦木	檫木
	第四章	第四节	203	倒10	收回脏款	收回赃款
	第五章	第二节	206	倒3	泰须	泰顺
卷八 茶业	第一章	第六节	220	2	茶尺虫变	茶尺蠖
	第一章	第六节	220	倒15	茶尺虫变	茶尺蠖
	第一章	第六节	220	倒13	茶尺虫变	茶尺蠖

续表

卷	章	节	页	行	误	正
卷九 水利水电	小概述		229	16	五元仔	王元仔
	第一章	第一节	230	9	北街俊溪	北街、俊溪
	第一章	第一节	233	11	人饮工程	人饮水工程
	第三章	第一节	244	倒9	水力	水利
卷十 工业	第二章	第一节	252	倒5	0.46万元	4.6万元
	第二章	第二节	253	倒13	32.35万元	32.35%
	第二章	第五节	258	6	百步巷	百岁巷
	第三章	第二节	264	15	入品	入口
卷十一 交通	第二章	第二节	276	倒5	1249万吨	16200箱
	第三章	第一节	278	倒1	政县交通局	政和县交通局
	第三章	第三节	279	倒6	镇前富垅	澄源富垅
卷十二 邮电	第一章	第二节	286	3—4	专职要员	专职机要员
卷十三 商业	第二章	第二节	300	4	东风	东峰
	第三章	第二节	304	倒10	杨源梨溪	镇前梨溪
	第三章	第三节	306	倒10	尹地老	尹弟老
	第三章	第四节	307	15	郑隆顺	郑隆盛
卷十四 粮油贸易	第二章	第一节	334	倒10	妈祖庙	天堂寺
	第二章	第三节	338	5	副制品	复制品
	第三章	第二节	340	倒3	经准审批	经核准审批
卷十五 工商行政	第一章	第三节	346	倒11、倒8	十进值	十进制
	第五章	第二节	359	倒8	帐纤维织物	中长纤维织物
卷十六 财政税务	第二章	第一节	369	倒10	桐参油、每担2元	桐参油、每担2万元
	第二章	第二节	374	倒8	同等地土地	同等土地
	第三章	第二节	387	17	年均支出759.11万元	年均支出75.91万元
卷十八 城乡建设	第五章	第三节	445	2	漫延	蔓延
卷十九 政党	第一章	第五节	461	8	压到	压倒
卷二十 政权政协	第二章	第三节	490	15	詹紫监	詹紫鑑
卷二十三 群团	第四章	第一节	564	15	年未	年末
卷二十四 劳动人事	第二章	第三节	578	25	县政	县政府

续表

卷	章	节	页	行	误	正
卷二十五民政	第一章	第四节	589	倒 6	志原兵	志愿兵
	第二章	第一节	594	6	铁山的红山	铁山的江上
	第二章	第一节	594	20	冰雹最大重达 6 公斤	冰雹最大重达 6 斤
	第二章	第一节	596	10	王大厝村	杨源王大厝村
	第三章	第二节	601	表倒 4	杉溪里	星溪里
	第四章	第三节	605	倒 2	“五老”390 名	“五老”人员 390 名
卷二十六教育	小概述		611	17	中学教师 0. 15 万人	小学教师 0. 15 万人

本志编纂始末

2005年3月，在省、市地方志编纂委员会的精心指导和帮助下，在县委、县政府的重视和支持下，政和县二轮修志工作开始运行，县方志委研究拟定了《政和县第二届修志工作实施方案》，并以政方志［2005］1号文呈报县政府。4月16日，县人民政府以政人综［2005］4号文，正式批复下发《关于同意政和县第二届修志工作实施方案的批复》。由是，政和县第二轮志书编修工作进入组织实施阶段。一是调整和充实政和县地方志编纂委员会领导机构和成员；二是精心设计篇目，根据志书体例要求，结合时代特点和县域特色，吸纳外地的经验，对篇目进行反复推敲，精心修改，数易其稿，于2005年5月形成第二轮《政和县志》篇目，并报省、市方志委审核初定；三是认真制订工作方案，明确编修工作任务，落实承编主体与责任；四是组织实施修志工作，准备有关文件和资料。经过4个多月的精心谋划，县政府于2005年8月15日召开全县第二轮修志工作会议，全面部署修志工作。五是建队伍抓培训，全县参编的108个单位、部门、乡镇均成立编纂领导小组，确定修志分管领导和专兼职修志人员，并举办全县修志人员业务培训班。六是适时进行修志督查和业务辅导，二轮修志工作有序进行。

2007年年初，县政府下发《关于第二轮〈政和县志〉特载的编写方案》；9月，县政府办公室下发《关于开展〈政和县志·人物志〉入志对象调查摸底的通知》，县方志委专门组织人员到上海、深圳等地考察、调研，收集资料。广泛收集政和籍在外副处、副高以上人员情况和入志人员资料。共收集到政和籍在外副处级以上人员110余人，副高以上人员60余人，极大地丰富了本轮志书人物篇的资料。10月，县人民政府成立第二届《政和县志》总编室，顾问刘斌、杨定基、范强，主编周元火，副主编熊源泉、张正河、魏长良，编辑苏式权、魏扬霖、宋庆华、翁秀萍，县志的总纂工作也随即展开。

2009年10月，二轮县志初稿基本完成。县方志委及时组织人员对总纂稿进行内部初审评，采取交叉互审方式，对志稿进行文字提炼、篇幅压缩，并严把政治关、史实关和质量关，做到观点正确，体例完备，行文严谨朴实，简洁流畅。

2010年3月，二轮县志总纂送审稿（初稿）完成，分送省、市及各县市区专家评审。全志稿设置了38卷专业志及概述、大事记、附录等，为突出地方特色、时代特色和人文特色，增设“特载”篇，以及“茶业”专篇等。全书共计140余万字，上限为1989年，下限为2005年。

2010年8月5—7日，召开第二届《政和县志》评稿会，时任省方志委主任罗健亲临指导并作重要讲话，省、市方志委领导及南平市各县、市、区和宁德市、周宁县、屏南县方志委领导、专家共40多人，以及县直各部门领导、主笔等100余人，共140人参加评议会。与会的领导和专家对志稿中存在的问题和不足提出了许多宝贵意见和建议。会后，方志委同志召开多次会议进行认真逐条梳理，并结合实际，制定详细、操作性强的修改方案，用两年多的时间对志稿作进一步修改、补充、完善。在此基础上，全体编纂人员进行理性的分工，采取交叉、交换、重复的方式审改志稿，对志稿再次进行系统、全面的检查和回头看，查找问题和不足，并有针对性地予以解决和消化。最终确定《政和县志》送审稿，全志稿设33卷及概述、大事记，共计110万字。比初稿减少了5卷，精减文字近30万字。2013年4月，志稿上报南平市方志委审核。同年10月底，市方志委完成志稿审核，及时反馈审稿意见和建议，县方志委立即落实市方志委审稿组提出的修改意见和建议。2015年5月，南平市方志委审核批准《政和县志》印刷出版。

本志书得以顺利编纂出版，与各级领导的关心和支持分不开。在县志编纂过程中，先后经历了三届县政府领导班子调整，历届均由县长主管，副县长分管，先后兼任县地方志编纂委员会主任和副主任。黄健平、陈宗荣任县长期间，亲自过问修志工作，协调修志工作人员和修志班子，确保修志工作经费；黄爱华县长关心支持修志工作，在县财政困难的情况下，增加修志工作经费，关心修志工作者，聘请修志人员，加强修志力量，并亲自为本志作序；县政协主席郑满生和历任分管副县长葛灼瑞、鲁伟群、蔡剑心、涂目弟、魏年锋均为修志工作亲力亲为，协调修志工作，督促落实修志任务，解决修志过程中的困难，等等，为县志编纂工作打下坚实基础。

本志书在编纂过程中，得到省、市地方志编纂委员会的关心和指导，时任省方志委副主任方清、县市志辅导处处长林浩、市方志委主任卓建武等领导专家亲临大会指导，为培训班授课，并亲自指导篇目设计和志稿编写。时任省方志委主任罗健、副巡视员林浩参加《政和县志》评稿会，并做重要讲话。南平市方志委主任卓建武、陈星扬，副主任刘积卫、占文华等同志经常亲临政和指导解决修志中的问题和困难，修改志稿，提出许多宝贵的意见和建议。在编纂过程中，得到县直各单位和各乡（镇、街道）领导的大力支持，解决修志工作中的人力、物力、财力等问题，全县参与县志资料收集和编写工作的达120余人。同时，还得到上海政和商会（县政府驻沪办）、广东政和商会（深圳）及其他各地政和籍企业家们和县内部分企业和企业家也大力支持，在此，表示衷心的感谢！

政和县地方志编纂委员会及总编室人员，团结一致，专兼职修志人员齐心协力，辛勤劳作，默默耕耘，克服了人员少、经费缺、资料缺等种种困难，为编纂二轮《政和县志》作出不懈努力。尤其是方志委聘用的退休人员熊源泉、张正河两位老同志，不顾年事高，勇挑重担，精心探究，严谨治史，勤耕志苑，奉献余热。编修二轮县志，任务重，要求高，时间紧，县方志委采取总揽全局，分工负责制。周元火主编负责编写：概述、人口志、财政税务志、政协志，修改水利志、民政老区扶贫志及全志书总纂工作。熊源泉副主编负责编写：政区志、体制改革志、商贸志、文化体育志、旅游志、宗教民俗志、人物志以及修改城乡建设志、社会团体志、医药卫生志。张正河副主编负责编写：大事记、自然地理志、土地管理环境保护志、地方人民代表大会志、地方人民政府志、农业志、林业志、茶业志、工业乡镇企业志、对外经济与贸易志、交通邮电志。魏长良副主编负责编写（评议稿）：城乡建设志、医药卫生志、水利水电志、经济管理志（其中的计划、统计部分）翁秀萍负责编写：金融志、经济管理志（其中的物价、审计部分），修改教育志、科技志。宋庆华负责编写（评议稿）：教育志、科技志。苏式权负责编写：中国共产党地方组织志、军事志、政法志、人事劳动志、经济管理志（其中的工商、质监部分）。魏杨霖负责编写：财政税务志（初稿），吴海燕负责全书志稿打印。

二轮《政和县志》，全面系统地反映1989—2005年政和县自然、政治、经济、文化、社会的状况，体现出政和县的地方特色、时代特色和人文特色，是一项浩瀚的文化大工程，要做到详尽记述，实非易事，全体编纂人员本着尽心尽力尽责，不辜负县委、政府领导的重托，力求编纂出一部名志、佳志。但由于编者的水平、能力所限，难免有疏漏、差错等不尽人意之处。恳请读者批评指正，提出宝贵的意见和建议，为下轮志书编写提供可鉴资料，不胜感激。

编　者

2015年6月

2015 年政和县现任四套领导班子名单

一、中共政和县委员会

县 委 书 记　廖俊波

县委副书记　黄爱华　魏万进

县 委 常 委　王延忠　董礼义　孙德胜　王松雄　吴超林　洪少峰

高财彬（挂职）　张　华　茅　坚

二、政和县人民政府

县　　长　黄爱华

副 县 长　洪少峰　苏久勤　陈献晨（挂职）　何宋林　魏年锋

翁贤忠　缪立建（挂职）　游云飞（挂职）　李伟艺

三、政和县人大常委会

人 大 主 任　詹树强

人大副主任　薛衍忠　许绍卫　宋美荣　葛建华

四、政和县政协委员会

政 协 主 席　郑满生

政协副主席　宋金兰　刘　斌　陈林荣　黄冰琼

提供初稿或资料人员名单

（以姓氏笔画排序）

马征飞	王　灿	王　毅	方金义	叶章永	叶贵清
叶长茂	叶徐禄	叶　忠	叶淑萌	许大全	许丽萍
许云新	刘　彬	汤陈雄	张昌寨	张本进	张礼江
张本胜	张翠华	宋祖通	宋宗尧	连代满	吴开平
吴成林	吴世樟	吴　强	吴陈江	吴晋雄	吴雪映
吴富兴	吴礼贵	吴义明	吴　兰	李　静	李雪慧
李文华	陈明贵	陈英明	陈纯温	陈美华	陈金夏
陈苏弟	陈善军	陈伟东	陈秉珍	陈智海	陈建荣
陈孙斌	陈霖泉	陈守印	陈廷根	陈友芳	陈观书
陈长寿	杨武月	杨则生	余开香	余新富	余晓明
余远琳	陆　春	苏式权	邵建财	范渠森	范家宝
范云周	范世旺	范慧攀	范政明	郑林城	郑岩锭
官美珠	周永华	周国成	周　东	施华雄	赵　胜
徐清华	徐晓芳	郭富老	郭一春	徐炳书	徐　飞
黄润兴	黄冰琼	黄丽荣	黄兴富	黄信文	黄景昙
曾大龙	曾杨芳	曾良铨	程晨峰	葛文清	谢建义
谢　华	舒　海	赖传标	暨旭增	薛有捷	薛盛生
薛盛辉	魏日中	魏　彪	魏堂械	魏日绿	魏育贵
魏杨霖	魏重旺				

跋

二轮《政和县志》出版发行，可喜可贺！这是全体修志人员辛勤劳动的成果，是我县史志工作的又一大盛事。

政和县在新中国成立后的首部《政和县志》于1994年由中华书局出版发行，本轮志书是政和史上第七次修志，从2005年年初开始，历时近10年。二轮《政和县志》记载了政和县1989至2005年17年间自然、政治、经济、文化、社会等领域的发展和变化，充分体现出政和县的地方特色、时代特色和人文特色，是一部浩瀚的文化巨著。17年间，政和人民在中共政和县委、县人民政府的正确带领下，顽强拼搏，开拓进取，改革开放进一步深化，经济和社会事业取得全面发展，县地方志工作者以高度负责的事业心和历史责任感，如实地予以记载和再现。

二轮志书所载年限虽仅17年，但社会发展变化巨大，收集资料近千万字，并从中进行综合考证、认真分析、筛选和核实，再按志书体例和规范要求分卷编写，其工作量之大和任务之重可想而知，但方志委的同志们不畏艰难，勤勤恳恳，认真负责，几易其稿，于2010年完成县志总纂工作，并召开县志评稿会，邀请省、市地方志专家、学者和兄弟县（市、区）方志委专家参与评议。之后用了两年多的时间，对志稿进行修改、补充、完善，严把志稿的政治、体例、资料、史实、内容、文字、保密关；县政府成立了《政和县志》审稿组，对志稿进行认真仔细的审核，最后经南平市方志委审核验收批准《政和县志》印刷出版。

这一时期，正值政和籍大批儿女勇闯上海、深圳等地，弄潮于商海，创办了一大批市场、企业，取得了骄人的业绩，县方志委组织人员到上海、深圳等地，及县内的部分企业，实地考察、调研，深入到企业一线收集到企业家们大量的创业史料和支持家乡公益事业的感人事迹，为新县志增添了风采，丰富了内涵，突出了地方和时代特色。同时，为全面了解和摸清政和籍在外工作人士的情况，县方志委发放了大量的摸底调查表，广泛收集政和籍在外副处、副高以上人员情况和入志人员资料，共收集到政和籍在外副处级以上人员110余人，副高级以上人员60余人，极大地丰富了志书人物资料。

二轮县志在编纂过程中，县四套班子领导十分重视和关心，县委和县政府将修志工作摆上重要位置，历任县主要领导和分管领导在人员、经费、工作条件等方面予以支持，全县各部门、各单位、各乡镇密切配合，县方志委及全体修志人员齐心协力，全力以赴。志书编纂工作还得到省、市方志委领导、专家的关心、支持、指导和帮助，以及兄弟县（市、区）修志专家的指导和帮助，在此，我谨向所有重视、参与、关心、支持修志工作的领导和同志们表示衷心的感谢和诚挚的谢意！

二轮《政和县志》虽经批准印刷出版，但由于我们水平和能力所限，难免有不足之处，志书中还会存在问题和失误，敬请读者和各界人士批评指正。

政和县人民政府副县长　魏年锋

2015年6月

索　引

A

爱国卫生运动 ……………………………… (680)
安全保卫 ……………………………… (232)
安全管理 ……………………………… (529)
安全监理 ……………………………… (334)
安置 ……………………………… (301)
安置帮教 ……………………………… (252)
案件执行 ……………………………… (248)

B

“八五”计划（1991—1995 年）编制与执行情况 ……………………………… (543)
跋 ……………………………… (771)
班子建设 ……………………………… (150)
办学体制改革 ……………………………… (619)
办证与年检 ……………………………… (111)
包件 ……………………………… (533)
雹灾 ……………………………… (72)
保费与理赔 ……………………………… (497)
保教 ……………………………… (593)
保险 ……………………………… (496)
保险管理 ……………………………… (504)
保育 ……………………………… (593)
报刊编发 ……………………………… (647)
报刊发行 ……………………………… (534)
本志编纂始末 ……………………………… (767)
编辑 ……………………………… (647)
编制 ……………………………… (285)
标准化管理 ……………………………… (560)
殡葬管理 ……………………………… (313)
兵役 ……………………………… (256)
兵员登记 ……………………………… (256)
兵员征集 ……………………………… (256)
病虫测报 ……………………………… (330)
病虫防治 ……………………………… (378)
病虫害防治 ……………………………… (365)
病虫害种类 ……………………………… (330)
补助 ……………………………… (300)
捕捞 ……………………………… (342)
布点结构调整 ……………………………… (620)
部分工商业企业简介 ……………………………… (221)
部分企业 ……………………………… (398)
部分企业 ……………………………… (399)
部分企业 ……………………………… (401)
部门志编纂 ……………………………… (651)

C

财务管理 ……………………………… (457)
财务会计 ……………………………… (343)
财政 ……………………………… (464)
财政管理 ……………………………… (477)
财政监督检查 ……………………………… (480)
财政金融审计 ……………………………… (568)
财政决算审计 ……………………………… (568)
财政收入 ……………………………… (464)
财政体制 ……………………………… (468)
财政体制改革 ……………………………… (270)
财政预算管理 ……………………………… (477)
财政预算执行审计 ……………………………… (568)
财政支出 ……………………………… (466)
采伐 ……………………………… (368)
采伐与集运 ……………………………… (368)
采摘 ……………………………… (379)
采摘加工 ……………………………… (379)
采种育苗 ……………………………… (358)
参加各级竞赛 ……………………………… (655)
餐饮业 ……………………………… (436)
残疾人联合会 ……………………………… (224)
茶苗繁育 ……………………………… (378)
茶树栽培 ……………………………… (375)

茶树种植 …………………………（378）
茶文化 …………………………（386）
茶叶销售 …………………………（384）
茶园 …………………………（375）
茶园分布 …………………………（375）
茶园管理 …………………………（378）
茶园建设 …………………………（376）
茶政管理 …………………………（386）
茶之传说 …………………………（387）
茶之风俗 …………………………（388）
茶之歌谣 …………………………（389）
茶之吟咏 …………………………（388）
拆迁补偿 …………………………（132）
常规统计 …………………………（546）
常绿水果 …………………………（323）
常委会会议 …………………………（172）
常委会主要工作 …………………………（173）
常委会组成 …………………………（171）
常务会议 …………………………（185）
常务委员会会议 …………………………（200）
常务委员会组成 …………………………（199）
车辆市场管理 …………………………（551）
成果管理 …………………………（582）
成果管理与专利 …………………………（582）
成林抚育 …………………………（361）
成人教育 …………………………（605）
承办市级竞赛 …………………………（658）
承保　险种 …………………………（496）
诚信建设 …………………………（556）
城区防洪堤 …………………………（417）
城区供水工程 …………………………（413）
城区规划 …………………………（122）
城区集市 …………………………（435）
城区配电 …………………………（424）
城区邮路 …………………………（531）
城市供水 …………………………（125）
城乡规划 …………………………（122）
城乡规划与管理 …………………………（122）
城乡居民最低生活保障 …………………………（304）
城乡人口分布 …………………………（80）
城镇企业职工基本养老保险 …………………………（292）
城镇职工基本医疗保险 …………………………（294）
澄源乡 …………………………（44）
宠物 …………………………（337）
抽样调查 …………………………（547）
出口贸易 …………………………（508）
出口退税管理 …………………………（483）
出入境管理 …………………………（234）
出售公有住房和集资建房 …………………………（275）
出外旅游 …………………………（669）
传染病防治 …………………………（681）
传统节日 …………………………（704）
创建爱婴医院 …………………………（689）
创建文明窗口 …………………………（163）
创建文明村镇 …………………………（163）
创建文明片区 …………………………（163）
创建文明县城 …………………………（162）
村、居委会变更 …………………………（18）
村办企业 …………………………（404）
村财管理 …………………………（343）
村财清查 …………………………（343）
村财审计 …………………………（343）
村村通工程 …………………………（644）
村级供水工程 …………………………（414）
村级医疗单位 …………………………（676）
村民委员会 …………………………（18）
村民委员会建设 …………………………（306）
存款 …………………………（487）

D

大事记 …………………………（6）
代表产生 …………………………（167）
代表大会 …………………………（206）
代表大会 …………………………（208）
代表大会 …………………………（210）
代表大会 …………………………（212）
代表大会 …………………………（222）
代表大会 …………………………（224）
代表大会 …………………………（225）
代表构成 …………………………（168）
代表联系 …………………………（176）
代码、标识证管理 …………………………（560）
待遇 …………………………（611）
贷款 …………………………（489）
单位存款 …………………………（488）

淡水鳗…………………………………（341）
淡水鱼…………………………………（339）
党风党纪教育…………………………（145）
党史……………………………………（652）
党史编著………………………………（652）
党史宣传………………………………（652）
党外人士工作…………………………（159）
党校工作………………………………（165）
党员……………………………………（148）
党员代表大会…………………………（140）
党员代表大会…………………………（141）
党员代表的产生………………………（140）
党员发展………………………………（148）
党员教育………………………………（149）
党政机构改革…………………………（265）
档案……………………………………（638）
档案利用………………………………（640）
档案设施………………………………（640）
档案收藏………………………………（638）
档案执法检查…………………………（660）
道教……………………………………（699）
道路建设………………………………（123）
德育……………………………………（597）
德育……………………………………（603）
地表水资源 ……………………………（66）
地方病防治……………………………（684）
地方政权组织与选举制度改革………（264）
地方志…………………………………（649）
地方志　党史　文史………………（649）
地籍档案………………………………（100）
地籍管理 ………………………………（98）
地貌 ……………………………………（48）
地名管理………………………………（312）
地情编纂………………………………（650）
地税……………………………………（473）
地税税种、税率………………………（471）
地下水资源 ……………………………（67）
地震观测点……………………………（590）
地震监测………………………………（590）
地震科普宣传…………………………（590）
地震应急………………………………（591）
地质 ……………………………………（46）
地质　地貌 ……………………………（46）
地质矿产勘察及服务…………………（580）
地质灾害 ………………………………（73）
第六届委员会会议……………………（198）
第七届委员会会议……………………（198）
第三届委员会（1989 年）会议 ………（197）
第十二届人民代表大会………………（169）
第十二届县人民政府…………………（189）
第十届人民代表大会…………………（169）
第十届县人民政府……………………（188）
第十三届人民代表大会………………（170）
第十三届县人民政府…………………（190）
第十四届人民代表大会………………（170）
第十四届县人民政府…………………（192）
第十一届人民代表大会………………（169）
第十一届县人民政府…………………（189）
第四届委员会会议……………………（197）
第五届委员会会议……………………（197）
电价……………………………………（426）
电力……………………………………（422）
电视……………………………………（642）
电信……………………………………（536）
电影……………………………………（644）
调查与视察……………………………（177）
调研……………………………………（202）
调研视察………………………………（202）
东平镇 …………………………………（30）
动产抵押登记管理……………………（555）
动员与登记……………………………（256）
冻害 ……………………………………（73）
洞宫山景区建设开发…………………（666）
洞宫山旅游文化节……………………（668）
洞宫山省级风景名胜区………………（661）
豆类……………………………………（322）
队伍……………………………………（607）
队伍建设………………………………（343）
对台工作………………………………（160）
对外宣传………………………………（158）

E

儿科……………………………………（690）
儿童保健………………………………（688）
儿童系统管理…………………………（688）

2003 年政和县 289 个姓氏 …………………… (88)
2005 年年底政和县百岁老人 ……………… (86)
2015 年政和县现任四套领导班子名单 … (769)

F

法纪检察 …………………………………… (242)
法警工作 …………………………………… (248)
法律服务 …………………………………… (251)
法律监督与工作监督 ……………………… (174)
繁育 ………………………………………… (336)
反假币 ……………………………………… (502)
反贪污贿赂 ………………………………… (240)
反贪污贿赂与预防犯罪 …………………… (240)
反映社情民意 ……………………………… (201)
防洪工程 …………………………………… (417)
防火设施 …………………………………… (364)
防讯抗旱 ………………………………… (420)
防汛 ………………………………………… (420)
防汛建设 …………………………………… (420)
防震减灾 ………………………………… (590)
防治 ………………………………………… (339)
防治技术 …………………………………… (331)
房地产 …………………………………… (131)
房地产管理 ………………………………… (133)
房地产交易 ………………………………… (133)
房地产开发 ………………………………… (132)
房地产市场管理 …………………………… (551)
放射卫生监督 ……………………………… (679)
非公经济人士工作 ………………………… (159)
非公有制经济党组织建设 ………………… (150)
非金属矿采选业 …………………………… (399)
非商品收费管理 …………………………… (566)
肥料种类 …………………………………… (330)
废气与粉尘污染治理 ……………………… (118)
废水污染治理 ……………………………… (118)
废渣污染治理 ……………………………… (119)
分等定级 …………………………………… (99)
风灾 ………………………………………… (73)
封山育林 …………………………………… (362)
凤林护国寺及朱森墓 ……………………… (665)
佛教 ………………………………………… (696)
佛子山风景名胜区 ………………………… (661)
佛子山景区建设开发 ……………………… (667)
扶贫成果 …………………………………… (311)
扶贫措施 …………………………………… (310)
扶贫扶建 ………………………………… (309)
扶贫工作 …………………………………… (310)
扶贫助残 …………………………………… (225)
服务业 ……………………………………… (437)
福建仁和医药有限公司 …………………… (673)
福建省人大代表名录 ……………………… (168)
福利 ………………………………………… (284)
福利彩票 …………………………………… (305)
福利企业 …………………………………… (305)
福利事业 …………………………………… (304)
抚恤 ………………………………………… (299)
妇产科 ……………………………………… (690)
妇科 ………………………………………… (691)
妇女保健 …………………………………… (686)
妇女团体 ………………………………… (210)
复员退伍军人安置 ………………………… (301)

G

改土施肥 …………………………………… (330)
概述 ……………………………………… (1)
干部管理 …………………………………… (150)
干部管理 …………………………………… (277)
干部管理改革 ……………………………… (266)
干部监督 …………………………………… (154)
干部交流 …………………………………… (153)
干部考核 …………………………………… (154)
干部培训 …………………………………… (155)
干部人事制度改革 ………………………… (265)
干部选拔任免 ……………………………… (152)
甘薯、马铃薯 ……………………………… (329)
甘薯 ………………………………………… (321)
肛、肠科 …………………………………… (691)
港澳台商投资企业 ………………………… (394)
个人储蓄 …………………………………… (487)
个私企业、工商户登记管理 ……………… (552)
各流域防洪堤 ……………………………… (419)
耕地 ………………………………………… (315)
耕作 ………………………………………… (378)
耕作制度 …………………………………… (328)

工程管理…………………………（430）
工人团体…………………………（206）
工伤事故认定…………………………（291）
工商行政管理…………………………（549）
工商业贷款…………………………（491）
工业…………………………（392）
工业标准化管理…………………………（560）
工业品…………………………（440）
工业品价格…………………………（562）
工业企业…………………………（406）
工业企业管理…………………………（408）
工业体制改革…………………………（270）
工资…………………………（283）
工资和福利…………………………（283）
工作机构…………………………（139）
工作机构…………………………（172）
工作机构…………………………（183）
公安…………………………（231）
公费医疗体制改革…………………………（276）
公共厕所…………………………（127）
公共场所卫生…………………………（678）
公共交通…………………………（124）
公共设施…………………………（128）
公共卫生…………………………（676）
公共信息网络监管…………………………（234）
公路养护…………………………（525）
公用设施…………………………（123）
公用事业…………………………（124）
公有住房租金改革…………………………（275）
公证事务…………………………（251）
供销合作…………………………（439）
宫观…………………………（699）
共产主义青年团…………………………（208）
古代人物（补遗）…………………………（721）
古迹、遗址…………………………（633）
古廊桥…………………………（663）
古树名木…………………………（348）
股份合作企业…………………………（394）
股份合作企业…………………………（405）
股份有限公司…………………………（394）
骨伤科…………………………（691）
固定资产投资…………………………（544）
固定资产投资审计…………………………（570）
挂靠单位…………………………（374）
馆藏文物…………………………（632）
管理…………………………（312）
管理…………………………（370）
管理…………………………（408）
管理…………………………（429）
管理…………………………（477）
管理…………………………（499）
管理…………………………（581）
管理…………………………（659）
管理…………………………（409）
管理…………………………（410）
管理…………………………（456）
管理…………………………（524）
管理…………………………（95）
管理机构…………………………（385）
管理机构…………………………（456）
管理机构…………………………（477）
管理机构…………………………（481）
管理机构…………………………（561）
管理机构…………………………（671）
管理机构…………………………（692）
管理体制…………………………（549）
管理与茶文化…………………………（385）
管理与督导…………………………（612）
广播…………………………（641）
广播电视…………………………（641）
广播电视　影像…………………………（641）
广告管理…………………………（555）
归国华侨联合会…………………………（225）
规费征管…………………………（527）
规划管理…………………………（123）
规划目标…………………………（102）
国防动员委员会…………………………（254）
国防动员与人民防空…………………………（259）
国防教育…………………………（259）
国税…………………………（472）
国税税种、税率…………………………（470）
国营生产单位…………………………（344）
国有、集体及联营企业登记管理…………………………（554）
国有科研机构…………………………（572）
国有林业企业改制…………………………（357）
国有流通企业改革…………………………（272）

国有企业……………………………………（392）
国有商业管理………………………………（436）
国有资产管理………………………………（479）
国债…………………………………………（495）
果树…………………………………………（329）

H

海外华侨及港澳同胞联谊…………………（161）
函件…………………………………………（532）
函授教育……………………………………（166）
函授教育……………………………………（222）
旱灾 …………………………………………（72）
河蟹…………………………………………（340）
横向联谊……………………………………（205）
红色旅游基地………………………………（665）
宏观调控体制改革…………………………（270）
洪水与防汛救灾……………………………（420）
后备干部队伍建设…………………………（151）
户政管理……………………………………（233）
护理…………………………………………（692）
花生…………………………………………（322）
化工建材……………………………………（458）
化学工业……………………………………（400）
环境保护……………………………………（112）
环境管理……………………………………（120）
环境规划……………………………………（113）
环境规划与监测……………………………（113）
环境监测……………………………………（113）
环境科研……………………………………（121）
环境卫生……………………………………（127）
环境卫生管理………………………………（127）
环境卫生监督………………………………（679）
环境污染治理………………………………（118）
环境执法……………………………………（120）
环境质量……………………………………（112）
环境状况……………………………………（112）
环卫设施……………………………………（127）
汇兑…………………………………………（534）
荟华家电有限公司…………………………（434）
婚嫁…………………………………………（707）
婚检…………………………………………（689）
婚姻登记……………………………………（306）
婚姻与家庭 ………………………………… （80）
婚姻状况 ……………………………………（80）
货币发行与流通……………………………（485）
货物运输……………………………………（523）

J

机电设备……………………………………（458）
机构…………………………………………（134）
机构 …………………………………………（541）
机构、团体…………………………………（632）
机构…………………………………………（112）
机构…………………………………………（120）
机构…………………………………………（144）
机构…………………………………………（161）
机构…………………………………………（162）
机构…………………………………………（228）
机构…………………………………………（231）
机构…………………………………………（237）
机构…………………………………………（244）
机构…………………………………………（249）
机构…………………………………………（254）
机构…………………………………………（277）
机构…………………………………………（285）
机构…………………………………………（288）
机构…………………………………………（313）
机构…………………………………………（344）
机构…………………………………………（373）
机构…………………………………………（408）
机构…………………………………………（409）
机构…………………………………………（429）
机构…………………………………………（441）
机构…………………………………………（459）
机构…………………………………………（461）
机构…………………………………………（499）
机构…………………………………………（504）
机构…………………………………………（524）
机构…………………………………………（530）
机构…………………………………………（536）
机构…………………………………………（540）
机构…………………………………………（542）
机构…………………………………………（549）
机构…………………………………………（558）

机构 …………………………………… (568)
机构 …………………………………… (612)
机构 …………………………………… (632)
机构 …………………………………… (659)
机构 …………………………………… (95)
机构变动 …………………………………… (286)
机构设置 …………………………………… (285)
机构设置管理 …………………………………… (285)
机构与“三农”服务平台建设 ………… (441)
机构与队伍 …………………………………… (572)
机构与体制 …………………………………… (549)
机关事业单位社会保险 ……………………… (273)
机关事业单位社会保险 ……………………… (293)
机关效能建设 …………………………………… (147)
机械变动 …………………………………… (78)
机械制造业 …………………………………… (397)
机要通信 …………………………………… (535)
基本建设贷款 …………………………………… (492)
基本农田保护 …………………………………… (105)
基本条件 …………………………………… (315)
基本养老制度改革 …………………………… (273)
基层残联 …………………………………… (224)
基层妇联 …………………………………… (210)
基层工会 …………………………………… (206)
基层纪律监察 …………………………………… (145)
基层武装部 …………………………………… (255)
基层自治组织建设 …………………………… (306)
基层组织 …………………………………… (212)
基层组织建设 …………………………………… (149)
基地建设 …………………………………… (359)
基督教 …………………………………… (700)
基金资金管理 …………………………………… (479)
疾病防治 …………………………………… (681)
疾病预防与控制 …………………………… (681)
集贸市场管理 …………………………………… (550)
集市贸易 …………………………………… (435)
集体林经营改制 …………………………… (357)
集体企业 …………………………………… (392)
集邮 …………………………………… (535)
集运 …………………………………… (369)
集镇建设 …………………………………… (128)
计划编制与执行 …………………………… (542)
计划管理 …………………………………… (542)
计划免疫 …………………………………… (685)
计划生育 …………………………………… (92)
计量监督与认证 …………………………… (559)
计生宣传 …………………………………… (93)
纪检监察 …………………………………… (144)
纪检监察 …………………………………… (244)
纪念币发行 …………………………………… (485)
技能培训 …………………………………… (692)
技术服务 …………………………………… (94)
技术管理 …………………………………… (325)
加工 …………………………………… (338)
加工 …………………………………… (370)
加工 …………………………………… (379)
家禽 …………………………………… (336)
家庭结构 …………………………………… (81)
家畜 …………………………………… (334)
价格管理 …………………………………… (562)
价格检查与监督 …………………………… (566)
价格听证会 …………………………………… (567)
监所管理 …………………………………… (234)
监所检察 …………………………………… (242)
减免税管理 …………………………………… (483)
检查监督 …………………………………… (556)
检察 …………………………………… (237)
建材业 …………………………………… (396)
建立法官制度 …………………………………… (264)
建立和完善职工失业保险制度 …………… (274)
建立检察官改革 …………………………… (264)
建立现代企业制度及股份制改革 ………… (270)
建立住房公积金制度 ……………………… (275)
建设用地管理 …………………………………… (108)
建置 …………………………………… (17)
建筑管理 …………………………………… (130)
建筑企业 …………………………………… (407)
建筑业 …………………………………… (129)
健康教育 …………………………………… (680)
健全行政诉讼制度 …………………………… (264)
鉴证仲裁 …………………………………… (556)
奖山风景区 …………………………………… (662)
奖山景区建设开发 …………………………… (667)
交通 …………………………………… (513)
交通 …………………………………… (670)
交通管理 …………………………………… (234)

交通邮电价格……………………………… (565)
交通运输业……………………………… (407)
教材……………………………………… (596)
教师……………………………………… (607)
教堂……………………………………… (700)
教学　教材……………………………… (593)
教学管理………………………………… (613)
教学教研　……………………………… (596)
教学教研………………………………… (601)
教研……………………………………… (596)
教研……………………………………… (602)
教育督导………………………………… (618)
教育改革………………………………… (619)
教育管理………………………………… (612)
教育管理体制改革……………………… (619)
教育教学改革…………………………… (620)
教育结构改革…………………………… (621)
教育经费………………………………… (615)
节水工程………………………………… (413)
结构调整………………………………… (318)
结算……………………………………… (495)
金、银首饰加工业……………………… (503)
金融……………………………………… (485)
金融管理………………………………… (499)
金融监管………………………………… (503)
金融审计………………………………… (568)
金融体制改革…………………………… (272)
金银管理………………………………… (503)
金属材料………………………………… (457)
金属矿采选业…………………………… (398)
锦屏风景区……………………………… (662)
锦屏古矿冶遗址………………………… (664)
锦屏景区建设开发……………………… (667)
进出口贸易……………………………… (508)
进口贸易………………………………… (509)
经费管理………………………………… (589)
经费管理………………………………… (617)
经费管理………………………………… (694)
经费来源………………………………… (615)
经纪人市场管理………………………… (551)
经济合同管理…………………………… (556)
经济技术协作…………………………… (510)
经济检查………………………………… (556)
经济建设………………………………… (142)
经济审判………………………………… (245)
经济生产风俗…………………………… (701)
经济体制改革…………………………… (267)
经济责任审计…………………………… (570)
经济侦查………………………………… (232)
经销……………………………………… (369)
经营……………………………………… (672)
经营管理………………………………… (343)
经营体制………………………………… (386)
经营网点………………………………… (447)
精神文明建设…………………………… (162)
景区规划………………………………… (665)
景区规划与开发………………………… (665)
景区建设与开发………………………… (666)
竞技体育………………………………… (655)
境外及港澳台游客……………………… (669)
境域　…………………………………… (18)
纠纷调处与信访………………………… (110)
纠正部门和行业不正之风……………… (146)
“九五”计划（1996—2000 年）编制与执行
　情况…………………………………… (543)
旧城改造………………………………… (131)
“旧改”新建工程　…………………… (132)
救济……………………………………… (302)
救灾……………………………………… (302)
救灾救济………………………………… (302)
就业安置………………………………… (224)
就业安置与管理………………………… (289)
居民委员会　…………………………… (19)
居民委员会建设………………………… (306)
卷烟销售………………………………… (460)
军地两用人才开发使用………………… (301)
军民文明共建…………………………… (164)

K

勘测与开发……………………………… (110)
勘察设计………………………………… (129)
勘界……………………………………… (307)
康复服务………………………………… (224)
抗旱……………………………………… (421)
烤烟收购………………………………… (459)

科技达标……………………………………（578）
科技队伍……………………………………（574）
科技服务……………………………………（579）
科技培训……………………………………（576）
科技示范……………………………………（577）
科技示范企业………………………………（577）
科技示范乡（镇）、村、户建设 …………（577）
科技特派员…………………………………（579）
科技推广……………………………………（576）
科技下乡……………………………………（577）
科技宣传……………………………………（575）
科技咨询服务………………………………（581）
科普教育……………………………………（222）
科普宣传……………………………………（575）
科学技术协会……………………………（221）
科研活动……………………………………（575）
科研机构……………………………………（572）
课程…………………………………………（596）
课题与教研…………………………………（594）
控告申诉检察………………………………（243）
矿产资源 ……………………………………（68）
矿产资源管理………………………………（110）
矿业秩序整顿………………………………（111）

L

垃圾处理……………………………………（127）
来信来访……………………………………（161）
劳动关系管理………………………………（292）
劳动管理……………………………………（291）
劳动和社会保障…………………………（288）
劳动监察……………………………………（291）
劳动监察与仲裁……………………………（291）
劳动就业与再就业…………………………（289）
劳动争议仲裁………………………………（291）
劳力…………………………………………（315）
劳务输出……………………………………（512）
老干部工作…………………………………（155）
老年人体育…………………………………（653）
老区分布与状况……………………………（309）
老区扶建……………………………………（309）
老区工作……………………………………（309）
礼仪风俗……………………………………（707）
理发及美容业………………………………（438）
理论学习教育………………………………（156）
鲤鱼溪………………………………………（664）
利用外界资金………………………………（506）
联通…………………………………………（541）
联谊工作……………………………………（205）
联营企业……………………………………（394）
良种基地……………………………………（358）
粮仓、油罐…………………………………（454）
粮食储藏……………………………………（455）
粮食价格……………………………………（448）
粮食市场管理………………………………（550）
粮食收购……………………………………（444）
粮食收购贷款………………………………（493）
粮食收购价格………………………………（448）
粮食销售……………………………………（447）
粮食销售价格………………………………（450）
粮食作物……………………………………（320）
粮油储运……………………………………（454）
粮油调运……………………………………（456）
粮油购销……………………………………（444）
粮油经营……………………………………（444）
林副产品……………………………………（355）
林木抚育……………………………………（361）
林木种类……………………………………（348）
林业检察……………………………………（241）
林业审判……………………………………（246）
林业体制改革……………………………（357）
林政管理……………………………………（370）
林纸工程……………………………………（361）
岭腰乡 ………………………………………（38）
零售业………………………………………（434）
领导干部廉洁自律…………………………（146）
领导机构……………………………………（136）
领导机构……………………………………（180）
流动人口计划生育管理 ……………………（96）
流通体制改革………………………………（272）
录像…………………………………………（645）
路政管理……………………………………（526）
旅馆业………………………………………（437）
旅客运输……………………………………（522）
旅行社………………………………………（670）
旅游服务……………………………………（670）

旅游服务与管理 …………………………… (670)
旅游管理 …………………………………… (671)
旅游商品 …………………………………… (670)
旅游文化节 ………………………………… (668)
旅游行业管理 ……………………………… (671)
旅游宣传 ………………………………… (667)
旅游业务 ………………………………… (669)
旅游资源 ………………………………… (661)
旅游资源保护 ……………………………… (671)
律师事务 …………………………………… (251)
绿化 ………………………………………… (126)
落叶水果 …………………………………… (323)

M

麻醉科 ……………………………………… (690)
马铃薯 ……………………………………… (321)
门类 ………………………………………… (396)
面积 ………………………………………… (346)
面积与分布 ………………………………… (354)
面积与蓄积 ………………………………… (346)
苗木培育 …………………………………… (358)
民兵 ……………………………………… (257)
民兵登记与组织整顿 ……………………… (257)
民兵军事训练 ……………………………… (258)
民兵政治教育 ……………………………… (257)
民间禁忌 …………………………………… (709)
民间文艺及节庆活动 ……………………… (628)
民间信仰 …………………………………… (708)
民间信仰与禁忌 …………………………… (708)
民事审判 …………………………………… (245)
民事行政检察 ……………………………… (241)
民俗 ……………………………………… (701)
民营科技企业 ……………………………… (573)
民营科研机构 ……………………………… (573)
民政 ……………………………………… (298)
民主监督 …………………………………… (201)
民主政治与民主法制建设 ………………… (263)
民族构成 …………………………………… (87)
名优特产品 ………………………………… (403)
魔芋 ………………………………………… (327)
茉莉花 ……………………………………… (355)
木材采伐管理 ……………………………… (370)
木材产销 ………………………………… (368)
木材加工管理 ……………………………… (371)
木材经营改制 ……………………………… (357)
木材运输管理 ……………………………… (370)
沐浴业 ……………………………………… (438)
牧草 ………………………………………… (338)
牧草与饲料 ………………………………… (338)

N

内科 ………………………………………… (690)
内科 ………………………………………… (691)
内销 ………………………………………… (384)
南平市人大代表名录 ……………………… (168)
年龄构成 …………………………………… (83)
牛 …………………………………………… (334)
农产品价格 ………………………………… (564)
农村产业结构 ……………………………… (318)
农村初级电气化建设 ……………………… (427)
农村初级卫生保健 ………………………… (689)
农村党组织建设 …………………………… (149)
农村公路 …………………………………… (514)
农村经济体制改革 ………………………… (267)
农村劳动力转移就业 ……………………… (289)
农村能源开发 ……………………………… (578)
农村配电 …………………………………… (425)
农村扫盲 …………………………………… (605)
农村社会化服务体系与建设 ……………… (268)
农村社会养老保险 ………………………… (274)
农村社会养老保险 ………………………… (293)
农村生产风俗 ……………………………… (701)
农村税费和金融体制改革 ………………… (269)
农村投递线路 ……………………………… (532)
农村运输 …………………………………… (333)
农副产品购销 ……………………………… (441)
农副产品加工 ……………………………… (332)
农副食品加工业 …………………………… (399)
农工安置 …………………………………… (301)
农机推广 …………………………………… (332)
农技服务 …………………………………… (579)
农民技术员 ………………………………… (579)
农田基建 …………………………………… (317)
农田作业 …………………………………… (332)

农业标准化管理……（560）
农业贷款……（489）
农业管理……（343）
农业机械……（332）
农业机械管理总站……（344）
农业技术……（328）
农业结构……（319）
农业局……（344）
农业科技管理……（590）
农业利用外资办公室……（344）
农业企业……（406）
农业区划……（317）
农业审计……（569）
农业生产资料经营……（439）
农业四税……（472）
农业执法……（343）

P

拍卖监督……（556）
排污建设……（124）
培训……（611）
培训基地简介……（611）
培训教育……（165）
培训与维修……（333）
培养推荐女干部……（211）
配电……（424）
批发业……（431）
票证管理……（456）
贫困地区分布与状况……（310）
品种……（336）
品种……（377）
品种改良与推广……（329）
品种与蟹苗……（340）
品种与鱼苗……（339）
品种与栽培……（377）
普查……（546）
普查普治……（686）
普法……（249）
普通民兵训练……（258）

Q

“七五”计划（1986—1990年）编制与执行情况……（542）
七星塔和乾清坤宁塔……（664）
其他……（119）
其他……（220）
其他……（327）
其他……（333）
其他……（337）
其他……（706）
其他党务工作……（165）
其他服务业……（438）
其他各费收入……（476）
其他规划……（666）
其他机构……（140）
其他景区……（662）
其他民政事务……（306）
其他社团组织……（226）
其他审计事务……（570）
其他水果……（325）
其他物质……（459）
其他游客……（669）
其他制造业……（402）
其他重要会议……（188）
企业财政管理……（478）
企业产品质量监督……（558）
企业单位……（135）
企业结构……（404）
企业经营机制改革……（270）
企业门类……（406）
企业审计……（569）
企业用工管理……（291）
企业与个私经济登记……（552）
企业职工工伤保险……（294）
企业职工生育保险……（294）
企业职工失业保险……（293）
气候……（51）
气候要素……（52）
气象服务……（580）
气象灾害……（69）
抢险救灾……（261）

桥梁 渡口…………………………………（519）
桥梁建设…………………………………（124）
青少年科技普及…………………………（575）
青少年团体…………………………………（208）
区域经济协作……………………………（510）
权属变更与纠纷调解……………………（372）
群众体育…………………………………（653）
群众体育活动……………………………（653）
群众文化机构、团体及人才培养………（632）

R

燃料经营…………………………………（462）
燃气经营…………………………………（126）
人才调配…………………………………（281）
人才调配与服务…………………………（281）
人才队伍建设管理改革…………………（266）
人才服务…………………………………（282）
人才培养…………………………………（655）
人大主席团主要工作……………………（179）
人工造林…………………………………（359）
人工增雨作业……………………………（421）
人口变动 …………………………………（78）
人口构成 …………………………………（82）
人口控制 …………………………………（92）
人口密度 …………………………………（79）
人口密度与分布 …………………………（79）
人口与计生目标管理 ……………………（96）
人口状况 …………………………………（78）
人民币发行………………………………（485）
人民代表…………………………………（167）
人民调解…………………………………（250）
人民防空…………………………………（260）
人事………………………………………（277）
人事档案管理……………………………（285）
人事管理…………………………………（613）
人事任免…………………………………（175）
人事制度改革……………………………（619）
人文景观…………………………………（663）
人物表……………………………………（724）
人饮水工程………………………………（413）
人员编制管理……………………………（287）
入境旅游…………………………………（669）

S

“三胞”联谊 ……………………………（205）
“三农”服务平台建设 …………………（442）
“三资”企业 ……………………………（405）
丧葬………………………………………（707）
森林保护…………………………………（364）
森林保护区………………………………（367）
森林防火…………………………………（364）
森林公安…………………………………（235）
森林火灾…………………………………（364）
森林资源…………………………………（346）
森林资源保护……………………………（371）
山苍子……………………………………（356）
山海协作示范园区………………………（510）
商标管理…………………………………（555）
商标广告管理……………………………（555）
商会团体…………………………………（212）
商贸风俗…………………………………（702）
商品经营…………………………………（431）
商业………………………………………（431）
商业服务业………………………………（407）
商住建设…………………………………（128）
少年先锋队………………………………（209）
少数民族工作……………………………（160）
畲族文化节………………………………（668）
设施………………………………………（594）
设施………………………………………（658）
设施建设…………………………………（540）
设施建设…………………………………（541）
社会保障…………………………………（292）
社会保障体制改革………………………（273）
社会福利…………………………………（304）
社会各界人士联谊………………………（205）
社会救济制度改革………………………（274）
社会宣传…………………………………（157）
社会治安重点整治………………………（229）
社交………………………………………（707）
社团与民办非企业登记…………………（309）
摄影扩印业………………………………（438）
申诉复查…………………………………（248）
审查公诉…………………………………（238）

审查立案与审判监督 …………………… (247)
审查批捕 …………………………… (238)
审计管理 ………………………… (568)
审判 ……………………………… (244)
审判监督 …………………………… (239)
生产条件 …………………………… (315)
生活风俗 …………………………… (703)
生活资料经营 ……………………… (440)
生态公益林建设 …………………… (362)
生育服务 …………………………… (94)
省（市）属驻政和机构 …………… (185)
省、市人大代表 …………………… (167)
省道 ………………………………… (513)
省国营界溪林场重大森林火灾 …… (365)
施肥 ………………………………… (378)
施肥技术 …………………………… (330)
施肥量 ……………………………… (330)
施工管理 …………………………… (129)
施政纪要 ………………………… (188)
“十五”计划（2001—2005 年）编制与执行
　情况 ……………………………… (543)
石屯镇 ……………………………… (28)
石油 ………………………………… (462)
实施“芳草计划” ………………… (622)
实施母婴平安 120 项目 …………… (688)
实行国家公务员制度 ……………… (265)
食品卫生 …………………………… (676)
食宿 ………………………………… (670)
食盐 ………………………………… (440)
食用菌 ……………………………… (327)
食用菌研究开发中心 ……………… (344)
食油购销 …………………………… (448)
市场管理 …………………………… (550)
市场建设 …………………………… (550)
市场名牌产品质量监督 …………… (559)
市场整顿 …………………………… (551)
市场秩序治理整顿 ………………… (110)
市政建设 ………………………… (123)
示范园区建设 ……………………… (578)
事业编制管理 ……………………… (287)
事业单位 …………………………… (134)
视察 ………………………………… (203)
收费管理 …………………………… (566)
收费项目清理 ……………………… (566)
收养登记 …………………………… (307)
输变电 ……………………………… (423)
蔬菜 ………………………………… (326)
蔬菜与其他园艺作物 ……………… (326)
“双学双比”与“巾帼建功”竞赛 ……… (211)
水产业 …………………………… (339)
水稻 ………………………………… (320)
水稻 ………………………………… (329)
水电站建设 ………………………… (422)
水果 ………………………………… (323)
水利工程 ………………………… (411)
水土保持 ………………………… (428)
水土流失治理 ……………………… (428)
水土流失状况 ……………………… (428)
水文 ………………………………… (59)
水系 ………………………………… (58)
水系与水文 ………………………… (58)
水灾 ………………………………… (69)
水政管理 …………………………… (429)
水资源 ……………………………… (66)
税收收入 …………………………… (472)
税收信息化建设 …………………… (484)
税收政策管理 ……………………… (481)
税务 ……………………………… (470)
税务登记管理 ……………………… (482)
税务管理 …………………………… (481)
税务稽查 …………………………… (483)
税务体制改革 ……………………… (271)
税务征收的各费 …………………… (472)
税种　税率 ………………………… (470)
司法警察 …………………………… (244)
司法行政 ………………………… (249)
私营企业 …………………………… (394)
私营企业 …………………………… (404)
四季特征 …………………………… (51)
“四无”乡（镇）建设 …………… (110)
寺庙 ………………………………… (697)
饲料 ………………………………… (338)
饲养 ………………………………… (336)
松脂 ………………………………… (356)
送温暖与再就业工程 ……………… (207)
素质教育与劳动竞赛 ……………… (207)

岁时风俗 ……（704）
笋干 ……（355）
所有制结构 ……（392）

T

特快专递 ……（535）
特色节庆 ……（706）
特殊教育 ……（597）
提案工作 ……（204）
提供初稿或资料人员名单 ……（770）
提水工程 ……（412）
体格检查 ……（256）
体育 ……（653）
体育彩票 ……（658）
体育社团组织 ……（653）
体制 ……（672）
铁山镇 ……（32）
通信 ……（536）
统计报表 ……（546）
统计管理 ……（545）
统计监督 ……（548）
统计监督与执法 ……（548）
统计信息和分析 ……（546）
统计执法 ……（548）
统战工作 ……（159）
投资环境 ……（506）
突发事故（件）抢救 ……（686）
图书 ……（636）
图书　档案 ……（636）
图书发行 ……（637）
图书馆藏与服务 ……（636）
土地承包责任制 ……（267）
土地登记 ……（98）
土地管理 ……（97）
土地开发与保护 ……（105）
土地开发整理 ……（106）
土地利用现状与规划 ……（101）
土地利用制度改革 ……（97）
土地流转与农业产业化 ……（267）
土地详查 ……（98）
土地延包 ……（344）
土地资源 ……（65）
土壤 ……（60）
土壤　植被 ……（60）
土壤改良 ……（330）
土壤养份 ……（330）
土纸 ……（356）
兔 ……（335）
退休干部管理 ……（284）

W

外汇 ……（494）
外科 ……（690）
外商投资企业 ……（395）
外屯乡 ……（40）
外销 ……（384）
完善人民代表大会制度与政治协商制度 ……（263）
网络建设 ……（686）
望浙山风景区 ……（662）
望浙山景区建设开发 ……（667）
违法违规查处 ……（109）
违法违纪案件查处 ……（146）
维护妇女儿童合法权益 ……（210）
维护社会治安 ……（261）
维护职工合法权益 ……（207）
委员学习 ……（204）
卫生保健 ……（686）
卫生管理 ……（692）
卫生应急体系建设 ……（686）
未成年人思想道德建设 ……（164）
文化 ……（622）
文化创建活动 ……（622）
文化构成 ……（86）
文化活动 ……（627）
文化活动场所 ……（630）
文化建设 ……（144）
文化经营许可审批 ……（660）
文化市场稽查和“扫黄打非” ……（660）
文化中心户及文化之家 ……（622）
文明创建活动 ……（162）
文史 ……（653）
文物 ……（632）
文物保护 ……（635）

文学艺术界联合会……………………………（222）
文艺创作……………………………………（623）
文艺创作活动………………………………（223）
文艺人才培养………………………………（632）
文艺演出及展览……………………………（627）
文字及图片推介资料………………………（668）
污染状况……………………………………（113）
“五好文明家庭”活动 ……………………（211）
“五老”服务 ………………………………（310）
武夷山旅游文化节（政和展厅） …………（668）
武装机构与驻军……………………………（254）
物价管理……………………………………（561）
物价体制改革………………………………（561）
物价总水平…………………………………（561）
物资供应……………………………………（457）
物资经营……………………………………（457）

X

西医…………………………………………（690）
县财政体制…………………………………（468）
县残疾人联合会……………………………（224）
县党史研究室………………………………（660）
县档案局（档案馆） ………………………（659）
县道…………………………………………（514）
县地方志编纂委员会………………………（659）
县妇女联合会………………………………（210）
县妇幼保健院………………………………（675）
县工商联（总商会） ………………………（212）
县公安局森林分局…………………………（374）
县关心下一代工作委员会…………………（227）
县广播电视事业局…………………………（659）
县机关效能建设领导小组办公室…………（145）
县级开发区…………………………………（512）
县级学会……………………………………（221）
县计划生育协会……………………………（226）
县纪律检查委员会…………………………（144）
县监察局……………………………………（145）
县建设局……………………………………（134）
县科学技术协会……………………………（221）
县老区扶贫办………………………………（313）
县林业局……………………………………（373）
县民政局……………………………………（313）
县人大常委会………………………………（171）
县人大代表…………………………………（167）
县人民代表大会……………………………（169）
县人民武装部………………………………（254）
县委报道组…………………………………（660）
县卫生防疫站………………………………（675）
县文化体育局………………………………（659）
县文物管理委员会…………………………（659）
县文学艺术联合会…………………………（222）
县新华书店…………………………………（659）
县新闻出版（版权）局 ……………………（659）
县医院………………………………………（673）
县移民局……………………………………（314）
县中医院……………………………………（674）
县总工会……………………………………（206）
现代节日……………………………………（705）
现当代人物传………………………………（710）
现金管理……………………………………（502）
现金投放与回笼……………………………（485）
现状…………………………………………（101）
线路…………………………………………（513）
乡（镇）办企业 ……………………………（404）
乡（镇）财政体制 …………………………（469）
乡（镇）财政支出管理 ……………………（478）
乡（镇）概况 ………………………………（26）
乡（镇）和机关党组织建设 ………………（149）
乡（镇）企业管理 …………………………（409）
乡（镇）区划变更 …………………………（18）
乡（镇）人大代表产生 ……………………（179）
乡（镇）人大主席团 ………………………（179）
乡（镇）人民代表大会 ……………………（179）
乡（镇）卫生院 ……………………………（675）
乡、村百姓知情室（栏） …………………（623）
乡村邮路……………………………………（532）
乡镇供水工程………………………………（413）
乡镇集市……………………………………（435）
乡镇科协……………………………………（221）
乡镇企业……………………………………（404）
向日葵………………………………………（323）
项目管理……………………………………（581）
项目实施与管理……………………………（544）
消防…………………………………………（235）
消费者权益保护……………………………（557）

销售……………………………………（460）
小（二）型水库　…………………………（412）
小（一）型水库　…………………………（412）
小学教育………………………………（595）
效能督查…………………………………（147）
效能服务…………………………………（147）
效能制度…………………………………（147）
协会管理…………………………………（701）
协会活动…………………………………（223）
协商议政…………………………………（201）
新村建设…………………………………（129）
新区建设…………………………………（132）
新闻　报刊……………………………（645）
新闻报道…………………………………（645）
新闻队伍…………………………………（647）
信贷资金管理……………………………（501）
信访办理…………………………………（178）
信访工作………………………………（161）
信息业务…………………………………（536）
星溪乡　……………………………………（36）
刑事检察…………………………………（238）
刑事审判…………………………………（244）
刑事侦查…………………………………（231）
行业监督…………………………………（505）
行政编制管理……………………………（287）
行政管理…………………………………（461）
行政管理…………………………………（612）
行政管理…………………………………（700）
行政机构…………………………………（572）
行政区划　………………………………（18）
行政审判…………………………………（247）
行政事业审计……………………………（569）
行政执法…………………………………（660）
姓氏构成　…………………………………（87）
幸福工程　…………………………………（95）
性别构成　…………………………………（82）
熊山镇　……………………………………（26）
修剪………………………………………（378）
畜力………………………………………（317）
畜牧水产局………………………………（344）
畜牧业…………………………………（334）
蓄积量……………………………………（347）
蓄水工程…………………………………（411）
宣传动员　…………………………………（256）
宣传工作………………………………（156）
宣传教育…………………………………（120）
选聘各类监督员…………………………（202）
学历教育…………………………………（606）
学术交流与技术培训……………………（222）
学校管理…………………………………（613）
学校简介…………………………………（607）
学校建设…………………………………（618）
学校设置…………………………………（595）
学校设置…………………………………（600）
学校体育…………………………………（658）
学校卫生监督……………………………（678）
学校选介…………………………………（603）
学制………………………………………（596）
学制　班制………………………………（593）
学制　课程　教材………………………（601）

Y

烟草……………………………………（459）
烟草………………………………………（325）
烟花爆竹…………………………………（440）
严厉打击刑事犯罪………………………（228）
沿革　………………………………………（17）
眼、耳、鼻、喉科………………………（690）
羊…………………………………………（335）
杨源西门和澄源前村、坑里古民居………（664）
杨源乡　……………………………………（42）
养蜂………………………………………（338）
养殖与产量………………………………（339）
养殖与产量………………………………（341）
药品监督管理……………………………（694）
药政管理…………………………………（694）
药政执法网络建设………………………（694）
野生动物保护……………………………（372）
野生动植物资源　…………………………（68）
业务………………………………………（537）
业务………………………………………（540）
业务………………………………………（541）
业余通讯员队伍…………………………（648）
液化气……………………………………（463）
“110”应急处置…………………………（235）

1989—2005 年特大交通事故 ……………（530）
1994 年版新编《政和县志》勘误表 ……（764）
医疗机构……………………………（673）
医疗机构设置管理……………………（693）
医疗技术……………………………（690）
医疗质量管理…………………………（693）
医药…………………………………（672）
医药国有体制改革……………………（672）
医药体制………………………………（672）
医政管理………………………………（693）
依法维权………………………………（225）
依法治林………………………………（366）
移动……………………………………（540）
移民安置………………………………（301）
义务植树………………………………（359）
议案建议办理…………………………（176）
疫病……………………………………（338）
疫病防治………………………………（338）
引水、提水与节水工程………………（412）
引水工程………………………………（412）
引种试验………………………………（358）
饮食服务业…………………………（436）
饮食业…………………………………（436）
饮用水卫生……………………………（676）
印刷与发行……………………………（647）
英节庙及四平戏庙会…………………（664）
营销体制………………………………（460）
营业网点………………………………（531）
影视作品及文字资料…………………（667）
影视作品制作…………………………（667）
影像……………………………………（644）
拥军……………………………………（298）
拥军优抚………………………………（298）
拥政爱民……………………………（261）
用电……………………………………（426）
用电结构………………………………（426）
优待……………………………………（298）
优生优育 ………………………………（94）
邮电支局………………………………（530）
邮品制作………………………………（668）
邮政…………………………………（530）
邮政储蓄………………………………（535）
邮政局…………………………………（530）
邮政快件………………………………（533）
邮政网络………………………………（531）
邮政物流………………………………（536）
邮政业务………………………………（532）
油茶……………………………………（355）
油料作物 ………………………………（322）
油桐……………………………………（355）
有限责任公司…………………………（394）
幼儿教育……………………………（592）
幼林抚育………………………………（361）
鱼病防治………………………………（339）
渔政管理………………………………（342）
玉米……………………………………（322）
育龄人群计划生育管理 ………………（96）
预防犯罪………………………………（241）
预防青少年违法犯罪…………………（230）
预算内收入……………………………（464）
预算内支出……………………………（466）
预算外收入……………………………（465）
预算外支出……………………………（467）
域外工商业……………………………（213）
园林……………………………………（126）
园林绿化………………………………（126）
园所设置………………………………（592）
园所选介………………………………（595）
远程地震遥测台………………………（590）
云根书院………………………………（664）
孕产妇系统管理………………………（687）
运输……………………………………（522）
运输管理………………………………（526）

Z

栽培技术………………………………（329）
再就业工作……………………………（289）
在沪工商业……………………………（213）
在粤工商业……………………………（219）
在粤工商业部分企业简介……………（219）
造林育林……………………………（358）
展销会管理……………………………（551）
账户管理………………………………（501）
招商引资……………………………（506）
招商引资开发房地产…………………（132）

招生制度改革…………………………（620）
照明建设…………………………………（124）
针灸科……………………………………（691）
侦查、立案监督…………………………（239）
珍贵野生动物……………………………（337）
珍稀树种…………………………………（348）
镇村规划…………………………………（122）
镇村建设…………………………………（128）
镇前镇 ……………………………………（34）
震害防御…………………………………（590）
征收管理…………………………………（482）
征信管理…………………………………（503）
政策扶持…………………………………（326）
政策研究…………………………………（165）
政法委及综治……………………………（228）
政和七星水轮机有限公司………………（397）
政和县1996—2010年旅游事业发展规划》
　…………………………………………（665）
政和县佛子山风景旅游区修建性详细规划》
　…………………………………………（666）
政和县华厦水泥有限责任公司…………（397）
政和县旅游发展总体规划》（纲要） ……（665）
政和县人民政府办公室关于转发政和县林权
　登记及换发林权证工作方案的通知……（752）
政和县人民政府关于加快竹业产业化进程的
　实施意见…………………………………（747）
政和县人民政府关于加快锥栗产业化进程的
　意见………………………………………（749）
政和县人民政府关于修订并重新印发《政和
　县县级工业园区管理暂行规定》的通知
　…………………………………………（755）
政和县生态旅游建设规划》 ……………（666）
政和县卫生防疫站………………………（693）
政和县卫生局……………………………（692）
政和县药品监督管理局…………………（693）
政和县在沪工商业部分企业简介………（216）
政务会议…………………………………（185）
政协常务委员会…………………………（199）
政协委员的产生…………………………（194）
政协委员构成……………………………（194）
政协委员会………………………………（194）
政协委员会会议…………………………（197）
政协委员推举……………………………（194）
政治建设…………………………………（141）
政治审查…………………………………（256）
政治体制改革……………………………（263）
支持地方经济建设………………………（262）
支农贷款…………………………………（493）
芝麻………………………………………（323）
知识分子工作……………………………（155）
执法监察…………………………………（109）
执法监察…………………………………（146）
执法监督管理……………………………（462）
执业准入管理……………………………（693）
职称评聘…………………………………（610）
职工基本养老保险………………………（273）
职工医疗保险制度改革…………………（275）
职业构成 …………………………………（86）
职业技能培训与鉴定……………………（290）
职业教育…………………………………（604）
职业教育与成人教育……………………（604）
职业卫生…………………………………（680）
植被 ………………………………………（64）
植树造林…………………………………（359）
植物保护…………………………………（330）
植物检疫…………………………………（330）
志书编纂…………………………………（649）
治安管理…………………………………（232）
质量技术监督管理………………………（558）
质量监督…………………………………（558）
中共政和县第八次代表大会……………（141）
中共政和县第九次代表大会……………（141）
中共政和县第七次代表大会……………（141）
中共政和县第十次代表大会……………（141）
中共政和县委　政和县人民政府关于加快茶叶
　产业发展的实施意见……………………（757）
中共政和县委　政和县人民政府关于进一步加
　快竹产业发展的意见……………………（761）
中国人民解放军78983部队597分队……（256）
中国人民武装警察部队政和县八中队……（255）
中国人民武装警察部队政和县大队………（255）
中国人民武装警察部队政和县消防大队一中队
　…………………………………………（255）
中国人民武装警察部队政和县中队………（255）
中间业务…………………………………（495）
中西医结合………………………………（691）

中心任务宣传……………………（158）
中型水库……………………（411）
中学教育……………………（600）
中医……………………（691）
种植规模……………………（325）
种植业……………………（320）
种植业结构……………………（319）
重大决策……………………（141）
重大事项决定……………………（173）
重点加工企业……………………（381）
重要会议……………………（185）
重要建筑……………………（130）
猪……………………（334）
竹木加工业……………………（401）
竹业基地建设……………………（363）
竹资源……………………（354）
主要活动……………………（201）
主要活动……………………（207）
主要活动……………………（208）
主要活动……………………（209）
主要活动……………………（210）
主要活动……………………（212）
主要活动……………………（222）
主要活动……………………（223）
主要活动……………………（224）
主要活动……………………（226）
主要活动……………………（226）
主要活动……………………（227）
主要民政福利企业……………………（305）
主要品种……………………（355）
主要商品购销体制改革……………………（273）
主要小学简介……………………（599）
主要种类……………………（348）
住房制度改革……………………（275）
驻军……………………（255）
专利……………………（587）
专卖管理……………………（461）
专门委员会……………………（200）
专题会议……………………（186）
专项贷款……………………（492）
专项调查……………………（546）
专项规划……………………（122）
专业队伍……………………（647）
专业技术民兵训练……………………（258）
专业技术人员管理……………………（280）
专业技术人员教育……………………（280）
专业技术人员确认……………………（280）
专业技术职务评聘……………………（280）
专业文艺协会……………………（223）
专职武警干部训练……………………（258）
锥栗……………………（355）
自然变动……………………（78）
自然地理……………………（46）
自然景观……………………（661）
自然灾害……………………（69）
自然资源……………………（65）
自学考试……………………（606）
宗教……………………（696）
宗教工作……………………（160）
宗教管理……………………（700）
宗教民族工作……………………（160）
组织……………………（206）
组织机构……………………（136）
组织机构……………………（180）
组织机构……………………（208）
组织机构……………………（210）
组织机构……………………（212）
组织机构……………………（221）
组织机构……………………（222）
组织机构……………………（224）
组织机构……………………（225）
组织机构……………………（226）
组织机构……………………（227）
组织机构……………………（364）
组织机构……………………（545）
组织建设……………………（148）
组织建设……………………（209）
组织开展“打假”活动……………………（558）